2010

CHINA TV RATING YEARBOOK

中国电视收视年鉴 2010

王兰柱 主编

中国传媒大学出版社

《中国电视收视年鉴（2010）》
编写委员会

主　编　王兰柱

副主编　郑维东　肖海峰

编写人员（排名不分先后）

梁　帆　周欣欣　李红玲　吴　东　吴　凡
陈晓洲　肖　珊　左瀚颖　封　翔　李文欢
王建平　李忠毅　吕一丹　杨金姝　解永利
顾颖华　王　平　王　钦　胡文慧　蔡　倩
曹　珩　于　鹏　娜布琪　刘牧媛　冯　波
鲍　彤　张广彦　唐　蕾　戴静怡　朱　蕙
姚　洁　肖青青　陆　燕　陈　明　罗佶虎
袁航宇　张　焱　莫笑凡　李学军

出版说明

为更好地服务于业界，作为中国最专业、最权威的视听率调查公司，CSM媒介研究从2003年起每年编写出版一部《中国电视收视年鉴》。《中国电视收视年鉴（2010）》是CSM媒介研究编写出版的第八部电视收视年鉴。

《中国电视收视年鉴（2010）》主要包括以下四部分内容：第一部分：综述。主要从收视环境、观众特征、观众收视行为、频道竞争、节目竞争、电视广告投放与竞争等方面对2009年中国电视收视市场进行了全景式描述与分析。第二部分：专题研究。本部分内容除对2009年全国电视剧、综艺娱乐、新闻、体育和电影几个主要节目类型的收视状况进行分析之外，还从独特的角度对观众收视行为进行了分析，如对观众连续收看及转换频道行为、家庭环境中的观众收视行为、80后/90后人群收视偏好的分析。同时，本部分还对近年来业界关注的热点问题，如电视频道质的评价、节目内与节目间广告收视变化规律、城市电视台可持续发展的困境与出路、媒体资源重整与价值提升等进行了深入研究。第三部分：收视数据。这部分是关于全国电视收视市场以及重点市场的收视统计数据，主要指标涉及收视设备的拥有情况、人均收视时间、全年和全天各时段收视率、各类频道的市场份额、各类节目的播出份额与收视份额以及主要节目类型的收视排行等。第四部分：附录。这部分主要包括CSM媒介研究各种收视调查网的基本情况和所监测的频道名称。

《中国电视收视年鉴（2010）》为广大媒介从业人员既可提供有关2009年中国电视收视市场的全面分析，又可提供2009年全国以及各重点市场翔实的收视数据，它是媒介从业人员必备的一本工具书。

编者

2010年5月

目录

CONTENTS

第一部分 综 述

第二部分 专 题

第三部分　收视数据

第四部分　附　录

第一部分
Part One

综 述 Overview

综　述

一、收视环境

2009年对于中国人民来说是很不平凡的一年，是新中国成立六十周年，是深入贯彻落实党的十七大精神、推进“十一五”规划顺利实施的关键一年，也是我国应对国际经济形势复杂变化、面对进入新世纪以来我国经济社会发展最为困难的局面，保持经济平稳较快发展的一年。

2009年同时也是广播影视业不寻常、不平凡的一年。我国广播影视业克服了国际金融危机的影响，逆势上扬，快速发展。在党中央、国务院和中宣部的正确领导下，我国广播影视业按照“高举旗帜、围绕大局、服务人民、改革创新”的总要求，坚定信心、扎实工作，各项工作继续保持了繁荣发展的良好势头，为党和国家举办大事、应对难事提供了良好的舆论氛围和强大的精神动力。2009年，我国广播影视业着眼于推进宣传创新、提高舆论引导能力，着力强化新闻立台，建立完善了中央广播电视覆盖全国的新闻报道快速反应机制。坚持以数字化为龙头，全面推进广播影视科技进步，科技应用水平明显提高。同时，依托“村村通”、“西新”以及农村电影放映工程，完善了技术覆盖手段，加快了由工程建设向公共服务体系建设转变。全面推进了广播影视各项改革，体制机制改革取得新的突破。广播影视也着力打造国际一流媒体，构建国际传输网络、加快产品和服务走出去，“走出去”工作也取得重要进展。

1. 全国共有电视台272座，开办节目1310套

根据《中国广播电视年鉴（2010）》的最新统计，截至2009年底，全国共批准设立电视台272座，开办电视节目1310套，付费电视139套。国家级电视台有中央电视台和中国教育电视台，每个省、自治区或直辖市，每个地级或以上城市基本都有至少一座电视台。除此而外，在全国还有广播电视台2087座（广播电视台是指县级广播电视播出机构），电视发射台17686座，微波传输线路8.5万公里，有线广播电视传输干线总长333万公里，加上用户接入网线路大约共有400万公里。全国电视人口覆盖率为97.23%，有线电视用户达1.75亿户，居世界第一，数字电视用户6320多万户。2009年全国共有广播影视节目经营制作机构3343家，全年制作电视剧16885集，制作动画电视15571集，跃居世界前列。

2. 家庭电视机拥有率达98.2%，拥有二台及以上电视机家庭的比例已达29.4%

随着经济的发展和人民生活水平的提高，我国电视机的普及率已经基本上处于一个稳定的水平。2009年CSM媒介研究全国收视调查网基础研究结果显示，家庭电视机拥有率达98.2%，拥有二台及以上电视机家庭的比例已达29.4%，平均每百户电视机拥有量为132台，其中城市家庭的电视机拥有率达为98.1%，农村家庭的电视机拥有率为98.3%（表1.1.1）。拥有二台及以上电视机家庭的比例城市为31.6%，农村为28.3%。

根据CSM媒介研究2009年全国149个城市收视调查网的基础研究数据，这149个样本城市居民家庭的电视机拥有率为98.2%，拥有二台和二台以上电视机家庭的比例已达32.7%。从各大行政区来看，拥有二台及二台以上电视机家庭的比例，华东地区高达46.6%，东北、华南、西北地区较低，大约为22.0%。平均百户电视机拥有量华东地区达到156台，而东北、华南、西北地区大约为122台左右（表1.1.2）。

表1.1.1　2009年全国城乡居民家庭电视机拥有情况

	全国	城域	乡域
一台户比例（%）	68.8	66.5	70.1
二台及以上户比例（%）	29.4	31.6	28.3
没有电视机户比例（%）	1.8	1.9	1.7
百户电视机拥有量（台）	132.1	135.0	130.8

数据来源：CSM媒介研究2009年全国收视调查网基础研究

表1.1.2　2009年全国各大行政区居民家庭电视机拥有情况

	149样本城市	东北	华北	华东	华南	华中	西北	西南
一台户比例（%）	65.5	76.2	68.0	52.0	74.7	69.4	76.7	69.2
二台及以上户比例（%）	32.7	22.1	31.4	46.6	22.0	28.9	21.5	28.9
没有电视机户比例（%）	1.8	1.6	0.6	1.4	3.4	1.6	1.8	1.8
百户电视机拥有量（台）	136.6	121.5	134.0	155.9	122.8	130.9	121.7	130.6

数据来源：CSM媒介研究2009年149城市收视调查网基础研究

2009年电视机更新换代速度进一步加快，黑白电视机已经基本退出了家庭电视的舞台，全国彩色电视机的平均拥有率达到了99.0%（表1.1.3）。分城乡来看，城市彩色电视机的普及已经基本完成了，彩色电视机拥有率已经达到了99.4%，今后城市电视机的变化应该是向高清电视机、平板电视机过渡，随着城市数字电视信号的普及，这种电视机更新换代的速度将会大大提高，城市家庭拥有液晶电视或者等离子电视的比例已经超过7%（图1.1.1）。在农村，拥有黑白电视机家庭的比例已经只有3.3%，比2008年的4.0%进一步下降，农村家庭大规模更换彩电的过程已经基本完成。从不同区域来看，CSM媒介研究2009年149城市收视调查网基础研究数据显示，2009年只拥有黑白电视机家庭比例较大的华东、华中和西南地区（表1.1.4），同上年相比，也都有明显下降。

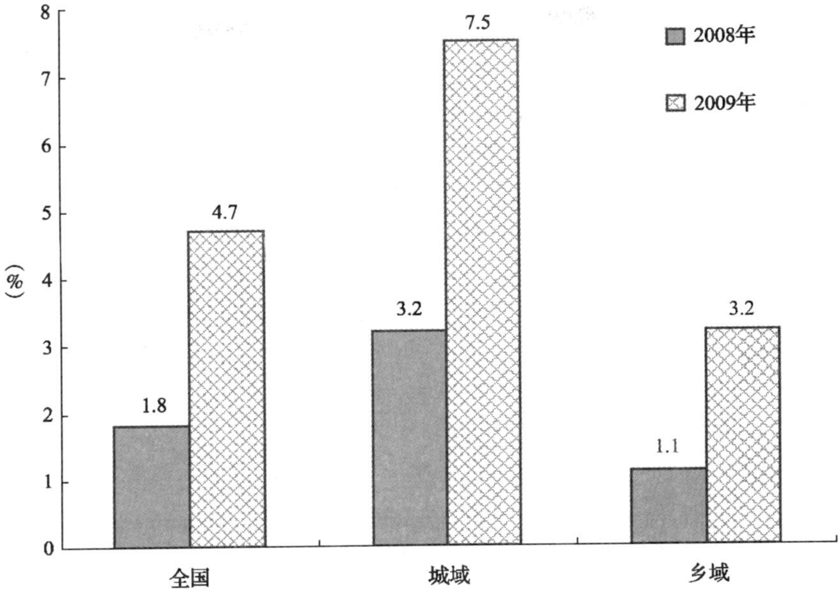

图 1.1.1　2008 年、2009 年全国及城乡居民家庭拥有平板电视机的比例（%）

数据来源：CSM 媒介研究 2008 年和 2009 年全国收视调查网基础研究

表 1.1.3　2009 年全国及城乡居民家庭拥有不同类型电视机的比例（%）

电视机类型	全国	城域	乡域
彩色电视机	99.0	99.4	98.7
黑白电视机	2.6	1.4	3.3
普通电视机	97.7	96.0	98.6
背投电视机	0.5	0.9	0.3
液晶电视机	4.4	7.1	3.0
等离子电视机	0.3	0.4	0.2

数据来源：CSM 媒介研究 2009 年全国收视调查网基础研究

表 1.1.4　2009 年全国各地区拥有不同电视机类型的家庭比例（%）

电视机类型	149 城市	东北	华北	华东	华南	华中	西北	西南
彩色电视机	99.6	99.8	100.0	99.5	99.8	99.2	99.3	99.1
黑白电视机	1.2	0.5	0.2	1.7	0.3	2.2	1.1	1.5
普通电视机	95.4	94.7	93.5	96.3	94.1	97.0	93.3	96.6
背投电视机	1.0	0.7	1.2	1.0	1.0	0.8	0.7	1.1
液晶电视机	7.8	6.5	9.7	9.6	6.9	4.9	8.1	5.5
等离子电视机	0.5	0.3	0.8	0.3	0.6	0.3	0.4	0.8

数据来源：CSM 媒介研究 2009 年 149 城市收视调查网基础研究

随着城乡居民收入水平的提高和高品质电视机价格的下降，城乡居民家庭电视机拥有情况从数量上的增加逐步过渡到质量上的改善，城市家庭乃至部分农村家庭开始追求电视机的更新换代，由原来的普通电视机（CRT）、传统的背投电视机，向等离子电视、液晶电视升级，即使是普通的CRT电视机也逐渐进入到高清时代。在新一代电视机中，拥有液晶电视家庭所占比例有渐渐增加的趋势。随着价格的不断下降，平板电视尤其是高清液晶电视在今后一段时期内将带动新一轮的电视收视设备的更新换代。2009年CSM媒介研究基础调查结果显示，149样本城市家庭拥有液晶或者等离子电视机的比例已由2008年的不到4%大幅跃升到超过8%（表1.1.4）。随着数字电视的发展，高清信号源的增多，这一趋势必将加快，但在较长的一段时间内，普通的CRT电视机仍然占主导地位。

3. 城乡居民家庭平均每户可以收看到39.1个频道

2009年，随着“村村通工程”和“西新工程”的进一步推进，以及有线电视数字化建设全面展开，越来越多的有线电视网整体平移，导致了频道竞争的进一步加剧，也使城乡居民家庭能够收看到的电视频道数量增加。根据CSM媒介研究2009年全国收视调查网基础研究结果，全国平均每户可以接收39.1个电视频道，远超过2008年的30.4个和2007年的25.6个。其中城市居民家庭平均可以接收50.1个频道，比2008年增加了9.6个，农村居民家庭平均可以接收33.2个频道，比2008年增加了7.2个（表1.1.5）。而全国149城市收视调查网的基础研究结果发现，在所调查的样本城市中，平均每户可以接收到52.2个频道，比2008年增加6个。从表1.1.6可以发现，平均每户可接收到的电视频道数量增长最快的为华北地区，2009年比2008年增加了11.7个频道。

表1.1.5　2007—2009年全国及城乡居民家庭可以接收到的电视频道数量（个）

年份	全国	城域	乡域
2007年	25.6	35.1	21.4
2008年	30.4	40.5	26.0
2009年	39.1	50.1	33.2

数据来源：CSM媒介研究全国收视调查网历年基础研究

表1.1.6　2007—2009年全国各大行政区居民家庭可以接收到的电视频道数量（个）

年份	东北	华北	华东	华南	华中	西北	西南
2007年（154市县）	38.0	47.7	40.0	44.3	34.2	43.7	36.8
2008年（154市县）	44.8	60.3	45.5	44.7	38.9	48.7	41.7
2009年（149城市）	49.2	72.0	51.6	47.8	44.4	55.0	49.8

数据来源：CSM媒介研究各城市（县）收视调查网历年基础研究

4．有线接收是城乡居民家庭接收电视信号的主要方式

随着电视信号数字化、网络化进程的不断推进，越来越多的家庭感受到有线电视网络带来的便利，频道增多，信号清晰度增加。根据2009年CSM媒介研究全国收视调查网基础研究结果，全国电视家庭户中，通过省市有线网接收电视信号的家庭户比例比2008年（55.8%）有显著提高，达到了58.9%。其中在城市，有74.3%的家庭接入了省或市有线网，有线接收方式成为城市家庭收看电视节目的主要方式。在农村，通过有线网收看电视节目家庭的比例为50.7%，比2008年有明显增长，增加了3.0个百分点，农村中通过室内外天线来接收电视节目的家庭比例由2008年的25.1%大幅下降为20.5%（图1.1.2）。

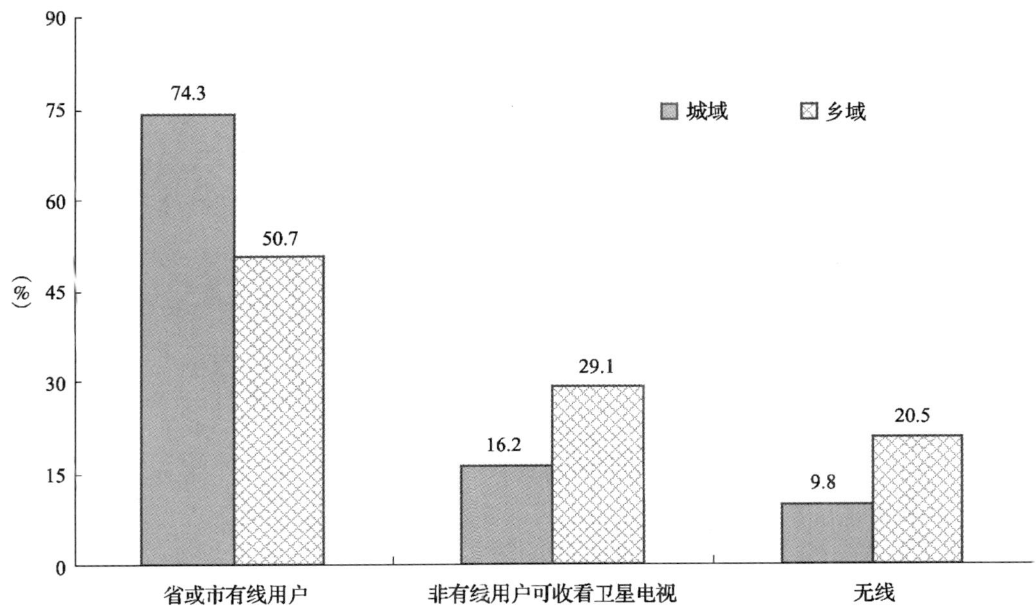

图1.1.2　2009年城乡居民家庭电视信号接收方式

数据来源：CSM媒介研究2009年全国网电视广播视听率调查基础研究

从各大行政区的情况来看，省或市有线电视普及率最高的东北和华南，有线电视渗透率超过或者将近90%，华中地区的有线比例最低，为78.6%，其他地区都在80%以上（图1.1.3）。华北及中西部地区特别是西南部地区通过非有线网络收看卫视频道的比例较大（华北9.6%，华中9.0%，西北9.8%，西南12.5%），说明这些地区在有线网络难以到达的地方更多地采用了碟形天线、厂矿小区闭路等其他方式解决接收问题。相对来说东部、南部和东北有线网络的建设较快，以其他方式接收卫视频道的比例很小。

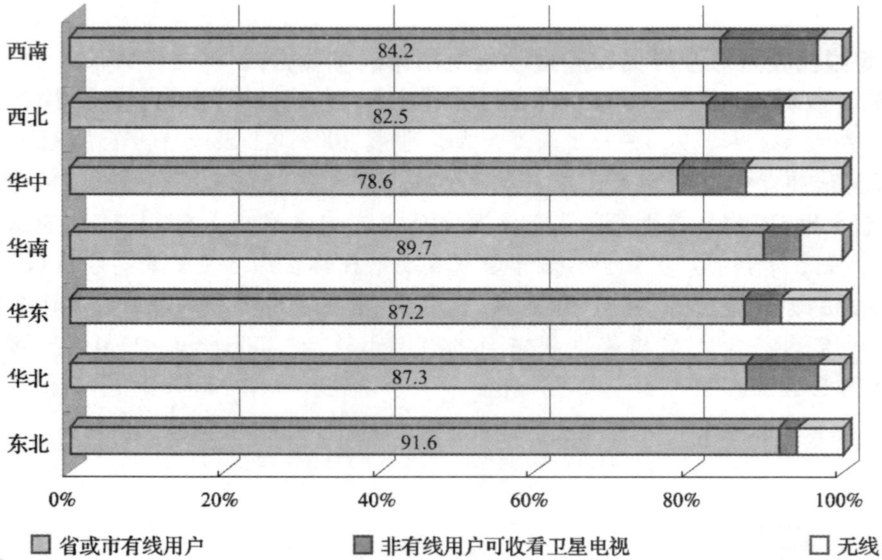

图 1.1.3 2009 年全国各大行政区居民家庭电视信号接收方式

数据来源：CSM 媒介研究 2009 年 149 城市收视调查网基础研究

5. 90.5% 的城市家庭和 79.8% 的农村家庭可收看到卫视节目

2009 年全国收视调查网基础研究结果表明，全国能接收卫视频道的家庭比例同 2008 年相比有大幅增长，由 79.1% 增长到 83.5%。农村能收看到卫星电视的家庭比例上升迅猛，比 2008 年增加了将近 5 个百分点。在城市中有 90.5% 的电视家庭可以收看到卫星电视节目，在农村电视家庭中能够收看到卫视节目的比例达到了 79.8%（表 1.1.7）。

而从 2009 年 149 城市收视调查网的基础研究结果来看，除了华中地区（87.5%）外，其他六大行政区能收看到卫星电视节目的电视家庭比例都在 90% 以上，在华北地区更是高达 96.9%，西南地区也达到 96.7%（表 1.1.8）。

表 1.1.7 2007—2009 年全国及城乡居民家庭可收到卫视频道的比例（%）

年份	全国	城域	乡域
2007 年	73.8	86.0	68.4
2008 年	79.1	88.5	74.9
2009 年	83.5	90.5	79.8

数据来源：CSM 媒介研究历年全国网电视广播视听率调查基础研究

表 1.1.8 2007—2009 年各大行政区居民家庭可收到卫视频道的比例（%）

年份	全部	东北	华北	华东	华南	华中	西北	西南
2007 年（154 市县）	87.5	88.6	88.3	87.2	91.6	78.7	86.2	91.2
2008 年（154 市县）	89.5	91.7	92.3	88.2	93.3	81.1	89.4	91.9
2009 年（149 城市）	93.3	94.0	96.9	91.9	94.5	87.5	92.2	96.7

数据来源：CSM 媒介研究历年各城市（县）收视调查网基础研究

6. 中央台继续保持其覆盖优势，省级卫视在本地区的覆盖优势较大

中央台频道依靠其强大的资源优势和作为国家级频道的特殊地位，在覆盖率方面仍然保持了绝对的优势（表 1.1.9）。CSM 媒介研究 2009 年全国收视调查网基础研究的数据显示，在全国覆盖率排名前五位的频道全部是中央级频道，而进入覆盖率排名前二十的频道中，中央台频道有 13 个，其中中央电视台综合频道与 2008 年一样排第一位，覆盖率达 96.0%，中央台七套排名顺序没变，仍然为第二位，但覆盖率已经从 2008 年的 80.9% 大幅跃升到 2009 年的 86.5%。在省级卫视频道中，湖南卫视覆盖率的排名在最前面，由 2008 年的第八上升至第六位，山东、浙江、江苏、上海和四川这五个省级卫视频道排名较靠前，分别排在第八、九、十一、十三和十四位。2009 年排名前二十名频道的覆盖率都在 64% 以上，超过 2008 年的 59%。

表 1.1.9　2009 年全国卫视频道覆盖率排名前二十位

排名	频道	覆盖率（%）	排名	频道	覆盖率（%）
1	中央电视台综合频道	96.0	11	中央台四套	70.3
2	中央台七套	86.5	11	江苏卫视	70.3
3	中央台二套	81.7	13	上海东方卫视	70.0
4	中央电视台少儿频道	80.1	14	四川卫视	69.8
5	中央台十套	78.3	15	中央台十二套	66.3
6	湖南电视台卫星频道	77.9	16	中央台三套	64.3
7	中央台十一套	74.9	17	中央台六套	54.5
8	山东卫视	74.8	18	中央台五套	64.3
9	浙江卫视	74.1	19	中央台八套	64.3
10	中央电视台新闻频道	72.8	20	中国教育台一套	64.1

数据来源：CSM 媒介研究 2009 年全国收视调查网基础研究

在城市地区，覆盖率排名前五位的频道全部是中央级频道，其中中央电视台综合频道排第一位，覆盖率达 98.4%（表 1.1.10）。另外还有 7 个中央台频道进入覆盖排名表中前二十位，但中央台四套的覆盖率尽管跟 2008 年相比下降不大（从 83.8% 降到 81.4%），但排名大幅下滑 9 位，由 2008 年的第四位跌出排名前十位至第十三位。在城市地区，省级卫视的整体排名有所提高，其中山东、浙江、湖南、安徽、江苏和四川这六个省级卫视频道在城市地区排在最前面，位居覆盖排名表的第六到第十一位。另外，上海卫视和北京卫视也进入了覆盖排名表中前二十位，分别排在第十七位和第二十位。

表 1.1.10　2009 年城市地区卫视频道覆盖率排名前二十位

排名	频道	覆盖率（%）	排名	频道	覆盖率（%）
1	中央电视台综合频道	98.4	11	四川卫视	82.4
2	中央台七套	92.0	12	中央电视台新闻频道	81.6
3	中央台二套	88.2	13	中央台四套	81.4
4	中央电视台少儿频道	86.3	14	中央台十一套	80.6
5	中央台十套	84.6	15	中央台三套	78.7
6	山东卫视	83.9	15	中央台五套	78.7
6	浙江卫视	83.9	17	中央台六套	78.6
8	湖南电视台卫星频道	83.4	17	上海东方卫视	78.6
9	安徽一套	83.3	19	中央台八套	78.5
10	江苏卫视	83.0	20	北京卫视	76.0

数据来源：CSM 媒介研究 2009 年全国收视调查网基础研究

2009 年农村地区卫视频道覆盖率整体上比城市要低（表 1.1.11）。从覆盖率排名前二十位的频道来看，在农村地区，2009 年排名第二十名频道的覆盖率是 56.7%，而城市地区已经达到 76%。与城市地区相比，中央台频道的强势地位更加明显，覆盖排名前十位的频道中中央台频道有七个。其中中央台少儿频道在农村地区的覆盖率大幅增加，由 2008 年的 66.2% 增长到 2009 年的 76.7%，排名也大幅提升，由 2008 年的第九位提升到 2009 年的第四位。湖南卫视、山东卫视和浙江卫视在农村地区的覆盖率进入前十位，而上海卫视、江苏卫视和四川卫视也进入了排名的前二十位。与 2008 年相比，2009 年农村地区卫视频道的覆盖率整体上获得大幅提高，排名前二十位的频道覆盖率都在 56% 以上，而该数字在 2008 年为 52%，这个结果同前面的农村家庭可收看卫视频道的比例以及农村可收看频道个数大幅提高是一致的，由此可以看出“村村通工程”和“西新工程”推进的成效明显。

表 1.1.11　2009 年农村地区卫视频道覆盖率排名前二十位

排名	频道	覆盖率（%）	排名	频道	覆盖率（%）
1	中央电视台综合频道	94.7	11	中央台十二套	67.3
2	中央台七套	83.5	12	上海东方卫视	65.3
3	中央台二套	78.1	13	中央台四套	64.3
4	中央电视台少儿频道	76.7	14	江苏卫视	63.5
5	中央台十套	75.0	15	四川卫视	63.1
6	湖南电视台卫星频道	74.9	16	中国教育台一套	61.8
7	中央台十一套	71.9	17	中央台三套	57.3
8	山东卫视	69.9	18	中央台六套	56.9
9	浙江卫视	68.8	19	中央台五套	56.7
10	中央电视台新闻频道	68.1	19	中央台八套	56.7

数据来源：CSM 媒介研究 2009 年全国收视调查网基础研究

随着有线网络的普及以及数字电视的不断推广，频道竞争日益加剧，为了能在收视率和收视份额上不落下风，保住原有的市场地位，各卫视频道都想方设法继续加大在各地区的频道入户覆盖。CSM媒介研究2009年149城市收视调查网基础研究结果表明，与2008年相比，2009年各卫视频道在各大行政区的频道覆盖率都有一定程度的提升，这种提升在华中地区表现得更为突出。从频道覆盖率的排名来看，中央台在各地区的覆盖排名相差不大，排名前二十位的频道中有十到十三个为中央台频道，其中中央电视台综合频道稳居各地区覆盖排名表第一位。各省级卫视的覆盖率在不同地区的差异很大，基本特点是在本地区的覆盖情况较好，如吉林卫视在东北地区排第二位（表1.1.12），天津卫视和北京卫视在华北地区分别排第五位和第六位（表1.1.13），江苏卫视和浙江卫视在华东地区分别排第四位和第六位（表1.1.14），广东卫视在华南地区排第二位（表1.1.15），湖南卫视和河南卫视在华中地区分别排第三位和第五位（表1.1.16），陕西卫视在西北地区排第五位（表1.1.17），四川卫视和重庆卫视在西南地区分别排第二位和第六位（表1.1.18）。

表1.1.12　2009年东北区卫视频道覆盖率排名前二十位

排名	频道	覆盖率（%）	排名	频道	覆盖率（%）
1	中央电视台综合频道	96.3	11	中央台五套	76.2
2	吉林卫视	90.0	12	中央电视台新闻频道	76.0
3	中央台七套	88.0	13	中央台六套	75.8
4	中央台二套	86.2	14	中央台八套	75.7
5	中央台四套	78.9	15	上海东方卫视	75.4
6	中央电视台少儿频道	78.7	16	广东卫视	74.8
7	辽宁电视台卫星频道	78.4	17	中央台十一套	74.6
8	山东卫视	77.1	18	安徽一套	74.5
9	浙江卫视	76.7	19	中央台十套	73.3
9	中央台三套	76.7	20	江苏卫视	73.0

数据来源：CSM媒介研究2009年149城市收视调查网基础研究

表1.1.13　2009年华北区卫视频道覆盖率排名前二十位

排名	频道	覆盖率（%）	排名	频道	覆盖率（%）
1	中央电视台综合频道	99.3	11	浙江卫视	90.5
2	中央台二套	95.0	12	中央台十一套	89.9
3	中央台七套	93.3	13	中央台五套	89.0
4	中央电视台少儿频道	93.1	14	中央台三套	88.9
5	天津卫视	92.4	15	安徽一套	88.7
6	北京卫视	92.0	16	中央台八套	88.6
7	中央台四套	91.3	17	中央台六套	88.4
7	河北卫视	91.3	18	中央电视台新闻频道	88.4
9	中央台十套	90.8	19	江苏卫视	88.2
10	四川卫视	90.6	20	山东卫视	87.8

数据来源：CSM媒介研究2009年149城市收视调查网基础研究

表 1.1.14　2009 年华东区卫视频道覆盖率排名前二十位

排名	频道	覆盖率（%）	排名	频道	覆盖率（%）
1	中央电视台综合频道	98.7	9	中央台五套	85.8
2	中央台七套	90.3	12	中央电视台新闻频道	85.6
3	中央台二套	89.7	12	中央台八套	85.6
4	江苏卫视	87.4	14	中央台十一套	85.4
5	中央台四套	87.2	15	安徽一套	84.1
6	浙江卫视	86.4	16	中央台十套	83.5
7	山东卫视	86.0	17	上海东方卫视	83.0
8	中央电视台少儿频道	85.9	18	湖南电视台卫星频道	80.3
9	中央台三套	85.8	19	中国教育台一套	79.4
9	中央台六套	85.8	20	中央台九套	78.5

数据来源：CSM 媒介研究 2009 年 149 城市收视调查网基础研究

表 1.1.15　2009 年华南区卫视频道覆盖率排名前二十位

排名	频道	覆盖率（%）	排名	频道	覆盖率（%）
1	中央电视台综合频道	97.0	11	中央台八套	77.0
2	广东卫视	91.8	12	安徽一套	74.2
3	中央电视台少儿频道	82.5	13	中国教育台一套	71.9
4	中央台七套	80.7	14	四川卫视	71.6
5	中央台二套	80.6	15	凤凰卫视中文台	70.8
6	中央台五套	78.8	16	广西电视台卫星频道	69.5
7	中央台三套	78.7	17	江苏卫视	68.9
8	中央台四套	78.6	18	湖南电视台卫星频道	68.2
9	中央台六套	78.1	19	浙江卫视	67.8
10	中央电视台新闻频道	77.5	20	中央台十套	66.8

数据来源：CSM 媒介研究 2009 年 149 城市收视调查网基础研究

表 1.1.16　2009 年华中区卫视频道覆盖率排名前二十位

排名	频道	覆盖率（%）	排名	频道	覆盖率（%）
1	中央电视台综合频道	96.5	11	中央台五套	76.6
2	中央台七套	83.6	12	江苏卫视	76.4
3	湖南电视台卫星频道	82.3	13	四川卫视	76.3
4	中央台二套	82.2	14	中央台八套	76.0
5	河南电视台卫星频道（一套）	80.5	15	中央电视台少儿频道	75.6
6	中央台四套	80.4	16	山东卫视	75.2
7	中央台十一套	79.2	17	安徽一套	74.6
8	中央台十套	78.5	18	中央电视台新闻频道	74.4
9	中央台三套	76.8	19	浙江卫视	73.9
10	中央台六套	76.6	20	上海东方卫视	73.7

数据来源：CSM 媒介研究 2009 年 149 城市收视调查网基础研究

表 1.1.17 2009 年西北区卫视频道覆盖率排名前二十位

排名	频道	覆盖率（%）	排名	频道	覆盖率（%）
1	中央电视台综合频道	98.4	11	浙江卫视	85.5
2	中央台七套	89.6	12	中央台十一套	85.0
3	中央电视台少儿频道	88.6	13	上海东方卫视	83.7
3	中央台二套	88.6	14	中央台六套	82.8
5	陕西卫视	87.1	15	中央台三套	82.7
6	中央台十套	86.5	16	中央台八套	82.6
7	重庆卫视	86.0	17	中央电视台新闻频道	82.5
8	山东卫视	85.9	18	四川卫视	82.4
8	河南电视台卫星频道（一套）	85.9	19	中央台五套	82.3
10	湖南电视台卫星频道	85.5	20	安徽一套	82.0

数据来源：CSM 媒介研究 2009 年 149 城市收视调查网基础研究

表 1.1.18 2009 年西南区卫视频道覆盖率排名前二十位

排名	频道	覆盖率（%）	排名	频道	覆盖率（%）
1	中央电视台综合频道	97.7	11	浙江卫视	89.5
2	中央台七套	93.6	12	北京卫视	87.9
2	四川卫视	93.6	13	上海东方卫视	86.5
4	中央台二套	93.2	14	中央台十二套	86.1
5	中央台十套	91.8	15	江苏卫视	85.0
6	重庆卫视	91.4	16	中央台十一套	84.4
7	中央台四套	91.2	17	福建省广播影视集团东南电视台	83.8
8	湖南电视台卫星频道	90.8	18	中央台三套	83.0
9	中央电视台少儿频道	90.3	19	中央台六套	82.7
10	山东卫视	89.9	20	中央台八套	82.4

数据来源：CSM 媒介研究 2009 年 149 城市收视调查网基础研究

二、电视观众特征

新兴媒体技术的发展和普及深刻影响着中国电视观众的总体特征。2009 年，中国电视信号“村村通”工程进一步加速，数字电视技术带来电视信号覆盖范围和传输质量的提升，有效地推动了中国电视观众规模的扩大。与此同时，以互联网为代表的新媒体初步显示出对青少年观众群体的分流效应，逐步改变着电视观众的人群构成。国民经济的发展则促成了电视观众收入结构的改善，高收入观众群体比例的增大代表着观众消费力的提升，为电视广告经营增添新的筹码。

1. 全国电视观众规模达12.52亿，比2008年略有增长

2009年是中国数字电视整体转换迅速推进的一年。在数字电视转换过程中受益的除了有线电视用户之外，还包括长期依赖于无线电视信号传播、收视内容和收视质量一直不理想的农村观众。在国家政策和资金投入的双重支持下，2008年中国农村地区的电视覆盖得到了明显改善，提前两年半实现中央广播电视节目“十一五”农村无线覆盖目标，由此也促进了全国电视观众规模的扩大。CSM媒介研究2009年全国收视调查网基础研究结果显示，2009年中国内地年龄在4岁及以上的电视观众规模达到12.52亿人，占全国4岁及以上人口的97%。与2008年相比，2009年中国电视观众规模增加了1539万。

2. 电视观众性别结构维持稳定，与人口性别构成保持一致

在CSM媒介研究2009年进行收视调查的149个样本城市中，男性观众的比例为50.4%，女性观众为49.6%，与中国内地人口的性别比例基本保持一致（根据《2009中国统计年鉴》，2008年全国男性人口占总人口的51.5%，女性人口则占48.5%），也与2008年CSM媒介研究在154个样本市县的调查结果大致相同，说明目前我国观众的性别结构基本维持稳定（图1.2.1）。

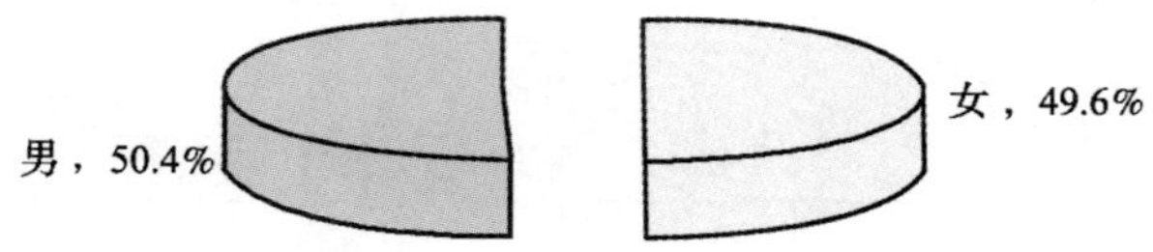

图1.2.1 2009年全国149个样本城市电视观众的性别构成（%）
数据来源：CSM媒介研究

3. 中青年群体为观众主体，老年观众比例较低

2009年，35—44岁和25—34岁这两个群体在所有电视观众中所占的比例较大，分别为19.9%和18.5%，15—24岁观众群体也占到了17.0%的比例，位居第三位，45—54岁的观众占15.1%的比重，居第四位，55—64岁和65岁及以上观众各占9.3%的比例，所占份额较少。总体呈现出中青年观众所占比例较大，老年观众比例较少的特点（图1.2.2）。

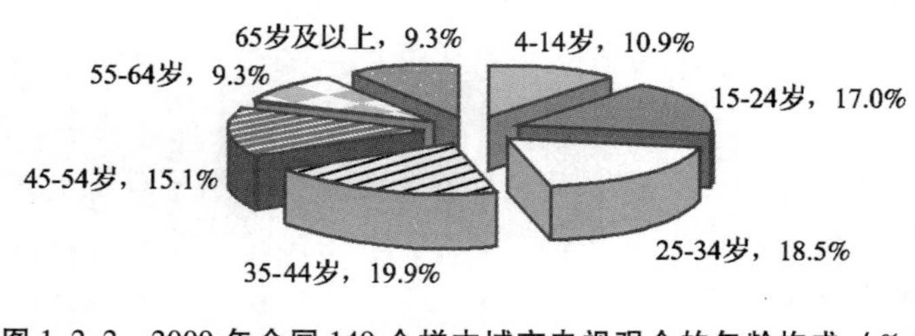

图1.2.2 2009年全国149个样本城市电视观众的年龄构成（%）
数据来源：CSM媒介研究

4. 中等学历观众占据绝对优势，高学历观众呈上升趋势

从观众的文化程度分布来看，中等学历观众在构成上占据了绝对优势，其中初中文化程度观众比例高达31.3%，高中文化程度观众比例则为26.2%；小学和大学及以上文化程度的观众分别占据18.1%和17.8%的比例；未受过正规教育的观众所占比例仅为6.7%（图1.2.3）。与2008年相比，初中和高中文化程度观众的比例有所下降，大学及以上文化程度观众比例略有上升。

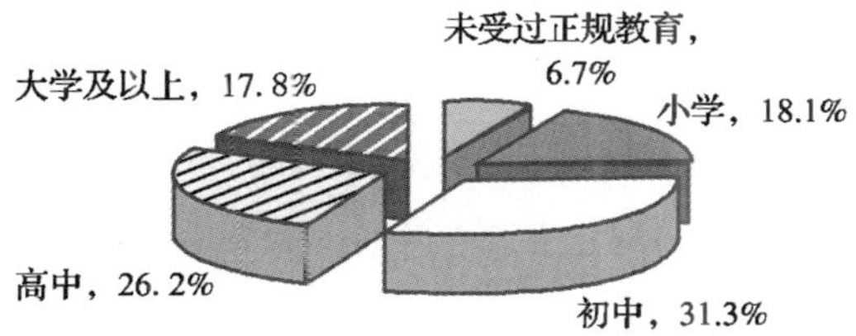

图1.2.3　2009年全国149个样本城市电视观众的文化程度构成（%）
数据来源：CSM媒介研究

5. 无业群体占据观众较大比例，高层人士所占比例少

在全国149个样本城市中，无业群体在电视观众中占据了最大的比例，占到了40.7%。然后依次为初级公务员/雇员、个体/私营企业人员、工人、其他和干部/管理人员，分别占到了15.9%、15.8%、12.7%、10.6%和4.5%的比例，干部/管理人员所占比例较少（图1.2.4）。

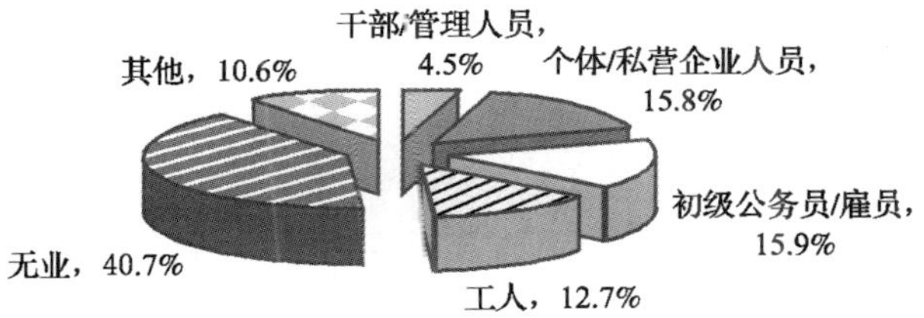

图1.2.4　2009年全国149个样本城市观众的职业构成（%）
数据来源：CSM媒介研究

6. 中高收入观众所占比重大，东南沿海地区观众收入水平相对较高

2009年，在全国149个样本城市电视观众中，家庭月收入在901—2000元的群体所占比例为20.2%，然后依次为月收入3801—5900元、月收入2001—2900元、月收入2901—3800元和月收入5901元及以上的群体，分别占到了19.9%、19.5%、16.6%和13.1%的比例，中高收入人群所占的比重较大（图1.2.5）。

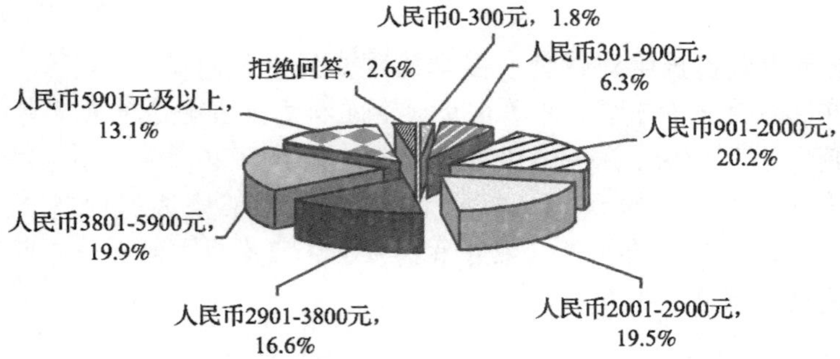

图 1.2.5　2009 年全国 149 个样本城市观众的家庭月收入构成（%）
数据来源：CSM 媒介研究

我国电视观众收入的区域差异依旧比较明显。在经济相对发达的华北、华东和华南地区，观众家庭月收入水平在 2001 元及以上的占到了绝大部分比例，其中华北地区高达 78.3%，华东地区达到 75.3%，华南地区也达到 68.9%；而在西南和西北等经济欠发达地区，这一比例仅在 50%—65% 之间（表 1.2.1）。区域观众收入水平的差异，对区域电视媒体的市场潜力有重要影响，也一定程度上影响着区域市场的竞争格局。

表 1.2.1　2009 年全国七大行政区电视观众的家庭月收入构成（%）

家庭月收入	东北	华北	华东	华南	华中	西北	西南
人民币 0－300 元	1.0	0.6	1.6	0.9	2.6	2.1	4.2
人民币 301－900 元	5.8	3.0	4.6	5.0	8.4	7.7	13.8
人民币 901－2000 元	24.9	16.4	16.2	19.4	26.1	24.5	25.4
人民币 2001－2900 元	23.8	20.1	17.6	18.6	21.0	21.7	20.0
人民币 2901－3800 元	17.1	16.7	18.1	15.7	15.2	16.6	14.9
人民币 3801－5900 元	18.6	23.1	23.2	18.9	16.6	17.5	14.5
人民币 5901 元及以上	7.8	18.4	16.4	15.6	7.1	8.7	6.2
拒绝回答	1.0	1.7	2.3	5.9	3.0	1.2	1.0

数据来源：CSM 媒介研究

三、观众收视行为

经过近半个世纪的发展，中国的电视收视市场已经趋于成熟，观众收视时间和收视规律也趋于稳定。2009 年观众人均收视时间与 2008 年相比没有明显差异，年度收视率走势趋于平缓，以晚间黄金时段为代表的传统黄金收视资源也出现了小幅的萎缩。

（一）人均收视时间

1. 2009 年全国电视观众人均每日收视时间为 176 分钟

自 2001 年以来，我国电视观众人均收视时间一直呈现出下行的发展趋势。在 2005 年和 2006 年，由于各级电视台在新闻和综艺等节目形态上的大力创新和突破，以及世界杯等特殊事件的推动，观众人均收视时间曾一度出现回暖趋势。然而，到2007年，由于观众对选秀和民生新闻等新节目形态产生“审美疲劳”，以及缺乏特殊事件的支撑，观众注意力开始明显游离，到2008年，由于奥运会的举办和一系列特殊事件的发生，观众的注意力又重新回到电视上来，2009年基本延续了2008年的收视态势，人均每日收视时间由2008年的175分钟上升至176分钟，略有提升（图1.3.1）。

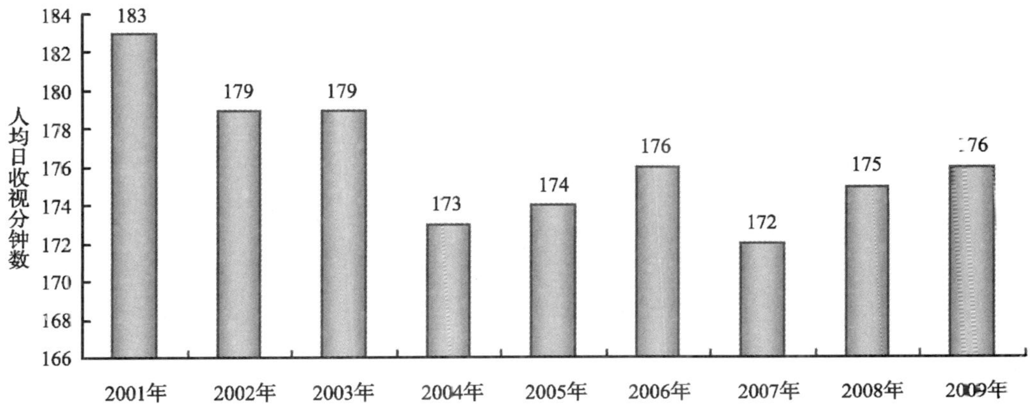

图1.3.1　2001—2009年全国样本市县观众人均每日收视时间（分钟）

数据来源：CSM媒介研究

2. 2009年全国七大行政区观众人均每日收视时间较2008年增减参半

与2008年全国各大行政区观众收视普遍上升不同，2009年七大行政区收视时长较2008年是增减参半，东北、西北和华南地区观众的收视时间较2008年分别有1.98%、2.15%和1.18%的减少，而其他四大行政区的观众收视时间都保持不变或有不同程度的增加，其中华北地区的人均每日收视分钟数从2008年的196分钟上升至197分钟，西南地区从163分钟上升至166分钟，华中地区则从162分钟上升至166分钟，华东地区则保持172分钟不变（表1.3.1）。将区域市场收视变化情况与数字电视转换结合分析，进一步说明了以技术转换为主导的数字电视整体平移很好地促成收视存量的增长。

表1.3.1　2001—2009年全国七大行政区观众人均每日收视时间（分钟）

地区	2001年	2002年	2003年	2004年	2005年	2006年	2007年	2008年	2009年
东北	189	189	190	185	193	198	199	202	198
华北	200	202	204	195	195	198	193	196	197
西北	193	196	194	180	185	187	182	186	182
西南	181	179	177	175	179	183	173	163	166
华东	177	166	168	165	164	166	164	172	172
华南	184	172	173	168	169	171	163	169	167
华中	169	168	164	154	157	160	158	162	166

数据来源：CSM媒介研究

从各区域的收视时间来看，目前东北、华北和西北地区仍然是电视收视水平较高的区域，这很大程度上与上述地区冬季时间较长、气温较低、人们的室内生活时间相对较长有关。相比较而言，在气温相对较高、经济相对发达、人们业余生活相对丰富的华南、华东和华中地区，观众的人均每日收视规模明显较短（图 1.3.2）。

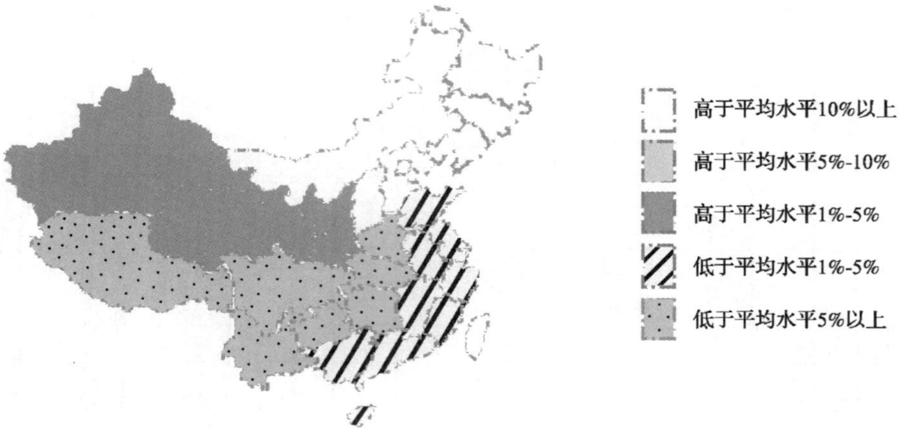

图 1.3.2　2009 年全国电视观众人均每日收视时间区域差异

数据来源：CSM 媒介研究

3. 女性观众人均收视时间多于男性观众

数据显示，2009 年中国女性观众人均每日收视时长为 180 分钟，男性观众为 171 分钟，女性观众平均每日收视时间比男性观众长 9 分钟（表 1.3.2）。从近几年的数据来看，女性观众收视时间长于男性观众是一个规律性现象，而伴随着互联网等新媒体的出现，男性观众的注意力出现了更明显的游离，男女观众收视时间的差距有进一步扩大的趋势。

表 1.3.2　2001—2009 年男女观众平均每日收视时间（分钟）

性别	2001 年	2002 年	2003 年	2004 年	2005 年	2006 年	2007 年	2008 年	2009 年
男	182	177	176	171	172	173	168	172	171
女	183	180	181	175	177	179	176	179	180

数据来源：CSM 媒介研究

4. 中老年观众收视维持稳定，青少年收视发生衰减

中老年观众除了在人数上是中国电视观众的一个主力群体之外，还因其较长的人均收视时长而成为电视收视的主要支撑。2009 年 55—64 岁及 65 岁以上老年人群体的人均每日收视分钟数分别为 247 分钟和 253 分钟，45—54 岁群体为 217 分钟，和前几年相比均略有提升。相比较而言，34 岁及以下的青少年群体的人均每日收视分钟数仅为 130—145 分钟，较中老年群体少了近 100 分钟，其中 15—24 岁群体和 25—34 岁群体在 2009 年的人均每日收视分钟数与 2008 年相比，分别下降了 6 和 4 分钟（图 1.3.3）。年轻群

体的媒体消费模式很大程度上影响着各类媒体在未来竞争中的效果和潜力，年轻群体电视收视时间的衰减值得重视。

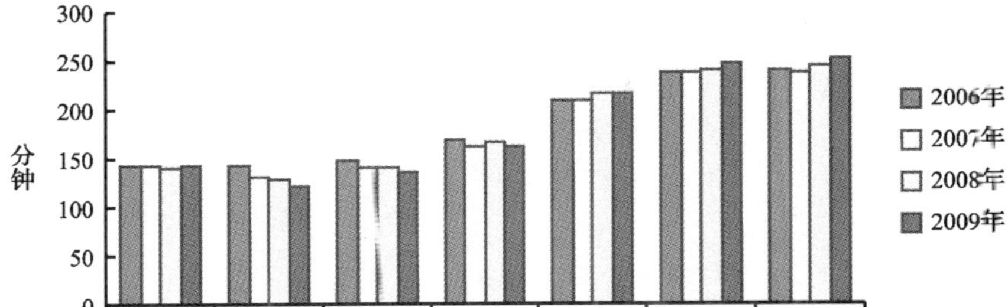

	4-14岁	15-24岁	25-34岁	35-44岁	45-54岁	55-64岁	65岁及以上
2006年	144	142	148	168	210	237	241
2007年	142	132	140	163	209	237	237
2008年	141	128	140	166	216	241	246
2009年	143	122	136	162	217	247	253

图 1.3.3　2006—2009 年不同年龄段观众人均每日收视时间

数据来源：CSM 媒介研究

5. 中等学历观众收视时间较长，高学历观众收视小幅下降

中等学历观众一直拥有较长的人均每日收视时间，2009 年，初中文化程度的观众人均每日收视时间达到 189 分钟，明显高于其他学历群体；小学和高中文化程度群体的人均每日收视时长在 180 分钟左右；未受过正规教育和大学及以上教育程度群体每天大约用 2.5 个小时看电视。与 2008 年相比，2009 年大学及以上教育程度群体的收视时间出现了小幅下降，减少了 6 分钟（图 1.3.4）。

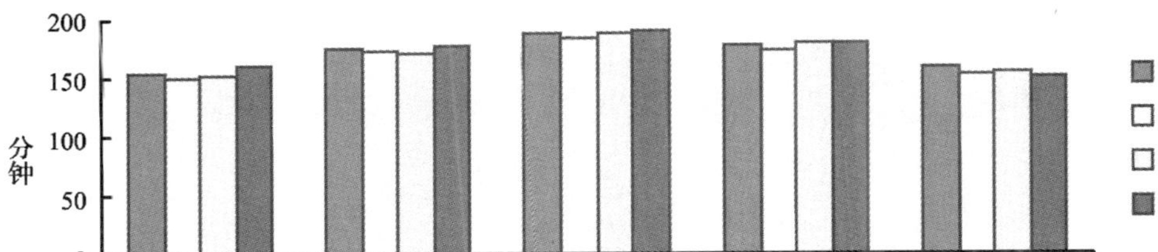

	未受过正规教育	小学	初中	高中	大学及以上
2006年	154	175	187	178	158
2007年	151	172	184	173	152
2008年	153	171	187	179	155
2009年	160	177	189	179	149

图 1.3.4　2006—2009 年不同教育程度观众人均每日收视时间

数据来源：CSM 媒介研究

(二) 全年收视走势

1. 2009 年全年大多数时期收视较为平稳，全年收视较为均衡

和 2008 年相比，2009 年基本为一个常态年，重、特大事件较少，因而大多数时期观众收视都较为平稳，只在春节和国庆长假期间出现了收视小高峰。进入春节黄金周之后，观众收视有明显起色，收视率峰值从 2008 年的 14.08% 上升至 14.75%；到国庆期间出现了一个收视高峰，峰值达到了 12.85%（图 1.3.5）。整体而言，2009 年全年收视表现较为平稳均衡。

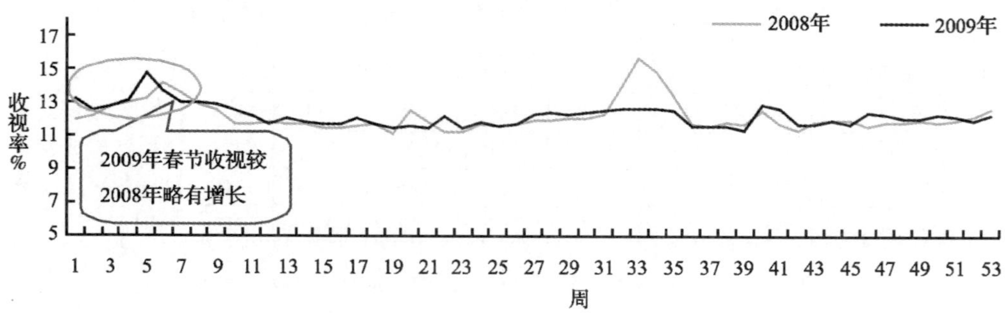

图 1.3.5　2008 年和 2009 年全国样本市县观众全年收视走势

数据来源：CSM 媒介研究

2. 北方地区时期收视普遍偏高，秋、冬季优势最为明显

东北、华北和西北地区在全年各个时期的收视普遍高于华东、华南、华中和西南等地。由于北方冬季较长，户外气温较低，人们比较偏向于在家收看电视，故而北方地区在“五一”之前和“十一”之后的收视要明显高于南方地区（图 1.3.6）。

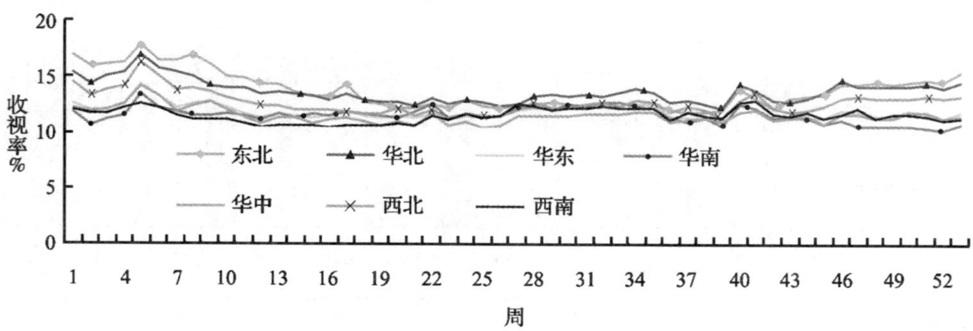

图 1.3.6　2009 年全国七大行政区观众全年收视走势

数据来源：CSM 媒介研究

3. 女性观众全年收视表现优于男性观众

2009 年全年男女观众的时期收视走势基本相同，女性观众收视表现略优于男性（图 1.3.7）。

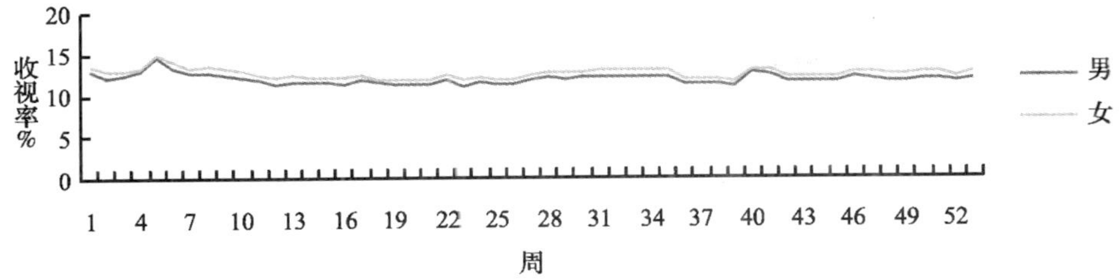

图 1.3.7　2009 年全国 149 样本城市男、女观众全年收视走势

数据来源：CSM 媒介研究

4. 中老年观众收视规律相对稳定，青少年群体收视时期特征明显

45 岁及以上中老年群体在全年各个时期的收视均高于年轻群体，且收视的时期波动性较小；24 岁及以下的青少年群体在大多数时期的收视都相对偏低，不过在寒暑假，以及黄金周等特殊时期，此类群体拥有比较明显的收视高潮，尤以 4—14 岁观众群体表现更为明显（图 1.3.8）。

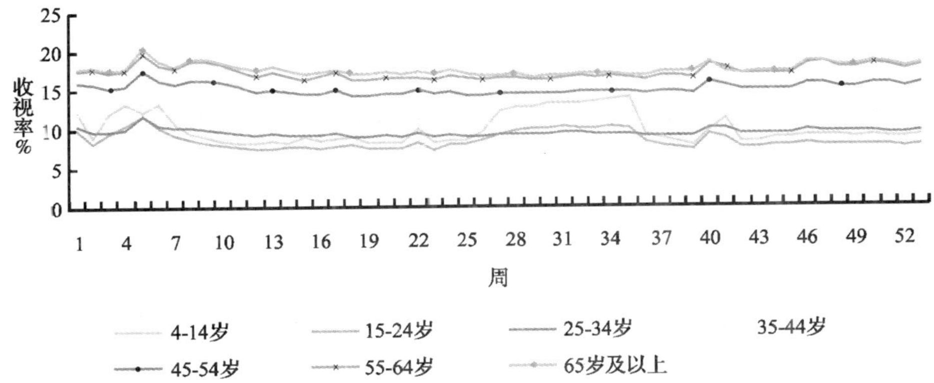

图 1.3.8　2009 年全国 149 样本城市不同年龄观众全年收视走势

数据来源：CSM 媒介研究

5. 中等文化程度观众拥有全年收视优势，低文化程度观众拥有时期收视高潮

中等文化观众在全年大多数时期的收视率都略高于其他群体，在小学和未受过正规教育群体的观众中，有大批的学龄儿童，他们的电视收视明显受到寒暑假等时期因素的影响，故而拥有相对明显的时期收视高峰（图 1.3.9）。

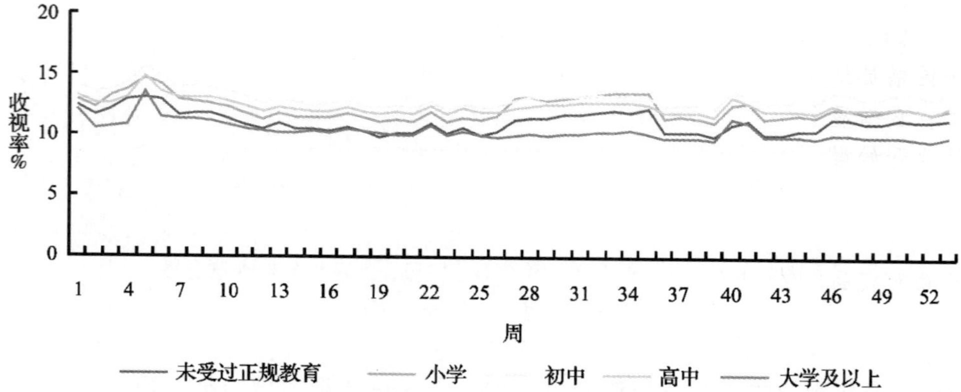

图 1.3.9　2009 年全国 149 样本城市不同教育程度观众全年收视走势
数据来源：CSM 媒介研究

（三）全天收视走势

1. 全天收视规律基本稳定，黄金资源略有萎缩

2009 年，观众的全天收视规律与前几年相比，基本维持稳定。全天收视率曲线呈现双峰形，最突出的一个高峰出现在晚间20:00—22:00,最高收视率水平接近44%；第二个收视高峰出现在午间12:30前后，最高收视率为 15% 左右（图 1.3.10）。总体来说，观众全天收视率走势由于与观众日常工作和生活习惯相符，将长期保持稳定。

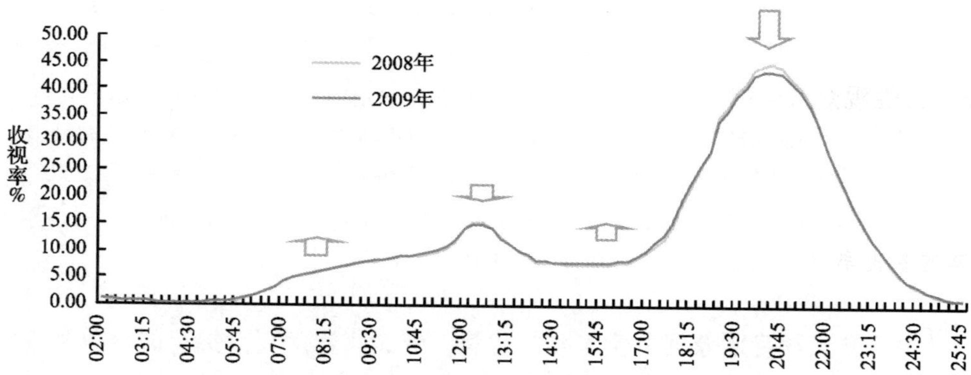

图 1.3.10　2008 年、2009 年全国样本城市（县）观众全天收视走势
数据来源：CSM 媒介研究

在全天收视规律基本稳定的情况下，2009 年每日收视的黄金资源出现了萎缩，主要体现在18:00—22:00收视黄金时段的收视率的下降上。从 2009 年我国观众的每日收视率走势来看，晚间18:00—22:00时段收视率的下降幅度达到 0.5% 左右，其中以19:00—21:45时段下降最为明显。

2. 观众全天收视走势呈现区域性特征

中国幅员辽阔，不同区域的观众由于不同的工作和生活习惯而形成了不同的电视收视规律。数据显示，东北、华北和华东等地区由于地理位置偏东，日出时间较早，故而收视行为开始得比较早，其中东北地区在早间7:00就拥有了10%以上的收视率。同时上述地区由于天黑时间比较早，故晚间时段的收视高峰也开始得比较早，在18:00前后就出现了收视曲线的上升。相比较而言，地理位置相对偏西的西北和西南等地则在深夜时段拥有相对较高的收视（图1.3.11）。

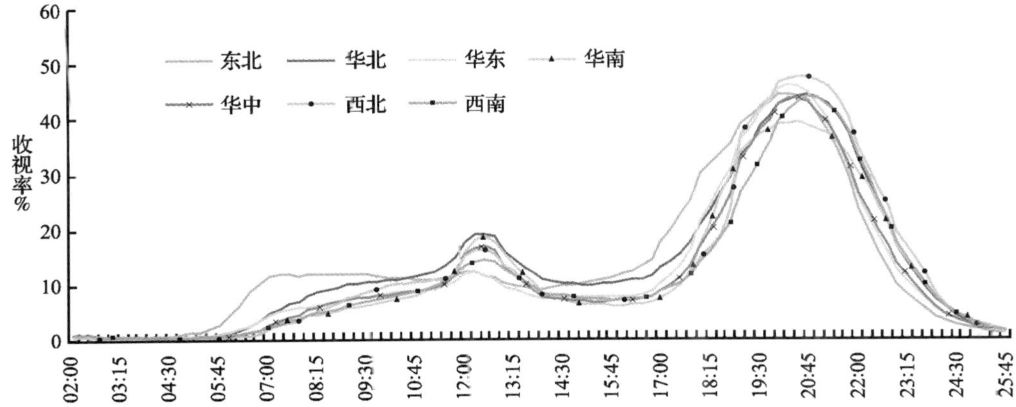

图1.3.11　2009年全国七大行政区域观众全天收视走势

数据来源：CSM媒介研究

3. 女性观众多数时段收视高于男性，男性观众清晨和深夜收视略高于女性

男女观众全天收视的整体规律基本相似。女性观众在全天大多数时段的收视率都高于男性，其中以下午13:00—17:45和晚间19:15—22:45等电视剧和综艺娱乐节目播出的集中时段最为明显。男性群体则在早间6:00—7:45和深夜00:00之后的时段，拥有高于女性群体的收视率（图1.3.12）。

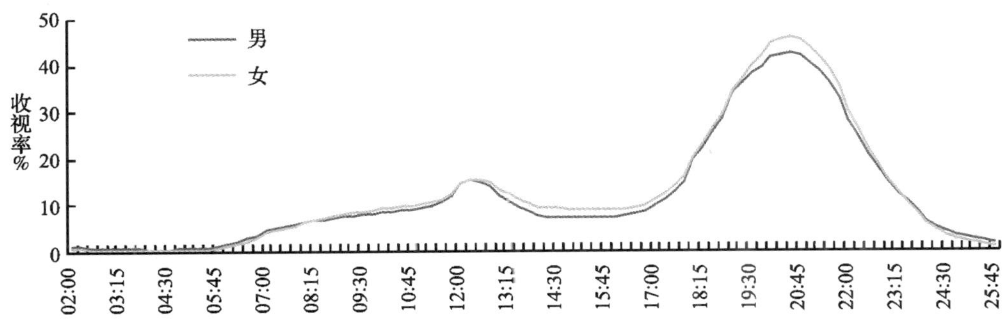

图1.3.12　2009年全国149样本城市不同性别观众全天收视走势

数据来源：CSM媒介研究

4. 生活习惯影响不同年龄观众每日收视走势

受生活和工作安排的影响，不同年龄群体的每日收视走势呈现较大差异。55 岁及以上老年群体拥有相对较长的闲暇时间和相对自主的时间安排，故而在全天大多数时段的收视都明显领先于其他群体，其中在晚间黄金时段老年群体的收视率高达 60% 以上。25—54 岁的中年群体受工作安排的影响，在日间时段的收视率偏低，晚间黄金时段同样拥有比较突出的收视高峰，不过数据同样显示，相对年轻的观众群体更有兴趣接受看电视以外的娱乐休闲活动，其在晚间黄金时段的收视率会越低。25 岁及以下的青少年群体和儿童群体受上学时间的限制，整体收视水平比较低，晚间收视高峰开始得相对较晚，结束得也比较早，全天收视峰值偏低（图 1.3.13）。

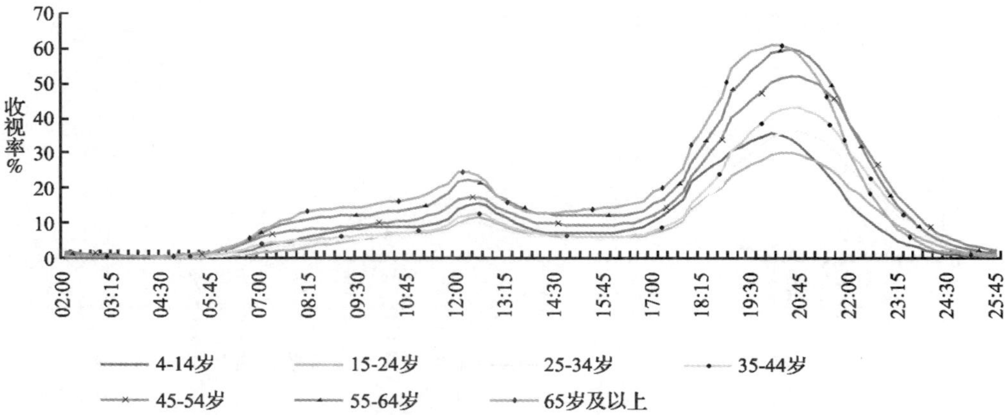

图 1.3.13　2009 年全国 149 样本城市不同年龄观众全天收视走势

数据来源：CSM 媒介研究

5. 不同文化程度观众每日收视走势呈现差异

不同文化程度的观众往往从事不同的职业，拥有不同的工作和生活习惯，故而每日收视走势也会有一定差别。数据显示初中及以下中低教育程度的观众群体在全天大多数时段的收视率都比较高，其晚间收视高峰开始得比较早，在20:00前后就达到了收视高峰，到21:30左右就出现了收视曲线的下滑。相比较而言，高中和大学及以上的中高教育程度群体则在晚间21:00前后出现收视高峰，且收视高峰跨度比较大，在22:00深夜时段拥有明显优于中低教育程度群体的收视（图 1.3.14）。

5. 周末白天收视率明显高于工作日

2009 年中国观众的收视习惯与任何常态年基本一致，与工作日相比，周末的收视优势主要体现在日间时段。从 2009 年观众在周末和工作日的收视走势来看，周末在早间7:30至下午18:00期间的收视率要明显高于工作日（图 1.3.15）。相比较而言，观众在工作日和周末晚间黄金时段的收视基本相近。

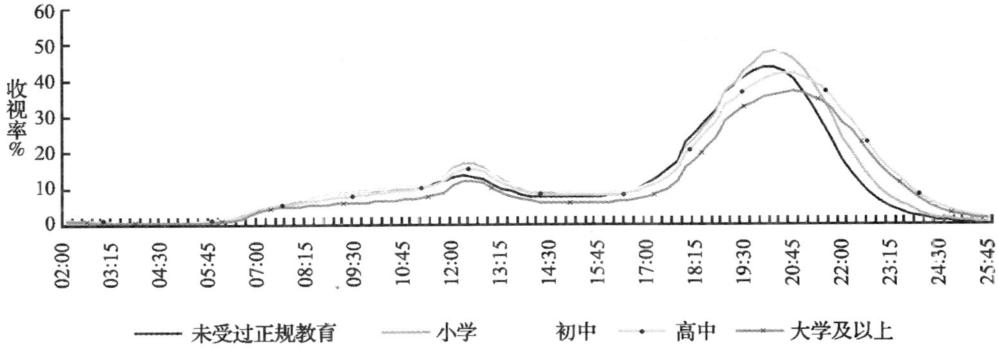

图 1.3.14　2009 年全国 149 样本城市不同教育程度观众全天收视走势

数据来源：CSM 媒介研究

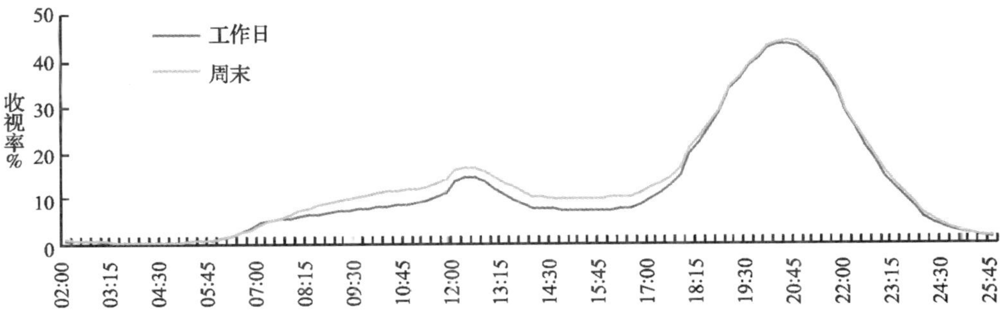

图 1.3.15　2009 年全国 149 样本城市周末和工作日全天收视走势

数据来源：CSM 媒介研究

四、频道竞争格局

经过奥运年的频道格局变化以及金融危机的洗礼，2009 年我国电视收视市场的频道竞争格局在回归至常态的同时，也不可避免地带有沿着后奥运时代轨迹发展前行的成分。无论在全国收视市场还是在重点省、市收视市场，中央级频道的市场份额较奥运年有不同程度的滑落，而省级卫视则在发展放缓的奥运年之后获得突飞猛进的发展。但是，在格局变化之中，仍然存在相对稳定的成分：中央台在全国市场的霸主地位仍然难以撼动；在整体市场剧烈变化的同时，细分目标观众由于长期以来形成的收视习惯和对频道定位的认知，对不同级别频道的偏好仍相对稳定；语言、地域、习俗等相对稳定的因素对受众频道和节目收视选择的影响不容忽视，是保证收视市场稳定发展的重要缓冲机制。

（一）全国电视收视市场的频道竞争格局

在本年鉴中，我们对全国电视收视市场的定义是所有能够覆盖全国的电视频道及其观众所组成的收视市场。2009 年，能够覆盖全国的电视频道包括中央电视台 15 个频道、中国教育台2个频道以及省级卫视46个频道，共63个频道，与2008年相同。

1. 中央台竞争力大幅下滑，省级卫视高歌猛进

经过奥运年频道竞争格局的剧烈变化后，2009年整体市场的频道竞争格局既有沿着奥运前的发展方向继续前行的成分，同时又有经过奥运和金融危机的洗礼、各级频道探索适合自己发展道路的特点。在全国电视收视市场，2009年中央电视台15个频道的市场份额较借奥运转播优势获得份额提升的2008年大幅度下滑，从60.7%降至53.6%，但其在全国市场仍占据着收视霸主地位。省级卫视的市场份额连年保持增长之势，且增长幅度在2009年进一步扩大，由38.9%提升至45.9%，增长了7个百分点，在一定程度上弥补了2008年奥运会以及重大事件频发等因素造成的增长放缓。中国教育台2个频道所占据的市场份额较小，仅为0.5%，较2008年略有上升（图1.4.1）。

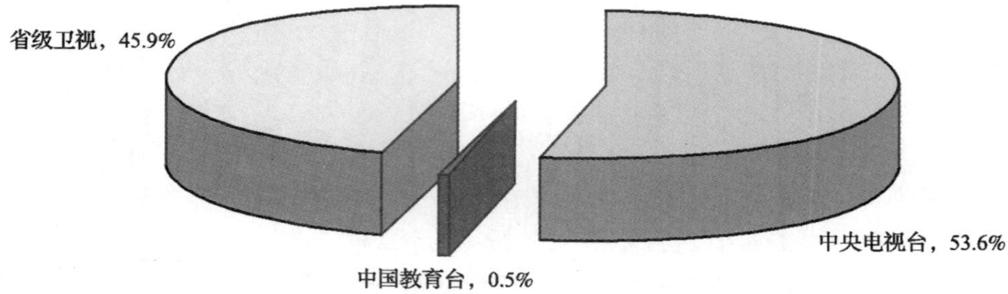

图1.4.1　2009年全国电视收视市场上各类频道的市场份额（%）
数据来源：CSM媒介研究

2. 中央台在传统黄金时段领先，省级卫视多时段突破

2009年各级频道全天的时段竞争格局显示出中央台和省级卫视竞争力在全天不同时段的此消彼长。中央电视台15个频道仍然在全天的三个传统收视量较大时段处于绝对的领先地位，这种领先优势在早5:00—9:00时段、中午10:30—13:30时段以及晚间17:00—21:30时段更为明显，市场份额均超过50%，且这三个优势时段的跨度较2008年有所扩大。省级卫视则一改前几年仅在一个时段有所突破的局面，在2009年形成了清晨、上午、下午、深夜四个突破时段，其中下午13:30—17:30突破时段的跨度长达4个小时，晚间21:30之后的优势时段也一直延续至深夜，这些突破时段为全天市场份额的提升做出了突出贡献。中国教育台2个频道在全天各时段所占份额仍然较小，在三类频道的竞争中明显处于弱势（图1.4.2）。

图 1.4.2　2009 年全国电视收视市场各类频道全天市场份额（%）走势

数据来源：CSM 媒介研究

3. 中央台凝聚高端收视群体，省级卫视在年轻学生观众中稳定根基

在整体市场竞争格局有所变化的2009年，各级频道对于细分收视群体的凝聚力仍然延续前几年的发展趋势，显示出频道在细分目标观众中影响力的相对稳定：中央台对男性、中老年、高学历、职业稳定以及中高收入的收视群体凝聚力更强；省级卫视则对那些年轻、学生以及中低学历和收入的收视群体更具吸引力；中国教育台本身市场份额较低，在不同细分收视群体中的影响力差异也不大。

在以性别为细分标准的收视市场上，男性观众对中央台的收视份额高于所有观众的平均收视份额近4个百分点，而女性对省级卫视的收视份额则较所有观众的平均收视份额有较大程度提升。在以年龄为细分标准的收视市场上，中央台频道对45岁以上的中老年观众尤其是65岁及以上的老年观众的吸引力较强，该类观众对中央台频道的收视份额远高于4岁及以上观众平均水平；4—24岁的年轻观众对省级卫视的收视份额较所有观众平均水平更高，其中15—24岁观众对省级卫视的收视份额较4岁及以上所有观众对省级卫视收视份额高出10个百分点以上，反映出省级卫视在年轻收视群体中的影响力更加扎实。在以学历为细分标准的收视市场上，高中及以上的中高学历收视群体对中央台的收视份额明显高于所有观众平均水平，初中及以下学历的观众则对省级卫视的收视份额更高。在以职业为细分标准的收视市场上，干部/管理人员和初级公务员/雇员两类职业较为稳定的观众以及无业观众依然对中央台频道的收视份额更高，而学生群体对省级卫视则表现出更高的收视份额。在以收入为细分标准的收视市场上，个人月收入在600元以上观众尤其是个人月收入在1701元以上的中高收入观众对中央台收视份额明显高于所有观众平均水平，而个人月收入在600元以下的低收入和无收入观众则对省级卫视的收视份额大幅提升，其中可能较多为没有收入的年轻学生群体。

表 1.4.1　2009 年各类频道在不同目标观众群体中的市场份额（%）

目标观众	中央电视台	省级卫视	中国教育台
4 岁及以上所有人	53.6	45.9	0.5
男	57.3	42.3	0.4
女	50.0	49.5	0.5
4-14 岁	45.3	54.2	0.5
15-24 岁	42.6	56.9	0.5
25-34 岁	52.1	47.4	0.5
35-44 岁	52.0	47.6	0.5
45-54 岁	55.0	44.5	0.5
55-64 岁	59.1	40.5	0.4
65 岁及以上	63.0	36.6	0.4
未受过正规教育	52.8	46.7	0.5
小学	49.6	49.9	0.5
初中	51.9	47.6	0.5
高中	55.3	44.3	0.5
大学及以上	59.5	40.1	0.5
干部/管理人员	59.7	39.9	0.4
个体/私营企业人员	53.1	46.4	0.5
初级公务员/雇员	56.1	43.4	0.5
工人	52.9	46.7	0.5
学生	42.7	56.8	0.5
无业	57.6	42.0	0.5
其他	45.1	54.4	0.4
0-600 元	48.3	51.2	0.5
601-1200 元	55.4	44.1	0.5
1201-1700 元	57.3	42.2	0.5
1701-2600 元	58.4	41.1	0.5
2601 元及以上	58.7	40.8	0.5

数据来源：CSM 媒介研究

4. 中央台频道仍然占据收视排名多数席位，浙江卫视突围进入前 15 位

在 2009 年全国电视收视市场市场份额排名前十五位的频道中，中央电视台频道仍然占据了十个席位，其余五家为省级卫视。中央电视台综合频道以 13.3% 的市场份额高居榜首，较 2008 年的 16.8% 下降了 3.5 个百分点；中央台八套、中央台六套和中央台三套仍分列第三至五位；在没有奥运会这样的重大体育事件的 2009 年，中央台五套由 2008 年的第四位回落至第六位；中央台十二套取代中央台十套入围前十五位。五家省级卫视中，湖南卫视以 6.6% 的市场份额由 2008 年的第六位跃升至第二位，江苏卫视由 2008 年的第十二位上升至第九位，山东卫视由 2008 年的第十三位下滑至第十四位，安徽卫视仍然保持在第十一位，浙江卫视取代四川卫视在 2009 年一举入围前十五位，市场份额获得翻倍增长。

表 1.4.2 2009 年全国电视收视市场市场份额排名前十五位的频道

排名	频道	2009 年市场份额%	2008 年市场份额%
1	中央电视台综合频道	13.3	16.8
2	湖南电视台卫星频道	6.6	5.4
3	中央台八套	5.8	6.3
4	中央台六套	5.7	5.6
5	中央台三套	5.6	5.9
6	中央台五套	4.0	5.8
7	浙江卫视	3.7	1.8
8	中央台四套	3.6	3.8
9	江苏卫视	3.4	2.4
10	中央电视台少儿频道	3.2	3.1
11	安徽卫视	2.9	2.8
12	中央台二套	2.8	3.5
13	中央电视台新闻频道	2.7	3.0
14	山东卫视	2.3	2.3
15	中央台十二套	2.2	1.9

数据来源：CSM 媒介研究

（二）四川省电视收视市场的频道竞争格局

1. 中央台和外省卫视占据六成以上市场份额，本省频道实力居中

四川省电视收视市场的频道竞争格局，属于中央台和外省卫视实力较强、本省频道实力居中的类型。2009 年，在四川省电视收视市场，中央电视台 15 个频道所占市场份额为 34.0%，外省卫视共获得了 29.7% 的市场份额，与中央台频道共占据了整体市场超过六成的份额。四川省级频道竞争力次于中央级频道及外省卫视，占据了 21.0% 的市场份额，其中四川卫视和四川电视台公共频道两个频道实力最强，共占超过 10% 的份额。包括本省众多城市台在内的其他频道也占据了 14.8% 的份额，中国教育台在四川市场获得的份额为 0.5%，对整体市场影响不大。总的来看，四川市场各类频道竞争力呈阶梯分布，中央台频道实力略强，外省卫视实力次之，四川本省频道和城市台频道的实力还有待进一步提高。

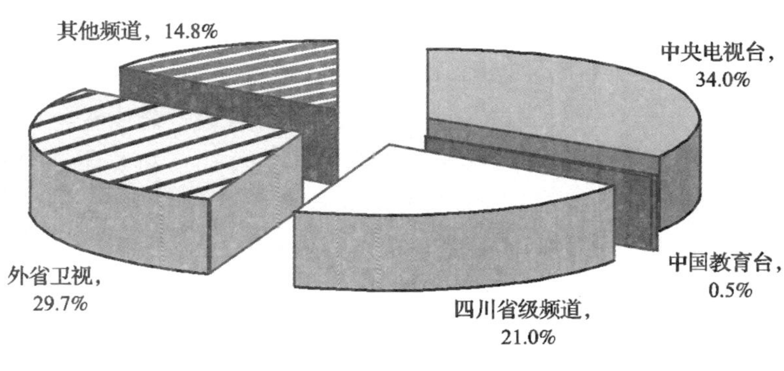

图 1.4.3 2009 年四川省电视收视市场上各类频道的市场份额（%）
数据来源：CSM 媒介研究

2. **中央台和外省卫视全天时段分别领跑收视，四川省级频道晚间黄金时段实力最强**

在四川市场各类频道全天不同时段的市场份额竞争中，中央电视台频道和外省卫视在绝大多数时段都保持了领先的优势，并形成分别领跑的态势。中央台在早、午、晚三个时段领先优势明显，外省卫视则在日间的上、下午时段和后晚间21:30—24:00时段优势更强。在这样的竞争形式之下，四川省级频道仅在晚间18:00—20:00有较好的竞争表现，并在18:45—19:30这一时段内份额一举超过中央台和外省卫视而雄踞市场首位。包括城市台在内的其他频道在全天的市场份额走势平稳，没有太大的起伏，中国教育台频道由于整体份额较低，因而对全天时段竞争格局影响微弱。

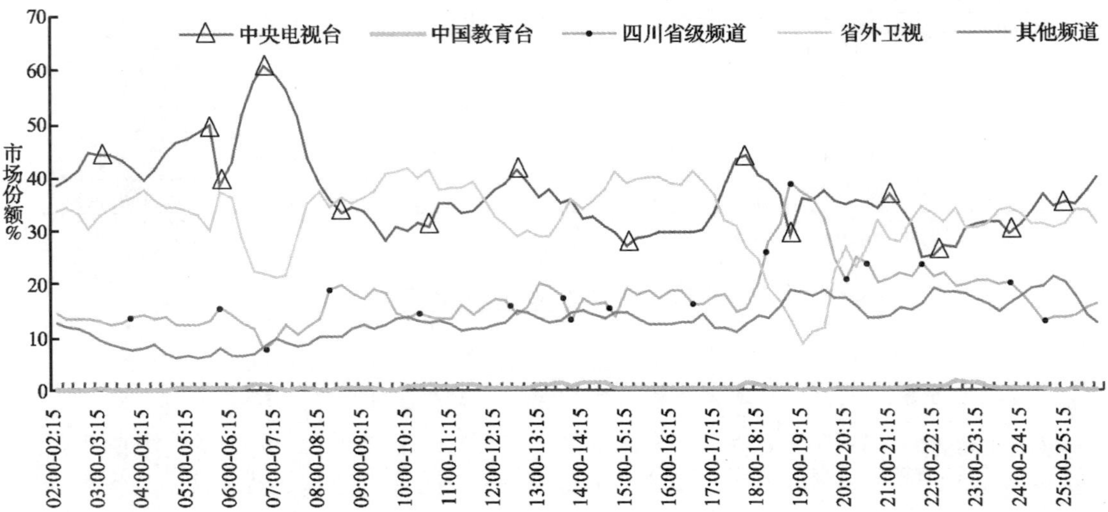

图 1.4.4 2009 年四川电视收视市场各类频道全天市场份额（%）走势

数据来源：CSM 媒介研究

3. **中央台对高端群体吸引力更强，四川省级频道更受老年观众青睐**

四川省电视收视市场各级频道在细分收视群体中的竞争格局，显示出不同定位的频道对细分目标观众的吸引力差异。中央台对男性、中老年、高学历、高收入、干部/管理人员等高端群体的吸引力更强；外省卫视对女性、年轻、学生群体更具影响力；四川本省频道则更受女性、老年和低学历观众青睐。

在以性别为细分标准的收视市场上，中央台在男性观众中的收视份额明显更高，四川省级频道和外省卫视则在女性观众收视中获得更多的关注。在以年龄为细分标准的收视市场上，中央台在35—64岁的中青年和中老年观众收视中取得领先地位，外省卫视在25岁以下年轻观众的收视中份额高于所有观众平均水平，而四川省级频道则在45—54岁以及65岁以上观众中的收视份额更高，中国教育台在15—44岁的观众中更具影响力。在以学历为细分标准的收视市场上，高中及以上的中高学历收视群体对中央台的收视份额明显更高，小学学历的收视群体对四川省级频道收视份额较高的群体是初中学历观众，中国教育台对小学以下学历及高中学历观众的吸引力更强，其他频道在低学历和高学历观众中的影响力高于对所有观众平均的影响力。在以职业为细分标准的收视市场上，中央电视台在干部/管理人员、初级公务员/雇员中占据明显优势，四川省级频道在学生中的收视份额略高于平均水平，外省卫视则对工人及学生的收视影响力更强。在以收入为细分标准的收视市场上，中央台对个人月收入1201元以上的中高收入观众吸引力较强，四川省级频道和外省卫视在低收入和群体中具有一定优势（表1.4.3）。

表1.4.3　2009年四川市场各类频道在不同目标观众群体中的市场份额（%）

目标观众	中央电视台	中国教育台	四川省级频道	省外卫视	其他频道
4岁及以上所有人	34.0	0.5	21.0	29.7	14.9
男	36.3	0.5	20.5	27.6	15.0
女	31.4	0.6	21.5	31.8	14.7
4-14岁	30.3	0.5	21.8	34.3	13.1
15-24岁	30.6	0.6	19.4	35.5	13.9
25-34岁	34.3	0.6	19.8	27.8	17.5
35-44岁	35.1	0.6	20.4	29.9	14.1
45-54岁	34.5	0.5	22.5	28.4	14.1
55-64岁	38.0	0.5	20.1	24.7	16.8
65岁及以上	34.0	0.5	24.4	26.3	14.9
未受过正规教育	32.1	0.6	21.2	29.5	16.6
小学	32.2	0.6	22.9	29.1	15.3
初中	33.6	0.5	20.5	30.8	14.7
高中	39.7	0.6	17.7	29.1	13.0
大学及以上	43.1	0.5	16.6	22.9	17.0
干部/管理人员	43.9	0.5	12.8	22.2	20.6
个体/私营企业人员	36.4	0.4	20.5	29.4	13.4
初级公务员/雇员	39.6	0.6	19.0	24.8	16.0
工人	36.5	0.5	17.6	31.1	14.4
学生	29.5	0.5	21.3	36.4	12.3
无业	37.5	0.5	18.3	29.5	14.2
其他	32.6	0.6	22.9	27.6	16.2
0-600元	32.3	0.5	21.8	30.3	15.1
601-1200元	36.5	0.6	19.5	29.5	14.0
1201-1700元	43.3	0.6	17.4	24.2	14.6
1701-2600元	41.9	0.4	17.4	25.6	14.7
2601元及以上	44.3	0.3	13.0	21.3	21.1

数据来源：CSM媒介研究

4. 三类频道收视排行所占席位数差距不大，中央台频道数量略为胜出

在四川省电视收视市场，2009年单个频道市场份额排名前十五位中，中央台、外省卫视和四川本省频道占据的席位数差距不大，其中中央台频道占据的席位略多，为六个席位；外省卫视次之，占据了五个席位，四川本省频道则在前十五位中占据了四个席位。整个市场竞争力最强的三个频道呈均分之势，中央台六套、四川卫视和湖南电视台卫星频道各占其一，份额差距也并不悬殊。除此以外，四川本省频道中的四川电视台公共频道和四川电视台经济频道竞争实力不俗，所占份额均超过4%，分别排名第四位和第七位；中央台八套和中央台综合频道分别排名第五位和第六位；外省卫视中的浙江卫视、重庆卫视、安徽卫视、山东卫视均入围（表1.4.4）。

表1.4.4　2009年四川收视市场市场份额排名前15位的频道

排名	频道	2009年市场份额%	2008年市场份额%
1	中央台六套	7.2	4.5
2	四川卫视	6.0	9.6
3	湖南电视台卫星频道	5.7	6.2
4	四川电视台公共频道	5.4	2.5
5	中央台八套	4.5	4.4
6	中央电视台综合频道	4.3	13.0
7	四川电视台经济频道（三套）	4.1	2.7
7	浙江卫视	4.1	1.5
9	中央台三套	3.2	3.6
9	中央电视台少儿频道	3.2	2.2
11	重庆卫视	2.8	3.2
11	安徽卫视	2.8	2.9
13	中央台十二套	2.6	1.7
14	山东卫视	2.3	1.8
15	四川电视台新闻资讯频道	2.0	1.9

数据来源：CSM媒介研究

（三）北京市电视收视市场的频道竞争格局

1. 北京台领先优势扩大，中央台份额有所萎缩

经过奥运传播对整体市场竞争格局带来一定翻转影响的2008年，2009年北京收视市场的频道竞争格局大致回归常态。北京台重新领跑市场并将领先优势扩大，市场份额由2008年的35.8%上升至39.8%，中央电视台则由2008年的35.1%回落至28.0%，两类频道由2008年的平分之势变为2009年一升一落。外省卫视频道2009年竞争力水平基本保持稳定，市场份额为19.4%，较2008年的20.1%略有下降，改变了连续几年增长的势头。中国教育台频道在北京市场凭借三套节目而获得了相对高于其他市场的份额，2009年的1.8%较2008年的1.7%略有增长（图1.4.5）。

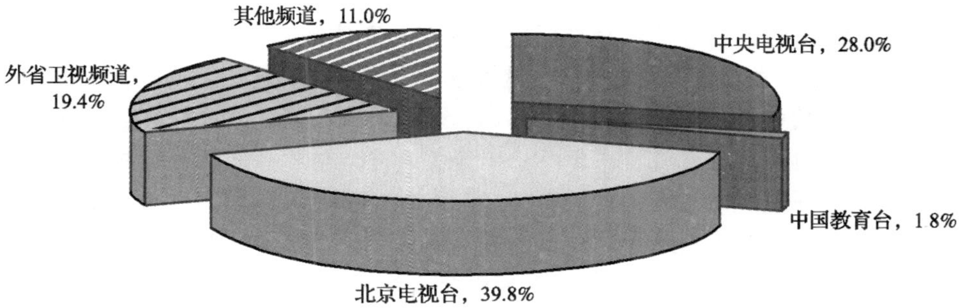

图 1.4.5　2009 年北京电视收视市场上各类频道的市场份额
数据来源：CSM 媒介研究

2. 北京台早、午、晚三时段竞争优势领先，与中央台及外省卫视竞争力此消彼长

2009 年，北京台竞争力提升不仅反映在整体市场上，在全天不同时段也将竞争优势进一步扩大。早、午、晚三段市场份额居首的时段跨度都较前两年明显扩大，且收视峰值也有所提高，这就在一定程度上挤压了中央台和外省卫视原来的优势时段。除了清晨和深夜，中央台的优势时段仅保留在上午8:00—9:00以及午前的半小时左右，原来在上下午时段具有的领先优势被北京台和外省卫视所赶超。外省卫视除了在14:00—15:00左右竞争力略有突破外，在全天其他时段的竞争优势被湮没在激烈的频道竞争之中。总的来看，中央台和外省卫视的市场份额与北京台形成明显的此消彼长之势，在北京台形成收视高峰的时段，中央台和外省卫视市场份额形成低谷。

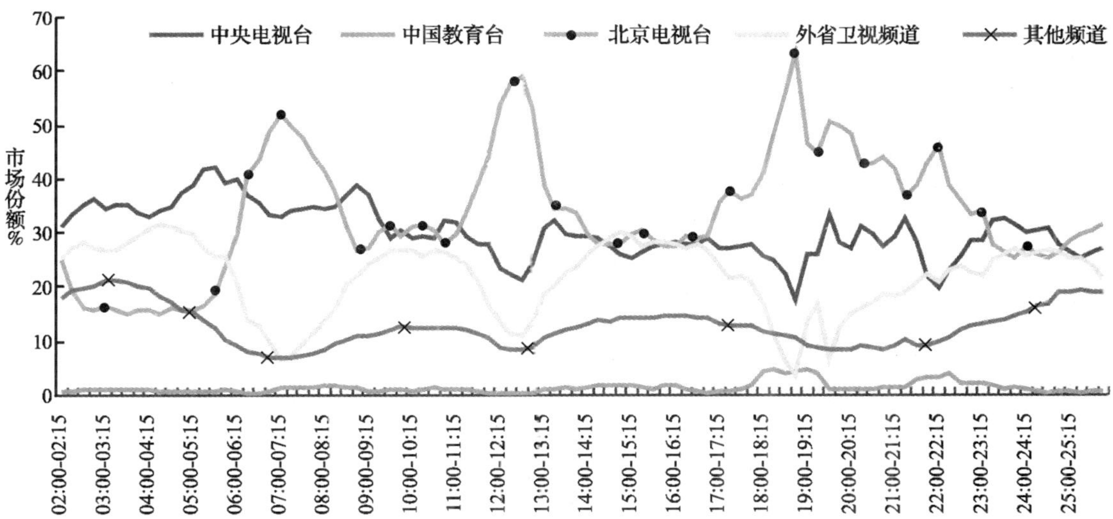

图 1.4.6　2009 年北京电视收视市场各类频道全天市场份额（%）走势
数据来源：CSM 媒介研究

3. 细分观众市场频道实力相对稳定，北京台对中老年女性群体吸引力更强

虽然2009年北京市场整体竞争格局有所变化，但各级频道对细分收视群体的凝聚力仍然延续前几年的发展趋势：中央台对男性、老年、中高收入观众保持了较强的凝聚力和吸引力，北京台继续在女性、中老年、中等收入观众中发挥较强的影响力，外省卫视频道更受女性、年轻、学生群体的喜爱。

在以性别为细分标准的收视市场上，男性观众对中央台的收视份额明显高于所有观众平均水平，而女性观众则对北京台更加青睐，其对外省卫视的收视份额也较男性更高。在以年龄为细分标准的收视市场上，中央台对65岁以上的老年观众继续发挥强大影响力，其对中央台的收视份额达到36%；北京台频道则对45岁以上观众保持了较强的吸引力，该类观众对频道的收视份额远高于4岁及以上观众平均水平；外省卫视对年轻观众的吸引力明显更高，24岁以下观众对该类频道的收视份额超过24%，35—44岁观众对该类频道的收视份额超过23%，远高于4岁及以上所有观众的平均水平。在以学历为细分标准的收视市场上，中央电视台对未受过正规教育及大学以上观众吸引力更强；北京台更吸引低学历和中等学历观众收视，未受过正规教育及初高中学历的观众对北京台的收视份额更高；外省卫视更吸引的群体是初中以下学历的观众。在以职业为细分标准的收视市场上，中央台对干部/管理人员的吸引力更强，北京台则对无业观众更具吸引力，外省卫视对个体/私营企业人员、工人和学生观众有较强吸引力。在以收入为细分标准的收视市场上，中央台对个人月收入达到1700元以上的高收入群体更具号召力；北京台对个人月收入在601—1700元范围内的中等收入群体吸引力较强；外省卫视频道对低收入收视群体凝聚力较强，个人月收入在0—600元之间的观众对其收视份额达到23.8%。中国教育台频道相对而言更吸引男性、15—34岁、大学以上学历、初级公务员/雇员、工人及中等及低收入水平的收视群体（表1.4.5）。

4. 北京台频道占据收视排行榜前五位，外省卫视仅湖南卫视入围

与2008年类似，2009年北京市场收视份额排名前十五位的频道中，中央台与北京台频道各占七个，在数量上暂打平手，外省卫视中仅有湖南卫视一家频道入围，以2.3%的市场份额排名第十一位。但从频道位次的分布来看，北京台频道的实力则更为领先。收视排行榜前五位均被北京台频道所占据，其中，北京卫视以8.9%的市场份额跃居第一位，超过2008年高居榜首的北京电视台影视频道，领先优势接近1个百分点。北京电视台科教频道、文艺频道和生活频道分别排名第三位至第五位。中央电视台五个频道占据了收视排行榜的第五至第十位。其中，中央台六套以4.1%的市场份额排名第六位，中央电视台综合频道以4.0%的份额排名第七位，较2008年明显下滑。中央台三套、八套和五套也是中央台频道中较受北京观众喜爱的频道。与上年相比较，2009年北京卡酷动画卫星频道由2008年的第十九位上升至第十三位，取代北京电视台青少频道入围前十五位（表1.4.6）。

表 1.4.5 2009 年北京市场各类频道在不同目标观众群体中的市场份额（%）

目标观众	中央电视台	中国教育台	北京电视台	外省卫视频道	其他频道
4 岁及以上所有人	28.0	1.8	39.8	19.4	11.0
男	30.0	1.9	38.0	18.3	11.9
女	25.9	1.8	41.6	20.6	10.1
4 - 14 岁	24.2	0.9	37.4	24.5	13.0
15 - 24 岁	22.8	3.6	36.3	24.3	13.0
25 - 34 岁	27.0	2.9	34.8	19.5	15.9
35 - 44 岁	27.2	1.7	36.7	23.4	11.1
45 - 54 岁	27.3	1.6	42.3	18.8	10.0
55 - 64 岁	27.4	1.7	43.7	17.4	9.9
65 岁及以上	36.0	1.0	40.8	14.3	8.0
未受过正规教育	30.6	0.8	41.1	17.5	10.1
小学	31.0	1.4	37.9	22.2	7.4
初中	27.4	1.5	41.7	21.7	7.8
高中	26.3	1.9	40.2	19.3	12.2
大学及以上	29.5	2.4	37.3	16.2	14.5
干部/管理人员	30.2	1.6	39.3	15.5	13.4
个体/私营企业人员	28.5	1.8	36.2	23.7	9.8
初级公务员/雇员	26.1	2.5	39.2	19.4	12.8
工人	25.9	2.2	38.1	21.8	12.0
学生	23.3	1.1	35.9	26.3	13.4
无业	29.6	1.6	41.9	17.1	9.8
其他	32.4	1.0	36.5	26.0	4.2
0 - 600 元	27.0	1.7	37.4	23.8	10.1
601 - 1200 元	27.7	2.0	40.9	21.1	8.3
1201 - 1700 元	27.5	1.9	42.2	17.5	11.0
1701 - 2600 元	29.2	1.4	40.9	17.5	11.1
2601 元及以上	28.3	2.5	38.0	16.6	14.5

数据来源：CSM 媒介研究

表 1.4.6 2009 年北京市场收视份额排名前十五位的频道

排名	频道	2009 年收视份额%	2008 年收视份额%
1	北京卫视	8.9	7.5
2	北京电视台影视频道	8.0	8.4
3	北京电视台科教频道	5.6	3.4
4	北京电视台文艺频道	4.6	4.4

续表

排名	频道	2009 年收视份额%	2008 年收视份额%
5	北京电视台生活频道	4.2	4.0
6	中央台六套	4.1	4.9
7	中央电视台综合频道	4.0	5.7
8	中央台三套	3.5	4.1
9	中央台八套	2.8	3.5
10	中央台五套	2.4	3.5
11	湖南电视台卫星频道	2.3	2.2
12	中央台四套	2.2	2.5
13	北京卡酷动画卫星频道	2.0	1.6
13	北京电视台财经频道	2.0	2.0
15	中央台二套	1.9	2.8

数据来源：CSM 媒介研究

（四）上海市电视收视市场的频道竞争格局

1. 上海本地频道仍然占据半壁江山，外省卫视频道份额继续增长

2009 年，上海电视收视市场的竞争格局也回归至常态。上海本地频道稳稳占据着整体收视市场的半壁江山，但市场份额较2008 年有所下滑。中央电视台的市场份额也较奥运年回落至 18.2%，竞争优势缩小。外省卫视频道则在 2009 年加快了追赶的步伐，19.6%的份额较 2008 年的 15.7%增幅不小，自 2007 年以来一直保持着高速增长。中国教育台频道在上海市场的份额仅为 0.3%，较 2008 年增长了 0.1 个百分点（图 1.4.7）。

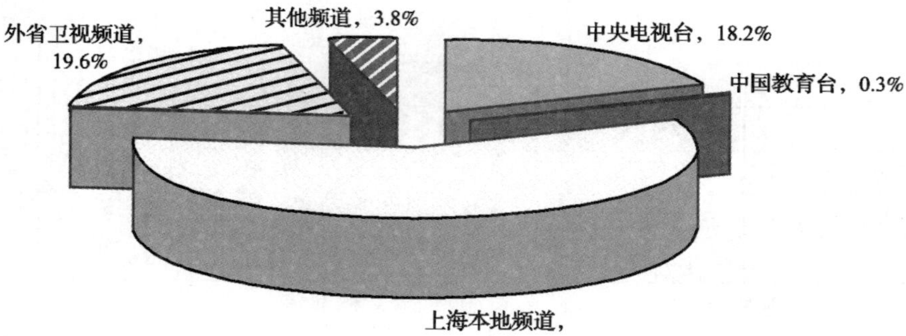

图 1.4.7　2009 年上海电视收视市场上各类频道的市场份额（%）

数据来源：CSM 媒介研究

2. 上海市级频道领跑全天收视，中央台和外省卫视在清晨略有突破

在整体市场回归常态竞争的同时，上海电视收视市场全天不同时段的频道竞争格局也延续以往的发展轨迹。上海市级频道在全天多数时段的收视竞争中以绝对的优势领跑

收视市场。中央台和外省卫视仅在清晨3:00—6:00时段略有突破，市场份额超过了上海本地频道，而在上海本地频道收视开始增长后又急遽滑落。从收视高峰的分布来看，在全天领先的上海本地频道早间7:00左右的第一个收视高峰市场份额已经突破70%，较2008年进一步提升；在午间的第二个小收视高峰市场份额也超过50%；而在晚间19:00左右的第三个收视高峰的市场份额已经超过88%，垄断优势更加明显（图1.4.8）。

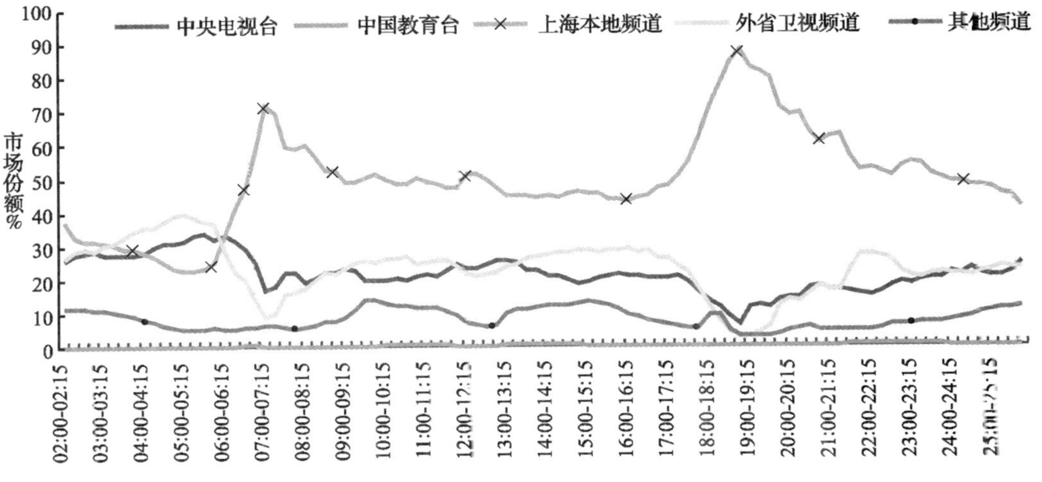

图1.4.8　2009年上海电视收视市场各类频道全天市场份额（%）走势

数据来源：CSM媒介研究

3. 中央台仍吸引高端群体收视，上海市级频道在细分市场依旧优势明显

2009年，上海市级频道的领先优势依然体现在不同细分收视群体的收视中，在所有细分群体中的市场份额均超过50%，中央台依旧保持了在高端收视群体中的影响力，而外省卫视则持续受到年轻、女性、学生观众的青睐。

在以性别为细分标准的收视市场上，中央台更吸引男性观众的收视，男性观众对中央台的收视份额超过所有观众平均水平3个百分点；上海本地频道和外省卫视则对女性观众更具吸引力。在以年龄为细分标准的收视市场上，中央台对35岁以上尤其是55岁以上的观众吸引力更强；上海市级频道则对45岁以上观众的吸引力较强；外省卫视频道对44岁以下观众的吸引力明显更高，该类观众对频道的收视份额在21%以上。在以学历为细分标准的收视市场上，中央电视台对初中和大学及以上学历观众吸引力更强；上海市级频道则更吸引中低学历观众收视，小学以下学历的观众对上海台的收视份额超过60%；外省卫视明显更吸引中低学历观众，其中小学学历观众对其收视份额达到22.8%，较平均水平高出3.2个百分点。在以职业为细分标准的收视市场上，中央台对干部/管理人员、个体/私营企业人员的吸引力明显超过平均水平，上海市级频道对无业观众吸引力较强，外省卫视对初级公务员/雇员、工人和学生观众有较强吸引力。在以收入为细分标准的收视市场上，中央台对中等及高收入水平的群体号召力更强，上海市级频道对个人月收入在601—1700元之间的观众吸引力较强，外省卫视在个人月收入0—600元的观众中收视份额更高（表1.4.7）。

表 1.4.7　2009 年上海各类频道在不同目标观众群体中的市场份额（%）

目标观众	中央电视台	中国教育台	上海本地频道	外省卫视频道	其他频道
4 岁及以上所有人	18.2	0.3	58.1	19.6	7.1
男	21.5	0.2	55.6	18.4	7.7
女	14.8	0.3	60.6	20.8	6.5
4 - 14 岁	13.5	0.2	54.8	27.5	4.8
15 - 24 岁	12.2	0.3	57.1	25.6	5.9
25 - 34 岁	18.0	0.2	54.2	21.2	8.2
35 - 44 岁	20.0	0.2	55.0	21.4	6.1
45 - 54 岁	17.7	0.3	59.0	18.8	8.4
55 - 64 岁	19.2	0.2	60.6	16.8	8.0
65 岁及以上	21.1	0.3	60.3	16.4	4.6
未受过正规教育	14.2	0.3	60.9	21.7	3.8
小学	14.9	0.3	60.5	22.8	2.4
初中	19.8	0.2	57.8	19.2	6.1
高中	17.6	0.2	57.9	19.9	7.6
大学及以上	18.8	0.3	57.6	17.8	10.4
干部/管理人员	19.3	0.2	56.2	18.5	9.1
个体/私营企业人员	23.0	0.2	53.5	18.1	8.4
初级公务员/雇员	17.3	0.3	57.6	19.9	7.5
工人	18.3	0.3	57.1	21.5	5.3
学生	12.5	0.3	54.6	28.9	4.7
无业	18.6	0.3	60.2	17.6	7.4
其他	18.3	0.4	55.0	24.8	4.2
0 - 600 元	15.9	0.3	56.1	23.8	5.9
601 - 1200 元	16.1	0.3	61.1	19.4	5.7
1201 - 1700 元	19.4	0.2	59.0	17.8	7.2
1701 - 2600 元	18.6	0.3	57.8	19.1	7.8
2601 元及以上	21.0	0.2	55.0	18.6	9.2

数据来源：CSM 媒介研究

4. 上海本地频道单频道竞争力较强，中央台仅有三个频道入围

2009 年上海市场收视份额排名前十五位的频道中，上海本地频道占据了九个席位，较 2008 年减少一个；中央台有三个频道入围，较 2008 年也减少了一个；外省卫视在前十五位中所占的频道数增加两个。总的来看，上海本地频道在单枪匹马的竞争中可谓实力强劲，上海电视台新闻综合频道的份额略有提升，以 11.9% 的份额高居榜首，上海电视台娱乐频道由第三位晋升至第二位，市场份额的增长也达到 3 个百分点之多。上海电视台电视剧频道的市场份额则有所萎缩，由第二位下滑至第三位。中央台频道中表现最

好的仍然是中央台六套，以2.7%的份额排名第八位。中央台四套和中央电视台综合频道分别排名第九位和第十三位，但中央台五套由2008年的第十四位下滑至第十九位。外省卫视中，除了湖南卫视位居第七位以外，浙江卫视和江苏卫视重新入围，分别排名第十二位和第十五位（表1.4.8）。

表1.4.8　2009年上海市场收视份额排名前15位的频道

排名	频道	2009年收视份额%	2008年收视份额%
1	上海电视台新闻综合频道	11.9	11.8
2	上海东方电视台娱乐频道	9.9	6.9
3	上海电视台电视剧频道	9.7	9.1
4	上海东方电影频道	5.2	5.3
5	上海东方卫视	3.9	3.6
6	第1财经	3.2	3.6
7	湖南电视台卫星频道	2.9	2.5
8	中央台六套	2.7	2.9
9	上海电视台生活时尚频道	2.6	4.2
9	中央台四套	2.6	2.6
11	上海电视台体育频道	2.5	4.2
12	浙江卫视	2.3	1.1
13	中央电视台综合频道	2.1	2.7
14	上海电视台纪实频道	1.8	1.7
15	江苏卫视	1.8	0.9

数据来源：CSM媒介研究

（五）广州市电视收视市场的频道竞争格局

1. 南方传媒集团优势进一步扩大，境外频道的市场份额大幅下滑

2009年，广州电视收视市场的频道竞争格局也恢复至常态。南方传媒集团依然保持着领先的优势，以33.7%的市场份额高居榜首，且较2008年的29%将领先优势进一步扩大。广州本地台的市场份额进一步萎缩，由2008年的16.4%滑落至16.1%。香港台和其他境外频道的市场份额在2009年大幅滑落，其中香港台的市场份额由2008年的25.4%下滑至20.8%，其他境外频道的市场份额也由2008年的7.8%下滑至6.7%。中央台在广州市场2009年的市场份额有所回落，9.9%的份额较2008年的10.5%的下降了0.6个百分点。外省卫视的竞争优势有所扩大，市场份额由2008年的6.5%上升至7.5%。

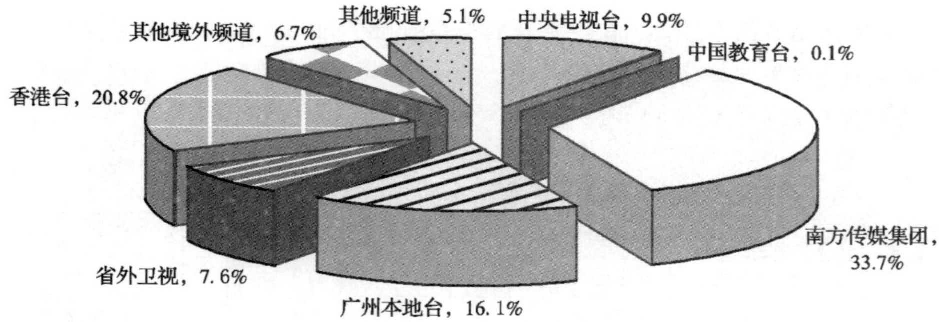

图 1.4.9　2009 年广州电视收视市场上各类频道的市场份额（%）

数据来源：CSM 媒介研究

2. 南方传媒集团在多数时段保持领先优势，广州台和香港台在不同时段有所攻守

在广州电视收视市场全天不同时段的频道竞争中，南方传媒集团在多数时段的领先优势是毋庸置疑的，但其他各类频道的竞争变化也表现得更为丰富，不同频道在不同的时段有自己的攻守，形成了广州电视收视市场频道竞争的独特局面。虽然香港台在2009年整体收视份额损失相对较大，但其在清晨和晚间黄金时段仍然保持着市场收视霸主的地位，除了这两个时段以外，香港台在午间和上午时段也都形成独立的小高峰，支撑其全天收视走向。广州本地台是收视时段竞争中的又一个劲旅，在早间7:00左右其市场份额超过所有频道而跃居首位，在晚间黄金时段，其市场份额虽然未超过南方传媒集团，但也是仅次于其后的最强有力的竞争对手。除了这几类频道以外，其他频道组全体时段的收视份额虽然有起伏变化，但对整体市场格局的影响相对微弱（图 1.4.10）。

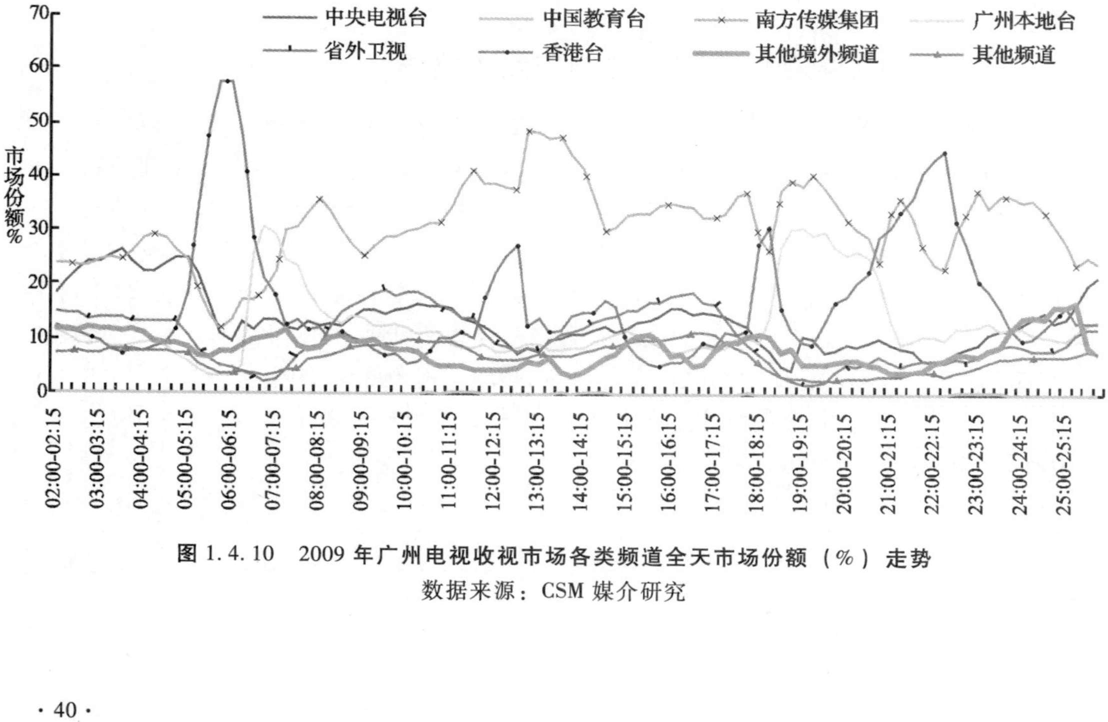

图 1.4.10　2009 年广州电视收视市场各类频道全天市场份额（%）走势

数据来源：CSM 媒介研究

3. 细分市场频道竞争更为复杂，细分群体频道偏好各异

广州无疑是频道竞争更为激烈和复杂的收视市场，契合于多样化的受众需求，不同频道组的定位存在一定的差异，细分目标观众收视市场上的实力变化也更为丰富，地域特色非常明显（表 1.4.9）。

表 1.4.9　2009 年广州各类频道在不同目标观众群体中的市场份额（%）

目标观众	中央电视台	中国教育台	南方传媒集团	广州本地台	省外卫视	香港台	其他境外频道	其他频道
4 岁及以上所有人	9.9	0.1	33.7	16.1	7.6	20.8	6.7	5.1
男	11.3	0.1	33.3	15.8	7.3	20.0	6.7	5.4
女	8.5	0.1	34.1	16.4	7.9	21.6	6.6	4.7
4－14 岁	6.3	0.1	35.7	11.4	14.4	17.8	9.1	5.3
15－24 岁	5.9	0.1	36.6	11.2	7.8	24.5	8.6	5.4
25－34 岁	10.8	0.1	32.0	15.0	6.4	25.3	5.2	5.2
35－44 岁	10.7	0.1	33.0	13.6	8.3	21.0	8.6	4.7
45－54 岁	10.2	0.1	34.6	18.2	6.3	19.3	5.3	5.9
55－64 岁	12.6	0.1	31.0	22.5	6.6	18.3	4.4	4.6
65 岁及以上	11.9	0.1	33.2	19.6	4.7	20.1	6.7	3.8
未受过正规教育	6.2	0.1	36.1	17.7	10.9	21.4	3.3	4.4
小学	7.5	0.1	40.1	17.0	8.5	17.7	4.9	4.2
初中	8.6	0.1	35.1	15.5	7.8	20.7	6.2	5.0
高中	10.0	0.1	31.8	15.7	7.3	21.8	7.6	5.7
大学及以上	16.5	0.1	23.5	16.9	6.1	22.9	8.9	5.2
干部/管理人员	16.6	0.3	25.5	16.2	7.7	18.5	9.3	5.9
个体/私营企业人员	11.7	0.2	31.5	14.7	6.2	21.5	9.9	4.4
初级公务员/雇员	10.5	0.1	29.7	16.8	6.4	24.8	6.2	5.7
工人	8.4	0.1	37.2	16.3	6.7	21.3	5.0	4.9
学生	5.8	0.1	35.3	9.9	12.4	20.1	11.0	5.4
无业	11.1	0.1	32.7	18.7	7.1	19.9	5.3	5.0
其他	5.4	0.1	51.7	15.0	5.0	17.9	2.2	2.6
0－600 元	7.7	0.1	36.8	12.7	10.6	19.1	7.7	5.3
601－1200 元	7.7	0.1	39.3	17.0	5.6	21.2	5.0	4.1
1201－1700 元	10.4	0.1	31.6	18.2	5.9	23.0	6.0	4.7
1701－2600 元	11.1	0.1	28.9	20.3	6.6	21.9	5.1	6.0
2601 元及以上	17.4	0.1	25.5	15.8	6.2	20.2	9.8	5.1

数据来源：CSM 媒介研究

在以性别为细分标准的收视市场上，南方传媒集团对男性和女性观众的吸引力不相上下，但对女性观众吸引力略强，中央台仍然对男性保持了较强的吸引力，广州本地台和香港台都是更受女性观众的青睐，省外卫视和其他境外频道均在女性观众中市场份额更高。在以年龄为细分标准的收视市场上，中央台对35岁以上的中青年和中老年观众吸引力更强，该类观众对中央台的收视份额远高于所有观众平均水平；南方传媒集团则对24岁以下收视群体较具影响力；广州本地台更吸引的是45岁以上年龄层的观众，省外卫视在4—14岁观众中影响力更强，香港台更吸引的是15—34岁的青年观众，其他境外频道对25岁以下和35—44岁观众凝聚力更强。在以学历为细分标准的收视市场上，中央电视台明显更受大学及以上高学历观众的喜爱，南方传媒集团、广州本地台和省外卫视则对低学历观众更具吸引力，香港台更吸引的是高中以上学历的收视群体，其他境外频道也对高中以上学历的观众更具吸引力。在以职业为细分标准的收视市场上，中央台对干部/管理人员、个体/私营企业人员和无业观众最具吸引力，南方传媒集团对工人和学生观众影响力更强，广州本地台较受无业观众青睐，省外卫视对学生群体具有较强吸引力，香港台更吸引的是初级公务员/雇员，其他境外频道更受干部/管理人员、个体/私营企业人员和学生观众的青睐。在以收入为细分标准的收视市场上，中央台仍然在高收入群体中影响力更强，南方传媒集团和省外卫视在低收入群体中份额更高，广州本地台较受中等收入水平观众的喜爱，香港台更受中等偏好收入观众的青睐，其他境外频道在低收入和高收入观众中同时具有较强影响力。

4. 本地及境外频道借地缘文化收视排行领先，中央台和外省卫视各有一频道入围

广州独特的地理位置和文化渊源，使其一方面较易受到包括香港媒体和文化发展的渗透，另一方面其本身独有的文化传统和语言习惯也使观众更容易接纳本土媒体的传播方式和内容。反映在频道收视排行中，2009年在广州电视收视市场，市场份额排名前十五位的频道多数被香港台及本地频道所占据，其中广东电视台珠江频道由2008年的第四位一跃至2009年的第一位，广州电视台综合频道以9.3%的市场份额排名第二位，2008年的霸主市网翡翠台以8.5%的市场份额位居第三位，较2008年的11.4%份额损失明显。此外，本省（市）频道中南方电视台影视频道、南方卫视TVS－2、南方电视台综艺频道、广州电视台新闻频道等频道入围前十五位，境外频道中翡翠台、星空卫视、本港台也以不错的成绩入围前十五位。相对而言，中央台和外省卫视在广州市场面临的竞争形势较为严峻，仅有中央电视台综合频道和湖南卫视两频道入围（表1.4.10）。

表1.4.10　2009年广州市场收视份额排名前15位的频道

排名	频道	2009年收视份额%	2008年收视份额%
1	广东电视台珠江频道	10.6	8.2
2	广州电视台综合频道	9.3	8.7
3	市网翡翠台（中文）	8.5	11.4
4	南方电视台影视频道	7.5	6.6
5	省网翡翠台（中文）	5.2	8.6

续表

排名	频道	2009 年收视份额%	2008 年收视份额%
6	南方卫视 TVS-2	3.5	2.8
7	翡翠台（中文）（广州其他有线网转播）	3.1	0.0
8	星空卫视	2.9	3.2
9	广东电视体育频道	2.8	3.6
10	南方电视台综艺频道	2.8	2.2
11	广州电视台新闻频道	2.5	3.6
12	中央电视台综合频道	2.0	2.3
13	南方电视台经济频道	1.9	1.7
13	湖南电视台卫星频道	1.9	1.2
15	市网本港台（中文）	1.7	2.4

数据来源：CSM 媒介研究

综上所述，经过奥运年的频道格局变化以及金融危机的洗礼，2009 年我国电视收视市场的频道竞争格局在回归至常态的同时，也不可避免地带有沿着后奥运时代轨迹前行的成分。无论在全国收视市场还是在重点省、市收视市场，中央级频道的市场份额较奥运年有不同程度的滑落，而省级卫视则在发展放缓的奥运年之后获得突飞猛进的发展。但是，在格局变化之中，仍然存在相对稳定的成分：中央台在全国市场的霸主地位仍然难以撼动；在整体市场剧烈变化的同时，细分目标观众由于长期以来形成的收视习惯和对频道定位的认知，对不同级别频道的偏好仍相对稳定；语言、地域、习俗等相对稳定的因素对受众频道和节目收视选择的影响不容忽视，是保证收视市场稳定发展的重要缓冲机制。

五、节目竞争格局

经历过波澜起伏的 2008 年，在 2009 中华人民共和国成立 60 周年吉庆、祥和的气氛中，中国电视节目收视市场走过大局稳定、局部起落的一年。2008 年个别节目表现为突破，2009 年则突出表现为回归。回顾 2009 年，奥运热潮退却，观众收看体育节目的热情随之降温，2008 年异军突起的体育节目在这一年还位于专题节目并退出收视第一阵营。因大事热点相对较少，新闻/时事类节目在 2009 年略有回落，但市场根基相对牢固，地位变化不大。2008 年份额出现萎缩的电视剧和综艺节目市场出现反弹，在更为有序的内容监管和播出体制规范下，节目质量得到提升，内容形态更为丰富，电视剧和综艺节目在观众中的地位进一步巩固，收视份额均增长的同时带动“三驾马车”整体实力的提高。2009 年，省级卫视在多个类型节目收视市场获得突破，收视竞争力直逼中央台。面临省级卫视的攻势，中央台的资源驾驭能力、大型节目制作能力和重大事件的号召力依旧强大，是其他电视台所不能企及的。纵观 2009 年类型节目收视市场竞争格局，印证了观众对主流大众类型节目的依赖和需求，也说明社会环境的变迁对节目竞争的影响。而电视行业在节目竞争中做出协作、规范和另辟蹊径则是 2009 年中国电视市场走向成熟和理性的重要表现，也为未来的合理发展、良性竞争打下基础。

（一）全国电视收视市场的节目竞争格局

2009年中国电视节目收视市场，电视剧、新闻和综艺节目依旧是全国人民收视之重，生活服务类节目也持续、稳定地吸引着观众的关注。作为全国收视市场两大主角，中央台频道和省级卫视在2009年继续上演你进我退的份额争夺战。延续2008年的发展趋势，2009年中央台频道在全国多个类型节目市场的领先优势有所减弱，但多年的收视根基未发生动摇，依旧统治过半市场；与此同时，省级卫视和中国教育台奋起直追，省级卫视在多个节目市场实现扩张，中国教育台则通过外语节目市场获得更多的市场份额。因缺少国际大型体育赛事，2009年观众注意力由体育节目大量流出，体育节目在全国收视市场的份额迅速萎缩，退出一级节目市场，让位于专题节目；在突发大事和社会热题有所减少的2009年，新闻/时事的收视份额也略有缩减；与此同时，观众的注意力逐渐向娱乐类节目转移，电视剧、综艺和电影节目的收视份额在2009年获得增长。

1. 全国收视市场稳中有变，三驾马车整体优势扩大，体育明显缩减

2009年中国电视节目市场继续大势稳定的格局，除体育节目排名明显下降外，各类节目排序基本与2008年一致。2008北京奥运年，电视观众关注体育的热情得到大量释放，当年体育节目收视份额大幅攀升；奥运年后，观众收看体育节目的动力明显减弱，体育节目收视份额跌出第一阵营，同比2008年下降5.28个百分点。除体育节目在电视节目市场排名发生较大变化外，其他各类节目的排名变化不大，竞争格局大体稳定。2009年，由电视剧、新闻/时事和综艺节目组成的传统“三驾马车”继续引领收视市场，三类节目共占据54.15%的收视市场份额，同比2008年增长1.38个百分点，领先优势进一步扩大。紧随电视剧、新闻/时事和综艺类节目之后的，是由专题和生活服务节目构成的第二阵营，二者共获得13.59%的收视份额；电影、青少和体育三类节目占据着细分节目市场的领军位置，分别获得4.90%、4.32%和3.22%的收视份额，是全国收视市场第三阵营；法制和财经节目的收视份额在1%—3%之间；音乐、戏剧、教学和外语节目的收视份额均低于1%，且相比2008年均有下降，竞争力表现不容乐观（图1.5.1）。

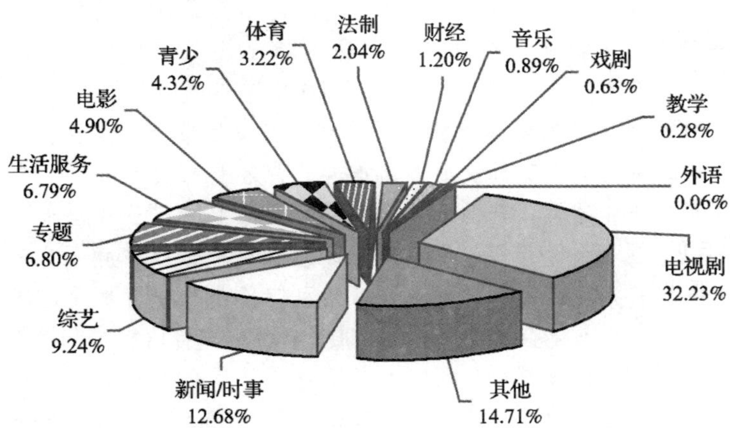

图1.5.1　2009年全国市场各类节目的收视份额

数据来源：CSM媒介研究

对比上年收视市场情况，电视剧、综艺、生活服务、电影、青少、法制和财经类节目2009年的收视份额都有不同程度的增长；在2008年市场份额出现较大攀升的新闻和体育类节目，以及专题、音乐、戏剧和教学类节目的收视份额在2009年均有不同幅度的减少，其中体育类节目减少幅度较大。根据类型节目的收视变化，2009年电视剧、综艺和电影等带有娱乐休闲性质的电视节目在收视市场竞争力有所提高，生活服务、法制、财经和青少等有知识性、服务性的节目的收视份额也有所扩大；因缺少国际大型体育赛事的支持，体育节目在2009年收视市场表现欠佳。

2009年的电视剧节目市场并不平静，观众期待已久的《我的团长我的团》一经登场，就引发了各大省级电视台对剧目的哄抢，加重电视台对电视剧的依赖情绪。在监管部门号召和系统内协调下，电视剧的播出规范被提上议题日程并获得初步规范，这为日趋激烈的电视剧资源争夺战降温，亦为电视台如何谋求可持续发展带来思考。制播分离、开发自制剧、获得独播电视剧正成为电视台的突破口。近年来，湖南卫视、上海东方卫视、天津卫视等省级卫视纷纷推出自制剧，如湖南卫视在夏季推出的《一起来看流星雨》就掀起不小的收视热潮，并带给演员、电视台包括剧目本身大量的话题。围绕庆祝新中国成立60周年，电视剧荧屏上掀起“主旋律”热潮，“革命历史剧”、“军旅剧”和“谍战剧”不断推陈出新，《人间正道是沧桑》、《解放》、《潜伏》和《我的兄弟叫顺溜》等剧目在创造较高收视成绩的同时也获得观众的好评。与此同时，都市生活、社会伦理和言情等传统热播电视剧依旧活跃，为电视剧市场制造了更多热点，如都市生活剧《蜗居》，社会伦理剧《我的丑娘》、《我是一棵小草》，言情剧《纸醉金迷》等等。

受大事影响和政策限制，2008年综艺节目收视份额出现大幅下滑。进入2009年，综艺节目市场在出现回暖的同时获得大幅进步，不仅是收视份额出现增长，节目形态还呈现出多样并进的趋势，游戏类、歌唱比赛、魔术表演、才艺展示–选秀及综合类娱乐节目共同丰富观众的个人生活。如游戏类的《智勇大冲关》和《非常6+1》、歌唱比赛类的《谁敢来唱歌》、魔术表演类的《金牌魔术团》、才艺展示–选秀类的《快乐女声》、《星光大道》和综合类的《快乐大本营》在满足不同层面观众需求的同时也收获了较高人气。

2. 省级卫视逼近中央台，中央台在细分市场的优势持续缩减

2009年各类型节目收视市场上，中央台依旧在体育、法制和电影节目市场保持较大优势，收视份额都在90%以上。此外，中央台在音乐和教学节目市场上的收视份额都在80%—90%，但两类节目的市场地位比2008年均有所下降。2009年中央电视台专题、新闻/时事和外语类节目的市场份额超过了70%，戏剧节目的市场份额超过60%—70%，综艺和青少节目的市场份额都高于50%—60%，生活服务、其他和财经节目的市场份额都接近50%，在电视剧市场上的份额依旧最低，仅为33.61%。相比2008年，中央台仅在法制节目市场中的竞争有所提升，收视份额增长了0.21个百分点；其余各类节目市场上的表现都出现不同程度的下滑，尤其在青少、综艺和外语三类节目市场，份额下降幅度均在10个百分点以上，在电影节目市场上的下降幅度也超过了5个百分点。多年来，综艺节目都是省级卫视在全国节目市场攻城拔寨的利器，2009年中央电视台在综艺这一

大众节目市场出现大幅下滑，很大一部分原因是来自省级卫视在综艺节目市场的激烈角逐，对中央台的观众注意力资源进行了分流。但是作为国内综合实力最强的电视台，在大型节庆晚会的举办力和影响力方面则是其他各级电视台所不能比拟的。根据2009年全国测量仪数据，中央电视台综合频道播放的2009年春节联欢晚会的平均收视率接近30%，首都各界庆祝中华人民共和国成立60周年联欢晚会以及欢天喜地闹元宵2009年元宵晚会的平均收视率均在10%以上，同时三个晚会的首播收视率在北京、上海、广州、成都等地区的综艺节目当月排名中名列第一（图1.5.2）。

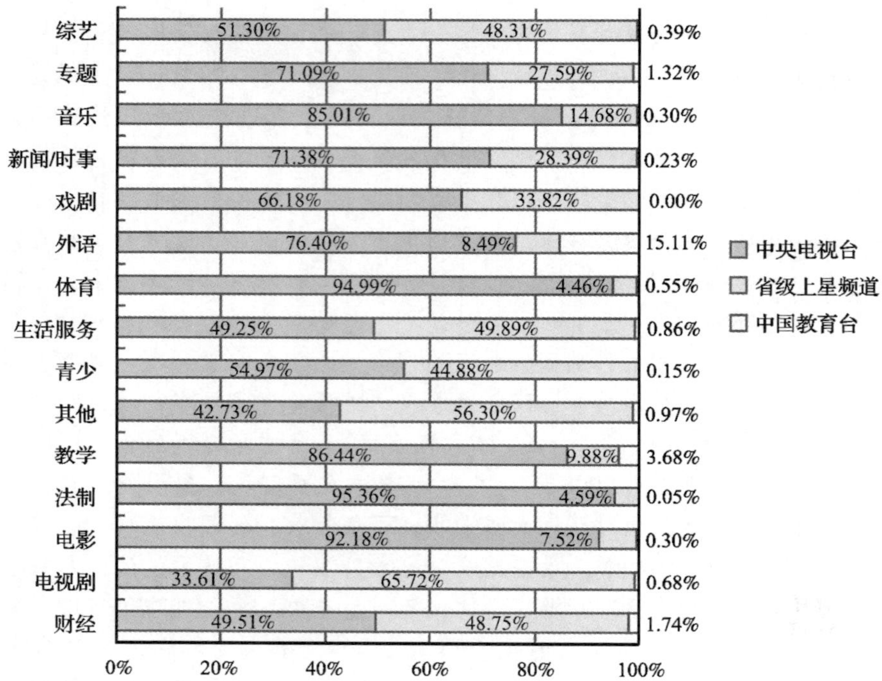

图1.5.2　2009年中央台、省级卫视和中国教育台在全国不同节目市场中的收视份额
数据来源：CSM媒介研究

在2009年各类型节目收视市场，省级卫视的份额在大多数节目市场实现增长，是中央电视台的最有力竞争对手；尤其是在电视剧、生活服务和其他三个节目市场，省级卫视呈领导态势。经过2009年的激烈角逐，省级卫视在青少、综艺、其他、戏剧、电影、生活服务、电视剧、新闻/时事、专题、音乐和财经等11个节目市场获得增长，而中央电视台则这些类型节目市场中的份额则出现消减。多年来，各省级卫视在电视剧播出以及综艺节目制作上的苦心经营亦有所回报，换来了收视份额的连年提高。2009年，省级卫视在综艺和青少两类节目市场获得大幅增长，增幅均超过10个百分点，受省级卫视扩张影响，中央电视台在这两类节目市场的份额缩减幅度也都在10个百分点以上。

2009年中国教育电视台在类型节目市场上的表现亦可圈可点。相比2008年，中国教育电视台在外语、财经、教学、体育、专题、电影、其他、音乐、新闻/时事、综艺、法制和青少等13个类型节目市场上的份额有不同程度增长，在生活服务、电视剧和戏剧三类节目市场的份额则有所下降。其中，中央教育电视台在外语节目市场的收视份额涨幅最大，超过10个百分点，大量挤占了中央台在外语节目市场的收视空间。

3. 中央台各类型节目收视格局稍有变化，电视剧对中国教育台与省级卫视收视贡献减弱

2009年，中央台各类型节目的收视格局总体稳定、平衡，节目份额排名稍有变化。在全国市场，中央台各类型节目的收视比重相对均衡，收视贡献最大的四类节目分别是电视剧、新闻/时事、综艺和专题节目，收视比重均超过10%；电影、体育、生活服务和青少节目的收视比重在5%—10%；法制、音乐和财经节目的收视比重在1%—4%；戏剧、教学和外语节目的收视比重低于1%。北京奥运之后，观众收看体育节目的热情有所消退，2009年中央电视台体育节目对中央台的收视贡献出现大幅下降，2009年收视份额比2008年下降了6.67个百分点，份额排名由第三名降至第七位。与体育节目收视份额变化相似，2009年中央台新闻节目的收视份额同比往年下降了1.54个百分点，但排名未变。伴随体育和新闻节目收视份额的缩减，中央台综艺、专题、电影、法制、青少、生活服务、音乐、财经、电视剧、教学和外语类电视节目的收视比重均有提升（图1.5.3）。

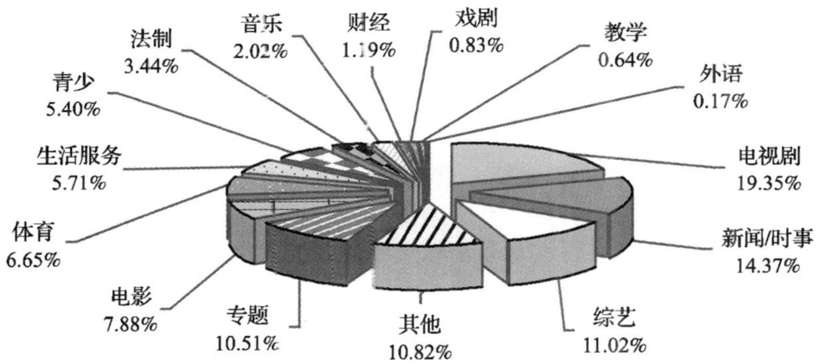

图1.5.3 2009年全国市场中央台各类节目的收视比重

数据来源：CSM媒介研究

2009年电视剧对中国教育电视台的收视贡献继续降低，与此同时，教育台的节目类型继续丰富，节目收视格局朝均衡方向迈进。其中，电视剧节目对中国教育电视台的收视贡献仍然较大，但较上一年大幅下降，中国教育台对电视剧的依赖在降低；生活服务和戏剧节目的收视比重比较往年也有所下降；而外语、财经、综艺、专题、体育、青少、音乐、教学、新闻/时事和法制等10类节目，对中国教育电视台的收视贡献则有不同程度的增长，其中外语和财经类节目收视比重同比增长超过2个百分点，综艺、专题、体育、青少、音乐、教学、新闻/时事和法制节目的增长幅度均在2个百分点以下；除此之外，新增的电影类节目，也为中国教育电视台带来2.04%的收视份额（图1.5.4）。

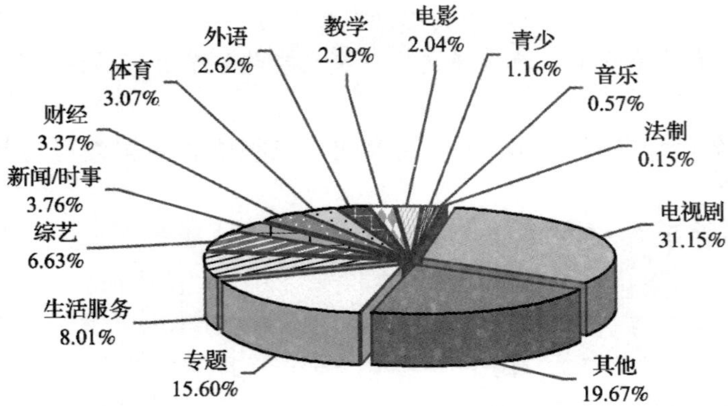

图 1.5.4　2009 年全国市场中国教育电视台各类节目的收视比重

数据来源：CSM 媒介研究

电视剧和综艺节目市场向来是各省级卫视收获收视时间的重要市场，各省级卫视也都在综艺节目制作和电视剧购买方面做足功课。2009 年，电视剧是省级卫视贡献度最大的节目类型，有 44.18% 的收视比重来自电视剧。但相比往年，电视剧对省级卫视的收视贡献有所下滑，电视剧对省级卫视收视的拉动作用在逐年下降。综艺节目是2009 年省级卫视收视贡献的第二大节目，收视比重超越新闻/时事达到 12.12%，同比增长 4.06 个百分点。此外，生活服务和新闻/时事分别对省级卫视做出了 6.76% 和 6.67% 的收视贡献，前者的收视比重有所增长，后者有所减少；青少、专题和财经类节目分别对省级卫视的收视贡献达到 5.15%、4.76% 和 1.37%，青少有所增长，专题和财经都有所减少；电影、戏剧、音乐、体育、法制、教学和外语节目对省级卫视的收视贡献相对较少，均在 1% 以下，其中电影、音乐的收视比重比往年有所增加，戏剧和教学不变，法制、外语和体育有所减少（图 1.5.5）。

比较各类节目两年来的收视变化，2009 年电视剧对省级卫视的收视拉动作用依旧强大，但势头有所减弱；综艺、青少、电影、音乐和生活服务等娱乐、服务类节目的收视势头有所增强。

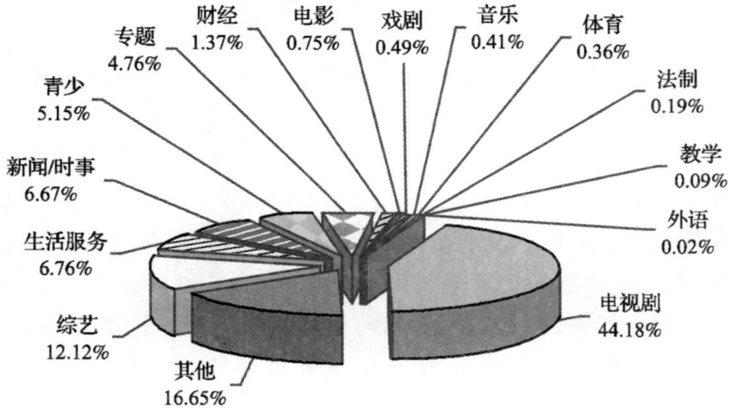

图 1.5.5　2009 年全国市场省级卫视各类节目的收视比重

数据来源：CSM 媒介研究

4. 观众收看各类型节目分化明显，不同类型节目各有所长

多年的实践和研究表明，电视节目的忠实观众，往往只是观众群体中的一部分或者由几个部分的群体组成，需要通过人口统计指标或其他指标进行划分、确定。根据人口统计指标对观众进行细分，是反映观众个人特点的重要结构性指标。通过人口统计指标对观众进行区分有助于我们快速锁定节目的目标观众和忠实观众，一方面可以量体裁衣地制作和编排节目，一方面也为节目资源向广告资源高效转化指引方向。

2009年全国电视市场，男性观众和女性观众在财经、法制、教学、青少、外语、戏剧和音乐等类型节目的收视行为上相互接近，在电视剧、电影、生活服务、体育、新闻/时事、专题和综艺类节目上的收视结构存在相对明显的差异。男性观众花费更多的收视时间用于收看电影、体育、新闻/时事和专题节目，女性观众则用更多的时间收看电视剧、生活服务和综艺节目（表1.5.1）。由此可见，男性观众更热衷于收看具有资讯、信息价值的电视节目，而女性则更愿意收看情感娱乐和服务类的节目。

表1.5.1　2009年全国市场不同性别和年龄观众对各类节目的收视比重（%）

节目类型	性别		年龄						
	男	女	4-14岁	15-24岁	25-34岁	35-44岁	45-54岁	55-64岁	65岁及以上
财经	1.27	1.12	0.39	0.60	0.93	1.19	1.78	1.55	1.09
电视剧	29.86	34.53	28.30	33.49	31.32	32.91	32.97	32.57	32.34
电影	5.71	4.12	4.15	5.74	6.66	6.05	4.75	3.76	2.74
法制	2.03	2.06	1.01	1.62	1.78	2.06	2.41	2.53	2.17
教学	0.32	0.24	0.16	0.21	0.24	0.30	0.28	0.36	0.37
青少	4.48	4.17	21.70	3.21	4.92	2.92	1.31	2.44	1.91
生活服务	6.51	7.07	6.26	6.71	6.61	6.54	7.05	7.04	7.03
体育	4.37	2.10	1.64	3.83	3.34	3.07	3.36	3.17	3.75
外语	0.06	0.06	0.09	0.06	0.05	0.07	0.05	0.05	0.05
戏剧	0.61	0.64	0.26	0.31	0.31	0.34	0.42	0.91	1.92
新闻/时事	13.56	11.84	7.12	10.03	11.30	12.18	13.78	14.70	16.66
音乐	0.86	0.93	0.72	0.98	0.89	0.91	0.96	0.90	0.82
专题	7.18	6.44	4.16	5.86	6.52	6.92	7.48	7.67	7.29
综艺	8.91	9.56	8.94	11.90	10.00	9.71	9.14	8.08	7.38
其他	14.26	15.15	15.09	15.46	15.14	14.83	14.27	14.27	14.49

数据来源：CSM媒介研究

根据各年龄段观众对各类节目的收视比重来看，4—14岁的青少年观众在青少、外语和音乐节目上花费的收视时间高于总体水平；15—24岁的观众收看电视剧、电影、体育、新闻/时事、音乐和综艺节目的比重高于观众总体；对于25—34岁的观众而言，收看电影、青少、体育、新闻/时事和综艺节目的比重较为突出；35—44岁的观众相对偏爱收看电视剧、电影、法制、教学、外语、音乐、专题和综艺节目；45—64岁的观众收看财经、电视剧、法制、教学、生活服务、音乐、新闻/时事和专题类节目的比重较高，收视比重之和接近50%，其中45—54岁的观众分配在体育节目的收视时间较多，55—

64岁的观众收看戏剧的倾向较为明显；65岁及以上的观众将更多的时间分配在电视剧、法制、教学、生活服务、体育、戏剧、新闻/时事和专题类节目的时间要高于平均水平。结合年龄和收视比重来看，老中青年龄段的观众在电视剧、体育和音乐节目的时间分配上差异不大，年长的观众比年轻的观众更多地收看财经、法制、教学、生活服务、戏剧、新闻/时事和专题类节目，而年轻的观众在电影、青少、外语和综艺节目上投入了较长时间（表1.5.1）。

从教育程度来看2009年观众收视内容选择的差异，不同教育程度的观众对类型节目收看存在较为明显的不同。伴随学历的增高，观众收看财经、教学、体育、外语、新闻/时事、音乐、专题和综艺类节目的比重在递增；而随着学历的降低，观众收看青少和戏剧类节目的比重在增高。此外，未受过正规教育的观众收看青少和戏剧类节目的比重明显高于其他教育程度的观众；小学教育程度的观众在电视剧上花费的时间最多，收看戏剧节目所花费的时间在各个教育程度的观众中第二多；初中教育程度的观众，收看电视剧、电影和法制类节目的比重高于总体观众收视平均水平；高中教育程度的观众在财经、电影、法制、教学、生活服务、体育、新闻/时事、音乐、专题和综艺节目上花费的收看时间较多；而大学以上的观众对财经、教学、生活服务、体育、外语、新闻/时事、音乐、专题和综艺类节目更感兴趣，他们在这几类节目花费的收视时间相对其他教育程度群体较长。从不同教育程度的观众收看类型节目的差异来看，较高学历的观众更多关注知识性、信息和综艺类节目，而较低学历的观众投入青少、曲艺节目的时间偏多（表1.5.2）。

表1.5.2　2009年全国市场不同受教育程度和个人月收入观众对各类节目的收视比重（%）

节目类型	受教育程度					个人月收入（元）				
	未受过正规教育	小学	初中	高中	大学及以上	600以下	601－1200	1201－1700	1701－2600	2601及以上
财经	0.49	0.55	0.98	1.54	2.06	0.72	1.13	1.52	1.70	2.35
电视剧	31.17	34.21	33.82	31.06	28.58	33.40	33.13	31.43	29.86	28.49
电影	3.35	4.25	5.18	5.24	4.88	4.66	4.83	4.85	5.39	5.60
法制	1.39	1.65	2.20	2.22	2.00	1.73	2.30	2.16	2.26	2.04
教学	0.15	0.17	0.24	0.34	0.48	0.21	0.28	0.33	0.37	0.44
青少	14.92	8.32	2.94	2.61	2.59	7.62	2.38	2.35	2.43	2.46
生活服务	6.71	6.49	6.79	6.93	6.90	6.58	6.76	7.04	7.09	6.98
体育	1.57	2.00	2.87	3.87	4.87	2.45	3.01	3.69	4.37	5.05
外语	0.05	0.05	0.06	0.06	0.07	0.07	0.05	0.05	0.05	0.05
戏剧	1.05	1.01	0.62	0.44	0.40	0.59	0.72	0.75	0.51	0.38
新闻/时事	10.38	11.34	12.43	13.28	14.57	10.69	13.49	14.00	14.07	14.56
音乐	0.71	0.74	0.89	0.97	1.00	0.85	0.91	0.91	0.94	0.97
专题	4.66	5.50	6.75	7.42	8.00	5.81	6.97	7.40	7.72	8.36
综艺	7.17	8.07	9.29	9.86	10.01	9.21	9.20	9.30	9.45	9.18
其他	16.21	15.64	14.92	14.17	13.60	15.43	14.84	14.22	13.78	13.08

数据来源：CSM媒介研究

从个人月收入水平的角度来看，中高收入水平的观众把更多的收视时间用于收看财经、电影、教学、体育、新闻/时事、音乐、专题和综艺节目上；低收入水平的观众则在电视剧、生活服务、青少和戏剧节目上投入了相对较大比例的收视时间；而不同收入水平的观众在收看外语和综艺节目的时间比重上没有明显差异（表 1.5.2）。

2009 年全国收视市场，干部/管理人员花费了较高比例的时间收看财经、电影、教学、体育、新闻/时事、音乐、专题和综艺类节目；个体/私营企业人员在财经、电影、法制、新闻/时事和专题节目上花费了较大比例的收视时间；初级公务员在财经、电影、教学、体育、新闻/时事、音乐、专题和综艺节目上投入的时间比重高于观众总体；工人则在电影、体育、音乐和综艺节目上花费了相对较高的时间比例；学生群体用超过 10% 的时间收看青少和综艺节目，明显高于其他群体，除此之外，收看电影和外语节目的时间比重也较大；无业群体对财经、电视剧、法制、教学、戏剧、新闻/时事、音乐和专题节目更为关注（表 1.5.3）。

表 1.5.3　2009 年全国市场不同职业观众对各类节目的收视比重（%）

节目类型	职业						
	干部/管理人员	个体/私营企业人员	初级公务员	工人	学生	无业	其他
财经	1.90	1.22	1.54	1.03	0.49	1.42	0.42
电视剧	28.86	32.04	30.39	32.75	30.68	31.99	39.44
电影	5.51	5.96	5.80	6.11	5.03	3.85	4.09
法制	2.04	2.26	2.01	2.03	1.23	2.30	1.73
教学	0.40	0.27	0.34	0.25	0.22	0.32	0.15
青少	2.29	2.66	2.30	2.53	12.94	4.19	2.67
生活服务	6.68	6.58	6.84	6.53	6.33	7.13	6.54
体育	5.07	3.12	4.06	3.46	3.00	3.09	1.49
外语	0.06	0.05	0.06	0.05	0.10	0.05	0.05
戏剧	0.34	0.39	0.34	0.39	0.26	0.97	0.89
新闻/时事	14.67	13.14	13.28	12.45	8.21	13.89	10.92
音乐	0.96	0.86	0.93	0.91	0.87	0.91	0.69
专题	7.82	7.00	7.37	6.91	4.93	7.14	5.76
综艺	9.91	9.24	10.22	9.94	11.03	8.23	8.25
其他	13.48	15.22	13.97	14.66	14.69	14.52	16.90

数据来源：CSM 媒介研究

（二）四川省电视收视市场的节目竞争格局

历经 2008 年洗礼，四川省电视节目收视市场格局在 2009 年出现较为明显的调整，电影类节目收视份额出现大幅跃迁，由去年第七位一跃成为市场第二位；在 2008 年获得众多收视的新闻节目地位由第二位下滑至第四位；奥运大赛后，体育节目关注度骤降，排名跌至第九位。近年来，四川收视市场由中央台和外省卫视所把持，四川省台的实力相对较弱，但通过节目改版、频道活动推广等举措，四川省台在一定程度上扭转了收视份额下滑的局面。

1. 电视剧引领收视市场，新闻/时事和体育节目收视有所减少

2009年，电视剧在四川收视市场具有绝对竞争优势，观众40.68%的收视时间花费在电视剧上。电影和综艺节目位列四川收视市场第二位，分别占据8.75%和8.74%的收视份额。新闻/时事、青少和专题分别获得7.49%、6.73%及5.29%的收视份额；生活服务、法制、体育和音乐分别拥有4.76%、2.28%、1.80%和1.11%的收视份额；财经、戏剧、教学和外语节目的收视份额均在1%以下（图1.5.6）。

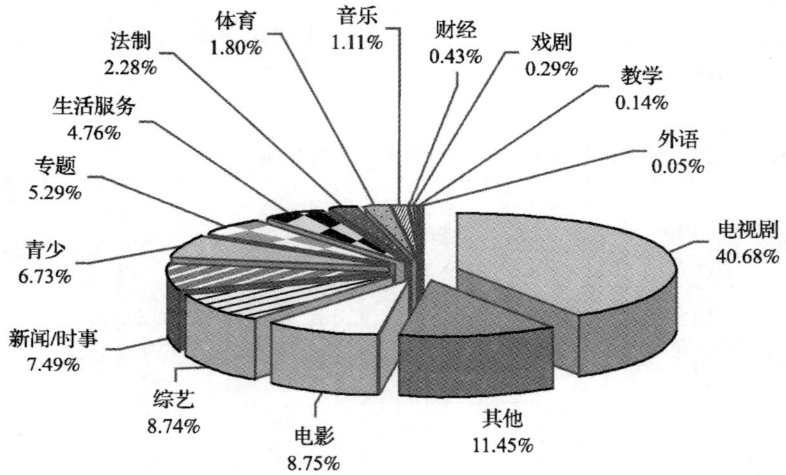

图1.5.6 2009年四川省市场各类节目的收视份额

数据来源：CSM媒介研究

相比上年，2009年四川节目收视市场上，新闻/时事、体育、生活服务、财经、专题、教学和其他类节目的收视份额均有所下滑，电视剧、电影、青少、综艺、法制、音乐和外语的收视比重有所增长，戏剧类节目则没有太大变化。

2009年四川省电视剧收视排名前十中，四川电视台的电视剧占据半壁江山，《大宋惊世传奇》和《山城棒棒军》凭借9.3%和7.5%的平均收视位列榜首，《麻辣天府行》、《古代那些事》和《都市私语》凭借5.6%、5.3%和4.5%的平均收视率榜上有名。此外，中央台选播的电视剧也在四川占据重要地位，《宝莲灯前传》、《我的兄弟叫顺溜》、《沂蒙》和《走西口》均进入排行榜前十，其中《宝莲灯前传》以7.1%的平均收视成绩排名第三。在2009年深得四川观众喜爱的电影节目市场，排名前十的电影节目均来自中央台电影频道，显示出四川观众对中央六套的偏爱，也展现出中央六套较高的专业化水平。综艺节目市场，中央台综艺演出及晚会在四川省深得人心，中央台的《2009春节联欢晚会》以超过16.8%的平均收视率位居综艺节目榜单之首，《首都各界庆祝中华人民共和国成立60周年联欢晚会》、《欢天喜地闹元宵2009年元宵晚会》、《祖国万岁庆祝中华人民共和国成立60周年大型文艺晚会》和《365个祝福中央电视台心连心艺术团赴

四川灾区慰问演出》的平均收视率均进入榜单前10。除中央台以外，湖南台在四川综艺市场也颇具号召力，《元宵喜乐会》、《2009快乐中国快乐女声想唱就唱我最响亮全国总决赛决战之夜》和《快乐中国湖南卫视2009春节联欢晚会》分别占据收视市场第四、第五和第七位置。总的来看，2009年四川省台在本省大众节目市场的表现较为保守，突破较少，而中央台甚至其他省级卫视的影响力更强。

2. 中央台主控多个类型市场，外省卫视略逊一筹

由于中央台节目制作和购买实力雄厚，中央台在四川多个细分节目市场领先优势明显，只在个别节目市场表现欠佳。2009年中央台在四川省体育节目市场占绝对优势地位，收视份额超过90%；在音乐、戏剧和教学节目市场占据超过80%的市场空间；此外，中央台在专题、法制和电影节目市场的市场份额均在60%—80%；虽然在青少和财经节目市场的收视份额没有超过50%，但仍领先于其他各电视台的表现，显示出中央台专业频道在四川的号召力。相比之下，中央台在综艺、生活服务、电视剧和其他节目市场的竞争力较弱，收视份额均不超过45%，且都低于省级台（图1.5.7）。

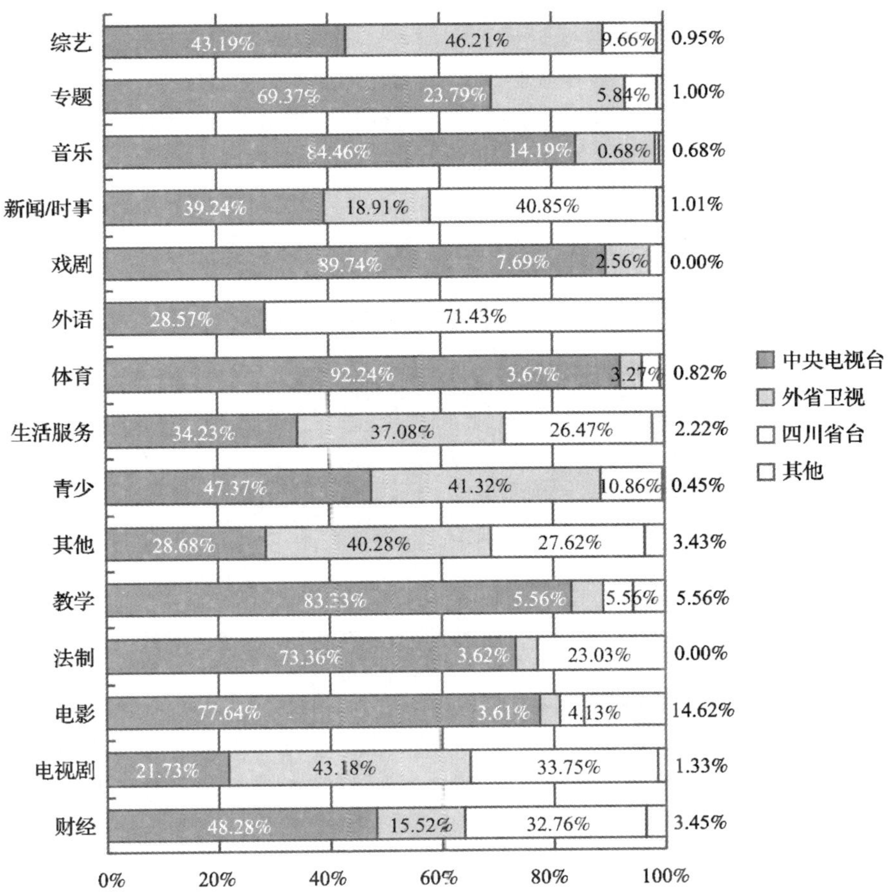

图1.5.7 2009年四川省市场中央台、外省卫视和四川省台在各类节目中的收视份额

数据来源：CSM媒介研究

与中央台在四川的表现不同，外省卫视凭借服务和娱乐节目的优势，占据四川综艺、生活服务和电视剧节目市场首位，但领先优势有限。2009 年外省卫视在综艺、生活服务和电视剧节目市场分别斩获 46.21%、37.08% 和 43.18% 的收视份额，并占这几个类型市场首位。此外，外省卫视在专题和青少节目市场的表现也不错，分别获得 23.79% 和 41.32% 的收视份额，并名列各类型节目市场第二位。

在中央台和外省卫视压力下，四川省台在本省市场表现稍弱。但凭借本地频道的贴近性优势，四川省台在新闻/时事节目市场表现优异，获得了 40.85% 的收视份额，领先其他各电视台。除此之外，本省台在法制、电视剧和财经类节目市场上展现出一定竞争力，收视份额均在 20% 以上，且居类型节目市场第二位。

尽管其他频道在四川节目市场实力最弱，但在外语和电影节目市场仍有较强竞争力，分别获得 71.43% 和 14.62% 的市场份额。

3. 中央台各类型节目收视均衡，电视剧主推外省卫视和四川省台收视

中央台在四川的节目收视与全国市场相似，各类型节目收视在四川省均衡发展。2009 年，四川地区中央台观众将收视时间中的 22.61% 用于收看电视剧，17.42% 的时间用于电影，9.66% 和 9.38% 的收视时间分别贡献给综艺和专题节目，超过 8% 的收视份额属于青少和其他节目，此外，中央台播出的新闻/时事节目也受到了四川观众的欢迎，收视份额达到 7.52%（图 1.5.8）。相较于全国市场，中央电视台的电视剧、电影和综艺节目在四川市场取得了更好的收视表现。

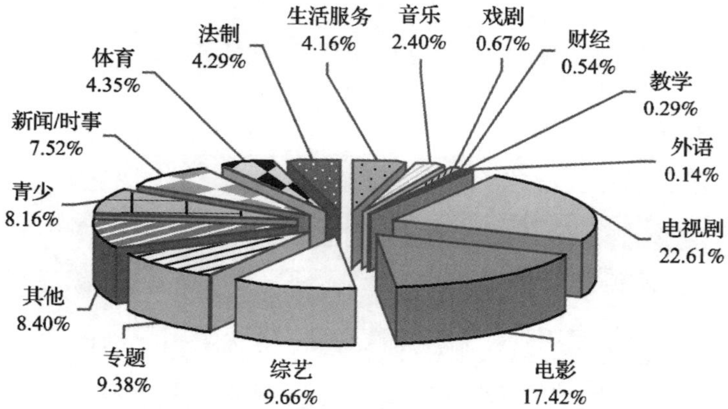

图 1.5.8 2009 年四川省市场中央台各类节目的收视比重
数据来源：CSM 媒介研究

2009 年外省卫视在四川省节目市场主要依赖电视剧。在四川省观众收看外省卫视的各类节目中，电视剧占据了 51.45% 的收视比重；综艺节目对外省卫视在四川收视市场的贡献其次，收视比重达到 11.83%；青少节目凭借 8.15% 的收视贡献排名第三；此外，生活服务节目对外省卫视的贡献达到 5.17%，新闻/时事节目的收视贡献达 4.14%，外省卫视的专题节目在四川贡献了 3.70% 的收视时间；其他类节目贡献了 13.49% 的收视份额；其余节目的收视比重均不超过 1%（图 1.5.9）。

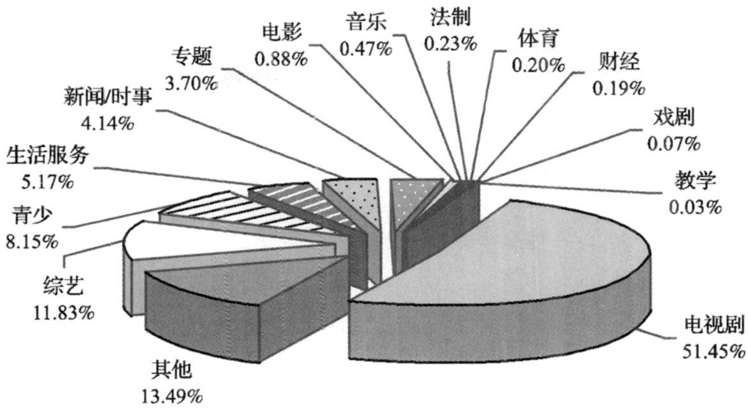

图 1.5.9　2009 年四川省市场外省卫视各类节目的收视比重
数据来源：CSM 媒介研究

2009 年，四川省台在本省类型节目市场中贡献最大的当属电视剧，电视剧对四川省台贡献的收视比重超过 55%，明显高于其他各类节目。新闻/时事节目为四川省台贡献了 12.67% 的收视时间；此外，生活服务、综艺和青少类节目分别贡献 5.21%、3.48% 和 3.03% 的收视时间，法制、电影、专题、财经、体育、教学和音乐类节目对省台贡献均在 1%—3%（图 1.5.10）。

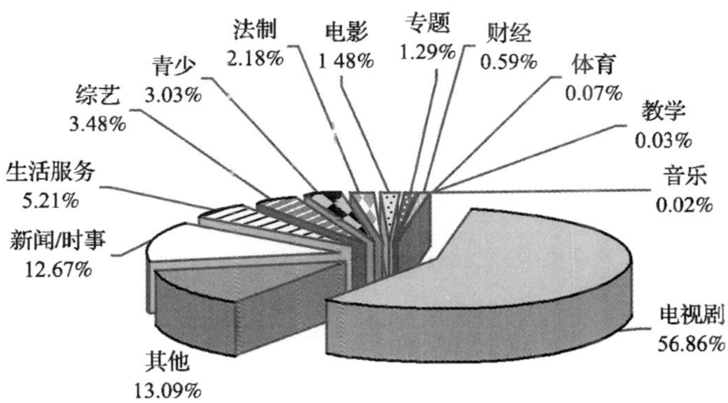

图 1.5.10　2009 年四川省市场四川省台各类节目的收视比重
数据来源：CSM 媒介研究

4. 细分观众节目喜好不同，类型节目收视各有千秋

2009 年四川省各类细分观众群体对各类型节目表现出不同的收视偏好。在性别上，女性群体比男性群体花费更多的时间收看电视剧和综艺节目，收视比重分别达到 44.01% 和 9.03%；男性群体则用占其总体收视时间 33.94% 的时间收看电影、青少、体育、新闻/时事和专题节目，各类节目的收视比重均明显高于女性群体；而两大群体分配在财经、法制、教学、生活服务、外语、戏剧、音乐和综艺等类型节目的收视时间相近（表 1.5.4）。

从2009年四川省各年龄观众对不同类型节目收视比重来看，不同年龄段观众的收视喜好各异。其中，四川省的中老年观众投入在财经、生活服务、新闻/时事和戏剧类节目的时间明显高于年轻的观众，而年轻的观众比中老年观众更爱收看电影和综艺节目，青少年收看青少节目的比重高于其他各年龄段观众；但不同年龄段的四川观众在电视剧、法制、教学、体育、音乐和专题节目未出现明显的偏好，这六类节目在老、中、青年龄段观众都获得了较高比重的收视份额。具体来看，4—14岁的观众用24.84%的时间看青少节目，明显高于其他群体，同时收看外语节目的时间也较多；15—24岁的群体在电视剧、电影、体育、外语、音乐、专题和综艺节目上花费了较高比例的时间；25—34岁的群体用多于总体平均水平的时间收看电影、法制、教学、体育、外语、音乐、专题和综艺节目；35—44岁的观众相对偏爱收看财经、电视剧、法制、教学、体育、新闻/时事、音乐、专题和综艺类节目，收视比重高于对应类型节目的观众总体收视比重。45—54岁的群体喜爱收看财经、电视剧、法制、生活服务、戏剧、新闻/时事和音乐节目；55—64岁的群体在财经、法制、教学、生活服务、戏剧、新闻/时事和专题类节目上花费较多收视时间；65岁及以上的四川观众收看财经、电视剧、教学、生活服务、体育、戏剧、新闻/时事和音乐类节目的时间较高（表1.5.4）。

表1.5.4　2009年四川省市场不同性别和年龄观众对各类节目的收视比重（%）

节目类型	性别		年龄						
	男	女	4-14岁	15-24岁	25-34岁	35-44岁	45-54岁	55-64岁	65岁及以上
财经	0.45	0.42	0.24	0.30	0.28	0.51	0.59	0.58	0.60
电视剧	37.51	44.01	38.28	40.89	39.24	42.66	42.15	39.65	41.58
电影	10.33	7.08	6.60	11.12	11.79	8.75	8.14	8.08	5.37
法制	2.35	2.22	1.21	1.89	2.30	2.98	2.64	2.64	1.81
教学	0.17	0.12	0.07	0.11	0.18	0.15	0.13	0.17	0.21
青少	7.33	6.11	21.84	4.88	4.49	2.86	2.50	5.50	5.22
生活服务	4.65	4.88	4.52	4.41	4.48	4.60	5.13	5.19	5.32
体育	2.42	1.14	0.85	3.25	1.98	2.15	1.48	1.13	1.85
外语	0.06	0.05	0.07	0.07	0.06	0.05	0.04	0.05	0.05
戏剧	0.28	0.30	0.20	0.14	0.16	0.17	0.31	0.48	0.87
新闻/时事	8.01	6.95	4.11	4.92	7.22	7.59	9.74	9.64	10.41
音乐	1.09	1.13	0.72	1.22	1.29	1.20	1.12	1.06	1.15
专题	5.85	4.71	3.39	5.51	5.81	6.10	5.25	5.64	4.95
综艺	8.46	9.03	7.14	11.11	9.57	9.13	8.12	8.00	7.89
其他	11.06	11.85	10.76	10.18	11.14	11.10	12.66	12.18	12.71

数据来源：CSM媒介研究

根据2009年四川省市场不同受教育程度和个人月收入观众对各类节目的收视比重，四川省未受过正规教育群体收看青少、生活服务和戏剧节目的比重较高，尤其是收看青少和戏剧节目的时间比例在所有人群中最高，分别达到13.55%和0.55%；小学教育程度的观众花费较多的收视时间收看电视剧、青少和戏剧；初中群体把更高比例的收视时间花费在电视剧、电影、法制、教学、外语、新闻/时事、音乐、专题和综艺节目上；高中和大学及以上学历的四川观众将较多的收视时间分配在财经、法制、教学、生活服务、体育、新闻/时事、音乐、专题和综艺节目上；此外，大学及以上教育程度群体投入到外语节目的时间比重最高。从变化规律来看，随着教育程度的升高，四川观众花费在教学、体育、新闻/时事、音乐、专题和综艺的时间呈现递增趋势；而收看戏剧的时间呈现递减趋势（表1.5.5）。

四川省个人月收入水平在600元以下的观众将较大比重的收视时间用于收看电视剧、电影、青少和戏剧节目；601—1200元个人月收入的四川观众投入到财经、法制、教学、体育、外语、新闻/时事、音乐和专题节目的时间在各收入层观众中处于较高水平；个人月收入在1201—1700元的观众在财经、电影、法制、教学、生活服务、体育、戏剧、新闻/时事、音乐、专题和综艺节目上花费了较大比例的收视时间；1701—2600元个人月收入的群体收看财经、法制、教学、生活服务、体育、外语、新闻/时事、音乐、专题、综艺类节目的时间多于总体水平；个人月收入水平高于2601元的四川观众在财经、教学、生活服务、体育、外语、新闻/时事、音乐、专题和综艺节目上表现出较大兴趣，分配的收视时间比例多于四川观众平均水平。从四川省个人月收入水平的观众节目收视趋势上看，收入越高的群体分配在财经、生活服务、新闻/时事、专题和综艺节目上的收视时间越多，而收看电视剧的时间比例就越小（表1.5.5）。

表1.5.5　2009年四川省市场不同受教育程度和个人月收入观众对各类节目的收视比重（%）

节目类型	受教育程度					个人月收入（元）				
	未受过正规教育	小学	初中	高中	大学及以上	600以下	601－1200	1201－1700	1701－2600	2601及以上
财经	0.34	0.30	0.34	0.87	2.13	0.32	0.63	0.85	1.18	1.33
电视剧	39.95	42.74	40.94	36.87	28.95	41.66	40.05	34.31	34.05	25.59
电影	7.67	8.33	9.80	7.83	6.30	8.76	8.58	9.41	7.96	8.36
法制	1.46	1.94	2.64	2.60	2.84	2.02	2.79	3.49	3.85	2.03
教学	0.08	0.09	0.16	0.21	0.61	0.11	0.23	0.25	0.23	0.30
青少	13.55	9.47	4.27	3.00	2.32	7.98	3.36	2.68	4.10	3.66
生活服务	4.98	4.71	4.64	5.05	5.21	4.67	4.99	5.01	5.08	5.26
体育	0.84	1.10	1.76	4.04	4.08	1.55	2.09	3.42	2.22	6.44
外语	0.04	0.04	0.07	0.05	0.09	0.05	0.08	0.05	0.06	0.08
戏剧	0.55	0.35	0.23	0.13	0.17	0.31	0.18	0.29	0.17	0.23
新闻/时事	6.34	6.49	7.52	9.57	15.31	6.66	9.11	11.41	10.59	13.05
音乐	0.90	0.95	1.23	1.28	1.30	1.04	1.31	1.41	1.13	1.22
专题	3.57	4.12	6.01	6.83	8.96	4.77	6.31	7.00	8.21	11.34
综艺	7.01	7.82	9.36	10.13	10.53	8.66	8.66	9.06	10.30	10.57
其他	12.71	11.55	11.05	11.56	11.21	11.44	11.63	11.35	10.87	10.53

数据来源：CSM媒介研究

2009年四川省收视市场，不同职业观众具有不同的收视偏好。四川省观众中干部/管理人员群体在财经、电影、教学、生活服务、体育、外语、新闻/时事、音乐、专题和综艺节目上花费了相对较大比例的收视时间；与总体平均水平相比，个体/私营人员较爱收看财经、法制、教学、生活服务、新闻/时事、音乐、专题和综艺节目；初级公务员收看财经、法制、教学、生活服务、体育、外语、新闻/时事、专题和综艺节目的时间较多；工人群体收看财经、电影、法制、教学、生活服务、体育、外语、新闻/时事、音乐、专题和综艺节目的时间较多；而学生群体用更大比例的时间收看青少、体育、外语和综艺节目；无业群体对电视剧、电影、法制和戏剧节目的兴趣较为浓厚（表1.5.6）。

表1.5.6 2009年四川省市场不同职业观众对各类节目的收视比重（%）

节目类型	职业						
	干部/管理人员	个体/私营企业人员	初级公务员	工人	学生	无业	其他
财经	3.73	0.50	0.78	0.56	0.25	0.73	0.28
电视剧	25.93	39.64	39.66	37.84	38.96	38.09	43.34
电影	9.27	8.59	6.98	8.91	7.40	6.30	10.35
法制	2.13	2.80	2.83	2.74	1.33	2.60	2.29
教学	0.40	0.17	0.23	0.16	0.08	0.18	0.14
青少	1.86	2.96	2.42	3.31	16.87	8.17	4.20
生活服务	5.29	4.77	5.09	4.96	4.38	5.31	4.60
体育	3.97	1.70	2.15	2.62	2.13	1.89	1.40
外语	0.07	0.05	0.06	0.06	0.07	0.06	0.04
戏剧	0.29	0.15	0.17	0.19	0.14	0.34	0.37
新闻/时事	13.38	10.32	11.24	9.19	4.10	8.90	7.00
音乐	1.46	1.20	1.04	1.24	0.91	1.21	1.11
专题	11.80	6.49	6.33	6.55	4.16	5.33	5.07
综艺	10.32	9.20	8.84	10.10	9.23	8.70	8.17
其他	10.09	11.46	12.16	11.56	9.97	12.20	11.63

数据来源：CSM媒介研究

（三）北京市电视收视市场的节目竞争格局

在相对平和的2009年，北京电视节目市场依旧维持较为平衡的收视结构。电视剧仍然是节目市场第一领导力量，但强度有所减弱；因缺乏新闻热点和大型体育赛事支撑，北京体育节目和新闻/时事节目的收视份额大幅萎缩；专题节目跻身收视第一集团，与生活服务类节目一同稳步增长。在各级频道的节目收视竞争中，2009年北京台在多个细分节目市场实现增长，中央台则出现缩减，外省卫视在各类节目市场此消彼长。

1. 电视剧领先优势继续减小，节目竞争格局有所变化

2009年北京电视节目收视市场，电视剧稳居市场龙头位置，占据30.25%的收视份额。和全国市场情形类似，电视剧虽稳居北京收视市场头把交椅，但收视份额仍在连年萎缩，2009年电视剧在北京市场的收视份额同比上一年下降近1个百分点。专题、综艺、生活服务和新闻/时事节目位居北京收视市场的第二梯队，收视份额均超过9%，其中专题、综艺和生活服务份额有所增长，而新闻/时事节目有所下降。电影和体育节目位处北京收视市场的第三阵营，收视份额在4%—5%之间，比2008年均有所下降。法制、青少、财经和音乐节目的收视份额介于1%—4%之间，较往年均有增长；其他类节目占据10.84%的收视份额；其余节目的市场空间均低于1%（图1.5.11）。

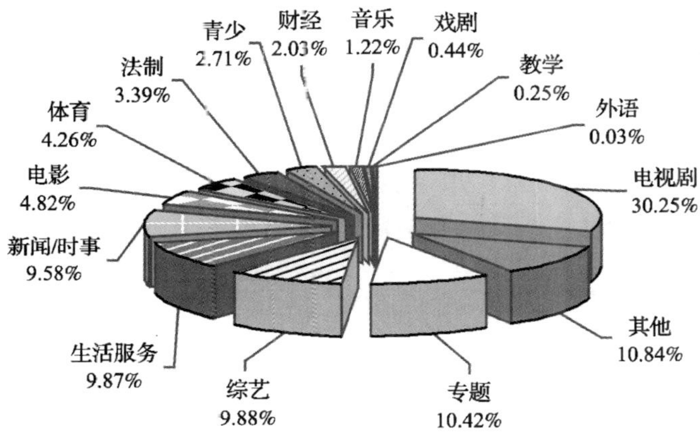

图1.5.11 2009年北京市场各类节目的收视份额

数据来源：CSM媒介研究

随着人们对生活品质重视程度的提高，生活服务节目也越来越受到观众的青睐。2009年北京地区生活服务节目的收视份额获得进一步增长，已然跻身北京地区强势类型节目行列。由于天气与百姓生活密切相关，气象服务节目是生活服务类节目中最受关注的节目，北京卫视播放的《天气预报》以16%的平均收视率位列生活服务之首。除气象节目以外，北京电视台的《天下收藏》、《养生堂》和《生活面对面》也是观众喜爱的节目，收获了不少注意力资源。2009年，专题节目重回北京电视节目市场亚军位置，北京电视台的《非常网络》、《八点非常故事汇》、《生活实验室》、《非常夫妻》、《城南行动》、《八点故事汇》和《神州音话》等7档栏目和中央电视台的《2009中央电视台3·15晚会》、《幕后》、《人民至上》3档栏目对此贡献突出，包揽北京地区专题节目平均收视率前十。

2009年北京地区平均收视率突出的综艺节目主要来自中央电视台，大型节日庆典、颁奖晚会和大型演出尤其受观众喜爱。2009年，中央电视台综合频道的《2009春节联欢晚会》和《欢天喜地闹元宵2009年元宵晚会》分别获得19.6%和17.8%的平均收视率，遥遥领先于其他综艺节目；北京电视台的《2009北京电视台春节联欢晚会》以超过14%的平均收视率列排行榜第三；此外，中央台的《首都各界庆祝中华人民共和国成立60周年联欢晚会》、《百花迎春中国文学艺术界2009春节大联欢》以及北京卫视的

《2009中国播音主持金话筒奖颁奖盛典》都在综艺节目排行榜占据重要位置。电视剧市场中，北京电视台播放的电视剧较受本地观众青睐，平均收视前十的电视剧均来自本地频道，其中《错爱第二部》、《中国家庭第一部》、《王贵与安娜》、《战后之战》和《铁齿铜牙纪晓岚第四部》等电视剧深受观众喜爱，平均收视成绩均超过8%。

2. 北京台在多类市场扩张，蚕食中央台细分市场

2009年，中央台在北京地区外语、电影、戏剧、音乐、体育和教学等细分节目市场占据主控地位，对应收视份额均超过50%。其中，中央台在外语和电影市场的领先优势最为明显，分别以100%和74.66%的份额领先其他各电视台；在北京市戏剧和音乐市场的领先优势其次，收视份额分别达到65.38%和65.14%；在体育和教学节目市场分别斩获57.40%和54.29%的收视份额。此外，北京地区综艺节目市场的龙头地位也由中央台获得，收视份额达40.48%。2009年，虽然中央台在北京多个类型节目市场居头把交椅，但除音乐和外语节目外，中央台在北京其他各细分节目市场份额均出现下滑。比较中央电视台2008年在北京地区的表现，2009年综艺节目的下滑幅度最大，接近12个百分点；体育、青少、教学和专题的降幅其次，在9%—10%之间；戏剧、新闻/时事、生活服务、法制、电视剧、电影和财经节目也有不同程度的下降，降幅均小于9%（图1.5.12）。

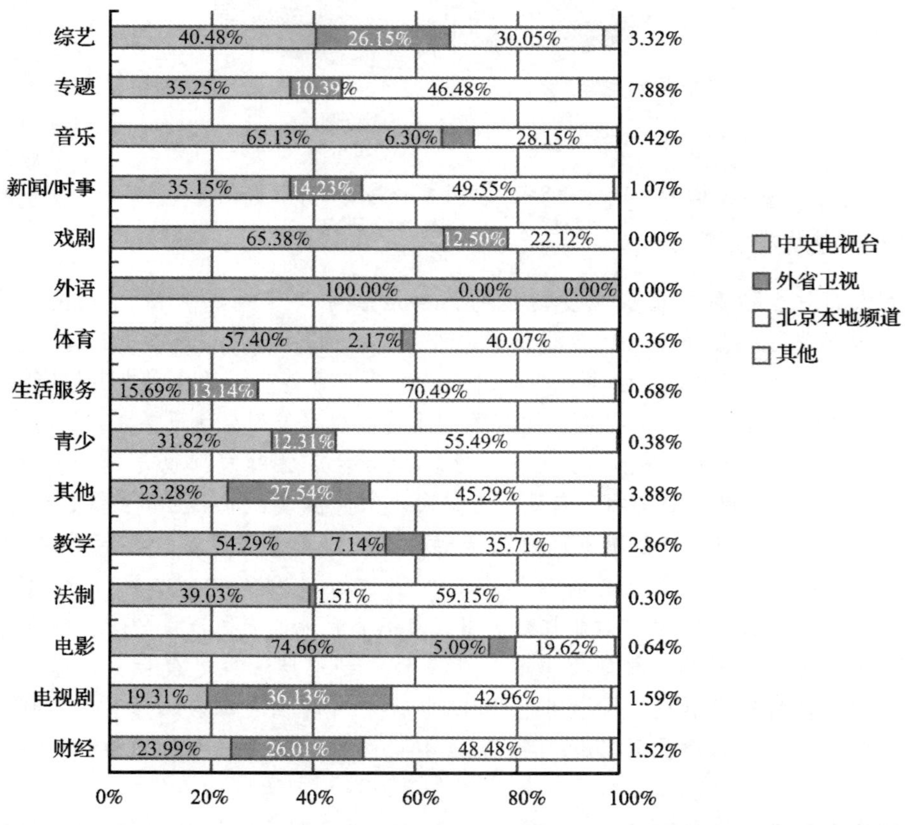

图1.5.12　2009年北京市场中央台、外省卫视和北京本地频道在各类节目中的收视份额

数据来源：CSM媒介研究

2009年北京台在本地生活服务、青少和法制节目市场享有明显优势，收视份额均高于50%；尤其是在生活服务市场的份额高达70.49%，充分发挥地区贴近性优势。比较去年情况，北京台在本地多个市场均有突出表现，在教学、生活服务、体育、新闻/时事、法制、电视剧、青少、戏剧、专题、电影和综艺类节目市场的收视份额呈增长趋势。其中，北京台在教学、生活服务和体育节目市场增长明显，增幅均在10个百分点以上；在新闻/时事、法制和电视剧节目市场分别增长了5至8个百分点；在青少、戏剧、专题和电影市场的涨幅在1至5个百分点不等。此外，在部分收视市场份额增长的同时，北京台在财经、音乐、外语和其他类节目市场的份额也有不同程度的减少。

电视剧、财经和综艺节目是外省卫视2009年进军北京收视市场的三大主力，收视份额分别达到36.13%、26.01%和26.15%。同比上年，2009年外省卫视在北京地区综艺、青少、戏剧、电影、财经和新闻/时事市场上的收视份额均有所增长，其中综艺和青少节目的涨幅最大，均超过5个百分点；此外，外省卫视在法制、教学、体育、音乐、专题、外语、电视剧和生活服务市场的收视份额有不同程度的降低，外语、电视剧和生活服务类节目降幅较大，在3至5个百分点不等。

3. 中央台与北京台收视格局均衡，外省卫视对电视剧的依赖有所降低

和全国收视情况相似，2009年中央台各类型节目在北京地区收视份额分布均匀。其中，电视剧对中央台的贡献最大，达到18.81%；综艺、专题、电影和新闻/时事类节目的收视贡献其次，收视比重分别为12.88%、11.83%、11.62%和10.85%；中央台在北京的收视时间中，体育、生活服务和法制节目比重分别达到7.88%、4.98%和4.26%；青少、音乐、财经、戏剧、教学和外语的收视比重均低于3%。对比2008年收视，2009年外语、教学、新闻/时事和体育节目对中央台的贡献有所下降，其余类型节目对中央台的收视贡献均有上升（图1.5.13）。

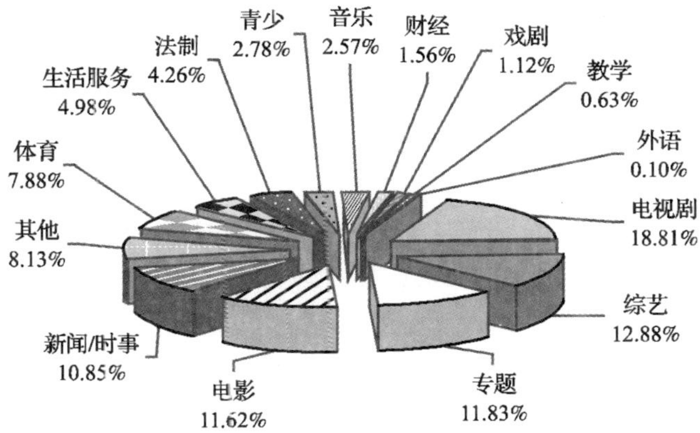

图1.5.13 2009年北京市场中央台各类节目的收视比重

数据来源：CSM媒介研究

2009年外省卫视在北京地区的收视份额仍主要来自于电视剧，但相比往年，电视剧对外省卫视贡献减少了约6个百分点。此外，在2009年北京观众收看外省卫视的时间

中，有11.93%的时间由综艺节目贡献，同比2008年增长了约5个百分点。新闻/时事、生活服务和专题类节目共帮助外省卫视在北京收视市场获得17.28%的收视时间，但三类节目的收视比重相比往年均有所减少；外省卫视的财经、青少和电影节目，分别贡献了2.43%、1.53%和1.08%的收视比重，较去年均有所增长；此外，其他类节目贡献了13.79%的收视比重；其余各类型节目的收视比重均小于1%，其中体育节目收视比重下降约0.6个百分点，戏剧、法制、外语、教学和音乐收视比重的变化幅度均较小（图1.5.14）。

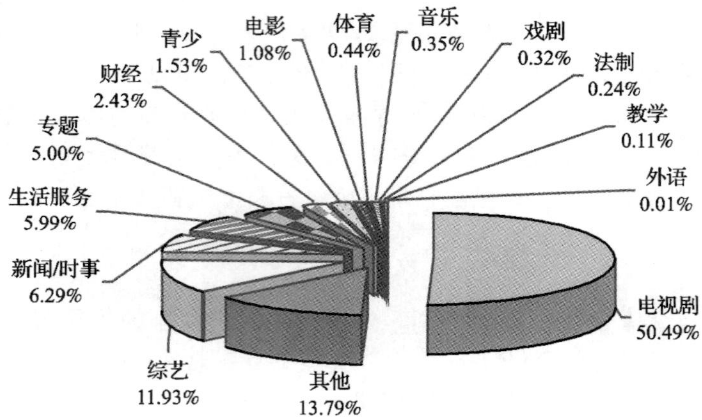

图1.5.14　2009年北京市场外省卫视各类节目的收视比重

数据来源：CSM媒介研究

2009年北京收视市场，北京台各类型节目收视格局平衡发展。在北京观众收看北京台的时间中，28.92%的时间分给了电视剧，15.48%的时间用于收看生活服务类节目，10.76%的时间用于收看专题节目，10.56%的时间用于收看新闻/时事，综艺和法制节目的收视比重分别为6.61%和4.46%，这六类节目支撑起北京台接近77%的收视。除此之外，体育、青少、财经和电影节目为北京台在本地的收视贡献了11.44%的收视时间；而音乐、教学和戏剧节目在北京台的整体收视中所占比重相对较小，均在1%以下。从收视比重的变化来看，2009年专题、综艺、法制、青少和生活服务节目对北京台的收视贡献有所上升，而体育、新闻/时事、电影、电视剧、财经、教学、外语和音乐对本地电视台的贡献有所下降（图1.5.15）。

4. 不同类型节目吸引不同观众群体，特征人群收视倾向明显

根据2009年北京地区观众对各类节目的收视比重，男性观众用于收看的电影、体育、新闻/时事和专题节目的时间明显高于女性群体；女性群体将明显高于男性群体的收视时间分配在收看电视剧和生活服务类节目；而不同性别的群体在收看其他各类型节目的比重差异不很明显（表1.5.7）。

从年龄来看，北京地区4—14岁的群体在电影、青少、外语和综艺节目上花费的时间高于北京观众总体收看相应类型节目的水平；15—44岁的中青年群体更为热衷收看电

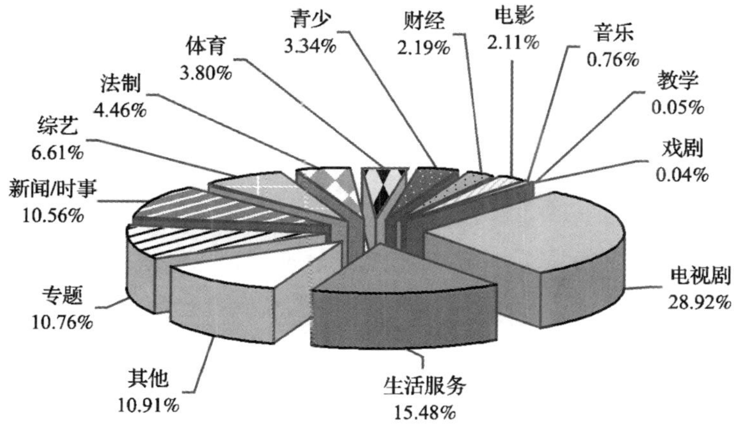

图 1.5.15 2009 年北京市场北京台各类节目的收视比重
数据来源：CSM 媒介研究

影、体育、音乐和综艺节目；和其他群体相比，35—44 岁的群体收看电视剧、青少、外语、专题和综艺节目上的时间比重较高；45—64 岁的中老年群体在财经、电视剧、电影、法制、生活服务、新闻/时事和专题类节目上分配的收视时间比例高于总体水平；65 岁及以上的老年群体将更大比例的收视时间分配在电视剧、法制、生活服务、体育、戏剧和新闻/时事类节目上（表 1.5.7）。

表 1.5.7 2009 年北京市场不同性别和年龄观众对各类节目的收视比重（%）

节目类型	性别		年龄						
	男	女	4－14 岁	15－24 岁	25－34 岁	35－44 岁	45－54 岁	55－64 岁	65 岁及以上
财经	2.02	2.03	0.62	1.34	1.96	1.98	2.58	2.29	1.60
电视剧	28.43	32.11	27.29	27.98	27.73	30.73	30.58	31.91	31.54
电影	5.68	3.95	4.97	6.62	6.26	6.79	4.50	3.55	2.67
法制	3.34	3.45	1.66	2.59	2.34	3.32	3.55	4.03	4.31
教学	0.27	0.24	0.14	0.17	0.22	0.25	0.31	0.27	0.25
青少	2.83	2.58	20.21	1.95	3.93	3.21	0.68	1.82	0.75
生活服务	8.98	10.79	7.58	8.46	9.22	9.05	10.90	10.37	10.19
体育	5.66	2.83	2.35	6.08	4.60	3.18	4.55	4.00	4.46
外语	0.03	0.03	0.05	0.02	0.03	0.04	0.02	0.05	0.03
戏剧	0.43	0.44	0.17	0.18	0.24	0.18	0.24	0.48	1.44
新闻/时事	10.29	8.86	5.04	7.12	8.33	8.14	9.75	10.52	13.56
音乐	1.21	1.24	1.03	1.72	1.43	1.18	1.26	1.14	0.89
专题	10.58	10.25	6.13	10.38	10.52	10.68	11.10	10.46	10.06
综艺	9.80	9.96	10.78	14.18	11.61	10.59	9.55	8.49	7.37
其他	10.46	11.23	11.97	11.20	11.59	10.68	10.42	10.63	10.91

数据来源：CSM 媒介研究

在2009年北京收视市场，不同教育程度的观众对电视剧的收看时长没有太大差异；较高学历的观众收看财经、电影、教学体育、新闻/时事和专题节目的时间高于较低学历的观众，较低学历的观众收看青少节目的比重高于其他教育程度的观众。此外，随着教育程度的增高，北京观众投入财经、电影、体育和专题节目的时间比重随之增高（表1.5.8）。

从个人月收入水平来看，中低个人月收入的观众收看电视剧、青少、戏剧、音乐和综艺节目的比重较高；中高等收入水平的观众则更多地关注教学、体育、外语、新闻/时事和音乐节目；而中低收入和中高收入水平的观众在收看财经、电影和生活服务等类型节目上没有太大差异（表1.5.8）。

表1.5.8　2009年北京市场不同教育程度和收入观众对各类节目的收视比重（%）

节目类型	受教育程度					个人月收入（元）				
	未受过正规教育	小学	初中	高中	大学及以上	600以下	601－1200	1201－1700	1701－2600	2601及以上
财经	0.95	1.13	1.39	2.45	2.70	1.44	2.21	2.02	2.00	2.79
电视剧	33.69	31.20	31.70	30.56	27.17	29.57	32.64	30.54	30.23	28.83
电影	3.39	4.71	4.73	4.89	5.10	5.59	4.66	4.06	4.61	5.06
法制	2.78	3.77	4.13	3.30	2.60	3.02	4.06	3.28	3.70	3.07
教学	0.15	0.19	0.18	0.32	0.29	0.20	0.19	0.25	0.25	0.39
青少	10.09	7.46	2.38	1.58	1.86	6.33	1.27	1.60	1.81	1.25
生活服务	9.20	8.46	9.78	10.46	9.74	9.13	10.01	10.53	10.10	9.76
体育	1.92	3.22	3.94	4.37	5.23	3.86	3.99	4.10	4.25	5.27
外语	0.04	0.04	0.03	0.02	0.05	0.03	0.03	0.03	0.03	0.05
戏剧	1.18	0.46	0.55	0.28	0.41	0.30	0.58	0.71	0.27	0.42
新闻/时事	8.99	8.35	9.43	9.35	10.66	7.90	8.20	10.83	10.61	10.33
音乐	0.88	1.32	1.16	1.21	1.32	1.47	1.25	1.07	1.14	1.12
专题	6.63	7.92	10.02	10.71	11.98	8.61	9.69	11.28	10.82	12.09
综艺	7.69	10.39	9.75	9.84	10.25	11.17	10.24	8.98	9.53	9.22
其他	12.42	11.40	10.83	10.67	10.65	11.37	10.98	10.72	10.65	10.35

数据来源：CSM媒介研究

2009年，不同职业的北京观众收看电影、体育和专题节目的时间比重差异不大，对其他各类节目的收视比重则有较为明显的差异。其中，干部/管理人员用于收看电影、体育、戏剧、新闻/时事、专题和综艺节目的时间比重较高；个体/私营企业人员较为偏爱收看电视剧、电影、法制、体育、外语和专题节目；初级公务员对财经、电影、教学、体育、专题和综艺等类型节目更感兴趣；工人群体偏爱财经、电影、教学、体育、音乐、专题和综艺节目；学生用于收看电影、青少、体育、外语、音乐和综艺节目的时间比重较高；无业群体将较高比例的时间分配在法制、生活服务、戏剧和新闻/时事类节目上（表1.5.9）。

表 1.5.9 2009 年北京市场不同职业群体对各类节目的收视比重（%）

节目类型	职业						
	干部/管理人员	个体/私营企业人员	初级公务员	工人	学生	无业	其他
财经	1.85	1.78	2.13	3.01	1.31	1.97	0.89
电视剧	28.55	32.01	30.06	30.09	27.91	30.44	34.79
电影	5.43	5.24	5.66	6.03	5.94	3.80	5.61
法制	2.80	3.85	2.90	3.25	1.82	3.88	3.69
教学	0.23	0.25	0.32	0.26	0.18	0.24	0.19
青少	1.64	2.17	1.97	1.53	9.60	2.44	3.52
生活服务	9.81	9.35	9.45	9.40	7.89	10.62	9.03
体育	5.15	4.60	4.46	4.77	4.56	3.89	3.05
外语	0.02	0.04	0.03	0.03	0.04	0.03	0.04
戏剧	0.51	0.17	0.20	0.25	0.18	0.67	0.43
新闻/时事	11.07	7.95	9.07	8.43	6.72	10.74	7.31
音乐	1.14	1.05	1.20	1.27	1.45	1.22	1.24
专题	11.01	11.23	11.29	10.67	8.20	10.16	9.14
综艺	10.74	9.73	10.41	10.34	13.25	8.93	9.74
其他	10.06	10.57	10.85	10.66	10.94	10.99	11.29

数据来源：CSM 媒介研究

（四）上海市电视收视市场的节目竞争格局

2009 年上海地区的节目竞争格局相对稳定，依旧由电视剧统领市场，其余类型节目均衡分布。相比节目收视市场的变迁，2009 年来自上海文广的制度改革更为引人注目。2009 年 10 月，上海文化广播影视管理局下属上海文广新闻传媒集团（下称文广集团）更名为上海广播电视台，同时，出资设立上海东方传媒（集团）有限责任公司（下称东方传媒集团）。上海广播电视台保留频道频率管理、宣传内容编辑、播出管控、新闻节目制作等部分业务。东方传媒集团业务则包括政策允许制播分离的节目制作和广告经营业务。上海文广这一中国传媒经营与改革的先行者，踏出制播分离改革的这一步，也标志着中国文化体制改革的深入推进。

1. 电视剧保持上海收视市场领跑地位，综艺上升专题回落

与上年类似，2009 年上海电视节目收视市场，各类节目收视格局相对均衡。市场霸主依旧是电视剧，收视份额相比上年上涨 0.4 个百分点。综艺节目和新闻/时事节目的收视份额均在 10% 以上，二者共占据上海市场 20.74% 的市场份额。生活服务、专题和电影节目凭借 8.51%、7.47% 和 5.86% 的收视份额位居市场第三阵营。体育、青少、财

经和法制的收视份额均在2%—4%之间，是上海收视市场的第四梯队。其余各类节目的收视份额相对较少，均在1%以下。相比往年，综艺、生活服务、青少、电视剧、法制、电影和其他节目的收视比重有所增加，体育、专题、新闻/时事、音乐、外语和戏剧的收视比重有所减少，而财经和教学类节目的市场份额没有变化（图1.5.16）。

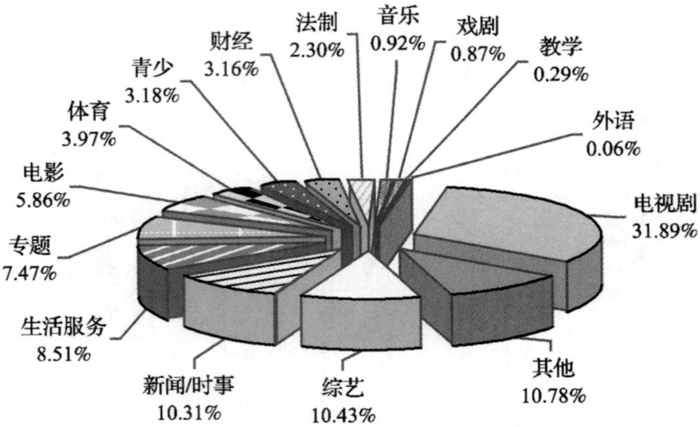

图1.5.16　2009年上海市场各类节目的收视份额

数据来源：CSM媒介研究

和2008年相似，2009年独揽上海电视剧市场收视率前十的仍然是上海电视台，彰显出上海电视台在本地电视剧市场的影响力。《战后之战》凭借8.7%的平均收视率摘得2009年上海电视剧平均收视率桂冠；《王贵与安娜》、《北方有佳人》、《媳妇的美好时代》和《黑三角》分别凭借超过8%的平均收视率跻身前五。

2009年上海地区，中央电视台节庆大型晚会的影响力依旧强大，由中央电视台播放的《2009春节联欢晚会》以17.3%的平均收视率位列上海地区各综艺节目榜首，《首都各界庆祝中华人民共和国成立60周年联欢晚会》和《欢天喜地闹元宵2009年元宵晚会》凭借超过7%的收视成绩进入上海地区综艺节目前十。如果说中央电视台综艺晚会的竞争力是突出的话，本地众多综艺节目的收视水平是优秀且整齐划一。在2009年上海收视排名前十位的综艺节目中，有7个来自于上海东方电视台娱乐频道，内容有节日庆典、颁奖典礼，也有常规栏目。上海东方电视台娱乐频道的《2009昂立多邦十大快乐明星家庭颁奖典礼》平均收视高达12.8%，是综艺市场收视亚军；此外，本地频道的常规综艺栏目《花好月圆》和《龙飞凤舞对对碰》等栏目也有不俗的收视表现。以新闻报道著称的上海本地频道，在2009年保持自身传统特色不变，在新闻节目收视前十排行榜中获得9席，如《新闻透视》、《观众中来》、《新闻报道》、《新闻坊》和《1/7大型电视新闻周刊》等常规栏目在2009年保持较高人气，但相比往年收视略有下降；在2009年的重大新闻热点减少的情况下，上海电视台新闻综合频道凭借《奔向世博加油300》和《上海市人民政府记者招待会》等新闻报道榜上有名，显示出较强的频道新闻挖掘能力。

2. 本地频道独揽上海大半江山，外省卫视实现多点突围

从上海各类型节目市场表现看，上海文广在本地大多数细分市场的份额都在50%及以上，尤其是在戏剧、生活服务和青少节目市场，上海本地频道的收视份额均超过70%；在新闻/时事、法制和财经节目市场上，本地频道掌控了60%—70%的市场空间；在外语、体育、电影、电视剧和其他节目市场上，本地频道也获得了50%—60%的收视份额；虽然本地频道在专题节目市场的收视份额不足50%，但依旧占据市场龙头位置；相对而言，上海本地频道在音乐和教育类节目市场上表现较弱，市场份额分别为36.11%和5.36%，表现弱于外来频道。尽管上海文广在本地的强势依旧，但其在外语、音乐、教学、专题和青少市场上的明显收缩影响了上海本地频道在2009年的表现（图1.5.17）。

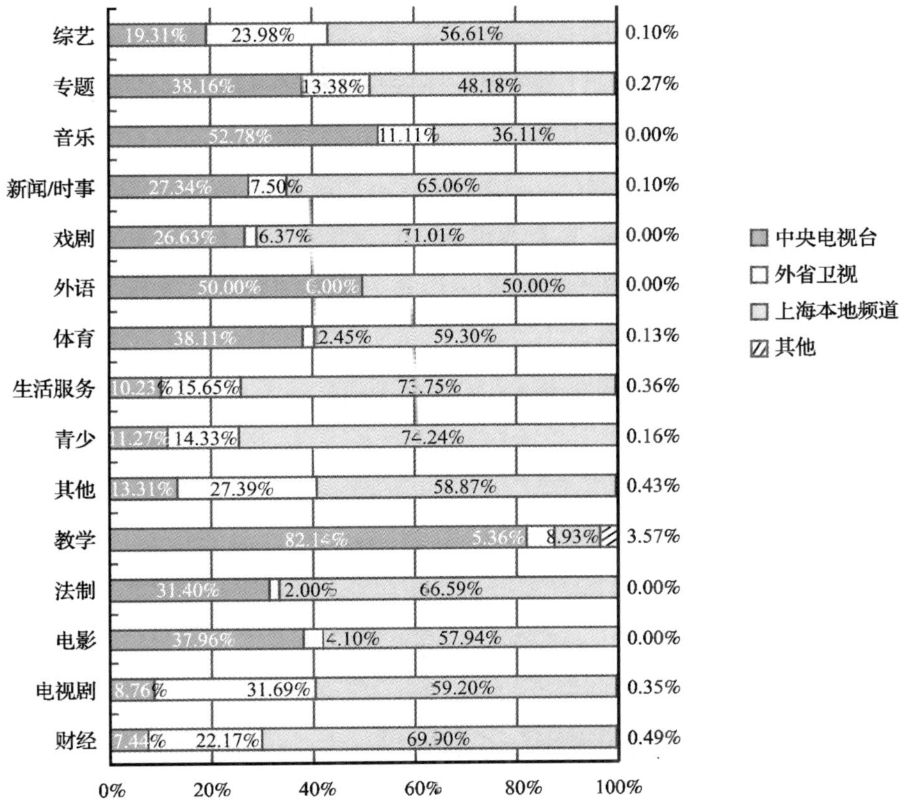

图1.5.17　2009年上海市场中央台、外省卫视、上海本地频道在不同节目中的收视份额

数据来源：CSM媒介研究

纵观中央台在上海各类型市场的竞争情况，中央台在教学、音乐和外语节目市场占据主控地位，收视比重均在50%以上；在专题、新闻/时事、戏剧、体育、法制和电影市场也具有一定优势，收视比重在20%—40%之间；但在其余各节目市场中表现相对弱势，在电视剧和财经节目市场的份额均低于10%。总的来看，中央电视台在上海的小众节目市场较能发挥自身优势，但在大众节目市场的竞争中，则逊于省级频道。比较2008

年收视，中央台在综艺、戏剧、电影、体育、电视剧、其他、生活服务和法制节目市场中的份额均有所下滑，只在新闻/时事、青少、财经、教学、专题、音乐和外语等少数细分市场有所提升。

根据外省卫视在上海地区的收视数据，外省卫视在上海地区青少、综艺、音乐、专题、财经、电视剧、电影、教学、生活服务和法制节目市场上都有不同程度的上行表现；尤其是在青少和综艺节目市场分别取得了超过11个百分点和超过5个百分点的收视增长，在其他节目市场的增幅也超过了7个百分点。但和上海本地频道相比，大多数外省卫视在上海各节目市场的竞争力均弱于上海本地频道，然而外省卫视在综艺节目的持续投入已经开始获得上海观众的认可，收视份额较往年增长超过5个百分点。此外，2009年外省卫视在上海地区的体育、戏剧、新闻/时事和外语节目市场收视份额出现下滑。

3. 中央台与本地频道在沪均衡发展，电视剧对外省卫视和中央台支撑减弱

虽然2009年中央台在上海的收视依旧保持全方位平衡发展的态势，但是各类型节目的贡献出现较大调整。2009年，中央台的专题节目在上海地区实现较大突破，为中央台贡献了15.13%的收视份额，取代2008年的电视剧，成为中央台收视贡献最大的类型节目。此外，新闻/时事、电视剧、电影和综艺节目分别为中央台的收视贡献了14.97%、14.83%、11.84%和10.71%的份额。体育和其他节目为中央台分别贡献了8.03%和7.61%的收视时间。生活服务、法制和音乐共为中央台贡献了超过11%的收视份额，其余各类节目对中央台的贡献均在2%以下。和2008年相比，外语和电视剧对中央台在上海地区的整体收视贡献有所减弱，而其他各类型节目的贡献均有所增加（图1.5.18）。

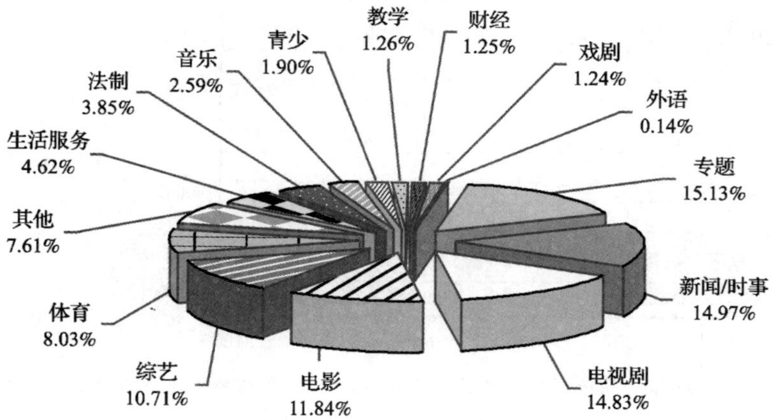

图1.5.18　2009年上海市场中央台各类节目的收视比重

数据来源：CSM媒介研究

在上海收视市场上，电视剧一直是外省卫视进军上海市场的最重要武器。2009年，电视剧依旧是外省卫视收视份额最大的一类节目，达到49.69%；但相比上年，外省卫视的收视贡献再度减弱，同比下滑近6个百分点。综艺是对外省卫视贡献第二大的类型

节目，贡献份额与往年持平。除此之外，2009 年戏剧、音乐、财经、生活服务、外语和体育节目对外省卫视在上海的收视贡献有所减少，而青少、电影、新闻/时事、教学和其他类节目的贡献均有所增加，法制节目的贡献基本没变（图 1.5.19）。

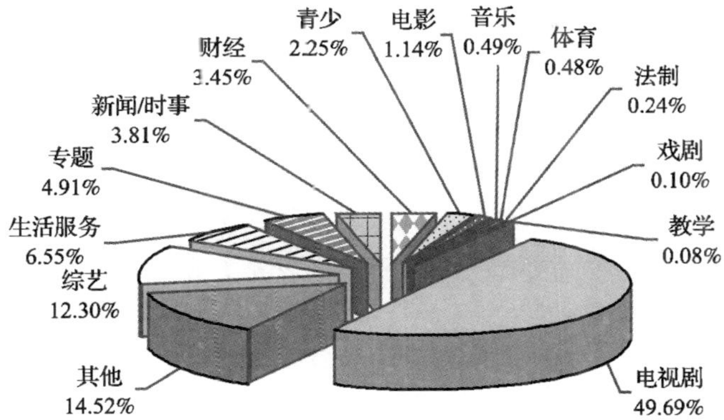

图 1.5.19　2009 年上海市场外省卫视各类节目的收视比重

数据来源：CSM 媒介研究

上海文广在各类节目建设和制作上的齐头并进，为其在本地获得较高的市场份额奠定了坚实的基础。2009 年，电视剧对上海本地频道的收视贡献达到 31.17%，同比增长了近 1 个百分点，贡献度居各类节目之首；新闻/时事和生活服务节目为上海本地频道的贡献其次，收视比重分别达到 11.07% 和 10.36%，对比上年，前者贡献程度略有下降，后者增长了近 2 个百分点。综艺节目为本地频道贡献了 9.74% 的收视时间，专题和电影分别为本地频道赢得了 5.94% 和 5.62% 的收视时长。除此之外，青少、体育、财经、法制和戏剧节目也对本地频道贡献了一定收视份额（图 1.5.20）。

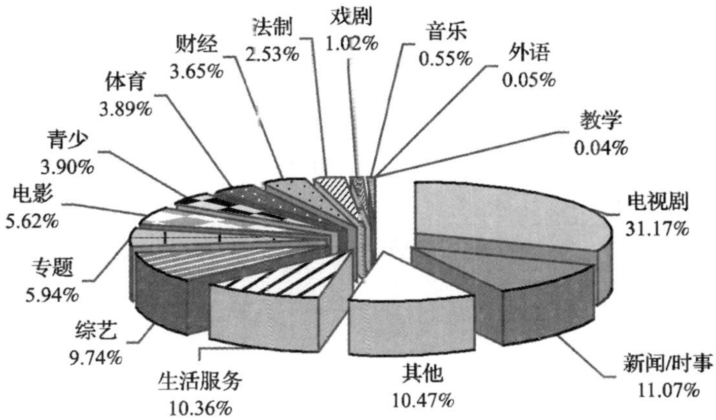

图 1.5.20　2009 年上海市场上海文广集团各类节目的收视比重

数据来源：CSM 媒介研究

4. 各类型节目吸引不同观众，细分观众收视各异

2009年上海收视市场，观众收视行为和偏好存在差异。根据2009年收视数据，上海地区男女观众分配在电视剧、电影、青少、生活服务、体育、新闻/时事、专题和其他节目的时间上存在差异，收视行为存在明显差异，在其余各类节目的收视行为上差异不大。从收视时间分配的情况来看，男性观众对电影、体育、新闻/时事和专题节目的关注度较高，女性观众则更偏好于电视剧、生活服务和综艺节目（表1.5.10）。

在年龄上，上海地区4—14岁的青少年收看青少和外语类节目的时间较多，明显高于上海观众的总体水平；15—24岁的观众收看电影、生活服务、体育、外语、音乐和综艺的比重较高；25—34岁的中青年群体在电影、教学、青少、体育、外语和综艺类节目上投入的收视时间比重较高；35—44岁的观众较为偏爱电视剧、电影、教学和专题节目，收视比重高于平均水平；45—64岁的中老年观众更喜爱收看财经、法制、生活服务、新闻/时事、音乐和专题节目；65岁及以上老年观众则用更多的时间收看电视剧、戏剧和新闻/时事节目。比较老中青观众的收视偏好来看，年轻人投入在电影和外语节目上的时间高于其他年龄段观众，中年人相对喜爱财经、法制、新闻/时事和专题类节目，老年人则对戏剧和新闻/时事表现出更多的兴趣（表1.5.10）。

表1.5.10　2009年上海市场不同性别和年龄观众各类节目的收视比重（%）

节目类型	性别		年龄						
	男	女	4-14岁	15-24岁	25-34岁	35-44岁	45-54岁	55-64岁	65岁及以上
财经	3.32	3.01	0.67	1.31	1.90	2.25	4.29	4.92	2.42
电视剧	28.87	34.91	28.12	30.27	30.52	32.16	30.85	31.83	36.71
电影	7.00	4.73	5.42	6.81	8.19	10.43	5.60	4.11	2.99
法制	2.36	2.25	1.18	1.56	1.90	2.05	2.64	3.02	2.05
教学	0.37	0.20	0.15	0.21	0.33	0.37	0.18	0.43	0.29
青少	2.95	3.42	23.80	2.72	4.87	3.10	1.13	1.50	1.47
生活服务	7.78	9.23	6.78	9.03	8.40	7.98	9.03	8.75	7.92
体育	5.84	2.09	2.08	6.14	4.38	3.61	4.40	3.76	2.90
外语	0.06	0.05	0.11	0.07	0.07	0.06	0.05	0.05	0.04
戏剧	0.81	0.94	0.22	0.30	0.45	0.41	0.39	0.81	3.02
新闻/时事	11.59	9.03	5.40	7.68	9.42	8.56	10.56	11.52	13.29
音乐	0.86	0.99	0.60	1.11	0.83	0.88	0.98	1.04	0.76
专题	8.22	6.71	4.38	6.81	7.04	7.72	7.90	8.24	7.09
综艺	9.65	11.20	10.08	14.85	10.95	10.35	11.18	9.42	7.77
其他	10.32	11.23	11.00	11.11	10.76	10.08	10.80	10.61	11.28

数据来源：CSM媒介研究

总的来看，教育程度对上海观众类型节目收视的影响较为明显。其中，小学及以下教育程度群体比较偏好电视剧和青少节目，未受过正规教育的观众在外语和戏剧节目上分配的收视时间比重高于上海地区平均水平；初高中教育程度群体则对财经、电影、法制、音乐和专题节目投入了更高比例的收视时间，此外，初中教育程度的观众收看电视剧、教学、戏剧和新闻/时事的时间较长，高中教育程度的观众收看生活服务、体育和综艺节目的时间较长；大学及以上教育程度群体对财经、教学、生活服务、体育、外语、新闻/时事、音乐、专题和综艺节目的收视偏好也比较明显（表 1.5.11）。

在上海地区，随着个人月收入的增加，观众的收视兴趣越加广泛。个人月收入在 600 以下的观众投入在青少、外语和综艺节目的收视时间高于类型节目平均收看时间；个人月收入在 601—1700 元的中低收入者对电视剧、法制、生活服务、戏剧和音乐节目表现出较为浓厚的兴趣；个人月收入在 1201—1700 元的上海观众分配在财经、电视剧、法制、戏剧、新闻/时事和专题节目收视上的时间相对较多；中低收入观众在电视剧、戏剧和新闻/时事上投入的收视时间比例较大；个人月收入在 1701—2600 元的群体对财经、电影、法制、教学、生活服务、体育、新闻/时事、专题和综艺节目有明显兴趣；个人月收入在 2601 元及以上的观众除收看电视剧、法制、青少、戏剧节目的时间比重低于平均水平外，收看其余各类节目的时间均较长。总的来看，高收入观众与低收入观众，在收视偏好上的差异较为明显（表 1.5.11）。

表 1.5.11 2009 年上海市场不同受教育程度和个人月收入观众各类节目的收视比重（%）

节目类型	受教育程度					个人月收入（元）				
	未受过正规教育	小学	初中	高中	大学及以上	600 以下	601 - 1200	1201 - 1700	1701 - 2600	2601 及以上
财经	0.70	0.71	3.27	3.25	4.43	1.78	2.64	3.56	3.78	4.02
电视剧	37.24	39.47	32.77	30.65	28.41	31.78	36.23	32.72	30.20	26.82
电影	3.67	4.31	5.98	6.30	5.79	5.85	5.51	4.79	6.72	7.07
法制	1.21	1.81	2.64	2.40	1.87	1.59	2.37	2.76	2.35	2.22
教学	0.10	0.10	0.30	0.28	0.42	0.29	0.22	0.28	0.31	0.35
青少	15.15	8.53	2.17	2.41	2.28	8.64	2.08	1.61	1.75	2.89
生活服务	8.25	7.84	8.35	8.77	8.53	8.18	8.59	8.51	8.53	8.69
体育	1.05	1.19	3.50	4.47	5.58	3.49	3.14	3.58	4.67	5.44
外语	0.11	0.04	0.05	0.06	0.07	0.08	0.05	0.04	0.05	0.08
戏剧	0.89	2.47	0.90	0.61	0.60	0.54	1.34	1.17	0.69	0.36
新闻/时事	6.14	8.71	11.05	10.00	11.11	8.25	9.75	11.70	10.65	10.73
音乐	0.69	0.54	0.94	0.98	0.96	0.91	0.94	0.90	0.92	0.97
专题	4.04	4.34	7.53	7.83	8.64	6.48	6.48	7.56	8.15	8.90
综艺	7.93	8.06	10.15	11.16	10.84	11.05	9.75	10.10	10.78	10.76
其他	12.82	11.89	10.41	10.83	10.47	11.10	10.92	10.72	10.47	10.69

数据来源：CSM 媒介研究

上海地区不同职业群体对各类型节目的收视选择也呈现出差异化状态。干部/管理人员、工人和无业群体在电影、教学、体育、新闻/时事、专题和综艺节目上投入的收视时间比例较相应类型节目的总体收视水平要高；个体/私营企业人员较为青睐财经、电影、法制、体育、新闻/时事、专题节目，在这几类节目上投入的时间比例相对较大；初级公务员更喜爱收看电影、体育、音乐、专题和综艺节目；工人在电影、法制、体育、音乐、专题和综艺节目上投入较多收视时间，收视比重较其他群体要高；学生群体更喜爱电影、青少、体育、外语、音乐和综艺节目；无业人员收看财经、电视剧、法制、教学、生活服务、戏剧、新闻/时事、音乐和专题节目的行为较为突出。通过比较，上海地区不同职业的观众普遍青睐电影、法制、体育、音乐、专题和综艺节目，在其余各类型节目上投入的时间差异则较大（表 1.5.12）。

表 1.5.12　2009 年上海市场不同职业观众对各类节目的收视比重（%）

节目类型	职业						
	干部/管理人员	个体/私营企业人员	初级公务员	工人	学生	无业	其他
财经	2.95	3.18	2.55	2.42	1.23	4.03	4.06
电视剧	28.47	30.42	30.57	31.71	29.85	33.50	37.13
电影	7.40	6.85	7.93	7.41	6.15	3.86	11.77
法制	2.16	2.69	2.06	2.44	1.26	2.56	1.55
教学	0.34	0.22	0.24	0.26	0.21	0.34	0.21
青少	1.39	1.48	3.16	1.48	11.25	2.74	2.01
生活服务	8.06	7.76	8.45	8.48	7.81	8.84	7.55
体育	7.42	4.81	4.61	4.98	4.52	2.78	2.73
外语	0.05	0.04	0.06	0.06	0.09	0.05	0.04
戏剧	0.36	0.65	0.42	0.47	0.26	1.43	0.28
新闻/时事	11.28	13.03	9.70	9.39	6.05	11.14	6.92
音乐	0.79	0.83	0.95	0.93	0.99	0.93	0.70
专题	7.68	8.03	7.53	7.59	5.88	7.55	6.48
综艺	11.26	9.75	11.22	11.87	13.93	9.10	8.46
其他	10.38	10.25	10.56	10.52	10.51	11.17	10.13

数据来源：CSM 媒介研究

（五）广州市电视收视市场的节目竞争格局

由于地处沿海，除大陆各级电视频道的节目外，广州市观众还可以收看来自香港和澳门的电视节目。这对观众来说，收视选择相对丰富，但对电视台而言，节目的竞争则更为激烈。和全国市场情形相近，2009 年广州节目市场格局相对稳定、平衡，体育节目收视下降明显，新闻/时事略有下滑，综艺节目重获增长，与电视剧和新闻/时事共同拉动广州节目收视市场。相比之下，大众主流节目份额有所扩张，而小众节目有所缩减。

1. 大众主流节目竞争力有所提升，小众细分节目受压份额减少

在2009年广州节目收视市场，节目收视格局仍以均衡为主，但体育和综艺节目份额排位起伏较大，主要原因是2008奥运年后，人们对体育赛事的关注度有所降低，政策上对综艺节目的限制较去年要少，因此体育节目退出广州收视市场第一集团，综艺节目重新升回至收视第一阵营。2009年，电视剧、新闻/时事和综艺节目是拉动广州收视的三驾马车，分别占据31.71%、13.89%和7.51%的收视份额；其中，电视剧和综艺的收视份额较上年有所攀升，而新闻/时事略有下降。生活服务、电影、专题和体育节目共占据23.53%的市场份额，组成广州收视市场的第二集团，四类节目的收视比重较上一年均有所下降。青少和法制节目凭借4.02%和1.02%市场份额，获得市场第三集团的位置，市场战绩较往年略有提升。此外，其他类节目获得15.71%的收视份额。其余各类型节目的市场份额相对较小，合计获得2.6%的收视比重，但相比往年收视比重均有所下滑（图1.5.21）。

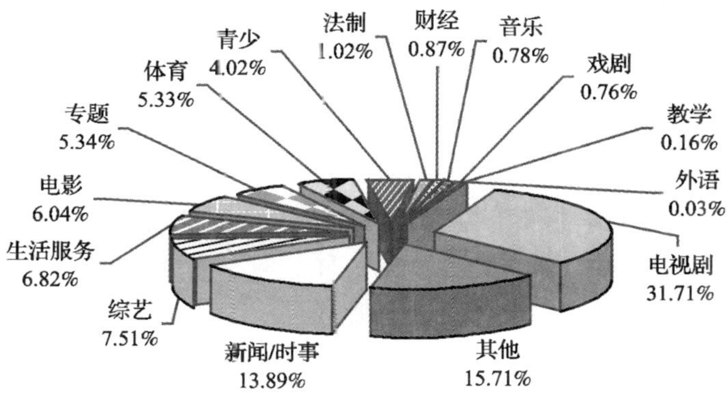

图1.5.21　2009年广州市场各类节目的收视份额

数据来源：CSM媒介研究

2009年广州市场电视剧节目市场，翡翠台和广州电视台播放的电视剧尤其受到观众喜爱。值得一提的是，2008年由香港翡翠台独霸广州电视剧市场前十的局面在2009年被广州电视台打破，2009年广州市电视剧平均收视率排名前十中，翡翠台占据4位，广州台占5席，广东台获1席。其中，香港翡翠台（市网）播出的跨年大戏《珠光宝气》是广州观众最喜爱的电视剧，其平均收视率达到11.6%，但较2008年前半部在广州获得的12.7%的平均收视率有所下降；此外，香港翡翠台（市网）播出的《学警狙击》凭借11.2%的平均收视率，位列电视剧排行榜第二，显示出了香港翡翠台电视剧在广州市场的号召力。2009年广州电视台综合频道播放的电视剧《真情无限之养母生母》、《错爱第二部》、《真爱一生》和《奶娘》在广州市场分别获得10.9%、10.5%、9.9%和9.8%的平均收视成绩，位列市场第三至第六，显示出广州电视台在选剧、播剧方面实力的提升。

2009年综艺节目市场霸主依旧是广州电视台的“广州春节焰火晚会”，获得了

11.4%的平均收视率，在广州地区全年综艺节目收视中名列榜首；中央台的《首都各界庆祝中华人民共和国成立60周年联欢晚会》和《2009春节联欢晚会》分居二、三位；广东电视台珠江频道的《骊港2009年春节联欢晚会羊城贺岁万家欢》获第四位；榜单第五至第十则由香港翡翠台独占。与2009年由抗震救灾特别新闻引领广州本地新闻节目市场不同，2009年广州地区新闻节目市场改由常规栏目打头阵，广东电视台的《今日关注》和广州电视台的《广州电视新闻》以超过7%的平均收视率排名第一、第二，但收视表现较往年前五要弱。

2. 南方传媒集团全面发展，境外频道紧随其后

从分类节目市场看中央台在广州市场的表现，2009年中央台广州的外语和教学节目市场具有较强竞争力，在其余各类节目市场的表现不很突出。2009年，中央台在外语和教学类节目市场的收视份额分别达到了50.00%和62.07%，其中教学依然是在广州竞争力最强的节目类型。此外，在专题、音乐、体育和电影节目市场上，中央台也具有相当的竞争力，对应市场份额在20%—40%；在综艺、法制和财经节目市场上的收视比重在10%—20%；在其余各类型节目市场的实力较弱，份额都在10%以下（图1.5.22）。

由于广州本地有较为独特的地域文化和语言体系做天然屏障，外省卫视一直较难深入广州市场，大多数类型节目市场的收视份额都较少。2009年，外省卫视在广州的青少节目市场上表现最佳，收视份额达到了28.99%；此外，外省卫视在广州获得的收视支持，较大程度上还来自于电视剧和综艺节目市场，在这两类市场的收视份额分别达到11.57%和13.82%；除此之外，外省卫视在财经和生活服务节目市场上分别获得了9.21%和7.69%的收视份额。

从2009年南方传媒集团在广州市各类节目市场的表现看，南方传媒集团在戏剧节目市场上占据压倒性优势，收视份额超过50%，高达76.67%；此外，南方传媒集团在体育、法制和电影节目市场享有超过40%的观众注意力，并引领类型节目市场各级频道；虽然在专题、新闻/时事、青少和电视剧节目市场上市场份额不足40%，但本省台的份额均高于其他各级频道，显示出南方传媒集团在广州市场的潜力；此外，南方传媒集团在综艺和生活服务类节目市场的份额也超过了30%，但竞争力均弱于境外频道。相比之下，南方传媒集团在广州的音乐、外语和教学节目市场的表现较弱，收视份额均在20%以下。

从节目制作和内容资源获取能力上看，广州台虽然不能和中央台及各省级频道相提并论，但凭借天然的文化和语言亲近性优势，广州市台在本地财经节目市场获得了34.87%的收视份额，居类型市场之首；广州市台在新闻/时事市场的收视份额也超过了30%，仅弱于南方传媒集团。除此之外，广州电视台在本地的体育和法制节目市场上都享有超过20%的市场份额，竞争力仅弱于南方传媒集团；在生活服务和电视剧市场上的市场份额也都超过10%，具有一定的收视潜力。

2009年，境外频道在广州的音乐节目市场上占据50%以上的市场份额，在综艺和生活服务节目市场上独享30%—40%的空间，是上述三类节目市场的龙头。另外，境外频道在广州地区的外语节目市场的收视份额也超过了30%，但受中央台压制，居于市场第二；在广州的专题、新闻/时事、青少、教学、电影、电视和财经节目市场上，境外频道也拥有20%—30%的观众注意力，具有相当的市场竞争力；境外频道在戏剧节目市场占据11.33%的收视份额，仅次于南方传媒集团。比较来看，境外频道在广州的体育和法制节目市场的竞争力较弱，收视份额均不足5%。

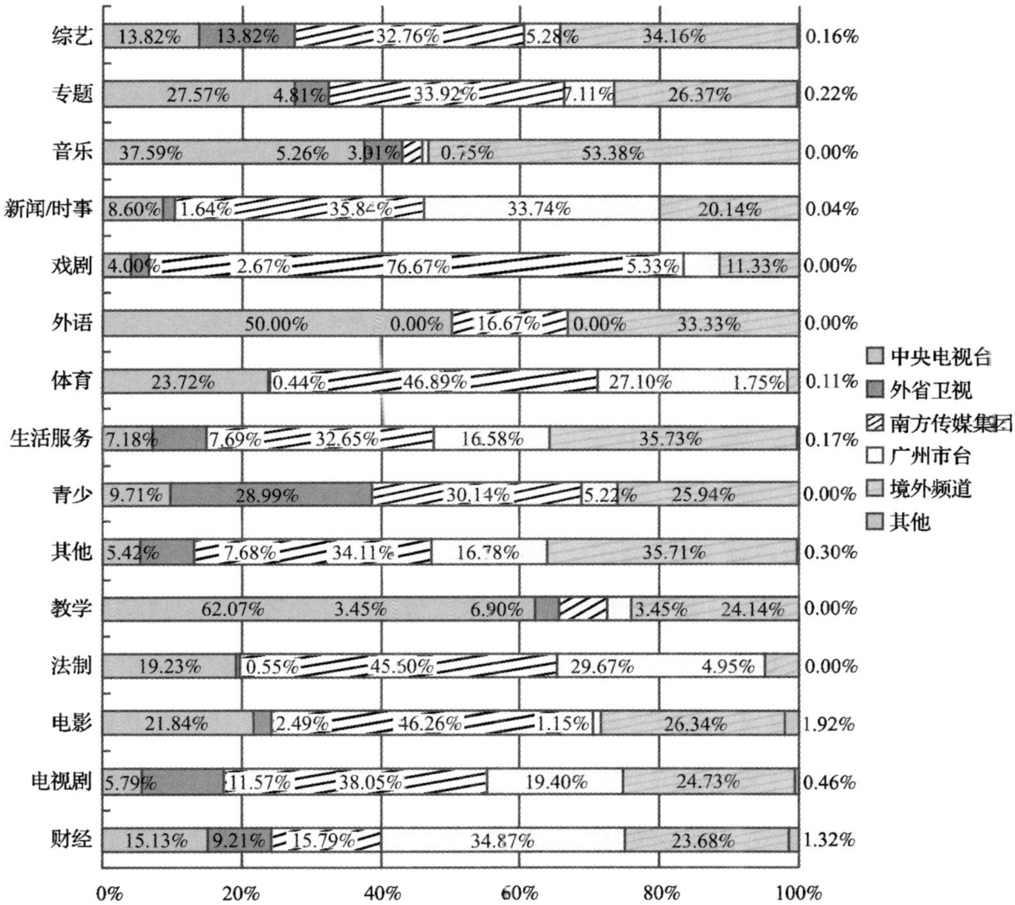

图 1.5.22　2009 年广州市场中央台、外省卫视、南方传媒集团、广州市台和境外频道在各类节目中的收视份额

数据来源：CSM 媒介研究

3. 各级频道大显身手，多类节目蓬勃发展

凭借多年的频道专业化发展和丰富的节目资源，中央台在大众和小众两大类节目市场获得均衡发展，并在广州节目收视市场形成类型节目齐头并进的局面。从2009年中央台在广州的收视比重看，电视剧、专题、电影、体育和新闻/时事节目是中央台在广州收获注意力资源的五大支柱，收视份额均达10%—20%，共为中央台贡献了66.68%的收视时间；此外，综艺节目对中央台贡献也比较突出，收视比重达到9.77%；生活服务、青少和音乐类节目共占据中央台在广州10.96%的收视时间；其他类节目的收视贡

献达8.01%；其余各类节目的收视贡献均低于2%（图1.5.23）。比较2008年情况，体育、新闻/时事、专题、综艺、音乐和电视剧对中央台的收视贡献有所下降，而财经、法制、教学、青少、电影、外语、戏剧和生活服务的收视贡献则有所上升。

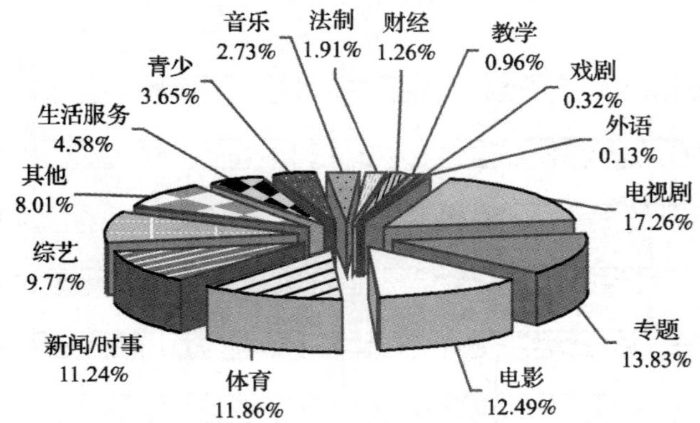

图1.5.23　2009年广州市场中央台各类节目的收视比重

数据来源：CSM媒介研究

和上年收视格局接近，外省卫视在广州市场的收视主要依赖于电视剧，2009年电视剧为外省卫视在广州市场的收视贡献了43.60%的时间，但相比上年，电视剧对外省卫视的贡献程度有所减弱。在青少、综艺和生活服务节目的收视贡献排序不变的情况下，外省卫视青少和综艺节目的收视贡献有明显提升，而生活服务类节目的收视贡献有轻微下降。专题和新闻/时事类节目对外省卫视分别贡献了3.06%和2.71%的收视时间，但相比上年分别有接近2个和3个百分点的下滑。电影、财经、音乐、体育、戏剧、教学、法制和外语对外省卫视的贡献依旧较小，相比往年，收视贡献变化均不大（图1.5.24）。

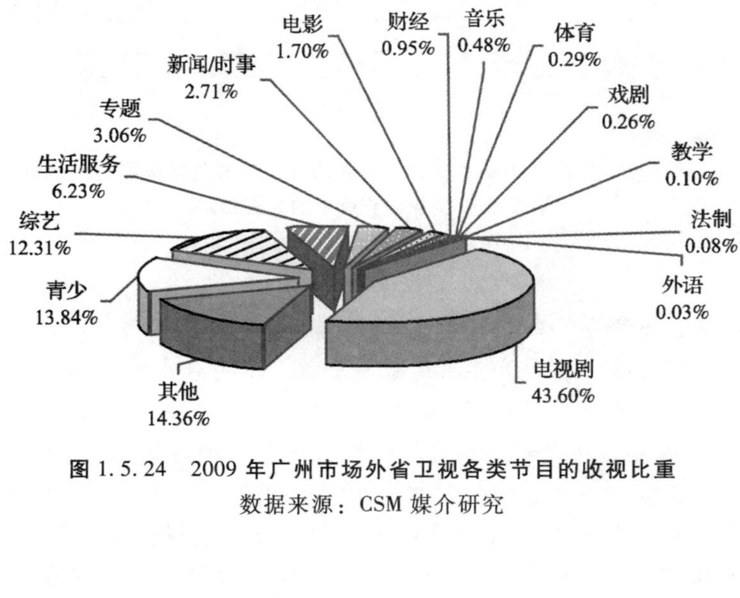

图1.5.24　2009年广州市场外省卫视各类节目的收视比重

数据来源：CSM媒介研究

2009 年，电视剧对南方传媒集团在广州市场的收视贡献最大，收视比重达到32.84%，明显高于其他各类节目，比2008 年增幅超过5 个百分点；新闻/时事对南方传媒集团的贡献达到13.54%，是南方传媒集团收视第二大类型节目，收视贡献同比上年增加了近1 个百分点；电影、体育、综艺和生活服务节目也分别为南方传媒集团的广州收视贡献了6%—8%的收视时间；专题、青少、戏剧和法制等小众类型的节目也对南方传媒集团的广州收视有一定的贡献。除电视剧和新闻/时事类节目对南方传媒集团贡献比往年有所增加外，南方传媒集团的财经、法制、专题和青少类节目贡献比重也有所增加，而体育、电影、戏剧、音乐、生活服务、综艺和教学类节目的收视贡献则有不同程度的下降（图 1.5.25）。

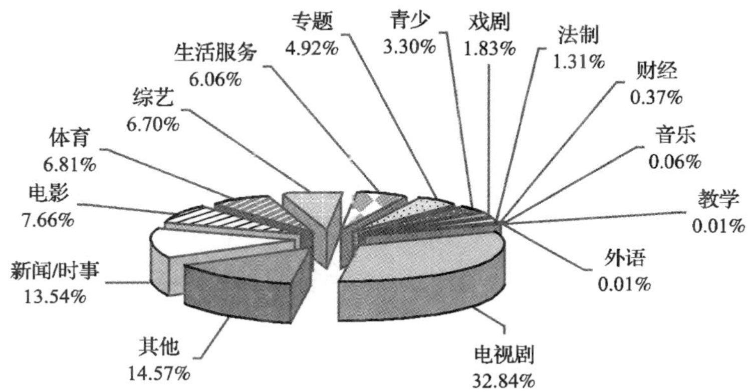

图 1.5.25 2009 年广州市场南方传媒集团各类节目的收视比重

数据来源：CSM 媒介研究

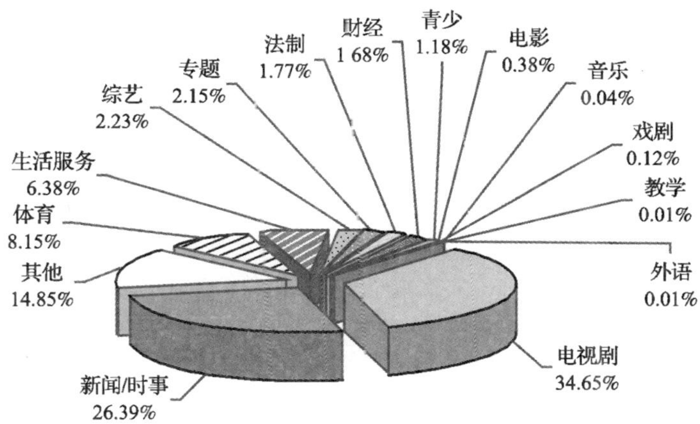

图 1.5.26 2009 年广州市场广州台各类节目的收视比重

数据来源：CSM 媒介研究

电视剧和新闻/时事的平分秋色，是广州市台在广州市场收视表现的最大特色，2009 年电视剧和新闻/时事分别为广州台贡献了34.65%和26.39%的收视时间；其中，电视剧对广州台的收视贡献上升了近7 个百分点，而新闻/时事的贡献则下降了超过8 个百分点。除此之外，广州台的体育和生活服务节目对其收视贡献也不小，收视份额分别达到8.15%和6.38%；综艺和专题节目的收视贡献均在2%—3%；法制、财经和青少节目的贡献在1%—2%；其他类节目的收视份额达到14.85%；其余各类节目的贡献均在1%以下（图1.5.26）。

境外频道在广州地区的收视主要依赖于电视剧、综艺和新闻/时事节目，2009年这三类节目分别为境外频道贡献了35.77%、10.16%和10.03%的收视时长；生活服务、专题和电影节目也是境外频道在广州收视的主要来源，其收视贡献分别为5.66%、5.22%和5.00%；此外，青少节目对境外频道广州收视的贡献达到了4.45%。相比往年，电视剧、青少、综艺、体育、法制、外语、教学和戏剧节目对境外频道的支持都有不同程度的下降，而生活服务、电影、音乐、新闻/时事、专题和财经在广州地区对境外频道的贡献程度有所上升（图1.5.27）。

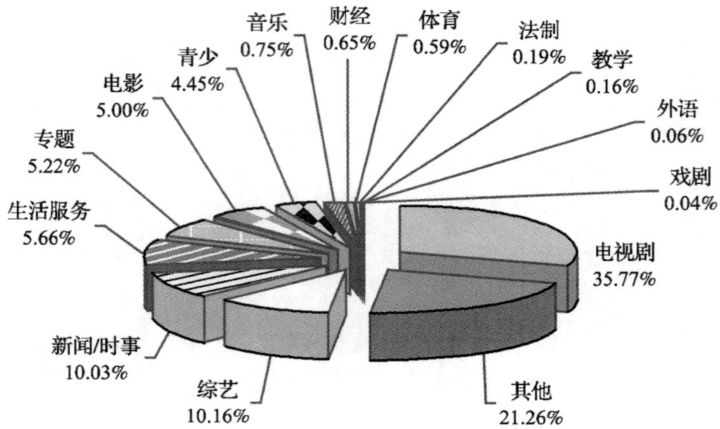

图1.5.27　2009年广州市场境外频道各类节目的收视比重

数据来源：CSM媒介研究

4. 目标观众对各类型节目收视差异明显，为类型节目提供细分收视市场

从2009年广州地区观众的收视情况来看，广州男性观众在财经、电影、青少、体育、新闻/时事和专题节目上分配的收视时间比例高于女性观众；而女性观众则把更高比例的收视时间分配给了电视剧、戏剧、音乐和综艺节目；两类观众群体在其他各类节目上花费的收视时间比例相近（表1.5.13）。

从年龄的角度来看，广州地区4—14岁观众群体对电视剧、青少、外语和综艺节目的关注度较高，其中在青少节目上花费的收视时间比例明显高于其他群体；相比类型观众总体，15—24岁群体收看电视剧、电影、青少、音乐和综艺时间较长，其对电视剧和综艺节目的关注度较其他各年龄段群体最高；广州25—34岁群体对财经、电影、生活服务、外语、音乐、专题和综艺节目分配的收视时间比例较高；35—44岁群体花费在财经、电影、教学、体育、新闻/时事、专题节目上的时间比重较观众平均水平要高，其中其在财经和教学节目上花费的收视时间比例明显高于其他各年龄段群体；45—54岁的群体在财经、电视剧、电影、法制、新闻/时事和专题节目上花费的收视时间比重较观众总体要高；55岁及以上的观众对财经、教学、生活服务、体育、戏剧和新闻/时事节目的兴趣较高，此外55—64岁的观众还较偏爱法制、外语、音乐和专题节目，投入时间比重也较高。总体来看，2009年24岁及以下的年轻人对电视剧、青少和综艺节目的喜爱程度明显高于中老年人，而中青年人收看电影和专题的行为较为突出，老年人较其他年龄段观众更偏爱教学、生活服务、体育和专题节目；此外，25岁及以上的群体收看财经节目的倾向都较为明显（表1.5.13）。

表1.5.13　2009年广州市场不同性别和年龄观众对各类节目的收视比重（%）

节目类型	性别		年龄						
	男	女	4－14岁	15－24岁	25－34岁	35－44岁	45－54岁	55－64岁	65岁及以上
财经	0.96	0.78	0.27	0.39	0.93	1.11	1.07	1.05	0.90
电视剧	28.90	34.46	31.93	35.12	31.60	30.27	32.28	30.87	29.82
电影	7.13	4.98	5.14	7.83	6.80	7.25	7.26	3.65	2.97
法制	1.01	1.04	0.51	0.76	0.94	0.91	1.57	1.18	0.75
教学	0.19	0.12	0.10	0.05	0.09	0.27	0.15	0.22	0.17
青少	4.29	3.76	16.17	4.48	3.08	2.85	1.19	1.83	2.47
生活服务	6.66	6.97	6.48	6.80	7.00	6.42	6.71	7.10	7.24
体育	6.94	3.76	2.88	5.13	5.33	6.04	4.79	5.53	8.19
外语	0.04	0.03	0.05	0.03	0.04	0.03	0.03	0.04	0.02
戏剧	0.71	0.80	0.32	0.32	0.33	0.39	0.51	1.12	2.84
新闻/时事	14.47	13.32	8.02	9.06	13.47	14.90	15.36	17.39	16.60
音乐	0.69	0.87	0.77	0.90	0.85	0.69	0.71	0.92	0.61
专题	5.78	4.90	3.70	4.16	5.41	6.16	5.59	6.35	4.93
综艺	7.00	8.02	8.91	9.25	7.70	7.29	7.13	6.61	6.22
其他	15.23	16.19	14.76	15.71	16.43	15.41	15.64	16.14	16.27

数据来源：CSM媒介研究

在广州收视市场上，高中学历的观众收视兴趣最为广泛，此类观众对电视剧、青少和戏剧以外各类节目都比较感兴趣，分配的收视时间比例较总体水平都要高；大学及以上群体在财经、教学、体育、外语、新闻/时事、音乐、专题和综艺节目上分配的收视时间比例明显高于其他群体；初中学历的观众收看电视剧和电影的时间较长；小学及未受过正规教育的群体在电视剧、青少、生活服务和戏剧节目上分配的收视时间比例较高（表1.5.14）。

个人月收入在600元以下的低收入群体在电视剧、电影、青少、外语和综艺节目上花费了较高的收视时间比例；个人月收入在601—1200元的人群对电视剧、电影、法制、生活服务、戏剧、新闻/时事和专题的关注度要高于广州观众平均水平；个人月收入在1201—1700元的观众更加青睐财经、法制、生活服务、戏剧、新闻/时事和专题；个人月收入在1701—2600元的群体在收看财经、法制、体育、外语、新闻/时事、音乐和专题节目上，投入较高比例的时间；个人月收入在2601元以上的高收入群体更为喜爱财经、法制、教学、体育、外语、新闻/时事、音乐和专题节目。从收视规律上看，随着个人月收入的增高，广州观众投入在电视剧上的时间比重随之降低（表1.5.14）。

表1.5.14　2009年广州市场不同受教育程度和个人月收入观众对各类节目的收视比重（%）

节目类型	受教育程度					个人月收入（元）				
	未受过正规教育	小学	初中	高中	大学及以上	600元及以下	601－1200	1201－1700	1701－2600	2601及以上
财经	0.35	0.31	0.56	1.12	1.83	0.57	0.52	1.01	1.12	1.72
电视剧	33.57	33.74	34.00	29.68	27.98	33.89	33.52	31.60	29.62	25.39
电影	3.96	4.95	6.69	6.84	5.01	6.30	6.91	5.04	5.80	5.84
法制	0.53	0.92	0.89	1.36	0.87	0.76	1.24	1.11	1.22	1.05
教学	0.02	0.09	0.12	0.17	0.32	0.12	0.09	0.14	0.13	0.42
青少	10.74	7.44	3.44	2.58	2.13	7.78	2.14	2.35	2.06	1.49
生活服务	7.26	6.88	6.69	6.95	6.67	6.82	6.93	6.97	6.78	6.55
体育	3.59	4.41	4.88	5.61	7.24	4.27	3.63	5.17	7.17	8.64
外语	0.03	0.02	0.03	0.04	0.04	0.04	0.02	0.03	0.04	0.04
戏剧	1.41	1.51	0.69	0.41	0.48	0.55	0.94	1.24	0.70	0.37
新闻/时事	11.64	11.86	13.17	14.93	16.61	10.12	15.35	15.28	16.04	17.66
音乐	0.49	0.59	0.71	0.91	0.96	0.73	0.56	0.75	0.92	1.07
专题	3.16	4.39	4.84	5.96	6.77	4.38	5.29	5.80	5.22	7.63
综艺	6.61	7.27	7.47	7.69	7.77	8.24	6.81	7.49	6.99	7.21
其他	16.65	15.64	15.81	15.75	15.32	15.41	16.05	16.02	16.18	14.92

数据来源：CSM媒介研究

从不同职业的情况来看，干部/管理人员群体是广州地区收视最为活跃的一个群体，他们偏爱收看的类型节目数量最多，在财经、电影、法制、教学、体育、外语、新闻/时事、音乐和专题节目上分配的收视时间比例都较高；广州的个体/私营企业人员收视行为也相对活跃，在财经、电影、法制、教学、体育、新闻/时事和专题节目上的收视偏向比较明显；初级公务员投入在电影、教学、体育、外语、新闻/时事、音乐和综艺普遍较高；工人群体对各类节目兴趣相对集中，在电视剧、电影、法制和新闻/时事节目上的收视时间相对较长；学生群体在电视剧、青少、外语、音乐和综艺节目上分配的收视时间比例在各类群体中较高；无业群体则对财经、法制、教学、生活服务、体育、戏剧、新闻/时事和专题节目表现出更多的关注（表1.5.15）。

表 1.5.15 2009 年广州市场不同职业观众对各类节目的收视比重（%）

节目类型	职业						
	干部/管理人员	个体/私营企业人员	初级公务员	工人	学生	无业	其他
财经	1.63	1.29	0.77	0.66	0.27	1.09	0.40
电视剧	27.62	27.36	31.15	32.79	33.44	31.45	38.92
电影	6.37	7.03	6.47	8.20	6.00	4.48	7.72
法制	1.08	1.33	0.91	1.27	0.53	1.08	0.74
教学	0.38	0.21	0.17	0.09	0.10	0.17	0.02
青少	2.04	1.71	2.26	2.19	12.38	3.17	1.32
生活服务	6.26	6.65	6.71	6.59	6.52	7.22	6.89
体育	7.64	6.64	5.91	5.15	3.72	5.49	2.94
外语	0.04	0.03	0.04	0.02	0.04	0.03	0.02
戏剧	0.34	0.31	0.38	0.46	0.30	1.33	0.95
新闻/时事	16.56	17.86	14.47	14.04	7.65	15.14	11.47
音乐	1.16	0.68	0.97	0.62	0.93	0.70	0.89
专题	7.35	6.81	5.30	5.10	3.76	5.64	3.65
综艺	6.84	6.75	8.17	7.23	9.55	6.89	7.22
其他	14.68	15.34	16.32	15.59	14.83	16.12	16.87

数据来源：CSM 媒介研究

六、电视广告投放与竞争格局

2009 年，中国广告总投放额达到 5075 亿元，同比增长 13.5%。在广告投放总额中，电视媒体广告继续保持绝对优势。电视广告投放涨幅领跑全媒体，报纸、杂志广告增幅放缓，户外广告止跌回升。饮料行业电视广告投放额增长最为明显，省级卫视广告投放增长速度居各类频道之首。

（一）中国电视广告投放基本情况

1. 2009 年中国电视广告投放额比 2008 年同比增长 15%

根据央视市场研究（CTR）最新的年度广告监测报告①，2009 年中国广告市场总投放额突破 5000 亿元人民币，达到 5075 亿元，同比增长 13.5%。

2009 年电视广告投放涨幅领跑全媒体，报纸、杂志广告增幅放缓，户外广告止跌回升。电视媒体广告继续保持绝对优势，占到全媒体广告投放总量的 78%，投放额为 3953 亿元，比 2008 年同比增长了 15%。平面媒体的广告投放放缓，报纸同比增长 9%，而杂

① 电视广告费用统计是根据各地电视台公开的刊例价来计算，不考虑折扣因素。监测日期为 2008—2009 年，监测时间段为每天晚间17:00—24:00。

志同比增长只有3%。户外媒体广告投放止跌回升，同比增长9%，特别是户外视频媒体广告大幅增长，其中公交移动电视广告投放增长41%，户外LCD增长17%。

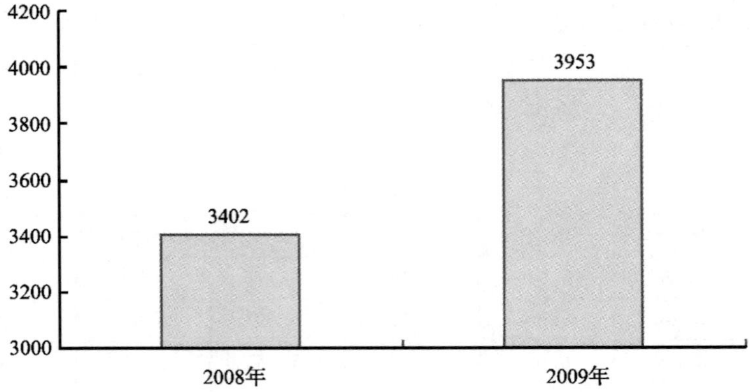

图1.6.1 2008年、2009年中国电视广告投放总额（人民币：亿元）
数据来源：央视市场研究媒介智讯（CTR MI）

2009年中国电视广告投放额平均每月为329亿人民币，比2008年每月高出46亿，各月投放水平表现出前低后高的状态（图1.6.2）。2009年初，受到经济发展预期不明朗的影响，广告市场各方普遍表现谨慎，而随着宏观政策对经济和民生两方面的大力扶持，广告市场很快显现出回暖迹象。二季度宏观政策大力扶持，催热内需市场，与民生相关的行业最早为市场注入生机，“家电下乡”政策催热三、四线城市及农村消费市场，提升了企业信心；果汁、乳品、茶之间的“跨界”竞争，使2009年饮料市场竞争早早进入营销白热化阶段。下半年，由于社会经济发展水平的不断回升，金融危机的逐渐远离，老百姓重新考虑起结婚、居住、休闲等“大宗”消费问题，汽车、3G手机、房地产等商品消费大行其道。

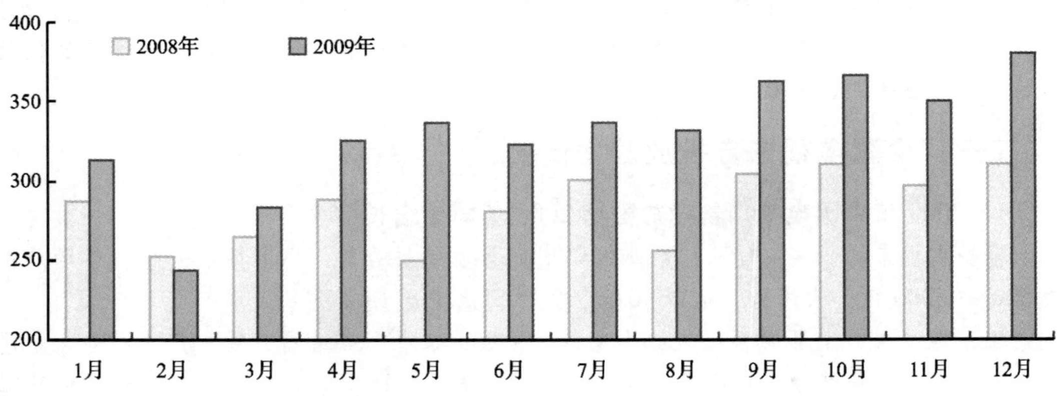

图1.6.2 2008年、2009年各月电视广告投放额（人民币：亿元）
数据来源：央视市场研究媒介智讯（CTR MI）

2. 2009 年“饮料”行业电视广告投放额增长最为明显

无论是广告投放额还是增长幅度，“饮料”行业都属于2009 年的明星品类。多年来，电视广告投放额保持在前三位的行业均为“化妆品/浴室用品”、“食品”和“药品”三大行业，2009 年“饮料”行业终于打破了这一格局，广告投放额超过“药品”行业，排名第三位，“药品”行业排名下降一位，排在第四位。从2009 年广告投放增幅来看，排名前10 位的品类中“饮料”行业也是表现最为突出的品类，比2008 年增长了55%，增幅居第一位（表 1.6.1）。

表 1.6.1　2009 年中国电视广告投放额排名前 10 位的品类（人民币：亿元）

品类	2009 年	2008 年	投放额变化	增长率%
化妆品/浴室用品	691.88	646.98	44.91	6.94
食品	540.96	475.24	65.72	13.83
饮料	495.35	319.15	176.20	55.21
药品	463.27	419.67	43.60	10.39
商业及服务性行业	437.30	380.16	57.14	15.03
娱乐及休闲	201.13	182.21	18.91	10.38
酒精类饮品	175.32	134.73	40.59	30.13
邮电通讯	153.94	145.44	8.49	5.84
交通	118.39	112.60	5.79	5.14
清洁用品	99.66	85.93	13.73	15.98

数据来源：央视市场研究媒介智讯（CTR MI）

3. “玉兰油”和“欧莱雅”是电视广告投放额排名前两位的品牌

在2009 年进入电视广告投放额排名前 10 位的品牌中，“玉兰油”和“欧莱雅”投放额排名第一位和第二位，但广告投放额非常接近。不同的是“玉兰油”同比有4.48%的负增长，而“欧莱雅”同比为正增长，涨幅超过70%。“娃哈哈”、“康师傅”、“伊利”大打换装牌，成为2009“饮料”行业广告投放的三大明星品牌。另外，“哈药六”品牌交替轮换，“钙加锌”加大投放力度，同比增幅达1775.50%，顶替同门“盖中盖”，位列广告投放额第五大品牌。

表 1.6.2　2009 年中国电视广告投放额排名前 10 位的品牌（人民币：亿元）

品牌	所属品类	2009 年	2008 年	投放额变化	增长率%
玉兰油	化妆品/浴室用品	64.64	67.68	-3.04	-4.48
欧莱雅	化妆品/浴室用品	63.76	37.33	26.43	70.81
肯德基	娱乐及休闲	60.48	49.35	11.13	22.55
娃哈哈	饮料	49.59	24.35	25.23	103.62
哈药六	食品	35.34	1.88	33.46	1775.50
康师傅	饮料	34.95	12.23	22.72	185.70
伊利	饮料	31.48	17.01	14.47	85.04
中国移动通信	邮电通讯	31.22	25.15	6.07	24.12
高露洁	化妆品/浴室用品	30.87	32.62	-1.75	-5.36
葵花	药品	27.77	20.95	6.83	32.59

数据来源：央视市场研究媒介智讯（CTR MI）

4. 省级卫视广告投放增长速度居各类频道之首

与2008年相比，2009年中央级频道的广告投放额增长了11%，低于平均增长水平；省级卫视的广告投放额在各类频道中增长最快，达到28%；省级地面频道的广告投放增长也比较高，达到16%；而其他地面频道的广告投放增长相对较低，为12%（图1.6.3）。

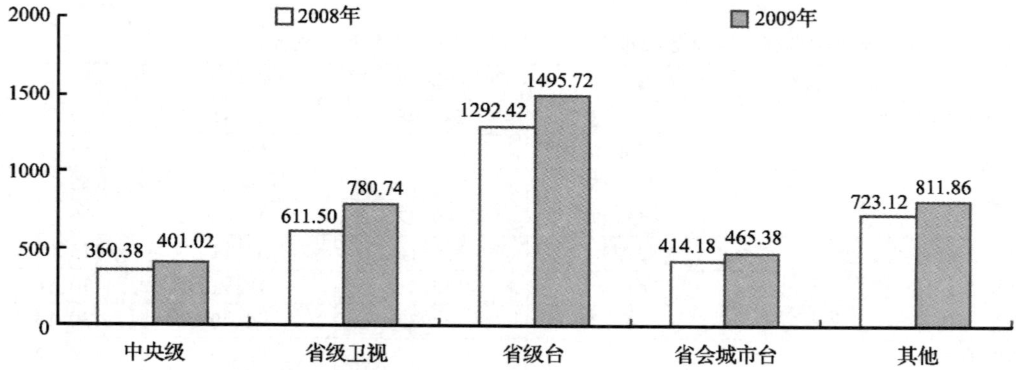

图1.6.3　2008年、2009年全国各类频道的广告投放额（人民币：亿元）
数据来源：央视市场研究媒介智讯（CTR MI）

2009年中央电视台的广告投放中“饮料”行业表现突出，成为中央电视台最重要的投放行业，而且也是增长最快的行业之一。中央电视台投放量较大的几个行业中，有些行业投放呈现放缓趋势，像“食品”行业广告投放增长率只有3.51%，低于平均水平（表1.6.3）。

表1.6.3　2009年中央电视台广告投放额排名前5位的品类（人民币：亿元）

品类	2009年	2008年	投放额变化	增长率%
饮料	56.73	46.54	10.18	21.88
化妆品/浴室用品	47.66	42.21	5.45	12.90
食品	37.94	36.65	1.29	3.51
交通	35.39	30.49	4.91	16.09
家用电器	30.26	25.62	4.65	18.14

数据来源：央视市场研究媒介智讯（CTR MI）

中央电视台广告投放额排名靠前的品牌来自于以下四大行业；排在第一位的“美的”来自于“家用电器”行业；排在第二位和第三位的是“伊利”和“蒙牛”，来自于“饮料”行业；排在第四位的是“中国移动通信”，属于“邮电通讯”行业；排在第五位的是“中国农业银行”，属于“金融业”。从涨幅来看，“美的”广告投放额增长超过了100%，而“伊利”和“蒙牛”则呈现出负增长（表1.6.4）。

表 1.6.4 2009 年中央电视台广告投放额排名前 5 位的品牌（人民币：亿元）

品牌	所属品类	2009 年	2008 年	投放额变化	增长率%
美的	家用电器	9.31	4.41	4.90	111.03
伊利	饮料	7.52	8.00	-0.47	-5.93
蒙牛	饮料	6.89	8.53	-1.65	-19.28
中国移动通信	邮电通讯	4.41	2.99	1.42	47.33
中国农业银行	金融业	3.79	2.98	0.80	26.93

数据来源：央视市场研究媒介智讯（CTR MI）

2009 年省级卫视的广告投放中，“药品”、“食品”和“饮料”三大行业超过了“化妆品/浴室用品”，成为省级卫视最重要的三个投放行业。在省级卫视投放额排名前五位的行业中，“药品”广告以 209.77 亿高居榜首，远远超过其他行业。从涨幅来看，饮料行业以超过 50% 的增长居各品类之首，而“化妆品/浴室用品”和“邮电通讯”两大行业只有个位数的增长（表 1.6.5）。

表 1.6.5 2009 年省级卫视广告投放额排名前 5 位的品类（人民币：亿元）

品类	2009 年	2008 年	投放额变化	增长率%
药品	209.77	157.55	52.22	33.14
食品	125.39	104.03	21.35	20.53
饮料	109.49	72.38	37.10	51.26
化妆品/浴室用品	104.92	96.49	8.44	8.74
邮电通讯	35.95	33.44	2.51	7.51

数据来源：央视市场研究媒介智讯（CTR MI）

2009 年省级卫视广告投放额最多的前五个品牌主要来自“饮料”、“药品”和“食品”行业。“达利园”投放额排名第一位，增长率达到 41.45%；排名第三位和第四位的“娃哈哈”和“葵花”增长迅猛，增长率分别为 88.97% 和 54.07%；2008 年投放额排名第一位的“三精”呈现出 33.77% 的负增长（表 1.6.6）。

表 1.6.6 2009 年省级卫视广告投放额排名前 5 位的品牌（人民币：亿元）

品牌	所属品类	2009 年	2008 年	投放额变化	增长率%
达利园	饮料	22.42	15.85	6.57	41.45
江中	药品	21.12	24.03	-2.92	-12.14
娃哈哈	饮料	18.11	9.59	8.53	88.97
葵花	药品	16.95	11.00	5.95	54.04
三精	食品	16.82	25.40	-8.58	-33.77

数据来源：央视市场研究媒介智讯（CTR MI）

(二) 中国电视广告市场竞争格局

1. 频道间竞争：省级卫视所占份额有所上升

2009年广告投放最大的赢家当属省级卫视。在几类频道广告投放的竞争中，省级卫视的份额有所扩大，增加了1.77个百分点，而其他各类频道在份额上都有所减少，中央级频道减少了0.44个百分点，省级地面频道减少0.15个百分点，省会城市台减少0.46个百分点，其他频道也减少了0.72个百分点（表1.6.7）。

表1.6.7 2008年、2009年各级电视频道广告投放所占比重（%）

频道级别	2008年	2009年
中央级	10.59	10.15
省级卫视	17.98	19.75
省级台	37.99	37.84
省会城市台	12.18	11.72
其他	21.26	20.54

数据来源：央视市场研究媒介智讯（CTR MI）

在2009年省级卫视广告投放额排名中，按刊例价计算，湖南卫视、江苏卫视、上海东方卫视、浙江卫视和黑龙江卫视排在前五位，而一直排名在前三位的安徽卫视则下滑到第六位，山东卫视则被挤出前十位（表1.6.8）。

表1.6.8 2008年、2009年广告投放额排名前10位的省级卫视频道（人民币：亿元）

	2008年		2009年	
排名	频道	投放额	频道	投放额
1	湖南卫视	45.82	湖南卫视	61.36
2	江苏卫视	40.30	江苏卫视	52.61
3	安徽卫视	35.04	上海东方卫视	46.79
4	四川卫视	33.67	浙江卫视	40.89
5	广东卫视	29.23	黑龙江卫视	37.32
6	上海东方卫视	27.72	安徽卫视	35.95
7	重庆卫视	26.78	广西卫视	31.34
8	广西卫视	26.23	四川卫视	31.34
9	山东卫视	25.65	广东卫视	31.19
10	黑龙江卫视	24.91	重庆卫视	30.88

数据来源：央视市场研究媒介智讯（CTR MI）

在2009年广告投放额排名前10位的省会城市台中，广州电视台以66.96亿元高居榜首。武汉电视台、哈尔滨电视台、昆明台则分别列第二到第四位，而2008年排名第三位的南京电视台排名则下降到第七位（表1.6.9）。

表 1.6.9　2008 年、2009 年广告投放额排名前十位的省会城市电视台（人民币：亿元）

	2008 年		2009 年	
排名	频道	投放额	频道	投放额
1	广州电视台	53.45	广州电视台	66.96
2	武汉电视台	41.07	武汉电视台	44.79
3	南京电视台	33.21	哈尔滨电视台	38.76
4	哈尔滨电视台	31.94	昆明电视台	29.15
5	昆明电视台	27.64	西安电视台	27.91
6	西安电视台	26.76	长沙电视台	27.81
7	长沙电视台	24.81	南京电视台	27.06
8	杭州电视台	19.34	郑州电视台	22.98
9	长春电视台	17.67	沈阳电视台	20.73
10	沈阳电视台	17.38	杭州电视台	17.79

数据来源：央视市场研究媒介智讯（CTR MI）

2. 行业投放竞争："饮料"行业对电视广告投放增长贡献最大

2009 年中国电视广告投放额比 2008 年增长了 15%，其中近 5 个百分点的增长是由"饮料"行业提供的，其他增长贡献较大的行业还有"食品"、"商业及服务性行业"、"药品"、"化妆品/浴室用品"和"酒精类饮品"等五大行业。

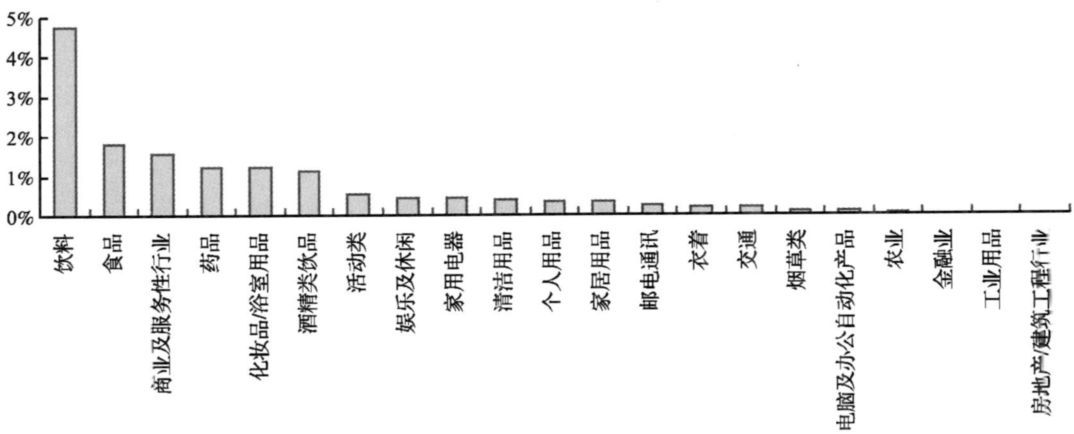

图 1.6.4　2009 年不同行业对中国电视广告投放增长的贡献率（%）
数据来源：央视市场研究媒介智讯（CTR MI）

第二部分

Part Two

专 题 Analysis Report

2009 年中国电视收视市场观察

2009 年，奥运后迎来新中国成立 60 周年，电视媒体在常态与变化并存的市场中又走过了一年。频道竞争态势演变中既有沿着奥运前发展方向继续前行的成分，同时在经过奥运和金融危机的洗礼后，各级频道也在努力探索更加适合自身发展的道路。在频道竞争纷繁复杂的变化表象后，节目市场的调整创新则更显活跃，主要节目类型各展其能，循着市场和媒介大环境的变化而不断调整。本文基于 CSM 媒介研究的收视数据，从收视量、频道、观众和节目四个维度，与大家分享对 2009 年收视市场的一些观察。

一、收视量观察：总量稳中略升，非黄金段潜力待挖

全国电视观众每日收视时长十年来的变化，反映出多媒体环境下受众对传统电视消费的渐趋减少以及电视作为最主要的媒体形式的地位不易撼动。继 2002—2003 年观众人均收视时长跌至 180 分钟以下后，2004—2009 年这一收视时长基本围绕 175 分钟上下波动，2007 年最低降至 172 分钟，2009 年则达到 176 分钟，与 2006 年同为六年来的最高水平（图 1）。这反映出在媒介市场格局逐渐由单一媒体垄断向多种媒体并存发展转化的形式下，电视收视仍是广大受众最为主要且相对稳定的娱乐方式。传统媒体的注意力资源被新媒体的分化毋庸置疑，但传统媒体对受众的影响仍然不容忽视。

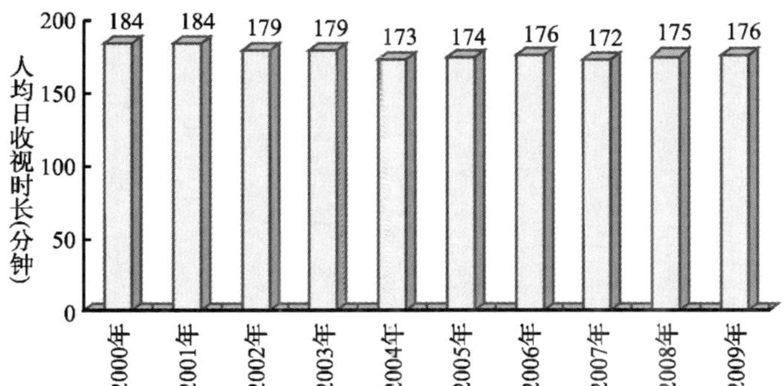

图 1　2000—2009 年观众人均每日收视时间（历年所有样本市县）

数据来源：CSM 媒介研究

经过奥运年频道竞争格局显著而急速的变化后，2009年的电视市场已经回复到常态竞争的轨道。除却在跨度较大的年度更迭中的收视总量基本稳定以外，在跨度较小的不同周间，全国电视观众的收视量走势在重大事件较少发生的2009年则更显稳定，除了在春节等传统节假日略有提升外，从年初至年底呈现的是较少起伏与波动的相对稳定之势，常态市场环境下绝对收视量的增量效应已经非常微弱（图2）。

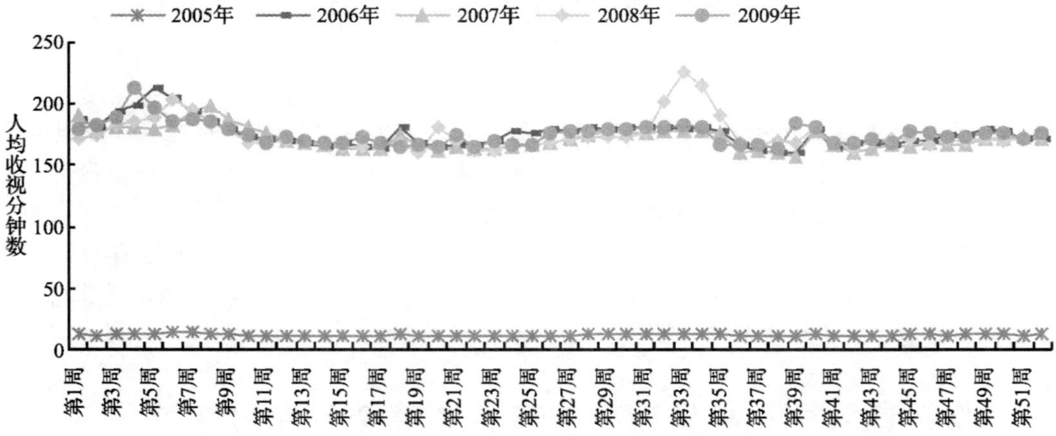

图2　2005—2009年观众各周收视时间走势（历年所有样本市县）

数据来源：CSM媒介研究

从全天不同时段的观众收视变化轨迹中，我们又可以进一步发现，对2009年整体收视量上行变化贡献最大的并不是传统的午间和晚间黄金时段，午前、午后、傍晚及深夜22:00后等非黄金时段都成为收视增长的突破口，电视节目播出的线性延伸与电视观众对电视节目的非线性接受之间不断形成新的契合点，这也是在受众需求不断细分条件下电视收视“创高点”向全天更多时段释放和延伸的一种表现（图3）。

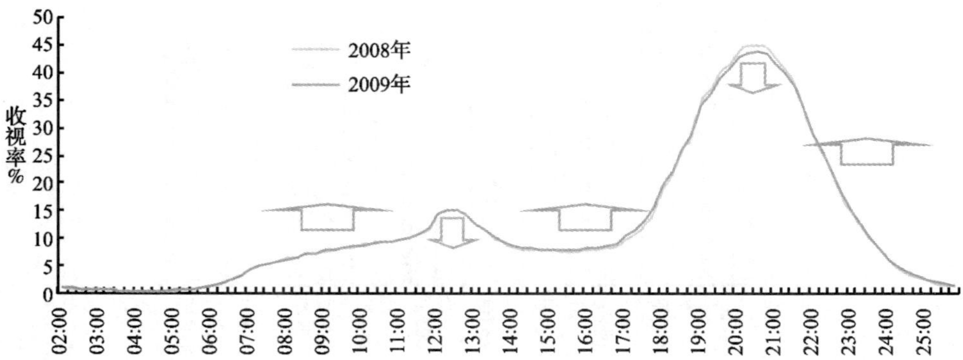

图3　2008—2009年观众全天收视走势（历年所有样本市县）

数据来源：CSM媒介研究

二、频道竞争格局观察：卫视此消彼长，城市台两极分化加剧

从近五年的市场整体竞争格局来看，卫视频道间市场份额的此消彼长和地面频道份额的相对稳定是2009年各级频道竞争中最明显的表现。卫视频道中，中央级频道在2009年市场份额较过去几年有较大下降，尤其相比2008年借助奥运转播之力获得的市场优势而言，下降更为明显；与此同时，省级卫视频道市场份额在连年增长的道路上2009年步伐更大。具体来看，在CSM历年全年调查的所有城市（县），2009年中央级频道市场份额30.4%，相比2008年35.7%损失较为明显；省级卫视年度增长2个百分点，2009年更是比2008年增长3个百分点达到25.8%。相对卫视频道不同的涨落趋势，地面频道中的省级非上星频道和城市台频道都在经历了几年下降后，在2009年稳住阵脚，基本停止下跌而有小幅回升（图4）。

从中央、省、市各级别频道收视市场竞争格局角度来看，尽管中央级频道份额减小，但仍然在各级频道中占据最大市场份额；省卫视与同为省台频道的省级非上星频道之间的力量对比在2009年由量变积累到质变已成定局，省卫视市场份额继2008年首度超过省级非上星频道后，2009年领先优势进一步扩大。

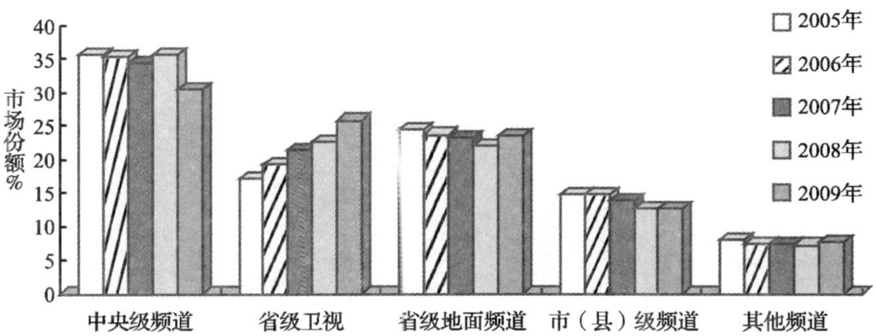

图4 2005—2009年各级频道市场份额变化（历年所有样本市县）

数据来源：CSM媒介研究

从2009年收视市场的时段竞争格局来看，中央级频道市场份额较去年同期有所下降，省级卫视的市场份额则相应提升，两级频道竞争力此消彼长集中于日间上午和下午时段；地面频道基本保持稳定，其中省级地面频道在晚间18:30—20:30份额获得增长（图5）。以省级卫视为例，其竞争力提升在全天各时段普遍有所表现，日间和深夜更明显，最大提升来自于上午、下午时段，最大提升幅度达到5个百分点，为全天的市场份额提升做出了突出贡献。在晚间时段竞争更趋激烈的同时，省级卫视晚间竞争力提升主要源于第一阵营频道获取了更大市场份额。2009年省级卫视市场份额前四位次频道累积份额达7.75%，较2008年的5.58%增幅达到三分之一以上，综艺节目在各年龄段观众中的收看时长普遍获得翻倍的增长。

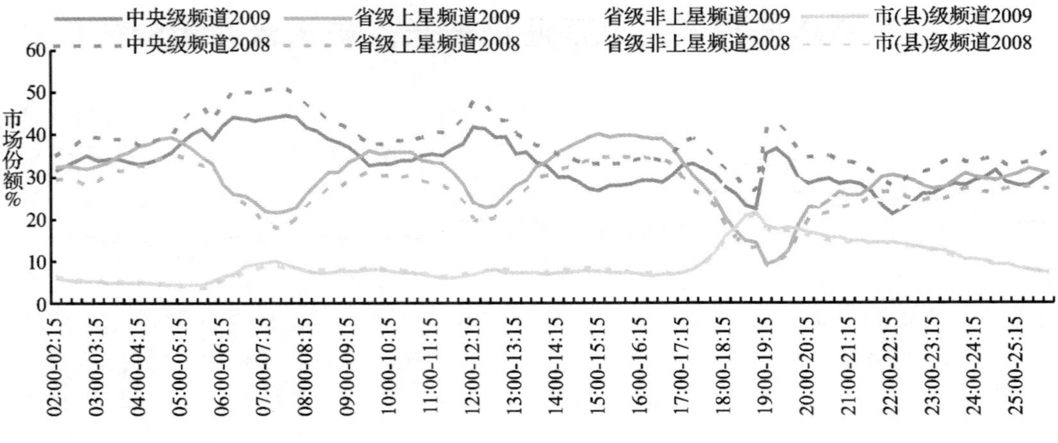

图 5　2008—2009 年各级频道全天市场份额走势（历年所有样本市县）

数据来源：CSM 媒介研究

省级卫视日间的竞争力提升使得其在全天的竞争力高于晚间，虽然从全天来看省卫视收视竞争力超过了省级非上星频道，但在18:00—24:00各级频道重点出击的时段，省卫视获得的收视份额尚少于省级非上星频道（图6），地面频道主攻晚间对省卫视构成较强竞争压力，也是省卫视继续提升竞争力需要面对的考验。

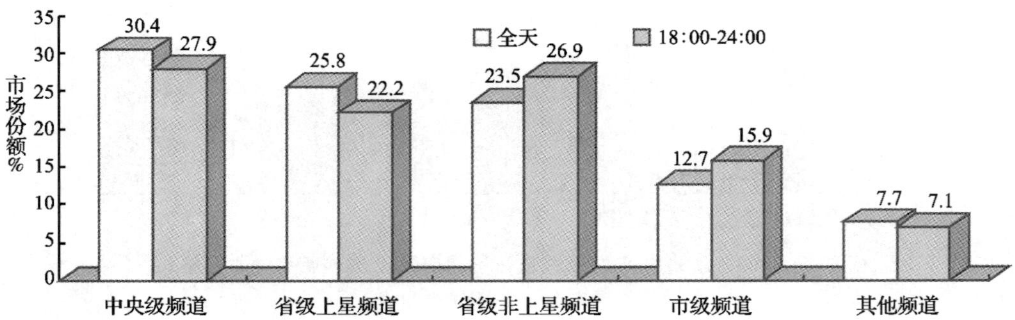

图 6　各级频道全天和晚间市场份额（2009 年所有样本城市）

数据来源：CSM 媒介研究

各级频道间竞争实力的消长变化，具体到全国经济发展水平参差不齐、地域文化特色各异的城市中，则变得更为生动和具体。在西宁、兰州、银川、呼和浩特等西北地区的城市，中央级频道表现非常强势，在整体市场中占据的份额超过一半，居于绝对的领先和主导地位，省级卫视占据三成以上的收视市场，地面频道的发展空间相对狭小；在石家庄、西安、太原、郑州等中原城市，虽然中央台依旧领先收视市场，但地面频道的竞争力明显增强，与省级卫视形成正面的抗衡和竞争；在海口、长春等城市，省级频道尤其是省级地面频道的竞争力进一步增强，对中央级频道的领先地位形成直接的冲击，但城市台频道的竞争实力相对较弱；在福州、贵阳、哈尔滨、沈阳、成都等城市，各级频道的竞争力水平非常接近，卫视与地面频道之间，卫视的中央台和省级上星频道内部，地面频道的省台和城市台之间，均形成激烈竞争之势；在济南、深圳、长沙、杭州等城市，地面频道则成为市场竞争的领衔主角，中央级频道和省卫视的竞争力被大幅削弱（图7）。

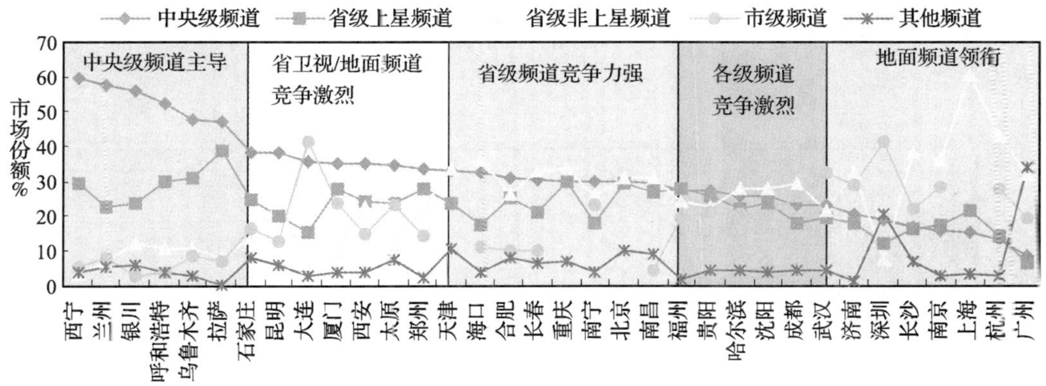

图7　2009年中心城市各级频道市场份额分布（18:00—24:00，按CCTV份额降序排列）
数据来源：CSM媒介研究

作为频道竞争中的一支重要力量，全国数量众多的城市台频道近年来不断面临卫视频道和省级地面频道的双重挤压，生存压力日益增大。2009年，城市台整体的市场份额实现止跌微涨，但其内部不断加剧的两极分化也是一个值得关注的问题，这种两极分化主要表现为强势城市台的市场份额稳定在较高的水平，而弱势城市台的市场空间则不断被挤压缩小。具体来看，2007年，城市台份额最高的20个城市，平均份额为42%，2008年份额最高的20个城市份额略降为41%，2009年这一数值又回升至42%；2007年，城市台份额最低的20个城市，平均份额为4.4%，2008年份额最低的20个城市平均份额为3.2%，2009年份额最低的20个城市平均份额继续下跌至2.8%，各地城市台竞争力的两极分化进一步加剧。综观竞争力较强的城市台，多来自地域文化特色鲜明或本地经济发展水平较高的地区，如苏州、扬州、潮州、无锡、温州、南通、大连、深圳等城市（图8）。

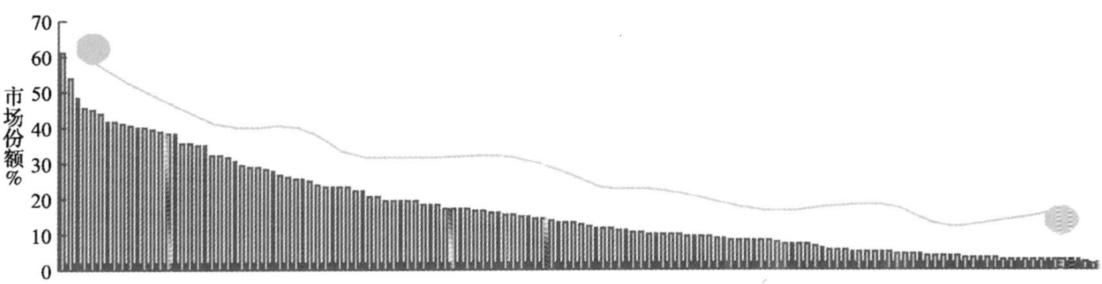

图8　2009年各城市市级频道市场份额（18:00—24:00）
数据来源：CSM媒介研究

在两极分化不断加剧的同时，2009 年城市台竞争力变化也呈现出两种不同的方向，城市台晚间时段市场份额升降之比大致为6:4,获得增长的城市台数量达到59%，遭遇下降的城市台数量达到41%（图9)。数量上的累积在一定程度上保证了城市台整体的竞争力稳定，但对于份额下降的城市台来说，未来面临的压力则更大。进一步分析城市台内部频道收视格局，可以发现集中多而平均少是一个普遍的现象，即城市台整体收视通常集中于1—2个主要频道，频道之间收视份额较难均分，且收视前两位频道的收视贡献基本超过一半。

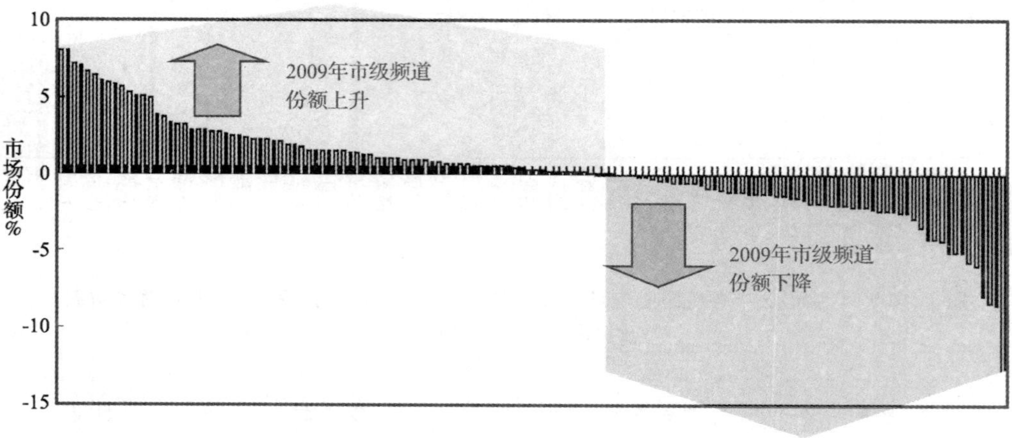

图 9　2009 年各城市市级频道市场份额变化（18:00—24:00）
数据来源：CSM 媒介研究

三、观众收视观察：青年/老年观众收视两极分化，高学历观众收视减少

从 2009 年整体收视市场的观众变化来看，最突出的仍然是青年和老年观众收视量变化继续向两极分化，15—34 岁的观众人均每日收视时长进一步萎缩，其中 15—24 岁观众的收视时长萎缩更加明显，近两年以 6—7 分钟左右的幅度逐年减少。与之相反，45 岁以上的中老年观众不仅是收视的主力，其每日收看电视的时长还在持续增长，其中 65 岁及以上老年观众的日均收视时长最长且连年增长最多，从 2006 年以来已经增长了 13 分钟（图 10)。至 2009 年，55 岁以上老年观众日均收看电视时间已经达到 15—34 岁中青年观众收看时间的近两倍。

在老年观众和年轻观众收视两极分化的同时，不同学历水平观众的收视时长也表现出相似的趋势，未受过正规教育的低学历观众的日均收视时长四年来增长了 6 分钟，而大学及以上的高学历观众的日均收视时长则减少了近 10 分钟（图 11)。此外，2009 年女性观众的收视时长继续攀升至 180 分钟，而男性观众继奥运年增至 172 分钟后，在无重大体育赛事和新闻事件的 2009 年又回落至 171 分钟。虽然中低收入水平的观众的电视收视时间仍明显更长，但中高收入群体的收视时长日益增长也是近年来一个比较明显的趋势。

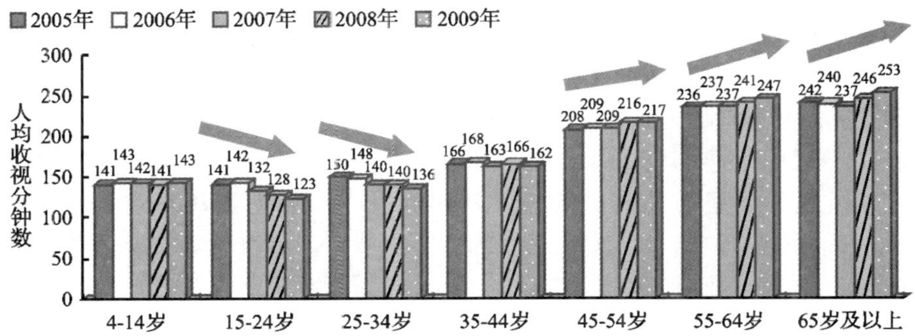

图 10 2005 年以来不同年龄观众人均每日收视时长（历年所有样本市县）

数据来源：CSM 媒介研究

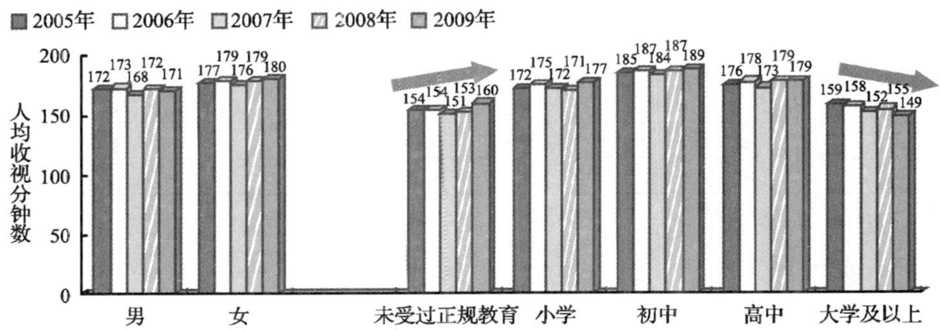

图 11 2005 年以来不同性别及学历观众人均每日收视时长（历年所有样本市县）

数据来源：CSM 媒介研究

在青年和老年观众整体收视量轻重殊途的观众市场中，不同观众群体对于各级频道的收看选择也呈现差异。与其他频道相比，观众年龄越轻，选择收看省卫视的比例越高，尤其在25岁以下的青少年观众市场，省卫视成为收视吸引力最强的频道组（图12）。另外，在女性市场，省卫视也获得更高的市场份额。

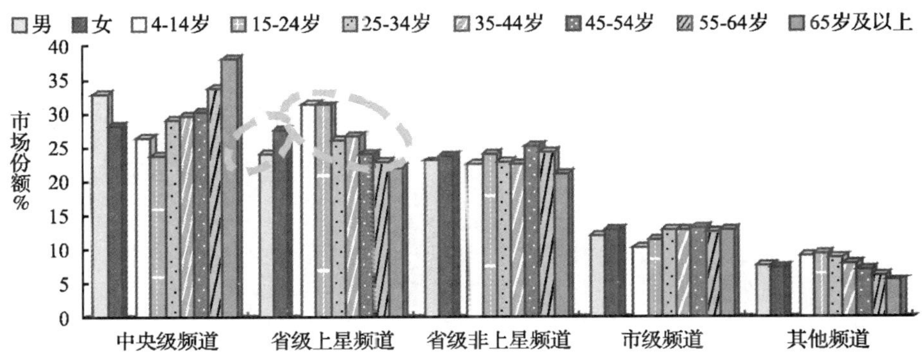

图 12 各级频道不同性别及年龄组观众市场份额（2009 年所有调查城市）

数据来源：CSM 媒介研究

四、节目市场观察：播出收视相对稳定，各级频道发力点不同

2006年以来，全国市场节目类型播出与收视相对稳定，电视剧、新闻/时事和综艺节目成为节目市场的最主要节目类型，收视量最大，且资源利用效率较高。其中尤以综艺节目2009年收视比重增高最为明显，由2008年的7.3%增至2009年的9.2%（表1）。对比播出比重，综艺节目以5.3%左右的播出量撬动了相当于其自身近2倍的收视市场，综艺节目对电视收视市场的影响不容小觑。以下，我们将以频道组为划分，对电视剧、综艺和新闻/时事类节目在2009年的新变化逐一进行分析。

表1　2006年以来三类主要节目类型的播出及收视比重（历年所有样本市县）

节目类型	2006年		2007年		2008年		2009年	
	播出比重%	收视比重%	播出比重%	收视比重%	播出比重%	收视比重%	播出比重%	收视比重%
电视剧	25.4	34.6	25.0	34.1	24.7	32.6	26.1	32.2
新闻/时事	7.8	12.7	7.9	11.9	8.7	13.7	8.6	12.7
综艺	6.0	8.5	5.8	8.2	3.9	7.3	5.3	9.2

数据来源：CSM媒介研究

（一）电视剧

电视剧作为播出和收视比重最大的一个节目类型，在我国各级电视媒体中都具有举足轻重的地位。从时段分布来看，2009年在竞争激烈的全国主要大中城市，电视剧播出量在全天多数时段相对均衡，晚间20:00—22:00播出量最高，集中了全天播出量的18%。电视剧收视量则高度集中于整体收视高涨的晚间，19:00—22:00电视剧收视量占全天的47%。从观众特征来看，电视剧尤其是晚间时段播出的电视剧，其观众特征呈现中老年化的趋势。其主体观众是女性、25—64岁、初高中教育程度的观众，其重度观众是女性、45岁以上、初中教育程度的观众。从各级频道来看，2009年在71大中城市市场省级卫视和地面频道在电视剧收视竞争中势均力敌，均占据电视剧总收视份额的40%左右，较2008年略有增长；中央级频道电视剧收视市场份额略降，由2008年的22.4%降至19.4%（图13）。而与此同时，观众的电视剧收看量基本稳定，零和市场更显竞争（剧目/频道）效果。因此，下面我们分别对各级频道电视剧的收视表现进行具体分析。

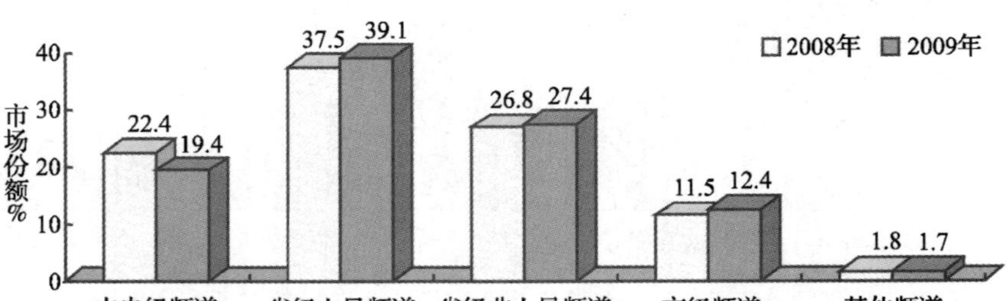

图13　2008—2009年电视剧收视市场频道竞争格局（71城市）

数据来源：CSM媒介研究

1. 中央台电视剧剧目收视平稳

2009年，中央级频道在71大中城市市场电视剧的收视份额与2008年基本持平，接近20%，相对于其15%左右的播出份额来看，中央级频道的资源利用相对较好，优于电视剧播出量大但利用效率较低的省级卫视，但较地面频道仍有一定的差距。

与2008年同期相比，中央台一套和八套晚间电视剧在2009年收视基本平稳。在2009年新中国成立60周年华诞之际，中央台作为国家级频道，在弘扬主旋律、引领社会舆论导向方面的作用也被放大，在剧目选择方面尤其与该主题相呼应。综观全年庆祝新中国成立60周年相关剧目在晚间时段的播出情况，其中来自中央台一套播出最多，以农村、军事斗争和反特/谍战为主。从收视效果来看，中央台一套播出剧目中《走西口》、《我的兄弟叫顺溜》和《密战》等收视率较高；中央台八套《人间正道是沧桑》收视最为突出，《女人的村庄》、《江阴要塞》等也获得较高收视。中央台播出的多部收视较好的剧目，在多家省级卫视重播也是自2008年以来卫视电视剧播出的重要特征之一，例如《走西口》、《我的兄弟叫顺溜》、《保卫延安》、《人间正道是沧桑》、《女人的村庄》和《倾城之恋》等。

2. 省卫视电视剧资源和编排竞争持续升温

省卫视一直是各级频道中电视剧播出量最大的，2009年71大中城市市场，省级卫视电视剧的播出量达到38%以上，居各级频道之首，明显高于所有频道25%的电视剧播出比重。与电视剧高播出量和高收视贡献相伴随的还有对于电视剧资源利用饱和的忧虑。2009年，省卫视电视剧在播出比重增加的同时，收视比重逆向变化下降为45%，虽有2009年相对特殊的剧目环境影响，但资源利用效率减低也对其提出了明确的警示，毕竟目前省卫视电视剧播出已经全天候覆盖各个时段，即使日间可以安排电视剧的大版块播出，但就2009年主要省卫视日间时段电视剧安排来看，日间能为电视剧占据的时间也已经近乎利用殆尽。同时，自办栏目空间不可能被一压再压，而且晚间自办栏目在2009年取得的收视回报有目共睹，对于频道品牌发展更是意义深远。由于省卫视的电视剧播出量大而资源利用效率呈下降趋势，使电视剧的内容、编排、营销等多方面竞争持续升温，尤其在晚间黄金时间更为激烈。

内容竞争主要体现为黄金档独播、首播剧目的竞争。黄金档独播剧的高成本高风险让多数省卫视止步，湖南卫视的自制剧、安徽卫视和江苏卫视的独播剧等成为少数独播运作的代表。2009年首轮四家播出剧尤其人多势众，黄金时段首轮四家卫视同步开播的电视剧比2008年和2007年多一倍以上，题材以革命历史、战争、反特谍战和情感为主，从一个角度显示了2009年新中国成立60周年大环境下的电视节目特征。

在播出竞争上，首轮剧"抢"播中，将晚间两档剧场打通跨越期间的栏目，连续3—5集播出电视剧已经司空见惯；中央台电视剧"跟"播中，与中央台首次播出之间的日期间隔更短，几乎在中央台首播结束后马上登陆省卫视，跟随紧凑，延续热点剧目的收视热度；在当年新剧中，一些首轮播出收视较好的电视剧结束后首尾相接立即重播也多次出现，例如河南卫视在晚间黄金时段连播两轮《我的丑娘》，江西卫视、天津卫视和山东卫视连播两轮《我的兄弟叫顺溜》等，由播出延续力图充分发挥剧目的收视效应。

在时间有限、同步多频道播出的竞争压力下，营销竞争升级势在必行。从首映礼和主创人员访谈等传统方式，发展到为电视剧度身订制专题“揭秘”栏目，再到吸引不同观众的多版本预告片，为扩大影响的跨频道宣传，直至多媒体推广，省级卫视的营销手法不断翻新。将电视剧视为产品，将频道视为通路，将观众视为消费者，同质化产品在定位区分不明朗的通路上销售，营销推广的作用不可忽视。

无论是内容还是播出竞争，其高阶形式都是独播，自制剧和定制剧则是独播中的高阶，高度统一地占有内容资源和播出资源，可谓是势力雄厚的省卫视资源比拼的巅峰之战，也是白热化电视剧竞争中被给予厚望的独门兵器。同时，除了一般意义上的优质电视剧以外，一些频道专注选择切合频道定位和风格的剧目，意图在大众化的电视剧市场实现差异化同时获得观众忠实度。与晚间黄金档电视剧的激烈、复杂的竞争局面相比，省卫视深夜和白天电视剧市场相对简单。深夜收视较高的除湖南卫视的独播自制剧或引进剧以外，其他也多为浙江卫视、江苏卫视和安徽卫视等播出的引进剧。日间时段省卫视的主要播出节目即为电视剧，白天安排更加灵活、密集的连播方式，晚间激烈电视剧竞争的火药味逐渐弥漫至白天。

3. 地面频道反特/谍战剧收视表现突出

地面频道中的省级非上星频道和城市台频道，2009 年在 71 大中城市市场电视剧的播出比重均超出 23%，收视比重则超过 33%，在各级频道组中电视剧资源利用效率最高。而作为地面频道电视剧播出的主要平台，地面频道的影视频道晚间收视率及市场份额较 2008 年均有不同程度的下滑，其电视剧资源的使用效率也有所降低。

在贴近性上更胜一筹的地面频道，电视剧题材的选择在2009 年也有所变化，言情类电视剧播出量下降相对明显，由 2008 年的 14.2% 降至 2009 年的 8.8%；家庭生活（社会伦理)、反特/谍战和近代传奇类电视剧播出量增长较多，分别较 2008 年增长了 2.9、4.3 和 2.3 个百分点。而在 2009 年“庆祝 60 周年剧”热播的大背景下，地面频道播出的相关题材电视剧中，反特/谍战类电视剧的收视表现尤其突出。2009 年晚间18:00—24:00时段，《潜伏》和《勇者无敌》分别在全国 80 城市中的 14 和 9 个城市进入收视前 10 名。

(二) 综艺娱乐节目

在 2009 年 71 大中城市电视综艺娱乐节目收视市场，省卫视分外耀眼。由于 2008 年的一些特殊时期和事件，省卫视综艺节目市场在 2008 年大部分时间比 2007 年明显萎缩，直至第四季度才呈现整体回暖气象，之后就是 2009 年的繁盛红火。2009 年 36.5% 的收视份额较 2008 年提升了近 10 个百分点，直追中央级频道 39.6% 的收视份额，在奥运后引燃的省卫视综艺节目于2009 年展现了旺盛的创新力和红火的收视率，在收视市场中的份额甚至超过前几年的娱乐选秀时代，使得娱乐选秀后沉寂一段时期的综艺市场迎来了新一轮的繁荣；地面频道也获得一定增长，2009 年收视份额达到 22%，较 2008 年增长了 2 个百分点；中央级频道综艺节目收视份额则呈下降之势，2009 年由上年同期的

50.7%降至39.6%，较省级卫视的收视优势所剩不多（图14）。在各级频道中，省级卫视综艺节目的资源利用效率也是最高的，达到125%，较2008年的91%增长明显。鉴于省级卫视综艺节目在2009年的强劲发展，因此，本文在下面的分析中将着重对省级卫视自制综艺节目在2009年的发展作一集中分析。

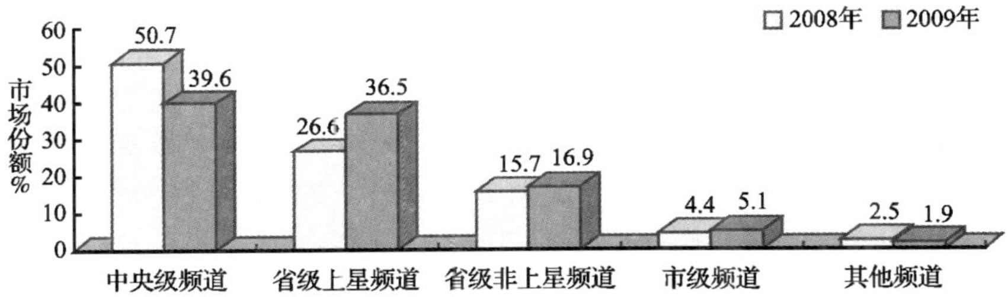

图14 2008—2009年综艺节目收视市场频道竞争格局（71城市）
数据来源：CSM媒介研究

省卫视综艺节目的强劲表现并非由个别频道的个别节目独立支撑，2009年省卫视综艺节目多频道多类型的群体展现是最重要的特征。从一两个节目类型中的一两个交佼者，发展到多个节目类型中的多节目同台，节目内容更加丰富；从单一表现形式到多种文化艺术娱乐元素的综合运用，节目形式更加多样；从周末一两档节目，发展到平日和周末的贯通节目带，编排更系统更成规模。

综观省级卫视2009年晚间黄金时段的主要综艺娱乐节目，其内容和形式均更趋多样。有以《智勇大冲关》、《快乐家游站》等为代表的游戏闯关节目，以《谁敢来唱歌》、《挑战麦克风》为代表的K歌比赛节目，以《欢乐集结号》、《天下笑友会》为代表的曲艺集锦及表演节目，以《全民大魔竞》、《金牌魔术团》为代表的魔术表演节目，以《越跳越美丽》、《全家都来赛》为代表的才艺展示—选秀节目，以《快乐大本营》、《天天向上》为代表的综合娱乐节目等等，在经过节目自身生命周期调整变化和2008年的蛰伏调整之后，电视综艺娱乐节目2009年生机焕发。2005—2007年的娱乐选秀中虽也有歌唱、舞蹈、演艺等不同内容，但都是相似的娱乐选秀类型。而2009年则以节目类型多样化为突出特点，一个类型中的节目又各具特色（表2）。

表2 省卫视晚间部分综艺节目

游戏闯关	K歌比赛	曲艺集锦及表演	魔术表演	才艺展示－选秀	综合
智勇大冲关	谁敢来唱歌	天下笑友会	全民大魔竞	越跳越美丽	快乐大本营
快乐家游站	挑战麦克风	欢乐集结号	金牌魔术团	全家都来赛	天天向上
挑战100%	我爱记歌词	明星转起来	星光模范生	快乐女声	周日我最大
全家一起上	爱唱才会赢	我的笑星我的台		加油！东方天使	周末不加班
冲关我最棒	我是大评委	本山快乐营		绝对唱响－名师高徒	
	先声夺人	笑林大会		舞林大会	
				越跳越美丽	

省卫视晚间综艺节目的编排变化是2009年又一个突出特点，除湖南卫视继续进行综艺节目日播以外，上海东方卫视、浙江卫视每日播出综艺节目，并高调打造综艺节目带。例如，上海东方卫视晚间21:15—22:30,周一至周三播出《全家都来赛》、周四播出《民歌大会》、周五播出《笑林大会》、周六播出《舞林大会》、周日播出《明星学院》；浙江卫视在21:21—22:30,周一至周日分别播出《爽食赢天下》、《冲关我最棒》、《越跳越美丽》、《我是大评委》、《我爱记歌词》、《百事群音》和《爱唱才会赢》。湖南卫视晚间黄金时间都是自办节目的舞台，周五至周六《天天向上》、《快乐大本营》贯通19:30—22:00播出，其余周天晚间自办节目分为两档，21:15—22:00基本常规播出《快乐心灵说出你的故事》、《背后的故事》，19:30—21:10为季播或阶段性节目的播出带，例如《勇往直前》、《金牌魔术团》、《智勇大冲关》、《挑战麦克风》和《全家一起上》等。综艺节目带的编排，培养了观众在栏目播出时段收视的约会意识，有助于频道在不同周天保持收视稳定性。

在一些省卫视打破地域区隔追求节目“全国化”的同时，另一些省卫视则从地域文化中吸取营养打造特色节目，例如黑龙江卫视的《本山快乐营》、辽宁卫视的《明星转起来》等，以及已经享有较高知名度的河南卫视《梨园春》、江西卫视《红歌会》甚至深圳卫视的新闻《直播港澳台》等都是以地域文化吸引观众的代表。

不但阶段性节目在一段时期内集中播出凝聚特定观众收看，成规模的综艺节目带形成后，其受众收视结果显示不同频道综艺节目的观众区隔已经清晰显现。例如，上海东方卫视晚间综艺节目带，无论是《全家都来赛》还是民歌、舞蹈和曲艺“大会”，都更为45—64岁观众热衷收看；浙江卫视晚间综艺节目带，每日不同的七档节目的观众共性明显，即25—44岁观众对之青睐有加；湖南卫视的晚间综艺节目的观众更加年轻化，25岁以下观众的收视普遍更高（图15）。

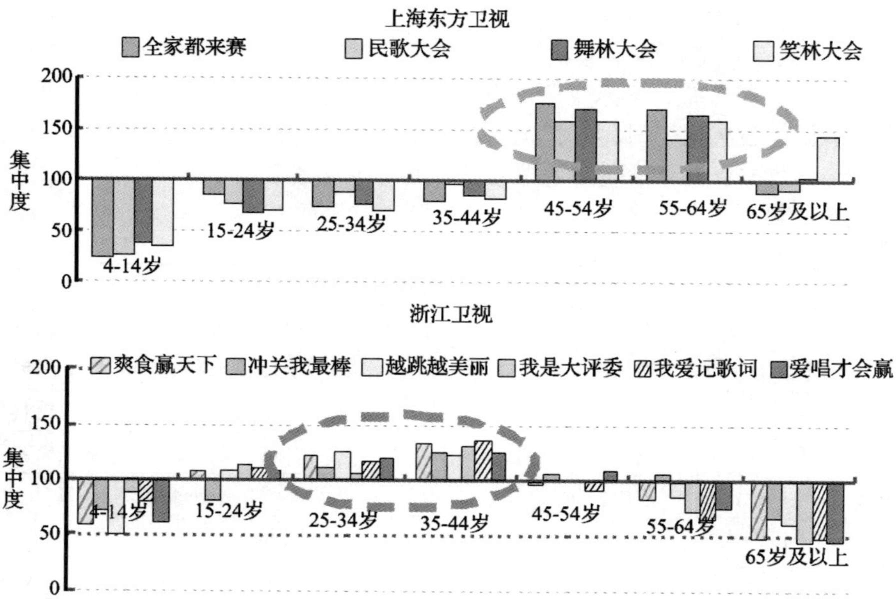

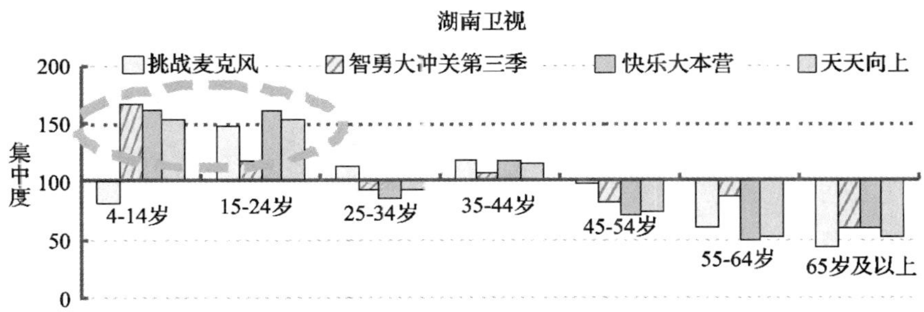

图 15　三卫视晚间综艺栏目带不同年龄受众的集中度

（71 城市，2009 年第四季度，19:30—22:30）

数据来源：CSM 媒介研究

（三）新闻/时事节目

与 2008 年相比，2009 年新闻/时事类节目的播出和收视市场显得波澜不惊，播出比重略有降低，收视比重也在一定程度上下滑。在各级频道组中，中央级频道新闻/时事节目在 71 大中城市的收视份额下滑明显，由 43.3% 降至 36.0%；面对以权威性和地域性争夺市场的中央台和地面频道的强大竞争压力，省级卫视新闻/时事节目与 2008 年基本持平；地面频道新闻/时事节目收视份额近 50%，较 2008 年增长明显，重新占据一半市场（图 16）。从新闻节目的资源利用效率来看，地面频道的新闻/时事节目的利用也最好，资源利用率在 100% 以上，中央级频道次之，在 30% 以上，省级卫视的新闻/时事节目存在一定的供过于求，资源利用效率为负。

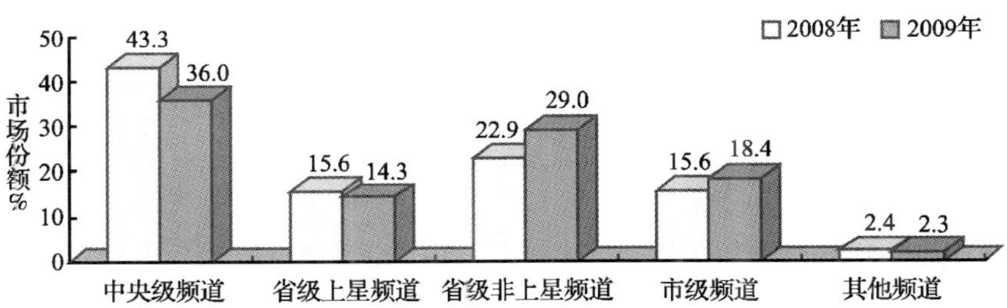

图 16　2008—2009 年新闻节目收视市场频道竞争格局（71 城市）

数据来源：CSM 媒介研究

在新闻/时事节目 2009 年的变化当中，央视改版作为 10 年来最大的一次变脸，受到各界的广泛关注。以中央电视台新闻频道的改版为例，以加大新闻信息量、提高新闻评论的空间和质量为核心目标的改版，迈出了由“宣传本位”向“新闻本位”转变的重要一步。作为地面频道的一大法宝和新闻节目制作的立足点，民生新闻节目在 2009 年依旧沿着原有的轨道前进，其间创新的表达方式在一些频道试水，在未来的发展中，如何突破活动范围、关注重点、服务对象的局限，拓宽新闻报道的视野和报道样式，由“贴近”向“深度贴近”转变，可能是地面频道民生新闻需要思考的问题。

结语

2009年的频道变化颇具节点意义，一来中央级频道份额下滑幅度大于往年，二来地面频道止住了前几年市场份额一路缩小的趋势，市场地位基本巩固，三来省级卫视虽然依然保持竞争力增长，但资源利用效率和整体增长也面临着挑战。2009年，省卫视竞争力的提升主要取自于中央级频道的份额下降，主要由其中原本实力较强的省卫视频道支撑，主要得益于综艺娱乐节目的贡献。与此同时，省卫视集团中众多频道和众多节目的收视大多表现平平，电视剧资源利用效率降低、播出时间趋近饱和，综艺娱乐节目创新经过一年已经逐渐向常态节目过渡，电视剧和综艺节目的资源投入不断攀升。那么，省卫视的全面整体增长是否可期？下一个成长空间和增长突破点在哪里？地面频道在与卫视的竞争中守住一方疆土，凭借高资源利用效率的新闻和电视剧稳固市场，辅以对娱乐和服务等节目的开发利用。那么，在观众和广告市场外有卫视竞争，内有省、市频道相互竞争的环境中，地面频道继续巩固和发挥节目内容和样式灵活多样、贴近亲近当地观众的特点，能否实现防守反击？

从受众的角度看，2009年年轻观众与高学历观众继续被多种新的媒体形式所分流，收看传统电视的时间逐渐缩短；中老年观众的收视时间逐步增多，不同年龄层的受众收视继续分化。此外，全天时段收视中黄金时段与非黄金时段收视增长的分化和城市台内部强势与弱势之间的分化都在进一步加速与加剧，在频道竞争格局的此消彼长之外演绎了一场分流与分化并存的图景。那么，电视媒体能否或如何实现分流后的因势利导，能否或如何把握分化后的重聚？

在年度交界处回顾已画上句号的过去，疑虑和期望都是问号，书写答案的将是新的一年机会和挑战中的思考和行动。

（作者：陈晓洲　周欣欣）

2009 年全国电视剧播出与收视盘点

电视媒体是党和政府的喉舌，电视节目是在满足老百姓精神文化需求的同时，弘扬主流思想文化的软载体，因此，当有社会、经济、文化或政治等方面的重大事件发生需要电视媒体鼓与呼时，电视节目的播出也会做出相应的调整。2009 年适逢新中国成立 60 周年，电视市场也多了神圣庄严的气氛，与庆祝新中国成立 60 周年相关的题材挥斥荧屏，不仅极大影响了电视剧制作市场，也在一定程度上改变了电视剧的编播以及收视市场的特点。同时，电视剧作为多年来大众电视消费最主要的节目类型之一，也依然展现着其播出和收视的自身规律。笔者利用 CSM 媒介研究的收视数据，对 2009 年我国电视剧播出与收视总量、时期、产地、主创人员、编播特点等，进行简要分析，并结合热点剧目，勾勒市场概况。

一、对于年度热点事件的思考

2009 年我国电视剧市场发生了诸多热点事件，看似分散，却有其内在联系，由此可以窥见我国电视媒体在竞争过程中已经悄然发生了改变：虽然拼抢的力度更加凶猛，但更考虑到系统内的规则，并在政府制播分离的号召下寻求自身的可持续发展之路，从播出下游回溯到制作上游，以求在竞争中赢得主动、建立自身的品牌力。虽然这些变化还谈不上“核”变，电视产业化纵深挺进依旧在电视剧市场方面得到了有力推进。

热点一：《团》剧混战促使媒体自我反思。2009 年上半年，一部《我的团长我的团》搅乱了电视市场的一池深水，并引爆了一场口水大战。赞叹的、拍砖的、愤慨的、同情的、讨伐的，一时热议沸腾！其实，抢播、乱播在我国电视台早已屡见不鲜，这也是频道竞争发展到一定阶段的必然之举。卫视频道数量激增，市场高度重叠，优质内容资源匮乏，僧多粥少；而电视播出平台并没有优胜劣汰的退出机制，谁能获得好剧资源最大化所创造的收益谁就会赢得先机，为什么不抢播呢？然而，毕竟行有行规，而且社会影响力也需要考虑。因此，在部分频道发起、主管部门参与的协商调节下，很快达成了和解。这就迫使频道寻求另外的突破口，电视剧的竞争往纵深发展。

热点二：对优质剧目精耕细作获得播出与收视市场双赢。《我的团长我的团》固然引发了混战，但其后在播出规范的同时也激发了营销推广升温，电视台开始对心仪的大制作剧加大商业化的包装运作，乃至借鉴电影的一些宣传手段，或首映礼、见面会，或与多种媒体整合互动、线上线下结合。4 月 1 日《潜伏》开播，电视台将这一被动行为迅速推演为主动探求，利用自身平台对该剧资源进行全方位开发，除了首映礼、见面会，北京、重庆和黑龙江卫视还结合地域文化资源，创办相关的解密小栏目，每日随剧播出，让观众了解一些台前幕后的知识、信息、趣闻。8月17日北京卫视播出55集长篇《闯关东中篇》，不仅在前一晚播出首播庆典，并且录制了特别节目《闯关东风云录》，在每天两集中间播出5分钟，再现与剧集相关的风云故事，如此二次开发，满足了观众更深一步了解相关知识的需求，增加了剧目的耐看性。当然，自制小节目目前来看尚属于个别行为，但请剧中主创人员参与台内其他自制栏目与剧目互动却已普及，剧目资源被挖足挖深。

热点三：自制独播电视剧加强剧目资源控制。自制剧是2009年的一大热门名词，湖南卫视、上海东方卫视、天津卫视等已经连年播出自制剧，2009年伴随江苏卫视、浙江卫视、安徽卫视纷纷宣布翻拍或筹拍自己的偶像剧，自制剧热度更高。浙江卫视成立"蓝巨星国际传媒公司"，负责自制电视剧和做艺人经纪；江苏卫视专门成立工作室，在全国精选演员拍摄海岩剧；而天津卫视的《杨光的新生活》新一部已经在2010年的元旦开播。对于外购、联播剧而言，电视台自制独播剧可以加强版权运营，保证资源的独享性，创新、开掘广告资源，提升频道品牌力，还可以开发产业延伸产品，借助剧中资源进行产业链的延伸挖掘，获取多重利益。目前的一个趋势是，具有较强综艺节目实力的强势频道将旗下艺人资源（例如选秀优胜者）作为剧中主演，所拍剧目多为青春偶像剧。如此，既盘活了内部资源，也巧妙利用外部资源树立了自己的品牌。自制独播剧是频道扩张自制节目、差异化发展的重要步伐。然而，自制独播剧也具有高风险，所需要的条件比较苛刻，需要频道具有雄厚的经济实力，并进行产业链的资源整合，能够消化独播所带来的巨大成本压力。对于绝大多数频道而言，外购剧更为适合。

热点四：新中国成立60周年相关题材集中播出。诸多庆祝60周年的电视剧大胆创新，在制作手法、情节设计、人物塑造等各方面均实现了许多新的突破，整体质量得到了大幅提高。《人间正道是沧桑》、《潜伏》、《解放》等剧目的热播，充分表明主旋律性质的电视剧也能引领市场风潮，赋予了电视剧市场更深刻、更丰富的内涵。当然，由于受到特定时期题裁的限制，在很大程度上也导致内容趋同、类型集中：截至10月中旬，反特/谍战剧约占三分之一，各类与军事、革命、斗争、战争相关的题材共占播出量的45%左右。在大量类似题材集中播出期间，良莠不齐现象也比较突出。

二、播出与收视总量分析

中国电视剧生产经过连续数年的高速发展之后有逐渐回落的趋势，获批发行的数量已经连续两年减少。2009年国家广电总局审批国内发行的电视剧为12910集、402部①，较之前两年有大幅缩水，集数比2008年减少11%、部数减少20%。然而，相比播出量，电视剧供应量相对充足，能够进入播出平台并能大面积普及播出的剧目毕竟稀少。CSM

① 《广电总局关于2009年度全国国产电视剧发行许可证颁发统计情况的通告》，http://www.sarft.gov.cn/articles/2010/02/03/20100203144637230033.html。

媒介研究连续三年针对80个城市的调查数据显示，80%以上的电视剧在不足10个频道播出，10%左右的剧在11—20个频道播出；3%的剧在21—30个频道播出，在超过40个频道播出的电视剧已是凤毛麟角。

电视剧作为电视节目市场“中流砥柱”的地位和作用已经毋庸置疑，其播出与收视之间已经形成相对稳定的结构，但对于电视市场的贡献已经到达临界点乃至饱和。自2000以来10年数据显示，播出份额稳定在24%—30%之间，收视份额稳定在32%—38%。然而，从近年来的电视剧收视份额来看，已经出现了连续下降的态势，尤其是2009年播出量虽然增加了1.4个百分点，但收视份额却是自2001年来的最低点，其资源使用效率也连续两年减少（图1）。

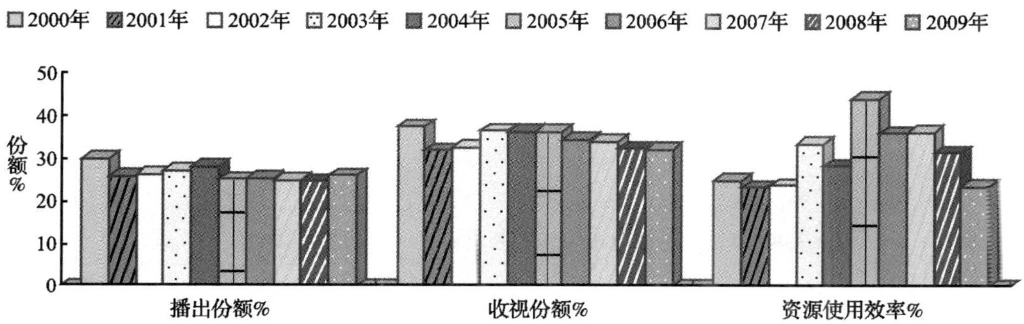

图1　2000—2009年电视剧的播出份额、收视份额及资源使用效率（历年所有调查城市）

数据来源：CSM媒介研究

再看电视剧市场内部，中央电视台和省卫视自2006年以来电视剧的资源使用效率均连年下滑。2009年，双方播出量增加为几年来的最高值，但资源使用效率却为近年最低值（表1）。由此可见，认为多播电视剧就能提高收视率的策略是不明智的，尽管电视剧仍然供不应求，但依靠数量取胜显然行不通，必须在提升质量上下工夫。从对优质剧目的争夺日趋白热化这点来看，各卫视显然已经充分意识到了这个问题。

表1　2006—2009年卫视频道电视剧的播出份额、收视份额及资源使用效率（历年所有调查城市）

年份	中央电视台			省级卫视		
	播出份额%	收视份额%	资源使用效率%	播出份额%	收视份额%	资源使用效率%
2006年	12.9	22.1	71.8	34.3	49.2	43.3
2007年	12.8	21.2	65.8	36.3	48.9	34.8
2008年	13.3	19.1	44.1	37.8	48.8	29.2
2009年	14.1	19.3	36.9	38.3	44.2	15.5

数据来源：CSM媒介研究

三、播出题材分析

社会伦理、都市生活、近代传奇和言情剧是我国近年来电视剧的主播题材，2009年反特/谍战类题材脱颖而出，取代言情剧成为第四大类。

在18:00—24:00时段，每年的题材播出冠军都不尽相同，2007年言情剧占据11.1%，2008年增长为14.2%，蝉联播出第一名，2009年则缩减为8.8%。社会伦理题材逐年递增，从2007年的8.7%到2008年的10.1%激增为2009年的13%，成为名副其实的主力军。同样增长突出的还有近代传奇题材，2009年播出比重突破10%，已然成为播出新贵。反特/谍战剧在诸多献礼剧中比较特殊，既契合主旋律要求，又融合了悬疑、智斗、阴谋、解密、爱恨情仇等各类好看的元素，易做到内容、形式等方面的创新，因此，成为许多制播方的首选，其播出比重也逐年攀升，2007年仅占3.7%，2009年已升至9.4%。2009年增幅显著的题材还包括军事斗争（5.2%）、青春题材、重大革命题材等（表2）。

表2　2007—2009年全国80城市主要题材电视剧的播出比重（18:00—24:00）

题材	2007年播出比重%	2008年播出比重%	2009年播出比重%
社会伦理	8.7	10.1	13.0
都市生活	9.4	12.4	12.2
近代传奇	5.2	8.3	10.6
反特/谍战	3.7	5.1	9.4
言情	11.1	14.2	8.8
警匪	5.0	6.7	5.4
军事斗争	4.2	3.4	5.2
悬疑	3.0	3.8	3.7
戏说演绎	3.5	2.7	3.2
军旅生活	2.6	3.4	3.1
武侠	2.6	4.2	2.8
少儿	2.7	2.4	2.7
奋斗励志	1.6	3.2	2.5
神怪玄幻	2.3	1.9	2.3

数据来源：CSM媒介研究

从收视效果看，播出量大的题材出现热门剧的几率也高。2009年晚间18:00—24:00时段80个地区获得收视率前二十名的电视剧共400余部，社会伦理最受青睐，入选比例达到14.3%，其次是近代传奇题材为13%，都市生活题材为11.8%，反特/谍战题材为9.1%，言情剧为7.9%，和其各自的播出比重相差无几（表3）。

表3　2009年80城市主要题材进入当地收视排名前二十名的总部数及比重（18:00—24:00）

题材	进入TOP20部数	所占比重%
社会伦理	58	14.3
近代传奇	53	13.0
都市生活	48	11.8
反特/谍战	37	9.1
言情	32	7.9
军事斗争	25	6.1
警匪	18	4.4
神怪玄幻	15	3.7
奋斗励志	12	2.9
农村	11	2.7
军旅生活	10	2.5
当代传奇	9	2.2
悬疑	9	2.2
公案	8	2.0
民间传奇	8	2.0
戏说演绎	8	2.0

数据来源：CSM媒介研究

四、主创分析

对于制作机构而言，有两类市场，首先是电视台构成的一级播出市场，需要得到他们的承认才能实现产品的商业化价值；其次是老百姓构成的终端观众市场，作品经得起市场的考验方能流行乃至流传于世，积攒口碑，获得与一级播出市场下次合作的资格。因此，剧目好看与否非常关键。有了“票子”，“本子、班子”是决定电视剧质量水准的要素。为确保在激烈的竞争中领先一步，降低风险、获得稳定收视，电视台也更倾向于选择名编名导的作品，于是导致好剧重播率很高，而差剧或平庸之作或被束之高阁或播过一次之后如流星般消逝于库带之海。

数据显示，在市场上热播的电视剧多市场播出现象突出。2009年18:00—24:00时段，80分城市前二十名的1600部次电视剧来自于400部电视剧，其占总量1600部的25%，说明相对少量剧目在众多城市播出并占据了排行榜的前列位置。

我国绝大部分制作公司还处于上升通道，整体规模小、数量庞大、实力偏弱，停留在小工作坊的阶段，每年不过几部作品，能保证每年出一部精品已属难能可贵。近460名编剧、330多名导演、400家制作机构参与创作了这400多部电视剧（合作剧目分开统计）。70%多的创作人员（机构）参与的电视剧只有1部能够跻身这400多部优质剧目之列。有2部及以上进入前二十名的编剧占21%、导演占27%、制作公司占26%（表4）。

表4 2009年创作的电视剧进入80城市收视率前二十名部数较多的主创人员(18:00—24:00)

编剧		导演		制片公司	
姓名	代表作	姓名	代表作	名称	代表作
金超群	包青天系列	刘立立	包青天系列	TVB	巾帼枭雄
蔡婷婷	宫心计	李宝能	包青天系列	中央电视台文艺中心影视部	走西口
东函	媳妇的眼泪	赖水清	深宅	八一电影制片厂	今生欠你一个拥抱
王静茹	中国家庭	王小康	拿什么满足你我的婆婆	辽宁电视台	拿什么满足你我的婆婆
高满堂	北风那个吹	澄丰	我是一棵小草	大连电视台	闯关东中篇
李潇	50玫瑰	刘二威	一颗颗眼泪都是爱	山东电影电视剧制作中心	沂蒙
林和平	人活一张脸	汪俊	最后的99天	中国电视剧制作中心	北平战与和
马广源	夺子战争	庄伟建	牛郎织女	中国国际电视总公司	又见阿郎
申捷	生死谍恋	安建	小姨多鹤	北京电视艺术中心	爸妈都是老党员
于正	锁清秋	都晓	少林寺传奇第二部	海润影视制作有限公司	一定要幸福
张璐	翡翠凤凰	斗琪	大院子女	江苏广播电视总台	钻石王老五的艰难爱情

数据来源:CSM媒介研究

五、国产热点剧目分析

卫视在2009年晚间时段共不重复播出950多部电视剧。其中,《暖春》、《我的丑娘》、《潜伏》、《生死谍恋》、《红日》、《胭脂雪》、《十三省》和《夜奔》等在10个及以上频道播出。从收视效果看,中央台一套和中央台八套的电视剧表现抢眼。进入各地收视率前十名的频次以《走西口》最高,在62个城市入围;其次是《密战》、《我的兄弟叫顺溜》、《在那遥远的地方》等。湖南卫视独播的《一起来看流星雨》在21个城市进入前十名,自制偶像剧魅力不可小觑。

80城市的地面频道2009年晚间时段共不重复播出2800多部新老剧目。和卫视播出类型不同,地面热点剧目多为与女性有关、与感情有关的题材。《奶娘》、《北方有佳人》、《宁为女人》、《黑玫瑰》、《妈妈为我嫁》、《我的丑娘》、《母仪天下》、《小姨多鹤》都是以女性为主角从不同角度、题材讲述各类悲欢故事。而《潜伏》、《勇者无敌》以及社会伦理剧《错爱第二部》、《天伦劫》和《情之债》等也较受欢迎(表5)。

表 5　2009 年地面频道部分电视剧播出情况（18:00—24:00）

剧目	进入收视率前十名的城市数	总城市数
奶娘	17	48
错爱第二部	16	50
北方有佳人	15	34
潜伏	14	73
宁为女人	13	45
中国家庭第一部	13	36
黑玫瑰	12	50
天伦劫	11	48
妈妈为我嫁	11	50
纸醉金迷	10	68
我是一棵小草	10	70
我的丑娘	10	58
勇者无敌	9	48
情之债	9	57
母仪天下	9	58
小姨多鹤	9	34

数据来源：CSM 媒介研究

按播出频道数统计，2009 年晚间被多个频道热播的剧目题材分布相对集中，以反特/谍战、军事题材和社会伦理剧为主。反特/谍战剧《潜伏》、《生死谍恋》、《勇者无敌》、《秘密列车》分别在 135、78、73 和 66 个频道播出；军事斗争剧《十三省》和《狙击手》、军旅生活剧《高地》分别在 88、72、74 个频道播出；社会伦理剧《我的丑娘》、《我是一棵小草》、《错爱第二部》、《柳叶刀》分别在 72、68、65、64 个频道播出。言情剧《纸醉金迷》、悬疑剧《血色迷雾》也都在 60 个以上频道播出（表 6）。

表 6　2009 年 80 城市播出频道数较多的电视剧（18:00—24:00）

电视剧名称	播出频道数	题材
潜伏	135	反特/谍战
十三省	88	军事斗争
纸醉金迷	83	言情
生死谍恋	78	反特/谍战
高地	74	军旅生活
勇者无敌	73	反特/谍战
我的丑娘	72	社会伦理
狙击手	72	军事斗争
我是一棵小草	68	社会伦理
血色迷雾	67	悬疑
秘密列车	66	反特/谍战
错爱第二部	65	社会伦理
柳叶刀	64	社会伦理
翡翠凤凰	62	近代传奇

数据来源：CSM 媒介研究

六、引进剧分析

在国家政策的限制下，内地剧在晚间黄金时段占据主流，并随着质量的提升，得到市场的更多承认，播出比重逐年攀升，晚间18:00—24:00时段，在80个城市，2007年占总量的82.9%，2008年达到84.6%，2009年达88.9%，引进剧的比重在逐步缩小。2009年共播出了16个产地的引进剧，较之2008年少了两个产地，香港、韩国和台湾剧占据引进剧总量的88%，但各自在所有剧总量中的比重较2008年都有不同程度下降。美国、印度、日本等地的电视剧数量也出现了萎缩（图2）。

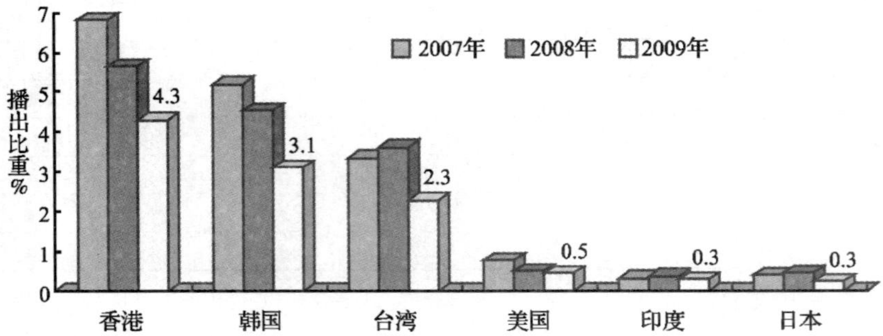

图2　2007—2009年80城市主要产地电视剧在所有电视剧中的播出比重（18:00—24:00）

数据来源：CSM媒介研究

在晚间时段播出的引进剧中，2008年以言情题材为主，2009年则是都市生活剧大放光彩。

从具体剧目播出渠道来看，中央台八套的海外剧场和湖南卫视的金鹰独播剧场称得上个中翘楚，包揽了2009年22:00—24:00时段引进剧收视率前十名。韩剧在其中担当了重要角色，中央台八套播出的韩剧《可爱的你》系列长播不厌连年上榜，湖南卫视独播的韩剧《传闻中的七公主》总排名第二。其他地区的电视剧中，湖南卫视播出的台湾电视剧收视也相对突出（表7）。

表7　2009年收视率较高的海外剧（卫视频道，22:00—24:00，80城市）

电视剧名称	产地	播出频道	收视率%
可爱的你第四部	韩国	中央台八套	1.55
传闻中的七公主	韩国	湖南电视台卫星频道	1.35
恶作剧2吻甜蜜再恋	台湾	湖南电视台卫星频道	1.33
笑花	台湾	湖南电视台卫星频道	1.25
可爱的你第三部	韩国	中央台八套	1.16
钻石情缘	新加坡	中央台八套	1.10
肥田喜事	香港	湖南电视台卫星频道	1.08
银实	韩国	中央台八套	1.03
我的女孩	韩国	湖南电视台卫星频道	1.02
豪杰春香	韩国	湖南电视台卫星频道	1.01

数据来源：CSM媒介研究

七、编排与竞争特点分析

电视剧不仅仅是节目，更是可支配可运作的资源。省级卫视对电视剧资源运作的力度最大，独播与联合、轮播与套播，多重组合、四面出击，成为编排竞争的代表。

在竞争手法上，2009年省卫视有两点运作值得关注：

一是加大四家上星联播的力度，既可以减低购剧成本又能不放过热门剧目。2009年晚间19:30—26:00时段首轮四家同步播出的电视剧达到近50部，有25个省级卫视参与播出。其中，重庆卫视播出了16部，安徽、辽宁、云南、重庆卫视均播出15部。山东、河北、黑龙江、江西和四川卫视也都播出了10部及以上。由于晚间档紧张，部分剧目全部被安排在白天或深夜播出，例如四川、山西、重庆和深圳同播的《亲爱的别哭》；部分卫视将电视剧安排在白天播出，例如江苏、安徽、福建三家同播《中国媳妇第五部—媳妇的眼泪》时均在晚间黄金时段，而重庆卫视则进行全天播出。

二是越来越多的强势频道用独播剧来加大对优质资源的垄断、提升品牌形象、维系观众忠实。2009年晚间，湖南、江苏、北京、天津、安徽、上海东方等卫视均对部分重点电视剧实行了独播。例如，湖南卫视的金鹰独播剧场要么独播海外剧，要么独播自制剧，例如《丑女无敌》系列、《一起来看流星雨》等；江苏、北京和安徽卫视加大了独播力度，江苏卫视的《人活一张脸》、《身份的证明》，北京卫视的《嫁衣》、《故梦》、《美丽的事》，安徽卫视的《锁清秋》、《牌坊下的女人》、《娘家的故事》（上下部），上海东方卫视的《蜗居》、《加油，优雅》、《加油！网球王子》等等，突出了频道品牌特征。

在编排手段上，2009年省级卫视对大热剧目的播出编排以获得最大收视价值为准。不少省级卫视频道的剧目编排趋于极致化、灵活化和短期化。概括起来，尤以以下手法最为流行：

一是速播。顾名思义，频道获得某部热剧之后，会在本频道“不舍昼夜”高速播出，抢占先机。例如，江西卫视对《我的兄弟叫顺溜》、《闯关东中篇》、《我是老板》等剧均以每日6—7集速度抢播。

二是轮播，多轮次反复播出，以最大限度地榨取剩余价值。通常是第一轮全天快速播毕，当日或次日第二轮紧随，以求在保鲜期内用足资源使用率。例如江西卫视的《武北平》、《东方红1949》，山东卫视的《天字一号》，四川卫视《中国兄弟连》，黑龙江卫视《红日》，辽宁卫视《乡村名流》、《错爱第二部》，河南卫视《一颗颗眼泪都是爱》、《我的丑娘》等。

三是套播，多轮交叉播出，晚间连播多集，次日黄金时段重播部分集，再播新集，循环往复，一轮轮相互套叠、互相推动，将剧播透、播熟。例如山东卫视《50玫瑰》11月25日22:52开播1—4集，次日19:37重播3—4集，当晚连续多集播出，次日晚又重播其中2集。相当于第一轮中含有两个小轮次套叠播出。

四是插播，发现剧目收视率不佳立刻从黄金时段挪至其他时段，或见缝插针，连续播完。

五是跳播，为赶进度，故意省略某集，直接跳跃到下一集，确保整体收视。例如，浙江卫视7月27日与其他三家卫视同播《狼烟北平》时，舍弃前3集，直接从第4集播起。

六是勾播。系列剧前后勾连播出，相互呼应，以形成稳定的观众流。例如，天津卫视运作的《杨光的快乐生活》系列。但相对于2008年，2009年这种手法运用较少。

七是凑播，通常是在等待四家或两三家上星联播剧目时，为凑档期而临时播出某部电视剧的部分集数，等到心仪剧目到期立刻撤掉。例如，黑龙江卫视在《密战》播出前重播8集《乡村名流》。也有不少卫视根据收视率而随时灵活调整剧目。一旦发现新剧收视不佳，即立刻改换其他剧目。

综上所述，2009年的电视剧市场在庄严肃穆中自有其独特格局，在将反特/谍战、军事斗争等题材做到了某种极致并推出了《潜伏》、《我的兄弟叫顺溜》等口碑与收视俱佳剧目的同时，都市生活、社会伦理和言情等传统热播题材依然活跃，使得电视剧市场风生水起。而竞争驱动的编排技巧和资源运作也更加灵活多变。

（作者：李红玲）

2009 年全国综艺娱乐节目收视分析

在经历了 2008 年一系列重大事件后，电视媒体在 2009 年获得了相对稳定的发展环境，电视台也又酝酿在综艺娱乐类节目上大展拳脚，不论是推出新节目还是调整编排策略，都力图引起电视机前观众的关注。综艺娱乐节目市场 2009 年发生了哪些变化？哪些电视台的节目收到了良好的回报？本文就从 CSM 媒介研究在全国 149 城市的收视数据入手，对 2009 年全国主要综艺娱乐节目进行回顾与浅析。下文若无特别说明，主要分析 149 城市 4 岁及以上所有人在全天时段的收视表现。

一、综艺娱乐节目播出与收视整体状况

1. 综艺娱乐节目收视比重创新高

在经历了 2008 年各种客观因素导致的综艺节目收播比重双双下滑后，2009 年综艺节目播出与收视恢复势头良好。播出比重相比 2008 年有明显增长，但低于 2008 年以前几年的水平；而从收视比重上看，2009 年 9.2% 的收视比重却创下了新高。从资源使用效率角度来看，2009 年基本与 2008 年持平，在各类别节目中保持较高的水平（图 1）。

从播出与收视比重之间的差异可以发现，电视台在综艺娱乐节目的制作与播出时间增长上更为谨慎，但其中却也成长出更多受观众喜爱的精品节目，它们在新的环境中获得了观众的认可，满足了人们对综艺娱乐类节目的需求。

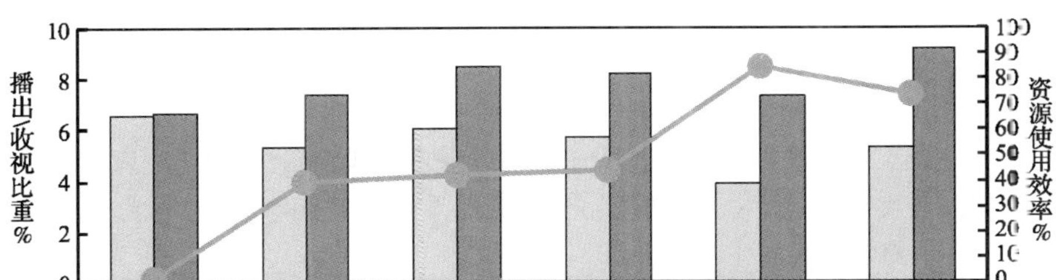

	2004年	2005年	2006年	2007年	2008年	2009年
播出比重	6.6	5.3	6.0	5.7	3.9	5.3
收视比重	6.7	7.4	8.5	8.2	7.3	9.2
资源使用效率	2.0	40.0	42.0	44.0	85.0	74.0

图 1　2004—2009 年综艺娱乐节目的收播比重及资源使用效率

数据来源：CSM 媒介研究

从分月的播出及收视量上看，2009 年各月份播出量比较稳定，月均播出量大约在 1.7 万小时左右，与 2008 年月均 1.3 万小时相比，平均增长在 30% 左右。从观众收视量上看，除春节期间的高收视外，2009 年 3 月至 10 月同比均有不同程度的增长，特别是 5 月份之后，随着部分卫视改版及暑期选秀节目等因素影响，相比去年的增长幅度较大。11 月、12 月份，观众收视有所回落，在播出量增长的情况下，观众收视量只与 2008 年同期基本持平。

2. 综艺娱乐节目周末收视明显高于工作日

从不同周天上考察综艺节目晚间时段的播出与收视状况，周六、周日两天是观众收看综艺节目时间最多的周天，这两天人均每日收看综艺节目的时间约为 24.4 分钟。周末两天的播出量相比其他周天略高，但观众收视量却占据全周的 45%，既反映了人们周末的生活作息习惯，也与电视台周末综艺节目特征密切相关。周五是收视次高点，人均收看 15.2 分钟，周一至周四平均为 10.9 分钟（图 2）。

相比 2008 年，周五至周日三天综艺节目收看量在 2009 年的增幅均超过 30%，其中周五的增幅接近 50%。

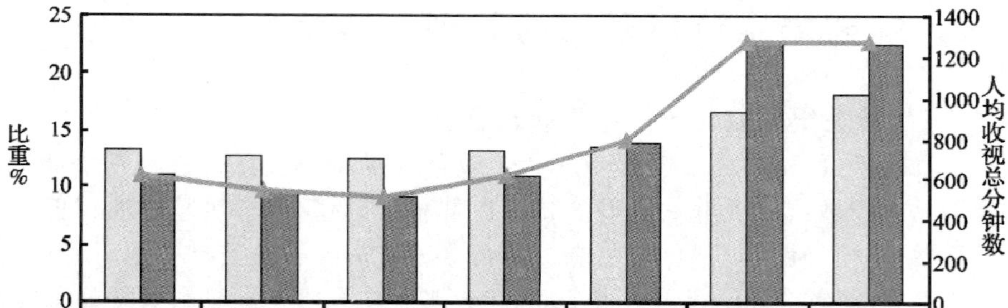

	周一	周二	周三	周四	周五	周六	周日
播出比重	13.3	12.6	12.5	13.3	13.7	16.6	18.1
收视比重	10.9	9.6	9.1	11.0	14.1	22.7	22.6
人均收视总分钟数	611	540	511	614	792	1271	1269

图 2　2009 年综艺娱乐节目分周天播出比重与收视比重

数据来源：CSM 媒介研究

3. 综艺娱乐节目晚间 20:00—21:00 收视量最高，21:00—22:00 增长量最大

晚间各时段综艺类节目播出量差异不太明显，但观众收视量主要集中于19:00—22:00（图 3）。

从 2009 年与 2008 年观众收视量对比上看，晚间时段多有增长，其中绝对增长量较大的时段在 21:00—22:00，这与部分卫视着力开发后晚间综艺时段的努力有关，从 21:30—24:00的 2.5 个小时，省级卫视综艺娱乐节目的播出比重明显增大，但目前到 23:00之前的收视增长量较为明显，23:00 之后时段仍然相对较弱（图 4）。

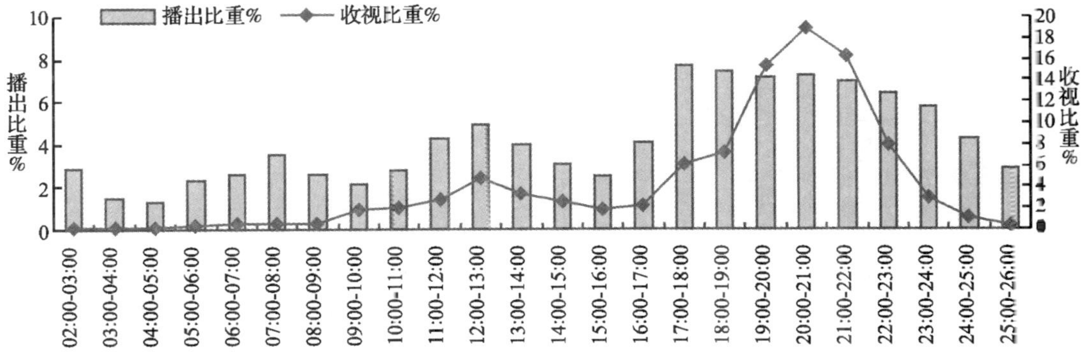

图 3　2009 年综艺娱乐节目全天分时段播出比重与收视比重

数据　来源：CSM 媒介研究

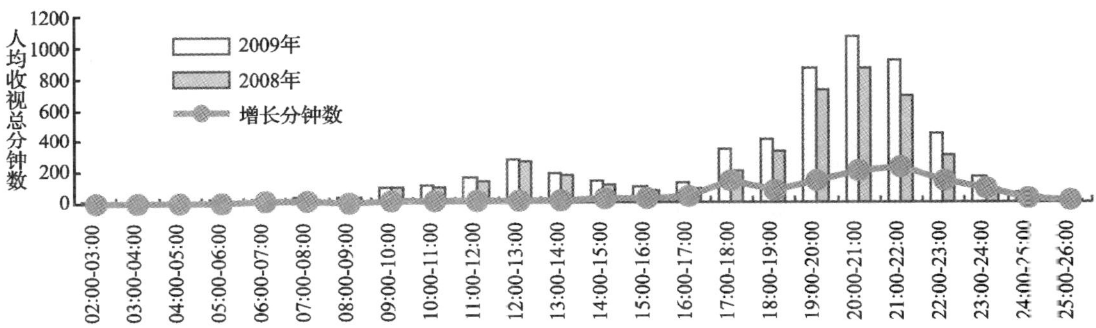

图 4　2008 年、2009 年综艺娱乐节目全天分时段收视量对比

数据来源：CSM 媒介研究

二、综艺娱乐节目竞争格局

1. 中央级频道仍是观众主要选择，省级卫视收视快速上升

2009 年综艺娱乐节目的市场状况相比前两年发生了较大的变化。从观众对综艺娱乐节目收视量变化上看，全年人均观众收视时间从 2008 年的 4404 分钟上升到 5608 分钟，1204 分钟的增量中超过 70% 来自于省级上星频道，20% 来自于省级非上星频道，中央级频道收视基本没有变化。省级上星频道综艺节目人均收视时长从 1205 分钟攀升至 2064 分钟，增长了 859 分钟，增幅超过 70%，省级非上星频道也获得 35% 左右的涨幅。晚间时段的情况与全天相似。在 2009 年综艺娱乐节目收视的飞速发展中，省级卫视通过不断的创新努力获得了实质性的收获。

各级频道综艺节目收看量的变化带来了收视竞争力的变化，全天时段，中央级频道 2009 年 39.3% 的份额相比前两年下滑约 10 个百分点，而省级上星频道则基本接下了这部分市场份额，在 2009 年增长到 36.8%，与中央级频道整体竞争力基本相当，省市级地面频道则相比往年没有突出的市场份额变化。晚间时段情况基本接近，中央级频道与省级上星频道分别下降与上升约10个百分点，不过省级上星频道39.0%的份额超过了中央级频道的36.0%（图5）。

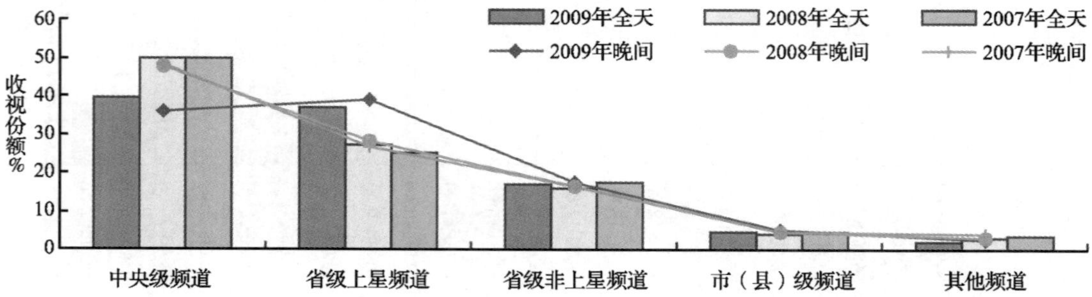

图5　2007—2009年全国综艺娱乐节目市场各级频道组的收视份额对比

数据来源：CSM媒介研究

2. 中央级频道组全天领先时段缩减，省级上星频道组晚间黄金时段实现反超

从综艺节目不同时段、不同频道组的收视份额差异上看，中央级频道已经不再全天保持对省级上星频道的绝对优势，晚间20:00之后省级上星频道组已经实现了对中央级频道组的超越，特别是在后晚间时段甚至呈现出较大程度的优势（图6）。

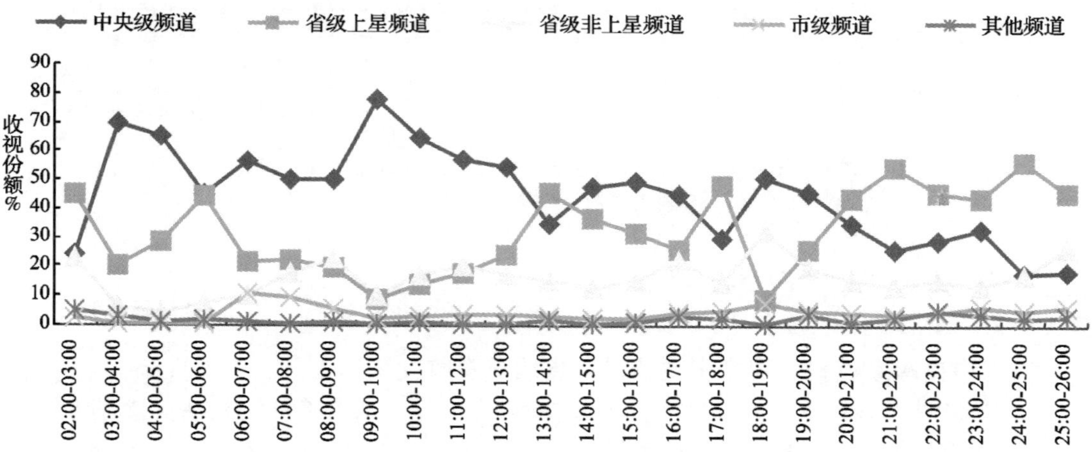

图6　2009年各频道组综艺娱乐节目收视份额全天走势

数据来源：CSM媒介研究

从各时段2009年与2008年各频道组份额变化来看，从下午时段开始，省级上星频道组的份额就出现增长，到后晚间时段达到份额增长的最大值。而央视的走势恰好与省级上星频道组相反，对于省级非上星频道而言，前晚间时段有所增长，在22:00—24:00的后晚间时段略有下滑（图7）。

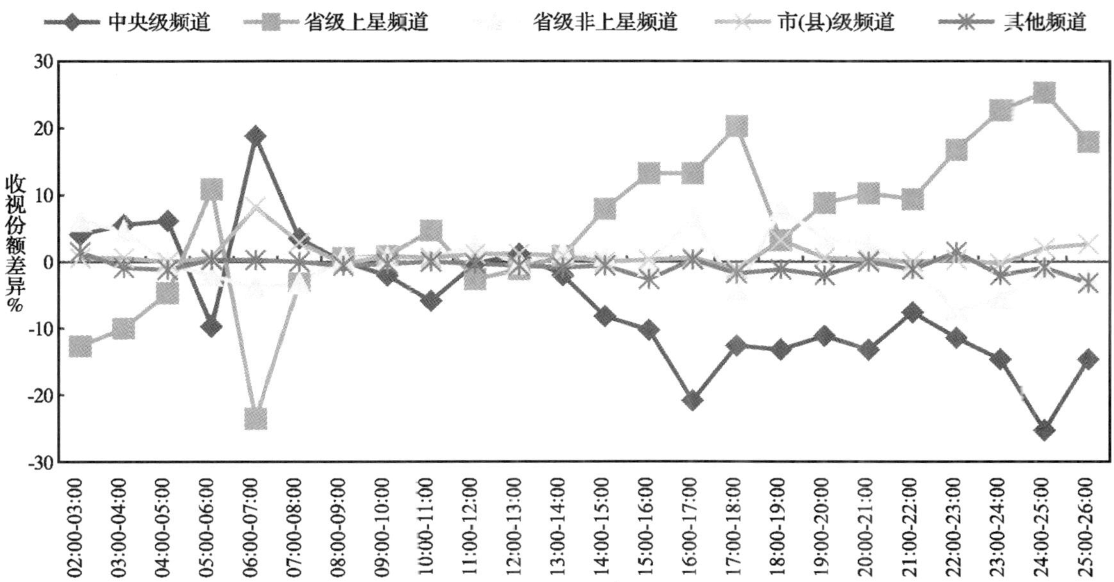

图7　2008 年、2009 年各频道组综艺节目收视份额的差异

数据来源：CSM 媒介研究

3. 中央台三套综艺节目收视份额居首，省级卫视发力增长

综艺娱乐节目收视份额前十位的频道，中央台频道5个，省级卫视5个，其中中央台三套作为国家级的综艺频道，市场份额仍占据领先地位，观众收视时间相比2008年没有大的变化，但是在综艺节目整体收视量增长30%的背景下，份额相比去年下滑6个百分点，与其他后续频道的差距被快速拉近。排名第二位的湖南卫视虽然收视量增长超过三分之一，但是份额增长不到1个百分点。中央台综合频道收视量变化不大，但份额下滑。浙江卫视收视量和收视份额增长都较大，辽宁卫视、上海东方卫视和江苏卫视占据第七名到第九名，收视量和排名相比去年都有明显增长（表1）。

表1　2009 年综艺娱乐节目收视份额排名前十位的频道

综艺节目收视份额排名		频道	综艺节目收视份额		综艺节目收视总分钟数增量
2009 年	2008 年		2009 年	2008 年	
1	1	中央台三套	21.36	27.37	-7.7
2	2	湖南卫视	13.91	13.10	202.9
3	3	中央台综合频道	4.98	6.14	8.6
4	7	浙江卫视	4.76	1.44	203.7
5	5	中央台六套	4.33	4.81	30.7
6	4	中央台二套	3.84	5.63	-32.4
7	9	辽宁卫视	2.71	1.17	100.5
8	10	上海东方卫视	2.12	1.10	70.7
9	11	江苏卫视	1.82	1.00	58.1
10	6	中央台四套	1.64	2.11	-1.0

数据来源：CSM 媒介研究

在全年累计收视总时长最长的三个节目中，相比2008年，湖南卫视《快乐大本营》在2009年取代《中央电视台春节联欢晚会》占据榜首位置，《天天向上》也凭借出色的表现在节目诞生第二年就站上了第二名的位置，CCTV－3《星光大道》也以较大的收视增长取得了第三名的成绩。

从收视总量排行前20位的节目中，中央台三套占据大部分名次，显示了国家级专业综艺频道的实力，《欢乐中国行》、《流金岁月》和《快乐驿站》等几档观众耳熟能详的综艺节目都有较好的收视表现。中央台六套《爱电影》、《中国电影报道》几档电影元素与综艺结合的栏目也获得了观众的关注。从CCTV－2转入CCTV－3的《非常6＋1》、《咏乐汇》在新频道也获得了观众的继续关注。

湖南卫视成为上榜节目最多的省级卫视，《挑战麦克风》、《2009年快乐女声》、《智勇大冲关》等季播节目累积了大量的观众收视；浙江卫视《我爱记歌词》也继续上榜，另外两档K歌节目《爱唱才会赢》、《我是大评委》也进入前三十名；辽宁卫视新节目《欢乐集结号》在2009年收视突出，跻身前十位（表2）。

表2　2009年综艺娱乐节目收视总时长排名前二十位

排名	节目名称	播出频道	属性	人均累计收看时间（分钟）
1	快乐大本营	湖南电视台卫星频道	现场互动娱乐	226.3
2	天天向上	湖南电视台卫星频道	综艺其他	167.9
3	星光大道	中央台三套	综艺其他	156.0
4	2009春节联欢晚会	多频道	综艺晚会	136.2
5	欢乐中国行	中央台三套	综艺其他	103.1
6	挑战麦克风	湖南电视台卫星频道	综艺其他	87.8
7	流金岁月	中央台三套	综艺其他	77.4
8	欢乐集结号	辽宁卫视＋辽宁生活频道	综艺其他	76.2
9	快乐驿站	中央台三套等中央台多频道	综艺其他	75.8
10	我爱记歌词	浙江卫视＋浙江电视台民生休闲频道	综艺其他	73.2
11	2009快乐中国快乐女声（含相关节目）	湖南电视台卫星频道＋各地面频道	综艺其他	73.0
12	周末喜相逢笑星大联盟	中央台三套	综艺其他	68.4
13	智勇大冲关	湖南电视台卫星频道	现场互动娱乐	67.5
14	欢乐今宵	中央台三套	综艺其他	62.3
15	非常6＋1	中央台二套＋中央台三套＋中央综合频道	现场互动娱乐	61.4
16	爱电影	中央台六套	综艺其他	57.5
17	中国电影报道	中央台六套	综艺娱乐报道	50.8
18	咏乐汇	中央台二套＋中央台三套	综艺其他	49.3
19	新视听	中央台三套	综艺其他	43.2
20	中国文艺	中央台四套	综艺其他	42.5

数据来源：CSM媒介研究

4．中央台领先各类综艺娱乐节目收视，湖南卫视凭借品牌节目和大型活动在相应类别中入围

在各类综艺娱乐节目市场收视总量排名前三位节目中仍然主要是中央台的节目，湖南卫视有三档节目进入分类别的前三位。在综艺晚会中，中央台具有明显的优势，多家省级卫视联合制作的《跨越海峡的爱心援助——台湾受灾同胞赈灾晚会》也表现突出。在单项艺术中，2009年央视并没有特别突出的赛事，整个类型的节目收视量均不高。现场互动娱乐类节目是许多省级卫视发力的重点，前两位被湖南卫视占据，湖南卫视《快乐大本营》蝉联榜首，湖南卫视的《智勇大冲关》和中央台二套《非常6+1》分列第二和第三位。综艺娱乐报道类节目领先位置仍为《中国电影报道》、《新娱乐在线》、《娱乐现场》占据，后两者都是通过众多地面频道播出累积了较高的观众收视总量。综艺其他类别中的前三甲分别是湖南卫视《天天向上》、中央台三套《星光大道》和《欢乐中国行》（表3）。

表3　2009年综艺娱乐节目分类别人均累计收看时间排名前三位

类别	节目名称	播出频道	人均累计收看时间（分钟）
综艺晚会	2009春节联欢晚会	中央台等多频道	136.2
	首都各界庆祝中华人民共和国成立60周年联欢晚会	中央台等多频道	40.5
	跨越海峡的爱心援助台湾受灾同胞赈灾晚会	多家省级卫视频道	12.9
单项艺术	曲苑杂坛	中央台三套等中央台多频道	27.5
	第五届CCTV舞蹈大赛	中央台三套	20.9
	第七届CCTV小品大赛	中央台三套	18.0
现场互动娱乐	快乐大本营	湖南电视台卫星频道	226.3
	智勇大冲关	湖南电视台卫星频道	67.5
	非常6+1	中央台二套+中央台三套	61.4
综艺娱乐报道	中国电影报道	中央台六套	50.8
	新娱乐在线	上海东方电视台娱乐频道等多地面频道	35.4
	娱乐现场	多地面频道	32.5
综艺其他	天天向上	湖南电视台卫星频道	167.9
	星光大道	中央台三套	156.0
	欢乐中国行	中央台三套	103.1

数据来源：CSM媒介研究

5．不同频道综艺娱乐节目观众各有特色

由于不同频道在综艺节目类型上有所侧重，观众对频道的选择也表现出明显差异，比如中央台三套为代表的中央台频道的观众中（中央台六套除外），中老年观众集中度较高，而以湖南卫视、浙江卫视为代表的部分省级卫视则明显表现出对年轻观众的吸引。收看上海东方卫视、中央台四套的观众中，收入水平、受教育程度较高的观众集中度相对更高（图8）。各频道的观众特征与2008年相比，大多没有明显变化。

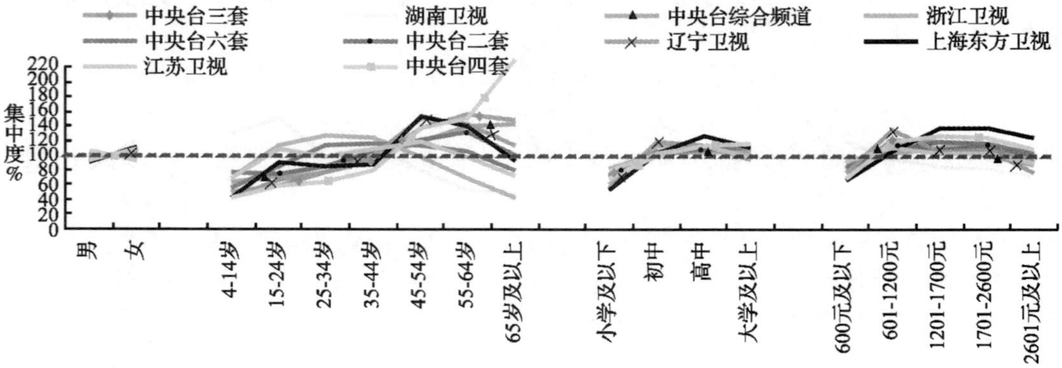

图 8　2009 年不同频道综艺娱乐节目的观众集中度

数据来源：CSM 媒介研究

三、综艺娱乐节目 2009 年动向

1. 三档知名综艺节目由 CCTV－2 转入 CCTV－3，收视率或竞争力获得不同程度提升

随着 CCTV－2 正式以“财经频道”命名播出，频道对于原有非财经类节目前后做了较大幅度的调整，原有的三档知名综艺节目《开心辞典》、《非常 6＋1》和《咏乐汇》7 月底 8 月初调整至 CCTV－3 综艺频道。随着这三档节目的调整以及此前 2008 年 10 月底《幸运 52》停播，CCTV－2 综艺节目的播出量大幅降低，目前常规综艺节目只有《购物街》和《超市大赢家快乐主妇》。CCTV－2 在综艺节目市场的频道收视排名下滑反映了频道定位转变的影响。

CCTV－3 综艺频道获得的这三档优质综艺节目中，《咏乐汇》收视相比之前有相对明显增长，另两档节目虽然由于播出时段的调整，收视率略有下滑，但同时段竞争力（市场份额）仍得以保持并略有提升。由于 CCTV－3 原有的综艺节目资源已经非常丰富，观众收视相对稳定，增加的新节目对于频道整体收看量增加作用不明显（表 4）。

表 4　2009 年三档节目调整前后收视变化

	节目名称	播出频道	播出日期	播出时段	平均收视率%	同时段份额%
调整前	开心辞典	CCTV－2	周日	19:45－20:45	0.74	1.70
	咏乐汇	CCTV－2	周六	19:45－20:45	0.84	2.00
	非常 6＋1	CCTV－2	周日	18:25－19:45	0.86	2.59
调整后	开心辞典	CCTV－3	周二	20:36－21:36	0.63	1.76
	咏乐汇	CCTV－3	周四	19:30－20:30	1.02	2.78
	非常 6＋1	CCTV－3	周二	17:30－18:50	0.59	2.89
	非常 6＋1	CCTV－1	周日	17:10－18:10	0.68	3.63

数据来源：CSM 媒介研究

2. 省级卫视综艺节目市场《快乐大本营》、《天天向上》继续领跑，吸引更多的频道争夺年轻观众

《快乐大本营》作为省级卫视中长期生命力最强的综艺节目，在2009年继续获得长足的进步，全年累计人均收看时间比去年增长接近一倍，在观众收看所有综艺节目的收视时间中所占比例由不到3%增长到超过4%。节目除了周六首播获得2.9%高收视外，其重播时段（主要是周日下午时段）也有很好的收视表现，市场份额达到6.4%。2008年推出的《天天向上》在2009年已经形成了稳定的观众群，并一跃成为综艺节目全年总收视时间第二位。这两档节目累计人均收看时长394分钟，为湖南卫视整体780分钟的综艺节目收视量支撑了半壁江山。

面对综艺娱乐节目取得的出色收视表现，更多频道加入到争夺这部分收视的行列中，比如江苏卫视在2009年9月开始在每周六晚九点半推出了一档娱乐脱口秀节目《周末不加班》，节目以“职业体验”为概念，设置了年轻观众感兴趣的话题，集合了访谈、滑稽短剧、黑色幽默、明星访谈等各种综艺娱乐方式，在常规综艺节目中也表现出一定的竞争力。

3. 差异化编排打造后晚间综艺栏目带，寻找综艺收视新增长点

浙江卫视于2007年10月推出的《我爱记歌词》获得了观众的广泛关注，收视表现突出，一直是浙江卫视综艺娱乐节目的翘楚。在成功打出全民K歌类节目的品牌后，浙江卫视以此为依托，在2008年11月推出《爱唱才会赢》、2009年1月推出《我是大评委》等K歌类创新节目，这三档节目至今仍是浙江卫视周末晚间综艺娱乐节目的重点。除了K歌节目外，浙江卫视在2009年也在平日陆续推出了更多综艺娱乐节目，如4月份开播《爽食赢天下》①、5月份开播《越跳越美丽》、7月份开播《冲关我最棒》、2010年1月开播《谁笑到最后》等，同时停播情感类谈话栏目《涛出心里话》，“2121综艺节目纵贯线”形成，其后的22点40分左右重播之前的其他综艺节目，在后晚间延续年轻观众的收视。

表5 2009年12月浙江卫视和上海东方卫视晚间综艺节目

周天	浙江卫视	上海东方卫视
周一	爽食赢天下	全家都来赛
周二	冲关我最棒	
周三	越跳越美丽	
周四	星耀中国蓝	民歌大会
周五	我爱记歌词	美好时光
周六	我是大评委	舞林大会
周日	爱唱才会赢	笑林大会

① 《爽食赢天下》分类为生活服务—饮食类。

除了浙江卫视着力打造后晚间综艺节目时段外，上海东方卫视、黑龙江卫视等众多省级卫视频道也在21:30前后时段的综艺节目上做文章，比如东方卫视在该时段也先后推出了《全家都来赛》、《民歌大会》、《舞林大会》、《笑林大会》、《明星学院》等节目。除了21:30时段外，部分卫视已经开始在周间23:00前后的时段安排更有吸引力的综艺节目，或者是重播收视较好的综艺节目，提升单期节目的利用效率，或者是开播观众规模相对更小的新节目，这些都给观众提供了深夜时段新的综艺节目选择。

面对各家卫视在综艺节目上的布局，作为省级卫视综艺节目领先频道的湖南卫视在2009年11月也进行了改版，在周五和周六《天天向上》和《快乐大本营》没有变动的同时，周间19:30（730时段）推出《百科全说》，20:30（830时段）则由同一节目季播转为不同综艺节目周播的形式，11月之后陆续推出了《8090》和《我们约会吧》，调整了《节节高声》、《勇往直前》的播出时间；周日继续灵活安排，最新播出的是《芒果训练营》。

4.《快乐女声》重返荧屏，非黄金时段收视依然可观[①]

在2008年沉寂了一年后，综艺选秀节目在2009年夏天重返荧屏。由于政策所限，综艺选秀节目不得在19:30—22:30时段播出，各家卫视都积极开发非黄金时段。湖南卫视《快乐女声》的收视表现也说明了年轻观众对于选秀节目的忠实度，即使节目从晚间10:30开始播出到深夜1:00左右，放暑假的年轻学生始终保持高涨的收视热情。2009年深夜播出的“快女”，各期收视率都超过了2007年黄金时段播出的“快男”。

对非黄金时段播出的选秀节目，江苏卫视和上海东方卫视则采取了在黄金时段套播相关综艺节目加以铺垫的方式，江苏卫视的《名师高徒》配合《飞扬新声》，东方卫视《明星学院》辅助《加油！东方天使》。除了相关节目的编排互动外，更多的宣传造势还是来自于已经成熟的全频道编播联动机制，如湖南卫视的各档节目都有快女选手的身影，联合宣传渗透在短时间实现传播效果最大化。

CCTV-3的《星光大道》也是为普通人提供的放声歌唱、展现自我的舞台，节目的播出时间也是在周六后晚间的22:30，80分钟的节目也有良好的收视表现，且重播时段收视表现不亚于首播时段，保证了节目成为CCTV-3综艺频道的总收视冠军。

5. K歌类节目引入评分机器系统

从2008年下半年开始全民K歌类节目风起云涌，除之前开播的浙江卫视《我爱记歌词》之外，2008年10月份后省级卫视出现了浙江卫视的《爱唱才会赢》、《我是大评委》，江苏卫视《谁敢来唱歌》，湖南卫视《挑战麦克风》等（表6），省级地面频道所播出的全民K歌类节目也丰富多彩，甚至某些地方台的K歌中还加入了方言演唱。节目中的歌曲都是相对熟悉的老歌曲，熟悉的旋律勾起了很多观众的回忆，也带动观众跟着哼唱，节目的收视大都表现稳定（图9）。

其中湖南卫视《挑战麦克风》、江苏卫视《谁敢来唱歌》、浙江卫视的《我是大评

① 该部分内容详见姚洁：《2009选秀节目再战荧屏》，《收视中国》2009年第10期。

委》三档节目都是以音准为比赛标准的节目，在节目中都引进了机器评分系统，江苏卫视引进了SAM，浙江卫视有蓝巨星，湖南卫视则是MR. MIC。在节目中引入机器作为辅助工具方面，部分卫视的专题类节目中还曾经引入了心理测试仪，浙江卫视的《谁笑到最后》还引入了笑脸识别系统。将一些人为的主观评判改为机器的客观对比，成为相似节目中又一个创新的元素。

表6　2009年K歌类节目播出情况

节目名称	谁敢来唱歌	挑战麦克风	我是大评委	我爱记歌词	爱唱才会赢
播出频道	江苏卫视	湖南卫视	浙江卫视	浙江卫视	浙江卫视
开播时间	2008年11月	2008年12月	2009年1月	2007年10月	2008年11月
主要播出周天	周五（季播）	周一至周四（季播）	周六（周播）	周五（周播）	周日（周播）
播出时间	21:35－23:00	20:35－22:00 19:35－21:00	21:21－22:40	21:21－22:40	21:21－22:40
评分系统	SAM	MR. MIC	蓝巨星	－	－

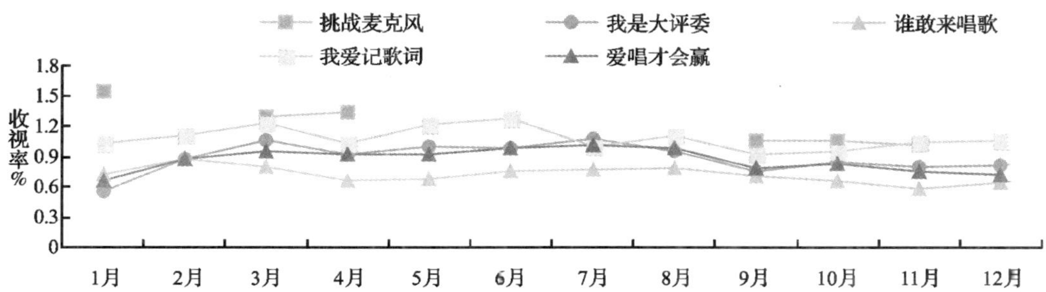

图9　2009年K歌类节目收视表现

数据来源：CSM媒介研究

6. 短期收视热点获得观众收视关注[①]

2009年春节联欢晚会上，刘谦表演的近景魔术吸引了众多观众的注意，也掀起了一阵魔术节目的风潮，在一段时间内，刘谦以及其他魔术师纷纷出现在各家电视台的舞台上，围绕魔术展开的电视节目也一度成为观众的收视热点。湖南卫视制作了主题魔术竞赛节目《金牌魔术团》，福建东南卫视作为省级卫视中较早制作魔术节目的频道，播出平民魔术节目《全民大魔竞》，安徽卫视则是邀请了众多大牌艺人为观众带来了一场场明星魔术秀《星光魔范生》，中央台综合频道的《魔法奇迹》作为一个10分钟的短节目，在晚间时段由专业魔术师给观众展示了魔术的魅力（表7）。江苏卫视、浙江卫视等也围绕魔术主题制作综艺节目，不管是剪辑类还是解密类节目，在一段时间内也获得了观众的注意。

① 该部分内容详见吴凡：《魔术的电视化发展》，《收视中国》2009年第7期。

表7　2009年魔术类节目播出情况与收视表现

节目名称	全民大魔竞	金牌魔术团	星光魔范生	魔法奇迹
频道	福建东南卫视	湖南卫视	安徽卫视	央视综合
开播时间	2008年7月	2009年4月-7月	2009年4月-7月	2009年5月
主要播出周天	周六（周播）	周日（季播）	周五（季播）	周六日（周播）
播出时间	20:30-22:00	19:35-21:00	21:30-23:00	21:45-21:55
首播平均收视率%	0.20	1.78	0.43	1.28
同时段份额%	0.50	4.27	1.46	3.73

数据来源：CSM媒介研究

7. 游戏类节目坚持创新吸引观众

游戏类节目作为最早产生影响力的综艺娱乐节目之一，随着综艺娱乐节目向前发展，游戏的类型、游戏参与的主体也都不断丰富。作为整个节目主线的游戏，对节目能否成功吸引观众有着重要的影响。所以各家卫视都尽可能地将最新、最有趣的游戏引入到节目中，并在趣味性与竞技性之间取得最佳的平衡，从而更好地获得观众的互动。

江苏卫视《挑战100%》采用了明星与选手配对挑战的方式，通过各个阶段的晋级赛最终获得总决赛冠军。浙江卫视的《冲关我最棒》是户外挑战节目，所以在全年中根据夏季与冬季的不同气候条件分别设计合适的赛程，保证这档节目能够真正应季。湖南卫视的《智勇大冲关》在整体模式没有根本变化的情况下，每季都调整赛道与赛制。《大家一起上》则展现家庭及团队作战的能力。央视播出的《城市之间》则更强调各城市选手间的竞技水平，水上游戏、公牛游戏、转盘游戏、勇攀高峰作为其中的经典节目也为观众所熟悉。上海东方卫视《动洞墙》的创新游戏节目（Fremantle Media原版名为《The Hole in the Wall》）则要选手摆出移动泡沫墙上显示的动作造型从而顺利通过墙上的洞（表8）。

然而游戏类节目的重复性容易让观众产生收视疲劳，需要节目制作人员不断地制造吸引观众的热点或者不断更新游戏环节设置，只有不断的创新才能使节目在竞争激烈的市场上更长久地发展下去。

表8　2009年游戏类节目播出情况和收视表现

节目名称	挑战100%	冲关我最棒	智勇大冲关	大家一起上
频道	江苏卫视	浙江卫视	湖南卫视	湖南卫视
开播时间	2009年5月-8月	2009年7月	2008年9月	2009年7月-9月
主要播出周天	周日（季播）	周二（周播）	第二季（周一至周四），第三季（周日）	周一至周四（季播）
播出时间	21:30-22:40	21:21-22:40	19:30-21:10	19:30-21:10
首播平均收视率%	0.74	0.71	1.51	1.07
同时段市场份额%	2.40	2.27	3.69	2.61

数据来源：CSM媒介研究

8．曲艺集锦与语言表演类节目注重结合地缘优势

相声、小品在很长的时间内都曾是国人最喜爱的曲艺节目，在经历了一段时间的相对沉寂后，这两年随着节目不断加入新鲜的元素，开始获得更多观众的关注，例如电视台通过结合地缘优势和增加节目时代感的方式，让曲艺及语言表演类节目给观众带来了新的欢乐。

辽宁卫视充分利用自身的地缘优势，打好曲艺类集锦和语言表演节目这张牌。在傍晚时段日播的小品集锦节目《欢乐集结号》收视表现出色，全年累计收视量在省级卫视综艺节目中排入前5位；与本山传媒联合制作的以二人转为母体的互动娱乐节目《明星转起来》收视量也位居前列。黑龙江卫视也与本山传媒在2009年5月联合推出了《本山快乐营》，节目将热播电视剧的《乡村爱情》中的人物和象牙山村的场景搬上舞台，通过剧中演员的表演给观众带来欢乐。上海东方卫视《笑林大会》则以沪上滑稽剧团演员为依托，结合“师傅来了”、“收视奇迹”等主题让南北笑星同台比拼。

CCTV－3《周末喜相逢》和四川卫视《天下笑友会》也都通过节目样式调整让节目更具观赏性。《周末喜相逢》加强了传统艺术形式的时代感，拉近了节目与观众的距离。而《天下笑友会》等节目则强调表演嘉宾在节目中的互动性，始终保持节目现场的活跃气氛（表9）。

表9　2009年曲艺及语言表演类节目播出情况和收视表现

节目名称	周末喜相逢笑星大联盟	天下笑友会	欢乐集结号	明星转起来	笑林大会	本山快乐营
频道	CCTV－3	四川卫视	辽宁卫视	辽宁卫视	上海东方卫视	黑龙江卫视
主要播出周天	周六	周五、周日	日播	周六	周日	周一至周五
播出时间	19:30－20:30	20:05－21:30	17:15－18:10	20:30－22:00	20:30－22:30	21:30－22:16 21:30－22:50（周五）
首播平均收视率%	1.43	0.54	0.38	0.72	0.36	0.27
同时段市场份额%	3.59	1.26	2.45	1.78	1.00	0.86

数据来源：CSM媒介研究

9．“跨年”成为电视台新的争夺热点

人们庆祝新年的方式各种各样，很多世界大城市都会有一场高水准的音乐会，例如每年一度的维也纳新年音乐会。国内许多电视台也在新年之际播出新年音乐会，比如中央台综合频道《2010新年音乐会》、北京卫视《2010年北京新年音乐会》和上海东方卫视《缤纷经典新年夜2010世博年柏林爱乐交响乐团全球奏响中国旋律》等，天津卫视、

河南卫视、旅游卫视等许多频道也播出了新年音乐会。

湖南卫视和江苏卫视连续几年打造更适合普通观众娱乐需求的跨年演唱会，今年仍然表现突出，收视率分别达到了3.39%和2.38%，上海东方卫视、深圳卫视等频道也是跨年演唱会蛋糕的分享者。从这几个频道累计的跨年演唱会观众收视量来看，2009年与2008年相比没有再出现总量爆发性的增长，因此节目之间的竞争更考验制作单位在资源、编排等方面的用心。除了跨年演唱会外，浙江卫视的《跨年喜洋洋中国蓝2010开心大典》，中央三套的《咏乐大典》也有较高的收视率（表10)。

表10　2009年跨年综艺娱乐节目收视表现

节目名称	播出频道	播出时段	收视率%	同时段收视份额%
快乐中国2009—2010跨年演唱会	湖南卫视	19:30-24:49	3.39	11.21
无处不玩乐江苏卫视跨年演唱会	江苏卫视	19:32-24:09	2.38	7.16
迎世博上海新年倒计时 HAPPY NEW YEAR	上海东方卫视	19:38-24:13	0.46	1.40
唱迎2010声震世界深圳卫视跨年演唱会	深圳卫视	19:55-25:10	0.35	1.26
2010新年音乐会	中央台综合频道	20:00-21:37	1.77	3.97
跨年喜洋洋中国蓝2010开心大典	浙江卫视	19:30-24:16	1.42	4.21
咏乐大典	中央台三套	19:31-21:10	1.24	2.74

数据来源：CSM媒介研究

10. 电影首映礼与省级卫视牵手

2009年中国电影蓬勃发展，总票房不断创新高。面对如此高速增长的市场，每部电影的制作人都希望能获得更好的收益，因此在电影的前期宣传上下足了功夫，除了与专业的电影频道合作宣传外，省级卫视成为他们新的宣传平台，纷纷合作举办电影的首映庆典仪式，从《南京！南京》、《建国大业》到年底的《十月围城》，形式越加丰富（表11)，也为省卫视增加了新的收视热点，取得了双方合作共赢的效果。

表11　部分省级卫视与电影合作首映庆典

频道	电影	播出月份
江苏卫视	南京！南京	2009年4月
	建国大业	2009年9月
	十月围城	2009年12月
东方卫视	马兰花	2009年6月
	阿童木	2009年10月
	十月围城	2009年12月
浙江卫视	花木兰	2009年11月
安徽卫视	气喘吁吁	2009年8月
天津卫视	风声	2009年9月

电影首映礼的频频出现，除了平台本身能够吸引年轻观众注意外，省级电视台本身已经参与到电影的制作也是重要的原因。电影《十月围城》的投资方除了中影集团外，还出现了五家省级电视台的身影：上海文广新闻传媒集团、江苏省广播电视总台、广东南方广播影视传媒集团、北京保利华亿传媒文化有限公司（旅游卫视）、天娱传媒有限公司（湖南广电集团）。在节目的宣传上，这五家电视台也为该剧提供了全方位的宣传，除了江苏卫视、上海东方卫视、旅游卫视播出《十月围城全球首映启动盛典》外，湖南卫视、南方影视、珠江电影等频道也邀请剧组参加频道各种综艺节目造势。

除了重金投入首映礼外，2009 年很多中小型制作的电影采用和知名栏目合作的方式进行宣传，比如在湖南卫视《快乐大本营》暑假期间多期节目的参与嘉宾均为电影剧组，包括《窃听风云》、《追影》和《机器侠》，之后还有几期节目如《倔强萝卜》、《熊猫大侠》等。

11. 婚恋类综艺节目转换视角重新出发

《玫瑰之约》等婚恋类综艺节目曾经风靡一时，也曾经在省卫视上销声匿迹。2009 年底至 2010 年初，在创新节目的阵营中出现了新型婚恋类综艺节目——湖南卫视《我们约会吧》和江苏卫视《非诚勿扰》，节目模式与英国 Fremantle 公司制作的电视交友节目《Take Me Out》基本接近，在节目中着力反映男女双方从初次见面到彼此愿意继续约会的交友过程，参与者能够更轻松展现自己并做出选择。截至春节前，两节目的收视都呈现逐步上升趋势（表 12、图 10）。

表 12 婚恋类综艺类节目播出情况

节目名称	我们约会吧	非诚勿扰
频道	湖南卫视	江苏卫视
开播时间	2009 年 12 月 24 日	2010 年 1 月 15 日
主要播出周天	周二（周播）	周日（周播）
播出时间	20:23－22:00	21:10－22:25

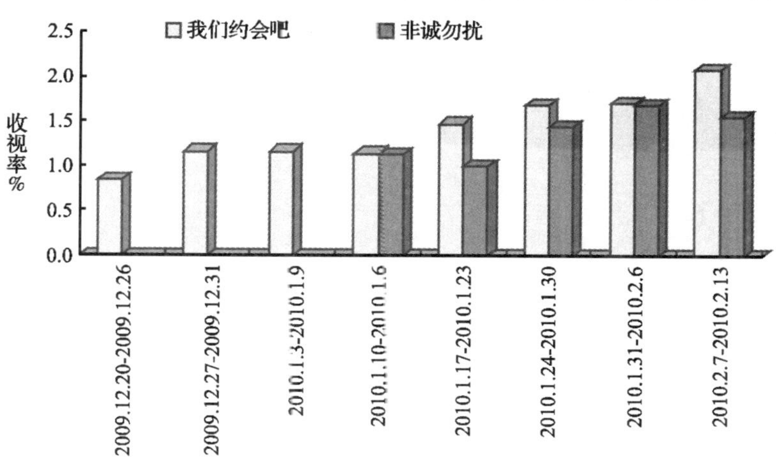

图 10 婚恋类综艺类节目分周收视表现（71 城市）

数据来源：CSM 媒介研究

结语

2009年对于许多省级卫视来说是收获颇丰的一年，对于电视机前喜欢收看综艺娱乐节目的观众来说，也是收获的一年。在节目创新的同时，许多电视台开始重视多媒体传播，例如搭建网络视频同步直播平台，或将往期节目的视频放在网络供观众收看，此举更适合年轻观众的选择收看。刚进入2010年，两档与台湾制作人合作制作的节目就亮相省卫视，江苏卫视的《幸福晚点名》和上海东方卫视的《华人大综艺》，在竞争更激烈的同时，也为观众不断提供新鲜的综艺节目选择。期待综艺节目的创新，从内容形式到传播方式，也将会在2010年带给观众更多的惊喜和欢乐。

（作者：吴凡）

2009年全国新闻节目收视分析

格雷厄姆在《聪明的投资者》一书中清楚地指出投资与投机的本质区别：投资是建立在敏锐地观察与数量分析的基础之上，而投机则是建立在突发的念头或是臆测之上。以这样的视角去看待媒介调查对于媒体内容制作、改版、创新的作用，媒介数据调研、分析对于媒体良性、理性发展不可或缺。以收视数据为基础的电视节目分析无疑是建立在理性的数量分析基础之上。以下，本文根据CSM媒介研究2009年全国149个样本城市的收视调查数据对全国新闻节目的收视状况进行简要回顾与分析。

一、新闻类节目的资源使用情况

节目资源使用效率能够很直观地反映节目收播的资源配置与利用情况。根据2009年各类节目收播比重，电视剧、生活服务、新闻/时事是各类节目中播出比重较高的节目类型，而电视剧、新闻/时事、综艺是收视比重较高的节目类型，从各类节目的资源使用情况来看，综艺、法制、新闻/时事节目是使用效率较高的节目类型（表1）。

表1 2009年主要节目类型的收播比重（%）与节目资源使用效率（%）

节目类型	播出比重%	收视比重%	节目资源使用效率%
综艺	5.33	9.24	73.36
新闻/时事	8.55	12.68	48.30
电视剧	26.07	32.23	23.63
生活服务	13.77	6.79	-50.69

数据来源：CSM媒介研究

二、新闻类节目收视走势

1. 新闻类节目全天收视走势

人均收视分钟数反映了观众以及潜在观众的收看量。根据2009年新闻类节目人均收视分钟数走势，新闻类节目相对其他节目，全天有较多的收视波峰，分别出现在7:00、9:45、12:00、15:30、19:00，最高收视波峰出现在19:00，人均收视分钟数为1.92分钟。综艺节目、电视剧的收视波峰较之新闻类节目略有延迟，综艺节目的收视波峰出现在

20:00,人均收视分钟数略高，达到6.57分钟，而电视剧则在20:00—20:45出现收视波峰，人均收视分钟数最高为1.69分钟（图1）。

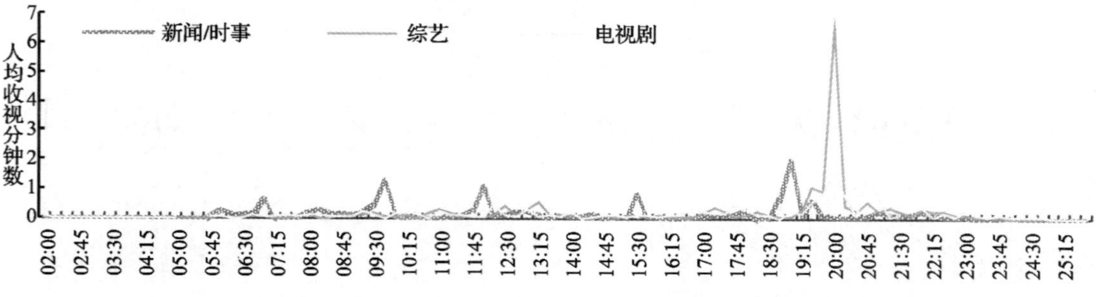

图1　2009年新闻、电视剧及综艺节目人均收视分钟数走势

数据来源：CSM媒介研究

人均收视分钟数（观众）反映了实际收视观众的收看量。根据2009年新闻类节目人均收视分钟数（观众）走势，新闻、电视剧在全天收视波峰迭起，新闻类节目在全天6:00、7:00、8:00、9:30、12:00、18:00、19:00、21:00、22:00、23:00、0:00、1:00渐次呈现高低不等的收视波峰，一定程度上显现了新闻整点收视的特征，全天收视最高点出现在12:00,人均收视分钟数（观众）为69.4分钟；电视剧在全天出现渐次的收视波峰，全天收视最高点为20:15,人均收视分钟数（观众）为40.7分钟；综艺节目全天收视最高峰出现在20:00,人均收视分钟数（观众）为44.9分钟（图2）。

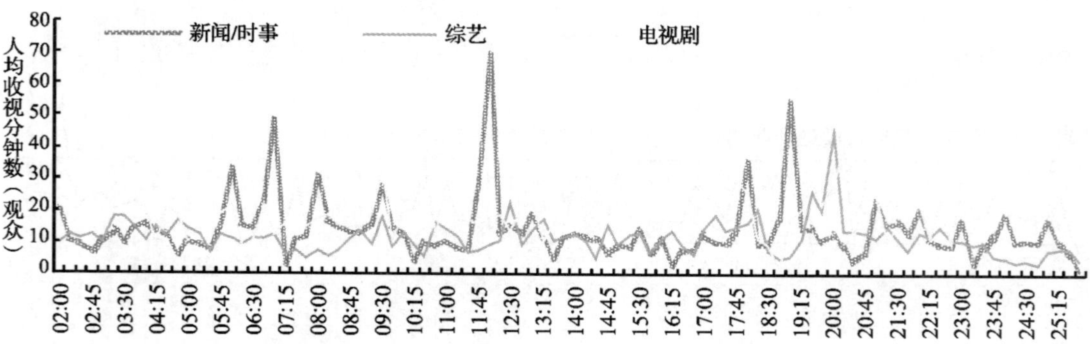

图2　2009年新闻、电视剧、综艺节目人均收视分钟数（观众）走势

数据来源：CSM媒介研究

2. 新闻类节目全年收视走势

根据2009年新闻类节目全年收视走势，与2008年全年走势对比，没有了5.12四川汶川大地震、北京奥运会等重大新闻事件，2009年新闻类节目的收视走势较为平稳，在全年第40周（国庆期间）收视有所上扬（图3）。

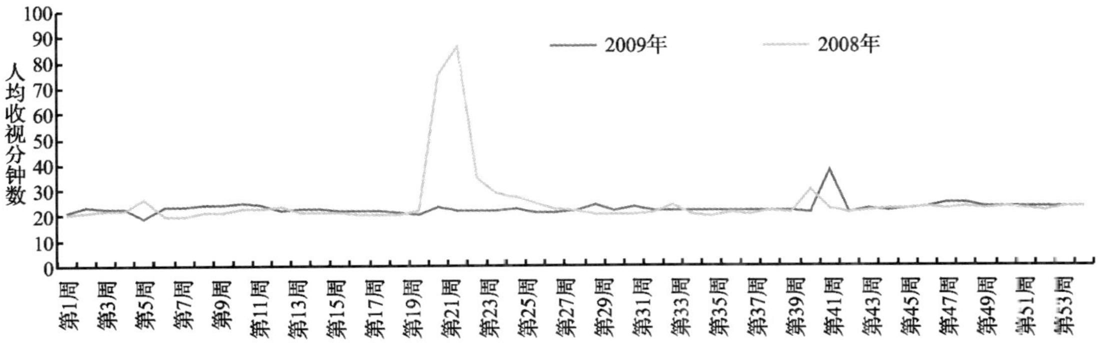

图 3 2008 年、2009 年新闻类节目全年各周人均收视分钟数走势

数据来源：CSM 媒介研究

三、新闻类节目观众特征

从 2009 年新闻类节目观众构成来看，35—44 岁、具有初中、高中受教育程度、个人月收入在 1200 元以下群体、家庭规模在 2 口人以上、家中有一台电视机、个体/私营企业人员、初级公务员/雇员、工人、无业人员在新闻类节目的观众中所占比重较高；从集中度来看，45 岁以上的中老年群体、具有初中、高中教育程度、家庭月收入 601 元及以上群体、家庭规模 1—2 口人、家中有 2—4 台电视机、干部/管理人员、无业群体电视新闻收视的集中度较高，这些人更喜欢收看新闻类节目（图 4）。

总体来看，中老年、中等受教育程度、中等收入群体在新闻类节目中所占比重较高，也更喜欢收看这类节目。

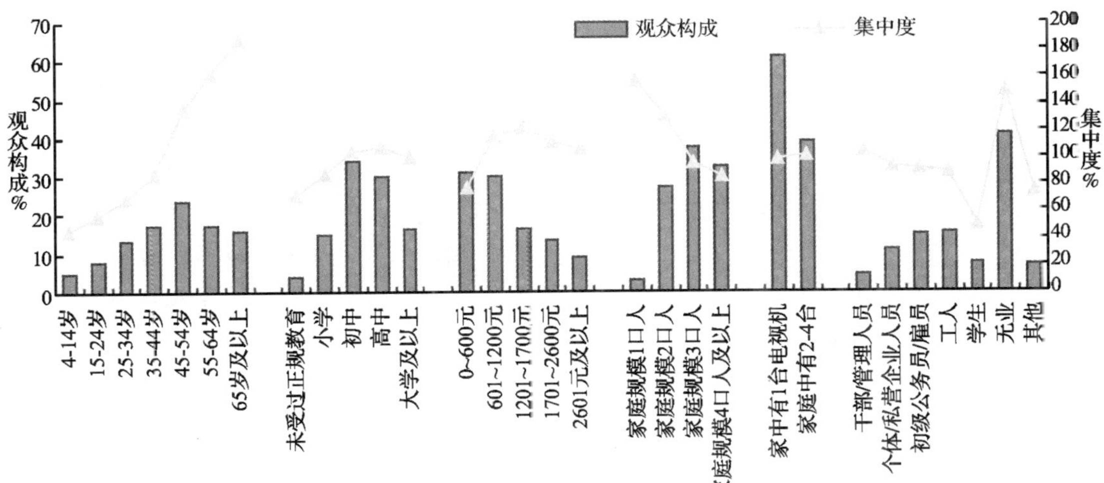

图 4 2009 年新闻类节目观众构成与集中度

数据来源：CSM 媒介研究

四、新闻类节目市场中各级频道播出、收视竞争

2009年新闻/时事类节目的播出和收视由于缺乏2008年那样的重大事件支撑而略显波澜不惊。在各级频道组中，中央级频道的播出份额虽然并不占优势，但收视份额则远领先于其他频道，达到37.2%。省级卫视也凭借8.3%的播出份额获得了新闻/时事类节目14.8%的收视份额。省级非上星频道新闻/时事类节目的收播基本持平，市级频道虽然在新闻/时事类节目的播出上占据较大份额，但收视份额与之形成明显的不对称，资源利用的效率有待提高（图5）。

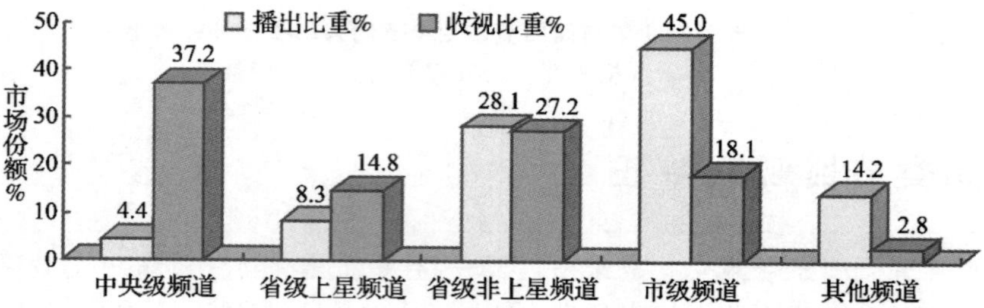

图5　2009年各级频道新闻节目播出与收视竞争格局（所有调查城市）
数据来源：CSM媒介研究

作为新闻/时事节目收视比重较大的中央级专业新闻频道，中央电视台新闻频道在新闻/时事类节目的播出和收视中都占据着举足轻重的地位。而在中央电视台新闻频道2009年的变化当中，频道改版作为10年来最大的一次变化受到了社会各界的广泛关注。本次改版以加大新闻信息量、提高新闻评论的空间和质量为核心目标，不仅节目的包装风格有所变化，更是在新闻内容上进行了扩充，如改版后的《东方时空》增加了主播点评、记者调查、简讯、短评等多个版块。

根据2009年中央电视台新闻频道收视率前十五位的节目，重大新闻直播报道、新闻特别节目占多数，而在常规新闻栏目中，尽管《新闻联播》、《焦点访谈》、《新闻30分》与中央电视台综合频道共享节目资源，但是依然是中央电视台新闻频道中收视较高的栏目，在新闻频道2009年近20档新闻/时事常规栏目中，与中央电视台综合频道共享的栏目资源还包括《东方时空》、《新闻调查》、《朝闻天下》、《晚间新闻》等。作为中央级、全国覆盖的新闻专业频道，新闻频道需要面对的同级别竞争，主要来自中央电视台其他频道新闻栏目的竞争，诸如中央电视台综合频道、中央台四套新闻栏目对收视新闻观众的分流，例如中央台四套的《今日关注》与《中国新闻》有较为稳定的观众群体；另一方面，中央电视台新闻频道也面对地方电视台，包括上星和非上星频道新闻栏目对新闻收视的分流。以打破常规的特大新闻的直播报道、特别节目见长是频道发展的应有之义，同时打造中央电视台新闻频道所特有的品牌栏目也是不能忽略的问题（表2）。

表2 2009年中央电视台新闻频道收视率排名前十五位的节目

排名	节目	节目类别	收视率%
1	首都各界庆祝中华人民共和国成立60周年大会	新闻/时事其他	3.105
2	盛典国庆60周年特别报道	新闻/时事其他	1.231
3	长江大日食	新闻/时事其他	0.963
4	我们的节日·春节 一年又一年之四海一家亲	新闻/时事其他	0.743
5	台前幕后乌鲁木齐75事件始末	新闻/时事其他	0.553
6	空军成立60周年特别报道	新闻/时事其他	0.499
7	新闻联播	综合新闻	0.496
8	温家宝总理会见中外记者	新闻/时事其他	0.487
9	焦点访谈	新闻评述	0.424
10	国务院总理会见中外记者	新闻/时事其他	0.421
11	新闻30分	综合新闻	0.415
12	新闻周刊关注APEC	新闻/时事其他	0.410
13	共同关注	新闻评述	0.399
14	新闻地理	新闻/时事其他	0.397
15	新闻周刊国庆60周年特刊：前路	新闻评述	0.386

数据来源：CSM媒介研究

新闻频道的收视与重大时事有密切的关系，相对于2008年大事频发，新闻频道在2009年保持一个较好的收视，但需要在节目的编播中更下工夫。对比中央电视台新闻频道2008年的编播情况，常规栏目的数量有所减少，并且出现了一些新的新闻栏目。《共同关注》、《新闻周刊》、《东方时空》等栏目的收视有不同程度提高，而2008年播出的《约会新7天》、《新闻社区》、《360度》等栏目不再继续播出，而是推出了《24小时》、《环球视线》、《新闻直播间》等新的栏目。2009年8月10日，中央电视台新闻频道推出新闻栏目《环球视线》、《24小时》和新版《新闻1+1》节目。

表3 2009年中央电视台新闻频道主要新闻类栏目收视情况

栏目名称	收视率%	栏目名称	收视率%
新闻联播	0.496	国际时讯	0.281
焦点访谈	0.424	24小时	0.271
新闻30分	0.415	新闻直播间	0.266
共同关注	0.399	新闻调查	0.248
新闻周刊	0.320	新闻	0.225
世界周刊	0.308	高端访问	0.179
新闻回顾	0.307	新闻1+1	0.170
东方时空	0.306	朝闻天下	0.167
环球视线	0.291	晚间新闻	0.153
面对面	0.286	午夜新闻	0.106

数据来源：CSM媒介研究

从目前收视来看新闻频道，尽管与中央电视台综合频道共享的《新闻联播》、《焦点访谈》、《新闻30分》收视率依然高出新闻频道其他各档栏目，但是较之2008年，这三档栏目收视有不同程度下降，而新闻频道特有的一些新闻栏目，例如《共同关注》等，收视有不同程度的提高（表3）。

五、新闻类节目收视表现

新闻类节目的播出时长由于节目表现形式的不同而不同，短则5分钟、10分钟，长则1个小时，大型直播报道时间更长。根据2009年不同播出时长的新闻类节目的收视情况可以看出，播出时长在30—34分钟、50分钟以上的新闻类节目收视率较高。从节目播出比重来看，播出时长在20—34分钟的节目播出比重在40%以上，播出时长在1小时以上的新闻节目播出比重达到16.64%；从收视比重来看，播出时间在25—34分钟的新闻节目、播出时间在1小时以上的节目收视比重较高；从资源使用效率来看，播出时间在30分钟左右或在50分钟以上的新闻节目，资源使用效率较高。播出时间在半个小时左右通常播报当日新闻，而50分钟甚至1小时及以上的新闻节目多包含更深度的评论或更广泛的报道，这两类新闻节目从时效性和深度广度不同方面满足了观众对新闻节目的收视需求（表4）。

表4　2009年不同播出时长的新闻类节目资源使用情况

播出时长	播出比重%	收视比重%	资源使用效率%
0-4分钟	0.66	0.21	-68.18
5-9分钟	2.12	1.56	-26.42
10-14分钟	5.41	3.34	-38.26
15-19分钟	9.56	3.59	-62.45
20-24分钟	10.49	5.96	-43.18
25-29分钟	18.38	16.38	-10.88
30-34分钟	14.37	22.34	55.46
35-39分钟	4.73	3.18	-32.77
40-44分钟	5.11	3.85	-24.66
45-49分钟	3.11	2.66	-14.47
50-54分钟	3.13	4.45	42.17
55-59分钟	6.28	8.11	29.14
60-347分钟	16.64	24.35	46.33

数据来源：CSM媒介研究

具体分析各频道中新闻栏目的收视，2009年卫视频道新闻类栏目收视率位居前列的主要是中央电视台综合频道、中央台四套播出的新闻栏目，其中中央电视台综合频道播出的《新闻联播》、《焦点访谈》、《新闻30分》位居前三位，有较为明显的收视优势。中央台四套的《中国新闻》、《今日关注》也分别排名第六、七位（表5）。

表 5　2009 年卫视频道新闻类栏目收视排名

排名	栏目	播出频道	节目类别	收视率%
1	新闻联播	中央电视台综合频道	综合新闻	7.17
2	焦点访谈	中央电视台综合频道	新闻评述	4.18
3	新闻 30 分	中央电视台综合频道	综合新闻	1.87
4	晚间新闻	中央电视台综合频道	综合新闻	0.93
5	朝闻天下	中央电视台综合频道	新闻/时事其他	0.61
6	中国新闻	中央台四套	综合新闻	0.59
7	今日关注	中央台四套	新闻评述	0.57
8	新闻调查	中央电视台综合频道	新闻评述	0.51

注：本表排名取收视率大于 0.5% 的栏目。
数据来源：CSM 媒介研究

2009 年，新闻类节目依旧是收播比重、资源使用效率较高的节目类型，相对其他节目类型而言，新闻类节目的收视相对稳定。收视数据分析对于频道、节目发展有佐证、决策参考的作用，无论选择什么样的行为决策，总会有与之适位的理念、榜样提供脚注，新闻类频道的改版、节目创新还要视具体情况而定。

（作者：于鹏）

2009 年全国体育节目收视分析

体育节目在2008 年电视荧屏中的表现异常抢眼，北京奥运会带来了大量的节目播出以及超高的收视，大家都期待着体育节目在后奥运时代的媒体盛宴中能够续写辉煌，这难免会让我们在回顾2009 年全国体育节目收视状况之前感到一些压力。

回顾2009 年的全国电视体育节目，全年最重要的综合赛事是第 11 届全国运动会，国内各项目的顶尖运动员都会出现在全运会赛场。2009 年初在哈尔滨举办的第 24 届冬季大学生运动会和年末在香港举办的第 5 届东亚运动会尽管影响力有限，由于举办地在中国，对国内观众也具有一定的吸引力。在各类单项赛事方面，传统的足球、篮球、排球是较受观众欢迎的项目，除了 CBA、NBA 和女排联赛均有各自固定观众群外，2009 年最抢眼的莫过于中超联赛的“回归”。2009 赛季结束时中国足协联赛部对外公布了这样一组数据，“2009 年中超联赛 30 轮 240 场比赛现场观众平均数达到了 1.63 万。包括中央电视台、上海东方电视台以及各地方电视台共计 26 个频道对联赛进行了 1787 场次的实况转播，总播出时间长达 3300 个小时，收视总计达到约 1.6 亿人次，创造了中超联赛电视转播收视人群的新高”。除此之外，竞争激烈、观赏性较强的单项国际赛事通常也会吸引大量观众关注，例如：世界乒乓球锦标赛，国际羽联系列赛事、ATP/WTA 网球巡回赛、F1 大奖赛等诸多国际赛事，在 2009 年，这些常规赛事的相关电视节目也成为支撑体育电视总体收视的主要内容。

为了真正深入了解 2009 年全国体育节目的收视状况，本文将根据 CSM 媒介研究 2009 年在全国 149 个城市的收视调查数据，对全国体育节目的收视情况进行分析研究，解读观众对体育节目的收视特征。

一、2009 年全国体育节目整体播出及收视状况

根据多年追踪分析电视体育节目收视的经验，体育节目的全年总体收视与当年是否有重大赛事直接关联，每逢世界杯、奥运会等大型国际赛事举办的年份，体育节目都会获得较高收视，而没有这两项赛事的年份，体育节目收视则相对较低。按照这一规律，2009 年恰好是个体育“小年”，又恰逢北京奥运会刚刚落幕，因此整体的观众收视情况很难超越 2008 年。

1. 体育节目人均收视时间降至近几年最低值

根据 CSM 媒介研究的调查数据，2009 年中国电视观众的人均收视时间约为每天 176

分钟，其中人均收看体育电视节目的时间平均每天只有5.4分钟，与2008年的11分钟相比差距很大，下降了50%。而每个电视观众1955分钟的全年人均体育节目收视时长还不及同为体育“小年”的2005年和2007年，降至近几年最低（图1）。

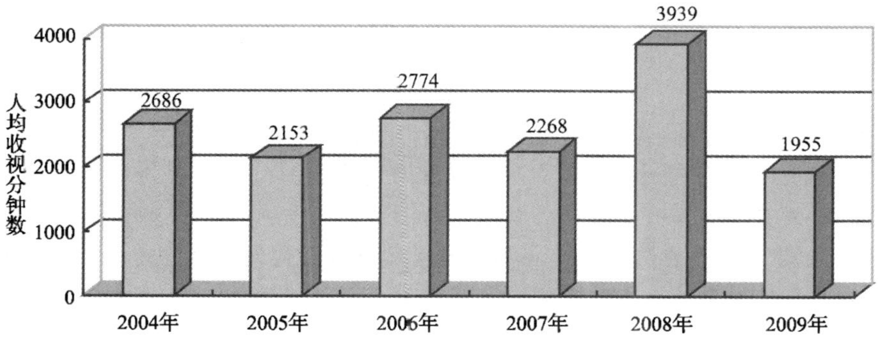

图1　2004—2009年全国观众体育节目人均收视时长

数据来源：CSM媒介研究

这样的数据结果多少让人有些失望，尽管能够预料到与2008年相比2009年体育节目收视时间会下降，但是在总体收视时间保持稳定的情况下，随着人们对体育锻炼及体育运动兴趣的不断增加，大家普遍对体育节目收视时间的期望值也有所增长，近六年最低的收视时长显然不是人们希望看到的结果。

受客观条件限制或生活习惯影响，不同目标观众群体每天收看电视的时间存在着很大的差异。同时由于体育节目的专业性较强，不同目标观众群体对体育电视节目需求的差异性表现得更为明显。2009年男性观众收看体育节目的时间明显多于女性，同时，观众收看体育节目的时间与年龄、受教育程度、个人平均月收入等因素也存在着一定的相关关系（表1），尽管具体数值都有所降低，但整体趋势与我们历年的研究结果仍然保持一致，本文会在后面的观众特征部分通过电视观众构成和观众集中度等指标进一步分析。

表1　2009年各类目标观众对体育节目的人均收视时间（分钟）

目标观众		人均收视时间	目标观众		人均收视时间
4岁及以上所有人		1955	性别	男	2576
年龄	4－14岁	806		女	1313
	15－24岁	1592	职业类型	干部/管理人员	2759
	25－34岁	1552		个体/私营企业人员	1710
	35－44岁	1700		专业人士/职员	2107
	45－54岁	2536		工人	1889
	55－64岁	2733		学生	1350
	65岁及以上	3333		无业	2591
个人平均月收入（元）	0－600元	1373		其他	800
	601－1200元	2004	受教育程度	小学及以下	1129
	1201－1700元	2460		初中	1874
	1701－2600元	2642		高中	2389
	2601元及以上	2789		大学及以上	2512

数据来源：CSM媒介研究

在2009年，越来越多的观众开始通过互联网观看自己喜欢的电视节目，数字电视的快速普及也会分流部分传统电视观众，体育观众对节目内容的选择性更强，对节目时效性的要求也更高，因此更有可能选择针对性强的媒体。观众媒体使用习惯的转变也许可以在一定程度上解释收视时长的变化。在下文中，我们将通过各种不同的维度对体育节目的收视情况进行进一步分析。

2．各月体育节目播出时长波动相对较小，收视时间差异较大

2009年体育节目播出时间月度分布相对比较平均。1月是全国体育节目播出时间最长的月份，各频道播出体育节目累计达到1万余小时。9月各电视频道播出的体育节目时间最短，为8200小时左右。观众在各月收看体育节目时间则存在着较大的差异。收视时间最长的是5月，累计全月收看体育节目的时间达到230分钟，收视时间最短月份与播出一致，也是在9月，累计只有127分钟（图2）。

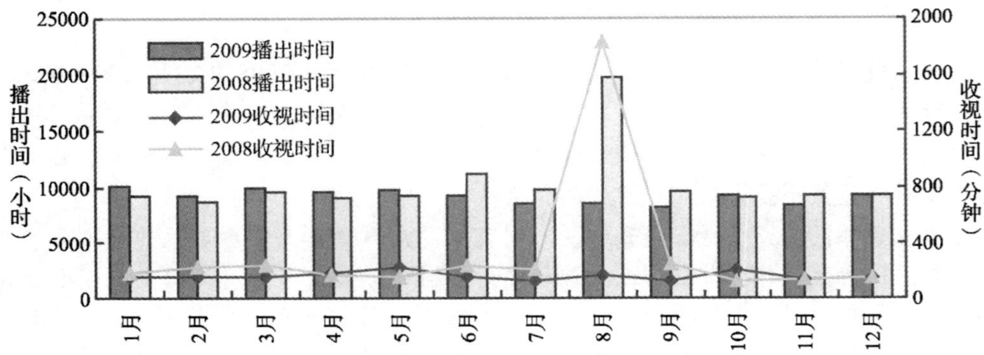

图2　2009年全国体育节目各月播出及收视时长对比

数据来源：CSM媒介研究

将2009年各月与2008年各月的数据进行对比，我们发现在北京奥运会（8月）和与之相邻的3个月中，2008年体育节目播出时间明显高于2009年，2008年的收视时间也明显高于2009年。其他各月2009年体育节目的播出时间大多低于2008年，在5月和10月，2009年的收视时间还要略高于2008年。如果不计算2008年6月至9月这些受北京奥运会因素影响较大的月份，2009年的体育节目播出时间（平均每月9202小时）与2008年（平均每月9216小时①）基本持平，收视时间（平均每月累计163分钟）则略低于2008年（平均每月累计175分钟）。

3．体育节目播出份额维持在较高水平，收视份额与前几年相比处于较低水平

体育节目的整体播出时长在2009年全年播出的所有电视节目中占2.9%，仅低于2004和2008两个奥运年，处于较高水平，显然各电视频道在北京奥运会结束之后并没有大幅削减常规体育节目的播出时间。但体育节目在电视观众全年的收视时间里仅占到

① 2008年1—5月和10—12月的平均值。

了3.2%，比2008年降低了二分之一，是近几年来体育节目在各类节目中收视份额最低的一年（图3）。尽管如此，2009年电视体育节目仍然处于“供不应求”的状况，资源使用效率相对较高。

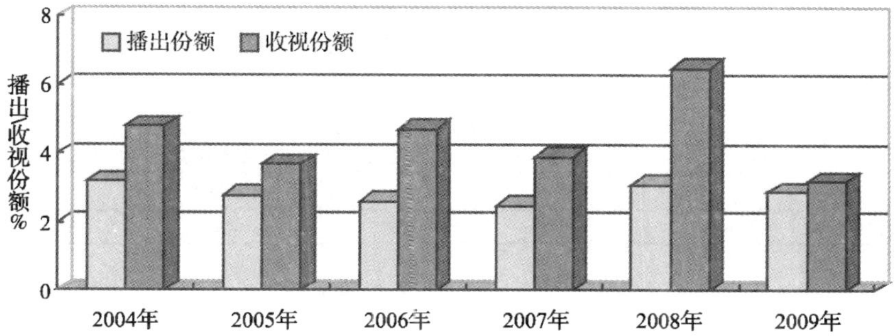

图3　2004—2009年全国体育节目的播出、收视份额比较
数据来源：CSM媒介研究

二、体育节目收视市场竞争概况

毋庸置疑，中央电视台占据了政策和资源优势，在体育电视节目的市场竞争中长期占有绝对主导地位。而各地方电视台并没有因此放弃这一重要市场，一直在加大体育节目的播出力度，争夺有限的观众资源，并且在2009年取得了一定的成绩。

1. 中央级频道体育节目的收视时间明显高于其他频道

中央级频道受频道数量的限制，尽管手握大量节目资源，在总播出时长上并不占优势。同样的情况也出现在省级卫视中，通常每个省只有一个综合频道的节目信号能够通过卫星转播。因此，播出体育节目时间最长的始终是数量众多的各省地面频道和各市（县）级频道。

但是，从收视量来看，中央级频道占据了大部分的观众注意力资源。2009年，观众收看体育节目时，68%的时间在收看中央级频道，比2008年下降了约11个百分点。省级卫视的播出份额和收视份额与2008年相北均有所下降，由4%分别降至2%和3%。省级地面频道2009年收视份额大幅提升至25%，已经占到全部收视的1/4。市级频道和其他频道由于本身信号覆盖范围所限，在以149城市作为整体的收视市场中所占比例很小（图4）。

2. 地方电视频道实力增强

中央级频道在体育节目中的优势尽管一时难以撼动，但地方电视频道一刻也没有停止过从电视体育市场获得更多份额的努力，近几年这样的努力已经初显成效。

前文已经提到了省级卫视的体育节目播出时间有限，而市（县）级频道的观众资源有限，因此目前在全国电视体育市场中所占份额逐年增加的是省级地面频道。自2006年

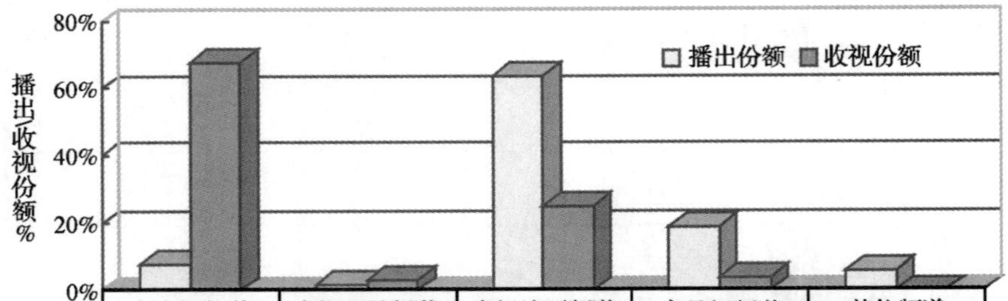

	中央级频道	省级卫星频道	省级地面频道	市县级频道	其他频道
□播出份额	8%	2%	64%	19%	6%
■收视份额	68%	3%	25%	4%	0%

图 4　2009 年在体育节目市场不同级别频道的播出份额与收视份额

数据来源：CSM 媒介研究

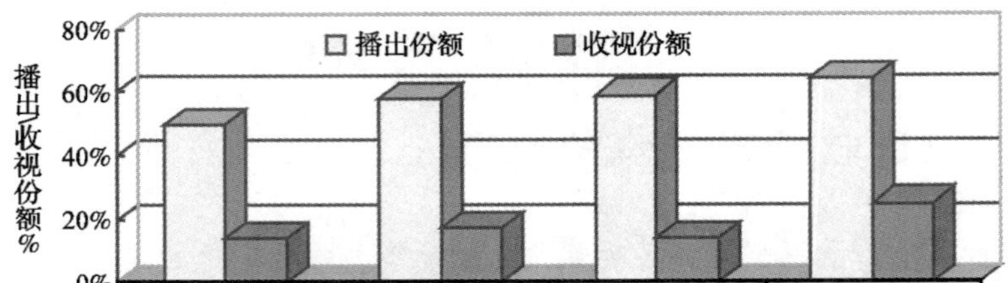

	2006年	2007年	2008年	2009年
□播出份额	50%	58%	59%	64%
■收视份额	14%	17%	14%	25%

图 5　省级地面频道近年播出及收视情况变化

数据来源：CSM 媒介研究

至 2009 年，省级地面频道在全国电视体育市场中的播出份额从 50% 上升至 64%，收视份额由 14% 上升至 25%（图 5）。

电视频道购买节目资源的资金通常来自节目的广告收入，大量的观众资源能够换取好的节目资源，好的节目资源可以带来更多的观众资源，多数节目生存都遵循这样的原则。对体育节目来说尤其如此，越是受欢迎的赛事转播权就越贵，让覆盖范围小的体育频道难以承受。而另一方面，电视观众对体育节目的要求也越来越高，需要电视频道加大资金投入。在这样的形势下，整合观众资源以换取节目资源的方式应运而生，地方电视台联盟成为地方台以较少资金获得高品质资源的捷径。

最早是北京、上海、广州等经济发达地区的地方体育频道自发团结在一起，“合资”购买赛事转播权，共享资源、共同进行重大赛事报道。2008 年正式开始运作的 CSPN（中国体育联播平台）也被很多人寄予厚望，希望借省级体育频道联盟改变 CCTV5 在全国体育电视节目收视中的垄断局面。尽管 CSPN 的运营方式似乎出了一些问题，有频道加入，也有频道退出，没能像观众希望的那样日益壮大到“挑战央视权威”，但是这种模式下制作的节目得到了外界的肯定，也拥有了大批忠实观众。各种形式的跨省合作，在一定程度上增强了省级地面频道的竞争力，促成了省级地面频道收视份额的上升。

三、体育节目观众特征

经过相当长一段时间的市场培育，中国体育电视观众日趋成熟。通过对近几年体育电视观众的结构和集中度进行分析，我们发现一个以男性观众为主、相对受教育程度较高、消费能力较强（个人平均月收入较高）的稳定观众群体已经形成，为体育电视的持续发展创造了良好的条件。

由于奥运会的召开，2008 年电视体育节目观众的范围有一定程度扩大，在 2009 年则恢复了常态。各目标观众群体之间的观众构成和集中度差异重新被拉大。体育节目恢复了原有的清晰观众定位。例如：男女观众构成比例之比由 2008 年的6∶4回到了之前的7∶3；高中、大学及以上受教育程度的观众比例相应增加。另外，低收入观众所占比例持续下降，中上收入的观众比例继续增加。男性、干部/管理人员、受教育程度较高和收入较高的观众集中度明显高于其他群体（图 6）。

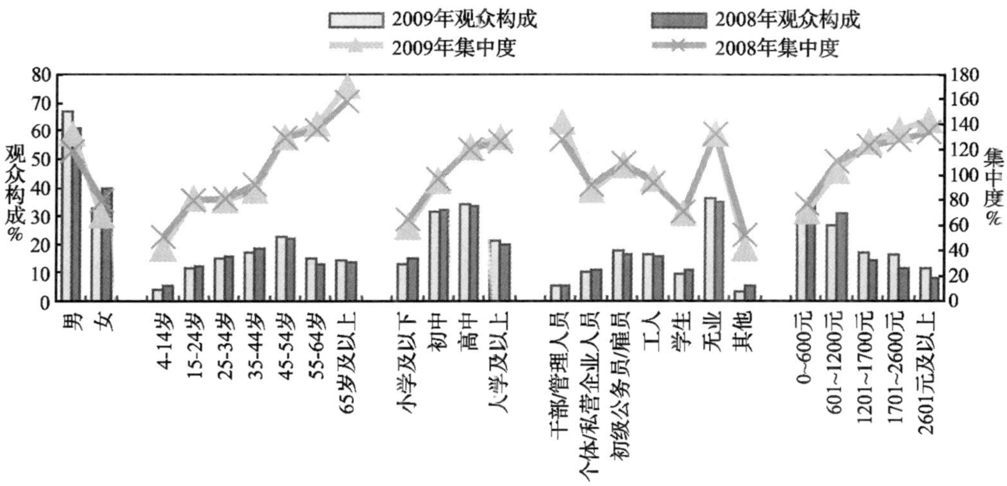

图 6　2008 年、2009 年体育节目的观众构成与集中度

数据来源：CSM 媒介研究

四、中央级频道体育节目收视概况

在 CSM 媒介研究的频道分类中，中央级频道包括中央电视台和中国教育电视台，由于教育电视台主要以播出教育类节目为主，较少有涉及体育的内容，因此中央级频道体育节目的相关数据主要反映中央电视台的体育节目播出和收视情况。2008 年奥运期间中央台有 7 个频道播出奥运节目，2009 年则恢复了常态，体育节目主要集中在中央台五套播出，因此中央级频道的播出份额也回到了正常水平，略低于 2006 年和 2008 年，高于 2005 年和 2007 年。收视份额与往年相比也处于较低水平，仅为 6.7%（图 7）。

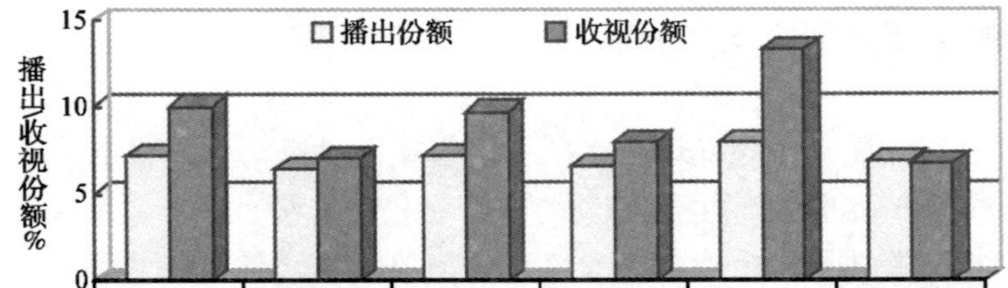

	2004年	2005年	2006年	2007年	2008年	2009年
□播出份额	7.2	6.4	7.2	6.6	7.9	6.9
■收视份额	10.0	7.1	9.7	7.9	13.3	6.7

图 7　2004—2009 年中央级频道体育节目播出份额和收视份额

数据来源：CSM 媒介研究

1. 中央台五套的整体收视概况

重大赛事是影响体育节目收视的最主要因素，由于缺少重量级赛事，中央台五套2009年全年的收视走势中缺乏特别突出的重点（图8）。尽管变化幅度远低于2008年，各周的平均收视率仍然随着不同赛事的播出有所起伏，在没有重大赛事的日子里，中央台五套通常安排常规赛事转播和体育栏目的播出，全天平均收视率一般在0.2%—0.3%之间，一旦有重大赛事举行，当周的平均收视率会有显著上升。从4月19日开始的NBA季后赛将整个4、5月间体育电视的收视推上了一个台阶，中央台五套的最低周平均收视率比平时高0.1%左右。加上4月28日至5月5日在日本横滨举行的世界乒乓球单项锦标赛以及五一假期的影响，收视率在第19周达到了0.45%。此后第25届亚洲男篮锦标赛、第11届全运会和第5届东亚运动会也都在收视率曲线中形成了波峰。

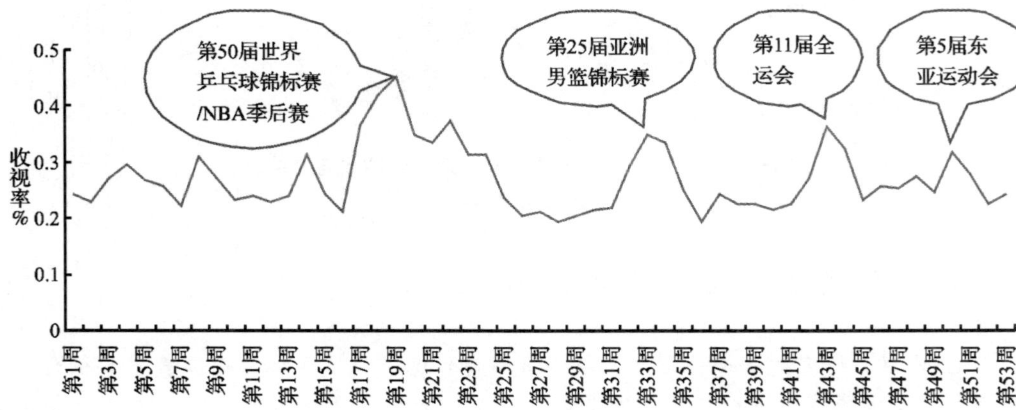

图 8　2009 年中央台五套周平均收视率（%）走势

数据来源：CSM 媒介研究

中央台五套的全年市场份额变化趋势基本与收视率保持一致，即赛事期间市场份额出现明显高峰，平日表现基本稳定。在4、5月市场份额达到最高值3.9%，由于各类大小赛事不断，市场份额虽然有小的波动，但是基本保持在2%左右（图9）。

回顾过去两年，2009 年与同样缺乏赛事亮点的 2007 年表现基本一致，但平均收视份额略低于 2007 年。因为北京奥运会的召开，2008 年中央台五套的收视份额在 8 月份有明显涨幅，在奥运会结束后的第 39 周进入低谷，之后有小幅缓慢回升，但收视份额的低潮期仍然持续到 2009 年初。

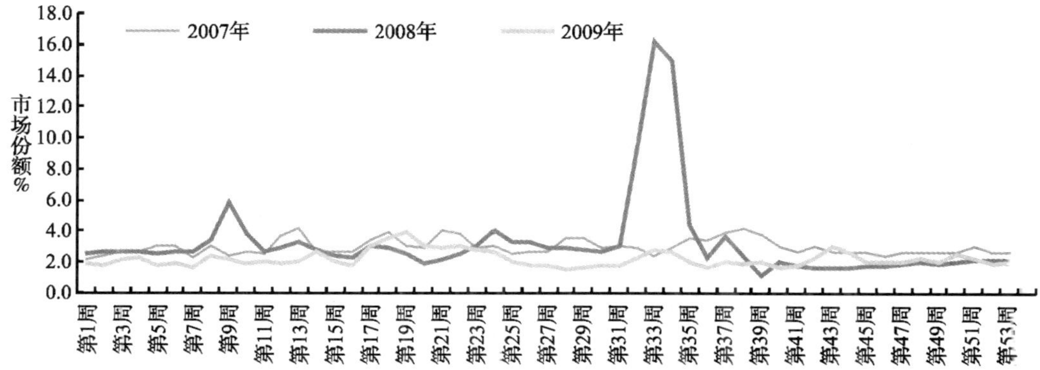

图 9　2006—2009 年中央台五套周平均市场份额（%）走势

数据来源：CSM 媒介研究

具体到 2009 年每一天的收视率走势，中央台五套的收视变化和往年规律一样，全天有三个收视高峰，正午12:00、傍晚18:00和晚间20:00—22:00左右（图 10）。通常正午和傍晚播出的是体育新闻节目，晚间则是各类赛事节目。与收视情况类似的 2007 年相比，尽管趋势完全相同，但 2009 年高峰时段的收视率略低于 2007 年。

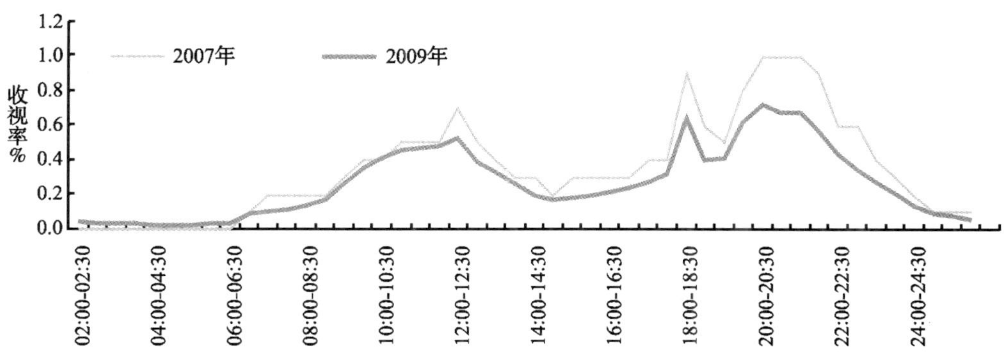

图 10　2007 年、2009 年中央台五套全天收视走势

数据来源：CSM 媒介研究

2009 年全天的收视份额也与往年保持了基本一致的趋势，凌晨(2:00—5:30)和上午时段(10:00—12:00)是具有竞争优势的时段，晚间黄金时段竞争力相对较弱。除凌晨时段外，2009 年中央台五套全天收视份额均低于 2007 年，在清晨(6:30—8:000)和下午—傍晚(15:00—18:30)时段与 2007 年的平均收视份额差距达到 1% 以上。可见中央台五套在各个时间段都面临着更大的竞争（图 11）。

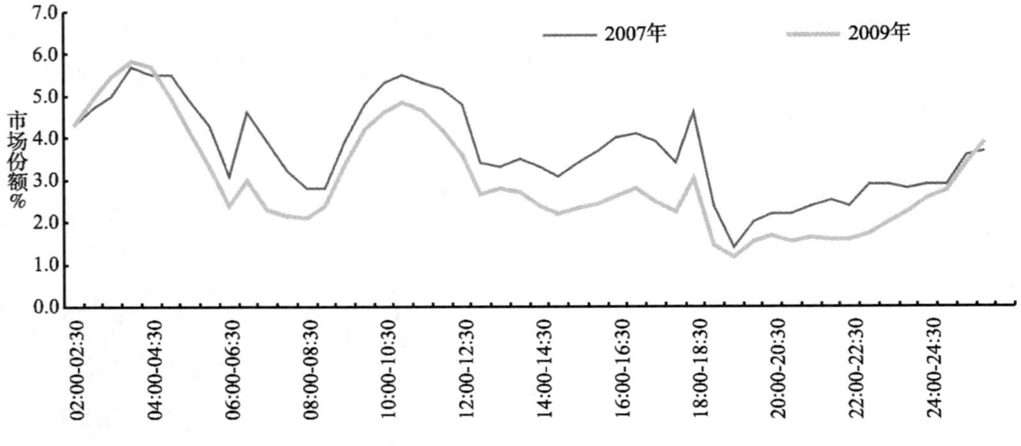

图 11　2007、2009 年中央台五套全天市场份额走势

数据来源：CSM 媒介研究

2. 重点赛事全天收视走势及收视排行

在重点赛事举行期间，中央台五套就会显示出自身的资源优势，众多赛事直播节目能够直接改变观众的收视习惯，影响收视情况。

4 月 28 日至 5 月 5 日在日本横滨举行了世界乒乓球单项锦标赛，由于比赛地点距中国较近，不存在时差，又恰逢五一假期，观众相对有较多时间在家里观看比赛，因此中央台五套在 4 月 30 日至 5 月 9 日之间安排了大量的赛事直播和重播，总计时间近 50 小时。比赛从早上9:00开始，通常到21:00以后才结束。而在此期间，NBA 季后赛也正在地球的另一端激烈展开，火箭队的每一次出场都备受国内观众关注，因此全天大部分时间收视率都明显高于全年平均值。由于 NBA 比赛都在国内时间的上午举行，受其他节目干扰较少，使得这一时期上午最高收视率达到 1.3%，与晚间黄金时段持平（图 12）。

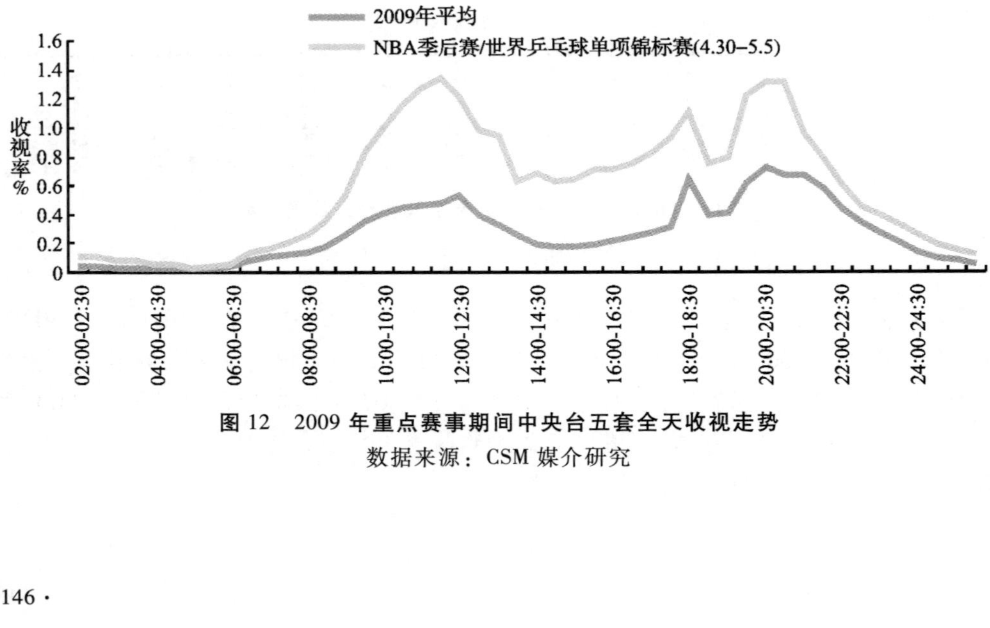

图 12　2009 年重点赛事期间中央台五套全天收视走势

数据来源：CSM 媒介研究

在世界乒乓球单项锦标赛的赛事节目中，收视情况最好的是5月3日晚间播出的男子单打1/4决赛，收视率达到1.9%，市场份额为5%。5月5日下午播出的男子单打决赛尽管收视率只有1.2%，但市场份额高达18.1%，几乎每5个当时收看电视的观众中就有1名观众在收看中央台五套播出的乒乓球比赛（表2）。

表2　2009年中央台五套世界乒乓球单项锦标赛节目收视排行（4月30日—5月5日）

排名	比赛名称	播出日期	开始时间	收视率%	市场份额%
1	直播周末：第50届世界乒乓球锦标赛男单1/4决赛	2009.5.3	18:58:01	1.9	5.0
2	直播周末：第50届世界乒乓球锦标赛男单第四轮	2009.5.2	19:54:37	1.6	3.9
3	第50届世界乒乓球锦标赛男双决赛	2009.5.4	18:59:29	1.5	4.5
4	第50届世界乒乓球锦标赛女双决赛	2009.5.4	18:12:13	1.5	6.7
5	直播周末：第50届世界乒乓球锦标赛女单1/4决赛	2009.5.3	17:24:11	1.4	9.7
6	第50届世界乒乓球锦标赛女单决赛	2009.5.5	19:30:00	1.3	3.2
7	第50届世界乒乓球锦标赛男单决赛	2009.5.5	20:44:04	1.2	3.1
8	第50届世界乒乓球锦标赛男单半决赛	2009.5.4	16:10:35	1.2	12.9
9	第50届世界乒乓球锦标赛男单决赛	2009.5.5	15:14:20	1.2	18.1
10	直播周末：第50届世界乒乓球锦标赛混双决赛	2009.5.3	12:29:29	1.1	7.2

数据来源：CSM媒介研究

3. 主要运动项目播出、收视情况

在中央台五套播出的所有体育赛事节目中，篮球赛事的收视比重最高，收视时间占所有比赛节目的六分之一，比2009年高4个百分点，这些收视时间主要来自于常年转播的NBA、CBA比赛，与2008年相比，篮球比赛的播出比重相应有所降低，因此整体资源使用效率增加，增幅超过220%（表3）。

足球赛事是播出时间最长的体育项目，播出比重远远超过2008年，达到11.6%，尽管今年中超足球比赛的回归带来较高收视率，但是激增的播出总量使得资源使用效率不升反降，只有63%。

台球是2009年播出和收视的新重点，收视比重高达6.1%，成为仅次于篮球和足球的观众收看最多的运动项目。冰上/水上项目则因为大学生冬运会的召开而获得了较高的收视比重。

乒乓球、排球和羽毛球和搏击类节目比赛收视比重均高于播出比重。乒乓球是中国的传统优势项目，无论世界乒乓球锦标赛或者是国际乒联、亚洲乒联的各项赛事，最终胜出的经常是中国选手，即使是国内比赛，参赛选手也具有国际最高水平，历来受到广大观众的喜爱，2009年播出时间也相对较短，但仍然获得较高收视。排球比赛的高收视主要来自中国女排参加国际排联的各项精英赛、大奖赛赛事。羽毛球与乒乓球类似，中

国运动员在各项国际大赛中也占有一定优势，尽管节目播出时间所占比例不高，仍然有较好的收视表现。搏击类节目近几年收视情况一直比较好，因为中国运动员在各大综合性比赛中的摔跤、柔道、拳击等项目上进步很快，吸引了很多观众的注意力（表3）。

除此之外，网球收视比重增长较明显。其他赛事的收视比重在2008年由于奥运会而较高，在2009年则降至比播出比重略低的水平。

表3　2009年中央台五套转播各主要运动项目播出比重与收视比重

排名	运动项目	播出比重（%）	收视比重（%）
1	篮球	7.4	16.3
2	足球	11.6	7.3
3	台球	6.9	6.1
4	乒乓球	3.9	5.8
5	冰上/水上运动	6.8	5.8
6	排球	4.3	5.3
7	羽毛球	2.1	2.8
8	搏击	2.2	2.6

数据来源：CSM媒介研究

结语

奥运掀起的体育节目收视热潮结束之后，2009年的体育电视节目已经恢复了常态。也许是热情爆发之后的暂时休整，尽管年内各种大小赛事不断，过去一年的人均收视总分钟数仍然大幅下降。与此同时，尽管中央台五套在全国范围内的优势依然无法撼动，但是地方频道正在加快争夺收视份额的步伐，在一些经济基础较好的城市，地方频道已经取代中央台五套成为当地观众收看体育节目的首选频道。

2010年除了各常规赛事以外，深受中国观众喜爱的世界杯即将开战，虽然中国队早已被排除在外，失去了参与的资格，但四年一度的足球盛宴仍然会吸引无数足球迷的视线，休整了一年的各体育频道面临的将是新一轮的观众争夺大战。

（作者：曹珩）

2009年全国电影节目收视分析

2010年初，电影《阿凡达》的火爆，充分体现了人们追求高品质电影的热情。如果说坐在巨幕影厅中欣赏3D电影是享受一场电影盛宴，那么在家中打开电视看电影就是一顿简餐了。后者虽然无论在视觉质量上还是欣赏对象的新鲜度上都无法与前者相提并论，但却方便快捷省钱，真正与我们的日常休闲娱乐生活息息相关。从这点来看，电视机的方寸荧屏，无疑是与普罗大众离得最近的“电影院”。本文利用CSM媒介研究全国149城市收视调查数据，对2009年度电影类节目的播出和收视情况做一回顾。

一、全国电影节目播出与收视总体情况

1. 播出总量和收视总量继续下滑

2009年，全国电影类节目的播出总量和收视总量都有所下滑。电影的播出总量为19万小时，与上年度相比下滑了14.4%，是继2008年电影播出总量略微下滑后的再次下滑。电影的播出量占所有节目播出总时长的比例相应下滑为4.94%，自2003年以来首度跌破5%。全国观众收看电影的总时长，从2008年的3156分钟下滑为2976分钟，为2003年以来的最低。在观众的收视总量中，电影节目的收视比重下滑至4.90%。

从CSM媒介研究历年收视数据来分析，播出量的下滑，其对应的是观众对电影类节目的收视需求的日趋饱和。2003—2007年，电影节目的播出量逐年递增，特别是在2003年至2005年，电影类节目的增长比较显著，而观众的收视热情却没有随着播出量的增长而有相应幅度的提升，2004年至2007年，电影类节目的收视比重一直在5.6%至5.8%之间徘徊。而自2003年以来的资源利用率的变化，也显示出电影节目的需求趋于饱和，电影节目市场长期处于供大于求的状态。在节目收视效果越来越受到重视的今天，市场供求状况是电影类节目播出量调整的重要原因之一。2009年随着播出量的继续减少，电影类节目的资源利用率自2005年以来首次回到供求基本持平的状态（表1）。

表 1　2003—2009 年电影节目的播出与收视状况

年份	播出时长（小时）	播出比重%	人均收视时长（分钟）	收视比重%	资源利用率%
2003 年	91334	4.90	3025	5.30	8.2
2004 年	122083	5.64	3190	5.61	-0.5
2005 年	178412	6.65	3274	5.66	-14.9
2006 年	201472	6.48	3332	5.64	-13.0
2007 年	238675	6.48	3379	5.77	-11.0
2008 年	222289	5.62	3156	5.17	-8.0
2009 年	190207	4.94	2976	4.90	-0.7

数据来源：CSM 媒介研究

2. 中央级频道优势显著

2009 年各级频道电影节目的播出和收视情况，与 2008 年基本相似。从播出量来看，由于频道数量的客观原因，省级非上星频道和市级频道的电影播出量占全国 149 城市电影播出总量的 84.8%。从收视量来看，中央级频道仍是全国电影市场的领头羊，占总量的一半以上；省级非上星频道的电影节目收视量占 29.1%，市级频道则占 11.8%（图 1）。

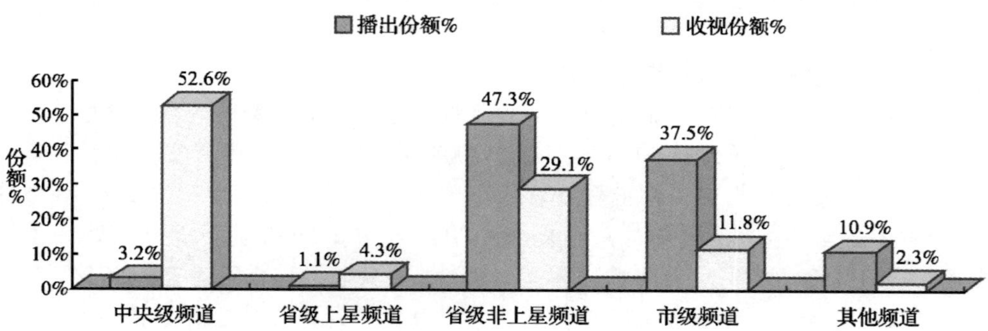

图 1　2009 年各频道组在电影类节目市场的播出份额与收视份额

数据来源：CSM 媒介研究

3. 各级频道电影播出收视存在差异

2009 年，中央级频道电影类节目的播出和收视量都较上年度有所下滑。播出量共计 6170 小时，同比下滑了 216 小时；人均收视总量为 1565 分钟，同比下滑 49 分钟。

从电影类型来看，内地电影仍然是中央级频道电影类节目的主要播出类型和收视支柱。2009 年，内地电影播出共计 4215 小时，占电影类节目总量的 68.3%，较 2008 年下跌 54 小时；共获得 981 分钟的收视，占人均收视总量的 62.7%，较 2008 年度下滑了 5.7%。其他国家电影和港澳台电影的播出收视情况与去年相比变化不大。相对来说，港澳台电影的资源利用率略好于其他国家电影（图 2）。

比较各级电视台电影类节目的收视总量可以发现，中央级频道仍是观众收看电影类节目——尤其是内地电影的主要选择。

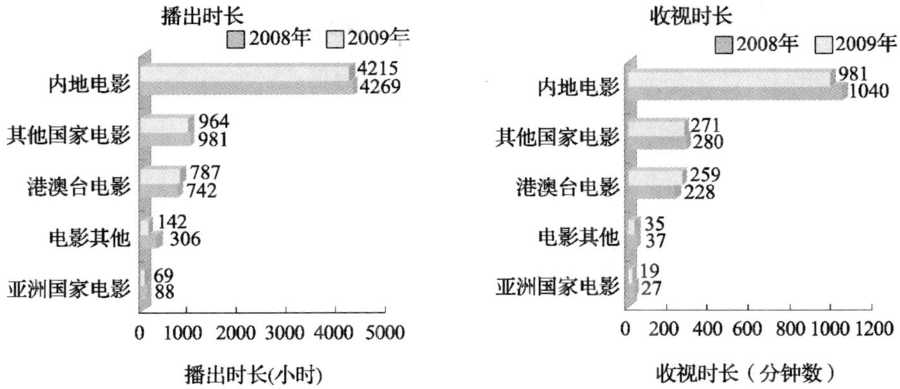

图 2　2009 年中央级频道各类型电影的播出和收视情况与上年度比较

数据来源：CSM 媒介研究

2009 年，省级非上星频道电影的播出量为 9 万小时，占总量的 47.3%，是电影类节目播出的主要平台。获得的人均收视量为 867 分钟，仅次于中央级频道。与 2008 年相比，播出总量和收视总量也都呈现下滑，其中，播出总量下滑了 1.2 万小时，收视总量下滑了 144 分钟。

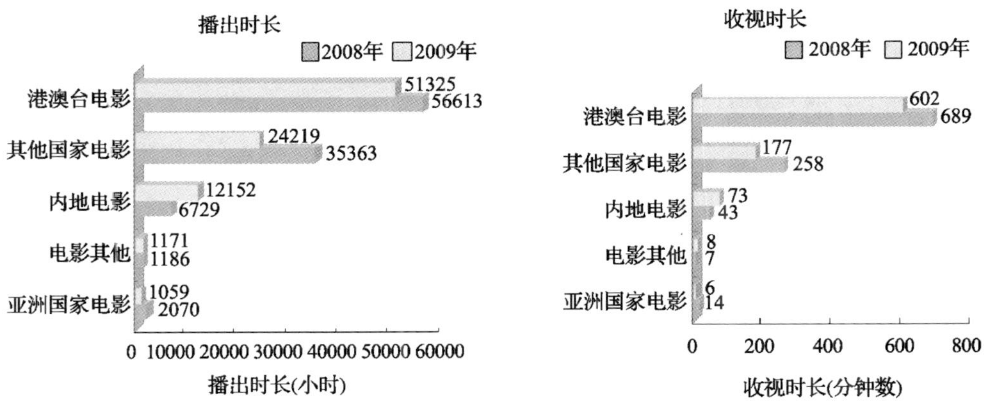

图 3　2009 年省级非上星频道各类型电影的播出和收视情况与上年度比较

数据来源：CSM 媒介研究

从影片类型来看，省级非上星频道播出的电影类节目以港澳台电影为主，全年共播出 5.1 万小时，其他国家电影次之，播出量为 2.4 万小时，内地电影的播出量为 1.2 万小时。与 2008 年相比较，港澳台电影和其他国家电影的播出量都有所减少，港澳台电影减少了 0.5 万小时，其他国家电影的播出量更锐减了三分之一，而内地电影播出量则从 0.67 万小时增长为 1.2 万小时，增长幅度近一倍。从收视方面来看，港澳台电影和其他国家电影的人均收视时长分别从 689 分钟和 258 分钟下跌为 602 分钟和 177 分钟，内地电影的收视时长则从43分钟增长为73分钟。虽然内地电影的播出和收视时长都有所增长，但从总量上来看，港澳台电影和其他国家电影仍然是省级非上星频道播出的电影类节目的主要类型和收视保障（图3）。

2009年，市级频道电影类节目的播出总量为7.1万小时，获得人均收视量351分钟，播出总量较2008年度减少2.2万小时，收视总量减少84分钟。

市级频道所播出的电影类节目也是以港澳台电影和其他国家电影为主。2009年，全国149城市的市级频道也减少了港澳台电影和其他国家电影的播出，同时增加了内地电影的播出，其中，港澳台电影的播出量从5.5万小时减少为3.9万小时，其他国家电影的播出量从3.1万小时减为2.2万小时，内地电影的播出量则从0.5万小时增长为0.7万小时。播出量调整后，收视情况相应有所变化，港澳台电影的收视量从315分钟下滑为246分钟，其他国家电影从98分钟下滑为70分钟，内地电影的收视量从14分钟增长为17分钟（图4）。

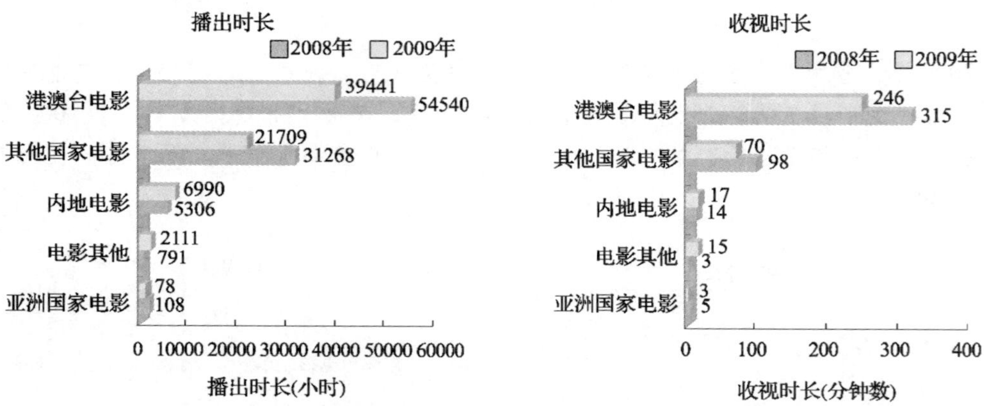

图4　2009年市级频道各类型电影的播出和收视情况与上年度比较

数据来源：CSM媒介研究

4. 国庆前后内地电影播出量激增

抓住60周年国庆的契机，抗战题材的电影类节目在各级电视台热播，《地雷战》、《地道战》、《闪闪的红星》、《小兵张嘎》等一系列经典的抗战影片活跃在国庆前后的电视荧屏。从数据来看，内地电影的播出量在9月份和10月份有一个阶梯式的攀升，在10月份，内地电影播出量在电影类节目的总量中所占的比重高达25.5%左右，是平时内地电影播出量的近两倍。而11月份和12月份，内地电影的播出量又回落至9月以前的水平（图5）。

从各频道组来看，省级上星频道、省级非上星频道和市级频道的内地电影播出量都有一个较为显著的提升，提升幅度最大的是省级上星频道，由几乎不播出内地电影提升至之后内地电影播出量赶超中央级频道（表2）。

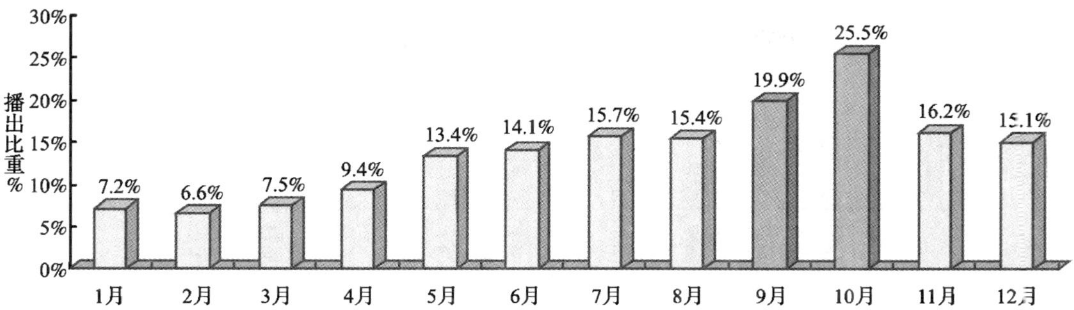

图5　2009年各月内地电影的播出比重①

数据来源：CSM媒介研究

表2　2009年各月各级电视台内地电影的播出量（小时数）

月份	中央级频道	省级上星频道	省级非上星频道	市级频道
一月	317	18	774	319
二月	295	0	522	276
三月	390	6	660	452
四月	370	8	785	385
五月	344	0	934	503
六月	358	1	1056	431
七月	346	29	1210	508
八月	361	78	1132	562
九月	371	285	1293	830
十月	354	448	1885	1325
十一月	361	236	977	761
十二月	348	179	926	636

数据来源：CSM媒介研究

5. 主要收视人群特征明显

电影类节目的受众群体特征明显，以男性观众和25—54周岁观众为主。男性观众是收看电影类节目的主要群体，在所有电影类节目受众中占到57.4%，而女性则占42.6%。而在年龄方面，25—54岁的中青年观众是电影类节目的热衷收看者，比例分别为19.7%和43.0%。从学历上来看，初中和高中的观众数量最多，总共占电影类节目所有受众的67.6%（图6）。

①　本处的内地电影播出比重为内地电影播出量占所有电影播出量的比重。

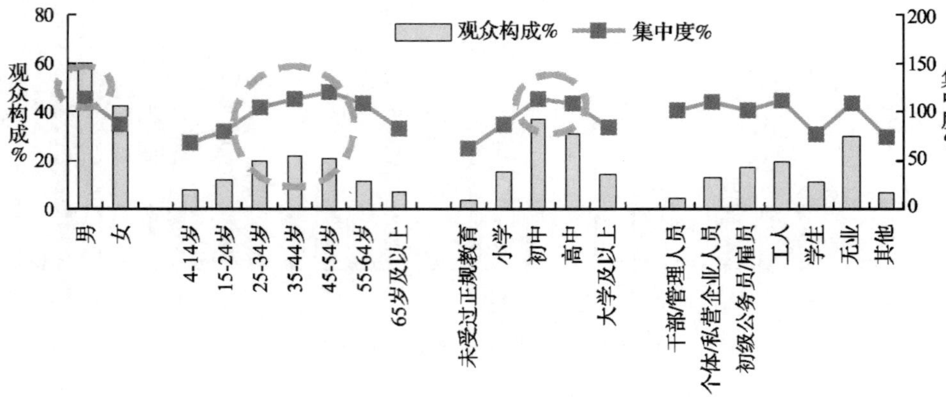

图 6　2009 年电影类节目的观众构成和集中度（所有调查城市）
数据来源：CSM 媒介研究

二、专业电影频道的编排和收视情况

电影类节目与其他类型节目不同的特征是，电影本身的形式是固定的，且每部电影的时长也是有限的。一档优秀的栏目，可以使观众长期收看，不断累积收视量，然而一部精彩的电影，受时长的限制，只能维持两至三小时的高收视。这是电影类节目在收视效果方面先天的缺憾。

而电影类节目资源的有限也是影响收视的另一大因素。电影的年产量只有数百部，时数不足一千，这就决定了电影频道在多数时间只能以播出“老片”为主，从客观条件上无法满足观众追求新鲜的观影需求。而一些经典的老电影，在被反复播出后，收视效果也会大打折扣。

在这些不利于收视的条件下，电影类专业频道采取了多种方式，来吸引观众的关注。

1. 中央台六套

中央台六套是以电影类节目为主的专业频道，也是国内电影类节目播出量最大的频道之一。无论从资金方面，还是从影片资源方面进行比较，中央台六套无疑是国内专业电影频道中的佼佼者。2009 年，中央台六套共播出电影 3898 部，日均播出量为 10.7 部，其中，内地电影 2725 部，港澳台电影 520 部，其他国家电影 524 部。

在电影类节目的编排上，中央台六套将观众收看电影相对集中的几个时段，以电影的类型或播出特点为区分，整合为不同的影院。这样的编排策略，使原本独立的影片之间生成了一定的联系，观众便于记忆，与自己喜爱的影院形成约会意识，从而提升节目的收视效果（表 3）。

为进一步扩大影院的影响力，中央台六套还开办了《流金岁月》和《佳片有约》同名的主题讨论栏目，与影院所播出的影片紧密结合，一方面提升观众的观影兴趣，另一方面则延长了优秀影片所带来的高收视。《流金岁月》主打“经典”和“怀旧”，以播出经典老电影为主，主题讨论栏目紧跟在影片之后播出，或将影片中人请到演播室口，又或带观众重回影片拍摄地，用镜头和语言，让观众重温电影中的人和事。《佳片有约》则以“佳”为焦点，由明星现场向观众介绍影片的“佳”点，穿插影片的精彩片段，勾起观众的观影兴趣，从而将收视高潮延续至深夜。

表 3　中央台六套影院的设置情况

影院名称	播出周天	首播时间
流金岁月	周一	19:30 – 21:30
动作 90 分	周五	19:30 – 21:30
环球影院	周五	22:30 – 24:00
周末影院	周六	19:30 – 21:30
影人 1 + 1	周六	14:30 – 16:30 16:30 – 18:30
佳片有约	周六	22:30 – 24:30
周日点播	周日	19:30 – 21:30 22:30 – 24:00

数据来源：CSM 媒介研究

再来看影院的收视效果。从 2009 年中央台六套在全国 149 城市收视排名前 20 位的影片来看，绝大多数都来自中央台六套的《流金岁月》、《动作 90 分》、《周日点播》、《周末影院》这几个影院。而从剧目来看，除《赤壁》、《叶问》和《画皮》是较新的影片，其他影片都是数年前甚至是十多年前的老片，还有多部影片在不同的影院中被重复播出，仍然在收视上获得了观众的认可。从排名前 20 位影片的类型来看，内地电影占其中的 60%，港澳台电影占 40%。从题材上看，动作电影和搞笑电影占绝大多数（表 4）。

表 4　2009 年中央台六套电影类节目收视排名前二十位①（所有调查城市）

排名	电影名称	播出日期	影院名称	电影类型	开始时间	收视率%	市场份额%
1	少林寺	2009. 2. 2	流金岁月	港澳台电影	20:02:42	3. 13	6. 91
2	举起手来	2009. 7. 23		内地电影	20:01:34	2. 78	6. 93
3	叶问	2009. 7. 24	动作 90 分	内地电影	20:04:15	2. 76	6. 97
4	中华英雄	2009. 11. 27	动作 90 分	港澳台电影	20:01:13	2. 76	6. 31
5	中华英雄	2009. 12. 27	周日点播	港澳台电影	20:00:59	2. 68	5. 99
6	赤壁	2009. 1. 1		内地电影	20:50:43	2. 64	6. 57
7	举起手来	2009. 3. 9	流金岁月	内地电影	19:58:59	2. 63	6. 05
8	画皮	2009. 5. 2	周末影院	内地电影	20:01:50	2. 55	6. 32
9	少林寺	2009. 7. 22		内地电影	20:04:06	2. 46	6. 21

① 同一电影的不同日期播出视为不同电影参加排序。

续表

排名	电影名称	播出日期	影院名称	电影类型	开始时间	收视率%	市场份额%
10	少林小子	2009.7.10	动作90分	内地电影	20:03:22	2.38	6.02
11	宝贝计划	2009.7.25	周末影院	港澳台电影	20:03:26	2.35	6.02
12	唐伯虎点秋香	2009.1.14		港澳台电影	19:52:16	2.29	4.99
13	少林寺	2009.5.15	动作90分	内地电影	20:03:18	2.28	5.48
14	长江7号	2009.7.26	周日点播	港澳台电影	19:59:52	2.25	5.54
15	叶问	2009.8.16	周日点播	内地电影	20:03:25	2.25	5.46
16	土婆婆PK洋媳妇	2009.2.18		内地电影	20:00:53	2.25	4.98
17	太极张三丰	2009.2.13	动作90分	港澳台电影	20:00:33	2.24	5.04
18	赤壁	2009.1.29		内地电影	20:16:56	2.22	5.66
19	长江7号	2009.2.8	周日点播	港澳台电影	19:59:15	2.19	4.80
20	特别攻击队	2009.3.19		内地电影	19:59:45	2.15	5.06

数据来源：CSM媒介研究

2. 上海东方电影频道

上海东方电影频道开播于2003年底，是内地第一家地方性电影专业频道。在2009年度，上海东方电影频道共计播出电影2804部，日均播出7.7部，其中，内地电影共播出了1076部，港澳台电影603部，其他国家电影1044部。

上海东方电影频道的主要特色在于，在每天傍晚17:00档，频道长期以电影周的形式主打某位明星的系列电影。其主打的明星，绝大多数是成名于上世纪八、九十年代，直至今天仍然家喻户晓的港台明星，如周润发、张国荣、曾志伟、谭咏麟等。这样的编排方式，对于喜爱这些明星的观众来说无疑是一大福音，有些热情的影迷、粉丝甚至会通过网络或口口相传的形式，主动进行影片推广，从而带动节目的收视率。有时，频道也会主打某一题材的系列影片，以满足观众的不同需求，如特工电影、漫画改编电影、警察故事电影等，或者以某著名导演为电影周主题。

从收视效果来看，电影周的收视情况稳定。相对来说，成龙电影周、黄百鸣电影周和张学友电影周获得了更多观众的青睐（表5）。

三、非专业电影频道的尝试

根据CSM媒介研究在全国149城市的调查数据显示，非专业电影类频道在2009年度共播出了10万小时的电影类节目，占全国所有频道电影类节目播出总量的52.8%。平均到每个频道的电影播出量，全年仅为167.6小时，即平均每个频道每天播出电影类节目半小时左右，是专业电影类频道单频道平均播出量的五分之一左右。

从播出电影类节目特点来看，非专业电影频道采取的方式多数较为单一，编排上也没有很强的系统性。有部分非专业电影频道在平时并不播出电影类节目，但在节假日时，会打破常规编排以播出电影类节目，以期在节假日的收视争夺战中分得一杯羹。

表 5　上海东方电影频道电影周收视情况

开始日期	电影编排	平均收视率%	平均市场份额%	开始日期	电影编排	平均收视率%	平均市场份额%
1月5日	刘德华电影周	1.53	5.95	7月20日	释小龙、郝劭文电影周	1.40	6.06
2月9日	特工电影系列	1.18	4.51	7月27日	大岛由加利电影周	1.62	6.43
2月16日	最佳系列	1.41	5.15	8月3日	元彪电影周	1.60	6.75
2月23日	关之琳电影周	1.51	5.46	8月10日	邱淑贞电影周	1.79	7.30
3月2日	任达华电影周	1.37	5.22	8月17日	黄百鸣电影周	2.08	8.28
3月9日	张曼玉电影周	1.67	6.81	8月24日	史蒂文·西格尔动作电影周	1.42	6.08
3月16日	甄子丹动作周	0.96	4.07	8月31日	梅艳芳电影周	1.26	5.52
3月23日	吴君如电影周	1.36	5.55	9月7日	李子雄电影周	1.30	5.73
3月30日	张国荣电影周	1.44	6.03	9月14日	郑裕玲电影周	1.01	4.54
4月6日	王祖贤电影周	1.32	5.84	9月21日	于荣光电影周	1.37	6.19
4月13日	曾志伟电影周	1.43	6.09	9月28日	警察故事系列	1.54	6.76
4月20日	周润发电影周	1.64	7.16	10月5日	警察故事系列	1.66	6.71
4月27日	周星驰电影周	1.59	7.41	10月12日	许氏兄弟喜剧电影周	1.31	5.90
5月4日	周星驰电影周	1.40	6.45	10月19日	杨丽菁电影周	1.56	6.82
5月11日	胡慧中电影周	1.82	8.03	10月26日	罗家英电影周	1.32	5.62
5月18日	张学友电影周	1.87	8.46	11月2日	李嘉欣电影周	1.24	5.38
5月25日	梁家辉电影周	1.47	6.45	11月9日	陈百祥电影周	1.69	6.80
6月1日	袁咏仪电影周	1.42	6.26	11月16日	吴宇森早期导演作品	1.17	4.81
6月8日	成龙电影周	2.09	9.43	11月23日	杨丽菁电影周	1.22	5.42
6月15日	经典80港片展映	1.65	7.72	11月30日	吴倩莲电影周	1.00	4.14
6月22日	谭咏麟电影周	1.35	5.84	12月7日	黄秋生电影周	1.13	4.69
6月29日	郑则仕电影周	1.35	5.82	12月14日	姜大卫电影周	1.31	5.32
7月6日	漫画改编电影	1.16	5.31	12月21日	刘青云电影周	1.05	4.63
7月13日	张敏电影周	1.79	7.85	12月28日	杨紫琼电影周	1.10	5.33

数据来源：CSM 媒介研究

结语

2009 年，电影类节目的总播出时长虽然有所下滑，但电影类节目的供求市场趋向良性发展，资源利用效率自 2005 年以来首度回归供求平稳的状态。

从播出平台来看，中央级频道、省级非上星频道和市级频道仍是电影类节目的主要供应者。中央级频道播出的内地电影比重较大，省级非上星频道和市级频道则以播出港台电影和其他国家电影为主。2009年适逢祖国60周年国庆，九月份和十月份期间，内地电影的播出量跃升，省级上星频道、省级非上星频道和市级频道内地电影的播出量都有一定幅度上升，其中以省级上星频道的增幅最为显著。

专业电影频道（包含影视频道）总共播出了8.9万小时电影节目，占总量的47.2%。由于电影类节目本身的形式和内容是固定的，专业电影频道从编排上入手，开办影院、设立同名的主题讨论栏目，推出明星电影周等等都是提升收视率的不错手段。

非专业电影频道播出的电影类节目，因形式方面较为单一，没有精心策划的电影系列，或只在节假日期间播出，对收视往往只起到短时间的提升作用。

（作者：顾颖华）

2009年数字电视收视状况追踪

随着数字电视的推进，数字电视用户正在逐步增多。根据CSM媒介研究收视率调查的基础研究结果，数字电视用户比例高于80%的城市数量由2008年的3个增加到2009年的11个；数字电视用户比例在50%—80%的城市数量由2008年的11个增加到了2009年的37个；数字电视用户比例在20%—50%之间的城市数量由2008年的14个增加到2009年的38个（表1）。

表1　2008—2009年不同机顶盒比例的城市数量

机顶盒比例	2009年城市数	2008年城市数
>80%	11	3
70% -80%	8	2
50% -70%	29	9
40% -50%	23	6
20% -40%	15	8

数据来源：CSM基础研究报告

CSM媒介研究近年来每年定期追踪数字电视用户的收视情况，最新一期的数字电视收视研究利用2009年9—10月的收视调查数据，选择39个数字电视用户比例较高的测量仪调查城市①，针对数字电视用户和非数字电视用户，从收视率角度对比收视行为的差异，同时分析数字电视频道在数字电视用户中的收视表现，兼顾近年同期的数据比较，期望为行业和客户理性地认识数字电视对电视受众收视行为的影响提供实证参考。

一、数字电视用户与非数字电视用户收视比较

1. 数字电视用户收视时长略高于非数字电视用户，中老年观众是收视时长增长的主力

39城市数字电视用户日均收视时间188分钟，高出非数字电视用户18分钟（+

① 39城市分别是：北京、长沙、长春、常州、重庆、成都、常德、东莞、佛山、广元、广州、哈尔滨、杭州、合肥、衡阳、湖州、惠州、荆门、荆州、昆明、宁波、青岛、南京、南昌、深圳、苏州、太原、天津、无锡、株洲、珠海、沈阳、十堰、石家庄、武汉、西安、湘潭、盐城和镇江。

10%），其中，晚间18:00—24:00时段数字电视用户日均收视时间高出非数字电视用户11分钟，其余时段高出7分钟（图1）。

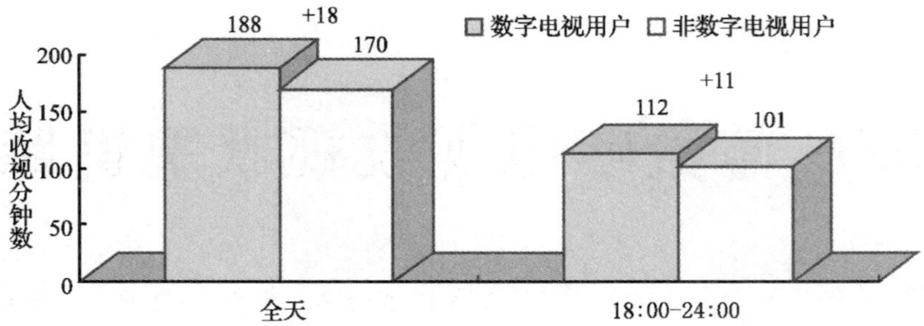

图1　数字电视用户与非数字电视用户收视时长比较（2009年9—10月）

数据来源：CSM媒介研究

从各城市数字电视用户与非数字电视用户收视时间比较中可以看出，在39城市中，33个城市的数字电视用户全天时段收视分钟数高于非数字用户，31个城市数字用户晚间18:00—24:00收视时间高于非数字用户。

从观众结构来看，数字电视用户与非数字电视用户的整体结构近似，没有太大的差别。不论是数字电视用户还是非数字电视用户均呈现出中老年观众占据收视主体的特征，45岁及以上年龄段的观众不论是数字电视用户还是非数字电视用户，日均收视时间普遍高于45岁以下年龄段的观众。在45岁以上尤其是55岁以上的中老年观众中，数字电视用户收视时间体现更长，其日均收视时间比非数字电视用户的收视时间高出近1个小时。对比来看，4—10岁、15—24岁和35—44岁年龄段的数字电视用户日均收看时间甚至低于非数字电视用户（图2）。

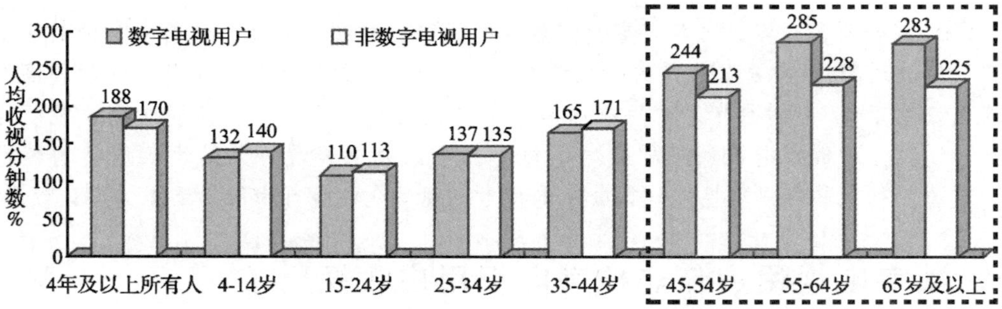

图2　数字电视用户与非数字电视用户分年龄段观众收视时长比较

（2009年9—10月，39城市）

数据来源：CSM媒介研究

2. 时段收视走势基本一致，数字电视用户晚间收视略高

数字电视用户和非数字电视用户的时段收视走势基本一致，晚间出现的收视高峰峰值较高，午间出现收视小高峰。数字电视用户收视高于非数字电视用户的时段主要集中在17:00—24:00时段，最高峰的峰值相差不大（图3）。

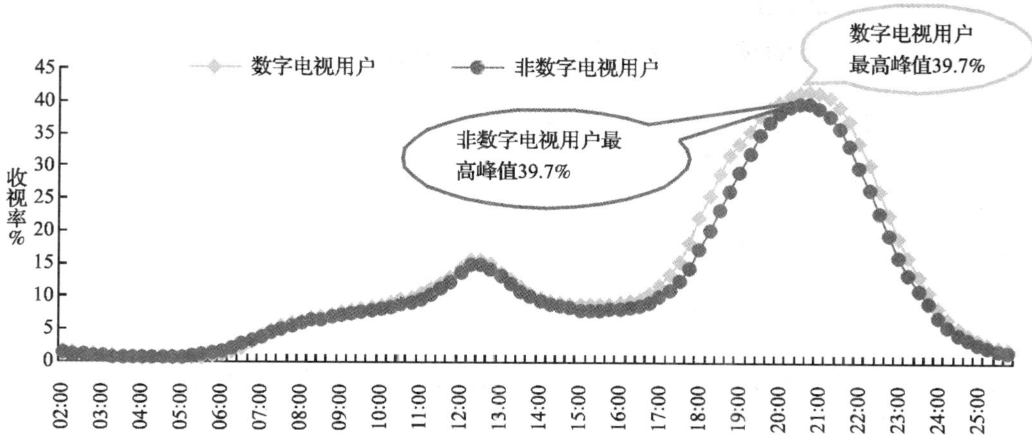

图 3　数字电视用户与非数字电视用户全天总收视走势比较

（2009 年 9—10 月，39 城市）

数据来源：CSM 媒介研究

3. 数字电视用户仍偏爱收看传统频道，数字电视频道收视影响尚弱

从收看量上看，数字电视用户人均收看时长比非数字电视用户高出 18 分钟，分散在各级频道组中。其中，中央级频道、市级频道和其他频道组分别占据了其中的 6—9 分钟，数字电视频道只占了 3 分钟。这说明数字电视用户更多的收视时间仍然花费在了传统的频道上（表 2）。

表 2　数字电视用户与非数字电视用户各级频道收视时长（分钟）比较

（2009 年 9—10 月，39 城市）

频道组	数字户	非数字户	数字户 - 非数字户	差异
所有频道	188	170	高	18
中央级频道	52	46	高	6
省级上星频道	39	45	低	-6
省级非上星频道	44	44	相等	0
市级频道	29	21	高	8
数字频道组	3	0	——	3
其他频道	23	14	高	9

数据来源：CSM 媒介研究

从市场份额上看，市场竞争格局差别不大。数字电视用户中，中央级、省级和市级频道占据了 87.9% 的市场份额，仍然是收视主体，数字频道仅占收视市场的 1.8%。数字电视用户与非数字电视用户中相似的频道竞争格局说明，数字电视用户与非数字电视用户在频道选择上十分相近，数字电视观众仍然以收看传统频道为主，数字电视频道的收视影响甚微，尚不能对电视频道竞争格局造成实质性的影响。在模拟信号转化为数字信号的进程中，个别数字电视频道通过模拟信号进行播出，使得非数字电视用户数字电视频道有0.1%左右的零星的市场份额（图4）。

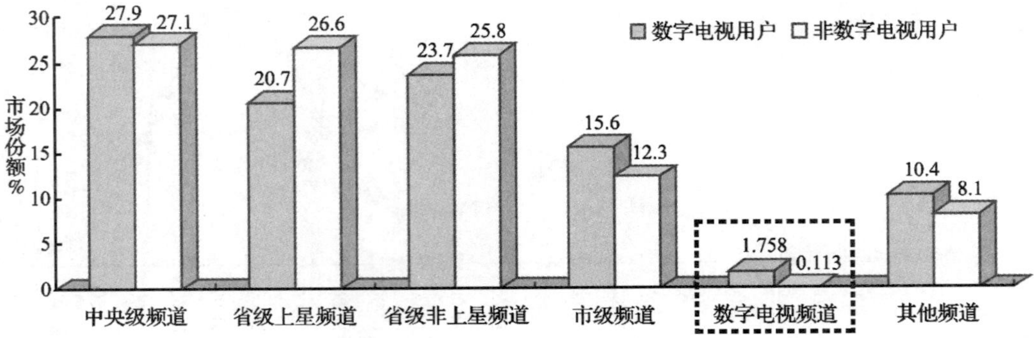

图4　数字电视用户与非数字电视用户各级频道市场份额比较

（2009年9—10月，39城市）

数据来源：CSM媒介研究

通过两年同期相同城市范围各级频道市场份额变化对比可以发现，尽管数字电视普及率在提高，甚至在某些城市数字电视普及已经完成，用户对数字电视业务已经比较了解，但是数字电视用户收看数字频道总量没有明显变化，数字电视频道组的市场份额依然在低水平徘徊（图5）。

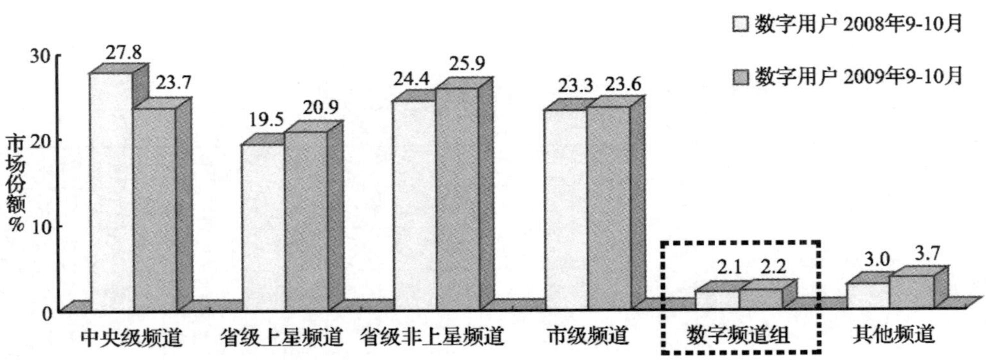

图5　数字电视用户各级电视频道市场份额年度比较（10城市）

数据来源：CSM媒介研究

二、数字电视频道在数字电视用户中的收视表现

1. 数字电视频道在多数地区收视较弱，不同地区发展差异较大

通过对32个城市[①]数字频道进行收视分析可以看出，太原数字频道的日平均到达率

① 对于采用Audio Match测量方法的城市，暂时没有测量具体数字电视频道的收视，分城市数字电视频道收视分析包括32个城市，不包含：北京、常州、哈尔滨、南昌、青岛、十堰和天津。

最高，达到37%，2个月累计到达率达到95.7%，数字频道市场份额达到8.5%。其次是苏州，日到达率为32.5%，2个月累计到达率达到88.9%，数字频道市场份额达到6.7%。石家庄数字频道的整体收视表现排名第三，日平均到达率为31.4%，2个月累积到达率达到93.4%。荆门地区数字频道的2个月的累积到达率达到了95.6%，市场份额达到10.3%。在数字电视收视较弱的城市，衡阳、珠海、常德、长春、惠州的数字电视的日观众规模在5%以下，市场份额不高于0.3%（表3）。

表3　分城市数字电视频道收视状况

地区	收视率%	市场份额%	平均到达率%	2个月累计到达率%
32城市平均	0.2	1.8	12.4	62.4
数字频道收视最高的五个城市				
太原	1.0	8.5	37.0	95.7
苏州	0.7	6.7	32.5	88.9
石家庄	0.9	7.6	31.4	93.4
荆门	1.1	10.3	30.1	95.6
重庆	0.5	3.9	28.4	94.3
数字频道收视最低的五个城市				
衡阳	0.0	0.1	4.0	61.8
珠海	0.0	0.1	3.4	54.5
常德	0.0	0.3	3.1	57.2
长春	0.0	0.1	1.7	27.4
惠州	0.0	0.0	0.4	21.5

数据来源：CSM媒介研究

从数字电视单频道收视分析中可知，32个城市中石家庄平均到达率高于1%的数字频道最多，有37个；其次是太原，有26个频道，镇江有23个频道；日均到达率大于1%的频道个数少于10个的地区多达19个。可以看出，多数城市的数字电视频道观众规模还有待于进一步扩大，观众对数字电视频道的关注相对较少。

2. 数字电视频道时段收视走势与所有频道相似，但收视水平相差较大

从32城市全天时段收视走势上看，数字电视频道全天收视走势与所有频道走势基本相似，晚间收视明显走高，午间也出现了收视小高峰。数字电视频道在22:00—23:00之后达到其自身的收视最高峰。最高峰值只有0.6%的水平说明数字电视频道收视在整体收视中仍非常微小（图6）。

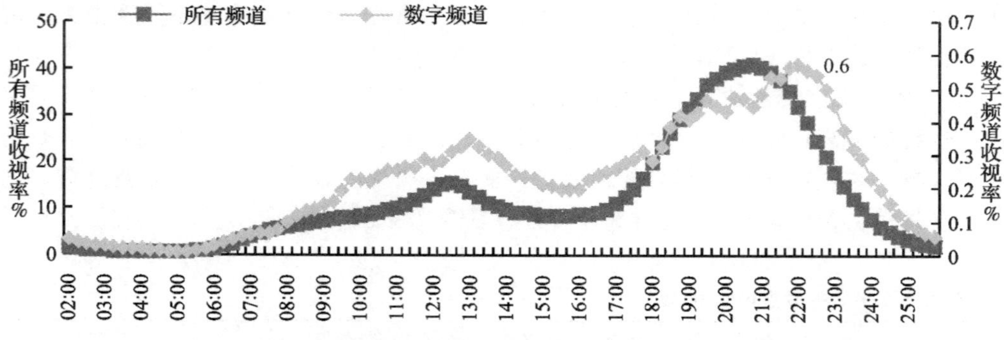

图 6　数字电视频道与所有频道全天收视走势比较

(2009 年 9—10 月，32 城市)

数据来源：CSM 媒介研究

3. 4—14 岁青少年和 35—44 岁中青年更喜爱收看数字电视频道

通过观众构成和集中度比较可以看出，数字电视频道和所有频道的观众结构大致相同。其中 45—54 岁年龄段观众比例最高，初高中学历的观众较为集中。收看数字电视频道的观众中，男性、4—24 岁和 35—44 岁年龄段、小学学历的观众集中度更高（图 7）。可以看出，数字电视频道的内容对这些观众更具有吸引力，这与数字电视频道播出男性观众偏爱的体育、财经以及青少年观众偏爱的动漫类节目有一定的关系。

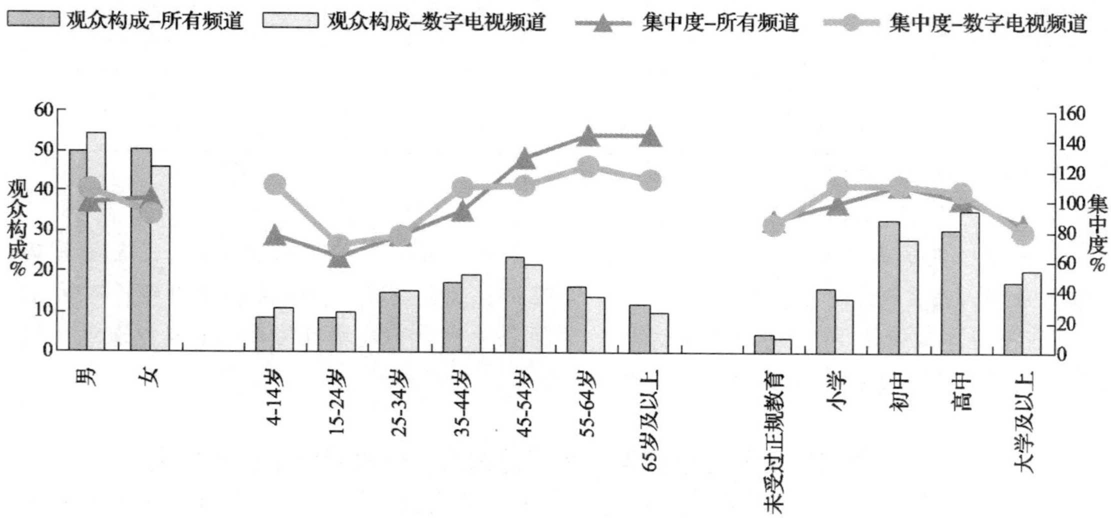

图 7　数字电视频道与所有频道观众构成与集中度比较（2009 年 9—10 月，39 城市）

数据来源：CSM 媒介研究

三、不同类型数字频道在不同城市发展状况

数字电视频道的专业化特性决定了其比传统电视频道更为细化的内容分类，不同内容类型的数字电视频道在各地的表现各不相同。由于数字频道类型多样、多数数字频道

收视微弱，本部分只在收视相对较高的数字频道中选取具有代表性的不同类型数字电视频道进行举例分析。

1. 游戏动漫类频道

在众多的数字电视频道中，游戏动漫类频道具有鲜明的特点和独特的观众群体，该类频道包括新动漫、游戏竞技、动漫秀场、CCTV 新科动漫、游戏风云、电视游戏（南京）等。其中，游戏竞技和动漫秀场两个频道收视率表现较为突出。

（1）游戏竞技频道——荆州

游戏竞技频道是国家广电总局批准的首批向全国传送的付费频道，是国内目前唯一覆盖中国大陆全境的以游戏内容为主的付费数字电视频道。

游戏竞技频道在荆州地区的收视位居数字电视频道的第一位，占据当地数字电视整体市场份额的近30%，15—24 岁青少年是游戏竞技频道的热衷观众，其集中度数倍高于其他观众（表 4、图 8）。

表 4　荆州地区数字电视频道平均到达率排名前五位（2009 年 9—10 月）

频道	收视率%	市场份额%	平均到达率%
数字电视频道	0.58	4.78	20.97
游戏竞技	0.17	1.38	8.21
生活时尚	0.08	0.66	7.33
CCTV 老故事	0.04	0.31	5.80
法制天地	0.04	0.37	5.37
CCTV 风云音乐	0.03	0.27	4.79

数据来源：CSM 媒介研究

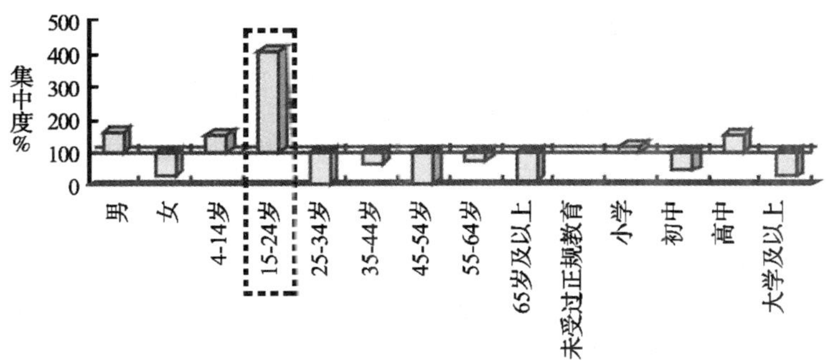

图 8　荆州地区游戏竞技频道观众集中度（2009 年 9—10 月）

数据来源：CSM 媒介研究

（2）动漫秀场——荆门、太原

动漫秀场频道是隶属上海文广互动电视有限公司的全国性动漫付费数字电视频道，节目内容以国内外最新动漫作品和丰富的动漫资讯为主，播出的《喜羊羊与灰太狼》、《宇宙英雄奥特曼》、《洛洛历险记》等颇受广大青少年喜爱。

在荆门和太原地区动漫秀场频道的收视率、市场份额、平均到达率均是当地数字电视频道之首，在荆门甚至占有数字电视频道整体收视份额的 70%（表 5）。

表5　荆门及太原地区动漫秀场收视情况（2009年9—10月）

地区	频道	收视率%	市场份额%	平均到达率%
荆门	数字电视频道	1.07	10.26	30.14
	动漫秀场	0.77	7.40	17.48
太原	数字电视频道	1.05	8.50	36.97
	动漫秀场	0.32	2.63	11.23

数据来源：CSM媒介研究

不同观众对动漫秀场的收视集中度显示，小学阶段的少年儿童对动漫秀场频道尤其青睐（图9）。

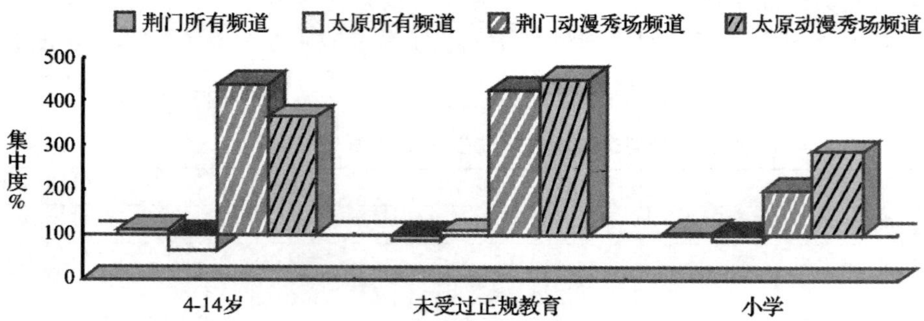

图9　荆门、太原两地动漫秀场频道观众集中度比较（2009年9—10月）
数据来源：CSM媒介研究

2. 电视购物类频道

电视购物类频道在数字电视频道中数目较多，包括家家购物、家有购物、天天购物、华数行家购物、缤纷服务—都市之窗—逛街购物、CCTV中视购物、快乐购物等，其中家家购物和快乐购物收视率相对有所表现，但是日均观众规模普遍低于5%，平均收视率低于0.5%。

3. 导视类频道

数字电视频道的出现使得电视导视服务由以栏目为主体转变为以频道为主体；由间断播出转变为全天播出，不论是节目形态还是播出时间都发生了巨大的改变。目前我国数字电视频道中的导视类频道有很多，包括：CCTV电视指南、国安导视（长沙）、数字服务指南（杭州）、南京数字电视导视、点播指南（南京）、导视（苏州）、无锡数字导视、数字电视频道收视指南（重庆）、东莞导视频道、CCTV电视指南（杭州）等等。其中CCTV电视指南作为全国性导视频道，全天24小时播出，集中展现中央数字电视43个频道的节目，在宁波、湖州、镇江、成都和长春播出收视表现均进入该地区数字电视排名前10位，平均收视率在0.01%—0.02%。

除了CCTV电视指南频道以外，各个地区都相继开播了隶属于自己地区的导视频道。如重庆地区的数字电视频道收视指南（重庆）、武汉地区的武汉电视台消费指南数字频道、无锡地区的无锡数字导视、东莞地区的东莞导视频道、南京地区的南京数字电视导视、佛山地区的佛山数字电视导播等等。

4. 影视、剧场类频道

影视、剧场类频道主要是以播出电视剧、电影为主的数字电视频道，例如：都市剧场、欢乐剧场、CCTV 怀旧剧场、CCTV 风云剧场、CHC 动作电影频道、CHC 家庭影院，在所有数字电视频道中此类频道的收视表现较为突出。例如都市剧场，在湖州、太原、石家庄和镇江地区都进入了该地区数字电视频道排名的前十位，平均收视率小于0.05%。

5. 休闲娱乐类频道

休闲娱乐频道内容涉及较广，例如有涉及汽车文化和汽车资讯的汽摩频道、有涉及宠物饲养和宠物生活的快乐宠物频道、有涉及兴趣爱好的四海钓鱼频道、还有涉及旅游出行的环球旅游、邮轮旅游等频道。

新娱乐频道在较多城市获得一定收视表现。新娱乐隶属于 SMG 集团，是国内较具影响力的全天候播出的数字电视综艺频道。该频道在石家庄和武汉等地区播出，获得了0.04%的收视率。

6. 女性频道

女性频道顾名思义是以女性作为主要目标人群的一类频道，频道内容多涉及美容美体、服饰礼仪、流行资讯等女性较为关心的资讯或话题。靓妆频道作为江苏省广播电视台下属以美容、美体、服饰、礼仪等流行资讯为内容的全数字化频道，在南京、沈阳、西安、镇江和荆州均进入了当地数字电视频道的前十位，平均收视率在0.04%左右。

尽管不同类型的数字电视频道在不同地区或不同观众获得收视，但是在当地所有频道当中，多数数字电视频道均处于收视排名第20、30名以后的位置。数字电视频道虽然频道数量多、频道类型多，但在收视市场中仍然处在劣势地位。

本次分析的结果与我们之前连续几年的跟踪分析结果相似，虽然各地数字电视的发展进度和发展阶段不尽相同，但共同的特征都是数字电视频道的消费量仍然很低，传统电视频道仍然占据着收视主导的地位。数字电视用户对数字电视频道的关注和收看，并不是随着数字电视整体转换而自然完成的，数字电视频道的内容和付费经营模式、大众的收视需求和收视习惯、传统频道的节目创新等都对数字电视频道的收视有举足轻重的影响。我们将继续从受众收视行为测量的角度追踪数字化发展的轨迹，研究数字技术和内容产业发展给受众媒体消费习惯和媒体产业变局带来的影响。

（作者：刘牧媛）

2009 年央视春晚的观众收视差异

从 1983 年中央台成功举办第一届春节联欢晚会至今，央视春晚已走过了 20 多个年头，看央视春晚已成为全球中华儿女辞旧迎新的新年俗。除夕夜，晚八点，制作精良、演员阵容强大的央视春晚准时在中央一套播出，培养了观众收看的约会意识，取得了骄人的收视成绩；另一方面，20 多年来中国电视市场也发生了翻天覆地的变化，电视机的拥有量由一村一台发展为一户多台，能收看频道由几个发展为近百个，观众也由原来的被动收视向互动参与发展，收视行为不断分化。本文从 2009 年央视春晚收视数据出发，集中分析观众收看行为的差异。

一、“看央视春晚”作为“新年俗”实至名归

除夕是中华儿女辞旧迎新的传统节日，央视春晚是名副其实的开年大戏。除夕晚 8 点后的四个多小时里，众多家庭的电视机锁定中央一套，根据 CSM 媒介研究历年收视数据显示，近年来央视春晚的市场份额一直稳定在 60% 以上（图 1），春晚的影响力可见一斑。作为一年一度的视觉盛宴，春晚对观众的收视习惯也在潜移默化中产生了深刻影响。对比 2009 年除夕和除夕前两周收视情况可以看到（图 2），在下午时段除夕比除夕前两周有超一半的收视增量，春晚播出时段，收视比平时激增，由平时最高总收视率不到 50% 增至近 60%，整体收视比平时高 1 倍，最高几达 6 倍，一直延续至春晚结束。可见，在除夕夜，观众有更多期待。

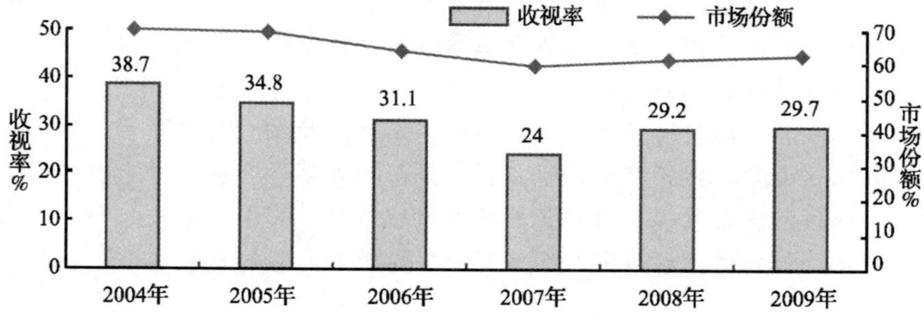

图 1　中央一套春晚历年全国收视表现

数据来源：CSM 媒介研究

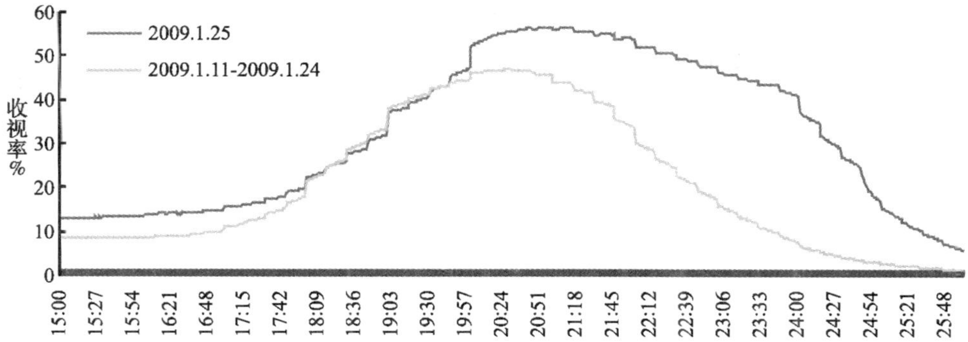

图 2　2009 年除夕与前两周总收视率比较（TTV，CSM148 样本城市）

数据来源：CSM 媒介研究

二、央视春晚历年收视变化催生市场求变

央视春晚播出的 20 多个年头，以独特的魅力占领全国收视市场，但随着经济水平的提升，观众收视的碎片化，一台春晚不可能满足所有观众的需求，近几年来观众对春晚的质疑声不断，收视疲劳每年都在提。反映到收视数据上，我们可以看到：平均收视率不断下滑，从 2004 年的 38.7% 下降至 2007 年谷底的 24%，2008 年、2009 年收视仅能算略有回升（图 1）；另一方面，市场份额的降低有力地说明了观众收视的分化，央视春晚稳控收视市场的同时存在潜在的隐患，只有不断调整、创新才有利于春晚可持续的发展，近两年的收视回升也体现了这一点。

三、各地区观众对央视春晚收视存异

我国幅员辽阔，不同区域间经济、文化、生活习俗等差异明显，观众收视习惯也各不相同。透过 2009 年央视春晚收视数据，各地观众收视水平不一，春晚影响力也显示区域差异。我们以单城市收视千人为横坐标，反映对观众数量的贡献；以观众收视率为纵坐标，反映当地观众收看比例。收视千人多的区域，对于节目整体收视贡献大；收视率高的区域，当地观众收看比例高，定义为强渗透区，相反为弱渗透区。分析中央一套 2009 年春晚数据（图 3），“三北”观众是单城市观众贡献最多的区域，但是这 3 个地区的观众贡献又有区别，东北人口众多，是单城市收视人口贡献最多的区域，西北地区虽然单地区收视人口贡献不是最多，但各地区的收视比例是最大的，这 2 个地区是春晚的强渗透区；华北地区人口较多，是春晚的重点渗透区域；相比而言，华南地区春晚影响力则比其他地区要弱很多。

春晚对各大行政区不同观众群体的吸引力也不一样（图 4）。在东北、西北地区更偏重于中低收入的女性观众；在华北地区老年观众收视倾向更强；在华东、华中地区央视春晚对年轻、中等收入群体更具吸引力；在西南地区工人和干部管理人员更爱看；在华南地区高收入、高学历、个体/私营企业人员更关注。每个地区的观众收视偏好差异也间接反映了本地的观众结构差异。

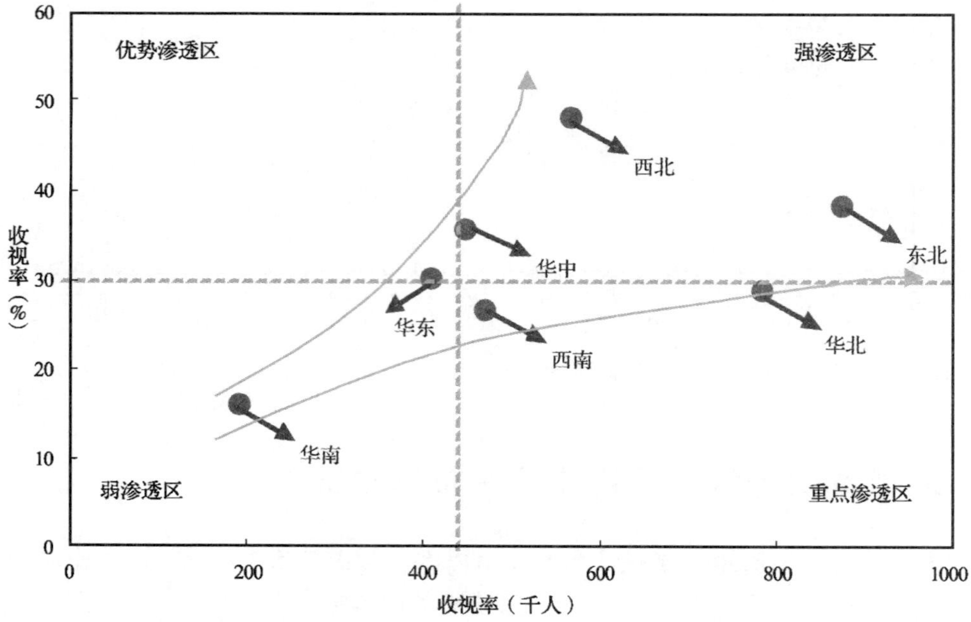

图3　2009年中央台一套春晚在7大行政区的观众收视差异（CSM148样本城市）

数据来源：CSM媒介研究

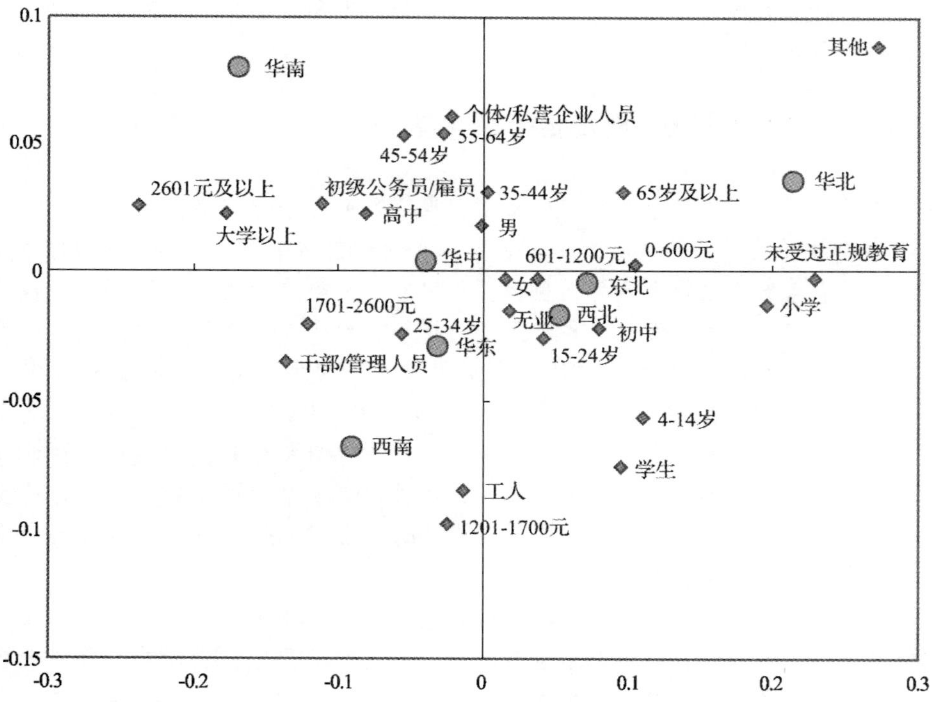

图4　2009年央视春晚七大行政区观众集中度对应分析（CSM148样本城市）

数据来源：CSM媒介研究

四、城乡收视差异明显

在我国二元化的社会结构中，城市和乡村在经济水平、生活习俗等方面存在较大差异。从收视表现看（图5），首先，城乡总收视差异明显。在除夕，上午10:30前乡村总收视率要高于城市，10:30至下午18:00时段则城市收视水平较高，凸显了农村和城市生活习惯的差异；在晚间，农村收视热情得到了迅速释放，但随着时间的推移，尤其在21:30后，农村总收视率急剧下降。其次，城乡收看春晚也存差异，农村由于总收视率变化，21:30后春晚收视也急剧下滑。第三，比较总收视率和春晚收视曲线，我们可以看到，在春晚播出的前1.5小时内，农村总收视率虽高于城市，但其春晚收视较城市还低，从一个侧面反映出城市观众更偏好春晚。

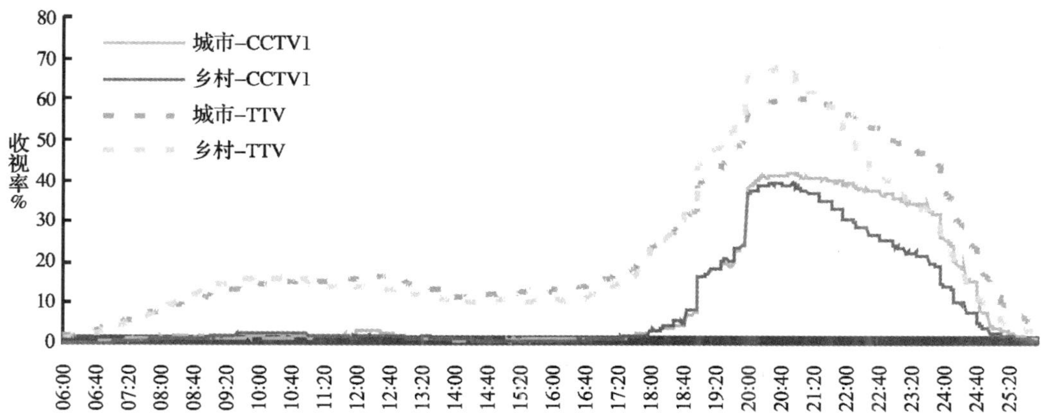

图5　2009年1月25日（除夕）城乡收视差异（CSM24省网）
数据来源：CSM媒介研究

五、观众对央视春晚节目各有所好

2009年央视春晚一共播出39个节目，可以分为歌舞类、小品类、曲艺类和其他4个类别，农村和城市不同年龄层的观众对主要节目类型的选择存在着明显差异（图6）。歌舞类节目最获城市45—54岁及65岁以上中老年观众青睐；农村15—24岁和35—44岁观众更倾向于曲艺类节目；城市35—44岁观众则更集中于小品类节目。从整体城乡差别看：农村观众更多收看曲艺类，城市观众更倾向于收看歌舞、小品类节目。

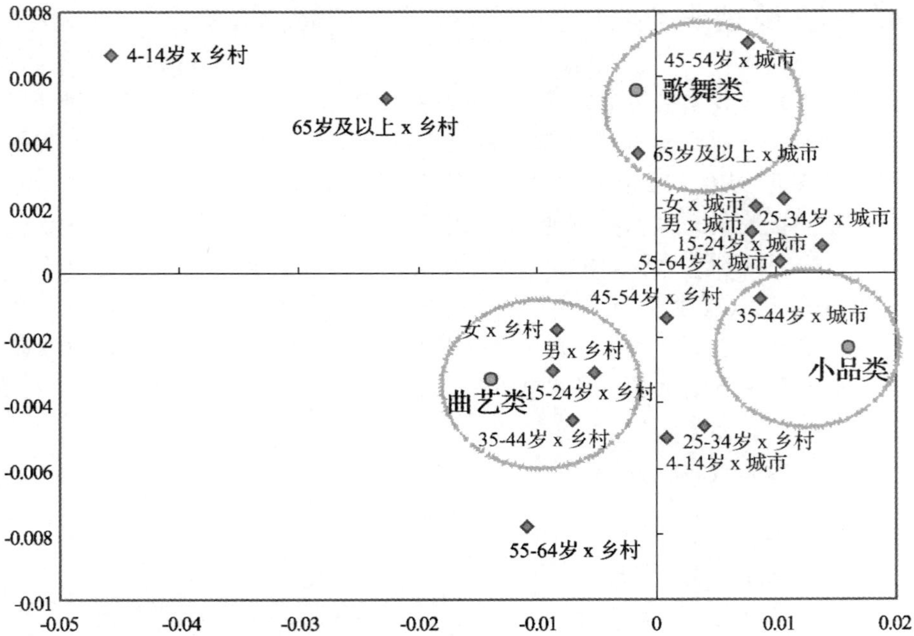

图 6 城乡观众对 2009 年央视春晚不同类型节目集中度对应分析（CSM24 省网）

数据来源：CSM 媒介研究

六、同时段卫视晚会锁定年轻观众

在央视春晚播出的同时，有 16 家省级卫视转播央视春晚，有 11 省卫视播出了自制晚会，和央视春晚正面竞争，他们在人群的争夺上更侧重于年轻观众，取得了明显的收视效果（图 7），同时随着生活水平的提高，一家多台电视机的情况大量涌现也为此提供了可能。从不同时段各卫视播出的春晚和央视春晚观众重叠分析，可以发现观众有较强的相似性，以北京卫视大年初一播出的自制春晚为例，其和央视春晚在北京市场观众重叠率高达 50% 以上，主要以老年观众为主。

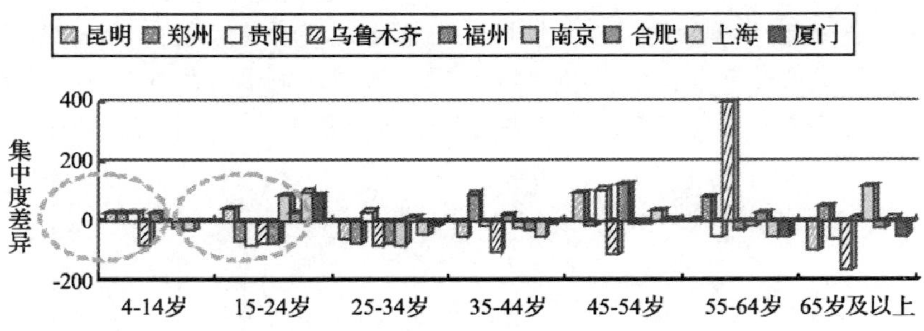

图 7 部分省会市场本地卫视与中央一套观众集中度差异（2009. 1. 25，20:00—24:00）

数据来源：CSM 媒介研究

2009年春晚已在热热闹闹中落下帷幕，收视比上年略有增长，这和央视不断创新息息相关：加大春晚宣传力度，通过各种渠道进行节目的前期预热，如通过网络对演员阵容、节目单等的发布，新闻联播的前期预热等聚焦观众眼球；节目中利用短信、互联网增加与观众互动；晚会转场间隙增加了即时节目单，引导观众收看等等。作为收视率最高的综艺节目，央视春晚虽然在短期内依然是一家独大，除夕夜独领风骚，但观众已悄然分化，各卫视也在不断尝试，积蓄能量分化观众，以求分得开年第一杯羹；同时中国幅员辽阔，地区差异明显，如何在全国市场更进一步，留给我们的思考依然很多。

（作者：封翔）

2009 年国庆长假收视回眸

2009 年是祖国六十华诞，国庆期间全中国成为一片欢乐的海洋，而长达八天的长假也成为人们外出旅行和收看电视的高峰期。各个电视媒体根据自身特点做出精心编排，以切实行动加入到欢庆祖国生日的行列。本文使用 CSM 媒介研究所有调查城市的数据，梳理 2009 年国庆长假的整体收视状况，并对一些新的收视变化进行探索性解读。

一、国庆期间整体收视状况

1. 国庆长假收视总量受多样化娱乐休闲方式分流而减少

通常而言，每当进入较长时期的假期，观众便有更多时间收看电视。收看电视，仍然是目前最为经济、便捷的媒介消费形式，观众所接收到的信息较之以往也更加丰富多彩。因此，仅就直观感觉而言，国庆长假期间应该会有较大幅度的收视增长。然而，随着我国经济形势的转好以及国民消费思路的不断拓宽，长假期间外出旅行成为很大一部分电视观众的首选。结合数据分析，我们发现近两年的国庆长假期间观众的整体收视水平虽比假期前有一定幅度的提升，但与全年收视平均水平相比，增量并不大，确切地说只是略高于平时水平（图 1）。客观地分析，更多的闲暇时间固然给人们以更多可自由支配的时间，但在时间消费的整体模式不断多样化、细化进程中，传统娱乐模式的弱化和新兴娱乐方式的蓬勃都是不可避免的。

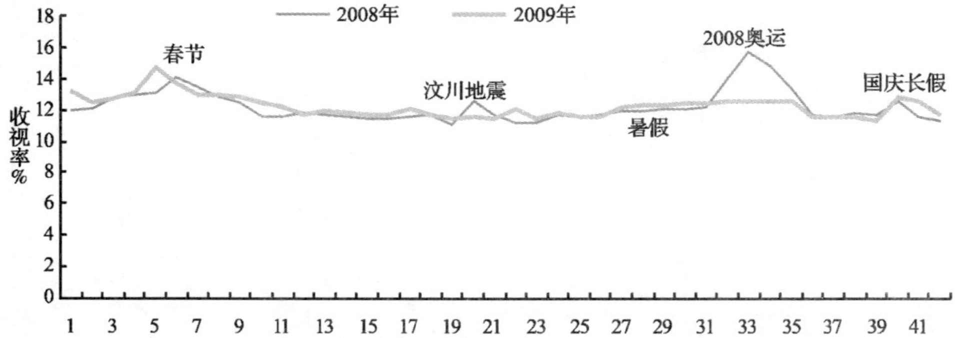

图 1　2008—2009 年所有频道收视率周走势对比（所有调查城市）

数据来源：CSM 媒介研究

纵观2008、2009两年从年初到国庆的收视变化，春节、汶川地震、奥运会和国庆都成为收视曲线的高峰。汶川地震和奥运会是特殊时期发生的重大事件，这种非常规性事件的发生能够在短时间内快速拉升收视水平，但不具有周期规律性。春节是中国延续数千年的文化传统，“在家过年”仍是绝大多数中国人墨守的习俗，而且此时正处于冬季，自然条件也并不利于外出旅行，因此，每年的春节期间会固定出现全年最高的收视高峰。反观暑假，前些年暑期是学生集中收视的高峰，但随着学业压力的增加与以网络为代表的新媒体不断分流学生的注意力消费时间，加之越来越多的家长更愿意和孩子在旅游中享受天伦之乐，导致近几年暑假期间的收视水平几乎无异于往常。国庆长假也类似，据有关数据报道，2009年国庆期间国内旅游人数超过2亿人次，同比增长13%，而从近两年国庆期间观众年龄构成变化也可以看到（图2），2009年国庆15—54岁观众的整体比例都明显下降，这些出行能力较强、娱乐生活较为多样的观众规模缩水也一定程度证明了以上观点。离开喧嚣的都市去贴近大自然、享受异域情调或感受灿烂中华文明，在难得的长假中尽情体验多样化的娱乐休闲生活，让收看电视不再成为国庆假期时间消费的唯一选择，从而使该时期收视上涨并不明显。

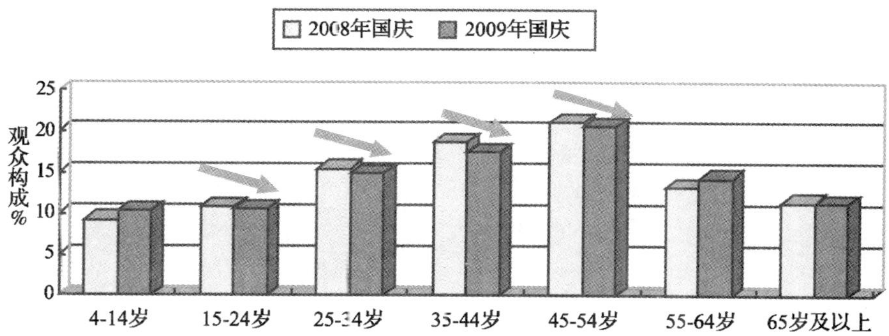

图2 2008—2009年国庆期间观众构成对比（所有调查城市）
数据来源：CSM媒介研究

综上，当更多电视媒体关注于行业内激烈竞争之时，中国观众时间消费模式的多样化和细化正在不断削弱他们对电视的依赖。在周期性的长假期间受众在电视机前的消费和出外旅行等其他模式之间的博弈不可避免，而所产生的反作用力势必将催化电视媒体间更为激烈的竞争。

2. 国庆收视凸显“六十华诞效应”

对比两年国庆期间每日人均收视时长（图3），2009年整体高于上年同期。特别是10月1日多频道直播《首都各界庆祝中华人民共和国成立60周年大会》和《首都各界庆祝中华人民共和国成立60周年联欢晚会》，当天人均收视分钟数为273分钟，远远高出2008年的176分钟，凸显了“六十华诞”相关节目对电视观众的强大吸引力。另外一个值得关注的现象是，2009年的10月6日和7日的人均收视时长明显高于上年，幅度大约在30分钟左右，比往年更长的假期，使得收视保持的时间也相应更长。

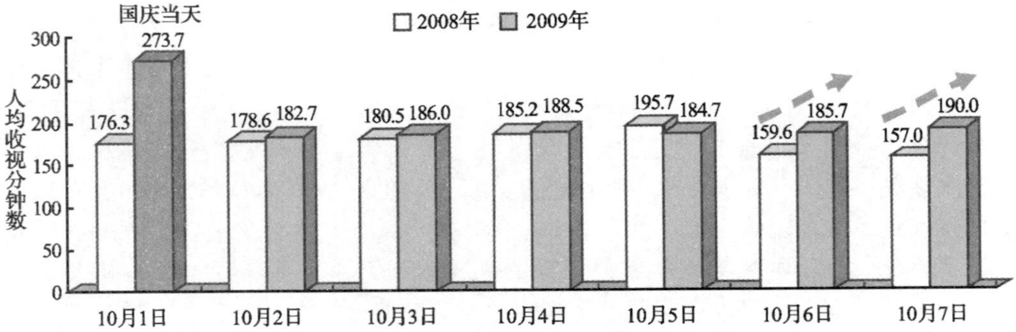

图 3　2008—2009 年国庆期间人均日收视时长对比（所有调查城市）

数据来源：CSM 媒介研究

10 月 1 日国庆阅兵是全世界瞩目的盛事，是对新中国成立六十周年我国强盛国力的彰显，全国观众对阅兵实况的全程关注在很大程度上拉升了上午时段的收视水平（图 4)。特殊重大事件相关节目对整体收视格局具有强有力的影响，这个规律再次得以印证。

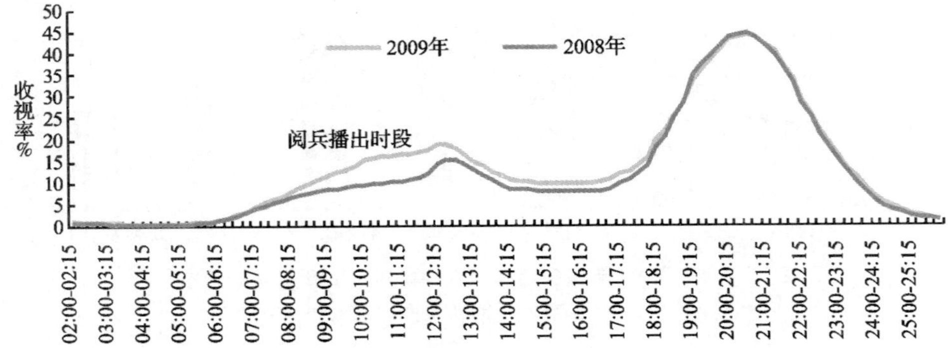

图 4　2008—2009 年国庆期间全天收视走势对比（所有调查城市）

数据来源：CSM 媒介研究

不仅如此，包含阅兵大典的《首都各界庆祝中华人民共和国成立 60 周年大会》对中央电视台综合频道的收视提升更为显著，中央电视台综合频道在当天上午的收视率最高到达了 27%，比之前一个月的平均水平不可同日而语；与此同时，晚间播出的《首都各界庆祝中华人民共和国成立 60 周年联欢晚会》最高收视率也接近 19%（图 5)。

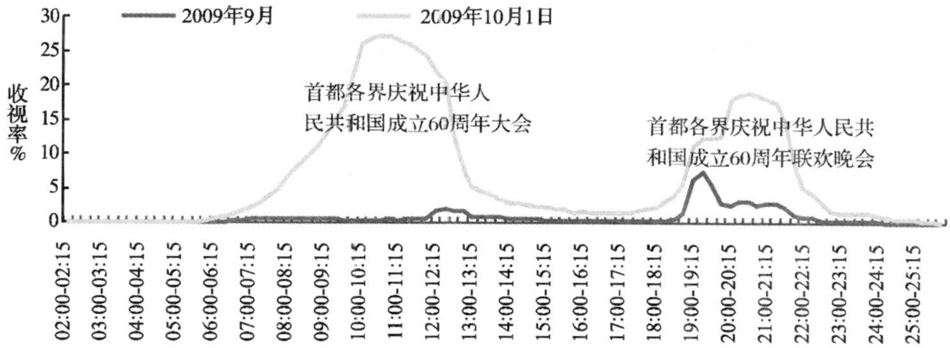

图 5　2009 年 10 月 1 日中央台综合频道全天收视走势与 9 月对比（所有调查城市）
数据来源：CSM 媒介研究

3. 中央电视台依然是国庆收视的赢家

中央电视台作为国家级媒体，具有较高的公信力、丰富的节目资源和广泛的覆盖，在新闻、电视剧、音乐、体育和电影等类型节目的竞争中都占有较大优势，具有较强的群体影响力。2009 年国庆期间全天卫视频道收视十强中（表 1），中央电视台频道占据了七席，除中央电视台综合频道具有极强的竞争力外，八套的电视剧、三套的综艺节目、六套的电影、四套和新闻频道的新闻专题节目以及五套的体育节目都体现出中央级专业频道的超群实力。同时，近年一些优秀省级卫视凭借更为灵活的运营理念和独特的媒体气质取得了较好的收视成绩，湖南卫视、浙江卫视和江苏卫视也入围国庆频道收视十强。

表 1　2009 年国庆期间卫视频道收视排名 TOP10（所有调查城市）

排名	频道	收视率%	市场份额%
1	中央电视台综合频道	1.82	13.25
2	中央台八套	0.54	3.91
3	中央台三套	0.50	3.64
4	湖南电视台卫星频道	0.44	3.22
5	中央台六套	0.40	2.94
6	浙江卫视	0.35	2.57
7	中央电视台新闻频道	0.33	2.43
8	江苏卫视	0.30	2.21
9	中央台四套	0.29	2.10
10	中央台五套	0.22	1.64

数据来源：CSM 媒介研究

二、国庆期间的节目特色

2009年国庆期间电视市场与“国庆”的主题关联紧密，大部分的电视剧、晚会或是新闻/专题节目都围绕着这个主题展开，因此，相对于以往的假期而言，2009国庆黄金周电视节目编排的整体感官效果更加热烈，主旋律特征更加突出。

1. 秋意渐凉电视剧有所降温，广聚人缘新闻/时事和综艺节目应时应景

电视剧一贯是中国观众收视的热点，尽管该类节目对于电视媒体自身品牌建设贡献有限，但是作为延续和拉升收视的保证，各个频道对之仍是乐此不疲。然而，国庆期间电视剧类节目的播出比重比9月份降低了1.03个百分点；与此同时，国庆期间多个频道播出了大型综艺晚会来庆祝祖国生日，因此综艺类节目播出比重增加了近2个百分点，该现象与祖国六十大庆是密不可分的（表2）。

表2　2009年国庆期间各类节目全天播出比重与9月对比（所有调查城市）

节目类别	9月	国庆假期	差值
电视剧	24.13	23.10	-1.03
生活服务	12.79	11.99	-0.80
新闻/时事	8.02	7.94	-0.08
专题	7.09	7.88	0.79
综艺	5.15	7.10	1.95
电影	4.37	4.99	0.62
青少	3.33	3.52	0.19
体育	2.44	2.39	-0.05
财经	1.22	0.62	-0.60
法制	1.19	0.94	-0.25
音乐	0.95	1.32	0.37
戏剧	0.45	0.54	0.09
教学	0.35	0.32	-0.03
外语	0.14	0.08	-0.06
其他	28.36	27.27	-1.09

数据来源：CSM媒介研究

从观众的角度出发，国庆期间他们收看新闻/时事和综艺类节目的兴趣浓厚，关于国庆庆典的新闻报道和一些大型国庆歌舞晚会成为吸引观众的焦点，因此这两类节目的收视比重都高出九月份甚多，而对电视剧的收视热情则有所衰减，下降了4个百分点左右（表3）。

表 3 2009 年国庆期间各类节目全天收视比重与 9 月对比（所有调查城市）

节目类别	九月	国庆假期	差值
电视剧	31.45	27.57	-3.88
新闻/时事	12.95	18.45	5.50
综艺	9.32	13.71	4.39
专题	7.27	5.77	-1.50
生活服务	6.36	4.93	-1.43
电影	4.85	5.75	0.90
青少	3.94	4.78	0.84
体育	2.71	2.21	-0.50
法制	2.10	0.87	-1.23
财经	1.36	0.32	-1.04
音乐	0.92	1.42	0.50
戏剧	0.58	0.52	-0.06
教学	0.30	0.20	-0.10
外语	0.06	0.01	-0.05
其他	15.83	13.48	-2.35

数据来源：CSM 媒介研究

总之，整体来看国庆期间各类型节目的播出和收视都是围绕“六十华诞”这个主题的，节目播出和收视量的多寡都受到较大影响。

2. 革命战争题材电视剧献礼国庆，差异编排增添活力

2009 年伊始，各种类型的革命战争和反特题材的电视剧就陆续登陆电视屏幕，向和平年代享受自由的民众宣扬爱国主义精神，为祖国六十年大庆献礼。国庆期间也不例外，众多知名电视媒体纷纷播出讴歌共和国革命英雄的剧目，例如：安徽卫视播出的《东方红 1949》；江苏卫视播出的《地下地上》、《暗战》和《地雷战传奇》；山东卫视播出的《战北平》、《天字一号》；浙江卫视的《红日》、《东方红 1949》和《敌营十八年第一部》；中央电视台综合频道播出的《解放》与《冷箭》；中央八套推出的《虎胆雄心》、《特殊争夺》、《刀锋 1937》和《暗算》。

另外，其他一些媒体也采用了差异化的电视剧编排，湖南卫视保持轻松娱乐的一贯特点，白天多集连播青春偶像剧《一起来看流星雨》；北京卫视在晚间黄金档上演《咱爸咱妈六十年》，讲述了一对党员夫妻经历了中国六十年间风雨道路上的重大社会及民生事件；浙江卫视在白天连播了老少皆宜的动画片《喜羊羊与灰太狼》，为国庆节日增添了一份轻松和惬意；而在国庆当天，中央六套在晚间黄金时段播出了电影《开国大典》，从电影人的角度为祖国庆生。

3. 大型国庆综艺晚会烘托节日氛围，中秋晚会与各类电视大赛锦上添花

举国欢庆的节日总少不了精彩纷呈的大型晚会，特别是新中国成立一甲子这一具有特殊纪念意义的时点，多个电视媒体的多台综艺晚会将节日的氛围推向高潮。国庆期间，中央电视台综合频道播出了《首都各界庆祝中华人民共和国成立60周年联欢晚会》、《祖国万岁——庆祝中华人民共和国成立60周年大型文艺晚会》和《全球华人共庆新中国成立60周年——同一首歌走进美国旧金山大型主题晚会》；中央三套同时也推出了《我们共同走过——庆祝人民政协成立六十周年文艺演出1949—2009》、《为祖国喝彩——庆祝新中国成立60周年大型电视文艺直播行动》与《祖国颂——庆祝新中国成立六十周年交响音乐晚会》；北京卫视《放歌中华——庆祝新中国成立60周年文艺晚会》、山东卫视《为祖国喝彩——热烈庆祝中华人民共和国成立六十周年大型专题文艺晚会》、江苏卫视《茉莉盛开颂祖国——庆祝新中国成立60周年江苏省万人歌咏大会》一一上演。当然，还有很多独具特色的国庆晚会在全国各地上演，此处不逐一列举，中国电视人对祖国母亲的深切热爱之情有目共睹。

好事成双，我国的传统节日中秋佳节也和新中国的生日同期。中央电视台综合频道举办了《宜春月中华情——2009年中央电视台中秋晚会》，向全国观众致以中秋最温暖的问候。此外，恰逢全运会在山东省隆重开幕，山东电视人结合中秋和全运两大喜事，在山东卫视推出了《山东邀明月，吉辉映全运——山东电视台2009年中秋晚会》。

一些频道在国庆期间策划并推出了系列电视大赛，以精彩的赛事为国庆的电视屏幕锦上添花，中央二套播出了《第十届CCTV模特电视大赛》，北京卫视也将《花样年华——庆祝新中国成立60周年歌舞大赛》呈现在观众眼前。

结语

整体而言，2009年国庆电视收视市场具有节假日收视上涨的一般趋势，但随着我国观众拥有诸如外出旅行等更为多元化的时间消费模式，这种之前较为明显的收视上涨现象可能会在各个长假逐渐趋于平缓。2009年的国庆特别之处在于是祖国的六十华诞，大部分媒体对节目的编播都以此为基调，无论是电视剧、主题晚会还是新闻/专题类节目基本上还是围绕这个中心拓展的。凡事总有两面，在主题和基调整体一致的前提下，与丰富多样性相比，节目类型和编排更多地体现为集中和同质，大多数频道都是白天轮播收视较好的电视剧而晚间播出晚会或者其他剧目，让人耳目一新的编排亮点罕见。同时，经过多年的发展实践，再有突破的难度增大。对于电视媒体而言，长假期间的节目编排仍需继续精耕细作、不断创新。

（作者：李文欢）

观众连续收看多长时间转换频道？
——观众连续收看及转换频道行为分析

频道和节目的收视率，是观众收视行为量化测量的结果。观众收视行为，从操作步骤上，可以分为频道选择和频道收看两个步骤。首先观众在频道间穿梭浏览，根据播出内容和自己的需求选择某个频道，完成频道选择；之后，在该频道停留一段时间，完成对该频道的一段收看行为。此后，又会转换频道，继续浏览选择、收看其他频道。如此循环往复，最终形成了节目、广告和频道的收视率。分析观众频道转换行为、连续收看某一频道的时间，对于深入研究观众收视行为、改善节目和广告编排、提升收视效果以及优化广告效益都具有十分重要的意义。

根据上述对观众收看行为的分解，我们可将观众收看行为分为多个连续的“收视段”，每选择一次频道、停留收看一个频道超过30秒作为一个“收视段”，在该收视段收看的时长作为“每段收视时长”。人均收视段数和人均每段收视时长两者的乘积即为收看电视观众的人均收看时长①。收视段数反映观众收视的分段特征，连接不同收视段的是观众的频道转换行为，因此收视段数可反映观众转换频道的次数；每段收视时长反映观众连续收看的行为，以及观众在转换频道之间的时间间隔。例如，每段收视时长越短、收视段数越多，则观众停留在某一频道连续收看时间越短，转换频道越频繁。

一、晚间黄金时段观众频道收视粘性高

在CSM媒介研究2009年采用测量仪进行收视调查的22个直辖市和省会城市中，每个电视观众一天内的收看行为平均由20个收视段组成，平均每段收看13.3分钟。收看时长和收看段数在每个小时的观众中基本保持一致，每个小时收看电视的观众平均收看3.6段，每段收看11.1分钟，其中比较突出的变化出现在凌晨02:00—05:00和晚间19:00—23:00时段（图1）。

凌晨收看电视的观众连续收看时间较长，较少转换频道，在02:00—05:00期间，每小时的收视段数在全天之中最少，低于3个段，每段收视时长在全天中最长，达到14分钟。众所周知，晚间是观众收看电视最多的时段，收看电视的时间明显增多，从频道选

① 注：“人均收视段数”、“人均每段收视时长”都是基于分析时期和时段内收看电视的观众，而并非所有推及人口，相乘计算的结果“人均收视分钟数（观众）”为该时期、该时段内收看电视的观众的平均收看时长。

择行为来看，19:00—24:00之间的收视增多呈现较为明显的两阶段特征。在19:00—21:00晚间黄金时段内，观众每段收看时间明显增长，20:00—21:00达到13分钟，收视段数3.9段，每个观众收看时长为50分钟。晚间黄金时段的电视节目数量最多、质量最优，对于观众的吸引力最强，而且黄金时段的广告量管理相对严格，广告量相对较少(图2)，观众连续收看时间较长，转换频道频次相对较少。21:00之后，虽然在1—2个小时内观众收看量依然较大，但是观众收视段数增加和每段收看时间缩短都较为明显。随着节目的变化以及广告的增多，观众被频道和节目吸引停留连续收看的时间缩短，转换频道次数比黄金时间更多。

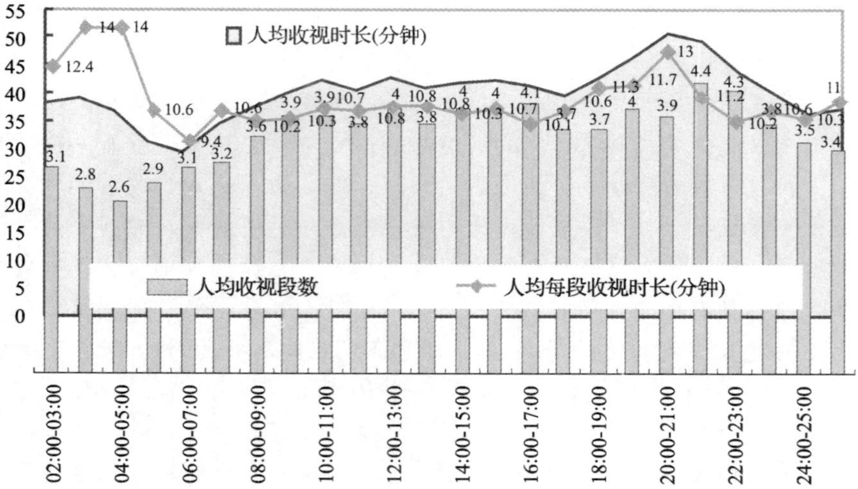

图1　每小时人均收视段数和人均每段收视时长（测量仪直辖市和省会城市，2009年1—8月）

数据来源：CSM媒介研究

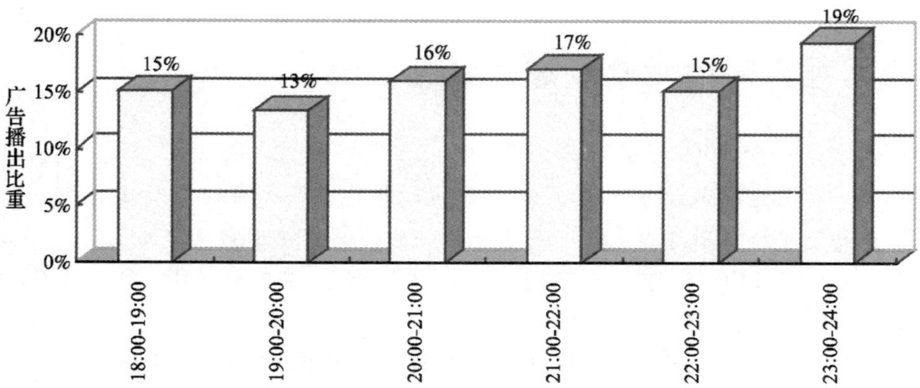

图2　晚间每小时广告播出比重（测量仪直辖市和省会城市，所有频道，2009年8月）

数据来源：CSM媒介研究

二、周末比平日观众连续收看时间更短

周末收看电视的观众全天收看280分钟，比平日收看电视观众的收视时间长近20分钟，但是每段收视时长比平日短半分钟（图3）。周末电视观众收看电视总时间增长的同时，转换频道间停留在某一频道连续收看的时间略有缩短，此特征在全天各个时段都有所体现，其中在上午(09:00—11:00)至中午(11:00—13:00)表现更明显（图4）。

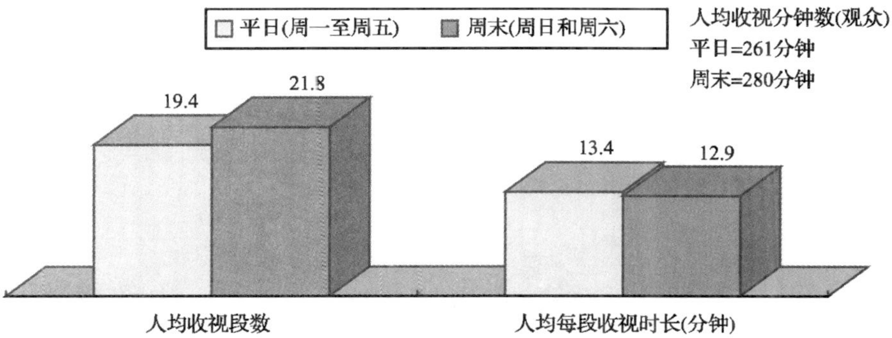

图3　平日及周末人均收视段数和人均每段收视时长

（测量仪直辖市和省会城市，2009年1—8月）

数据来源：CSM媒介研究

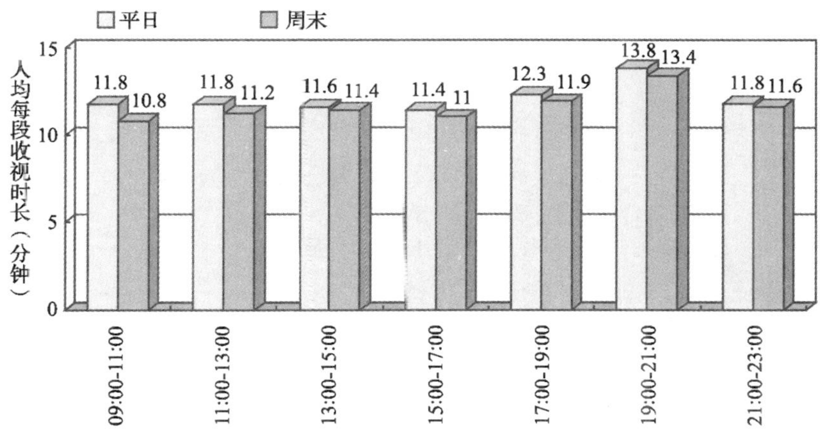

图4　平日及周末主要时段人均每段收视时长（测量仪直辖市和省会城市，2009年1—8月）

数据来源：CSM媒介研究

三、北方观众连续收看时间更短、频道选择更分散

不同城市观众每段收视时长和人均收视段数对照分析（图5）显示，收视段数较多、每段收视时长较短的多为北方城市，例如北京、西安、郑州、济南和长春等，观众连续收视时间更短、转换频道次数更多；每段收视时长较长、收视段数较少的多为南方城市，例如南京、广州、长沙、武汉和合肥等，观众一段时间内对某个一频道收视相对稳

定，频道转换间隔时间较长。

由于收看段数和每段收视时间相乘即为观众的总收视时长，收视段数和人均收看时长的异同与观众总收视量关系密切。例如，每段收看时长相近的属于不同地区的长春、天津、福州和重庆，人均收看段数相差较大，观众连续收看的忠实度接近，造成观众收看电视总量不同的主要是收看段数的多少。另一方面，区域不同的南昌、太原、成都和上海，人均收看段数相当，转换频道次数相近，上海观众每段收视时长更长为14.3分钟，太原观众每段收视时长为12.1分钟，对应于上海每个观众收看电视的291分钟，太原观众的251分钟。

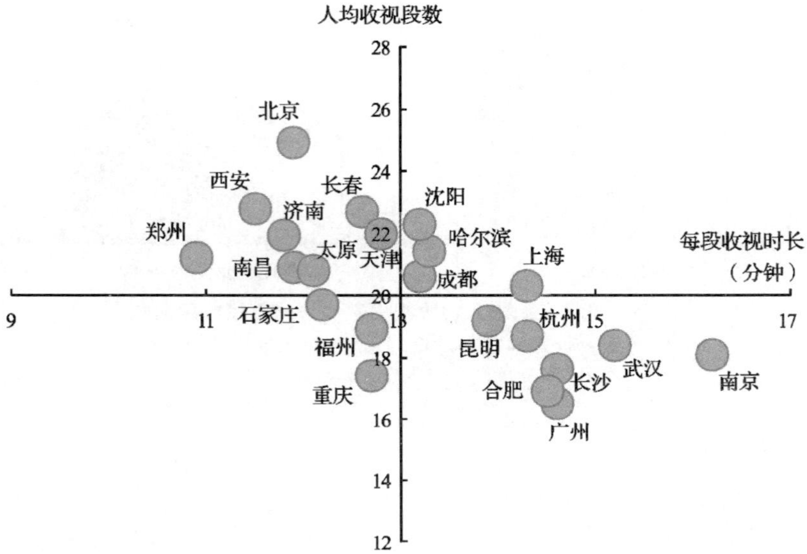

图5 不同城市人均收视段数和人均每段收视时长

（测量仪直辖市和省会城市，2009年1—8月，全天）

数据来源：CSM媒介研究

观众在不同“收视段”可能收看不同的频道，或也可以收看相同的频道，例如每次频道转换都停留收看不同的频道，或几次频道转换后又回到最初的频道收看。所以，结合分析收看段数和收看频道数，能够了解观众频道转换和频道选择的特点。如果收看段数多但收看频道数少，那么观众虽然多次转换频道，但总是在少数几个频道间逡巡，频道选择相对集中；如果收看段数多同时收看频道数多，那么观众不但转换频道频繁，而且频道选择相对分散。不同城市的收看段数和收看频道数分布（图6）同样显示了特征突出的南北地域差异，北方城市观众不但人均收视段数多，转换频道更频繁，而且收看频道数也更多，观众的频道选择更分散。即使收视段数相近，北方城市观众的收视也分散于更多频道。例如，南昌和郑州，一南一北，人均收视段数相差无几，分别为20.9段和21.2段，但是收看频道数分别为9个频道和11个频道。两个城市的观众转换频道次数相近，南昌观众在9个频道间转换收看，郑州观众在11个频道间转换收看，郑州观众的频道选择更加分散。

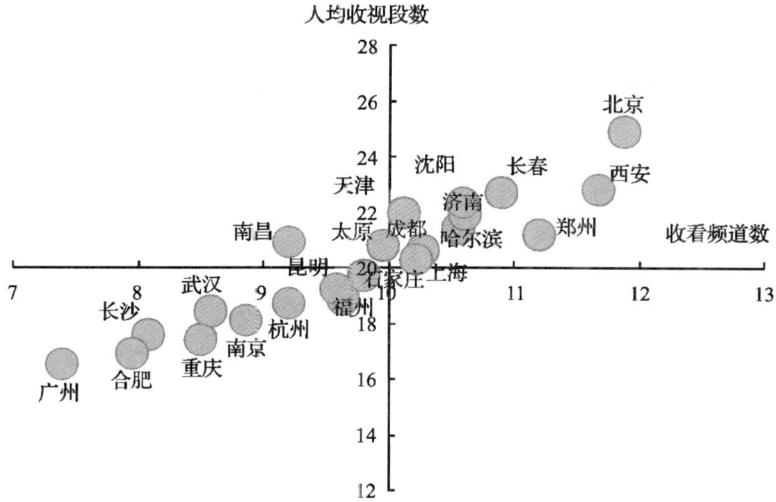

图 6　不同城市人均收视段数和人均收看频道数

（测量仪直辖市和省会城市，2009 年 1—8 月，全天）

数据来源：CSM 媒介研究

观众收视行为是在频道选择中实现的，选择、收看、转换频道等，不但与观众收视习惯有关，与频道的内容和编排相关，也与同时可接收到的“备选”的频道和节目相关，竞争因素对于频道和节目的收视结果影响重大。可选择的频道越多，诱使观众转换频道浏览选择的可能性越大，频道间争夺观众注意力的竞争越激烈。以每日平均到达率超过 5% 和 10% 的频道数比较各城市观众日常收看的主要频道范围，与上述的观众频道选择特征恰为对应，相比于南方城市，北方城市观众日常收看的主要频道数目相对更多。收看时段数和收看频道数更多的北京、西安和长春等，超过 50 个频道在当地观众中取得了 5% 以上的日平均到达率，而取得同等到达率水平的频道在广州、合肥和长沙等地刚至 40 个甚至少于 40 个。平均到达率超过 10% 的频道，在北京、西安、济南和沈阳等地超过了 30 个，而在广州、长沙、武汉和合肥等地仅有 20 个左右（表 1）。

表 1　各城市平均到达率大于 5% 和大于 10% 的频道数（2009 年 1—8 月）

城市	频道数		城市	频道数	
	平均到达率 >5%	平均到达率 >10%		平均到达率 >5%	平均到达率 >10%
北京	55	31	沈阳	48	31
长春	53	29	石家庄	46	31
济南	53	33	成都	46	32
太原	53	28	昆明	45	24
西安	51	43	南京	43	29
南昌	50	27	重庆	42	29
天津	50	26	杭州	42	28
郑州	50	37	武汉	42	22
哈尔滨	49	33	合肥	41	21
福州	48	33	广州	37	17
上海	48	27	长沙	32	23

数据来源：CSM 媒介研究

四、女性、老年人、中低教育程度观众连续收看时间更长

频道选择收看行为从一个侧面反映出不同目标观众的收看习惯和特点（表2），4岁及以上观众全天收视段数为20.1段，每段收看13.3分钟，收看电视的观众平均每人每天收看266.6分钟。与此相比，女性观众的总收看时间更长，而且收视连贯性更强。女性观众平均收看272分钟多于男性观众10分钟，收看时段数却少于男性观众，平均每段收视时间更长，女性观众选择频道后，停留收看的时间长，换台次数更少。

中老年观众一天之中收看电视的时间明显多于年轻观众，而且随着年龄的增长，不换频道连续收看的时间越来越长，15—24岁观众平均收看11.7分钟后转换频道，45—54岁观众平均收看13.7分钟后转换频道，65岁以上观众连续收看时间达到15.3分钟。

在不同教育程度观众中，教育程度越高，每段收视时长越短，转换频道的时间间隔越小。小学及以下观众每段收视最长达到14.3分钟；初中高中观众每段收视时间相近，为13分钟；大学及以上教育观众每段收视时间最少，为12.5分钟。

表2　目标观众人均每段收视时长和人均收视段数

目标观众		人均收视段数	人均每段收视时长（分钟）	人均收视分钟数（观众）	推及人口比例%
4岁及以上所有人		20.1	13.3	266.8	100
性别	男	20.6	12.7	261.7	50
	女	19.6	13.9	272.1	50
年龄	4-14岁	19.5	12.3	239.7	10
	15-24岁	20.1	11.7	234.8	14
	25-34岁	17.4	12.9	224.6	19
	35-44岁	19.4	12.2	236.2	17
	45-54岁	21.2	13.7	289.2	19
	55-64岁	21.9	14.4	315.0	12
	65岁及以上	21.6	15.3	330.8	8
教育程度	小学及以下	17.9	14.3	255.9	20
	初中	21.1	13.1	277.6	29
	高中	20.9	13.2	275.6	31
	大学及以上	19.6	12.5	245.3	21

数据来源：CSM媒介研究

五、家中拥有多台电视机观众、一人独居观众、无线家庭观众连续收看时间更长

在本文分析所用数据的直辖市和部分省会城市中，目前电视家庭以2—4口之家居多（比例占83%），一家一台电视机的比例为58%，电视仍然主要作为“家庭用品”而

非“个人用品”存在，“家庭行为”仍然是电视收看的主要特征。同时，仍有15%的家庭有5人及以上共同居住；另一方面，也有2%的人单独一人居住。随着家庭经济条件逐步改善，拥有两台电视的家庭比例达到了39%，而且有3%的家庭拥有三台及以上电视机。一家之中不同成员收看需求和收看行为不同，在不同人数不同电视机台数的不同收看环境下，频道选择和收看呈现出一定的趋势性特征（表3）。

一人独居观众收看电视的总时间显著长于多成员家庭，在这相对较长的收看时间内，收看段数较多，每段收看时间也较长达到15.3分钟；2—4人家庭和5人及以上家庭中每个观众人均每段收看时长相近，分别为13.1分钟和13.6分钟，多人户家庭的观众，转换频道的间隔时间比一人独居观众短2分钟左右。

家庭拥有一台或多台电视机的观众，总收看时间基本相同，为267分钟左右，在相近长短的电视收看时间内，一台电视机家庭中的观众每段收视时间最短为13.1分钟，收视段数最多为20.4段。拥有两台和三台电视机家庭中的观众，每段收视停留时间渐次增长，三台电视机家庭中的观众，每段收视时长接近15分钟，转换频道次数相应最少。多台电视机为不同家庭成员根据各自需求收看节目提供了更多便利，观众可以更主动、更专注地收看自己选择的节目，极致的情况即独居的观众独立选择收看电视节目，连续收看时间更长，在相同时间内，转换频道次数更少。

在构成收视环境的各因素中，除了家庭结构和收看设备以外，接收频道情况对于观众收看选择也有直接的影响。目前，接收频道差异主要为有线和无线接收方式导致，有线网用户普遍可以接收到中央台、主要省级卫视、各地省市台频道等多达几十个频道，无线用户通常仅能接收中央台一套、二套、七套、本地省市台主频道等为数很少的几个频道。虽然本研究中涉及的直辖市和省会电视家庭中有线户比例达到94%，但仍有个别家庭不能通过有线网接收电视信号。通过对比分析，可以了解接收条件对于观众收视行为影响之一斑。有线家庭户观众接收频道多，一方面，为观众带来了丰富的节目内容，观众收看电视时间长；另一方面，为观众提供了众多的频道选择，观众每段收视时间比非有线家庭观众更短，转换频道的间隔更短。从电视频道经营的角度，有线家庭中频道竞争更激烈，收视更分散，频道获得连续收看的难度更大。

表3　不同收视环境观众人均每段收视时长和人均收视段数

目标观众		人均收视段数	人均每段收视时长（分钟）	人均收视分钟数（观众）	推及人口比例%
4岁及以上所有人		20.1	13.3	266.8	100
户规模	1人	20.6	15.3	316.3	2
	2-4人	20.4	13.1	268.2	83
	5人及以上	18.5	13.6	252.5	15
电视机数	1台	20.4	13.1	266.8	58
	2台	19.9	13.4	266.8	39
	3台	17.9	14.9	267.1	3
接收方式	有线	20.6	13.1	270.5	94
	非有线	13.0	16.0	208.1	6

数据来源：CSM媒介研究

六、影视剧节目观众连续收看时间更长

节目的播出时长、内容和编排不同，观众对于不同类型节目的收看需求不同，不同类型节目观众的收视习惯不同，都是不同类型节目观众收看行为差异的可能原因。收视数据显示（图7），无论全天还是晚间，观众对于电视剧和电影节目的连续收视时间都是最长，达到9—10分钟，其次为戏剧节目，观众收看戏剧节目每段时长8—9分钟。对于生活服务及广告为主的其他节目，观众连续收看时间最短，不到2分钟。除此之外，多数节目类型观众的每段收视时间在6—8分钟范围内。

影视剧是观众基础最为广泛的节目类型，尤其晚间时段的电视剧更是电视频道交换观众注意力和广告投入的重磅筹码。节目类型的自然属性决定了影视剧播出时间相对较长，晚间对频道收视的重要性决定了晚间影视剧的质量相对更优、吸引力更强；同时，很多研究都显示影视剧的忠实观众为中老年观众，本文的上述分析显示了他们连续收看时间长、转换频道相对少。无独有偶，另一个每段收视时间较长的节目——戏剧节目，也是中老年观众特征突出的节目类型。在不同地区制作的电视剧中，以日韩剧为主的“亚洲其他国家”电视剧吸引观众连续收看时间最长，达到12.2分钟。

吸引观众每段收视较长时间的节目多为电视剧、电影、综艺和法制等大众化节目，其中晚间体育节目的观众连续收看时间也相对较长，体育节目尤其是体育比赛往往节奏紧张、悬念迭生，吸引观众集中注意力收看。晚间的体育节目中，环环相扣的台球、半场时间长的足球和快节奏的搏击是观众每段收视时间最长的体育比赛，观众每段收视时长分别为12.9分钟、12.8分钟和10.5分钟。

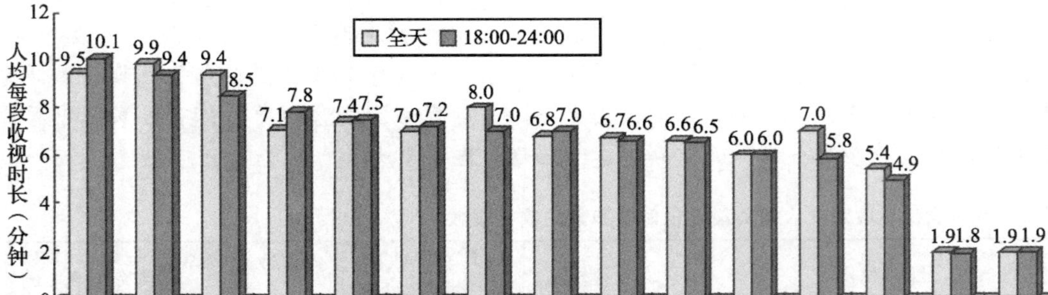

图7　不同节目类型观众人均收视段数和人均收看频道数

（测量仪直辖市和省会城市，所有频道，2009年4—5月）

数据来源：CSM媒介研究

当今，观众可以使用遥控器更加便捷地在众多频道间转换搜索，广告商和广告公司可以利用各种评估工具更加娴熟地在众多频道间评估筛选。但是，机会的增多和工具的便捷终究是一个过程，目的是优化观众注意力资源和广告投入资源的分配。在资源有限性前提下的资源分配和频道竞争将强者愈强的规律清晰地展示于现实中。连续收看和频

道转换交错中，观众的注意力资源是有限的，频道的收视竞争集中体现在对份额的争夺上，高收视份额的频道在强者愈强的市场规律中获得更多的利益和各方面更顺畅的互动共赢，本文分析的收看段数和每段收视时间长两个方面也显现出与市场份额呼应的特征。基于分析涉及的测量仪调查的直辖市和省会的地面频道在各自当地的收视表现，市场份额高的频道获得更多的收看段数，以及更长的每段收看时间（图8、图9），从连续收看时长和收看段数两个角度同样看到了强者愈强的竞争图景。

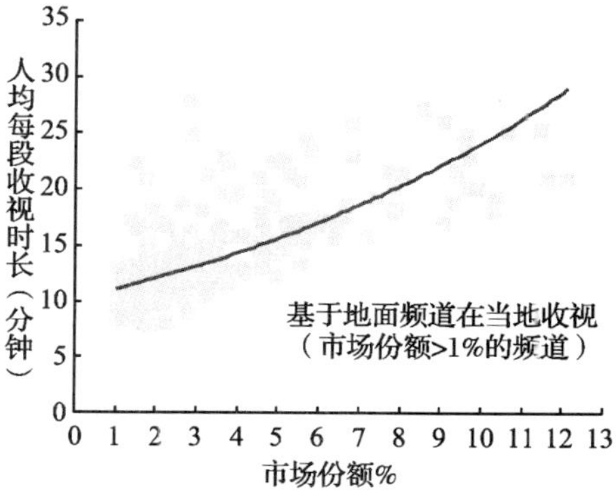

图8 地面频道市场份额和人均每段收视时长
（测量仪直辖市和省会城市，2009年1—8月）
数据来源：CSM媒介研究

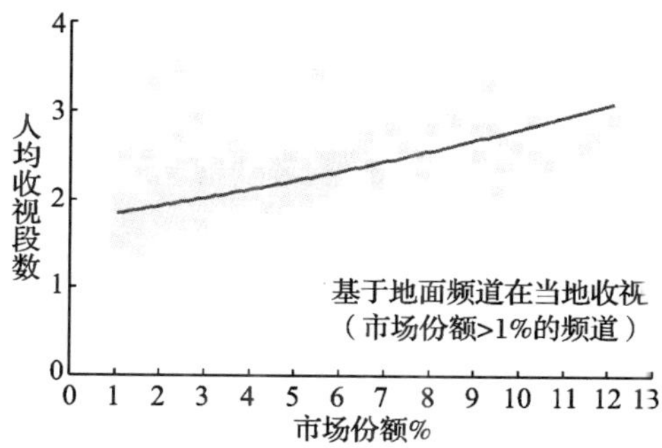

图9 地面频道市场份额和人均收视段数
（测量仪直辖市和省会城市，2009年1—8月）
数据来源：CSM媒介研究

对于观众日常选择范围内的主要节目和主要频道，既需要被观众多次看到、多次选择，也需要观众在选择后停留尽可能长的时间，累积收视竞争份额。观众连续收看的时间可长可短，再次选择可留可走，短时间收看、经常转换频道等增加了观众流失的风险。观众选与不选、停留时间长短最终引起了收视的差异。观众连续收看时间长短、是否转换频道的原因很多，涉及节目内容、环节设置、节目中桥段的衔接、节目与节目的过渡、广告段的时机和长度安排等诸多因素，也与观众的收看需求和收看心理相关。在众多频道和节目中“出位”，需要给予观众“停留”的理由，不但能吸引观众停下，而且要吸引观众留下，尽可能地留下更长时间，并争取被观众更多次地选择。成效如何，比拼对观众收视行为研究的台下工夫，考验节目内容制作和节目及广告编排的台上功力。

（作者：陈晓洲）

放大还是隐藏？
——家庭环境中的观众收视行为浅析

电视收视是一种简单的日常行为，但这种简单的行为中却蕴含着丰富的社会、文化、心理等方面的背景信息，并通过电视收视过程中的各种行为释放所隐含的寓意。家庭无疑是观众电视收视行为的一个重要背景，在家庭休闲活动的整体环境之中，观众的收视行为和节目选择会受到家庭层面的诸多因素的影响。这些影响因素，可能会在某种程度上放大观众的一些收视特征及变化趋势，也有可能在相反的方向上，将观众的某些收视需求和收视倾向隐藏。本文仅从家庭人口规模、家庭中是否有儿童、家庭拥有的电视机台数以及家中电视信号的接收方式四个角度对与家庭相关的观众收视行为进行分析，力图将观众重置于家庭环境当中，并将其被家庭放大或隐藏的收视特征还原。

一、家庭人口规模与观众收视

在对观众的家庭收视特征进行分析时，其所处家庭中的人口规模是我们首先要考虑的一个变量。从目前我国不同户规模电视观众的构成来看，2—4 人户的观众所占比重最多，超过 80%，其中 3 人户观众比重接近 40%；大规模家庭和小规模家庭观众所占比重均不高，其中 5—7 人户的观众比重为 15%，家庭中只有 1 名成员的观众所占比重最小，仅为 1.9%（表 1）。家庭规模对于观众收视的影响，一方面源于不同人口规模家庭中的观众所面临的不同的家庭责任，会对其可支配的娱乐时间长短及娱乐方式选择产生影响；另一方面，隐藏于不同家庭人口规模背后的观众结构，也是影响观众收视变化的潜在因素。

表 1　电视观众的户规模结构（2009 年上半年，所有调查城市）

户规模	1 人户	2 人户	3 人户	4 人户	5－7 人户
推及人口比例（%）	1.9	20.4	39.5	23.3	15.0

数据来源：CSM 媒介研究

1. 独居观众收视时间更长

不同家庭人口规模的观众在电视消费上的差异，源于这些家庭中的成员所面临的家庭责任不同，由此衍生出其娱乐时间及娱乐方式选择的不同。家庭人口数量较少的观众，在没有子女负担的情况下，可能有更多的闲暇时间进行娱乐消费，而在娱乐方式的选择上可能种类更少，对电视这一传统家庭娱乐方式的依赖更强。随着家庭人口数量的增多，可能由于子女的降生，家庭成员所担负的家庭责任增多，能用于娱乐消费的闲暇时间减少，但在另一个角度上其娱乐种类增多，如户外休闲等，因而对传统电视消费的依赖减少。从数据上来看，观众的电视收视时长与其所处家庭的人口规模的确呈反向变化，即观众每日收视时长随着家庭人口规模的增多而减少。家庭中只有一名成员的电视观众，其全天收视时间超过4个小时；而当家庭中的人口数量达到2人时，其每日收视时长下降至3.5小时左右；家庭人口规模在3人及以上的观众，其全天收视时长不足3个小时，尤其家庭人口数为5—7人的观众收视时间最短，仅略多于2.5个小时（图1）。

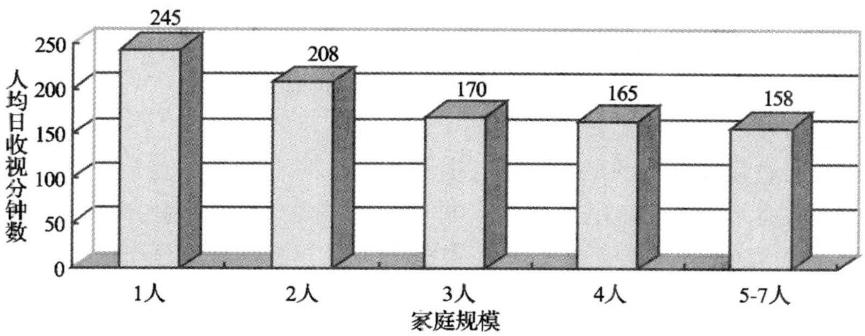

图1　不同户规模观众每日收视时长（2009年上半年，所有调查城市）
数据来源：CSM媒介研究

2. 空巢中老年观众是独居观众主体

当我们把每日收视时间超过3个小时的电视重度收视群体进行解构，不难发现隐藏在其收视行为背后的深层次决定力量。其中，1人户家庭中的观众，以65岁及以上的老年群体居多，所占比重达到30%，这类群体可能是孩子已经长大成人而又没有配偶的老年独居群体，他们一方面由于没有子女的负担而拥有更多的闲暇时间进行电视收视，另一方面，限于他们对其他媒体形式的接触较少，他们更需要倚赖电视这一传统娱乐方式排解寂寞和孤独的情绪，因而不难理解其在电视消费中付出的时间最多。2人户家庭口的电视观众，以45—54岁的中年人所占比重最高，此外，55岁以上的中老年观众所占比重略高于25—44岁的中青年观众比重。这些观众，应该多数是子女已经独立而剩下中老年父母的空巢家庭，他们也拥有较为充裕的时间进行娱乐消费，而且对于传统电视这一娱乐方式更为青睐；也有部分未生育子女的年轻夫妇，还有一些只有父母一方抚育子女的单亲家庭，由于其观众结构更趋复杂，因而在收视总量上不如只有1人家庭的观众时间长，但仍明显高于3人及以上家庭的观众（图2）。

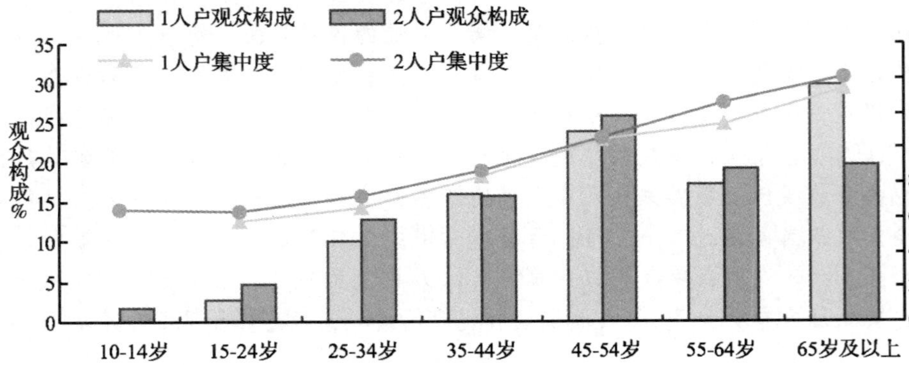

图 2　1—2 人户观众的年龄构成及集中度（2009 年上半年，所有调查城市）

数据来源：CSM 媒介研究

3. 小规模家庭观众更青睐专业性电视节目

从不同户规模家庭中观众对节目的收视偏好来看，生活服务、新闻/时事和专题类节目在中小规模家庭的观众中拥有更高的收视比重，而综艺、电影和青少类节目则在中等及大规模家庭的观众中收视比重更高。电视剧类节目在不同户规模观众中的收视比重差异不大，但在5—7 人户的观众中收视比重最高（表 2）。

上述这种收视结构与不同人口规模家庭中观众本身的特点和家庭收视的特点有关。对于包含信息丰富且具有一定专业性的新闻/时事、专题和生活服务类节目，小规模家庭的观众可能由于家庭负担较小而拥有更多的时间及精力去关注这类节目，因而对其收视比重也较高。而青少类节目则一般在有少年儿童的家庭中较受青睐，这样的家庭人口数基本在 3 人以上。电影、电视剧和综艺类节目，其娱乐性更强，不同层次的观众在收视中均能获得一定的满足。其中电影和综艺类节目可能更适合家庭集体收视，因而在 3 人及以上人口规模家庭中收视比重更高；电视剧类节目由于其广泛的选题和适应性，在不同户规模观众中的影响力差异不大。

表 2　不同户规模观众节目收视情况（2009 年 6 月，所有调查城市）

节目类别	播出比重%	收视比重%				
		1 人户	2 人户	3 人户	4 人户	5－7 人户
电视剧	24.9	32.6	33.2	31.9	33.0	33.7
生活服务	13.5	7.5	7.3	7.2	7.0	6.6
新闻/时事	8.0	14.5	13.9	12.3	12.0	11.4
专题	7.0	8.4	7.8	7.4	6.9	6.6
综艺	5.0	7.6	7.9	9.0	8.3	8.1
电影	4.0	3.5	4.0	4.7	4.8	4.7
青少	3.2	1.3	2.1	4.1	5.1	7.0

数据来源：CSM 媒介研究

二、家庭是否有儿童与观众收视

儿童也是对家庭收视行为产生影响的一个重要因素，在我国的电视观众中，家中有4—9岁儿童的观众比重已经达到21.1%，家中有10—14岁儿童的观众比重也达到17.4%，即有接近4成的电视观众家庭中有能够自主进行收视选择的儿童观众，其收视行为模式与没有儿童家庭中的观众存在一定的差别。儿童对家庭电视收视的影响，主要来自于两个方面：一是儿童本身作为电视观众所产生的电视收视行为所具有的规律和特点，二是有儿童家庭中的成年观众的收视行为也会与没有儿童家庭中成年人的收视行为有所不同。

1. 有儿童家庭观众电视收视时间更短

总的来看，有儿童家庭中的电视观众，其全天收视时长要明显低于没有儿童家庭中的电视观众。以2009年上半年为例，4岁及以上所有人的每日收视时间为176分钟，而家中有4—9岁儿童的电视观众，每日收视时间仅为150分钟，有10—14岁儿童家庭的电视观众，每日收视时间为155分钟，这两个数值都明显低于家中没有4—14岁儿童观众的189分钟。

对这部分家中有4—14岁儿童的观众进一步解构，不难看出，儿童和家长构成了这类家庭的收视主体。相应年龄段的儿童（4—9岁及10—14岁）一般占据四分之一左右的比重，从儿童年龄推测出的家长（25—44岁）所占比重一般在45%左右；同时，与核心家庭共同居住的祖父母辈群体（45岁及以上），所占比重超过2成。

具体来看，家中有4—9岁儿童的观众中，4—9岁儿童本身所占据的比重为23.7%，其父母的年龄集中在25—34岁，所占比重为25.5%，年龄在45岁以上的中老年观众也占据了22.7%的比重，其中以55—64岁老年群体所占比重最高，为14.5%。家中有10—14岁儿童的观众年龄构成，与上述家中有4—9岁观众的差异，主要表现为随着儿童年龄增长而上升一个层次的儿童父母的年龄，以35—44岁中年群体比重较高，达到37.4%，而其祖父母的年龄层次也有所提升，65岁及以上老年人比重达到10.1%（图3）。

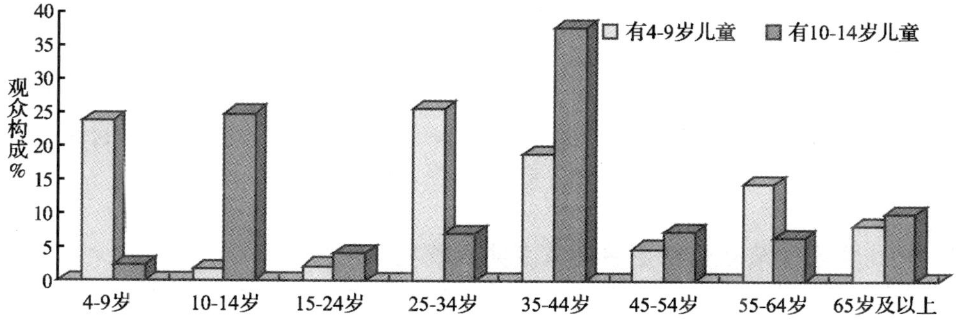

图3 家中有4—14岁儿童的观众年龄构成（2009年上半年，所有调查城市）

数据来源：CSM媒介研究

2. 有儿童家庭中的中老年观众仍是收视主力

从家中有4—14岁儿童的观众分年龄段全天收视走势来看，这类家庭中收视的主力仍然是祖父母级的老年观众，在全天多数时段都保持了较高的收视水平。而作为儿童观众本身，其全天收视在傍晚17:00至晚间20:00有所上扬，在全天其他时段则并不突出。而作为其家长的25—44岁年龄段的观众，收视高峰出现在儿童观众收视下滑之时（图4、图5）。可见，家庭中有4—14岁儿童的观众，其收视总量的下降，部分原因是由于儿童父母要照顾儿童而减少收视时长，作为其祖父母的中老年观众收视反而未受太大影响。

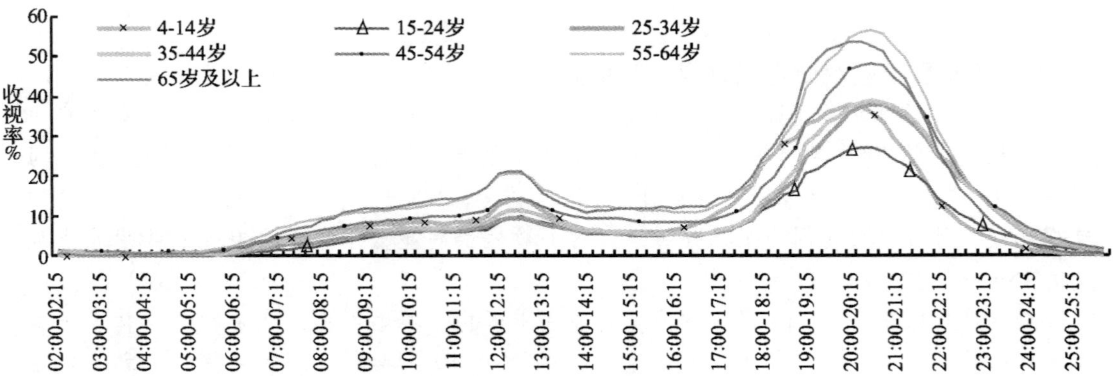

图4 家中有4—9岁儿童的观众全天收视走势（2009年上半年，所有调查城市）

数据来源：CSM媒介研究

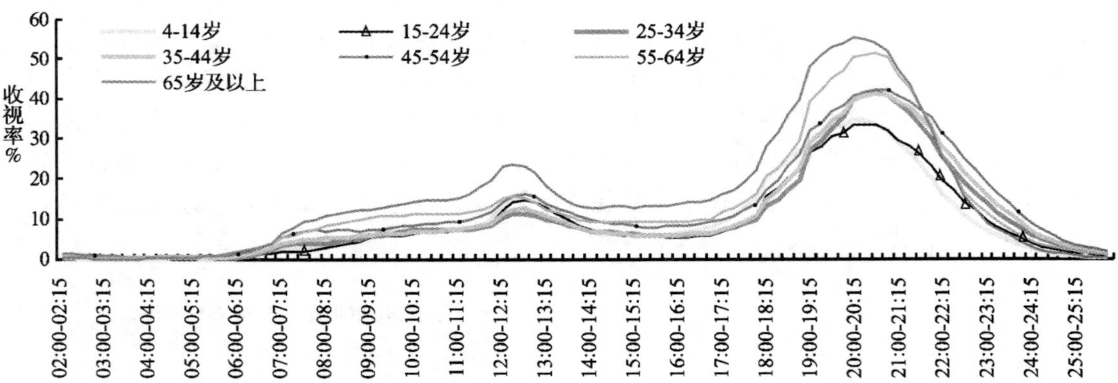

图5 家中有10—14岁儿童的观众全天收视走势（2009年上半年，所有调查城市）

数据来源：CSM媒介研究

3. 有儿童家庭节目选择更注重家庭共同收视

家庭中是否有儿童对观众节目收视选择的影响同样存在，这种影响一方面体现为有无儿童家庭中观众的节目收视选择的差异，另一方面也体现为有不同年龄段儿童家庭中观众节目收视选择的差异。

从家中是否有4—14岁儿童的观众对不同节目类型的收视比重差异来看，无4—14岁儿童家庭中的观众，对生活服务、新闻/时事和专题类节目收视比重明显更高，与该类节目蕴含大量的信息知识，需要观赏者在一定程度上集中精力收看有关，没有孩子家庭的观众可能闲暇时间更多，因而在该类节目的收视中能投入更多的精力。而家中有4—14岁儿童的观众，对于青少类节目的收视比重更高，一方面由于该类节目更契合于青少年观众的收视需求，另一方面也反映出家长伴随收视的存在。

从家中有不同年龄段儿童的观众节目收视选择的差异来看，家中儿童年龄层较高（有10—14岁儿童）的观众，对于电视剧、综艺和电影类节目的收视比重都更高，甚至高于家中无4—14岁儿童的观众，反映出随着家中儿童年龄的增长，这类娱乐性较强的大众节目更适合家庭共同收看，而家中儿童年龄较小（有4—9岁儿童）的观众，可能照顾孩子需要更多的时间精力并且低龄儿童对该类节目的领悟能力较差，因而在这几类节目中的收视比重均不高（表3）。

表3 家中是否有儿童的观众节目收视情况（2009年6月，所有调查城市）

节目类别	播出比重%	收视比重%		
		有4－9岁儿童	有10－14岁儿童	无4－14岁儿童
电视剧	24.9	31.2	33.3	33.0
生活服务	13.5	6.7	6.7	7.3
新闻/时事	8.0	10.3	10.6	13.5
专题	7.0	6.0	6.7	7.7
综艺	5.0	7.6	9.2	8.4
电影	4.0	4.5	4.8	4.4
青少	3.2	11.9	6.7	1.8

数据来源：CSM媒介研究

三、家庭拥有的电视机台数与观众收视

家庭拥有的电视机数量，是家庭观众电视收视行为的硬件基础，对观众电视收视的时间长度、时间分布和节目种类均有影响。

1. 家中拥有较多电视机的观众收视有向非黄金时段转化的趋势

家庭中拥有的电视机数量迅速增长，是近年来观众家庭收视环境方面的一个重要变化。以2009年上半年为例，我国电视家庭中拥有2台及以上电视机的观众比重已经达到38.5%，但其中家庭有3—4台电视机的观众比重相对较小，不足4%（表4）。从家庭拥有电视机台数对观众收视总量的影响来看，家中有2台及以上电视机的观众，其全天收视时间达到178分钟，高于家中只有1台电视观众的175分钟。

表4 家中有不同台数电视机的观众构成(2009年上半年,所有调查城市)

电视机台数	家中有1台电视机	家中有2台电视机	家中有3-4台电视机
推及人口比例%	61.5	34.9	3.6

数据来源:CSM媒介研究

进一步,从家庭中拥有不同台数电视机的观众在全天不同时段的收视走势来看,我们发现家中电视机数量较少(仅有1台电视机)的观众,其在大众收视较为集中的午间和晚间黄金时段的收视表现出更加集中的趋势,而家中电视机数量较多(有2台及以上电视机)的观众,在这两个"大众收视"时段的收视略有降低,在上、下午及晚间21:00之后等非黄金时段的收视则相对更高(图6)。不难看出,家庭中拥有较少收视设备的观众,在全天收视时间的分配上较家中拥有较多收视设备的观众而言更趋集中,即在黄金时段收视水平更高;而家中拥有较多收视设备的观众,其收视在黄金时段的收视水平略有降低,但在非黄金时段的收视则有升高的趋势。究其原因,可能在于家庭中电视收视设备的增加,使观众在传统电视收视黄金时段的家庭集体收视行为弱化,在条件允许的情况下,观众能够根据自己的兴趣爱好选择电视节目进行收看,使原来集中于黄金时段的收视向非黄金时段转移,电视观众的收视行为更趋个性化。

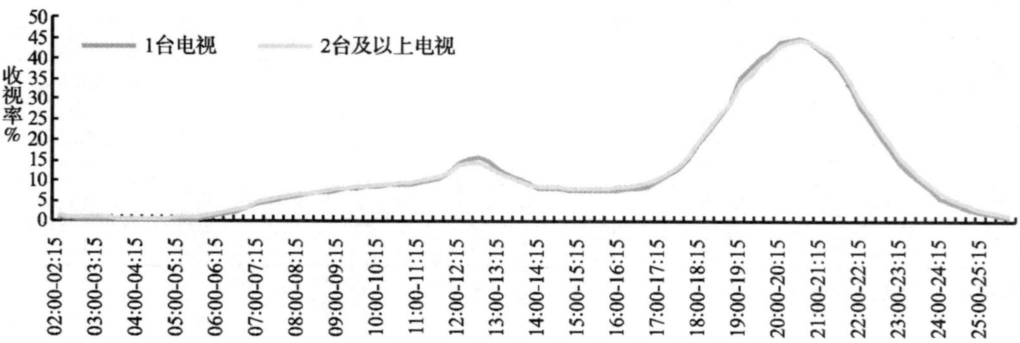

图6 家中有不同台数电视机的观众全天收视走势(2009年上半年,所有调查城市)
数据来源:CSM媒介研究

2. 家庭拥有较多电视机的观众对细分节目的收视比重更高

家庭中拥有的电视机数量对观众节目选择的影响,主要体现为随着家庭中电视机数量的增多,细分化、专业化程度更高的节目的收视比重提高,青睐该类节目的观众能够摆脱传统家庭对于大众节目的共同收视,转向自己喜爱的节目类型。

具体来看,家中有4台电视机的观众,对于新闻/时事、专题、综艺和青少类节目的收视比重要高于其他观众,家中有3台电视的受众,对生活服务类节目的收视比重明显高于其他观众。可以推测,细分受众中的儿童有专门的电视收看青少节目、年轻观众可以尽情选择自己青睐的综艺节目、高知群体则将注意力更多投向新闻和专题类节目、家庭主妇则可以在不影响其他人的情况下收看生活服务类节目。家中有2台及以下电视的观众,对于电视剧和电影这两个大众类的节目收视比重更高,反映出在家庭收视设备有限的情况下，少数观众必须服从家庭户多数观众的收视需求，将更多的精力投入到该类节目的收视中（表5）。

表5 家中拥有不同数量电视机的观众节目收视情况（2009年6月，所有调查城市）

节目类别	播出比重%	收视比重%			
		拥有1台电视机	拥有2台电视机	拥有3台电视机	拥有4台电视机
电视剧	24.9	32.7	32.9	32.1	24.0
生活服务	13.5	7.1	7.1	7.7	6.6
新闻/时事	8.0	12.6	12.4	12.4	17.4
专题	7.0	7.3	7.4	6.9	8.8
综艺	5.0	8.4	8.4	8.2	8.8
电影	4.0	4.5	4.6	4.5	2.7
青少	3.2	4.2	4.1	4.6	6.7

数据来源：CSM媒介研究

四、家庭电视信号接收方式与观众收视

家庭电视信号的接收方式，也是观众电视收视环境的一个重要方面，同样对电视观众收视的时间长度、时间分布和节目种类均有影响。

1. 有线户的观众收视时间更长

随着有线电视网络改造的加快和数字电视的稳步推进，有线接收方式已经成为我国电视观众尤其是城市电视观众收看电视节目的主要方式。2009年上半年，在CSM进行收视调查的所有城市中，87.7%的观众为有线户观众，非有线户观众所占比重仅为12.3%。有线户中的电视观众，能够接收到的频道数量要明显多于非有线户观众，在为其提供了更趋丰富多样的电视节目的同时，在一定程度上也会增加频道间竞争的激烈程度。但从2009年上半年所有调查城市有线户和非有线户观众的电视收视时长差异来看，有线户的观众人均日收视时长为180分钟，明显高于非有线户中观众148分钟的收视时长，即有线接收方式总体上的确增加了观众的收视总量。

进一步，从有线户和非有线户观众全天的收视走势差异来看，有线户中的观众，其白天时段的收视水平更高，晚间时段的收视相对平缓；非有线户中的观众，其白天时段的收视水平较低，晚间收视高峰则更加陡峭，但收视最高水平延续的时间较短。从中不难看出，有线户中的观众，由于其所能收看到的频道资源和节目内容更加丰富，因而他们的收视在全天时段的分布更为平均，而非有线户中的观众，由于其面临的收视选择有限，因而在晚间节目资源相对较为丰富的时段收视更加集中（图7）。

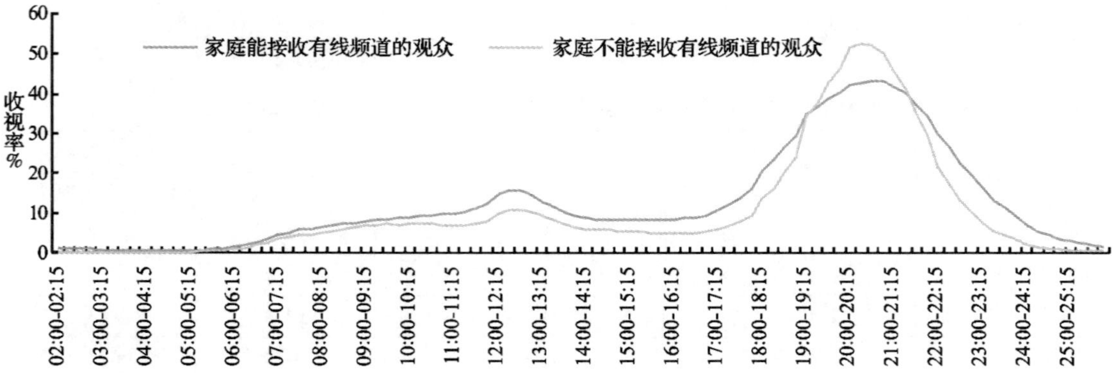

图 7　有线户与非有线户的观众全天收视走势（2009 年上半年，所有调查城市）

数据来源：CSM 媒介研究

2. 有线户的观众节目收视更加丰富

从这两类观众对具体节目收视选择的差异来看，有线户的观众，对于生活服务、新闻/时事、专题、综艺和电影类节目的收视比重更高，而非有线户的观众仅对电视剧和青少类节目的收视比重更高。造成这种差异，主要是源于有线户面临的收视选择更多，能接收到的节目资源也更加丰富，尤其是有线频道中众多的专业频道设置，为专业性较强的节目提供了更为宽广的播出平台，自然增加了受众收看该类节目的可能性。相对而言，非有线户的观众，在收视选择有限的情况下，对于最为大众化的电视剧以及儿童观众最为喜爱的青少类节目的需求往往是刚性的，因此，在有限的选择中对这两类节目的收视比重高于有线户中的观众（表 6）。

表 6　有线户与非有线户的观众节目收视情况（2009 年 6 月，所有调查城市）

节目类别	播出比重%	收视比重%	
		有线户观众	非有线户观众
电视剧	24.9	32.1	38.9
生活服务	13.5	7.1	6.9
新闻/时事	8.0	12.7	11.3
专题	7.0	7.4	6.6
综艺	5.0	8.5	7.4
电影	4.0	4.8	1.8
青少	3.2	4.1	4.4

数据来源：CSM 媒介研究

结语

电视观众的收视行为，无疑处于不断变化之中，而当我们把这些变化着的电视收视行为，放在家庭的整体环境中，我们可以对这些变化有更深刻的理解和洞察。本文仅从家庭人口规模、家庭中是否有儿童、家庭拥有的电视机数量以及电视信号接收方式等角度，对家庭环境中的观众收视行为进行了浅析，以求抛砖引玉，期待有更多的后续深入研究。

（作者：周欣欣）

追求简单轻松的快乐
——80后/90后人群收视偏好浅析

21世纪即将走过第一个十年，曾经在世纪之交备受关注的80后新新人类，如今也逐渐步入稳定的事业成长期，成家立业，有的已经养儿育女。这个曾经被冠以年少轻狂、叛逆自我的第一代独生子女群体，并未如当初预言的成为“垮掉的一代”，而是经过岁月的洗礼稳步走入人生的下一段里程。与此同时，那些当年曾经在教室中咿呀学语的90后小朋友们，也已经步入青春期，开始拥有独立的思维与鲜明的爱憎。与80后的哥哥姐姐们相比，90后的孩子们成长在一个物质生活更为富足的时代，安定的生活环境与资讯飞速传播的时代背景，赋予了他们充满个性的创造力与价值观。

作为年轻人的代表，80后与90后拥有着与其他人群相比异常鲜明的特点，而两个群体也因为不同的成长背景，在思维与喜好上不尽相同。本文仅从电视收视角度浅析80后、90后人群①的收视偏好。

一、总体收视特征：共性与差异并存

1. 收视总量差异：新媒体分流年轻观众

如今收看电视早已成为人们日常娱乐的主要项目之一。从近两三年来观众收看电视的总量上不难发现，观众总体收看电视的时长呈稳中略升的趋势，2009年上半年，4岁及以上电视观众平均每人每天收看176分钟电视，即人均每天会花费将近3个小时的时间看电视。随着多媒体时代的到来，网络等新媒体手段为大众提供了更为人性化与个性化的娱乐资讯，其新颖活泼的形式也更受年轻观众青睐，在一定程度上削弱了电视媒体对年轻人的吸引力。受信息传播多元化与生活形态变化的影响，受众分化和分流程度日益加深，在观众总体收视量逐年增加的同时，年轻观众收看电视时间日益减少。这种趋势在80后、90后人群上体现得非常明显，他们收看电视的总量呈逐年递减的趋势。2009年上半年80后人群每人每天收看电视127分钟，而90后人群由于仍以学生为主，平时忙于课业，每人每天收看电视的时长更少，仅119分钟（图1）。

① 本文收视率数据中80后指年龄在19—28岁的人群，90后指年龄在13—18岁的人群；基础研究数据中80后指年龄在19—28岁的人群，90后指年龄在15—18岁的人群。

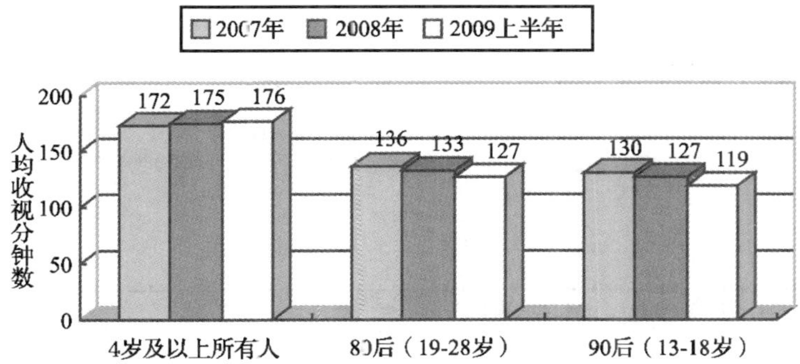

图 1　80 后/90 后人群人均日收视时长（所有调查城市）

数据来源：CSM 媒介研究

目前互联网正在逐渐渗透到人们尤其是年轻人的生活当中。通过互联网观看视频、影视作品，已经成为很多年轻人日常生活中重要的娱乐项目，电视媒体早已不是受众观看影视作品的唯一途径，这不可避免地对观众，特别是年轻观众产生分流作用。从 CSM 基础研究调查结果中抽取一部分大中城市数据作参考，在这些城市中基本上超过半数的 15 岁以上人群都通过互联网访问过视频网站。其中，80 后、90 后人群访问视频网站相对更多，尤其是 80 后，由于他们上网时间较大多数仍是学生的 90 后更为自由，这部分人群中通过互联网访问视频网站的比例更高，在成都、武汉、北京等城市都有超过 85% 的 80 后访问过视频网站（图 2）。

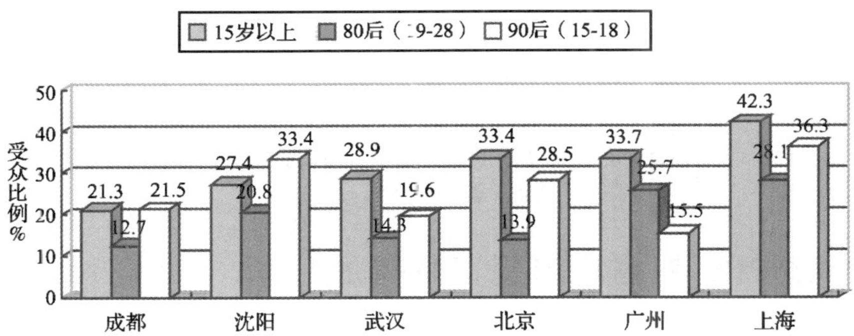

图 2　六个重点城市访问视频网站人群比例

数据来源：2009 年 CSM 相关城市基础研究

2. 收视趋势差异：生活模式影响收视趋势

观众收看电视的规律与生活模式、生活习惯有着密切的关系。从 4 岁及以上所有人与 80 后、90 后全年每天收视时长的趋势可以看出，寒暑假、十一长假、特殊事件（奥运会）对多为学生的 90 后人群收视有明显拉动作用，而大部分已经工作了的 80 后人群在生活作息已经与其他人群相似，因此在收视趋势上也与 4 岁及以上所有人的总体趋势趋同。虽然他们全年每日收视时间少于总体水平，却明显多于以学生为主的 90 后（图 3）。

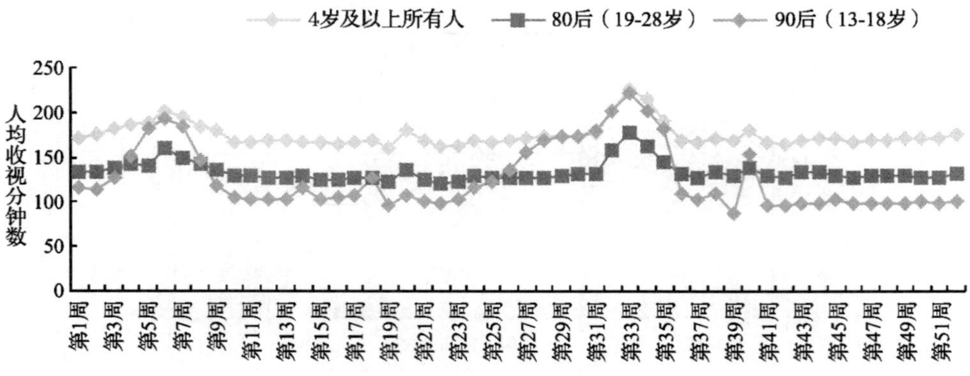

图 3　2008 年 80 后/90 后各周人均日收视时长走势（所有调查城市）

数据来源：CSM 媒介研究

从全天的收视走势也可以看出，已经成为上班族的 80 后在午间的时间安排显然不如还是学生的 90 后自由；而在晚间，没有了课业的任务，80 后比 90 后的收视时间明显增多（图 4）。

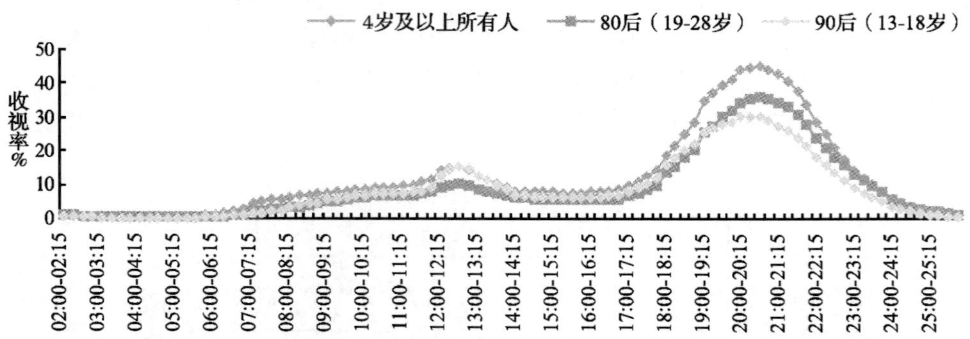

图 4　2008 年 80 后/90 后全天收视走势（所有频道，所有调查城市）

数据来源：CSM 媒介研究

二、频道选择：对省级卫视青睐有加

如果说 80 后、90 后在总体收视趋势上的特征更多是由于生活模式、社会背景所致，那么他们在频道和节目选择上，更多地反映出了这两个群体独特的偏好与特点。

近年来，由于省级卫视频道的资源整合重组，省级卫视在播出优秀电视剧、制作并播出优秀自办栏目上加大投入，其频道竞争实力逐年增强，在部分地区已经与中央级频道平分秋色。省级卫视丰富的节目资源与灵活的节目风格，大大吸引了年轻人的关注。尤其在制作成本较高的综艺娱乐节目上，省级卫视的大力投入，为其在广大年轻观众中的影响力奠定了基础。

从频道选择上看，80 后、90 后人群收看省级卫视频道的比例明显高于 4 岁及以上所有人的平均水平。其中 90 后人群对省级卫视的偏好性尤为突出，2008 年省级卫视在 90 后群体中的收视份额已经超过中央级频道，成为 90 后人群收看最多的频道组（图 5）。

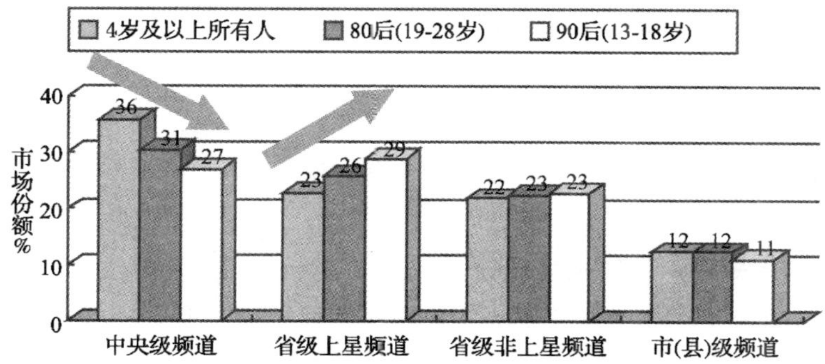

图5　2008年各级频道在80后/90后群体中的市场份额（所有调查城市）
数据来源：CSM媒介研究

从省级卫视全年收视率走势上看，80后人群全年收视趋势与4岁及以上所有人的整体趋势非常接近，基本趋于平缓。而平日忙于课业，收视较少的90后人群则在节假日等闲暇时期对省级卫视的收看极为集中，远远超过其他人群。而从90后人群全年收看各级频道走势也可以看出，全年除了特殊事件的影响（奥运），90后把在假期增加的主要闲暇收视时间大多贡献给了省级卫视，由此可见90后青少年对省级卫视青睐有加（图6）。

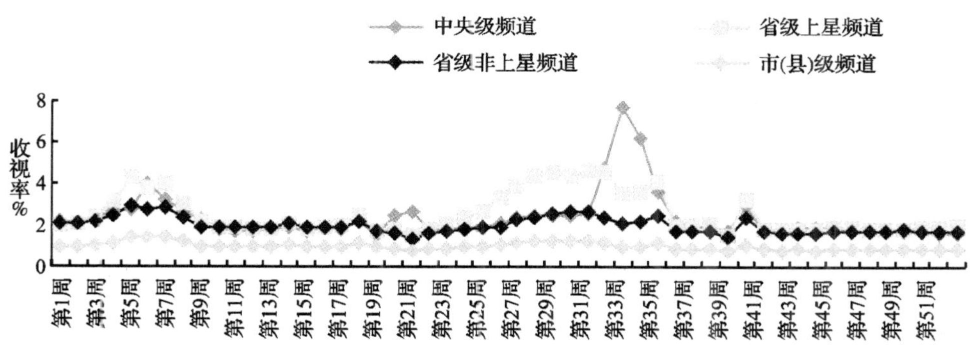

图6　2008年90后人群对各级频道收视率周走势（所有调查城市）
数据来源：CSM媒介研究

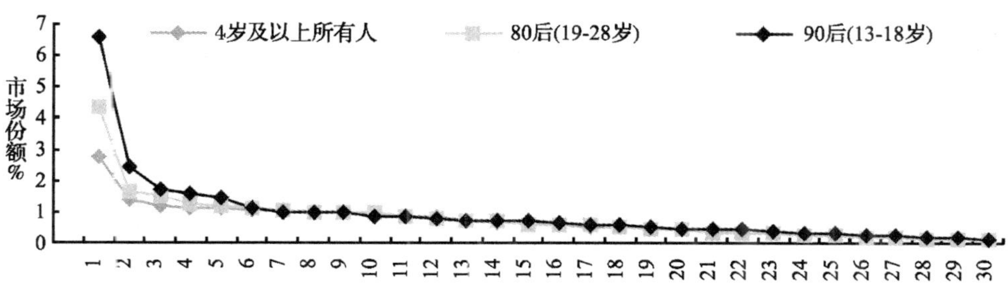

图7　2008年80后/90后收看各省级卫视的市场份额（35城市）
数据来源：CSM媒介研究

而从80后、90后对省卫视频道的选择上看，也呈现了明显的双虞效应。年轻人对排名前五位的卫视更为偏爱，尤其是90后青少年，对排名靠前的几个省级卫视收视份额更高（图7）。

三、节目选择：寻找简单轻松的快乐

（一）对节目类型的选择

客观地讲，观众对不同类型节目的收看时间，很大程度上受制于各类节目播出的时间比例。电视剧、新闻、综艺三驾马车在播出时间上的绝对优势，当然也会影响到观众收视时间的分配。2008年在35城市全年播出的所有节目中，电视剧占23.1%的播出时长，新闻/时事类节目占7.7%的播出时长，综艺节目占4.1%的播出时长。相应的，观众分配给这三类节目的收视时间也相对较多，4岁及以上所有人花费了32.5%的时间收看电视剧，13.3%的时间收看新闻/时事节目，7.4%的时间收看综艺节目。与此相似，80后、90后同样会花费较多的时间收看这三类节目，且收看电视剧的时间明显多于收看其他类节目的时间（表1）。这并不完全取决于该类节目在这部分人群中的受欢迎程度，很大程度上还取决于该类节目的大面积播出。无论是80后的上班族还是90后的学生族，有限的看电视时间都在一定程度上限制了他们对电视节目类型的选择。另一方面，由于电视收视行为大多以家庭为单位，伴随收视行为仍然存在，80后、90后人群对节目的选择在一定程度上也会受到家庭成员的影响与制约。

表1　2008年三类主要节目播出比重与各目标观众的收视比重（35城市）

播出比重%		收视比重%		
类别	所有频道	4岁及以上所有人	80后	90后
新闻/时事	7.7	13.3	11.7	9.1
综艺	4.1	7.4	8.3	9.5
电视剧	23.1	32.5	33.2	35.4

数据来源：CSM媒介研究

为了便于比较80后、90后人群与4岁及以上所有人对各类节目收视偏好的差异，以及80后、90后人群之间的差异，笔者将80后、90后两种人群收看各类节目的收视比重与4岁及以上所有人收看各类节目的收视比重做比较。可以看出，80后、90后较4岁及以上所有人收看更多的节目类型包括电影、音乐、综艺、外语、体育、电视剧。其中，80后对电影类节目的偏好最为明显，而90后则在音乐、综艺、外语等节目上的收视比重更高。从中也可以看出，80后、90后的年轻人对轻松、娱乐、年轻化的节目类型更为青睐，而这种倾向在更加年轻的90后人群身上表现得更为淋漓尽致。而反过来看，新闻、专题、法制、财经等相对严肃与专业的节目类型对年轻人的吸引力不大，他们的收看时间远远少于4岁及以上所有人的平均水平，尤其是90后人群，对这类节目的收视偏好极低（图8）。

收视行为体现的差异，在收视态度与喜好方面得到了印证。CSM 对部分大中城市的基础研究调查结果显示，在北京、上海、成都、武汉、沈阳等城市，大多数 80 后、90 后人群都会选择综艺类节目为最喜欢的电视节目，而 15 岁及以上人群总体来说最喜欢的电视节目则是新闻/时事类节目。

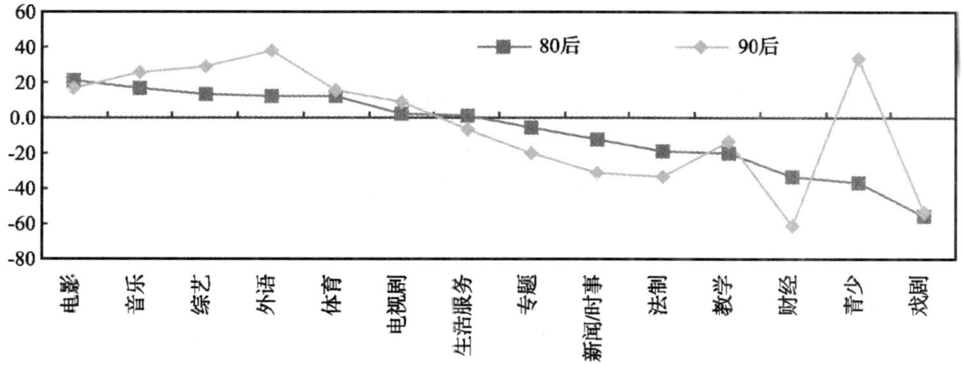

图 8　2008 年 80 后/90 后各类节目收视比重相对差异①（35 城市）

数据来源：CSM 媒介研究

（二）对具体节目的选择

1. 对电视剧的选择

作为播出量最大的节目类型，电视剧一直以来在观众收视中占据较大的份额。而电视剧的播出中，内地电视剧的播出量最大，2008 年达到 80%，港澳台电视剧为 10%，亚洲国家电视剧为 5%。而从观众的收视情况上看，4 岁及以上所有人也基本花费了相当比例的时间收看各类电视剧。但 80 后、90 后人群收看内地电视剧的比例明显低于 4 岁及以上所有人的平均水平，也低于内地电视剧的播出比重。与之相反，80 后、90 后收看港澳台电视剧的比重却高于 4 岁及以上所有人的平均水平，也高于该类电视剧的播出比重，而且 90 后人群在这方面的收视需求更强（图 9）。

从不同人群收看电视剧的排名上也可以看出，80 后、90 后对相对较为严肃的题材兴趣不大，而对于题材轻松活泼的港澳台电视剧较为热衷，如 TVB 制作的《肥田喜事》、湖南卫视自制的《微笑在我心》、从台湾引进的偶像剧《翻滚吧蛋炒饭》、《恶作剧 2 吻甜蜜再恋》都非常受 80 后、90 后年轻人喜爱。但 80 后、90 后在收看电视剧的选择上也存在一定的差异，如革命史诗型电视剧《人间正道是沧桑》在 80 后人群中也有不俗的收视成绩，在一定程度上也反映了 80 后人群在心理上较 90 后更为成熟（表 2）。

① 收视比重相对差异 =（目标观众某类节目收视比重 - 参考观众该类节目收视比重）/参考观众该类节目收视比重 ×100%，本文的参考观众选取为 4 岁及以上所有人。

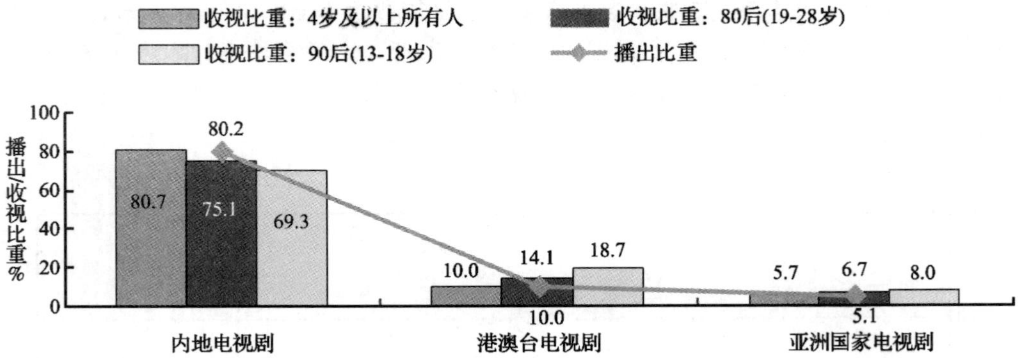

图 9　2008 年各类电视剧收播比重（35 城市）

数据来源：CSM 媒介研究

表 2　2009 年上半年各目标观众电视剧收视排名前 5 位（35 城市）

排名	名称	频道	属性	题材	4 岁及以上所有人
1	我的兄弟叫顺溜	中央电视台综合频道	内地电视剧	军事斗争	5.0
2	走西口	中央电视台综合频道	内地电视剧	近代传奇	3.3
3	人间正道是沧桑	中央台八套	内地电视剧	军事斗争	3.0
4	叶挺将军	中央电视台综合频道	内地电视剧	重大革命	3.0
5	喜耕田的故事第二部	中央电视台综合频道	内地电视剧	农村	2.0
排名	名称	频道	属性	题材	80 后(19－28 岁)
1	我的兄弟叫顺溜	中央电视台综合频道	内地电视剧	军事斗争	2.8
2	肥田喜事	湖南电视台卫星频道	港澳台电视剧	言情	1.7
3	走西口	中央电视台综合频道	内地电视剧	近代传奇	1.6
4	人间正道是沧桑	中央台八套	内地电视剧	军事斗争	1.5
5	微笑在我心	湖南电视台卫星频道	内地电视剧	言情	1.5
排名	名称	频道	属性	题材	90 后(13－18 岁)
1	我的兄弟叫顺溜	中央电视台综合频道	内地电视剧	军事斗争	3.2
2	翻滚吧蛋炒饭	湖南电视台卫星频道	港澳台电视剧	言情	2.3
3	搜神传	江苏卫视	港澳台电视剧	神怪玄幻	2.2
4	微笑在我心	湖南电视台卫星频道	内地电视剧	言情	2.1
5	恶作剧 2 吻甜蜜再恋	湖南电视台卫星频道	港澳台电视剧	言情	2.1

数据来源：CSM 媒介研究

2. 对电视栏目的选择

如上文所言，年轻观众对内容相对轻松的节目，如综艺节目、轻松话题的访谈节目较为偏爱；而对于内容相对严肃的节目，如新闻/时事、法制、财经类节目则兴趣较小。下面将选取一些最近较受年轻人欢迎的娱乐节目、谈话节目为例，具体考察 80 后、90 后人群对具体节目的偏好。

(1) 平民选秀节目

平民综艺选秀节目无疑是近年来最受年轻人欢迎的节目类型之一。这类节目有着华丽的舞台、各具特色的选手、明星评委甚至明星主持人、紧张刺激的晋级PK环节、狂热的粉丝团，而这类节目最终也多以“造星”为目标。从2004—2007年广受年轻人追捧的《超级女声》、《我型我SHOW》、《快乐男声》、《加油！好男儿》，到2009年正在火热播出的《快乐女声》、《名师高徒》、《加油！东方天使》，这些节目都曾经或正在吸引着80后、90后年轻人的目光。

对比上海东方卫视2008年的《我型我SHOW》和2009年湖南卫视的《快乐女声》、江苏卫视的《名师高徒》、浙江卫视的《百事群音》的观众集中度，可见这几个节目都较受80后、90后欢迎，且90后的集中度要高于80后。对于《我型我SHOW》和《快乐女声》两个节目，90后观众的集中度更是达到了200%以上。而这其中最为崇尚个性化与时尚元素的《我型我SHOW》节目更是显示出了年轻观众对这个节目的独享性，除13—28岁人群以外，其他观众对其的收视倾向性都相对较低，仅在45—54岁人群收视略高，与家长的伴随收视不无关系（图10）。

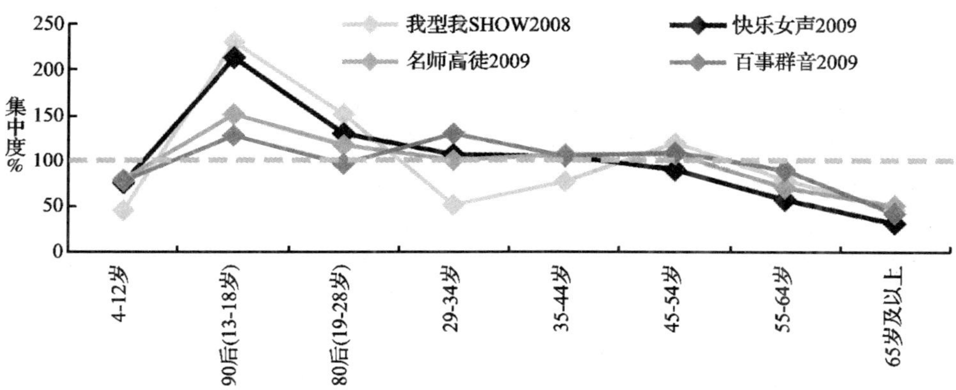

图10　几档平民选秀节目[①]观众集中度比较（35城市）

数据来源：CSM媒介研究

（2）平民K歌类娱乐节目

除了平民选秀节目，近年来几个省级卫视不约而同开始播出以平民唱歌为主要内容的娱乐节目，浙江卫视的《我爱记歌词》、江苏卫视的《谁敢来唱歌》、湖南卫视的《挑战麦克风》等都是此类节目的代表。这类节目不再是以“造星”为主要目标，而是以大众参与、自娱自乐为主要内容。更大的参与感与平民化路线，使这些看似同样年轻时尚的节目相对于平民选秀节目而言更为大众化、全民化。从这三个节目的观众集中度也可以看出这种娱乐节目的大众化：从13—54岁的观众对这三个节目都较感兴趣，且并没有哪个年龄段的观众显示出了非常明显的收视倾向（图11）。

（3）综合性娱乐节目

湖南卫视热播十余年的综合性娱乐节目《快乐大本营》，始终受到广大年轻观众的欢迎；而2008年才开播的新娱乐节目《天天向上》也同样捕获了众多年轻观众的心。

① 2009年选秀节目数据日期截至2009年8月8日。

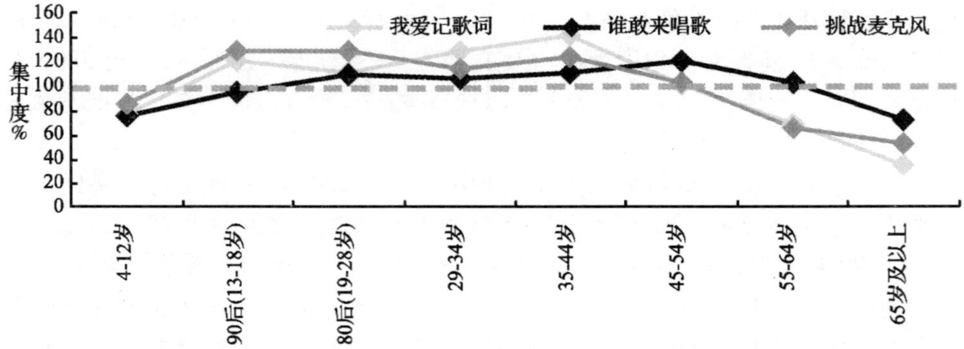

图 11　2009 年上半年几档平民 K 歌类节目观众集中度（35 城市）

数据来源：CSM 媒介研究

以何炅和汪涵为核心的主持群每周与观众相约在电视荧屏上，每个周末与观众共同度过愉快的两个小时。

除了常规的周播型综艺节目，最近几年流行的季播型综艺节目也广受观众欢迎。除了上面提到的平民选秀节目，也有明星选秀类的节目，如上海东方卫视的《舞林大会》；或以全民参与、全民娱乐为主要内容的综艺节目，如湖南卫视的《智勇大冲关》、《全家一起上》。另外还有 2009 年上半年多个频道争相推出的魔术类节目，如湖南卫视的《金牌魔术团》等。在这几个节目中，由赵忠祥和王冠主持的、由多位主持人参加比赛的《舞林大会》在观众群上以中老年观众收视倾向更强；而湖南卫视播出的《智勇大冲关》、《全家一起上》、《金牌魔术团》都在 90 后观众中更受青睐，且《智勇大冲关》节目对 4—12 岁的儿童吸引力更强，这与其节目内容健康、轻松、活泼的定位有关。而相比之下，80 后对这几个节目的收视倾向并不明显（图 12）。

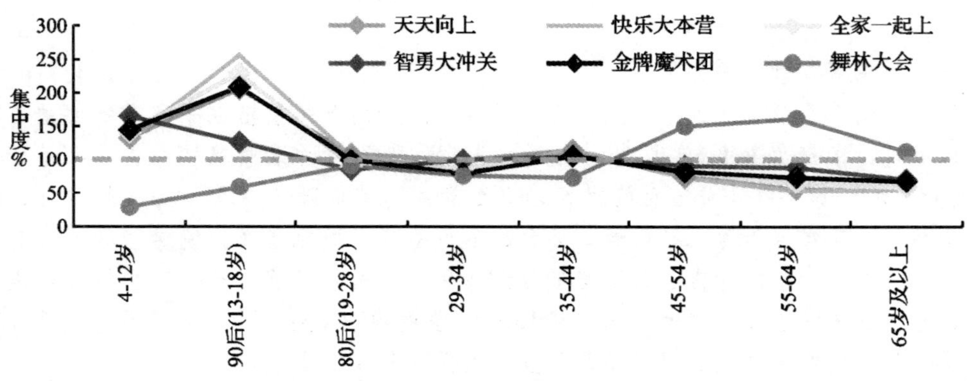

图 12　几档综合性娱乐节目集中度（35 城市）①

数据来源：CSM 媒介研究

① 数据日期范围：《天天向上》、《快乐大本营》2009 年上半年；《全家一起上》、《舞林大会》截至 2009 年 8 月 8 日；《智勇大冲关》、《金牌魔术团》截至 2009 年 7 月。

（4）专题访谈类节目

除了综艺娱乐节目，一些话题相对较为轻松的谈话类节目也受到年轻观众的关注，如湖南卫视播出的《背后的故事》、《快乐心灵说出你的故事》，在80后、90后观众中集中度相对较高，且90后的集中度更高。而上海东方卫视的《杨澜访谈录》、《波士堂》在话题上相对高端一些，对90后学生的吸引力较小，集中度较低，但《波士堂》对已经处在事业打拼阶段的80后上班族还是有一定的吸引力（图13）。

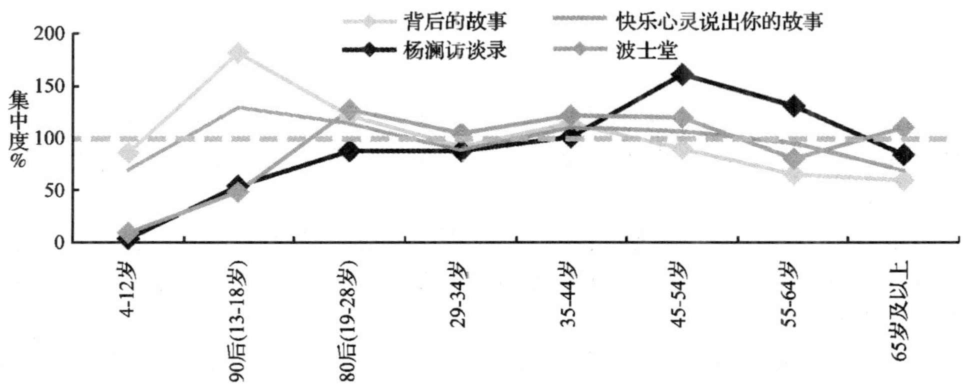

图13　2009年上半年几档专题访谈类节目观众集中度（35城市）①

数据来源：CSM媒介研究

一个栏目的观众特征受多方面因素的影响，80后、90后对哪些节目较为偏爱，也同样会受到各种因素的影响，而往往这其中的很多因素已超出收视调查的测量范围。本文仅以收视行为调查为基础，综合以上几种电视栏目的收视差异，分析影响80后、90后收视偏好的因素，具体有以下三个：

第一，对简单轻松话题的喜爱。无论是每天朝九晚五的80后上班族，还是整日忙于学业的90后学生族，简单轻松的节目无疑能为他们紧张忙碌的生活增添不少轻松与愉悦。而对这种简单轻松的节目的喜好，90后年轻人表现得更为明显。如《快乐大本营》、《天天向上》等节目，90后观众的集中度都远远高于其他人群。

第二，对偶像元素的追求。有人说21世纪不再是英雄、偶像频出的年代，但年轻人对偶像元素的追求却从未止步。由于当今的年轻人在欣赏角度上也呈现出多元化的特点，一个明星不同角度的特点都可能成为他们乐于追捧的偶像特征。近年来广受年轻人欢迎的平民选秀节目，为80后、90后年轻人提供了偶像崇拜的机会。一个受年轻人喜爱的节目，可以从多个方面为年轻人所追捧，包括节目中的选手、嘉宾、主持人、评委，越来越多的元素都逐渐透露着偶像的信息。比如因平民选秀节目而走红的明星选手和明星评委们，以及电视节目的明星主持人。对这些明星偶像的认同，也增强了年轻人对这些节目的认同感。从这些节目的收视上也可以看出，90后的年轻人对这些节目的热情更高。

① 《波士堂》节目数据范围：2009年6月21日—8月8日。

第三，对品牌的认同。从以上分析的节目的观众特征不难发现，观众对节目的喜好，多多少少也会受到该频道观众特征的影响。换言之，一个节目的观众特征会受到这个节目所在频道的品牌形象影响。如，湖南卫视的几个综艺节目都较受年轻观众喜爱，这与频道的观众群较为年轻化不无关系。CSM基础研究调查结果显示，在北京、成都、武汉、沈阳等城市，湖南卫视的定位和风格都是80后、90后人群最为喜爱的，且90后人群的喜好程度更高一些。

结语

从收视趋势上看，年轻人收看电视总量逐渐减少已成定局。而由于生活模式、社会背景的不同，80后人群收看时间比90后人群略多，而90后人群在节假日等特殊时期对电视的收看较为集中。

从频道偏好上看，年轻人更偏爱节目形式轻松灵活的省级卫视，而且频道选择非常集中，收视集中于综艺娱乐节目突出的少数省级卫视频道。其中，90后人群对省级卫视的喜好更为突出。

从节目偏好上看，年轻人更偏爱轻松题材的电视剧和简单轻松的娱乐节目，同时栏目和频道的品牌效应都对其有较大的影响。

与80后人群相比，90后人群对所喜爱的频道或节目的喜好度更高，或者说，90后人群在收看电视的选择上自我主张更加张扬。但从整体看，除了生活模式与所处人生阶段造成的收视趋势不同，80后与90后收视偏好大同小异，只是喜好程度的深浅略有差别。作为当前年轻人的代表，80后、90后人群收看电视的选择有着不同于其他人群的特点与偏好，他们更注重轻松自然的主题，更有娱乐精神和自我主张，更追求简单轻松的快乐。

（作者：吕一丹　王钦）

电视频道质的评价：方法与案例

我国电视媒体评价大致经历了三个阶段：20世纪70年代，省级卫视上星之前，全国只有中央台的信号能覆盖全国，当时的评价指标非常简单，完全用“覆盖”进行衡量。中央台覆盖全国，省级台覆盖全省，城市台覆盖全市，层次分明，简单清晰。尽管当时已经有了“覆盖”的概念，但一个电视台具体的覆盖率是多少，并没有机构去统计。20世纪90年代，随着一些国际性收视率调查公司进入中国市场，“收视率”这个评价指标逐渐被大家接受。这里存在两个层面的测量，一是“覆盖率”，即使同级别的两个频道，它们的覆盖率也相差甚远；二是“收视率”，即使两个频道的覆盖率相近，由于频道的定位、内容、编排等方面的差异，其观众收视量也会有相当大的差异。近年来，越来越多的专家学者提出，尽管是同样数量的收视人群，由于观众的价值不同、消费能力有所差异、不同观众对媒体的认知与态度有所差异，其传播效果也大不一样，于是在“收视率”量的评价体系之外，电视质的评价成为了另一个重要的电视媒体评价体系。

自2009年开始，CSM媒介研究在全国省会城市和计划单列市进行的基础研究问卷中加入了对电视频道和节目质的评价。本文是基于CSM媒介研究2009年在北京地区的基础研究数据，针对北京地区能够收看到的主要电视频道，包括中央电视台、北京电视台和省级卫视等频道进行的质的评价。

北京基础研究问卷中关于频道质的评价部分主要由12个问题构成，评价内容包括频道的定位和风格、内容、形式、信息量、贴近性、广告信任度等几个方面，除此之外还有两个问题是作为总体评价，也是本次研究的验证问题，一个是“您在看电视时，首选哪个频道?”，另一个是“哪个频道总体上是您最满意的频道?”（表1）。

我们分两个步骤对电视频道进行质的评价。第一步通过因子分析简化评价指标，确定相关因子的结构，并对分析出来的因子进行命名；第二步对所得的因子和验证问题进行相关分析，确认本次研究结果的可靠性。

表1 电视频道质的评价相关调查问题

序号	调查问题
1	您在看电视时，首选哪个频道?
2	当国内外发生重大/突发事件时，您更喜欢看哪个频道?
3	哪个频道的节目您因为有事错过了一期的话会希望能够在其他时间看到?
4	哪个频道的信息量最为丰富?
5	哪个频道播出的内容经常成为您和其他人谈论的话题?
6	哪个频道的定位和风格是您最喜欢的?
7	哪个频道的内容看过后使您感到最有收获?
8	哪个频道最能给您以信任感?
9	哪个频道最能贴近您的实际需要?
10	哪个频道的内容最能引起您的共鸣?
11	哪个频道的广告信息是最可信的?
12	哪个频道总体上是您最满意的?

数据来源：CSM 北京基础研究问卷

本次研究使用的主成分分析（Principal Component Analysis，PCA）是因子分析（Factor Analysis）方法的一种，它是通过研究指标体系的内在结构关系，将多个指标转化为少数指标的一种多元统计分析方法，即把原来多个指标转化为一个或几个因子，并且这些少量的指标能够包含原来多个指标的绝大部分信息（80%或85%以上）。其目的在于简化统计指标并揭示变量间的关系，其优点在于确定的权数是基于数据分析而得出的指标之间内在结构关系，不受主观因素的影响，有较好的客观性，而且得出的综合指标之间相互独立，减少了信息的交叉。这一方法避免了“人为给定”、“专家评议”或“平均分配”等一些主观色彩较重的方法所存在的缺陷，并且可以较好地避免由于各指标重要程度不同和部分互相重合所造成的综合指标失真而产生的问题。

经过主成分分析，将10个指标问题转化成两个因子，这两个因子的方差贡献率达到92.9%，也就是说这两个因子可以解释原来10个指标92.9%的信息量，这个比例远高于80%或85%。因子1主要涉及频道对观众需求的满足程度，因子命名为“实用性”，包括10个指标问题中的7项内容：“哪个频道的节目您因为有事错过了一期的话会希望能够在其他时间看到?”，“哪个频道的信息量最为丰富?”，“哪个频道播出的内容经常成为您和其他人谈论的话题?”，“哪个频道的定位和风格是您最喜欢的?”，“哪个频道的内容看过后使您感到最有收获?”，“哪个频道最能贴近您的实际需要?”“哪个频道的内容最能引起您的共鸣?”。因子2主要涉及频道在新闻传播中的宣传和舆论监督情况，因子命名为“权威性”，包括10个指标中的4项内容：“当国内外发生重大/突发事件时，您更喜欢看哪个频道?”，“哪个频道的信息量最为丰富?”，“哪个频道最能给您以信任感?”，“哪个频道的广告信息是最可信的?”（表2）。

表 2 两个因子所包含的问题及因子载荷

问题	因子 1	因子 2
当国内外发生重大/突发事件时，您更喜欢看哪个频道？		0.98
哪个频道的节目您因为有事错过了一期的话会希望能够在其他时间看到？	0.78	
哪个频道的信息量最为丰富？	0.62	0.75
哪个频道播出的内容经常成为您和其他人谈论的话题？	0.92	
哪个频道的定位和风格是您最喜欢的？	0.92	
哪个频道的内容看过后使您感到最有收获？	0.84	
哪个频道最能给您以信任感？		0.93
哪个频道最能贴近您的实际需要？	0.87	
哪个频道的内容最能引起您的共鸣？	0.90	
哪个频道的广告信息是最可信的？		0.94

数据来源：作者根据 CSM 北京基础研究数据计算所得

随后我们可算出每个频道的标准化得分（表 3）。综合得分排名前两位的频道是中央电视台综合频道和北京电视台生活频道。按“实用性”得分排名，排在第一位的是北京电视台生活频道，此频道在“定位和风格”和“贴近实际”这两项选择上都超过了其他所有频道，特别是在“贴近实际”这一选项上，有 22% 的观众认为这个频道是最能贴近他们实际需要的频道，北京电视台生活频道的频道宗旨就是“关注百姓的衣食住行，全心全意做百姓的生活参谋”，这一点得到了北京地区观众的认可。按“权威性”得分排名，排在第一位的是中央电视台综合频道，超过 70% 的被访者“当国内外发生重大/突发事件时，您更喜欢看哪个频道?”会选择中央电视台综合频道；40% 的被访者认为中央电视台综合频道是信任感最高的频道；超过 20% 的被访者认为中央电视台综合频道的广告信息最可靠，提及率远高于其他频道。

表 3 北京地区电视频道质的评价得分排名前五位

排名	频道名称	综合得分	排名	频道名称	实用性	排名	频道名称	权威性
1	中央电视台综合频道	0.65	1	北京电视台生活频道	1.00	1	中央电视台综合频道	1.00
2	北京电视台生活频道	0.53	2	北京电视台科教频道	0.68	2	北京卫视	0.21
3	北京电视台科教频道	0.40	3	中央台五套	0.51	3	中央电视台新闻频道	0.20
4	北京卫视	0.33	4	中央台二套	0.43	4	中央台四套	0.16
5	中央台五套	0.30	5	北京卫视	0.43	5	中央台二套	0.15

数据来源：作者根据 CSM 北京基础研究数据计算所得

最后，我们通过对频道综合得分和两个验证问题进行相关性检验来验证本次研究结果的有效性。本次使用的是 Pearson 相关分析，用来衡量两两数据集合之间的相似性，Pearson 相关分析的一个优点是可以避免等级膨胀（grade inflation）的问题，可以避免有的被访者可能倾向于对所有频道都给比较高的分数，而有的被访者则会比较苛刻，给分都比较低，对于这种情况，Pearson 相关分析可以进行处理。

北京地区各频道综合得分通过与“您在看电视时，首选哪个频道?”和“哪个频道总体上是您最满意?”进行 Pearson 相关分析，结果显示，综合得分与首选频道的相关系数是 0.868，与频道总体满意度的相关系数是 0.948，相关性较强，检验结果都很显著（表 4）。

表 4　频道综合得分和两个验证问题的相关性检验

		您在看电视时，首选哪个频道?	哪个频道总体上是您最满意?
综合得分	Pearson Correlation	0.868 **	0.948 **
	Sig. (2 - tailed)	.000	.000

数据来源：作者根据 CSM 北京基础研究数据计算所得

通过因子分析后对每个频道进行的标准化综合得分显示的结果和通过提问被访者“哪个频道总体上是您最满意?”获得的结果有惊人的相似性。综合得分排名前 10 位的频道和“最满意”的前 10 位频道都有 9 个频道集中在中央台和北京台，唯一进入前 10 位的省级卫视是湖南卫视。综合得分有 9 个频道是与直接问被访者“最满意”的频道结果是一致的，特别是排在前四位的频道位置都相同，它们是第一位中央电视台综合频道，第二位北京电视台生活频道，第三位北京电视台科教频道，第四位北京卫视（表 5）。

表 5　北京地区频道综合得分和总体满意度频道排名

排名	综合得分	总体满意度
1	中央电视台综合频道	中央电视台综合频道
2	北京电视台生活频道	北京电视台生活频道
3	北京电视台科教频道	北京电视台科教频道
4	北京卫视	北京卫视
5	中央台五套	中央台二套
6	中央台二套	中央台五套
7	中央台三套	中央台三套
8	湖南电视台卫星频道	湖南电视台卫星频道
9	北京电视台影视频道	北京电视台财经频道
10	北京电视台财经频道	中央台六套

数据来源：作者根据 CSM 北京基础研究数据计算分析所得

本文仅以2009年北京基础研究数据为例，对北京地区能够接收到的重要电视频道进行了质的评价。本项研究是在收视率研究的基础上，对电视频道进行的一次较为深入的分析研究。今后，我们还会将这项研究继续下去，力争有更重要的研究成果呈现给业内人士。

（作者：吴东　王建平）

节目内与节目间广告插播收视变化研究

2009年9月，国家广播电影电视总局相继出台《广播电视广告播出管理办法（61号令)》及《关于加强电视购物短片广告和居家购物节目管理的通知》，进一步强化对重点时段电视广告插播形式和内容的规范。从长远来看，此类政策的出台有助于净化荧屏，维护观众合法权益，保证中国广播电视媒体的健康发展；从短期来看，此类政策一方面明确限定了电视媒体可资利用的广告资源规模，另一方面提高了广告内容的政策准入门槛，从供需两方面对广告交易市场施加影响，或许会引发广告市场的新一轮盘整。

在这一轮盘整中，政策对电视媒体经营的鼓励和扶持力度加大，相较于2003年广电总局颁布的17号令，在新的61号令规定下，电视媒体在晚间黄金段可资利用的广告时段规模有所扩大、灵活性也有所提高。而同时，政策又对晚间黄金时段可供播出的广告内容进行了新的限定，曾为不少电视媒体带来可观收入的电视购物广告将退出部分专业频道的屏幕，上星频道在18:00—24:00之间亦不得再播出电视购物短片广告。在黄金段优质广告资源供给增加，而可供选择的广告来源减少的情况下，电视媒体的广告经营竞争将趋于激烈；这不仅对电视台的内容收视和竞争表现提出了更高的要求，也对电视台的广告经营提出了更高的要求。如何对现有广告资源进行精细化运作，依赖有限的广告资源获得最大化的效益，有待电视媒体与相关行业人士共同探讨。本文基于CSM媒介研究丰富的收视率调查数据，探索节目内与节目间广告插播收视变化的普遍规律，以期推动相关行业研究，为电视台和广告主进行更精细化的广告资源运作，提供新的思路。

一、研究背景、对象及方法

近年来，伴随着新媒体的迅猛发展，以及广告主广告投放的理性化，对各类媒体广告投放的精细化和精准化评估，已成为大势所趋。越来越多的电视台和广告公司在关心电视频道和节目整体收视水平之余，开始关注电视广告收视的具体变化情况。顺应这一需求，不少广告公司和媒介调研公司的专业研究人员基于个案调查或定性分析等方法，探讨电视广告收视变化的规律；这其中就包括2008年9月笔者基于CSM媒介研究2008年4月在北京地区的测量仪收视率调查数据，对广告段分钟收视衰变规律及其影响因素所进行的试探性研究——《电视广告收视衰变研究》。

《电视广告收视衰变研究》是国内少数几个基于连续性的收视率调查数据进行的电视广告收视变化研究之一。文章于2008年10月在《收视中国》上刊出之后，得到了不少来自业内人士的关注和反馈。总体而言，业内人士对广告播出时段的收视变化规律非常感兴趣，但《电视广告收视衰变研究》仅以北京一地的收视情况为例，难以推及市场的普遍情况。同时，该研究主要关注广告分钟段位收视变化与诸如广告位置、广告时长以及前后节目表现等一系列因素的普遍性关系，对电视广告编排的实际指导作用相对有限。有鉴于此，笔者在吸取《电视广告收视衰变研究》经验得失的基础之上，尝试通过拓展样本规模，并基于广告位置和节目类型等因素细化研究对象等方式，增强研究结果的普遍适用性，将先前的研究推向深入。

本次研究仍然以广告段中每分钟段位的收视衰退率为研究对象。所谓分钟段位，是指广告段中处于某相对位置的特定分钟段，例如整体广告段中的第1分钟为第1分钟段位，第2分钟为第2分钟段位，以此类推。所谓每分钟段位的收视衰退率是指该分钟段位的收视率相对于前节目收视率的衰退比率，即N分钟段位收视衰退率 =（前节目收视率 - N分钟段位收视率）/前节目收视率 ×100%。在前节目的界定方面，本次研究参考《电视广告收视衰变研究》的结果，以及观众节目收视的普遍规律，尝试将广告段之前5分钟[①]的节目作为前节目，以前5分钟节目的平均收视率为参照对象，探讨广告段分钟段位的收视率变化情况。

从《电视广告收视衰变研究》的研究结果来看，该研究所选取的大多数指标都与电视广告分钟段位的收视率变化情况相关，少数指标与广告分钟段位收视变化的关系不明显。为避免因样本量过少而造成的偏差，本次研究仍然沿用《电视广告收视衰变研究》的指标体系，用更大的样本量来验证各类指标与广告分钟段位收视变化之间的关系。具体而言，这些指标主要包括广告段属性指标（分钟段位置、广告段长度、广告段位置），时段属性指标（广告段所在时段），频道属性（频道竞争地位、频道级别）和节目属性（前节目收视率、前节目时长、前节目类型、后节目收视率、后节目时长、后节目类型）（表1）。除此之外，考虑到不同区域观众收视习惯的不同，在本次研究中还将区域因素作为一个补充性指标。

本次研究选择以2009年4月份，北京、长沙、成都、重庆、广州、哈尔滨、合肥、济南、锦州、南京、上海、沈阳、深圳、苏州、太原、天津、武汉、西安、郑州和珠海等20个城市市场上，前5分钟节目段收视率在1%以上的，于晚间18:00—24:00播出的广告段的分钟段位为研究对象。选择对4月份的广告段进行研究，是为避免重大事件对电视收视的影响。选择上述20个城市除了考虑这些城市采用测量仪收视率调查方式之外，也考虑到城市的区域分布平衡。由于本次研究主要希望了解广告收视变化的一般性规律，前节目收视率太低的广告段收视变化不具有显著性和普遍性的特征，因此本次研究选择前5分钟节目段收视率在1%以上的广告段为研究对象。最后，本次研究以18:00—24:00播出的广告段位为研究对象，主要是考虑到该时段是电视台广告经营的重点，对该时段的研究更具实用价值。

---

① 在《电视广告收视衰变研究》中已指出，前节目的确定，很大程度上要取决于广告段前多长时间的节目收视会对广告段收视产生影响，对此目前并没有定量研究的结论。本次研究仍然尝试对广告分钟段相对于前1分钟、前3分钟和前5分钟的收视衰退情况进行研究。基于多年的收视率研究，我们发现不少节目在结束前1—3分钟已经进入尾声、片尾曲、花絮阶段，进入收视率衰退期；以此为基准研究广告分钟段位相对于节目的收视衰退，可能造成对广告播出影响的低估，因此，在本次研究中以前5分钟节目为参照对象进行研究。

表1　广告分钟段收视衰退研究指标体系

类型	指标
广告段属性	分钟段位置：广告分钟段在广告段中的相对位置（第1分钟、第2分钟）
	广告段长度：广告段的整体长度
	广告段位置：广告段相对于节目的位置（节目内插播广告和节目间插播广告）
时段属性	广告段所在时段：广告段所处的时段位置
频道属性	频道竞争地位：广告段所处频道的市场份额
	频道级别：广告段所处频道的级别
节目属性	前节目收视率：广告段前节目的收视率水平
	前节目时长：广告段前节目的播出时长
	前节目类型：广告段前节目的节目类型
	后节目收视率：广告段后节目的收视率水平
	后节目时长：广告段后节目的播出时长
	后节目类型：广告段后节目的节目类型
区域属性	区域属性：样本城市区域属性

需要强调的是，考虑到节目内和节目间广告插播拥有不同的观众流动机理，本次研究尝试分别对节目内广告插播和节目间广告插播的广告分钟段位收视变化情况进行对比研究，挖掘其共性与差别。在最初的数据分析中，笔者发现少数离散的、过长的广告段数据会对分析结果造成明显影响，而本次研究中超过95%的节目内广告时长在10分钟以内，超过95%的节目间广告时长在20分钟以内，为避免少数特异值的干扰，本次研究以“节目内广告小于等于10分钟，节目间广告小于等于20分钟”为条件，对数据进行了进一步筛选。根据数据筛选的结果，在2009年4月，在上述20城市符合筛选条件的节目内广告分钟段达30346条，节目间广告分钟段达89400条。基于上述广告分钟段的相关信息，借助SPSS软件的回归分析功能，本文得以挖掘节目内和节目间广告收视变化的一些普遍性规律。

二、节目内广告收视变化规律

通过回归分析，可以得出节目内广告分钟段位相对于前5分钟节目的收视衰退率与上述指标体系中各项指标的相关性模型（表2），由此解释在控制模型中其余变量（即假定其余变量赋值相同的情况下），某一特定变量与广告分钟段位相对于前5分钟节目的收视衰退率之间的相关程度。从分析结果来看，节目内广告分钟段位相对于前节目的收视衰退率与本研究体系中除频道级别以外的其他因素都存在比较明显的相关性，说明节目内广告段相较于节目的收视变化是多种时段、内容和编排因素共同作用的结果。

表2　节目内广告分钟段位收视衰退率回归模型估计结果

（20城市，2009年4月，18:00—24:00）

影响因素	5分钟衰退率		
	未标准化回归系数	标准化回归系数	显著性
	B	Beta	
广告段属性			
分钟段位置（第几分钟）	5.035	0.210	***
分钟段位置平方	-0.431	-0.145	***
广告段长度（分钟）	0.394	0.020	***
广告段时段属性			
所在时段（参照组：21:00以前）			
21:00以后	3.536	0.042	***
频道属性			
竞争地位	-2.826	-0.452	***
频道级别（参照组：省级地面频道）			
卫星频道	-1.027	-0.010	
节目属性			
前节目收视率	3.141	0.872	***
前节目时长	0.127	0.029	***
后节目收视率	-1.733	-0.463	***
后节目时长	0.054	0.012	***
前后节目（参照组：其他-其他）			
电视剧-电视剧	-4.720	-0.056	***
新闻-新闻	-3.560	-0.034	***
综艺-综艺	-7.442	-0.076	***
区域属性①			
地区（参照组：北部）			
中西部	1.848	0.021	***
东南部	-4.887	-0.057	***
常数项	5.463		***
Adj. R^2	0.250		***
样本量	30，346		

注：*** Significant at the 0.001 level （-2tailed）

数据来源：CSM媒介研究

① 模型中北部地区包括北京、哈尔滨、锦州、沈阳、太原和天津六城市；中西部地区包括长沙、合肥、武汉、郑州、成都、重庆和西安七城市；东南部包括广州、深圳、珠海、济南、南京、上海和苏州七城市。

粗略来看，在假定其他因素相同的情况下，节目内广告分钟段位置与广告分钟段位收视衰退率呈正相关关系，即广告分钟段位数值越高（广告分钟段位置越靠后），其收视衰退率越高；广告段长度与广告分钟段位收视衰退率呈正相关关系，即广告段时间越长，该广告段中每分钟段位的收视衰退率越高；广告段所在时段①与广告分钟段位收视衰退率呈正相关关系，即 21:00 后广告段每分钟段位的收视衰退率较 21:00 前为高；频道竞争地位与广告分钟段位收视衰退率呈负相关关系，即频道市场份额越高，每分钟段位的收视衰退率越低；前节目收视率和前节目时长与广告分钟段位收视衰退率呈正相关关系，即前节目收视率越高，时长越长，其后广告段每分钟段位的收视衰退率越高；后节目收视率和后节目时长与广告分钟段位收视衰退率分别呈负相关关系和正相关关系，即后节目收视率越高，其前广告段每分钟段位的收视衰退率越低，后节目时长越长，其前广告段每分钟段位的收视衰退率越高。

这其中大部分的结论，都能印证业内人士的普遍性认识；而有关前节目收视率与节目内广告分钟段位收视衰退率呈正相关关系的结论则与业内人士的普遍性认识有所差异。笔者认为，高收视节目段后，广告收视衰退率较高可能有如下三点原因：其一，高收视节目往往汇聚了大规模观众的注意力，观众的构成比较复杂，游离性比较高，在节目段结束后，出现换台或停止收视的可能性比较大；其二，高收视节目通常在晚间最为黄金的收视时段播出，这一时段为各个电视频道重点打造的编排段，可供观众选择的节目内容较多，观众更有动机在节目结束后进行换台；其三，相当比例的高收视节目都为在固定时段播出的电视剧、新闻/时事或综艺类节目，这类节目中的广告插播有比较固定的规律，长期观看这类节目的观众在熟悉编排规律的情况下，能够在不影响后续节目收视的情况下进行换台，也因此更倾向于通过换台回避广告收视。当然，要深入解释这一现象，还有待更深入的观众行为研究，本次研究仅是抛砖引玉，引发业内人士对这一现象的关注。接下来，笔者将具体从时长、分钟段位和节目类型三大因素，来探讨节目内广告收视的变化规律。

1. 节目内广告倾向于短小精悍，收视衰退随广告段长度明显递增

从 20 城市 2009 年 4 月份在晚间 18:00—24:00 播出的节目内广告段来看，节目内广告通常比较短小精悍。统计显示，符合本次研究筛选条件的广告段中，超过 60% 的广告段时长在 3 分钟以内，超过 90% 的广告段时长在 6 分钟以内；其中，时长为 3 分钟的节目内广告比例达到 31.56%，时长为 2 分钟的为 24.52%，时长为 4 分钟的占 17.14%（图 1）。

回归分析显示，在控制其他影响因素的情况下，广告分钟段位的收视衰退率与广告段时长呈正相关关系。2009 年 4 月份 20 城市不同时长节目内广告平均每分钟段位的实际收视衰退情况则证实，在受到其他因素影响的情况下，广告分钟段位的收视衰退率仍然与广告段时长呈正相关关系。在符合本次研究筛选条件的所有节目内广告段中，在节目内广告时长为 1 分钟的时候，该段广告的衰退率仅为 7.95%，收视波动相对微小；在

① 在本研究中广告段所在时段被分为两种类型赋值，其中“0 = 18:00—21:00”，“1 = 21:00—24:00”。

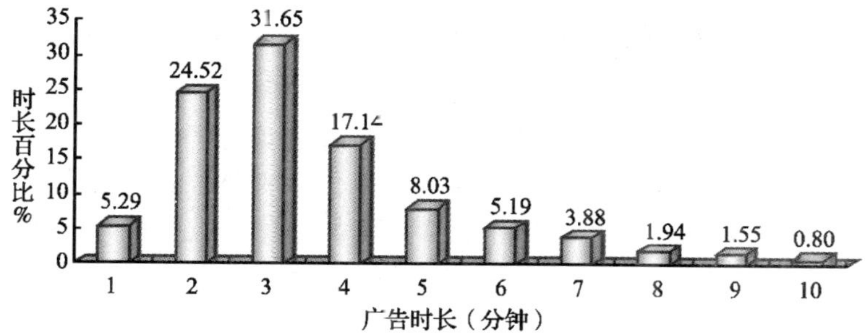

图1 2009年4月20城市符合研究筛选条件节目内广告段时长分布

数据来源：CSM媒介研究

节目内广告时长为2—6分钟的时候，广告段时长每增加1分钟，广告段平均每分钟段位衰退率就将增加3—4个百分点；时长为6分钟和7分钟的广告段，其平均每分钟段位衰退率均在25%左右；当节目内广告段时长达到8—10分钟时，其平均每分钟段位衰退率则达到超过30%的水平（图2）。

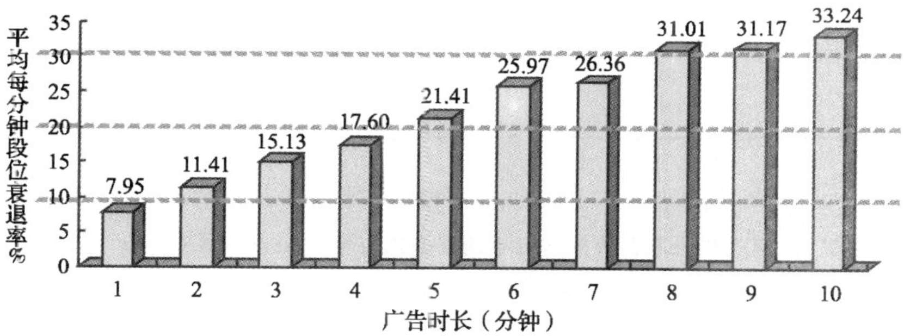

图2 不同时长节目内广告段平均每分钟段位衰退率分布（2009年4月，20城市）

数据来源：CSM媒介研究

整体来看，与CSM历史研究中有关广告收视率水平相当于节目收视率水平60%左右的判断相比，节目内广告的收视衰退相较于广告整体收视衰退而言，要表现得更好一些。3分钟以内的节目内广告段的收视率大致相当于前节目收视率的85%左右；4—5分钟以内的节目内广告，可以保持前节目80%左右的收视。相比较而言，时段较长的广告段不仅平均每分钟段位收视衰退更为明显，而且还占据更长的播出时间，由此其带来的收视率衰退影响较时段较短的广告段而言，更为明显。从这个角度里看，政府相关主管部门出台的限定黄金时段电视剧内广告插播长度的政策，不仅仅有净化荧屏的作用，而且还一定程度上帮助电视台实现了黄金时间广告段的收视保值。当然，目前也有不少电视台保持了在黄金段的同一节目内插播长时段广告的做法，如果这类电视台已经面临着广告公司以点论价的交易状况的话，那它们就必须思考如何在广告时长、收视衰退和每收视点价格之间寻找更好的平衡。

2. 节目内广告衰退随分钟段位递增而递增，后节目开始前广告收视多有回升

无论是否对影响节目内广告收视的其他因素进行控制，广告分钟段位本身的相对位置都会对其收视衰退情况造成影响。统计显示，在符合本次研究筛选条件的所有广告分钟段位中，广告段第 1 分钟段位的平均收视衰退率仅为 8.78%；到第 2 分钟段位平均收视衰退率迅速增至 19.41%；此后，广告段位每增加 1 位，广告分钟段位的平均收视衰退率就增加 3 个百分点左右；到广告段位达到第 6 和第 7 分钟之后，其收视衰退率变化开始趋于平缓，并在部分段位出现波动性回升。若将衰退率转化为收视率来看，在节目内广告开播之后，第 1 分钟和第 2 分钟是收视率下滑最为迅速的阶段，在第 3 分钟和第 6 分钟之间收视率以相对前两分钟为缓的速度继续下滑，到 7 分钟之后收视率基本就到达一个谷底，维持平稳波动，并在后节目开始之前出现回升（图 3）。

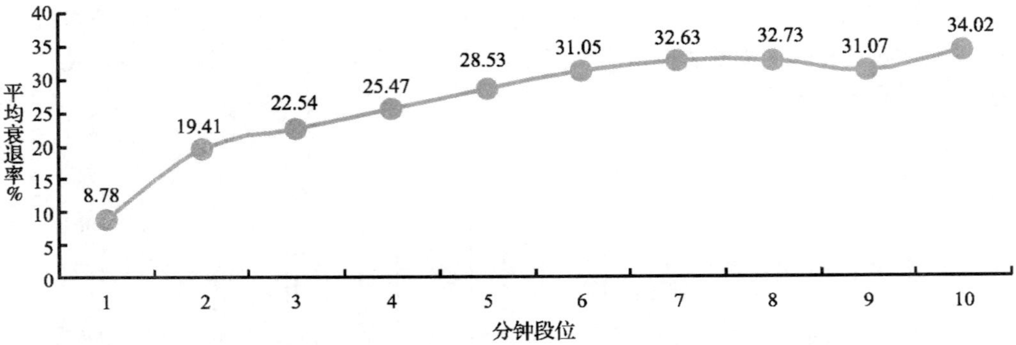

图 3 节目内广告段各分钟段位平均衰退率分布（2009 年 4 月，20 城市）
数据来源：CSM 媒介研究

当然，如前文所指出的那样，广告段本身的长度会对每分钟段位的收视衰退产生影响，不同时长广告段的相同广告段位也存在不同的收视衰退情况，因此，笔者进一步对不同长度广告段的分钟段位收视衰退进行了回归拟合（图 4）。发现如下四点现象：

- **不同时长广告段衰退起点和衰退程度大相径庭。**时长在 1—5 分钟的广告段在第 1 分钟的收视衰退率大致在 10% 左右；时长为 5—8 分钟的广告，在第 1 分钟的收视衰退率则达到 15%—20% 左右的水平；时长为 8—9 分钟的广告段，则在第 1 分钟就出现了高达 25% 以上的衰退。从不同时段广告段在每分钟段位的衰退情况来看，时间较长的广告段在每个分钟段位的衰退情况都较时间较短的广告段更为明显；7 分钟广告段虽然在前 3 分钟衰退情况较 6 分钟广告段略优，但其在随后依然保持了较明显的衰退，且最终的回升情况也不如 6 分钟广告段；8 分钟广告段前期下滑迅速，到 4 分钟段位，其衰退率基本与 10 分钟广告段持平。
- **时长为 1—3 分钟的广告段呈现持续收视衰退。**时长在 3 分钟以内的广告段基本保持了收视的快速下滑。虽然时长为 3 分钟的广告段在第 3 分钟段位的收视衰退率较前两分钟段位明显趋缓，但也并未能带来广告收视的回升。
- **时长为 4—8 分钟的广告段呈现初期迅速衰退，后期缓慢回升的状态。**这类广

告段在广告插播开始初期，出现了迅速的收视率下滑趋势，在广告开始播出后的前3—4分钟，此类广告段的分钟段位收视衰退率基本以每分钟10%的速度增长，换作收视率来解释，也就是说该广告段每1个分钟段位较前节目的收视率以10%的速度下降。在3—4分钟后，这类广告段的收视逐步探底，其分钟段位收视衰退率的增长趋势开始放缓，并随着下一个节目的开始，而出现逆向变化的趋势，也即是其收视率开始出现回升。这其中5分钟和6分钟长度广告段的收视回升情况比较突出，其最后1分钟段位的收视衰退甚至已经低于其第3分钟段位的收视衰退。从这个趋势来看，在节目内广告的收视中，后节目对广告段收视的拉动作用比较明显。

- **时长为9—10分钟的广告第1分钟迅速下滑，随后收视变化比较平滑。**相较于时长较短的广告，时长为9—10分钟的节目内广告在第1分钟就出现了幅度较大的收视下滑。由于目前大多数电视台的节目编排比较固定，观众对电视台广告播出的风格通常比较熟知；在知道同一节目中会插播较长时间广告的情况下，观众在前一段节目结束后立即选择换台，这不足为奇；也正因为如此，节目内的长广告段会在开播的第1分钟就损失25%左右的收视。值得注意的是，长广告段内收视的整体波动变化相对平缓；与短广告段动辄20%—30%以上的变化幅度相比，长广告段衰退最高点和最低点之间的差异基本控制在20%以内（9分钟时长广告段的收视衰退率波动大致在10%以内）。此外，长广告段的收视回升期也出现得相对较早，与短广告段基本在后节目开始前1—2分钟才开始出现收视回升相比，长广告段基本在广告段播出的中后期，也就是广告段播出5分钟左右就开始出现收视回升，且基本能恢复至与广告段开始初期相当的水平。

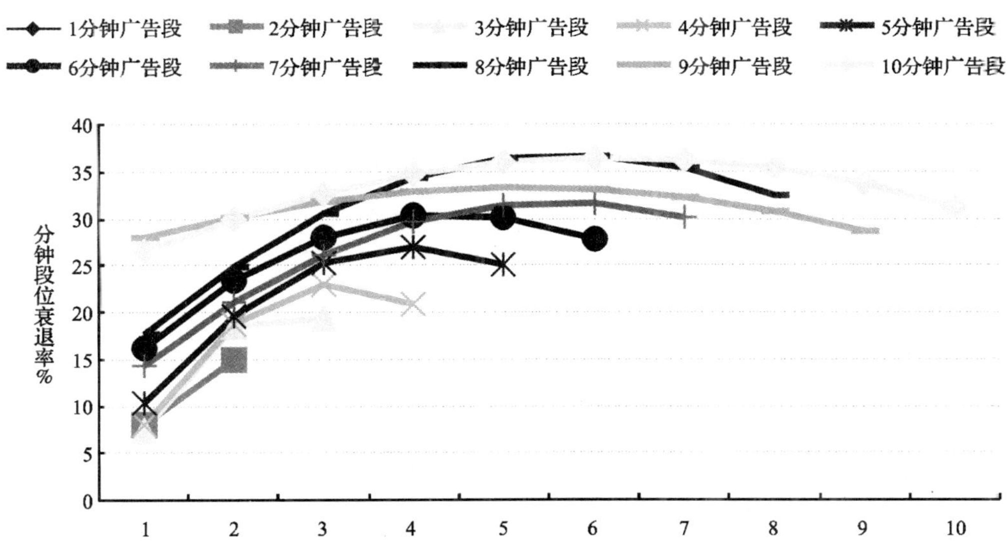

图4 不同时长节目内广告段每分钟段位收视衰退率回归拟合情况（2009年4月，20城市）
数据来源：CSM媒介研究

整体而言，节目内的中插广告往往会在最初的几分钟内出现迅速的收视下滑。虽然从广告收视率的变化情况来看，越接近前节目的广告段位（尤其是前4—5分钟以内）

收视率越高也是不争的事实，但是否越接近前节目的广告段位就有越好的广告传播效果或者更大的广告销售价值，值得电视媒体和广告投放者思考。换一个角度来看，处于广告段中部的广告段位虽然收视率相对较低，但由于收视变化已趋于平缓，观众行为开始趋于稳定，广告收视很可能更少地受到干扰；而处于广告段后部的广告段位在后节目的带动下，已经出现了收视率的回升，其广告传播效果同样不可小觑。电视台和广告投放者都应该深入研究广告收视的这一变化规律，寻找广告分钟段位与广告价格的最优组合。

3. 节目内生因素固然会对广告收视产生影响，但编排因素的作用同样不容忽视

在本次研究中，笔者发现了一个与现实情况颇有矛盾性、但同时对电视节目编排很有启发性的结论。根据回归分析的结果，在控制其他因素的情况下，电视剧、新闻/时事和综艺三大类节目中，新闻/时事节目的中插广告收视衰退率最为明显，电视剧其次，综艺节目最低（表3）。而从2009年4月20城市符合筛选条件的节目内广告的收视衰退实际情况来看，新闻/时事类节目的平均每分钟收视衰退率仅为7.9%，是三类节目中最低的；电视剧和综艺节目的平均每分钟收视衰退率则分别为21.2%和21.8%（图5）。

表3　广告分钟段位收视衰退率回归模型估计结果（节目类型部分摘录）
（20城市，2009年4月，18:00—24:00）

影响因素	5分钟衰退率		
	未标准化回归系数	标准化回归系数	显著性
	B	Beta	
……			
节目属性			
……			
前后节目（参照组：其他－其他）			
电视剧－电视剧	-4.720	-0.056	***
新闻/时事－新闻/时事	-3.560	-0.034	***
综艺－综艺	-7.442	-0.076	***

数据来源：CSM媒介研究

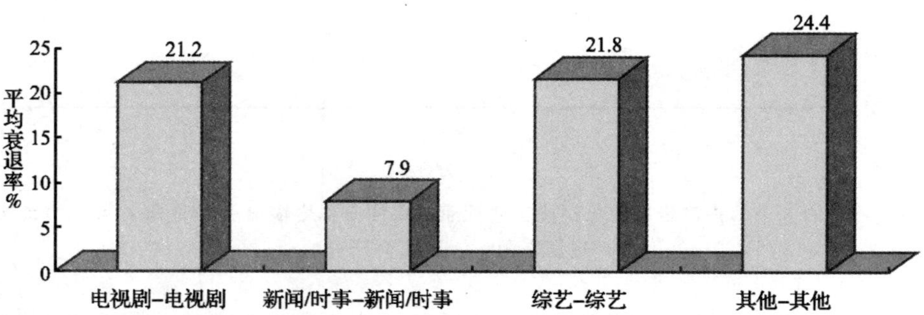

图5　不同类型节目中插广告平均每分钟收视衰退率情况（2009年4月，20城市）
数据来源：CSM媒介研究

这一结果看似矛盾，但其实却从侧面印证了节目编排对于广告收视衰退的重要影响。在回归分析中所体现的各类节目中插广告的收视衰退差异，是在控制了其他影响因素，例如时长和时段等编排因素的情况下，由节目本身的内生因素而导致的收视差异。相较于电视剧连续的情节和综艺节目紧密相扣的环节而言，新闻/时事节目不同新闻信息之间的联系性相对较差，收视粘性较低。如果单从节目本身的特性来看，新闻/时事节目吸引观众持续收视的能力相较电视剧和综艺节目为弱。

然而，电视广告的收视并非完全由节目本身的特点或者品质决定，诸如播出时段或者广告时长等编排因素的影响，甚至在某些时候会强于节目本身特性的影响。从本次研究的结果来看，新闻类节目的中插广告之所以明显低于综艺节目和电视剧，至少因为如下两点原因：

首先，新闻节目大多数编排在晚间21:00之前的时段播出。基于CSM多年的收视率分析结果，我们可以发现晚间18:00—21:00是观众整体收视持续上行的阶段，观众开机率不断增加带来观众收视率的持续增长；由于不断有新观众打开电视机收看电视节目，在这个阶段的不少广告段都呈现出负向的收视衰退，也就是说广告段的收视率较前节目更高。相比较而言，在晚间21:00—24:00时段，观众整体收视处于持续下降的阶段，不断有观众停止收视行为，带来收视曲线持续下滑。也就是说，在这两个阶段中，广告段收视的变化不仅仅受前后节目的影响，而且受观众整体收视趋势的影响。分析显示，在本次研究中80%以上的新闻节目内广告分钟段在18:00—21:00的收视上行阶段播出，这很大程度上弥补了新闻节目本身收视粘性不强的“缺点”，减少了新闻节目中插广告的衰退率（图6）。

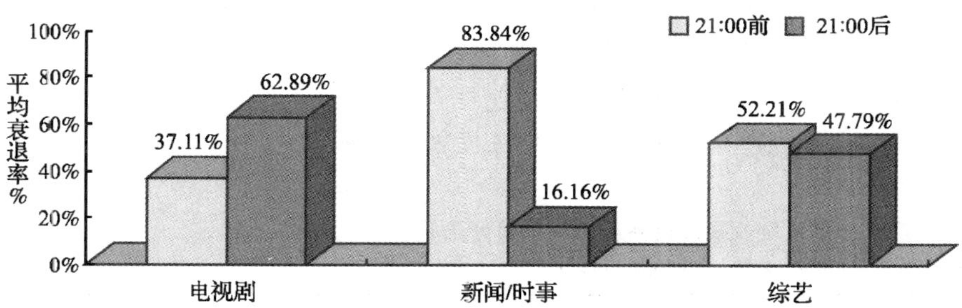

图6　不同类型节目中插广告的播出时段分布情况（2009年4月，20城市）

数据来源：CSM媒介研究

其次，新闻节目的播出时间相对较短。分析显示，广告段的时长越长，其收视衰退越明显。相较于电视剧和综艺节目而言，新闻节目的中插广告相对较短，超过80%的新闻节目广告分钟段位处在播出时长为2—4分钟的广告段中；相比较而言，电视剧和综艺节目，尤其是综艺节目的中插广告中，超过5分钟以上的广告段数量较多，广告时长过长也一定程度上影响了这两类节目中插广告的收视情况（图7）。

当然，还会有其他一些本次研究没有纳入其中的因素，会对不同类型节目的中插广告收视产生影响，电视台和广告投放者需要结合自己的目标观众定位，以及所能获得的节目和广告资源情况，在充分权衡编排环境的情况下，对中插广告的收视效果进行研究和判断。

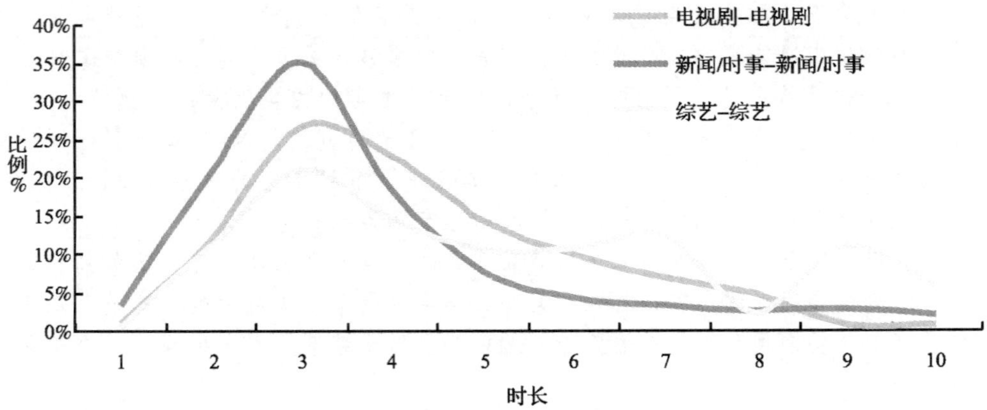

图 7　不同类型节目中插广告的播出时长分布情况（2009 年 4 月，20 城市）

据来源：CSM 媒介研究

三、节目间广告收视变化规律

同对节目内广告收视变化规律的分析一样，基于对节目间广告段数据的回归分析，可以得出节目间广告分钟段位相对于前 5 分钟节目的收视衰退率与研究体系中各项指标的相关性模型（表 4），以解释在控制模型中其余变量（即假定其余变量赋值相同的情况下），某一特定变量与广告分钟段位相对于前 5 分钟节目的收视衰退率之间的相关程度。分析结果显示，节目间广告按分钟段位相对于前节目的收视衰退率与指标体系中除频道级别、部分前后节目编排方式以及部分区域因素之外的其他广告段属性、时段属性、频道属性和节目属性等指标之间有比较显著的相关性，显示出广告段自身因素，以及时段、频道和节目类型等编排环境对广告段收视的影响。

表 4　节目间广告分钟段位收视衰退率回归模型估计结果

（20 城市，2009 年 4 月，18:00—24:00）

影响因素	5 分钟衰退率		
	未标准化回归系数	标准化回归系数	显著性
	B	Beta	
……			
广告段属性			
分钟段位置	2.034	0.260	***
分钟段位置平方	-0.083	-0.165	***
广告段长度	0.090	0.012	***
时段属性			
所在时段（参照组：21:00 以前）			
21:00 以后	3.163	0.051	***

续表

影响因素	5分钟衰退率		
	未标准化回归系数	标准化回归系数	显著性
	B	Beta	
……			
频道属性			
频道竞争地位	-3.991	-0.677	***
频道级别（参照组：省级地面频道）			
卫星频道	-0.432	-0.007	
节目属性			
前节目收视率	2.272	0.882	***
前节目时长	0.033	0.016	***
后节目收视率	-1.214	-0.395	***
后节目时长	-0.099	-0.039	***
前后节目（参照组：其他-其他）			
其他-电视剧	4.203	0.023	***
其他-新闻/时事	10.787	0.052	***
其他-专题/综艺	3.336	0.018	***
电视剧-其他	1.756	0.009	***
电视剧-电视剧	4.841	0.078	***
电视剧-新闻/时事	7.321	0.039	***
电视剧-专题/综艺	0.332	0.003	
新闻/时事-其他	8.576	0.026	***
新闻/时事-电视剧	3.954	0.037	***
新闻/时事-新闻/时事	10.405	0.079	***
新闻/时事-专题/综艺	-0.509	-0.003	
专题/综艺-其他	4.519	0.016	***
专题/综艺-电视剧	1.458	0.012	***
专题/综艺-新闻/时事	6.193	0.033	***
专题/综艺-专题/综艺	5.427	0.038	***
区域属性			
地区（参照组：北部）			
中西部	0.135	0.002	
东南部	-4.433	-0.071	***
常数项	23.337		***
Adj. R^2	0.563		
样本量	81，258		

注：*** Significant at the 0.001 level（-2tailed）

数据来源：CSM媒介研究

整体来看，在假定其他因素相同的情况下，节目间广告分钟段位收视衰退率与各项指标的相关性情况，与节目内广告分钟段位的情况基本相似，表现为：广告分钟段位置（分钟段位在广告段中所处的相对位置）与分钟段位收视衰退率呈正相关关系，即分钟段位的相对位置越靠后收视衰退率越高；广告段长度与分钟段位收视衰退率呈正相关关系，广告段越长各分钟段位的收视衰退率越高；广告段所在时段[①]与分钟段位收视衰退率呈正相关关系，即21:00后广告段分钟段位收视衰退率较21:00前高；频道竞争地位与分钟段位收视衰退率呈负相关关系，即频道市场份额越高，分钟段位的收视衰退率越低；前节目收视率和前节目时长与分钟段位收视衰退率呈正相关关系，即前节目收视率越高，时长越长，其后广告段每分钟段位的收视衰退率越高；后节目收视率与分钟段位收视衰退率呈负相关关系，即后节目收视率越高，其前广告段分钟段位的收视衰退率越低。

与节目内广告分析中有所区别的是，在节目内广告中分钟段位的收视衰退率与后节目时长呈正相关关系，即后节目越长，其前广告段分钟段位收视衰退率越高；而节目间广告分钟段位的收视衰退率则与后节目时长呈负相关关系，即后节目时长越长，其前广告分钟段位的收视衰退率越低。在《电视广告收视衰变研究》中，也曾有广告分钟段位收视衰退率与后节目时长呈负相关关系的结论。笔者分析认为，广告插播虽然是节目编排中观众流出和换台的破口，但它并非一个纯观众流出的过程，前节目观众的流出和后节目观众的提前进入共同决定了广告的衰退情况。从观众流动的一般机理来看，前节目结束往往是导致观众流出的原因，而对后节目的期待则会让观众容忍广告播出或者提前流入，后节目对前广告段收视有一定牵引作用，这一点从后节目收视率与其前广告段分钟段位收视衰退率之间呈负相关关系上就可见一斑。

值得注意的是，观众对后节目的期待更多的是对节目内容品质的期待，因此像后节目收视率这样能部分体现节目内容品质的指标在各种编排环境下，都稳定地与前广告段分钟段位收视衰退率之间保持负相关关系，体现后节目对其前广告段的收视牵引作用。相比较而言，后节目时长虽然在某种程度上能影响观众对后一段时间收视稳定性的预期，但它并不是影响这种稳定性的决定因素，因此它对观众广告段收视行为的影响并不稳定；从这次分析结果来看，后节目时长对其前节目内广告段的收视并无正向的作用，而对其前节目间广告段的收视有一定牵引作用。这一结论是否具普遍意义，还需进一步研究和验证。不过从本次大样本分析得出的结论还是有一定提示作用，即节目编排人员在考虑广告插播破口时，可以在考虑频道竞争和台内配合的基础上，适当考虑保证同一节目首段节目的时长，缩短后几段节目的时长[②]。

在节目间广告分钟段位收视衰退率回归分析模型中，常数项的数值要明显大于节目内广告分钟段位收视衰退率回归分析模型中的常数项。这一方面可能是由于节目间广告的时间跨度比较长，收视率波动比较大；另一方面则可能是因为和连续收看同一个节目相比，观众在决定是否连续收看同一个频道的另一个节目，或者是否在广告段提前进入

---

① 在本次研究中广告段所在时段被分为两种类型赋值，其中“0＝18:00—21:00”，“1＝21:00—24:00”。

② 对于采取无缝编排的频道而言，由于已经将节目间广告的观众流失的影响缩到了最小，最大限度地实现了前后节目的观众顺流，因此，其在考虑节目广告插播破口时，上述结论的可参考性有限。

等待下一个节目开始时，有意识或无意识地面临更为复杂的选择，其行为机理受到更多因素的影响，因此，本模型对节目间广告段收视变化的解释力度还不够，还需要考虑更多的收视环境或者观众心理因素的影响，有待业内人士共同探索。接下来，本文将从广告时长、分钟段位置和前后节目编排三个角度进一步探讨节目间广告分钟段位的收视变化情况和规律。

1. 节目间广告段时长多在10分钟以内，收视衰退随广告段时长变化波动上升

在2009年4月份，在20城市晚间18:00—24:00播出的，符合广告段时长小于20分钟、前5分钟节目段平均收视率不低于1%的筛选条件的节目间广告段中，有超过70%的广告段时长在10分钟以内，其中3—9分钟时长的广告段就占到了近60%；80%左右的广告段时长在12分钟以内；如果按照广电总局最新颁布的《广播电视广告播出管理办法（61号令）》中对于播出机构每套节目每小时商业广告播出时长不得超过12分钟的规定，将超过12分钟的广告段算作超长广告的话，那么在2009年4月晚间黄金时段，有近20%的收视表现尚属不错的广告段属于超长广告（图8）。

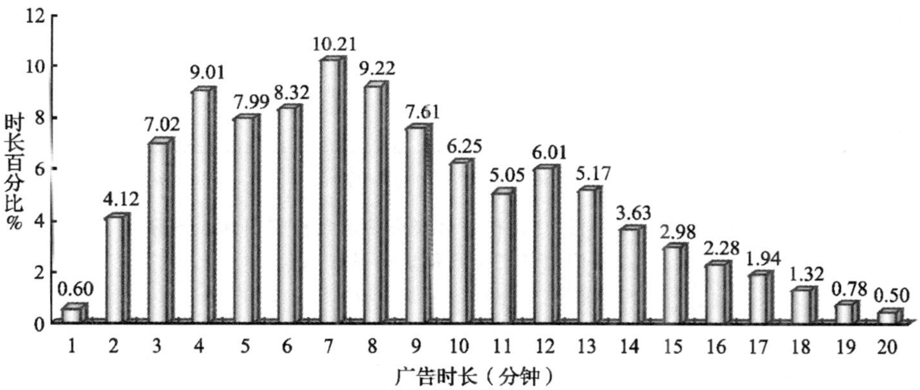

图8　2009年4月20城市符合研究筛选条件节目间广告段时长分布

数据来源：CSM媒介研究

在节目间广告分钟段位收视衰退率回归分析模型中，在控制其他影响因素的情况下，广告分钟段位的收视衰退率与广告段时长呈正相关关系。2009年4月20城市符合筛选条件的节目间广告段的平均每分钟段位收视衰退率的实际情况基本符合这一趋势（图9）。不过，受到播出时段等编排因素的影响，在部分时长广告段中其广告收视衰退率的变化出现了一些波动，例如8—10分钟时长的广告段的平均每分钟收视衰退率相较6—7分钟时长的广告段位为低，而这一定程度上与8—10分钟时长广告段在21:00之前收视上升时段播出的比例较高有关（回归分析模型中显示在其他条件相同的情况下，21:00之前广告段的收视衰退要小于21:00之后广告段）（图10）。

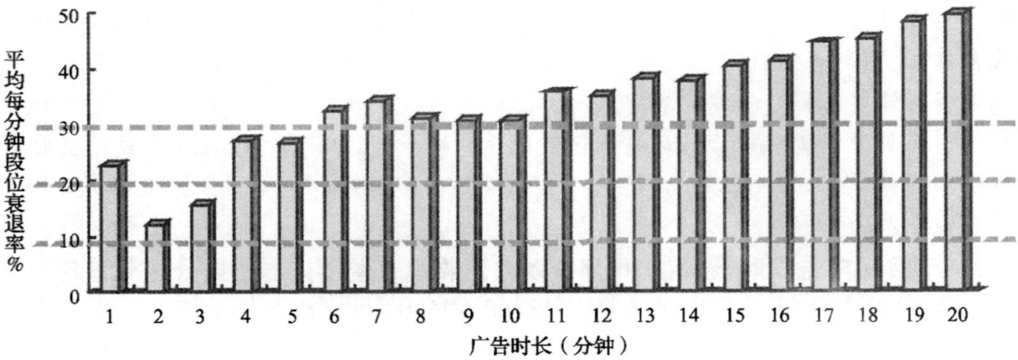

图 9　2009 年 4 月 20 城市符合研究筛选条件节目间广告段不同时长广告段平均每分钟段位衰退率分布

数据来源：CSM 媒介研究

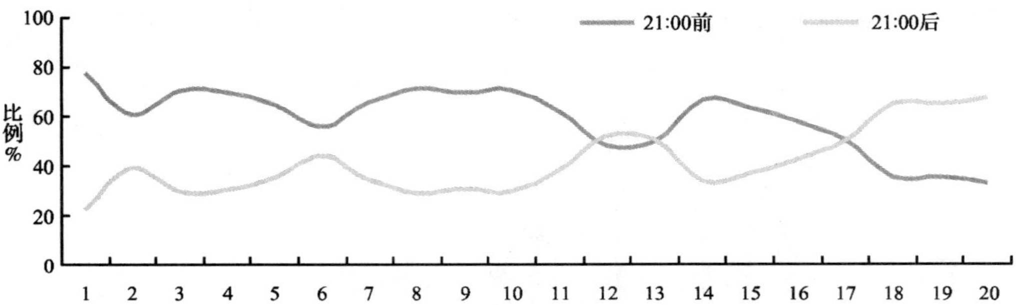

图 10　2009 年 4 月 20 城市符合研究筛选条件节目间广告段不同时长广告段播出时段分布

数据来源：CSM 媒介研究

从平均每分钟收视衰退率的具体分布情况来看，时长为 2—3 分钟的广告段平均每分钟段位收视衰退率在 10%—20% 之间；时长为 4—5 分钟的广告段平均每分钟段位收视衰退率在 30% 以下；时长为 6—12 分钟的广告段平均每分钟收视衰退率则基本在 30%—37% 之间；时长超过 15 分钟的广告段平均每分钟收视衰退率则达到 40% 以上。电视台选择长广告段，无非是希望通过拓展广告资源的规模来获得更大的广告效益；但广告段时间的延长必然影响广告段平均每分钟的收视效果，影响广告段的交换价值；电视台事实上需要在广告时间长度和广告段收视衰退中选取一个更好的平衡，才能实现最理想的广告资源投资回报。从这个角度来看，广电总局新颁布的 61 号令虽然势必影响电视台能够播出的广告时间长度，但它也无形地通过限制电视台每小时能够播出的广告时间长度，影响着单条节目广告插播的长度，某种程度上有助于电视台控制广告插播过程中的收视衰退。如果电视台能够看到资源受限背后所蕴藏的收视机遇，则很有机会在新政策环境下寻求到广告资源利用效率的提升。

2. 节目间广告段收视衰退随分钟段位递增，广告收视衰退仍显“倒 V”形

回归分析显示，在控制其他影响因素的情况下，广告段位置与广告段分钟收视衰退

率之间呈现正相关关系，即分钟段位数值越大（位置越靠后），其收视衰退率越高。2009年4月20城市节目间广告的实际收视衰退情况印证了这一结论。在符合筛选条件的所有广告段中，第1分钟段位的收视衰退率仅为15.84%；第2分钟段位的收视衰退率则达到了26.98%；第3—8分钟段位的收视衰退率在30%—40%之间，衰退率随段位的递增而不断上涨；第9—12分钟段位的收视衰退率在40%—45%之间；第13—16分钟段位的收视衰退率维持在45%—50%之间；第17—20分钟段位的收视衰退率达到了50%—60%，其中第20分钟段位的收视衰退率非常接近60%（图11）。虽然随后的分析显示不同时长的广告段的收视衰退仍然呈现"倒V形"，但和节目内广告收视衰退率的变化相比，节目间广告的分钟段位收视衰退率并没有在诸如19分钟或20分钟等更接近下一节目开始的时段出现回升的趋势，而是加速探底，这或许与节目间广告段收视衰退幅度大，长广告段同一分钟段位收视衰退差异明显有关。

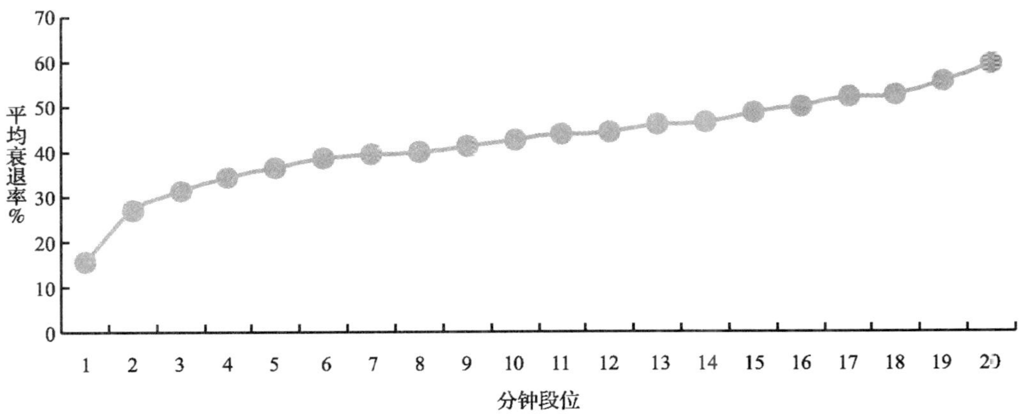

图11 2009年4月20城市符合研究筛选条件节目间广告段各分钟段位平均衰退率分布

数据来源：CSM媒介研究

结合对不同时长广告段每分钟段位收视衰退率的回归拟合情况（图12），可以看出节目间广告段收视衰退的几点规律：

第一，不同时长广告段衰退起点和幅度呈现差异。

和节目内广告段的收视衰退趋势相似，不同时长节目间广告段的衰退起点和衰退幅度呈现明显差异。时长仅为3分钟的广告段第1分钟收视衰退不到10%，第3分钟的收视衰退也维持在20%以下；而时长为30分钟的广告段第1分钟的收视衰退率则高达30%，整个广告段的收视衰退顶点（约17分钟的位置），收视衰退率则高达60%；其余时长广告段的收视衰退起点基本都在15%—25%之间，衰退起点和衰退幅度因广告段本身长度而呈现差异。

在分析观众流动时，节目间广告往往被认为是更为明显的观众流出破口；和同一节目的两个节目段相比，两个不同节目之间的关联性通常较弱，观众顺流相对较难，因此节目间广告插播更容易被认为是观众换台或停止收视的选择点；也正因为如此，人们往

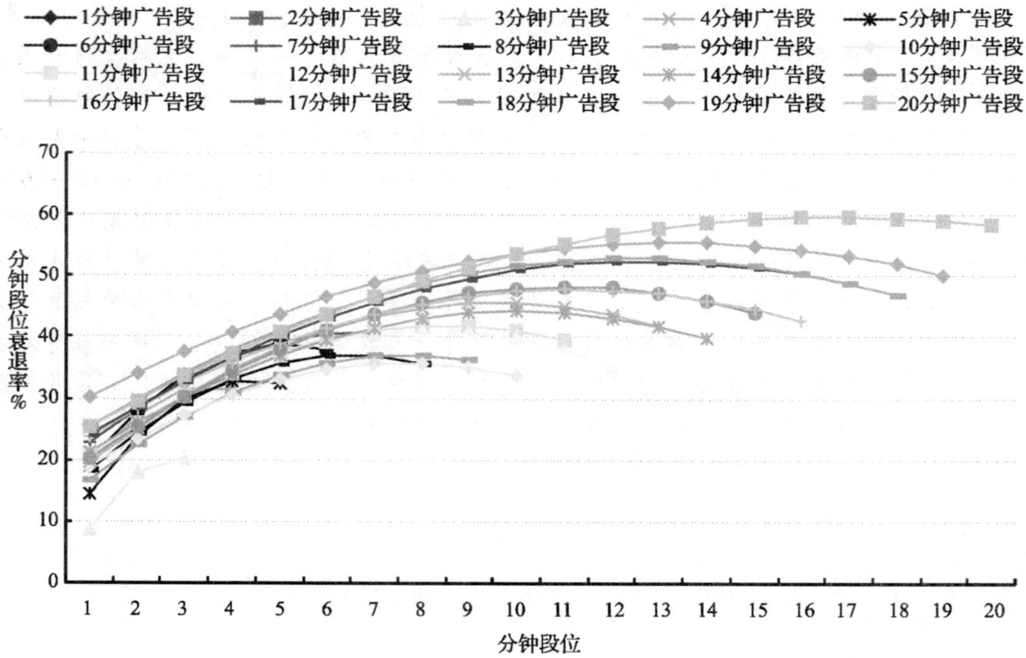

图 12　2009 年 4 月 20 城市符合研究筛选条件节目间广告段不同时长广告段每分钟段位收视衰退率回归拟合情况

数据来源：CSM 媒介研究

往认为节目间广告的收视衰退要较节目内广告明显。本次研究一定程度上印证了这一判断。在节目内和节目间两个广告收视衰退模型中，时长为 3 分钟的节目内和节目间广告段的收视衰退趋势基本一致；而 4 分钟及以上的节目内和节目间广告段虽然在收视衰退的整体趋势上仍基本一致，但在大部分分钟段位上，节目间广告的收视衰退率要较节目内广告高出 5—10 个百分点；例如节目内 4 分钟广告段衰退顶点（第 3 分钟）的收视衰退率约为 23%，而节目间 4 分钟广告段相同段位的收视衰退率则达到 31% 以上。当然，由于在两个模型研究中控制变量和参照对象并不一样，因此这一点结论还有待进一步考证，不过，从本次研究中，10 分钟以内长度的节目内广告和节目间广告的实际平均每分钟段位收视衰退差异中，也可以大致看出这种现象的存在（图 13）。

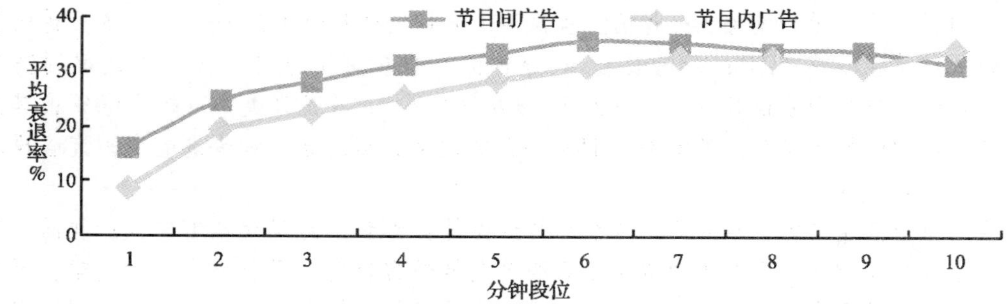

图 13　2009 年 4 月 20 城市符合研究筛选条件节目内和节目间广告段各分钟段位平均衰退率分布

数据来源：CSM 媒介研究

第二，广告段前期迅速衰退，中期谷底维持平稳，后期衰退率略有回落

节目间广告段在开播初期的广告收视衰退非常明显，衰退率稳步上升；大部分节目间广告段在第1分钟就较前5分钟节目段有15%—25%的收视衰退，并在随后的6—7分钟之间，进一步衰退20%—30%左右。相较于前5分钟节目段的收视衰退率达到40%以上；以时长为15分钟的节目间广告段为例，其第1分钟的广告收视衰退率为20%，而到第6分钟的时候，其广告收视衰退率已达到40%以上；而时长为20分钟的广告段，在第1分钟流失30%的收视，到第8分钟时其收视衰退率已高达50%以上。

在经历初期的迅速衰退之后，节目间广告会经历一个下滑相对平缓、维持时间相对较长的谷底平稳期。在这一阶段，广告分钟段位收视依然维持下滑趋势，但下降速度明显放缓。与前面几分钟高达30%—50%的整体降幅相比，在中期的数分钟内，节目间广告段的整体下降幅度基本维持在5—10个百分点之间。以时长为15分钟的广告段为例，其在经历了前6分钟高达40%以上的收视衰退之后，在第7—11分钟的5分钟内，其相较于前5分钟节目的收视衰退率仅从43.67%变为了47.75%；同样，时长为20分钟的广告段，在经历前8分钟近50%的收视衰退后，在随后10分钟内，其收视整体衰退的增加幅度大约只有10个百分点。

在大多数时长的节目间广告的后期，收视衰退率都有一个较为明显的回落过程；虽然在大多数情况下，收视衰退率的下降幅度都在10个百分点以内，但长达3—5分钟，甚至更长的收视衰退率下降过程，事实上体现了在下一个节目开始前，节目间广告段所经历的较长的收视率回升过程。例如，节目时长为15分钟的广告段在第11分钟收视衰退率登顶、收视水平探底之后，就进入了收视水平的回升阶段，收视衰退率不断下降；节目时长19分钟的广告段则在第12和第13分钟收视衰退率达到顶点之后，开始了收视率回升，到第19分钟的时候，其相较于前5分钟节目的收视衰退率已回升到50%，与广告段第8分钟广告段的收视水平相似。

第三，广告段中后期，不同长度广告段收视衰退差异明显扩大

从对节目间不同广告时长广告分钟段位收视衰退的回归拟合分析中，可以明显地看出广告时长对广告分钟段位收视衰退的影响。在第6分钟之后，时长为11和12分钟的广告段相较于时长为9分钟和10分钟的广告段，在每分钟段位上的收视衰退率基本都高出了5个百分点左右；这种情况在更长时长的广告段中，基本以2分钟为1个单位，呈现规律性的变化趋势。到第19分钟和20分钟之间，这种差异变得愈发明显，其中在第19分钟段位，两个不同时长的广告段的收视衰退率差异几乎达到了10个百分点。由此可见，节目间广告段时段越长，对其收视衰退的负向影响越大；控制广告段的长度在减少广告段收视衰退，维持单位广告时间交换价值方面有明显作用。

3. 节目编排对节目间广告收视复杂，后节目牵引作用明显

和节目内广告收视相比，节目间广告收视受到节目播出环境的影响更为明显；前后节目内容和类型的变化，使得节目间广告的收视变化更为复杂。对在控制其他因素的条

件下，与广告段分钟收视衰退之间有明显相关性的13种节目编排方式[①]进行解读，可以发现后节目为电视剧或综艺/专题节目的节目间广告段分钟段位的收视衰退率相对较低，而后节目新闻/时事节目的节目间广告段分钟段位的收视衰退率相对较高。从与“其他”节目的配合来看，前节目为电视剧的广告段分钟段位的收视衰退率相对较低，而前节目为新闻/时事节目的广告段分钟段位的收视衰退率相对较高（表5）。

表5　节目间广告分钟段位收视衰退率回归分析节目类型部分摘录

（2009年4月，20城市，18:00—24:00）

影响因素	5分钟衰退率		
	未标准化回归系数	标准化回归系数	显著性
	B	Beta	
……			
节目属性			
……			
前后节目 专题/综艺－电视剧	1.458	0.012	***
前后节目 电视剧－其他	1.756	0.009	***
前后节目 其他－专题/综艺	3.336	0.018	***
前后节目 新闻/时事－电视剧	3.954	0.037	***
前后节目 其他－电视剧	4.203	0.023	***
前后节目 专题/综艺－其他	4.519	0.016	***
前后节目 电视剧－电视剧	4.841	0.078	***
前后节目 专题/综艺－专题/综艺	5.427	0.038	***
前后节目 专题/综艺－新闻/时事	6.193	0.033	***
前后节目 电视剧－新闻/时事	7.321	0.039	***
前后节目 新闻/时事－其他	8.576	0.026	***
前后节目 新闻/时事－新闻/时事	10.405	0.079	***
前后节目 其他－新闻/时事	10.787	0.052	***

数据来源：CSM媒介研究

而从2009年4月18:00—24:00之间，20城市播出的符合筛选条件的节目间广告的实际衰退情况来看，后节目为电视剧的广告段分钟段位的实际收视衰退率确实比较低，但“电视剧—电视剧”编排方式中的节目间广告分钟段位收视衰退率却比较高；后节目为新闻/时事节目的广告段位分钟段位的实际平均衰退率水平大多相对较高，但“新闻/时事—新闻/时事”编排方式中的节目间广告分钟段位的实际收视衰退率则为所有编排

① 考虑到节目类型纷繁复杂，如果将所有节目都进行两两交互的分析相对不现实，也难以获得充足的样本量，因此本次研究将在我国电视市场上播出量和收视量都相对较大的电视剧、新闻/时事和综艺/专题节目单独列为研究对象，并将其他类型节目集合为一类研究对象，分析不同类型前后节目搭配对广告收视的影响。

方式中最低的。而从与“其他”节目的配合来看，前节目为电视剧的节目间广告段分钟段位实际收视衰退率为所有编排方式中最高的，而前节目为新闻/时事节目的节目广告段分钟段位实际收视衰退率则不到20%，在各种节目编排中为第3低（图14）。正如在节目内广告收视变化分析中所指出的那样，回归模型是在控制其他编排和环境因素的情况下，探讨节目内生因素对广告收视的影响；实际情况与回归模型之间存在的差异，正是节目编排等环境因素对广告收视影响的体现。

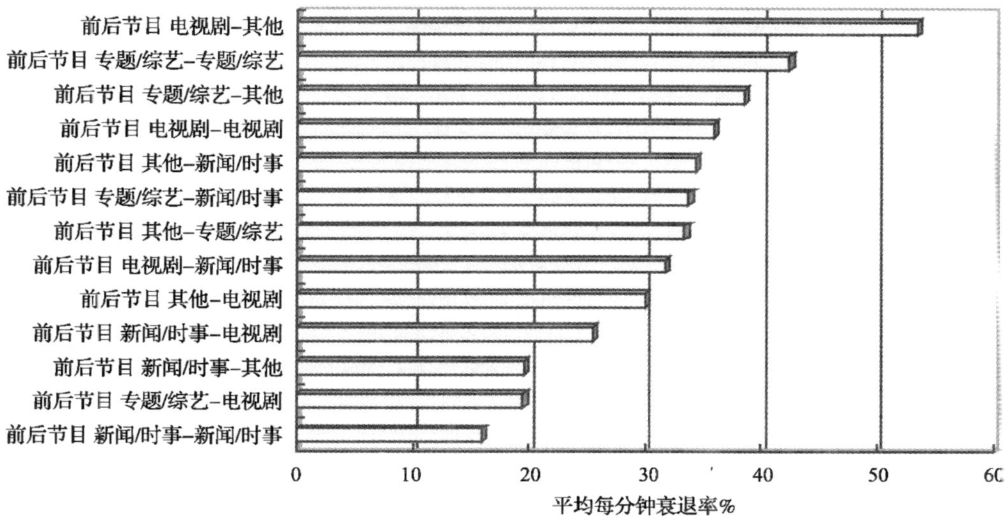

图14 2009年4月20城市符合研究筛选条件节目间广告段不同类型节目中插广告平均每分钟收视衰退率情况

数据来源：CSM媒介研究

从节目内生因素的角度来看，故事性和娱乐性较强、且电视台宣传力度较重的电视剧和综艺/专题节目更容易引起观众的收视预期，更容易吸引观众在前节目结束后继续等待收视，或者在广告段中提前进入频道开始收视；新闻/时事节目虽然有较强的信息服务功能，但新闻/时事节目注重时效性，内容日日更新，观众较少能对新闻/时事节目的内容有明确的预期，因此等待收视的情况相对较少。正因为如此，在回归分析模型中，电视剧和专题/综艺节目更有利于其前广告段维持收视水平；而新闻/时事节目前的广告段则通常拥有较高的分钟段位收视衰退率。

从节目编排的角度来看，新闻/时事节目多数在收视处于上升时段的21:00之前的时段播出（例如超过80%的处于“新闻/时事—新闻/时事”编排中的节目中插广告在21:00之前播出）在这一阶段观众开机率的不断上升对广告收视的衰退形成了缓冲作用，某种程度上缓解了新闻/时事节目前广告段分钟段位的收视衰退（图15）。而对于在回归模型中，节目间广告段分钟段位收视衰退率较低的“电视剧—其他”节目编排方式而言，由于接近80%的此类节目间广告段都在晚间21:00之后播出，21:00之后观众整体收视进入下行衰退阶段，观众收视习惯所带来的收视下降无形中对该节目编排方式对广告收视衰退的影响进行了放大。

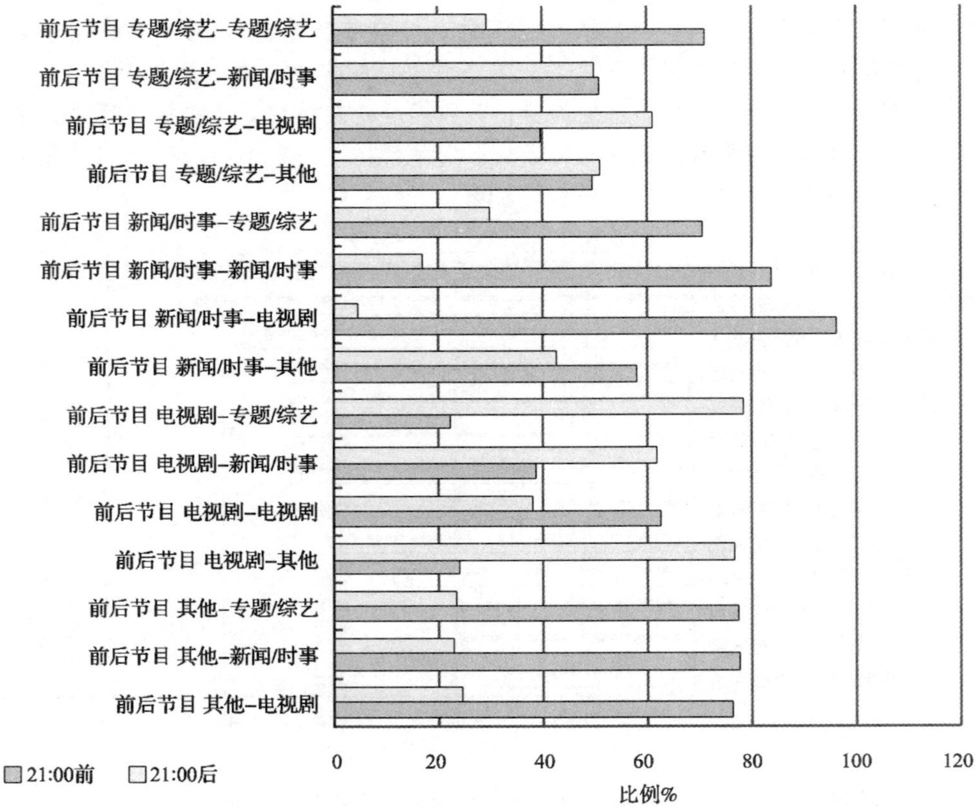

图 15　2009 年 4 月 20 城市符合研究筛选条件节目间广告段不同类型节目编排中节目间广告的播出时段分布情况

数据来源：CSM 媒介研究

除了广告段的播出时间外，广告段本身的编排时长也会对其收视衰退产生影响。分析显示，在 2009 年 4 月，节目间广告衰退率相对较低的“新闻/时事—新闻/时事”、“新闻/时事—其他”和“新闻/时事电视剧”等编排中的节目间广告，往往其自身的时长也偏低（图 16）。

在对编排因素对节目间广告收视衰退率的影响进行探讨时，笔者发现“专题/综艺—电视剧”这一编排方式非常特殊：在回归分析模型中，这类编排中播出的节目间广告收视衰退率水平最低，而在实际情况中处于这类编排环境中的节目间广告的衰退率仅为 20% 左右，在各种编排方式中居于第 2 位，而事实上这类编排在播出时段或者广告段时长上并没有突出优势。这一结果体现出“专题/综艺—电视剧”这一节目编排方式，借助目标观众重叠性较高和功能相似等特征，实现了较好的观众顺流，即便是在环境因素影响明显的情况下（21:00 前和 21:00 后此类节目编排的节目间广告平均分钟段位衰退率差异水平为各种节目类型之最），该类编排中的节目间广告依然保持了较低的收视衰退水平（表 6）。

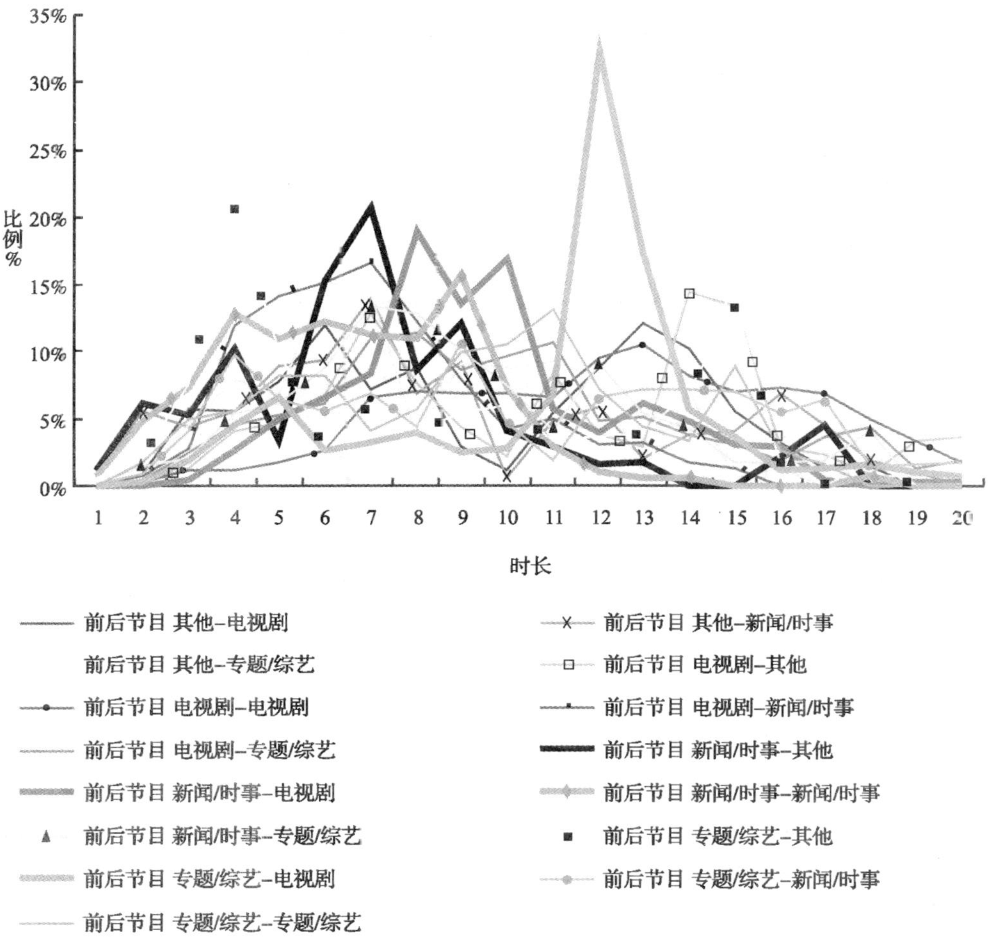

图 16　2009 年 4 月 20 城市符合研究筛选条件节目间广告段不同类型节目编排中节目间广告的播出时长分布情况

数据来源：CSM 媒介研究

表 6　2009 年 4 月 20 城市符合研究筛选条件节目间广告段不同类型节目编排中节目间广告在不同播出时段的收视衰退情况

编排类型	平均每分钟段位衰退率%		21:00 后较21:00 前增长率%
	21:00 前	21:00 后	
前后节目 其他 - 电视剧	27.24	38.43	41.09
前后节目 其他 - 新闻/时事	29.76	49.63	66.78
前后节目 其他 - 专题/综艺	30.90	43.77	41.66
前后节目 电视剧 - 其他	29.29	52.36	78.78
前后节目 电视剧 - 电视剧	33.65	40.18	19.41
前后节目 电视剧 - 新闻/时事	16.64	41.08	146.89
前后节目 新闻/时事 - 其他	13.84	27.78	100.75
前后节目 新闻/时事 - 电视剧	24.96	34.86	39.65

续表

编排类型	平均每分钟段位衰退率%		21:00 后较 21:00 前增长率%
	21:00 前	21:00 后	
前后节目 新闻/时事 - 新闻/时事	12.58	32.05	154.72
前后节目 专题/综艺 - 其他	29.63	48.09	62.29
前后节目 专题/综艺 - 电视剧	6.76	27.30	304.06
前后节目 专题/综艺 - 新闻/时事	27.19	39.49	45.28
前后节目 专题/综艺 - 专题/综艺	42.51	42.26	-0.59

数据来源：CSM 媒介研究

对比采取不同节目编排方式的节目间广告段在21:00前后的收视衰退率变化情况，可以部分地了解播出时段因素对不同编排方式下，广告收视变化的影响。从本次研究的情况来看，后节目为新闻/时事节目的节目间广告段，虽然平均的收视衰退率较低，但其随播出环境的变化非常明显；后节目为电视剧的节目间广告段，虽然平均的收视衰退率较高，但其随播出环境的变化相对微弱。这在一定程度上说明当广告主选择在新闻节目前广告段进行广告投放时，应更多地注重时段的选择问题。

四、总结与思考

本次研究再次印证了笔者在《电视广告收视衰变研究》中所得出的结论，即广告段本身的属性、时段属性、频道属性和节目属性确实都会对广告分钟段位收视衰退产生影响。通过对不同时长节目内广告和节目间广告的分钟段位收视衰退变化进行回归拟合，本次研究进一步明确了广告段收视变化的规律：即在广告段开播的初期迅速走低，在中期经历较为平稳的低谷，并在后期略有回升；广告段收视率变化呈现“V”字形。

诚然，广告段收视变化是前节目观众流失和后节目观众流入共同作用的结果，而广告收视衰退率的变化也证实了广告收视率的“V”字形变化规律，但在控制诸如时段、节目类型和频道等编排因素影响的情况下，广告收视率变化的“V”形曲线并不对称，相较于广告段第1分钟的收视率水平而言，广告段最后1分钟的收视率差距明显，也即从内容属性来看，广告播出必然导致观众流出。为最大限度地控制广告段观众流动，电视台确实有必要深入研究观众流动的规律和机理，充分利用节目编排和推广宣传的手段，改善广告段的收视情况。

在分析编排因素对节目间广告收视变化的影响时，可以发现一些不同于一般规律的特殊现象（例如“综艺/专题—电视剧”编排中的节目间广告收视衰退率明显较低），这些现象与节目本身的内容和功能特征，以及观众收视选择的心理因素有关，并非单纯的定量分析可以解释的。要更好地了解广告段观众流动的规律和机理，有待业内人士结合定量研究和定性分析的方法，从广告段本身属性、编排属性和观众心理因素等更多维度，继续对广告收视的变化进行探讨。

（作者：左瀚颖　王建平）

对城市台可持续发展困境与出路的思考

近两年来，随着省级电视台的战略转型，加上中央电视台日益强化的资源优势，城市台的生存环境急转直下，逐步从21世纪初期的快速上升阶段，转入可持续发展的瓶颈期。城市台发展势头的转向，既源于其先天的局限，也受其后天的发展情况影响。从先天条件来看，城市台缺乏足够的行政资源，也缺乏足够的覆盖空间，当受众和广告资源开发到一定的程度之后，城市台必然面临天然的“天花板”，发展速度会逐步放缓。而从后天发展情况来看，大多数城市台未能在发展过程中积累足够的资金和资源，也未能在本地市场上培育出足够规模的忠实观众，当面对中央级和省级电视台的资源竞争时，自然难以应对观众的流失，从而遭遇观众收视和广告创收的衰退。鉴于上述双重因素对城市台发展的影响，本文从城市台发展的历史沿革和现实状况出发，以管理学资源与能力理论为指导，探寻城市台可持续发展思路，与业内人士共同探讨。

一、城市台可持续发展困境：历史分析与现状探寻

城市台是推动我国广播电视产业发展的重要力量。从历史上看，自1983年我国推行“四级办电视台”政策以来，城市台在宣传党和国家政策方针、推动广播电视消费普及、丰富人民群众文化生活和服务地方经济建设等方面做出了突出贡献；从未来发展来看，城市台因其数量众多、贴近市场和相对的政策灵活性，而成为广播电视行业中最具创新活力的一支力量，城市台发展的成败直接影响着我国广播电视产业的发展轨迹。然而，城市台也是我国广播电视产业“行政区划与市场定位的二元对立”① 中最大的“受限者”。在“四级办电视台—发展有线电视台—建立教育电视台—台网分离、三台合并—集团化发展”的发展历程背后所隐含的是城市台发展的两大先天缺陷。

首先，混合覆盖政策下的城市台，更多地扮演着中央级和省级电视台补充的角色，自身发展空间有限。无论是80年代初期“四级办电视台”的方针，还是90年代初期大力发展有线电视的政策，其主要目的都是希望通过多级电视台的混合覆盖，保证电视媒体宣传喉舌功能的实现。这就决定了在城市台发展的初期，其主要功能就是保证中央和省级电视台的新闻和其他重要节目在本地的接收和传送；这导致不少城市台都更多地扮

① 单文婷、金珠：《做当地、做当下：城市台的突围方略——专访胡智峰教授》，《视听界》2008年第3期，第72—76页。

演着转播或插转台的角色，缺少自我发展和经营的能力。与此同时，四级办电视台和有线电视的发展政策，都是依据行政区划来进行市场划分；而长期以来，城市台作为地方党委和行政部门的喉舌，往往由地方党委政府投资建立，由地方党委宣传部门管辖，这进一步确定了城市台的区域特色。政策对城市台跨区域覆盖和传播的限制，使得城市台的市场空间仅限于一城一地，相比中央级和省级台而言，市场空间狭窄。

其次，行政命令推动下的城市台合并，遗留诸多机制问题，妨碍了城市台资源的有效整合和配置。我国城市台的发展经历了初期的放量增长和随后的行政整合。在放量增长阶段，无线电视台、有线电视台和教育电视台无论在行政管理还是业务运作方面都存在诸多的差别，这种差别并不是靠合并过程中的一纸政令可以消除的。相关主管部门提倡无线有线合并和集团化发展的重要动机是借鉴国外传媒产业集团化发展的经验，整合区域电视媒体资源，集中力量做大做强区域媒体产业。然而行政命令主导下的合并，并不能有效地促进资源的整合和配置。事实上，目前不少城市台在频道管理、人员任命和业务运作中，还留存着旧有机制的影响；各路人马对于资金、资源和主导权的争夺，不仅不能提高和改善城市台资源利用的效率，反而有可能造成严重的内耗，限制城市台与中央级和省级电视台抗衡的能力。

正是这两大先天缺陷的存在，使得我国的城市台在经历了一段时间的快速成长之后，逐步进入了瓶颈期和困惑期。当然，由于我国经济和社会发展的区域不平衡性、各地党和政府主管部门对本地媒体不尽相同的管理政策，以及各地城市台在发展理念和策略上的差异性，我国城市台的经济发展也呈现出不均衡的特征，这就使得对于城市台发展现状和困境的探讨不能一概而论。根据各地城市台发展的现实状况和困境，可以将城市台归为以下三大类别。

第一类：处于“下降螺旋”的城市台。根据美国学者罗伯特·皮卡特（Robert G. Picard）提出的“下降螺旋”，媒体的发展因其在收视和广告市场上的表现，而呈连锁性反应。所谓“下降螺旋”是指媒体因为没有好的内容和渠道资源，而导致收视份额下降，随之而来的是广告收入的下滑，由此进一步削弱媒体获得优质内容和资源的能力。在我国的城市台中，有一部分城市台或受制于机制原因，或受制于本地经济、文化和资源因素的影响，未能赶上20世纪末期和21世纪初期我国城市台迅速发展的浪潮，完成资源和资本的原始积累。这部分城市台既缺乏市场经营的理念，也缺乏市场经营的资源，难以发挥本土性的优势与中央级和省级频道相抗衡，从经济运营的角度上讲，面临着“生存危机”。

第二类：处于徘徊状态的城市台。所谓徘徊状态，是在下降螺旋和上升螺旋之间的一种边缘状态。处于这种状态的电视媒体在当前的内容和广告竞争中有一定的竞争实力，但其并没有在本地市场上形成突出的优势，面临竞争者的强势资源战，开始出现收视和广告份额的波动，极有可能因为收视份额和广告收入的大幅萎缩，而跌入“下降螺旋”。在我国的城市台中，有一部分电视台在上一波城市台发展的浪潮中，积累了一定的资源和资本，它们已经拥有了一定数量的自办栏目，在广告经营方面也取得了长足的发展。然而，这类城市台无论在内容和广告经营上，还是在媒体经营机制上，都尚未形成足够的优势和特色，当中央级和省级竞争对手转变竞争策略之后，这类城市台逐步处在了下风地位，收视和广告份额出现了萎缩迹象。从经济运营的角度来讲，这类城市台面临的现实困境更多地可以归为“竞争危机”。

第三类：处于“上升螺旋”的城市台。电视市场竞争可以依据竞争的内容与实现的价值，划分为收视竞争、广告竞争和品牌竞争三个层次。这三个层次的竞争有明显的累积效应和循环效应。当电视台在收视市场中获得成功之后，它就更有可能在广告市场中获得更大收益，并基于此在品牌竞争中积累更显著的优势，进而继续扩大其在收视和广告竞争中的领先优势，这就是电视台发展的“上升螺旋”。我国部分城市台，在初期发展过程中，较快地理顺了机制问题、适应了市场化发展的方向，积累了相对较大规模的资源和较强的市场运作能力。这类电视台在本地的收视和广告市场中处于明显的强势地位，中央台和省级台的战略转型并未对其形成明显的压力。对于这类城市台而言，其可持续发展的困境并不在于当下的竞争，而在于伴随着本地市场逐步“开发殆尽”而产生的“扩张危机”。

二、城市台可持续发展路径：基于资源与能力理论的思考

城市台作为党和国家的宣传喉舌，作为文化事业主体，其存在和发展对于维护社会稳定，促进社会和谐，丰富广大人民群众精神文化生活，有着重要的意义。然而，从经济角度来看，数百家城市台和数千个城市电视频道的存在，一定程度上导致了重复建设和资源分散的问题，缺乏规模经营的“经济性”，在我国电视市场不断成熟和发展的过程中，必然面临市场整合和聚拢的挑战，甚至面临优胜劣汰的生存危机。因此，城市台的可持续发展，关键还是经济上的可持续发展，其最根本性的问题是如何在文化事业和电视产业“双轨机制”下寻求平衡和协调，最大限度地释放城市台市场运作的灵活性与创造性，培育城市台的市场竞争力。众所周知，机制上的变革需要长期的试错与协调，而市场竞争力的提升则可以通过采取符合市场运作规律的经营策略来实现。接下来，本文就尝试借鉴经济学和管理学中的资源和能力理论，从市场运作的角度，探索城市台可供考虑的现实经营策略，摸索城市台可持续发展的思路，供处于不同发展现状的城市台探讨。

对处于市场运作中的城市台而言，无论其处于何种生存状态，要取得进一步发展，很大程度上都在于其如何改善自身利用和整合现有资源、寻求市场空间的能力，也就是利用资源打造核心竞争力的能力。基于经济学和管理学的资源与能力理论，可以构造出一个从资源培育，到资源组织利用，再到资源市场价值实现以及资源创新的资源利用的能力体系。

这个体系的首要环节是电视台打造和培育特殊资源能力，例如对电视频道、差异化节目内容的占有，在市场上所享有的特殊的影响力和号召力，以及特殊的品牌文化。在市场竞争中，差异化的资源优势会产生竞争优势，电视台具有的有稀缺性、知识性和不可复制性的资源，可以产生成本低或差异化高的产品，这是电视台获得持续竞争力优势的关键因素。不过，对特殊资源的占有只是发挥企业资源优势的前提条件，能力学派认为企业有效使用资源，并使其相互作用，从而产生新的能力与资源的能力，才是企业竞争力的核心。因此，在拥有特殊资源之后，电视台需要协调自身拥有的渠道和内容资

源，提供优质的内容和广告传播服务，保证内容的有效到达，培养核心能力。当然，电视台处于一个不断变动的市场环境中，它需要敏锐地把握市场需求，快速配置资源链条以满足市场需求，从而获得短期市场机会的能力，也就是所谓的适位能力。城市台能够根据收视市场上出现的时期性热点和规律，基于自身的特色资源和核心能力，及时调配和组织节目创意、制作、播出及营销，以满足观众和广告主变动的市场需求，应对竞争对手挑战的能力，这是其适位能力的体现。最后，电视媒体还需要将适位能力对短期市场机会的关注延伸到对长期发展优势的追求。城市台如果能够在竞争日趋激烈的环境中，不断获取和整合内外部资源和能力，在既定的路径依赖和市场优势条件下，不断获取新的竞争优势，就能形成保障自身可持续发展的动力能力（图1）。

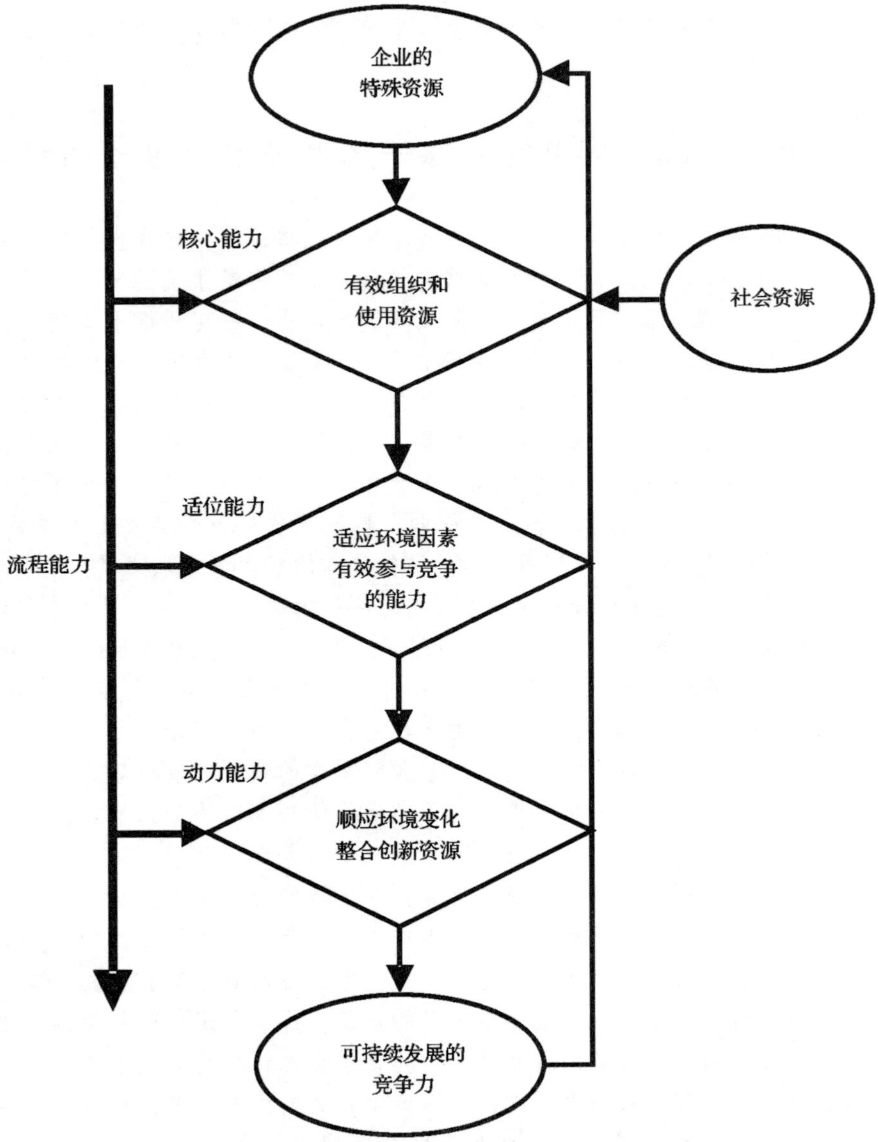

图1　资源利用的能力体系

资源与能力理论对处于不同发展状态的电视媒体都具有适用性。事实上，在我国电视媒体的发展实力中，“电视湘军”就是依靠对特色的电视剧和综艺节目资源的开发，打开市场局面；再合理发挥核心能力和适位能力，在短期的市场竞争中逐步培育和巩固自己的市场地位；随后又沿着“快乐中国”的发展路径，不断明确和强化自身的差异化竞争优势；并一直用一套行之有效的内部管理体制，保证内容生产、品牌建设和媒体发展战略的协同，由此创造了近年来中国电视市场发展中的一大亮点。湖南台借助资源和能力配合实现发展的实例，值得城市台借鉴。参考优势电视台的历史发展轨迹，城市台可以围绕打造自身开发、利用和整合资源的能力来探寻自身的可持续发展路径；本文借鉴资源与能力体系而构建的“回字型”研究框架（图2）可供城市台在探寻可持续发展策略时参考。在这个框架中，最核心和最初始的内容涉及城市台内容资源（包括电视剧和自办栏目）以及渠道资源利用，如何提高开发、占有和利用产品及资源的核心能力，这是处于各种发展状态的城市台都应思考的问题。随后，城市台应该把目光扩展到适位能力，思考自身如何利用核心能力，根据市场竞争的变化，调整经营策略，寻求在受众和广告资源竞争中的更大收获，这对处在下降螺旋和徘徊状态的城市台较为关键。最后，城市台还需要思考如何打破区域媒体的发展屋顶，通过多元化发展谋求产业升级，这是处于上升螺旋的城市台应该关注的话题。

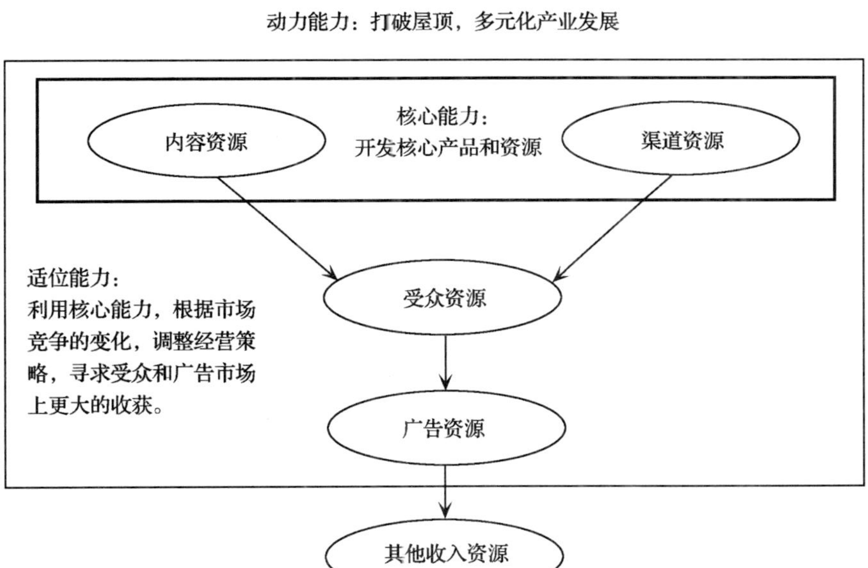

图2　城市台可持续发展研究框架

基于对资源和能力理论的理解，城市台可以尝试探索自己的可持续发展路径。从城市台经济运作的角度来看，城市台处于一条以内容制作开发为初始，以内容编排和播出为过程，以获取观众注意力和广告收益为直接目的的价值链条上。这个链条上的各个环节以自己的方式创造新的价值，附着在城市台的内容产品和服务之上，并促成城市台产品价值的最终实现（图3）。这条价值链条的顺畅和循环运作，让城市台获得内容产品资源、资金以及市场地位的累计和成长；而这条价值链条某个环节价值创造能力的相对偏弱，或者价值环节之间的合作不畅，则会阻碍城市台资源和资金的积累，削弱城市台的市场地位。简而言之，城市台在价值链条上的循环运作，构造了其螺旋形的发展路径；城市台在这条路径上开发、利用和整合资源的能力则决定了其在螺旋路径上的发展方向。

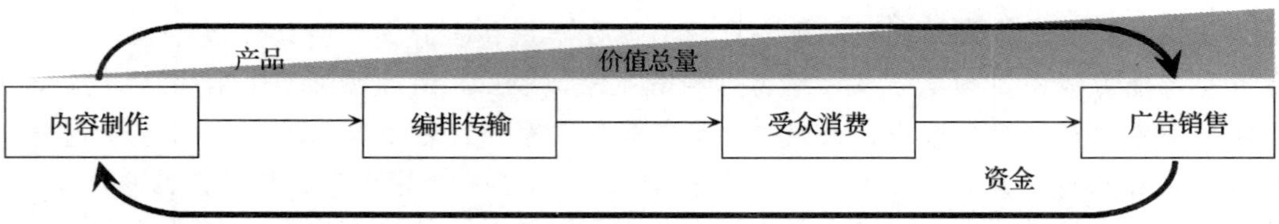

图3　城市台价值链

众所周知，任何路径都是由一系列节点以及连接这些节点的线段而构成的。城市台可持续发展的路径事实上就是由城市台在内容开发制作、内容编排传输和观众收视等一系列节点，以及在这些节点之间的价值流动而构成的。虽然从价值创造的顺序来看，在城市台的价值链条上，内容开发和制作是价值创造的始点，观众收视及随后的广告交换是价值实现的终点；但从城市台可持续发展路径选择，及相关配套策略的制定来看，最终决定城市台市场份额及广告价值的观众环节应该成为城市台可持续发展路径的始点，与内容传输相关的渠道环节是影响其可持续发展路径的过渡节点，而内容则是决定城市台可持续发展路径的核心节点。城市台在观众、内容和渠道每一个关键节点上开发、利用和整合资源的能力，都将对其可发展路径产生影响（图4）。

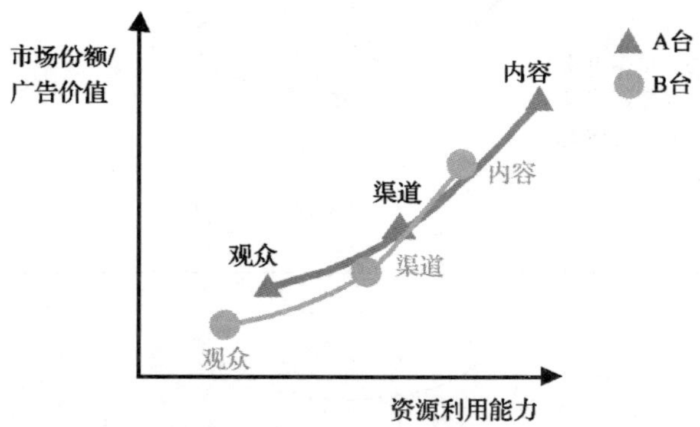

图4　各节点资源利用能力不同，决定城市台发展路径的差异

值得注意的是，路径的形状不仅仅取决于节点的位置，还取决于在各个节点上矢量的能量大小和作用方向。城市台的现实发展轨迹并非一条完美、光滑且上行的曲线，其具体走势除了与其在各个关键节点上的资源利用能力相关之外，还与其对资源能力作用方向的控制有关。在这个过程中，城市台针对观众市场和广告市场展开的营销活动，以及其选择的跨环节或跨价值链的资源要素整合模式，会影响其在观众市场和广告市场上的发展方向，进而影响其可持续发展的具体模式（图5）。正因为如此，对城市台可持续发展路径的探寻需要对观众、渠道和内容三大关键节点，以及连接关键节点、控制路径走向的营销和模式选择进行综合探讨。

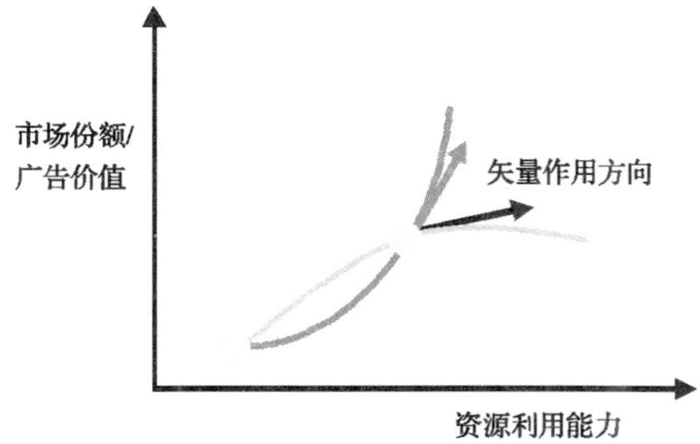

图5 节点资源利用能力相同的情况下，营销和模式决定能力作用方向导致路径差异

结语

经济学中的“路径依赖”理论指出由于规模经济（Economies of scale）、学习效应（Learning Effect）、协调效应（Coordination Effect）以及适应性预期（Adaptive Effect）等因素的存在，经济体一旦选择了某种机制，就会在报酬递增和自我强化机制的作用下，沿着既定方向不断得以强化。这意味着经济体所处的历史环境及其在过去做出的选择会影响和决定它们现在及将来可能做出的决定及其发展轨迹。尤其值得注意的是，“路径依赖”理论指出体制变迁可能会引导经济体进入良性循环的轨道，积累优势、迅速优化，也有可能让经济体沿着错误的路径下滑，甚至被“锁定”（lock-in）在无效或低效的状态，陷入恶性循环而不能自拔。这也正是对我国城市台在经历了十余年的发展之后，部分城市台进入“上升螺旋”通道，而部分城市台则陷入“下降螺旋”危机的最好解释。鉴于城市台发展的不平衡状态，并不存在一条普遍适用的可持续发展路径来帮助城市台应对当前的困境。城市台需要系统性地思考自身的资源和能力状况，结合实际情况，因地制宜、因时制宜，才能寻找到适合自身实际情况的可持续发展道路。

（作者：左瀚颉）

从资源重整到价值提升：对当前电视市场竞争的一种观察

2009年以来，以电视剧资源争抢为主要表现的电视频道竞争愈演愈烈，伴随渠道效率下降，内容资源及其市场运营能力成为电视频道之间一决高下的关键。内容市场供求矛盾更加突出，资源约束和广告压力并行，使以上星频道竞争为主要特点的中国电视市场正在面临新一轮的洗牌。对这一现象及趋势的关注，是本文讨论的重点。

一、重估电视剧市场价值

回顾2008年以来的电视剧市场，业界有共识认为：（1）当前电视剧市场质与量不对称，供求结构失衡，从而加剧电视频道竞争的两极分化；（2）电视剧资源争抢和编播大战轮番上演，过度竞争使电视剧边际效益下降；（3）电视剧题材多样，收视分化，市场热点随剧而变，影响电视剧长线收益；（4）金融危机对电视剧广告市场具有重要影响。在此前提下，业界呼吁电视剧市场应回归适度竞争，科学编排，理性预估，借机改善投入产出结构。

近期以《我的团长我的团》为代表的省级卫视电视剧大战再次引发业界热烈讨论，也将上述呼吁的声音进一步放大，并使讨论重心转向电视剧资源的合理有序利用问题，这其间既涉及制播双方的利益均衡，也与政府的政策引导和行业规制有关。电视剧之所以成为业界关注的焦点，诚然与电视剧举足轻重的市场地位有关，电视剧既是电视台播出量最大的节目类型，也是电视台收视和广告回报最好的节目类型。电视台为了提高市场竞争力，一方面持续加大电视剧资源投入，另一方面通过改进电视剧在频道和时间上的资源配置提高产出能力，两相作用的结果导致电视剧市场竞争愈演愈烈。

以西方经济学边际收益递减理论分析当前电视剧市场的投入产出规律，不难发现，如果以电视剧播出比重表示投入水平，以电视剧收视比重表示产出水平，则进入2009年3月，全国上星频道电视剧收视比重对电视剧播出比重（基于CSM全国测量仪数据）的弹性系数下降至1以下（0.987），而2009年2月这一系数为1.016，去年同期（2008年3月）这一系数为1.066。可见，以上星频道作为播出平台的电视剧资源，其投入产出水平已进入边际投入等于边际产出的临界区域；特别是在《团》剧大战的这个三月，电视剧播出的边际收视效益已突破盈亏平衡点，进入到负收益区域，意味着上星频道单纯依赖电视剧资源扩张的竞争模式已不再有效。

2009年是电视剧竞争由重资源扩张转入重资源质量的重要一年。从主要依托电视剧参与市场竞争的几个强势上星频道看，其全天电视剧播出比重已趋近60%，电视剧为这些频道带来的收视贡献约为70%。在难以进一步增加电视剧播出量的情况下，“自制剧”、“定制剧”成为其提升电视剧资源质量的重要手段，从而也引发了业界对制播分离问题的新一轮思考。在对电视剧投入产出进行弹性分析时，我们也发现，全国上星频道的电视剧收视比重平均比播出比重高出10个百分点，表明对电视台而言电视剧播出的整体收益仍很可观。2009年3月全国上星频道电视剧收视比重平均高出播出比重11.395个百分点，2009年2月的差数为10.271个百分点，上年同期（2008年3月）的差数为9.998个百分点。差数越大表明电视剧播出带动的收视回报越高。结合上文弹性系数变化特征，这一组数字比较则提示我们，近期电视剧资源质量确已处在上升通道。

弹性系数在1左右徘徊，收视比重高出播出比重约10个百分点，这就是当前以上星频道为代表的电视剧主流市场的现状均衡。以此重估电视剧市场价值，增加电视剧播出量将使弹性系数滑入负效益区域，提升电视剧质量则有助于将收视比重对播出比重的差数拉大。市场竞争已然给出了方向，对于博弈的电视剧制播双方，共同策动以质量竞争替代数量竞争，必将推动电视剧市场向更高阶段发展。

二、节目品质如何影响广告效果

2009年以来，国际金融危机蔓延和影响深化使电视媒体面临趋向紧缩的广告市场环境。为了博得更高的广告市场份额，电视台不仅要用收视率说话，也加紧推动以节目品质佐证广告效果。那么节目品质是如何影响广告效果的呢？

以消费者为研究对象，广告效果是指广告对消费者认知、态度及行为层面产生的综合影响。消费心理学总结出AIDA模型，认为广告驱动了消费者对目标商品从认知到兴趣到欲求再到购买行为的过程，但是随着过程推进，广告发挥的影响渐弱。按半衰律假定，若认知为1，则兴趣为1/2，欲求为1/4，购买行为为1/8。也就是说广告到达了1000个人，但最后真正产生购买行为的不过125个人。

广告收视率是对广告接触度的一种测定。消费者因为对广告的视觉及听觉接触而产生认知，因此可以认为收视率测定的是广告认知效果。这即是3+到达率在电视广告效果测量和评估中被广泛采用的原因。

节目品质影响广告效果显然超越了简单的认知层面，但又包含认知层面。首先，节目品质贡献节目收视率。笔者曾经的研究结果认为，播出环境和节目质量共同决定了节目的市场收视表现，其中节目质量对收视率的贡献约为50%。广告穿插于节目之间，观众从节目收视转入广告收视会产生规避行为而致广告收视率衰减，基于节目收视率与广告收视率的实证分析表明，国内市场平均的广告收视衰减率约为33%，也即是说三分之一的观众会在从节目转入广告时换台或关机。由此可见，节目品质对广告认知效果的影响是透过影响节目收视率并进而影响广告收视率形成的，节目品质对广告认知效果的影响程度为33.5%（即50%×67%）。

节目品质同时还影响观众的广告态度，这种影响也是间接的。节目品质影响观众对节目的态度，而观众的这一态度会让渡或者转化为对广告的态度。观众对节目的态度往往以满意度来测量，有调查数据显示，观众满意度高的节目或者频道，观众对其所连接的广告也往往给予更积极的态度评价，这即心理学上指称的所谓“爱屋及乌”现象；反过来，一些品质较好的广告也更愿意向高品质的节目或频道集中，从而形成市场共振效应。

这样在广告效果的测定中，节目品质就得以透过广告收视率和广告态度分别表达。如果把节目品质对广告效果的影响作为100%看待，则基于上述分析，其中对广告认知层面的影响为33.5%，对广告态度层面的影响则为66.5%，可见节目品质更倾向影响广告态度。这就凸显出以品质和品牌拉动广告营销的重要。

但是站回到广告效果分析的角度，按照半衰率假定，广告对态度的影响仅为认知效果的1/2或者1/4，如果以认知效果为100%，则节目品质的广告态度效果约为25%(即66.5%×（1/2+1/4）×1/2)。

现行的电视广告效果通用评价以GRP为基准，GRP测量了以广告收视率为基础的电视广告认知效果；如果考虑节目品质对广告效果的影响，则电视广告对认知和态度两个层面的综合效果大致可相当于1.25（半衰率假定）至1.665（平权假定）倍GRP。这是一个市场均值，不同的节目或者频道，其取值或高或低。节目品质高则取值高，节目品质低则取值低，但最低也就是1倍的GRP了，我们不讨论那种超越节目品质底线进而可能侵蚀广告GRP效果的情况。

三、寻求规模与结构的均衡

规模和结构是分析事物的两个基本维度。一般认为，规模是对事物量的测度，结构则反映为对事物质的区别。收视率不只是对观众看电视行为的量的统计，也同时包含有结构的分析，例如频道之间、时段之间、群体之间等等都形成结构层面的对比。

电视是大众传媒，从这个意义出发，我们往往更注重观众量的变化，包括观众人数的增减和观众卷入电视时间长短的变化，这在收视率数据里面分别以到达率和忠实度指标测度。近年收视率调查数据显示，受生活形态和媒介环境变化的影响，受众分化和分流程度日渐加深，电视到达率以及忠实度总体呈现波动下降趋势。与之相关联，以收视率作为交易货币的电视广告，其增长总体上更多体现为价格的变化，而非广告传播效果的增加。

在总收视规模难以增长的前提下，结构的重要性被凸显出来。无论频道、节目还是广告，都试图寻求结构层面的差异化，而用来推动差异化的手段主要集中于三大类。一类是以资源优势推动，一类是以编排策略推动，还有一类是以市场营销推动，并由此涌现出所谓不同特质的频道或者节目，形成语义中的或者现实中的细分市场。广告营销也着眼于细分市场的特质，按消费群定位广告卖点，实现新营销图景下的广告增值。

但是正如前文所说，规模和结构作为事物特征的两个方面，不能偏废其一。细分市场的营销意义也在于规模细分，而非无限细分，其中衡量的尺度是市场回报率。电视媒体以节目和时间作为投入，转化为广告传播价值，被广告客户认同和购买，体现为广告收入，实现投入产出的比较收益。确定这其中的盈亏平衡点是有效细分市场的重要前提。比如，以收视千人表述规模，以高收入观众占比表述结构，则一个定位于所谓高端观众的频道就需兼顾规模与结构的均衡。一般而言，观众规模大则高收入观众占比低，高收入观众占比高则观众规模小；这就需要寻求一种相对的均衡，使此约束下细分市场的广告价值最大化。

从广告的角度出发，我们曾经以计算的方式定义电视广告传播价值为收视千人及其人均收入水平的乘积，表示目标观众群的潜在消费总量，而广告的意义在于撬动其中一定比例目标观众使之成为现实购买。若以P代表收视千人，以M代表人均收入水平，以C代表消费倾向，以A代表广告收入，则可简单地推导出：$P \times M \times C = u + v \times A$，其中u为截距，v为系数。这一算式表达出广告与收视及消费的相关关系。以增量式表示上述算式，可得：$\Delta P\% + \Delta M\% + \Delta C\% = v \times \Delta A\%$，意思是广告收入的增长同时受制于收视千人、人均收入及消费倾向的相对变动。从整体市场看，一般而言收视规模及消费倾向均保持相对稳定，所以广告增长主要体现为与人均收入（往大了说即GDP）增长同步；而近期金融危机对电视广告市场的影响则很大程度上体现为对消费倾向的调整。但对局部市场、细分市场而言，收视千人、人均收入以及消费倾向都有可能成为改变广告市场回报的关键因素。

事实上我们除了需要关注收视市场的规模与结构，还应同时关注广告市场的规模与结构，这显然使媒体与广告互动的行为更加复杂。如果说我们曾经成功于单方面的规模营销或者结构营销，但是随时间推移，将越来越感受到规模优势不在或者结构趋向雷同。重新考虑规模和结构的关系，在新媒介环境下探寻规模和结构的动态均衡，也许带来的正是领先一步的机会。

四、不断升级的卫视竞争路线图

简而言之，电视媒体运营是以渠道和内容获取收视份额及广告收益并不断积累品牌影响的过程。以渠道和内容为基础，增加观众规模，提升观众忠实，积极促进收视效果向广告收益转化，进而以品牌为承载，增进无形资产，形成可持续发展动力，这即是电视媒体不断自我强势的必由路径。

由此，电视媒体之间的竞争主要围绕渠道竞争力、内容竞争力、收视竞争力、广告竞争力和品牌竞争力等五方面能力的不同表达而展开，其中渠道竞争力和内容竞争力主要体现为媒体资源能力，事关投入水平；收视竞争力和广告竞争力主要体现为媒体市场绩效，事关产出效益；品牌竞争力则主要体现为媒体可持续发展能力，事关未来格局。

以卫视为例，渠道竞争力可简述为卫视在不同区域（包括中心城市、省域、区域和跨区域）的覆盖水平，以频道入户率、频道入户方式、频道可接收人口规模等表征，另外也可以包括卫视内容在新媒体领域的渗透和覆盖水平；内容竞争力可简述为卫视自制、购进及编排播出各类节目的竞争能力及优势体现。如播出节目类型结构，自制节目比重，购进节目投资规模，节目要素竞争力如主持人资源、节目制作水平等；收视竞争力可简述为卫视在各级区域市场的市场份额及其优势体现，包括收视规模、收视份额、观众构成、观众忠实度等；广告竞争力可简述为卫视的广告创收能力及其在广告市场上的占比，包括广告传播效果、广告收入规模、广告定价能力、广告客户结构、市场营销能力、区域经济支持等。广告收入转化为资本并进行跨市场跨媒体领域的资本扩张能力也可涵盖在内；品牌竞争力可简述为卫视的品牌识别度及其价值体现，包括品牌提及率、品牌美誉度、品牌影响力、品牌价值评估等。

渠道竞争力和内容竞争力作为资源能力，在市场竞争中进一步转化为以收视竞争力和广告竞争力分别体现的市场绩效，继而为打造和发展品牌竞争力作出贡献。可见，五种竞争力之间的关系不是简单的加和关系，而是相互关联、相互影响、共同促进，甚至因果相关，统合形成电视媒体竞争力的重要内容。这可简称为电视媒体竞争的“五力关联模型”。

五种竞争力也深刻体现了电视传媒的产业价值链关系，涉及价值生产、价值传递和价值实现各个方面，其中渠道竞争力和内容竞争力主要映射媒体价值生产环节，收视竞争力和广告竞争力主要映射媒体价值传递环节，品牌竞争力则更多体现了媒体的终极价值实现，即落实为品牌价值或者品牌资产。可见，建构于“五力关联模型”之上的电视媒体竞争力评价是对传媒价值实现程度的全过程综合评价。

时下对于卫视全国竞争而言，伴随多元覆盖格局成型，渠道效益呈下降趋势，以驱动观众忠实为核心的内容竞争变得更为关键。收视份额竞争因内容资源优势增减而起伏，并对广告营销形成冲击。基于收视表现的广告基准定价与基于资源能力或者品牌能力的广告溢价相结合，构成强势媒体不断扩张的价值空间。品牌竞争力建构于前四种竞争能力之上，既形成于四种竞争力比较运动的过程，又对四种竞争力的新增长起到倍数和强化的作用。纵观近几年全国卫视之竞争，基本呈现从渠道竞争向内容竞争转进，从收视及广告竞争向品牌竞争升级的市场路线图，使媒体价值不断得到释放，从而推动电视市场走向更加繁荣。

（作者：郑维东）

第三部分
Part Three

收视数据 Rating Data

主要收视指标解释与电视节目收视排名规则

一、主要收视指标解释

1. 频道覆盖（入户）率：是指一个地区能够接收到该频道的户数占该地区电视家庭总户数的百分比，它是从接收情况来反映某个频道覆盖状况的指标。

2. 人均收视时间：是指在一个地区某个时间段内所有电视观众平均每人收看某一频道（或节目）的时间，一般以分钟来计算。

3. 收视率：本年鉴中的收视率是个人收视率，是指一个地区的某个时间段中收看某一频道（或节目）的人数占电视观众总人数的百分比。

4. 市场占有率（或市场份额）：本年鉴中的市场占有率是个人市场占有率，指一个地区某个时间段中收看某一频道（或节目）的人数占该时段收看电视总人数的百分比。

5. 观众构成：是指一个地区某个时段收看某一频道（或节目）的观众中各类观众所占的百分比。

6. 各类节目的播出份额：是指各类节目的播出时间长度占所有节目类型播出时间长度的百分比。

7. 各类节目的收视份额：是指各类节目的收视时间长度占所有节目类型收视时间长度的百分比。

二、电视节目收视排名规则

1. 全国样本城市电视节目收视排名的时间范围为全天，重点市场电视节目收视排名的时间范围为17:00—24:00；

2. 电视节目（栏目）以该节目（栏目）的平均收视率排名，首、重播分开，取最高档参加排名；

3. 除极个别情况外，收视排名不考虑节目名称前的“冠名”；

4. 电视剧节目中，出现多轮播出的情况，按收视率最高的一轮参加电视剧类和所有节目的排名，并标注播出日期；跨年度播出的电视剧，只统计在2009年度内播出集数的平均收视率并参加电视剧类和所有节目的排名，节目名称后标注集数；

5. 2009年体育比赛按照赛事选取收视率最高一场参加体育类节目和所有节目的排名；

6. 2009年春节联欢晚会的收视率是春节联欢晚会播出期间（2009年1月25日20:00—26日00:47）的平均收视率。

7. 娱乐选秀节目按实际监播结果，选取收视率最高的一场参加综艺类节目和所有节目的排名；

8. 除上述规则外，部分城市节目排名出现特殊情况的，会在排名表下做出相关说明。

一、基本收视条件

表 3.1.1 2009 年全国收视调查网视听设备拥有情况

	电视机台数		电视机种类		其他设备	
	一台	两台及以上	彩色电视机	遥控电视机	影碟机	个人电脑
	%	%	%	%	%	%
全国	70.1	29.9	99.0	98.1	60.8	24.2
城域	67.8	32.2	99.4	98.8	61.7	42.4
乡域	71.2	28.8	98.7	97.7	60.2	14.5

表 3.1.2 2009 年各省级收视调查网视听设备拥有情况

省份	电视机台数		电视机种类		其他设备	
	一台	两台及以上	彩色电视机	遥控电视机	影碟机	个人电脑
	%	%	%	%	%	%
安徽省	64.5	35.5	98.6	98.7	57.5	12.8
福建省	52.8	47.2	99.7	99.7	61.4	32.9
甘肃省	82.4	17.6	98.0	96.4	55.5	12.4
广东省	70.7	29.3	99.7	98.5	67.0	40.5
广西壮族自治区	78.4	21.6	98.8	98.6	59.7	21.3
贵州省	89.1	10.9	99.2	97.5	68.7	9.5
海南省	84.3	15.7	99.8	99.3	65.3	15.8
河北省	71.3	28.7	99.1	98.8	50.4	23.3
河南省	71.6	28.4	98.8	98.0	56.4	16.0
黑龙江省	81.8	18.2	99.8	98.7	47.8	20.8
湖北省	66.4	33.6	99.4	99.1	66.1	20.7
湖南省	79.3	20.7	98.3	98.2	55.4	10.1
吉林省	74.5	25.5	99.8	98.0	54.0	21.0
江苏省	48.9	51.1	98.7	98.2	56.0	31.1
江西省	59.8	40.2	98.3	97.3	53.4	16.8
辽宁省	76.6	23.4	99.7	98.4	60.7	22.5
内蒙古自治区	88.9	11.1	99.2	97.2	47.4	19.7
宁夏回族自治区	78.5	21.5	98.5	97.4	58.1	18.2
山东省	83.0	17.0	97.0	96.0	64.0	20.0
山西省	76.1	23.9	98.9	98.0	43.6	28.3
陕西省	69.9	30.1	97.7	95.7	62.4	22.2
四川省	83.0	17.0	97.0	97.0	61.0	7.0
新疆维吾尔族自治区	93.6	6.4	93.4	86.8	37.5	14.5
云南省	88.0	12.0	98.9	98.6	80.0	9.3
浙江省	45.4	54.6	99.7	99.3	48.6	35.1

表 3.1.3 2009 年各城市收视调查网视听设备拥有情况

城市	电视机台数		电视机种类		其他设备	
	一台	两台及以上	彩色电视机	遥控电视机	影碟机	个人电脑
	%	%	%	%	%	%
安庆	62.6	37.4	98.4	98.4	59.0	36.6
安阳	74.0	26.0	99.0	99.0	55.0	36.0
宝鸡	81.0	19.0	99.0	98.0	54.0	31.0
包头	91.0	9.0	100.0	98.0	65.0	33.0
北海	84.0	16.0	99.0	99.0	66.0	45.0
北京	57.2	42.8	100.0	99.8	57.9	78.6
蚌埠	60.2	39.8	99.7	99.7	46.1	40.7
长春	70.9	29.1	99.9	99.6	63.9	49.2
常德	63.1	36.9	98.6	98.6	56.0	19.7
长沙	80.4	19.6	99.9	99.2	66.3	56.9
常熟	46.3	53.7	98.3	97.7	38.4	48.7
常州	38.1	61.9	100.0	99.2	54.9	60.3
潮州	55.3	44.7	100.0	99.6	80.8	54.2
成都	66.3	33.7	99.9	99.7	67.6	46.6
重庆	68.0	32.0	99.1	98.2	60.5	27.6
滁州	58.0	42.0	100.0	99.0	66.0	36.0
大理	78.7	21.3	98.5	96.6	81.4	25.5
大连	83.0	17.0	99.9	98.8	48.6	45.7
丹东	79.0	21.0	100.0	97.0	48.0	37.0
大同	88.0	12.0	100.0	99.2	61.2	43.6
达州	76.1	23.9	98.2	97.5	71.3	32.2
德阳	59.6	40.4	98.8	99.0	81.9	30.4
德州	86.0	14.0	100.0	98.0	64.0	40.0
东莞	84.4	15.6	100.0	99.3	38.5	32.9
佛山	69.7	30.3	100.0	98.1	56.9	59.4
抚顺	82.6	17.4	100.0	99.0	46.8	35.5
阜阳	62.5	37.5	99.6	98.0	62.7	13.5
福州	37.3	62.7	99.6	99.6	75.3	65.3
赣州	57.0	43.0	95.0	94.0	60.0	30.0
广州	69.4	30.6	99.9	98.9	65.4	62.5
桂林	76.0	24.0	100.0	99.0	70.0	50.0
贵阳	82.3	17.7	100.0	99.0	84.3	46.2
海口	84.3	15.7	99.8	99.5	66.3	35.6
邯郸	78.9	21.1	99.6	99.6	45.6	46.6
杭州	34.0	66.0	100.0	99.9	62.4	66.1
哈尔滨	72.7	27.3	100.0	98.8	61.8	48.4
合肥	67.1	32.9	99.7	98.9	70.3	49.0
衡阳	80.9	19.1	99.6	96.9	60.4	37.9
河源	57.0	43.0	100.0	99.0	75.0	39.0
菏泽	72.1	27.9	94.1	93.4	50.6	24.5
呼和浩特	84.7	15.3	99.8	98.9	68.7	46.4
淮安	57.0	43.0	99.0	99.0	59.0	40.0

续表

城市	电视机台数		电视机种类		其他设备	
	一台	两台及以上	彩色电视机	遥控电视机	影碟机	个人电脑
	%	%	%	%	%	%
惠州	72.1	27.9	99.6	98.7	63.9	45.3
湖州	36.5	63.5	99.8	99.2	48.0	43.3
江门	49.5	50.5	99.8	99.4	64.3	63.7
江阴	54.5	45.5	99.5	99.2	51.6	42.9
焦作	68.1	31.9	100.0	99.4	68.3	42.2
嘉兴	39.0	61.0	100.0	99.0	58.0	42.0
揭阳	78.0	22.0	100.0	99.0	90.0	26.0
吉林	84.0	16.0	100.0	99.0	55.0	27.0
济南	71.9	28.1	99.8	99.6	64.1	47.7
晋城	78.0	22.0	100.0	100.0	43.0	50.0
荆门	70.6	29.4	98.9	99.2	66.6	32.5
荆州	64.5	35.5	99.8	98.8	70.0	34.7
金华	49.8	50.2	98.8	98.8	45.6	46.1
济宁	93.0	7.0	100.0	100.0	61.0	46.0
锦州	73.5	26.5	99.8	99.8	76.5	45.8
九江	53.2	46.8	99.8	99.6	57.6	45.1
开封	68.2	31.8	99.7	98.6	62.4	39.0
昆明	72.6	27.4	99.9	99.9	87.3	46.9
昆山	42.6	57.4	99.4	99.7	32.8	48.5
兰州	76.3	23.7	99.9	99.0	72.5	39.5
乐山	69.6	30.4	99.6	99.6	73.8	24.6
连云港	63.0	37.0	99.0	99.0	65.0	43.0
临汾	78.0	22.0	99.0	99.0	56.0	34.0
临沂	86.0	14.0	98.0	92.0	57.0	24.0
丽水	47.0	53.0	99.0	98.0	51.0	34.0
柳州	74.7	25.3	99.6	98.4	72.5	52.6
洛阳	80.9	19.1	99.8	99.6	62.1	53.4
泸州	81.6	18.4	98.2	97.0	44.1	9.2
茂名	71.2	28.8	99.3	97.3	65.4	39.4
眉山	82.0	18.0	97.0	95.0	63.0	13.0
梅州	69.0	31.0	100.0	100.0	54.0	23.0
绵阳	77.0	23.0	99.0	99.0	80.0	26.0
牡丹江	81.0	19.0	100.0	99.0	54.0	38.0
南昌	49.0	51.0	99.7	99.1	61.8	50.2
南充	71.0	29.0	95.0	95.0	31.0	17.0
南京	54.2	45.8	99.3	98.8	54.8	46.8
南宁	79.4	20.6	99.5	98.9	58.7	51.7
南通	39.6	60.4	99.9	99.7	54.7	68.8
南阳	75.0	25.0	92.0	92.0	51.0	14.0
宁波	40.1	59.9	100.0	99.9	17.1	63.5
攀枝花	86.1	13.9	93.8	99.2	51.4	30.4
平顶山	77.0	23.0	99.0	98.0	59.0	31.0

续表

城市	电视机台数		电视机种类		其他设备	
	一台	两台及以上	彩色电视机	遥控电视机	影碟机	个人电脑
	%	%	%	%	%	%
青岛	85.4	14.6	99.8	98.7	45.4	58.0
清远	78.0	22.0	100.0	99.0	70.0	24.0
秦皇岛	76.0	24.0	100.0	99.0	61.0	37.0
泉州	47.6	52.4	100.0	99.9	70.4	68.3
衢州	60.0	40.0	99.0	99.0	52.0	37.0
三亚	85.3	14.7	100.0	97.0	52.5	17.7
上海	46.3	53.7	99.9	99.6	68.0	67.8
汕头	65.0	35.0	100.0	99.0	77.0	40.0
汕尾	60.6	39.4	100.0	99.3	91.4	31.9
韶关	65.8	34.2	100.0	100.0	65.6	45.3
绍兴	43.4	56.6	99.5	99.8	13.9	46.6
沈阳	77.3	22.7	99.4	98.8	56.6	36.0
深圳	89.5	10.5	100.0	99.7	47.0	58.2
石家庄	77.1	22.9	99.5	99.2	55.4	67.0
十堰	68.8	31.2	99.8	99.1	56.4	53.0
遂宁	66.0	34.0	97.0	96.7	54.9	16.8
宿迁	60.6	39.4	98.7	97.9	51.0	19.1
苏州	37.0	63.0	100.0	99.8	35.9	53.3
太原	75.8	24.2	100.0	99.9	55.3	62.1
泰州	49.0	51.0	98.0	98.0	59.0	38.0
台州	43.0	57.0	100.0	100.0	61.0	37.0
唐山	68.0	32.0	100.0	100.0	67.0	49.0
天津	71.2	28.8	100.0	99.8	66.5	49.9
乌鲁木齐	88.6	11.4	100.0	99.5	64.5	56.7
潍坊	84.0	16.0	100.0	99.0	68.0	33.0
威海	65.8	34.2	98.9	97.9	53.3	55.7
渭南	80.0	20.0	97.0	96.0	60.0	10.0
温州	48.5	51.5	100.0	98.9	48.8	72.9
武汉	64.7	35.3	99.9	99.9	52.0	38.4
芜湖	42.6	57.4	99.8	99.5	67.8	55.2
无锡	46.8	53.2	99.8	99.7	53.3	59.0
梧州	85.0	15.0	99.2	99.0	50.7	32.8
厦门	60.5	39.5	100.0	100.0	63.6	76.1
西安	65.2	34.8	100.0	99.3	72.7	56.1
襄樊	69.1	30.9	100.0	99.3	71.3	41.4
湘潭	75.6	24.4	100.0	99.8	62.8	41.4
西宁	89.1	10.9	99.6	99.4	70.1	43.2
徐州	67.9	32.1	99.5	98.9	64.1	53.8
盐城	57.1	42.9	98.1	98.4	68.2	36.4
阳江	69.2	30.8	100.0	97.0	74.2	36.0
扬州	53.0	47.0	99.0	99.0	51.0	51.0
烟台	74.5	25.5	99.6	99.4	58.6	51.6

续表

城市	电视机台数		电视机种类		其他设备	
	一台	两台及以上	彩色电视机	遥控电视机	影碟机	个人电脑
	%	%	%	%	%	%
宜宾	78.0	22.0	98.0	98.0	76.0	22.0
宜昌	69.5	30.5	99.4	99.2	70.9	46.5
宜春	65.0	35.0	99.5	98.8	56.7	11.8
银川	92.7	7.3	100.0	99.6	72.6	44.3
营口	77.0	23.0	100.0	98.0	54.0	27.0
宜兴	35.0	65.0	99.1	99.1	61.7	44.1
益阳	73.0	27.0	96.0	96.0	57.0	10.0
永济	72.0	28.0	100.0	99.0	75.0	16.0
岳阳	81.0	19.0	100.0	100.0	60.0	34.0
玉林	73.0	27.0	96.0	95.0	67.0	16.0
云浮	80.1	19.9	99.8	99.3	74.5	37.1
张家港	40.7	59.3	98.9	98.6	42.4	52.9
漳州	65.9	34.1	100.0	99.7	72.7	51.0
湛江	74.9	25.1	100.0	99.5	73.8	54.1
肇庆	71.0	29.0	100.0	98.0	68.0	42.0
郑州	61.1	38.9	99.9	98.9	70.3	64.5
镇江	39.1	60.9	99.6	99.6	53.8	63.6
中山	50.2	49.8	100.0	99.0	61.3	61.3
舟山	40.0	60.0	100.0	100.0	52.0	39.0
珠海	67.5	32.5	100.0	99.5	65.7	76.5
株洲	80.4	19.6	100.0	99.7	49.0	44.1
淄博	83.9	16.1	99.8	99.8	63.9	42.6
自贡	69.2	30.8	99.0	99.2	59.5	23.6
遵义	92.0	8.0	100.0	100.0	82.0	27.0

表 3.1.4　2009 年全国收视调查网电视信号接收方式

	省或市有线用户	可收看卫星电视的非有线用户	可收看卫星电视的用户	其他
	%	%	%	%
全国	58.9	24.6	83.5	16.7
城域	74.3	16.2	90.5	9.8
乡域	50.7	29.1	79.8	20.5

表 3.1.5　2009 年各省级收视调查网电视信号接收方式

省份	省或市有线用户	可收看卫星电视的非有线用户	可收看卫星电视的用户	其他
	%	%	%	%
安徽省	28.6	49.2	77.8	22.2
福建省	73.1	22.0	95.1	4.9
甘肃省	23.5	72.0	95.5	4.5
广东省	80.0	11.7	91.7	8.3
广西壮族自治区	47.8	40.0	87.8	12.2
贵州省	25.8	72.9	98.7	1.3

续表

省份	省或市有线用户	可收看卫星电视的非有线用户	可收看卫星电视的用户	其他
	%	%	%	%
海南省	41.9	36.4	78.3	21.7
河北省	27.7	55.1	82.8	17.2
河南省	21.6	47.2	68.8	31.2
黑龙江省	78.5	7.5	86.0	14.0
湖北省	39.9	48.0	87.9	12.1
湖南省	43.8	45.5	89.3	10.7
吉林省	78.2	12.4	90.6	9.4
江苏省	77.5	9.0	86.5	13.5
江西省	61.2	22.5	83.7	16.3
辽宁省	81.6	10.9	92.5	7.5
内蒙古自治区	40.9	52.7	93.6	6.4
宁夏回族自治区	35.4	59.1	94.5	5.5
山东省	66.0	6.0	72.0	28.0
山西省	36.5	59.4	95.9	4.1
陕西省	49.0	33.0	82.0	18.0
四川省	35.0	57.0	92.0	8.0
新疆维吾尔族自治区	38.7	17.3	56.0	44.0
云南省	43.1	52.0	95.1	4.9
浙江省	95.7	1.9	97.6	2.4

表 3.1.6　2009 年各城市收视调查网电视信号接收方式

城市	省或市有线用户	可收看卫星电视的非有线用户	可收看卫星电视的用户	其他
	%	%	%	%
安庆	53.1	34.7	87.8	12.2
安阳	73.0	4.0	77.0	23.0
宝鸡	78.0	8.0	86.0	14.0
包头	81.0	16.0	97.0	3.0
北海	79.0	4.0	83.0	17.0
北京	96.8	3.0	99.8	0.2
蚌埠	80.0	9.5	89.5	10.5
长春	89.3	4.7	94.0	6.0
常德	49.6	15.2	64.8	35.2
长沙	87.5	5.9	93.4	6.6
常熟	84.8	5.6	90.4	9.6
常州	99.7	0.0	99.7	0.3
潮州	98.0	0.3	98.3	1.7
成都	99.6	0.1	99.7	0.3
重庆	84.1	13.6	97.7	2.3
滁州	50.0	9.0	59.0	41.0
大理	85.1	9.1	94.2	5.8
大连	96.7	0.5	97.2	2.8
丹东	94.0	2.0	96.0	4.0
大同	49.6	43.3	92.9	7.1

续表

城市	省或市有线用户	可收看卫星电视的非有线用户	可收看卫星电视的用户	其他
	%	%	%	%
达州	89.4	6.4	95.8	4.2
德阳	65.9	13.6	79.5	20.5
德州	89.0	2.0	91.0	9.0
东莞	82.9	11.2	94.1	5.9
佛山	92.9	0.8	93.7	6.3
抚顺	96.4	0.9	97.3	2.7
阜阳	24.9	32.5	57.4	42.6
福州	97.0	1.9	98.9	1.1
赣州	65.0	16.0	81.0	19.0
广州	98.4	0.0	98.4	1.6
桂林	95.0	1.0	96.0	4.0
贵阳	91.0	7.6	98.6	1.4
海口	70.9	19.2	90.1	9.9
邯郸	67.7	21.0	88.7	11.3
杭州	98.0	0.7	98.7	1.3
哈尔滨	87.9	0.8	88.7	11.3
合肥	68.3	17.9	86.2	13.8
衡阳	73.8	5.7	79.5	20.5
河源	99.0	0.0	99.0	1.0
菏泽	28.7	12.8	41.5	58.5
呼和浩特	73.4	21.9	95.3	4.7
淮安	75.0	4.0	79.0	21.0
惠州	89.6	9.0	98.6	1.4
湖州	94.7	1.9	96.6	3.4
江门	98.2	0.3	98.5	1.5
江阴	93.4	4.1	97.5	2.5
焦作	71.9	19.8	91.7	8.3
嘉兴	94.0	0.0	94.0	6.0
揭阳	82.0	1.0	83.0	17.0
吉林	86.0	6.0	92.0	8.0
济南	84.1	3.2	87.3	12.7
晋城	97.0	0.0	97.0	3.0
荆门	34.9	55.4	90.3	9.7
荆州	77.1	12.0	89.1	10.9
金华	95.5	0.8	96.3	3.7
济宁	85.0	12.0	97.0	3.0
锦州	94.1	2.2	96.3	3.7
九江	81.2	15.6	96.8	3.2
开封	78.9	9.3	88.2	11.8

续表

城市	省或市有线用户	可收看卫星电视的非有线用户	可收看卫星电视的用户	其他
	%	%	%	%
昆明	99.0	0.2	99.2	0.8
昆山	88.6	0.8	89.4	10.6
兰州	81.3	13.4	94.7	5.3
乐山	56.0	38.9	94.9	5.1
连云港	71.0	6.0	77.0	23.0
临汾	85.0	12.0	97.0	3.0
临沂	57.0	18.0	75.0	25.0
丽水	93.0	3.0	96.0	4.0
柳州	84.7	7.9	92.6	7.4
洛阳	89.6	4.1	93.7	6.3
泸州	45.2	44.2	89.4	10.6
茂名	77.4	4.2	81.6	18.4
眉山	51.0	26.0	77.0	23.0
梅州	93.0	2.0	95.0	5.0
绵阳	96.0	0.0	96.0	4.0
牡丹江	93.0	1.0	94.0	6.0
南昌	90.1	2.1	92.2	7.8
南充	96.0	3.0	99.0	1.0
南京	94.3	1.7	96.0	4.0
南宁	74.1	9.9	84.0	16.0
南通	94.6	1.2	95.8	4.2
南阳	21.0	21.0	42.0	58.0
宁波	99.8	0.1	99.9	0.1
攀枝花	56.8	42.8	99.6	0.4
平顶山	71.0	13.0	84.0	16.0
青岛	91.9	2.2	94.1	5.9
清远	82.0	0.0	82.0	18.0
秦皇岛	97.0	0.0	97.0	3.0
泉州	91.4	3.6	95.0	5.0
衢州	97.0	0.0	97.0	3.0
三亚	38.5	52.0	90.5	9.5
上海	99.1	0.1	99.2	0.8
汕头	97.0	2.0	99.0	1.0
汕尾	98.6	1.2	99.8	0.2
韶关	86.0	11.8	97.8	2.2
绍兴	99.8	0.2	100.0	0.0
沈阳	91.2	2.6	93.8	6.2
深圳	96.8	1.7	98.5	1.5
石家庄	75.7	3.6	79.3	20.7

续表

城市	省或市有线用户	可收看卫星电视的非有线用户	可收看卫星电视的用户	其他
	%	%	%	%
十堰	94.1	4.6	98.7	1.3
遂宁	82.1	11.7	93.8	6.2
宿迁	69.8	11.8	81.6	18.4
苏州	99.6	0.2	99.8	0.2
太原	92.9	5.7	98.6	1.4
泰州	89.0	0.0	89.0	11.0
台州	96.0	1.0	97.0	3.0
唐山	91.0	4.0	95.0	5.0
天津	82.5	14.4	96.9	3.1
乌鲁木齐	93.3	2.8	96.1	3.9
潍坊	82.0	5.0	87.0	13.0
威海	96.4	0.4	96.8	3.2
渭南	57.0	10.0	67.0	33.0
温州	99.7	0.0	99.7	0.3
武汉	90.8	4.3	95.1	4.9
芜湖	88.1	6.9	95.0	5.0
无锡	86.8	2.2	89.0	11.0
梧州	62.8	31.6	94.4	5.6
厦门	96.5	0.4	96.9	3.1
西安	90.1	5.9	96.0	4.0
襄樊	60.7	29.8	90.5	9.5
湘潭	88.4	2.9	91.3	8.7
西宁	84.0	12.3	96.3	3.7
徐州	75.0	11.4	86.4	13.6
盐城	69.2	6.5	75.7	24.3
阳江	86.1	2.2	88.3	11.7
扬州	92.0	4.0	96.0	4.0
烟台	91.4	2.8	94.2	5.8
宜宾	58.0	37.0	95.0	5.0
宜昌	66.4	29.2	95.6	4.4
宜春	53.5	41.5	95.0	5.0
银川	82.1	16.7	98.8	1.2
营口	92.0	4.0	96.0	4.0
宜兴	96.9	1.6	98.5	1.5
益阳	50.0	11.0	61.0	39.0
永济	44.0	49.0	93.0	7.0
岳阳	72.0	19.0	91.0	9.0
玉林	30.0	8.0	38.0	62.0
云浮	94.8	1.2	96.0	4.0

续表

城市	省或市有线用户	可收看卫星电视的非有线用户	可收看卫星电视的用户	其他
	%	%	%	%
张家港	97.5	0.8	98.3	1.7
漳州	86.7	8.0	94.7	5.3
湛江	97.3	1.1	98.4	1.6
肇庆	98.0	0.0	98.0	2.0
郑州	93.9	1.4	95.3	4.7
镇江	98.0	0.5	98.5	1.5
中山	99.9	0.1	100.0	0.0
舟山	98.0	1.0	99.0	1.0
珠海	99.2	0.0	99.2	0.8
株洲	97.5	0.4	97.9	2.1
淄博	86.1	9.9	96.0	4.0
自贡	73.8	22.2	96.0	4.0
遵义	79.0	21.0	100.0	0.0

表 3.1.7　2009 年全国收视调查网卫视频道入户覆盖率排名前二十位

排名	全国		城域		乡域	
	频道	覆盖率(%)	频道	覆盖率(%)	频道	覆盖率(%)
1	中央电视台综合频道	96.0	中央电视台综合频道	98.4	中央电视台综合频道	94.7
2	中央台七套	86.5	中央台七套	92.0	中央台七套	83.5
3	中央台二套	81.7	中央台二套	88.2	中央台二套	78.1
4	中央电视台少儿频道	80.1	中央电视台少儿频道	86.3	中央电视台少儿频道	76.7
5	中央台十套	78.3	中央台十套	84.6	中央台十套	75.0
6	湖南电视台卫星频道	77.9	山东卫视	83.9	湖南电视台卫星频道	74.9
7	中央台十一套	74.9	浙江卫视	83.9	中央台十一套	71.9
8	山东卫视	74.8	湖南电视台卫星频道	83.4	山东卫视	69.9
9	浙江卫视	74.1	安徽一套	83.3	浙江卫视	68.8
10	中央电视台新闻频道	72.8	江苏卫视	83.0	中央电视台新闻频道	68.1
11	中央台四套	70.3	四川卫视	82.4	中央台十二套	67.3
12	江苏卫视	70.3	中央电视台新闻频道	81.6	上海东方卫视	65.3
13	上海东方卫视	70.0	中央台四套	81.4	中央台四套	64.3
14	四川卫视	69.8	中央台十一套	80.6	江苏卫视	63.5
15	中央台十二套	66.3	中央台三套	78.7	四川卫视	63.1
16	中央台三套	64.8	中央台五套	78.7	中国教育台一套	61.8
17	中央台六套	64.5	中央台六套	78.6	中央台三套	57.3
18	中央台五套	64.3	上海东方卫视	78.6	中央台六套	56.9
19	中央台八套	64.3	中央台八套	78.5	中央台五套	56.7
20	中国教育台一套	64.1	北京卫视	76.0	中央台八套	56.7

表 3.1.8　2009 年全国收视调查网电视频道接收情况

	平均每户可接收到的频道个数
全国	39
城域	50
乡域	33

表 3.1.9　2009 年各省级收视调查网电视频道接收情况

省份	平均每户可接收到的频道个数
安徽省	31
福建省	43
甘肃省	45
广东省	40
广西壮族自治区	36
贵州省	42
海南省	36
河北省	42
河南省	30
黑龙江省	37
湖北省	39
湖南省	39
吉林省	39
江苏省	39
江西省	32
辽宁省	43
内蒙古自治区	44
宁夏回族自治区	47
山东省	25
山西省	58
陕西省	41
四川省	33
新疆维吾尔族自治区	30
云南省	41
浙江省	39

注：山东省和四川省是 2008 年的数据，为可接收省级及以上频道数。

表 3.1.10　2009 年各城市收视调查网电视频道接收情况

城市	平均每户可接收到的频道个数
安庆	38
安阳	32
宝鸡	38
包头	63
北海	51
北京	87
蚌埠	37
长春	54
常德	33
长沙	59
常熟	52
常州	61
潮州	45

续表

城市	平均每户可接收到的频道个数
成都	56
重庆	48
滁州	25
大理	43
大连	49
丹东	32
大同	57
达州	44
德阳	31
德州	44
东莞	36
佛山	55
抚顺	49
阜阳	25
福州	58
赣州	30
广州	59
桂林	53
贵阳	66
海口	45
邯郸	63
杭州	60
哈尔滨	44
合肥	49
衡阳	45
河源	48
菏泽	21
呼和浩特	61
淮安	27
惠州	51
湖州	43
江门	41
江阴	56
焦作	40
嘉兴	36
揭阳	34
吉林	49
济南	51
晋城	82
荆门	44
荆州	49
金华	38
济宁	57
锦州	42
九江	46
开封	36

续表

城市	平均每户可接收到的频道个数
昆明	75
昆山	49
兰州	61
乐山	40
连云港	21
临汾	37
临沂	33
丽水	35
柳州	48
洛阳	47
泸州	31
茂名	39
眉山	29
梅州	43
绵阳	35
牡丹江	46
南昌	54
南充	33
南京	69
南宁	51
南通	57
南阳	25
宁波	54
攀枝花	49
平顶山	35
青岛	66
清远	32
秦皇岛	65
泉州	73
衢州	39
三亚	39
上海	64
汕头	33
汕尾	47
韶关	45
绍兴	58
沈阳	54
深圳	50
石家庄	83
十堰	42
遂宁	34
宿迁	34
苏州	54
太原	82
泰州	32
台州	39

续表

城市	平均每户可接收到的频道个数
唐山	53
天津	57
乌鲁木齐	63
潍坊	53
威海	36
渭南	29
温州	42
武汉	51
芜湖	43
无锡	54
梧州	52
厦门	59
西安	60
襄樊	37
湘潭	53
西宁	57
徐州	32
盐城	37
阳江	32
扬州	48
烟台	59
宜宾	39
宜昌	33
宜春	36
银川	66
营口	38
宜兴	34
益阳	26
永济	35
岳阳	40
玉林	22
云浮	38
张家港	51
漳州	74
湛江	42
肇庆	42
郑州	48
镇江	40
中山	48
舟山	38
珠海	60
株洲	59
淄博	52
自贡	41
遵义	61

二、全国收视数据

表 3.2.1　2005—2009 年全国样本市（县）及各市（县）收视调查网人均收视时间（分钟）

地　区	2005 年	2006 年	2007 年	2008 年	2009 年
全国	174	176	172	175	176
安庆	*	168	152	156	149
安阳	*	180	182	179	155
宝坻	168	172	183	191	*
保定	179	174	170	163	*
宝鸡	*	195	191	188	172
包头	*	172	178	191	192
北海	*	*	*	*	158
北京（M）	205	209	205	208	212
蚌埠	171	191	197	197	187
本溪	*	201	215	184	*
亳州	*	150	155	147	136
长春	174	185	*	*	*
长春（M）	*	*	191	196	191
常德（M）	141	145	130	143	144
长沙（M）	168	163	162	164	174
常熟	133	135	129	126	137
常州（M）	164	157	146	147	143
潮州（M）	146	145	147	154	155
成都（M）	178	181	183	189	190
池州	*	135	139	*	*
重庆（M）	186	189	178	150	156
滁州	*	152	147	144	132
大理	143	150	169	168	151
大连	195	194	203	196	191
丹东	*	167	184	*	183
大同	174	192	185	171	166
达县	131	127	130	140	*
德阳	156	164	158	173	160
德州	157	162	171	172	*
东莞	200	199	*	*	*
东莞（M）	*	*	178	182	174
佛山	181	191	*	*	*
佛山（M）	*	*	159	156	158
抚顺（M）	200	210	205	214	217
阜阳	*	147	153	142	151
福州	173	*	*	*	*
福州（M）	*	159	147	154	161
赣州	*	160	151	142	127
广州（M）	197	196	185	189	180

续表

地　区	2005 年	2006 年	2007 年	2008 年	2009 年
桂林	158	166	162	156	149
贵阳	229	234	221	218	224
海口	149	155	148	141	139
杭州（M）	137	149	167	184	211
汉中	*	126	158	197	183
哈尔滨（M）	216	208	201	207	201
合肥	179	175	*	*	*
合肥（M）	*	*	156	160	164
衡阳（M）	172	179	164	161	170
河源	134	156	167	178	171
菏泽	127	151	153	136	116
呼和浩特	183	181	182	176	175
淮安	138	160	144	157	145
黄山	*	136	139	*	*
惠州（M）	163	171	159	155	153
湖州（M）	140	135	133	145	139
吉安	*	131	*	*	*
江门（M）	171	180	170	170	167
江阴	128	142	137	127	126
焦作	*	*	159	161	144
嘉兴	129	138	135	132	129
揭阳	167	171	166	176	185
吉林市（M）	*	204	187	*	*
吉林市	*	*	*	*	188
济南	168	183	*	*	*
济南（城）	188	202	*	*	*
济南（M）	*	*	187	195	202
荆门	*	134	142	149	*
荆门（M）	*	*	*	*	140
荆州	*	158	151	140	*
荆州（M）	*	*	*	*	157
金华	159	172	166	177	164
济宁	*	177	182	165	157
晋江	126	143	136	*	*
晋城	*	*	177	173	190
锦州（M）	194	198	196	197	185
九江	162	170	156	155	157
开封	*	*	165	153	122
昆明	198	215	*	*	*
昆明（M）	*	*	173	175	175
昆山	140	173	189	180	166
兰州	192	198	205	202	185
拉萨	198	197	189	170	168

续表

地　区	2005 年	2006 年	2007 年	2008 年	2009 年
乐山	158	178	180	186	174
连云港	151	162	145	150	165
临汾	*	163	169	175	165
临沂	146	170	159	155	145
丽水	162	161	164	144	150
柳州	159	183	168	182	184
洛阳（新）	145	150	145	132	130
泸州	151	167	155	148	132
马鞍山	*	155	150	*	*
茂名	133	138	*	*	*
茂名（M）	*	*	133	130	129
眉山	*	*	134	155	151
梅州	118	119	125	126	116
绵阳	155	179	180	181	191
牡丹江	*	*	*	*	189
南昌	193	213	240	243	181
南充	*	*	*	*	225
南海	190	212	*	*	*
南京（M）	178	186	209	231	237
南宁	153	153	167	164	170
南通	154	155	148	147	149
南阳	127	142	145	151	157
宁波（M）	158	148	146	149	153
平顶山	*	*	189	191	194
莆田	142	141	153	163	163
青岛	183	180	176	193	184
清远	157	166	167	157	159
秦皇岛	*	172	172	173	158
齐齐哈尔	181	224	*	*	*
泉州（新）	145	143	148	153	144
曲阜	154	145	144	145	*
衢州	149	166	151	141	147
三亚	145	143	162	144	136
上海（M）	190	187	198	211	198
商丘	*	141	156	159	*
汕头	164	198	189	198	201
汕尾	*	167	171	175	173
韶关（M）	197	191	196	197	192
绍兴	113	123	119	130	136
沈阳（M）	187	193	196	213	209
深圳（M）	161	153	146	165	162
深圳宝安	209	198	*	*	*
深圳蛇口	183	185	173	174	164

续表

地　区	2005 年	2006 年	2007 年	2008 年	2009 年
深圳盐田	199	206	192	*	*
石家庄	153	161	157	*	*
石家庄（M）	*	*	*	181	175
十堰	178	175	173	182	175
遂宁	*	*	170	177	170
宿迁	150	154	142	138	122
苏州（M）	156	151	150	159	158
泰安	*	163	174	172	*
太仓	*	152	140	*	*
泰兴	114	138	144	142	*
太原	191	203	195	*	*
太原（M）	*	*	*	183	184
泰州	163	155	142	141	132
台州	137	145	144	139	145
唐山	*	*	*	*	176
天津	199	*	*	*	*
天津（M）	*	197	203	*	*
天津（城）	211	*	*	*	*
天津（城）（M）	*	207	206	205	203
乌鲁木齐	178	176	175	167	179
潍坊	148	167	161	161	156
威海	130	144	137	140	143
渭南	*	136	146	154	161
温州（M）	134	127	123	137	151
武汉（M）	166	163	159	173	186
芜湖	*	138	134	138	155
吴江	140	149	153	*	*
无锡（M）	158	158	156	153	145
梧州	199	180	181	192	187
厦门	164	158	153	160	145
西安（M）	168	171	171	182	183
襄樊	161	164	155	168	169
湘潭（M）	*	168	158	162	155
咸阳	*	142	162	166	160
西宁	219	207	205	213	209
宣城	*	128	*	*	*
徐州	158	170	158	171	154
雅安	144	141	140	127	*
延安	*	193	193	187	167
盐城	141	139	138	*	*
盐城（M）	*	*	*	141	144
阳江	*	134	144	152	140
扬州	138	157	147	152	160

续表

地　区	2005 年	2006 年	2007 年	2008 年	2009 年
烟台	148	173	161	160	153
宜宾	178	180	179	187	146
宜昌	169	190	194	188	192
宜春	*	167	148	155	169
银川	214	223	220	218	220
营口	*	*	139	179	198
宜兴	145	148	137	138	130
益阳	*	138	147	162	166
永济	180	177	188	188	175
岳阳	*	*	*	*	162
玉林	*	139	152	158	168
云浮	*	174	189	178	179
枣庄	149	175	*	*	*
张家港	119	131	133	145	143
漳州	172	182	177	182	168
湛江（M）	155	154	153	162	162
肇庆	155	159	188	184	178
郑州	156	154	*	*	*
郑州（M）	*	*	161	161	164
镇江	172	194	189	*	*
镇江（M）	*	*	*	189	183
中山（M）	162	157	153	160	149
周口	140	151	166	162	*
舟山	131	141	139	140	137
珠海（M）	162	157	157	165	150
株洲（M）	*	*	154	159	144
淄博	158	190	188	148	137
自贡	157	159	167	145	*
自贡（城区）	*	164	175	165	150
遵义	*	191	180	167	173

注：

（1）全国：2005 年包括 102 个样本市县，2006 年包括 127 个样本市县，2007 年包括 154 个样本市县，2008 年包括 154 个样本市县，2009 年包括 149 个样本城市。

（2）标有（M）的地区为采用测量仪调查地区。

（3）*表示没有数据。

（4）荆州自 2009 年 7 月 1 日采用测量仪方式调查，本表中荆州（M）2009 年人均收视分钟数为根据 2009 年 7—12 月数据计算的结果。

（5）荆门自 2009 年 4 月 1 日采用测量仪方式调查，本表中荆门（M）2009 年人均收视分钟数为根据 2009 年 4—12 月数据计算的结果。

（6）青岛 2009 年人均收视分钟数为根据 2009 年 1—9 月份日记卡数据计算的结果。

表 3.2.2 2005—2009 年各省级收视调查网人均收视时间（分钟）

地 区	目标观众	2005 年	2006 年	2007 年	2008 年	2009 年
安徽	4 岁及以上所有人	151	155	141	137	130
	城市	167	174	171	160	152
	农村	149	153	137	134	127
重庆（全部）	4 岁及以上所有人	150	163	162	*	*
	城市	220	229	227	*	*
	农村	141	154	154	*	*
福建	4 岁及以上所有人	147	154	155	158	156
	城市	149	159	141	143	140
	农村	147	152	160	163	161
甘肃	4 岁及以上所有人	155	146	150	156	148
	城市	185	170	171	172	160
	农村	150	142	145	152	145
广东（M）	4 岁及以上所有人	167	161	155	157	154
	城市	167	161	158	166	162
	农村	*	*	153	151	149
广西	4 岁及以上所有人	124	131	135	132	133
	城市	152	155	155	163	174
	农村	121	129	133	129	129
贵州	4 岁及以上所有人	163	175	158	160	162
	城市	201	205	203	189	196
	农村	160	172	154	158	160
海南	4 岁及以上所有人	143	151	147	152	148
	城市	144	155	159	151	143
	农村	142	149	143	152	150
河北	4 岁及以上所有人	176	180	187	186	172
	城市	163	174	168	175	171
	农村	179	180	190	188	172
黑龙江	4 岁及以上所有人	187	194	193	199	191
	城市	199	215	216	209	202
	农村	181	182	180	194	184
河南	4 岁及以上所有人	145	155	158	151	144
	城市	161	168	167	166	160
	农村	143	153	157	149	141
湖北	4 岁及以上所有人	152	157	151	147	150
	城市	156	167	154	150	156
	农村	151	155	150	146	146
湖南（M）	4 岁及以上所有人	154	159	151	145	150
	城市	154	159	151	149	156
	农村	*	*	*	144	149
内蒙古	4 岁及以上所有人	155	162	167	164	170
	城市	160	161	164	166	162
	农村	154	163	168	163	172
江苏	4 岁及以上所有人	147	158	162	155	161
	城市	171	176	173	175	176
	农村	141	154	159	145	154
江西	4 岁及以上所有人	152	152	142	139	150
	城市	163	173	183	180	160
	农村	149	149	136	132	148

续表

地　区	目标观众	2005 年	2006 年	2007 年	2008 年	2009 年
吉林	4 岁及以上所有人	193	201	188	175	169
	城市	193	213	207	202	190
	农村	193	194	175	157	155
辽宁	4 岁及以上所有人	181	186	186	196	200
	城市	190	194	192	207	200
	农村	175	181	182	188	199
宁夏	4 岁及以上所有人	*	*	162	172	161
	城市	*	*	171	185	186
	农村	*	*	159	166	152
山东	4 岁及以上所有人	155	158	144	147	17[illegible]
	城市	183	181	175	180	174
	农村	150	153	138	139	170
山西	4 岁及以上所有人	157	159	163	161	162
	城市	184	200	186	180	176
	农村	152	152	158	158	159
陕西	4 岁及以上所有人	153	160	160	161	161
	城市	192	194	181	183	176
	农村	145	153	156	156	159
四川	4 岁及以上所有人	148	150	150	141	150
	城市	210	220	206	198	160
	农村	143	144	145	136	146
云南	4 岁及以上所有人	155	167	167	162	159
	城市	165	179	182	173	161
	农村	153	165	165	161	158
浙江	4 岁及以上所有人	130	129	128	141	153
	城市	139	147	142	154	170
	农村	129	126	125	135	145

注：

（1）2005 年增加甘肃省网；2007 年增加宁夏省网。

（2）辽宁省网在 2004 年 5 月 2 日由日记卡省网改为测量仪省网。

（3）福建省网在 2006 年 9 月 30 日由日记卡省网改为测量仪省网，此表中福建 2006 年数据为日记卡数据。

（4）浙江省网在 2007 年 10 月 1 日由日记卡省网改为测量仪省网，此表中浙江 2007 年数据为日记卡数据。

（5）江苏省网在 2007 年 11 月 1 日由日记卡省网改为测量仪省网，此表中江苏 2007 年数据为日记卡数据。

（6）湖北省网在 2008 年 4 月 1 日由日记卡省网改为测量仪省网，此表中湖北 2008 年数据为测量仪数据。

（7）湖南省网在 2008 年 3 月 1 日由测量仪全省城域网改为测量仪全省网，此表中湖南 2008 年数据为测量仪数据。

（8）四川省网在 2009 年 1 月 1 日由日记卡省网改为测量仪省网，此表中四川 2009 年数据为测量仪数据。

（9）山东省网在 2009 年 4 月 1 日由日记卡省网改为测量仪省网，此表中山东 2009 年数据为测量仪数据。

（10）海南省网在 2009 年 10 月 1 日由日记卡省网改为测量仪省网，此表中海南 2009 年数据为日记卡数据。

表 3.2.3 2005—2009 年全国样本市（县）各目标观众人均收视时间（分钟）

目标观众		2005 年	2006 年	2007 年	2008 年	2009 年
4 岁及以上所有人		174	176	172	175	176
性别	男	172	173	168	172	171
	女	177	179	176	179	180
年龄	4－14 岁	141	143	142	141	143
	15－24 岁	141	142	132	128	122
	25－34 岁	150	148	140	140	136
	35－44 岁	166	168	163	166	162
	45－54 岁	208	209	209	216	217
	55－64 岁	236	237	237	241	247
	65 岁及以上	242	240	237	246	253
教育程度	未受过正规教育	154	154	151	153	160
	小学	172	175	172	171	177
	初中	185	187	184	187	189
	高中	176	178	173	179	179
	大学及以上	159	158	152	155	149
职业类别	干部/管理人员	160	161	155	160	158
	个体/私营企业人员	160	161	157	161	160
	初级公务员/雇员	156	154	151	155	150
	工人	165	165	159	161	158
	学生	139	141	135	132	131
	无业	224	229	228	237	240
	其他	156	163	158	154	159
个人月收入	0－600 元	170	172	166	163	164
	601－1200 元	188	191	188	192	191
	1201－1700 元	175	173	175	188	192
	1701－2600 元	164	164	162	175	174
	2601 元及以上	151	148	147	162	161

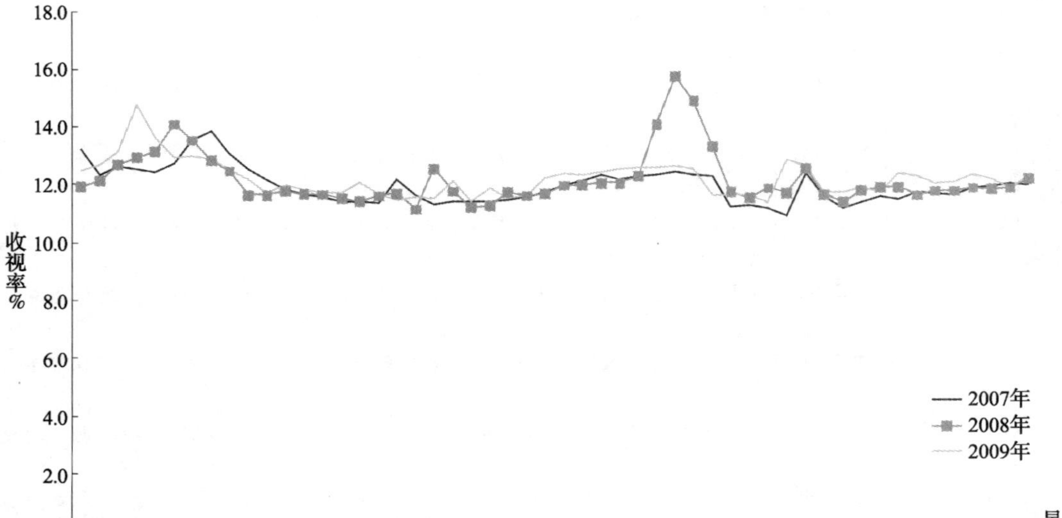

图 3.2.1 2007—2009 年全国样本市（县）电视观众全年收视率走势

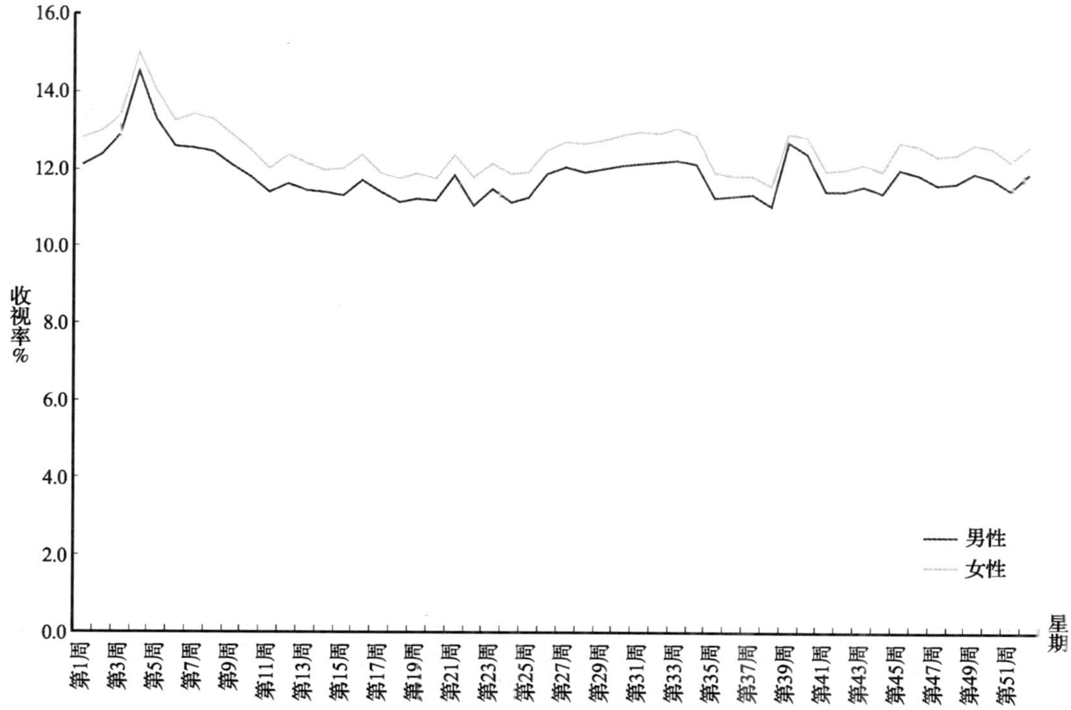

图 3.2.2　2009 年全国样本城市不同性别电视观众全年收视率走势

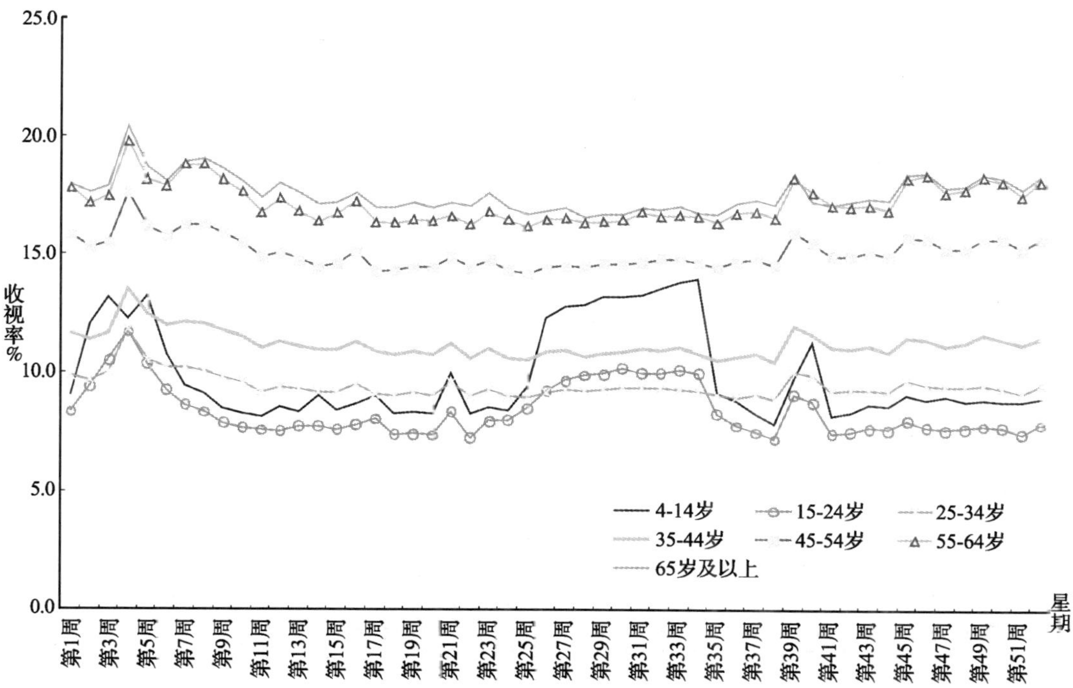

图 3.2.3　2009 年全国样本城市不同年龄电视观众全年收视率走势

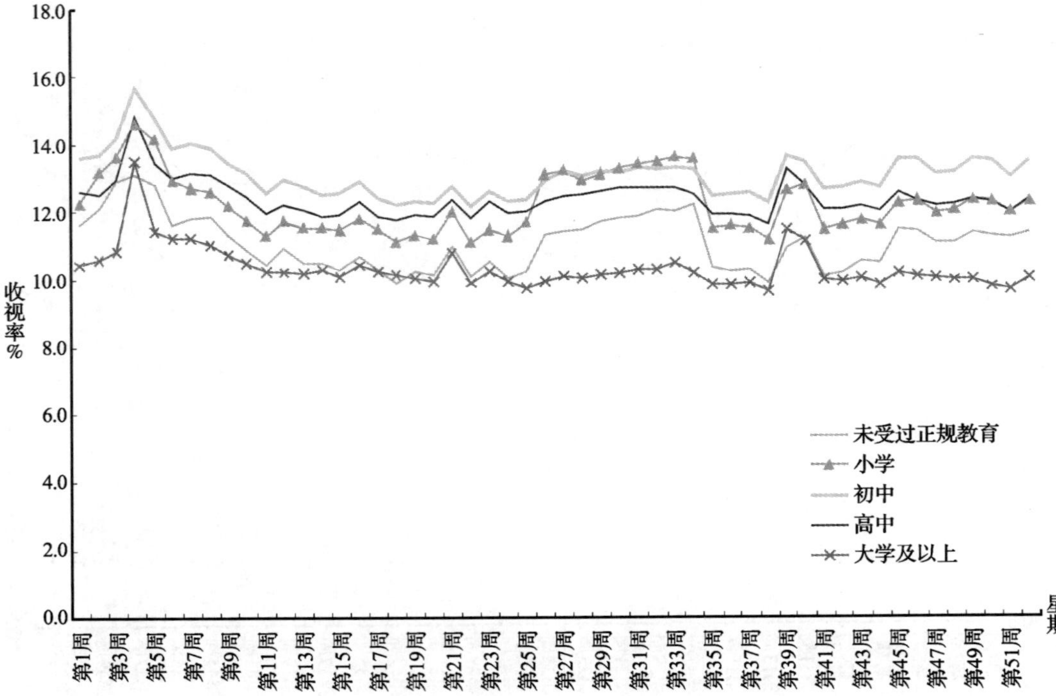

图 3.2.4　2009 年全国样本城市不同文化程度电视观众全年收视率走势

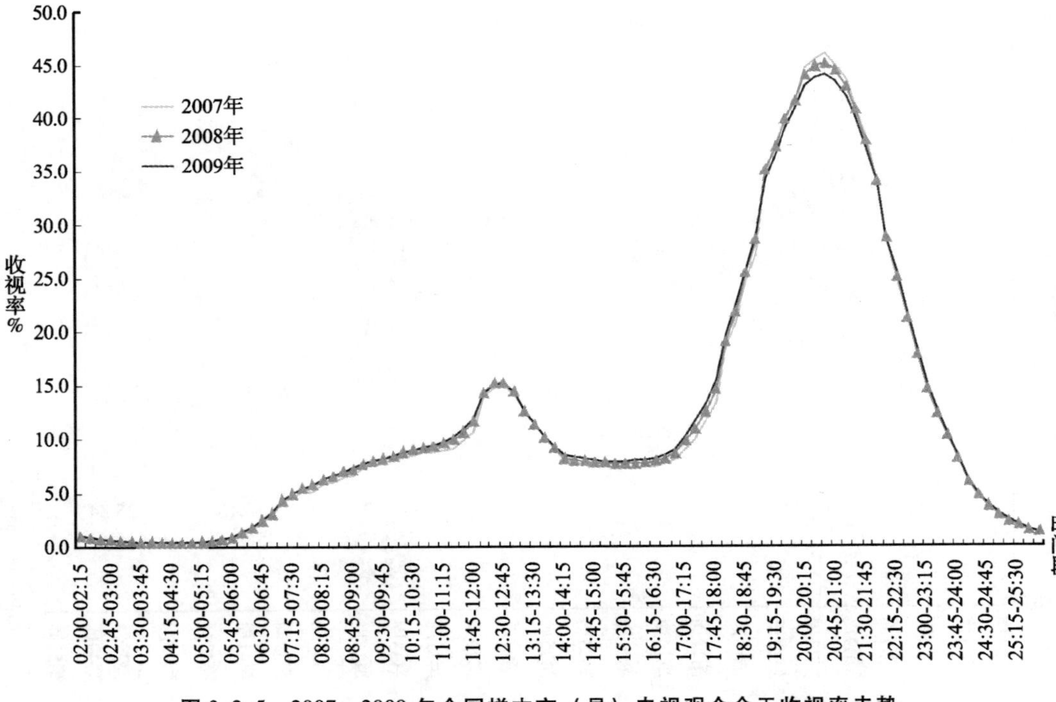

图 3.2.5　2007—2009 年全国样本市（县）电视观众全天收视率走势

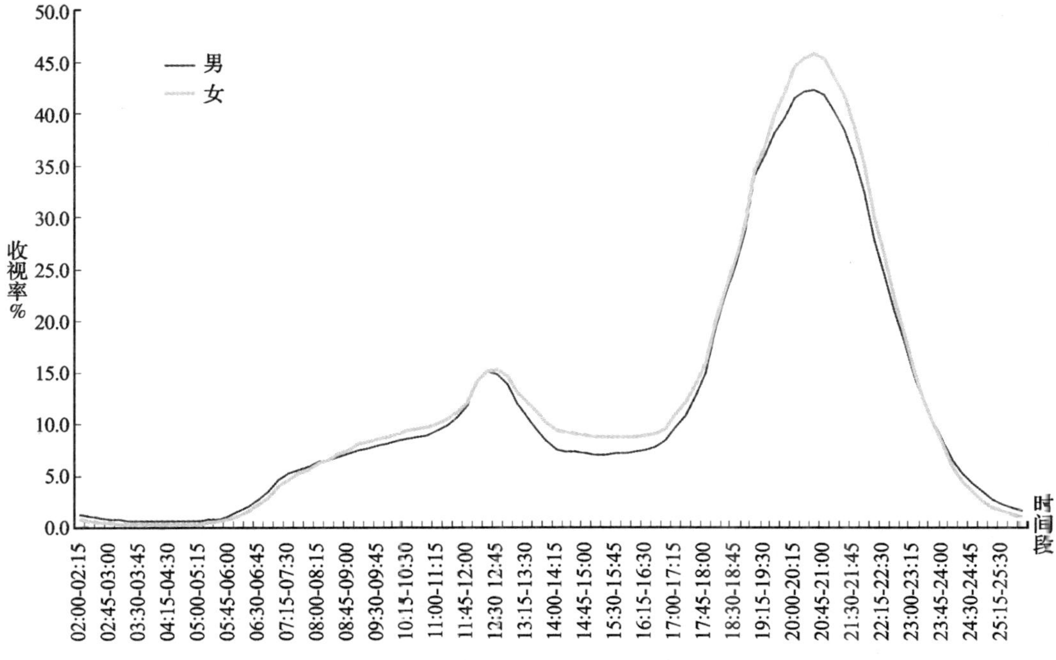

图 3.2.6　2009 年全国样本城市不同性别电视观众全天收视率走势

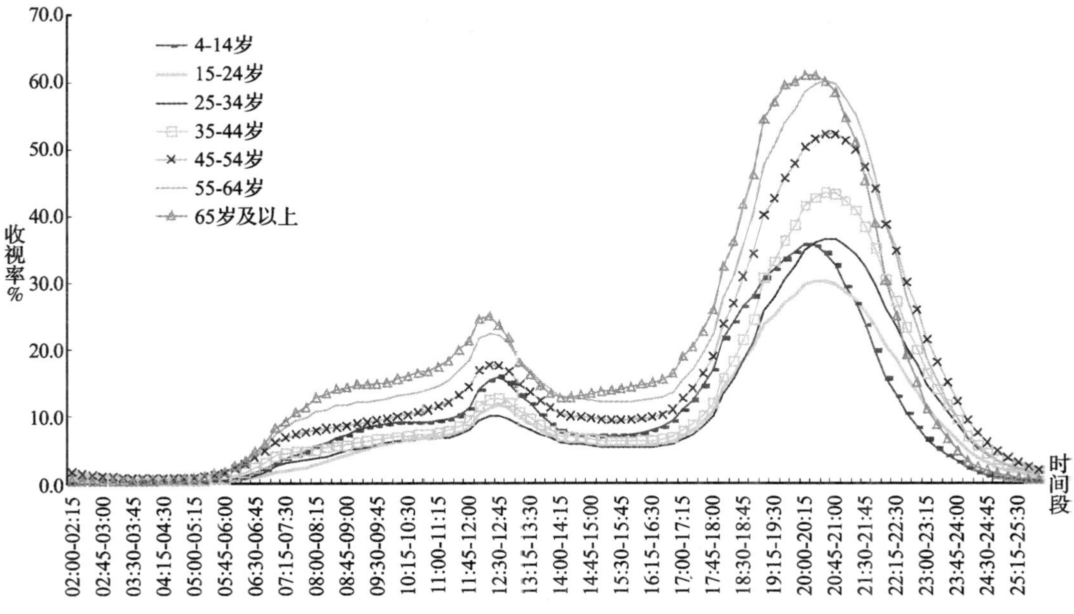

图 3.2.7　2009 年全国样本城市不同年龄电视观众全天收视率走势

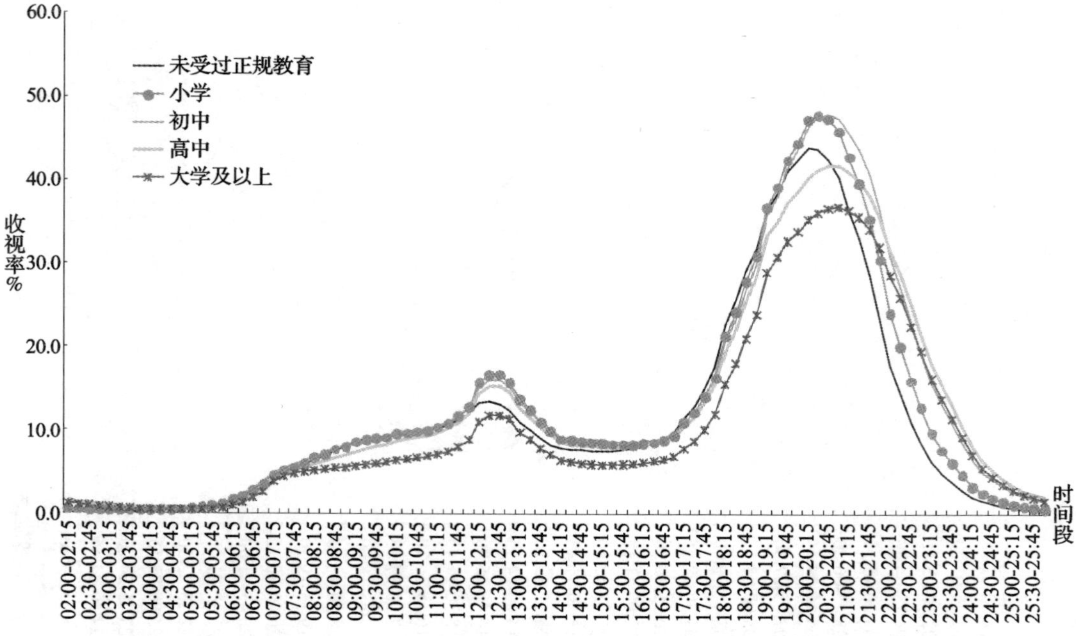

图 3.2.8　2009 年全国样本城市不同文化程度电视观众全天收视率走势

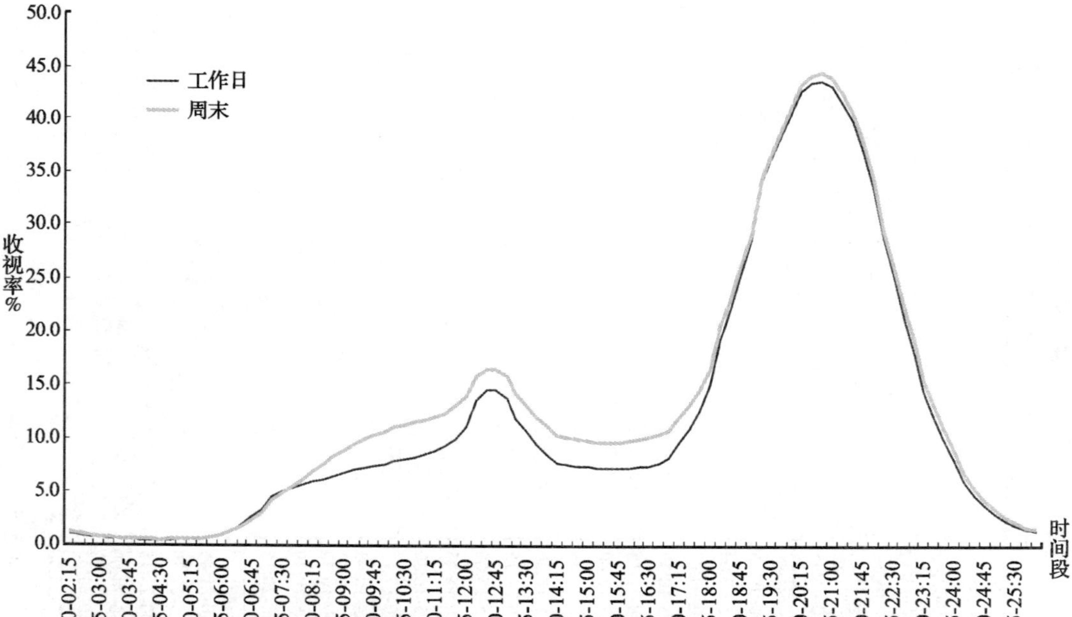

图 3.2.9　2009 年全国样本城市电视观众工作日与周末全天收视率走势

表 3.2.4　2009 年全国样本城市电视观众周一至周日各时段收视率（%）

时间段	周一	周二	周三	周四	周五	周六	周日
02:00－02:15	1.1	1.0	1.0	1.0	1.0	1.2	1.3
02:15－02:30	1.0	0.9	0.9	0.9	0.9	1.0	1.1
02:30－02:45	0.8	0.7	0.7	0.8	0.8	0.9	0.9
02:45－03:00	0.7	0.7	0.7	0.7	0.7	0.8	0.8
03:00－03:15	0.6	0.6	0.6	0.7	0.6	0.7	0.7
03:15－03:30	0.6	0.5	0.5	0.6	0.6	0.6	0.6
03:30－03:45	0.5	0.5	0.5	0.6	0.5	0.6	0.6
03:45－04:00	0.5	0.5	0.5	0.5	0.5	0.5	0.5
04:00－04:15	0.5	0.5	0.5	0.5	0.5	0.5	0.5
04:15－04:30	0.5	0.4	0.5	0.5	0.5	0.5	0.5
04:30－04:45	0.5	0.5	0.5	0.5	0.5	0.5	0.5
04:45－05:00	0.5	0.5	0.5	0.5	0.5	0.5	0.5
05:00－05:15	0.6	0.6	0.6	0.6	0.6	0.6	0.6
05:15－05:30	0.7	0.6	0.6	0.7	0.6	0.6	0.7
05:30－05:45	0.8	0.8	0.8	0.8	0.8	0.8	0.8
05:45－06:00	1.0	1.0	1.0	1.0	1.0	1.0	1.0
06:00－06:15	1.4	1.4	1.4	1.5	1.4	1.4	1.4
06:15－06:30	1.9	1.9	1.9	1.9	1.9	1.8	1.8
06:30－06:45	2.6	2.6	2.6	2.6	2.6	2.4	2.4
06:45－07:00	3.3	3.3	3.3	3.4	3.3	3.1	3.1
07:00－07:15	4.5	4.5	4.5	4.5	4.4	4.2	4.3
07:15－07:30	5.1	5.0	5.0	5.1	5.0	4.8	4.9
07:30－07:45	5.5	5.4	5.4	5.5	5.4	5.5	5.7
07:45－08:00	5.7	5.6	5.6	5.7	5.6	6.0	6.3
08:00－08:15	6.0	5.9	5.9	6.1	6.0	6.8	7.3
08:15－08:30	6.3	6.1	6.2	6.4	6.2	7.4	8.0
08:30－08:45	6.6	6.4	6.5	6.7	6.5	7.9	8.8
08:45－09:00	6.8	6.6	6.7	6.9	6.8	8.4	9.3
09:00－09:15	7.2	6.9	7.0	7.3	7.1	8.9	10.1
09:15－09:30	7.4	7.1	7.2	7.5	7.3	9.2	10.6
09:30－09:45	7.5	7.2	7.4	7.8	7.4	9.6	11.0
09:45－10:00	7.7	7.3	7.5	8.0	7.6	9.9	11.3
10:00－10:15	7.9	7.6	7.8	8.4	7.8	10.3	11.9
10:15－10:30	8.1	7.8	8.0	8.6	8.0	10.5	12.1
10:30－10:45	8.3	8.0	8.2	8.8	8.3	10.8	12.4
10:45－11:00	8.5	8.1	8.4	9.0	8.4	11.0	12.6
11:00－11:15	8.8	8.5	8.7	9.4	8.8	11.3	12.8
11:15－11:30	9.2	8.9	9.2	9.8	9.2	11.6	13.2
11:30－11:45	10.0	9.7	10.0	10.6	10.0	12.3	13.8
11:45－12:00	11.1	10.8	11.1	11.6	11.0	13.2	14.7
12:00－12:15	13.7	13.3	13.6	14.0	13.4	15.1	16.7
12:15－12:30	14.7	14.3	14.6	14.9	14.3	15.7	17.3
12:30－12:45	14.7	14.4	14.6	14.8	14.4	15.7	17.2
12:45－13:00	13.9	13.6	13.7	13.9	13.6	15.0	16.5

续表

时间段	周一	周二	周三	周四	周五	周六	周日
13:00-13:15	12.0	11.8	11.8	12.0	11.8	13.5	14.9
13:15-13:30	10.8	10.6	10.6	10.9	10.7	12.6	13.9
13:30-13:45	9.6	9.4	9.4	9.7	9.6	11.5	12.7
13:45-14:00	8.6	8.4	8.5	8.8	8.7	10.6	11.8
14:00-14:15	7.8	7.5	7.7	8.0	7.9	9.7	10.7
14:15-14:30	7.6	7.3	7.5	7.8	7.7	9.6	10.6
14:30-14:45	7.5	7.2	7.5	7.7	7.6	9.5	10.4
14:45-15:00	7.4	7.1	7.3	7.6	7.5	9.3	10.2
15:00-15:15	7.3	7.0	7.2	7.5	7.4	9.2	10.1
15:15-15:30	7.2	6.9	7.1	7.4	7.3	9.2	10.1
15:30-15:45	7.2	6.9	7.1	7.5	7.4	9.2	10.2
15:45-16:00	7.3	6.9	7.2	7.5	7.4	9.3	10.3
16:00-16:15	7.4	7.0	7.3	7.5	7.6	9.5	10.5
16:15-16:30	7.5	7.2	7.4	7.7	7.7	9.6	10.6
16:30-16:45	7.8	7.5	7.7	8.0	8.0	9.9	10.8
16:45-17:00	8.3	8.0	8.2	8.5	8.6	10.4	11.3
17:00-17:15	9.7	9.4	9.6	9.9	10.0	11.6	12.6
17:15-17:30	10.9	10.7	10.8	11.0	11.2	12.6	13.6
17:30-17:45	12.7	12.5	12.6	12.8	12.9	14.0	15.0
17:45-18:00	15.0	14.8	14.9	15.1	15.1	16.0	17.0
18:00-18:15	19.5	19.3	19.4	19.5	19.3	20.1	21.2
18:15-18:30	22.4	22.1	22.2	22.3	22.0	22.6	23.7
18:30-18:45	25.8	25.5	25.6	25.7	25.3	25.7	26.8
18:45-19:00	28.9	28.6	28.6	28.7	28.2	28.5	29.7
19:00-19:15	34.5	34.1	34.1	34.1	33.7	33.8	35.2
19:15-19:30	36.7	36.3	36.2	36.2	35.8	35.8	37.3
19:30-19:45	39.2	38.8	38.7	38.8	38.7	38.6	39.9
19:45-20:00	40.9	40.5	40.4	40.4	40.6	40.5	41.7
20:00-20:15	43.0	42.6	42.5	42.6	42.8	42.8	44.0
20:15-20:30	43.7	43.4	43.2	43.4	43.7	43.7	44.8
20:30-20:45	44.0	43.7	43.4	43.6	44.1	44.0	45.0
20:45-21:00	43.4	43.1	42.9	43.1	43.7	43.7	44.4
21:00-21:15	41.7	41.5	41.2	41.5	42.2	42.4	42.7
21:15-21:30	39.9	39.6	39.4	39.6	40.5	40.8	40.6
21:30-21:45	37.0	36.8	36.6	36.8	38.0	38.2	37.6
21:45-22:00	33.4	33.3	33.2	33.4	34.7	34.9	34.0
22:00-22:15	28.3	28.3	28.3	28.5	29.8	29.9	29.0
22:15-22:30	24.8	24.8	25.0	25.1	26.5	26.5	25.5
22:30-22:45	20.8	20.9	20.9	21.2	22.7	22.9	21.7
22:45-23:00	17.5	17.6	17.6	17.9	19.5	19.8	18.5
23:00-23:15	14.1	14.3	14.1	14.6	15.9	16.4	15.1
23:15-23:30	11.7	11.9	11.8	12.1	13.4	14.0	12.7
23:30-23:45	9.6	9.7	9.7	10.0	11.1	11.8	10.5
23:45-24:00	7.7	7.8	7.8	8.0	9.0	9.5	8.6
24:00-24:15	5.7	5.8	5.8	6.0	6.9	7.1	6.4

续表

时间段	周一	周二	周三	周四	周五	周六	周日
24:15－24:30	4.4	4.5	4.5	4.7	5.5	5.6	5.1
24:30－24:45	3.5	3.6	3.6	3.7	4.4	4.5	4.1
24:45－25:00	2.8	2.8	2.8	2.9	3.5	3.6	3.2
25:00－25:15	2.2	2.2	2.3	2.3	2.7	2.8	2.5
25:15－25:30	1.8	1.8	1.8	1.9	2.2	2.3	2.1
25:30－25:45	1.5	1.5	1.5	1.6	1.8	1.9	1.7
25:45－26:00	1.2	1.3	1.3	1.3	1.5	1.6	1.4

表 3.2.5　2009 年全国样本城市各类频道观众构成（%）

目标观众		所有频道	中央台频道	中国教育台频道	省级卫视频道
4 岁及以上所有人		100.0	100.0	100.0	100.0
性别	男	49.4	53.3	47.4	46.0
	女	50.6	46.7	52.6	54.0
年龄	4－14 岁	8.7	7.6	9.1	10.6
	15－24 岁	9.9	7.7	10.1	12.0
	25－34 岁	14.7	14.0	15.3	14.9
	35－44 岁	18.0	17.4	18.4	18.6
	45－54 岁	21.6	21.4	21.5	20.2
	55－64 岁	14.9	16.5	13.7	13.2
	65 岁及以上	12.2	15.4	11.9	10.5
教育程度	未受过正规教育	5.1	4.9	5.3	5.1
	小学	17.2	15.6	17.3	18.4
	初中	35.1	33.9	35.8	36.3
	高中	28.5	29.4	27.3	27.4
	大学及以上	14.1	16.2	14.3	12.8
职业类别	干部/管理人员	3.7	4.1	3.5	3.2
	个体/私营企业人员	10.6	10.4	11.0	10.6
	初级公务员/雇员	14.1	14.5	14.3	13.1
	工人	15.4	14.4	14.9	14.9
	学生	10.8	8.6	10.8	13.4
	无业	37.3	41.0	37.7	34.9
	其他	8.1	7.0	7.8	9.9
个人月收入	0－600 元	37.4	34.1	39.5	42.2
	601－1200 元	28.2	29.7	27.3	27.6
	1201－1700 元	14.9	15.7	14.3	13.5
	1701－2600 元	11.9	12.7	11.9	10.4
	2601 元及以上	7.6	7.8	7.0	6.3

表 3.2.6　2005—2009 年全国样本市（县）电视收视市场各类频道的市场占有率（%）

频道类别	年份				
	2005 年	2006 年	2007 年	2008 年	2009 年
中央台频道	35.1	34.9	34.1	35.4	30.1
中国教育台频道	0.4	0.3	0.4	0.3	0.3
省级卫视	16.9	19.1	21.2	22.7	25.8
其他频道	47.6	45.7	44.3	41.6	43.9

表 3.2.7　2007—2009 年各类频道在全国样本市（县）各目标观众的市场占有率（%）

频道类别		中央台频道			省级卫视频道			中国教育台频道		
年　份		2007 年	2008 年	2009 年	2007 年	2008 年	2009 年	2007 年	2008 年	2009 年
4 岁及以上所有人		34.1	35.4	30.1	21.2	22.7	25.8	0.4	0.3	0.3
性别	男	36.2	37.8	32.5	19.8	21.0	24.0	0.4	0.3	0.3
	女	32.0	33.0	27.8	22.6	24.4	27.5	0.3	0.3	0.3
年龄	4－14 岁	28.8	30.5	26.1	24.5	26.3	31.3	0.3	0.2	0.3
	15－24 岁	26.1	27.9	23.4	26.0	28.4	31.2	0.4	0.3	0.3
	25－34 岁	32.5	34.3	28.7	21.5	22.8	26.0	0.4	0.3	0.3
	35－44 岁	32.5	34.3	29.2	21.9	23.4	26.7	0.4	0.3	0.3
	45－54 岁	35.3	35.7	29.8	19.7	21.1	24.1	0.4	0.3	0.3
	55－64 岁	40.0	40.1	33.4	18.3	19.6	22.8	0.3	0.3	0.2
	65 岁及以上	42.7	43.3	37.9	18.0	19.3	22.0	0.3	0.3	0.3
教育程度	未受过正规教育	32.0	33.7	29.5	22.0	23.0	26.1	0.3	0.2	0.3
	小学	30.1	31.9	27.2	22.7	24.4	27.4	0.3	0.3	0.3
	初中	32.8	34.0	29.1	21.7	23.6	26.7	0.3	0.3	0.3
	高中	35.4	36.5	31.0	20.5	21.7	24.8	0.4	0.3	0.3
	大学及以上	41.1	41.7	34.7	19.1	20.1	23.4	0.5	0.4	0.3
职业类别	干部/管理人员	39.8	40.4	33.8	18.2	18.9	22.6	0.4	0.3	0.3
	个体/私营企业人员	32.1	34.6	29.5	21.1	22.5	25.8	0.3	0.3	0.3
	初级公务员/雇员	35.7	36.7	30.9	20.0	20.8	23.9	0.4	0.4	0.3
	工人	32.9	33.7	28.1	20.9	22.4	24.8	0.4	0.3	0.3
	学生	26.4	28.6	24.1	25.8	28.0	32.1	0.4	0.2	0.3
	无业	39.1	39.1	33.1	19.6	20.8	24.1	0.3	0.3	0.3
	其他	25.0	29.0	26.0	25.0	28.2	31.3	0.2	0.2	0.3
个人月收入	0－600 元	31.2	32.5	27.5	23.7	25.7	29.1	0.3	0.3	0.3
	601－1200 元	36.6	37.7	31.7	19.8	21.7	25.2	0.4	0.3	0.3
	1201－1700 元	37.6	37.5	31.6	18.3	19.8	23.3	0.4	0.4	0.3
	1701－2600 元	37.9	38.2	32.1	18.1	19.3	22.6	0.5	0.4	0.3
	2601 元及以上	33.4	35.5	30.6	16.8	17.5	21.3	0.5	0.4	0.2

表 3.2.8　2007—2009 年全国样本市（县）市场各类频道在各时段的市场占有率（%）

频道	中央台频道			中国教育台频道			省级卫视频道		
年　份	2007 年	2008 年	2009 年	2007 年	2008 年	2009 年	2007 年	2008 年	2009 年
02:00－03:00	36.4	36.8	32.8	0.2	0.2	0.1	27.3	29.0	32.2
03:00－04:00	37.7	38.9	33.9	0.2	0.1	0.1	30.8	30.4	34.1
04:00－05:00	37.4	38.5	33.9	0.2	0.2	0.1	33.8	33.7	38.4
05:00－06:00	46.3	44.3	39.4	0.2	0.1	0.1	31.4	33.3	35.2
06:00－07:00	48.5	49.4	43.2	0.2	0.2	0.2	21.7	23.8	25.3
07:00－08:00	47.5	50.1	43.8	0.1	0.3	0.2	19.3	18.7	21.9
08:00－09:00	43.5	44.2	39.5	0.2	0.2	0.2	23.4	25.6	29.2
09:00－10:00	38.1	38.6	33.9	0.2	0.2	0.2	27.0	30.0	34.9
10:00－11:00	36.8	38.3	33.4	0.2	0.3	0.4	28.1	29.7	35.3
11:00－12:00	39.6	41.0	35.8	0.2	0.4	0.4	25.7	26.3	31.2
12:00－13:00	44.2	45.0	40.2	0.4	0.4	0.1	19.5	20.5	23.7
13:00－14:00	40.1	38.0	33.8	0.9	0.5	0.5	23.4	27.3	30.3
14:00－15:00	34.2	33.7	28.2	0.6	0.3	0.7	28.5	32.6	37.5
15:00－16:00	34.3	32.9	27.3	0.3	0.3	0.2	30.8	34.6	39.8
16:00－17:00	35.6	33.7	29.0	0.2	0.5	0.2	30.6	34.0	38.5
17:00－18:00	37.4	36.3	31.4	1.0	0.5	0.3	24.1	25.6	28.6
18:00－19:00	25.4	28.2	23.9	0.7	0.2	0.2	13.7	14.6	16.2

续表

频道	中央台频道			中国教育台频道			省级卫视频道		
年 份	2007 年	2008 年	2009 年	2007 年	2008 年	2009 年	2007 年	2008 年	2009 年
19:00－20:00	38.3	39.4	33.6	0.1	0.2	0.1	10.3	11.7	12.7
20:00－21:00	32.2	34.2	28.5	0.1	0.3	0.2	20.1	21.2	23.9
21:00－22:00	28.9	31.4	26.4	0.2	0.4	0.3	23.5	24.3	26.9
22:00－23:00	26.2	28.8	22.4	0.6	0.3	0.4	25.4	25.2	29.4
23:00－24:00	31.0	32.6	26.7	1.0	0.4	0.4	24.5	25.2	28.2
24:00－25:00	36.3	33.5	29.5	0.7	0.2	0.1	23.7	26.5	29.7
25:00－26:00	32.9	33.7	28.7	0.3	0.2	0.1	25.7	27.2	31.2

表 3.2.9 2009 年各月全国样本城市市场各类频道的市场占有率（%）

月 份	中央台频道	中国教育台频道	省级卫视频道	其他频道
1 月	35.6	0.2	23.1	41.1
2 月	31.0	0.2	26.1	42.7
3 月	29.3	0.2	25.8	44.7
4 月	29.2	0.2	25.4	45.1
5 月	29.8	0.3	25.5	44.5
6 月	30.1	0.3	25.6	44.0
7 月	28.7	0.3	28.2	42.8
8 月	28.7	0.3	28.1	42.9
9 月	30.1	0.3	25.0	44.6
10 月	31.1	0.3	24.9	43.8
11 月	28.5	0.3	25.8	45.4
12 月	28.7	0.3	25.9	45.2

表 3.2.10 2009 年全国样本城市市场份额排名前二十位频道

名 次	频道名称	市场份额（%）
1	中央电视台综合频道	7.5
2	湖南电视台卫星频道	3.7
3	中央台八套	3.2
3	中央台六套	3.2
3	中央台三套	3.2
6	中央台五套	2.2
7	浙江卫视	2.1
8	中央台四套	2.0
9	江苏卫视	1.9
10	中央电视台少儿频道	1.8
11	安徽卫视	1.6
11	中央台二套	1.6
13	中央电视台新闻频道	1.5
14	广东电视台珠江频道	1.3
14	山东卫视	1.3
14	中央台十二套	1.3
17	中央台十套	1.2
18	江西电视台卫星频道（一套）	1.1
18	四川卫视	1.1
18	北京卫视	1.1

表 3.2.11　2007—2009 年全国样本市（县）各类节目的播出份额和收视份额（%）

节目类别	2007 年		2008 年		2009 年	
	播出份额	收视份额	播出份额	收视份额	播出份额	收视份额
	%	%	%	%	%	%
青少	3.1	3.3	3.1	3.3	3.5	4.3
戏剧	0.5	0.8	0.5	0.6	0.5	0.6
教学	0.4	0.3	0.4	0.3	0.4	0.3
综艺	5.7	8.2	3.9	7.3	5.3	9.2
外语	0.2	0.1	0.1	0.1	0.1	0.1
电影	6.5	5.8	5.6	5.2	4.9	4.9
音乐	1.5	1.3	1.2	0.8	1.1	0.9
新闻/时事	7.9	11.9	8.7	13.7	8.6	12.7
电视剧	25.0	34.1	24.7	32.5	26.1	32.2
专题	7.6	6.9	7.5	6.8	7.5	6.8
体育	2.5	3.9	3.1	6.5	2.9	3.2
财经	1.1	1.2	1.4	1.1	1.3	1.2
生活服务	11.7	5.7	13.1	6.2	13.8	6.8
法制	1.3	1.9	1.3	1.7	1.3	2.0
其他	24.9	14.8	25.3	13.9	22.7	14.7

表 3.2.12　2007—2009 年中央电视台各类节目的播出份额和收视份额（%）

节目类别	2007 年		2008 年		2009 年	
	播出份额	收视份额	播出份额	收视份额	播出份额	收视份额
	%	%	%	%	%	%
青少	4.2	4.6	4.3	4.6	4.8	5.4
戏剧	2.9	1.1	2.8	0.8	3.1	0.8
教学	1.5	0.6	1.5	0.5	1.7	0.6
综艺	6.9	10.7	6.5	9.3	7.8	11.0
外语	0.6	0.2	0.3	0.1	0.5	0.2
电影	5.1	7.7	4.8	6.9	5.1	7.9
音乐	4.9	2.2	4.4	1.5	4.8	2.0
新闻/时事	9.4	12.8	10.8	15.9	11.5	14.4
电视剧	12.8	21.2	13.3	19.1	14.1	19.3
专题	16.7	9.9	16.1	8.9	17.5	10.5
体育	6.6	7.9	7.9	13.3	6.9	6.7
财经	2.0	1.0	1.8	0.9	2.4	1.2
生活服务	4.3	5.0	5.0	5.1	6.4	5.7
法制	3.2	2.9	2.9	2.5	3.4	3.4
其他	19.1	12.1	17.6	10.6	10.2	10.8

表 3.2.13　2007—2009 年省级卫视各类节目的播出份额和收视份额（%）

节目类别	2007 年		2008 年		2009 年	
	播出份额	收视份额	播出份额	收视份额	播出份额	收视份额
	%	%	%	%	%	%
青少	5.0	2.8	5.0	2.5	5.5	5.2
戏剧	0.6	0.6	0.6	0.5	0.7	0.5
教学	0.3	0.1	0.4	0.1	0.4	0.1

续表

节目类别	2007 年		2008 年		2009 年	
	播出份额	收视份额	播出份额	收视份额	播出份额	收视份额
	%	%	%	%	%	%
综艺	6.2	8.9	4.2	8.1	5.5	12.1
外语	0.3	0.0	0.2	0.0	0.1	0.0
电影	1.0	0.2	0.7	0.2	0.6	0.8
音乐	1.1	0.9	0.8	0.4	0.7	0.4
新闻/时事	8.1	7.5	9.3	9.1	8.5	6.7
电视剧	36.3	48.9	37.8	48.8	38.3	44.2
专题	6.5	5.0	6.6	5.3	6.5	4.8
体育	0.8	0.5	1.4	1.0	0.7	0.4
财经	1.3	1.3	1.7	1.4	1.6	1.4
生活服务	11.8	6.5	10.9	6.7	9.6	6.3
法制	0.4	0.5	0.2	0.2	0.2	0.2
其他	20.4	16.4	20.3	15.6	21.2	16.7

表 3.2.14　2009 年全国样本城市各类节目在各目标观众中的收视份额（%）

节目类别		综艺	新闻/时事	电视剧	体育	专题	音乐	青少	教学	外语	生活服务	戏剧	电影	法制	财经	其他
4 岁及以上所有人		9.2	12.7	32.2	3.2	6.8	0.9	4.3	0.3	0.1	6.8	0.6	4.9	2.0	1.2	14.7
性别	男	8.9	13.6	29.9	4.4	7.2	0.9	4.5	0.3	0.1	6.5	0.6	5.7	2.0	1.3	14.3
	女	9.6	11.8	34.5	2.1	6.4	0.9	4.2	0.2	0.1	7.1	0.6	4.1	2.1	1.1	15.1
年龄	4－14 岁	8.9	7.1	28.3	1.6	4.2	0.7	21.7	0.2	0.1	6.3	0.3	4.1	1.0	0.4	15.1
	15－24 岁	11.9	10.0	33.5	3.8	5.9	1.0	3.2	0.2	0.1	6.7	0.3	5.7	1.6	0.6	15.5
	25－34 岁	10.0	11.3	31.3	3.3	6.5	0.9	4.9	0.2	0.1	6.6	0.3	6.7	1.8	0.9	15.1
	35－44 岁	9.7	12.2	32.9	3.1	6.9	0.9	2.9	0.3	0.1	6.5	0.3	6.0	2.1	1.2	14.8
	45－54 岁	9.1	13.8	33.0	3.4	7.5	1.0	1.3	0.3	0.0	7.1	0.4	4.7	2.4	1.8	14.3
	55－64 岁	8.1	14.7	32.6	3.2	7.7	0.9	2.4	0.4	0.1	7.0	0.9	3.8	2.5	1.5	14.3
	65 岁及以上	7.4	16.7	32.3	3.7	7.3	0.8	1.9	0.4	0.0	7.0	1.9	2.7	2.2	1.1	14.5
教育程度	未受过正规教育	7.2	10.4	31.2	1.6	4.7	0.7	14.9	0.2	0.1	6.7	1.1	3.4	1.4	0.5	16.2
	小学	8.1	11.3	34.2	2.0	5.5	0.7	8.3	0.2	0.1	6.5	1.0	4.3	1.6	0.5	15.6
	初中	9.3	12.4	33.8	2.9	6.8	0.9	2.9	0.2	0.1	6.8	0.6	5.2	2.2	1.0	14.9
	高中	9.9	13.3	31.1	3.9	7.4	1.0	2.6	0.3	0.1	6.9	0.4	5.2	2.2	1.5	14.2
	大学及以上	10.0	14.6	28.6	4.9	8.0	1.0	2.6	0.5	0.1	6.9	0.4	4.9	2.0	2.1	13.6
职业类别	干部/管理人员	9.9	14.7	28.9	5.1	7.8	1.0	2.3	0.4	0.1	6.7	0.3	5.5	2.0	1.9	13.5
	个体/私营企业人员	9.2	13.1	32.0	3.1	7.0	0.9	2.7	0.3	0.0	6.6	0.4	6.0	2.3	1.2	15.2
	初级公务员/雇员	10.2	13.3	30.4	4.1	7.4	1.0	2.8	0.3	0.1	6.8	0.3	5.8	2.0	1.5	14.0
	工人	9.9	12.4	32.7	3.5	6.9	0.9	2.5	0.2	0.1	6.5	0.4	6.1	2.0	1.0	14.7
	学生	11.0	8.2	30.7	3.0	4.9	0.9	12.9	0.2	0.1	6.3	0.3	5.0	1.2	0.5	14.7
	无业	8.2	13.9	32.0	3.1	7.1	0.9	4.2	0.3	0.1	7.1	1.0	3.9	2.3	1.4	14.5
	其他	8.3	10.9	39.4	1.5	5.8	0.7	2.7	0.1	0.0	6.5	0.9	4.1	1.7	0.4	15.9
个人月收入	0－600 元	9.2	10.7	33.4	2.4	5.8	0.8	7.6	0.2	0.1	6.6	0.6	4.7	1.7	0.7	15.4
	601－1200 元	9.2	13.5	33.1	3.0	7.0	0.9	2.4	0.3	0.1	6.8	0.7	4.8	2.3	1.1	14.8
	1201－1700 元	9.3	14.0	31.4	3.7	7.4	0.9	2.4	0.3	0.1	7.0	0.7	4.9	2.2	1.5	14.2
	1701－2600 元	9.5	14.1	29.9	4.4	7.7	0.9	2.4	0.4	0.1	7.1	0.5	5.4	2.3	1.7	13.8
	2601 元及以上	9.2	14.6	28.5	5.0	8.4	1.0	2.5	0.4	0.1	7.0	0.4	5.6	2.0	2.4	13.1

表 3.2.15　2009 年全国样本城市所有节目收视率排名前三十位

名次	节目名称	节目类别	播出频道	平均收视率（%）	平均占有率（%）
1	2009 春节联欢晚会	综艺	中央电视台综合频道	29.4	61.8
2	首都各界庆祝中华人民共和国成立 60 周年大会	新闻	中央电视台综合频道	24.2	58.0
3	首都各界庆祝中华人民共和国成立 60 周年联欢晚会	综艺	中央电视台综合频道	17.3	37.4
4	欢天喜地闹元宵 2009 年元宵晚会	综艺	中央电视台综合频道	14.1	29.3
5	宜春月中华情 2009 年中央电视台中秋晚会	综艺	中央电视台综合频道	7.5	18.4
6	新闻联播	新闻	中央电视台综合频道	7.2	20.3
7	天气预报	生活服务	中央电视台综合频道	7.0	18.0
8	走西口	电视剧	中央电视台综合频道	6.9	16.0
9	盛典国庆 60 周年特别报道	新闻	中央电视台综合频道	6.6	46.5
10	我的兄弟叫顺溜	电视剧	中央电视台综合频道	5.9	14.3
11	万众一心向前进 2009 年军民迎新春文艺晚会	综艺	中央电视台综合频道	5.8	13.2
12	2009 万家灯火平安夜公安部 2009 年春节电视文艺晚会	综艺	中央电视台综合频道	5.2	13.1
13	祖国万岁庆祝中华人民共和国成立 60 周年大型文艺晚会	综艺	中央电视台综合频道	5.1	12.5
14	曲苑杂坛（2009－1－28）	综艺	中央电视台综合频道	4.7	12.3
15	现场直播：第十一届全运会男子 110 米栏决赛	体育	中央台五套	4.5	10.1
16	春天的祝福文化部 2009 年春节电视晚会	综艺	中央电视台综合频道	4.2	12.2
17	庆祝中华人民共和国成立六十周年大型音乐舞蹈史诗复兴之路	综艺	中央电视台综合频道	4.2	11.0
18	焦点访谈	新闻	中央电视台综合频道	4.2	10.4
19	密战	电视剧	中央电视台综合频道	4.1	9.8
20	在那遥远的地方	电视剧	中央电视台综合频道	4.1	9.7
21	CCTV2008 感动中国颁奖晚会	综艺	中央电视台综合频道	4.1	9.6
22	星光大道年度总决赛 2008	综艺	中央台三套	4.0	9.7
23	西藏今昔	专题	中央电视台综合频道	4.0	9.6
24	2009 快乐中国快乐女声想唱就唱我最响亮全国总决赛决战之夜	综艺	湖南电视台卫星频道	3.9	11.2
25	我的青春谁做主	电视剧	中央电视台综合频道	3.8	9.0
26	清凌凌的水蓝莹莹的天第二部	电视剧	中央电视台综合频道	3.7	8.3
27	保卫延安	电视剧	中央电视台综合频道	3.6	8.8
28	人民至上	专题	中央电视台综合频道	3.6	8.7
29	走向阳光庆祝西藏百万农奴解放 50 周年文艺晚会	综艺	中央电视台综合频道	3.6	8.1
30	百花迎春中国文学艺术界 2009 春节大联欢	综艺	中央台三套	3.5	8.5

表 3.2.16 2009 年全国样本城市电视剧收视率排名前二十位

名次	节目名称	播出频道	平均收视率（%）	平均占有率（%）
1	走西口	中央电视台综合频道	6.9	16.0
2	我的兄弟叫顺溜	中央电视台综合频道	5.9	14.3
3	密战	中央电视台综合频道	4.1	9.8
4	在那遥远的地方	中央电视台综合频道	4.1	9.7
5	我的青春谁做主	中央电视台综合频道	3.8	9.0
6	清凌凌的水蓝莹莹的天第二部	中央电视台综合频道	3.7	8.3
7	保卫延安	中央电视台综合频道	3.6	8.8
8	鹰隼大队	中央电视台综合频道	3.4	8.1
9	叶挺将军	中央电视台综合频道	3.4	7.6
10	解放	中央电视台综合频道	3.1	7.6
11	沧海	中央电视台综合频道	3.1	7.5
12	金凤花开	中央电视台综合频道	3.0	7.3
13	苍天	中央电视台综合频道	2.9	6.9
14	人间正道是沧桑	中央台八套	2.7	7.0
15	金色农家	中央电视台综合频道	2.7	6.5
16	女人的村庄	中央台八套	2.6	6.6
17	喜耕田的故事第二部	中央电视台综合频道	2.6	6.2
18	江阴要塞	中央台八套	2.4	6.1
19	誓言永恒	中央电视台综合频道	2.4	5.8
20	沂蒙	中央台八套	2.4	5.7

表 3.2.17 2009 年全国样本城市新闻节目收视率排名前二十位

名次	节目名称	播出频道	平均收视率（%）	平均占有率（%）
1	首都各界庆祝中华人民共和国成立 60 周年大会	中央电视台综合频道	24.2	58.0
2	新闻联播	中央电视台综合频道	7.2	20.3
3	盛典国庆 60 周年特别报道	中央电视台综合频道	6.6	46.5
4	焦点访谈	中央电视台综合频道	4.2	10.4
5	温家宝总理会见中外记者	中央电视台综合频道	3.4	7.5
6	首都各界庆祝中华人民共和国成立 60 周年大会	中央电视台新闻频道	3.1	7.5
7	澳门十年	中央电视台综合频道	2.7	6.2
8	我们的节日春节一年又一年四海一家亲	中央电视台综合频道	2.4	11.8
9	中俄建交六十周年庆祝大会暨中国俄语年闭幕式	中央电视台综合频道	2.1	5.4
10	新闻 30 分	中央电视台综合频道	1.9	12.9
11	温家宝总理在阿盟总部发表演讲	中央电视台综合频道	1.8	4.2
12	首都各界庆祝中华人民共和国成立 60 周年大会	中央台四套	1.5	3.6
13	国务院总理会见中外记者	中央电视台综合频道	1.2	12.5
14	盛典国庆 60 周年特别报道	中央电视台新闻频道	1.2	8.6
15	世纪日全食	中央台四套	1.1	7.6
16	首都各界庆祝中华人民共和国成立 60 周年大会	中央台二套	1.1	3.4
17	第十一届全国人民代表大会第二次会议开幕式	中央电视台综合频道	1.0	13.3
18	长江大日食	中央电视台新闻频道	1.0	6.9
19	晚间新闻	中央电视台综合频道	0.9	3.4
20	75 事件和热比娅	中央台四套	0.9	2.4

表 3.2.18　2009 年全国样本城市专题类节目收视率排名前二十位

名次	节目名称	播出频道	平均收视率（%）	平均占有率（%）
1	西藏今昔	中央电视台综合频道	4.0	9.6
2	人民至上	中央电视台综合频道	3.6	8.7
3	解放农奴	中央电视台综合频道	3.4	8.2
4	2009 中央电视台 3.15 晚会	中央电视台综合频道	3.4	8.1
5	百年先念	中央电视台综合频道	3.2	8.0
6	人民英模	中央电视台综合频道	3.1	7.6
7	我们的田野 2009 三八特别节目	中央电视台综合频道	2.5	5.6
8	西藏民主改革 50 年	中央电视台综合频道	2.3	5.1
9	宋任穷	中央电视台综合频道	2.2	5.5
10	西藏农奴的故事	中央电视台综合频道	2.1	4.9
11	辉煌六十年	中央电视台综合频道	1.9	4.8
12	时代的责任精神文明建设五个一工程巡礼	中央电视台综合频道	1.9	4.7
13	澳门十年	中央电视台综合频道	1.9	4.2
14	特别节目走近小沈阳	江苏卫视	1.7	5.5
15	小沈阳来了	江苏卫视	1.7	5.3
16	相信中国 2009 年当代工人五一特别节目	中央电视台综合频道	1.7	4.4
17	牛年特别节目红人小沈阳	江苏卫视	1.6	4.7
18	周末影院 - 走近毛泽东	中央台六套	1.6	3.6
19	特别节目我爱小沈阳	江苏卫视	1.5	4.9
20	背后的故事	湖南电视台卫星频道	1.3	3.5

表 3.2.19　2009 年全国样本城市电影节目收视率排名前二十位

名次	节目名称	播出频道	平均收视率（%）	平均占有率（%）
1	少林寺（2009 - 02 - 02）	中央台六套	3.1	6.9
2	叶问（2009 - 07 - 24）	中央台六套	2.8	7.0
3	举起手来（2009 - 07 - 23）	中央台六套	2.8	6.9
4	中华英雄（2009 - 11 - 27）	中央台六套	2.8	6.3
5	赤壁（2009 - 01 - 01）	中央台六套	2.6	6.6
6	画皮（2009 - 05 - 02）	中央台六套	2.6	6.3
7	少林小子（2009 - 07 - 10）	中央台六套	2.4	6.0
7	宝贝计划（2009 - 07 - 25）	中央台六套	2.4	6.0
9	长江 7 号（2009 - 07 - 26）	中央台六套	2.3	5.5
10	唐伯虎点秋香（2009 - 01 - 14）	中央台六套	2.3	5.0
10	土婆婆 PK 洋媳妇（2009 - 02 - 18）	中央台六套	2.3	5.0
12	特别攻击队（2009 - 03 - 19）	中央台六套	2.2	5.1
13	太极张三丰（2009 - 02 - 13）	中央台六套	2.2	5.0
14	杀手情（2009 - 12 - 21）	中央台六套	2.1	5.0
15	功夫之王（2009 - 02 - 06）	中央台六套	2.1	4.8
16	大上海 1937（2009 - 02 - 11）	中央台六套	2.1	4.7
17	江山美人（2009 - 02 - 01）	中央台六套	2.1	4.6
17	国际大营救（2009 - 01 - 04）	中央台六套	2.1	4.6
19	狼牙（2009 - 08 - 15）	中央台六套	2.0	5.2
20	通天长老（2009 - 12 - 12）	中央台六套	2.0	4.6

注：多次播出电影取收视率最高值参与排名，括号中为播出日期。

表 3.2.20　2009 年全国样本城市综艺节目收视率排名前二十位

名次	节目名称	播出频道	平均收视率（%）	平均占有率（%）
1	2009 春节联欢晚会	中央电视台综合频道	29.4	61.8
2	首都各界庆祝中华人民共和国成立 60 周年联欢晚会	中央电视台综合频道	17.3	37.4
3	欢天喜地闹元宵 2009 年元宵晚会	中央电视台综合频道	14.1	29.3
4	宜春月中华情 2009 年中央电视台中秋晚会	中央电视台综合频道	7.5	18.4
5	万众一心向前进 2009 年军民迎新春文艺晚会	中央电视台综合频道	5.8	13.2
6	2009 万家灯火平安夜公安部 2009 年春节电视文艺晚会	中央电视台综合频道	5.2	13.1
7	祖国万岁庆祝中华人民共和国成立 60 周年大型文艺晚会	中央电视台综合频道	5.1	12.5
8	曲苑杂坛（2009－1－28）	中央电视台综合频道	4.7	12.3
9	春天的祝福文化部 2009 年春节电视晚会	中央电视台综合频道	4.2	12.2
10	庆祝中华人民共和国成立六十周年大型音乐舞蹈史诗复兴之路	中央电视台综合频道	4.2	11.0
11	CCTV2008 感动中国颁奖晚会	中央电视台综合频道	4.1	9.6
12	星光大道年度总决赛 2008	中央台三套	4.0	9.7
13	2009 快乐中国快乐女声想唱就唱我最响亮全国总决赛决战之夜	湖南电视台卫星频道	3.9	11.2
14	走向阳光庆祝西藏百万农奴解放 50 周年文艺晚会	中央电视台综合频道	3.6	8.1
15	百花迎春中国文学艺术界 2009 春节大联欢	中央台三套	3.5	8.5
16	欢天喜地闹元宵 2009 年元宵晚会	中央台三套	3.5	7.2
17	第三届 CCTV 电视剧群英汇	中央台三套	3.4	7.9
18	特别节目　欢乐今宵（2009－1－28）	中央台三套	3.2	8.3
19	中央电视台心连心艺术团慰问演出	中央电视台综合频道	3.2	7.7
20	2009 春节联欢晚会选播	中央台三套	3.1	7.5

表 3.2.21　2009 年全国样本城市体育节目收视率排名前二十位

名次	节目名称	播出频道	平均收视率（%）	平均占有率（%）
1	现场直播：第十一届全运会男子 110 米栏决赛	中央台五套	4.5	10.1
2	中华人民共和国第十一届运动会开幕式	中央电视台综合频道	3.4	8.4
3	直播周末：2009 年第 25 届亚洲男篮锦标赛决赛－中国队 VS 伊朗队	中央台五套	3.3	9.1
4	哈尔滨 24th 世界大学生冬季运动会	中央电视台综合频道	2.9	6.9
5	直播周末：2009 年苏迪曼杯世界羽毛球混合团体锦标赛决赛男单	中央台五套	2.8	6.3
6	现场直播：第十一届全运会男子举重 94 公斤级决赛	中央台五套	2.6	6.0
7	现场直播 NBA 赛场：08/09 赛季 NBA 季后赛－开拓者 VS 火箭	中央台五套	2.5	21.0
8	直播周末：2009 年苏迪曼杯世界羽毛球混合团体锦标赛决赛男双	中央台五套	2.4	7.2
9	中华人民共和国第十一届运动会闭幕式	中央电视台综合频道	2.4	5.9

续表

名次	节目名称	播出频道	平均收视率（%）	平均占有率（%）
10	直播周末 NBA 赛场：08/09 赛季 NBA 西部半决赛 - 火箭 VS 湖人	中央台五套	2.3	17.9
11	现场直播：第十一届全运会男子十项全能之十 1500 米	中央台五套	2.3	5.4
12	现场直播：第 11 届全运会女子撑杆跳高决赛	中央台五套	2.3	5.3
13	2009 年上海国际田联黄金大奖赛	中央台五套	2.1	5.1
14	现场直播：第 11 届全运会男子十项全能之五 400 米	中央台五套	2.0	4.6
15	直播周末：第 50 届世界乒乓球锦标赛男单 1/4 决赛	中央台五套	1.9	5.0
15	直播周末：2009 年苏迪曼杯世界羽毛球混合团体锦标赛决赛混双	中央台五套	1.9	5.0
17	现场直播：第十一届全运会女子 4×100 米个人混合泳接力决赛	中央台五套	1.9	4.7
18	现场直播：第十一届全运会男子 4×100 米个人混合泳接力决赛	中央台五套	1.9	4.5
19	第 11 届全运会女子 100 米栏决赛	中央台五套	1.9	4.3
20	天下足球：2009 年中国之队国际足球友谊赛 - 中国队 VS 伊朗队	中央台五套	1.8	4.6

三、安徽收视数据

表 3.3.1　2005—2009 年安徽市场各类频道的市场占有率（%）

频道类别	年份				
	2005 年	2006 年	2007 年	2008 年	2009 年
中央台频道	22.1	26.5	23.8	30.2	25.1
中国教育台频道	0.1	0.1	0.1	0.1	0.2
安徽省级频道	51.5	46.4	45.5	38.6	40.9
其他省级卫视频道	5.5	8.0	10.0	14.0	21.2
其他频道	20.8	19.1	20.5	17.1	12.6

表 3.3.2　2009 年安徽市场各类频道在不同目标观众中的市场占有率（%）

目标观众		中央台频道	中国教育台频道	安徽省级频道	其他省级卫视频道	其他频道
4 岁及以上所有人		25.1	0.2	40.9	21.2	12.5
城乡	城市	38.8	0.3	31.9	20.0	9.0
	农村	23.0	0.2	42.3	21.4	13.1
性别	男	27.3	0.2	39.3	20.2	13.0
	女	22.9	0.2	42.6	22.3	12.0
年龄	4－14 岁	19.0	0.2	42.4	28.6	9.8
	15－24 岁	20.2	0.2	36.7	29.4	13.5
	25－34 岁	24.3	0.3	38.9	25.6	10.9
	35－44 岁	24.6	0.2	42.8	21.6	10.8
	45－54 岁	29.2	0.2	41.6	15.8	13.2
	55－64 岁	29.1	0.2	43.1	11.3	16.3
	65 岁及以上	34.3	0.1	41.4	9.0	15.1
教育程度	未受过正规教育	19.8	0.1	50.0	13.7	16.4
	小学	20.5	0.2	45.7	19.4	14.2
	初中	23.3	0.2	40.2	24.5	11.9
	高中	35.5	0.2	33.3	21.6	9.4
	大学及以上	52.2	0.2	22.7	16.2	8.8
职业类别	干部/管理人员	57.6	0.1	20.2	15.9	6.1
	个体/私营企业人员	28.0	0.3	38.3	24.5	8.9
	初级公务员/雇员	38.0	0.2	27.5	22.8	11.5
	工人	25.2	0.3	46.3	20.3	8.1
	学生	19.2	0.2	41.5	28.4	10.8
	无业	35.1	0.2	36.8	20.3	7.6
	其他	18.9	0.1	44.9	17.6	18.4
个人月收入	0－300 元	20.4	0.1	43.3	23.3	12.9
	301－600 元	22.8	0.2	42.3	18.8	15.8
	601－900 元	23.4	0.2	43.7	20.7	12.0
	901－1200 元	29.0	0.2	40.4	18.7	11.7
	1201 元及以上	37.8	0.2	32.2	19.9	9.8

表 3.3.3 2009 年安徽市场各类频道在不同时段的市场占有率（%）

时间段	中央台频道	中国教育台频道	安徽省级频道	其他省级卫视频道	其他频道
02:00-03:00	49.1	0.3	9.8	26.6	14.3
03:00-04:00	56.1	0.0	8.3	30.3	5.3
04:00-05:00	45.0	0.0	11.1	42.1	1.8
05:00-06:00	44.1	0.1	14.2	39.9	1.8
06:00-07:00	48.8	0.0	26.7	18.1	6.3
07:00-08:00	33.4	0.0	44.1	12.0	10.4
08:00-09:00	29.0	0.1	32.2	27.7	11.0
09:00-10:00	22.6	0.1	31.8	33.0	12.5
10:00-11:00	24.8	0.3	30.8	32.3	11.9
11:00-12:00	32.3	0.3	26.4	28.3	12.8
12:00-13:00	39.4	0.1	25.7	22.4	12.3
13:00-14:00	27.2	0.6	31.1	26.0	15.1
14:00-15:00	22.6	0.8	25.9	38.0	12.8
15:00-16:00	17.8	0.4	27.1	37.5	17.1
16:00-17:00	19.3	0.2	30.1	32.2	18.2
17:00-18:00	27.0	0.2	38.5	21.2	13.0
18:00-19:00	20.9	0.1	56.0	12.1	11.0
19:00-20:00	30.1	0.1	44.9	10.9	14.0
20:00-21:00	21.8	0.2	44.2	22.0	11.8
21:00-22:00	21.9	0.2	40.7	25.9	11.3
22:00-23:00	19.9	0.4	37.3	29.1	13.3
23:00-24:00	24.1	0.4	30.1	31.4	14.0
24:00-25:00	30.4	0.1	28.7	27.5	13.2
25:00-26:00	29.0	0.0	25.4	31.6	14.0

表 3.3.4 2009 年安徽市场收视份额位于前十位的频道

名次	频道名称	收视份额（%）
1	安徽卫视	17.9
2	安徽影视	11.3
3	中央电视台综合频道	9.6
4	安徽经视	8.8
5	湖南电视台卫星频道	4.5
6	安徽公共	2.8
7	中央台八套	2.2
8	中央台三套	1.8
8	中央台十二套	1.8
10	中央台四套	1.6

表 3.3.5 2009 年安徽市场主要频道的观众构成（%）

目标观众		所有频道	主要频道				
			安徽卫视	安徽影视	中央电视台综合频道	安徽经视	湖南电视台卫星频道
4 岁及以上所有人		100.0	100.0	100.0	100.0	100.0	100.0
城乡	城市	13.5	9.4	6.8	18.6	15.2	13.4
	农村	86.5	90.6	93.2	81.4	84.8	86.6
性别	男	50.6	47.8	53.3	54.2	44.7	37.5
	女	49.4	52.2	46.7	45.8	55.3	62.5
年龄	4－14 岁	12.7	10.0	18.9	6.8	14.8	13.1
	15－24 岁	17.1	14.0	19.7	14.5	11.5	37.9
	25－34 岁	14.2	11.7	13.1	12.7	15.9	17.1
	35－44 岁	21.9	21.7	24.8	20.1	22.1	21.0
	45－54 岁	12.9	14.8	9.1	15.5	14.8	5.7
	55－64 岁	11.6	14.7	7.2	15.4	13.2	2.9
	65 岁及以上	9.6	13.1	7.1	14.9	7.7	2.3
教育程度	未受过正规教育	8.8	12.5	9.4	6.1	9.9	4.9
	小学	29.9	33.1	33.6	23.7	37.5	17.8
	初中	42.8	40.9	45.6	40.3	37.2	57.7
	高中	13.8	10.9	8.9	19.6	12.9	15.4
	大学及以上	4.6	2.5	2.6	10.3	2.5	4.2
职业类别	干部/管理人员	2.1	1.4	0.4	4.5	0.9	1.5
	个体/私营企业人员	10.5	9.0	8.2	11.8	11.2	10.4
	初级公务员/雇员	5.3	3.8	3.0	8.5	3.0	6.8
	工人	10.2	9.9	14.4	9.3	10.4	11.7
	学生	18.3	13.5	27.7	12.5	20.1	27.[illegible]
	无业	16.9	18.4	9.7	22.3	16.1	14.1
	其他	36.8	44.1	36.7	31.1	38.2	28.5
个人月收入	0－300 元	45.1	44.3	55.1	35.0	49.0	53.3
	301－600 元	13.1	15.0	11.3	13.6	11.4	12.1
	601－900 元	11.0	11.7	10.8	10.4	12.7	10.5
	901－1200 元	14.1	15.2	11.0	16.6	14.0	10.2
	1201 元及以上	16.6	13.8	11.8	24.3	12.9	13.9

表 3.3.6 2007—2009 年安徽市场各类节目的播出份额（%）和收视份额（%）

节目类别	2007 年		2008 年		2009 年	
	播出份额	收视份额	播出份额	收视份额	播出份额	收视份额
电视剧	25.7	39.5	27.7	38.8	23.8	33.9
电影	4.0	3.0	5.1	2.2	3.9	2.0
教学	0.6	0.0	0.7	0.0	0.6	0.1
综艺	7.7	7.8	5.9	6.7	8.5	9.0
青少	4.4	2.4	2.9	1.6	5.0	3.4
体育	1.8	1.1	3.0	4.6	1.9	0.7
外语	0.2	0.1	0.2	0.1	0.1	0.0
戏剧	1.2	0.5	1.0	0.3	1.1	0.5
新闻/时事	13.2	14.6	11.7	14.5	13.6	16.5
音乐	2.0	0.9	2.1	0.3	2.7	0.5
专题	11.8	3.2	11.4	3.7	10.8	4.7
财经	1.4	0.3	0.9	0.2	1.8	0.5
生活服务	7.4	6.2	9.2	7.5	8.0	7.1
法制	1.5	0.8	0.8	0.6	1.1	1.6
其他	17.1	19.7	17.5	18.9	17.0	19.4

表 3.3.7　2009 年安徽市场所有节目收视率排名前三十位

名次	节目名称	节目类型	播出频道	平均收视率（%）	平均占有率（%）
1	2009 春节联欢晚会	综艺	中央电视台综合频道	28.4	64.4
2	首都各界庆祝中华人民共和国成立 60 周年联欢晚会	综艺	中央电视台综合频道	16.0	34.9
3	娘家的故事下部	电视剧	安徽卫视	11.6	35.7
4	欢天喜地闹元宵 2009 年元宵晚会	综艺	中央电视台综合频道	11.6	22.2
5	锁清秋	电视剧	安徽卫视	11.2	28.3
6	我的丑娘	电视剧	安徽卫视	10.8	27.6
7	妈妈为我嫁	电视剧	安徽卫视	10.7	24.1
8	人生在奉献中闪光沈浩同志先进事迹报告会	其他	安徽卫视	9.7	20.6
9	亲爱的妈妈安徽卫视母爱中华主题晚会	综艺	安徽卫视	9.5	26.4
10	人民至上（5 月 13 日）	专题	安徽卫视	9.4	19.9
11	三剑奇缘	电视剧	安徽影视	9.4	18.2
12	娘家的故事上部	电视剧	安徽卫视	9.3	30.0
13	春草	电视剧	安徽卫视	9.2	22.6
14	八仙全传之八仙过海	电视剧	安徽影视	9.2	19.8
15	少林寺传奇第二部十三棍僧	电视剧	安徽影视	9.0	19.0
16	封神榜武王伐纣	电视剧	安徽影视	9.0	18.3
17	古船女人和网	电视剧	安徽卫视	8.6	18.6
18	2009 万家灯火平安夜公安部 2009 年春节电视文艺晚会	综艺	中央电视台综合频道	8.6	17.8
19	小女人	电视剧	安徽卫视	8.5	19.2
20	春天的祝福文化部 2009 年春节电视晚会	综艺	中央电视台综合频道	8.3	24.1
21	杀虎口	电视剧	安徽卫视	8.2	21.5
22	新闻联播	新闻/时事	中央电视台综合频道	8.2	20.4
23	高地	电视剧	安徽卫视	8.2	17.0
24	寿福禄三星报喜	电视剧	安徽影视	8.2	16.3
25	忘不了	电视剧	安徽卫视	8.1	20.8
26	新挑战新机遇新作为 2009 年春节贺词安徽省人民政府省长王三运	其他	安徽卫视	8.0	24.6
27	血色迷雾	电视剧	安徽卫视	8.0	20.5
28	万众一心向前进 2009 年军民迎新春文艺晚会	综艺	中央电视台综合频道	8.0	18.0
29	男花匠与女经理	电视剧	安徽卫视	8.0	17.8
30	母仪天下	电视剧	安徽卫视	7.8	18.3

表 3.3.8　2009 年安徽市场电视剧收视率排名前十位

名次	节目名称	播出频道	平均收视率（%）	平均占有率（%）
1	娘家的故事下部	安徽卫视	11.6	35.7
2	锁清秋	安徽卫视	11.2	28.3
3	我的丑娘	安徽卫视	10.8	27.6
4	妈妈为我嫁	安徽卫视	10.7	24.1
5	三剑奇缘	安徽影视	9.4	18.2
6	娘家的故事上部	安徽卫视	9.3	30.0
7	春草	安徽卫视	9.2	22.6
8	八仙全传之八仙过海	安徽影视	9.2	19.8
9	少林寺传奇第二部十三棍僧	安徽影视	9.0	19.0
10	封神榜武王伐纣	安徽影视	9.0	18.3

表 3.3.9　2009 年安徽市场新闻节目收视率排名前十位

名次	节目名称	播出频道	平均收视率（%）	平均占有率（%）
1	新闻联播	中央电视台综合频道	8.2	20.4
2	转播中央台新闻联播	安徽卫视	6.8	16.9
3	安徽新闻联播	安徽卫视	6.1	24.6
4	第 1 时间	安徽经视	6.1	18.4
5	焦点访谈	中央电视台综合频道	5.5	11.5
6	我们的节日春节一年又一年四海一家亲	中央电视台综合频道	4.1	19.3
7	温家宝总理会见中外记者	中央电视台综合频道	4.0	7.4
8	中俄建交六十周年庆祝大会暨中国俄语年闭幕式	中央电视台综合频道	3.2	8.5
9	帮女郎帮你忙	安徽经视	2.9	23.7
10	温家宝总理在阿盟总部发表演讲	中央电视台综合频道	2.2	4.5

表 3.3.10　2009 年安徽市场专题节目收视率排名前十位

名次	节目名称	播出频道	平均收视率（%）	平均占有率（%）
1	人民至上（5 月 13 日）	安徽卫视	9.4	19.9
2	西藏今昔	中央电视台综合频道	4.4	8.1
3	人民英模	中央电视台综合频道	4.1	8.6
4	解放农奴	中央电视台综合频道	3.8	7.2
5	西藏民主改革 50 年	中央电视台综合频道	3.7	7.2
6	人民至上	中央电视台综合频道	3.6	7.7
7	百年先念	中央电视台综合频道	3.6	7.0
8	政协论坛	安徽卫视	3.5	14.2
9	我们的田野 2009 三八特别节目	中央电视台综合频道	3.4	7.2
10	宋任穷	中央电视台综合频道	3.4	6.4

表 3.3.11　2009 年安徽市场综艺节目收视率排名前十位

名次	节目名称	播出频道	平均收视率（%）	平均占有率（%）
1	2009 春节联欢晚会	中央电视台综合频道	28.4	64.4
2	首都各界庆祝中华人民共和国成立 60 周年联欢晚会	中央电视台综合频道	16.0	34.9
3	欢天喜地闹元宵 2009 年元宵晚会	中央电视台综合频道	11.6	22.2
4	亲爱的妈妈安徽卫视母爱中华主题晚会	安徽卫视	9.5	26.4
5	2009 万家灯火平安夜公安部 2009 年春节电视文艺晚会	中央电视台综合频道	8.6	17.8
6	春天的祝福文化部 2009 年春节电视晚会	中央电视台综合频道	8.3	24.1
7	万众一心向前进 2009 年军民迎新春文艺晚会	中央电视台综合频道	8.0	18.0
8	中国剧中国年安徽卫视四剧闹新春	安徽卫视	7.2	12.8
9	神奇魔幻大汇演（19:30－22:00）	安徽卫视	6.9	15.5
10	江淮和畅第四届中国中部投资贸易博览会文艺晚会	安徽卫视	6.8	15.7

表 3.3.12　2009 年安徽市场体育节目收视率排名前十位

名次	节目名称	播出频道	平均收视率（%）	平均占有率（%）
1	哈尔滨 24th 世界大学生冬季运动会	中央电视台综合频道	3.4	8.6
2	中华人民共和国第十一届运动会开幕式	中央电视台综合频道	3.1	8.4
3	中华人民共和国第十一届运动会闭幕式	中央电视台综合频道	1.8	5.1
4	国球大典世界乒乓球总冠军赛国球荣光世界分享	湖南电视台卫星频道	1.4	3.0
5	现场直播：第十一届全运会男子 110 米栏决赛	中央台五套	1.3	2.5
6	2009 年世界女排大奖赛香港站	中央台五套	0.9	2.0
7	直播周末：2009 年世界举重锦标赛男子 77 公斤级决赛	中央台五套	0.8	3.8
7	直播周末：2009 年世界举重锦标赛女子 58 公斤级决赛	中央台五套	0.8	3.8
9	第 11 届全运会女子 100 米自由泳决赛	中央台五套	0.8	1.7
9	第 11 届全运会男子 200 米个人混合泳决赛	中央台五套	0.8	1.7

四、福建收视数据

表 3.4.1　2005—2009 年福建市场各类频道的市场占有率（%）

频道类别	年份				
	2005 年	2006 年	2007 年	2008 年	2009 年
中央台频道	36.0	38.1	35.3	35.0	30.8
中国教育台频道	0.0	0.0	0.3	0.2	0.4
福建省级频道	26.8	25.2	34.5	34.0	37.7
其他省级卫视频道	19.0	20.7	16.3	17.6	19.0
其他频道	18.1	16.1	13.7	13.3	12.1

注：福建省网日记卡结束时间为 2006 年 9 月 30 日；2007 年及之后福建省网数据为测量仪数据。

表 3.4.2　2009 年福建市场各类频道在不同目标观众中的市场占有率（%）

目标观众		中央台频道	中国教育台频道	福建省级频道	其他省级卫视频道	其他频道
4 岁及以上所有人		30.8	0.4	37.7	19.0	12.1
城乡	城市	33.4	0.2	21.2	25.8	19.5
	农村	30.1	0.4	42.8	16.9	9.9
性别	男	33.4	0.4	37.5	16.9	11.8
	女	28.1	0.3	38.0	21.2	12.4
年龄	4 - 14 岁	25.0	0.4	38.4	24.5	11.8
	15 - 24 岁	28.7	0.3	36.3	23.6	11.1
	25 - 34 岁	29.6	0.3	39.2	17.1	13.8
	35 - 44 岁	32.4	0.5	39.5	17.0	10.7
	45 - 54 岁	33.5	0.3	36.3	17.9	12.1
	55 - 64 岁	34.8	0.3	38.2	15.8	10.9
	65 岁及以上	33.8	0.4	31.8	17.9	16.2
教育程度	未受过正规教育	29.0	0.5	41.5	14.4	14.5
	小学	26.3	0.4	42.6	19.3	11.4
	初中	32.0	0.3	36.6	19.1	12.0
	高中	35.6	0.2	31.2	22.0	11.0
	大学及以上	43.2	0.6	20.5	19.9	15.9
职业类别	干部/管理人员	49.2	0.1	19.7	17.6	13.4
	个体/私营企业人员	31.9	0.4	38.1	17.1	12.4
	初级公务员/雇员	39.6	0.4	25.4	21.6	13.0
	工人	32.2	0.4	31.0	20.6	15.7
	学生	25.6	0.3	36.7	27.5	9.9
	无业	32.5	0.4	33.1	19.6	14.4
	其他	28.7	0.3	48.4	13.2	9.4
个人月收入	0 - 300 元	28.2	0.4	38.9	20.9	11.7
	301 - 600 元	30.1	0.3	45.4	15.4	8.8
	601 - 900 元	32.3	0.5	37.7	16.5	13.0
	901 - 1200 元	32.8	0.4	36.5	18.0	12.3
	1201 元及以上	36.0	0.3	28.4	20.0	15.3

表 3.4.3　2009 年福建市场各类频道不同时段的市场占有率（%）

时间段	中央台频道	中国教育台频道	福建省级频道	其他省级卫视频道	其他频道
02:00－03:00	40.4	0.1	21.5	31.8	6.4
03:00－04:00	40.3	0.0	21.7	33.0	5.0
04:00－05:00	39.3	0.0	20.6	35.9	4.3
05:00－06:00	40.0	0.0	24.1	31.3	4.6
06:00－07:00	48.6	0.2	21.9	21.7	7.7
07:00－08:00	46.4	0.1	26.7	17.0	9.7
08:00－09:00	38.4	0.2	23.7	26.8	11.0
09:00－10:00	32.4	0.1	20.8	31.6	15.1
10:00－11:00	35.6	0.7	19.5	31.2	13.0
11:00－12:00	40.4	1.0	17.5	29.9	11.4
12:00－13:00	41.8	0.2	20.3	25.0	12.6
13:00－14:00	37.4	0.8	22.2	29.1	10.6
14:00－15:00	33.4	0.9	19.2	33.1	13.4
15:00－16:00	31.6	0.2	18.1	35.2	14.9
16:00－17:00	33.7	0.3	15.4	36.3	14.3
17:00－18:00	42.5	0.6	21.4	25.1	10.4
18:00－19:00	25.5	0.2	56.4	8.3	9.7
19:00－20:00	29.1	0.1	55.4	4.7	10.7
20:00－21:00	26.1	0.3	48.7	12.4	12.6
21:00－22:00	25.2	0.3	46.7	14.7	13.2
22:00－23:00	23.1	0.8	40.0	21.0	15.2
23:00－24:00	29.7	0.4	34.9	23.4	11.6
24:00－25:00	35.9	0.1	25.3	27.3	11.4
25:00－26:00	36.7	0.1	21.3	30.5	11.4

表 3.4.4　2009 年福建市场收视份额排名前十位的频道

名次	频道名称	收视份额（%）
1	福建省广播影视集团综合频道	11.4
2	福建省广播影视集团东南电视台	10.4
3	中央电视台综合频道	7.1
4	中央台六套	5.1
5	湖南电视台卫星频道	4.0
6	中央台八套	3.9
7	福建省广播影视集团电视剧频道	3.7
8	福建省广播影视集团新闻频道	3.4
9	福建省广播影视集团少儿频道	3.3
10	中央台三套	2.6

表 3.4.5　2009 年福建市场各主要频道的观众构成（%）

目标观众		所有频道	主要频道				
			福建省广播影视集团综合频道	福建省广播影视集团东南电视台	中央电视台综合频道	中央台六套	湖南电视台卫星频道
4 岁及以上所有人		100.0	100.0	100.0	100.0	100.0	100.0
城乡	城市	23.4	10.8	6.7	20.1	22.0	24.9
	农村	76.6	89.2	93.3	79.9	78.0	75.1
性别	男	51.1	49.4	51.0	53.7	60.9	35.4
	女	48.9	50.6	49.0	46.4	39.1	64.6
年龄	4－14 岁	13.3	12.4	13.3	10.2	8.5	19.3
	15－24 岁	14.0	12.3	10.9	8.5	16.8	35.0
	25－34 岁	20.3	23.6	21.9	19.8	21.2	15.3
	35－44 岁	19.4	21.2	20.6	21.1	23.8	16.4
	45－54 岁	16.1	14.2	15.2	17.1	15.9	7.3
	55－64 岁	10.7	11.3	14.8	14.7	10.1	3.3
	65 岁及以上	6.2	5.0	3.3	8.6	3.7	3.3
教育程度	未受过正规教育	13.2	17.7	11.8	15.6	10.7	5.0
	小学	29.5	33.0	34.9	24.8	28.6	25.1
	初中	38.5	36.6	38.4	37.3	42.0	44.4
	高中	15.9	11.8	14.4	18.4	16.4	22.7
	大学及以上	2.9	1.0	0.6	3.8	2.3	2.9
职业类别	干部/管理人员	1.3	0.3	0.3	2.0	1.4	1.4
	个体/私营企业人员	11.7	15.0	11.3	12.5	10.2	7.5
	初级公务员/雇员	5.6	2.7	2.2	5.6	5.3	6.6
	工人	14.4	11.7	8.2	16.2	18.7	10.8
	学生	16.0	15.3	13.1	9.8	13.8	43.8
	无业	22.6	17.3	19.9	25.1	17.3	16.6
	其他	28.5	37.7	45.1	28.9	33.5	13.4
个人月收入	0－300 元	43.6	46.0	42.2	40.8	37.5	64.1
	301－600 元	13.7	15.7	20.2	16.6	12.5	8.8
	601－900 元	13.8	13.7	13.7	11.0	18.4	7.3
	901－1200 元	13.9	14.5	13.1	14.8	14.7	9.4
	1201 元及以上	14.9	10.2	10.8	16.8	16.8	10.4

表 3.4.6　2007—2009 年福建市场各类节目的播出份额和收视份额（%）

节目类别	2007 年		2008 年		2009 年	
	播出份额	收视份额	播出份额	收视份额	播出份额	收视份额
财经	1.6	0.3	1.7	0.4	2.0	0.5
电视剧	25.0	42.1	24.6	40.5	22.6	38.4
电影	3.0	5.6	2.9	5.7	3.2	5.7
法制	1.2	0.6	1.0	0.7	1.1	0.7
教学	0.6	0.1	0.6	0.1	0.6	0.1
青少	5.1	6.0	5.1	6.0	5.6	5.5
生活服务	7.8	4.2	9.2	4.9	9.3	5.6
体育	2.1	1.8	3.1	4.0	2.3	1.3
外语	0.2	0.1	0.1	0.1	0.1	0.1
戏剧	1.3	1.7	1.0	1.1	1.1	0.3
新闻/时事	13.3	7.7	13.6	9.0	13.1	11.5
音乐	1.9	0.9	2.4	0.5	2.6	0.5
专题	12.4	7.4	12.1	6.9	11.0	6.3
综艺	8.0	9.0	6.9	8.1	8.8	10.0
其他	16.5	12.5	15.7	12.1	16.4	13.7

表 3.4.7　2009 年福建市场所有节目收视率排名前三十位

名次	节目名称	节目类型	播出频道	平均收视率(%)	平均占有率(%)
1	2009 春节联欢晚会	综艺	中央电视台综合频道	20.8	44.3
2	首都各界庆祝中华人民共和国成立 60 周年联欢晚会	综艺	中央电视台综合频道	10.8	25.7
3	八仙全传之八仙过海	电视剧	福建省广播影视集团综合频道	10.1	34.2
4	覆雨翻云	电视剧	福建省广播影视集团综合频道	9.7	29.3
5	倚天屠龙记	电视剧	福建省广播影视集团综合频道	9.5	29.4
6	封神榜武王伐纣	电视剧	福建省广播影视集团综合频道	9.3	36.5
7	媳妇的眼泪	电视剧	福建省广播影视集团东南电视台	9.0	25.7
8	少林寺传奇第二部	电视剧	福建省广播影视集团综合频道	8.5	31.9
9	中秋明月夜情系日月潭妈祖之光祈福大型电视晚会	综艺	福建省广播影视集团东南电视台	8.2	20.8
10	精武陈真	电视剧	福建省广播影视集团东南电视台	8.0	24.3
11	生死谍恋	电视剧	福建省广播影视集团东南电视台	8.0	22.4
12	怪才军师	电视剧	福建省广播影视集团综合频道	7.7	29.3
13	凤穿牡丹	电视剧	福建省广播影视集团东南电视台	7.7	20.0
14	大珍珠	电视剧	福建省广播影视集团东南电视台	7.7	19.6
15	少年讼师纪晓岚	电视剧	福建省广播影视集团综合频道	7.6	26.0
16	我爱河东狮	电视剧	福建省广播影视集团东南电视台	7.6	22.9
17	天气预报	生活服务	中央电视台综合频道	7.6	22.7
18	首都各界庆祝中华人民共和国成立 60 周年联欢晚会	综艺	福建省广播影视集团东南电视台	7.4	17.6
19	霍元甲	电视剧	福建省广播影视集团东南电视台	7.3	22.4
20	胭脂雪	电视剧	福建省广播影视集团东南电视台	7.3	18.3
21	最后的 99 天	电视剧	福建省广播影视集团东南电视台	7.2	20.2
22	欢喜来逗阵	电视剧	福建省广播影视集团综合频道	6.9	34.2

续表

名次	节目名称	节目类型	播出频道	平均收视率（%）	平均占有率（%）
23	海峡论坛开幕式暨中华情海峡缘大型综艺晚会	综艺	福建省广播影视集团东南电视台	6.9	20.0
24	真爱诺言	电视剧	福建省广播影视集团东南电视台	6.7	19.3
24	祝福中国金桥之夜大型焰火文艺晚会	综艺	福建省广播影视集团东南电视台	6.7	19.3
26	祖国万岁海西腾飞福建省暨福州市庆祝新中国成立60年大型文艺晚会	综艺	福建省广播影视集团东南电视台	6.7	18.4
27	满汉全席	电视剧	福建省广播影视集团东南电视台	6.7	18.1
28	狼烟	电视剧	福建省广播影视集团东南电视台	6.7	16.8
29	欢天喜地闹元宵 2009 年元宵晚会	综艺	中央电视台综合频道	6.6	16.2
30	爱情男女	电视剧	福建省广播影视集团东南电视台	6.5	19.3

表 3.4.8　2009 年福建市场电视剧收视率排名前十位

名次	节目名称	播出频道	平均收视率（%）	平均占有率（%）
1	八仙全传之八仙过海	福建省广播影视集团综合频道	10.1	34.2
2	覆雨翻云	福建省广播影视集团综合频道	9.7	29.3
3	倚天屠龙记	福建省广播影视集团综合频道	9.5	29.4
4	封神榜武王伐纣	福建省广播影视集团综合频道	9.3	36.5
5	媳妇的眼泪	福建省广播影视集团东南电视台	9.0	25.7
6	少林寺传奇第二部	福建省广播影视集团综合频道	8.5	31.9
7	精武陈真	福建省广播影视集团东南电视台	8.0	24.3
8	生死谍恋	福建省广播影视集团东南电视台	8.0	22.4
9	怪才军师	福建省广播影视集团综合频道	7.7	29.3
10	凤穿牡丹	福建省广播影视集团东南电视台	7.7	20.0

表 3.4.9　2009 年福建市场新闻节目收视率排名前十位

名次	节目名称	播出频道	平均收视率（%）	平均占有率（%）
1	转播中央台新闻联播	福建省广播影视集团东南电视台	4.4	14.7
2	福建新闻联播	福建省广播影视集团综合频道	3.7	10.8
3	新闻联播	中央电视台综合频道	3.3	11.0
4	我们的节日春节一年又一年四海一家亲	中央电视台综合频道	3.2	10.4
5	福建卫视新闻	福建省广播影视集团东南电视台	3.1	12.0

续表

名次	节目名称	播出频道	平均收视率（%）	平均占有率（%）
6	海峡新干线	福建省广播影视集团东南电视台	2.9	12.0
7	福建省十一届人大二次会议福建省政协十届二次会议专题报道	福建省广播影视集团综合频道	2.9	6.9
8	海峡论坛	福建省广播影视集团东南电视台	2.7	11.8
9	盛典国庆60周年特别报道	中央电视台综合频道	2.5	11.6
10	新干线抢先看	福建省广播影视集团东南电视台	2.5	10.7

表3.4.10　2009年福建市场专题节目收视率排名前十位

名次	节目名称	播出频道	平均收视率（%）	平均占有率（%）
1	飞越海西	福建省广播影视集团东南电视台	5.8	17.8
2	看这就是澳门老城故事	福建省广播影视集团东南电视台	4.6	15.9
3	大话百姓	福建省广播影视集团综合频道	4.3	14.2
4	海峡传情	福建省广播影视集团东南电视台	4.3	11.7
5	古田会议	福建省广播影视集团东南电视台	3.8	11.1
6	福建省纪念地方人大设立常委会30周年知识竞赛	福建省广播影视集团综合频道	3.4	8.6
7	百年福建	福建省广播影视集团综合频道	3.3	9.3
8	我们的田野2009三八特别节目	中央电视台综合频道	2.7	7.0
9	发现档案	福建省广播影视集团综合频道	2.6	11.1
10	济世录	福建省广播影视集团东南电视台	2.5	14.8

表3.4.11　2009年福建市场综艺节目收视率排名前十位

名次	节目名称	播出频道	平均收视率（%）	平均占有率（%）
1	2009春节联欢晚会	中央电视台综合频道	20.8	44.3
2	首都各界庆祝中华人民共和国成立60周年联欢晚会	中央电视台综合频道	10.8	25.7
3	中秋明月夜情系日月潭妈祖之光祈福大型电视晚会	福建省广播影视集团东南电视台	8.2	20.8
5	首都各界庆祝中华人民共和国成立60周年联欢晚会	福建省广播影视集团东南电视台	7.4	17.6
4	海峡论坛开幕式暨中华情海峡缘大型综艺晚会	福建省广播影视集团东南电视台	6.9	20.0
6	祝福中国金桥之夜大型焰火文艺晚会	福建省广播影视集团东南电视台	6.7	19.3
7	祖国万岁海西腾飞福建省暨福州市庆祝新中国成立60年大型文艺晚会	福建省广播影视集团东南电视台	6.7	18.4
8	欢天喜地闹元宵2009年元宵晚会	中央电视台综合频道	6.6	16.2
9	与海西同行福建省广播影视集团成立五周年文艺晚会	福建省广播影视集团东南电视台	6.4	17.0
10	魔力万千贺元宵	福建省广播影视集团东南电视台	6.3	18.1

表 3.4.12 2009 年福建市场体育节目收视率排名前十位

名次	节目名称	播出频道	平均收视率（%）	平均占有率（%）
1	2008/2009 赛季环球帆船赛蛟龙探海	福建省广播影视集团东南电视台	3.3	11.9
2	哈尔滨 24th 世界大学生冬季运动会	中央电视台综合频道	2.9	7.5
3	中华人民共和国第十一届运动会开幕式	中央电视台综合频道	2.8	8.0
4	现场直播：第十一届全运会女子 4×100 米个人混合泳接力决赛	中央台五套	1.9	4.8
5	黄金赛场：2009 年亚洲男篮锦标赛 - 中国队 VS 约旦队	中央台五套	1.8	5.3
6	现场直播：第 11 届全运会男子 110 米栏预赛	中央台五套	1.8	4.2
7	直播周末：2009 年苏迪曼杯世界羽毛球混合团体锦标赛决赛男双	中央台五套	1.6	5.5
8	中华人民共和国第十一届运动会闭幕式	中央电视台综合频道	1.6	4.3
9	现场直播：第十一届全运会男子 1500 米自由泳决赛	中央台五套	1.6	4.3
10	第 11 届全国运动会赛艇比赛女子单人双桨决赛	中央电视台综合频道	1.5	8.9

五、甘肃收视数据

表 3.5.1　2006—2009 年甘肃市场各类频道的市场占有率（%）

频道类别	年份			
	2006 年	2007 年	2008 年	2009 年
中央台频道	46.2	48.4	50.1	45.3
中国教育台频道	0.7	0.8	0.4	0.4
甘肃省级频道	7.4	6.2	7.6	7.2
其他省级卫视频道	35.0	34.2	35.5	41.4
其他频道	10.8	10.4	6.5	5.7

表 3.5.2　2009 年甘肃市场各类频道在不同目标观众中的市场占有率（%）

目标观众		中央台频道	中国教育台频道	甘肃省级频道	其他省级卫视频道	其他频道
4 岁及以上所有人		45.3	0.4	7.2	41.4	5.6
城乡	城市	47.6	0.4	12.2	30.3	9.5
	农村	44.6	0.5	5.7	44.8	4.5
性别	男	46.6	0.4	7.3	40.1	5.7
	女	44.1	0.5	7.2	42.7	5.6
年龄	4-14 岁	44.8	0.4	5.8	45.1	3.9
	15-24 岁	39.1	0.6	6.5	48.7	5.1
	25-34 岁	44.9	0.4	7.1	41.4	6.2
	35-44 岁	45.4	0.5	7.7	40.4	6.0
	45-54 岁	48.0	0.4	8.1	36.7	6.8
	55-64 岁	49.9	0.4	8.0	35.7	6.0
	65 岁及以上	50.7	0.2	7.7	36.0	5.4
教育程度	未受过正规教育	43.7	0.4	7.4	43.4	5.0
	小学	42.8	0.4	7.0	45.2	4.6
	初中	44.3	0.5	7.5	41.8	5.9
	高中	52.0	0.4	7.4	33.4	6.9
	大学及以上	57.8	0.5	5.2	27.6	8.9
职业类别	干部/管理人员	67.0	0.3	5.2	19.5	8.0
	个体/私营企业人员	48.3	0.6	8.8	33.5	8.9
	初级公务员/雇员	58.7	0.6	6.0	26.1	8.6
	工人	54.3	0.2	7.4	28.4	9.7
	学生	41.6	0.5	5.6	48.5	3.9
	无业	57.4	0.4	7.0	27.5	7.7
	其他	42.3	0.4	7.8	44.4	5.1
个人月收入	0-300 元	41.6	0.5	6.3	48.1	3.5
	301-600 元	45.3	0.4	8.2	39.5	6.6
	601-900 元	50.0	0.2	8.7	32.1	9.0
	901-1200 元	52.5	0.4	8.4	30.2	8.5
	1201 元及以上	56.0	0.4	7.8	26.1	9.6

表 3.5.3　2009 年甘肃市场各类频道不同时段的市场占有率（%）

时间段	中央台频道	中国教育台频道	甘肃省级频道	其他省级卫视频道	其他频道
02:00－03:00	38.8	0.0	2.6	47.6	10.9
03:00－04:00	33.5	0.0	4.7	48.3	13.5
04:00－05:00	28.7	0.0	3.4	53.7	14.1
05:00－06:00	36.7	0.0	3.8	54.6	4.9
06:00－07:00	66.5	0.2	2.3	28.1	2.9
07:00－08:00	67.9	0.2	2.8	26.5	2.7
08:00－09:00	48.1	0.2	3.3	45.4	3.0
09:00－10:00	39.5	0.2	3.7	52.9	3.7
10:00－11:00	40.0	0.3	3.7	51.8	4.2
11:00－12:00	44.3	0.4	3.4	47.7	4.2
12:00－13:00	59.3	0.2	2.9	33.0	4.5
13:00－14:00	48.6	0.6	2.4	43.6	4.8
14:00－15:00	34.9	0.7	3.3	56.7	4.5
15:00－16:00	27.8	0.5	3.6	62.9	5.2
16:00－17:00	29.8	0.3	2.9	61.6	5.4
17:00－18:00	47.3	0.5	2.9	45.2	4.1
18:00－19:00	58.2	0.4	4.4	29.1	7.9
19:00－20:00	66.7	0.2	7.4	20.9	4.8
20:00－21:00	42.0	0.5	9.4	43.4	4.7
21:00－22:00	38.5	0.6	10.2	45.5	5.2
22:00－23:00	31.8	0.6	11.0	47.8	8.8
23:00－24:00	40.4	0.4	5.3	44.9	8.9
24:00－25:00	45.7	0.2	4.0	39.2	10.9
25:00－26:00	42.3	0.1	2.5	42.7	12.4

表 3.5.4　2009 年甘肃市场收视份额排名前十位的频道

名次	频道名称	收视份额（%）
1	中央电视台综合频道	23.7
2	甘肃电视台文化影视频道	4.3
2	中央台八套	4.3
2	中央台六套	4.3
5	安徽卫视	3.4
5	湖南电视台卫星频道	3.4
7	江西电视台卫星频道（一套）	2.7
7	四川卫视	2.7
9	山东卫视	2.6
10	甘肃卫视	2.5

表 3.5.5 2009 年甘肃市场各主要频道的观众构成（%）

目标观众		所有频道	主要频道				
			中央电视台综合频道	甘肃电视台文化影视频道	中央台八套	中央台六套	安徽卫视
4 岁及以上所有人		100.0	100.0	100.0	100.0	100.0	100.0
城乡	城市	23.6	22.4	52.7	21.3	24.7	18.5
	农村	76.4	77.6	47.3	78.7	75.3	81.5
性别	男	51.2	51.8	51.9	47.9	55.6	43.2
	女	48.8	48.2	48.1	52.1	44.4	56.8
年龄	4－14 岁	13.9	14.5	10.9	8.1	9.9	9.9
	15－24 岁	17.3	14.1	17.1	15.9	19.0	22.3
	25－34 岁	15.3	14.6	16.3	17.9	20.4	18.5
	35－44 岁	22.4	22.5	24.8	23.2	25.3	21.3
	45－54 岁	13.1	13.6	13.4	15.9	12.4	14.3
	55－64 岁	9.9	11.3	10.2	10.1	7.6	6.9
	65 岁及以上	8.1	9.4	7.4	8.9	5.3	6.8
教育程度	未受过正规教育	13.5	13.8	13.9	11.5	11.2	13.0
	小学	30.3	30.7	27.0	24.2	23.1	30.3
	初中	38.3	37.0	41.3	37.2	41.9	41.6
	高中	14.3	14.7	15.3	22.7	19.0	13.5
	大学及以上	3.6	3.8	2.5	4.4	4.8	1.6
职业类别	干部/管理人员	0.5	0.5	0.3	0.9	1.1	0.1
	个体/私营企业人员	4.9	4.7	7.3	6.1	6.7	5.9
	初级公务员/雇员	3.7	4.1	3.3	5.7	6.5	1.8
	工人	3.8	3.6	4.5	5.5	6.3	1.8
	学生	19.1	19.0	14.7	10.3	12.4	17.3
	无业	11.2	11.9	10.3	17.1	13.4	7.8
	其他	56.7	56.2	59.6	54.5	53.6	65.3
个人月收入	0－300 元	54.4	60.5	40.4	26.2	34.9	66.8
	301－600 元	16.3	15.5	19.8	19.2	16.4	19.2
	601－900 元	12.4	9.8	16.8	23.7	21.3	6.5
	901－1200 元	9.3	7.4	13.5	17.2	16.6	4.9
	1201 元及以上	7.5	6.7	9.4	13.6	10.8	2.7

表 3.5.6 2007—2009 年甘肃市场各类节目的播出份额（%）和收视份额（%）

节目类别	2007 年		2008 年		2009 年	
	播出份额	收视份额	播出份额	收视份额	播出份额	收视份额
财经	2.0	0.4	2.2	0.5	2.7	0.5
电视剧	35.6	54.6	36.6	49.7	28.7	51.2
电影	4.3	4.8	3.9	4.6	4.1	3.6
法制	1.3	1.6	1.1	1.5	1.4	1.6
教学	0.9	0.2	0.9	0.2	0.7	0.2

续表

节目类别	2007 年		2008 年		2009 年	
	播出份额	收视份额	播出份额	收视份额	播出份额	收视份额
青少	4.8	2.8	5.4	3.7	6.4	4.9
生活服务	10.3	3.1	9.1	3.0	6.4	2.5
体育	2.7	1.9	3.4	5.7	2.4	1.5
外语	0.4	0.1	0.3	0.1	0.3	0.1
戏剧	1.4	0.9	1.3	0.7	1.5	0.7
新闻/时事	11.4	14.1	12.4	16.3	16.3	15.1
音乐	2.7	1.1	3.3	0.8	3.4	0.8
专题片	13.4	6.5	12.9	6.0	13.3	6.8
综艺	8.1	7.8	6.3	7.2	11.2	10.5
其他	0.8	0.3	0.9	0.3	1.2	0.2

表 3.5.7　2009 年甘肃市场所有节目收视率排名前三十位

名次	节目名称	节目类型	播出频道	平均收视率（%）	平均占有率（%）
1	2009 春节联欢晚会	综艺	中央电视台综合频道	45.7	82.1
2	首都各界庆祝中华人民共和国成立 60 周年联欢晚会	综艺	中央电视台综合频道	35.5	65.0
3	万众一心向前进 2009 年军民迎新春文艺晚会	综艺	中央电视台综合频道	26.7	42.1
4	走西口	电视剧	中央电视台综合频道	25.9	41.3
5	欢天喜地闹元宵 2009 年元宵晚会	综艺	中央电视台综合频道	20.2	30.6
6	新闻联播	新闻/时事	中央电视台综合频道	20.0	61.8
7	2009 万家灯火平安夜公安部 2009 年春节电视文艺晚会	综艺	中央电视台综合频道	19.2	31.7
8	曲苑杂坛	综艺	中央电视台综合频道	18.5	32.3
9	天气预报	生活服务	中央电视台综合频道	18.2	44.7
10	春天的祝福文化部 2009 年春节电视晚会	综艺	中央电视台综合频道	17.6	37.1
11	红土情韵中央电视台心连心艺术团赴江西上饶慰问演出	综艺	中央电视台综合频道	16.1	31.1
12	苍天	电视剧	中央电视台综合频道	15.9	30.5
13	清凌凌的水蓝莹莹的天第二部	电视剧	中央电视台综合频道	15.9	24.4
14	黔岭放歌中央电视台心连心艺术团赴贵州仁怀慰问演出	综艺	中央电视台综合频道	15.6	29.2
15	宜春月中华情 2009 年中央电视台中秋晚会	综艺	中央电视台综合频道	15.3	30.9
16	焦点访谈	新闻/时事	中央电视台综合频道	15.1	34.7
17	在那遥远的地方	电视剧	中央电视台综合频道	15.1	29.5
18	今生欠你一个拥抱	电视剧	中央电视台综合频道	13.4	25.9
19	西藏今昔	专题	中央电视台综合频道	13.2	26.0

续表

名次	节目名称	节目类型	播出频道	平均收视率(%)	平均占有率(%)
20	CCTV2008 感动中国颁奖晚会	综艺	中央电视台综合频道	13.2	24.2
21	为祖国加油中央电视台心连心艺术团赴大庆油田慰问演出	综艺	中央电视台综合频道	13.1	23.8
22	百年先念	专题	中央电视台综合频道	12.7	28.1
23	解放农奴	专题	中央电视台综合频道	12.6	23.0
24	喜耕田的故事第二部	电视剧	中央电视台综合频道	12.6	22.0
25	密战	电视剧	中央电视台综合频道	12.5	23.6
26	首都各界爱国歌曲大家唱大型演唱会	音乐	中央电视台综合频道	12.3	24.1
27	人民英模	专题	中央电视台综合频道	12.1	28.9
28	哈尔滨 24th 世界大学生冬季运动会	体育	中央电视台综合频道	11.9	19.7
29	爱国歌曲大家唱展演晚会	音乐	中央电视台综合频道	11.8	22.6
30	温家宝总理在阿盟总部发表演讲	新闻/时事	中央电视台综合频道	11.7	18.8

表 3.5.8　2009 年甘肃市场电视剧收视率排名前十位

名次	节目名称	播出频道	平均收视率(%)	平均占有率(%)
1	走西口	中央电视台综合频道	25.9	41.3
2	苍天	中央电视台综合频道	15.9	30.5
3	清凌凌的水蓝莹莹的天第二部	中央电视台综合频道	15.9	24.4
4	在那遥远的地方	中央电视台综合频道	15.1	29.5
5	今生欠你一个拥抱	中央电视台综合频道	13.4	25.9
6	喜耕田的故事第二部	中央电视台综合频道	12.6	22.0
7	密战	中央电视台综合频道	12.5	23.6
8	保卫延安	中央电视台综合频道	11.3	22.1
9	解放	中央电视台综合频道	11.1	21.3
10	我的青春谁做主	中央电视台综合频道	10.8	19.3

表 3.5.9　2009 年甘肃市场新闻节目收视率排名前十位

名次	节目名称	播出频道	平均收视率(%)	平均占有率(%)
1	新闻联播	中央电视台综合频道	20.0	61.8
2	焦点访谈	中央电视台综合频道	15.1	34.7
3	温家宝总理在阿盟总部发表演讲	中央电视台综合频道	11.7	18.8
4	温家宝总理会见中外记者	中央电视台综合频道	10.4	16.9
5	我们的节日春节一年又一年四海一家亲	中央电视台综合频道	8.1	31.0
6	中俄建交六十周年庆祝大会暨中国俄语年闭幕式	中央电视台综合频道	7.7	15.7
7	今日半岛	山东卫视	3.0	4.7
8	盛典国庆 60 周年特别报道	中央电视台综合频道	2.7	52.4
9	新闻	中央电视台综合频道	2.6	12.3
10	晚间新闻	中央电视台综合频道	2.3	9.9

表 3.5.10　2009 年甘肃市场专题节目收视率排名前十位

名次	节目名称	播出频道	平均收视率（%）	平均占有率（%）
1	西藏今昔	中央电视台综合频道	13.2	26.0
2	百年先念	中央电视台综合频道	12.7	28.1
3	解放农奴	中央电视台综合频道	12.6	23.0
4	人民英模	中央电视台综合频道	12.1	28.9
5	人民至上	中央电视台综合频道	10.3	18.2
6	时代的责任精神文明建设五个一工程巡礼	中央电视台综合频道	9.6	17.5
7	西藏民主改革 50 年	中央电视台综合频道	8.5	13.5
8	宋任穷	中央电视台综合频道	8.1	18.1
9	相信中国 2009 年当代工人五一特别节目	中央电视台综合频道	7.4	14.3
10	西藏农奴的故事	中央电视台综合频道	7.2	12.2

表 3.5.11　2009 年甘肃市场综艺节目收视率排名前十位

名次	节目名称	播出频道	平均收视率（%）	平均占有率（%）
1	2009 春节联欢晚会	中央电视台综合频道	45.7	82.1
2	首都各界庆祝中华人民共和国成立 60 周年联欢晚会	中央电视台综合频道	35.5	65.0
3	万众一心向前进 2009 年军民迎新春文艺晚会	中央电视台综合频道	26.7	42.1
4	欢天喜地闹元宵 2009 年元宵晚会	中央电视台综合频道	20.2	30.6
5	2009 万家灯火平安夜公安部 2009 年春节电视文艺晚会	中央电视台综合频道	19.2	31.7
6	曲苑杂坛	中央电视台综合频道	18.5	32.3
7	春天的祝福文化部 2009 年春节电视晚会	中央电视台综合频道	17.6	37.1
8	红土情韵中央电视台心连心艺术团赴江西上饶慰问演出	中央电视台综合频道	16.1	31.1
9	黔岭放歌中央电视台心连心艺术团赴贵州仁怀慰问演出	中央电视台综合频道	15.6	29.2
10	宜春月中华情 2009 年中央电视台中秋晚会	中央电视台综合频道	15.3	30.9

表 3.5.12　2009 年甘肃市场体育节目收视率排名前十位

名次	节目名称	播出频道	平均收视率（%）	平均占有率（%）
1	哈尔滨 24th 世界大学生冬季运动会	中央电视台综合频道	11.9	19.7
2	中华人民共和国第十一届运动会开幕式	中央电视台综合频道	8.6	18.5
3	中华人民共和国第十一届运动会闭幕式	中央电视台综合频道	7.4	15.7
4	KFK2009 年第四届国际武术搏击王争霸赛	重庆卫视	1.9	3.5
5	终极篮徒颁奖盛典	山东卫视	1.5	3.3
6	武林风	河南电视台卫星频道（一套）	1.2	3.4
7	直播周末：2009 年世界羽毛球锦标赛男子双打半决赛	中央台五套	1.2	2.5
8	青春赛场－08/09 赛季 CBA 职业联赛广东东莞银行 VS 上海西洋大鲨鱼	青海卫视	1.2	1.3
9	直播周末：2009 年第 25 届亚洲男篮锦标赛半决赛－黎巴嫩队 VS 中国队	中央台五套	1.0	3.3
10	2009 年世界女排大奖赛香港站	中央台五套	1.0	2.0

六、广东收视数据

表 3.6.1　2005—2009 年广东市场各类频道的市场占有率（%）

频道类别	年份				
	2005 年	2006 年	2007 年	2008 年	2009 年
中央台频道	17.4	18.9	18.2	19.3	18.3
中国教育台频道	0.1	0.1	0.4	0.4	0.3
广东省级频道	28.2	29.1	48.7	46.6	48.2
境外频道	29.2	22.6	12.0	12.1	10.1
其他省级卫视频道	8.5	9.3	6.2	7.8	9.8
其他频道	16.6	20.0	14.4	13.8	13.3

注：2005—2006 年为广东城域数据，2007—2009 年为广东全省（城域 + 乡域）数据。

表 3.6.2　2009 年广东市场各类频道在不同目标观众中的市场占有率（%）

目标观众		中央台频道	中国教育台频道	广东省级频道	境外频道	其他省级卫视频道	其他频道
4 岁及以上所有人		18.3	0.3	48.2	10.1	9.8	13.3
城乡	城市	18.9	0.2	29.6	16.2	14.8	20.3
	农村	17.8	0.4	60.7	6.1	6.4	8.6
性别	男	19.5	0.3	49.9	09.3	8.5	12.5
	女	17.0	0.4	46.5	10.9	11.1	14.1
年龄	4 - 14 岁	13.8	0.4	54.5	8.3	11.6	11.4
	15 - 24 岁	21.1	0.4	40.2	11.3	14.0	13.0
	25 - 34 岁	18.5	0.3	49.0	11.5	8.3	12.4
	35 - 44 岁	19.0	0.2	48.1	10.3	8.9	13.5
	45 - 54 岁	20.9	0.2	45.4	10.7	8.2	14.6
	55 - 64 岁	19.6	0.5	46.3	10.1	8.9	14.6
	65 岁及以上	15.0	0.3	54.5	8.6	7.4	14.2
教育程度	未受过正规教育	11.9	0.4	63.7	6.1	8.1	9.8
	小学	14.5	0.3	55.8	8.4	8.8	12.2
	初中	19.1	0.3	46.7	9.4	10.7	13.8
	高中	22.8	0.3	39.2	13.3	10.2	14.2
	大学及以上	29.2	0.3	21.2	19.5	11.2	18.6
职业类别	干部/管理人员	30.9	0.3	28.0	11.6	10.6	18.6
	个体/私营企业人员	21.0	0.3	33.4	12.6	11.6	21.1
	初级公务员/雇员	24.2	0.3	34.5	14.3	10.4	16.3
	工人	17.6	0.3	50.9	11.8	8.4	11.0
	学生	17.8	0.4	46.4	9.8	13.3	12.3
	无业	19.1	0.4	45.7	11.5	10.2	13.1
	其他	12.4	0.2	67.6	4.5	4.7	10.6
个人月收入	0 - 300 元	17.0	0.4	52.3	8.8	10.0	11.5
	301 - 600 元	15.4	0.2	61.4	7.1	5.8	10.1
	601 - 900 元	17.2	0.3	46.2	10.4	11.0	14.9
	901 - 1200 元	23.7	0.3	39.5	11.9	10.3	14.3
	1201 元及以上	22.8	0.3	27.4	16.7	11.5	21.3

表 3.6.3　2009 年广东市场各类频道在不同时段的市场占有率（%）

时间段	中央台频道	中国教育台频道	广东省级频道	境外频道	其他省级卫视频道	其他频道
02:00-03:00	35.0	0.0	29.0	13.1	14.7	8.2
03:00-04:00	35.6	0.1	27.9	12.0	15.9	8.5
04:00-05:00	29.8	0.0	26.0	15.5	18.5	10.2
05:00-06:00	25.9	0.1	21.9	26.5	16.0	9.6
06:00-07:00	32.1	1.8	29.5	19.9	10.3	6.4
07:00-08:00	29.0	0.2	41.4	11.1	9.9	8.4
08:00-09:00	26.9	0.1	36.5	8.9	16.0	11.5
09:00-10:00	23.9	0.2	37.6	7.3	17.2	13.3
10:00-11:00	25.3	0.6	36.0	6.0	17.6	14.5
11:00-12:00	23.6	0.6	42.8	6.9	15.2	10.9
12:00-13:00	20.8	0.1	47.5	10.0	10.2	11.4
13:00-14:00	18.1	0.8	50.3	8.3	10.9	11.6
14:00-15:00	20.0	1.1	39.9	9.7	16.2	13.1
15:00-16:00	22.4	0.2	39.0	6.7	18.4	13.3
16:00-17:00	22.0	0.3	35.7	8.5	19.6	13.9
17:00-18:00	25.8	0.7	36.2	10.0	15.2	12.1
18:00-19:00	17.3	0.3	50.2	13.3	5.4	13.5
19:00-20:00	13.0	0.1	62.9	6.8	2.8	14.4
20:00-21:00	15.5	0.1	57.3	8.0	6.7	12.4
21:00-22:00	16.0	0.3	47.9	13.3	8.7	13.8
22:00-23:00	14.4	0.6	39.5	18.0	10.8	16.7
23:00-24:00	21.3	0.4	38.8	10.4	13.9	15.2
24:00-25:00	25.7	0.0	37.7	9.9	14.6	12.1
25:00-26:00	30.6	0.1	30.2	15.2	15.3	8.6

表 3.6.4　2009 年广东市场收视份额位于前十位的频道

名次	频道名称	收视份额（%）
1	广东电视台珠江频道	24.8
2	翡翠台（中文）（有线网转播）	5.5
3	广东卫视	4.7
4	南方电视台影视频道	4.6
5	中央台六套	3.4
6	湖南电视台卫星频道	3.0
6	南方电视台少儿频道	3.0
8	中央电视台综合频道	2.9
9	南方卫视 TVS-2	2.8
10	中央台三套	2.4

表 3.6.5　2009 年广东市场主要频道的观众构成（%）

目标观众		所有频道	主要频道				
			广东电视台珠江频道	翡翠台(中文)(有线网转播)	广东卫视	南方电视台影视频道	中央台六套
4 岁及以上所有人		100.0	100.0	100.0	100.0	100.0	100.0
城乡	城市	40.1	13.4	70.5	14.6	37.1	30.9
	农村	59.9	86.6	29.5	85.4	62.9	69.1
性别	男	50.6	52.5	43.3	51.7	48.6	60.6
	女	49.4	47.5	56.7	48.3	51.4	39.4
年龄	4－14 岁	19.4	20.0	15.2	18.8	20.7	14.8
	15－24 岁	13.6	9.4	15.9	14.6	14.4	20.1
	25－34 岁	13.7	15.1	18.6	15.7	10.3	18.2
	35－44 岁	16.3	18.2	15.6	14.4	16.7	18.7
	45－54 岁	17.0	17.2	17.6	14.9	15.8	15.5
	55－64 岁	11.5	9.9	11.6	13.2	11.9	8.3
	65 岁及以上	8.6	10.2	5.5	8.3	10.3	4.4
教育程度	未受过正规教育	9.7	15.1	5.8	7.8	11.3	5.1
	小学	31.9	38.8	25.7	38.9	35.3	27.4
	初中	32.9	32.0	30.7	34.3	31.9	39.0
	高中	20.0	12.9	27.5	17.0	18.5	23.3
	大学及以上	5.5	1.1	10.3	2.0	3.0	5.2
职业类别	干部/管理人员	2.7	0.9	2.4	1.3	1.5	3.1
	个体/私营企业人员	8.1	5.2	10.5	4.4	5.8	8.1
	初级公务员/雇员	8.3	4.4	13.3	6.0	7.0	8.4
	工人	11.5	10.1	14.5	15.4	17.6	12.5
	学生	23.5	17.8	21.0	26.7	24.7	26.7
	无业	26.8	23.6	29.7	17.7	29.0	24.8
	其他	19.1	37.9	8.6	28.6	14.4	16.5
个人月收入	0－300 元	55.8	61.4	44.7	66.1	57.1	58.0
	301－600 元	12.7	19.8	10.1	15.5	15.6	11.7
	601－900 元	8.3	7.5	9.2	6.4	9.2	7.2
	901－1200 元	8.1	5.2	10.4	5.3	8.1	9.8
	1201 元及以上	15.1	6.1	25.6	6.7	10.0	13.3

表 3.6.6　2007—2009 年广东市场各类节目的播出份额（%）和收视份额（%）

节目类别	2007 年		2008 年		2009 年	
	播出份额	收视份额	播出份额	收视份额	播出份额	收视份额
电视剧	25.0	39.9	27.7	34.3	26.9	35.9
电影	2.9	5.1	3.5	7.6	3.3	7.0
教学	0.5	0.0	0.7	0.1	0.7	0.1
青少	5.2	3.4	4.9	4.7	5.6	5.9
体育	2.8	3.3	3.9	5.9	2.9	3.5
戏剧	1.2	1.1	1.1	0.7	1.1	0.8
新闻/时事	13.0	12.5	9.9	11.4	9.0	10.2
音乐	1.9	1.0	2.6	0.8	2.7	0.8
专题	11.6	4.5	9.9	5.2	9.3	5.2
综艺	8.6	8.7	5.5	8.2	6.1	8.6
外语	0.2	0.1	0.2	0.0	0.2	0.0
财经	1.5	0.3	1.7	0.5	1.7	0.6
生活服务	7.1	5.3	10.2	6.9	9.5	6.5
法制	1.2	0.5	0.9	0.8	0.9	1.0
其他	17.4	14.4	17.3	13.0	20.2	13.8

表 3.6.7 2009 年广东市场所有节目收视率排名前三十位

名次	节目名称	节目类型	播出频道	平均收视率（%）	平均占有率（%）
1	少林寺传奇第二部	电视剧	广东电视台珠江频道	22.6	50.5
2	又见阿郎（1－30 集）	电视剧	广东电视台珠江频道	20.3	45.2
3	虎山行	电视剧	广东电视台珠江频道	19.3	43.9
4	云袖	电视剧	广东电视台珠江频道	18.9	42.7
5	母仪天下	电视剧	广东电视台珠江频道	18.8	44.0
6	包青天	电视剧	广东电视台珠江频道	18.5	46.3
7	胭脂雪	电视剧	广东电视台珠江频道	17.6	42.2
8	外来媳妇本地郎	电视剧	广东电视台珠江频道	17.5	45.5
9	赖布衣传奇	电视剧	广东电视台珠江频道	17.3	43.5
10	真爱诺言	电视剧	广东电视台珠江频道	16.5	44.3
11	军人荣誉	电视剧	广东电视台珠江频道	16.4	41.6
12	我的团长我的团（1－19 集）	电视剧	广东电视台珠江频道	16.4	39.3
13	我是一棵小草	电视剧	广东电视台珠江频道	16.1	42.9
14	封神榜之武王伐纣	电视剧	广东电视台珠江频道	15.6	39.6
15	七十二家房客续集（1 月 26 日－1 月 30 日）	电视剧	广东电视台珠江频道	15.4	38.0
16	警眼	电视剧	广东电视台珠江频道	15.1	39.1
17	风云一九四九	电视剧	广东电视台珠江频道	15.0	36.8
18	愤怒的天使	电视剧	广东电视台珠江频道	14.7	35.4
19	秘密列车	电视剧	广东电视台珠江频道	13.5	36.8
20	省港澳粤语流行歌曲大赛总决赛	综艺	广东电视台珠江频道	13.0	29.5
21	天气预报	生活服务	广东电视台珠江频道	12.8	43.4
22	星耀南粤广东电视台建台五十周年盛典	综艺	广东电视台珠江频道	12.2	32.4
23	欢乐珠江	综艺	广东电视台珠江频道	12.1	28.7
24	粤韵风华	戏剧	广东电视台珠江频道	11.8	28.0
25	庆祝中华人民共和国和人民政协成立 60 周年 2009 年名家名歌广东演唱会	音乐	广东电视台珠江频道	10.6	25.9
26	今日关注	新闻/时事	广东电视台珠江频道	10.2	29.4
27	骊港 2009 年春节联欢晚会羊城贺岁万家欢	综艺	广东电视台珠江频道	9.9	27.6
28	2009 春节联欢晚会	综艺	中央电视台综合频道	8.4	25.1
29	第八届明日之星影视新星大赛总决赛	综艺	广东电视台珠江频道	8.3	23.3
30	630 新闻	新闻/时事	广东电视台珠江频道	7.5	33.3

表 3.6.8　2009 年广东市场电视剧收视率排名前十位

名次	节目名称	播出频道	平均收视率(%)	平均占有率(%)
1	少林寺传奇第二部	广东电视台珠江频道	22.6	50.5
2	又见阿郎（1-30 集）	广东电视台珠江频道	20.3	45.2
3	虎山行	广东电视台珠江频道	19.3	43.9
4	云袖	广东电视台珠江频道	18.9	42.7
5	母仪天下	广东电视台珠江频道	18.8	44.0
6	包青天	广东电视台珠江频道	18.5	46.3
7	胭脂雪	广东电视台珠江频道	17.6	42.2
8	外来媳妇本地郎	广东电视台珠江频道	17.5	45.5
9	赖布衣传奇	广东电视台珠江频道	17.3	43.5
10	真爱诺言	广东电视台珠江频道	16.5	44.3

注：《又见阿郎》2010 年继续播出第 31—49 集，1 月 4 日—15 日，每天两集。

表 3.6.9　2009 年广东市场新闻节目收视率排名前十位

名次	节目名称	播出频道	平均收视率(%)	平均占有率(%)
1	今日关注	广东电视台珠江频道	10.2	29.4
2	630 新闻	广东电视台珠江频道	7.5	33.3
3	国庆阅兵	广东卫视	2.5	11.3
4	2008 世界变格大事回顾	翡翠台（中文）（有线网转播）	2.3	5.2
5	特别新闻报道	翡翠台（中文）（有线网转播）	2.0	5.5
6	社会纵横	广东卫视	2.0	4.7
7	广东新闻联播	广东卫视	1.7	4.3
8	世纪弊案	翡翠台（中文）（有线网转播）	1.6	3.7
9	新闻透视	翡翠台（中文）（有线网转播）	1.3	3.7
10	军情观察室	凤凰卫视中文台	1.1	4.8

表 3.6.10　2009 年广东市场专题节目收视率排名前十位

名次	节目名称	播出频道	平均收视率(%)	平均占有率(%)
1	珠江纪事	广东电视台珠江频道	5.3	17.4
2	文化珠江	广东电视台珠江频道	3.8	13.5
3	论尽一家人	翡翠台（中文）（有线网转播）	2.0	6.8
4	2009 国际大事回顾	翡翠台（中文）（有线网转播）	1.9	4.1
5	拉阔会展	翡翠台（中文）（有线网转播）	1.8	5.8
6	再说长江	翡翠台（中文）（有线网转播）	1.8	4.6
7	谜	翡翠台（中文）（有线网转播）	1.7	8.9
8	世界第一长寿村	翡翠台（中文）（有线网转播）	1.7	5.6
9	英雄导弹营	广东卫视	1.6	6.5
10	识识三关	翡翠台（中文）（有线网转播）	1.6	4.9

表 3.6.11 2009 年广东市场综艺节目收视率排名前十位

名次	节目名称	播出频道	平均收视率（%）	平均占有率（%）
1	省港澳粤语流行歌曲大赛总决赛	广东电视台珠江频道	13.0	29.5
2	星耀南粤广东电视台建台五十周年盛典	广东电视台珠江频道	12.2	32.4
3	欢乐珠江	广东电视台珠江频道	12.1	28.7
4	骊港 2009 年春节联欢晚会羊城贺岁万家欢	广东电视台珠江频道	9.9	27.6
5	2009 春节联欢晚会	中央电视台综合频道	8.4	25.1
6	第八届明日之星影视新星大赛总决赛	广东电视台珠江频道	8.3	23.3
7	首都各界庆祝中华人民共和国成立 60 周年联欢晚会	中央电视台综合频道	7.5	18.0
8	岭南请柬 2009 广东国际旅游文化节暨泛珠三角旅游推介大会开幕式	广东电视台珠江频道	6.4	19.3
9	首都各界庆祝中华人民共和国成立 60 周年联欢晚会	广东卫视	4.8	11.5
10	宜春月中华情 2009 年中央电视台中秋晚会	中央电视台综合频道	4.2	12.1

表 3.6.12 2009 年广东市场体育节目收视率排名前十位

名次	节目名称	播出频道	平均收视率（%）	平均占有率（%）
1	2008/2009 赛季 CBA 总决赛 - 新疆广汇 VS 广东东莞银行（5 月 1 日）	广东电视体育频道	3.5	8.5
2	08/09 赛季中国男子篮球职业联赛 - 广东东莞银行 VS 山东黄金（4 月 3 日）	广东电视体育频道	3.3	7.7
3	直播周末：2009 年第 25 届亚洲男篮锦标赛半决赛 - 黎巴嫩队 VS 中国队	中央台五套	3.2	10.5
4	现场直播：第十一届全运会男子 110 米栏决赛	中央台五套	3.0	7.2
5	直播赛场：08/09 赛季 CBA 季后赛半决赛 - 广东东莞银行 VS 东莞马可波罗	广东电视体育频道	2.6	6.9
6	香港 2009 东亚运动会开幕礼	翡翠台（中文）（有线网转播）	2.4	6.0
7	直播周末：2009 年苏迪曼杯世界羽毛球混合团体锦标赛决赛男单	中央台五套	2.4	5.3
8	直播周末：2009 年苏迪曼杯世界羽毛球混合团体锦标赛决赛男双	中央台五套	2.1	7.2
9	中华人民共和国第十一届运动会开幕式	中央电视台综合频道	2.1	5.9
10	2009/2010 赛季 CBA 常规赛第 5 轮 - 山东黄金 VS 广东东莞银行	广东电视体育频道	2.1	5.1

七、广西收视数据

表 3.7.1 2005—2009 年广西市场各类频道的市场占有率(%)

频道类别	年份				
	2005 年	2006 年	2007 年	2008 年	2009 年
中央台频道	12.4	14.4	19.1	27.6	25.6
中国教育台频道	0.1	0.1	0.2	0.1	0.3
广西省级频道	43.2	44.1	42.2	38.2	35.0
其他省级卫视频道	18.9	18.0	17.6	18.4	24.6
其他频道	25.5	23.4	20.9	15.7	14.5

表 3.7.2 2009 年广西市场各类频道在不同目标观众中的市场占有率(%)

目标观众		中央台频道	中国教育台频道	广西省级频道	其他省级卫视频道	其他频道
4 岁及以上所有人		25.6	0.3	35.0	24.6	14.5
地区	城市	35.4	0.8	28.0	18.4	17.3
	农村	24.3	0.3	35.9	25.4	14.1
性别	男	27.7	0.4	33.9	24.1	14.0
	女	23.5	0.3	36.1	25.1	15.0
年龄	4-14 岁	28.0	0.3	33.4	21.9	16.4
	15-24 岁	18.9	0.3	35.3	29.8	15.7
	25-34 岁	25.1	0.3	31.7	26.4	16.5
	35-44 岁	26.2	0.5	35.6	25.5	12.2
	45-54 岁	27.4	0.3	38.7	22.4	11.3
	55-64 岁	30.2	0.2	36.1	18.2	15.3
	65 岁及以上	30.4	0.6	35.3	21.3	12.5
教育程度	未受过正规教育	29.2	0.4	38.6	21.5	10.4
	小学	24.4	0.3	35.3	24.1	15.9
	初中	23.2	0.4	35.8	26.4	14.3
	高中	34.5	0.2	29.8	22.1	13.4
	大学及以上	43.7	0.3	22.5	16.4	17.0
职业类别	干部/管理人员	50.0	0.3	15.5	20.6	13.7
	个体/私营企业人员	30.6	0.4	35.9	16.9	16.3
	初级公务员/雇员	34.9	0.4	27.1	18.6	19.0
	工人	27.1	0.2	37.0	17.8	17.9
	学生	25.5	0.2	32.2	24.1	18.0
	无业	34.6	0.6	32.1	18.5	14.3
	其他	22.5	0.3	36.4	27.8	13.2
个人月收入	0-300 元	23.6	0.4	35.3	25.9	14.8
	301-600 元	24.7	0.3	35.6	25.1	14.4
	601-900 元	25.9	0.3	39.3	22.0	12.6
	901-1200 元	35.9	0.2	27.7	22.0	14.1
	1201 元及以上	36.9	0.4	29.1	18.2	15.5

表 3.7.3 2009 年广西市场各类频道不同时段的市场占有率（%）

时间段	中央台频道	中国教育台频道	广西省级频道	其他省级卫视频道	其他频道
02:00－03:00	30.2	0.0	6.2	35.6	28.0
03:00－04:00	27.0	0.0	6.2	47.3	19.5
04:00－05:00	27.2	0.0	14.4	41.2	17.1
05:00－06:00	41.7	0.6	19.1	26.2	12.5
06:00－07:00	59.3	0.5	14.2	15.8	10.1
07:00－08:00	44.4	0.3	28.4	16.1	10.9
08:00－09:00	35.9	0.3	25.0	28.7	10.2
09:00－10:00	33.6	0.3	22.4	32.9	11.0
10:00－11:00	33.7	0.4	21.3	33.4	11.3
11:00－12:00	36.4	0.5	19.0	29.9	14.3
12:00－13:00	42.8	0.4	17.7	27.3	11.7
13:00－14:00	36.4	1.1	19.9	32.3	10.3
14:00－15:00	31.3	1.0	19.5	35.0	13.2
15:00－16:00	26.2	0.4	19.7	39.7	14.1
16:00－17:00	29.4	0.4	20.6	38.0	11.7
17:00－18:00	35.0	0.9	28.3	25.5	10.4
18:00－19:00	23.9	0.5	50.1	12.8	12.8
19:00－20:00	25.9	0.1	45.4	11.6	17.0
20:00－21:00	19.9	0.2	41.2	23.6	15.1
21:00－22:00	21.6	0.3	35.3	28.6	14.2
22:00－23:00	23.6	0.5	25.0	35.5	15.5
23:00－24:00	27.6	0.3	21.1	35.9	15.2
24:00－25:00	31.3	0.1	17.2	26.9	24.4
25:00－26:00	23.2	0.1	12.8	35.9	28.0

表 3.7.4 2009 年广西市场收视份额位于前十位的频道

名次	频道名称	收视份额（%）
1	广西电视台综艺频道	17.3
2	广西电视台卫星频道	10.7
3	中央电视台综合频道	7.8
4	湖南电视台卫星频道	5.0
5	广西电视台都市频道	4.7
6	中央电视台少儿频道	4.2
7	中央台六套	2.8
8	中央台八套	2.3
9	安徽卫视	1.8
10	中央台三套	1.7

表 3.7.5　2009 年广西市场各主要频道的观众构成（%）

目标观众		所有频道	主要频道				
			广西电视台综艺频道	广西电视台卫星频道	中央电视台综合频道	湖南电视台卫星频道	广西电视台都市频道
4 岁及以上所有人		100.0	100.0	100.0	100.0	100.0	100.0
城乡	城市	11.7	7.9	8.2	16.4	13.0	14.8
	农村	88.3	92.1	91.8	83.6	87.0	85.2
性别	男	51.0	46.2	54.9	53.9	38.0	45.9
	女	49.0	53.8	45.1	46.1	62.0	54.1
年龄	4 - 14 岁	15.6	15.5	16.0	8.3	14.8	11.3
	15 - 24 岁	20.9	24.4	19.4	18.6	35.2	14.2
	25 - 34 岁	16.0	16.3	10.7	15.9	19.6	15.6
	35 - 44 岁	18.2	16.5	18.0	16.8	16.4	26.0
	45 - 54 岁	12.3	13.7	13.8	18.3	7.6	14.4
	55 - 64 岁	9.5	8.4	11.9	11.5	3.5	9.0
	65 岁及以上	7.5	5.2	10.2	10.6	2.9	9.5
教育程度	未受过正规教育	7.9	8.6	10.7	6.3	3.5	6.9
	小学	32.2	32.3	34.6	29.0	26.0	28.8
	初中	47.7	50.8	45.5	47.3	57.2	48.1
	高中	10.1	7.5	8.3	14.5	10.8	12.6
	大学及以上	2.1	0.8	0.9	2.9	2.5	3.6
职业类别	干部/管理人员	0.3	0.1	0.1	0.9	0.4	0.4
	个体/私营企业人员	8.2	8.9	5.4	7.4	8.7	11.8
	初级公务员/雇员	2.8	1.4	2.0	3.3	3.3	4.8
	工人	3.7	5.1	2.0	4.5	3.9	4.9
	学生	12.0	12.0	10.9	6.1	16.7	7.7
	无业	12.6	10.5	9.9	12.5	8.0	17.2
	其他	60.4	62.0	69.7	65.3	59.0	53.2
个人月收入	0 - 300 元	54.0	54.6	59.7	49.2	58.8	45.1
	301 - 600 元	23.2	23.3	24.5	24.4	20.4	22.1
	601 - 900 元	11.3	13.5	9.2	11.5	10.4	15.8
	901 - 1200 元	5.9	4.3	3.4	7.6	5.0	8.4
	1201 元及以上	5.6	4.3	3.2	7.3	5.4	8.6

表 3.7.6　2007—2009 年广西电视收视市场各类节目的播出份额（%）和收视份额（%）

节目类别	2007 年		2008 年		2009 年	
	播出份额	收视份额	播出份额	收视份额	播出份额	收视份额
青少	4.7	2.3	4.9	3.9	5.3	5.7
戏剧	1.3	0.1	1.1	0.1	1.2	0.1
教学	0.5	0.0	0.5	0.0	0.5	0.1
综艺	8.3	7.3	7.0	5.9	8.9	8.9
外语	0.2	0.1	0.2	0.1	0.1	0.0
电影	2.9	2.4	2.7	2.2	2.9	2.3
音乐	2.0	0.8	2.5	0.4	2.8	0.7
新闻/时事	13.8	9.4	14.0	11.5	13.5	8.8
体育	2.9	1.4	3.6	4.6	2.2	1.0
电视剧	25.8	45.6	25.4	41.5	23.3	40.2
专题	11.5	4.9	11.5	4.4	10.8	4.1
财经	1.6	0.1	1.7	0.2	2.0	0.3
生活服务	7.0	4.1	8.0	4.3	8.5	4.9
法制	1.3	1.0	1.2	1.5	1.4	1.8
其他	16.4	20.6	15.9	19.5	16.4	21.0

表 3.7.7 2009 年广西市场所有节目类型收视率排名前三十位

名次	节目名称	节目类型	播出频道	平均收视率（%）	平均占有率（%）
1	2009 春节联欢晚会	综艺	中央电视台综合频道	16.1	47.0
2	娘妻	电视剧	广西电视台综艺频道	14.3	30.1
3	女人的战争	电视剧	广西电视台综艺频道	14.0	30.3
4	乱世新娘	电视剧	广西电视台综艺频道	13.7	28.8
5	最后的较量	电视剧	广西电视台综艺频道	12.9	28.9
6	首都各界庆祝中华人民共和国成立 60 周年联欢晚会	综艺	中央电视台综合频道	12.9	25.1
7	战士	电视剧	广西电视台综艺频道	12.6	28.6
8	包青天	电视剧	广西电视台综艺频道	11.9	24.9
9	黑玫瑰	电视剧	广西电视台综艺频道	11.3	26.6
10	我是一棵小草	电视剧	广西电视台综艺频道	11.3	25.3
11	再向虎山行	电视剧	广西电视台综艺频道	11.1	25.3
12	一定要幸福	电视剧	广西电视台综艺频道	11.0	23.7
13	贤妻良母	电视剧	广西电视台综艺频道	11.0	22.2
14	春去春又回	电视剧	广西电视台综艺频道	10.9	26.6
15	八仙全传	电视剧	广西电视台综艺频道	10.9	23.7
16	上海王	电视剧	广西电视台综艺频道	10.8	24.4
17	生死谍恋	电视剧	广西电视台综艺频道	10.5	23.7
18	大宅院的女人	电视剧	广西电视台综艺频道	10.4	24.6
19	牌坊下的女人	电视剧	广西电视台综艺频道	10.2	23.0
20	国家宝藏	电视剧	广西电视台综艺频道	9.2	21.6
21	封神榜	电视剧	广西电视台综艺频道	9.2	20.8
22	带上婆婆嫁	电视剧	广西电视台综艺频道	8.8	23.6
23	敌特在行动	电视剧	广西电视台综艺频道	8.6	21.6
24	名门劫	电视剧	广西电视台综艺频道	8.6	21.0
25	绝密 1950	电视剧	广西电视台综艺频道	8.5	22.7
26	大地飞歌 2009 第 11 届南宁国际民歌艺术节暨第 6 届中国 - 东盟博览会开幕晚会	综艺	广西电视台综艺频道	8.1	23.0
27	善良背后	电视剧	广西电视台综艺频道	7.9	19.3
28	怪才军师	电视剧	广西电视台综艺频道	7.8	20.6
29	我的丑娘	电视剧	广西电视台卫星频道	7.3	14.9
30	八桂先锋颂广西纪念中国共产党成立八十八周年	综艺	广西电视台卫星频道	7.0	18.5

表 3.7.8　2009 年广西市场电视剧收视率排名前十位

名次	节目名称	播出频道	平均收视率（%）	平均占有率（%）
1	娘妻	广西电视台综艺频道	14.3	30.1
2	女人的战争	广西电视台综艺频道	14.0	30.3
3	乱世新娘	广西电视台综艺频道	13.7	28.8
4	最后的较量	广西电视台综艺频道	12.9	28.9
5	战士	广西电视台综艺频道	12.6	28.6
6	包青天	广西电视台综艺频道	11.9	24.9
7	黑玫瑰	广西电视台综艺频道	11.3	26.6
8	我是一棵小草	广西电视台综艺频道	11.3	25.3
9	再向虎山行	广西电视台综艺频道	11.1	25.3
10	一定要幸福	广西电视台综艺频道	11.0	23.7

表 3.7.9　2009 年广西市场新闻节目收视率排名前十位

名次	节目名称	播出频道	平均收视率（%）	平均占有率（%）
1	新闻联播	中央电视台综合频道	5.9	16.9
2	广西新闻	广西电视台卫星频道	5.2	11.4
3	焦点访谈	中央电视台综合频道	3.9	8.6
4	温家宝总理会见中外记者	中央电视台综合频道	3.6	6.5
5	转播中央台新闻联播	广西电视台卫星频道	3.0	8.6
6	温家宝总理在阿盟总部发表演讲	中央电视台综合频道	2.4	4.2
7	焦点报道	广西电视台卫星频道	2.2	16.0
8	澳门十年	中央电视台综合频道	2.2	5.0
9	我们的节日春节一年又一年四海一家亲	中央电视台综合频道	2.1	15.8
10	中俄建交六十周年庆祝大会暨中国俄语年闭幕式	中央电视台综合频道	2.1	4.3

表 3.7.10　2009 年广西市场专题类节目收视率排名前十位

名次	节目名称	播出频道	平均收视率（%）	平均占有率（%）
1	科学发展在广西	广西电视台卫星频道	5.4	9.6
2	老革命忆解放	广西电视台卫星频道	4.0	10.4
3	百年先念	中央电视台综合频道	3.9	7.1
4	解放农奴	中央电视台综合频道	3.3	6.2
5	人民英模	中央电视台综合频道	3.2	6.8
6	西藏今昔	中央电视台综合频道	3.2	6.6
7	寻找金花 OLAY 美丽中国星	广西电视台卫星频道	3.1	14.9
8	我们的田野 2009 三八特别节目	中央电视台综合频道	3.1	6.1
9	西江黄金水道	广西电视台卫星频道	2.6	16.2
10	西藏民主改革 50 年	中央电视台综合频道	2.5	4.2

表 3.7.11 2009 年广西市场综艺节目收视率排名前十位

名次	节目名称	播出频道	平均收视率（%）	平均占有率（%）
1	2009 春节联欢晚会	中央电视台综合频道	16.1	47.0
2	首都各界庆祝中华人民共和国成立 60 周年联欢晚会	中央电视台综合频道	12.9	25.1
3	大地飞歌 2009 第 11 届南宁国际民歌艺术节暨第 6 届中国 - 东盟博览会开幕晚会	广西电视台综艺频道	8.1	23.0
4	八桂先锋颂广西纪念中国共产党成立八十八周年	广西电视台卫星频道	7.0	18.5
5	2009 万家灯火平安夜公安部 2009 年春节电视文艺晚会	中央电视台综合频道	6.5	13.9
6	宜春月中华情 2009 年中央电视台中秋晚会	中央电视台综合频道	6.2	14.5
7	夺宝奇兵	广西电视台综艺频道	5.9	14.3
8	追风炫舞新偶像广西 2009 年青春热舞盛典	广西电视台综艺频道	5.8	14.9
9	正义在我心第四届广西见义勇为英雄表彰晚会	广西电视台综艺频道	5.7	16.4
10	欢天喜地闹元宵 2009 年元宵晚会	中央电视台综合频道	5.7	10.7

表 3.7.12 2009 年广西市场体育节目收视率排名前十位

名次	节目名称	播出频道	平均收视率（%）	平均占有率（%）
1	中华人民共和国第十一届运动会开幕式	中央电视台综合频道	3.0	6.7
2	哈尔滨 24th 世界大学生冬季运动会	中央电视台综合频道	2.4	5.1
3	寻找金花美丽中国星我的冰壶我的团	广西电视台卫星频道	2.3	11.0
4	2009 年亚洲男篮锦标赛 - 中国队 VS 约旦队	中央台五套	2.1	4.8
5	中华人民共和国第十一届运动会闭幕式	中央电视台综合频道	2.0	4.0
6	2009 年中国国际女排精英赛昆山站 - 中国队 VS 古巴队	中央台五套	1.3	2.7
7	2009 年中澳国际男篮挑战赛 - 中国队 VS 澳大利亚队	中央台五套	1.1	3.1
8	2009 年世界女排大奖赛香港站 - 中国队 VS 多米尼加队	中央台五套	1.1	2.5
9	2009 年中国乒乓球俱乐部超级联赛女团半决赛	中央台五套	1.1	2.2
10	第十一届全运会女子举重 75 公斤以上级决赛	中央台五套	1.1	1.9

八、贵州收视数据

表 3.8.1　2005—2009 年贵州市场各类频道的市场占有率（%）

频道类别	年份				
	2005 年	2006 年	2007 年	2008 年	2009 年
中央台频道	30.6	32.3	31.3	31.5	30.5
中国教育台频道	0.6	0.8	0.3	0.5	0.6
贵州省级频道	11.1	9.6	15.9	18.3	19.3
其他省级卫视频道	49.7	46.8	43.4	41.7	42.7
其他频道	8.1	10.4	9.1	8.1	6.9

表 3.8.2　2009 年贵州市场各类频道在不同目标观众中的市场占有率（%）

目标观众		中央台频道	中国教育台频道	贵州省级频道	其他省级卫视频道	其他频道
4 岁及以上所有人		30.5	0.6	19.3	42.7	6.9
城乡	城市	36.9	0.3	18.7	28.9	15.2
	农村	29.8	0.7	19.3	44.1	6.1
性别	男	31.2	0.6	19.8	41.7	6.6
	女	29.7	0.6	18.7	43.7	7.3
年龄	4 - 14 岁	26.9	0.7	16.5	50.2	5.7
	15 - 24 岁	24.6	0.6	17.1	49.1	8.6
	25 - 34 岁	33.1	0.4	18.2	41.6	6.8
	35 - 44 岁	30.2	0.8	20.7	41.4	7.0
	45 - 54 岁	31.8	0.5	23.2	38.0	6.5
	55 - 64 岁	34.9	0.6	22.9	36.1	5.6
	65 岁及以上	40.4	0.6	19.4	31.6	8.1
教育程度	未受过正规教育	28.9	0.6	22.6	40.0	7.9
	小学	27.4	0.7	18.7	47.3	5.9
	初中	30.0	0.6	18.8	43.1	7.6
	高中	39.6	0.4	19.2	33.8	7.0
	大学及以上	44.5	0.4	20.2	26.9	7.9
职业类别	干部/管理人员	51.7	0.1	17.9	22.7	7.7
	个体/私营企业人员	37.6	0.4	18.4	36.0	7.7
	初级公务员/雇员	44.8	0.2	20.5	25.1	9.4
	工人	39.5	0.4	20.6	28.4	11.2
	学生	24.5	0.7	16.5	52.9	5.5
	无业	38.8	0.4	20.7	29.2	10.8
	其他	25.6	0.8	20.0	48.4	5.2
个人月收入	0 - 300 元	26.7	0.7	18.9	47.0	6.8
	301 - 600 元	28.9	0.6	20.1	45.2	5.3
	601 - 900 元	35.1	0.4	19.1	36.8	8.6
	901 - 1200 元	40.9	0.3	21.4	29.5	7.8
	1201 元及以上	46.0	0.3	19.4	25.8	8.5

表 3. 8. 3 2009 年贵州市场各类频道在不同时段的市场占有率（%）

时间段	中央台频道	中国教育台频道	贵州省级频道	其他省级卫视频道	其他频道
02：00－03：00	32. 7	0. 1	5. 7	44. 2	17. 2
03：00－04：00	31. 9	0. 7	4. 3	51. 4	11. 7
04：00－05：00	29. 1	0. 6	7. 1	55. 3	7. 9
05：00－06：00	35. 0	1. 6	10. 3	48. 1	4. 9
06：00－07：00	46. 1	1. 3	14. 0	34. 4	4. 2
07：00－08：00	44. 1	0. 7	13. 1	37. 3	4. 8
08：00－09：00	34. 3	0. 6	11. 7	47. 8	5. 5
09：00－10：00	32. 1	0. 6	11. 4	49. 6	6. 3
10：00－11：00	32. 7	0. 8	10. 7	48. 7	7. 1
11：00－12：00	32. 3	0. 9	9. 6	48. 2	9. 0
12：00－13：00	35. 6	0. 7	9. 4	45. 7	8. 5
13：00－14：00	35. 4	1. 0	7. 9	45. 7	10. 0
14：00－15：00	31. 9	1. 1	7. 0	49. 9	10. 1
15：00－16：00	29. 3	0. 6	8. 0	52. 3	9. 9
16：00－17：00	32. 8	0. 4	8. 4	48. 9	9. 5
17：00－18：00	42. 1	0. 5	11. 2	37. 7	8. 6
18：00－19：00	35. 4	0. 5	27. 2	29. 7	7. 3
19：00－20：00	39. 4	0. 4	26. 5	28. 4	5. 3
20：00－21：00	25. 4	0. 6	24. 7	44. 1	5. 3
21：00－22：00	22. 5	0. 6	24. 2	46. 8	5. 9
22：00－23：00	20. 8	0. 7	22. 3	47. 7	8. 6
23：00－24：00	26. 5	0. 6	14. 6	46. 5	11. 8
24：00－25：00	32. 8	0. 7	9. 7	44. 0	12. 8
25：00－26：00	33. 5	0. 5	7. 2	44. 4	14. 3

表 3. 8. 4 2009 年贵州市场收视份额位于前十位的频道

名次	频道名称	收视份额（%）
1	贵州卫视	13. 2
2	中央电视台综合频道	8. 9
3	湖南电视台卫星频道	6. 1
4	中央台六套	4. 4
5	中央台八套	3. 6
5	四川卫视	3. 6
7	安徽卫视	3. 0
8	贵州电视台影视文艺频道	2. 8
8	重庆卫视	2. 8
10	江西电视台卫星频道（一套）	2. 7

表 3.8.5　2009 年贵州市场主要频道的观众构成（%）

目标观众		所有频道	主要频道				
			贵州卫视	中央电视台综合频道	湖南电视台卫星频道	中央台六套	中央台八套
4 岁及以上所有人		100.0	100.0	100.0	100.0	100.0	100.0
城乡	城市	9.3	5.2	11.3	8.1	9.4	12.2
	农村	90.7	94.8	88.7	91.9	90.6	87.8
性别	男	50.6	53.1	54.4	39.7	51.9	41.1
	女	49.4	46.9	45.6	60.3	48.1	58.9
年龄	4－14 岁	17.4	16.3	10.4	18.7	15.1	12.2
	15－24 岁	20.1	17.3	16.8	35.6	19.0	19.2
	25－34 岁	14.4	13.4	14.7	13.1	18.1	13.7
	35－44 岁	17.2	18.5	16.5	14.5	19.7	20.9
	45－54 岁	12.2	14.6	15.2	7.3	11.5	13.4
	55－64 岁	10.3	12.9	14.6	6.3	8.0	11.5
	65 岁及以上	8.4	7.0	11.8	4.5	8.6	9.1
教育程度	未受过正规教育	11.2	16.3	11.0	7.5	9.0	7.1
	小学	36.3	39.7	32.7	30.1	31.2	29.9
	初中	38.0	33.1	33.1	47.5	43.2	41.3
	高中	11.4	8.4	16.9	11.4	13.0	17.2
	大学及以上	3.2	2.5	6.2	3.4	3.6	4.4
职业类别	干部/管理人员	1.2	0.5	2.1	1.1	1.7	2.0
	个体/私营企业人员	8.1	4.9	8.7	8.6	13.0	13.3
	初级公务员/雇员	4.7	3.8	8.7	3.4	5.9	7.4
	工人	3.8	2.5	4.8	3.1	6.4	4.9
	学生	22.8	20.8	13.5	34.7	19.1	16.6
	无业	18.4	13.0	24.7	13.4	21.4	24.8
	其他	41.0	54.5	37.4	35.7	32.5	31.0
个人月收入	0－300 元	62.6	68.3	52.7	69.3	56.4	49.5
	301－600 元	13.7	14.9	12.4	10.4	14.0	17.7
	601－900 元	7.5	6.4	9.1	8.1	8.9	7.6
	901－1200 元	6.4	5.3	10.3	5.0	7.4	10.1
	1201 元及以上	9.7	5.1	15.4	7.2	13.3	15.0

表 3.8.6　2007—2009 年贵州市场各类节目的播出份额（%）和收视份额（%）

节目类别	2007 年		2008 年		2009 年	
	播出份额	收视份额	播出份额	收视份额	播出份额	收视份额
财经	1.5	0.2	1.6	0.4	2.0	0.7
电视剧	25.2	37.7	26.0	37.5	24.3	35.7
电影	3.7	6.1	3.0	3.1	3.0	3.0
教学	0.5	0.1	0.5	0.1	0.6	0.3
青少	4.7	3.4	4.8	3.4	5.4	4.3
生活服务	6.9	4.7	8.1	5.5	8.0	6.3
体育	1.9	1.3	3.0	4.2	2.0	1.4
外语	0.3	0.2	0.2	0.1	0.2	0.1
戏剧	1.4	0.5	1.2	0.3	1.2	0.4
新闻/时事	13.2	10.8	13.8	14.1	13.5	11.9
音乐	2.0	1.0	1.7	0.6	1.7	0.7
专题	11.8	5.4	11.6	5.4	11.1	6.3
综艺	8.7	7.9	7.2	6.3	9.0	8.5
法制	1.3	1.0	1.3	1.0	1.4	1.2
其他	16.9	19.7	16.2	18.1	16.7	19.5

表 3.8.7　2009 年贵州市场所有节目收视率排名前三十位

名次	节目名称	节目类型	播出频道	平均收视率（%）	平均占有率（%）
1	2009 春节联欢晚会	综艺	中央电视台综合频道	20.2	51.6
2	首都各界庆祝中华人民共和国成立 60 周年联欢晚会	综艺	中央电视台综合频道	16.3	32.0
3	反抗之真心英雄	电视剧	贵州卫视	10.9	27.7
4	济公游记（玉佛缘）	电视剧	贵州卫视	10.8	26.0
5	首都各界庆祝中华人民共和国成立 60 周年联欢晚会	综艺	贵州卫视	10.6	20.3
6	2009 中国贵阳避暑季开幕式大型文艺晚会	综艺	贵州卫视	10.4	20.4
7	解放农奴	专题	贵州卫视	10.1	21.2
8	换子成龙	电视剧	贵州卫视	10.1	20.9
9	济公游记（醉官图）	电视剧	贵州卫视	9.9	25.3
10	延安锄奸	电视剧	贵州卫视	9.7	24.4
11	真命小和尚	电视剧	贵州卫视	9.5	21.9
12	我的丑娘	电视剧	贵州卫视	9.3	22.0
13	爱在有情天	电视剧	贵州卫视	9.2	21.1
14	新闻联播	新闻/时事	中央电视台综合频道	9.1	27.9
15	士兵突击	电视剧	贵州卫视	9.1	19.1
16	桂北剿匪记	电视剧	贵州卫视	9.0	23.3
17	济公游记（胡商）	电视剧	贵州卫视	9.0	21.5
18	荣耀之光颁奖盛典 2009 多彩贵州舞蹈大赛	综艺	贵州卫视	8.7	16.7
19	女子特警队	电视剧	贵州卫视	8.4	23.3
20	天气预报	生活服务	中央电视台综合频道	8.3	20.6
21	浣花洗剑录	电视剧	贵州卫视	8.3	19.8
22	下辈子做你的女人	电视剧	贵州卫视	8.2	18.0
23	杀出绝地	电视剧	贵州卫视	8.0	18.8
24	春去春又回	电视剧	贵州卫视	7.8	21.3
25	天气预报	生活服务	贵州卫视	7.8	19.6
26	聊斋志异系列第二部（胭脂）	电视剧	贵州卫视	7.8	19.3
27	小鱼儿与花无缺	电视剧	贵州卫视	7.7	18.1
28	聊斋志异系列第二部（婴宁）	电视剧	贵州卫视	7.6	17.3
29	对手	电视剧	贵州卫视	7.6	14.9
30	生死谍恋	电视剧	贵州卫视	7.3	17.9

表 3.8.8　2009 年贵州市场电视剧收视率排名前十位

名次	节目名称	播出频道	平均收视率（%）	平均占有率（%）
1	反抗之真心英雄	贵州卫视	10.9	27.7
2	济公游记（玉佛缘）	贵州卫视	10.8	26.0
3	换子成龙	贵州卫视	10.1	20.9
4	济公游记（醉官图）	贵州卫视	9.9	25.3
5	延安锄奸	贵州卫视	9.7	24.4
6	真命小和尚	贵州卫视	9.5	21.9
7	我的丑娘	贵州卫视	9.3	22.0
8	爱在有情天	贵州卫视	9.2	21.1
9	士兵突击	贵州卫视	9.1	19.1
10	济公游记（胡商）	贵州卫视	9.0	21.5

表 3.8.9　2009 年贵州市场新闻节目收视率排名前十位

名次	节目名称	播出频道	平均收视率（%）	平均占有率（%）
1	新闻联播	中央电视台综合频道	9.1	27.9
2	焦点访谈	中央电视台综合频道	6.8	15.6
3	转播中央台新闻联播	贵州卫视	5.6	17.2
4	我们的节日春节一年又一年四海一家亲	中央电视台综合频道	4.6	22.2
5	温家宝总理会见中外记者	中央电视台综合频道	4.4	8.6
6	温家宝总理在阿盟总部发表演讲	中央电视台综合频道	3.1	6.1
7	贵州新闻联播	贵州卫视	2.9	15.7
8	中俄建交六十周年庆祝大会暨中国俄语年闭幕式	中央电视台综合频道	2.8	6.0
9	澳门十年	中央电视台综合频道	2.4	4.7
10	盛典国庆 60 周年特别报道	中央电视台综合频道	2.0	18.0

表 3.8.10　2009 年贵州市场专题节目收视率排名前十位

名次	节目名称	播出频道	平均收视率（%）	平均占有率（%）
1	解放农奴	贵州卫视	10.1	21.2
2	百年先念	中央电视台综合频道	7.1	14.3
3	今日往事	贵州卫视	6.5	18.4
4	西藏今昔	中央电视台综合频道	6.3	14.0
5	5.12 四川汶川地震 1 周年特别节目爱的记忆	贵州卫视	5.8	22.6
6	中国农民工	贵州卫视	5.5	18.9
7	人民英模	中央电视台综合频道	5.3	12.3
8	在那激情燃烧的年代	贵州卫视	4.6	12.5
9	解放农奴	中央电视台综合频道	4.5	9.4
10	宋任穷	中央电视台综合频道	4.3	8.3

表 3.8.11　2009 年贵州市场综艺节目收视率排名前十位

名次	节目名称	播出频道	平均收视率（%）	平均占有率（%）
1	2009 春节联欢晚会	中央电视台综合频道	20.2	51.6
2	首都各界庆祝中华人民共和国成立 60 周年联欢晚会	中央电视台综合频道	16.3	32.0
3	首都各界庆祝中华人民共和国成立 60 周年联欢晚会	贵州卫视	10.6	20.3
4	2009 中国贵阳避暑季开幕式大型文艺晚会	贵州卫视	10.4	20.4
5	荣耀之光颁奖盛典 2009 多彩贵州舞蹈大赛	贵州卫视	8.7	16.7
6	改革开放 30 年大型综艺节目光阴故事	贵州卫视	7.0	14.2
7	2009 万家灯火平安夜公安部 2009 年春节电视文艺晚会	中央电视台综合频道	6.3	12.3
8	春天的祝福文化部 2009 年春节电视晚会	中央电视台综合频道	6.2	15.2
9	2009 多彩贵州舞蹈大赛民族民间舞原生态舞专项赛决赛	贵州卫视	6.2	14.7
10	黔岭放歌中央电视台心连心艺术团赴贵州仁怀慰问演出	中央电视台综合频道	6.1	13.3

表 3.8.12　2009 年贵州市场体育类节目收视率排名前十位

名次	节目名称	播出频道	平均收视率（%）	平均占有率（%）
1	中华人民共和国第十一届运动会开幕式	中央电视台综合频道	4.5	9.7
2	哈尔滨 24th 世界大学生冬季运动会	中央电视台综合频道	3.5	7.1
3	中华人民共和国第十一届运动会闭幕式	中央电视台综合频道	3.4	7.9
4	国球大典世界乒乓球总冠军赛国球荣光世界分享	湖南电视台卫星频道	2.9	5.1
5	KFK2009 年第四届国际武术搏击王争霸赛	重庆卫视	1.9	4.0
6	第十一届全运会柔道决赛女子 63 公斤级	中央台五套	1.7	3.4
7	黄金赛场：2009 年 WMA 中国武术职业联赛团体赛第三轮第一场	中央台五套	1.6	3.7
8	第 50 届世界乒乓球锦标赛女单决赛	中央台五套	1.5	2.9
9	黄金赛场：第 25 届亚洲男子篮球锦标赛 - 印度 VS 中国	中央台五套	1.4	3.7
10	青春赛场 - 08/09 赛季 CBA 职业联赛江苏德玛斯特 VS 山西中宇	青海卫视	1.4	2.5

九、海南收视数据

表 3.9.1　2005—2009 年海南市场各类频道的市场占有率（%）

频道类别	年份				
	2005 年	2006 年	2007 年	2008 年	2009 年
中央台频道	25.7	25.9	31.3	35.2	28.9
中国教育台频道	0.1	0.0	0.2	0.3	0.4
海南省级频道	39.0	33.8	27.7	25.2	30.3
其他省级卫视频道	15.9	19.0	23.3	27.7	29.9
其他频道	19.45	21.3	17.5	11.6	10.5

表 3.9.2　2009 年海南市场各类频道在不同目标观众中的市场占有率（%）

目标观众		中央台频道	中国教育台频道	海南省级频道	其他省级卫视频道	其他频道
4 岁及以上所有人		28.9	0.4	30.3	29.9	10.4
城乡	城市	38.8	0.4	25.8	25.2	9.8
	农村	25.8	0.4	31.8	31.5	10.6
性别	男	30.2	0.4	30.0	28.9	10.6
	女	27.6	0.4	30.7	31.0	10.2
年龄	4－14 岁	29.3	0.5	28.2	32.6	9.4
	15－24 岁	24.0	0.4	26.8	33.9	14.9
	25－34 岁	27.5	0.4	29.6	32.0	10.5
	35－44 岁	31.0	0.4	30.1	29.2	9.4
	45－54 岁	31.0	0.4	31.2	29.5	7.9
	55－64 岁	34.6	0.5	36.9	19.7	8.3
	65 岁及以上	29.8	0.2	38.4	22.0	9.6
教育程度	未受过正规教育	22.1	0.5	35.0	32.5	9.9
	小学	25.1	0.6	29.0	35.7	9.6
	初中	28.1	0.3	31.2	28.5	11.8
	高中	36.5	0.4	29.4	25.4	8.3
	大学及以上	56.8	0.3	21.0	16.5	5.5
职业类别	干部/管理人员	55.5	0.2	17.1	19.7	7.6
	个体/私营企业人员	28.7	0.6	29.5	26.9	14.3
	初级公务员/雇员	46.1	0.4	26.6	18.8	8.1
	工人	33.2	0.2	30.2	25.1	11.4
	学生	27.7	0.5	25.8	35.3	10.8
	无业	33.2	0.3	31.0	23.8	11.6
	其他	25.3	0.4	32.7	32.2	9.5
个人月收入	0－300 元	25.3	0.5	30.6	33.3	10.4
	301－600 元	26.5	0.4	33.9	28.9	10.3
	601－900 元	32.3	0.4	29.0	24.1	14.3
	901－1200 元	37.1	0.3	28.4	25.2	9.1
	1201 元及以上	49.5	0.3	23.1	20.4	6.7

表 3.9.3　2009 年海南市场各类频道在不同时段的市场占有率（%）

时间段	中央台频道	中国教育台频道	海南省级频道	其他省级卫视频道	其他频道
02:00-03:00	24.3	0.3	4.8	40.7	29.9
03:00-04:00	21.2	0.5	4.4	48.8	25.2
04:00-05:00	28.7	0.3	4.7	47.3	19.0
05:00-06:00	52.5	0.3	10.7	20.7	15.9
06:00-07:00	43.9	0.3	18.1	23.2	14.6
07:00-08:00	42.1	0.3	19.4	26.9	11.4
08:00-09:00	28.7	0.4	17.8	43.4	9.8
09:00-10:00	29.4	0.6	14.7	46.2	9.2
10:00-11:00	31.8	0.6	14.2	44.6	8.8
11:00-12:00	37.7	0.6	12.2	41.2	8.3
12:00-13:00	44.4	0.4	14.3	32.7	8.2
13:00-14:00	46.9	1.3	13.0	30.3	8.6
14:00-15:00	42.7	1.3	9.3	31.7	15.0
15:00-16:00	31.0	0.6	8.6	42.4	17.5
16:00-17:00	33.4	0.7	7.9	43.9	14.2
17:00-18:00	42.6	1.1	18.2	26.1	12.0
18:00-19:00	25.9	0.3	53.0	11.2	9.6
19:00-20:00	32.1	0.2	43.8	13.9	9.9
20:00-21:00	22.5	0.2	40.1	28.0	9.2
21:00-22:00	24.5	0.3	31.2	34.1	10.0
22:00-23:00	23.2	0.5	25.3	38.9	12.1
23:00-24:00	26.4	0.5	22.2	37.3	13.5
24:00-25:00	34.4	0.2	13.4	27.4	24.6
25:00-26:00	27.7	0.2	8.1	25.3	38.8

表 3.9.4　2009 年海南市场收视份额位于前十位的频道

名次	频道名称	收视份额（%）
1	海南电视台综合频道	26.0
2	中央电视台综合频道	13.3
3	湖南电视台卫星频道	5.0
4	中央台八套	3.5
5	星空卫视	3.0
6	安徽卫视	2.8
7	中央电视台少儿频道	2.3
8	江西电视台卫星频道（一套）	2.0
9	中央台三套	1.8
9	海南电视台公共频道	1.8

表 3.9.5　2009 年海南市场主要频道的观众构成（%）

目标观众		所有频道	主要频道				
			海南电视台综合频道	中央电视台综合频道	湖南电视台卫星频道	中央台八套	星空卫视
4 岁及以上所有人		100.0	100.0	100.0	100.0	100.0	100.0
城乡	城市	24.4	20.0	32.6	27.7	33.8	14.6
	农村	75.6	80.0	67.4	72.3	66.2	85.4
性别	男	51.3	50.6	53.8	40.0	41.0	51.2
	女	48.7	49.4	46.2	60.0	59.0	48.8
年龄	4 - 14 岁	14.7	14.2	14.0	13.5	7.2	15.1
	15 - 24 岁	19.7	17.5	16.0	30.2	13.3	33.6
	25 - 34 岁	17.7	17.6	17.1	20.2	18.7	17.3
	35 - 44 岁	20.1	19.6	24.2	16.9	22.0	14.9
	45 - 54 岁	13.2	13.6	13.2	10.6	16.8	9.4
	55 - 64 岁	7.4	9.3	8.4	4.0	13.7	3.5
	65 岁及以上	7.3	8.4	7.2	4.7	8.4	6.3
教育程度	未受过正规教育	7.6	9.5	6.1	6.3	2.4	7.6
	小学	27.1	27.5	27.8	22.7	12.3	28.6
	初中	48.3	49.4	46.7	53.1	52.3	57.9
	高中	13.6	12.1	14.4	14.4	25.5	5.7
	大学及以上	3.4	1.5	5.0	3.4	7.5	0.2
职业类别	干部/管理人员	1.3	0.6	1.7	1.4	5.5	0.7
	个体/私营企业人员	7.7	6.1	6.0	8.5	9.8	5.7
	初级公务员/雇员	5.4	4.0	6.4	6.1	13.3	3.0
	工人	2.1	1.7	1.5	2.2	3.1	0.6
	学生	18.0	15.0	17.3	22.2	9.5	20.3
	无业	16.5	15.2	15.6	15.8	22.6	14.8
	其他	49.0	57.5	51.5	43.9	36.2	55.0
个人月收入	0 - 300 元	56.7	59.2	54.2	61.6	35.6	63.9
	301 - 600 元	19.7	22.9	19.9	16.7	17.6	19.8
	601 - 900 元	9.8	8.3	9.1	8.9	14.6	11.3
	901 - 1200 元	5.3	4.3	5.5	5.1	11.3	2.5
	1201 元及以上	8.5	5.3	11.4	7.6	21.0	2.6

表 3.9.6　2007—2009 年海南市场各类节目的播出和收视份额（%）

节目类别	2007 年		2008 年		2009 年	
	播出份额	收视份额	播出份额	收视份额	播出份额	收视份额
财经	1.7	0.3	1.0	0.2	2.1	0.3
电视剧	25.8	44.9	28.5	44.1	23.1	43.1
电影	2.8	1.7	3.7	1.5	3.0	1.5
法制	1.3	0.3	0.9	0.5	1.4	1.1
教学	0.6	0.0	0.6	0.1	0.5	0.1
青少	4.8	1.9	3.3	1.1	5.4	3.2
生活服务	6.7	5.1	8.4	5.5	7.9	6.6
体育	1.9	1.8	3.3	5.9	2.1	1.4
外语	0.3	0.1	0.2	0.0	0.2	0.1
戏剧	1.4	0.1	1.1	0.1	1.2	0.2
新闻/时事	14.0	14.3	12.1	11.5	13.6	10.0
音乐	2.2	0.9	2.4	0.5	2.9	0.6
专题	11.9	4.1	11.4	4.6	10.9	5.1
综艺	8.4	6.8	6.5	6.9	9.3	8.4
其他	16.4	17.7	16.7	17.6	16.4	18.4

表 3.9.7　2009 年海南市场所有类型节目中收视排名前三十位

名次	节目名称	节目类型	播出频道	平均收视率（%）	平均占有率（%）
1	天伦劫	电视剧	海南电视台综合频道	22.8	43.6
2	情之债	电视剧	海南电视台综合频道	22.5	44.6
3	夺子战争	电视剧	海南电视台综合频道	21.6	44.2
4	道德底线	电视剧	海南电视台综合频道	21.5	42.3
5	黑玫瑰	电视剧	海南电视台综合频道	20.6	42.2
6	虎山行	电视剧	海南电视台综合频道	20.1	40.9
7	妈妈为我嫁	电视剧	海南电视台综合频道	19.8	38.8
8	翡翠凤凰	电视剧	海南电视台综合频道	19.4	39.1
9	一千滴眼泪	电视剧	海南电视台综合频道	19.3	39.7
10	2009 春节联欢晚会	综艺	中央电视台综合频道	19.0	61.2
11	首都各界庆祝中华人民共和国成立 60 周年联欢晚会	综艺	中央电视台综合频道	19.0	37.0
12	名门新娘	电视剧	海南电视台综合频道	18.7	39.0
13	海南 315 晚会在诚信中前行	综艺	海南电视台综合频道	18.7	37.0
14	2009 街舞大赛复赛	综艺	海南电视台综合频道	18.2	38.1
15	雾柳镇	电视剧	海南电视台综合频道	17.9	35.9
16	2009 年第十届中国海南岛欢乐节文艺晚会暨华谊群星欢乐夜	综艺	海南电视台综合频道	17.3	37.7
17	飞扬新声为梦想歌唱第二季脱口而出	综艺	海南电视台综合频道	16.9	34.9
18	春去春又回	电视剧	海南电视台综合频道	16.7	34.7
19	美丽盛典 2010 年上海世博会礼仪小姐选拔大赛海南赛区十强赛	综艺	海南电视台综合频道	16.5	32.8
20	纸醉金迷	电视剧	海南电视台综合频道	16.1	34.3
21	2009 第 8 届国际模特大赛	综艺	海南电视台综合频道	16.1	33.4
22	红海棠	电视剧	海南电视台综合频道	15.9	31.7
23	2009 年第十届中国海南岛欢乐节开幕式	综艺	海南电视台综合频道	15.8	39.1
24	海南一家亲	电视剧	海南电视台综合频道	15.4	33.2
25	书剑恩仇录	电视剧	海南电视台综合频道	15.3	32.8
26	国际旅游岛首届大学生时尚创意设计大奖赛总决	综艺	海南电视台综合频道	15.2	31.5
27	朱元璋	电视剧	海南电视台综合频道	15.0	30.2
28	爸爸天亮叫我	电视剧	海南电视台综合频道	14.9	29.6
29	首都各界庆祝中华人民共和国成立 60 周年联欢晚会	综艺	海南电视台综合频道	14.7	28.2
30	封神榜	电视剧	海南电视台综合频道	14.3	30.5

表 3.9.8　2009 年海南市场电视剧收视率排名前十位

名次	节目名称	播出频道	平均收视率（%）	平均占有率（%）
1	天伦劫	海南电视台综合频道	22.8	43.6
2	情之债	海南电视台综合频道	22.5	44.6
3	夺子战争	海南电视台综合频道	21.6	44.2
4	道德底线	海南电视台综合频道	21.5	42.8
5	黑玫瑰	海南电视台综合频道	20.6	42.2
6	虎山行	海南电视台综合频道	20.1	40.9
7	妈妈为我嫁	海南电视台综合频道	19.8	38.8
8	翡翠凤凰	海南电视台综合频道	19.4	39.1
9	一千滴眼泪	海南电视台综合频道	19.3	39.7
10	名门新娘	海南电视台综合频道	18.7	39.0

表 3.9.9　2009 年海南市场新闻节目收视率排名前十位

名次	节目名称	播出频道	平均收视率（%）	平均占有率（%）
1	新闻联播	中央电视台综合频道	8.6	28.1
2	直播海南	海南电视台综合频道	7.1	49.2
3	焦点访谈	中央电视台综合频道	5.5	12.5
4	中俄建交六十周年庆祝大会暨中国俄语年闭幕式	中央电视台综合频道	4.0	9.4
5	温家宝总理在阿盟总部发表演讲	中央电视台综合频道	3.9	7.5
6	温家宝总理会见中外记者	中央电视台综合频道	3.8	7.2
7	我们的节日春节一年又一年四海一家亲	中央电视台综合频道	2.1	23.1
8	晚间新闻	中央电视台综合频道	2.1	9.0
9	海南新闻	海南电视台综合频道	1.8	14.7
10	鹩哥	海南电视台公共频道	1.4	3.3

表 3.9.10　2009 年海南市场专题节目收视率排名前十位

名次	节目名称	播出频道	平均收视率（%）	平均占有率（%）
1	红色娘子军	海南电视台综合频道	11.2	30.4
2	百年先念	中央电视台综合频道	5.9	11.4
3	西藏今昔	中央电视台综合频道	5.1	11.3
4	我们的田野 2009 三八特别节目	中央电视台综合频道	5.0	9.4
5	人民英模	中央电视台综合频道	4.4	9.8
6	解放农奴	中央电视台综合频道	4.3	9.0
7	时代的责任精神文明建设五个一工程巡礼	中央电视台综合频道	4.3	8.4
8	宋任穷	中央电视台综合频道	4.1	8.0
9	人民至上	中央电视台综合频道	3.8	7.5
10	大海之南海南国际旅游岛环岛直播	海南电视台综合频道	3.7	22.2

表 3.9.11　2009 年海南市场综艺节目收视率排名前十位

名次	节目名称	播出频道	平均收视率（%）	平均占有率（%）
1	2009 春节联欢晚会	中央电视台综合频道	19.0	61.2
2	首都各界庆祝中华人民共和国成立 60 周年联欢晚会	中央电视台综合频道	19.0	37.0
3	海南 315 晚会在诚信中前行	海南电视台综合频道	18.7	37.0
4	2009 街舞大赛复赛	海南电视台综合频道	18.2	38.1
5	2009 年第十届中国海南岛欢乐节文艺晚会暨华谊群星欢乐夜	海南电视台综合频道	17.3	37.7
6	飞扬新声为梦想歌唱第二季脱口而出	海南电视台综合频道	16.9	34.9
7	美丽盛典 2010 年上海世博会礼仪小姐选拔大赛海南赛区十强赛	海南电视台综合频道	16.5	32.8
8	2009 第 8 届国际模特大赛	海南电视台综合频道	16.1	33.4
9	2009 年第十届中国海南岛欢乐节开幕式	海南电视台综合频道	15.8	39.1
10	国际旅游岛首届大学生时尚创意设计大奖赛总决	海南电视台综合频道	15.2	31.5

表 3.9.12　2009 年海南市场体育节目收视率排名前十位

名次	节目名称	播出频道	平均收视率（%）	平均占有率（%）
1	哈尔滨 24th 世界大学生冬季运动会	中央电视台综合频道	5.8	11.9
2	中华人民共和国第十一届运动会开幕式	中央电视台综合频道	5.5	12.4
3	魅力高尔夫	海南电视台综合频道	5.3	28.5
4	中华人民共和国第十一届运动会闭幕式	中央电视台综合频道	3.2	6.9
5	直播周末：2009 年瑞士女排精英赛三四名决赛	中央台五套	1.9	3.7
6	2009 年世界女排大奖赛香港站	中央台五套	1.6	3.7
7	黄金赛场：2009 年中国国际女排精英赛昆山站	中央台五套	1.6	3.2
8	直播周末：2009 年第 25 届亚洲男篮锦标赛半决赛 - 黎巴嫩队 VS 中国队	中央台五套	1.5	4.4
9	国球大典世界乒乓球总冠军赛国球荣光世界分享	湖南电视台卫星频道	1.5	3.0
10	天下足球：2009 年中国之队国际足球友谊赛	中央台五套	1.4	2.7

十、河北收视数据

表 3.10.1 2005—2009 年河北市场各类频道的市场占有率(%)

频道类别	年份				
	2005 年	2006 年	2007 年	2008 年	2009 年
中央台频道	25.8	26.2	29.4	36.1	33.9
中国教育台频道	0.4	0.2	0.3	0.4	0.4
河北省级频道	34.1	35.1	32.6	26.5	23.7
其他省级卫视频道	11.8	12.3	18.0	26.5	32.4
其他频道	27.9	26.3	19.8	10.5	9.6

表 3.10.2 2009 年河北市场各类频道在不同目标观众中的市场占有率(%)

目标观众		中央台频道	中国教育台频道	河北省级频道	其他省级卫视频道	其他频道
4 岁及以上所有人		33.9	0.4	23.7	32.4	9.7
城乡	城市	47.2	0.2	15.6	22.5	14.5
	农村	31.5	0.4	25.2	34.1	8.8
性别	男	35.7	0.4	24.3	29.4	10.2
	女	32.1	0.4	23.2	35.2	9.1
年龄	4-14 岁	29.9	0.4	21.0	41.0	7.8
	15-24 岁	24.2	0.4	25.5	41.8	8.2
	25-34 岁	33.8	0.3	22.4	34.0	9.5
	35-44 岁	31.5	0.5	25.0	34.2	8.8
	45-54 岁	38.9	0.4	22.3	28.5	9.9
	55-64 岁	41.3	0.3	26.5	19.4	12.4
	65 岁及以上	45.3	0.2	21.5	19.5	13.5
教育程度	未受过正规教育	34.3	0.3	24.8	30.7	9.8
	小学	30.8	0.4	27.1	30.8	10.9
	初中	32.6	0.4	22.7	35.6	8.6
	高中	39.1	0.3	22.4	28.0	10.1
	大学及以上	51.5	0.3	14.3	22.6	11.3
职业类别	干部/管理人员	57.5	0.2	13.1	14.7	14.4
	个体/私营企业人员	35.8	0.3	20.0	35.4	8.5
	初级公务员/雇员	45.3	0.4	15.8	27.4	11.1
	工人	33.3	0.6	22.0	35.5	8.6
	学生	30.7	0.4	21.4	38.3	9.1
	无业	43.7	0.3	18.0	28.7	9.3
	其他	28.4	0.4	29.1	32.0	10.2
个人月收入	0-300 元	33.2	0.3	25.0	31.6	9.8
	301-600 元	28.2	0.4	29.0	32.5	10.0
	601-900 元	31.2	0.6	19.8	40.4	8.1
	901-1200 元	38.7	0.4	17.9	33.6	9.5
	1201 元及以上	42.7	0.3	20.2	26.5	10.3

表 3.10.3　2009 年河北市场各类频道不同时段的市场占有率（%）

时间段	中央台频道	中国教育台频道	河北省级频道	其他省级卫视频道	其他频道
02：00－03：00	40.7	1.0	9.5	43.5	5.2
03：00－04：00	33.0	0.8	8.5	54.3	3.5
04：00－05：00	41.1	0.4	5.3	50.6	2.6
05：00－06：00	47.3	0.5	8.5	39.3	4.4
06：00－07：00	56.5	0.7	8.3	29.7	4.9
07：00－08：00	54.5	0.3	15.9	23.4	5.9
08：00－09：00	38.7	0.2	17.7	34.1	9.2
09：00－10：00	28.7	0.3	18.5	43.0	9.5
10：00－11：00	27.0	0.5	18.1	45.7	8.7
11：00－12：00	32.1	0.4	19.3	40.4	7.7
12：00－13：00	39.6	0.2	27.7	24.9	7.5
13：00－14：00	31.3	0.7	20.0	33.5	14.6
14：00－15：00	26.2	0.7	15.5	37.9	19.8
15：00－16：00	23.4	0.5	14.9	46.2	15.1
16：00－17：00	25.8	0.4	14.7	49.4	9.7
17：00－18：00	34.2	0.5	16.6	38.2	10.6
18：00－19：00	27.7	0.2	40.2	20.6	11.2
19：00－20：00	48.7	0.2	26.0	16.3	8.8
20：00－21：00	30.6	0.4	25.5	34.8	8.6
21：00－22：00	26.8	0.5	23.5	40.1	9.1
22：00－23：00	22.1	0.5	19.6	45.9	11.8
23：00－24：00	26.5	0.3	18.1	45.1	10.1
24：00－25：00	32.8	0.2	20.5	37.8	8.7
25：00－26：00	33.4	0.0	19.6	36.3	10.8

表 3.10.4　2009 年河北市场收视份额排名前十位的频道

名次	频道名称	收视份额（%）
1	中央电视台综合频道	13.0
2	河北电视台二套（经济生活频道）	7.7
3	河北电视台农民频道（七套）	7.2
4	河北卫视	5.7
5	湖南电视台卫星频道	4.2
6	中央台十二套	3.4
7	中央台八套	3.0
8	安徽卫视	2.9
9	中央台六套	2.3
10	中央台三套	2.2

表 3.10.5　2009 年河北市场各主要频道的观众构成（%）

目标观众		所有频道	主要频道				
			中央电视台综合频道	河北电视台二套(经济生活频道)	河北电视台农民频道(七套)	河北卫视	湖南电视台卫星频道
4 岁及以上所有人		100.0	100.0	100.0	100.0	100.0	100.0
城乡	城市	15.2	21.9	6.2	8.5	9.8	11.7
	农村	84.8	78.1	93.8	91.5	90.2	88.3
性别	男	48.4	51.9	49.9	50.6	47.5	33.8
	女	51.6	48.1	50.1	49.4	52.5	66.2
年龄	4－14 岁	11.3	7.5	8.7	10.8	10.6	10.9
	15－24 岁	17.7	15.3	19.9	20.6	16.9	34.2
	25－34 岁	14.4	13.3	9.4	17.6	12.3	13.4
	35－44 岁	19.9	18.9	21.5	19.6	21.9	21.3
	45－54 岁	16.9	19.2	15.4	14.6	16.0	13.0
	55－64 岁	11.8	16.0	16.7	11.1	13.8	3.9
	65 岁及以上	8.0	9.7	8.4	5.7	8.5	3.3
教育程度	未受过正规教育	6.9	5.7	5.7	9.0	7.6	3.4
	小学	27.8	22.3	38.5	30.2	28.3	21.6
	初中	46.2	46.0	40.8	43.5	49.2	57.2
	高中	15.8	20.2	13.7	15.7	13.0	14.8
	大学及以上	3.4	5.9	1.3	1.5	1.9	3.0
职业类别	干部/管理人员	0.9	1.7	0.3	0.6	0.4	0.5
	个体/私营企业人员	10.4	9.0	3.6	10.3	9.9	12.9
	初级公务员/雇员	5.7	8.7	2.6	3.1	4.9	4.3
	工人	9.4	7.5	3.5	11.3	8.5	12.1
	学生	11.4	10.2	9.6	10.1	11.4	12.9
	无业	18.0	19.0	11.0	13.2	14.2	16.5
	其他	44.2	43.9	69.4	51.5	50.8	40.8
个人月收入	0－300 元	45.9	42.1	56.1	47.7	43.6	45.9
	301－600 元	18.4	19.1	23.6	22.0	24.3	17.1
	601－900 元	12.0	11.9	7.5	10.1	12.1	16.6
	901－1200 元	10.4	10.4	5.4	8.2	8.6	10.6
	1201 元及以上	13.3	16.5	7.4	11.9	11.4	9.8

表 3.10.6　2007—2009 年河北市场各类节目的播出份额（%）和收视份额（%）

节目类别	2007 年		2008 年		2009 年	
	播出份额	收视份额	播出份额	收视份额	播出份额	收视份额
财经	1.7	1.6	1.7	0.6	2.0	0.5
电视剧	26.1	38.1	26.1	31.8	23.5	30.4
电影	3.5	3.8	3.5	7.2	4.2	5.6
法制	1.2	1.4	1.0	1.6	1.2	2.8
教学	0.6	0.1	0.6	0.1	0.5	0.1
青少	4.8	3.0	4.8	3.1	5.4	5.0
生活服务	7.1	5.6	8.4	7.4	8.3	7.4
体育	1.8	1.2	2.9	4.0	2.0	0.7
外语	0.2	0.2	0.2	0.1	0.1	0.1
戏剧	1.3	1.2	1.1	1.2	1.2	1.5
新闻/时事	13.2	8.9	13.4	11.7	13.0	10.4
音乐	2.0	0.9	2.5	0.5	2.8	0.6
专题	11.6	5.8	11.5	6.1	11.0	6.4
综艺	8.3	9.2	7.0	7.6	9.1	10.8
其他	16.6	18.9	15.5	17.1	15.9	17.7

表 3.10.7 2009 年河北市场所有节目收视率排名前三十位

名次	节目名称	节目类型	播出频道	平均收视率（%）	平均占有率（%）
1	2009 春节联欢晚会	综艺	中央电视台综合频道	42.3	78.4
2	首都各界庆祝中华人民共和国成立 60 周年联欢晚会	综艺	中央电视台综合频道	27.5	52.2
3	新闻联播	新闻/时事	中央电视台综合频道	16.3	37.2
4	天气预报	生活服务	中央电视台综合频道	13.7	27.8
5	欢天喜地闹元宵 2009 年元宵晚会	综艺	中央电视台综合频道	11.4	20.0
6	西藏今昔	专题	中央电视台综合频道	11.1	18.4
7	焦点访谈	新闻/时事	中央电视台综合频道	10.4	20.5
8	万众一心向前进 2009 年军民迎新春文艺晚会	综艺	中央电视台综合频道	9.9	18.6
9	走西口	电视剧	中央电视台综合频道	9.2	17.6
10	解放农奴	专题	中央电视台综合频道	9.1	14.5
11	宜春月中华情 2009 年中央电视台中秋晚会	综艺	中央电视台综合频道	8.8	20.1
12	春天的祝福文化部 2009 年春节电视晚会	综艺	中央电视台综合频道	8.3	21.2
13	2009 万家灯火平安夜公安部 2009 年春节电视文艺晚会	综艺	中央电视台综合频道	8.3	15.2
14	曲苑杂坛	综艺	中央电视台综合频道	7.9	17.0
15	人民英模	专题	中央电视台综合频道	7.9	16.6
16	我们的节日春节一年又一年四海一家亲	新闻/时事	中央电视台综合频道	7.6	22.5
17	栏目剧村里这点事演员面试	综艺	河北电视台农民频道（七套）	7.1	11.6
18	八仙全传之八仙过海	电视剧	河北电视台二套（经济生活频道）	7.0	12.1
19	超级新主播农民频道主持人选拔活动妈妈我爱你	综艺	河北电视台农民频道（七套）	6.9	11.8
20	我的青春谁做主	电视剧	中央电视台综合频道	6.8	12.9
21	清凌凌的水蓝莹莹的天第二部	电视剧	中央电视台综合频道	6.6	12.0
22	露天电影院	综艺	河北电视台农民频道（七套）	6.4	15.8
23	扬帆起航中央电视台心连心艺术团赴宁波慰问演出	综艺	中央电视台综合频道	6.1	10.2
24	哈尔滨 24th 世界大学生冬季运动会	体育	中央电视台综合频道	6.0	12.1

续表

名次	节目名称	节目类型	播出频道	平均收视率(%)	平均占有率(%)
25	荀慧生	电视剧	河北电视台二套（经济生活频道）	6.0	10.5
26	我是一棵小草	电视剧	河北电视台二套（经济生活频道）	6.0	10.4
27	喜耕田的故事第二部	电视剧	中央电视台综合频道	5.9	10.9
27	快乐农家院	电视剧	河北电视台农民频道(七套)	5.9	10.9
29	温家宝总理会见中外记者	新闻/时事	中央电视台综合频道	5.8	9.4
30	庆祝中华人民共和国成立六十周年大型音乐舞蹈史诗复兴之路	综艺	中央电视台综合频道	5.7	14.9

表 3.10.8　2009 年河北市场电视剧收视率排名前十位

名次	节目名称	播出频道	平均收视率(%)	平均占有率(%)
1	走西口	中央电视台综合频道	9.2	17.6
2	八仙全传之八仙过海	河北电视台二套（经济生活频道）	7.0	12.1
3	我的青春谁做主	中央电视台综合频道	6.8	12.9
4	清凌凌的水蓝莹莹的天第二部	中央电视台综合频道	6.6	12.0
5	荀慧生	河北电视台二套（经济生活频道）	6.0	10.5
6	我是一棵小草	河北电视台二套（经济生活频道）	6.0	10.4
7	喜耕田的故事第二部	中央电视台综合频道	5.9	10.9
7	快乐农家院	河北电视台农民频道（七套）	5.9	10.9
9	在那遥远的地方	中央电视台综合频道	5.6	11.0
10	纸醉金迷	河北电视台二套（经济生活频道）	5.4	9.4

表 3.10.9　2009 年河北市场新闻节目收视率排名前十位

名次	节目名称	播出频道	平均收视率(%)	平均占有率(%)
1	新闻联播	中央电视台综合频道	16.3	37.2
2	焦点访谈	中央电视台综合频道	10.4	20.5
3	我们的节日春节一年又一年四海一家亲	中央电视台综合频道	7.6	22.5
4	温家宝总理会见中外记者	中央电视台综合频道	5.8	9.4
5	温家宝总理在阿盟总部发表演讲	中央电视台综合频道	3.2	6.4
6	今日资讯	河北电视台二套(经济生活频道)	2.8	11.8
7	两会专题	河北卫视	2.7	4.3
8	中俄建交六十周年庆祝大会暨中国俄语年闭幕式	中央电视台综合频道	2.3	5.5
9	盛典国庆 60 周年特别报道	中央电视台综合频道	2.1	22.9
10	我们的节日春节一年又一年四海一家亲	河北卫视	1.9	3.0

表 3.10.10　2009 年河北市场专题节目收视率排名前十位

名次	节目名称	播出频道	平均收视率（%）	平均占有率（%）
1	西藏今昔	中央电视台综合频道	11.1	18.4
2	解放农奴	中央电视台综合频道	9.1	14.5
3	人民英模	中央电视台综合频道	7.9	16.6
4	百年先念	中央电视台综合频道	4.8	10.2
5	相信中国 2009 年当代工人五一特别节目	中央电视台综合频道	4.2	8.6
6	人民至上	中央电视台综合频道	4.2	7.6
7	2008 河北省年度孝心人物评选	河北电视台农民频道（七套）	4.1	13.2
8	非常帮助	河北电视台农民频道（七套）	4.0	7.9
9	时代的责任精神文明建设五个一工程巡礼	中央电视台综合频道	3.8	7.2
10	宋任穷	中央电视台综合频道	3.6	7.1

表 3.10.11　2009 年河北市场综艺节目收视率排名前十位

名次	节目名称	播出频道	平均收视率（%）	平均占有率（%）
1	2009 春节联欢晚会	中央电视台综合频道	42.3	78.4
2	首都各界庆祝中华人民共和国成立 60 周年联欢晚会	中央电视台综合频道	27.5	52.2
3	欢天喜地闹元宵 2009 年元宵晚会	中央电视台综合频道	11.4	20.0
4	万众一心向前进 2009 年军民迎新春文艺晚会	中央电视台综合频道	9.9	18.6
5	宜春月中华情 2009 年中央电视台中秋晚会	中央电视台综合频道	8.8	20.1
6	春天的祝福文化部 2009 年春节电视晚会	中央电视台综合频道	8.3	21.2
7	2009 万家灯火平安夜公安部 2009 年春节电视文艺晚会	中央电视台综合频道	8.3	15.2
8	曲苑杂坛	中央电视台综合频道	7.9	17.0
9	栏目剧村里这点事演员面试	河北电视台农民频道（七套）	7.1	11.6
10	超级新主播农民频道主持人选拔活动妈妈我爱你	河北电视台农民频道（七套）	6.9	11.8

表 3.10.12　2009 年河北市场体育节目收视率排名前十位

名次	节目名称	播出频道	平均收视率（%）	平均占有率（%）
1	哈尔滨 24th 世界大学生冬季运动会	中央电视台综合频道	6.0	12.1
2	中华人民共和国第十一届运动会闭幕式	中央电视台综合频道	2.7	6.3
3	中华人民共和国第十一届运动会开幕式	中央电视台综合频道	2.5	6.1
4	国球大典世界乒乓球总冠军赛国球荣光世界分享	湖南电视台卫星频道	2.3	4.0
5	世界大力士冠军赛精编版	中央电视台综合频道	1.4	7.6
6	武林风	河南电视台卫星频道（一套）	1.4	4.8
7	KFK2009 年第四届国际武术搏击王争霸赛	重庆卫视	1.4	3.0
8	第十一届全国运动会开幕式	山东卫视	1.2	2.8
9	终极篮徒颁奖盛典	山东卫视	1.2	2.4
10	第一届全国智力运动会开幕式	四川卫视	1.1	2.3

十一、河南收视数据

表 3. 11. 1　2005—2009 **年河南市场各类频道的市场占有率（%）**

频道类别	年份				
	2005 年	2006 年	2007 年	2008 年	2009 年
中央台频道	30. 9	27. 6	27. 9	31. 5	29. 3
中国教育台频道	0. 1	0. 0	0. 1	0. 1	0. 2
河南省级频道	30. 9	42. 4	47. 1	43. 2	40. 7
其他省级卫视频道	4. 0	3. 8	5. 3	9. 2	18. 1
其他频道	34. 2	26. 1	19. 8	16. 0	11. 7

表 3. 11. 2　2009 **年河南市场各类频道在各目标观众中的市场占有率（%）**

目标观众		中央台频道	中国教育台频道	河南省级频道	其他省级卫视频道	其他频道
4 岁及以上所有人		29. 3	0. 2	40. 7	18. 1	11. 6
城乡	城市	46. 0	0. 2	21. 9	25. 1	6. 8
	农村	26. 3	0. 2	44. 2	16. 9	12. 4
性别	男	31. 6	0. 2	40. 1	16. 3	11. 8
	女	27. 1	0. 2	41. 3	19. 9	11. 5
年龄	4 - 14 岁	27. 4	0. 2	40. 1	20. 8	11. 5
	15 - 24 岁	21. 8	0. 2	43. 8	21. 0	13. 3
	25 - 34 岁	32. 7	0. 3	36. 2	21. 1	9. 7
	35 - 44 岁	28. 9	0. 3	40. 7	19. 2	10. 9
	45 - 54 岁	29. 3	0. 2	42. 0	17. 0	11. 5
	55 - 64 岁	35. 2	0. 1	42. 7	10. 8	11. 1
	65 岁及以上	36. 9	0. 1	37. 5	10. 6	15. 0
教育程度	未受过正规教育	23. 8	0. 2	47. 6	14. 9	13. 4
	小学	26. 5	0. 1	43. 3	17. 0	13. 2
	初中	27. 1	0. 3	42. 5	18. 6	11. 6
	高中	39. 3	0. 3	31. 9	19. 3	9. 3
	大学及以上	50. 7	0. 1	20. 6	21. 5	7. 2
职业类别	干部/管理人员	46. 3	0. 2	25. 5	16. 7	11. 4
	个体/私营企业人员	29. 8	0. 3	35. 6	22. 3	12. 0
	初级公务员/雇员	50. 7	0. 2	20. 0	23. 8	5. 3
	工人	26. 6	0. 3	44. 7	16. 0	12. 5
	学生	25. 8	0. 1	43. 4	18. 8	11. 9
	无业	37. 3	0. 2	32. 5	19. 7	10. 3
	其他	25. 5	0. 2	45. 3	16. 7	12. 3
个人月收入	0 - 300 元	25. 9	0. 2	42. 6	18. 1	13. 3
	301 - 600 元	26. 8	0. 3	44. 7	16. 7	11. 5
	601 - 900 元	29. 9	0. 2	41. 5	18. 9	9. 4
	901 - 1200 元	39. 8	0. 2	31. 0	19. 4	9. 7
	1201 元及以上	45. 9	0. 3	26. 4	19. 4	8. 0

表 3.11.3　2009 年河南市场各类频道在各时段的市场占有率（%）

时间段	中央台频道	中国教育台频道	河南省级频道	其他省级卫视频道	其他频道
02:00-03:00	30.6	0.0	33.5	27.5	8.5
03:00-04:00	23.7	0.0	28.8	42.7	4.9
04:00-05:00	26.5	0.5	18.4	51.3	3.4
05:00-06:00	47.6	0.2	19.8	29.6	2.9
06:00-07:00	51.7	0.4	20.8	23.8	3.4
07:00-08:00	54.4	0.6	22.2	16.6	6.2
08:00-09:00	28.2	0.3	39.8	20.4	11.3
09:00-10:00	21.8	0.2	36.1	26.1	15.8
10:00-11:00	25.5	0.3	26.8	29.4	18.1
11:00-12:00	32.4	0.3	29.5	23.7	14.2
12:00-13:00	43.9	0.1	34.0	12.4	9.7
13:00-14:00	34.0	0.5	33.0	18.5	14.1
14:00-15:00	21.6	0.6	30.0	30.2	17.7
15:00-16:00	17.6	0.3	30.2	32.6	19.3
16:00-17:00	20.2	0.2	28.5	31.7	19.4
17:00-18:00	28.6	0.2	38.9	19.0	13.3
18:00-19:00	31.0	0.1	49.4	9.5	10.1
19:00-20:00	41.9	0.1	39.9	7.9	10.3
20:00-21:00	23.0	0.2	46.7	19.3	10.8
21:00-22:00	20.5	0.3	45.6	22.3	11.4
22:00-23:00	17.5	0.6	47.0	24.2	10.7
23:00-24:00	22.1	0.4	38.1	25.3	14.0
24:00-25:00	27.2	0.0	29.4	27.2	16.2
25:00-26:00	34.7	0.0	28.5	26.4	10.4

表 3.11.4　2009 年河南市场收视份额排名前十位的频道

名次	频道名称	收视份额（%）
1	河南电视台电视剧频道（五套）	14.2
2	中央电视台综合频道	13.6
3	河南电视台卫星频道（一套）	12.6
4	河南电视台都市频道（二套）	10.9
5	湖南电视台卫星频道	2.7
6	中央台八套	2.4
7	中央台六套	2.3
8	中央电视台少儿频道	2.2
9	中央台三套	2.1
10	河南电视台新农村频道	1.9

表 3.11.5 2009 年河南市场各主要频道的观众构成

目标观众		所有频道	主要频道				
			河南电视台电视剧频道（五套）	中央电视台综合频道	河南电视台卫星频道	河南电视台都市频道（二套）	湖南电视台卫星频道
4 岁及以上所有人		100.0	100.0	100.0	100.0	100.0	100.0
城乡	城市	15.3	2.5	20.8	9.9	5.7	20.7
	农村	84.7	97.5	79.2	90.1	94.3	79.3
性别	男	49.9	48.6	53.8	50.7	47.4	33.8
	女	50.1	51.4	46.2	49.3	52.6	66.2
年龄	4－14 岁	12.8	14.5	9.6	10.1	13.6	13.4
	15－24 岁	19.2	23.6	12.4	16.6	22.7	34.9
	25－34 岁	15.1	14.6	15.1	11.6	12.5	20.0
	35－44 岁	20.1	20.8	21.0	18.2	22.0	18.2
	45－54 岁	14.2	12.6	14.7	14.2	17.3	9.1
	55－64 岁	11.1	8.0	16.8	19.1	7.8	3.0
	65 岁及以上	7.5	5.9	10.4	10.2	4.1	1.4
教育程度	未受过正规教育	5.5	5.5	5.3	8.0	6.1	3.3
	小学	25.6	28.7	23.4	26.3	28.2	19.7
	初中	50.8	54.2	44.9	52.2	52.9	53.0
	高中	15.2	10.8	21.2	11.6	11.7	17.6
	大学及以上	2.9	0.8	5.2	1.9	1.1	6.4
职业类别	干部/管理人员	1.0	0.5	1.7	0.8	0.8	0.8
	个体/私营企业人员	7.8	6.8	8.1	5.2	7.4	13.3
	初级公务员/雇员	5.0	1.4	8.7	2.9	2.2	9.2
	工人	8.1	10.2	6.8	6.8	9.1	6.3
	学生	14.4	17.3	10.4	12.8	16.2	17.5
	无业	16.3	9.5	20.1	15.3	12.3	15.1
	其他	47.4	54.3	44.2	56.2	52.0	37.8
个人月收入	0－300 元	49.5	54.5	43.3	51.0	50.4	52.4
	301－600 元	19.8	22.4	17.4	22.4	21.9	18.0
	601－900 元	14.9	14.8	16.8	15.0	16.4	15.1
	901－1200 元	8.0	4.9	10.8	6.2	6.1	9.2
	1201 元及以上	7.8	3.4	11.7	5.4	5.2	5.3

表 3.11.6 2007—2009 年河南市场各类节目的播出份额（%）和收视份额（%）

节目类别	2007 年		2008 年		2009 年	
	播出份额	收视份额	播出份额	收视份额	播出份额	收视份额
电影	4.0	5.2	2.8	1.4	3.3	3.1
教学	0.5	0.0	0.5	0.0	0.8	0.2
青少	4.6	1.9	4.7	2.6	4.3	4.0
电视剧	24.5	36.9	25.0	34.4	26.8	31.8
体育	1.8	2.3	2.9	5.0	1.9	1.5
外语	0.2	0.1	0.2	0.0	0.2	0.1
戏剧	1.3	3.0	1.1	2.5	1.1	2.7
新闻/时事	13.4	12.6	14.0	17.1	9.3	13.9
音乐	1.0	1.0	0.7	0.4	2.8	0.5
综艺	8.7	6.3	7.5	5.9	6.5	8.9
专题	12.2	4.4	11.8	3.7	9.9	4.0
财经	1.6	0.1	1.7	0.1	1.7	0.3
生活服务	8.4	6.3	9.5	7.4	9.6	7.3
法制	1.4	0.5	1.4	0.6	1.1	1.9
其他	16.4	19.5	16.3	18.8	20.8	19.8

表 3.11.7　2009 年河南市场所有节目收视率排名前三十位

名次	节目名称	节目类型	播出频道	平均收视率(%)	平均占有率(%)
1	2009 春节联欢晚会	综艺	中央电视台综合频道	29.6	69.8
2	首都各界庆祝中华人民共和国成立 60 周年联欢晚会	综艺	中央电视台综合频道	19.0	38.5
3	梨园春	戏剧	河南电视台卫星频道(一套)	13.5	30.6
4	欢天喜地闹元宵 2009 年元宵晚会	综艺	中央电视台综合频道	13.3	24.6
5	新闻联播	新闻/时事	中央电视台综合频道	13.2	33.6
6	天气预报	生活服务	中央电视台综合频道	13.1	28.7
7	365 个祝福中央电视台心连心艺术团赴四川灾区慰问演出	综艺	河南电视台卫星频道(一套)	12.5	26.9
8	看我的丑娘送孝心红包活动花絮	综艺	河南电视台卫星频道(一套)	11.8	25.0
9	纸醉金迷	电视剧	河南电视台电视剧频道（五套）	11.2	25.3
10	水中花	电视剧	河南电视台电视剧频道（五套）	11.1	25.4
11	西藏今昔	专题	中央电视台综合频道	10.2	18.4
12	焦点访谈	新闻/时事	中央电视台综合频道	10.0	21.4
13	柳叶刀	电视剧	河南电视台电视剧频道（五套）	9.7	22.0
14	民星在行动	综艺	河南电视台卫星频道(一套)	9.5	18.8
15	红粉	电视剧	河南电视台电视剧频道（五套）	9.4	21.6
16	少林寺传奇第二部	电视剧	河南电视台电视剧频道（五套）	9.4	21.5
17	情之债	电视剧	河南电视台电视剧频道（五套）	9.3	22.1
18	旅游与气象	生活服务	河南电视台电视剧频道（五套）	9.0	17.1
19	无处藏身	电视剧	河南电视台电视剧频道（五套）	8.3	19.1
20	2009 万家灯火平安夜公安部 2009 年春节电视文艺晚会	综艺	中央电视台综合频道	8.2	15.8
21	人民英模	专题	中央电视台综合频道	8.1	18.4
22	走西口	电视剧	中央电视台综合频道	8.1	16.9
23	宜春月中华情 2009 年中央电视台中秋晚会	综艺	中央电视台综合频道	7.9	17.9
24	川豫连心希望中国纪念汶川特大地震一周年直播	新闻/时事	河南电视台卫星频道(一套)	7.8	22.8
25	万众一心向前进 2009 年军民迎新春文艺晚会	综艺	中央电视台综合频道	7.8	15.1
26	春天的祝福文化部 2009 年春节电视晚会	综艺	中央电视台综合频道	7.7	22.5

续表

名次	节目名称	节目类型	播出频道	平均收视率（%）	平均占有率（%）
27	血色迷雾	电视剧	河南电视台电视剧频道（五套）	7.7	17.5
28	解放农奴	专题	中央电视台综合频道	7.7	13.3
29	党领导的村级民主自治机制有益探索河南邓州四议两公开工作法纪实	专题	河南电视台卫星频道（一套）	7.6	14.4
30	真实谎言	电视剧	河南电视台电视剧频道（五套）	7.5	17.6

表 3.11.8 2009 年河南市场电视剧收视率排名前十位

名次	节目名称	播出频道	平均收视率（%）	平均占有率（%）
1	纸醉金迷	河南电视台电视剧频道（五套）	11.2	25.3
2	水中花	河南电视台电视剧频道（五套）	11.1	25.4
3	柳叶刀	河南电视台电视剧频道（五套）	9.7	22.0
4	红粉	河南电视台电视剧频道（五套）	9.4	21.6
5	少林寺传奇第二部	河南电视台电视剧频道（五套）	9.4	21.5
6	情之债	河南电视台电视剧频道（五套）	9.3	22.1
7	无处藏身	河南电视台电视剧频道（五套）	8.3	19.1
8	走西口	中央电视台综合频道	8.1	16.9
9	血色迷雾	河南电视台电视剧频道（五套）	7.7	17.5
10	真实谎言	河南电视台电视剧频道（五套）	7.5	17.6

表 3.11.9 2009 年河南市场新闻节目收视率排名前十位

名次	节目名称	播出频道	平均收视率（%）	平均占有率（%）
1	新闻联播	中央电视台综合频道	13.2	33.6
2	焦点访谈	中央电视台综合频道	10.0	21.4
3	川豫连心希望中国纪念汶川特大地震一周年直播	河南电视台卫星频道（一套）	7.8	22.8
4	都市报道	河南电视台都市频道（二套）	7.0	17.2
6	我们的节日春节一年又一年四海一家亲	中央电视台综合频道	6.2	22.9
5	温家宝总理会见中外记者	中央电视台综合频道	5.2	9.4
7	河南新闻联播	河南电视台卫星频道（一套）	4.1	8.8
8	温家宝总理在阿盟总部发表演讲	中央电视台综合频道	3.1	6.3
9	中俄建交六十周年庆祝大会暨中国俄语年闭幕式	中央电视台综合频道	3.0	7.2
10	己丑年黄帝故里拜祖大典	河南电视台卫星频道（一套）	2.7	21.2

表 3.11.10　2009 年河南市场专题节目收视率排名前十位

名次	节目名称	播出频道	平均收视率（%）	平均占有率（%）
1	西藏今昔	中央电视台综合频道	10.2	18.4
2	人民英模	中央电视台综合频道	8.1	18.4
3	解放农奴	中央电视台综合频道	7.7	13.3
4	党领导的村级民主自治机制有益探索河南邓州四议两公开工作法纪实	河南电视台卫星频道（一套）	7.6	14.4
5	大跨越	河南电视台卫星频道（一套）	7.4	14.3
6	公民道德建设在河南	河南电视台卫星频道（一套）	7.1	14.1
7	中国文字博物馆	河南电视台卫星频道（一套）	6.2	12.3
8	百年先念	中央电视台综合频道	4.8	10.7
9	西陆打工俱乐部	河南电视台都市频道（二套）	4.6	21.5
10	人民至上	中央电视台综合频道	4.6	9.6

表 3.11.11　2009 年河南市场综艺节目收视率排名前十位

名次	节目名称	播出频道	平均收视率（%）	平均占有率（%）
1	2009 春节联欢晚会	中央电视台综合频道	29.6	69.8
2	首都各界庆祝中华人民共和国成立 60 周年联欢晚会	中央电视台综合频道	19.0	38.5
3	欢天喜地闹元宵 2009 年元宵晚会	中央电视台综合频道	13.3	24.6
4	365 个祝福中央电视台心连心艺术团赴四川灾区慰问演出	河南电视台卫星频道（一套）	12.5	26.9
5	看我的丑娘送孝心红包活动花絮	河南电视台卫星频道（一套）	11.8	25.0
6	民星在行动	河南电视台卫星频道（一套）	9.5	18.8
7	2009 万家灯火平安夜公安部 2009 年春节电视文艺晚会	中央电视台综合频道	8.2	15.8
8	宜春月中华情 2009 年中央电视台中秋晚会	中央电视台综合频道	7.9	17.9
9	万众一心向前进 2009 年军民迎新春文艺晚会	中央电视台综合频道	7.8	15.1
10	春天的祝福文化部 2009 年春节电视晚会	中央电视台综合频道	7.7	22.5

表 3.11.12　2009 年河南市场体育节目收视率排序前十位

名次	节目名称	播出频道	平均收视率（%）	平均占有率（%）
1	武林风	河南电视台卫星频道（一套）	6.0	21.8
2	哈尔滨 24th 世界大学生冬季运动会	中央电视台综合频道	5.6	13.0
3	中华人民共和国第十一届运动会闭幕式	中央电视台综合频道	3.7	9.2
4	中华人民共和国第十一届运动会开幕式	中央电视台综合频道	3.6	8.3
5	第十一届全运会柔道决赛女子 63 公斤级	中央台五套	1.1	2.2
6	实况录像：第十一届全运会女子标枪决赛	中央台五套	1.1	2.1
7	直播周末：2009 年第 25 届亚洲男篮锦标赛决赛	中央台五套	1.0	3.0
8	实况录像：第十一届全运会女子 4×100 米接力预赛	中央台五套	1.0	2.0
8	实况录像：第十一届全运会女子跳远决赛	中央台五套	1.0	2.0
8	第十一届全运会女子 200 米蝶泳颁奖仪式	中央台五套	1.0	2.0

十二、黑龙江收视数据

表 3.12.1 2005—2009 年黑龙江市场各类频道的市场占有率（%）

频道类别	年份				
	2005 年	2006 年	2007 年	2008 年	2009 年
中央台频道	43.2	42.0	40.2	43.5	35.2
中国教育台频道	0.2	0.2	0.2	0.2	0.2
黑龙江省级频道	38.4	39.7	40.4	35.5	38.5
其他省级卫视频道	7.87	9.2	11.9	13.5	18.4
其他频道	10.44	8.96	7.2	7.3	7.7

表 3.12.2 2009 年黑龙江市场各类频道在不同目标观众中的市场占有率（%）

目标观众		中央台频道	中国教育台频道	黑龙江省级频道	其他省级卫视频道	其他频道
4 岁及以上所有人		35.2	0.2	38.5	18.4	7.7
城乡	城市	34.9	0.3	34.3	21.9	8.7
	农村	35.4	0.2	41.0	16.2	7.1
性别	男	37.6	0.2	38.5	16.3	7.4
	女	33.2	0.3	38.5	20.1	7.9
年龄	4－14 岁	34.3	0.5	38.2	21.0	6.0
	15－24 岁	30.9	0.3	36.9	22.3	9.7
	25－34 岁	32.2	0.3	40.8	20.0	6.6
	35－44 岁	34.4	0.2	39.9	17.8	7.7
	45－54 岁	35.9	0.2	37.7	17.9	8.3
	55－64 岁	40.0	0.2	37.6	15.2	7.1
	65 岁及以上	40.7	0.2	36.7	15.2	7.3
教育程度	未受过正规教育	37.0	0.4	38.1	17.8	6.9
	小学	33.3	0.2	42.4	17.4	6.7
	初中	33.7	0.3	39.9	18.1	8.1
	高中	38.8	0.2	33.9	19.4	7.7
	大学及以上	41.8	0.3	29.3	20.5	8.2
职业类别	干部/管理人员	37.2	0.2	37.7	16.7	8.2
	个体/私营企业人员	33.6	0.2	40.9	16.1	9.1
	初级公务员/雇员	36.5	0.2	35.5	20.9	6.9
	工人	35.6	0.2	35.2	20.6	8.3
	学生	34.7	0.3	37.5	21.1	6.4
	无业	38.0	0.2	36.4	18.0	7.3
	其他	31.8	0.3	43.2	16.8	7.9
个人月收入	0－300 元	34.2	0.2	42.3	16.7	6.6
	301－600 元	33.7	0.3	41.8	16.7	7.6
	601－900 元	34.6	0.3	38.7	17.6	8.9
	901－1200 元	34.6	0.2	39.1	18.0	8.2
	1201 元及以上	38.2	0.2	35.1	19.2	7.3

表 3.12.3　2009 年黑龙江市场各类频道在不同时段的市场占有率（%）

时间段	中央台频道	中国教育台频道	黑龙江省级频道	其他省级卫视频道	其他频道
02:00－03:00	38.1	0.1	23.1	33.6	5.1
03:00－04:00	38.3	0.1	14.2	44.7	2.8
04:00－05:00	45.8	0.0	20.7	31.8	1.8
05:00－06:00	40.7	0.2	36.1	19.4	3.7
06:00－07:00	38.4	0.2	43.4	9.9	8.2
07:00－08:00	41.5	0.1	36.4	13.6	8.4
08:00－09:00	43.4	0.1	25.6	22.7	8.1
09:00－10:00	39.3	0.2	23.7	28.9	7.9
10:00－11:00	38.9	0.3	22.4	31.1	7.4
11:00－12:00	43.3	0.3	20.2	29.8	6.4
12:00－13:00	51.3	0.2	15.0	27.9	5.6
13:00－14:00	41.7	0.6	17.9	32.7	7.1
14:00－15:00	34.0	0.5	22.6	35.3	7.6
15:00－16:00	31.0	0.2	24.4	37.1	7.3
16:00－17:00	32.4	0.2	28.0	31.9	7.5
17:00－18:00	36.5	0.7	33.5	20.4	9.0
18:00－19:00	29.0	0.3	53.1	8.2	9.5
19:00－20:00	33.1	0.1	53.8	5.3	7.8
20:00－21:00	31.4	0.2	47.8	13.8	6.9
21:00－22:00	32.7	0.2	40.7	19.5	6.9
22:00－23:00	23.9	0.3	43.0	24.6	8.2
23:00－24:00	38.3	0.2	23.8	25.2	12.6
24:00－25:00	54.3	0.2	15.1	20.3	10.2
25:00－26:00	47.3	0.4	19.6	26.0	6.7

表 3.12.4　2009 年黑龙江市场收视份额位于前十位的频道

名次	频道名称	收视份额（%）
1	中央电视台综合频道	13.6
2	黑龙江电视台卫星频道	10.5
3	黑龙江电视台都市频道	8.9
4	黑龙江电视台影视频道	7.3
5	中央台八套	4.2
6	黑龙江电视台公共频道	4.1
7	中央台六套	3.3
7	中央台三套	3.3
9	黑龙江电视台文艺频道	3.2
10	黑龙江电视台法制频道	2.8

表 3.12.5　2009 年黑龙江市场主要频道的观众构成（%）

目标观众		所有频道	主要频道				
			中央电视台综合频道	黑龙江电视台卫星频道	黑龙江电视台都市频道	黑龙江电视台影视频道	中央台八套
4 岁及以上所有人		100.0	100.0	100.0	100.0	100.0	100.0
城乡	城市	38.0	36.1	26.6	30.5	38.4	30.1
	农村	62.0	63.9	73.4	69.5	61.6	69.9
性别	男	46.2	47.3	46.1	46.1	41.6	43.3
	女	53.8	52.7	53.9	53.9	58.4	56.7
年龄	4-14 岁	7.0	6.2	5.9	5.5	3.9	5.0
	15-24 岁	12.5	10.6	10.8	11.5	12.0	10.1
	25-34 岁	14.7	13.5	14.4	15.9	13.8	12.1
	35-44 岁	23.5	26.1	25.1	23.6	28.0	24.3
	45-54 岁	20.3	19.7	19.7	25.1	19.8	22.3
	55-64 岁	11.8	11.9	12.8	12.6	8.2	14.2
	65 岁及以上	10.2	12.1	11.3	5.9	14.2	12.0
教育程度	未受过正规教育	4.8	4.7	5.4	3.9	3.5	5.7
	小学	18.4	16.5	20.9	19.6	16.7	18.7
	初中	50.9	51.1	52.8	55.2	52.0	48.9
	高中	20.5	22.0	17.7	17.4	22.3	21.5
	大学及以上	5.4	5.7	3.3	3.8	5.4	5.2
职业类别	干部/管理人员	1.4	1.4	1.1	2.0	1.7	1.3
	个体/私营企业人员	11.7	12.9	14.8	13.9	10.4	12.5
	初级公务员/雇员	6.4	6.0	4.4	7.1	7.5	7.8
	工人	13.4	13.7	11.6	11.1	13.0	9.7
	学生	10.7	10.7	10.0	9.0	7.4	9.4
	无业	32.4	34.8	31.0	28.0	35.3	32.3
	其他	24.0	20.5	27.0	28.9	24.7	27.0
个人月收入	0-300 元	36.3	36.7	35.4	35.6	33.8	39.0
	301-600 元	15.7	16.8	18.9	16.9	15.9	14.5
	601-900 元	17.4	16.6	18.2	17.5	18.2	18.4
	901-1200 元	12.7	13.5	13.5	13.7	13.6	10.0
	1201 元及以上	17.9	16.4	14.1	16.3	18.5	18.1

表 3.12.6　2007—2009 年黑龙江市场各类节目的播出份额（%）和收视份额（%）

节目类别	2007 年		2008 年		2009 年	
	播出份额	收视份额	播出份额	收视份额	播出份额	收视份额
电影	4.1	4.3	4.5	4.0	4.2	2.5
教育	0.5	0.1	0.6	0.0	0.5	0.0
青少	5.3	4.3	5.7	4.6	6.2	4.9
电视剧	25.3	31.0	28.2	32.6	25.7	30.9
体育	1.8	2.2	3.2	5.4	2.2	1.7
戏剧	1.5	0.4	1.3	1.4	1.4	1.6
新闻	13.2	13.7	13.8	17.0	13.6	19.0
音乐	0.9	1.1	2.6	0.5	2.9	0.5
综艺	8.6	9.4	8.0	9.2	11.1	13.7
专题	12.1	6.5	12.4	6.3	11.4	6.6
财经	1.5	0.3	1.7	0.3	2.1	0.6
生活服务	6.9	5.4	6.9	5.5	7.7	6.1
外语	0.2	0.1	0.2	0.0	0.1	0.1
法制	1.6	3.3	1.5	2.5	1.6	2.2
其他	16.4	17.9	9.7	10.6	9.4	9.8

表 3.12.7 2009 年黑龙江市场所有节目收视率排名前三十位

名次	节目名称	节目类型	播出频道	平均收视率（%）	平均占有率（%）
1	2009 春节联欢晚会	综艺	中央电视台综合频道	56.0	92.6
2	欢天喜地闹元宵 2009 年元宵晚会	综艺	中央电视台综合频道	24.8	45.5
3	首都各界庆祝中华人民共和国成立 60 周年联欢晚会	综艺	中央电视台综合频道	21.4	52.6
4	走西口	电视剧	中央电视台综合频道	11.8	26.6
5	新闻夜航	新闻/时事	黑龙江电视台都市频道	11.2	25.7
6	万众一心向前进 2009 年军民迎新春文艺晚会	综艺	中央电视台综合频道	11.2	24.7
7	曲苑杂坛	综艺	中央电视台综合频道	10.4	27.6
8	大冬会频道：2009 年第 24 届世界大学生冬季运动会女子冰壶	体育	黑龙江电视台都市频道	10.2	19.3
9	宜春月中华情 2009 年中央电视台中秋晚会	综艺	中央电视台综合频道	10.0	32.0
10	清凌凌的水蓝莹莹的天第二部	电视剧	中央电视台综合频道	9.7	20.5
11	2009 万家灯火平安夜公安部 2009 年春节电视文艺晚会	综艺	中央电视台综合频道	9.6	22.2
12	哈尔滨 24th 世界大学生冬季运动会	体育	中央电视台综合频道	9.4	19.8
13	我们的节日春节一年又一年四海一家亲	新闻/时事	中央电视台综合频道	8.6	29.0
14	都市传奇	专题	黑龙江电视台都市频道	8.6	17.8
15	天舒工作室	专题	黑龙江电视台都市频道	8.5	18.1
16	在那遥远的地方	电视剧	中央电视台综合频道	8.2	20.6
17	天气预报	生活服务	黑龙江电视台卫星频道	8.1	19.9
18	天气预报	生活服务	中央电视台综合频道	7.8	16.0
19	春天的祝福文化部 2009 年春节电视晚会	综艺	中央电视台综合频道	7.6	23.3
20	错爱第二部	电视剧	黑龙江电视台影视频道	7.5	18.1
21	黔岭放歌中央电视台心连心艺术团赴贵州仁怀慰问演出	综艺	中央电视台综合频道	7.4	23.7
22	北方有佳人	电视剧	黑龙江电视台影视频道	7.3	19.8
23	百年先念	专题	中央电视台综合频道	7.2	15.6
24	包青天之铡美案	电视剧	黑龙江电视台影视频道	6.9	20.7
25	CCTV2008 感动中国颁奖晚会	综艺	中央电视台综合频道	6.7	17.0
26	焦点访谈	新闻/时事	中央电视台综合频道	6.7	13.7
27	新闻联播	新闻/时事	中央电视台综合频道	6.6	17.3
27	新闻联播	新闻/时事	黑龙江电视台卫星频道	6.6	17.3
29	西藏今昔	专题	中央电视台综合频道	6.6	12.6
30	大宅院的女人	电视剧	黑龙江电视台影视频道	6.4	19.1

表 3.12.8　2009 年黑龙江市场电视剧收视率排名前十位

名次	节目名称	播出频道	平均收视率（%）	平均占有率（%）
1	走西口	中央电视台综合频道	11.8	26.6
2	清凌凌的水蓝莹莹的天第二部	中央电视台综合频道	9.7	20.5
3	在那遥远的地方	中央电视台综合频道	8.2	20.6
4	错爱第二部	黑龙江电视台影视频道	7.5	18.1
5	北方有佳人	黑龙江电视台影视频道	7.3	19.8
6	包青天之铡美案	黑龙江电视台影视频道	6.9	20.7
7	大宅院的女人	黑龙江电视台影视频道	6.4	19.1
8	我的青春谁做主	中央电视台综合频道	6.4	16.9
9	金色农家	中央电视台综合频道	5.9	16.4
10	大爱无敌	黑龙江电视台影视频道	5.8	16.8

表 3.12.9　2009 年黑龙江市场新闻节目收视率排名前十位

名次	节目名称	播出频道	平均收视率（%）	平均占有率（%）
1	新闻夜航	黑龙江电视台都市频道	11.2	25.7
2	我们的节日春节一年又一年四海一家亲	中央电视台综合频道	8.6	29.0
3	焦点访谈	中央电视台综合频道	6.7	13.7
4	新闻联播	中央电视台综合频道	6.6	17.3
4	新闻联播	黑龙江电视台卫星频道	6.6	17.3
6	温家宝总理会见中外记者	中央电视台综合频道	5.3	10.4
7	盛典国庆 60 周年特别报道	中央电视台综合频道	5.2	21.0
8	第 1 现场	黑龙江电视台都市频道	5.0	13.1
9	拉呱	黑龙江电视台都市频道	4.6	15.5
10	新华视点	黑龙江电视台卫星频道	3.2	11.1

表 3.12.10　2009 年黑龙江市场综艺节目收视率排名前十位

名次	节目名称	播出频道	平均收视率（%）	平均占有率（%）
1	2009 春节联欢晚会	中央电视台综合频道	56.0	92.6
2	欢天喜地闹元宵 2009 年元宵晚会	中央电视台综合频道	24.8	45.5
3	首都各界庆祝中华人民共和国成立 60 周年联欢晚会	中央电视台综合频道	21.4	52.6
4	万众一心向前进 2009 年军民迎新春文艺晚会	中央电视台综合频道	11.2	24.7
5	曲苑杂坛	中央电视台综合频道	10.4	27.6
6	宜春月中华情 2009 年中央电视台中秋晚会	中央电视台综合频道	10.0	32.0
7	2009 万家灯火平安夜公安部 2009 年春节电视文艺晚会	中央电视台综合频道	9.6	22.2
8	春天的祝福文化部 2009 年春节电视晚会	中央电视台综合频道	7.6	23.3
9	黔岭放歌中央电视台心连心艺术团赴贵州仁怀慰问演出	中央电视台综合频道	7.4	23.7
10	CCTV2008 感动中国颁奖晚会	中央电视台综合频道	6.7	17.0

表 3.12.11 2009 年黑龙江市场专题节目收视率排名前十位

名次	节目名称	播出频道	平均收视率（%）	平均占有率（%）
1	都市传奇	黑龙江电视台都市频道	8.6	17.8
2	天舒工作室	黑龙江电视台都市频道	8.5	18.1
3	百年先念	中央电视台综合频道	7.2	15.6
4	西藏今昔	中央电视台综合频道	6.6	12.5
5	我们的田野 2009 三八特别节目	中央电视台综合频道	6.0	13.1
6	解放农奴	中央电视台综合频道	5.6	10.9
7	西藏民主改革 50 年	中央电视台综合频道	5.3	10.3
8	人民英模	中央电视台综合频道	5.1	10.7
9	宋任穷	中央电视台综合频道	4.9	11.6
10	问答神州	黑龙江电视台卫星频道	4.9	10.2

表 3.12.12 2009 年黑龙江市场体育节目收视率排名前十位

名次	节目名称	播出频道	平均收视率（%）	平均占有率（%）
1	大冬会频道：2009 年第 24 届世界大学生冬季运动会女子冰壶	黑龙江电视台都市频道	10.2	19.3
2	哈尔滨 24th 世界大学生冬季运动会	中央电视台综合频道	9.4	19.3
3	第 24 届世界大学生冬季运动会开幕式	黑龙江电视台都市频道	6.2	13.1
4	大冬会频道：2009 年第 24 届世界大冬会男子冰壶第三轮	黑龙江电视台都市频道	6.1	11.2
5	大冬会频道：2009 年第 24 届世界大学生冬季运动会男子冰球	黑龙江电视台都市频道	5.3	10.[illegible]
6	第二十四届世界大学生冬季运动会闭幕式	黑龙江电视台都市频道	5.1	10.7
7	大冬会频道：2009 年第 24 届世界大冬会花样滑冰男单自由滑	黑龙江电视台都市频道	4.3	11.9
8	哈尔滨 24th 世界大学生冬季运动会闭幕式	黑龙江电视台卫星频道	4.0	8.4
9	大冬会频道：2009 年第 24 届大冬会短道速滑男 5000 米接力决赛	黑龙江电视台都市频道	3.9	11.6
10	中华人民共和国第十一届运动会开幕式	中央电视台综合频道	3.7	12.2

十三、湖北收视数据

表 3.13.1　2005—2009 年湖北市场各类频道的市场占有率（%）

频道类别	年份				
	2005 年	2006 年	2007 年	2008 年	2009 年
中央台频道	29.9	34.1	34.1	39.9	34.5
中国教育台频道	0.3	0.2	0.3	0.5	0.5
湖北省级频道	21.0	15.9	17.0	19.9	22.8
其他省级卫视频道	22.4	25.3	28.7	21.4	24.2
其他频道	26.4	24.5	19.9	18.3	18.0

表 3.13.2　2009 年湖北市场各类频道在各目标观众中的市场占有率（%）

目标观众		中央台频道	中国教育台频道	湖北省级频道	其他省级卫视频道	其他频道
4 岁及以上所有人		34.5	0.5	22.8	24.2	18.0
城乡	城市	30.1	0.2	20.6	17.8	31.3
	农村	36.9	0.7	24.0	27.8	10.6
性别	男	36.7	0.5	22.6	21.9	18.3
	女	32.1	0.5	23.0	26.8	17.7
年龄	4－14 岁	36.1	0.6	18.2	29.7	15.4
	15－24 岁	30.2	0.4	24.3	28.3	16.8
	25－34 岁	32.0	0.5	24.4	26.2	16.9
	35－44 岁	32.3	0.5	26.2	21.1	20.0
	45－54 岁	35.4	0.4	23.8	21.7	18.7
	55－64 岁	39.3	0.4	19.6	21.4	19.4
	65 岁及以上	40.3	0.5	18.9	20.3	20.0
教育程度	未受过正规教育	38.7	0.5	21.4	24.6	14.9
	小学	30.5	0.6	25.9	24.2	18.8
	初中	33.5	0.5	23.7	24.6	17.6
	高中	37.1	0.4	19.8	24.1	18.7
	大学及以上	41.7	0.4	16.0	21.5	20.4
职业类别	干部/管理人员	39.2	0.3	20.6	18.2	21.7
	个体/私营企业人员	38.5	0.4	20.3	23.4	17.5
	初级公务员/雇员	37.3	0.4	17.5	26.9	17.9
	工人	33.2	0.5	24.9	22.9	18.6
	学生	30.4	0.6	22.9	30.1	16.1
	无业	37.8	0.5	21.7	25.0	15.0
	其他	30.4	0.5	25.3	20.9	22.9
个人月收入	0－300 元	32.6	0.5	24.1	26.9	15.9
	301－600 元	33.1	0.5	23.7	22.8	19.9
	601－900 元	32.5	0.4	22.0	23.6	21.5
	901－1200 元	38.0	0.4	20.2	20.7	20.7
	1201 元及以上	39.7	0.5	20.9	21.4	17.4

表 3.13.3　2009 年湖北市场各类频道在各时段的市场占有率（%）

时间段	中央台频道	中国教育台频道	湖北省级频道	其他省级卫视频道	其他频道
02:00－03:00	39.2	0.1	12.9	35.0	12.9
03:00－04:00	39.9	0.1	11.8	36.2	12.1
04:00－05:00	38.9	0.1	13.1	36.0	11.9
05:00－06:00	40.8	0.1	12.2	34.6	12.4
06:00－07:00	55.6	0.5	10.3	22.0	11.7
07:00－08:00	49.7	0.2	11.9	23.7	14.6
08:00－09:00	36.5	0.2	16.2	32.9	14.2
09:00－10:00	33.5	0.3	15.5	35.4	15.4
10:00－11:00	34.5	0.8	14.2	34.8	15.6
11:00－12:00	37.4	1.0	14.9	33.3	13.5
12:00－13:00	40.7	0.2	17.7	27.4	14.0
13:00－14:00	34.8	0.8	16.2	33.6	14.6
14:00－15:00	29.9	0.9	16.6	38.0	14.5
15:00－16:00	29.7	0.3	15.5	39.5	15.0
16:00－17:00	30.9	0.6	15.2	39.0	14.4
17:00－18:00	39.9	0.9	15.8	28.8	14.7
18:00－19:00	36.0	0.4	29.3	14.7	19.6
19:00－20:00	41.2	0.2	28.5	8.3	21.8
20:00－21:00	34.8	0.4	26.6	19.5	18.7
21:00－22:00	31.4	0.5	26.5	21.0	20.6
22:00－23:00	22.6	0.7	30.9	23.8	22.0
23:00－24:00	27.0	0.5	27.2	24.6	20.7
24:00－25:00	34.7	0.1	16.8	28.8	19.6
25:00－26:00	35.3	0.1	16.2	32.4	16.0

表 3.13.4　2009 年湖北市场占有率排名前十位的频道

名次	频道名称	收视份额（%）
1	湖北综合	8.2
2	中央电视台综合频道	6.1
3	中央台六套	4.8
4	中央台八套	4.6
4	湖南电视台卫星频道	4.6
6	湖北经视	3.9
7	中央电视台少儿频道	3.8
8	湖北影视	3.6
9	中央台三套	3.3
9	浙江卫视	3.3

表 3.13.5　2009 年湖北市场各主要频道的观众构成（%）

目标观众		所有频道	主要频道				
			湖北综合	中央电视台综合频道	中央台六套	中央台八套	湖南电视台卫星频道
4 岁及以上所有人		100.0	100.0	100.0	100.0	100.0	100.0
城乡	城市	35.7	47.1	43.1	21.4	22.2	24.3
	农村	64.3	52.9	56.9	78.6	77.8	75.7
性别	男	52.1	51.0	52.8	59.4	46.5	35.5
	女	47.9	49.0	47.2	40.6	53.5	64.5
年龄	4－14 岁	14.3	10.0	10.5	9.3	12.4	15.9
	15－24 岁	13.8	15.3	9.0	14.9	10.8	26.3
	25－34 岁	16.0	17.2	15.2	19.7	16.4	24.7
	35－44 岁	16.3	17.9	16.0	16.4	17.2	12.0
	45－54 岁	21.5	26.3	21.9	23.5	23.9	13.2
	55－64 岁	11.6	9.0	15.3	9.9	14.1	5.7
	65 岁及以上	6.6	4.4	12.1	6.3	5.2	2.2
教育程度	未受过正规教育	9.9	9.9	10.3	8.6	10.4	6.1
	小学	24.2	27.4	22.6	21.2	22.5	18.8
	初中	40.3	40.6	37.5	45.7	41.4	45.0
	高中	19.3	18.1	21.5	18.9	19.4	23.9
	大学及以上	6.2	4.0	8.1	5.7	6.4	6.2
职业类别	干部/管理人员	1.2	0.8	1.4	1.5	0.8	1.1
	个体/私营企业人员	8.8	7.2	9.3	10.7	10.0	8.7
	初级公务员/雇员	6.8	3.8	7.3	6.9	7.8	10.2
	工人	16.1	16.1	14.6	21.5	17.8	13.2
	学生	12.4	12.9	7.3	9.0	10.5	20.7
	无业	31.4	31.3	35.4	27.6	31.3	33.1
	其他	23.2	28.0	24.9	22.7	21.9	13.2
个人月收入	0－300 元	44.5	49.1	37.7	39.9	41.5	56.0
	301－600 元	15.3	16.8	15.8	15.6	15.6	10.9
	601－900 元	11.3	12.4	13.1	11.1	10.5	13.5
	901－1200 元	13.7	9.2	14.6	15.9	15.2	8.5
	1201 元及以上	15.3	12.5	18.8	17.5	17.3	11.2

表 3.13.6　2007—2009 年湖北市场各类节目的播出份额（%）和收视份额（%）

节目类别	2007 年		2008 年		2009 年	
	播出份额	收视份额	播出份额	收视份额	播出份额	收视份额
财经	1.6	0.3	1.8	0.3	2.1	0.5
电视剧	26.5	37.4	25.7	38.3	23.5	38.9
电影	4.2	4.0	3.2	6.8	3.6	6.6
法制	1.2	1.0	1.0	1.1	1.2	1.4
教学	0.5	0.1	0.5	0.1	0.5	0.1
青少	4.5	3.5	4.9	5.8	5.3	5.5
生活服务	6.7	5.3	8.1	4.7	9.2	5.0
体育	1.7	1.7	3.3	6.2	2.0	2.5
外语	0.2	0.2	0.1	0.1	0.2	0.1
戏剧	1.3	0.6	1.1	0.7	1.2	0.6
新闻/时事	13.3	11.2	14.3	9.3	13.7	8.1
音乐	2.1	1.3	1.7	0.8	1.7	1.0
专题	11.0	5.5	11.5	6.2	10.7	6.1
综艺	8.2	9.3	6.8	7.7	9.0	10.8
其他	16.9	18.8	15.9	11.8	16.2	12.9

表 3.13.7　2009 年湖北市场所有节目收视率排名前三十位

名次	节目名称	节目类型	播出频道	平均收视率（%）	平均占有率（%）
1	2009 春节联欢晚会	综艺	中央电视台综合频道	24.2	49.9
2	首都各界庆祝中华人民共和国成立 60 周年联欢晚会	综艺	中央电视台综合频道	13.2	33.3
3	欢天喜地闹元宵 2009 年元宵晚会	综艺	中央电视台综合频道	8.7	22.7
4	天气预报	生活服务	中央电视台综合频道	8.1	26.3
5	大渡河（3 月 2 日）	电影	中央台六套	7.1	16.1
6	动作 90 分 - 少林寺（5 月 15 日）	电影	中央台六套	6.7	18.9
7	举起手来（3 月 9 日）	电影	中央台六套	6.6	18.1
8	动作 90 分 - 中华英雄（11 月 27 日）	电影	中央台六套	6.0	14.8
9	周末影院 - 宝贝计划（7 月 25 日）	电影	中央台六套	5.9	18.1
10	特别攻击队（3 月 19 日）	电影	中央台六套	5.8	16.2
11	走西口	电视剧	中央电视台综合频道	5.8	15.9
12	赵尚志智取五常堡（10 月 6 日）	电影	中央台六套	5.7	14.8
13	现场直播：第十一届全运会男子 110 米栏决赛	体育	中央台五套	5.7	14.5
14	太极张三丰（2 月 13 日）	电影	中央台六套	5.7	14.1
15	仙剑奇侠传第三部	电视剧	湖北综合	5.6	19.7
16	快乐中国湖南卫视 2009 春节联欢晚会	综艺	湖南电视台卫星频道	5.6	19.0
17	少林寺（2 月 2 日）	电影	中央台六套	5.6	15.7
18	国际大营救（1 月 4 日）	电影	中央台六套	5.6	14.8
19	神丐（3 月 20 日）	电影	中央台六套	5.6	14.5
20	周末影院 - 新忠烈图（5 月 23 日）	电影	中央台六套	5.5	15.7
21	我的兄弟叫顺溜	电视剧	中央电视台综合频道	5.4	18.4
22	红粉金刚（5 月 26 日）	电影	中央台六套	5.4	15.4
23	动作 90 分 - 叶问（7 月 24 日）	电影	中央台六套	5.3	17.0
24	黑匣喋血记（3 月 30 日）	电影	中央台六套	5.3	15.2
25	周末影院 - 通天长老（12 月 12 日）	电影	中央台六套	5.3	12.7
26	唐伯虎点秋香（1 月 14 日）	电影	中央台六套	5.2	14.0
27	周末影院 - 狼牙（8 月 15 日）	电影	中央台六套	5.1	15.2
28	十全九美（1 月 27 日）	电影	中央台六套	5.1	14.8
29	宜春月中华情 2009 年中央电视台中秋晚会	综艺	中央电视台综合频道	5.1	13.8
30	盘尼西林 1944（1 月 31 日）	电影	中央台六套	5.1	13.2

表 3.13.8　2009 年湖北市场电视剧收视率排名前十位

名次	节目名称	播出频道	平均收视率（%）	平均占有率（%）
1	走西口	中央电视台综合频道	5.8	15.9
2	仙剑奇侠传第三部	湖北综合	5.6	19.7
3	我的兄弟叫顺溜	中央电视台综合频道	5.4	18.4
4	龙游天下	湖北影视	4.6	15.7
5	女人的村庄	中央台八套	4.6	12.6
6	仙剑奇侠传第三部续集	湖北综合	4.4	16.4
7	绝密 1950	湖北综合	4.3	14.9
8	大宋惊世传奇第一部狸猫奇案（2.18－2.26）	湖北综合	4.3	14.2
9	保卫延安	中央电视台综合频道	4.3	12.0
10	聊斋奇女子	湖北综合	4.1	14.2

表 3.13.9　2009 年湖北市场新闻节目收视率排名前十位

名次	节目名称	播出频道	平均收视率（%）	平均占有率（%）
1	新闻联播	中央电视台综合频道	3.9	14.7
2	焦点访谈	中央电视台综合频道	2.1	6.5
3	盛典国庆 60 周年特别报道	中央电视台综合频道	1.9	12.7
4	我们的节日春节一年又一年四海一家亲	中央电视台综合频道	1.9	7.2
5	温家宝总理会见中外记者	中央电视台综合频道	1.7	4.4
6	新闻（7 月 6 日，22：00）	中央电视台新闻频道	1.6	7.8
7	湖北新闻联播	湖北卫视	1.3	6.4
8	中俄建交六十周年庆祝大会暨中国俄语年闭幕式	中央电视台综合频道	1.3	3.9
9	首都各界庆祝中华人民共和国成立 60 周年大会	中央台二套	1.2	4.1
10	温家宝总理在阿盟总部发表演讲	中央电视台综合频道	1.1	2.8

表 3.13.10　2009 年湖北市场专题节目收视率排名前十位

名次	节目名称	播出频道	平均收视率（%）	平均占有率（%）
1	西藏今昔	中央电视台综合频道	3.2	9.0
2	人民至上	中央电视台综合频道	3.1	8.4
3	解放农奴	中央电视台综合频道	2.3	6.0
4	百年先念	中央电视台综合频道	2.2	6.8
5	幕后	中央台三套	2.2	6.6
6	我们的田野 2009 三八特别节目	中央电视台综合频道	2.1	5.6
7	时代的责任精神文明建设五个一工程巡礼	中央电视台综合频道	1.8	4.5
8	青春唱响 60 年	湖北综合	1.6	6.1
9	2009 中央电视台 3.15 晚会	中央电视台综合频道	1.6	4.7
10	周末影院－走近毛泽东	中央台六套	1.6	4.4

表 3.13.11 2009 年湖北市场综艺节目收视率排名前十位

名次	节目名称	播出频道	平均收视率（%）	平均占有率（%）
1	2009 春节联欢晚会	中央电视台综合频道	24.2	49.9
2	首都各界庆祝中华人民共和国成立 60 周年联欢晚会	中央电视台综合频道	13.2	33.3
3	欢天喜地闹元宵 2009 年元宵晚会	中央电视台综合频道	8.7	22.7
4	快乐中国湖南卫视 2009 春节联欢晚会	湖南电视台卫星频道	5.6	19.0
5	宜春月中华情 2009 年中央电视台中秋晚会	中央电视台综合频道	5.1	13.8
6	祖国万岁庆祝中华人民共和国成立 60 周年大型文艺晚会	中央电视台综合频道	5.0	13.9
7	元宵喜乐会	湖南电视台卫星频道	4.6	14.2
8	红土情韵中央电视台心连心艺术团赴江西上饶慰问演出	中央电视台综合频道	4.3	11.9
9	黔岭放歌中央电视台心连心艺术团赴贵州仁怀慰问演出	中央电视台综合频道	4.1	11.0
10	万众一心向前进 2009 年军民迎新春文艺晚会	中央电视台综合频道	4.1	9.9

表 3.13.12 2009 年湖北市场体育节目收视率排序前十位

名次	节目名称	播出频道	平均收视率（%）	平均占有率（%）
1	现场直播：第十一届全运会男子 110 米栏决赛	中央台五套	5.7	14.5
2	直播周末：2009 年第 25 届亚洲男篮锦标赛决赛 - 中国队 VS 伊朗队	中央台五套	4.3	13.9
3	现场直播：第十一届全运会男子 200 米蝶泳半决赛	中央台五套	2.8	7.2
4	第 11 届全运会女子 200 米自由泳决赛	中央台五套	2.6	8.2
5	实况录像：第十一届全运会女子举重 75 公斤以上级决赛	中央台五套	2.6	7.0
6	直播周末：2009 年苏迪曼杯世界羽毛球混合团体锦标赛决赛男双	中央台五套	2.4	8.9
7	现场直播：第十一届全运会女子 4 × 100 米个人混合泳接力决赛	中央台五套	2.4	7.0
8	现场直播：第十一届全运会男子 4 × 100 米个人混合泳接力决赛	中央台五套	2.4	6.8
9	现场直播：第十一届全运会男子举重 94 公斤级决赛	中央台五套	2.4	6.2
9	第 11 届全运会男子 4 × 200 米自由泳接力决赛	中央台五套	2.4	6.2

十四、湖南收视数据

表 3.14.1　2005—2009 年湖南市场各类频道的市场占有率（%）

频道类别	年份				
	2005 年	2006 年	2007 年	2008 年	2009 年
中央台频道	20.4	21.3	21.0	23.9	22.4
中国教育台频道	0.4	0.3	0.4	0.2	0.2
湖南省级频道	49.0	50.6	52.5	52.9	52.2
其他省级卫视频道	9.9	11.4	10.7	11.3	12.0
其他频道	20.3	16.4	15.3	11.7	13.2

表 3.14.2　2009 年湖南市场各类频道在不同目标观众中的市场占有率（%）

目标观众		中央台频道	中国教育台频道	湖南省级频道	其他省级卫视频道	其他频道
4 岁及以上所有人		22.4	0.2	52.2	12.0	13.2
城乡	城市	22.6	0.3	47.8	12.9	16.4
	农村	22.3	0.2	53.2	11.8	12.5
性别	男	23.7	0.2	51.4	11.5	13.2
	女	21.1	0.2	53.0	12.5	13.2
年龄	4 - 14 岁	20.7	0.2	54.8	12.5	11.7
	15 - 24 岁	17.6	0.3	54.2	14.2	13.7
	25 - 34 岁	20.1	0.2	59.9	8.0	11.9
	35 - 44 岁	19.7	0.2	52.9	12.4	14.8
	45 - 54 岁	26.5	0.3	45.7	14.1	13.4
	55 - 64 岁	29.6	0.2	45.3	11.2	13.8
	65 岁及以上	21.9	0.1	53.3	11.4	13.2
教育程度	未受过正规教育	22.8	0.3	50.4	14.1	12.4
	小学	22.6	0.2	52.6	11.3	13.3
	初中	21.1	0.2	54.9	10.7	13.0
	高中	23.3	0.3	48.0	14.9	13.5
	大学及以上	29.0	0.3	43.2	12.8	14.6
职业类别	干部/管理人员	26.1	0.3	47.1	13.4	13.1
	个体/私营企业人员	26.7	0.3	47.9	12.7	12.3
	初级公务员/雇员	27.4	0.4	45.4	13.8	13.0
	工人	22.5	0.4	50.0	12.9	14.1
	学生	17.4	0.1	57.5	11.9	13.1
	无业	22.7	0.4	48.4	14.1	14.4
	其他	22.1	0.1	54.4	10.6	12.7
个人月收入	0 - 300 元	21.1	0.2	53.7	12.2	12.8
	301 - 600 元	26.1	0.2	46.4	14.2	13.1
	601 - 900 元	18.8	0.3	55.2	10.6	15.1
	901 - 1200 元	22.4	0.2	54.9	9.2	13.3
	1201 元及以上	26.9	0.2	47.9	12.0	13.0

表 3.14.3　2009 年湖南市场各类频道不同时段的市场占有率（%）

时间段	中央台频道	中国教育台频道	湖南省级频道	其他省级卫视频道	其他频道
02:00-03:00	36.0	0.0	26.5	25.4	12.1
03:00-04:00	34.5	0.0	28.6	25.5	11.3
04:00-05:00	32.2	0.0	29.3	28.0	10.5
05:00-06:00	37.5	0.0	24.4	27.6	10.4
06:00-07:00	46.6	0.4	20.6	19.2	13.2
07:00-08:00	41.0	0.1	29.6	15.3	13.9
08:00-09:00	28.3	0.1	40.5	17.5	13.5
09:00-10:00	25.1	0.1	45.1	16.5	13.2
10:00-11:00	26.6	0.4	43.5	16.1	13.4
11:00-12:00	26.3	0.5	45.8	15.5	11.9
12:00-13:00	24.0	0.1	48.7	14.1	13.1
13:00-14:00	25.7	0.5	44.6	16.2	13.1
14:00-15:00	25.8	0.7	40.2	19.1	14.2
15:00-16:00	22.9	0.2	40.0	21.5	15.4
16:00-17:00	21.5	0.2	44.6	20.8	12.9
17:00-18:00	23.2	0.3	50.4	15.1	11.1
18:00-19:00	18.2	0.1	61.7	7.7	12.4
19:00-20:00	19.5	0.1	63.6	3.9	12.8
20:00-21:00	21.2	0.1	58.2	8.3	12.1
21:00-22:00	22.4	0.2	53.6	10.6	13.1
22:00-23:00	18.3	0.4	52.6	13.2	15.5
23:00-24:00	20.8	0.4	50.0	13.0	15.8
24:00-25:00	27.3	0.1	36.0	19.7	16.9
25:00-26:00	30.4	0.1	28.1	26.2	15.2

表 3.14.4　2009 年湖南市场收视份额排名前十位的频道

名次	频道名称	收视份额（%）
1	湖南电视台经济频道	17.5
2	湖南电视台卫星频道	10.5
3	中央电视台综合频道	6.8
4	湖南电视台潇湘电影频道	6.1
5	湖南电视台电视剧频道	5.6
6	湖南电视台都市频道	4.7
7	湖南电视台娱乐频道	2.8
8	中央台八套	2.6
9	中央台六套	2.5
9	湖南电视台金鹰卡通频道	2.5

表 3.14.5　2009 年湖南市场各主要频道的观众构成（%）

目标观众		所有频道	主要频道				
			湖南电视台经济频道	湖南电视台卫星频道	中央电视台综合频道	湖南电视台潇湘电影频道	湖南电视台电视剧频道
4 岁及以上所有人		100.0	100.0	100.0	100.0	100.0	100.0
城乡	城市	18.7	13.1	14.6	19.2	17.7	19.7
	农村	81.3	86.9	85.4	80.8	82.3	80.3
性别	男	49.8	48.7	46.1	52.4	53.7	46.21
	女	50.2	51.3	53.9	47.6	46.3	53.8
年龄	4－14 岁	12.3	11.2	14.9	10.8	11.4	6.4
	15－24 岁	11.8	7.7	18.1	8.7	21.3	8.8
	25－34 岁	18.7	26.1	17.7	18.0	24.6	9.5
	35－44 岁	18.5	20.3	17.1	14.6	18.7	19.2
	45－54 岁	21.9	19.1	18.2	25.4	14.7	31.1
	55－64 岁	11.4	10.2	9.6	17.3	6.5	12.6
	65 岁及以上	5.4	5.3	4.4	5.2	2.9	12.4
教育程度	未受过正规教育	6.7	5.5	6.7	7.3	6.2	4.7
	小学	28.0	30.5	28.7	30.9	23.2	26.1
	初中	42.4	46.1	43.6	39.8	46.7	40.3
	高中	20.2	16.4	18.9	19.6	21.6	26.1
	大学及以上	2.8	1.4	2.1	2.4	2.3	2.9
职业类别	干部/管理人员	1.1	0.3	1.2	0.7	1.2	1.8
	个体/私营企业人员	5.7	4.3	4.1	7.2	6.4	5.3
	初级公务员/雇员	5.3	2.8	5.5	5.6	5.7	6.4
	工人	6.8	5.0	6.0	4.9	9.2	8.1
	学生	10.6	9.8	14.0	7.0	11.4	5.7
	无业	21.7	16.9	20.4	18.4	22.0	22.2
	其他	48.8	60.9	48.8	56.1	44.1	50.5
个人月收入	0－300 元	49.2	49.8	55.2	52.0	48.7	44.4
	301－600 元	18.8	15.9	19.0	23.4	17.5	20.2
	601－900 元	12.6	17.6	10.8	9.0	11.3	11.7
	901－1200 元	10.8	11.0	9.2	9.8	12.3	15.0
	1201 元及以上	8.5	5.7	5.8	5.8	10.2	8.6

表 3.14.6　2007—2009 年湖南市场各类节目的播出份额（%）和收视份额（%）

节目类别	2007 年		2008 年		2009 年	
	播出份额	收视份额	播出份额	收视份额	播出份额	收视份额
财经	1.5	0.3	1.6	0.2	1.9	0.3
电视剧	25.9	38.2	25.2	43.1	22.8	38.5
电影	4.3	8.2	3.7	4.9	4.0	8.4
法制	1.4	1.7	1.1	1.6	1.3	2.2
教学	0.7	0.2	0.6	0.1	0.5	0.1
青少	4.5	3.8	4.5	2.3	5.0	3.1
生活服务	6.5	4.2	7.5	5.6	7.8	6.9
体育	1.7	1.4	3.0	3.5	1.9	0.9
外语	0.2	0.1	0.1	0.0	0.1	0.1
戏剧	1.3	0.3	1.0	0.4	1.1	0.4
新闻/时事	13.4	9.3	14.0	9.4	13.5	8.0
音乐	1.9	1.0	2.5	0.5	2.7	0.6
专题	11.3	7.5	12.0	4.9	11.6	5.4
综艺	8.5	9.4	7.0	9.4	9.3	10.2
其他	16.9	14.6	16.2	14.2	16.6	15.0

表 3. 14. 7　2009 年湖南市场所有节目收视率排名前三十位

名次	节目名称	节目类型	播出频道	平均收视率（%）	平均占有率（%）
1	奶娘	电视剧	湖南电视台经济频道	18.7	42.5
2	妈妈为我嫁	电视剧	湖南电视台经济频道	16.8	39.8
3	富贵在天	电视剧	湖南电视台经济频道	16.3	37.0
4	FUN4 娱乐牛光溢彩耀新春	综艺	湖南电视台经济频道	15.2	30.1
5	生死谍恋	电视剧	湖南电视台经济频道	14.3	35.1
6	我们生活的年代（第 35 – 37 集）	电视剧	湖南电视台经济频道	14.0	32.5
7	2009 春节联欢晚会	综艺	湖南电视台经济频道	13.9	28.1
8	首都各界庆祝中华人民共和国成立 60 周年联欢晚会	综艺	中央电视台综合频道	13.3	31.9
9	一颗颗眼泪都是爱	电视剧	湖南电视台经济频道	13.2	34.0
10	胭脂雪	电视剧	湖南电视台经济频道	13.0	29.3
11	FUN4 娱乐小年夜特别节目	综艺	湖南电视台经济频道	12.0	26.2
12	2009 春节联欢晚会	综艺	中央电视台综合频道	11.7	23.7
13	婚姻底线	电视剧	湖南电视台经济频道	11.6	30.8
14	潜伏	电视剧	湖南电视台经济频道	11.2	28.4
15	我是一棵小草	电视剧	湖南电视台经济频道	10.9	30.7
16	拿什么满足你我的婆婆	电视剧	湖南电视台经济频道	10.6	29.8
17	不离不弃	电视剧	湖南电视台经济频道	10.6	28.6
18	群星大集合	综艺	湖南电视台经济频道	9.6	32.4
19	快乐中国湖南卫视 2009 春节联欢晚会	综艺	湖南电视台经济频道	9.2	24.1
20	非亲姐妹	电视剧	湖南电视台经济频道	9.1	26.8
21	跟我的前妻谈恋爱	电视剧	湖南电视台经济频道	9.0	22.1
22	蝎子战士	电影	湖南电视台潇湘电影频道	9.0	20.5
23	直播大事件	体育	湖南电视台经济频道	8.6	27.9
24	缴枪不杀（10 月 5 日）	电影	湖南电视台潇湘电影频道	8.6	23.0
25	走西口	电视剧	中央电视台综合频道	8.5	19.1
26	单亲妈妈	电视剧	湖南电视台经济频道	8.4	25.2
27	黔岭放歌中央电视台心连心艺术团赴贵州仁怀慰问演出	综艺	中央电视台综合频道	8.1	20.5
28	地下地上	电视剧	湖南电视台经济频道	7.6	22.1
29	开心僵尸王	电影	湖南电视台潇湘电影频道	7.6	17.6
30	生死拳	电影	湖南电视台潇湘电影频道	7.6	16.4

表 3.14.8　2009 年湖南市场电视剧收视率排名前十位

名次	节目名称	播出频道	平均收视率(%)	平均占有率(%)
1	奶娘	湖南电视台经济频道	18.7	42.5
2	妈妈为我嫁	湖南电视台经济频道	16.8	39.8
3	富贵在天	湖南电视台经济频道	16.3	37.0
4	生死谍恋	湖南电视台经济频道	14.3	35.1
5	我们生活的年代（第 35－37 集）	湖南电视台经济频道	14.0	32.5
6	一颗颗眼泪都是爱	湖南电视台经济频道	13.2	34.0
7	胭脂雪	湖南电视台经济频道	13.0	29.3
8	婚姻底线	湖南电视台经济频道	11.6	30.8
9	潜伏	湖南电视台经济频道	11.2	28.4
10	我是一棵小草	湖南电视台经济频道	10.9	30.7

表 3.14.9　2009 年湖南市场新闻节目收视率排名前十位

名次	节目名称	播出频道	平均收视率(%)	平均占有率(%)
1	生死穿越沱龙峡	湖南电视台都市频道	4.5	12.7
2	温家宝总理会见中外记者	中央电视台综合频道	3.8	7.9
3	转播中央台新闻联播	湖南电视台卫星频道	3.2	11.1
4	我们的节日春节一年又一年四海一家亲	中央电视台综合频道	3.0	8.6
5	经视新闻	湖南电视台经济频道	2.9	16.3
6	直播大事件	湖南电视台经济频道	2.7	10.5
7	湖南新闻联播	湖南电视台卫星频道	2.3	11.7
8	新闻联播	中央电视台综合频道	2.1	7.4
9	焦点访谈	中央电视台综合频道	1.9	5.2
10	都市 1 时间	湖南电视台都市频道	1.8	6.8

表 3.14.10　2009 年湖南市场专题节目收视率排名前十位

名次	节目名称	播出频道	平均收视率(%)	平均占有率(%)
1	我们的田野 2009 三八特别节目	中央电视台综合频道	4.3	9.8
2	人民至上	中央电视台综合频道	3.5	8.8
3	潇湘辉煌	湖南电视台卫星频道	3.2	7.9
4	2009 中央电视台 3.15 晚会	中央电视台综合频道	3.0	7.7
5	相信中国 2009 年当代工人五一特别节目	中央电视台综合频道	3.0	7.4
6	故事连环话	湖南电视台都市频道	2.8	7.6
7	寻亲记	湖南电视台都市频道	2.8	7.3
8	百年先念	中央电视台综合频道	2.5	6.5
9	解放农奴	中央电视台综合频道	2.5	5.6
10	西藏农奴的故事	中央电视台综合频道	2.3	5.4

表 3.14.11　2009 年湖南市场综艺节目收视率排名前十位

名次	节目名称	播出频道	平均收视率（%）	平均占有率（%）
1	FUN4 娱乐牛光溢彩耀新春	湖南电视台经济频道	15.2	30.1
2	2009 春节联欢晚会	湖南电视台经济频道	13.9	28.1
3	首都各界庆祝中华人民共和国成立 60 周年联欢晚会	中央电视台综合频道	13.3	31.9
4	FUN4 娱乐小年夜特别节目	湖南电视台经济频道	12.0	26.2
5	2009 春节联欢晚会	中央电视台综合频道	11.7	23.7
6	群星大集合	湖南电视台经济频道	9.6	32.4
7	快乐中国湖南卫视 2009 春节联欢晚会	湖南电视台经济频道	9.2	24.1
8	黔岭放歌中央电视台心连心艺术团赴贵州仁怀慰问演出	中央电视台综合频道	8.1	20.5
9	元宵喜乐会	湖南电视台卫星频道	7.5	21.0
10	桃花开朵朵越策走透透	湖南电视台经济频道	7.4	18.4

表 3.14.12　2009 年湖南市场体育节目收视率排名前十位

名次	节目名称	播出频道	平均收视率（%）	平均占有率（%）
1	直播大事件	湖南电视台经济频道	8.6	27.9
2	直播周末：2009 年第 25 届亚洲男篮锦标赛决赛－中国队 VS 伊朗队	中央台五套	2.3	7.0
3	中华人民共和国第十一届运动会开幕式	中央电视台综合频道	2.3	6.1
4	哈尔滨 24th 世界大学生冬季运动会	中央电视台综合频道	2.3	5.2
5	国球大典世界乒乓球总冠军赛国球荣光世界分享	湖南电视台卫星频道	2.2	5.3
6	直播周末：2009 年世界举重锦标赛女子 75 公斤以上级抓举	中央台五套	2.0	5.8
7	现场直播：第十一届全运会举重女子 75 公斤级挺举决赛	中央台五套	1.9	6.4
8	金牌社区	湖南电视台潇湘电影频道	1.9	6.1
9	实况录像：2009 年世界体操锦标赛集锦单项决赛女子平衡木	中央台五套	1.7	3.8
10	现场直播：第十一届全运会男子 100 米蝶泳决赛	中央台五套	1.6	4.3

十五、吉林收视数据

表 3.15.1　2005—2009 年吉林市场各类频道的市场占有率（%）

频道类别	年份				
	2005 年	2006 年	2007 年	2008 年	2009 年
中央台频道	34.2	39.0	36.5	41.3	35.9
中国教育台频道	0.1	0.1	0.1	0.2	0.2
吉林省级频道	27.6	26.1	27.5	27.1	29.6
其他省级卫视频道	10.7	12.7	15.3	17.5	19.8
其他频道	27.5	22.1	20.6	14.0	14.5

表 3.15.2　2009 年吉林市场各类频道在不同目标观众中的市场占有率（%）

目标观众		中央台频道	中国教育台频道	吉林省级频道	其他省级卫视频道	其他频道
4 岁及以上所有人		35.9	0.2	29.7	19.8	14.4
城乡	城市	37.6	0.2	32.1	20.4	9.7
	农村	34.4	0.3	27.8	19.4	18.1
性别	男	37.8	0.2	29.3	18.5	14.2
	女	34.1	0.3	30.2	21.0	14.4
年龄	4-14 岁	38.7	0.4	21.2	24.3	15.4
	15-24 岁	28.8	0.3	24.5	27.2	19.2
	25-34 岁	33.7	0.3	28.0	20.8	17.2
	35-44 岁	30.9	0.2	31.2	21.6	16.1
	45-54 岁	39.3	0.2	32.0	17.6	10.9
	55-64 岁	40.7	0.3	32.0	15.6	11.4
	65 岁及以上	43.0	0.1	33.3	13.2	10.4
教育程度	未受过正规教育	39.1	0.2	32.0	17.4	11.3
	小学	34.3	0.3	29.6	18.4	17.4
	初中	32.9	0.2	29.3	21.7	15.9
	高中	39.3	0.3	30.8	19.1	10.5
	大学及以上	45.1	0.5	27.5	17.0	9.9
职业类别	干部/管理人员	38.1	0.2	29.8	16.6	15.3
	个体/私营企业人员	34.8	0.1	36.5	16.8	11.8
	初级公务员/雇员	43.3	0.6	29.1	18.4	8.6
	工人	32.4	0.2	36.5	18.1	12.8
	学生	31.6	0.4	25.5	25.6	16.9
	无业	40.5	0.2	31.2	18.0	10.1
	其他	32.0	0.2	25.6	21.9	20.3
个人月收入	0-300 元	32.4	0.2	30.2	20.1	17.1
	301-600 元	33.9	0.2	28.8	19.4	17.7
	601-900 元	36.8	0.2	28.4	21.7	12.9
	901-1200 元	38.6	0.3	31.5	19.9	9.7
	1201 元及以上	41.3	0.4	30.3	17.5	10.5

表 3. 15. 3　2009 年吉林市场各类频道在不同时段的市场占有率（%）

时间段	中央台频道	中国教育台频道	吉林省级频道	其他省级卫视频道	其他频道
02:00－03:00	37.8	0.2	12.2	39.1	10.7
03:00－04:00	35.9	0.3	12.7	43.5	7.6
04:00－05:00	43.2	0.1	12.3	33.0	11.4
05:00－06:00	34.8	0.2	29.1	16.6	19.3
06:00－07:00	38.6	0.1	35.1	12.6	13.5
07:00－08:00	46.4	0.1	24.8	14.1	14.6
08:00－09:00	42.4	0.1	18.0	24.7	14.8
09:00－10:00	37.9	0.2	16.5	31.5	13.9
10:00－11:00	37.0	0.3	15.5	32.6	14.6
11:00－12:00	37.5	0.3	17.8	30.4	14.0
12:00－13:00	38.7	0.2	12.4	35.2	13.5
13:00－14:00	38.6	0.5	11.6	35.0	14.3
14:00－15:00	32.5	0.4	13.3	42.3	11.5
15:00－16:00	32.3	0.2	12.4	41.2	13.9
16:00－17:00	36.3	0.2	15.3	32.1	16.1
17:00－18:00	22.6	0.2	46.9	12.4	17.9
18:00－19:00	22.3	0.2	52.6	7.3	17.6
19:00－20:00	47.1	0.2	31.5	8.3	12.9
20:00－21:00	38.0	0.3	28.3	20.3	13.1
21:00－22:00	34.2	0.4	28.6	25.1	11.7
22:00－23:00	29.2	0.6	24.3	33.5	12.4
23:00－24:00	37.1	0.3	10.8	39.4	12.4
24:00－25:00	52.8	0.2	4.7	33.4	8.9
25:00－26:00	48.5	0.0	4.9	36.8	9.8

表 3. 15. 4　2009 年吉林市场收视份额排名前十位频道

名次	频道名称	收视份额（%）
1	中央电视台综合频道	14.8
2	吉林电视台都市频道（二套）	11.3
3	吉林卫视	8.9
4	吉林电视台乡村频道（五套）	4.4
5	中央台八套	4.0
6	湖南电视台卫星频道	3.4
7	中央台三套	2.9
8	辽宁卫视	2.5
9	长影电影频道	2.3
9	中央电视台少儿频道	2.3

表 3.15.5 2009 年吉林市场各主要频道的观众构成（%）

目标观众		所有频道	主要频道				
			中央电视台综合频道	吉林电视台都市频道（二套）	吉林卫视	吉林电视台乡村频道（五套）	中央台八套
4 岁及以上所有人		100.0	100.0	100.0	100.0	100.0	100.0
城乡	城市	45.2	40.0	68.1	33.8	19.7	58.3
	农村	54.8	60.0	31.9	66.2	80.3	41.7
性别	男	48.1	50.0	46.0	48.8	46.8	44.3
	女	51.9	50.0	54.0	51.2	53.2	55.7
年龄	4－14 岁	6.9	4.5	4.6	4.0	4.4	5.3
	15－24 岁	12.0	11.0	8.7	9.5	13.1	8.7
	25－34 岁	14.7	12.8	14.2	11.3	10.9	12.5
	35－44 岁	22.5	19.3	24.8	21.0	21.5	20.5
	45－54 岁	20.0	22.3	25.1	19.7	19.3	24.2
	55－64 岁	13.4	17.3	13.5	15.9	19.0	15.9
	65 岁及以上	10.6	12.7	9.2	18.6	11.7	12.9
教育程度	未受过正规教育	4.2	3.5	2.8	6.7	5.5	3.5
	小学	22.5	23.3	17.3	23.9	37.3	19.1
	初中	42.5	41.1	40.3	43.3	40.5	36.9
	高中	24.0	23.6	30.7	21.5	14.2	30.1
	大学及以上	6.8	8.5	8.9	4.6	2.5	10.4
职业类别	干部/管理人员	1.7	1.5	2.5	1.0	0.6	1.8
	个体/私营企业人员	10.6	10.7	11.2	16.6	10.8	12.4
	初级公务员/雇员	8.1	9.4	12.5	4.4	3.4	11.6
	工人	8.6	5.8	14.3	6.9	6.4	9.3
	学生	8.3	5.1	7.0	6.4	4.9	7.9
	无业	29.9	31.8	33.8	33.6	24.5	36.1
	其他	32.8	35.7	18.7	31.1	49.4	20.9
个人月收入	0－300 元	31.6	28.0	26.3	37.7	37.0	29.2
	301－600 元	18.2	22.9	12.8	20.4	26.8	13.1
	601－900 元	22.2	22.0	23.4	18.6	17.7	19.9
	901－1200 元	11.8	12.0	14.3	13.2	8.2	14.7
	1201 元及以上	16.2	15.1	23.2	10.1	10.3	23.1

表 3.15.6 2007—2009 年吉林市场各类节目的播出份额（%）和收视份额（%）

节目类别	2007 年		2008 年		2009 年	
	播出份额	收视份额	播出份额	收视份额	播出份额	收视份额
财经	1.4	0.6	1.6	0.3	1.9	0.8
电视剧	28.2	32.7	25.7	29.0	29.2	29.2
电影	4.1	4.2	3.6	3.3	3.4	2.3
法制	1.1	1.2	1.4	1.3	1.0	2.1
教学	0.7	0.2	0.5	0.0	0.7	0.2
青少	3.6	3.2	4.6	3.3	3.9	4.7
生活服务	10.5	6.5	7.9	5.6	9.2	7.7
体育	2.1	2.9	2.8	5.6	2.2	3.3
外语	0.3	0.1	0.2	0.1	0.2	0.1
戏剧	1.1	1.0	1.1	0.5	1.2	0.3
新闻/时事	8.8	14.9	13.6	20.7	9.9	14.3
音乐	2.1	1.1	2.5	0.6	0.9	0.8
专题	10.3	5.4	11.2	4.1	10.6	7.0
综艺	6.5	9.3	7.3	8.5	6.2	10.8
其他	19.4	16.7	16.2	17.0	19.5	16.4

表 3.15.7 2009 年吉林市场所有节目收视率排名前三十位

名次	节目名称	节目类型	播出频道	平均收视率（%）	平均占有率（%）
1	2009 春节联欢晚会	综艺	中央电视台综合频道	55.1	90.3
2	首都各界庆祝中华人民共和国成立 60 周年联欢晚会	综艺	中央电视台综合频道	25.3	59.1
3	欢天喜地闹元宵 2009 年元宵晚会	综艺	中央电视台综合频道	22.2	45.7
4	新闻联播	新闻/时事	中央电视台综合频道	15.7	35.0
5	万众一心向前进 2009 年军民迎新春文艺晚会	综艺	中央电视台综合频道	14.1	31.0
6	2009 万家灯火平安夜公安部 2009 年春节电视文艺晚会	综艺	中央电视台综合频道	13.6	33.7
7	天气预报	生活服务	中央电视台综合频道	12.6	27.3
8	走西口	电视剧	中央电视台综合频道	11.9	28.7
9	春天的祝福文化部 2009 年春节电视晚会	综艺	中央电视台综合频道	11.3	35.3
10	西藏今昔	专题	中央电视台综合频道	10.7	22.4
11	守望都市	新闻/时事	吉林电视台都市频道（二套）	10.6	27.9
12	焦点访谈	新闻/时事	中央电视台综合频道	10.4	22.9
13	曲苑杂坛	综艺	中央电视台综合频道	10.3	29.9
14	清凌凌的水蓝莹莹的天第二部	电视剧	中央电视台综合频道	10.3	23.7
15	叶挺将军	电视剧	中央电视台综合频道	9.2	20.9
16	说实在的	新闻/时事	吉林电视台都市频道（二套）	9.0	34.2
17	我们的节日春节一年又一年四海一家亲	新闻/时事	中央电视台综合频道	8.9	27.8
18	哈尔滨 24th 世界大学生冬季运动会	体育	中央电视台综合频道	8.6	21.4
19	解放农奴	专题	中央电视台综合频道	8.6	18.9
20	新闻总动员	新闻/时事	吉林电视台都市频道（二套）	8.4	20.6
21	我们的田野 2009 三八特别节目	专题	中央电视台综合频道	8.3	19.7
22	温家宝总理会见中外记者	新闻/时事	中央电视台综合频道	8.3	17.6
23	CCTV2008 感动中国颁奖晚会	综艺	中央电视台综合频道	8.1	23.4
24	西藏民主改革 50 年	专题	中央电视台综合频道	8.1	16.4
25	人民英模	专题	中央电视台综合频道	7.5	17.1
26	都市大视野	新闻/时事	吉林电视台都市频道（二套）	7.5	15.8
27	宜春月中华情 2009 年中央电视台中秋晚会	综艺	中央电视台综合频道	7.3	23.7
28	百年先念	专题	中央电视台综合频道	7.1	16.6
29	走向阳光庆祝西藏百万农奴解放 50 周年文艺晚会	综艺	中央电视台综合频道	7.1	16.3
30	我的兄弟叫顺溜	电视剧	中央电视台综合频道	7.0	21.0

表 3.15.8　2009 年吉林市场电视剧收视率排名前十位

名次	节目名称	播出频道	平均收视率（%）	平均占有率（%）
1	走西口	中央电视台综合频道	11.9	28.7
2	清凌凌的水蓝莹莹的天第二部	中央电视台综合频道	10.3	23.7
3	叶挺将军	中央电视台综合频道	9.2	20.9
4	我的兄弟叫顺溜	中央电视台综合频道	7.0	21.0
5	我的青春谁做主	中央电视台综合频道	6.6	17.8
6	绝地逢生	中央电视台综合频道	6.5	16.2
6	密战	中央电视台综合频道	5.8	16.7
8	在那遥远的地方	中央电视台综合频道	5.7	16.2
9	喜耕田的故事第二部	中央电视台综合频道	5.7	14.8
10	国家行动三峡移民记事	中央电视台综合频道	5.7	14.2

表 3.15.9　2009 年吉林市场新闻节目收视率排名前十位

名次	节目名称	播出频道	平均收视率（%）	平均占有率（%）
1	新闻联播	中央电视台综合频道	15.7	35.0
2	守望都市	吉林电视台都市频道（二套）	10.6	27.9
3	焦点访谈	中央电视台综合频道	10.4	22.9
4	说实在的	吉林电视台都市频道（二套）	9.0	34.2
5	我们的节日春节一年又一年四海一家亲	中央电视台综合频道	8.9	27.8
6	新闻总动员	吉林电视台都市频道（二套）	8.4	20.6
7	温家宝总理会见中外记者	中央电视台综合频道	8.3	17.6
8	都市大视野	吉林电视台都市频道（二套）	7.5	15.8
9	澳门十年	中央电视台综合频道	6.0	12.9
10	盛典国庆 60 周年特别报道	中央电视台综合频道	4.8	16.8

表 3.15.10　2009 年吉林市场专题节目收视率排名前十位

名次	节目名称	播出频道	平均收视率（%）	平均占有率（%）
1	西藏今昔	中央电视台综合频道	10.7	22.4
2	解放农奴	中央电视台综合频道	8.6	18.9
3	我们的田野 2009 三八特别节目	中央电视台综合频道	8.3	19.7
4	西藏民主改革 50 年	中央电视台综合频道	8.1	16.4
5	人民英模	中央电视台综合频道	7.5	17.1
6	百年先念	中央电视台综合频道	7.1	16.6
7	宋任穷	中央电视台综合频道	6.8	16.4
8	2009 中央电视台 3.15 晚会	中央电视台综合频道	6.7	16.4
9	西藏农奴的故事	中央电视台综合频道	6.5	14.4
10	拉大剧	吉林电视台都市频道（二套）	5.4	12.9

表 3.15.11 2009 年吉林市场综艺节目收视率排名前十位

名次	节目名称	播出频道	平均收视率（%）	平均占有率（%）
1	2009 春节联欢晚会	中央电视台综合频道	55.1	90.3
2	首都各界庆祝中华人民共和国成立 60 周年联欢晚会	中央电视台综合频道	25.3	59.1
3	欢天喜地闹元宵 2009 年元宵晚会	中央电视台综合频道	22.2	45.7
4	万众一心向前进 2009 年军民迎新春文艺晚会	中央电视台综合频道	14.1	31.0
5	2009 万家灯火平安夜公安部 2009 年春节电视文艺晚会	中央电视台综合频道	13.6	33.7
6	春天的祝福文化部 2009 年春节电视晚会	中央电视台综合频道	11.3	35.3
7	曲苑杂坛	中央电视台综合频道	10.3	29.9
8	CCTV2008 感动中国颁奖晚会	中央电视台综合频道	8.1	23.4
9	宜春月中华情 2009 年中央电视台中秋晚会	中央电视台综合频道	7.3	23.7
10	走向阳光庆祝西藏百万农奴解放 50 周年文艺晚会	中央电视台综合频道	7.1	16.3

表 3.15.12 2009 年吉林市场体育节目收视率排名前十位

名次	节目名称	播出频道	平均收视率（%）	平均占有率（%）
1	哈尔滨 24th 世界大学生冬季运动会	中央电视台综合频道	8.6	21.4
2	现场直播：第 11 届全运会男子 110 米栏预赛	中央台五套	3.5	9.3
3	中华人民共和国第十一届运动会开幕式	中央电视台综合频道	3.3	12.3
4	现场直播：第十一届全运会男子 4 × 100 米个人混合泳接力决赛	中央台五套	3.2	7.6
5	现场直播：第十一届全运会女子 4 × 100 米个人混合泳接力决赛	中央台五套	2.9	6.5
6	中华人民共和国第十一届运动会闭幕式	中央电视台综合频道	2.7	9.0
7	现场直播：第 11 届全运会女子撑杆跳高决赛	中央台五套	2.7	8.5
8	现场直播：第 11 届全运会男子十项全能之五 400 米	中央台五套	2.4	7.5
9	实况录像：第十一届全运会女子标枪决赛	中央台五套	2.4	6.4
10	实况录像：第十一届全运会女子 4 × 100 米接力预赛	中央台五套	2.3	6.5

十六、江苏收视数据

表 3.16.1　2005—2009 年江苏市场各类频道的市场占有率（%）

频道类别	年份				
	2005 年	2006 年	2007 年	2008 年	2009 年
中央台频道	27.8	29.1	31.7	34.7	30.3
中国教育台频道	0.2	0.1	0.2	0.6	0.5
江苏省级频道	25.9	30.4	30.1	29.1	31.6
其他省级卫视频道	8.5	8.1	7.7	14.4	16.5
其他频道	37.6	32.3	30.3	21.2	21.1

注：从 2007 年 11 月 1 日起江苏数据为测量仪数据。

表 3.16.2　2009 年江苏市场各类频道在不同目标观众中的市场占有率（%）

目标观众		中央台频道	中国教育台频道	江苏省级频道	其他省级卫视频道	其他频道
4 岁及以上所有人		30.3	0.5	31.6	16.5	21.1
城乡	城市	27.3	0.3	30.2	16.0	26.2
	农村	32.1	0.6	32.5	16.8	18.0
性别	男	32.9	0.5	30.7	15.0	20.9
	女	27.8	0.5	32.5	18.0	21.2
年龄	4－14 岁	26.8	0.4	34.9	23.4	14.5
	15－24 岁	24.0	0.4	31.4	23.5	20.7
	25－34 岁	31.7	0.6	30.0	18.7	19.0
	35－44 岁	28.7	0.6	31.6	16.6	22.5
	45－54 岁	30.1	0.5	32.8	13.1	23.5
	55－64 岁	31.0	0.5	33.0	12.1	23.4
	65 岁及以上	40.8	0.4	26.4	10.8	21.6
教育程度	未受过正规教育	27.0	0.5	38.7	13.1	20.7
	小学	29.4	0.4	31.6	16.2	22.4
	初中	30.0	0.6	30.6	17.8	21.0
	高中	32.1	0.6	31.0	16.9	19.4
	大学及以上	33.8	0.5	30.7	13.2	21.8
职业类别	干部/管理人员	29.2	0.5	32.0	18.4	19.9
	个体/私营企业人员	33.4	0.6	30.8	16.7	18.5
	初级公务员/雇员	31.9	0.5	28.8	16.6	22.2
	工人	29.4	0.6	32.6	15.3	22.1
	学生	26.0	0.4	33.0	25.1	15.5
	无业	34.3	0.5	29.1	16.2	19.9
	其他	27.0	0.4	34.3	13.1	25.2
个人月收入	0－300 元	27.6	0.5	34.3	19.8	17.8
	301－600 元	28.6	0.4	30.8	12.8	27.4
	601－900 元	28.7	0.5	32.3	14.5	24.0
	901－1200 元	32.9	0.6	30.2	14.7	21.6
	1201 元及以上	33.4	0.6	29.2	15.8	21.0

表 3.16.3 2009 年江苏市场各类频道不同时段的市场占有率（%）

时间段	中央台频道	中国教育台频道	江苏省级频道	其他省级卫视频道	其他频道
02:00－03:00	45.0	0.2	13.5	30.9	10.4
03:00－04:00	45.2	0.3	12.6	33.3	8.6
04:00－05:00	43.2	0.2	14.0	34.2	8.4
05:00－06:00	45.6	0.2	14.2	33.5	6.5
06:00－07:00	55.2	0.7	14.7	22.1	7.3
07:00－08:00	50.0	0.3	22.1	15.9	11.7
08:00－09:00	39.6	0.2	19.5	24.2	16.5
09:00－10:00	31.8	0.2	25.2	24.8	18.0
10:00－11:00	32.9	0.8	24.6	24.8	16.9
11:00－12:00	38.1	0.8	25.1	22.7	13.3
12:00－13:00	38.4	0.2	23.9	21.5	16.0
13:00－14:00	34.5	1.0	24.3	24.2	16.0
14:00－15:00	31.2	1.2	20.8	28.7	18.1
15:00－16:00	31.6	0.4	19.8	30.8	17.4
16:00－17:00	31.3	0.4	22.3	31.7	14.3
17:00－18:00	34.5	0.5	29.0	21.9	14.1
18:00－19:00	28.0	0.3	43.1	7.8	20.8
19:00－20:00	28.2	0.2	41.4	4.9	25.3
20:00－21:00	24.8	0.3	38.7	10.7	25.5
21:00－22:00	26.4	0.6	33.1	13.5	26.4
22:00－23:00	24.9	1.1	33.5	18.5	22.0
23:00－24:00	31.2	0.7	24.5	20.8	22.8
24:00－25:00	36.6	0.3	21.3	24.0	17.8
25:00－26:00	41.0	0.2	17.5	27.8	13.5

表 3.16.4 2009 年江苏市场收视份额排名前十位频道

名次	频道名称	收视份额（%）
1	江苏卫视	10.8
2	江苏电视台综艺频道	6.6
3	中央电视台综合频道	4.8
4	江苏电视台城市频道	4.7
5	江苏电视台影视频道	4.6
5	中央台六套	4.6
7	中央台八套	4.4
8	湖南电视台卫星频道	3.8
9	中央台三套	3.5
10	浙江卫视	2.4

表 3.16.5　2009 年江苏市场各主要频道的观众构成（%）

目标观众		所有频道	主要频道				
			江苏卫视	江苏电视台综艺频道	中央电视台综合频道	江苏电视台城市频道	江苏电视台影视频道
4 岁及以上所有人		100.0	100.0	100.0	100.0	100.0	100.0
城乡	城市	37.2	27.0	31.7	38.0	59.0	34.1
	农村	62.8	73.0	68.3	62.0	41.0	65.9
性别	男	50.0	47.8	48.8	51.2	46.8	45.5
	女	50.0	52.2	51.2	48.8	53.2	54.5
年龄	4－14 岁	11.4	10.6	8.9	10.8	6.5	13.2
	15－24 岁	10.0	10.0	11.5	7.3	9.0	11.3
	25－34 岁	16.8	12.4	15.1	14.2	15.7	20.8
	35－44 岁	17.7	17.4	18.2	17.0	19.3	19.2
	45－54 岁	20.2	23.0	21.4	22.7	25.8	18.0
	55－64 岁	14.0	15.9	18.7	13.7	15.2	10.9
	65 岁及以上	9.9	10.7	6.2	14.3	8.5	6.6
教育程度	未受过正规教育	8.0	11.1	8.5	7.7	7.3	8.5
	小学	25.8	29.7	22.5	26.6	20.5	25.2
	初中	36.0	31.2	41.6	33.9	33.3	40.0
	高中	23.3	21.2	22.2	24.4	28.9	21.4
	大学及以上	6.9	6.8	5.2	7.4	10.0	4.9
职业类别	干部/管理人员	2.2	1.2	3.7	2.4	2.8	1.7
	个体/私营企业人员	8.6	7.5	8.6	7.0	10.0	9.3
	初级公务员/雇员	11.1	7.6	12.3	9.9	13.8	9.2
	工人	21.5	21.9	22.3	19.2	23.2	24.1
	学生	11.4	11.1	8.3	10.9	7.0	13.8
	无业	24.2	20.3	24.0	26.6	24.9	19.2
	其他	21.0	30.4	20.8	24.0	18.3	22.7
个人月收入	0－300 元	34.4	39.7	35.3	31.4	26.7	37.9
	301－600 元	12.1	15.0	9.8	14.4	10.9	11.7
	601－900 元	9.5	11.0	9.2	7.3	10.1	9.1
	901－1200 元	16.8	15.2	15.5	20.7	18.8	17.1
	1201 元及以上	27.2	19.1	30.2	26.2	33.5	24.2

表 3.16.6　2007—2009 年江苏市场各类节目的播出份额（%）和收视份额（%）

节目类别	2007 年		2008 年		2009 年	
	播出份额	收视份额	播出份额	收视份额	播出份额	收视份额
财经	1.5	0.2	1.6	0.4	1.9	0.4
生活服务	7.6	5.1	8.4	4.4	8.2	4.9
青少	5.1	2.8	5.3	3.8	5.8	4.5
戏剧	1.3	0.5	1.1	0.6	1.2	0.7
教学	0.6	0.2	0.6	0.2	0.6	0.4
综艺	8.3	11.2	7.1	10.8	9.1	13.8
外语	0.3	0.1	0.2	0.1	0.2	0.1
电影	3.1	3.4	2.9	5.4	3.0	5.0
音乐	2.0	1.2	2.5	1.0	2.7	0.8
新闻/时事	13.6	16.3	13.8	10.6	13.4	8.6
体育	2.6	2.5	3.9	5.0	3.2	2.3
电视剧	25.2	31.5	24.9	37.9	22.8	36.9
专题	11.2	5.9	11.2	6.7	10.5	7.0
法制类	1.2	0.5	1.0	0.8	1.1	1.0
其他	16.4	18.3	15.7	12.3	16.3	13.6

表 3.16.7　2009 年江苏市场所有节目收视率排名前三十位

名次	节目名称	节目类型	播出频道	平均收视率（%）	平均占有率（%）
1	2009 春节联欢晚会	综艺	中央电视台综合频道	20.5	40.9
2	江苏卫视跨年演唱会	音乐	江苏卫视	12.2	33.3
3	首都各界庆祝中华人民共和国成立 60 周年联欢晚会	综艺	中央电视台综合频道	11.1	24.9
4	薛仁贵	电视剧	江苏卫视	9.8	22.3
5	飞扬新声名师高徒大结局	综艺	江苏卫视	9.8	22.2
6	地下地上	电视剧	江苏卫视	8.9	20.0
7	人活一张脸	电视剧	江苏卫视	8.8	20.2
8	非常 11 年欢乐盛典非常周末	综艺	江苏电视台综艺频道	8.4	18.6
9	欢天喜地闹元宵 2009 年元宵晚会	综艺	中央电视台综合频道	8.4	18.5
10	媳妇的眼泪	电视剧	江苏卫视	8.0	17.4
11	动作 90 分 - 中华英雄	电影	中央台六套	7.7	15.5
12	艰难爱情	电视剧	江苏卫视	7.4	18.7
13	对手独家精编版	电视剧	江苏卫视	7.2	15.5
14	特别节目走近小沈阳（3 月 17 日）	专题	江苏卫视	6.9	23.1
15	一个女人的史诗（1 月 10 日 -1 月 24 日）	电视剧	江苏卫视	6.7	15.3
16	灯火黄昏	电视剧	江苏卫视	6.7	15.1
17	我的团长我的团	电视剧	江苏卫视	6.6	15.4
18	穷人的孩子早当家（7 月 20 日）	综艺	江苏卫视	6.5	15.0
19	房子	电视剧	江苏卫视	6.3	14.8
20	我们生活的年代	电视剧	江苏卫视	6.2	15.9
21	亲爱的敌人	电视剧	江苏卫视	6.2	15.8
22	幻想之旅	电视剧	江苏卫视	6.1	14.6
23	康剧来了江苏卫视特别节目（3 月 4 日）	综艺	江苏卫视	6.0	13.6
24	未公开的档案	专题	江苏卫视	6.0	13.2
25	小沈阳来了（3 月 16 日）	专题	江苏卫视	5.9	19.4
26	人间正道是沧桑回家版	电视剧	江苏卫视	5.9	16.2
	八仙全传之八仙过海	电视剧	江苏电视台综艺频道	5.7	12.9
28	欢乐今宵 2005 年春节晚会小品集锦	综艺	中央台三套	5.5	13.2
29	截杀香阁寺	电影	中央台六套	5.5	11.8
30	特别节目我爱小沈阳（3 月 18 日）	专题	江苏卫视	5.4	17.2

表 3.16.8　2009 年江苏市场电视剧收视率排名前十位

名次	节目名称	播出频道	平均收视率（%）	平均占有率（%）
1	薛仁贵	江苏卫视	9.8	22.3
2	地下地上	江苏卫视	8.9	20.0
3	人活一张脸	江苏卫视	8.8	20.2
4	媳妇的眼泪	江苏卫视	8.0	17.4
5	艰难爱情	江苏卫视	7.4	18.7
6	对手独家精编版	江苏卫视	7.2	15.5
7	一个女人的史诗（1 月 10 日 -1 月 24 日）	江苏卫视	6.7	15.3
8	灯火黄昏	江苏卫视	6.7	15.1
9	我的团长我的团	江苏卫视	6.6	15.4
10	房子	江苏卫视	6.3	14.8

表 3.16.9　2009 年江苏市场新闻节目收视率排名前十位

名次	节目名称	播出频道	平均收视率（%）	平均占有率（%）
1	温家宝总理会见中外记者	中央电视台综合频道	2.6	5.6
2	转播中央台新闻联播	江苏卫视	2.4	8.1
3	江苏新时空	江苏卫视	2.0	9.4
4	零距离	江苏电视台城市频道	1.9	6.9
5	新闻联播	中央电视台综合频道	1.9	6.3
6	我们的节日春节一年又一年四海一家亲	中央电视台综合频道	1.8	8.6
7	首都各界庆祝中华人民共和国成立 60 周年大会	中央电视台综合频道	1.5	18.0
8	盛典国庆 60 周年特别报道	中央电视台综合频道	1.4	9.9
9	石头会说话	江苏电视台城市频道	1.4	7.3
10	挑战潜规则	江苏电视台城市频道	1.3	5.9

表 3.16.10　2009 年江苏市场专题节目收视率排名前十位

名次	节目名称	播出频道	平均收视率（%）	平均占有率（%）
1	特别节目走近小沈阳（3 月 17 日）	江苏卫视	6.9	23.1
2	未公开的档案	江苏卫视	6.0	13.2
3	小沈阳来了（3 月 16 日）	江苏卫视	5.9	19.4
4	特别节目我爱小沈阳（3 月 18 日）	江苏卫视	5.4	17.2
5	牛年特别节目谦变万化（3 月 3 日）	江苏卫视	5.4	12.5
6	牛年特别节目红人小沈阳（2 月 28 日）	江苏卫视	4.8	14.3
7	周末人间	江苏卫视	4.5	14.3
8	人间	江苏卫视	4.4	14.3
9	证明	江苏卫视	3.8	11.6
10	窃听	江苏卫视	3.1	9.5

表 3.16.11 2009 年江苏市场综艺节目收视率排名前十位

名次	节目名称	播出频道	平均收视率（%）	平均占有率（%）
1	2009 春节联欢晚会	中央电视台综合频道	20.5	40.9
2	首都各界庆祝中华人民共和国成立 60 周年联欢晚会	中央电视台综合频道	11.1	24.9
3	飞扬新声名师高徒大结局	江苏卫视	9.8	22.2
4	非常 11 年欢乐盛典非常周末	江苏电视台综艺频道	8.4	18.6
5	欢天喜地闹元宵 2009 年元宵晚会	中央电视台综合频道	8.4	18.5
6	穷人的孩子早当家（7 月 20 日）	江苏卫视	6.5	15.0
7	康剧来了江苏卫视特别节目（3 月 4 日）	江苏卫视	6.0	13.6
8	欢乐今宵 2005 年春节晚会小品集锦	中央三套	5.5	13.2
9	我的笑星我的台	江苏卫视	5.1	14.0
10	笑险笑声笑万家江苏卫视五一特别节目	江苏卫视	4.7	20.2

表 3.16.12 2009 年江苏市场体育节目收视率排名前十位

名次	节目名称	播出频道	平均收视率（%）	平均占有率（%）
1	直播周末：2008 年职业骑牛大赛比林斯站	中央台五套	2.9	7.0
2	黄金赛场：2009 年世界举重锦标赛女子 63 公斤级挺举	中央台五套	2.9	6.9
3	直播周末：2009 年第 25 届亚洲男篮锦标赛决赛 - 中国队 Vs 伊朗队	中央台五套	2.8	7.3
4	现场直播：第十一届全运会男子 110 米栏决赛	中央台五套	2.6	6.0
5	现场直播：第十一届全运会女子 800 米自由泳决赛	中央台五套	2.4	6.2
6	中华人民共和国第十一届运动会开幕式	中央电视台综合频道	2.3	5.7
7	现场直播：2009 年世界举重锦标赛男子 56 公斤级挺举	中央台五套	2.3	5.3
8	直播周末：2009 年世界花样滑冰大奖赛美国站双人自由滑	中央台五套	2.2	5.1
9	黄金赛场：2009 年世界游泳锦标赛女子 3 米跳板决赛	中央台五套	2.2	5.0
10	实况录像：第十一届全运会男子 4 × 100 米接力预赛	中央台五套	2.2	4.6

十七、江西收视数据

表 3.17.1　2005—2009 年江西市场各类频道的市场占有率（%）

频道类别	年份				
	2005 年	2006 年	2007 年	2008 年	2009 年
中央台频道	23.2	25.7	29.5	35.3	30.5
中国教育台频道	0.3	0.2	0.3	0.2	0.3
江西省级频道	50.6	49.1	44.8	35.7	38.4
其他省级卫视频道	17.0	14.7	15.5	20.7	25.7
其他频道	8.9	10.3	9.9	8.2	5.1

表 3.17.2　2009 年江西市场各类频道在不同目标观众中的市场占有率（%）

目标观众		中央台频道	中国教育台频道	江西省级频道	其他省级卫视频道	其他频道
4 岁及以上所有人		30.5	0.3	38.4	25.7	5.1
城乡	城市	37.2	0.3	33.7	22.6	6.2
	农村	29.1	0.3	39.5	26.3	4.8
性别	男	32.6	0.3	39.2	23.0	4.9
	女	28.3	0.4	37.6	28.4	5.3
年龄	4-14 岁	31.3	0.4	32.9	31.6	3.8
	15-24 岁	24.4	0.3	38.1	32.7	4.5
	25-34 岁	29.0	0.3	39.6	25.2	5.9
	35-44 岁	29.1	0.3	41.3	23.0	6.3
	45-54 岁	32.3	0.3	40.2	23.3	3.9
	55-64 岁	35.1	0.2	40.1	19.0	5.6
	65 岁及以上	38.1	0.3	35.0	21.3	5.3
教育程度	未受过正规教育	31.0	0.3	36.0	25.6	7.1
	小学	27.4	0.3	40.5	26.2	5.6
	初中	27.6	0.3	40.4	27.1	4.6
	高中	39.0	0.3	33.0	23.1	4.6
	大学及以上	48.5	0.4	27.8	18.2	5.1
职业类别	干部/管理人员	49.0	0.3	28.1	17.5	5.1
	个体/私营企业人员	33.0	0.3	36.2	24.7	5.8
	初级公务员/雇员	42.1	0.3	29.6	22.5	5.5
	工人	27.5	0.2	45.4	22.8	4.1
	学生	29.4	0.4	33.9	32.5	3.8
	无业	39.1	0.3	32.4	22.9	5.3
	其他	24.5	0.3	43.6	26.2	5.4
个人月收入	0-300 元	28.0	0.4	37.8	28.7	5.1
	301-600 元	24.7	0.3	43.8	25.6	5.6
	601-900 元	32.0	0.3	38.3	25.2	4.2
	901-1200 元	35.9	0.3	36.8	21.6	5.4
	1201 元及以上	37.2	0.2	36.8	20.9	4.9

表 3.17.3　2009 年江西市场各类频道不同时段的市场占有率（%）

时间段	中央台频道	中国教育台频道	江西省级频道	其他省级卫视频道	其他频道
02:00－03:00	33.8	0.1	17.6	43.1	5.4
03:00－04:00	26.8	0.0	13.9	54.8	4.5
04:00－05:00	39.1	0.0	14.6	45.4	0.9
05:00－06:00	57.5	0.1	15.2	26.0	1.2
06:00－07:00	54.9	0.2	24.2	18.7	2.0
07:00－08:00	56.0	0.2	19.1	21.7	3.0
08:00－09:00	36.7	0.2	26.2	31.8	5.1
09:00－10:00	28.5	0.4	26.0	39.2	5.9
10:00－11:00	30.1	0.5	23.7	40.4	5.3
11:00－12:00	36.4	0.5	22.8	36.6	3.7
12:00－13:00	49.3	0.5	23.1	22.8	4.3
13:00－14:00	31.1	0.7	32.0	31.8	4.4
14:00－15:00	24.2	0.7	30.2	39.8	5.1
15:00－16:00	22.1	0.4	26.8	45.0	5.7
16:00－17:00	28.0	0.5	23.6	43.2	4.7
17:00－18:00	46.9	0.6	20.3	28.4	3.8
18:00－19:00	37.2	0.3	42.5	14.8	5.2
19:00－20:00	33.9	0.2	47.5	13.7	4.7
20:00－21:00	24.1	0.3	46.0	24.5	5.1
21:00－22:00	24.0	0.3	42.1	27.8	5.8
22:00－23:00	23.0	0.3	38.2	32.1	6.4
23:00－24:00	27.4	0.2	35.3	30.9	6.2
24:00－25:00	29.8	0.2	32.5	31.2	6.3
25:00－26:00	29.8	0.0	31.5	32.3	6.4

表 3.17.4　2009 年江西市场收视份额排名前十位的频道

名次	频道名称	收视份额（%）
1	江西电视台卫星频道（一套）	21.9
2	中央电视台综合频道	9.0
3	江西电视台影视频道（四套）	8.0
4	湖南电视台卫星频道	5.3
5	中央台八套	4.5
5	江西电视台都市频道（二套）	4.5
7	中央台六套	3.2
8	安徽卫视	3.1
9	中央电视台少儿频道	3.0
10	浙江卫视	2.7

表 3.17.5　2009 年江西市场各主要频道的观众构成（%）

目标观众		所有频道	主要频道				
			江西电视台卫星频道（一套）	中央电视台综合频道	江西电视台影视频道（四套）	湖南电视台卫星频道	中央台八套
4 岁及以上所有人		100.0	100.0	100.0	100.0	100.0	100.0
城乡	城市	17.6	7.3	21.3	10.0	17.5	15.4
	农村	82.4	92.7	78.7	90.0	82.5	84.6
性别	男	50.4	52.7	52.9	50.8	37.0	45.0
	女	49.6	47.3	47.1	49.2	63.0	55.0
年龄	4－14 岁	13.6	12.1	10.1	13.6	13.6	6.4
	15－24 岁	16.8	14.8	11.9	23.2	35.8	14.3
	25－34 岁	17.0	14.2	14.6	24.7	16.6	16.8
	35－44 岁	19.6	21.4	17.9	22.5	17.1	25.0
	45－54 岁	13.8	15.7	16.6	7.6	8.0	17.6
	55－64 岁	9.5	11.0	12.5	5.3	3.9	8.5
	65 岁及以上	9.8	10.7	16.4	3.0	4.9	11.5
教育程度	未受过正规教育	5.5	5.8	4.5	5.2	2.9	3.9
	小学	34.0	43.1	32.1	29.9	22.6	31.4
	初中	40.0	38.9	34.6	52.2	49.8	39.2
	高中	15.9	9.9	21.2	9.5	19.5	17.7
	大学及以上	4.6	2.2	7.7	3.2	5.2	7.8
职业类别	干部/管理人员	1.7	1.2	3.6	0.3	1.8	3.4
	个体/私营企业人员	9.8	7.5	10.2	8.8	10.8	9.6
	初级公务员/雇员	5.7	2.6	8.1	3.2	6.1	6.6
	工人	9.1	9.0	6.6	14.2	9.0	10.3
	学生	14.9	12.5	11.6	17.6	23.5	7.8
	无业	18.8	13.2	28.3	9.4	15.3	22.1
	其他	40.0	54.0	31.6	46.5	33.6	40.2
个人月收入	0－300 元	42.7	44.6	36.3	44.1	47.9	36.3
	301－600 元	14.2	18.8	12.0	14.2	11.7	12.1
	601－900 元	16.0	14.7	18.1	14.8	16.9	16.2
	901－1200 元	13.5	10.8	16.4	12.9	12.2	18.0
	1201 元及以上	13.6	11.1	17.1	14.0	11.4	17.5

表 3.17.6　2007—2009 年江西市场各类节目的播出份额（%）和收视份额（%）

节目类别	2007 年		2008 年		2009 年	
	播出份额	收视份额	播出份额	收视份额	播出份额	收视份额
财经	1.5	0.3	1.7	0.5	2.0	1.2
电视剧	26.0	42.2	25.7	38.3	22.9	34.3
电影	4.7	3.8	4.2	3.3	4.0	6.7
法制	1.3	0.9	1.1	1.1	1.3	2.7
教学	0.5	0.0	0.6	0.1	0.5	0.1
青少	4.5	3.2	4.6	3.6	5.1	3.6
生活服务	7.5	3.4	8.7	4.4	8.9	5.6
体育	1.6	0.9	2.6	3.9	2.9	2.2
外语	0.2	0.1	0.1	0.0	0.1	0.0
戏剧	1.2	0.4	1.0	0.3	1.1	0.5
新闻/时事	13.6	12.7	13.7	14.3	13.2	12.3
音乐	1.9	0.8	2.3	0.4	2.7	0.8
专题	10.9	6.4	11.1	6.2	10.5	7.9
综艺	7.8	7.9	6.7	7.2	8.8	10.4
其他	16.9	17.1	15.9	16.4	16.1	11.6

表 3.17.7　2009 年江西市场所有节目收视率排名前三十位

名次	节目名称	节目类型	播出频道	平均收视率（%）	平均占有率（%）
1	2009 春节联欢晚会	综艺	中央电视台综合频道	26.5	67.4
2	隋唐英雄传之二薛仁贵	电视剧	江西电视台卫星频道（一套）	19.2	36.7
3	八路军	电视剧	江西电视台卫星频道（一套）	15.9	28.8
4	刁蛮公主	电视剧	江西电视台卫星频道（一套）	15.5	31.4
5	春草	电视剧	江西电视台卫星频道（一套）	15.4	32.4
6	地雷战传奇	电视剧	江西电视台卫星频道（一套）	15.3	30.0
7	十大创业先锋和谐社区和谐村庄十佳文明服务窗口服务明星颁奖晚会	综艺	江西电视台卫星频道（一套）	15.3	26.6
8	中国红歌会红歌英雄汇冠军场	综艺	江西电视台卫星频道（一套）	15.2	32.2
9	地雷战（9 月 24 日）	电影	江西电视台卫星频道（一套）	15.2	28.7
10	地道战（9 月 25 日）	电影	江西电视台卫星频道（一套）	15.0	28.2
11	清风伴崛起	综艺	江西电视台卫星频道（一套）	14.9	27.4
12	奇袭	电影	江西电视台卫星频道（一套）	14.9	25.7
13	首都各界庆祝中华人民共和国成立 60 周年联欢晚会	综艺	中央电视台综合频道	14.7	26.9
14	省市军民庆祝新中国成立 60 周年文艺晚会	综艺	江西电视台卫星频道（一套）	14.5	26.4
15	黑三角	电视剧	江西电视台卫星频道（一套）	13.9	27.6
16	万山剿匪记	电视剧	江西电视台卫星频道（一套）	13.6	27.1
17	战北平	电视剧	江西电视台卫星频道（一套）	13.4	28.3
18	风云一九四九	电视剧	江西电视台卫星频道（一套）	13.0	27.1
19	打击侵略者（9 月 28 日）	电影	江西电视台卫星频道（一套）	12.9	23.0
20	绝密 1950	电视剧	江西电视台卫星频道（一套）	12.6	28.1
21	我的兄弟叫顺溜	电视剧	江西电视台卫星频道（一套）	12.2	23.0

续表

名次	节目名称	节目类型	播出频道	平均收视率（%）	平均占有率（%）
22	解放石家庄（9月29日）	电影	江西电视台卫星频道（一套）	12.2	22.1
23	李天佑血战四平（3月30日）	电影	江西电视台卫星频道（一套）	11.5	27.1
24	宜春月中华情2009年中央电视台中秋晚会	综艺	中央电视台综合频道	10.9	20.6
25	上海王	电视剧	江西电视台卫星频道（一套）	10.7	20.8
26	玫瑰江湖	电视剧	江西电视台影视频道（四套）	10.7	19.7
27	2009江西省春节文艺晚会	综艺	江西电视台卫星频道（一套）	10.7	19.1
28	爱情公寓	电视剧	江西电视台卫星频道（一套）	10.4	19.0
29	大汉天子第二部	电视剧	江西电视台影视频道（四套）	9.5	18.5
30	2009万家灯火平安夜公安部2009年春节电视文艺晚会	综艺	中央电视台综合频道	9.3	19.5

表3.17.8　2009年江西市场电视剧收视率排名前十位

名次	节目名称	播出频道	平均收视率（%）	平均占有率（%）
1	隋唐英雄传之二薛仁贵	江西电视台卫星频道（一套）	19.2	36.7
2	八路军	江西电视台卫星频道（一套）	15.9	28.8
3	刁蛮公主	江西电视台卫星频道（一套）	15.5	31.4
4	春草	江西电视台卫星频道（一套）	15.4	32.4
5	地雷战传奇	江西电视台卫星频道（一套）	15.3	30.0
6	黑三角	江西电视台卫星频道（一套）	13.9	27.6
7	万山剿匪记	江西电视台卫星频道（一套）	13.6	27.1
8	战北平	江西电视台卫星频道（一套）	13.4	28.3
9	风云一九四九	江西电视台卫星频道（一套）	13.0	27.1
10	绝密1950	江西电视台卫星频道（一套）	12.6	28.1

表3.17.9　2009年江西市场新闻节目收视率排名前十位

名次	节目名称	播出频道	平均收视率（%）	平均占有率（%）
1	新闻联播	中央电视台综合频道	7.9	20.2
2	转播中央台新闻联播	江西电视台卫星频道（一套）	7.9	20.0
3	我们的节日春节一年又一年四海一家亲	中央电视台综合频道	6.6	32.7
4	焦点访谈	中央电视台综合频道	6.3	12.0
5	温家宝总理会见中外记者	中央电视台综合频道	5.8	10.2
6	江西新闻联播	江西电视台卫星频道（一套）	5.2	25.6

续表

名次	节目名称	播出频道	平均收视率（%）	平均占有率（%）
7	澳门十年	中央电视台综合频道	4.7	8.0
8	新闻夜航	江西电视台卫星频道（一套）	3.6	21.6
9	中俄建交六十周年庆祝大会暨中国俄语年闭幕式	中央电视台综合频道	3.2	6.6
10	社会传真	江西电视台卫星频道（一套）	2.8	18.2

表 3.17.10　2009 年江西市场专题节目收视率排名前十位

名次	节目名称	播出频道	平均收视率（%）	平均占有率（%）
1	传奇故事	江西电视台卫星频道（一套）	7.8	26.5
2	西藏今昔	中央电视台综合频道	6.7	12.2
3	解放农奴	中央电视台综合频道	5.4	9.5
4	人民英模	中央电视台综合频道	5.3	10.0
5	百年先念	中央电视台综合频道	5.0	8.4
6	2009 中央电视台 3.15 晚会	中央电视台综合频道	4.4	9.2
7	我们的田野 2009 三八特别节目	中央电视台综合频道	4.2	8.0
8	西藏民主改革 50 年	中央电视台综合频道	3.8	6.5
9	西藏农奴的故事	中央电视台综合频道	3.6	6.7
10	宋任穷	中央电视台综合频道	3.5	6.3

表 3.17.11　2009 年江西市场综艺节目收视率排名前十位

名次	节目名称	播出频道	平均收视率（%）	平均占有率（%）
1	2009 春节联欢晚会	中央电视台综合频道	26.5	67.4
2	十大创业先锋和谐社区和谐村庄十佳文明服务窗口服务明星颁奖晚会	江西电视台卫星频道（一套）	15.3	26.6
3	中国红歌会红歌英雄汇冠军场	江西电视台卫星频道（一套）	15.2	32.2
4	清风伴崛起	江西电视台卫星频道（一套）	14.9	27.4
5	首都各界庆祝中华人民共和国成立 60 周年联欢晚会	中央电视台综合频道	14.7	26.9
6	省市军民庆祝新中国成立 60 周年文艺晚会	江西电视台卫星频道（一套）	14.5	26.4
7	宜春月中华情 2009 年中央电视台中秋晚会	中央电视台综合频道	10.9	20.6
8	2009 江西省春节文艺晚会	江西电视台卫星频道（一套）	10.7	19.1
9	2009 万家灯火平安夜公安部 2009 年春节电视文艺晚会	中央电视台综合频道	9.3	19.5
10	欢天喜地闹元宵 2009 年元宵晚会	中央电视台综合频道	7.7	14.0

表 3.17.12 2009 年江西市场体育节目收视率排名前十位

名次	节目名称	播出频道	平均收视率（%）	平均占有率（%）
1	中华人民共和国第十一届运动会开幕式	中央电视台综合频道	3.7	7.8
2	哈尔滨 24th 世界大学生冬季运动会	中央电视台综合频道	3.0	7.4
3	中华人民共和国第十一届运动会闭幕式	中央电视台综合频道	2.6	5.5
4	国球大典世界乒乓球总冠军赛国球荣光世界分享	湖南电视台卫星频道	2.3	4.4
5	中华人民共和国第十一届运动会开幕式	中央台三套	2.0	4.3
6	现场直播：第 11 届全运会男子十项全能之五 400 米	中央台五套	1.5	2.6
7	现场直播：第 11 届全运会男子 110 米栏预赛	中央台五套	1.4	2.4
8	现场直播：第 11 届全运会女子撑杆跳高决赛	中央台五套	1.3	2.4
9	现场直播：第十一届全运会举重男子 105 公斤以上级决赛	中央台五套	1.2	2.4
10	现场直播：第十一届全运会男子举重 94 公斤级决赛	中央台五套	1.2	2.2

十八、辽宁收视数据

表 3. 18. 1　2005—2009 年辽宁市场各类频道的市场占有率（%）

频道类别	年份				
	2005 年	2006 年	2007 年	2008 年	2009 年
中央台频道	40.5	42.8	40.5	39.91	35.7
中国教育台频道	0.3	0.3	0.5	0.4	0.4
辽宁省级频道	23.1	24.2	26.2	28.0	29.0
其他省级卫视频道	15.1	18.1	19.4	21.23	24.6
其他频道	21.0	14.6	13.4	10.5	10.3

表 3. 18. 2　2009 年辽宁市场各类频道在不同目标观众中的市场占有率（%）

目标观众		中央台频道	中国教育台频道	辽宁省级频道	其他省级卫视频道	其他频道
4 岁及以上所有人		35.7	0.4	29.0	24.6	10.3
城乡	城市	35.1	0.2	29.5	23.6	11.6
	农村	36.1	0.5	28.6	25.3	9.5
性别	男	38.2	0.4	28.3	22.9	10.2
	女	33.4	0.4	29.6	26.2	10.4
年龄	4－14 岁	36.6	0.4	21.4	31.2	10.4
	15－24 岁	29.6	0.5	21.9	36.3	11.7
	25－34 岁	35.2	0.5	26.9	26.5	10.9
	35－44 岁	36.1	0.4	27.5	25.6	10.4
	45－54 岁	34.7	0.3	32.2	21.3	11.5
	55－64 岁	38.3	0.3	33.3	18.7	9.4
	65 岁及以上	37.3	0.2	33.9	20.8	7.8
教育程度	未受过正规教育	36.8	0.3	27.8	23.7	11.4
	小学	36.0	0.4	29.0	25.7	8.9
	初中	34.5	0.4	29.6	24.6	10.9
	高中	37.0	0.3	28.0	23.6	11.1
	大学及以上	40.6	0.4	27.2	22.5	9.3
职业类别	干部/管理人员	41.1	0.4	24.6	23.2	10.7
	个体/私营企业人员	34.9	0.4	30.1	22.4	12.2
	初级公务员/雇员	35.8	0.3	29.6	24.1	10.2
	工人	36.3	0.4	28.6	24.1	10.6
	学生	34.6	0.5	21.6	34.0	9.3
	无业	36.2	0.3	30.2	23.2	10.1
	其他	35.2	0.4	30.0	24.1	10.3
个人月收入	0－300 元	34.3	0.4	27.2	27.6	10.5
	301－600 元	36.2	0.3	31.5	22.5	9.5
	601－900 元	33.4	0.3	32.4	23.2	10.7
	901－1200 元	36.8	0.4	29.3	22.5	11.0
	1201 元及以上	39.9	0.4	28.0	21.8	9.9

表 3.18.3　2009 年辽宁市场各类频道不同时段的市场占有率（%）

时间段	中央台频道	中国教育台频道	辽宁省级频道	其他省级卫视频道	其他频道
02:00-03:00	37.7	0.1	22.6	32.4	7.2
03:00-04:00	39.9	0.0	23.2	30.7	6.2
04:00-05:00	37.9	0.0	27.3	30.4	4.4
05:00-06:00	37.6	0.1	27.7	29.3	5.3
06:00-07:00	26.4	0.3	52.3	12.9	8.1
07:00-08:00	35.2	0.1	43.5	13.0	8.2
08:00-09:00	37.7	0.1	27.0	27.1	8.1
09:00-10:00	34.1	0.1	22.4	33.5	9.9
10:00-11:00	35.0	0.6	21.0	34.9	8.5
11:00-12:00	37.4	0.7	21.0	33.7	7.2
12:00-13:00	35.1	0.2	27.8	27.8	9.1
13:00-14:00	38.1	1.0	18.3	33.4	9.2
14:00-15:00	32.6	1.1	18.8	37.4	10.1
15:00-16:00	31.8	0.2	19.3	37.5	11.2
16:00-17:00	33.9	0.3	21.3	36.7	7.8
17:00-18:00	42.4	0.4	22.6	27.6	7.0
18:00-19:00	36.0	0.2	37.5	14.2	12.1
19:00-20:00	39.1	0.2	37.5	8.7	14.5
20:00-21:00	37.7	0.5	28.5	21.2	12.1
21:00-22:00	34.3	0.5	31.3	23.3	10.6
22:00-23:00	27.5	0.6	28.1	31.6	12.2
23:00-24:00	34.3	0.5	23.3	31.2	10.7
24:00-25:00	36.6	0.2	19.2	33.9	10.1
25:00-26:00	35.3	0.1	21.1	33.8	9.7

表 3.18.4　2009 年辽宁市场收视份额排名前十位频道

名次	频道名称	收视份额（%）
1	辽宁卫视	13.0
2	辽宁台都市频道	5.8
3	中央台六套	5.3
3	中央电视台综合频道	5.3
5	中央台八套	5.2
6	中央台三套	4.4
7	辽宁台影视娱乐频道	4.1
8	湖南电视台卫星频道	3.8
9	辽宁台生活频道	3.0
10	浙江卫视	2.9

表 3.18.5　2009 年辽宁市场各主要频道的观众构成（%）

目标观众		所有频道	主要频道				
			辽宁卫视	辽宁台都市频道	中央台六套	中央电视台综合频道	中央台八套
4 岁及以上所有人		100.0	100.0	100.0	100.0	100.0	100.0
城乡	城市	40.5	32.5	51.8	30.3	44.2	31.6
	农村	59.5	67.5	48.2	69.7	55.8	68.4
性别	男	47.8	45.3	45.0	56.1	49.0	44.4
	女	52.2	54.7	55.0	43.9	51.0	55.6
年龄	4－14 岁	9.6	6.5	5.5	8.3	8.9	8.6
	15－24 岁	8.7	5.5	7.4	8.9	6.2	7.3
	25－34 岁	12.6	7.5	10.0	18.1	9.0	9.8
	35－44 岁	20.9	17.1	22.6	27.4	18.5	21.1
	45－54 岁	20.9	21.2	30.1	20.7	20.7	21.3
	55－64 岁	15.7	23.7	14.7	10.7	18.2	16.1
	65 岁及以上	11.6	18.5	9.8	5.8	18.3	15.7
教育程度	未受过正规教育	4.8	5.6	3.2	3.2	3.8	6.4
	小学	27.5	31.7	23.1	26.1	27.1	35.2
	初中	48.1	46.5	55.1	53.2	49.0	45.0
	高中	14.4	11.9	14.0	13.4	13.5	10.0
	大学及以上	5.2	4.3	4.6	4.1	6.7	3.3
职业类别	干部/管理人员	1.2	0.5	1.5	1.3	1.0	0.9
	个体/私营企业人员	7.7	8.1	9.3	7.4	9.9	6.1
	初级公务员/雇员	6.1	5.0	6.4	4.7	5.2	3.9
	工人	15.8	11.4	20.0	20.5	12.7	15.3
	学生	9.7	7.0	5.5	9.0	10.4	8.9
	无业	32.4	34.2	35.1	24.3	35.4	33.2
	其他	27.1	33.8	22.3	32.9	25.4	31.6
个人月收入	300 元及以下	42.3	43.3	33.2	41.9	37.3	45.9
	301－600 元	13.6	17.4	14.7	16.1	16.2	13.1
	601－900 元	15.0	15.1	20.6	11.8	14.8	14.7
	901－1200 元	12.3	10.8	14.2	13.1	10.5	12.6
	1201 元及以上	16.9	13.3	17.3	17.1	21.3	13.8

表 3.18.6　2007—2009 年辽宁市场各类节目的播出份额（%）和收视份额（%）

节目类别	2007 年		2008 年		2009 年	
	播出份额	收视份额	播出份额	收视份额	播出份额	收视份额
财经	1.5	0.5	1.6	0.5	1.9	0.6
电视剧	24.9	32.9	23.7	32.6	22.2	30.9
电影	4.4	7.8	4.0	7.6	3.2	6.2
法制	1.4	2.9	1.2	2.7	1.4	2.8
教学	0.6	0.1	0.5	0.1	0.6	0.1
青少	4.7	4.4	4.9	4.1	5.4	5.0
生活服务	7.2	4.7	9.1	5.8	9.6	5.9
体育	2.0	3.2	3.9	6.0	3.0	2.9
外语	0.2	0.2	0.2	0.1	0.1	0.1
戏剧	1.4	0.5	1.1	0.3	1.2	0.2
新闻/时事	13.1	10.2	13.3	11.4	12.9	10.3
音乐	2.1	1.3	2.4	0.7	2.7	0.7
专题	11.4	6.4	11.3	7.1	10.8	7.5
综艺	8.4	12.0	7.3	10.1	9.3	14.6
其他	16.7	12.9	15.5	11.2	15.9	12.3

表 3.18.7　2009 年辽宁市场所有节目收视率排名前三十位

名次	节目名称	节目类型	播出频道	平均收视率（%）	平均占有率（%）
1	2009 春节联欢晚会	综艺	中央电视台综合频道	29.5	53.0
2	辽宁电视台沈阳电视台 2009 春节联欢晚会	综艺	辽宁卫视	25.1	55.2
3	欢天喜地闹元宵 2009 年元宵晚会	综艺	中央电视台综合频道	20.3	44.2
4	首都各界庆祝中华人民共和国成立 60 周年联欢晚会	综艺	中央电视台综合频道	14.5	37.7
5	现场直播：第十一届全运会男子 110 米栏决赛	体育	中央台五套	10.5	25.8
6	2009 春节联欢晚会	综艺	辽宁卫视	9.6	17.3
7	举起手来（7 月 23 日）	电影	中央台六套	8.9	24.1
8	明星转起来	综艺	辽宁卫视	8.8	24.8
9	动作 90 分 - 中华英雄	电影	中央台六套	8.5	18.8
10	女人的村庄	电视剧	中央台八套	8.1	23.5
11	周末影院 - 通天长老（12 月 12 日）	电影	中央台六套	7.6	17.4
12	周日点播 - 中华英雄（12 月 27 日）	电影	中央台六套	7.5	17.0
13	走西口	电视剧	中央电视台综合频道	7.4	17.7
14	春晚倒计时	综艺	辽宁卫视	7.2	19.7
15	天气预报	生活服务	辽宁卫视	7.1	22.5
16	追剿魔头（12 月 17 日）	电影	中央台六套	7.1	18.4
17	保持通话（12 月 19 日）	电影	中央台六套	6.9	19.6
18	金镖黄天霸（11 月 24 日）	电影	中央台六套	6.6	15.8
19	大宅院的女人	电视剧	辽宁台影视娱乐频道	6.6	15.5
20	我的兄弟叫顺溜	电视剧	中央电视台综合频道	6.5	18.2
21	宜春月中华情 2009 年中央电视台中秋晚会	综艺	中央电视台综合频道	6.4	19.1
22	巴林石传奇（12 月 1 日）	电影	中央台六套	6.4	15.9
23	动作 90 分 - 温凉珠(12 月 4 日)	电影	中央台六套	6.2	15.3
24	动作 90 分 - 藏龙（6 月 19 日）	电影	中央台六套	6.1	15.3
25	流金岁月 - 杀手情(12 月 21 日)	电影	中央台六套	6.1	15.0
26	新北方	新闻	辽宁台都市频道	6.0	19.0
27	现场直播：第十一届全运会男子十项全能之十 1500 米	体育	中央台五套	5.9	14.8
28	想爱都难	电视剧	辽宁卫视	5.8	15.1
29	流金岁月 - 血泪情仇（8 月 17 日）	电影	中央台六套	5.8	14.7
30	现场直播：第十一届全运会女子 4×100 米个人混合泳接力决赛	体育	中央台五套	5.7	13.7

表 3.18.8 2009 年辽宁市场电视剧收视率排名前十位

名次	节目名称	播出频道	平均收视率（%）	平均占有率（%）
1	女人的村庄	中央台八套	8.1	23.5
2	走西口	中央电视台综合频道	7.4	17.7
3	大宅院的女人	辽宁台影视娱乐频道	6.6	15.5
4	我的兄弟叫顺溜	中央电视台综合频道	6.5	18.2
5	想爱都难	辽宁卫视	5.8	15.[illegible]
6	清凌凌的水蓝莹莹的天第二部	中央电视台综合频道	5.0	11.4
7	沂蒙	中央台八套	4.9	13.1
8	在那遥远的地方	中央电视台综合频道	4.8	13.2
9	奶娘	辽宁卫视	4.6	17.0
10	家经难念	辽宁卫视	4.5	13.3

表 3.18.9 2009 年辽宁市场新闻节目收视率排名前十位

名次	节目名称	播出频道	平均收视率（%）	平均占有率（%）
1	新北方	辽宁台都市频道	6.0	19.0
2	辽宁新闻	辽宁卫视	4.1	13.7
3	盛典国庆 60 周年特别报道	中央电视台综合频道	4.0	14.7
4	转播中央台新闻联播	辽宁卫视	4.0	12.3
5	新北方新闻正前方	辽宁台都市频道	3.2	11.4
6	两会视点省十一届人大二次会议省政协十届二次会议	辽宁卫视	3.1	8.9
7	我们的节日春节一年又一年四海一家亲	中央电视台综合频道	2.7	7.9
8	新闻联播	中央电视台综合频道	2.6	7.8
9	温家宝总理会见中外记者	中央电视台综合频道	2.4	5.7
10	生活导报	辽宁台生活频道	2.1	5.5

表 3.18.10 2009 年辽宁市场专题节目收视率排名前十位

名次	节目名称	播出频道	平均收视率（%）	平均占有率（%）
1	新北方	辽宁台都市频道	4.8	16.4
2	王刚讲故事	辽宁卫视	3.9	13.5
3	周末王刚讲故事	辽宁卫视	3.5	17.0
4	2009 中央电视台 3.15 晚会	中央电视台综合频道	3.2	7.8
5	重回四川	辽宁台都市频道	2.6	11.0
6	周末影院－走近毛泽东	中央台六套	2.6	5.8
7	牛年特别节目红人小沈阳	江苏卫视	2.5	7.8
8	动物世界	中央台三套	2.2	6.7
9	我们的幸福生活	辽宁台都市频道	1.9	6.1
10	心情	辽宁台生活频道	1.9	5.0

表 3.18.11　2009 年辽宁市场综艺节目收视率排名前十位

名次	节目名称	播出频道	平均收视率(%)	平均占有率(%)
1	2009 春节联欢晚会	中央电视台综合频道	29.5	53.0
2	辽宁电视台沈阳电视台 2009 春节联欢晚会	辽宁卫视	25.1	55.2
3	欢天喜地闹元宵 2009 年元宵晚会	中央电视台综合频道	20.3	44.2
4	首都各界庆祝中华人民共和国成立 60 周年联欢晚会	中央电视台综合频道	14.5	37.7
5	2009 春节联欢晚会	辽宁卫视	9.6	17.3
6	明星转起来	辽宁卫视	8.8	24.8
7	春晚倒计时	辽宁卫视	7.2	19.7
8	宜春月中华情 2009 年中央电视台中秋晚会	中央电视台综合频道	6.4	19.1
9	曲苑杂坛	中央电视台综合频道	5.2	14.3
10	辽宁电视台建台五十周年庆典晚会	辽宁卫视	4.9	15.1

表 3.18.12　2009 年辽宁市场体育节目收视率排名前十位

名次	节目名称	播出频道	平均收视率(%)	平均占有率(%)
1	现场直播：第十一届全运会男子 110 米栏决赛	中央台五套	10.5	25.8
2	现场直播：第十一届全运会男子十项全能之十 1500 米	中央台五套	5.9	14.8
3	现场直播：第十一届全运会女子 4×100 米个人混合泳接力决赛	中央台五套	5.7	13.7
4	现场直播：第十一届全运会男子 4×100 米个人混合泳接力决赛	中央台五套	5.2	12.6
5	现场直播：第十一届全运会男子举重 94 公斤级决赛	中央台五套	4.7	12.8
6	现场直播：第 11 届全运会女子撑杆跳高决赛	中央台五套	4.5	12.4
7	现场直播：第十一届全运会男子 200 米决赛	中央台五套	3.8	9.7
8	直播周末：2009 年第 25 届亚洲男篮锦标赛决赛 - 中国队 VS 伊朗队	中央台五套	3.6	14.1
9	直播周末：2009 年斯坦科维奇杯洲际篮球赛 - 中国队 VS 土耳其队	中央台五套	3.5	9.8
10	直播周末：2009 年世界举重锦标赛男子 69 公斤级挺举	中央台五套	3.4	8.4

十九、内蒙古收视数据

表 3.19.1　2005—2009 年内蒙古市场各类频道的市场占有率（%）

频道类别	年份				
	2005 年	2006 年	2007 年	2008 年	2009 年
中央电视台频道	55.1	53.3	50.9	52.6	45.3
中国教育台频道	0.3	0.2	0.4	0.3	0.3
内蒙古省级频道	7.6	6.6	5.1	4.5	4.9
其他省级卫视频道	19.2	26.6	32.2	34.5	41.0
其他频道	17.8	13.3	11.4	8.2	8.5

表 3.19.2　2009 年内蒙古市场各类频道在不同目标观众中的市场占有率（%）

目标观众		中央台频道	中国教育台频道	内蒙古省级频道	其他省级卫视频道	其他频道
4 岁及以上所有人		45.3	0.3	4.9	41.0	8.5
城乡	城市	52.0	0.3	6.9	32.4	8.4
	农村	43.4	0.3	4.3	43.4	8.6
性别	男	47.6	0.3	5.1	37.9	9.1
	女	43.1	0.3	4.7	43.8	8.1
年龄	4－14 岁	36.8	0.3	3.6	47.8	11.5
	15－24 岁	34.7	0.4	3.1	54.2	7.6
	25－34 岁	41.5	0.4	4.2	43.9	10.0
	35－44 岁	46.5	0.3	4.3	39.7	9.2
	45－54 岁	48.2	0.4	6.0	40.0	5.4
	55－64 岁	56.6	0.3	6.2	29.8	7.1
	65 岁及以上	52.9	0.1	7.4	28.6	11.0
教育程度	未受过正规教育	44.9	0.3	4.5	41.7	8.6
	小学	38.6	0.3	5.1	46.9	9.1
	初中	43.5	0.3	4.5	42.3	9.4
	高中	51.6	0.4	5.4	35.6	7.0
	大学及以上	60.0	0.3	5.1	27.9	6.7
职业类别	干部/管理人员	59.5	0.1	4.9	29.6	5.9
	个体/私营企业人员	48.2	0.4	4.5	39.3	7.6
	初级公务员/雇员	57.6	0.4	5.5	29.2	7.3
	工人	51.1	0.3	5.4	33.4	9.8
	学生	41.0	0.3	3.3	45.5	9.9
	无业	52.6	0.3	5.2	35.4	6.5
	其他	34.4	0.4	5.1	49.6	10.5
个人月收入	0－300 元	38.9	0.3	4.9	47.3	8.6
	301－600 元	42.2	0.2	4.3	45.0	8.3
	601－900 元	50.5	0.5	4.4	34.2	10.4
	901－1200 元	52.8	0.3	5.2	32.1	9.6
	1201 元及以上	55.5	0.3	5.2	32.1	6.9

表 3.19.3　2009 年内蒙古市场各类频道在不同时段的市场占有率（%）

时间段	中央台频道	中国教育台频道	内蒙古省级频道	其他省级卫视频道	其他频道
02:00-03:00	30.2	0.0	1.0	61.3	7.5
03:00-04:00	26.5	0.0	1.8	64.7	7.0
04:00-05:00	33.5	0.4	2.0	60.8	3.4
05:00-06:00	39.7	0.3	1.5	54.6	3.9
06:00-07:00	63.0	0.2	1.6	30.3	4.9
07:00-08:00	66.7	0.1	1.5	24.8	6.9
08:00-09:00	45.8	0.2	1.5	43.7	8.9
09:00-10:00	34.9	0.2	2.1	53.5	9.4
10:00-11:00	34.1	0.3	2.0	54.2	9.4
11:00-12:00	41.1	0.4	1.6	49.8	7.2
12:00-13:00	52.0	0.3	1.0	39.7	7.0
13:00-14:00	41.1	1.0	0.9	48.5	8.4
14:00-15:00	28.7	1.0	1.8	58.8	9.8
15:00-16:00	26.5	0.3	2.0	61.6	9.6
16:00-17:00	31.0	0.2	2.0	59.2	7.7
17:00-18:00	42.8	0.1	2.0	48.8	6.3
18:00-19:00	47.7	0.1	18.4	25.1	8.7
19:00-20:00	61.2	0.1	10.6	18.9	9.2
20:00-21:00	45.5	0.3	4.2	42.0	8.0
21:00-22:00	43.4	0.4	2.9	45.1	8.2
22:00-23:00	34.3	0.7	2.5	51.2	11.3
23:00-24:00	37.4	0.4	1.9	46.9	13.5
24:00-25:00	40.9	0.4	1.0	43.7	14.0
25:00-26:00	37.1	0.2	1.0	45.6	16.0

表 3.19.4　2009 年内蒙古市场收视份额排名前十位的频道

名次	频道名称	收视份额（%）
1	中央电视台综合频道	18.7
2	中央台八套	5.7
3	湖南电视台卫星频道	5.5
4	中央台十二套	4.1
5	中央台六套	3.7
6	安徽卫视	3.3
6	中央台三套	3.3
8	内蒙古电视台卫视频道	3.2
9	辽宁卫视	2.5
10	江西电视台卫星频道（一套）	2.3

表 3.19.5 2009 年内蒙古市场各主要频道的观众构成（%）

目标观众		所有频道	主要频道				
			中央电视台综合频道	中央台八套	湖南电视台卫星频道	中央台十二套	中央台六套
4 岁及以上所有人		100.0	100.0	100.0	100.0	100.0	100.0
城乡	城市	22.2	23.5	25.4	21.7	22.1	34.0
	农村	77.8	76.5	74.6	78.3	77.9	66.0
性别	男	47.7	49.6	44.3	33.7	48.9	54.8
	女	52.3	50.4	55.7	66.3	51.1	45.2
年龄	4－14 岁	9.7	8.4	5.1	14.0	4.1	7.9
	15－24 岁	14.1	12.4	7.4	31.4	9.4	13.6
	25－34 岁	15.4	12.4	14.2	16.4	13.7	20.6
	35－44 岁	20.7	20.7	22.9	21.2	23.1	29.4
	45－54 岁	18.2	19.6	20.6	10.4	22.8	13.2
	55－64 岁	12.1	15.0	14.8	3.7	17.4	7.9
	65 岁及以上	9.8	11.5	15.0	2.9	9.5	7.4
教育程度	未受过正规教育	6.4	6.9	6.6	3.2	5.6	3.4
	小学	24.8	22.4	19.7	23.0	22.2	19.4
	初中	40.6	41.9	33.7	46.0	42.6	38.9
	高中	20.8	20.8	26.4	21.1	21.7	26.5
	大学及以上	7.4	8.0	13.6	6.7	7.9	11.8
职业类别	干部/管理人员	2.0	2.0	4.2	1.0	1.1	2.4
	个体/私营企业人员	15.7	17.5	16.0	16.5	16.8	17.5
	初级公务员/雇员	6.7	7.5	11.2	5.6	6.2	12.0
	工人	5.9	5.6	8.6	4.7	5.6	11.7
	学生	11.3	12.5	6.7	22.3	5.4	10.0
	无业	27.3	27.5	38.2	22.6	30.4	27.3
	其他	31.1	27.4	15.1	27.3	34.5	19.1
个人月收入	0－300 元	48.3	44.6	33.3	57.0	42.0	37.3
	301－600 元	10.1	10.7	8.4	12.0	10.8	7.4
	601－900 元	10.9	13.2	11.2	8.7	12.6	12.0
	901－1200 元	13.0	13.4	19.8	8.8	17.7	16.0
	1201 元及以上	17.7	18.1	27.3	13.5	16.9	27.3

表 3.19.6 2007—2009 年内蒙古市场各类节目的播出份额（%）与收视份额

节目类别	2007 年		2008 年		2009 年	
	播出份额	收视份额	播出份额	收视份额	播出份额	收视份额
财经	1.5	0.3	1.7	0.4	2.0	0.6
电视剧	25.8	38.1	24.6	34.9	22.6	33.7
电影	2.8	2.9	2.6	2.2	2.8	2.4
法制	1.3	1.3	1.1	1.7	1.3	2.9
教学	0.5	0.0	0.5	0.1	0.5	0.1
青少	4.7	3.2	4.8	2.9	5.2	3.4
生活服务	7.2	5.2	7.9	6.4	8.1	6.7
体育	1.9	1.9	3.9	5.4	2.9	1.4
外语	0.3	0.2	0.2	0.1	0.1	0.1
戏剧	1.4	0.8	1.1	0.6	1.2	0.6
新闻/时事	13.6	12.2	13.8	13.6	13.4	11.7
音乐	2.1	1.3	2.6	0.7	2.9	0.7
专题	11.8	5.2	11.6	5.4	10.9	6.4
综艺	8.4	9.5	7.4	8.8	9.4	11.5
其他	16.9	17.9	16.2	16.8	16.7	17.8

表 3.19.7　2009 年内蒙古市场所有节目收视率排名前三十位

名次	节目名称	节目类型	播出频道	平均收视率(%)	平均占有率(%)
1	2009 春节联欢晚会	综艺	中央电视台综合频道	51.5	89.2
2	首都各界庆祝中华人民共和国成立 60 周年联欢晚会	综艺	中央电视台综合频道	35.6	65.1
3	走西口	电视剧	中央电视台综合频道	23.7	41.6
4	欢天喜地闹元宵 2009 年元宵晚会	综艺	中央电视台综合频道	23.5	42.0
5	万众一心向前进 2009 年军民迎新春文艺晚会	综艺	中央电视台综合频道	21.7	36.1
6	新闻联播	新闻/时事	中央电视台综合频道	17.5	47.5
7	宜春月中华情 2009 年中央电视台中秋晚会	综艺	中央电视台综合频道	17.4	34.8
8	2009 万家灯火平安夜公安部 2009 年春节电视文艺晚会	综艺	中央电视台综合频道	16.6	35.3
9	曲苑杂坛	综艺	中央电视台综合频道	15.8	35.4
10	清凌凌的水蓝莹莹的天第二部	电视剧	中央电视台综合频道	15.7	28.6
11	在那遥远的地方	电视剧	中央电视台综合频道	14.9	30.1
12	我的青春谁做主	电视剧	中央电视台综合频道	14.7	26.7
13	天气预报	生活服务	中央电视台综合频道	14.3	33.0
14	哈尔滨 24TH 世界大学生冬季运动会	体育	中央电视台综合频道	13.1	24.5
15	扬帆起航中央电视台心连心艺术团赴宁波慰问演出	综艺	中央电视台综合频道	12.8	22.8
16	密战	电视剧	中央电视台综合频道	12.6	24.4
17	春天的祝福文化部 2009 年春节电视晚会	综艺	中央电视台综合频道	12.2	32.9
18	365 个祝福中央电视台心连心艺术团赴四川灾区慰问演出	综艺	中央电视台综合频道	11.9	22.6
19	喜耕田的故事第二部	电视剧	中央电视台综合频道	11.9	22.1
20	焦点访谈	新闻/时事	中央电视台综合频道	11.8	26.0
21	苍天	电视剧	中央电视台综合频道	11.4	22.6
22	保卫延安	电视剧	中央电视台综合频道	11.3	21.9
23	请祖国检阅庆祝中国人民解放军建军 82 周年文艺晚会	综艺	中央电视台综合频道	11.1	23.0
24	金色农家	电视剧	中央电视台综合频道	10.9	22.8
25	黔岭放歌中央电视台心连心艺术团赴贵州仁怀慰问演出	综艺	中央电视台综合频道	10.6	21.0
26	CCTV2008 感动中国颁奖晚会	综艺	中央电视台综合频道	10.5	21.9
27	光荣颂 2009 年五一国际劳动节文艺晚会	综艺	中央电视台综合频道	10.5	20.2
28	人民英模	专题	中央电视台综合频道	10.2	22.3
29	为祖国加油中央电视台心连心艺术团赴大庆油田慰问演出	综艺	中央电视台综合频道	10.1	18.7
30	今生欠你一个拥抱	电视剧	中央电视台综合频道	9.9	19.2

表 3.19.8 2009 年内蒙古市场电视剧收视率排名前十位

名次	节目名称	频道	平均收视率（%）	平均占有率（%）
1	走西口	中央电视台综合频道	23.7	41.6
2	青凌凌的水蓝莹莹的天第二部	中央电视台综合频道	15.7	28.6
3	在那遥远的地方	中央电视台综合频道	14.9	30.1
4	我的青春谁做主	中央电视台综合频道	14.7	26.7
5	密战	中央电视台综合频道	12.6	24.4
6	喜耕田的故事第二部	中央电视台综合频道	11.9	22.1
7	苍天	中央电视台综合频道	11.4	22.5
8	保卫延安	中央电视台综合频道	11.3	21.9
9	金色农家	中央电视台综合频道	10.9	22.8
10	今生欠你一个拥抱	中央电视台综合频道	9.9	19.2

表 3.19.9 2009 年内蒙古市场新闻节目收视率排名前十位

名次	节目名称	播出频道	平均收视率（%）	平均占有率（%）
1	新闻联播	中央电视台综合频道	17.5	47.5
2	焦点访谈	中央电视台综合频道	11.8	26.0
3	温家宝总理会见中外记者	中央电视台综合频道	8.4	15.6
4	中俄建交六十周年庆祝大会暨中国俄语年闭幕式	中央电视台综合频道	7.9	17.2
5	我们的节日春节一年又一年四海一家亲	中央电视台综合频道	7.2	31.2
6	澳门十年	中央电视台综合频道	6.8	14.1
7	温家宝总理在阿盟总部发表演讲	中央电视台综合频道	6.6	11.9
8	内蒙古新闻联播	内蒙古电视台卫视频道	4.3	19.3
9	盛典国庆 60 周年特别报道	中央电视台综合频道	3.2	25.5
10	晚间新闻	中央电视台综合频道	2.3	10.3

表 3.19.10 2009 年内蒙古市场专题节目收视率排名前十位

名次	节目名称	播出频道	平均收视率（%）	平均占有率（%）
1	人民英模	中央电视台综合频道	10.2	22.3
2	人民至上	中央电视台综合频道	9.9	18.6
3	百年先念	中央电视台综合频道	9.5	20.2
4	2009 中央电视台 3.15 晚会	中央电视台综合频道	8.8	16.5
5	西藏今昔	中央电视台综合频道	8.7	18.4
6	相信中国 2009 年当代工人五一特别节目	中央电视台综合频道	8.6	17.8
7	宋任穷	中央电视台综合频道	8.5	17.7
8	解放农奴	中央电视台综合频道	8.3	16.9
9	时代的责任精神文明建设五个一工程巡礼	中央电视台综合频道	8.3	15.6
10	西藏民主改革 50 年	中央电视台综合频道	7.9	13.7

表 3.19.11　2009 年内蒙古市场综艺节目收视率排名前十位

名次	节目名称	播出频道	平均收视率(%)	平均占有率(%)
1	2009 春节联欢晚会	中央电视台综合频道	51.7	89.2
2	首都各界庆祝中华人民共和国成立 60 周年联欢晚会	中央电视台综合频道	35.6	65.1
3	欢天喜地闹元宵 2009 年元宵晚会	中央电视台综合频道	23.5	42.0
4	万众一心向前进 2009 年军民迎新春文艺晚会	中央电视台综合频道	21.7	36.1
5	宜春月中华情 2009 年中央电视台中秋晚会	中央电视台综合频道	17.4	34.8
6	2009 万家灯火平安夜公安部 2009 年春节电视文艺晚会	中央电视台综合频道	16.6	35.3
7	曲苑杂坛	中央电视台综合频道	15.8	35.4
8	扬帆起航中央电视台心连心艺术团赴宁波慰问演出	中央电视台综合频道	12.8	22.8
9	春天的祝福文化部 2009 年春节电视晚会	中央电视台综合频道	12.2	32.9
10	365 个祝福中央电视台心连心艺术团赴四川灾区慰问演出	中央电视台综合频道	11.9	22.6

表 3.19.12　2009 年内蒙古市场体育节目收视率排名前十位

名次	节目名称	播出频道	平均收视率(%)	平均占有率(%)
1	哈尔滨 24TH 世界大学生冬季运动会	中央电视台综合频道	13.1	24.5
2	中华人民共和国第十一届运动会开幕式	中央电视台综合频道	8.9	19.3
3	中华人民共和国第十一届运动会闭幕式	中央电视台综合频道	7.8	16.9
4	现场直播：第十一届全运会男子 110 米栏决赛	中央台五套	3.3	5.9
5	第十一届全运会中国石化杯火炬传递活动山西省火炬传递起跑仪式	山西卫视	2.4	4.8
6	黄金赛场：2009 年亚洲男篮锦标赛 - 黎巴嫩队 VS 中国队	中央台五套	2.1	5.4
7	现场直播：第十一届全运会男子举重 94 公斤级决赛	中央台五套	1.9	3.6
8	现场直播：第 11 届全运会男子十项全能之五 400 米	中央台五套	1.8	3.3
9	国球大典世界乒乓球总冠军赛国球荣光世界分享	湖南电视台卫星频道	1.8	3.0
10	现场直播 NBA 赛场：08/09 赛季 NBA 常规赛 - 太阳 VS 火箭	中央台五套	1.7	15.3

二十、宁夏收视数据

表 3.20.1　2007—2009 年宁夏市场各类频道的市场占有率（%）

频道类别	年份		
	2007 年	2008 年	2009 年
中央台频道	55.3	56.5	49.8
中国教育台频道	0.3	0.2	0.4
宁夏省级频道	15.0	11.9	9.2
其他省级卫视频道	17.9	20.8	31.7
其他频道	11.5	10.6	8.9

表 3.20.2　2009 年宁夏市场各类频道在不同目标观众中的市场占有率（%）

目标观众		中央台频道	中国教育台频道	宁夏省级频道	其他省级卫视频道	其他频道
4 岁及以上所有人		49.8	0.4	9.2	31.7	8.9
城乡	城市	55.4	0.4	8.8	24.7	10.7
	农村	47.2	0.4	9.4	35.1	8.0
性别	男	52.4	0.3	9.0	29.1	9.2
	女	47.4	0.4	9.4	34.2	8.5
年龄	4－14 岁	49.2	0.3	5.9	36.8	7.8
	15－24 岁	41.2	0.5	8.5	40.2	9.7
	25－34 岁	47.5	0.3	7.4	35.0	9.8
	35－44 岁	49.0	0.3	10.0	29.8	10.9
	45－54 岁	53.1	0.3	12.9	26.5	7.2
	55－64 岁	58.9	0.2	11.0	22.9	6.9
	65 岁及以上	61.1	0.2	11.7	20.1	6.8
教育程度	未受过正规教育	51.0	0.3	11.5	28.3	8.9
	小学	49.3	0.4	8.9	34.1	7.3
	初中	46.5	0.4	9.2	34.6	9.4
	高中	55.5	0.4	8.8	25.5	9.8
	大学及以上	62.7	0.2	7.9	19.9	9.4
职业类别	干部/管理人员	58.8	0.1	9.1	22.5	9.5
	个体/私营企业人员	54.7	0.5	10.2	22.7	11.9
	初级公务员/雇员	59.3	0.4	8.9	21.8	9.6
	工人	51.6	0.2	8.8	26.7	12.7
	学生	49.4	0.4	5.9	35.9	8.3
	无业	59.5	0.2	7.8	24.5	8.0
	其他	43.2	0.4	11.3	37.2	7.9
个人月收入	0－300 元	48.4	0.4	7.9	36.2	7.1
	301－600 元	46.1	0.3	11.9	30.5	11.1
	601－900 元	48.0	0.3	12.3	27.7	11.7
	901－1200 元	51.0	0.3	9.4	30.0	9.2
	1201 元及以上	57.0	0.3	9.6	22.8	10.3

表 3.20.3　2009 年宁夏市场各类频道不同时段的市场占有率（%）

时间段	中央台频道	中国教育台频道	宁夏省级频道	其他省级卫视频道	其他频道
02:00-03:00	34.0	1.9	5.2	42.9	15.9
03:00-04:00	34.0	3.0	4.9	44.8	13.3
04:00-05:00	41.8	1.3	2.7	44.1	10.2
05:00-06:00	51.8	0.1	0.7	36.8	10.7
06:00-07:00	74.1	0.2	0.6	20.0	5.1
07:00-08:00	71.9	0.3	3.7	21.0	3.2
08:00-09:00	49.4	0.4	4.9	38.1	7.2
09:00-10:00	43.5	0.3	8.9	39.4	7.9
10:00-11:00	45.2	0.5	9.1	37.6	7.7
11:00-12:00	50.1	0.6	5.4	36.2	7.7
12:00-13:00	64.4	0.2	3.4	24.3	7.6
13:00-14:00	54.6	0.6	3.8	31.9	9.1
14:00-15:00	40.6	0.6	7.4	43.0	8.4
15:00-16:00	32.3	0.4	8.3	49.1	10.0
16:00-17:00	32.6	0.3	7.2	48.8	11.1
17:00-18:00	44.9	0.5	5.0	40.4	9.2
18:00-19:00	55.0	0.2	10.2	24.2	10.4
19:00-20:00	72.0	0.1	5.9	15.1	6.9
20:00-21:00	51.8	0.3	8.8	32.6	6.5
21:00-22:00	43.4	0.3	13.6	33.5	9.1
22:00-23:00	27.6	0.6	19.9	34.6	17.3
23:00-24:00	33.5	0.6	9.6	35.0	21.4
24:00-25:00	39.6	0.1	8.8	31.0	20.5
25:00-26:00	38.1	0.2	13.3	31.2	17.2

表 3.20.4　2009 年宁夏市场收视份额排名前十位的频道

名次	频道名称	收视份额（%）
1	中央电视台综合频道	29.9
2	宁夏电视台公共频道	6.6
3	中央电视台少儿频道	4.6
4	湖南电视台卫星频道	3.9
5	中央台八套	2.8
5	安徽卫视	2.7
7	中央台十二套	2.5
8	四川卫视	1.9
9	中央台六套	1.8
10	中央台三套	1.7

表 3.20.5 2009 年宁夏市场各主要频道的观众构成（%）

目标观众		所有频道	主要频道				
			中央电视台综合频道	宁夏电视台公共频道	中央电视台少儿频道	湖南电视台卫星频道	中央台八套
4 岁及以上所有人		100.0	100.0	100.0	100.0	100.0	100.0
城乡	城市	30.2	27.7	24.7	30.3	40.6	64.1
	农村	69.8	72.3	75.3	69.7	59.4	35.9
性别	男	49.5	50.8	46.5	49.8	35.4	42.7
	女	50.5	49.2	53.5	50.2	64.6	57.3
年龄	4－14 岁	15.2	13.1	9.2	45.3	15.2	7.1
	15－24 岁	17.4	15.7	16.1	9.0	30.6	6.7
	25－34 岁	19.5	17.1	13.7	24.3	20.0	18.5
	35－44 岁	19.6	19.2	20.9	10.6	19.9	20.9
	45－54 岁	12.5	14.0	18.4	3.3	7.8	16.6
	55－64 岁	9.3	12.1	11.5	3.9	2.6	13.5
	65 岁及以上	6.5	8.7	10.3	3.5	3.8	16.6
教育程度	未受过正规教育	10.8	11.9	14.0	14.8	6.3	6.2
	小学	27.8	28.8	25.7	39.8	20.6	17.7
	初中	40.5	41.4	45.5	31.3	53.5	43.7
	高中	14.8	13.5	12.1	11.4	15.5	21.6
	大学及以上	6.0	4.4	2.8	2.7	4.2	10.7
职业类别	干部/管理人员	1.3	0.9	0.7	0.9	0.6	3.4
	个体/私营企业人员	7.4	6.2	6.6	3.7	5.5	10.5
	初级公务员/雇员	6.6	4.6	3.2	3.1	5.3	11.8
	工人	9.3	9.4	8.7	7.3	12.3	13.2
	学生	16.9	17.5	11.1	39.3	26.0	10.2
	无业	18.6	15.3	11.9	22.5	15.1	46.5
	其他	39.7	46.1	57.8	23.2	35.3	4.4
个人月收入	0－300 元	52.3	52.1	40.9	65.8	57.7	37.9
	301－600 元	12.1	13.5	19.7	8.7	11.7	8.2
	601－900 元	11.3	9.2	14.2	8.2	9.3	10.5
	901－1200 元	10.3	8.3	8.6	5.4	8.3	14.9
	1201 元及以上	13.9	16.8	16.6	12.0	12.9	28.5

表 3.20.6 2007—2009 年宁夏市场各类节目的播出份额（%）和收视份额（%）

节目类别	2007 年		2008 年		2009 年	
	播出份额	收视份额	播出份额	收视份额	播出份额	收视份额
财经	2.1	0.6	2.2	0.5	2.5	0.5
电视剧	35.5	50.9	36.0	46.5	27.8	48.7
电影	4.5	2.4	4.0	1.7	4.1	1.7
法制	1.4	2.4	1.1	2.1	1.5	2.1
教学	1.0	0.2	1.0	0.2	0.7	0.1
青少	5.0	8.2	5.5	7.5	6.6	8.0
生活服务	9.7	3.4	8.5	3.3	5.8	2.9
体育	2.8	2.1	3.6	6.3	2.6	1.4
外语	0.4	0.1	0.3	0.1	0.2	0.1
戏剧	1.5	0.5	1.4	0.5	1.5	0.5
新闻/时事	11.5	14.2	12.7	17.1	16.7	15.4
音乐	2.6	1.0	3.5	0.7	3.5	0.8
专题片	13.6	7.1	13.3	6.4	13.8	6.9
综艺	7.8	6.7	6.5	6.8	11.5	10.7
其他	0.8	0.4	0.7	0.3	1.3	0.1

表 3.20.7　2009 年宁夏市场所有节目收视率排名前三十位

名次	节目名称	节目类型	播出频道	平均收视率（%）	平均占有率（%）
1	2009 春节联欢晚会	综艺	中央电视台综合频道	50.3	90.2
2	首都各界庆祝中华人民共和国成立 60 周年联欢晚会	综艺	中央电视台综合频道	36.6	66.1
3	走西口	电视剧	中央电视台综合频道	34.1	60.1
4	万众一心向前进 2009 年军民迎新春文艺晚会	综艺	中央电视台综合频道	32.0	55.0
5	欢天喜地闹元宵 2009 年元宵晚会	综艺	中央电视台综合频道	31.3	55.2
6	曲苑杂坛	综艺	中央电视台综合频道	28.5	56.8
7	清凌凌的水蓝莹莹的天第二部	电视剧	中央电视台综合频道	27.8	48.3
8	2009 万家灯火平安夜公安部 2009 年春节电视文艺晚会	综艺	中央电视台综合频道	27.6	53.0
9	在那遥远的地方	电视剧	中央电视台综合频道	22.7	42.4
10	哈尔滨 24th 世界大学生冬季运动会	体育	中央电视台综合频道	21.9	41.0
11	春天的祝福文化部 2009 年春节电视晚会	综艺	中央电视台综合频道	21.5	53.5
12	我的青春谁做主	电视剧	中央电视台综合频道	21.4	40.5
13	喜耕田的故事第二部	电视剧	中央电视台综合频道	20.8	39.4
14	叶挺将军	电视剧	中央电视台综合频道	20.7	37.6
15	扬帆起航中央电视台心连心艺术团赴宁波慰问演出	综艺	中央电视台综合频道	20.5	37.9
16	新闻联播	新闻/时事	中央电视台综合频道	20.1	61.5
17	苍天	电视剧	中央电视台综合频道	20.0	36.6
18	红土情韵中央电视台心连心艺术团赴江西上饶慰问演出	综艺	中央电视台综合频道	19.7	36.7
19	黔岭放歌中央电视台心连心艺术团赴贵州仁怀慰问演出	综艺	中央电视台综合频道	19.6	38.4
20	今生欠你一个拥抱	电视剧	中央电视台综合频道	19.0	36.6
21	天气预报	生活服务	中央电视台综合频道	18.9	50.1
22	西藏民主改革 50 年	专题	中央电视台综合频道	18.9	34.9
23	CCTV2008 感动中国颁奖晚会	综艺	中央电视台综合频道	18.8	36.5
24	为祖国加油中央电视台心连心艺术团赴大庆油田慰问演出	综艺	中央电视台综合频道	18.7	33.4
25	365 个祝福中央电视台心连心艺术团赴四川灾区慰问演出	综艺	中央电视台综合频道	18.3	35.5
26	宜春月中华情 2009 年中央电视台中秋晚会	综艺	中央电视台综合频道	17.9	35.9
27	光荣颂 2009 年五一国际劳动节文艺晚会	综艺	中央电视台综合频道	17.8	35.6
28	西藏农奴的故事	专题	中央电视台综合频道	17.7	33.8
29	童心如歌 2009 六一晚会	青少	中央电视台综合频道	17.7	33.5
30	胜利之歌中央电视台心连心艺术团赴福建龙岩古田慰问演出	综艺	中央电视台综合频道	12.2	22.2

表 3.20.8 2009 年宁夏市场电视剧收视率排名前十位

名次	节目名称	播出频道	平均收视率（%）	平均占有率（%）
1	走西口	中央电视台综合频道	34.1	60.1
2	清凌凌的水蓝莹莹的天第二部	中央电视台综合频道	27.8	48.3
3	在那遥远的地方	中央电视台综合频道	22.7	42.4
4	我的青春谁做主	中央电视台综合频道	21.4	40.5
5	喜耕田的故事第二部	中央电视台综合频道	20.8	39.4
6	叶挺将军	中央电视台综合频道	20.7	37.6
7	苍天	中央电视台综合频道	20.0	36.6
8	今生欠你一个拥抱	中央电视台综合频道	19.0	36.6
9	金色农家	中央电视台综合频道	17.3	34.4
10	保卫延安	中央电视台综合频道	16.9	33.7

表 3.20.9 2009 年宁夏市场新闻节目收视率排名前十位

名次	节目名称	播出频道	平均收视率（%）	平均占有率（%）
1	新闻联播	中央电视台综合频道	20.1	61.5
2	温家宝总理会见中外记者	中央电视台综合频道	16.9	32.9
3	焦点访谈	中央电视台综合频道	16.6	42.0
4	温家宝总理在阿盟总部发表演讲	中央电视台综合频道	11.1	20.1
5	澳门十年	中央电视台综合频道	10.0	20.5
6	中俄建交六十周年庆祝大会暨中国俄语年闭幕式	中央电视台综合频道	8.2	17.6
7	我们的节日春节一年又一年四海一家亲	中央电视台综合频道	7.0	32.6
8	盛典国庆 60 周年特别报道	中央电视台综合频道	3.8	42.2
9	新闻	中央电视台综合频道	2.8	12.3
10	晚间新闻	中央电视台综合频道	2.4	10.5

表 3.20.10 2009 年宁夏市场专题节目收视率排名前十位

名次	节目名称	播出频道	平均收视率（%）	平均占有率（%）
1	西藏民主改革 50 年	中央电视台综合频道	18.9	34.9
2	西藏农奴的故事	中央电视台综合频道	17.7	33.8
3	我们的田野 2009 三八特别节目	中央电视台综合频道	17.0	30.3
4	解放农奴	中央电视台综合频道	16.4	37.1
5	2009 中央电视台 3.15 晚会	中央电视台综合频道	16.3	31.4
6	人民至上	中央电视台综合频道	16.0	31.1
7	西藏今昔	中央电视台综合频道	15.3	37.0
8	百年先念	中央电视台综合频道	15.3	35.9
9	人民英模	中央电视台综合频道	14.6	35.0
10	宋任穷	中央电视台综合频道	13.9	29.9

表 3.20.11　2009 年宁夏市场综艺节目收视率排名前十位

名次	节目名称	播出频道	平均收视率（%）	平均占有率（%）
1	2009 春节联欢晚会	中央电视台综合频道	50.3	90.2
2	首都各界庆祝中华人民共和国成立 60 周年联欢晚会	中央电视台综合频道	36.6	66.1
3	万众一心向前进 2009 年军民迎新春文艺晚会	中央电视台综合频道	32.0	55.0
4	欢天喜地闹元宵 2009 年元宵晚会	中央电视台综合频道	31.3	55.2
5	曲苑杂坛	中央电视台综合频道	28.5	56.8
6	2009 万家灯火平安夜公安部 2009 年春节电视文艺晚会	中央电视台综合频道	27.6	53.0
7	春天的祝福文化部 2009 年春节电视晚会	中央电视台综合频道	21.5	53.5
8	扬帆起航中央电视台心连心艺术团赴宁波慰问演出	中央电视台综合频道	20.5	37.9
9	红土情韵中央电视台心连心艺术团赴江西上饶慰问演出	中央电视台综合频道	19.7	36.7
10	黔岭放歌中央电视台心连心艺术团赴贵州仁怀慰问演出	中央电视台综合频道	19.6	38.4

表 3.20.12　2009 年宁夏市场体育节目收视率排名前十位

名次	节目名称	播出频道	平均收视率（%）	平均占有率（%）
1	哈尔滨 24th 世界大学生冬季运动会	中央电视台综合频道	21.9	41.0
2	中华人民共和国第十一届运动会闭幕式	中央电视台综合频道	11.1	22.6
3	中华人民共和国第十一届运动会开幕式	中央电视台综合频道	9.2	20.4
4	世界大力士冠军赛精编版	中央电视台综合频道	1.4	12.8
5	黄金赛场：2009 年亚洲男篮锦标赛 - 中国队 VS 约旦队	中央台五套	1.4	3.6
6	直播周末：2009 年第 25 届亚洲男篮锦标赛决赛 - 中国队 VS 伊朗队	中央台五套	1.3	3.1
7	直播周末：2009 年世界羽毛球锦标赛男子双打半决赛	中央台五套	1.1	2.0
8	第 11 届全运会男子 100 米决赛	中央台五套	1.0	1.9
8	第 11 届全运会男子跳远颁奖仪式	中央台五套	1.0	1.9
8	第 11 届全运会女子 100 米颁奖仪式	中央台五套	1.0	1.9

二十一、山东收视数据

表 3.21.1　2005—2009 年山东市场各类频道的市场占有率（%）

频道类别	年份				
	2005 年	2006 年	2007 年	2008 年	2009 年
中央台频道	22.8	24.8	25.0	31.8	29.6
中国教育台频道	0.1	0.1	0.2	0.1	0.3
山东省级频道	45.5	47.8	45.0	38.8	38.4
其他省级卫视频道	6.0	8.6	10.7	12.5	17.6
其他频道	25.7	18.7	19.2	16.8	14.1

表 3.21.2　2009 年山东市场各类频道在不同目标观众中的市场占有率（%）

目标观众		中央台频道	中国教育台频道	山东省级频道	其他省级卫视频道	其他频道
4 岁及以上所有人		29.6	0.3	38.4	17.6	14.2
城乡	城市	33.6	0.3	28.8	19.4	18.0
	农村	27.9	0.3	42.3	16.8	12.7
性别	男	32.1	0.2	37.8	16.2	13.6
	女	27.2	0.3	38.9	18.9	14.8
年龄	4-14 岁	27.7	0.2	40.9	19.2	12.0
	15-24 岁	27.5	0.4	32.4	24.3	15.3
	25-34 岁	31.6	0.3	35.0	17.7	15.4
	35-44 岁	29.5	0.3	42.4	15.3	12.5
	45-54 岁	30.5	0.2	35.5	19.1	14.7
	55-64 岁	28.5	0.3	41.5	13.5	16.3
	65 岁及以上	31.0	0.2	42.1	14.4	12.2
教育程度	未受过正规教育	25.5	0.3	43.3	14.6	16.3
	小学	27.3	0.2	43.2	14.5	14.9
	初中	29.2	0.3	39.4	18.3	12.9
	高中	33.8	0.4	29.6	21.2	15.0
	大学及以上	40.2	0.4	22.7	20.8	16.0
职业类别	干部/管理人员	40.2	0.3	26.1	18.9	14.5
	个体/私营企业人员	33.9	0.3	35.6	15.2	15.1
	初级公务员/雇员	36.3	0.5	26.7	21.8	14.8
	工人	29.9	0.2	37.2	18.3	14.5
	学生	27.5	0.2	38.5	22.8	10.9
	无业	32.2	0.3	33.8	16.8	17.0
	其他	26.7	0.3	43.5	16.0	13.6
个人月收入	0-300 元	26.4	0.3	41.4	17.3	14.6
	301-600 元	30.3	0.3	40.8	18.1	10.5
	601-900 元	32.6	0.2	35.6	18.6	13.0
	901-1200 元	31.5	0.4	34.5	17.4	16.2
	1201 元及以上	35.0	0.2	31.5	17.2	16.2

表 3.21.3　2009 年山东市场各类频道在不同时段的市场占有率（%）

时间段	中央台频道	中国教育台频道	山东省级频道	其他省级卫视频道	其他频道
02:00－03:00	40.8	0.5	18.1	27.0	13.6
03:00－04:00	38.8	0.6	19.5	28.4	12.7
04:00－05:00	37.7	0.2	18.1	34.3	9.7
05:00－06:00	43.9	0.2	19.1	30.0	6.7
06:00－07:00	48.4	0.3	30.5	14.3	6.6
07:00－08:00	45.3	0.1	34.3	11.9	8.5
08:00－09:00	38.1	0.1	26.5	23.6	11.8
09:00－10:00	31.0	0.1	26.0	27.9	15.0
10:00－11:00	31.2	0.4	26.5	27.5	14.4
11:00－12:00	36.2	0.4	25.4	25.3	12.7
12:00－13:00	35.0	0.1	36.0	17.7	11.2
13:00－14:00	33.0	0.6	31.7	21.2	13.5
14:00－15:00	28.9	0.9	28.3	27.1	14.9
15:00－16:00	27.9	0.2	26.6	30.5	14.9
16:00－17:00	29.6	0.2	24.1	32.5	13.8
17:00－18:00	27.7	0.3	40.9	19.1	12.0
18:00－19:00	26.4	0.2	48.3	9.2	15.9
19:00－20:00	25.3	0.1	54.7	4.4	15.5
20:00－21:00	24.5	0.2	49.6	12.0	13.7
21:00－22:00	27.2	0.3	39.7	17.1	15.7
22:00－23:00	25.1	0.8	27.5	26.5	20.1
23:00－24:00	33.3	0.6	19.5	28.1	18.6
24:00－25:00	34.6	0.2	22.0	29.6	13.7
25:00－26:00	37.1	0.1	15.5	31.5	15.8

表 3.21.4　2009 年山东市场收视份额位于前十位的频道

名次	频道名称	收视份额（%）
1	山东电视齐鲁频道	14.0
2	山东卫视	12.5
3	中央电视台综合频道	5.9
4	中央台六套	4.7
5	中央台三套	3.7
6	山东电视生活频道	3.3
7	湖南电视台卫星频道	3.2
8	中央台八套	2.8
9	浙江卫视	2.7
10	山东电视影视频道	2.6

表 3.21.5　2009 年山东市场主要频道的观众构成（%）

目标观众		所有频道	主要频道				
			山东电视齐鲁频道	山东卫视	中央电视台综合频道	中央台六套	中央台三套
4 岁及以上所有人		100.0	100.0	100.0	100.0	100.0	100.0
城乡	城市	29.3	20.3	15.7	28.2	24.0	36.0
	农村	70.7	79.7	84.3	71.8	76.0	64.0
性别	男	47.9	47.3	46.0	50.0	53.5	49.3
	女	52.1	52.7	54.0	50.0	46.5	50.7
年龄	4 - 14 岁	10.5	10.7	12.2	11.6	7.0	8.0
	15 - 24 岁	12.5	10.7	9.0	9.2	16.8	11.0
	25 - 34 岁	15.2	12.1	11.5	12.2	22.2	17.1
	35 - 44 岁	18.2	22.7	17.8	20.4	21.4	17.5
	45 - 54 岁	19.7	19.9	14.3	19.9	19.1	21.9
	55 - 64 岁	15.8	15.1	23.4	18.5	9.6	12.9
	65 岁及以上	8.1	8.8	11.9	8.2	3.9	11.6
教育程度	未受过正规教育	11.6	11.5	18.5	9.7	10.9	7.9
	小学	23.5	27.0	28.7	24.1	20.9	22.0
	初中	44.1	48.3	41.2	44.3	48.0	44.9
	高中	16.5	11.4	10.3	16.1	16.0	20.4
	大学及以上	4.4	1.8	1.3	5.8	4.2	4.9
职业类别	干部/管理人员	1.5	0.8	0.5	2.0	1.4	2.0
	个体/私营企业人员	7.0	7.6	4.8	6.9	7.0	8.9
	初级公务员/雇员	6.8	3.8	3.2	9.4	6.6	8.8
	工人	13.0	13.1	12.2	11.8	13.8	15.7
	学生	11.1	10.2	11.8	10.8	9.8	8.1
	无业	18.7	14.3	18.9	19.8	14.0	20.9
	其他	42.0	50.2	48.5	39.3	47.4	35.6
个人月收入	0 - 300 元	46.5	47.8	59.4	45.5	45.6	38.7
	301 - 600 元	16.1	18.5	14.4	18.6	14.5	16.6
	601 - 900 元	10.1	10.4	7.8	9.3	11.1	12.8
	901 - 1200 元	12.0	10.9	9.0	11.1	14.0	14.6
	1201 元及以上	15.3	12.4	9.4	15.6	14.8	17.3

表 3.21.6　2007—2009 年山东市场各类节目的播出份额（%）和收视份额（%）

节目类别	2007 年		2008 年		2009 年	
	播出份额	收视份额	播出份额	收视份额	播出份额	收视份额
财经	1.5	0.2	1.6	0.2	1.9	0.3
电视剧	25.5	37.7	24.6	34.0	21.8	34.5
电影	3.1	1.8	3.0	2.0	3.0	3.8
法制	1.4	0.8	1.0	0.7	1.1	0.6
教学	0.5	0.1	0.5	0.1	0.6	0.1
青少	4.4	2.8	4.6	3.2	5.3	3.8
生活服务	7.8	6.0	9.4	8.1	9.6	7.3
体育	2.5	1.6	3.6	4.4	2.9	2.6
外语	0.2	0.1	0.1	0.1	0.1	0.1
戏剧	1.3	0.6	1.1	0.4	1.1	0.6
新闻/时事	13.2	15.4	13.1	16.3	12.9	10.3
音乐	1.9	0.9	2.4	0.5	2.7	0.9
专题	11.5	4.1	11.8	4.4	10.8	9.6
综艺	8.1	8.3	7.3	7.1	9.3	11.2
其他	16.9	19.8	15.8	18.4	16.8	14.4

表 3.21.7 2009 年山东市场所有节目收视率排名前三十位

名次	节目名称	节目类型	播出频道	平均收视率(%)	平均占有率(%)
1	黑玫瑰	电视剧	山东电视齐鲁频道	14.7	34.9
2	黑玫瑰之女人魂	电视剧	山东电视齐鲁频道	14.5	34.5
3	牟氏庄园	电视剧	山东电视齐鲁频道	13.2	29.9
4	猎鹰前传之英雄	电视剧	山东电视齐鲁频道	12.9	34.6
5	猎鹰（9 月 4 日 –9 月 16 日）	电视剧	山东电视齐鲁频道	12.9	32.5
6	路上有狼	电视剧	山东电视齐鲁频道	12.8	29.0
7	历史的进程	电视剧	山东电视齐鲁频道	12.5	28.5
8	乱世新娘	电视剧	山东电视齐鲁频道	11.3	25.8
9	儿女英雄传	电视剧	山东电视齐鲁频道	11.0	26.1
10	战后之战	电视剧	山东电视齐鲁频道	10.7	24.9
11	首都各界庆祝中华人民共和国成立 60 周年联欢晚会	综艺	中央电视台综合频道	10.2	22.0
12	第十一届全国运动会开幕式	体育	山东卫视	9.7	23.4
13	儿女英雄传之二	电视剧	山东电视齐鲁频道	9.5	21.4
14	新包青天（铡美案）	电视剧	山东电视齐鲁频道	9.4	26.7
15	山东邀明月吉辉映全运山东电视台 2009 年中秋晚会	综艺	山东卫视	9.3	19.4
16	狙击生死线	电视剧	山东电视齐鲁频道	8.3	21.6
17	贫富人生	电视剧	山东电视齐鲁频道	8.0	19.4
18	看云识天气	生活服务	山东电视齐鲁频道	7.8	21.8
19	首都各界庆祝中华人民共和国成立 60 周年联欢晚会	综艺	山东卫视	7.7	16.2
20	天气预报（19:32）	生活服务	山东卫视	7.4	26.0
21	仙剑奇侠传第三部	电视剧	山东电视齐鲁频道	7.4	22.5
22	黑三角	电视剧	山东卫视	7.2	18.8
23	绝密 1950	电视剧	山东卫视	7.1	20.6
24	国庆 60 周年阅兵盛典精彩回放	新闻/时事	山东卫视	7.1	14.0
25	礼花绽放庆国庆	新闻/时事	山东电视齐鲁频道	6.5	13.8
26	动作 90 分 – 少林寺	电影	中央台六套	6.4	13.8
27	中天剑	电视剧	山东电视齐鲁频道	6.3	16.7
28	宜春月中华情 2009 年中央电视台中秋晚会	综艺	中央电视台综合频道	6.1	13.9
29	沂蒙英雄	电视剧	山东电视齐鲁频道	6.0	17.3
30	周日点播 – 中华英雄	电影	中央台六套	5.9	14.4

表 3.21.8　2009 年山东市场电视剧收视率排名前十位

名次	节目名称	播出频道	平均收视率（%）	平均占有率（%）
1	黑玫瑰	山东电视齐鲁频道	14.7	34.9
2	黑玫瑰之女人魂	山东电视齐鲁频道	14.5	34.5
3	牟氏庄园	山东电视齐鲁频道	13.2	29.9
4	猎鹰前传之英雄	山东电视齐鲁频道	12.9	34.6
5	猎鹰（9 月 4 日 –9 月 16 日）	山东电视齐鲁频道	12.9	32.5
6	路上有狼	山东电视齐鲁频道	12.8	29.0
7	历史的进程	山东电视齐鲁频道	12.5	28.5
8	乱世新娘	山东电视齐鲁频道	11.3	25.8
9	儿女英雄传	山东电视齐鲁频道	11.0	26.1
10	战后之战	山东电视齐鲁频道	10.7	24.9

表 3.21.9　2009 年山东市场新闻节目收视率排名前十位

名次	节目名称	播出频道	平均收视率（%）	平均占有率（%）
1	国庆 60 周年阅兵盛典精彩回放	山东卫视	7.1	14.0
2	礼花绽放庆国庆	山东电视齐鲁频道	6.5	13.8
3	一天零一夜	山东电视齐鲁频道	4.8	18.8
4	每日新闻	山东电视齐鲁频道	4.0	18.2
5	转播中央台新闻联播	山东卫视	3.6	11.1
6	零度访问	山东电视公共频道	3.6	7.7
7	拉呱	山东电视齐鲁频道	3.5	23.5
8	山东新闻联播	山东卫视	3.3	13.1
9	新闻联播	中央电视台综合频道	2.3	6.9
10	盛典国庆 60 周年特别报道	中央电视台综合频道	1.7	8.9

表 3.21.10　2009 年山东市场专题节目收视率排名前十位

名次	节目名称	播出频道	平均收视率（%）	平均占有率（%）
1	揭秘黑三角	山东卫视	4.8	16.6
2	八点听书	山东电视生活频道	4.4	10.4
3	做客生活帮	山东电视生活频道	3.2	8.8
4	深海历险	中央台十套	3.1	7.0
5	我的中国梦	山东卫视	2.9	7.4
6	走进大境门系列推介	山东卫视	2.7	5.6
7	新故事客栈	山东电视公共频道	2.6	6.1
8	说事拉理	山东卫视	2.4	18.3
9	魅力广饶	山东电视公共频道	2.3	6.1
10	全运大金牌	山东卫视	2.2	8.3

表 3.21.11　2009 年山东市场综艺节目收视率排名前十位

名次	节目名称	播出频道	平均收视率（%）	平均占有率（%）
1	首都各界庆祝中华人民共和国成立 60 周年联欢晚会	中央电视台综合频道	10.2	22.0
2	山东邀明月吉辉映全运山东电视台 2009 年中秋晚会	山东卫视	9.3	19.4
3	首都各界庆祝中华人民共和国成立 60 周年联欢晚会	山东卫视	7.7	16.2
4	宜春月中华情 2009 年中央电视台中秋晚会	中央电视台综合频道	6.1	13.9
5	天下无双特别节目流金岁月	山东电视齐鲁频道	5.7	19.2
6	首都各界庆祝中华人民共和国成立 60 周年联欢晚会	中央电视台新闻频道	5.5	11.8
7	祖国万岁庆祝中华人民共和国成立 60 周年大型文艺晚会	中央电视台综合频道	5.1	14.7
8	欢乐逗秀场（21：00）	山东卫视	5.0	16.9
9	为祖国喝彩热烈庆祝中华人民共和国成立六十周年大型专题文艺晚会	山东卫视	4.9	10.8
10	咱们工人有力量山东电视台走进日照港庆祝五一国际劳动节特别节目	山东卫视	4.6	11.2

表 3.21.12　2009 年山东市场体育类节目收视率排名前十位

名次	节目名称	播出频道	平均收视率（%）	平均占有率（%）
1	第十一届全国运动会开幕式	山东卫视	9.7	23.4
2	国泰民安和谐全运中华人民共和国第十一届运动会圣火火种采集仪式	山东卫视	4.8	14.7
3	终极篮徒颁奖盛典	山东卫视	4.8	10.6
4	现场直播：第十一届全运会男子 110 米栏决赛	中央台五套	4.3	8.8
5	中华人民共和国第十一届运动会开幕式	中央电视台综合频道	3.0	7.1
6	现场直播：第十一届全运会男子举重 94 公斤级决赛	中央台五套	2.9	7.1
7	全运快讯	山东卫视	2.7	8.3
8	第十一届全国运动会闭幕式	山东卫视	2.6	10.2
9	现场直播：第十一届全运会女子 4 × 100 米个人混合泳接力决赛	中央台五套	2.6	5.3
10	共圆精彩	山东卫视	2.4	10.3

二十二、陕西收视数据

表 3.22.1 2005—2009 陕西视市场各类频道的市场占有率（%）

频道类别	年份				
	2005 年	2006 年	2007 年	2008 年	2009 年
中央台频道	28.5	28.8	28.4	34.1	32.4
中国教育台频道	0.3	0.4	0.3	0.3	0.4
陕西省级频道	14.6	16.1	19.1	18.5	18.1
其他省级卫视频道	34.3	36.6	37.9	39.2	43.5
其他频道	22.3	18.1	14.4	7.9	5.6

表 3.22.2 2009 年陕西市场各类频道在各目标观众中的市场占有率（%）

目标观众		中央台频道	中国教育台频道	陕西省级频道	其他省级卫视频道	其他频道
4 岁及以上所有人		32.4	0.4	18.1	43.5	5.7
城乡	城市	45.0	0.2	20.8	24.5	9.5
	农村	29.6	0.4	17.5	47.6	4.9
性别	男	33.7	0.4	19.0	41.1	5.9
	女	31.1	0.3	17.2	45.9	5.5
年龄	4－14 岁	30.5	0.3	14.4	50.4	4.5
	15－24 岁	23.9	0.4	13.7	57.3	4.6
	25－34 岁	31.3	0.5	20.2	42.5	5.6
	35－44 岁	31.2	0.4	17.1	45.5	5.9
	45－54 岁	35.2	0.4	18.4	40.4	5.6
	55－64 岁	38.6	0.2	22.7	33.1	5.4
	65 岁及以上	41.7	0.2	22.6	25.8	9.8
教育程度	未受过正规教育	29.6	0.3	17.7	47.0	5.3
	小学	30.0	0.3	16.7	49.1	3.9
	初中	29.7	0.4	18.6	45.1	6.2
	高中	41.5	0.3	19.2	32.4	6.7
	大学及以上	46.9	0.3	16.8	27.0	9.1
职业类别	干部/管理人员	45.1	0.2	20.4	26.4	8.0
	个体/私营企业人员	35.6	0.3	17.2	41.8	5.2
	初级公务员/雇员	46.2	0.2	20.6	24.6	8.4
	工人	39.0	0.4	18.3	34.7	7.6
	学生	29.0	0.3	14.7	51.8	4.2
	无业	43.8	0.2	18.5	30.5	7.2
	其他	27.8	0.4	18.7	47.9	5.3
个人月收入	0－300 元	29.1	0.4	18.0	46.9	5.6
	301－600 元	29.6	0.3	20.9	43.5	5.7
	601－900 元	35.7	0.2	18.4	40.3	5.5
	901－1200 元	36.1	0.4	21.8	35.6	6.2
	1201 元及以上	41.6	0.4	15.0	35.5	7.5

表 3.22.3　2009 年陕西市场各类频道在各时段的市场占有率（%）

时间段	中央台频道	中国教育台频道	陕西省级频道	其他省级卫视频道	其他频道
02:00-03:00	37.4	0.0	9.9	47.1	5.6
03:00-04:00	19.2	0.0	7.9	66.3	6.6
04:00-05:00	25.1	0.0	6.6	62.3	6.0
05:00-06:00	66.9	0.0	2.3	28.6	2.2
06:00-07:00	68.8	0.1	5.9	21.7	3.5
07:00-08:00	58.1	0.2	6.0	30.7	5.1
08:00-09:00	31.7	0.2	8.7	54.2	5.2
09:00-10:00	27.8	0.2	9.2	57.4	5.4
10:00-11:00	29.2	0.3	9.7	55.6	5.2
11:00-12:00	34.1	0.4	9.7	51.1	4.8
12:00-13:00	46.0	0.2	10.1	38.1	5.6
13:00-14:00	34.0	0.6	11.0	47.9	6.5
14:00-15:00	24.1	0.6	11.8	58.4	5.1
15:00-16:00	22.0	0.3	11.6	61.0	5.1
16:00-17:00	22.5	0.2	15.3	56.8	5.2
17:00-18:00	35.7	0.3	15.8	42.3	5.9
18:00-19:00	41.1	0.2	22.5	26.1	10.1
19:00-20:00	48.5	0.2	25.5	19.9	6.1
20:00-21:00	28.8	0.4	20.1	45.9	4.9
21:00-22:00	26.3	0.4	18.6	49.8	5.0
22:00-23:00	20.6	0.7	24.9	47.2	6.6
23:00-24:00	25.4	0.7	23.1	42.3	8.5
24:00-25:00	28.6	0.2	22.3	38.1	10.8
25:00-26:00	34.0	0.1	17.9	38.7	9.4

表 3.22.4　2009 年陕西市场收视份额排名前十位的频道

名次	频道名称	收视份额（%）
1	中央电视台综合频道	13.0
2	陕西电视台新闻综合频道（一套）	6.4
3	湖南电视台卫星频道	5.2
4	安徽卫视	5.0
5	陕西卫视	4.1
6	中央台八套	3.7
7	浙江卫视	3.0
8	陕西电视台都市青春频道（二套）	2.9
9	河南电视台卫星频道（一套）	2.8
10	中央台三套	2.6

表 3.22.5 2009 年陕西市场各主要频道的观众构成（%）

目标观众		所有频道	主要频道				
			中央电视台综合频道	陕西电视台新闻综合频道(一套)	湖南电视台卫星频道	安徽卫视	陕西卫视
4 岁及以上所有人		100.0	100.0	100.0	100.0	100.0	100.0
城乡	城市	17.9	23.7	15.9	14.9	7.1	7.7
	农村	82.1	76.3	84.1	85.1	92.9	92.3
性别	男	50.5	53.1	54.0	37.5	42.8	53.2
	女	49.5	46.9	46.0	62.5	57.2	45.8
年龄	4－14 岁	11.8	8.5	8.8	12.9	8.4	10.4
	15－24 岁	15.0	11.6	7.7	32.4	21.5	12.3
	25－34 岁	16.2	14.1	15.6	16.5	20.7	15.5
	35－44 岁	22.2	21.4	14.4	21.3	21.6	25.7
	45－54 岁	14.2	16.9	15.4	9.9	13.9	12.3
	55－64 岁	12.3	15.0	21.4	4.8	9.3	14.2
	65 岁及以上	8.3	12.5	16.7	2.2	4.6	9.6
教育程度	未受过正规教育	6.0	6.2	4.9	3.9	4.5	11.6
	小学	25.8	24.1	29.8	22.7	26.8	22.8
	初中	47.9	44.3	48.8	52.2	54.8	51.1
	高中	16.4	20.1	14.1	17.4	11.6	12.7
	大学及以上	3.9	5.3	2.4	3.8	2.3	1.8
职业类别	干部/管理人员	1.4	2.0	1.4	1.2	1.4	1.7
	个体/私营企业人员	4.0	3.8	2.1	5.3	3.9	2.0
	初级公务员/雇员	4.9	5.4	3.7	4.8	2.8	2.8
	工人	5.9	7.1	4.2	5.2	4.7	3.4
	学生	14.8	11.2	9.1	25.0	12.5	13.1
	无业	14.5	17.1	14.3	10.2	9.1	10.7
	其他	54.5	53.4	65.2	48.3	65.6	66.3
个人月收入	0－300 元	54.8	51.1	57.5	62.3	58.3	61.5
	301－600 元	13.6	12.8	14.7	12.6	14.0	14.4
	601－900 元	9.8	10.5	10.6	8.7	9.6	7.3
	901－1200 元	10.2	10.6	11.1	7.7	8.8	9.9
	1201 元及以上	11.6	15.0	6.1	8.7	9.3	6.9

表 3.22.6 2007—2009 年陕西市场各类节目的播出份额（%）和收视份额（%）

节目类别	2007 年		2008 年		2009 年	
	播出份额	收视份额	播出份额	收视份额	播出份额	收视份额
青少	4.6	2.6	4.9	3.3	5.4	3.8
戏剧	1.4	1.2	1.1	1.2	1.2	1.3
教学	0.4	0.1	0.5	0.1	0.5	0.1
综艺	8.1	8.2	7.5	7.9	9.9	11.0
外语	0.2	0.1	0.1	0.1	0.1	0.1
电影	4.4	4.3	5.2	4.7	5.6	4.3
音乐	0.9	0.9	2.6	0.6	2.8	0.7
新闻/时事	13.6	10.2	13.8	12.3	13.4	11.2
电视剧	26.2	40.2	28.3	43.7	25.9	42.4
专题	11.1	4.5	11.4	5.4	11.1	5.7
体育	1.8	1.2	3.8	4.0	2.9	1.3
财经	1.5	0.3	1.7	0.3	2.1	0.5
生活服务	7.3	5.6	7.4	5.2	7.7	5.7
法制	1.5	0.9	1.4	1.4	1.5	1.7
其他	17.0	19.8	10.0	10.0	10.0	10.2

表 3.22.7　2009 年陕西市场所有节目收视率排名前三十位

名次	节目名称	节目类型	播出频道	平均收视率(%)	平均占有率(%)
1	2009 春节联欢晚会	综艺	中央电视台综合频道	41.7	78.6
2	首都各界庆祝中华人民共和国成立 60 周年联欢晚会	综艺	中央电视台综合频道	35.6	61.2
3	万众一心向前进 2009 年军民迎新春文艺晚会	综艺	中央电视台综合频道	16.7	29.1
4	走西口	电视剧	中央电视台综合频道	14.7	26.2
5	欢天喜地闹元宵 2009 年元宵晚会	综艺	中央电视台综合频道	14.5	24.8
6	新闻联播	新闻/时事	中央电视台综合频道	13.3	41.9
7	2009 万家灯火平安夜公安部 2009 年春节电视文艺晚会	综艺	中央电视台综合频道	12.3	22.0
8	天气预报	生活服务	中央电视台综合频道	11.7	29.1
9	曲苑杂坛	综艺	中央电视台综合频道	11.5	23.3
10	春天的祝福文化部 2009 年春节电视晚会	综艺	中央电视台综合频道	9.4	21.5
11	焦点访谈	新闻/时事	中央电视台综合频道	9.2	21.5
12	宜春月中华情 2009 年中央电视台中秋晚会	综艺	中央电视台综合频道	9.2	19.4
13	喜耕田的故事第二部	电视剧	中央电视台综合频道	9.2	17.2
14	西藏今昔	专题	中央电视台综合频道	8.4	17.9
15	庆祝中华人民共和国成立六十周年大型音乐舞蹈史诗复兴之路	综艺	中央电视台综合频道	8.3	19.5
16	我的青春谁做主	电视剧	中央电视台综合频道	8.3	15.7
17	保卫延安	电视剧	中央电视台综合频道	8.0	15.4
18	娘家的故事下部	电视剧	安徽卫视	7.9	17.5
19	祖国万岁庆祝中华人民共和国成立 60 周年大型文艺晚会	综艺	中央电视台综合频道	7.9	16.8
20	清凌凌的水蓝莹莹的天第二部	电视剧	中央电视台综合频道	7.9	14.5
21	密战	电视剧	中央电视台综合频道	7.8	14.7
22	人民英模	专题	中央电视台综合频道	7.5	17.0
23	解放农奴	专题	中央电视台综合频道	7.4	14.7
24	苍天	电视剧	中央电视台综合频道	7.3	14.8
25	在那遥远的地方	电视剧	中央电视台综合频道	7.3	14.3
26	百家碎戏	电视剧	陕西电视台新闻综合频道（一套）	7.0	16.8
27	百年先念	专题	中央电视台综合频道	6.3	14.5
28	我们的节日春节一年又一年四海一家亲	新闻/时事	中央电视台综合频道	6.1	27.6
29	人民至上	专题	中央电视台综合频道	5.6	10.4
30	首都各界爱国歌曲大家唱大型演唱会	音乐	中央电视台综合频道	5.6	10.3

表 3.22.8 2009 年陕西市场电视剧收视率排名前十位

名次	节目名称	播出频道	平均收视率（%）	平均占有率（%）
1	走西口	中央电视台综合频道	14.7	26.2
2	喜耕田的故事第二部	中央电视台综合频道	9.2	17.2
3	我的青春谁做主	中央电视台综合频道	8.3	15.7
4	保卫延安	中央电视台综合频道	8.0	15.4
5	娘家的故事下部	安徽卫视	7.9	17.5
6	清凌凌的水蓝莹莹的天第二部	中央电视台综合频道	7.9	14.5
7	密战	中央电视台综合频道	7.8	14.7
8	苍天	中央电视台综合频道	7.3	14.8
9	在那遥远的地方	中央电视台综合频道	7.3	14.3
10	百家碎戏	陕西电视台新闻综合频道（一套）	7.0	16.8

表 3.22.9 2009 年陕西市场新闻节目收视率排名前十位

名次	节目名称	播出频道	平均收视率（%）	平均占有率（%）
1	新闻联播	中央电视台综合频道	13.3	41.9
2	焦点访谈	中央电视台综合频道	9.2	21.5
3	我们的节日春节一年又一年四海一家亲	中央电视台综合频道	6.1	27.6
4	温家宝总理会见中外记者	中央电视台综合频道	5.5	10.0
5	温家宝总理在阿盟总部发表演讲	中央电视台综合频道	4.6	8.0
6	中俄建交六十周年庆祝大会暨中国俄语年闭幕式	中央电视台综合频道	4.5	9.2
7	盛典国庆 60 周年特别报道	中央电视台综合频道	3.3	33.3
8	陕西新闻联播	陕西电视台新闻综合频道（一套）	3.0	9.7
9	今日半岛	山东卫视	2.7	4.6
10	都市快报	陕西电视台都市青春频道（二套）	2.5	6.8

表 3.22.10 2009 年陕西市场专题节目收视率排名前十位

名次	节目名称	播出频道	平均收视率（%）	平均占有率（%）
1	西藏今昔	中央电视台综合频道	8.4	17.9
2	人民英模	中央电视台综合频道	7.5	17.0
3	解放农奴	中央电视台综合频道	7.4	14.7
4	百年先念	中央电视台综合频道	6.3	14.5
5	人民至上	中央电视台综合频道	5.6	10.4
6	时代的责任精神文明建设五个一工程巡礼	中央电视台综合频道	5.5	9.6
7	宋任穷	中央电视台综合频道	4.8	10.3
8	我们的田野 2009 三八特别节目	中央电视台综合频道	4.8	8.7
9	西藏民主改革 50 年	中央电视台综合频道	3.8	6.4
10	2009 中央电视台 3.15 晚会	中央电视台综合频道	3.6	6.7

表 3.22.11　2009 年陕西市场综艺节目收视率排名前十位

名次	节目名称	播出频道	平均收视率(%)	平均占有率(%)
1	2009 春节联欢晚会	中央电视台综合频道	41.7	78.6
2	首都各界庆祝中华人民共和国成立 60 周年联欢晚会	中央电视台综合频道	35.6	61.2
3	万众一心向前进 2009 年军民迎新春文艺晚会	中央电视台综合频道	16.7	29.1
4	欢天喜地闹元宵 2009 年元宵晚会	中央电视台综合频道	14.5	24.8
5	2009 万家灯火平安夜公安部 2009 年春节电视文艺晚会	中央电视台综合频道	12.3	22.0
6	曲苑杂坛	中央电视台综合频道	11.5	23.3
7	春天的祝福文化部 2009 年春节电视晚会	中央电视台综合频道	9.4	21.5
8	宜春月中华情 2009 年中央电视台中秋晚会	中央电视台综合频道	9.2	19.4
9	庆祝中华人民共和国成立六十周年大型音乐舞蹈史诗复兴之路	中央电视台综合频道	8.3	19.5
10	祖国万岁庆祝中华人民共和国成立 60 周年大型文艺晚会	中央电视台综合频道	7.9	16.8

表 3.22.12　2009 年陕西电视收视市场体育节目收视率排名前十位

名次	节目名称	播出频道	平均收视率(%)	平均占有率(%)
1	哈尔滨 24th 世界大学生冬季运动会	中央电视台综合频道	4.5	9.1
2	国球大典世界乒乓球总冠军赛国球荣光世界分享	湖南电视台卫星频道	2.1	3.9
3	武林风	河南电视台卫星频道(一套)	1.8	5.2
4	直播周末：2009 年第 25 届亚洲男篮锦标赛决赛 - 中国队 VS 伊朗队	中央台五套	1.7	4.3
5	KFK2009 年第四届国际武术搏击王争霸赛	重庆卫视	1.6	3.2
6	现场直播：第 11 届全运会男子 110 米栏预赛	中央台五套	1.4	2.6
7	终极篮徒颁奖盛典	山东卫视	1.3	2.7
8	第一届全国智力运动会开幕式	四川卫视	1.3	2.4
9	现场直播：第十一届全运会举重女子 75 公斤级挺举决赛	中央台五套	1.2	2.3
10	直播周末 NBA 赛场：08/09 赛季 NBA 常规赛 - 火箭 VS 热火	中央台五套	1.1	6.2

二十三、山西收视数据

表 3.23.1　2007—2009 年山西市场各类频道的市场占有率（%）

频道类别	年份		
	2007 年	2008 年	2009 年
中央台频道	42.5	43.4	37.6
中国教育台频道	0.4	0.3	0.3
山西省级频道	9.7	8.0	8.9
其他省级卫视频道	36.5	42.0	46.8
其他频道	10.9	6.3	6.4

表 3.23.2　2009 年山西市场各类频道在不同目标观众中的市场占有率（%）

目标观众		中央台频道	中国教育台频道	山西省级频道	其他省级卫视频道	其他频道
4 岁及以上所有人		37.6	0.3	8.9	46.8	6.3
城乡	城市	50.9	0.2	10.6	26.0	12.4
	农村	34.4	0.3	8.5	52.0	4.8
性别	男	39.9	0.3	9.0	44.2	6.6
	女	35.5	0.3	8.9	49.2	6.1
年龄	4-14 岁	34.5	0.3	4.6	56.1	4.5
	15-24 岁	30.3	0.3	8.6	55.1	5.8
	25-34 岁	34.7	0.4	8.0	51.9	5.0
	35-44 岁	38.5	0.3	8.0	47.1	6.0
	45-54 岁	38.5	0.3	10.5	44.5	6.3
	55-64 岁	40.0	0.2	12.8	38.6	8.4
	65 岁及以上	54.8	0.2	12.4	21.9	10.7
教育程度	未受过正规教育	35.8	0.1	8.0	50.8	5.3
	小学	33.4	0.3	8.3	52.8	5.2
	初中	34.9	0.3	9.0	49.6	6.2
	高中	45.4	0.2	10.4	36.6	7.5
	大学及以上	56.4	0.2	7.8	25.8	9.8
职业类别	干部/管理人员	56.3	0.2	8.8	21.5	13.2
	个体/私营企业人员	35.0	0.3	10.5	47.9	6.3
	初级公务员/雇员	48.7	0.3	8.5	36.5	6.0
	工人	37.0	0.4	10.7	43.2	8.7
	学生	33.6	0.3	5.6	55.5	5.1
	无业	39.0	0.3	10.1	43.7	6.9
	其他	35.1	0.3	8.2	51.1	5.4
个人月收入	0-300 元	32.9	0.3	8.3	53.5	5.0
	301-600 元	39.5	0.2	8.1	46.6	5.6
	601-900 元	40.1	0.3	10.6	42.1	6.9
	901-1200 元	41.4	0.3	9.5	41.5	7.3
	1201 元及以上	44.9	0.3	10.3	35.1	9.4

表 3.23.3　2009 年山西各类频道不同时段的市场占有率（%）

时间段	中央台频道	中国教育台频道	山西省级频道	其他省级卫视频道	其他频道
02:00－03:00	36.78	0	3.72	52.69	6.81
03:00－04:00	30.1	0.49	2.29	64.28	2.84
04:00－05:00	27.62	0.16	2.89	66.35	2.98
05:00－06:00	43.65	0.23	4.61	50.08	1.43
06:00－07:00	63.73	0.18	7.52	25.88	2.69
07:00－08:00	56.06	0.13	8.19	31.03	4.59
08:00－09:00	36.96	0.15	4.61	53.32	4.96
09:00－10:00	28.24	0.21	4.41	61.09	6.05
10:00－11:00	28.18	0.4	4.29	60.92	6.21
11:00－12:00	32.93	0.43	4.22	56.16	6.26
12:00－13:00	52.84	0.14	7.96	33.32	5.74
13:00－14:00	38.01	0.48	7.21	47.17	7.13
14:00－15:00	23.44	0.55	4.42	65.43	6.16
15:00－16:00	19.69	0.26	4.04	70.33	5.68
16:00－17:00	22.92	0.18	3.79	67.35	5.76
17:00－18:00	43.04	0.25	4.9	46.36	5.45
18:00－19:00	53.83	0.13	7.91	30.67	7.46
19:00－20:00	60.23	0.1	13.22	20.32	6.13
20:00－21:00	34.48	0.28	11.72	47.21	6.31
21:00－22:00	30.58	0.37	9.39	53.31	6.35
22:00－23:00	24.32	0.63	9.96	56.94	8.15
23:00－24:00	30.41	0.3	10.15	50.77	8.37
24:00－25:00	38.53	0.19	6.42	46.39	8.47
25:00－26:00	44.44	0.04	5.84	37.81	11.87

表 3.23.4　2009 年山西市场收视份额排名前十位的频道

名次	频道名称	收视份额（%）
1	中央电视台综合频道	14.3
2	山西卫视	6.2
3	湖南电视台卫星频道	5.5
4	中央台八套	4.7
5	安徽卫视	4.6
6	河南电视台卫星频道（一套）	3.5
7	浙江卫视	3.2
8	中央台六套	3.1
8	江西电视台卫星频道（一套）	3.1
10	中央台十二套	3.0

表 3.23.5　2009 年山西市场各主要频道的观众构成（%）

目标观众		所有频道	主要频道				
			中央电视台综合频道	山西卫视	湖南电视台卫星频道	中央台八套	安徽卫视
4 岁及以上所有人		100.0	100.0	100.0	100.0	100.0	100.0
城乡	城市	19.9	26.4	7.6	18.4	23.6	8.2
	农村	80.1	73.6	92.4	81.6	76.4	91.8
性别	男	48.6	51.8	49.2	36.9	44.9	39.8
	女	51.4	48.2	50.8	63.1	55.1	60.2
年龄	4－14 岁	12.7	8.3	6.0	12.6	9.0	10.3
	15－24 岁	16.0	11.1	15.3	31.0	16.6	20.6
	25－34 岁	16.1	13.4	12.6	17.1	16.4	22.1
	35－44 岁	19.5	19.0	15.3	18.4	21.1	21.7
	45－54 岁	16.6	18.5	20.5	13.4	17.2	14.1
	55－64 岁	10.4	12.3	16.3	4.8	9.0	7.9
	65 岁及以上	8.7	17.4	14.0	2.7	10.7	3.3
教育程度	未受过正规教育	4.2	2.6	4.5	2.4	4.2	3.3
	小学	24.0	22.7	24.3	18.2	18.2	26.6
	初中	49.1	45.7	51.7	54.6	51.0	53.5
	高中	16.7	20.6	15.8	19.6	17.3	13.3
	大学及以上	6.0	8.4	3.7	5.2	9.3	3.3
职业类别	干部/管理人员	1.3	2.0	0.7	1.1	2.0	0.6
	个体/私营企业人员	9.9	8.3	10.8	10.1	8.9	11.2
	初级公务员/雇员	7.9	9.2	6.2	6.7	10.7	7.0
	工人	8.1	6.8	8.4	8.0	8.1	7.2
	学生	12.5	8.8	6.8	16.6	7.9	11.0
	无业	31.5	29.5	39.7	26.9	37.5	31.9
	其他	28.8	35.4	27.4	30.6	24.9	31.1
个人月收入	0－300 元	47.6	38.7	50.2	51.1	42.1	54.6
	301－600 元	13.8	18.1	11.2	14.1	14.3	11.5
	600－900 元	9.9	11.0	9.2	10.5	10.5	9.4
	901－1200 元	10.9	11.9	10.0	8.1	12.9	9.4
	1201 元及以上	17.8	20.3	19.4	16.2	20.2	15.1

表 3.23.6　2007—2009 年山西市场各类节目的播出份额（%）和收视份额（%）

节目类别	2007 年		2008 年		2009 年	
	播出份额	收视份额	播出份额	收视份额	播出份额	收视份额
青少	4.6	3.9	5.2	4.1	4.7	5.9
戏剧	1.4	1.7	1.1	1.3	1.1	1.7
教学	0.5	0.0	0.6	0.1	0.7	0.3
综艺	8.3	7.6	7.0	7.0	6.0	8.2
外语	0.3	0.1	0.2	0.1	0.2	0.1
电影	2.7	2.4	2.8	2.0	4.1	2.9
音乐	2.0	1.0	2.5	0.6	2.8	0.3
新闻/时事	13.4	11.8	13.4	13.7	9.0	9.7
电视剧	26.3	39.5	25.7	35.7	27.3	35.3
专题	11.7	5.7	11.2	5.2	9.6	5.3
体育	1.8	1.3	2.8	4.6	1.9	1.3
财经	1.5	0.2	1.6	0.3	1.6	0.5
生活服务	7.0	5.0	8.8	6.5	9.6	7.4
法制	1.8	1.2	1.4	1.5	1.0	2.4
其他	16.8	18.3	15.8	17.4	20.4	18.3

表 3.23.7　2009 年山西市场所有节目收视率排名前三十位

名次	节目名称	节目类型	播出频道	平均收视率（%）	平均占有率（%）
1	2009 春节联欢晚会	综艺	中央电视台综合频道	47.4	87.7
2	首都各界庆祝中华人民共和国成立 60 周年联欢晚会	综艺	中央电视台综合频道	31.2	53.3
3	走西口	电视剧	中央电视台综合频道	17.5	30.1
4	万众一心向前进 2009 年军民迎新春文艺晚会	综艺	中央电视台综合频道	17.4	29.1
5	新闻联播	新闻/时事	中央电视台综合频道	17.2	54.7
6	2009 万家灯火平安夜公安部 2009 年春节电视文艺晚会	综艺	中央电视台综合频道	16.9	30.5
7	欢天喜地闹元宵 2009 年元宵晚会	综艺	中央电视台综合频道	16.6	29.3
8	曲苑杂坛	综艺	中央电视台综合频道	16.0	31.2
9	天气预报	生活服务	中央电视台综合频道	13.5	34.2
10	春天的祝福文化部 2009 年春节电视晚会	综艺	中央电视台综合频道	12.7	31.1
11	喜耕田的故事第二部	电视剧	中央电视台综合频道	11.5	19.9
12	焦点访谈	新闻/时事	中央电视台综合频道	10.7	25.3
13	宜春月中华情 2009 年中央电视台中秋晚会	综艺	中央电视台综合频道	10.5	19.9
14	西藏今昔	专题	中央电视台综合频道	10.0	20.6
15	第十一届全运会中国石化杯火炬传递活动山西省火炬传递起跑仪式	体育	山西卫视	9.9	18.8
16	我的青春谁做主	电视剧	中央电视台综合频道	9.9	17.5
17	走进大戏台	戏剧	山西卫视	9.4	16.0
18	清凌凌的水蓝莹莹的天第二部	电视剧	中央电视台综合频道	9.1	16.0
19	增强政治素质提升职业道德做新时代优秀新闻工作者	专题	山西卫视	8.9	15.0
20	解放农奴	专题	中央电视台综合频道	8.7	17.3
21	扬帆起航中央电视台心连心艺术团赴宁波慰问演出	综艺	中央电视台综合频道	8.4	14.1
22	光荣颂 2009 年五一国际劳动节文艺晚会	综艺	中央电视台综合频道	7.8	14.4
22	温家宝总理会见中外记者	新闻/时事	中央电视台综合频道	7.8	13.6
24	人民英模	专题	中央电视台综合频道	7.6	17.9
25	CCTV2008 感动中国颁奖晚会	综艺	中央电视台综合频道	7.6	15.1
26	365 个祝福中央电视台心连心艺术团赴四川灾区慰问演出	综艺	中央电视台综合频道	7.6	14.4
27	我们的新农村和谐平鲁	综艺	山西卫视	7.6	13.2
28	童心如歌 2009 六一晚会	青少	中央电视台综合频道	7.5	13.3
29	晋风和韵 2009 山西介休清明寒食系列文化活动	综艺	山西卫视	7.4	11.5
30	娘家的故事下部	电视剧	安徽卫视	7.3	19.9

表 3.23.8 2009 年山西市场电视剧收视率排名前十位

名次	节目名称	播出频道	平均收视率（%）	平均占有率（%）
1	走西口	中央电视台综合频道	17.5	30.1
2	喜耕田的故事第二部	中央电视台综合频道	11.5	19.9
3	我的青春谁做主	中央电视台综合频道	9.9	17.5
4	清凌凌的水蓝莹莹的天第二部	中央电视台综合频道	9.1	16.0
5	娘家的故事下部	安徽卫视	7.3	19.9
6	保卫延安	中央电视台综合频道	7.1	13.0
7	女人的村庄	中央台八套	6.9	14.4
8	叶挺将军	中央电视台综合频道	6.8	12.0
9	密战	中央电视台综合频道	6.2	11.6
10	四世同堂	中央电视台综合频道	6.0	10.9

表 3.23.9 2009 年山西市场新闻节目收视率排名前十位

名次	节目名称	播出频道	平均收视率（%）	平均占有率（%）
1	新闻联播	中央电视台综合频道	17.2	54.7
2	焦点访谈	中央电视台综合频道	10.7	25.3
3	温家宝总理会见中外记者	中央电视台综合频道	7.8	13.6
4	山西省十一届人大二次会议开幕式专题	山西卫视	6.5	10.0
5	我们的节日春节一年又一年四海一家亲	中央电视台综合频道	6.3	37.0
6	山西新闻联播	山西卫视	5.6	13.2
7	中俄建交六十周年庆祝大会暨中国俄语年闭幕式	中央电视台综合频道	3.9	7.7
8	温家宝总理在阿盟总部发表演讲	中央电视台综合频道	3.7	6.6
9	今日半岛	山东卫视	3.5	5.6
10	中国山西特色农产品交易博览会现代农业发展论坛新闻专题	山西卫视	3.3	6.2

表 3.23.10 2009 年山西市场专题类节目收视率排名前十位

名次	节目名称	播出频道	平均收视率（%）	平均占有率（%）
1	西藏今昔	中央电视台综合频道	10.0	20.6
2	增强政治素质提升职业道德做新时代优秀新闻工作者	山西卫视	8.9	15.0
3	解放农奴	中央电视台综合频道	8.7	17.3
4	人民英模	中央电视台综合频道	7.6	17.9
5	我们的田野 2009 三八特别节目	中央电视台综合频道	6.6	10.8
6	百年先念	中央电视台综合频道	6.4	13.4
7	相信中国 2009 年当代工人五一特别节目	中央电视台综合频道	6.2	11.4
8	人民至上	中央电视台综合频道	6.1	10.8
9	西藏民主改革 50 年	中央电视台综合频道	5.6	9.2
10	西藏农奴的故事	中央电视台综合频道	5.2	8.9

表 3.23.11　2009 年山西市场综艺节目收视率排名前十位

名次	节目名称	播出频道	平均收视率(%)	平均占有率(%)
1	2009 春节联欢晚会	中央电视台综合频道	47.4	87.7
2	首都各界庆祝中华人民共和国成立 60 周年联欢晚会	中央电视台综合频道	31.2	53.3
3	万众一心向前进 2009 年军民迎新春文艺晚会	中央电视台综合频道	17.4	29.1
4	2009 万家灯火平安夜公安部 2009 年春节电视文艺晚会	中央电视台综合频道	16.9	30.5
5	欢天喜地闹元宵 2009 年元宵晚会	中央电视台综合频道	16.6	29.3
6	曲苑杂坛	中央电视台综合频道	16.0	31.2
7	春天的祝福文化部 2009 年春节电视晚会	中央电视台综合频道	12.7	31.1
8	宜春月中华情 2009 年中央电视台中秋晚会	中央电视台综合频道	10.5	19.9
9	扬帆起航中央电视台心连心艺术团赴宁波慰问演出	中央电视台综合频道	8.4	14.1
10	光荣颂 2009 年五一国际劳动节文艺晚会	中央电视台综合频道	7.8	14.4

表 3.23.12　2009 年山西市场体育节目收视率排名前十位

名次	节目名称	播出频道	平均收视率(%)	平均占有率(%)
1	第十一届全运会中国石化杯火炬传递活动山西省火炬传递起跑仪式	山西卫视	9.9	18.8
2	哈尔滨 24th 世界大学生冬季运动会	中央电视台综合频道	6.9	13.2
3	中华人民共和国第十一届运动会开幕式	中央电视台综合频道	4.7	9.5
4	中华人民共和国第十一届运动会闭幕式	中央电视台综合频道	3.9	7.8
5	武林风	河南电视台卫星频道(一套)	2.3	6.3
6	现场直播：第十一届全运会男子 110 米栏决赛	中央台五套	2.1	3.8
7	直播周末：2009 年第 25 届亚洲男篮锦标赛半决赛	中央台五套	2.1	6.5
8	第一届全国智力运动会开幕式	四川卫视	2.0	3.5
9	KFK2009 年第四届泸州老酒坊国际武术搏击王争霸赛	重庆卫视	1.8	3.5
10	现场直播：第 11 届全运会男子十项全能之五 400 米	中央台五套	1.5	2.7

二十四、四川收视数据

表 3.24.1 2005—2009 年四川市场各类频道的市场占有率（%）

频道类别	年份				
	2005 年	2006 年	2007 年	2008 年	2009 年
中央台频道	26.7	29.1	36.1	38.3	33.9
中国教育台频道	0.1	0.1	0.2	0.2	0.5
四川省级频道	25.1	21.0	17.2	19.9	21.0
其他省级卫视频道	24.7	28.9	29.5	29.2	29.7
其他频道	23.4	20.8	17.0	12.4	14.9

表 3.24.2 2009 年四川市场各类频道在不同目标观众中的市场占有率（%）

目标观众		中央台频道	中国教育台频道	四川省级频道	其他省级卫视频道	其他频道
4 岁及以上所有人		33.9	0.5	21.0	29.7	14.9
城乡	城市	37.3	0.3	19.6	27.4	15.4
	农村	32.6	0.7	21.5	30.6	14.6
性别	男	36.3	0.5	20.5	27.6	15.1
	女	31.4	0.6	21.5	31.8	14.7
年龄	4－14 岁	30.3	0.5	21.8	34.3	13.1
	15－24 岁	30.6	0.6	19.4	35.4	14.0
	25－34 岁	34.3	0.6	19.8	27.8	17.5
	35－44 岁	35.1	0.6	20.4	29.9	14.0
	45－54 岁	34.5	0.5	22.5	28.4	14.1
	55－64 岁	38.0	0.5	20.1	24.7	16.7
	65 岁及以上	34.0	0.5	24.4	26.3	14.8
教育程度	未受过正规教育	32.1	0.6	21.2	29.5	16.6
	小学	32.2	0.6	22.9	29.1	15.2
	初中	33.6	0.5	20.5	30.7	14.7
	高中	39.7	0.6	17.7	29.1	12.9
	大学及以上	43.1	0.5	16.6	22.9	16.9
职业类别	干部/管理人员	43.9	0.5	12.8	22.2	20.6
	个体/私营企业人员	36.4	0.4	20.5	29.4	13.3
	初级公务员/雇员	39.6	0.6	19.0	24.8	16.0
	工人	36.5	0.5	17.6	31.1	14.3
	学生	29.5	0.5	21.3	36.4	12.3
	无业	37.5	0.5	18.3	29.5	14.2
	其他	32.6	0.6	22.9	27.6	16.3
个人月收入	0－300 元	31.8	0.5	21.9	30.8	15.0
	301－600 元	34.3	0.5	21.0	28.7	15.5
	601－900 元	36.2	0.6	18.9	29.0	15.3
	901－1200 元	36.8	0.6	20.2	30.0	12.4
	1201 元及以上	43.0	0.5	17.0	24.4	15.1

表 3.24.3　2009 年四川市场各类频道不同时段的市场占有率（%）

时间段	中央台频道	中国教育台频道	四川省级频道	其他省级卫视频道	其他频道
02:00-03:00	40.8	0.1	13.9	33.1	12.1
03:00-04:00	43.5	0.2	13.1	34.6	8.6
04:00-05:00	43.2	0.2	13.5	35.6	7.5
05:00-06:00	45.5	0.2	13.6	33.7	7.0
06:00-07:00	55.4	0.7	10.9	25.6	7.4
07:00-08:00	51.5	0.3	11.4	27.9	8.9
08:00-09:00	35.5	0.2	17.8	35.9	10.6
09:00-10:00	31.1	0.2	17.3	38.9	12.5
10:00-11:00	31.9	0.7	13.9	40.2	13.3
11:00-12:00	34.6	0.8	14.9	37.9	11.8
12:00-13:00	39.3	0.2	16.0	30.6	13.9
13:00-14:00	36.3	1.1	17.8	31.4	13.4
14:00-15:00	31.4	1.2	16.1	36.8	14.5
15:00-16:00	28.5	0.3	18.2	39.5	13.5
16:00-17:00	29.8	0.3	17.4	39.4	13.1
17:00-18:00	39.9	0.7	16.3	31.3	11.8
18:00-19:00	35.6	0.4	30.6	17.7	15.7
19:00-20:00	36.2	0.2	31.6	14.2	17.8
20:00-21:00	34.9	0.3	22.4	27.4	15.0
21:00-22:00	32.1	0.5	22.0	30.4	15.0
22:00-23:00	27.1	1.2	20.8	32.4	18.5
23:00-24:00	30.9	0.8	20.2	32.0	16.1
24:00-25:00	33.5	0.2	15.5	31.7	19.1
25:00-26:00	36.4	0.2	14.4	32.3	16.7

表 3.24.4　2009 年四川市场收视份额排名前十位的频道

名次	频道名称	收视份额（%）
1	中央台六套	7.2
2	四川卫视	6.0
3	湖南电视台卫星频道	5.7
4	四川电视台公共频道	5.4
5	中央台八套	4.5
6	中央电视台综合频道	4.3
7	四川电视台经济频道（三套）	4.1
7	浙江卫视	4.1
9	中央台三套	3.2
9	中央电视台少儿频道	3.2

表 3.24.5 2009 年四川市场各主要频道的观众构成（%）

目标观众		所有频道	主要频道				
			中央台六套	四川卫视	湖南电视台卫星频道	四川电视台公共频道	中央台八套
4 岁及以上所有人		100.0	100.0	100.0	100.0	100.0	100.0
城乡	城市	28.8	22.3	22.7	28.8	19.1	30.8
城乡	农村	71.2	77.7	77.3	71.2	80.9	69.2
性别	男	51.2	59.1	51.5	38.8	48.5	46.6
性别	女	48.8	40.9	48.5	61.2	51.5	53.4
年龄	4－14 岁	14.9	10.9	19.5	16.5	15.0	12.0
年龄	15－24 岁	12.1	14.1	6.9	22.3	12.3	8.8
年龄	25－34 岁	15.6	19.2	13.4	14.3	15.3	13.2
年龄	35－44 岁	20.7	21.7	17.4	21.9	18.4	24.7
年龄	45－54 岁	15.1	15.4	14.9	12.8	16.4	15.3
年龄	55－64 岁	14.0	13.7	15.9	7.1	13.9	15.2
年龄	65 岁及以上	7.6	5.0	12.0	5.1	8.7	3.8
教育程度	未受过正规教育	8.6	8.2	9.8	6.5	10.0	9.0
教育程度	小学	36.6	35.8	43.1	32.4	42.8	38.1
教育程度	初中	39.5	43.4	37.2	44.8	38.4	36.5
教育程度	高中	13.0	11.1	9.0	14.0	7.3	14.7
教育程度	大学及以上	2.3	1.5	0.9	2.3	1.5	1.7
职业类别	干部/管理人员	0.5	0.5	0.3	0.4	0.1	0.3
职业类别	个体/私营企业人员	5.7	5.7	3.5	6.6	5.6	6.6
职业类别	初级公务员/雇员	5.1	4.1	4.2	4.3	3.7	7.4
职业类别	工人	10.1	10.0	6.1	12.0	7.6	9.4
职业类别	学生	16.4	12.5	18.9	26.1	16.0	12.1
职业类别	无业	16.6	12.7	14.0	16.2	12.0	19.0
职业类别	其他	45.6	54.5	53.1	34.4	54.9	45.2
个人月收入	0－300 元	58.9	56.9	68.5	66.1	65.0	56.2
个人月收入	301－600 元	15.1	17.5	13.4	10.8	15.2	16.6
个人月收入	601－900 元	9.1	9.5	6.8	7.5	8.7	8.4
个人月收入	901－1200 元	8.3	7.5	5.7	9.3	6.5	10.9
个人月收入	1201 元及以上	8.6	8.6	5.6	6.3	4.6	7.9

表 3.24.6 2007—2009 年四川市场各类节目的播出份额（%）和收视份额（%）

节目类别	2007 年		2008 年		2009 年	
	播出份额	收视份额	播出份额	收视份额	播出份额	收视份额
财经	1.6	0.5	1.8	0.7	1.8	0.4
生活服务	10.3	6.1	10.9	6.6	10.3	4.7
青少	3.8	2.7	4.1	2.9	4.4	6.8
戏剧	1.0	0.4	0.9	0.3	1.0	0.3
教学	0.7	0.1	0.7	0.2	0.7	0.1
综艺	6.7	8.7	5	8.0	6.2	8.8
外语	0.3	0.1	0.2	0.0	0.2	0.1
电影	4.6	4.7	4.1	4.0	4.0	8.8
音乐	2.0	1.4	2.5	0.8	2.8	1.1
新闻/时事	10.2	10.4	11.4	14.7	9.7	7.5
电视剧	29.1	36.5	29.2	33.2	29.1	40.6
专题	10.2	5.9	10	5.5	9.7	5.3
体育	2.3	2.0	2.6	4.6	1.9	1.8
法制	1.1	2.0	0.9	1.7	1.0	2.3
其他	16.3	18.5	15.7	16.9	17.2	11.4

表 3.24.7　2009 年四川市场所有节目收视率排名前三十位

名次	节目名称	节目类型	播出频道	平均收视率(%)	平均占有率(%)
1	2009 春节联欢晚会	综艺	中央电视台综合频道	16.8	38.0
2	中华英雄（11 月 27 日）	电影	中央台六套	14.6	30.6
3	通天长老	电影	中央台六套	12.2	26.8
4	追剿魔头	电影	中央台六套	10.8	26.2
5	风云雄霸天下（12 月 10 日）	电影	中央台六套	10.8	23.9
6	藏龙（6 月 19 日）	电影	中央台六套	10.3	26.8
7	龙在少林（12 月 25 日）	电影	中央台六套	10.2	24.5
8	追凶五十年	电影	中央台六套	10.0	22.8
9	大上海 1937	电影	中央台六套	9.6	22.8
10	温凉珠	电影	中央台六套	9.6	22.0
11	少林寺（2 月 2 日）	电影	中央台六套	9.3	23.1
12	大宋惊世传奇	电视剧	四川电视台公共频道	9.3	20.7
13	十全九美（1 月 27 日）	电影	中央台六套	9.1	21.2
14	武状元苏乞儿	电影	中央台六套	9.1	20.2
15	太极张三丰（2 月 13 日）	电影	中央台六套	8.9	20.7
16	杀手情	电影	中央台六套	8.9	20.3
17	红粉金刚（11 月 12 日）	电影	中央台六套	8.7	19.7
18	天龙八部	电影	中央台六套	8.6	19.9
18	功夫之王（2 月 6 日）	电影	中央台六套	8.5	18.8
20	危险生机	电影	中央台六套	8.2	20.0
21	寻找成龙	电影	中央台六套	8.2	19.2
22	南粤战魂之战火情缘	电影	中央台六套	8.2	18.0
23	举起手来（7 月 23 日）	电影	中央台六套	7.9	28.8
24	平原枪声	电影	中央台六套	7.9	19.5
25	巴林石传奇	电影	中央台六套	7.9	17.5
26	枪神无畏	电影	中央台六套	7.9	16.3
27	长江 7 号（7 月 26 日）	电影	中央台六套	7.8	19.7
28	神秘谷（12 月 22 日）	电影	中央台六套	7.8	19.0
29	大灌篮	电影	中央台六套	7.7	17.1
30	少林小子	电影	中央台六套	7.5	22.5

表 3.24.8　2009 年四川市场电视剧收视率排名前十位

名次	节目名称	播出频道	平均收视率(%)	平均占有率(%)
1	大宋惊世传奇	四川电视台公共频道	9.3	20.7
2	山城棒棒军	四川电视台经济频道(三套)	7.5	17.9
3	宝莲灯前传	中央台八套	7.1	19.5
4	我的兄弟叫顺溜	中央电视台综合频道	6.9	18.1

续表

名次	节目名称	播出频道	平均收视率（%）	平均占有率（%）
5	麻辣天府行	四川电视台经济频道（三套）	5.6	15.7
5	古代那些事儿	四川电视台经济频道（三套）	5.3	4.5
7	沂蒙	中央台八套	5.1	12.2
8	走西口	中央电视台综合频道	4.7	10.6
9	一起来看流星雨	湖南电视台卫星频道	4.6	23.3
10	都市私语	四川电视台经济频道（三套）	4.5	14.7

表 3.24.9　2009 年四川市场新闻节目收视率排名前十位

名次	节目名称	播出频道	平均收视率（%）	平均占有率（%）
1	联播四川	四川电视台公共频道	2	7.1
2	新闻联播	中央电视台综合频道	1.8	8.2
3	首都各界庆祝中华人民共和国成立 60 周年大会	中央台二套	1.7	5.8
4	温家宝总理会见中外记者	中央电视台综合频道	1.6	4.4
5	台前幕后乌鲁木齐 75 事件始末	中央电视台新闻频道	1.6	3.6
6	联播四川 512 抗震救灾特别报道	四川电视台公共频道	1.5	7.6
7	第十届中国西部国际博览会暨第二届中国西部国际合作论坛开幕式	四川电视台经济频道（三套）	1.5	4.6
8	阿迪力师徒挑战高空极限	云南电视台卫视频道（一套）	1.4	3.2
9	转播中央台新闻联播	四川卫视	1.3	6
10	四川新闻	四川卫视	1.3	4.2

表 3.24.10　2009 年四川市场专题节目收视率排名前十位

名次	节目名称	播出频道	平均收视率（%）	平均占有率（%）
1	人民至上	中央电视台综合频道	2.5	6.5
2	聚焦索马里追击海盗	上海东方卫视	1.7	4.3
3	2009 中央电视台 3.15 晚会	中央电视台综合频道	1.6	4.2
4	浅谈养殖	中央台六套	1.5	6.1
5	小沈阳来了	江苏卫视	1.4	4.7
6	第八届汉语桥世界大学生中文比赛决赛第二场	湖南电视台卫星频道	1.4	4.2
7	背后的故事	湖南电视台卫星频道	1.4	3.8
8	潇湘辉煌	湖南电视台卫星频道	1.3	4.4
9	百年先念	中央电视台综合频道	1.3	3.9
10	辉煌六十年	中央电视台综合频道	1.3	3.2

表 3.24.11　2009 年四川市场综艺节目收视率排名前十位

名次	节目名称	播出频道	平均收视率(%)	平均占有率(%)
1	2009 春节联欢晚会	中央电视台综合频道	16.8	38.0
2	首都各界庆祝中华人民共和国成立 60 周年联欢晚会	中央电视台综合频道	7.3	17.0
3	365 个祝福中央电视台心连心艺术团赴四川灾区慰问演出	四川卫视	6.3	15.8
4	元宵喜乐会	湖南电视台卫星频道	5.7	17.9
5	2009 快乐中国快乐女声想唱就唱我最响亮全国总决赛决战之夜	湖南电视台卫星频道	5.0	15.2
6	欢天喜地闹元宵 2009 年元宵晚会	中央电视台综合频道	4.6	10.5
7	快乐中国湖南卫视 2009 春节联欢晚会	湖南电视台卫星频道	4.5	14.3
8	2009 春节联欢晚会	湖南电视台卫星频道	4.1	9.2
9	祖国万岁庆祝中华人民共和国成立 60 周年大型文艺晚会	中央电视台综合频道	4.0	10.0
10	365 个祝福中央电视台心连心艺术团赴四川灾区慰问演出	中央电视台综合频道	3.9	9.7

表 3.24.12　2009 年四川市场体育节目收视率排名前十位

名次	节目名称	播出频道	平均收视率(%)	平均占有率(%)
1	2009 年上海国际田联黄金大奖赛	中央台五套	2.7	6.9
2	现场直播：第 11 届全运会男子 110 米栏预赛	中央台五套	2.0	4.7
3	第一届全国智力运动会开幕式	四川卫视	2.0	4.5
4	实况录像 NBA 赛场赛事精选：08/09 赛季 NBA 赛事精选第一场	中央台五套	1.9	10.3
5	黄金赛场：2009 年亚洲男篮锦标赛－黎巴嫩队 VS 中国队	中央台五套	1.9	6.3
6	黄金赛场：北京银行 2009 年世界斯诺克中国公开赛 1/4 决赛	中央台五套	1.9	5.0
7	直播周末 NBA 赛场：08/09 赛季 NBA 西部半决赛－火箭 VS 湖人	中央台五套	1.8	15.1
8	直播周末：2009 年国际田联黄金联赛布鲁塞尔站	中央台五套	1.8	10.7
9	直播周末：2009 年斯坦科维奇杯洲际篮球赛－中国队 VS 土耳其队	中央台五套	1.8	5.9
10	中华人民共和国第十一届运动会开幕式	中央电视台综合频道	1.8	4.4

二十五、云南收视数据

表 3.25.1　2005—2009 年云南市场各类频道的市场占有率（%）

频道类别	年份				
	2005 年	2006 年	2007 年	2008 年	2009 年
中央台频道	44.0	43.4	40.7	40.1	34.1
中国教育台频道	0.4	0.3	0.4	0.5	0.7
云南省级频道	12.9	14.9	18.6	22.1	24.2
其他省级卫视频道	25.3	24.4	24.8	27.6	31.3
其他频道	17.4	17.0	15.5	9.6	9.7

表 3.25.2　2009 年云南市场各类频道在各目标观众中的市场占有率（%）

目标观众		中央台频道	中国教育台频道	云南省级频道	其他省级卫视频道	其他频道
4 岁及以上所有人		34.1	0.7	24.2	31.3	9.8
城乡	城市	37.9	0.5	19.9	24.7	17.0
	农村	33.4	0.7	24.9	32.4	8.6
性别	男	35.2	0.7	24.7	29.4	10.2
	女	32.9	0.7	23.7	33.4	9.3
年龄	4－14 岁	33.8	0.6	21.8	35.2	8.6
	15－24 岁	29.6	0.8	23.5	36.5	9.7
	25－34 岁	33.6	0.6	24.3	31.0	10.6
	35－44 岁	32.0	0.8	23.7	33.9	9.7
	45－54 岁	34.6	0.6	27.1	26.9	10.8
	55－64 岁	41.2	0.6	26.0	23.2	9.2
	65 岁及以上	42.2	0.7	25.4	22.0	9.7
教育程度	未受过正规教育	37.0	0.6	22.0	29.4	11.0
	小学	32.2	0.8	23.6	34.2	9.3
	初中	33.3	0.7	24.9	31.5	9.7
	高中	38.7	0.5	24.5	25.9	10.4
	大学及以上	44.9	0.3	26.0	17.6	11.2
职业类别	干部/管理人员	50.1	0.3	24.8	17.8	7.0
	个体/私营企业人员	31.6	0.7	25.6	31.1	11.0
	初级公务员/雇员	37.6	0.4	27.4	22.9	11.8
	工人	35.0	0.5	21.5	30.2	12.9
	学生	32.6	0.7	22.2	35.5	9.1
	无业	41.4	0.4	26.2	21.4	10.6
	其他	32.3	0.8	23.7	34.3	9.0
个人月收入	0－300 元	32.4	0.7	24.2	34.1	8.5
	301－600 元	32.7	0.8	23.9	31.6	11.0
	601－900 元	32.9	0.4	24.3	30.1	12.3
	901－1200 元	39.9	0.4	23.1	25.7	10.9
	1201 元及以上	43.0	0.4	25.1	21.2	10.2

表 3.25.3　2009 年云南市场各类频道在各时段的市场占有率（%）

时间段	中央台频道	中国教育台频道	云南省级频道	其他省级卫视频道	其他频道
02:00－03:00	31.0	0.0	12.0	46.3	10.8
03:00－04:00	42.0	0.5	2.7	43.2	11.5
04:00－05:00	39.8	0.3	2.0	44.7	13.2
05:00－06:00	49.2	1.3	3.1	34.1	12.2
06:00－07:00	62.4	1.2	10.7	20.8	4.9
07:00－08:00	50.9	0.7	18.2	25.4	4.8
08:00－09:00	41.0	0.9	15.3	37.9	4.9
09:00－10:00	35.6	0.9	15.8	40.6	7.1
10:00－11:00	36.6	0.8	16.3	38.4	8.0
11:00－12:00	38.3	0.7	16.6	36.2	8.2
12:00－13:00	44.3	0.6	18.2	27.9	8.9
13:00－14:00	38.2	1.3	20.7	31.8	8.0
14:00－15:00	31.8	1.0	16.9	41.0	9.4
15:00－16:00	30.9	0.5	17.6	41.8	9.3
16:00－17:00	35.7	0.4	17.0	38.5	8.4
17:00－18:00	48.4	0.6	18.7	24.5	7.9
18:00－19:00	39.6	0.5	35.1	14.8	10.0
19:00－20:00	43.5	0.4	28.0	18.7	9.4
20:00－21:00	33.3	0.6	25.3	32.5	8.4
21:00－22:00	28.7	0.7	25.1	34.4	11.1
22:00－23:00	24.7	1.0	26.2	35.1	13.1
23:00－24:00	27.0	0.8	22.8	36.5	12.9
24:00－25:00	29.4	0.4	22.6	34.5	13.1
25:00－26:00	20.0	0.1	32.5	38.9	8.6

表 3.25.4　2009 年云南市场收视份额排名前十位的频道

名次	频道名称	收视份额（%）
1	中央电视台综合频道	8.4
2	云南电视台卫视频道（一套）	8.3
3	中央台八套	6.7
4	湖南电视台卫星频道	6.2
5	中央台六套	5.5
6	安徽卫视	4.8
7	云南电视台都市频道（二套）	4.5
7	云南电视台影视频道（五套）	4.5
9	云南电视台新闻综合频道（六套）	2.6
9	中央电视台少儿频道	2.6

表 3.25.5 2009 年云南市场各主要频道的观众构成

目标观众		所有频道	主要频道				
			中央电视台综合频道	云南电视台卫视频道（一套）	中央台八套	湖南电视台卫星频道	中央台六套
4 岁及以上所有人		100.0	100.0	100.0	100.0	100.0	100.0
城乡	城市	13.8	15.9	6.5	11.8	11.6	17.5
	农村	86.2	84.1	93.5	88.2	88.4	82.5
性别	男	51.3	51.9	52.0	47.8	39.2	55.5
	女	48.7	48.1	48.0	52.2	60.8	44.5
年龄	4－14 岁	16.5	15.0	12.0	12.7	17.5	13.5
	15－24 岁	16.9	12.4	19.2	15.3	26.5	17.7
	25－34 岁	17.2	16.7	15.2	17.4	19.8	20.2
	35－44 岁	20.5	18.9	19.5	22.3	18.7	20.8
	45－54 岁	12.8	13.9	17.2	13.3	9.3	13.6
	55－64 岁	8.6	11.9	9.2	9.6	4.2	7.9
	65 岁及以上	7.5	11.2	7.7	9.4	4.0	6.3
教育程度	未受过正规教育	7.4	8.3	6.0	6.3	5.6	6.8
	小学	36.2	30.3	32.3	34.3	29.9	37.0
	初中	43.0	43.4	46.9	46.1	49.5	45.9
	高中	10.8	13.5	11.6	10.7	12.9	8.5
	大学及以上	2.6	4.5	3.2	2.6	2.1	1.8
职业类别	干部/管理人员	1.2	2.0	1.6	0.9	1.1	0.5
	个体/私营企业人员	15.3	17.2	21.0	13.9	16.3	13.9
	初级公务员/雇员	3.9	5.9	5.3	3.1	3.2	3.0
	工人	3.0	2.7	2.2	2.9	4.7	4.0
	学生	17.7	16.0	16.2	15.2	23.2	14.9
	无业	14.6	19.8	16.2	17.1	9.7	11.2
	其他	44.3	36.4	37.5	46.9	41.8	52.4
个人月收入	0－300 元	53.6	43.5	44.9	51.7	52.3	50.7
	301－600 元	17.6	19.5	22.0	17.3	18.5	19.0
	601－900 元	12.3	13.2	15.0	12.8	12.3	12.4
	901－1200 元	6.6	9.2	7.0	7.7	6.7	8.8
	1201 元及以上	9.9	14.6	11.1	10.5	10.2	9.1

表 3.25.6 2007—2009 年云南市场各类节目的播出份额（%）和收视份额（%）

节目类别	2007 年		2008 年		2009 年	
	播出份额	收视份额	播出份额	收视份额	播出份额	收视份额
电影	3.6	8.2	3.7	9.3	3.6	6.3
教学	0.6	0.1	0.6	0.1	0.5	0.1
青少	4.6	2.2	5.0	2.8	5.7	3.0
电视剧	25.5	37.9	24.9	35.1	23.3	37.7
体育	1.8	1.5	2.9	3.5	2.0	1.0
外语	0.3	0.2	0.2	0.0	0.1	0.1
戏剧	1.3	0.4	1.1	0.3	1.2	0.4
新闻/时事	13.7	9.8	13.8	10.3	13.5	8.9
音乐	2.1	1.2	2.5	0.6	2.8	0.7
综艺	8.2	8.0	7.1	7.6	9.1	9.8
专题	11.5	5.3	11.2	5.0	10.5	5.6
财经	1.5	0.3	1.6	0.3	2.0	0.5
生活服务	7.4	5.1	8.2	5.7	8.0	6.0
法制	1.3	1.3	1.1	1.2	1.3	1.3
其他	16.7	18.7	16.2	18.3	16.5	18.8

表 3.25.7　2009 年云南市场所有节目收视率排名前三十位

名次	节目名称	节目类型	播出频道	平均收视率（%）	平均占有率（%）
1	首都各界庆祝中华人民共和国成立 60 周年联欢晚会	综艺	中央电视台综合频道	22.7	37.9
2	2009 春节联欢晚会	综艺	中央电视台综合频道	21.6	49.8
3	我的兄弟叫顺溜	电视剧	中央电视台综合频道	9.5	14.9
4	牛郎织女	电视剧	中央台八套	8.0	13.9
5	云南电视台建台四十周年与你同行	专题	云南电视台卫视频道（一套）	8.0	13.0
6	黔岭放歌中央电视台心连心艺术团赴贵州仁怀慰问演出	综艺	中央电视台综合频道	8.0	12.1
7	新闻联播	新闻/时事	中央电视台综合频道	7.7	28.2
8	少林寺（5 月 15 日）	电影	中央台六套	7.1	13.0
9	百年先念	专题	中央电视台综合频道	7.1	12.0
10	血泪情仇（8 月 17 日）	电影	中央台六套	7.0	12.5
11	锁清秋	电视剧	安徽卫视	7.4	13.9
12	少林寺传奇第二部十三棍僧传	电视剧	云南电视台娱乐频道（三套）	7.3	13.3
13	大理公主	电视剧	中央台八套	7.0	12.4
14	合约情人（8 月 2 日）	电影	中央台六套	6.9	12.7
15	小飞侠（7 月 20 日）	电影	中央台六套	6.9	12.5
16	娘家的故事下部	电视剧	安徽卫视	6.8	14.8
17	女人的村庄	电视剧	中央台八套	6.8	13.5
18	风雨同舟庆祝新中国成立六十周年专题晚会	综艺	云南电视台卫视频道（一套）	6.8	10.9
19	春天的祝福文化部 2009 年春节电视晚会	综艺	中央电视台综合频道	6.7	14.6
20	叶问（8 月 16 日）	电影	中央台六套	6.7	12.0
21	神秘的大佛（2 月 10 日）	电影	中央台六套	6.7	11.2
22	不敢说爱你（2 月 12 日）	电影	中央台六套	6.6	10.9
23	2009 万家灯火平安夜公安部 2009 年春节电视文艺晚会	综艺	中央电视台综合频道	6.6	10.8
24	精武英雄（3 月 16 日）	电影	中央台六套	6.6	10.5
25	新忠烈图（5 月 23 日）	电影	中央台六套	6.5	11.9
26	从奴隶到将军（7 月 27 日）	电影	中央台六套	6.5	11.7
27	阿迪力师徒挑战高空极限	新闻/时事	云南电视台卫视频道（一套）	6.5	10.4
28	曲苑杂坛（1 月 28 日）	综艺	中央电视台综合频道	6.3	10.9
29	走西口	电视剧	中央电视台综合频道	6.3	10.4
30	欢天喜地闹元宵 2009 年元宵晚会	综艺	中央电视台综合频道	6.3	9.6

表 3.25.8 2009 年云南市场电视剧收视率排名前十位

名次	节目名称	播出频道	平均收视率（%）	平均占有率（%）
1	我的兄弟叫顺溜	中央电视台综合频道	9.5	14.9
2	牛郎织女	中央台八套	8.0	13.9
3	锁清秋	安徽卫视	7.4	13.9
4	少林寺传奇第二部十三棍僧传	云南电视台娱乐频道（三套）	7.3	13.3
5	大理公主	中央台八套	7.0	12.4
6	娘家的故事下部	安徽卫视	6.8	14.8
7	女人的村庄	中央台八套	6.8	13.5
8	走西口	中央电视台综合频道	6.3	10.4
9	金凤花开	中央电视台综合频道	6.0	10.6
10	苍天	中央电视台综合频道	6.0	10.0

表 3.25.9 2009 年云南市场新闻节目收视率排名前十位

名次	节目名称	播出频道	平均收视率（%）	平均占有率（%）
1	新闻联播	中央电视台综合频道	7.7	28.2
2	阿迪力师徒挑战高空极限	云南电视台卫视频道（一套）	6.5	10.4
3	焦点访谈	中央电视台综合频道	4.9	11.8
4	影响 2009 我们的地球	云南电视台卫视频道（一套）	4.7	8.0
5	温家宝总理会见中外记者	中央电视台综合频道	3.6	6.4
6	云南新闻联播	云南电视台卫视频道（一套）	3.4	8.2
7	澳门十年	中央电视台综合频道	3.2	6.6
8	中俄建交六十周年庆祝大会暨中国俄语年闭幕式	中央电视台综合频道	3.1	5.7
9	温家宝总理在阿盟总部发表演讲	中央电视台综合频道	3.0	4.7
10	转播中央台新闻联播	云南电视台卫视频道（一套）	2.0	7.3

表 3.25.10　2009 年云南市场专题节目收视率排名前十位

名次	节目名称	播出频道	平均收视率(%)	平均占有率(%)
1	云南电视台建台四十周年与你同行	云南电视台卫视频道(一套)	8.0	13.0
2	百年先念	中央电视台综合频道	7.1	12.0
3	促进科学发展维护边疆安宁增进民族团结构建和谐云南（9 月 12 日）	云南电视台卫视频道(一套)	5.4	9.2
4	纪念云南省人民代表大会设立常委会三十周年光辉的历程	云南电视台卫视频道(一套)	5.1	8.2
4	澳门十年	中央电视台综合频道	5.1	8.2
6	经济茶座云南铁路建设的百年梦想	云南电视台卫视频道(一套)	5.1	7.7
7	西藏今昔	中央电视台综合频道	5.0	11.3
8	人民至上	中央电视台综合频道	5.0	8.4
9	团结胜利边纵配合野战军解放云南全境	云南电视台卫视频道(一套)	4.6	7.6
10	我们的田野 2009 三八特别节目	中央电视台综合频道	4.5	7.0

表 3.25.11　2009 年云南市场综艺节目收视率排名前十位

名次	节目名称	播出频道	平均收视率(%)	平均占有率(%)
1	首都各界庆祝中华人民共和国成立 60 周年联欢晚会	中央电视台综合频道	22.7	37.9
2	2009 春节联欢晚会	中央电视台综合频道	21.6	49.8
3	黔岭放歌中央电视台心连心艺术团赴贵州仁怀慰问演出	中央电视台综合频道	8.0	12.1
4	风雨同舟庆祝新中国成立六十周年专题晚会	云南电视台卫视频道(一套)	6.8	10.9
5	春天的祝福文化部 2009 年春节电视晚会	中央电视台综合频道	6.7	14.6
6	2009 万家灯火平安夜公安部 2009 年春节电视文艺晚会	中央电视台综合频道	6.6	10.8
7	曲苑杂坛（1 月 28 日）	中央电视台综合频道	6.3	10.9
8	欢天喜地闹元宵 2009 年元宵晚会	中央电视台综合频道	6.3	9.6
9	宜春月中华情 2009 年中央电视台中秋晚会	中央电视台综合频道	6.2	11.3
10	2009 怒江阔时文化旅游节	云南电视台娱乐频道(三套)	5.7	9.2

表 3. 25. 12　2009 年云南市场体育节目收视率排名前十位

名次	节目名称	播出频道	平均收视率（%）	平均占有率（%）
1	哈尔滨 24th 世界大学生冬季运动会	中央电视台综合频道	4.0	6.3
2	中华人民共和国第十一届运动会开幕式	中央电视台综合频道	3.2	5.8
3	中华人民共和国第十一届运动会闭幕式	中央电视台综合频道	2.5	4.5
4	贺龙中国业余篮球公开赛 2009 年国资杯女子篮球锦标赛 - 西交集团 VS 青海师范兴旺	云南电视台娱乐频道（三套）	2.5	4.3
5	国球大典世界乒乓球总冠军赛国球荣光世界分享	湖南电视台卫星频道	1.9	3.2
6	2009 年中泰拳王对抗赛中国功夫 VS 泰拳	云南电视台娱乐频道（三套）	1.7	3.7
7	第 11 届全运会男子 110 米栏预赛	中央台五套	1.7	2.9
8	2009 年 ATP 网球年终总决赛	中央台五套	1.5	2.8
9	第十一届全国运动会开幕式	山东卫视	1.4	2.5
10	2009 年世界一级方程式锦标赛土耳其大奖赛决赛	中央台五套	1.3	2.1

二十六、浙江收视数据

表 3.26.1　2005—2009 年浙江市场各类频道的市场占有率（%）

频道类别	年份				
	2005 年	2006 年	2007 年	2008 年	2009 年
中央台频道	27.9	31.3	32.8	38.4	30.7
中国教育台频道	0.5	0.4	0.7	0.6	0.4
浙江省级频道	33.5	31.2	26.9	22.7	35.3
其他省级卫视频道	10.4	11.6	14.5	17.7	15.6
其他频道	27.7	25.5	25.1	20.6	18.0

注：从 2007 年 10 月 1 日起浙江数据为测量仪数据。

表 3.26.2　2009 年浙江市场各类频道在不同目标观众中的市场占有率（%）

目标观众		中央台频道	中国教育台频道	浙江省级频道	其他省级卫视频道	其他频道
4 岁及以上所有人		30.7	0.4	35.3	15.6	18.0
城乡	城市	26.1	0.3	33.6	16.5	23.5
	农村	33.4	0.5	36.3	15.1	14.7
性别	男	34.1	0.4	34.9	14.0	16.6
	女	27.2	0.4	35.8	17.3	19.3
年龄	4-14 岁	32.1	0.4	35.9	18.7	12.9
	15-24 岁	28.2	0.5	31.4	22.0	17.9
	25-34 岁	28.8	0.6	34.5	16.9	19.2
	35-44 岁	29.8	0.4	36.2	15.0	18.6
	45-54 岁	28.2	0.3	37.1	14.8	19.6
	55-64 岁	34.1	0.4	36.0	12.2	17.3
	65 岁及以上	36.7	0.2	34.0	10.8	18.3
教育程度	未受过正规教育	33.1	0.3	36.7	11.8	18.1
	小学	31.6	0.4	36.0	15.6	16.4
	初中	30.6	0.5	33.6	17.0	18.3
	高中	28.9	0.4	37.4	14.2	19.1
	大学及以上	28.1	0.4	35.5	16.0	20.0
职业类别	干部/管理人员	32.1	0.4	32.6	13.1	21.8
	个体/私营企业人员	32.0	0.4	34.3	15.5	17.8
	初级公务员/雇员	29.4	0.5	34.3	15.3	20.5
	工人	29.6	0.4	36.6	15.3	18.1
	学生	29.3	0.4	33.5	23.4	13.4
	无业	32.8	0.4	33.7	13.5	19.6
	其他	29.9	0.3	39.8	14.0	16.0
个人月收入	0-300 元	30.9	0.4	35.1	17.3	16.3
	301-600 元	25.6	0.2	42.0	15.0	17.2
	601-900 元	29.3	0.3	35.5	16.5	18.4
	901-1200 元	35.0	0.4	30.3	15.9	18.4
	1201 元及以上	30.2	0.5	36.2	13.8	19.3

表 3.26.3 2009 年浙江市场各类频道不同时段的市场占有率（%）

时间段	中央台频道	中国教育台频道	浙江省级频道	其他省级卫视频道	其他频道
02:00-03:00	43.8	0.2	21.6	23.6	10.8
03:00-04:00	42.6	0.2	27.9	20.9	8.4
04:00-05:00	43.1	0.1	31.1	20.8	4.9
05:00-06:00	47.9	0.1	27.4	20.6	4.0
06:00-07:00	54.6	0.5	20.7	18.6	5.6
07:00-08:00	54.1	0.3	22.6	14.1	8.9
08:00-09:00	42.4	0.2	21.7	22.7	13.0
09:00-10:00	35.6	0.2	24.1	26.7	13.4
10:00-11:00	37.5	1.0	22.4	26.4	12.7
11:00-12:00	41.0	1.0	20.6	25.4	12.0
12:00-13:00	41.6	0.2	18.3	24.1	15.8
13:00-14:00	37.5	1.2	19.5	27.0	14.8
14:00-15:00	34.6	1.3	20.2	28.5	15.4
15:00-16:00	37.0	0.3	18.6	29.5	14.6
16:00-17:00	37.9	0.4	19.2	29.0	13.5
17:00-18:00	42.1	0.5	23.5	20.3	13.6
18:00-19:00	27.6	0.2	45.6	7.1	19.5
19:00-20:00	23.7	0.1	51.8	4.0	20.4
20:00-21:00	24.6	0.2	45.6	10.2	19.4
21:00-22:00	25.5	0.5	38.4	13.7	21.9
22:00-23:00	22.3	0.7	36.4	17.2	23.4
23:00-24:00	28.5	0.4	28.3	19.5	23.3
24:00-25:00	37.1	0.1	22.3	23.3	17.2
25:00-26:00	40.0	0.1	22.4	24.7	12.8

表 3.26.4 2009 年浙江市场收视份额排名前十位的频道

名次	频道名称	收视份额（%）
1	浙江卫视	8.8
2	浙江电视台教育科技频道	8.5
3	中央台六套	5.7
4	浙江电视台影视娱乐频道	5.0
5	中央台八套	4.7
6	湖南电视台卫星频道	4.4
7	浙江电视台经济生活频道	4.1
8	中央电视台少儿频道	3.3
8	浙江电视台钱江都市频道	3.3
10	浙江电视台民生休闲频道	2.7

表 3.26.5　2009 年浙江市场各主要频道的观众构成（%）

目标观众		所有频道	主要频道				
			浙江卫视	浙江电视台教育科技频道	中央台六套	浙江电视台影视娱乐频道	中央台八套
4 岁及以上所有人		100.0	100.0	100.0	100.0	100.0	100.0
城乡	城市	36.6	33.9	40.1	24.5	23.9	25.4
	农村	63.4	66.1	59.9	75.5	76.1	74.6
性别	男	51.3	54.3	48.6	62.5	51.7	48.3
	女	48.7	45.7	51.4	37.5	48.3	51.7
年龄	4－14 岁	12.7	20.3	11.2	9.5	8.5	10.6
	15－24 岁	9.2	7.0	7.9	11.5	8.3	6.6
	25－34 岁	17.2	14.0	17.8	19.1	17.0	13.1
	35－44 岁	16.6	17.4	17.6	18.1	13.0	15.8
	45－54 岁	20.7	16.0	24.0	23.5	24.0	23.9
	55－64 岁	14.6	11.2	15.0	13.1	20.1	19.1
	65 岁及以上	9.0	14.1	6.5	5.2	9.1	10.9
教育程度	未受过正规教育	8.8	11.2	7.5	6.6	8.9	10.1
	小学	31.7	36.6	31.5	32.5	32.2	38.3
	初中	37.9	35.4	36.3	44.7	37.2	37.0
	高中	14.5	11.7	17.3	11.1	16.8	10.3
	大学及以上	7.1	5.1	7.4	5.1	4.9	4.3
职业类别	干部/管理人员	1.8	1.5	1.8	2.3	1.3	1.3
	个体/私营企业人员	12.3	9.2	15.1	17.5	9.7	13.3
	初级公务员/雇员	14.3	11.6	12.7	15.3	12.6	13.7
	工人	18.9	18.1	18.9	23.6	21.5	15.5
	学生	11.8	16.2	10.4	10.8	7.8	9.8
	无业	24.7	26.6	22.7	16.4	17.9	28.1
	其他	16.2	16.8	18.4	14.1	29.2	18.3
个人月收入	0－300 元	33.3	41.6	31.4	25.6	31.1	35.1
	301－600 元	7.0	10.7	7.4	6.4	9.1	5.7
	601－900 元	10.6	7.0	11.8	8.6	13.2	9.9
	901－1200 元	14.0	11.4	11.1	19.4	10.6	17.6
	1201 元及以上	35.1	29.3	38.3	40.0	36.0	31.7

表 3.26.6　2007—2009 年浙江市场各类节目的播出份额（%）和收视份额（%）

节目类别	2007 年		2008 年		2009 年	
	播出份额	收视份额	播出份额	收视份额	播出份额	收视份额
财经	1.6	0.4	1.7	0.6	2.1	0.9
生活服务	7.8	5.6	8.6	5.2	9.0	6.7
青少	4.6	5.0	4.9	5.0	5.4	4.4
戏剧	1.3	1.8	1.1	1.4	1.2	1.2
教学	0.5	0.2	0.5	0.2	0.5	0.2
综艺	8.3	8.8	7.0	8.3	8.9	10.7
外语	0.2	0.2	0.1	0.1	0.1	0.1
电影	3.5	4.1	2.9	6.0	3.2	5.3
音乐	2.1	1.3	2.6	0.6	2.7	0.7
新闻/时事	13.4	12.1	14.0	10.5	13.6	11.5
体育	1.8	2.2	2.9	5.4	1.9	1.6
电视剧	25.2	31.8	25.3	36.7	22.8	35.2
专题	11.6	6.3	11.4	7.6	10.7	6.2
法制	1.2	0.6	1.0	0.6	1.3	0.8
其他	16.9	19.6	15.9	11.9	16.5	14.7

表 3.26.7　2009 年浙江市场所有节目收视率排名前三十位

名次	节目名称	节目类型	播出频道	平均收视率（%）	平均占有率（%）
1	2009 春节联欢晚会	综艺	中央电视台综合频道	9.5	27.8
2	爸爸天亮叫我	电视剧	浙江电视台教育科技频道	8.7	19.3
3	暗香	电视剧	浙江电视台教育科技频道	8.0	18.1
4	猎鹰 1949	电视剧	浙江电视台教育科技频道	7.9	17.9
5	星耀中国蓝周年庆典	综艺	浙江卫视	7.6	21.4
6	北方有佳人	电视剧	浙江电视台教育科技频道	7.6	16.5
7	战后之战	电视剧	浙江电视台教育科技频道	7.5	16.7
8	小姨多鹤	电视剧	浙江电视台教育科技频道	7.1	15.5
9	人到中年	电视剧	浙江电视台教育科技频道	7.0	15.7
10	中国家庭第一部	电视剧	浙江电视台经济生活频道	6.7	15.8
11	首都各界庆祝中华人民共和国成立 60 周年联欢晚会	综艺	中央电视台综合频道	6.6	13.8
12	举起手来（3 月 9 日）	电影	中央台六套	6.4	18.2
13	要案组雷霆出击	电视剧	浙江电视台教育科技频道	6.4	16.5
14	画皮（5 月 2 日）	电影	中央台六套	6.4	16.1
15	书剑恩仇录	电视剧	浙江电视台教育科技频道	6.3	18.0
16	倚天屠龙记	电视剧	浙江电视台影视娱乐频道	6.3	14.2
17	金大班	电视剧	浙江卫视	6.2	13.6
18	纸醉金迷	电视剧	浙江电视台教育科技频道	6.1	18.5
19	单亲妈妈	电视剧	浙江卫视	6.0	12.9
20	现场直播：第十一届全运会男子 110 米栏决赛	体育	中央台五套	6.0	12.6
21	动作 90 分 – 中华英雄	电影	中央台六套	5.9	12.5
22	名门新娘	电视剧	浙江电视台教育科技频道	5.6	13.9
23	闯关东中篇	电视剧	浙江卫视	5.6	12.7
24	铁齿铜牙纪晓岚第四部（11 月 26 日 –12 月 17 日）	电视剧	浙江电视台经济生活频道	5.5	12.7
25	我是老板	电视剧	浙江电视台经济生活频道	5.5	12.3
26	少林寺传奇第二部十三棍僧传	电视剧	浙江卫视	5.4	14.8
27	跨年喜洋洋中国蓝 2010 开心大典	综艺	浙江卫视	5.2	15.8
28	举起手来（7 月 23 日）	电影	中央台六套	5.2	12.4
29	父亲的战争	电视剧	浙江电视台经济生活频道	5.2	12.2
30	虎山行	电视剧	浙江电视台经济生活频道	5.1	14.2

表 3.26.8　2009 年浙江市场电视剧收视率排名前十位

名次	节目名称	播出频道	平均收视率（%）	平均占有率（%）
1	爸爸天亮叫我	浙江电视台教育科技频道	8.7	19.3
2	暗香	浙江电视台教育科技频道	8.0	18.1
3	猎鹰 1949	浙江电视台教育科技频道	7.9	17.9
4	北方有佳人	浙江电视台教育科技频道	7.6	16.5
5	战后之战	浙江电视台教育科技频道	7.5	16.7
6	小姨多鹤	浙江电视台教育科技频道	7.1	15.5
7	人到中年	浙江电视台教育科技频道	7.0	15.7
8	中国家庭第一部	浙江电视台经济生活频道	6.7	15.8
9	要案组雷霆出击	浙江电视台教育科技频道	6.4	16.5
10	书剑恩仇录	浙江电视台教育科技频道	6.3	18.0

表 3.26.9　2009 年浙江市场新闻节目收视率排名前十位

名次	节目名称	播出频道	平均收视率（%）	平均占有率（%）
1	小强热线	浙江电视台教育科技频道	3.6	10.3
2	走进今天	浙江电视台教育科技频道	2.7	12.5
3	直击台风莫拉克特别报道	浙江卫视	1.9	10.3
4	浙江新闻联播	浙江卫视	1.9	7.4
5	转播中央台新闻联播	浙江卫视	1.8	5.7
6	盛典国庆 60 周年特别报道	中央台四套	1.8	5.5
7	经视新闻	浙江电视台经济生活频道	1.7	4.2
8	盛典国庆 60 周年特别报道	中央电视台综合频道	1.6	6.6
9	首都各界庆祝中华人民共和国成立 60 周年大会	中央台二套	1.6	4.8
10	浙川同心与爱同行大型公益行动	浙江卫视	1.3	7.4

表 3.26.10　2009 年浙江市场专题节目收视率排名前十位

名次	节目名称	播出频道	平均收视率（%）	平均占有率（%）
1	检验从浙江的实践看六个为什么	浙江电视台教育科技频道	4.0	14.2
2	爸爸给的坚强	浙江电视台影视娱乐频道	3.8	8.9
3	牵手孩子关爱明天浙江金湖爱心行	浙江电视台影视娱乐频道	3.2	7.4
4	纪实	浙江电视台教育科技频道	2.6	12.7
5	涛出心里话	浙江卫视	2.3	8.3
6	戏里戏外金大班电视连续剧金大班特别宣传节目	浙江卫视	1.7	5.8
7	神州大地看浙江	浙江卫视	1.7	5.0
8	和平中国 2009 大阅兵	中央电视台新闻频道	1.5	4.7
9	世界纪录电影长廊	中央台六套	1.4	4.4
10	深海历险	中央台十套	1.4	3.4

表 3.26.11 2009 年浙江市场综艺节目收视率排名前十位

名次	节目名称	播出频道	平均收视率（%）	平均占有率（%）
1	2009 春节联欢晚会	中央电视台综合频道	9.5	27.8
2	星耀中国蓝周年庆典	浙江卫视	7.6	21.4
3	首都各界庆祝中华人民共和国成立 60 周年联欢晚会	中央电视台综合频道	6.6	13.8
4	跨年喜洋洋中国蓝 2010 开心大典	浙江卫视	5.2	15.8
5	首都各界庆祝中华人民共和国成立 60 周年联欢晚会	中央台四套	4.4	9.1
6	美丽 A 计划全民演唱汇	浙江电视台教育科技频道	4.1	13.0
7	综艺三剑客欢乐大派送	浙江卫视	4.1	8.8
8	红歌嘹亮青春浙江传唱红色经典歌曲活动启动仪式	浙江电视台教育科技频道	4.0	25.8
9	2009 全国麦霸英雄汇	浙江卫视	3.9	13.2
10	大生活精彩回顾	浙江卫视	3.8	10.9

表 3.26.12 2009 年浙江市场体育节目收视率排名前十位

名次	节目名称	播出频道	平均收视率（%）	平均占有率（%）
1	现场直播：第十一届全运会男子 110 米栏决赛	中央台五套	6.0	12.6
2	现场直播：第十一届全运会男子十项全能之十 1500 米	中央台五套	3.3	7.3
3	现场直播：第十一届全运会女子 4×100 米个人混合泳接力决赛	中央台五套	2.7	6.4
4	现场直播：第十一届全运会男子举重 94 公斤级决赛	中央台五套	2.5	5.8
5	直播周末：2009 年第 25 届亚洲男篮锦标赛半决赛－黎巴嫩队 VS 中国队	中央台五套	2.2	7.4
6	直播周末：第 50 届世界乒乓球锦标赛男单 1/4 决赛	中央台五套	2.2	6.3
7	现场直播：第十一届全运会男子 1500 米自由泳决赛	中央台五套	2.1	5.1
8	直播周末：2009 年苏迪曼杯世界羽毛球混合团体锦标赛决赛男单	中央台五套	2.0	5.5
9	第十一届全运会男子 100 米自由泳决赛	中央台五套	1.8	3.8
10	现场直播：第十一届全运会女子 400 米栏决赛	中央台五套	1.7	5.2

二十七、北京收视数据

表 3.27.1　2005—2009 年北京市场各类频道的市场占有率（%）

频道类别	年份				
	2005 年	2006 年	2007 年	2008 年	2009 年
中央台频道	39.6	39.3	36.7	35.1	28.0
中国教育台频道	1.5	1.2	1.2	1.7	1.8
北京台频道	38.6	39.6	40.3	35.8	39.8
其他省级卫视频道	16.8	16.7	18.7	20.1	19.4
其他频道	3.5	3.2	3.1	7.3	11.0

表 3.27.2　2009 年北京市场各类频道在不同目标观众中的市场占有率（%）

目标观众		中央台频道	中国教育台频道	北京台频道	其他省级卫视频道	其他频道
4 岁及以上所有人		28.0	1.8	39.8	19.4	11.0
性别	男	29.9	1.9	38.0	18.3	11.9
	女	25.9	1.8	41.6	20.6	10.1
年龄	4－14 岁	24.2	0.9	37.4	24.5	13.0
	15－24 岁	22.8	3.6	36.3	24.2	13.0
	25－34 岁	27.0	2.9	34.8	19.5	15.9
	35－44 岁	27.2	1.7	36.7	23.4	11.1
	45－54 岁	27.3	1.6	42.3	18.8	10.0
	55－64 岁	27.4	1.7	43.7	17.4	9.9
	65 岁及以上	36.0	1.0	40.8	14.3	8.0
教育程度	未受过正规教育	30.6	0.8	41.1	17.5	10.1
	小学	31.0	1.4	37.9	22.2	7.4
	初中	27.4	1.5	41.6	21.7	7.8
	高中	26.3	1.9	40.2	19.3	12.2
	大学及以上	29.5	2.4	37.3	16.2	14.5
职业类别	干部/管理人员	30.2	1.6	39.3	15.5	13.4
	个体/私营企业人员	28.5	1.8	36.2	23.7	9.9
	初级公务员/雇员	26.1	2.5	39.2	19.4	12.8
	工人	25.9	2.2	38.1	21.8	12.0
	学生	23.3	1.1	35.9	26.3	13.4
	无业	29.6	1.6	41.9	17.1	9.8
	其他	32.4	1.0	36.5	26.0	4.2
个人月收入	0－600 元	27.0	1.7	37.4	23.8	10.1
	601－1200 元	27.7	2.0	40.9	21.1	8.3
	1201－1700 元	27.5	1.9	42.2	17.5	11.0
	1701－2600 元	29.2	1.4	40.9	17.5	11.1
	2601 元及以上	28.3	2.5	38.0	16.6	14.5

表 3.27.3　2009 年北京市场各类频道不同时段的市场占有率（%）

时间段	中央台频道	中国教育台频道	北京台频道	其他省级卫视频道	其他频道
02:00-03:00	33.6	0.9	19.6	26.7	19.1
03:00-04:00	34.7	1.0	15.7	27.7	20.9
04:00-05:00	34.8	0.8	15.7	30.9	17.8
05:00-06:00	40.5	0.8	19.1	26.8	12.7
06:00-07:00	35.5	0.5	43.4	12.8	7.7
07:00-08:00	34.2	1.5	48.2	8.9	7.3
08:00-09:00	36.3	1.7	34.0	18.1	9.9
09:00-10:00	32.2	0.9	29.5	25.7	11.8
10:00-11:00	29.9	1.2	30.1	26.3	12.6
11:00-12:00	29.1	0.8	37.3	21.4	11.5
12:00-13:00	22.8	0.4	55.9	12.4	8.5
13:00-14:00	30.6	1.1	35.6	21.1	11.7
14:00-15:00	28.0	1.7	28.3	28.2	13.8
15:00-16:00	26.7	1.5	29.1	28.3	14.3
16:00-17:00	28.3	1.0	28.9	27.4	14.4
17:00-18:00	27.4	1.2	36.5	22.0	12.9
18:00-19:00	22.4	4.5	52.9	9.1	11.2
19:00-20:00	28.5	2.6	48.1	12.2	8.6
20:00-21:00	28.8	1.2	44.5	16.8	8.7
21:00-22:00	28.1	2.2	40.0	20.2	9.4
22:00-23:00	23.8	3.1	39.3	22.6	11.2
23:00-24:00	31.0	1.7	29.0	24.6	13.8
24:00-25:00	29.9	0.9	26.4	26.2	16.6
25:00-26:00	26.2	0.6	29.8	24.3	19.1

表 3.27.4　2009 年北京市场收视份额排名前十位的频道

名次	频道名称	收视份额（%）
1	北京卫视	8.9
2	北京电视台影视频道	8.0
3	北京电视台科教频道	5.6
4	北京电视台文艺频道	4.6
5	北京电视台生活频道	4.2
6	中央台六套	4.1
7	中央电视台综合频道	4.0
8	中央台三套	3.5
9	中央台八套	2.8
10	中央台五套	2.4

表 3.27.5　2009 年北京市场各主要频道的观众构成（%）

目标观众		所有频道	主要频道				
			北京卫视	北京电视台影视频道	北京电视台科教频道	北京电视台文艺频道	北京电视台生活频道
4 岁及以上所有人		100.0	100.0	100.0	100.0	100.0	100.0
性别	男	51.0	50.0	47.4	47.1	48.0	42.4
	女	49.0	50.0	52.6	52.9	52.0	57.6
年龄	4 - 14 岁	4.9	2.6	3.3	2.3	3.4	2.7
	15 - 24 岁	7.6	6.6	5.0	6.0	11.2	6.1
	25 - 34 岁	13.8	10.8	10.6	9.5	13.7	13.5
	35 - 44 岁	15.0	11.3	13.2	14.3	15.6	14.0
	45 - 54 岁	27.7	30.1	28.1	30.7	28.9	35.0
	55 - 64 岁	17.2	21.0	21.4	21.6	16.0	17.7
	65 岁及以上	13.8	17.6	18.4	15.6	11.2	11.0
教育程度	未受过正规教育	3.8	3.5	5.3	3.1	2.4	2.2
	小学	8.2	7.3	7.3	7.5	8.3	5.0
	初中	28.0	30.0	29.2	34.0	29.9	29.0
	高中	35.4	35.5	35.6	34.8	36.3	40.0
	大学及以上	24.6	23.7	22.6	20.6	23.1	23.8
职业类别	干部/管理人员	5.0	5.8	5.0	4.3	4.5	5.1
	个体/私营企业人员	7.5	6.1	6.1	7.1	7.3	7.1
	初级公务员/雇员	21.8	19.7	22.1	19.6	22.9	21.5
	工人	11.2	10.0	10.3	10.2	12.1	11.6
	学生	7.4	5.7	4.5	4.5	7.7	4.9
	无业	45.3	51.3	50.6	52.3	43.4	48.2
	其他	1.8	1.4	1.4	2.0	2.1	1.6
个人月收入	0 - 600 元	24.5	21.4	17.8	19.9	26.1	22.2
	601 - 1200 元	14.3	12.4	15.9	16.2	16.7	15.8
	1201 - 1700 元	19.7	24.4	21.6	21.0	18.5	21.6
	1701 - 2600 元	23.6	24.8	26.4	26.7	22.5	23.1
	2601 元及以上	17.9	17.0	18.3	16.2	16.2	17.3

表 3.27.6　2007—2009 年北京市场各类节目的播出份额（%）和收视份额（%）

节目类别	2007 年		2008 年		2009 年	
	播出份额	收视份额	播出份额	收视份额	播出份额	收视份额
财经	1.6	2.1	2.2	1.9	2.6	2.1
电视剧	26.3	31.4	24.6	31.7	22.5	30.4
电影	3.3	6.0	2.6	4.2	2.9	3.9
法制	1.2	2.9	1.1	1.5	1.2	1.8
教学	0.8	0.5	0.5	0.2	0.5	0.1
青少	3.7	2.5	4.3	2.0	4.7	2.5
生活服务	10.7	7.5	8.5	8.0	9.3	10.5
体育	3.0	5.2	3.7	7.1	2.8	4.1
外语	0.3	0.1	0.2	0.2	0.1	0.0
戏剧	1.0	0.7	1.2	0.5	1.2	0.5
新闻/时事	8.1	8.9	12.8	10.3	12.2	9.3
音乐	2.1	1.6	2.5	1.2	2.7	1.3
专题	10.8	10.2	12.7	10.2	12.3	10.5
综艺	6.9	9.2	7.4	9.8	9.2	11.5
其他	20.2	11.2	15.7	11.2	15.9	11.4

表 3.27.7　2009 年北京市场所有节目收视率排名前三十位

名次	节目名称	节目类型	播出频道	平均收视率（%）	平均占有率（%）
1	2009 春节联欢晚会	综艺	中央电视台综合频道	19.6	44.5
2	欢天喜地闹元宵 2009 年元宵晚会	综艺	中央电视台综合频道	17.8	36.0
3	天气预报	生活服务	北京卫视	16.0	49.3
4	2009 北京电视台春节联欢晚会	综艺	北京卫视	14.7	39.5
5	错爱第二部	电视剧	北京电视台影视频道	8.8	22.3
6	中国家庭第一部	电视剧	北京电视台影视频道	8.6	21.0
7	北京新闻	新闻/时事	北京卫视	8.5	27.8
8	王贵与安娜	电视剧	北京电视台影视频道	8.4	20.6
9	潜伏秘密档案	综艺	北京卫视	8.4	20.2
10	首都各界庆祝中华人民共和国成立 60 周年联欢晚会	综艺	中央电视台综合频道	8.4	18.3
11	战后之战	电视剧	北京电视台影视频道	8.1	19.8
12	铁齿铜牙纪晓岚第四部	电视剧	北京卫视	8.0	19.2
13	我的丑娘	电视剧	北京电视台影视频道	7.8	19.7
14	翡翠凤凰	电视剧	北京电视台影视频道	7.6	19.2
15	解密档案之眼中钉	电视剧	北京电视台影视频道	7.5	19.9
16	闯关东中篇	电视剧	北京卫视	7.5	19.2
17	闯关东风云	综艺	北京卫视	7.3	18.3
18	纸醉金迷	电视剧	北京电视台影视频道	7.2	17.8
19	走西口	电视剧	中央电视台综合频道	7.2	16.9
20	血色迷雾	电视剧	北京电视台影视频道	7.1	16.9
21	BTV 赛场：2009 年英超亚洲杯 - 北京国安 VS 赫尔城	体育	北京电视台体育频道	7.0	20.8
22	2009 中国播音主持金话筒奖颁奖盛典	综艺	北京卫视	7.0	15.4
23	看气象	生活服务	北京卫视	6.9	19.8
24	勇者无敌	电视剧	北京卫视	6.8	17.6
25	北风那个吹	电视剧	北京卫视	6.6	15.7
26	老伴	电视剧	北京电视台影视频道	6.5	16.5
27	谋影世界暨三枪拍案惊奇网络游戏发布会三枪拍案惊奇访谈录	专题	北京卫视	6.5	15.8
28	百花迎春中国文学艺术界 2009 春节大联欢	综艺	中央台三套	6.4	15.8
29	兄弟	电视剧	北京电视台影视频道	6.3	17.0
30	十三省	电视剧	北京电视台影视频道	6.3	16.5

表 3.27.8 2009 年北京市场电视剧收视率排名前十位

名次	节目名称	播出频道	平均收视率(%)	平均占有率(%)
1	错爱第二部	北京电视台影视频道	8.8	22.3
2	中国家庭第一部	北京电视台影视频道	8.6	21.0
3	王贵与安娜	北京电视台影视频道	8.4	20.6
4	战后之战	北京电视台影视频道	8.1	19.8
5	铁齿铜牙纪晓岚第四部	北京卫视	8.0	19.2
6	我的丑娘	北京电视台影视频道	7.8	19.7
7	翡翠凤凰	北京电视台影视频道	7.6	19.2
8	解密档案之眼中钉	北京电视台影视频道	7.5	19.9
9	闯关东中篇	北京卫视	7.5	19.2
10	纸醉金迷	北京电视台影视频道	7.2	17.8

表 3.27.9 2009 年北京市场新闻节目收视率排名前十位

名次	节目名称	播出频道	平均收视率(%)	平均占有率(%)
1	北京新闻	北京卫视	8.5	27.8
2	转播中央台新闻联播	北京卫视	4.2	13.3
3	我爱你中国	北京卫视	2.6	8.0
4	盛典国庆 60 周年特别报道	中央电视台综合频道	2.5	9.8
5	首都各界庆祝中华人民共和国成立 60 周年大会	中央台二套	2.4	6.9
6	7 日 7 频道	北京电视台生活频道	2.3	6.3
7	第 7 日	北京电视台生活频道	2.2	5.9
8	生活面对面 512 特别节目重建心灵家园	北京电视台生活频道	1.9	6.6
9	2008 人物志 7 日 7 频道春节特别节目	北京电视台生活频道	1.9	5.3
10	新闻联播	中央电视台综合频道	1.8	5.7

表 3.27.10 2009 年北京市场专题节目收视率排名前十位

名次	节目名称	播出频道	平均收视率(%)	平均占有率(%)
1	谋影世界暨三枪拍案惊奇网络游戏发布会三枪拍案惊奇访谈录	北京卫视	6.5	15.8
2	2009 中央电视台 3·15 晚会	中央电视台综合频道	4.7	11.0
3	非常网络	北京卫视	3.3	9.5
4	八点非常故事汇	北京电视台科教频道	3.0	7.5
5	幕后	中央台三套	2.9	7.4
6	生活实验室	北京电视台生活频道	2.7	8.3
7	非常夫妻	北京电视台科教频道	2.5	6.4
8	人民至上	中央电视台综合频道	2.4	6.4
9	城南行动	北京卫视	2.4	5.8
10	八点故事汇	北京卫视	2.3	8.0

表 3.27.11　2009 年北京市场综艺节目收视率排名前十位

名次	节目名称	播出频道	平均收视率（%）	平均占有率（%）
1	2009 春节联欢晚会	中央电视台综合频道	19.6	44.5
2	欢天喜地闹元宵 2009 年元宵晚会	中央电视台综合频道	17.8	36.0
3	2009 北京电视台春节联欢晚会	北京卫视	14.7	39.6
4	潜伏秘密档案	北京卫视	8.4	20.2
5	首都各界庆祝中华人民共和国成立 60 周年联欢晚会	中央电视台综合频道	8.4	18.8
6	闯关东风云	北京卫视	7.3	18.3
7	2009 中国播音主持金话筒奖颁奖盛典	北京卫视	7.0	15.4
8	百花迎春中国文学艺术界 2009 春节大联欢	中央台三套	6.4	15.8
9	特别节目欢乐今宵（1 月 28 日）	中央台三套	5.3	13.9
10	闯关东风云录	北京卫视	5.2	13.4

表 3.27.12　2009 年北京市场体育节目收视率排名前十位

名次	节目名称	播出频道	平均收视率（%）	平均占有率（%）
1	BTV 赛场：2009 年英超亚洲杯 – 北京国安 VS 赫尔城	北京电视台体育频道	7.0	20.8
2	2009 年中国足球协会超级联赛第 12 轮 – 北京国安 VS 河南建业	北京电视台体育频道	6.1	18.3
3	2009 年上海国际田联黄金大奖赛	中央台五套	5.7	15.4
4	直播周末：2009 年第 25 届亚洲男篮锦标赛决赛 – 中国队 VS 伊朗队	中央台五套	5.4	13.8
5	直播周末 NBA 赛场：08/09 赛季 NBA 季后赛 – 开拓者 VS 火箭	中央台五套	4.8	20.9
6	直播周末 NBA 赛场：08/09 赛季 NBA 西部半决赛 – 火箭 VS 湖人	中央台五套	4.7	20.9
7	天下足球：2009 年中国之队国际足球友谊赛 – 中国队 VS 伊朗队	中央台五套	4.7	13.6
8	争冠进行时	北京电视台体育频道	4.7	11.0
9	星耀亚洲：2009 年亚洲足球冠军联赛 – 蔚山现代 VS 北京国安	北京电视台体育频道	4.3	11.5
10	2009 年意大利超级杯北京赛 – 拉齐奥 VS 国际米兰	中央台五套	4.3	11.1

二十八、上海收视数据

表 3. 28. 1　2005—2009 年上海市场各类频道的市场占有率（%）

频道类别	年份				
	2005 年	2006 年	2007 年	2008 年	2009 年
中央台频道	19. 7	19. 1	18. 5	20. 3	18. 2
中国教育台频道	0. 4	0. 3	0. 3	0. 2	0. 3
上海市级频道	64. 3	64. 6	64. 2	61. 0	58. 1
其他省级卫视频道	12. 6	13. 0	13. 5	15. 7	19. 6
其他频道	3. 0	3. 0	3. 5	2. 8	3. 8

表 3. 28. 2　2009 年上海市场各类频道在不同目标观众中的市场占有率（%）

目标观众		中央台频道	中国教育台频道	上海市级频道	其他省级卫视频道	其他频道
4 岁及以上所有人		18. 2	0. 3	58. 1	19. 6	3. 8
性别	男	21. 5	0. 2	55. 6	18. 4	4. 3
	女	14. 8	0. 3	60. 6	20. 8	3. 5
年龄	4 - 14 岁	13. 5	0. 2	54. 8	27. 5	4. 0
	15 - 24 岁	12. 2	0. 3	57. 1	25. 6	4. 8
	25 - 34 岁	18. 0	0. 2	54. 2	21. 2	6. 4
	35 - 44 岁	20. 0	0. 2	55. 0	21. 4	3. 4
	45 - 54 岁	17. 7	0. 3	59. 0	18. 7	4. 3
	55 - 64 岁	19. 2	0. 2	60. 6	16. 7	3. 3
	65 岁及以上	21. 1	0. 3	60. 3	16. 4	1. 9
教育程度	未受过正规教育	14. 2	0. 3	60. 9	21. 7	2. 9
	小学	14. 9	0. 3	60. 5	22. 8	1. 5
	初中	19. 8	0. 2	57. 8	19. 2	3. 0
	高中	17. 6	0. 2	57. 9	19. 9	4. 4
	大学及以上	18. 8	0. 3	57. 6	17. 8	5. 5
职业类别	干部/管理人员	19. 3	0. 2	56. 2	18. 5	5. 8
	个体/私营企业人员	23. 0	0. 2	53. 5	18. 1	5. 2
	初级公务员/雇员	17. 3	0. 2	57. 6	19. 9	5. 0
	工人	18. 3	0. 3	57. 1	21. 5	2. 8
	学生	12. 5	0. 3	54. 6	28. 9	3. 7
	无业	18. 6	0. 3	60. 2	17. 6	3. 3
	其他	18. 3	0. 4	55. 0	24. 7	1. 6
个人月收入	0 - 600 元	15. 9	0. 3	56. 1	23. 8	3. 9
	601 - 1200 元	16. 1	0. 3	61. 1	19. 4	3. 1
	1201 - 1700 元	19. 4	0. 2	59. 0	17. 8	3. 6
	1701 - 2600 元	18. 6	0. 3	57. 8	19. 1	4. 2
	2601 元及以上	21. 0	0. 2	55. 0	18. 6	5. 2

表 3.28.3 2009 年上海市场各类频道不同时段的市场占有率（%）

时间段	中央台频道	中国教育台频道	上海市级频道	其他省级卫视频道	其他频道
02:00－03:00	27.4	0.1	33.7	28.0	10.3
03:00－04:00	27.7	0.1	30.2	32.0	10.0
04:00－05:00	30.0	0.1	26.0	37.0	6.9
05:00－06:00	32.8	0.1	23.6	38.2	5.3
06:00－07:00	28.9	0.3	48.2	19.5	3.1
07:00－08:00	20.1	0.2	64.6	13.1	2.0
08:00－09:00	21.1	0.2	55.4	20.5	2.8
09:00－10:00	21.5	0.2	50.0	24.9	3.4
10:00－11:00	20.3	0.4	49.4	26.1	3.8
11:00－12:00	22.5	0.4	48.1	25.1	3.9
12:00－13:00	24.3	0.1	49.9	21.7	4.0
13:00－14:00	24.1	0.6	45.0	25.4	4.9
14:00－15:00	20.2	0.7	45.4	28.0	5.7
15:00－16:00	20.6	0.2	44.8	28.5	5.9
16:00－17:00	20.8	0.2	45.2	28.2	5.6
17:00－18:00	19.1	0.2	54.5	22.1	4.1
18:00－19:00	9.8	0.1	81.3	6.3	2.5
19:00－20:00	12.4	0.1	78.9	6.3	2.3
20:00－21:00	16.2	0.2	65.8	15.3	2.5
21:00－22:00	16.7	0.3	59.1	20.8	3.1
22:00－23:00	17.2	0.4	52.5	25.7	4.2
23:00－24:00	19.7	0.5	53.0	21.2	5.6
24:00－25:00	22.2	0.1	48.6	21.7	7.4
25:00－26:00	22.0	0.1	45.1	23.4	9.4

表 3.28.4 2009 年上海市场收视份额排名前十位的频道

名次	频道名称	收视份额（%）
1	上海电视台新闻综合频道	11.9
2	上海东方电视台娱乐频道	9.9
3	上海电视台电视剧频道	9.7
4	上海东方电影频道	5.2
5	上海东方卫视	3.9
6	第 1 财经	3.2
7	湖南电视台卫星频道	2.9
8	中央台六套	2.7
9	上海电视台生活时尚频道	2.6
9	中央台四套	2.6

表 3.28.5　2009 年上海市场各主要频道的观众构成（%）

目标观众		所有频道	主要频道				
			上海电视台新闻综合频道	东方电视台新闻娱乐频道	上海电视台电视剧频道	上海东方电影频道	上海东方卫视
4 岁及以上所有人		100.0	100.0	100.0	100.0	100.0	100.0
性别	男	50.2	50.8	45.3	36.9	54.3	49.5
	女	49.8	49.2	54.7	63.1	45.7	50.5
年龄	4-14 岁	4.8	2.6	2.3	2.7	4.8	2.7
	15-24 岁	8.1	6.6	9.2	6.0	8.1	9.6
	25-34 岁	13.0	10.2	11.2	11.4	13.7	13.3
	35-44 岁	11.3	8.3	10.2	10.2	17.3	10.3
	45-54 岁	28.3	30.1	33.0	26.6	26.6	30.0
	55-64 岁	19.2	22.6	19.2	22.6	14.4	20.2
	65 岁及以上	15.3	19.6	14.9	20.5	15.1	13.9
教育程度	未受过正规教育	2.8	1.7	2.3	3.6	3.8	1.6
	小学	8.3	9.0	8.0	12.7	7.4	5.2
	初中	32.2	33.5	32.5	33.7	37.0	30.8
	高中	39.6	40.2	41.6	35.8	39.1	40.7
	大学及以上	17.1	15.6	15.6	14.2	12.7	21.7
职业类别	干部/管理人员	5.6	5.9	5.0	4.0	5.4	7.3
	个体/私营企业人员	7.0	7.4	6.4	5.9	6.4	6.6
	初级公务员/雇员	23.9	22.4	23.6	20.7	28.3	26.1
	工人	10.9	9.7	12.5	10.4	12.9	11.1
	学生	7.6	4.4	6.9	5.1	7.4	6.8
	无业	44.0	49.7	44.6	52.6	37.3	41.2
	其他	1.0	0.5	1.0	1.3	2.3	0.9
个人月收入	0-600 元	17.7	13.0	15.9	15.6	17.1	15.2
	601-1200 元	21.3	23.7	23.2	27.2	25.6	19.4
	1201-1700 元	25.5	30.1	26.0	28.5	22.8	25.4
	1701-2600 元	19.6	18.9	20.5	17.6	20.9	21.9
	2601 元及以上	15.9	14.3	14.4	11.1	13.6	18.1

表 3.28.6　2007—2009 年上海市场各类节目的播出份额（%）和收视份额（%）

节目类别	2007 年		2008 年		2009 年	
	播出份额	收视份额	播出份额	收视份额	播出份额	收视份额
财经	2.0	2.8	2.0	2.2	2.3	2.1
生活服务	8.3	6.1	9.2	7.5	9.7	8.6
青少	5.1	2.5	5.1	2.4	5.6	2.5
戏剧	1.8	1.5	1.4	0.7	1.5	0.8
教学	0.5	0.1	0.5	0.1	0.5	0.1
综艺	8.2	7.9	7.0	8.0	8.9	12.7
外语	0.2	0.1	0.2	0.2	0.3	0.0
电影	3.2	5.2	3.4	5.7	3.7	6.2
音乐	2.6	2.1	2.5	1.1	2.7	0.8
新闻/时事	12.1	11.3	12.3	11.9	12.0	11.1
体育	2.7	4.7	3.7	7.2	2.9	3.8
电视剧	24.3	33.3	23.9	29.9	22.0	30.2
专题	11.9	7.8	12.5	9.6	11.5	7.1
法制	1.4	2.9	1.1	2.3	1.2	2.6
其他	15.9	11.7	15.2	11.2	15.2	11.4

表 3.28.7 2009 年上海市场所有节目收视率排名前三十位

名次	节目名称	节目类型	播出频道	平均收视率（%）	平均占有率（%）
1	2009 春节联欢晚会	综艺	中央电视台综合频道	17.3	38.9
2	2009 十大快乐明星家庭颁奖典礼	综艺	上海东方电视台娱乐频道	12.3	32.8
3	新闻透视	新闻/时事	上海电视台新闻综合频道	12.2	37.8
4	新闻透视系列报道上海 1949－1950	专题	上海电视台新闻综合频道	11.7	39.3
5	花好月圆	综艺	上海东方电视台娱乐频道	11.3	29.0
6	观众中来	新闻/时事	上海电视台新闻综合频道	11.2	34.2
7	我和春天有个约会	音乐	上海东方电视台娱乐频道	10.7	26.9
8	新闻报道	新闻/时事	上海电视台新闻综合频道	9.9	32.7
9	龙飞凤舞对对碰	综艺	上海东方电视台娱乐频道	9.4	26.5
10	笑翻洛杉矶 2009 春节晚会	综艺	上海东方电视台娱乐频道	9.3	27.8
11	笑林大会（4 月 26 日之前）	综艺	上海东方电视台娱乐频道	9.2	24.5
12	新老娘舅柏万青和谐热线	生活服务	上海东方电视台娱乐频道	9.1	28.0
13	天气预报	生活服务	上海电视台新闻综合频道	9.1	27.6
14	回眸 60 年博物馆藏看变迁新闻透视国庆 60 周年特别报道	专题	上海电视台新闻综合频道	8.8	28.7
15	战后之战	电视剧	上海电视台新闻综合频道	8.7	23.6
16	首都各界庆祝中华人民共和国成立 60 周年联欢晚会	综艺	中央电视台综合频道	8.6	21.2
17	新老娘舅	生活服务	上海东方电视台娱乐频道	8.2	27.0
18	王贵与安娜	电视剧	上海电视台电视剧频道	8.2	21.0
19	北方有佳人	电视剧	上海电视台电视剧频道	8.1	22.7
20	媳妇的美好时代	电视剧	上海电视台电视剧频道	8.0	22.1
21	黑三角	电视剧	上海电视台电视剧频道	8.0	19.9
22	继母后妈	电视剧	上海电视台电视剧频道	7.9	20.3
23	东方 110	法制	上海电视台新闻综合频道	7.6	22.7
24	案件聚焦	法制	上海电视台新闻综合频道	7.6	22.3
25	中国家庭第一部	电视剧	上海电视台电视剧频道	7.5	20.4
26	欢天喜地闹元宵 2009 年元宵晚会	综艺	中央电视台综合频道	7.4	17.5
27	天涯咫尺	电视剧	上海电视台电视剧频道	7.3	20.5
28	和谐的力量新老娘舅之星颁奖典礼	综艺	上海东方电视台娱乐频道	7.1	21.5
29	笑林盛典 2009 百位笑星迎新大放送	综艺	上海东方卫视	6.9	19.0
30	上海市市管干部提任前公示	其他	上海电视台新闻综合频道	6.8	20.8

表 3.28.8　2009 年上海市场电视剧收视率排名前十位

名次	节目名称	播出频道	平均收视率(%)	平均占有率(%)
1	战后之战	上海电视台新闻综合频道	8.7	23.6
2	王贵与安娜	上海电视台电视剧频道	8.2	21.0
3	北方有佳人	上海电视台电视剧频道	8.1	22.7
4	媳妇的美好时代	上海电视台电视剧频道	8.0	22.1
5	黑三角	上海电视台电视剧频道	8.0	19.9
6	继母后妈	上海电视台电视剧频道	7.9	20.3
7	中国家庭第一部	上海电视台电视剧频道	7.5	20.4
8	天涯咫尺	上海电视台电视剧频道	7.3	20.5
9	黑玫瑰	上海电视台新闻综合频道	6.8	18.2
10	钻石豪门	上海电视台电视剧频道	6.7	19.5

表 3.28.9　2009 年上海市场新闻节目收视率排名前十位

名次	节目名称	播出频道	平均收视率(%)	平均占有率(%)
1	新闻透视	上海电视台新闻综合频道	12.2	37.8
2	观众中来	上海电视台新闻综合频道	11.2	34.2
3	新闻报道	上海电视台新闻综合频道	9.9	32.7
4	新闻坊	上海电视台新闻综合频道	6.5	26.5
5	1/7 大型电视新闻周刊	上海电视台新闻综合频道	6.4	17.6
6	新闻夜线	上海电视台新闻综合频道	3.4	11.1
7	媒体大搜索	上海电视台新闻综合频道	2.7	14.2
8	奔向世博加油 300	上海电视台新闻综合频道	2.7	9.5
9	盛典国庆 60 周年特别报道	中央电视台综合频道	2.2	8.0
10	上海市人民政府记者招待会	上海东方卫视	2.1	9.1

表 3.28.10　2009 年上海市场专题节目收视率排名前十位

名次	节目名称	播出频道	平均收视率(%)	平均占有率(%)
1	新闻透视系列报道上海 1949 - 1950	上海电视台新闻综合频道	11.7	39.3
2	回眸 60 年博物馆藏看变迁新闻透视国庆 60 周年特别报道	上海电视台新闻综合频道	8.8	28.7
3	家庭演播室	上海东方电视台娱乐频道	6.1	18.0
4	听民声重民生回眸 2008 年人大工作	上海电视台新闻综合频道	5.0	12.7
5	着力制度创新推进实际工作俞正声同志就上海党建接受媒体专访	上海电视台新闻综合频道	4.7	12.5
6	办好世博盛会推动科学发展俞正声接受凤凰卫视记者采访录	上海电视台新闻综合频道	4.6	13.7
7	七分之一特别节目声音档案纪念上海人民广播 60 周年	上海电视台新闻综合频道	4.1	12.1
8	海上共明月	上海电视台新闻综合频道	3.9	11.1
9	聚焦索马里天裕之谜	上海东方卫视	3.5	11.0
10	陈辰全明星	上海东方电视台娱乐频道	2.8	10.8

表 3.28.11 2009 年上海市场综艺节目收视率排名前十位

名次	节目名称	播出频道	平均收视率（%）	平均占有率（%）
1	2009 春节联欢晚会	中央电视台综合频道	17.3	38.9
2	2009 十大快乐明星家庭颁奖典礼	上海东方电视台娱乐频道	12.3	32.8
3	花好月圆	上海东方电视台娱乐频道	11.3	29.0
4	龙飞凤舞对对碰	上海东方电视台娱乐频道	9.4	26.5
5	笑翻洛杉矶 2009 春节晚会	上海东方电视台娱乐频道	9.3	27.8
6	笑林大会（4 月 26 日之前）	上海东方电视台娱乐频道	9.2	24.5
7	首都各界庆祝中华人民共和国成立 60 周年联欢晚会	中央电视台综合频道	8.6	21.2
8	欢天喜地闹元宵 2009 年元宵晚会	中央电视台综合频道	7.4	17.5
9	和谐的力量新老娘舅之星颁奖典礼	上海东方电视台娱乐频道	7.1	21.5
10	笑林盛典 2009 百位笑星迎新大放送	上海东方卫视	6.9	19.0

表 3.28.12 2009 年上海市场体育节目收视率排名前十位

名次	节目名称	播出频道	平均收视率（%）	平均占有率（%）
1	五星耀亚冠：2009 年亚洲冠军联赛 G 组小组赛 - 上海申花 VS 新加坡军团	上海电视台体育频道	5.9	16.1
2	G 赛场：2009 年上海国际田径黄金大奖赛	上海电视台体育频道	4.9	13.7
3	G 赛场：中国之队国际足球赛 - 中国 VS 德国	上海电视台体育频道	4.6	12.8
4	现场直播：第十一届全运会男子 110 米栏决赛	中央台五套	4.5	11.4
5	中超直播间：2009 年中国足球协会超级联赛第 18 轮 - 山东鲁能 VS 上海申花	上海电视台体育频道	4.2	11.1
6	G 赛场：2009 年全运会男足决赛 - 上海 VS 广东	上海电视台体育频道	4.2	10.8
7	五星全运赛场：第十一届全国运动会田径比赛	上海电视台体育频道	3.9	10.5
8	现场直播：2011 年亚洲杯预选赛 - 中国 VS 越南	中央台五套	3.5	8.6
9	五星全运赛场：第十一届全国运动会男子举重 94KG 决赛	上海电视台体育频道	3.4	9.1
10	天下足球：2009 年中国之队国际足球友谊赛 - 中国队 VS 伊朗队	中央台五套	3.0	8.1

二十九、天津收视数据

表 3. 29. 1　2005—2009 年天津市场各类频道的市场占有率（%）

频道类别	年份				
	2005 年	2006 年	2007 年	2008 年	2009 年
中央台频道	49. 3	48. 9	40. 7	38. 1	35. 2
中国教育台频道	0. 4	0. 4	0. 4	0. 4	0. 4
天津市级频道	36. 2	30. 1	34. 7	30. 0	30. 3
其他省级卫视频道	11. 0	15. 4	17. 0	19. 2	22. 4
其他频道	3. 1	5. 1	7. 2	12. 3	11. 7

表 3. 29. 2　2009 年天津市场各类频道在不同目标观众中的市场占有率（%）

目标观众		中央台频道	中国教育台频道	天津市级频道	其他省级卫视频道	其他频道
4 岁及以上所有人		35. 2	0. 4	30. 3	22. 4	11. 7
性别	男	37. 2	0. 3	29. 6	20. 2	12. 7
	女	33. 3	0. 4	31. 0	24. 4	10. 8
年龄	4 - 14 岁	26. 2	0. 4	28. 6	31. 9	12. 9
	15 - 24 岁	27. 7	0. 4	30. 4	26. 8	14. 7
	25 - 34 岁	32. 1	0. 4	30. 4	23. 8	13. 3
	35 - 44 岁	31. 9	0. 4	29. 3	24. 5	13. 9
	45 - 54 岁	37. 0	0. 4	30. 7	20. 5	11. 4
	55 - 64 岁	37. 1	0. 3	32. 3	19. 8	10. 5
	65 岁及以上	46. 0	0. 4	29. 2	17. 0	7. 4
教育程度	未受过正规教育	35. 7	0. 3	26. 3	25. 8	11. 8
	小学	33. 8	0. 4	30. 7	23. 3	11. 9
	初中	33. 8	0. 4	32. 2	21. 7	12. 0
	高中	36. 0	0. 4	30. 2	21. 2	12. 2
	大学及以上	37. 4	0. 4	27. 7	24. 3	10. 2
职业类别	干部/管理人员	36. 7	0. 4	29. 7	23. 4	9. 8
	个体/私营企业人员	33. 8	0. 4	30. 4	22. 3	13. 1
	初级公务员/雇员	35. 0	0. 4	29. 5	22. 3	12. 9
	工人	34. 0	0. 5	31. 1	21. 2	13. 2
	学生	26. 6	0. 5	31. 2	28. 6	13. 1
	无业	39. 2	0. 4	29. 6	21. 3	9. 6
	其他	27. 6	0. 1	34. 6	20. 7	17. 0
个人月收入	0 - 600 元	31. 4	0. 4	30. 0	25. 9	12. 4
	601 - 1200 元	35. 5	0. 4	31. 7	20. 8	11. 5
	1201 - 1700 元	37. 4	0. 4	31. 2	20. 5	10. 6
	1701 - 2600 元	38. 2	0. 3	30. 0	19. 1	12. 4
	2601 元及以上	38. 9	0. 3	25. 8	23. 5	11. 4

表 3.29.3　2009 年天津市场各类频道不同时段的市场占有率（%）

时间段	中央台频道	中国教育台频道	天津市级频道	其他省级卫视频道	其他频道
02：00－03：00	39.0	0.1	7.1	34.6	19.3
03：00－04：00	36.6	0.1	6.4	34.8	22.2
04：00－05：00	37.6	0.1	7.4	36.8	18.3
05：00－06：00	44.3	0.1	6.9	35.5	13.2
06：00－07：00	61.6	0.4	3.6	23.0	11.4
07：00－08：00	55.6	0.3	21.0	14.0	9.0
08：00－09：00	45.4	0.1	25.3	20.2	8.9
09：00－10：00	37.4	0.2	23.7	26.9	11.7
10：00－11：00	34.5	0.7	23.2	28.8	12.9
11：00－12：00	36.1	0.7	22.9	27.3	12.9
12：00－13：00	41.3	0.1	25.0	21.0	12.6
13：00－14：00	40.0	0.8	21.7	24.1	13.3
14：00－15：00	36.9	0.9	18.5	30.5	13.2
15：00－16：00	33.1	0.3	21.2	31.7	13.8
16：00－17：00	32.1	0.3	23.5	31.2	12.9
17：00－18：00	34.6	0.4	22.8	28.8	13.4
18：00－19：00	28.3	0.2	45.7	12.8	13.0
19：00－20：00	35.7	0.2	41.8	11.6	10.7
20：00－21：00	34.2	0.3	37.5	18.0	10.0
21：00－22：00	30.6	0.4	37.7	21.3	9.9
22：00－23：00	30.7	0.7	29.5	28.3	10.8
23：00－24：00	35.7	0.5	23.9	26.9	12.9
24：00－25：00	41.0	0.1	15.7	28.3	14.8
25：00－26：00	38.0	0.1	11.5	31.6	18.8

表 3.29.4　2009 年天津市场收视份额排名前十位的频道

名次	频道名称	收视份额（%）
1	中央电视台综合频道	6.7
2	天津电视台四套（都市频道）	5.5
3	天津电视台二套（文艺频道）	5.3
4	天津卫视	4.8
5	天津电视台三套（影视频道）	4.7
6	中央台三套	4.1
7	中央台六套	4.0
8	天津电视台一套（滨海频道）	3.7
9	湖南电视台卫星频道	3.4
10	中央台五套	3.0

表 3.29.5 2009 年天津市场各主要频道的观众构成（%）

目标观众		所有频道	主要频道				
			中央电视台综合频道	天津电视台四套(都市频道)	天津电视台二套(文艺频道)	天津卫视	天津电视台三套(影视频道)
4 岁及以上所有人		100.0	100.0	100.0	100.0	100.0	100.0
性别	男	48.2	46.7	46.8	42.1	48.3	44.9
	女	51.8	53.3	53.2	57.9	51.7	55.1
年龄	4－14 岁	7.0	4.5	3.1	6.0	6.5	5.7
	15－24 岁	10.9	10.5	9.9	11.1	11.7	12.1
	25－34 岁	11.0	6.7	10.2	11.0	9.7	10.0
	35－44 岁	15.0	14.8	10.6	16.1	16.6	13.0
	45－54 岁	24.2	29.2	32.3	21.0	23.9	20.2
	55－64 岁	18.4	16.5	23.4	19.0	16.9	23.9
	65 岁及以上	13.5	17.8	10.5	15.8	14.7	15.1
教育程度	未受过正规教育	4.7	3.6	2.2	5.4	4.3	3.2
	小学	10.8	12.5	6.8	12.3	12.4	11.6
	初中	35.2	36.6	34.3	39.0	42.1	35.3
	高中	32.3	32.0	38.1	30.0	29.1	32.7
	大学及以上	17.0	15.3	18.6	13.3	12.1	17.2
职业类别	干部/管理人员	2.9	3.2	3.2	2.6	1.9	3.5
	个体/私营企业人员	7.5	6.8	7.3	7.0	8.1	6.8
	初级公务员/雇员	13.8	11.1	14.2	12.1	12.1	13.5
	工人	18.8	19.0	21.5	19.5	20.9	15.7
	学生	11.1	10.5	8.0	12.2	11.7	12.6
	无业	41.0	42.9	44.3	39.4	37.3	43.6
	其他	4.9	6.5	1.5	7.2	8.0	4.3
个人月收入	0－600 元	32.6	34.9	22.2	35.0	35.8	33.0
	601－1200 元	28.0	30.2	35.2	28.0	29.1	26.8
	1201－1700 元	17.2	16.2	21.8	17.4	16.3	16.3
	1701－2600 元	14.3	12.1	14.4	13.7	13.1	14.4
	2601 元及以上	7.9	6.6	6.4	5.9	5.7	9.5

表 3.29.6 2007--2009 年天津市场各类节目的播出份额（%）和收视份额（%）

节目类别	2007 年		2008 年		2009 年	
	播出份额	收视份额	播出份额	收视份额	播出份额	收视份额
财经	1.4	1.1	1.8	0.9	2.1	1.3
电视剧	25.6	36.0	24.3	32.5	22.1	29.8
电影	3.5	4.7	2.9	4.3	3.0	4.0
法制	1.2	2.2	1.3	1.9	1.4	2.4
教学	0.8	0.4	0.5	0.1	0.5	0.2
青少	3.8	2.7	4.9	2.8	5.4	3.5
生活服务	10.8	5.4	8.1	5.8	8.7	6.7
体育	2.8	5.9	3.7	9.2	2.8	5.9
外语	0.3	0.1	0.2	0.1	0.1	0.1
戏剧	1.0	1.5	1.0	0.7	1.1	0.8
新闻/时事	8.2	9.2	12.9	11.8	12.4	10.6
音乐	2.1	1.5	2.6	1.0	2.8	1.0
专题	11.1	8.7	12.4	7.4	11.8	7.5
综艺	7.0	9.4	7.3	8.9	9.2	12.1
其他	20.4	11.2	16.1	12.6	16.6	14.1

表 3.29.7 2009 年天津市场所有节目收视率排名前三十位

名次	节目名称	节目类型	播出频道	平均收视率（%）	平均占有率（%）
1	欢天喜地闹元宵 2009 年元宵晚会	综艺	中央电视台综合频道	24.0	46.7
2	2009 春节联欢晚会	综艺	中央电视台综合频道	17.4	33.3
3	天气预报	生活服务	中央电视台综合频道	11.5	29.7
4	T5 直播：2009 年中超联赛第 2 轮 - 杭州绿城房产 VS 天津康师傅	体育	天津电视台五套（体育频道）	9.3	19.7
5	首都各界庆祝中华人民共和国成立 60 周年联欢晚会	综艺	中央电视台综合频道	8.2	18.3
6	T5 直播星耀亚洲：2009 年亚洲足球俱乐部冠军联赛 - 中国天津康师傅 VS 澳大利亚中央海岸水手	体育	天津电视台五套（体育频道）	7.7	19.1
7	走西口	电视剧	中央电视台综合频道	7.7	16.9
8	365 个祝福中央电视台心连心艺术团赴四川灾区慰问演出	综艺	中央电视台综合频道	7.6	19.3
9	祖国万岁庆祝中华人民共和国成立 60 周年大型文艺晚会	综艺	中央电视台综合频道	7.6	17.1
10	中国家庭第一部	电视剧	天津电视台二套（文艺频道）	7.5	17.5
11	憨媳当家	电视剧	天津电视台二套（文艺频道）	7.2	17.3
12	都市报道 60 分	新闻/时事	天津电视台四套（都市频道）	7.0	22.2
13	观点强中强	新闻/时事	天津电视台四套（都市频道）	6.9	22.6
14	家有公婆	电视剧	天津电视台二套（文艺频道）	6.8	16.1
15	宜春月中华情 2009 年中央电视台中秋晚会	综艺	中央电视台综合频道	6.7	15.4
16	2009 中央电视台 3.15 晚会	专题	中央电视台综合频道	6.7	15.1
17	人活一张脸	电视剧	天津电视台二套（文艺频道）	6.4	15.0
18	天津春晚笑满三春小沈阳集锦	综艺	天津卫视	6.3	15.1
19	不离不弃	电视剧	天津电视台二套（文艺频道）	6.2	15.2
20	2009 年上海国际田联黄金大奖赛	体育	中央台五套	6.1	16.6
21	百花迎春中国文学艺术界 2009 春节大联欢	综艺	中央台三套	5.8	13.3
22	快乐双雄会	综艺	天津卫视	5.7	15.0
23	T5 直播：2009 年中国之队国际足球赛 - 中国 VS 巴勒斯坦	体育	天津电视台五套（体育频道）	5.7	14.4

续表

名次	节目名称	节目类型	播出频道	平均收视率（%）	平均占有率（%）
24	直播周末：2009 年第 25 届亚洲男篮锦标赛决赛 - 中国队 VS 伊朗队	体育	中央台五套	5.6	15.2
25	真情无限之养母生母	电视剧	天津电视台二套（文艺频道）	5.6	13.2
26	我的青春谁做主	电视剧	中央电视台综合频道	5.6	12.9
27	万众一心向前进 2009 年军民迎新春文艺晚会	综艺	中央电视台综合频道	5.6	11.9
28	中央电视台 2007 年春节联欢晚会	综艺	中央台三套	5.5	13.8
29	CCTV2008 感动中国颁奖晚会	综艺	中央电视台综合频道	5.5	12.2
30	现场直播：2009 年中国之队国际足球友谊赛 - 中国 VS 德国	体育	中央台五套	5.4	13.8

表 3.29.8　2009 年天津市场电视剧收视率排名前十位

名次	节目名称	播出频道	平均收视率（%）	平均占有率（%）
1	走西口	中央电视台综合频道	7.7	16.9
2	中国家庭第一部	天津电视台二套（文艺频道）	7.5	17.5
3	憨媳当家	天津电视台二套（文艺频道）	7.2	17.3
4	家有公婆	天津电视台二套（文艺频道）	6.8	16.1
5	人活一张脸	天津电视台二套（文艺频道）	6.4	15.0
6	不离不弃	天津电视台二套（文艺频道）	6.2	15.2
7	真情无限之养母生母	天津电视台二套（文艺频道）	5.6	13.2
8	我的青春谁做主	中央电视台综合频道	5.6	12.9
9	原谅	天津电视台二套（文艺频道）	5.3	13.0
10	密战	中央电视台综合频道	5.3	12.2

表 3.29.9　2009 年天津市场新闻节目收视率排名前十位

名次	节目名称	播出频道	平均收视率（%）	平均占有率（%）
1	都市报道 60 分	天津电视台四套（都市频道）	7.0	22.2
2	观点强中强	天津电视台四套（都市频道）	6.9	22.6
3	焦点访谈	中央电视台综合频道	4.3	10.9
4	我们的节日春节一年又一年四海一家亲	中央电视台综合频道	4.2	16.1
5	盛典国庆 60 周年特别报道	中央电视台综合频道	4.1	17.4
6	温家宝总理会见中外记者	中央电视台综合频道	3.9	8.8
7	我们的节日春节一年又一年四海一家亲	河北卫视	2.9	7.4
8	新闻联播	中央电视台综合频道	2.7	8.1
9	晚间新闻	甘肃卫视	2.3	5.9
10	首都各界庆祝中华人民共和国成立 60 周年大会	中央台二套	2.2	6.0

表 3.29.10　2009 年天津市场专题节目收视率排名前十位

名次	节目名称	播出频道	平均收视率（%）	平均占有率（%）
1	2009 中央电视台 3.15 晚会	中央电视台综合频道	6.7	15.1
2	人民至上	中央电视台综合频道	5.4	13.5
3	西藏今昔	中央电视台综合频道	4.5	11.0
4	幕后	中央台三套	4.0	10.2
5	解放农奴	中央电视台综合频道	4.0	9.7
6	艺术人生特别节目温暖 2009	中央台三套	2.9	7.1
7	百年先念	中央电视台综合频道	2.8	7.8
8	人民英模	中央电视台综合频道	2.8	6.9
9	我们的田野 2009 三八特别节目	中央电视台综合频道	2.5	5.3
10	特别节目走近小沈阳	江苏卫视	2.4	7.0

表 3.29.11　2009 年天津市场综艺节目收视率排名前十位

名次	节目名称	播出频道	平均收视率（%）	平均占有率（%）
1	欢天喜地闹元宵 2009 年元宵晚会	中央电视台综合频道	24.0	46.7
2	2009 春节联欢晚会	中央电视台综合频道	17.4	33.3
3	首都各界庆祝中华人民共和国成立 60 周年联欢晚会	中央电视台综合频道	8.2	18.3
4	365 个祝福中央电视台心连心艺术团赴四川灾区慰问演出	中央电视台综合频道	7.6	19.3
5	祖国万岁庆祝中华人民共和国成立 60 周年大型文艺晚会	中央电视台综合频道	7.6	17.1
6	宜春月中华情 2009 年中央电视台中秋晚会	中央电视台综合频道	6.7	15.4
7	天津春晚笑满三春小沈阳集锦	天津卫视	6.3	15.1
8	百花迎春中国文学艺术界 2009 春节大联欢	中央台三套	5.8	13.3
9	快乐双雄会	天津卫视	5.7	15.0
10	万众一心向前进 2009 年军民迎新春文艺晚会	中央电视台综合频道	5.6	11.9

表 3.29.12　2009 年天津市场体育节目收视率排名前十位

名次	节目名称	播出频道	平均收视率（%）	平均占有率（%）
1	T5 直播：2009 年中超联赛第 2 轮 - 杭州绿城房产 VS 天津康师傅	天津电视台五套（体育频道）	9.3	19.7
2	T5 直播星耀亚洲：2009 年亚洲足球俱乐部冠军联赛 - 中国天津康师傅 VS 澳大利亚中央海岸水手	天津电视台五套（体育频道）	7.7	19.1
3	2009 年上海国际田联黄金大奖赛	中央台五套	6.1	16.6
4	T5 直播：2009 年中国之队国际足球赛 - 中国 VS 巴勒斯坦	天津电视台五套（体育频道）	5.7	14.4
5	直播周末：2009 年第 25 届亚洲男篮锦标赛决赛 - 中国队 VS 伊朗队	中央台五套	5.6	15.2
6	现场直播：2009 年中国之队国际足球友谊赛 - 中国 VS 德国	中央台五套	5.4	13.8
6	黄金赛场：2009 年中国国际女排精英赛昆山站 - 中国队 VS 古巴队	中央台五套	5.4	13.8
8	直播周末 NBA 赛场：08/09 赛季 NBA 季后赛 - 火箭 VS 开拓者	中央台五套	4.9	17.4
9	T5 直播：2009/2010 赛季全国女子排球联赛第二轮 - 天津普利司通 VS 上海邓禄普	天津电视台五套（体育频道）	4.8	11.8
10	现场直播：2011 年亚洲杯预选赛 - 中国 VS 越南	中央台五套	4.7	10.2

三十、重庆收视数据

表 3.30.1 2005—2009 年重庆市场各类频道的市场占有率（%）

频道类别	年份				
	2005 年	2006 年	2007 年	2008 年	2009 年
中央台频道	35.0	35.0	35.5	37.7	31.5
中国教育台频道	0.1	0.1	0.4	0.3	0.3
重庆市级频道	41.8	40.6	36.0	31.0	30.7
其他省级卫视频道	18.6	19.5	21.3	23.5	29.7
其他频道	4.5	4.8	6.8	7.6	7.8

表 3.30.2 2009 年重庆市场各类频道在不同目标观众中的市场占有率（%）

目标观众		中央台频道	中国教育台频道	重庆级频道	其他省级卫视频道	其他频道
4 岁及以上所有人		31.5	0.3	30.7	29.7	7.8
性别	男	33.5	0.3	30.8	27.1	8.3
	女	29.5	0.3	30.6	32.0	7.5
年龄	4－14 岁	27.2	0.3	30.6	34.6	7.3
	15－24 岁	22.9	0.2	32.4	36.2	8.3
	25－34 岁	30.7	0.3	29.4	30.6	9.0
	35－44 岁	27.9	0.2	31.3	32.0	8.6
	45－54 岁	31.5	0.3	34.6	26.4	7.2
	55－64 岁	37.9	0.3	28.9	25.9	7.0
	65 岁及以上	39.2	0.3	26.3	26.5	7.7
教育程度	未受过正规教育	33.7	0.4	32.5	26.4	7.0
	小学	30.3	0.3	31.6	30.3	7.5
	初中	31.6	0.3	30.2	30.0	7.9
	高中	31.2	0.2	31.2	28.3	9.1
	大学及以上	34.9	0.3	26.2	32.3	6.3
职业类别	干部/管理人员	36.6	0.1	29.1	28.6	5.6
	个体/私营企业人员	28.8	0.2	33.2	30.8	7.0
	初级公务员/雇员	33.9	0.3	30.5	28.9	6.4
	工人	31.6	0.2	32.3	27.9	8.0
	学生	23.0	0.2	30.7	38.3	7.8
	无业	33.6	0.3	30.2	28.4	7.5
	其他	32.3	0.4	29.8	28.2	9.3
个人月收入	0－600 元	29.8	0.3	31.1	30.5	8.3
	601－1200 元	33.7	0.3	29.5	29.4	7.1
	1201－1700 元	37.3	0.1	30.0	26.3	6.3
	1701 元及以上	34.7	0.1	33.2	24.7	7.3

表 3.30.3　2009 年重庆市场各类频道在不同时段的市场占有率（%）

时间段	中央台频道	中国教育台频道	重庆市级频道	其他省级卫视频道	其他频道
02:00－03:00	34.3	0.0	15.9	38.8	11.0
03:00－04:00	34.2	0.0	19.6	36.9	9.3
04:00－05:00	28.7	0.0	22.3	41.9	7.1
05:00－06:00	35.1	0.1	22.3	37.7	4.8
06:00－07:00	50.8	0.3	16.5	28.8	3.6
07:00－08:00	47.7	0.1	24.6	21.6	6.0
08:00－09:00	35.9	0.1	21.5	35.0	7.5
09:00－10:00	30.7	0.1	20.1	41.0	8.1
10:00－11:00	33.0	0.5	17.3	40.3	8.9
11:00－12:00	32.9	0.5	22.2	35.9	8.5
12:00－13:00	39.7	0.1	23.5	28.6	8.1
13:00－14:00	37.9	0.5	15.7	36.9	9.0
14:00－15:00	31.2	0.7	16.0	43.3	8.8
15:00－16:00	28.7	0.2	18.9	43.5	8.7
16:00－17:00	29.0	0.2	20.1	42.4	8.3
17:00－18:00	33.8	0.5	22.2	36.0	7.5
18:00－19:00	28.0	0.2	46.0	19.4	6.4
19:00－20:00	30.6	0.1	50.7	11.0	7.6
20:00－21:00	32.2	0.2	37.6	23.3	6.7
21:00－22:00	30.4	0.3	34.7	27.1	7.5
22:00－23:00	24.7	0.5	32.5	33.5	8.8
23:00－24:00	29.6	0.4	26.6	35.0	8.4
24:00－25:00	30.8	0.1	23.9	36.8	8.4
25:00－26:00	31.3	0.1	15.8	41.8	11.0

表 3.30.4　2009 年重庆市场收视份额位于前十位的频道

名次	频道名称	收视份额（%）
1	重庆电视台影视频道（一套）	7.2
2	重庆电视台时尚频道（七套）	6.6
3	重庆电视台新闻频道（二套）	5.7
4	湖南电视台卫星频道	5.1
5	中央电视台综合频道	4.9
5	中央台八套	4.9
5	中央台六套	4.9
8	重庆卫视	4.6
9	中央台三套	3.7
10	江苏卫视	3.1

表 3.30.5　2009 年重庆市场主要频道的观众构成（%）

目标观众		所有频道	主要频道				
			重庆电视台影视频道（一套）	重庆电视台时尚频道（七套）	重庆电视台新闻频道（二套）	湖南电视台卫星频道	中央电视台综合频道
4 岁及以上所有人		100.0	100.0	100.0	100.0	100.0	100.0
性别	男	48.7	45.6	45.4	50.9	35.3	51.0
	女	51.3	54.4	54.6	49.1	64.7	49.0
年龄	4-14 岁	11.8	8.9	12.3	5.6	18.6	7.6
	15-24 岁	6.6	6.3	9.5	6.3	14.6	3.4
	25-34 岁	13.1	11.1	15.2	10.3	19.9	10.7
	35-44 岁	19.8	21.1	24.0	21.2	23.2	12.3
	45-54 岁	20.4	26.3	22.1	26.9	9.7	26.6
	55-64 岁	17.3	17.6	11.5	18.5	6.5	23.3
	65 岁及以上	11.0	8.7	5.5	11.1	7.4	16.2
教育程度	未受过正规教育	7.0	6.6	4.7	5.9	3.1	9.2
	小学	27.2	26.1	36.3	21.4	26.4	21.0
	初中	39.6	44.7	33.7	40.0	41.9	40.3
	高中	19.7	16.8	20.9	25.9	18.9	19.9
	大学及以上	6.5	5.8	4.4	6.8	9.7	9.5
职业类别	干部/管理人员	1.1	0.8	0.8	1.5	0.5	1.7
	个体/私营企业人员	7.7	9.3	8.0	10.4	13.2	7.1
	初级公务员/雇员	6.4	6.5	6.8	7.8	8.7	6.3
	工人	15.5	14.3	20.3	20.0	10.6	15.0
	学生	11.0	9.3	14.5	7.3	26.5	4.9
	无业	37.2	33.3	31.9	40.3	27.1	41.2
	其他	21.1	26.5	17.6	12.7	13.4	23.9
个人月收入	0-600 元	62.3	66.7	61.8	52.5	70.2	56.9
	601-1200 元	27.4	24.5	27.7	31.2	22.9	31.7
	1201-1700 元	5.8	4.6	4.9	9.6	2.9	6.4
	1701 元及以上	4.6	4.2	5.6	6.7	4.0	5.0

表 3.30.6　2007—2009 年重庆市场各类节目的播出份额（%）和收视份额（%）

节目类别	2007 年		2008 年		2009 年	
	播出份额	收视份额	播出份额	收视份额	播出份额	收视份额
财经	1.4	0.9	1.6	0.6	1.6	0.6
生活服务	12.6	6.4	10.9	4.8	10.4	5.0
青少	3.9	2.9	4.2	3.6	4.6	5.5
戏剧	1.0	0.3	0.9	0.2	1.0	0.2
教学	0.7	0.3	0.8	0.2	0.8	0.2
综艺	6.4	7.8	4.9	6.7	6.1	8.7
外语	0.3	0.1	0.2	0.1	0.2	0.1
电影	4.1	7.4	3.3	6.1	3.3	5.6
音乐	2.0	1.4	2.5	0.9	2.7	1.1
新闻/时事	8.4	9.6	9.5	11.5	9.0	10.9
电视剧	28.2	36.5	28.1	38.6	27.2	37.3
专题	10.4	8.5	10.4	8.0	10.0	7.6
体育	3.1	4.8	3.5	5.7	2.6	2.4
法制	1.0	1.1	0.8	1.2	0.9	1.2
其他	16.5	12.1	18.4	12.1	19.6	13.6

表 3.30.7　2009 年重庆市场所有节目收视率排名前三十位

名次	节目名称	节目类型	播出频道	平均收视率（%）	平均占有率（%）
1	2009 春节联欢晚会	综艺	中央电视台综合频道	24.5	56.8
2	欢天喜地闹元宵 2009 年元宵晚会	综艺	中央电视台综合频道	11.2	24.8
3	首都各界庆祝中华人民共和国成立 60 周年联欢晚会	综艺	中央电视台综合频道	9.8	23.7
4	我的丑娘	电视剧	重庆电视台影视频道（一套）	9.2	28.7
5	重庆市庆祝建国 60 周年音乐焰火晚会	综艺	重庆电视台新闻频道（二套）	7.9	21.4
6	春草	电视剧	重庆电视台影视频道（一套）	7.6	22.0
7	天伦劫	电视剧	重庆电视台影视频道（一套）	7.5	19.2
8	春去春又回	电视剧	重庆电视台影视频道（一套）	7.1	23.7
9	祖国万岁庆祝中华人民共和国成立 60 周年大型文艺晚会	综艺	中央电视台综合频道	7.0	18.0
10	杀虎口	电视剧	重庆电视台影视频道（一套）	6.8	21.7
11	少林寺（2 月 2 日）	电影	中央台六套	6.7	19.0
12	锁清秋	电视剧	重庆电视台影视频道（一套）	6.6	22.2
13	纸醉金迷	电视剧	重庆电视台影视频道（一套）	6.6	19.1
14	重庆市庆祝建国 60 周年音乐焰火晚会	综艺	重庆卫视	6.5	17.6
15	唐伯虎点秋香	电影	中央台六套	6.5	16.3
15	妈妈为我嫁	电视剧	重庆电视台影视频道（一套）	6.5	16.3
17	2009 快乐中国快乐女声想唱就唱我最响亮全国总决赛 4 进 3	综艺	湖南电视台卫星频道	6.2	29.1
18	中华英雄（11 月 27）	电影	中央台六套	6.0	15.0
19	特别攻击队（3 月 19）	电影	中央台六套	5.9	17.0
20	东陵大盗	电视剧	重庆电视台影视频道（一套）	5.8	20.7
21	庆祝中华人民共和国成立六十周年大型音乐舞蹈史诗复兴之路	综艺	中央电视台综合频道	5.8	14.8
22	举起手来	电影	中央台六套	5.7	17.2
23	母仪天下	电视剧	重庆电视台影视频道（一套）	5.6	16.2
24	新情义无价	电视剧	重庆电视台影视频道（一套）	5.5	15.3
25	女子别动队	电影	中央台六套	5.5	13.2
26	仗义英雄	电影	中央台六套	5.3	14.5
27	杀手情	电影	中央台六套	5.3	14.0
28	追剿魔头	电影	中央台六套	5.3	12.7
29	解密档案之眼中钉	电视剧	重庆电视台影视频道（一套）	5.2	17.4
30	长江 7 号（2 月 8 日）	电影	中央台六套	5.2	12.7

表 3.30.8 2009 年重庆市场电视剧收视率排名前十位

名次	节目名称	播出频道	平均收视率（%）	平均占有率（%）
1	我的丑娘	重庆电视台影视频道（一套）	9.2	28.7
2	春草	重庆电视台影视频道（一套）	7.6	22.0
3	天伦劫	重庆电视台影视频道（一套）	7.5	19.2
4	春去春又回	重庆电视台影视频道（一套）	7.1	23.7
5	杀虎口	重庆电视台影视频道（一套）	6.8	21.7
6	锁清秋	重庆电视台影视频道（一套）	6.6	22.2
7	纸醉金迷	重庆电视台影视频道（一套）	6.6	19.1
8	妈妈为我嫁	重庆电视台影视频道（一套）	6.5	17.6
9	东菱大盗	重庆电视台影视频道（一套）	5.8	20.7
10	母仪天下	重庆电视台影视频道（一套）	5.6	16.2

表 3.30.9 2009 年重庆市场新闻节目收视率排名前十位

名次	节目名称	播出频道	平均收视率（%）	平均占有率（%）
1	天天 630	重庆电视台新闻频道（二套）	5.1	22.4
2	新闻联播	中央电视台综合频道	3.0	13.1
3	首都各界庆祝中华人民共和国成立 60 周年大会	广西电视台卫星频道	2.7	11.2
4	首都各界庆祝中华人民共和国成立 60 周年大会	中央台二套	2.4	6.8
5	温家宝总理会见中外记者	中央电视台综合频道	2.3	6.8
6	盛典国庆 60 周年特别报道	中央电视台综合频道	1.7	12.0
7	重庆新闻联播	重庆电视台新闻频道（二套）	1.5	4.5
8	傍晚开聊	重庆电视台新闻频道（二套）	1.4	10.1
9	重庆新闻联播	重庆卫视	1.4	7.7
10	我们的节日春节一年又一年四海一家亲	中央电视台综合频道	1.3	7.7

表 3.30.10 2009 年重庆市场专题节目收视率排名前十位

名次	节目名称	播出频道	平均收视率（%）	平均占有率（%）
1	2008 世界	中央台四套	2.9	8.4
2	冷暖人生	重庆电视台时尚频道（七套）	2.3	8.2
3	人民至上	中央电视台综合频道	2.3	6.6
4	我们的田野 2009 三八特别节目	中央电视台综合频道	2.0	5.2
5	西藏农奴的故事	中央电视台综合频道	1.8	4.9
6	百年先念	中央电视台综合频道	1.7	5.5
7	清明	中央台三套	1.6	4.8
8	崛起 5.12	中央电视台新闻频道	1.5	5.2
9	2009 中央电视台 3.15 晚会	中央电视台综合频道	1.5	4.5
10	人民英模	中央电视台新闻频道	1.4	6.3

表 3.30.11　2009 年重庆市场综艺节目收视率排名前十位

名次	节目名称	播出频道	平均收视率（%）	平均占有率（%）
1	2009 春节联欢晚会	中央电视台综合频道	24.5	56.8
2	欢天喜地闹元宵 2009 年元宵晚会	中央电视台综合频道	11.2	24.8
3	首都各界庆祝中华人民共和国成立 60 周年联欢晚会	中央电视台综合频道	9.8	23.7
4	重庆市庆祝建国 60 周年音乐焰火晚会	重庆电视台新闻频道（二套）	7.9	21.4
5	祖国万岁庆祝中华人民共和国成立 60 周年大型文艺晚会	中央电视台综合频道	7.0	18.0
6	重庆市庆祝建国 60 周年音乐焰火晚会	重庆卫视	6.5	17.6
7	2009 快乐中国快乐女声想唱就唱我最响亮全国总决赛 4 进 3	湖南电视台卫星频道	6.2	29.1
8	庆祝中华人民共和国成立六十周年大型音乐舞蹈史诗复兴之路	中央电视台综合频道	5.8	14.8
9	365 个祝福中央电视台心连心艺术团赴四川灾区慰问演出	中央电视台综合频道	4.7	14.1
10	宜春月中华情 2009 年中央电视台中秋晚会	中央电视台综合频道	4.5	11.4

表 3.30.12　2009 年重庆市场体育节目收视率排名前十位

名次	节目名称	播出频道	平均收视率（%）	平均占有率（%）
1	中华人民共和国第十一届运动会开幕式	中央台五套	3.7	8.6
2	直播周末：2009 年第 25 届亚洲男篮锦标赛决赛	中央台五套	3.5	9.9
3	现场直播：第十一届全运会举重男子 105 公斤以上级决赛	中央台五套	2.9	6.6
4	现场直播：第十一届全运会男子 110 米栏决赛	中央台五套	2.8	6.7
5	直播周末：李宁 2009 年苏迪曼杯世界羽毛球混合团体锦标赛决赛男单	中央台五套	2.4	6.3
6	中华人民共和国第十一届运动会开幕式	中央电视台综合频道	2.2	5.2
7	现场直播：第十一届全运会举重女子 75 公斤级挺举决赛	中央台五套	2.2	5.1
8	黄金赛场：2009 年亚洲男篮锦标赛 - 黎巴嫩队 VS 中国队	中央台五套	2.1	7.9
9	2009 年第 5 届东亚运动会田径比赛女子 400 米决赛	中央台五套	2.0	5.3
10	第 11 届全运会女子 100 米栏决赛	中央台五套	2.0	4.8

三十一、长春收视数据

表 3.31.1 2005—2009 年长春市场各类频道的市场占有率（%）

频道类别	年份				
	2005 年	2006 年	2007 年	2008 年	2009 年
中央台频道	37.4	38.2	35.8	37.0	31.6
中国教育台频道	0.2	0.1	0.7	0.4	0.4
吉林省级频道	35.4	31.1	26.4	27.1	28.1
长春市级频道	15.6	14.0	11.7	10.0	10.9
其他省级卫视频道	9.8	13.5	22.5	21.7	21.3
其他频道	1.7	3.0	2.9	3.8	7.2

表 3.31.2 2009 年长春市场各类频道在不同目标观众中的市场占有率（%）

目标观众		中央台频道	中国教育台频道	吉林省级频道	长春市级频道	其他省级卫视频道	其他频道
4 岁及以上所有人		31.6	0.4	28.1	10.9	21.8	7.2
性别	男	33.5	0.4	26.8	11.4	20.9	7.0
	女	29.9	0.4	29.4	10.3	22.6	7.4
年龄	4－14 岁	32.2	0.5	23.7	10.0	24.2	9.4
	15－24 岁	29.0	0.3	26.0	9.5	27.8	7.4
	25－34 岁	27.6	0.4	27.1	12.4	21.7	10.8
	35－44 岁	30.1	0.4	27.7	9.7	23.0	9.1
	45－54 岁	31.1	0.4	30.5	11.2	21.1	5.7
	55－64 岁	32.8	0.3	28.7	11.3	21.3	5.6
	65 岁及以上	39.2	0.3	27.6	10.4	17.3	5.2
教育程度	未受过正规教育	33.9	0.4	28.5	11.8	16.9	8.5
	小学	30.7	0.4	30.1	12.4	20.3	6.1
	初中	29.7	0.3	31.0	10.9	21.8	6.3
	高中	31.4	0.4	26.9	11.1	22.9	7.3
	大学及以上	36.1	0.5	23.8	8.8	21.8	9.0
职业类别	干部/管理人员	31.8	0.8	30.5	9.2	16.8	10.9
	个体/私营企业人员	28.4	0.3	32.0	10.4	21.7	7.2
	初级公务员/雇员	35.0	0.4	23.7	9.5	23.7	7.7
	工人	30.4	0.4	27.0	12.7	22.1	7.4
	学生	30.3	0.4	23.2	9.4	28.4	8.3
	无业	33.0	0.3	27.8	10.6	21.7	6.6
	其他	21.2	0.0	50.1	17.2	4.4	7.1
个人月收入	0－600 元	29.5	0.3	29.5	10.7	22.9	7.1
	601－1200 元	30.8	0.4	28.5	11.8	21.3	7.2
	1201－1700 元	33.7	0.4	29.4	10.1	19.8	6.5
	1701－2600 元	34.3	0.3	24.3	10.3	23.3	7.5
	2601 及元以上	41.7	0.3	20.7	8.3	20.0	9.0

表 3.31.3　2009 年长春市场各类频道在不同时段的市场占有率（%）

时间段	中央台频道	中国教育台频道	吉林省级频道	长春市级频道	其他省级卫视频道	其他频道
02:00－03:00	39.4	0.2	10.6	6.6	33.0	10.2
03:00－04:00	39.1	0.1	15.1	7.2	28.3	10.2
04:00－05:00	40.8	0.1	16.7	7.7	26.8	7.9
05:00－06:00	41.1	0.1	22.6	14.0	16.8	5.4
06:00－07:00	38.6	0.2	35.6	10.7	9.6	5.3
07:00－08:00	41.1	0.2	23.2	16.9	13.1	5.5
08:00－09:00	39.6	0.2	17.7	7.4	28.2	6.9
09:00－10:00	34.1	0.4	18.1	8.0	31.1	8.3
10:00－11:00	34.3	0.5	14.6	8.7	33.2	8.7
11:00－12:00	35.6	0.6	16.5	6.9	31.3	9.1
12:00－13:00	35.0	0.2	16.0	12.9	26.3	9.6
13:00－14:00	34.1	0.6	14.1	8.2	32.1	10.9
14:00－15:00	29.4	0.7	16.3	8.0	35.2	10.4
15:00－16:00	30.9	0.3	16.0	8.3	34.7	9.8
16:00－17:00	35.2	0.3	14.4	7.4	33.2	9.5
17:00－18:00	23.8	0.4	35.4	14.2	19.7	6.5
18:00－19:00	21.4	0.2	50.9	14.5	7.5	5.5
19:00－20:00	34.0	0.2	41.5	10.7	7.5	6.1
20:00－21:00	33.0	0.3	31.9	12.2	16.8	5.8
21:00－22:00	30.9	0.4	31.5	9.5	21.6	6.1
22:00－23:00	26.7	0.8	22.7	10.9	31.6	7.3
23:00－24:00	32.7	0.7	14.2	12.4	31.4	8.6
24:00－25:00	35.5	0.3	12.7	10.0	31.9	9.6
25:00－26:00	36.4	0.2	10.6	6.9	35.6	10.3

表 3.31.4　2009 年长春市场收视份额位于前十位的频道

名次	频道名称	收视份额（%）
1	吉林电视台都市频道（二套）	11.8
2	中央电视台综合频道	5.6
3	吉林卫视	5.0
4	中央台五套	4.1
5	中央台三套	3.9
6	长春电视台综合频道	3.8
7	中央台八套	3.5
8	吉林电视台影视频道（四套）	3.2
9	长春电视台娱乐频道	2.8
9	中央台六套	2.8

表 3.31.5 2009 年长春市场各主要频道的观众构成（%）

目标观众		所有频道	主要频道				
			吉林电视台都市频道（二套）	中央电视台综合频道	吉林卫视	中央台五套	中央台三套
4 岁及以上所有人		100.0	100.0	100.0	100.0	100.0	100.0
性别	男	49.4	43.7	49.9	50.3	64.6	49.3
	女	50.6	56.3	50.1	49.7	35.4	50.7
年龄	4-14 岁	6.1	4.7	5.5	7.7	2.3	4.8
	15-24 岁	8.2	7.2	6.0	5.3	10.9	8.0
	25-34 岁	13.6	11.2	13.0	14.9	10.5	10.0
	35-44 岁	15.9	16.3	14.8	15.8	12.5	14.4
	45-54 岁	25.8	29.9	25.1	24.8	27.4	27.9
	55-64 岁	18.5	18.0	20.0	20.0	14.3	21.8
	65 岁及以上	11.9	12.7	15.6	11.5	22.1	13.1
教育程度	未受过正规教育	3.7	4.6	3.1	5.3	3.2	2.9
	小学	13.6	15.3	13.5	16.6	10.3	13.3
	初中	30.6	33.8	31.5	33.1	21.5	33.1
	高中	34.9	33.0	34.5	34.5	36.6	33.4
	大学及以上	17.2	13.3	17.4	10.5	28.4	17.3
职业类别	干部/管理人员	3.6	4.0	4.5	2.9	2.7	2.5
	个体/私营企业人员	11.2	13.0	8.3	9.4	11.6	11.8
	初级公务员/雇员	12.5	10.0	13.5	8.1	14.0	11.7
	工人	15.7	16.0	13.8	14.9	17.3	15.7
	学生	8.9	6.6	7.8	7.7	9.4	7.5
	无业	44.6	43.7	47.1	40.9	44.0	48.3
	其他	3.5	6.7	5.0	16.1	1.0	2.4
个人月收入	0-600 元	36.7	39.4	33.7	42.7	32.0	33.8
	601-1200 元	36.1	38.1	37.1	31.2	32.4	36.6
	1201-1700 元	11.9	12.9	12.7	13.4	11.7	13.4
	1701-2600 元	9.5	6.9	10.7	8.0	8.1	8.1
	2601 元及以上	5.8	2.7	5.8	4.7	15.8	8.1

表 3.31.6 2007—2009 年长春市场各类节目的播出份额（%）和收视份额（%）

节目类别	2007 年		2008 年		2009 年	
	播出份额	收视份额	播出份额	收视份额	播出份额	收视份额
财经	1.4	1.3	1.6	0.9	1.6	1.4
电视剧	27.7	37.8	25.2	32.6	27.0	31.6
电影	4.5	7.6	4.6	6.9	4.2	6.0
法制	1.1	1.2	1.4	2.2	1.1	2.2
教学	0.6	0.2	0.5	0.0	0.7	0.3
青少	3.5	2.8	4.4	2.5	4.0	3.3
生活服务	11.1	4.7	8.7	4.7	9.5	5.3
体育	2.0	5.1	2.6	6.5	1.8	4.3
外语	0.3	0.1	0.2	0.0	0.2	0.0
戏剧	1.0	0.4	1.1	0.3	1.0	0.4
新闻/时事	8.4	11.0	13.0	16.6	8.6	13.1
音乐	2.0	1.2	2.4	0.8	2.6	1.0
专题	10.0	6.0	10.9	5.3	9.6	6.9
综艺	6.5	9.5	7.1	9.0	6.5	10.4
其他	19.9	11.3	16.6	11.8	21.6	13.8

表3.31.7　2009年长春市场所有节目收视率排名前三十位

名次	节目名称	节目类型	播出频道	平均收视率(%)	平均占有率(%)
1	2009春节联欢晚会	综艺	中央电视台综合频道	30.3	66.1
2	欢天喜地闹元宵2009年元宵晚会	综艺	中央电视台综合频道	25.8	53.7
3	首都各界庆祝中华人民共和国成立60周年联欢晚会	综艺	中央电视台综合频道	14.6	32.4
4	守望都市	新闻/时事	吉林电视台都市频道（二套）	10.1	32.0
5	真情无限之养母生母	电视剧	吉林电视台都市频道（二套）	9.5	23.0
6	都市大视野	新闻/时事	吉林电视台都市频道（二套）	9.4	23.9
7	现场直播：第十一届全运会男子110米栏决赛	体育	中央台五套	9.2	24.2
8	说实在的	新闻/时事	吉林电视台都市频道（二套）	8.2	32.6
9	秘密列车	电视剧	吉林电视台都市频道（二套）	7.9	19.7
10	天下兄弟	电视剧	吉林电视台都市频道（二套）	7.6	18.4
11	我是一棵小草	电视剧	吉林电视台都市频道（二套）	7.5	17.2
12	宜春月中华情2009年中央电视台中秋晚会	综艺	中央电视台综合频道	7.4	20.4
13	新闻总动员	新闻/时事	吉林电视台都市频道（二套）	7.3	23.0
14	焰火映盛世春城共辉煌长春市庆祝新中国成立60周年焰火晚会	综艺	长春电视台综合频道	6.6	18.5
15	错爱第二部	电视剧	吉林电视台都市频道（二套）	6.5	18.8
16	走西口	电视剧	中央电视台综合频道	6.4	15.5
17	潜伏	电视剧	吉林电视台都市频道（二套）	6.3	16.7
18	天气预报	生活服务	中央电视台综合频道	6.2	17.0
19	第三届CCTV电视剧群英汇	综艺	中央台三套	6.2	15.4
20	现场直播：第十一届全运会男子十项全能之十1500米	体育	中央台五套	6.1	15.7
21	拉大剧	专题	吉林电视台都市频道（二套）	6.0	18.0
22	直播周末：2009年第25届亚洲男篮锦标赛决赛－中国队VS伊朗队	体育	中央台五套	5.9	19.9
23	辽宁电视台沈阳电视台2009春节联欢晚会	综艺	辽宁卫视	5.9	15.9
24	幕后	专题	中央台三套	5.9	15.8
25	北方有佳人	电视剧	吉林电视台都市频道（二套）	5.8	17.2
26	我的兄弟叫顺溜	电视剧	中央电视台综合频道	5.6	15.3
27	欢天喜地闹元宵2009年元宵晚会	综艺	中央台三套	5.6	11.7

续表

名次	节目名称	节目类型	播出频道	平均收视率（%）	平均占有率（%）
28	天涯咫尺	电视剧	吉林电视台都市频道（二套）	5.5	13.4
29	百花迎春中国文学艺术界2009春节大联欢	综艺	中央台三套	5.3	13.3
30	星光大道年度总决赛2008	综艺	中央台三套	5.3	13.2

表3.31.8　2009年长春市场电视剧收视率排名前十位

名次	节目名称	播出频道	平均收视率（%）	平均占有率（%）
1	真情无限之养母生母	吉林电视台都市频道（二套）	9.5	23.0
2	秘密列车	吉林电视台都市频道（二套）	7.9	19.7
3	天下兄弟	吉林电视台都市频道（二套）	7.6	18.4
4	我是一棵小草	吉林电视台都市频道（二套）	7.5	17.2
5	错爱第二部	吉林电视台都市频道（二套）	6.5	18.8
6	走西口	中央电视台综合频道	6.4	15.5
7	潜伏	吉林电视台都市频道（二套）	6.3	16.7
8	北方有佳人	吉林电视台都市频道（二套）	5.8	17.2
9	我的兄弟叫顺溜	中央电视台综合频道	5.6	15.3
10	天涯咫尺	吉林电视台都市频道（二套）	5.5	13.4

表3.31.9　2009年长春市场新闻节目收视率排名前十位

名次	节目名称	播出频道	平均收视率（%）	平均占有率（%）
1	守望都市	吉林电视台都市频道（二套）	10.1	32.0
2	都市大视野	吉林电视台都市频道（二套）	9.4	23.9
3	说实在的	吉林电视台都市频道（二套）	8.2	32.6
4	新闻总动员	吉林电视台都市频道（二套）	7.3	23.0
5	盛典国庆60周年特别报道	中央电视台综合频道	4.8	16.1
6	新闻联播	中央电视台综合频道	3.6	10.4
7	城市速递	长春电视台综合频道	3.3	11.6
8	我们的节日春节一年又一年四海一家亲	中央电视台综合频道	2.6	8.2
9	焦点访谈	中央电视台综合频道	2.1	5.6
10	温家宝总理会见中外记者	中央电视台综合频道	2.0	4.3

表3.31.10　2009年长春市场专题节目收视率排名前十位

名次	节目名称	播出频道	平均收视率（%）	平均占有率（%）
1	拉大剧	吉林电视台都市频道（二套）	6.0	18.0
2	幕后	中央台三套	5.9	15.8
3	小沈阳来了	江苏卫视	3.8	14.2
4	2009中央电视台3.15晚会	中央电视台综合频道	3.6	9.0
5	人民至上	中央电视台综合频道	2.8	7.9

续表

名次	节目名称	播出频道	平均收视率(%)	平均占有率(%)
6	艺术人生特别节目温暖2009	中央台三套	2.7	7.2
7	超级访问	长春电视台综合频道	2.4	8.6
8	西藏今昔	中央电视台综合频道	2.2	5.2
9	人民英模	中央电视台综合频道	1.9	5.1
10	动物世界	中央台三套	1.8	5.3

表 3.31.11　2009 年长春市场综艺节目收视率排名前十位

名次	节目名称	播出频道	平均收视率(%)	平均占有率(%)
1	2009 春节联欢晚会	中央电视台综合频道	30.3	66.1
2	欢天喜地闹元宵2009年元宵晚会	中央电视台综合频道	25.8	53.7
3	首都各界庆祝中华人民共和国成立60周年联欢晚会	中央电视台综合频道	14.6	32.4
4	宜春月中华情2009年中央电视台中秋晚会	中央电视台综合频道	7.4	20.4
5	焰火映盛世春城共辉煌长春市庆祝新中国成立60周年焰火晚会	长春电视台综合频道	6.6	18.5
6	第三届 CCTV 电视剧群英汇	中央台三套	6.2	15.4
7	辽宁电视台沈阳电视台2009春节联欢晚会	辽宁卫视	5.9	15.9
8	欢天喜地闹元宵2009年元宵晚会	中央台三套	5.6	11.7
9	百花迎春中国文学艺术界2009春节大联欢	中央台三套	5.3	13.3
10	星光大道年度总决赛2008	中央台三套	5.3	13.2

表 3.31.12　2009 年长春市场体育节目收视率排名前十位

名次	节目名称	播出频道	平均收视率(%)	平均占有率(%)
1	现场直播：第十一届全运会男子110米栏决赛	中央台五套	9.2	24.2
2	现场直播：第十一届全运会男子十项全能之十1500米	中央台五套	6.1	15.7
3	直播周末：2009年第25届亚洲男篮锦标赛决赛－中国队VS伊朗队	中央台五套	5.9	19.9
4	现场直播：第十一届全运会男子举重94公斤级决赛	中央台五套	5.2	13.6
5	直播周末：第50届世界乒乓球锦标赛男单1/4决赛	中央台五套	4.3	12.5
6	天下足球：2009年中国之队国际足球友谊赛－中国队VS伊朗队	中央台五套	4.3	11.7
7	现场直播：第十一届全运会男子200米决赛	中央台五套	4.3	11.6
8	2009年上海国际田联黄金大奖赛	中央台五套	4.2	11.7
9	现场直播：第十一届全运会男子4×100米个人混合泳接力决赛	中央台五套	3.9	9.8
10	现场直播：第11届全运会女子撑杆跳高决赛	中央台五套	3.7	9.9

三十二、长沙收视数据

表 3.32.1 2005—2009 年长沙市场各类频道的市场占有率（%）

频道类别	年份				
	2005 年	2006 年	2007 年	2008 年	2009 年
中央台频道	16.5	16.5	18.0	23.0	19.5
中国教育台频道	0.1	0.1	0.3	0.4	0.5
湖南省级频道	53.5	53.4	49.3	44.3	44.2
长沙市级频道	16.8	16.5	18.0	15.7	17.7
其他省级卫视频道	6.3	8.1	7.5	8.5	8.9
其他频道	6.7	5.4	6.9	8.2	9.2

表 3.32.2 2009 年长沙市场各类频道在不同目标观众中的市场占有率（%）

目标观众		中央台频道	中国教育台频道	湖南省级频道	长沙市级频道	其他省级卫视频道	其他频道
4 岁及以上所有人		23.0	0.4	44.3	15.7	8.5	8.2
性别	男	24.8	0.4	42.5	16.3	7.9	8.1
	女	21.1	0.4	46.2	15.1	9.1	8.2
年龄	4－14 岁	17.4	0.3	53.3	9.4	10.1	9.6
	15－24 岁	18.8	0.4	49.6	12.1	9.9	9.2
	25－34 岁	20.0	0.3	46.0	18.5	7.0	8.3
	35－44 岁	23.3	0.4	46.2	14.1	7.8	8.2
	45－54 岁	22.9	0.3	40.3	18.1	8.9	9.5
	55－64 岁	25.9	0.3	43.3	16.0	8.4	6.2
	65 岁及以上	32.3	0.6	38.2	15.3	8.2	5.4
教育程度	未受过正规教育	19.8	0.3	50.2	11.9	6.1	11.6
	小学	20.4	0.3	49.7	14.4	9.0	6.2
	初中	22.2	0.4	44.6	17.3	7.6	7.9
	高中	21.5	0.3	43.2	15.8	9.5	9.6
	大学及以上	29.5	0.3	40.7	14.9	7.6	6.9
职业类别	干部/管理人员	25.8	0.4	42.5	17.2	8.5	5.5
	个体/私营企业人员	22.2	0.4	45.5	17.6	7.1	7.3
	初级公务员/雇员	24.4	0.3	41.9	16.1	7.7	9.6
	工人	21.8	0.4	43.7	15.3	8.6	10.2
	学生	20.0	0.3	50.7	10.3	10.7	8.0
	无业	24.3	0.4	42.3	16.9	8.5	7.6
	其他	16.3	0.2	61.2	13.0	5.1	4.2
个人月收入	0－600 元	20.0	0.4	48.0	14.6	8.8	8.2
	601－1200 元	23.4	0.4	43.4	16.3	8.1	8.5
	1201－1700 元	25.0	0.3	43.3	15.2	8.9	7.4
	1701－2600 元	25.2	0.4	39.3	18.1	8.2	8.9
	2601 元及以上	28.9	0.3	40.9	15.1	8.3	6.5

表 3.33.3　2009 年长沙市场各类频道不同时段的市场占有率（%）

时间段	中央台频道	中国教育台频道	湖南省级频道	长沙市级频道	其他省级卫视频道	其他频道
02:00-03:00	26.0	0.1	27.7	11.2	15.1	19.9
03:00-04:00	25.7	0.1	26.7	11.7	16.5	19.3
04:00-05:00	26.0	0.1	26.1	10.5	19.9	17.4
05:00-06:00	32.7	0.2	25.9	10.3	18.3	12.8
06:00-07:00	39.0	0.3	20.1	21.5	9.2	9.8
07:00-08:00	35.9	0.3	32.8	12.9	8.9	9.1
08:00-09:00	26.6	0.2	41.6	9.6	11.6	10.5
09:00-10:00	25.4	0.3	38.0	10.7	14.0	11.6
10:00-11:00	27.7	0.8	33.8	10.6	14.7	12.3
11:00-12:00	29.1	0.9	37.3	8.2	13.5	11.1
12:00-13:00	28.6	0.3	43.3	8.5	9.3	10.1
13:00-14:00	22.7	0.9	43.5	9.2	12.2	11.5
14:00-15:00	20.2	1.2	40.1	10.3	15.4	12.8
15:00-16:00	21.2	0.5	36.5	9.9	17.6	14.3
16:00-17:00	20.8	0.5	37.9	11.1	16.0	13.8
17:00-18:00	17.8	0.8	41.4	17.7	12.1	10.3
18:00-19:00	11.9	0.4	48.6	28.1	4.0	7.1
19:00-20:00	18.5	0.3	48.5	23.5	3.4	5.8
20:00-21:00	17.3	0.4	49.3	20.2	7.0	5.9
21:00-22:00	17.0	0.5	48.9	20.3	6.8	6.6
22:00-23:00	15.3	0.9	47.6	20.0	7.8	8.4
23:00-24:00	16.3	0.6	44.6	20.6	7.6	10.3
24:00-25:00	21.9	0.2	32.9	17.6	12.1	15.3
25:00-26:00	22.1	0.1	30.2	11.3	16.9	19.4

表 3.32.4　2009 年长沙市场收视份额排名前十位的频道

名次	频道名称	收视份额（%）
1	湖南电视台卫星频道	8.7
2	湖南电视台经济频道	7.7
3	湖南电视台都市频道	6.3
4	湖南电视台电视剧频道	6.1
5	长沙电视政法频道	5.7
6	中央电视台综合频道	5.5
7	长沙电视经贸频道	4.3
8	湖南电视台娱乐频道	4.0
9	湖南电视台潇湘电影频道	3.7
10	湖南电视台公共频道	2.9

表 3.32.5 2009 年长沙市场各主要频道的观众构成（%）

目标观众		所有频道	主要频道				
			湖南电视台卫星频道	湖南电视台经济频道	湖南电视台都市频道	湖南电视台电视剧频道	长沙电视政法频道
4 岁及以上所有人		100.0	100.0	100.0	100.0	100.0	100.0
性别	男	48.7	41.5	42.5	46.4	46.8	49.9
	女	51.3	58.5	57.5	53.6	53.2	50.1
年龄	4－14 岁	7.6	11.5	6.6	4.5	5.0	4.5
	15－24 岁	8.7	16.4	9.5	5.4	10.0	6.7
	25－34 岁	15.7	17.5	16.9	17.5	10.0	14.1
	35－44 岁	14.3	14.9	13.5	14.4	13.7	15.2
	45－54 岁	26.2	20.9	25.2	30.6	27.8	35.0
	55－64 岁	16.5	10.9	16.3	19.6	18.5	14.7
	65 岁及以上	11.0	7.8	12.0	8.0	15.0	9.9
教育程度	未受过正规教育	2.4	3.0	1.7	1.7	1.1	2.3
	小学	13.5	12.2	14.7	10.0	16.9	10.3
	初中	32.6	31.7	32.4	35.6	36.6	42.2
	高中	32.1	32.2	32.8	30.3	31.9	32.8
	大学及以上	19.5	20.8	18.4	22.5	13.6	12.4
职业类别	干部/管理人员	4.5	4.7	5.1	5.3	5.1	4.5
	个体/私营企业人员	8.1	8.5	8.7	8.1	4.9	8.4
	初级公务员/雇员	12.7	11.0	12.5	15.5	8.5	10.8
	工人	18.8	19.8	17.5	15.6	15.2	20.7
	学生	9.4	15.0	9.8	6.1	6.8	5.5
	无业	43.5	39.4	42.8	46.3	49.6	47.2
	其他	3.0	1.5	3.8	3.0	9.9	2.8
个人月收入	0－600 元	29.3	34.3	31.0	27.0	32.2	31.7
	601－1200 元	31.7	30.6	32.3	31.2	34.4	32.3
	1201－1700 元	12.5	11.6	12.8	12.1	9.1	14.0
	1701－2600 元	14.2	12.3	13.1	15.7	15.0	11.6
	2601 元及以上	12.3	11.2	10.9	14.1	9.2	10.4

表 3.32.6 2007—2009 年长沙市场各类节目的播出份额（%）和收视份额（%）

节目类别	2007 年		2008 年		2009 年	
	播出份额	收视份额	播出份额	收视份额	播出份额	收视份额
财经	1.4	0.4	1.4	0.5	1.8	0.8
电视剧	25.1	29.8	24.7	28.9	22.2	27.5
电影	5.0	8.8	4.5	7.2	4.6	6.9
法制	2.3	5.2	1.8	4.6	1.8	4.4
教学	0.7	0.3	0.6	0.2	0.5	0.1
青少	4.3	3.2	4.2	2.1	4.7	2.6
生活服务	6.7	4.9	7.7	5.8	7.9	7.1
体育	1.6	2.3	2.6	4.8	1.8	1.4
外语	0.2	0.0	0.1	0.0	0.1	0.0
戏剧	1.2	0.3	1.0	0.2	1.1	0.2
新闻/时事	13.2	11.4	13.7	13.6	13.6	13.5
音乐	1.8	0.9	2.3	0.5	2.5	0.5
专题	11.6	8.7	11.8	7.7	11.8	8.5
综艺	8.1	9.3	7.0	9.5	8.8	10.7
其他	16.9	14.5	16.5	14.4	16.9	15.9

表 3.32.7　2009 年长沙市场所有节目收视率排名前三十位

名次	节目名称	节目类型	播出频道	平均收视率(%)	平均占有率(%)
1	2009 春节联欢晚会	综艺	中央电视台综合频道	20.5	47.5
2	首都各界庆祝中华人民共和国成立 60 周年联欢晚会	综艺	中央电视台综合频道	16.7	36.8
3	2009 快乐中国快乐女声想唱就唱我最响亮全国总决赛决战之夜	综艺	湖南电视台卫星频道	12.7	40.6
4	快乐中国湖南卫视 2009 春节联欢晚会	综艺	湖南电视台卫星频道	11.3	30.4
5	快乐中国 20092010 跨年演唱会	音乐	湖南电视台卫星频道	9.3	25.3
6	直播大事件	体育	湖南电视台经济频道	8.6	25.6
7	元宵喜乐会	综艺	湖南电视台卫星频道	8.2	27.0
8	快乐中国湖南卫视 2009 春节联欢晚会倒计时	综艺	湖南电视台卫星频道	7.5	18.9
9	奶娘	电视剧	湖南电视台经济频道	7.2	19.3
10	祖国万岁庆祝中华人民共和国成立 60 周年大型文艺晚会	综艺	中央电视台综合频道	7.1	19.7
11	天气预报	生活服务	中央电视台综合频道	6.3	18.6
12	华彩聚三湘第五届两岸经贸文化论坛文艺晚会	综艺	湖南电视台卫星频道	6.2	18.7
13	快乐中国湖南卫视 2009 春节联欢晚会	综艺	湖南电视台经济频道	6.1	16.5
14	宜春月中华情 2009 年中央电视台中秋晚会	综艺	中央电视台综合频道	6.0	18.5
15	生死谍恋	电视剧	湖南电视台经济频道	5.8	16.9
16	跨越海峡的爱心援助台湾受灾同胞赈灾晚会	综艺	湖南电视台卫星频道	5.7	19.5
17	FUN4 娱乐牛光溢彩耀新春	综艺	湖南电视台经济频道	5.6	17.6
18	桃花开朵朵越策走透透	综艺	湖南电视台经济频道	5.4	14.5
19	妈妈为我嫁	电视剧	湖南电视台经济频道	5.3	14.6
20	天天向上	综艺	湖南电视台卫星频道	5.1	14.7
21	欢天喜地闹元宵 2009 年元宵晚会	综艺	中央电视台综合频道	5.0	14.4
22	富贵在天	电视剧	湖南电视台经济频道	4.8	13.7
23	一起来看流星雨	电视剧	湖南电视台卫星频道	4.7	36.6
24	非亲姐妹	电视剧	湖南电视台经济频道	4.7	13.1
25	湘江颂湖南省庆祝中华人民共和国成立六十周年文艺晚会	综艺	湖南电视台卫星频道	4.7	13.0
26	2009 春节联欢晚会	综艺	湖南电视台经济频道	4.7	10.9
27	胭脂雪	电视剧	湖南电视台经济频道	4.6	12.3
28	揭秘潜伏	综艺	湖南电视台经济频道	4.5	17.4
29	卫视气象站	生活服务	湖南电视台卫星频道	4.5	15.1
30	我的兄弟叫顺溜	电视剧	中央电视台综合频道	4.5	13.6

表 3.32.8 2009 年长沙市场电视剧收视率排名前十位

名次	节目名称	播出频道	平均收视率（%）	平均占有率（%）
1	奶娘	湖南电视台经济频道	7.2	19.3
2	生死谍恋	湖南电视台经济频道	5.8	16.9
3	妈妈为我嫁	湖南电视台经济频道	5.3	14.6
4	富贵在天	湖南电视台经济频道	4.8	13.7
5	一起来看流星雨	湖南电视台卫星频道	4.7	36.6
6	非亲姐妹	湖南电视台经济频道	4.7	13.1
7	胭脂雪	湖南电视台经济频道	4.6	12.3
8	我的兄弟叫顺溜	中央电视台综合频道	4.5	13.6
9	绝密 1950	湖南电视台电视剧频道	4.4	12.9
10	走西口	中央电视台综合频道	4.4	11.8

表 3.32.9 2009 年长沙市场新闻节目收视率排名前十位

名次	节目名称	播出频道	平均收视率（%）	平均占有率（%）
1	都市 1 时间	湖南电视台都市频道	3.4	11.1
2	新闻联播	中央电视台综合频道	3.4	10.5
3	直播大事件	湖南电视台经济频道	3.0	10.2
4	盛典国庆 60 周年特别报道	中央电视台综合频道	2.9	12.1
5	生死穿越沱龙峡	湖南电视台都市频道	2.9	8.4
6	夜线	长沙电视政法频道	2.5	7.0
7	经视新闻	湖南电视台经济频道	2.2	8.5
8	转播中央台新闻联播	湖南电视台卫星频道	2.1	6.5
9	长沙市第十三届人大常委会第十次会议特别报道	长沙电视新闻频道	2.1	5.4
10	焦点访谈	中央电视台综合频道	2.0	5.9

表 3.32.10 2009 年长沙市场专题节目收视率排名前十位

名次	节目名称	播出频道	平均收视率（%）	平均占有率（%）
1	人民至上	中央电视台综合频道	3.0	9.0
2	鲁豫有约	湖南电视台都市频道	2.6	8.7
3	第八届汉语桥世界大学生中文比赛决赛第二场	湖南电视台卫星频道	2.6	7.4
4	情动 8 点	长沙电视政法频道	2.6	7.3
5	寻情记	湖南电视台都市频道	2.5	7.0
6	8090	湖南电视台卫星频道	2.4	6.4
7	背后的故事	湖南电视台卫星频道	2.2	6.4
8	故事连环话	湖南电视台都市频道	2.1	5.9
9	经济频道特别制作寻宝走进福州	中央台二套	2.1	5.7
10	解放农奴	中央电视台综合频道	1.8	5.4

表 3.32.11　2009 年长沙市场综艺节目收视率排名前十位

名次	节目名称	播出频道	平均收视率（%）	平均占有率（%）
1	2009 春节联欢晚会	中央电视台综合频道	20.5	47.5
2	首都各界庆祝中华人民共和国成立 60 周年联欢晚会	中央电视台综合频道	16.7	36.8
3	2009 快乐中国快乐女声想唱就唱我最响亮全国总决赛决战之夜	湖南电视台卫星频道	12.7	40.6
4	快乐中国湖南卫视 2009 春节联欢晚会	湖南电视台卫星频道	11.3	30.4
5	元宵喜乐会	湖南电视台卫星频道	8.2	27.0
6	快乐中国湖南卫视 2009 春节联欢晚会倒计时	湖南电视台卫星频道	7.5	18.9
7	祖国万岁庆祝中华人民共和国成立 60 周年大型文艺晚会	中央电视台综合频道	7.1	19.7
8	华彩聚三湘第五届两岸经贸文化论坛文艺晚会	湖南电视台卫星频道	6.2	18.7
9	快乐中国湖南卫视 2009 春节联欢晚会	湖南电视台经济频道	6.1	16.5
10	宜春月中华情 2009 年中央电视台中秋晚会	中央电视台综合频道	6.0	18.5

表 3.32.12　2009 年长沙市场体育节目收视率排名前十位

名次	节目名称	播出频道	平均收视率（%）	平均占有率（%）
1	直播大事件	湖南电视台经济频道	8.6	25.6
2	现场直播：第 11 届全运会男子 110 米栏预赛	中央台五套	3.3	8.7
3	现场直播：第十一届全运会男子举重 94 公斤级决赛	中央台五套	2.5	6.5
3	直播周末：2009 年苏迪曼杯世界羽毛球混合团体锦标赛决赛男单	中央台五套	2.5	6.5
5	现场直播：第十一届全运会女子 400 米栏决赛	中央台五套	2.3	7.6
6	直播周末：2009 年苏迪曼杯世界羽毛球混合团体锦标赛决赛男双	中央台五套	2.2	7.0
7	中国长沙第十届全国中学生运动会开幕式	长沙电视新闻频道	2.1	6.7
8	中华人民共和国第十一届运动会开幕式	中央电视台综合频道	2.1	6.1
9	现场直播：第 11 届全运会男子十项全能之五 400 米	中央台五套	2.1	5.7
10	直播周末：2009 年第 25 届亚洲男篮锦标赛半决赛—黎巴嫩队 VS 中国队	中央台五套	2.0	6.5

三十三、成都收视数据

表 3.33.1　2005—2009 年成都市场各类频道的市场占有率（%）

频道类别	年份				
	2005 年	2006 年	2007 年	2008 年	2009 年
中央台频道	27.5	27.9	26.3	28.8	25.8
中国教育台频道	0.6	0.4	0.4	0.3	0.3
四川省级频道	22.5	24.3	28.3	26.1	26.1
成都市级频道	22.1	21.0	18.9	18.5	19.9
其他省级卫视频道	16.8	16.4	15.3	16.6	22.0
其他频道	10.5	10.0	10.8	9.8	6.0

表 3.33.2　2009 年成都市场各类频道在不同目标观众中的市场占有率（%）

目标观众		中央台频道	中国教育台频道	四川省级频道	成都市级频道	其他省级卫视频道	其他频道
4 岁及以上所有人		25.8	0.3	26.1	19.9	22.0	5.9
性别	男	28.2	0.3	24.0	20.1	20.5	6.9
	女	23.3	0.3	28.1	19.6	23.5	5.2
年龄	4-14 岁	23.7	0.3	21.4	17.5	29.8	7.3
	15-24 岁	21.4	0.2	25.4	16.1	27.4	9.5
	25-34 岁	24.4	0.3	25.2	18.0	22.8	9.3
	35-44 岁	26.4	0.3	23.8	17.5	24.2	7.8
	45-54 岁	22.6	0.3	29.1	22.7	19.6	5.7
	55-64 岁	27.7	0.3	28.0	21.8	18.7	3.5
	65 岁及以上	33.8	0.4	23.9	19.8	20.5	1.6
教育程度	未受过正规教育	27.7	0.3	25.4	17.3	23.3	6.0
	小学	23.8	0.4	28.1	19.7	24.1	3.9
	初中	23.9	0.3	28.0	19.9	21.6	6.3
	高中	25.8	0.3	26.2	20.4	21.4	5.9
	大学及以上	31.3	0.3	19.9	19.2	21.5	7.8
职业类别	干部/管理人员	30.0	0.4	19.0	18.3	21.1	11.2
	个体/私营企业人员	22.2	0.3	27.9	21.2	21.6	6.8
	初级公务员/雇员	28.8	0.3	23.4	18.1	22.1	7.3
	工人	21.5	0.2	28.1	21.1	22.1	7.0
	学生	22.2	0.3	23.1	16.1	30.2	8.1
	无业	27.8	0.3	27.1	20.2	20.4	4.2
	其他	16.2	0.1	30.0	29.3	19.7	4.7
个人月收入	0-600 元	23.7	0.3	26.7	19.2	24.1	6.0
	601-1200 元	25.5	0.3	27.7	19.3	21.4	5.8
	1201-1700 元	29.6	0.2	23.2	21.2	19.8	6.0
	1701 元及以上	28.9	0.3	22.6	21.9	19.7	6.6

表 3.33.3 2009 年成都市场各类频道在不同时段的市场占有率（%）

时间段	中央台频道	中国教育台频道	四川省级频道	成都市级频道	其他省级卫视频道	其他频道
02:00-03:00	25.8	0.1	18.8	11.7	31.2	12.4
03:00-04:00	25.2	0.0	17.8	13.4	32.8	10.8
04:00-05:00	23.0	0.0	18.3	15.0	37.0	6.7
05:00-06:00	22.9	0.0	17.5	17.3	35.3	7.0
06:00-07:00	38.0	0.7	13.0	18.3	26.0	4.0
07:00-08:00	41.0	0.8	14.4	23.1	16.4	4.3
08:00-09:00	39.3	0.2	17.9	17.1	21.4	4.1
09:00-10:00	35.1	0.2	17.7	14.9	25.8	6.3
10:00-11:00	33.6	0.5	18.5	11.3	28.8	7.3
11:00-12:00	35.1	0.5	21.1	9.1	27.6	6.6
12:00-13:00	33.7	0.2	26.2	11.6	20.0	8.3
13:00-14:00	30.2	0.6	27.2	7.5	28.3	6.2
14:00-15:00	25.3	0.7	23.6	8.2	35.0	7.2
15:00-16:00	24.7	0.3	23.8	7.8	35.6	7.8
16:00-17:00	26.3	0.3	23.1	6.7	36.0	7.6
17:00-18:00	29.5	0.5	25.0	10.0	29.4	5.6
18:00-19:00	22.2	0.2	29.3	30.6	11.7	6.0
19:00-20:00	25.4	0.1	28.7	32.4	8.4	5.0
20:00-21:00	25.7	0.2	25.5	25.5	19.7	3.4
21:00-22:00	23.1	0.2	27.1	24.2	21.6	3.8
22:00-23:00	19.0	0.3	28.4	25.2	20.9	6.2
23:00-24:00	20.9	0.7	33.4	13.5	23.7	7.8
24:00-25:00	25.3	0.1	20.7	10.4	31.2	12.3
25:00-26:00	25.6	0.1	17.3	11.3	32.9	12.8

表 3.33.4 2009 年成都市场收视份额排名前十位的频道

名次	频道名称	收视份额（%）
1	成都电视台新闻综合频道（一套）	5.6
2	四川电视台新闻资讯频道	5.4
3	四川电视台影视文艺频道（五套）	4.5
4	湖南电视台卫星频道	4.2
5	四川电视台二套（文化旅游频道）	4.1
6	成都电视台公共频道（五套）	3.9
7	中央电视台综合频道	3.8
8	成都电视台都市生活频道（三套）	3.5
9	成都电视台经济资讯服务频道（二套）	3.4
10	中央台三套	3.1

表 3.33.5　2009 年成都市场各主要频道的观众构成（%）

目标观众		所有频道	主要频道：成都电视台新闻综合频道（一套）	四川电视台新闻资讯频道	四川电视台影视文艺频道（五套）	湖南电视台卫星频道	四川电视台二套（文化旅游频道）
4 岁及以上所有人		100.0	100.0	100.0	100.0	100.0	100.0
性别	男	49.5	50.5	49.0	41.2	36.5	44.0
	女	50.5	49.5	51.0	58.8	63.5	56.0
年龄	4－14 岁	6.8	3.7	3.1	3.9	15.3	4.1
	15－24 岁	7.9	3.6	8.6	5.8	15.8	5.8
	25－34 岁	13.9	10.3	14.6	11.3	17.3	11.7
	35－44 岁	15.3	11.6	14.4	10.5	18.3	12.2
	45－54 岁	25.6	29.2	30.6	33.7	18.0	31.5
	55－64 岁	17.0	19.9	16.8	21.0	6.0	22.6
	65 岁及以上	13.5	21.6	11.9	13.9	9.3	12.2
教育程度	未受过正规教育	3.1	2.1	1.4	4.0	2.9	3.6
	小学	17.3	18.7	14.7	16.6	18.8	21.8
	初中	30.9	31.8	34.3	38.1	32.8	34.4
	高中	33.0	31.2	36.8	29.9	31.5	30.5
	大学及以上	15.7	16.2	12.8	11.3	14.0	9.6
职业类别	干部/管理人员	3.7	3.2	3.4	2.6	1.8	2.0
	个体/私营企业	11.3	12.9	10.8	12.8	11.6	9.0
	初级公务员/雇员	16.8	15.4	16.8	13.6	16.1	12.2
	工人	12.5	10.2	16.5	12.7	13.8	15.0
	学生	9.9	4.8	7.0	6.3	23.9	6.3
	无业	43.2	48.3	43.4	50.3	31.1	51.4
	其他	2.6	5.3	2.1	1.7	1.7	4.1
个人月收入	0－600 元	38.8	35.0	35.3	36.7	51.7	44.3
	601－1200 元	34.6	30.3	36.2	42.8	29.8	35.3
	1201－1700 元	11.7	15.5	12.4	9.7	8.7	9.2
	1701 元及以上	14.9	19.2	16.1	10.8	9.8	10.2

表 3.33.6　2007—2009 年成都市场各类节目的播出份额（%）和收视份额（%）

节目类别	2007 年		2008 年		2009 年	
	播出份额	收视份额	播出份额	收视份额	播出份额	收视份额
财经	1.5	1.3	1.7	1.8	1.8	2.0
生活服务	10.4	4.5	11.3	5.3	11.2	6.1
电视剧	29.0	32.1	28.9	29.4	28.9	30.3
电影	4.7	8.0	4.0	6.5	3.8	5.5
教学	0.7	0.4	0.7	0.3	0.7	0.3
青少	3.9	2.6	4.3	2.3	4.5	2.7
体育	2.2	3.1	2.5	5.5	1.8	2.7
戏剧	1.0	0.2	0.9	0.2	1.0	0.1
新闻/时事	10.2	16.5	11.4	19.5	10.3	17.0
音乐	2.2	1.3	2.5	0.8	1.5	0.9
专题	9.9	7.4	9.9	7.9	9.8	7.3
综艺	6.6	7.9	4.9	7.1	6.2	10.0
外语	0.3	0.1	0.2	0.1	0.2	0.1
法制	1.3	2.7	1.0	2.2	1.1	2.2
其他	16.3	12.0	15.8	11.0	17.4	12.8

表 3.33.7　2009 年成都市场所有节目收视率排名前三十位

名次	节目名称	节目类型	播出频道	平均收视率（%）	平均占有率（%）
1	2009 春节联欢晚会	综艺	中央电视台综合频道	26.4	54.5
2	首都各界庆祝中华人民共和国成立 60 周年联欢晚会	综艺	中央电视台综合频道	13.5	32.3
3	欢天喜地闹元宵 2009 年元宵晚会	综艺	中央电视台综合频道	10.7	26.0
4	2009 快乐中国快乐女声想唱就唱我最响亮全国总决赛 4 进 3	综艺	湖南电视台卫星频道	10.4	29.3
5	第 49 届国际小姐世界大会全球总决赛	综艺	成都电视台新闻综合频道（一套）	10.3	22.0
6	宜春月中华情 2009 年中央电视台中秋晚会	综艺	中央电视台综合频道	8.2	18.9
7	快乐中国 20092010 跨年演唱会	音乐	湖南电视台卫星频道	8.0	20.3
8	战士	电视剧	四川电视台影视文艺频道（五套）	6.6	19.7
9	江城令	电视剧	四川电视台影视文艺频道（五套）	6.0	17.5
10	大生活	电视剧	成都电视台新闻综合频道（一套）	6.0	14.6
11	元宵喜乐会	综艺	湖南电视台卫星频道	5.7	15.4
12	365 个祝福中央电视台心连心艺术团赴四川灾区慰问演出	综艺	中央电视台综合频道	5.7	15.1
13	走西口	电视剧	中央电视台综合频道	5.7	14.2
14	狙击手	电视剧	成都电视台新闻综合频道（一套）	5.7	13.9
15	祖国万岁庆祝中华人民共和国成立 60 周年大型文艺晚会	综艺	中央电视台综合频道	5.5	13.8
16	我的丑娘	电视剧	成都电视台新闻综合频道（一套）	5.5	13.3
17	快乐中国湖南卫视 2009 春节联欢晚会	综艺	湖南电视台卫星频道	5.1	14.8
18	现场直播：第十一届全运会男子 110 米栏决赛	体育	中央台五套	5.0	12.1
19	我的兄弟叫顺溜	电视剧	中央电视台综合频道	4.9	12.8

续表

名次	节目名称	节目类型	播出频道	平均收视率（%）	平均占有率（%）
20	无处不玩乐江苏卫视跨年演唱会	音乐	江苏卫视	4.9	12.0
21	人民至上	专题	中央电视台综合频道	4.7	11.7
22	重生512抗震救灾周年特别节目	综艺	成都电视台新闻综合频道（一套）	4.6	11.6
23	真情无限之养母生母	电视剧	成都电视台新闻综合频道（一套）	4.5	11.3
24	万众一心向前进2009年军民迎新春文艺晚会	综艺	中央电视台综合频道	4.5	11.2
25	首都各界庆祝中华人民共和国成立60周年联欢晚会	综艺	成都电视台新闻综合频道（一套）	4.5	10.[illegible]
26	牟氏庄园	电视剧	四川电视台影视文艺频道（五套）	4.4	12.5
27	第三届CCTV电视剧群英汇	综艺	中央台三套	4.4	11.0
28	结发夫妻	电视剧	成都电视台新闻综合频道（一套）	4.2	10.4
28	庆祝中华人民共和国成立六十周年大型音乐舞蹈史诗复兴之路	综艺	中央电视台综合频道	4.2	10.4
30	潜伏	电视剧	成都电视台新闻综合频道（一套）	4.2	10.2

表3.33.8 2009年成都市场电视剧收视率排名前十位

名次	节目名称	播出频道	平均收视率（%）	平均占有率（%）
1	战士	四川电视台影视文艺频道（五套）	6.6	19.7
2	江城令	四川电视台影视文艺频道（五套）	6.0	17.5
3	大生活	成都电视台新闻综合频道（一套）	6.0	14.6
4	走西口	中央电视台综合频道	5.7	14.2
5	狙击手	成都电视台新闻综合频道（一套）	5.7	13.9
6	我的丑娘	成都电视台新闻综合频道（一套）	5.5	13.3
7	我的兄弟叫顺溜	中央电视台综合频道	4.9	12.8
8	真情无限之养母生母	成都电视台新闻综合频道（一套）	4.5	11.3
9	牟氏庄园	四川电视台影视文艺频道（五套）	4.4	12.5
10	结发夫妻	成都电视台新闻综合频道（一套）	4.2	10.4

表 3.33.9　2009 年成都市场新闻节目收视率排名前十位

名次	节目名称	播出频道	平均收视率(%)	平均占有率(%)
1	中国精神汶川见证汶川地震一周年特别报道	成都电视台新闻综合频道（一套）	4.0	11.7
2	第二届中国成都国际非物质文化遗产节开幕式	成都电视台新闻综合频道（一套）	3.9	9.4
3	成视新闻	成都电视台新闻综合频道（一套）	3.7	10.5
4	第 49 届国际小姐世界大会特别直播	成都电视台公共频道（五套）	3.2	10.6
5	新闻联播	中央电视台综合频道	3.2	10.0
6	18:00 新闻现场	四川电视台新闻资讯频道	3.1	10.4
7	转播中央台新闻联播	成都电视台新闻综合频道（一套）	3.0	9.2
8	18:30 新闻现场	四川电视台新闻资讯频道	2.8	9.7
9	60 共同庆祝祖国六十华诞特别直播	成都电视台公共频道（五套）	2.8	7.7
10	新闻背景	成都电视台新闻综合频道（一套）	2.8	7.5

表 3.33.10　2009 年成都市场专题节目收视率排名前十位

名次	节目名称	播出频道	平均收视率(%)	平均占有率(%)
1	人民至上	中央电视台综合频道	4.7	11.7
2	2009 中央电视台 3.15 晚会	中央电视台综合频道	2.5	6.7
3	忠贞	成都电视台新闻综合频道（一套）	2.4	6.5
4	听小刚讲那过去的事国庆特别节目	成都电视台都市生活频道（三套）	2.3	5.6
5	新闻会客厅两会特别节目小崔会客	成都电视台新闻综合频道（一套）	2.2	5.4
6	小沈阳来了	江苏卫视	2.2	5.2
7	解密 5.12 大地震	峨眉电影频道	2.1	5.7
8	李伯清大话 60 年	成都电视台经济资讯服务频道(二套)	2.0	6.7
9	真实对话	成都电视台公共频道（五套）	2.0	5.4
10	百年先念	中央电视台综合频道	1.9	5.7

表 3.33.11　2009 年成都市场综艺节目收视率排名前十位

名次	节目名称	播出频道	平均收视率（%）	平均占有率（%）
1	2009 春节联欢晚会	中央电视台综合频道	26.4	54.5
2	首都各界庆祝中华人民共和国成立 60 周年联欢晚会	中央电视台综合频道	13.5	32.3
3	欢天喜地闹元宵 2009 年元宵晚会	中央电视台综合频道	10.7	26.0
4	2009 快乐中国快乐女声想唱就唱我最响亮全国总决赛 4 进 3	湖南电视台卫星频道	10.4	29.3
5	第 49 届国际小姐世界大会全球总决赛	成都电视台新闻综合频道（一套）	10.3	22.0
6	宜春月中华情 2009 年中央电视台中秋晚会	中央电视台综合频道	8.2	18.9
7	元宵喜乐会	湖南电视台卫星频道	5.7	15.4
8	365 个祝福中央电视台心连心艺术团赴四川灾区慰问演出	中央电视台综合频道	5.7	15.1
9	祖国万岁庆祝中华人民共和国成立 60 周年大型文艺晚会	中央电视台综合频道	5.5	13.8
10	快乐中国湖南卫视 2009 春节联欢晚会	湖南电视台卫星频道	5.1	14.8

表 3.33.12　2009 年成都市场体育节目收视率排名前十位

名次	节目名称	播出频道	平均收视率（%）	平均占有率（%）
1	现场直播：第十一届全运会男子 110 米栏决赛	中央台五套	5.0	12.1
2	直播周末：2009 年第 25 届亚洲男篮锦标赛决赛 - 中国队 VS 伊朗队	中央台五套	3.9	9.5
3	直播周末：2009 年苏迪曼杯世界羽毛球混合团体锦标赛决赛男单	中央台五套	3.8	9.0
4	天下足球：2009 年中国之队国际足球友谊赛 - 中国队 VS 伊朗队	中央台五套	3.6	9.3
5	现场直播：第十一届全运会男子举重 94 公斤级决赛	中央台五套	3.4	7.5
6	直播周末：2009 年斯坦科维奇杯洲际篮球赛 - 中国队 VS 土耳其队	中央台五套	3.2	8.5
7	2009 年上海国际田联黄金大奖赛	中央台五套	2.9	7.4
8	中华人民共和国第十一届运动会开幕式	中央电视台综合频道	2.8	6.7
9	直播周末：2009 年苏迪曼杯世界羽毛球混合团体锦标赛决赛混双	中央台五套	2.4	7.0
10	2009 年意大利超级杯北京赛 - 拉齐奥 VS 国际米兰	中央台五套	2.4	6.8

三十四、大连收视数据

表 3. 34. 1　2005—2009 年大连市场各类频道的市场占有率（%）

频道类别	年份				
	2005 年	2006 年	2007 年	2008 年	2009 年
中央台频道	43. 5	43. 7	40. 1	41. 3	37. 6
中国教育台频道	0. 5	0. 2	0. 2	0. 1	0. 1
辽宁省级频道	4. 8	7. 2	10. 3	8. 5	12. 5
大连市级频道	42. 4	37. 1	34. 6	35. 7	34. 1
其他省级卫视频道	6. 5	9. 1	11. 1	11. 7	12. 8
其他频道	2. 3	2. 7	3. 7	2. 7	2. 9

表 3. 34. 2　2009 年大连市场各类频道在各目标观众中的市场占有率（%）

目标观众		中央台频道	中国教育台频道	辽宁省级频道	大连市级频道	其他省级卫视频道	其他频道
4 岁及以上所有人		37. 6	0. 1	12. 5	34. 1	12. 8	2. 9
性别	男	39. 8	0. 1	12. 0	33. 5	11. 7	2. 9
	女	35. 5	0. 1	13. 1	34. 7	13. 8	2. 8
年龄	4－14 岁	40. 1	0. 2	11. 9	27. 7	15. 8	4. 3
	15－24 岁	38. 2	0. 2	11. 8	29. 5	17. 5	2. 8
	25－34 岁	37. 5	0. 1	13. 7	29. 7	14. 0	5. 0
	35－44 岁	34. 4	0. 2	14. 2	32. 7	15. 5	3. 0
	45－54 岁	35. 2	0. 1	11. 3	38. 8	12. 0	2. 6
	55－64 岁	37. 5	0. 1	13. 3	35. 6	11. 6	1. 9
	65 岁及以上	43. 5	0. 1	11. 4	36. 9	6. 9	1. 2
教育程度	未受过正规教育	36. 7	0. 1	15. 9	36. 1	8. 2	3. 0
	小学	39. 0	0. 1	12. 1	35. 1	11. 8	1. 9
	初中	36. 0	0. 1	13. 0	34. 4	13. 1	3. 4
	高中	37. 2	0. 1	12. 7	33. 9	13. 2	2. 9
	大学及以上	42. 3	0. 1	10. 2	32. 4	12. 8	2. 2
职业类别	干部/管理人员	44. 3	0. 1	11. 8	25. 0	13. 7	5. 1
	个体/私营企业人员	31. 8	0. 2	14. 5	32. 3	16. 4	4. 8
	初级公务员/雇员	38. 8	0. 1	11. 9	36. 5	10. 9	1. 8
	工人	36. 0	0. 1	12. 7	37. 0	12. 0	2. 2
	学生	40. 7	0. 2	12. 3	27. 0	17. 1	2. 7
	无业	38. 1	0. 1	12. 1	35. 1	11. 6	3. 0
	其他	46. 4	0. 0	15. 1	20. 7	16. 6	1. 2
个人月收入	0－600 元	37. 4	0. 1	13. 1	29. 8	15. 3	4. 3
	601－1200 元	34. 0	0. 1	13. 2	37. 9	12. 8	2. 0
	1201－1700 元	38. 8	0. 1	10. 9	36. 7	11. 8	1. 7
	1701－2600 元	43. 4	0. 1	13. 0	31. 5	9. 3	2. 7
	2601 元及以上	42. 7	0. 1	11. 3	27. 1	11. 7	7. 1

表 3.34.3 2009 年大连市场各类频道在各时段的市场占有率（%）

时间段	中央台频道	中国教育台频道	辽宁省级频道	大连市级频道	其他省级卫视频道	其他频道
02:00－03:00	54.9	0.0	13.3	1.0	24.5	6.3
03:00－04:00	41.6	0.0	18.7	0.8	25.0	13.9
04:00－05:00	45.0	0.0	14.2	0.8	29.2	10.8
05:00－06:00	40.4	0.0	30.9	0.2	26.5	2.0
06:00－07:00	30.3	0.0	39.6	14.8	13.2	2.1
07:00－08:00	43.2	0.0	19.7	23.8	12.1	1.2
08:00－09:00	44.7	0.1	13.1	21.9	18.5	1.7
09:00－10:00	42.8	0.1	11.1	21.4	22.1	2.5
10:00－11:00	42.4	0.2	11.9	18.6	22.8	4.1
11:00－12:00	44.7	0.1	18.5	12.3	18.3	6.1
12:00－13:00	49.1	0.1	30.3	6.3	11.0	3.2
13:00－14:00	49.3	0.7	14.9	8.5	22.4	4.2
14:00－15:00	37.9	0.6	12.1	11.3	33.1	5.0
15:00－16:00	39.2	0.1	13.3	13.4	29.7	4.3
16:00－17:00	40.1	0.1	14.5	18.4	23.2	3.7
17:00－18:00	39.4	0.1	14.0	30.7	13.6	2.2
18:00－19:00	22.8	0.1	6.1	63.3	4.3	3.4
19:00－20:00	46.7	0.0	7.9	37.8	5.1	2.5
20:00－21:00	34.7	0.1	10.6	41.9	10.7	2.0
21:00－22:00	35.2	0.1	16.3	30.3	15.7	2.4
22:00－23:00	31.4	0.1	16.7	28.1	20.3	3.4
23:00－24:00	43.7	0.1	14.6	14.7	21.1	5.8
24:00－25:00	48.0	0.2	10.5	6.3	24.8	10.2
25:00－26:00	41.9	0.4	11.0	5.4	21.5	19.8

表 3.34.4 2009 年大连市场收视份额排名前十位的频道

名次	频道名称	收视份额（%）
1	大连台一套（新闻综合频道）	17.0
2	中央电视台综合频道	12.0
3	辽宁卫视	7.2
4	大连台二套（经济生活频道）	5.7
5	中央台三套	5.2
6	中央台八套	4.0
6	大连台四套（文体频道）	4.0
8	大连台三套（公共频道）	3.7
9	中央台六套	3.4
10	中央台五套	2.8

表 3.34.5　2009 年大连市场各主要频道的观众构成（%）

目标观众		所有频道	主要频道				
			大连台一套（新闻综合频道）	中央电视台综合频道	辽宁卫视	大连台二套（经济生活频道）	中央台三套
4 岁及以上所有人		100.0	100.0	100.0	100.0	100.0	100.0
性别	男	48.0	47.3	51.1	44.5	43.4	46.9
	女	52.0	52.7	48.9	55.5	56.6	53.1
年龄	4－14 岁	5.2	1.9	3.6	4.6	4.5	4.2
	15－24 岁	9.5	7.0	9.7	8.2	10.0	9.0
	25－34 岁	14.6	11.7	14.3	13.1	11.9	13.5
	35－44 岁	18.2	15.2	15.7	20.0	23.0	15.8
	45－54 岁	22.0	27.8	22.3	17.9	24.6	22.6
	55－64 岁	14.3	14.0	17.1	16.8	13.3	15.0
	65 岁及以上	16.2	22.4	17.3	19.4	12.7	19.9
教育程度	未受过正规教育	2.9	2.9	3.3	4.5	3.1	2.4
	小学	13.2	12.8	12.1	16.6	15.6	12.2
	初中	41.1	42.4	39.0	45.5	42.6	44.9
	高中	29.7	28.9	28.6	23.6	29.6	29.5
	大学及以上	13.1	13.0	17.0	9.8	9.1	11.0
职业类别	干部/管理人员	2.0	1.4	2.7	2.2	1.3	1.7
	个体/私营企业人员	10.8	9.7	10.0	12.8	10.7	9.7
	初级公务员/雇员	9.8	10.6	10.1	8.3	10.1	10.9
	工人	22.6	23.6	22.3	22.1	28.2	19.4
	学生	8.2	4.6	7.4	7.1	6.9	7.8
	无业	43.9	48.8	44.2	43.3	41.9	48.5
	其他	2.7	1.3	3.3	4.2	0.9	2.0
个人月收入	0－600 元	27.5	21.5	26.5	26.8	25.5	26.4
	601－1200 元	33.8	38.7	30.8	37.7	37.4	30.0
	1201－1700 元	21.6	24.8	23.4	18.2	25.4	25.7
	1701－2600 元	12.5	11.9	14.5	13.7	8.4	13.4
	2601 元及以上	4.6	3.1	4.8	3.6	3.3	4.5

表 3.34.6　2007—2009 年大连市场各类节目的播出份额（%）和收视份额（%）

节目类别	2007 年		2008 年		2009 年	
	播出份额	收视份额	播出份额	收视份额	播出份额	收视份额
财经	1.5	0.5	1.6	0.8	1.6	1.1
电视剧	25.5	31.4	27.5	31.0	28.1	30.4
电影	4.5	3.9	4.4	3.6	3.5	3.1
法制	1.4	1.4	0.9	1.5	1.0	1.7
教学	0.6	0.0	0.7	0.1	0.7	0.2
青少	4.6	1.9	4.0	2.6	4.3	2.7
生活服务	7.1	5.3	10.3	5.9	9.7	6.8
体育	2.0	3.3	3.6	6.7	2.8	3.1
外语	0.3	0.2	0.2	0.1	0.2	0.1
戏剧	1.3	0.3	0.9	0.3	1.0	0.2
新闻/时事	13.2	17.4	9.5	18.3	8.8	16.7
音乐	2.0	1.4	2.5	0.9	2.7	0.9
专题	11.2	6.0	9.6	5.4	9.5	6.3
综艺	8.3	10.3	5.3	7.1	6.5	9.9
其他	16.6	16.7	18.9	15.7	19.6	16.8

表 3.34.7　2009 年大连市场所有节目收视率排名前三十位

名次	节目名称	节目类型	播出频道	平均收视率（%）	平均占有率（%）
1	2009 春节联欢晚会	综艺	中央电视台综合频道	60.3	88.7
2	首都各界庆祝中华人民共和国成立 60 周年联欢晚会	综艺	中央电视台综合频道	31.0	56.3
3	欢天喜地闹元宵 2009 年元宵晚会	综艺	中央电视台综合频道	25.9	39.5
4	今晚 60 分	新闻/时事	大连台一套（新闻综合频道）	19.1	44.7
5	新闻联播	新闻/时事	中央电视台综合频道	18.6	33.9
6	第 20 届大连国际服装节开幕式广场艺术晚会	综艺	大连台一套（新闻综合频道）	16.8	34.1
7	宜春月中华情 2009 年中央电视台中秋晚会	综艺	中央电视台综合频道	15.6	31.6
8	天气预报	生活服务	中央电视台综合频道	13.9	24.5
9	闯关东中篇	电视剧	大连台一套（新闻综合频道）	13.7	32.5
10	2009 万家灯火平安夜公安部 2009 年春节电视文艺晚会	综艺	中央电视台综合频道	11.6	21.6
11	春天的祝福文化部 2009 年春节电视晚会	综艺	中央电视台综合频道	11.4	27.2
12	西藏今昔	专题	中央电视台综合频道	11.4	18.8
13	焦点访谈	新闻/时事	中央电视台综合频道	10.9	19.0
14	50 玫瑰	电视剧	大连台一套（新闻综合频道）	10.8	22.8
15	天气预报	生活服务	大连台一套（新闻综合频道）	10.5	19.4
16	我们的节日春节一年又一年四海一家亲	新闻/时事	中央电视台综合频道	10.3	28.2
17	北方有佳人	电视剧	大连台一套（新闻综合频道）	10.0	25.0
18	星光大道年度总决赛 2008	综艺	中央台三套	10.0	18.5
19	曲苑杂坛	综艺	中央电视台综合频道	9.8	20.7
20	小姨多鹤	电视剧	大连台一套（新闻综合频道）	9.7	24.5
21	转播中央台新闻联播	新闻/时事	大连台一套（新闻综合频道）	9.7	17.7
22	走西口	电视剧	中央电视台综合频道	9.7	17.4
23	高地	电视剧	大连台一套（新闻综合频道）	9.3	18.6
24	万众一心向前进 2009 年军民迎新春文艺晚会	综艺	中央电视台综合频道	9.1	15.1
25	百花迎春中国文学艺术界 2009 春节大联欢	综艺	中央台三套	8.9	15.5

续表

名次	节目名称	节目类型	播出频道	平均收视率（%）	平均占有率（%）
26	勋章	电视剧	大连台一套（新闻综合频道）	8.8	20.1
27	解放农奴	专题	中央电视台综合频道	8.7	14.1
28	祖国万岁庆祝中华人民共和国成立60周年大型文艺晚会	综艺	中央电视台综合频道	8.4	18.5
29	钻石王老五的艰难爱情	电视剧	大连台二套（经济生活频道）	8.3	14.3
30	我的兄弟叫顺溜	电视剧	中央电视台综合频道	8.2	16.5

表 3.34.8　2009 年大连市场电视剧收视率排名前十位

名次	节目名称	播出频道	平均收视率（%）	平均占有率（%）
1	闯关东中篇	大连台一套（新闻综合频道）	13.7	32.6
2	50 玫瑰	大连台一套（新闻综合频道）	10.8	22.8
3	北方有佳人	大连台一套（新闻综合频道）	10.0	25.0
4	小姨多鹤	大连台一套（新闻综合频道）	9.7	24.5
5	走西口	中央电视台综合频道	9.7	17.4
6	高地	大连台一套（新闻综合频道）	9.3	18.6
7	勋章	大连台一套（新闻综合频道）	8.8	20.1
8	钻石王老五的艰难爱情	大连台二套（经济生活频道）	8.3	14.3
9	我的兄弟叫顺溜	中央电视台综合频道	8.2	16.5
10	清凌凌的水蓝莹莹的天第二部	中央电视台综合频道	7.8	13.2

表 3.34.9　2009 年大连市场新闻节目收视率排名前十位

名次	节目名称	播出频道	平均收视率（%）	平均占有率（%）
1	今晚 60 分	大连台一套（新闻综合频道）	19.1	44.7
2	新闻联播	中央电视台综合频道	18.6	33.9
3	焦点访谈	中央电视台综合频道	10.9	19.0
4	我们的节日春节一年又一年四海一家亲	中央电视台综合频道	10.3	28.2
5	转播中央台新闻联播	大连台一套（新闻综合频道）	9.7	17.7
6	澳门十年	中央电视台综合频道	7.9	13.4
7	首都各界庆祝中华人民共和国成立60周年大会	大连台一套（新闻综合频道）	7.2	13.5
8	温家宝总理会见中外记者	中央电视台综合频道	7.1	11.5
9	大连新闻	大连台一套（新闻综合频道）	6.4	11.1
10	盛典国庆 60 周年特别报道	中央电视台综合频道	5.8	19.6

表 3.34.10 2009 年大连市场专题节目收视率排名前十位

名次	节目名称	播出频道	平均收视率（%）	平均占有率（%）
1	西藏今昔	中央电视台综合频道	11.4	18.8
2	解放农奴	中央电视台综合频道	8.7	14.1
3	人民英模	中央电视台综合频道	7.6	13.9
4	百年先念	中央电视台综合频道	7.0	12.4
5	相信中国 2009 年当代工人五一特别节目	中央电视台综合频道	6.0	13.1
6	宋任穷	中央电视台综合频道	6.0	10.7
7	人民至上	中央电视台综合频道	5.9	11.0
8	成长的力量	大连台一套（新闻综合频道）	5.7	13.3
9	我们的田野 2009 三八特别节目	中央电视台综合频道	5.6	9.0
10	绿源彩树盛世情	大连台一套（新闻综合频道）	5.5	19.[illegible]

表 3.34.11 2009 年大连市场综艺节目收视率排名前十位

名次	节目名称	播出频道	平均收视率（%）	平均占有率（%）
1	2009 春节联欢晚会	中央电视台综合频道	60.3	88.7
2	首都各界庆祝中华人民共和国成立 60 周年联欢晚会	中央电视台综合频道	31.0	56.3
3	欢天喜地闹元宵 2009 年元宵晚会	中央电视台综合频道	25.9	39.5
4	第 20 届大连国际服装节开幕式广场艺术晚会	大连台一套（新闻综合频道）	16.8	34.1
5	宜春月中华情 2009 年中央电视台中秋晚会	中央电视台综合频道	15.6	31.6
6	2009 万家灯火平安夜公安部 2009 年春节电视文艺晚会	中央电视台综合频道	11.6	21.6
7	春天的祝福文化部 2009 年春节电视晚会	中央电视台综合频道	11.4	27.2
8	星光大道年度总决赛 2008	中央台三套	10.0	18.5
9	曲苑杂坛	中央电视台综合频道	9.8	20.7
10	万众一心向前进 2009 年军民迎新春文艺晚会	中央电视台综合频道	9.1	15.1

表 3.34.12　2009 年大连市场体育比赛收视率排名前十位

名次	节目名称	播出频道	平均收视率(%)	平均占有率(%)
1	现场直播：第十一届全运会男子110米栏决赛	中央台五套	7.2	12.2
2	哈尔滨 24th 世界大学生冬季运动会	中央电视台综合频道	6.4	11.7
3	中华人民共和国第十一届运动会开幕式	中央电视台综合频道	5.2	12.1
4	现场直播：第十一届全运会男子举重 94 公斤级决赛	中央台五套	5.2	9.9
5	现场直播：第十一届全运会男子 4×100 米个人混合泳接力决赛	中央台五套	5.2	9.5
6	实况录像：第十一届全运会女子标枪决赛	中央台五套	4.8	8.5
7	实况录像：第十一届全运会女子 4×100 米接力预赛	中央台五套	4.8	8.4
8	实况录像：第十一届全运会男子跳高决赛	中央台五套	4.7	8.7
9	实况录像：第十一届全运会女子跳远决赛	中央台五套	4.7	8.6
10	现场直播：第 11 届全运会女子撑杆跳高决赛	中央台五套	4.6	8.8

三十五、福州收视数据

表 3.35.1 2005—2009 年福州市场各类频道的市场占有率（%）

频道类别	年份				
	2005 年	2006 年	2007 年	2008 年	2009 年
中央台频道	36.7	35.2	36.1	36.4	28.9
中国教育台频道	0.5	0.5	0.6	0.4	0.4
福建省级频道	29.8	28.2	25.9	24.7	25.8
福州市级频道	18.7	11.7	10.2	11.5	16.0
其他省级卫视频道	12.2	21.2	24.4	24.9	26.9
其他频道	2.1	3.2	2.9	2.1	2.1

注：福州数据自 2006 年 1 月 1 日起为测量仪数据。

表 3.35.2 2009 年福州市场各类频道在不同目标观众中的市场占有率（%）

目标观众		中央台频道	中国教育台频道	福建省级频道	福州市级频道	其他省级卫视频道	其他频道
4 岁及以上所有人		28.9	0.4	25.8	16.0	26.9	2.2
性别	男	32.7	0.3	24.7	15.0	25.0	2.4
	女	25.4	0.4	26.8	16.9	28.7	1.9
年龄	4－14 岁	21.5	0.3	28.6	12.0	34.0	3.7
	15－24 岁	21.9	0.3	25.8	13.5	36.2	2.3
	25－34 岁	29.4	0.4	23.2	13.6	30.9	2.5
	35－44 岁	27.8	0.3	26.4	17.8	25.5	2.3
	45－54 岁	29.5	0.4	27.7	18.0	22.6	1.9
	55－64 岁	35.6	0.5	27.3	12.9	21.9	1.8
	65 岁及以上	33.3	0.4	19.5	24.0	21.9	0.9
教育程度	未受过正规教育	25.6	0.4	26.5	16.8	27.7	3.1
	小学	23.6	0.4	28.5	17.5	28.2	2.0
	初中	28.4	0.3	26.3	15.8	27.2	1.9
	高中	29.3	0.4	26.0	16.5	26.1	1.7
	大学及以上	36.3	0.4	20.8	13.3	25.9	3.3
职业类别	干部/管理人员	42.0	0.4	18.9	15.0	22.9	1.0
	个体/私营企业人员	28.2	0.3	27.8	15.1	26.8	1.8
	初级公务员/雇员	31.8	0.3	24.0	15.8	24.6	3.4
	工人	30.1	0.3	25.7	15.2	26.5	2.2
	学生	19.8	0.3	26.1	12.0	38.8	2.9
	无业	29.3	0.4	25.2	17.8	25.7	1.6
	其他	19.6	0.3	42.5	13.7	23.4	0.5
个人月收入	0－600 元	23.7	0.4	27.2	15.9	30.7	2.1
	601－1200 元	28.7	0.3	28.2	15.8	25.1	2.0
	1201－1700 元	33.8	0.4	21.7	15.2	26.5	2.4
	1701－2600 元	32.4	0.4	22.8	19.9	22.1	2.4
	2601 元及以上	44.8	0.4	17.6	12.2	22.6	2.5

表 3.35.3 2009 年福州市各类频道不同时段的市场占有率（%）

时间段	中央台频道	中国教育台频道	福建省级频道	福州市级频道	其他省级卫视频道	其他频道
02:00-03:00	38.2	0.2	11.8	8.7	38.8	2.3
03:00-04:00	40.3	0.1	13.4	9.6	34.3	2.2
04:00-05:00	37.8	0.1	16.4	7.8	36.2	1.8
05:00-06:00	37.1	0.1	14.0	13.1	34.6	1.1
06:00-07:00	44.1	0.5	13.0	18.7	22.3	1.5
07:00-08:00	40.4	0.2	25.2	16.3	16.1	1.8
08:00-09:00	29.9	0.2	27.3	15.0	25.3	2.4
09:00-10:00	24.4	0.2	27.9	13.4	30.9	3.2
10:00-11:00	26.5	0.5	26.0	11.2	32.9	2.9
11:00-12:00	32.1	0.7	21.5	10.0	32.7	3.0
12:00-13:00	34.8	0.2	25.2	10.4	26.6	2.9
13:00-14:00	31.7	0.9	18.2	11.5	34.8	2.9
14:00-15:00	25.7	1.0	21.8	9.7	38.9	2.7
15:00-16:00	25.5	0.3	20.4	11.5	39.6	2.7
16:00-17:00	27.6	0.3	16.4	11.3	41.5	3.0
17:00-18:00	32.5	0.4	17.6	16.8	30.1	2.5
18:00-19:00	24.6	0.2	34.3	25.9	13.0	2.1
19:00-20:00	28.8	0.1	38.8	23.0	7.6	1.7
20:00-21:00	26.8	0.2	31.8	19.4	20.4	1.5
21:00-22:00	26.9	0.3	28.1	17.5	25.7	1.5
22:00-23:00	25.2	0.6	21.9	16.7	33.8	1.8
23:00-24:00	31.2	0.6	19.3	10.5	36.6	1.9
24:00-25:00	37.1	0.1	12.2	7.8	40.6	2.3
25:00-26:00	36.5	0.1	10.9	8.6	41.4	2.5

表 3.35.4 2009 年福州市场收视份额排名前十位的频道

名次	频道名称	收视份额（%）
1	福建省广播影视集团东南电视台	6.5
2	福州电视台影视频道	5.9
2	福建省广播影视集团新闻频道	5.9
4	福州电视台新闻综合频道	5.8
5	湖南电视台卫星频道	4.9
6	中央台六套	4.7
7	中央电视台综合频道	3.8
8	中央台八套	3.7
9	福建省广播影视集团少儿频道	3.5
10	中央台三套	3.4

表 3.35.5　2009 年福州市场各主要频道的观众构成（%）

目标观众		所有频道	主要频道				
			福建省广播影视集团东南电视台	福州电视台影视频道	福建省广播影视集团新闻频道	福州电视台新闻综合频道	湖南电视台卫星频道
4 岁及以上所有人		100.0	100.0	100.0	100.0	100.0	100.0
性别	男	48.0	35.3	39.2	49.1	46.9	34.1
	女	52.0	64.7	60.9	50.9	53.1	66.0
年龄	4－14 岁	9.1	2.9	4.7	5.5	5.6	16.3
	15－24 岁	11.5	9.4	11.7	15.9	8.3	25.9
	25－34 岁	16.7	7.6	10.3	15.8	15.7	23.4
	35－44 岁	15.9	19.6	19.9	15.9	19.8	14.9
	45－54 岁	22.6	28.5	26.9	26.8	27.6	12.7
	55－64 岁	14.8	21.4	11.4	15.0	11.4	3.7
	65 岁及以上	9.3	10.7	15.2	5.2	11.6	3.0
教育程度	未受过正规教育	6.7	2.5	4.5	3.7	5.4	4.7
	小学	17.8	24.5	18.5	14.2	15.0	18.9
	初中	27.8	25.8	29.4	29.5	28.7	32.9
	高中	32.6	38.5	35.0	38.2	37.5	29.0
	大学及以上	15.1	8.6	12.7	14.4	13.3	14.5
职业类别	干部/管理人员	2.6	1.0	2.2	1.9	2.7	0.6
	个体/私营企业人员	13.4	17.3	12.5	14.7	14.0	12.0
	初级公务员/雇员	20.3	16.2	20.3	22.1	22.6	18.9
	工人	11.3	8.2	9.3	15.1	12.2	9.5
	学生	10.0	7.1	7.9	7.7	5.7	27.2
	无业	39.6	43.5	45.2	34.0	41.4	31.0
	其他	2.7	6.8	2.6	4.5	1.4	0.3
个人月收入	0－600 元	37.4	35.0	37.0	35.5	31.8	54.2
	601－1200 元	33.4	48.6	33.5	38.5	36.6	26.6
	1201－1700 元	12.1	5.9	10.0	10.1	10.8	9.0
	1701－2600 元	10.8	6.6	13.5	11.3	15.9	5.2
	2601 元及以上	6.4	3.8	6.0	4.6	5.0	4.9

表 3.35.6　2007—2009 年福州市场各类节目的播出份额（%）和收视份额（%）

节目类别	2007 年		2008 年		2009 年	
	播出份额	收视份额	播出份额	收视份额	播出份额	收视份额
财经	1.5	0.8	1.6	0.8	1.9	0.9
电视剧	25.6	37.8	25.2	35.6	23.3	33.3
电影	3.1	5.6	2.7	5.6	3.1	5.6
法制	1.2	0.6	1.1	0.6	1.1	0.8
教学	0.6	0.2	0.6	0.2	0.6	0.2
青少	5.4	4.9	5.3	5.4	5.8	5.4
生活服务	8.0	4.9	9.7	5.6	9.7	5.8
体育	2.0	3.1	2.9	5.3	2.2	2.1
外语	0.2	0.2	0.1	0.1	0.2	0.1
戏剧	1.2	0.4	1.0	0.2	1.0	0.2
新闻/时事	13.2	10.8	13.4	11.8	12.9	13.7
音乐	1.8	1.2	2.3	0.7	2.5	0.7
专题	11.9	8.1	11.7	7.6	10.7	7.6
综艺	7.9	9.2	6.7	8.5	8.5	10.3
其他	16.6	12.4	15.3	12.2	16.5	13.4

表 3.35.7　2009 年福州市场所有节目收视率排名前三十位

名次	节目名称	节目类型	播出频道	平均收视率（%）	平均占有率（%）
1	2009 春节联欢晚会	综艺	中央电视台综合频道	27.0	55.1
2	首都各界庆祝中华人民共和国成立 60 周年联欢晚会	综艺	中央电视台综合频道	13.9	34.5
3	欢天喜地闹元宵 2009 年元宵晚会	综艺	中央电视台综合频道	8.6	25.7
4	宜春月中华情 2009 年中央电视台中秋晚会	综艺	中央电视台综合频道	6.7	17.7
5	2009 快乐中国快乐女声想唱就唱我最响亮全国总决赛 4 进 3	综艺	湖南电视台卫星频道	4.8	25.3
6	现场	新闻/时事	福建省广播影视集团新闻频道	4.8	21.9
7	奶娘	电视剧	福州电视台影视频道	4.7	15.0
8	祖国万岁庆祝中华人民共和国成立 60 周年大型文艺晚会	综艺	中央电视台综合频道	4.5	12.7
9	福州话我最霸	综艺	福州电视台都市生活频道	4.4	13.0
10	环球报道	新闻/时事	福建省广播影视集团新闻频道	4.3	17.2
11	三闯少林	电影	中央台六套	4.2	18.9
12	保姆妈妈	电视剧	福州电视台影视频道	4.2	14.3
13	错爱第二部	电视剧	福州电视台影视频道	4.1	14.4
14	防抗莫拉克特别报道	新闻/时事	福建省广播影视集团新闻频道	4.1	13.3
15	攀讲电影	电影	福州电视台都市生活频道	3.9	14.3
16	第 7 届东南劲爆音乐榜颁奖盛典	综艺	福建省广播影视集团东南电视台	3.9	12.5
17	江城令	电视剧	福州电视台影视频道	3.9	12.2
18	媳妇的眼泪	电视剧	福建省广播影视集团东南电视台	3.9	11.6
19	一起来看流星雨	电视剧	湖南电视台卫星频道	3.8	18.0
20	欢乐送	综艺	福建省广播影视集团新闻频道	3.8	14.6
21	动作 90 分 - 中华英雄	电影	中央台六套	3.8	10.9
22	宝贝计划	电影	中央台六套	3.7	16.4
23	快乐中国 20092010 跨年演唱会	音乐	湖南电视台卫星频道	3.6	12.5
24	天气预报	生活服务	中央电视台综合频道	3.5	12.7
25	365 个祝福中央电视台心连心艺术团赴四川灾区慰问演出	综艺	中央电视台综合频道	3.5	11.0
26	现场直播：第十一届全运会男子 110 米栏决赛	体育	中央台五套	3.5	10.5

续表

名次	节目名称	节目类型	播出频道	平均收视率（%）	平均占有率（%）
27	黄飞鸿铁鸡斗蜈蚣	电影	中央台六套	3.4	21.5
28	夜来香	电视剧	福州电视台影视频道	3.4	12.0
29	无处不玩乐江苏卫视跨年演唱会	音乐	江苏卫视	3.4	10.9
30	动作 90 分－少林寺	电影	中央台六套	3.4	11.3

表 3.35.8 2009 年福州市场电视剧收视率排名前十位

名次	节目名称	播出频道	平均收视率（%）	平均占有率（%）
1	奶娘	福州电视台影视频道	4.7	15.0
2	保姆妈妈	福州电视台影视频道	4.2	14.3
3	错爱第二部	福州电视台影视频道	4.1	14.4
4	江城令	福州电视台影视频道	3.9	12.2
5	媳妇的眼泪	福建省广播影视集团东南电视台	3.9	11.6
6	一起来看流星雨	湖南电视台卫星频道	3.8	18.0
7	夜来香	福州电视台影视频道	3.4	12.0
8	生死谍恋	福建省广播影视集团东南电视台	3.4	10.7
9	春去春又回	福建省广播影视集团东南电视台	3.4	9.9
10	忘不了	福州电视台影视频道	3.3	10.6

表 3.35.9 2009 年福州市场新闻节目收视率排名前十位

名次	节目名称	播出频道	平均收视率（%）	平均占有率（%）
1	现场	福建省广播影视集团新闻频道	4.8	21.9
2	环球报道	福建省广播影视集团新闻频道	4.3	17.2
3	防抗莫拉克特别报道	福建省广播影视集团新闻频道	4.1	13.3
4	新闻 110	福州电视台新闻综合频道	2.8	14.7
5	第 1 现场	福建省广播影视集团新闻频道	2.7	14.4
6	盛典国庆 60 周年特别报道	中央电视台综合频道	2.7	12.4
7	新闻联播	中央电视台综合频道	2.7	10.6
8	看东岸	福建省广播影视集团新闻频道	2.5	8.2
9	我们的节日春节一年又一年四海一家亲	中央电视台综合频道	2.4	10.9
10	福州新闻	福州电视台新闻综合频道	2.3	10.3

表 3.35.10　2009 年福州市场专题类节目收视率排名前十位

名次	节目名称	播出频道	平均收视率(%)	平均占有率(%)
1	幕后	中央台三套	2.4	8.7
2	古田会议	福建省广播影视集团东南电视台	2.4	7.2
3	攀讲	福州电视台都市生活频道	2.2	7.6
4	飞越海西	福建省广播影视集团东南电视台	2.2	7.1
5	人民至上	中央电视台综合频道	2.0	6.7
6	看这就是澳门老城故事	福建省广播影视集团东南电视台	1.8	6.0
7	经济频道特别制作寻宝走进盐城	中央台二套	1.7	5.8
8	海峡传情	福建省广播影视集团东南电视台	1.7	5.7
9	经济频道特别制作寻宝走进福州	中央台二套	1.7	5.3
10	2009 中央电视台 3.15 晚会	中央电视台综合频道	1.7	5.2

表 3.35.11　2009 年福州市场综艺节目收视率排名前十位

名次	节目名称	播出频道	平均收视率(%)	平均占有率(%)
1	2009 春节联欢晚会	中央电视台综合频道	27.0	55.1
2	首都各界庆祝中华人民共和国成立 60 周年联欢晚会	中央电视台综合频道	13.9	34.5
3	欢天喜地闹元宵 2009 年元宵晚会	中央电视台综合频道	8.6	25.7
4	宜春月中华情 2009 年中央电视台中秋晚会	中央电视台综合频道	6.7	17.7
5	2009 快乐中国快乐女声想唱就唱我最响亮全国总决赛 4 进 3	湖南电视台卫星频道	4.8	25.3
6	祖国万岁庆祝中华人民共和国成立 60 周年大型文艺晚会	中央电视台综合频道	4.5	12.7
7	福州话我最霸	福州电视台都市生活频道	4.4	13.0
8	第 7 届东南劲爆音乐榜颁奖盛典	福建省广播影视集团东南电视台	3.9	12.5
9	欢乐送	福建省广播影视集团新闻频道	3.8	14.6
10	365 个祝福中央电视台心连心艺术团赴四川灾区慰问演出	中央电视台综合频道	3.5	11.0

表 3. 35. 12　2009 年福州市场体育节目收视率排名前十位

名次	节目名称	播出频道	平均收视率（%）	平均占有率（%）
1	现场直播：第十一届全运会男子110 米栏决赛	中央台五套	3. 5	10. 5
2	直播周末：2009 年世界女排大奖赛澳门站	中央台五套	2. 9	12. 2
3	直播周末：2009 年苏迪曼杯世界羽毛球混合团体锦标赛决赛男单	中央台五套	2. 9	8. 7
4	直播周末：2009 年苏迪曼杯世界羽毛球混合团体锦标赛决赛男双	中央台五套	2. 8	9. 6
5	直播周末：2009 年第 25 届亚洲男篮锦标赛半决赛－黎巴嫩队 VS 中国队	中央台五套	2. 8	8. 8
5	中华人民共和国第十一届运动会开幕式	中央电视台综合频道	2. 8	8. 6
7	直播周末：2009 年苏迪曼杯世界羽毛球混合团体锦标赛决赛混双	中央台五套	2. 6	9. 4
8	现场直播：第十一届全运会男子举重 94 公斤级决赛	中央台五套	2. 5	7. 3
9	直播周末：2009 年世界举重锦标赛女子 48 公斤级挺举	中央台五套	2. 4	7. 3
10	黄金赛场：2009 年世界举重锦标赛女子 63 公斤级挺举	中央台五套	2. 2	7. 1

三十六、广州收视数据

表 3.36.1 2005—2009 年广州市场各类频道的市场占有率(%)

频道类别	年份				
	2005 年	2006 年	2007 年	2008 年	2009 年
中央台频道	9.9	10.4	9.2	10.5	9.9
中国教育台频道	0.1	0.1	0.2	0.1	0.1
广东台	11.2	13.9	14.2	14.5	16.8
南方台	15.9	16.7	16.5	14.5	16.9
广州台	13.5	16.6	17.5	16.4	16.1
其他省级卫视频道	5.0	5.5	6.4	6.7	7.8
境外频道	41.8	33.3	32.4	33.3	27.5
其他频道	2.6	3.5	3.6	4.0	4.9

表 3.36.2 2009 年广州市场各类频道在各目标观众中的市场占有率(%)

目标观众		中央台频道	中国教育台频道	广东台	南方台	广州台	其他省级卫视频道	境外频道	其他频道
4 岁及以上所有人		9.9	0.1	16.8	16.9	16.1	7.8	27.5	4.9
性别	男	11.3	0.1	18.0	15.3	15.8	7.4	26.7	5.3
	女	8.5	0.1	15.5	18.5	16.4	8.1	28.2	4.6
年龄	4 - 14 岁	6.3	0.1	13.1	22.6	11.4	14.6	26.9	5.2
	15 - 24 岁	5.9	0.1	16.1	20.4	11.2	8.0	33.1	5.3
	25 - 34 岁	10.8	0.1	17.8	14.2	15.0	6.5	30.5	5.1
	35 - 44 岁	10.7	0.1	16.8	16.3	13.6	8.5	29.6	4.4
	45 - 54 岁	10.2	0.1	18.6	16.1	18.2	6.5	24.6	5.8
	55 - 64 岁	12.5	0.1	17.0	14.0	22.5	6.7	22.7	4.5
	65 岁及以上	11.9	0.1	16.4	16.8	19.6	4.8	26.8	3.7
教育程度	未受过正规教育	6.2	0.1	16.9	19.2	17.7	10.9	24.7	4.3
	小学	7.5	0.1	18.0	22.1	17.0	8.6	22.6	4.1
	初中	8.6	0.1	17.7	18.4	15.5	7.9	27.0	4.9
	高中	10.0	0.1	16.7	15.0	15.7	7.4	29.4	5.6
	大学及以上	16.4	0.1	13.2	10.3	16.9	6.4	31.7	5.0
职业类别	干部/管理人员	16.6	0.3	13.8	11.6	16.2	7.9	27.8	5.7
	个体/私营企业人员	11.7	0.2	18.5	13.0	14.7	6.4	31.4	4.2
	初级公务员/雇员	10.5	0.1	15.6	14.1	16.7	6.6	31.0	5.5
	工人	8.4	0.1	19.7	17.6	16.3	6.8	26.3	4.8
	学生	5.8	0.1	13.1	22.2	9.9	12.6	31.0	5.2
	无业	11.1	0.1	16.4	16.3	18.7	7.2	25.2	4.9
	其他	5.4	0.1	26.0	25.7	15.0	5.0	20.1	2.6
个人月收入	0 - 600 元	7.7	0.1	16.7	20.1	12.7	10.8	26.7	5.2
	601 - 1200 元	7.7	0.1	19.0	20.3	17.0	5.7	26.2	4.0
	1201 - 1700 元	10.4	0.1	15.9	15.7	18.2	6.0	29.1	4.5
	1701 - 2600 元	11.1	0.1	16.6	12.2	20.3	6.7	27.0	5.8
	2601 元及以上	17.4	0.1	14.7	10.8	15.8	6.3	30.0	5.0

表 3. 36. 3　2009 年广州市场各类频道在不同时段的市场占有率（%）

时间段	中央台频道	中国教育台频道	广东台	南方台	广州台	其他省级卫视频道	境外频道	其他频道
02:00－03:00	21.0	0.0	15.2	8.5	10.2	15.0	23.3	6.9
03:00－04:00	25.0	0.0	20.6	4.4	8.7	14.1	19.8	7.5
04:00－05:00	23.4	0.0	24.0	4.3	8.5	13.7	18.9	7.1
05:00－06:00	17.0	0.0	12.4	3.7	3.9	7.5	51.0	4.5
06:00－07:00	12.3	0.1	8.8	8.3	19.9	3.4	43.7	3.5
07:00－08:00	12.6	0.1	14.6	14.9	23.7	5.8	23.5	4.8
08:00－09:00	12.9	0.0	18.0	13.8	14.0	13.3	20.6	7.4
09:00－10:00	15.3	0.1	12.1	15.6	13.0	18.3	16.9	3.7
10:00－11:00	16.2	0.2	12.6	18.3	11.3	17.9	14.0	9.5
11:00－12:00	13.6	0.2	21.0	17.6	8.8	13.6	17.3	7.9
12:00－13:00	9.0	0.0	13.5	27.5	8.3	8.6	26.8	6.3
13:00－14:00	9.6	0.1	14.8	32.2	8.5	10.0	17.8	6.9
14:00－15:00	11.6	0.3	12.9	22.4	9.7	13.5	21.5	8.2
15:00－16:00	13.2	0.1	9.0	24.6	10.3	16.4	17.0	9.5
16:00－17:00	15.2	0.1	10.2	24.1	8.1	18.2	13.4	10.6
17:00－18:00	13.4	0.2	8.5	26.8	9.6	12.4	20.4	8.7
18:00－19:00	6.3	0.0	15.3	18.9	22.3	4.5	29.0	3.7
19:00－20:00	9.0	0.0	20.5	17.7	29.3	2.7	18.0	2.7
20:00－21:00	9.4	0.1	15.9	13.0	24.6	5.9	28.2	2.9
21:00－22:00	8.0	0.1	22.5	9.9	10.7	5.9	39.3	3.5
22:00－23:00	6.9	0.2	14.1	13.0	11.1	6.4	44.6	3.8
23:00－24:00	10.7	0.2	21.7	14.8	12.4	8.3	26.1	5.7
24:00－25:00	13.7	0.0	19.0	15.4	11.2	8.6	25.5	6.5
25:00－26:00	17.3	0.0	13.9	11.6	11.6	11.2	27.3	7.0

表 3. 36. 4　2009 年广州市场收视份额排名前十位的频道

名次	频道名称	收视份额（%）
1	广东电视台珠江频道	10.6
2	广州电视台综合频道	9.3
3	市网翡翠台（中文）	8.5
4	南方电视台影视频道	7.5
5	省网翡翠台（中文）	5.2
6	南方卫视 TVS－2	3.5
7	翡翠台（中文）（广州其他有线网转播）	3.1
8	星空卫视	2.9
9	南方电视台综艺频道	2.8
9	广东电视体育频道	2.8

表 3.36.5　2009 年广州市场各主要频道的观众构成（%）

目标观众		所有频道	主要频道				
			广东电视台珠江频道	广州电视台综合频道	市网翡翠台（中文）	南方电视台影视频道	省网翡翠台（中文）
4 岁及以上所有人		100.0	100.0	100.0	100.0	100.0	100.0
性别	男	49.6	50.1	47.8	44.7	43.7	49.4
	女	50.4	49.9	52.2	55.3	56.3	50.6
年龄	4－14 岁	11.3	7.6	7.3	12.1	10.6	6.1
	15－24 岁	13.1	13.1	9.6	14.0	20.7	14.5
	25－34 岁	12.9	14.0	11.4	15.1	12.7	15.7
	35－44 岁	17.0	14.6	13.9	18.5	15.7	15.9
	45－54 岁	21.3	24.6	23.3	16.4	21.7	26.7
	55－64 岁	14.9	16.8	21.9	14.5	9.8	12.5
	65 岁及以上	9.5	9.4	12.6	9.5	8.8	8.6
教育程度	未受过正规教育	3.3	4.0	4.1	3.6	3.8	1.6
	小学	21.0	25.7	22.9	16.6	24.7	13.7
	初中	30.1	32.5	31.3	30.9	34.4	23.3
	高中	31.1	29.7	28.5	32.6	29.8	38.6
	大学及以上	14.6	8.0	13.2	16.2	7.3	22.8
职业类别	干部/管理人员	5.7	3.2	4.8	4.7	3.3	6.4
	个体/私营企业人员	6.9	6.6	6.2	7.1	6.0	8.6
	初级公务员/雇员	12.2	10.5	11.6	13.8	10.4	19.5
	工人	19.8	24.9	19.8	16.6	22.2	18.1
	学生	15.3	10.2	9.6	17.8	17.6	11.6
	无业	36.4	36.7	43.9	37.0	33.8	34.9
	其他	3.6	8.0	4.2	3.0	6.7	0.9
个人月收入	0－600 元	35.5	36.9	28.8	33.8	43.2	27.9
	601－1200 元	18.9	25.6	21.7	18.2	25.2	14.5
	1201－1700 元	18.1	17.1	20.9	20.6	15.5	23.2
	1701－2600 元	15.9	13.0	20.2	15.5	9.2	22.9
	2601 元及以上	11.6	7.4	8.5	11.9	6.9	11.4

表 3.36.6　2007—2009 年广州市场各类节目的播出份额（%）和收视份额（%）

节目类别	2007 年		2008 年		2009 年	
	播出份额	收视份额	播出份额	收视份额	播出份额	收视份额
电视剧	23.8	34.1	26.1	28.4	22.0	32.0
电影	3.0	5.0	3.4	6.3	3.2	5.0
教学	0.5	0.1	0.7	0.2	0.4	0.1
青少	5.1	3.5	5.0	3.7	6.0	3.1
体育	3.7	4.3	4.5	8.1	3.7	4.9
戏剧	1.1	0.4	1.0	0.8	0.9	0.3
新闻/时事	13.0	16.6	10.1	15.5	12.9	15.8
音乐	1.9	0.7	2.4	0.8	2.4	0.6
专题	12.3	5.4	10.5	5.4	11.4	5.0
综艺	8.2	8.5	5.3	6.9	8.8	8.5
外语	0.7	0.0	0.4	0.0	0.5	0.0
财经	1.6	0.7	2.0	0.9	1.9	0.7
生活服务	7.1	4.7	11.0	7.1	8.4	6.6
法制	1.2	0.5	0.9	0.7	1.3	0.9
其他	16.9	15.7	16.8	15.2	16.4	16.6

表 3.36.7 2009 年广州市场所有节目收视率排名前三十位

名次	节目名称	节目类型	播出频道	平均收视率（%）	平均占有率（%）
1	珠光宝气	电视剧	市网翡翠台（中文）	11.6	28.7
2	福满羊城 2009 广州春节焰火晚会	综艺	广州电视台综合频道	11.4	26.0
3	学警狙击	电视剧	市网翡翠台（中文）	11.2	28.0
4	真情无限之养母生母	电视剧	广州电视台综合频道	10.9	25.2
5	错爱第二部	电视剧	广州电视台综合频道	10.5	24.1
6	首都各界庆祝中华人民共和国成立 60 周年联欢晚会	综艺	中央电视台综合频道	9.9	25.3
7	真爱一生	电视剧	广州电视台综合频道	9.9	23.6
8	奶娘	电视剧	广州电视台综合频道	9.8	22.1
9	巾帼枭雄	电视剧	市网翡翠台（中文）	9.7	24.6
10	桌球天王	电视剧	市网翡翠台（中文）	9.4	25.2
11	外来媳妇本地郎	电视剧	广东电视台珠江频道	9.1	22.9
12	春去春又回	电视剧	广州电视台综合频道	8.8	20.0
13	烈火雄心第三部	电视剧	市网翡翠台（中文）	8.6	22.0
14	学警狙击	电视剧	省网翡翠台（中文）	8.6	21.6
15	宁为女人	电视剧	广州电视台综合频道	8.6	19.4
16	锁清秋	电视剧	广州电视台综合频道	8.5	20.5
17	2009 春节联欢晚会	综艺	中央电视台综合频道	8.4	19.7
18	生死谍恋	电视剧	广州电视台综合频道	8.4	18.4
19	今日关注	新闻/时事	广东电视台珠江频道	8.3	20.2
20	骊港 2009 年春节联欢晚会羊城贺岁万家欢	综艺	广东电视台珠江频道	8.3	18.8
21	古灵精探 B	电视剧	市网翡翠台（中文）	8.2	22.7
22	ID 精英	电视剧	市网翡翠台（中文）	8.2	21.5
23	铁甲无敌奖门人	综艺	市网翡翠台（中文）	8.2	19.3
24	大冬瓜	电视剧	市网翡翠台（中文）	8.2	18.4
25	绝代商骄	电视剧	市网翡翠台（中文）	8.1	18.4
26	东张西望巾帼枭雄会	综艺	市网翡翠台（中文）	7.9	18.4
27	幕后大老爷	电视剧	市网翡翠台（中文）	7.8	17.9
28	万千星辉颁奖典礼 2009	综艺	市网翡翠台（中文）	7.7	20.5
29	珠光宝气	电视剧	省网翡翠台（中文）	7.7	19.1
30	牌坊下的女人	电视剧	广州电视台综合频道	7.7	18.5

表 3.36.8　2009 年广州市场电视剧收视率排名前十位

名次	节目名称	播出频道	平均收视率（%）	平均占有率（%）
1	珠光宝气	市网翡翠台（中文）	11.6	28.7
2	学警狙击	市网翡翠台（中文）	11.2	28.0
3	真情无限之养母生母	广州电视台综合频道	10.9	25.2
4	错爱第二部	广州电视台综合频道	10.5	24.1
5	真爱一生	广州电视台综合频道	9.9	23.6
6	奶娘	广州电视台综合频道	9.8	22.1
7	巾帼枭雄	市网翡翠台（中文）	9.7	24.6
8	桌球天王	市网翡翠台（中文）	9.4	25.2
9	外来媳妇本地郎	广东电视台珠江频道	9.1	22.9
10	春去春又回	广州电视台综合频道	8.8	20.0

表 3.36.9　2009 年广州市场新闻节目收视率排名前十位

名次	节目名称	播出频道	平均收视率（%）	平均占有率（%）
1	今日关注	广东电视台珠江频道	8.3	20.2
2	广州电视新闻	广州电视台综合频道	7.8	26.0
3	特别新闻报道（5 月 1 日）	市网翡翠台（中文）	5.2	13.4
4	630 新闻	广东电视台珠江频道	4.9	16.6
5	今日报道	广州电视台综合频道	4.8	11.3
6	新闻日日睇	广州电视台新闻频道	3.8	9.6
7	特别新闻报道（5 月 1 日）	省网翡翠台（中文）	3.2	8.4
8	世纪弊案（9 月 1 日）	市网翡翠台（中文）	3.2	7.9
9	都市周报	广州电视台新闻频道	2.9	7.3
10	2008 世界变格大事回顾（1 月 1 日）	省网翡翠台（中文）	2.4	6.0

表 3.36.10　2009 年广州市场专题节目收视率排名前十位

名次	节目名称	播出频道	平均收视率（%）	平均占有率（%）
1	志云饭局三载情	省网翡翠台（中文）	4.0	12.9
2	志云饭局三载情	市网翡翠台（中文）	3.9	12.3
3	城事特搜	南方卫视 TVS－2	3.8	9.9
4	谜	市网翡翠台（中文）	3.7	12.9
5	珠江纪事	广东电视台珠江频道	3.2	8.2
6	我的 2008	市网翡翠台（中文）	2.8	11.5
6	谜	省网翡翠台（中文）	2.7	9.4
8	南华梦飞翔	市网翡翠台（中文）	2.6	6.8
9	我的 2008	省网翡翠台（中文）	2.5	10.2
10	再说长江	市网翡翠台（中文）	2.5	6.2

表 3.36.11　2009 年广州市场综艺节目收视率排名前十位

名次	节目名称	播出频道	平均收视率（%）	平均占有率（%）
1	福满羊城 2009 广州春节焰火晚会	广州电视台综合频道	11.4	26.0
2	首都各界庆祝中华人民共和国成立 60 周年联欢晚会	中央电视台综合频道	9.9	25.3
3	2009 春节联欢晚会	中央电视台综合频道	8.4	19.7
4	骊港 2009 年春节联欢晚会羊城贺岁万家欢	广东电视台珠江频道	8.3	18.8
5	铁甲无敌奖门人	市网翡翠台（中文）	8.2	19.3
6	东张西望巾帼枭雄会	市网翡翠台（中文）	7.9	18.4
7	万千星辉颁奖典礼 2009	市网翡翠台（中文）	7.7	20.5
8	2008 年度十大劲歌金曲颁奖典礼	市网翡翠台（中文）	7.6	20.3
9	万千星辉贺台庆	市网翡翠台（中文）	7.3	21.0
10	citywalk 粤港同庆接金牛羊城贺岁万家欢	市网翡翠台（中文）	7.0	16.5

表 3.36.12　2009 年广州市场体育节目收视率排名前十位

名次	节目名称	播出频道	平均收视率（%）	平均占有率（%）
1	2009/2010 赛季 CBA 常规赛第 5 轮－山东黄金 VS 广东东莞银行	广东电视体育频道	4.2	11.0
2	直播赛场：2008/2009 赛季 CBA 总决赛第二场－广东东莞银行 VS 新疆广汇	广东电视体育频道	4.2	9.7
3	全运赛场：第十一届全运会田径女子 4×400 米接力预赛	广东电视体育频道	4.2	9.5
4	全运赛场：第十一届全运会男子 50 米自由泳决赛	广东电视体育频道	4.1	9.5
5	2009 年东亚运动会女子 50 米蝶泳决赛	广东电视体育频道	4.1	9.2
6	刘翔复出第一击	市网翡翠台（中文）	3.8	12.8
7	刘翔复出第一击	省网翡翠台（中文）	3.7	12.3
8	2009 年东亚运动会男子 50 米蝶泳决赛	广东电视体育频道	3.5	8.4
8	2009 年东亚运动会男子 50 米蝶泳决赛	广东电视体育频道	3.5	8.4
10	CBA：2008/2009 赛季中国男子篮球职业联赛－广东东莞银行 VS 八一双鹿电池	广东电视体育频道	3.5	6.9

三十七、贵阳收视数据

表 3.37.1 2005—2009 年贵阳市场各类频道的市场占有率（%）

频道类别	年份				
	2005 年	2006 年	2007 年	2008 年	2009 年
中央台频道	37.1	40.0	36.8	36.2	33.5
中国教育台频道	0.4	0.2	0.2	0.2	0.2
贵州省级频道	21.8	24.8	25.8	26.9	26.4
贵阳市级频道	13.9	11.0	14.3	15.3	15.9
其他省级卫视频道	22.0	20.1	18.0	14.6	18.6
其他频道	4.9	3.9	4.9	6.9	5.4

表 3.37.2 2009 年贵阳市场各类频道在不同目标观众中的市场占有率（%）

目标观众		中央台频道	中国教育台频道	贵州省级频道	贵阳市级频道	其他省级卫视频道	其他频道
4 岁及以上所有人		33.5	0.2	26.4	15.9	18.6	5.4
性别	男	35.3	0.2	25.6	15.5	17.8	5.6
	女	31.8	0.2	27.2	16.2	19.4	5.2
年龄	4-14 岁	29.4	0.4	20.9	11.4	30.9	6.9
	15-24 岁	22.2	0.1	27.5	18.2	24.0	7.9
	25-34 岁	31.9	0.2	27.4	17.8	16.3	6.4
	35-44 岁	30.7	0.2	25.9	18.5	19.4	5.2
	45-54 岁	34.8	0.1	26.9	16.6	16.7	4.9
	55-64 岁	41.2	0.3	28.4	13.2	12.7	4.3
	65 岁及以上	42.2	0.2	26.4	12.8	15.3	3.1
教育程度	未受过正规教育	33.4	0.2	24.9	11.4	24.8	5.3
	小学	29.7	0.3	25.6	15.7	23.0	5.8
	初中	32.0	0.2	27.3	16.4	19.0	5.1
	高中	34.7	0.2	26.2	16.6	16.3	6.0
	大学及以上	39.1	0.3	25.8	15.0	15.1	4.6
职业类别	干部/管理人员	37.3	0.2	24.1	20.1	14.6	3.6
	个体/私营企业人员	25.8	0.2	28.6	21.7	18.5	5.3
	初级公务员/雇员	36.4	0.2	25.4	16.5	15.5	6.0
	工人	38.4	0.1	26.8	12.6	16.0	6.1
	学生	26.0	0.3	25.9	12.7	27.9	7.2
	无业	38.4	0.2	25.9	13.5	17.1	4.8
	其他	21.8	0.1	27.9	15.6	31.5	3.1
个人月收入	0-600 元	29.4	0.2	26.9	15.1	22.5	5.8
	601-1200 元	33.5	0.1	30.3	14.2	16.7	5.1
	1201-1700 元	37.0	0.4	23.9	18.5	15.6	4.6
	1701-2600 元	35.9	0.1	22.3	18.3	17.7	5.8
	2601 元及以上	42.8	0.1	23.7	13.1	14.1	6.3

表 3.37.3　2009 年贵阳市场各类频道不同时段的市场占有率（%）

时间段	中央台频道	中国教育台频道	贵州省级频道	贵阳市级频道	其他省级卫视频道	其他频道
02:00－03:00	29.5	0.2	11.9	1.3	20.3	36.9
03:00－04:00	28.2	0.3	10.9	1.9	18.1	40.5
04:00－05:00	31.1	0.1	9.9	3.1	20.7	35.0
05:00－06:00	66.5	0.1	7.3	2.9	12.3	10.9
06:00－07:00	83.6	0.1	4.5	1.7	7.6	2.5
07:00－08:00	77.5	0.1	8.5	2.0	9.8	2.2
08:00－09:00	60.9	0.0	11.3	3.2	21.4	3.2
09:00－10:00	49.0	0.2	13.6	5.1	27.0	5.2
10:00－11:00	45.8	0.3	12.7	6.3	28.1	6.9
11:00－12:00	46.1	0.3	10.5	10.1	26.1	7.0
12:00－13:00	55.8	0.2	7.6	7.3	22.3	6.8
13:00－14:00	45.0	0.7	10.4	5.5	29.8	8.7
14:00－15:00	37.9	0.5	11.9	4.7	34.2	10.9
15:00－16:00	36.4	0.9	11.7	4.8	35.8	10.5
16:00－17:00	38.0	0.5	11.8	5.1	35.6	9.1
17:00－18:00	38.6	0.5	17.0	10.0	27.2	6.8
18:00－19:00	24.9	0.2	42.7	18.3	10.7	3.4
19:00－20:00	39.4	0.1	35.4	17.7	5.6	1.8
20:00－21:00	19.9	0.1	33.3	30.1	13.7	2.9
21:00－22:00	20.3	0.1	34.0	24.6	17.1	3.9
22:00－23:00	26.8	0.3	31.3	12.3	22.7	6.7
23:00－24:00	36.6	0.1	17.5	6.2	28.1	11.6
24:00－25:00	40.6	0.0	9.6	3.2	27.3	19.4
25:00－26:00	35.5	0.0	8.1	1.6	28.7	26.1

表 3.37.4　2009 年贵阳市场收视份额排名前十位的频道

名次	频道名称	收视份额（%）
1	中央电视台综合频道	11.3
2	贵州卫视	9.1
3	贵州电视台公共频道（二套）	7.0
4	贵阳电视台四套（都市频道）	4.9
5	湖南电视台卫星频道	4.6
6	贵州电视台影视文艺频道	4.2
7	贵阳电视台一套（新闻综合频道）	4.0
8	贵州电视台第五频道	3.9
9	中央台三套	3.7
10	贵阳电视台三套（法制频道）	3.5

表 3.37.5　2009 年贵阳市场各主要频道的观众构成（%）

目标观众		所有频道	主要频道				
			中央电视台综合频道	贵州卫视	贵州电视台公共频道（二套）	贵阳电视台四套（都市频道）	湖南电视台卫星频道
4 岁及以上所有人		100.0	100.0	100.0	100.0	100.0	100.0
性别	男	48.4	50.1	46.0	48.3	46.6	38.6
	女	51.6	49.9	54.0	51.7	53.4	61.4
年龄	4-14 岁	9.8	6.4	8.2	6.8	5.9	13.8
	15-24 岁	10.3	8.0	10.1	11.6	10.7	20.1
	25-34 岁	17.7	16.4	19.3	19.5	20.4	19.3
	35-44 岁	19.3	18.7	18.1	18.7	23.7	21.3
	45-54 岁	16.2	15.6	15.5	17.8	15.1	13.2
	55-64 岁	13.7	16.1	14.9	13.8	12.2	7.1
	65 岁及以上	13.1	18.8	14.0	11.8	12.0	5.1
教育程度	未受过正规教育	5.1	4.6	4.7	4.5	3.6	3.6
	小学	15.0	12.1	13.7	15.2	12.2	15.4
	初中	37.4	34.8	35.0	40.6	34.0	40.9
	高中	28.0	28.9	28.7	28.7	33.5	23.4
	大学及以上	14.5	19.6	17.9	11.0	16.7	16.7
职业类别	干部/管理人员	4.8	6.8	5.5	3.7	8.9	5.5
	个体/私营企业人员	21.4	17.5	24.4	24.9	25.6	24.1
	初级公务员/雇员	14.5	16.1	10.5	16.5	16.0	14.2
	工人	7.3	8.0	5.2	7.2	6.5	5.8
	学生	12.1	9.5	11.6	11.0	8.7	21.7
	无业	37.7	40.7	40.3	34.1	32.7	26.4
	其他	2.2	1.3	2.5	2.6	1.6	2.2
个人月收入	0-600 元	35.4	30.7	37.2	34.2	30.0	43.8
	601-1200 元	31.6	29.1	33.2	39.8	26.5	24.7
	1201-1700 元	16.9	19.7	15.2	15.5	21.4	14.5
	1701-2600 元	12.0	13.3	10.6	8.0	17.9	11.9
	2601 元及以上	4.2	7.2	3.7	2.4	4.1	5.1

表 3.37.6　2007—2009 年贵阳市场各类节目的播出份额（%）和收视份额（%）

节目类别	2007 年		2008 年		2009 年	
	播出份额	收视份额	播出份额	收视份额	播出份额	收视份额
青少	4.4	2.3	4.5	2.4	5.0	3.5
戏剧	1.3	0.3	1.1	0.2	1.1	0.2
教学	0.6	0.1	0.6	0.1	0.5	0.3
综艺	9.5	9.8	7.5	8.7	9.0	8.0
外语	0.2	0.1	0.1	0.0	0.1	0.0
电影	3.8	4.9	3.0	3.4	3.0	2.3
音乐	2.5	1.1	2.4	0.7	2.7	0.7
新闻	12.8	13.2	13.5	19.7	13.2	17.7
体育	1.7	2.1	2.8	4.4	1.8	1.4
电视剧	24.7	28.2	25.3	29.2	24.0	30.0
专题	11.2	10.3	10.9	4.1	10.4	6.0
财经	1.4	0.3	1.5	0.4	1.9	0.6
生活服务	7.2	4.4	8.8	5.1	8.8	5.7
法制	1.5	3.5	1.5	3.6	1.6	4.9
其他	17.3	19.6	16.4	18.1	16.9	18.8

表 3.37.7　2009 年贵阳市场所有节目收视率排名前三十位

名次	节目名称	节目类型	播出频道	平均收视率（%）	平均占有率（%）
1	2009 春节联欢晚会	综艺	中央电视台综合频道	39.3	76.9
2	新闻联播	新闻/时事	中央电视台综合频道	22.1	40.7
3	首都各界庆祝中华人民共和国成立 60 周年联欢晚会	综艺	中央电视台综合频道	21.7	38.3
4	天气预报	生活服务	中央电视台综合频道	15.5	26.4
5	2009 中国贵阳避暑季开幕式大型文艺晚会	综艺	贵州卫视	12.8	20.3
6	西藏今昔	专题	中央电视台综合频道	11.4	20.9
7	百姓关注	新闻/时事	贵州电视台公共频道（二套）	11.3	22.4
8	焦点访谈	新闻/时事	中央电视台综合频道	11.2	18.9
9	我的丑娘	电视剧	贵州卫视	10.9	20.5
10	宜春月中华情 2009 年中央电视台中秋晚会	综艺	中央电视台综合频道	10.5	19.7
11	杀出绝地	电视剧	贵州卫视	10.2	19.0
12	对手	电视剧	贵州卫视	10.2	16.9
13	桂北剿匪记	电视剧	贵州卫视	10.1	18.6
14	浣花洗剑录	电视剧	贵州卫视	9.8	18.8
15	上门女婿	电视剧	贵州卫视	9.7	17.5
16	刻不容缓	电视剧	贵阳电视台四套（都市频道）	9.6	16.7
17	五号特工组	电视剧	贵州卫视	9.2	15.8
18	生死谍恋	电视剧	贵州卫视	9.1	16.8
19	5.12 四川汶川地震 1 周年特别节目爱的记忆	专题	贵州卫视	9.0	20.9
20	欢天喜地闹元宵 2009 年元宵晚会	综艺	中央电视台综合频道	9.0	15.4
21	浴血记者	电视剧	贵阳电视台四套（都市频道）	8.9	15.9
22	下辈子做你的女人	电视剧	贵州卫视	8.9	15.8
23	士兵突击	电视剧	贵州卫视	8.8	16.6
24	济公游记（胡商）	电视剧	贵州卫视	8.7	16.3
25	红海棠	电视剧	贵阳电视台四套（都市频道）	8.6	15.3
26	60 年贵阳 2009 国庆焰火晚会	综艺	贵阳电视台一套（新闻综合频道）	8.4	25.0
27	2009 多彩贵州舞蹈大赛民族民间舞原生态舞专项赛决赛	综艺	贵州卫视	8.4	16.0
28	荣耀之光颁奖盛典 2009 多彩贵州舞蹈大赛	综艺	贵州卫视	8.4	13.6
29	济公游记（罗汉应世）	电视剧	贵州卫视	8.1	18.6
30	济公游记（玉佛缘）	电视剧	贵州卫视	8.1	15.2

表 3.37.8　2009 年贵阳市场电视剧收视率排名前十位

名次	节目名称	播出频道	平均收视率(%)	平均占有率(%)
1	我的丑娘	贵州卫视	10.9	20.5
2	杀出绝地	贵州卫视	10.2	19.0
3	对手	贵州卫视	10.2	16.9
4	桂北剿匪记	贵州卫视	10.1	18.6
5	浣花洗剑录	贵州卫视	9.8	18.8
6	上门女婿	贵州卫视	9.7	17.5
7	刻不容缓	贵阳电视台四套（都市频道）	9.6	16.7
8	五号特工组	贵州卫视	9.2	15.8
9	生死谍恋	贵州卫视	9.1	16.8
10	浴血记者	贵阳电视台四套（都市频道）	8.9	15.9

表 3.37.9　2009 年贵阳市场新闻节目收视率排名前十位

名次	节目名称	播出频道	平均收视率(%)	平均占有率(%)
1	新闻联播	中央电视台综合频道	22.1	40.7
2	百姓关注	贵州电视台公共频道(二套)	11.3	22.4
3	焦点访谈	中央电视台综合频道	11.2	18.9
4	温家宝总理会见中外记者	中央电视台综合频道	6.2	11.1
5	我们的节日春节一年又一年四海一家亲	中央电视台综合频道	5.7	19.5
6	盛典国庆 60 周年特别报道	中央电视台综合频道	4.9	21.9
7	澳门十年	中央电视台综合频道	4.5	8.2
8	新闻大搜索	贵阳电视台一套（新闻综合频道）	3.3	10.1
9	转播中央台新闻联播	贵州卫视	2.5	4.7
10	中俄建交六十周年庆祝大会暨中国俄语年闭幕式	中央电视台综合频道	2.5	4.6

表 3.37.10　2009 年贵阳市场专题节目收视率排名前十位

名次	节目名称	播出频道	平均收视率(%)	平均占有率(%)
1	西藏今昔	中央电视台综合频道	11.4	20.9
2	5.12 四川汶川地震 1 周年特别节目爱的记忆	贵州卫视	9.0	20.9
3	解放农奴	贵州卫视	7.5	13.1
4	解放农奴	中央电视台综合频道	7.4	13.0
5	中国农民工	贵州卫视	7.3	16.8
6	人民英模	中央电视台综合频道	7.3	12.2
7	在那激情燃烧的年代	贵州卫视	7.2	14.2
8	人生	贵州卫视	6.8	17.1
9	今日往事	贵州卫视	6.7	13.9
10	家庭演播室	贵阳电视台四套（都市频道）	6.3	12.7

表 3.37.11　2009 年贵阳市场综艺节目收视率排名前十位

名次	节目名称	播出频道	平均收视率（%）	平均占有率（%）
1	2009 春节联欢晚会	中央电视台综合频道	39.3	76.9
2	首都各界庆祝中华人民共和国成立 60 周年联欢晚会	中央电视台综合频道	21.7	38.3
3	2009 中国贵阳避暑季开幕式大型文艺晚会	贵州卫视	12.8	20.3
4	宜春月中华情 2009 年中央电视台中秋晚会	中央电视台综合频道	10.5	19.7
5	欢天喜地闹元宵 2009 年元宵晚会	中央电视台综合频道	9.0	15.4
6	60 年贵阳 2009 国庆焰火晚会	贵阳电视台一套（新闻综合频道）	8.4	25.0
7	2009 多彩贵州舞蹈大赛民族民间舞原生态舞专项赛决赛	贵州卫视	8.4	16.0
8	荣耀之光颁奖盛典 2009 多彩贵州舞蹈大赛	贵州卫视	8.4	13.6
9	改革开放 30 年大型综艺节目光阴故事	贵州卫视	6.8	12.6
10	2009 万家灯火平安夜公安部 2009 年春节电视文艺晚会	中央电视台综合频道	6.5	15.7

表 3.37.12　2009 年贵阳市场体育类节目收视率排名前十位

名次	节目名称	播出频道	平均收视率（%）	平均占有率（%）
1	中华人民共和国第十一届运动会开幕式	中央电视台综合频道	4.4	8.1
2	哈尔滨 24th 世界大学生冬季运动会	中央电视台综合频道	3.1	5.6
3	中华人民共和国第十一届运动会闭幕式	中央电视台综合频道	2.9	5.5
4	现场直播：第十一届全运会男子 110 米栏决赛	中央台五套	2.8	4.5
5	直播周末：2009 年第 25 届亚洲男篮锦标赛决赛 - 中国队 VS 伊朗队	中央台五套	2.7	5.6
6	第 50 届世界乒乓球锦标赛女双决赛	中央台五套	2.0	5.4
7	中华人民共和国第十一届运动会开幕式	中央台五套	2.0	3.6
7	中华人民共和国第十一届运动会开幕式	中央台三套	2.0	3.6
9	现场直播：第十一届全运会男子 4 × 100 米自由泳接力决赛	中央台五套	2.0	3.2
10	直播周末：2009 年亚洲女排锦标赛决赛 - 中国 VS 泰国	中央台五套	1.9	4.7

三十八、哈尔滨收视数据

表 3.38.1　2005—2009 年哈尔滨市场各类频道的市场占有率（%）

频道类别	年份				
	2005 年	2006 年	2007 年	2008 年	2009 年
中央台频道	36.0	35.5	33.2	32.2	28.1
中国教育台频道	0.4	0.4	0.4	0.3	0.4
黑龙江省级频道	32.0	32.1	31.8	32.2	29.8
哈尔滨市级频道	18.2	16.7	15.4	14.6	16.0
其他省级卫视频道	9.9	11.6	15.1	17.4	21.1
其他频道	3.6	3.8	4.0	3.3	4.6

表 3.38.2　2009 年哈尔滨市场各类频道在不同目标观众中的市场占有率（%）

目标观众		中央台频道	中国教育台频道	黑龙江省级频道	哈尔滨市级频道	其他省级卫视频道	其他频道
4 岁及以上所有人		28.1	0.4	29.8	16.0	21.1	4.6
性别	男	30.5	0.4	28.7	16.0	19.3	5.0
	女	25.8	0.4	30.9	16.0	22.9	4.1
年龄	4－14 岁	27.7	0.5	27.1	12.2	25.4	7.2
	15－24 岁	22.4	0.3	29.5	18.3	23.9	5.8
	25－34 岁	26.8	0.5	28.9	15.8	21.5	6.6
	35－44 岁	26.4	0.5	30.5	14.4	24.3	3.9
	45－54 岁	25.2	0.4	32.1	18.4	19.5	4.5
	55－64 岁	33.0	0.3	30.4	13.7	19.3	3.2
	65 岁及以上	34.9	0.2	26.4	17.0	18.1	3.5
教育程度	未受过正规教育	32.1	0.4	38.9	11.5	12.9	4.3
	小学	25.7	0.4	33.2	15.9	20.1	4.7
	初中	26.5	0.4	33.1	14.0	21.6	4.4
	高中	26.2	0.3	28.7	19.4	20.6	4.8
	大学及以上	34.4	0.4	23.1	14.7	23.1	4.4
职业类别	干部/管理人员	32.4	0.4	22.0	16.6	24.7	3.8
	个体/私营企业人员	21.9	0.4	40.4	13.4	20.6	3.4
	初级公务员/雇员	30.6	0.5	24.0	17.8	22.4	4.7
	工人	25.5	0.4	30.7	17.9	20.2	5.3
	学生	23.8	0.3	28.3	15.8	26.2	5.6
	无业	32.0	0.3	29.0	15.2	19.5	4.1
	其他	21.3	0.7	41.7	10.9	22.0	3.4
个人月收入	0－600 元	24.1	0.4	32.1	16.5	22.1	4.9
	601－1200 元	28.8	0.3	30.9	16.1	19.5	4.4
	1201－1700 元	31.7	0.3	26.5	14.9	22.0	4.5
	1701－2600 元	31.1	0.4	26.1	14.1	24.0	4.3
	2601 元及以上	39.0	0.5	18.1	15.9	22.6	3.9

表 3.38.3 2009 年哈尔滨市场各类频道在不同时段的市场占有率（%）

时间段	中央台频道	中国教育台频道	黑龙江省级频道	哈尔滨市级频道	其他省级卫视频道	其他频道
02:00-03:00	29.0	0.1	26.6	6.4	32.1	5.8
03:00-04:00	31.2	0.1	21.7	3.7	37.5	5.9
04:00-05:00	31.5	0.1	21.9	2.3	39.5	4.7
05:00-06:00	32.1	0.1	30.0	4.9	29.9	3.0
06:00-07:00	22.9	0.3	31.8	30.1	12.0	3.0
07:00-08:00	29.2	0.2	27.9	27.8	11.9	3.0
08:00-09:00	33.8	0.3	23.7	13.8	24.3	4.1
09:00-10:00	32.8	0.4	23.8	7.8	29.9	5.3
10:00-11:00	32.0	0.6	22.8	8.7	30.4	5.5
11:00-12:00	35.1	0.7	21.1	8.2	29.3	5.6
12:00-13:00	40.6	0.2	22.2	5.7	25.9	5.4
13:00-14:00	34.8	0.8	21.5	7.6	29.5	5.8
14:00-15:00	28.0	0.9	22.1	9.5	33.2	6.3
15:00-16:00	27.3	0.3	22.9	9.2	34.0	6.4
16:00-17:00	27.2	0.3	23.1	11.7	32.1	5.7
17:00-18:00	29.1	0.4	29.2	9.2	26.6	5.5
18:00-19:00	26.3	0.2	38.6	16.1	13.6	5.2
19:00-20:00	27.3	0.2	41.8	20.3	6.5	4.1
20:00-21:00	26.5	0.4	35.2	19.4	15.1	3.5
21:00-22:00	25.9	0.4	29.3	21.9	19.1	3.5
22:00-23:00	19.1	0.6	32.5	22.9	21.3	3.7
23:00-24:00	23.5	0.5	25.6	23.4	22.6	4.5
24:00-25:00	26.1	0.2	25.5	16.9	26.1	5.2
25:00-26:00	26.1	0.1	25.2	13.9	28.6	6.1

表 3.38.4 2009 年哈尔滨市场收视份额位于前十位的频道

名次	频道名称	收视份额（%）
1	黑龙江电视台影视频道	8.1
2	哈尔滨电视台新闻综合频道	6.6
3	黑龙江电视台卫星频道	6.5
4	中央电视台综合频道	6.1
5	黑龙江电视台都市频道	4.8
6	哈尔滨电视台影视频道	4.7
6	黑龙江电视台公共频道	3.4
8	中央台五套	3.3
9	中央台三套	3.2
9	黑龙江电视台文艺频道	3.2

表 3.38.5　2009 年哈尔滨市场主要频道的观众构成（%）

目标观众		所有频道	主要频道				
			黑龙江电视台影视频道	哈尔滨电视台新闻综合频道	黑龙江电视台卫星频道	中央电视台综合频道	黑龙江电视台都市频道
4 岁及以上所有人		100.0	100.0	100.0	100.0	100.0	100.0
性别	男	50.0	43.7	50.4	50.5	51.7	44.9
	女	50.0	56.3	49.6	49.5	48.3	55.1
年龄	4－14 岁	5.9	4.9	4.5	4.6	5.5	3.1
	15－24 岁	9.4	9.5	11.4	8.7	6.5	9.3
	25－34 岁	12.6	10.7	10.8	11.3	10.2	10.5
	35－44 岁	16.5	17.0	12.3	15.2	14.8	18.8
	45－54 岁	25.1	26.3	32.9	27.6	21.2	29.1
	55－64 岁	17.0	18.4	13.7	17.6	20.6	21.0
	65 岁及以上	13.5	13.2	14.4	15.0	21.2	8.2
教育程度	未受过正规教育	3.6	6.7	2.3	5.5	5.1	3.2
	小学	11.7	12.1	12.7	15.7	14.4	11.8
	初中	31.6	34.2	26.5	33.4	27.3	35.5
	高中	32.4	33.3	42.1	29.4	29.4	32.9
	大学及以上	20.7	13.7	16.4	16.0	23.8	16.6
职业类别	干部/管理人员	3.8	1.8	3.2	2.3	4.2	3.5
	个体/私营企业人员	6.9	11.1	5.4	8.9	6.3	10.8
	初级公务员/雇员	11.7	7.9	10.3	8.7	10.2	10.3
	工人	26.4	26.7	32.7	26.3	21.4	27.2
	学生	10.6	9.9	11.4	8.9	8.4	8.3
	无业	36.7	37.9	34.1	37.0	44.2	35.9
	其他	3.9	4.7	2.9	7.9	5.3	4.0
个人月收入	0－600 元	33.9	38.4	36.0	36.2	29.5	34.4
	601－1200 元	40.4	43.1	41.4	42.6	43.3	41.7
	1201－1700 元	13.9	10.9	12.4	11.5	14.5	14.1
	1701－2600 元	8.2	5.7	7.0	7.5	8.3	7.2
	2601 元及以上	3.6	1.9	3.2	2.2	4.4	2.6

表 3.38.6　2007—2009 年哈尔滨市场各类节目的播出份额（%）和收视份额（%）

节目类别	2007 年		2008 年		2009 年	
	播出份额	收视份额	播出份额	收视份额	播出份额	收视份额
电影	4.3	6.3	5.4	6.7	4.4	4.1
教学	0.5	0.2	0.5	0.1	0.5	0.1
青少	5.2	3.2	5.3	3.2	5.9	3.5
电视剧	25.6	37.4	27.8	40.3	25.9	39.8
体育	1.7	3.8	3.0	5.9	2.1	2.8
外语	0.2	0.1	0.1	0.1	0.1	0.1
戏剧	1.4	0.8	1.3	1.1	1.3	0.9
新闻/时事	13.0	10.0	13.8	12.8	13.7	13.2
音乐	0.9	1.2	2.4	0.6	2.7	0.6
综艺	8.3	9.6	7.9	9.8	10.8	14.9
专题	12.0	7.7	11.9	7.1	10.9	6.9
财经	1.5	0.6	1.6	0.7	2.0	0.9
生活服务	7.1	4.3	7.6	3.8	8.3	4.3
法制	1.6	2.1	1.6	1.8	1.7	1.7
其他	16.7	13.1	9.9	6.3	9.6	6.3

表 3.38.7　2009 年哈尔滨市场所有节目收视率排名前三十位

名次	节目名称	节目类型	播出频道	平均收视率（%）	平均占有率（%）
1	2009 春节联欢晚会	综艺	中央电视台综合频道	33.1	67.4
2	欢天喜地闹元宵 2009 年元宵晚会	综艺	中央电视台综合频道	32.0	63.2
3	首都各界庆祝中华人民共和国成立 60 周年联欢晚会	综艺	中央电视台综合频道	13.1	29.6
4	宜春月中华情 2009 年中央电视台中秋晚会	综艺	中央电视台综合频道	10.6	24.3
5	错爱第二部	电视剧	黑龙江电视台影视频道	8.7	22.3
6	哈尔滨 24th 世界大学生冬季运动会	体育	中央电视台综合频道	8.2	16.1
7	现场直播：第十一届全运会男子 110 米栏决赛	体育	中央台五套	7.9	18.8
8	幸福还有多远	电视剧	黑龙江电视台影视频道	7.5	18.7
9	哈尔滨 24th 世界大学生冬季运动会	体育	中央台五套	7.4	14.5
10	走西口	电视剧	中央电视台综合频道	7.0	15.5
11	北方有佳人	电视剧	黑龙江电视台影视频道	6.9	18.1
12	户口	电视剧	黑龙江电视台影视频道	6.6	16.9
13	我是太阳	电视剧	黑龙江电视台影视频道	6.5	15.7
14	直播周末：哈尔滨第 24 届世界大学生冬季运动会闭幕式	体育	中央台五套	6.5	14.2
15	阳光灿烂周三强	电视剧	黑龙江电视台影视频道	6.3	16.2
16	第二十四届世界大学生冬季运动会闭幕式	体育	黑龙江电视台都市频道	6.2	13.5
17	天气预报	生活服务	中央电视台综合频道	6.1	16.4
18	大宅院的女人	电视剧	黑龙江电视台影视频道	6.0	17.3
19	妈妈为我嫁	电视剧	黑龙江电视台影视频道	6.0	14.8
20	现场直播 NBA 赛场：08/09 赛季 NBA 常规赛 - 尼克斯 VS 火箭	体育	中央台五套	5.8	22.3
21	第 24 届世界大学生冬季运动会开幕式	体育	黑龙江电视台都市频道	5.8	11.4
22	江城令	电视剧	黑龙江电视台影视频道	5.7	17.7
23	星光大道年度总决赛 2008	综艺	中央台三套	5.7	12.8
24	直播周末 NBA 赛场：08/09 赛季 NBA 季后赛 - 火箭 VS 开拓者	体育	中央台五套	5.5	33.0
25	365 个祝福中央电视台心连心艺术团赴四川灾区慰问演出	综艺	中央电视台综合频道	5.5	14.2
26	百花迎春中国文学艺术界 2009 春节大联欢	综艺	中央台三套	5.5	12.6
27	第三届 CCTV 电视剧群英汇	综艺	中央台三套	5.5	12.5

续表

名次	节目名称	节目类型	播出频道	平均收视率(%)	平均占有率(%)
28	新闻夜航	新闻	黑龙江电视台都市频道	5.4	17.5
29	本山快乐营启动晚会	综艺	黑龙江电视台卫星频道	5.4	13.6
30	光荣颂2009年五一国际劳动节文艺晚会	综艺	中央电视台综合频道	5.1	12.8

表3.38.8　2009年哈尔滨市场电视剧收视率排名前十位

名次	节目名称	播出频道	平均收视率(%)	平均占有率(%)
1	错爱第二部	黑龙江电视台影视频道	8.7	22.3
2	幸福还有多远	黑龙江电视台影视频道	7.5	18.7
3	走西口	中央电视台综合频道	7.0	15.5
4	北方有佳人	黑龙江电视台影视频道	6.9	18.1
5	户口	黑龙江电视台影视频道	6.6	16.9
6	我是太阳	黑龙江电视台影视频道	6.5	15.7
7	阳光灿烂周三强	黑龙江电视台影视频道	6.3	16.2
8	大宅院的女人	黑龙江电视台影视频道	6.0	17.3
9	妈妈为我嫁	黑龙江电视台影视频道	6.0	14.8
10	江城令	黑龙江电视台影视频道	5.7	17.7

表3.38.9　2009年哈尔滨市场新闻节目收视率排名前十位

名次	节目名称	播出频道	平均收视率(%)	平均占有率(%)
1	新闻夜航	黑龙江电视台都市频道	5.4	17.5
2	盛典国庆60周年特别报道	中央电视台综合频道	4.9	19.9
3	科学发展当好龙头哈尔滨市深入学习实践科学发展观活动纪实	哈尔滨电视台新闻综合频道	3.6	7.9
4	新闻联播	中央电视台综合频道	3.5	10.5
5	我们的节日春节一年又一年四海一家亲	中央电视台综合频道	3.1	11.3
6	新闻联播	黑龙江电视台卫星频道	2.7	9.8
7	哈尔滨新闻	哈尔滨电视台新闻综合频道	2.4	6.3
8	新华视点	黑龙江电视台卫星频道	2.3	9.7
9	国庆60新华通讯社大型直播报道	黑龙江电视台卫星频道	2.2	7.0
10	市长张效廉在市十三届人大三次会议上所作的政府工作报告摘要	哈尔滨电视台新闻综合频道	2.1	4.6

表 3.38.10 2009 年哈尔滨市场专题节目收视率排名前十位

名次	节目名称	播出频道	平均收视率（%）	平均占有率（%）
1	幕后	中央台三套	3.9	10.2
2	人民至上	中央电视台综合频道	3.9	9.3
3	天舒工作室	黑龙江电视台都市频道	3.5	9.1
4	都市传奇	黑龙江电视台都市频道	3.4	8.7
5	2009 中央电视台 3.15 晚会	中央电视台综合频道	3.4	8.6
6	艺术人生特别节目温暖 2009	中央台三套	2.6	7.0
7	解放中国（9 月 26 日）	哈尔滨电视台新闻综合频道	2.6	6.4
8	百年先念	中央电视台综合频道	2.4	6.0
9	问答神州	黑龙江电视台卫星频道	2.3	5.3
10	我们的田野 2009 三八特别节目	中央电视台综合频道	2.1	5.2

表 3.38.11 2009 年哈尔滨市场综艺节目收视率排名前十位

名次	节目名称	播出频道	平均收视率（%）	平均占有率（%）
1	2009 春节联欢晚会	中央电视台综合频道	33.1	67.4
2	欢天喜地闹元宵 2009 年元宵晚会	中央电视台综合频道	32.0	63.2
3	首都各界庆祝中华人民共和国成立 60 周年联欢晚会	中央电视台综合频道	13.1	29.6
4	宜春月中华情 2009 年中央电视台中秋晚会	中央电视台综合频道	10.6	24.3
5	星光大道年度总决赛 2008	中央台三套	5.7	12.8
6	365 个祝福中央电视台心连心艺术团赴四川灾区慰问演出	中央电视台综合频道	5.5	14.2
7	百花迎春中国文学艺术界 2009 春节大联欢	中央台三套	5.5	12.6
8	第三届 CCTV 电视剧群英汇	中央台三套	5.5	12.5
9	本山快乐营启动晚会	黑龙江电视台卫星频道	5.4	13.6
10	光荣颂 2009 年五一国际劳动节文艺晚会	中央电视台综合频道	5.1	12.8

表 3.38.12　2009 年哈尔滨市场体育节目收视率排名前十位

名次	节目名称	播出频道	平均收视率(%)	平均占有率(%)
1	哈尔滨 24th 世界大学生冬季运动会	中央电视台综合频道	8.2	16.1
2	现场直播：第十一届全运会男子110 米栏决赛	中央台五套	7.9	18.8
3	哈尔滨 24th 世界大学生冬季运动会	中央台五套	7.4	14.5
4	直播周末：哈尔滨第 24 届世界大学生冬季运动会闭幕式	中央台五套	6.5	14.2
5	第二十四届世界大学生冬季运动会闭幕式	黑龙江电视台都市频道	6.2	13.5
6	现场直播 NBA 赛场：08/09 赛季 NBA 常规赛 - 尼克斯 VS 火箭	中央台五套	5.8	22.3
7	第 24 届世界大学生冬季运动会开幕式	黑龙江电视台都市频道	5.8	11.4
8	直播周末 NBA 赛场：08/09 赛季 NBA 季后赛 - 火箭 VS 开拓者	中央台五套	5.5	33.0
9	哈尔滨 24th 世界大学生冬季运动会闭幕式	哈尔滨电视台新闻综合频道	5.1	11.1
10	第 24 届大冬会女子冰球金牌赛	中央台五套	4.9	10.9

三十九、海口收视数据

表 3. 39. 1　2005—2009 年海口市场各类频道的市场占有率（%）

频道类别	年份				
	2005 年	2006 年	2007 年	2008 年	2009 年
中央台频道	31. 2	32. 5	35. 5	40. 5	35. 9
中国教育台频道	0. 0	0. 0	0. 4	0. 4	0. 6
海南省级频道	25. 0	27. 3	23. 2	22. 3	27. 1
海口市级频道	18. 3	12. 5	14. 4	12. 6	8. 8
其他省级卫视频道	17. 7	21. 1	19. 8	19. 5	20. 4
其他频道	7. 8	6. 6	6. 7	4. 7	7. 2

表 3. 39. 2　2009 年海口市场各类频道在不同目标观众中的市场占有率（%）

目标观众		中央台频道	中国教育台频道	海南省级频道	海口市级频道	其他省级卫视频道	其他频道
4 岁及以上所有人		35. 9	0. 6	27. 1	8. 8	20. 4	7. 3
性别	男	39. 1	0. 6	26. 7	8. 5	17. 6	7. 5
	女	32. 9	0. 6	27. 4	9. 0	23. 0	7. 1
年龄	4 - 14 岁	36. 6	0. 4	21. 0	7. 4	27. 0	7. 6
	15 - 24 岁	24. 6	0. 4	28. 6	11. 2	24. 7	10. 5
	25 - 34 岁	36. 8	0. 9	28. 5	9. 3	16. 8	7. 8
	35 - 44 岁	35. 2	0. 7	25. 2	9. 5	22. 4	7. 0
	45 - 54 岁	40. 8	0. 5	27. 2	8. 3	17. 4	5. 3
	55 - 64 岁	41. 9	0. 6	30. 3	8. 6	15. 6	3. 0
	65 岁及以上	37. 8	0. 3	30. 6	5. 3	17. 3	8. 6
教育程度	未受过正规教育	43. 0	0. 1	24. 8	5. 7	17. 3	9. 1
	小学	33. 1	0. 6	27. 3	9. 5	22. 4	7. 1
	初中	30. 4	0. 7	28. 7	10. 6	19. 9	9. 7
	高中	37. 8	0. 5	27. 9	7. 8	20. 5	5. 6
	大学及以上	49. 8	1. 0	19. 7	5. 8	19. 8	4. 0
职业类别	干部/管理人员	54. 4	0. 9	16. 1	4. 1	18. 0	6. 5
	个体/私营企业人员	32. 8	0. 9	28. 8	10. 2	18. 8	8. 5
	初级公务员/雇员	39. 7	0. 8	26. 9	8. 2	19. 5	4. 9
	工人	34. 0	0. 4	25. 9	9. 0	23. 8	7. 0
	学生	29. 7	0. 5	22. 8	9. 6	28. 4	9. 1
	无业	38. 5	0. 5	28. 5	7. 1	18. 4	7. 1
	其他	30. 0	0. 2	30. 1	21. 7	13. 0	5. 1
个人月收入	0 - 600 元	32. 7	0. 6	27. 2	9. 2	21. 6	8. 7
	601 - 1200 元	35. 6	0. 5	28. 8	8. 8	19. 8	6. 5
	1201 - 1700 元	41. 1	0. 9	25. 6	8. 7	17. 9	5. 7
	1701 - 2600 元	43. 8	0. 5	22. 8	6. 7	22. 2	4. 1
	2601 元及以上	56. 5	1. 2	19. 4	4. 8	12. 9	5. 2

表 3.39.3　2009 年海口市场各类频道在不同时段的市场占有率（%）

时间段	中央台频道	中国教育台频道	海南省级频道	海口市级频道	其他省级卫视频道	其他频道
02：00－03：00	32.6	0.2	7.4	0.4	39.5	19.8
03：00－04：00	36.2	0.1	8.6	0.0	47.3	7.8
04：00－05：00	34.9	0.0	4.3	0.2	51.6	9.1
05：00－06：00	28.4	0.0	2.6	1.0	60.5	7.6
06：00－07：00	59.7	0.3	11.6	0.7	17.7	10.1
07：00－08：00	58.5	0.2	6.5	3.2	16.6	15.1
08：00－09：00	44.9	0.7	12.9	3.8	28.3	9.4
09：00－10：00	44.3	0.7	12.0	4.7	29.3	9.1
10：00－11：00	46.5	0.8	11.1	4.7	28.0	8.9
11：00－12：00	52.3	0.8	9.0	3.5	26.6	7.8
12：00－13：00	55.9	0.6	10.6	4.5	21.2	7.2
13：00－14：00	45.9	1.9	9.1	3.9	29.2	10.0
14：00－15：00	35.2	1.9	8.9	3.4	38.0	12.7
15：00－16：00	29.3	0.8	8.7	3.1	44.4	13.7
16：00－17：00	32.8	0.8	9.4	3.1	39.0	14.9
17：00－18：00	46.4	1.2	19.3	4.3	17.4	11.6
18：00－19：00	18.5	0.3	67.8	5.7	3.9	3.9
19：00－20：00	45.3	0.1	33.9	10.4	5.7	4.6
20：00－21：00	30.6	0.2	34.1	13.7	16.4	5.0
21：00－22：00	31.1	0.5	27.1	13.7	22.2	5.4
22：00－23：00	27.5	1.2	22.5	9.6	31.3	7.9
23：00－24：00	31.0	1.1	14.2	9.1	34.4	10.2
24：00－25：00	36.9	0.3	9.4	7.9	29.9	15.7
25：00－26：00	30.8	0.2	7.1	3.8	24.6	33.6

表 3.39.4　2009 年海口市场收视份额位于前十位的频道

名次	频道名称	收视份额（%）
1	海南电视台综合频道	19.6
2	中央电视台综合频道	12.3
3	湖南电视台卫星频道	8.0
4	中央台八套	5.0
5	中央电视台少儿频道	4.6
5	海口广播电视台新闻综合频道（无线）	4.6
7	海南电视台公共频道	3.4
8	海口电视台经济频道	2.9
9	海南电视台影视娱乐频道	2.7
10	中央台六套	2.6

表 3.39.5 2008 年海口市场主要频道的观众构成（%）

目标观众		所有频道	主要频道				
			海南电视台综合频道	中央电视台综合频道	湖南电视台卫星频道	中央台八套	中央电视台少儿频道
4 岁及以上所有人		100.0	100.0	100.0	100.0	100.0	100.0
性别	男性	48.1	46.7	52.2	35.3	39.3	49.8
	女性	51.9	53.3	47.8	64.7	60.7	50.2
年龄	4－14 岁	11.9	8.5	5.5	16.9	4.0	57.0
	15－24 岁	13.0	13.9	8.7	19.6	9.3	2.3
	25－34 岁	19.3	20.9	20.7	15.4	16.7	17.4
	35－44 岁	22.3	19.9	23.2	24.5	22.4	11.9
	45－54 岁	14.8	15.6	17.6	12.6	22.5	4.3
	55－64 岁	8.6	9.1	12.6	3.4	11.6	2.9
	65 岁及以上	10.0	12.3	11.7	7.6	13.6	4.2
教育程度	未受正规教育	4.6	4.6	3.3	3.4	5.8	20.4
	小学	17.1	16.6	12.1	17.5	14.3	40.3
	初中	35.6	38.2	31.8	36.6	31.2	20.5
	高中	31.9	33.0	36.2	32.9	34.8	12.2
	大学及以上	10.9	7.7	16.6	9.6	14.0	6.6
职业类别	干部/管理人员	2.2	1.4	4.3	1.8	3.0	0.7
	初级公务员/雇员	21.8	23.5	21.5	17.9	20.7	13.0
	工人	13.9	13.5	16.6	14.4	14.4	7.4
	个体/私营企业人员	8.0	7.8	7.8	9.5	6.4	3.8
	学生	14.6	11.3	8.0	24.4	5.3	38.6
	无业	36.8	39.7	38.7	31.5	47.8	36.1
	其他	2.8	2.8	3.1	0.5	2.5	0.5
个人月收入	0－600 元	49.1	49.3	39.8	55.3	38.1	79.5
	601－1200 元	32.5	34.7	36.1	29.4	35.9	11.3
	1201－1700 元	9.3	9.0	10.5	8.0	14.0	3.9
	1701－2600 元	5.7	4.4	7.1	6.1	8.2	3.3
	2601 元及以上	3.4	2.5	6.5	1.3	3.8	1.4

表 3.39.6 2007—2009 年海口市场各类节目的播出份额（%）和收视份额（%）

节目类别	2007 年		2008 年		2009 年	
	播出份额	收视份额	播出份额	收视份额	播出份额	收视份额
财经	1.6	0.4	1.0	0.4	2.1	0.7
电视剧	26.1	38.4	28.9	37.8	22.5	27.8
电影	2.9	2.4	3.9	2.2	3.0	3.1
法制	1.3	0.4	0.8	0.5	1.2	1.2
教学	0.5	0.1	0.6	0.1	0.6	0.1
青少	4.6	2.4	3.2	2.0	5.6	7.3
生活服务	6.9	5.0	8.4	5.6	8.0	7.2
体育	1.8	3.1	3.1	7.1	2.1	2.9
外语	0.3	0.1	0.2	0.1	0.2	0.0
戏剧	1.4	0.2	1.1	0.1	1.3	0.3
新闻/时事	14.1	16.7	12.4	14.5	13.7	12.1
音乐	2.2	1.3	2.3	0.7	3.0	1.0
专题	11.5	4.9	11.1	4.8	11.2	6.8
综艺	8.2	7.9	6.3	7.4	9.4	11.8
其他	16.7	16.8	16.8	16.7	16.2	17.6

表 3.39.7 2009 年海口市场所有节目收视率排名前三十位

名次	节目名称	节目类型	播出频道	平均收视率(%)	平均占有率(%)
1	2009 春节联欢晚会	综艺	中央电视台综合频道	24.8	74.3
2	首都各界庆祝中华人民共和国成立 60 周年联欢晚会	综艺	中央电视台综合频道	19.7	51.1
3	直播海南	新闻/时事	海南电视台综合频道	15.0	63.8
4	夺子战争	电视剧	海南电视台综合频道	12.5	35.2
5	情之债	电视剧	海南电视台综合频道	12.5	32.9
6	天伦劫	电视剧	海南电视台综合频道	12.4	31.6
7	新闻联播	新闻/时事	中央电视台综合频道	12.0	36.9
8	2009 年第十届中国海南岛欢乐节开幕式	综艺	海南电视台综合频道	10.6	28.9
9	道德底线	电视剧	海南电视台综合频道	10.6	28.7
10	黑玫瑰	电视剧	海南电视台综合频道	10.2	27.2
11	2009 年第十届中国海南岛欢乐节文艺晚会暨华谊群星欢乐夜	综艺	海南电视台综合频道	10.1	30.9
12	一千滴眼泪	电视剧	海南电视台综合频道	9.8	28.4
13	翡翠凤凰	电视剧	海南电视台综合频道	9.7	26.7
14	海洋预报	生活服务	海南电视台综合频道	9.6	26.6
15	虎山行	电视剧	海南电视台综合频道	9.3	26.3
16	天气预报	生活服务	中央电视台综合频道	9.2	25.3
17	名门新娘	电视剧	海南电视台综合频道	9.0	26.8
18	王者天创海南 315 晚会在诚信中前行	综艺	海南电视台综合频道	9.0	23.3
19	2009 第 8 届国际模特大赛	综艺	海南电视台综合频道	8.9	26.2
20	2009 街舞大赛总决赛	综艺	海南电视台综合频道	8.7	22.3
21	天气预报	生活服务	海南电视台综合频道	8.6	27.1
22	海南一家亲	电视剧	海南电视台综合频道	8.6	25.7
23	红色娘子军	专题	海南电视台综合频道	8.4	23.7
24	妈妈为我嫁	电视剧	海南电视台综合频道	8.4	22.6
25	雾柳镇	电视剧	海南电视台综合频道	8.1	22.3
26	走进交行感受服务交通银行服务之星颁奖晚会	综艺	海南电视台综合频道	7.8	25.3
27	2009 快乐中国快乐女声想唱就唱我最响亮全国总决赛 4 进 3	综艺	湖南电视台卫星频道	7.7	41.5
28	春天的祝福文化部 2009 年春节电视晚会	综艺	中央电视台综合频道	7.5	27.2
29	故事会	电视剧	海南电视台综合频道	7.5	22.9
30	美丽盛典 2010 年上海世博会礼仪小姐选拔大赛海南赛区十强赛	综艺	海南电视台综合频道	7.4	21.5

表 3.39.8 2009 年海口市场电视剧收视率排名前十位

名次	节目名称	播出频道	平均收视率（%）	平均占有率（%）
1	夺子战争	海南电视台综合频道	12.5	35.2
2	情之债	海南电视台综合频道	12.5	32.9
3	天伦劫	海南电视台综合频道	12.4	31.6
4	道德底线	海南电视台综合频道	10.6	28.7
5	黑玫瑰	海南电视台综合频道	10.2	27.2
6	一千滴眼泪	海南电视台综合频道	9.8	28.4
7	翡翠凤凰	海南电视台综合频道	9.7	26.7
8	虎山行	海南电视台综合频道	9.3	26.3
9	名门新娘	海南电视台综合频道	9.0	26.8
10	海南一家亲	海南电视台综合频道	8.6	25.7

表 3.39.9 2009 年海口市场新闻节目收视率排名前十位

名次	节目名称	播出频道	平均收视率（%）	平均占有率（%）
1	直播海南	海南电视台综合频道	15.0	63.8
2	新闻联播	中央电视台综合频道	12.0	36.9
3	焦点访谈	中央电视台综合频道	6.9	19.3
4	温家宝总理会见中外记者	中央电视台综合频道	5.7	13.2
5	温家宝总理在阿盟总部发表演讲	中央电视台综合频道	4.0	11.0
6	鹩哥	海南电视台公共频道	3.3	11.0
7	中俄建交六十周年庆祝大会暨中国俄语年闭幕式	中央电视台综合频道	3.3	9.7
8	盛典国庆 60 周年特别报道	中央电视台综合频道	2.6	15.3
9	热带播报	海口广播电视台新闻综合频道（无线）	2.2	8.1
10	我们的节日春节一年又一年四海一家亲	中央电视台综合频道	2.1	17.7

表 3.39.10 2009 年海口市场专题节目收视率排名前十位

名次	节目名称	播出频道	平均收视率（%）	平均占有率（%）
1	红色娘子军	海南电视台综合频道	8.4	23.7
2	人民英模	中央电视台综合频道	5.9	16.5
3	西藏今昔	中央电视台综合频道	5.3	14.9
4	2009 中央电视台 3.15 晚会	中央电视台综合频道	4.1	11.2
5	解放农奴	中央电视台综合频道	3.9	10.6
6	我们的田野 2009 三八特别节目	中央电视台综合频道	3.9	9.8
7	百年先念	中央电视台综合频道	3.6	10.3
8	西藏民主改革 50 年	中央电视台综合频道	3.1	7.4
9	宋任穷	中央电视台综合频道	3.0	9.2
10	时代的责任精神文明建设五个一工程巡礼	中央电视台综合频道	2.8	7.9

表 3.39.11　2009 年海口市场综艺节目收视率排名前十位

名次	节目名称	播出频道	平均收视率(%)	平均占有率(%)
1	2009 春节联欢晚会	中央电视台综合频道	24.8	74.3
2	首都各界庆祝中华人民共和国成立 60 周年联欢晚会	中央电视台综合频道	19.7	51.1
3	2009 年第十届中国海南岛欢乐节开幕式	海南电视台综合频道	10.6	28.9
4	2009 年第十届中国海南岛欢乐节文艺晚会暨华谊群星欢乐夜	海南电视台综合频道	10.1	30.9
5	海南 315 晚会在诚信中前行	海南电视台综合频道	9.0	23.3
6	2009 第 8 届国际模特大赛	海南电视台综合频道	8.9	26.2
7	2009 街舞大赛总决赛	海南电视台综合频道	8.7	22.3
8	走进交行感受服务交通银行服务之星颁奖晚会	海南电视台综合频道	7.8	25.3
9	2009 快乐中国快乐女声想唱就唱我最响亮全国总决赛 4 进 3	湖南电视台卫星频道	7.7	41.5
10	春天的祝福文化部 2009 年春节电视晚会	中央电视台综合频道	7.5	27.2

表 3.39.12　2009 年海口市场体育节目收视率排名前十位

名次	节目名称	播出频道	平均收视率(%)	平均占有率(%)
1	中华人民共和国第十一届运动会开幕式	中央电视台综合频道	4.9	14.1
2	魅力高尔夫	海南电视台综合频道	4.5	21.5
3	中华人民共和国第十一届运动会闭幕式	中央电视台综合频道	3.3	9.6
4	直播周末：2009 年苏迪曼杯世界羽毛球混合团体锦标赛决赛男单	中央台五套	2.6	7.4
5	黄金赛场：2009 年中国国际女排精英赛昆山站	中央台五套	2.3	6.9
6	直播周末：2009 年苏迪曼杯世界羽毛球混合团体锦标赛决赛男双	中央台五套	2.2	8.8
7	现场直播：第十一届全运会女子 400 米自由泳决赛	中央台五套	2.2	5.5
8	现场直播：第十一届全运会男子 100 米仰泳半决赛	中央台五套	2.0	5.1
9	黄金赛场：2009 年亚洲男篮锦标赛－黎巴嫩队 VS 中国队	中央台五套	1.9	5.4
10	中华人民共和国第十一届运动会开幕式	中央台三套	1.9	5.3

四十、杭州收视数据

表 3.40.1　2005—2009 年杭州市场各类频道的市场占有率（%）

频道类别	年份				
	2005 年	2006 年	2007 年	2008 年	2009 年
中央台频道	24.8	22.8	23.0	24.7	18.6
中国教育台频道	0.9	0.6	0.3	0.2	0.2
浙江省级频道	25.0	27.7	30.3	32.9	41.4
杭州市级频道	36.0	34.8	30.5	24.4	22.8
其他省级卫视频道	10.8	12.0	13.2	14.0	13.3
其他频道	2.5	2.1	2.7	3.8	3.2

表 3.40.2　2009 年杭州市场各类频道在不同目标观众中的市场占有率（%）

目标观众		中央台频道	中国教育台频道	浙江省级频道	杭州市级频道	其他省级卫视频道	其他频道
4 岁及以上所有人		18.6	0.2	41.4	22.8	13.8	3.2
性别	男	20.6	0.2	40.8	22.2	12.9	3.3
	女	16.5	0.2	42.0	23.5	14.6	3.2
年龄	4－14 岁	15.7	0.2	42.9	18.9	18.3	4.0
	15－24 岁	14.3	0.2	41.5	24.8	15.5	3.7
	25－34 岁	15.9	0.2	42.4	26.5	11.8	3.2
	35－44 岁	18.6	0.2	42.7	22.3	12.0	4.2
	45－54 岁	19.2	0.2	40.5	23.1	14.5	2.5
	55－64 岁	20.8	0.2	42.5	20.3	13.3	2.9
	65 岁及以上	25.8	0.2	36.7	20.7	13.6	3.0
教育程度	未受过正规教育	16.4	0.2	42.3	24.3	14.0	2.8
	小学	16.8	0.2	42.1	22.1	14.7	4.1
	初中	18.1	0.2	41.7	22.5	13.9	3.6
	高中	19.1	0.2	40.9	22.8	14.0	3.0
	大学及以上	21.0	0.2	40.5	23.3	12.4	2.6
职业类别	干部/管理人员	22.6	0.2	40.0	20.4	13.7	3.1
	个体/私营企业人员	18.3	0.2	42.2	23.3	12.9	3.1
	初级公务员/雇员	15.9	0.2	43.5	24.5	13.2	2.7
	工人	17.8	0.2	41.2	25.3	12.2	3.3
	学生	14.5	0.3	39.8	21.3	19.8	4.3
	无业	21.3	0.2	40.1	21.5	13.8	3.1
	其他	18.9	0.2	44.6	18.1	12.9	5.3
个人月收入	0－600 元	16.1	0.2	41.4	23.1	15.4	3.8
	601－1200 元	16.8	0.2	42.1	24.3	13.3	3.3
	1201－1700 元	19.4	0.2	42.6	21.3	13.7	2.8
	1701－2600 元	20.8	0.3	41.3	21.2	13.4	3.1
	2601 元及以上	20.5	0.2	39.2	24.6	12.2	3.3

表 3.40.3　2009 年杭州市场各类频道在不同时段的市场占有率（%）

时间段	中央台频道	中国教育台频道	浙江省级频道	杭州市级频道	其他省级卫视频道	其他频道
02:00-03:00	36.9	0.4	21.6	7.0	27.2	6.9
03:00-04:00	35.0	0.3	27.2	5.5	26.1	5.9
04:00-05:00	31.4	0.2	32.2	3.9	28.2	4.1
05:00-06:00	37.6	0.1	31.5	2.1	25.6	3.1
06:00-07:00	48.5	0.3	25.4	2.8	18.7	4.3
07:00-08:00	45.9	0.6	28.0	6.6	13.9	5.0
08:00-09:00	37.1	0.2	24.5	7.4	25.7	5.1
09:00-10:00	31.8	0.1	28.9	6.8	27.7	4.7
10:00-11:00	33.3	0.4	25.5	5.7	29.9	5.2
11:00-12:00	34.6	0.5	24.2	7.8	28.1	4.8
12:00-13:00	34.0	0.1	22.5	14.7	24.1	4.6
13:00-14:00	29.1	0.5	20.4	17.1	27.8	5.1
14:00-15:00	24.8	0.6	20.2	18.9	30.2	5.3
15:00-16:00	26.2	0.2	19.5	16.7	32.3	5.1
16:00-17:00	28.7	0.2	19.9	13.4	32.7	5.1
17:00-18:00	25.9	0.3	34.1	15.7	20.2	3.8
18:00-19:00	11.1	0.1	53.1	28.0	5.7	2.0
19:00-20:00	11.1	0.0	57.0	26.1	3.0	2.8
20:00-21:00	11.9	0.1	52.2	26.1	7.3	2.4
21:00-22:00	11.7	0.2	43.2	33.7	8.8	2.4
22:00-23:00	15.6	0.4	41.7	26.1	13.4	2.8
23:00-24:00	23.7	0.5	34.3	18.6	18.9	4.0
24:00-25:00	32.5	0.2	22.1	13.5	26.1	5.6
25:00-26:00	34.0	0.1	21.8	8.7	28.7	6.7

表 3.40.4　2009 年杭州市场收视份额排名前十位的频道

名次	频道名称	收视份额（%）
1	浙江卫视	7.3
2	浙江电视台教育科技频道	7.1
3	浙江电视台民生休闲频道	6.3
4	杭州电视台西湖明珠频道	5.5
5	杭州电视台综合频道	5.1
6	浙江电视台钱江都市频道	4.9
7	浙江电视台影视娱乐频道	4.8
7	杭州电视台影视频道	4.8
7	浙江电视台经济生活频道	4.8
10	杭州电视台生活频道	4.3

表 3.40.5　2009 年杭州市场各主要频道的观众构成（%）

目标观众		所有频道	主要频道				
			浙江卫视	浙江电视台教育科技频道	浙江电视台民生休闲频道	杭州电视台西湖明珠频道	杭州电视台综合频道
4 岁及以上所有人		100.0	100.0	100.0	100.0	100.0	100.0
性别	男	50.3	54.6	47.4	48.9	46.6	52.0
	女	49.7	45.4	52.6	51.1	53.4	48.0
年龄	4－14 岁	8.4	11.5	6.4	6.7	7.7	4.8
	15－24 岁	9.3	9.2	11.2	8.6	8.7	8.8
	25－34 岁	19.1	19.0	14.1	19.0	19.7	25.7
	35－44 岁	15.1	14.8	14.2	15.6	16.9	15.9
	45－54 岁	24.7	21.7	32.1	26.8	22.8	24.3
	55－64 岁	13.9	13.8	12.4	13.4	14.7	11.0
	65 岁及以上	9.5	10.0	9.6	9.9	9.5	8.5
教育程度	未受过正规教育	6.6	6.7	8.2	5.9	7.6	5.3
	小学	17.6	18.6	17.9	15.4	17.3	15.0
	初中	31.3	32.6	27.8	32.2	30.8	32.3
	高中	24.9	23.9	29.7	25.4	28.0	18.9
	大学及以上	19.6	18.2	16.4	21.1	16.3	28.5
职业类别	干部/管理人员	5.6	4.8	7.4	5.0	5.1	5.5
	个体/私营企业人员	9.8	7.4	9.7	7.3	10.7	10.0
	初级公务员/雇员	21.5	24.8	17.5	26.7	22.5	25.7
	工人	18.6	15.5	22.0	17.3	19.1	19.2
	学生	8.7	11.4	8.4	5.4	9.8	5.5
	无业	31.5	32.9	29.4	34.4	28.8	32.0
	其他	4.3	3.2	5.6	3.9	4.0	2.1
个人月收入	0－600 元	25.2	26.6	24.3	20.6	24.3	22.7
	601－1200 元	18.1	19.6	19.0	20.9	19.0	16.9
	1201－1700 元	20.9	23.1	21.8	19.2	23.7	19.5
	1701－2600 元	19.8	20.0	19.1	24.8	17.9	17.4
	2601 元及以上	16.0	10.7	15.7	14.5	15.1	23.5

表 3.40.6　2007—2009 年杭州市场各类节目的播出份额（%）和收视份额（%）

节目类别	2007 年		2008 年		2009 年	
	播出份额	收视份额	播出份额	收视份额	播出份额	收视份额
财经	1.5	1.6	1.8	1.8	2.1	1.7
生活服务	7.7	5.5	9.3	7.1	9.6	9.1
青少	4.6	2.9	4.6	2.8	5.2	3.1
戏剧	1.3	0.5	1.1	0.7	1.2	0.9
教学	0.5	0.1	0.5	0.1	0.5	0.1
综艺	8.3	8.8	7.1	7.7	9.2	10.3
外语	0.2	0.0	0.1	0.0	0.1	0.0
电影	4.1	4.2	3.4	3.6	3.4	3.0
音乐	1.9	1.0	2.3	0.6	2.5	0.5
新闻/时事	13.3	14.5	13.4	16.7	13.1	17.7
体育	1.6	3.2	2.7	4.6	1.7	1.5
电视剧	25.9	35.2	25.9	33.2	23.0	29.5
专题	11.0	5.9	10.8	5.5	10.1	5.2
法制	1.3	1.3	1.0	0.8	1.3	1.4
其他	16.9	15.3	15.9	14.9	17.0	15.9

表 3.40.7　2009 年杭州市场所有节目收视率排名前三十位

名次	节目名称	节目类型	播出频道	平均收视率（%）	平均占有率（%）
1	2009 春节联欢晚会	综艺	中央电视台综合频道	14.8	32.6
2	首都各界庆祝中华人民共和国成立 60 周年联欢晚会	综艺	中央电视台综合频道	10.1	17.7
3	星耀中国蓝周年庆典	综艺	浙江卫视	9.4	19.6
4	2009 杭州西湖国际烟花大会	综艺	杭州电视台综合频道	8.8	14.7
5	北方有佳人	电视剧	浙江电视台教育科技频道	7.8	13.4
6	小姨多鹤	电视剧	浙江电视台教育科技频道	7.5	12.7
7	阿六头说新闻	新闻/时事	杭州电视台西湖明珠频道	7.4	15.2
8	我和你说	新闻/时事	杭州电视台生活频道	7.3	13.6
9	战后之战	电视剧	浙江电视台教育科技频道	7.0	12.7
10	方言唛霸初赛第一场	综艺	杭州电视台西湖明珠频道	6.8	12.5
11	猎鹰 1949	电视剧	浙江电视台教育科技频道	6.8	11.8
12	2009 杭州西湖国际烟花大会	综艺	杭州电视台西湖明珠频道	6.8	11.4
13	广播之春激情飞扬纪念浙江电台开播六十周年主题晚会	综艺	浙江电视台教育科技频道	6.6	12.2
14	50 玫瑰（10 月 12 日 -10 月 25 日）	电视剧	浙江电视台经济生活频道	6.6	12.1
15	中国家庭第一部	电视剧	浙江电视台经济生活频道	6.0	10.8
16	欢天喜地闹元宵 2009 年元宵晚会	综艺	中央电视台综合频道	5.9	11.2
17	名门新娘	电视剧	浙江电视台教育科技频道	5.9	10.6
18	爸爸天亮叫我	电视剧	浙江电视台教育科技频道	5.9	10.5
19	黑三角	电视剧	浙江电视台钱江都市频道	5.8	12.0
20	我是小小阿六头决赛晚会	青少	杭州电视台西湖明珠频道	5.8	10.9
21	暗香	电视剧	浙江电视台教育科技频道	5.8	10.8
22	人到中年	电视剧	浙江电视台教育科技频道	5.8	10.1
23	跨年喜洋洋中国蓝 2010 开心大典	综艺	浙江卫视	5.7	12.1
24	仙剑奇侠传第三部	电视剧	浙江电视台经济生活频道	5.7	11.4
25	雾柳镇	电视剧	浙江电视台经济生活频道	5.5	11.6
26	相亲才会赢	生活服务	浙江电视台民生休闲频道	5.5	9.7
27	直播周末：2009 年第 25 届亚洲男篮锦标赛决赛	体育	中央台五套	5.4	10.7
28	我老爸最棒	综艺	浙江电视台民生休闲频道	5.4	9.9
29	倚天屠龙记	电视剧	浙江电视台影视娱乐频道	5.4	9.5
30	人间正道是沧桑（6 月 12 日 -7 月 6 日）	电视剧	浙江电视台经济生活频道	5.3	10.9

表 3.40.8　2009 年杭州市场电视剧收视率排名前十位

名次	节目名称	播出频道	平均收视率（%）	平均占有率（%）
1	北方有佳人	浙江电视台教育科技频道	7.8	13.4
2	小姨多鹤	浙江电视台教育科技频道	7.5	12.7
3	战后之战	浙江电视台教育科技频道	7.0	12.7
4	猎鹰 1949	浙江电视台教育科技频道	6.8	11.8
5	50 玫瑰（10 月 12 日 -10 月 25 日）	浙江电视台经济生活频道	6.6	12.1
6	中国家庭第一部	浙江电视台经济生活频道	6.0	10.8
7	名门新娘	浙江电视台教育科技频道	5.9	10.6
8	爸爸天亮叫我	浙江电视台教育科技频道	5.9	10.5
9	黑三角	浙江电视台钱江都市频道	5.8	12.0
10	暗香	浙江电视台教育科技频道	5.8	10.8

表 3.40.9　2009 年杭州市场新闻节目收视率排名前十位

名次	节目名称	播出频道	平均收视率（%）	平均占有率（%）
1	阿六头说新闻	杭州电视台西湖明珠频道	7.4	15.2
2	我和你说	杭州电视台生活频道	7.3	13.6
3	小强热线	浙江电视台教育科技频道	5.2	10.2
4	1818 黄金眼民生版	浙江电视台民生休闲频道	4.8	11.0
5	新闻 60 分	杭州电视台综合频道	4.7	13.2
6	陶安再报告	杭州电视台综合频道	4.7	12.6
7	范大姐帮忙	浙江电视台钱江都市频道	3.7	10.3
8	关注周刊	杭州电视台综合频道	3.7	7.3
9	十分关注	杭州电视台综合频道	3.7	7.0
10	经视新闻	浙江电视台经济生活频道	3.5	6.4

表 3.40.10　2009 年杭州市场专题节目收视率排名前十位

名次	节目名称	播出频道	平均收视率（%）	平均占有率（%）
1	新中国成立 60 周年特别节目	杭州电视台综合频道	5.0	11.6
2	杭州祈福 2009 回顾篇	杭州电视台影视频道	3.3	7.7
3	民间腕力王电视总决赛	杭州电视台西湖明珠频道	3.3	6.2
4	纪实	浙江电视台教育科技频道	3.2	9.1
5	戏里戏外金大班电视连续剧金大班特别宣传节目	浙江卫视	3.2	7.0
6	爸爸给的坚强	浙江电视台影视娱乐频道	3.1	5.2
7	牵手孩子关爱明天浙江金湖爱心行	浙江电视台影视娱乐频道	3.0	5.1
8	翠花牵线	浙江电视台公共新农村频道	2.9	5.5
9	涛出心里话	浙江卫视	2.7	6.0
10	杭州市护理技能大比武电视总决赛	杭州电视台影视频道	2.5	4.2

表 3.40.11　2009 年杭州市场综艺节目收视率排名前十位

名次	节目名称	播出频道	平均收视率（%）	平均占有率（%）
1	2009 春节联欢晚会	中央电视台综合频道	14.8	32.6
2	首都各界庆祝中华人民共和国成立 60 周年联欢晚会	中央电视台综合频道	10.1	17.7
3	星耀中国蓝周年庆典	浙江卫视	9.4	19.6
4	2009 杭州西湖国际烟花大会	杭州电视台综合频道	8.8	14.7
5	方言唛霸初赛第一场	杭州电视台西湖明珠频道	6.8	12.5
6	2009 杭州西湖国际烟花大会	杭州电视台西湖明珠频道	6.8	11.4
7	广播之春激情飞扬纪念浙江电台开播六十周年主题晚会	浙江电视台教育科技频道	6.6	12.2
8	欢天喜地闹元宵 2009 年元宵晚会	中央电视台综合频道	5.9	11.2
9	跨年喜洋洋中国蓝 2010 开心大典	浙江卫视	5.7	12.1
10	我老爸最棒	浙江电视台民生休闲频道	5.4	9.9

表 3.40.12　2009 年杭州市场体育节目收视率排名前十位

名次	节目名称	播出频道	平均收视率（%）	平均占有率（%）
1	直播周末：2009 年第 25 届亚洲男篮锦标赛决赛 - 中国队 VS 伊朗队	中央台五套	5.4	10.7
2	现场直播：第十一届全运会男子 110 米栏决赛	中央台五套	5.2	9.0
3	2009 年世界 WDS 汽车漂移系列赛杭州锦标赛	杭州电视台综合频道	3.7	6.9
4	直播周末：第 50 届世界乒乓球锦标赛男单 1/4 决赛	中央台五套	3.7	6.6
5	热烈祝贺杭州市第十七届运动会开幕	杭州电视台综合频道	3.2	6.0
6	现场直播：第十一届全运会男子举重 94 公斤级决赛	中央台五套	3.0	5.2
7	直播周末：2009 年苏迪曼杯世界羽毛球混合团体锦标赛决赛男双	中央台五套	2.8	6.2
8	2009 年亚洲田径锦标赛男子 110 米栏决赛	中央台五套	2.6	6.2
9	直播周末：2009 年苏迪曼杯世界羽毛球混合团体锦标赛决赛男单	中央台五套	2.6	4.7
10	现场直播：第十一届全运会举重男子 105 公斤以上级决赛	中央台五套	2.6	4.5

四十一、合肥收视数据

表 3.41.1 2005—2009 年合肥市场各类频道的市场占有率（%）

频道类别	年份				
	2005 年	2006 年	2007 年	2008 年	2009 年
中央台频道	33.9	39.5	35.5	35.8	32.4
中国教育台频道	0.0	0.0	0.2	0.2	0.4
安徽省级频道	40.1	35.7	33.0	28.7	30.2
合肥市级频道	9.0	9.1	7.0	8.3	8.6
其他省级卫视频道	9.9	13.1	18.8	19.8	19.1
其他频道	2.1	2.5	5.4	7.2	9.3

表 3.41.2 2009 年合肥市场各类频道在不同目标观众中的市场占有率（%）

目标观众		中央台频道	中国教育台频道	安徽省级频道	合肥市级频道	其他省级卫视频道	其他频道
4 岁及以上所有人		32.4	0.4	30.2	8.6	19.1	9.4
性别	男	34.2	0.3	29.5	8.6	18.0	9.4
	女	30.5	0.4	30.8	8.7	20.3	9.3
年龄	4－14 岁	33.3	0.4	27.4	7.5	21.8	9.6
	15－24 岁	22.5	0.2	35.8	7.7	23.8	9.8
	25－34 岁	31.4	0.4	28.2	9.4	19.5	11.1
	35－44 岁	29.9	0.3	31.1	9.0	20.1	9.6
	45－54 岁	33.3	0.4	28.9	9.2	18.8	9.4
	55－64 岁	34.0	0.5	33.4	8.0	15.7	8.4
	65 岁及以上	40.9	0.4	28.3	8.3	15.2	7.0
教育程度	未受过正规教育	35.2	0.4	28.8	8.3	19.4	7.8
	小学	30.0	0.4	36.0	8.5	15.5	9.5
	初中	29.2	0.3	34.9	8.5	18.9	8.2
	高中	32.7	0.4	26.4	9.0	21.1	10.5
	大学及以上	38.8	0.4	22.9	8.7	19.0	10.1
职业类别	干部/管理人员	35.0	0.3	28.0	10.2	19.5	7.0
	个体/私营企业人员	27.6	0.4	30.6	10.3	22.1	9.0
	初级公务员/雇员	35.4	0.4	26.1	9.1	19.1	9.9
	工人	30.4	0.4	32.5	9.1	18.0	9.6
	学生	25.7	0.3	33.1	7.5	22.7	10.7
	无业	36.9	0.4	27.1	8.0	18.7	8.9
	其他	17.0	0.0	63.1	6.9	2.6	10.3
个人月收入	0－600 元	28.4	0.3	33.9	7.9	20.7	8.8
	601－1200 元	32.2	0.4	30.5	9.2	17.8	9.9
	1201－1700 元	36.6	0.4	26.7	9.4	17.3	9.7
	1701－2600 元	39.2	0.4	24.5	8.2	18.7	8.9
	2601 元及以上	36.1	0.4	22.8	9.5	20.9	10.3

表 3.41.3　2009 年合肥市场各类频道在不同时段的市场占有率（%）

时间段	中央台频道	中国教育台频道	安徽省级频道	合肥市级频道	其他省级卫视频道	其他频道
02:00－03:00	32.5	0.0	19.6	3.5	34.9	9.4
03:00－04:00	35.2	0.0	16.6	2.0	37.5	8.6
04:00－05:00	35.1	0.0	14.7	1.4	38.8	10.0
05:00－06:00	42.0	0.0	12.0	1.7	34.0	10.4
06:00－07:00	50.7	0.2	19.4	1.4	17.7	10.6
07:00－08:00	41.0	0.2	37.7	3.6	8.5	9.0
08:00－09:00	40.2	0.3	25.3	6.8	16.5	10.9
09:00－10:00	33.8	0.3	24.3	7.8	21.5	12.3
10:00－11:00	33.3	0.6	22.6	8.7	23.0	11.8
11:00－12:00	37.7	0.7	22.1	6.5	21.8	11.2
12:00－13:00	44.9	0.2	21.2	5.9	17.3	10.5
13:00－14:00	32.4	0.7	24.9	7.4	22.2	12.5
14:00－15:00	27.3	0.8	23.6	7.2	28.3	12.8
15:00－16:00	27.6	0.3	21.6	6.0	32.2	12.4
16:00－17:00	29.5	0.4	21.0	5.8	31.1	12.3
17:00－18:00	33.2	0.5	24.1	5.9	25.6	10.7
18:00－19:00	25.3	0.2	49.7	5.9	10.9	8.0
19:00－20:00	32.9	0.2	44.8	8.9	6.4	6.9
20:00－21:00	33.3	0.3	33.7	10.7	15.0	7.0
21:00－22:00	32.8	0.4	28.8	10.4	19.6	8.0
22:00－23:00	26.1	0.7	26.0	12.9	24.6	9.6
23:00－24:00	27.9	0.5	25.2	12.5	24.3	9.5
24:00－25:00	28.5	0.2	24.1	11.7	25.5	10.0
25:00－26:00	28.2	0.1	23.9	8.2	29.0	10.6

表 3.41.4　2009 年合肥市场收视份额位于前十位的频道

名次	频道名称	收视份额（%）
1	安徽经视	9.9
2	安徽卫视	8.9
3	中央电视台综合频道	7.2
4	安徽影视	6.9
5	中央台三套	3.8
5	中央电视台少儿频道	3.8
7	安徽公共	3.6
8	中央台五套	3.0
9	中央台六套	2.9
10	合肥电视台一套（新闻频道）	2.8

表 3.41.5 2009 年合肥市场主要频道的观众构成（%）

目标观众		所有频道	主要频道				
			安徽经视	安徽卫视	中央电视台综合频道	安徽影视	中央台三套
4 岁及以上所有人		100.0	100.0	100.0	100.0	100.0	100.0
性别	男	51.4	48.4	44.6	51.9	61.0	51.4
	女	48.6	51.6	55.4	48.1	39.0	48.6
年龄	4－14 岁	9.4	7.2	7.4	7.4	12.9	7.4
	15－24 岁	8.9	8.5	8.9	6.4	16.4	5.3
	25－34 岁	18.3	16.6	14.3	13.5	21.6	14.4
	35－44 岁	18.5	18.2	17.0	17.4	19.6	16.8
	45－54 岁	19.1	21.0	19.6	19.3	10.3	21.4
	55－64 岁	13.0	16.6	15.7	17.9	9.7	18.4
	65 岁及以上	12.8	11.9	17.1	18.1	9.5	16.1
教育程度	未受过正规教育	7.6	6.5	7.9	7.3	9.0	4.8
	小学	16.0	19.5	21.7	19.9	17.5	15.6
	初中	30.9	37.3	33.0	30.7	37.9	34.8
	高中	28.2	23.4	23.1	22.7	24.5	28.2
	大学及以上	17.3	13.2	14.2	19.4	11.1	16.6
职业类别	干部/管理人员	3.0	2.3	3.5	2.7	1.9	3.5
	个体/私营企业人员	11.1	10.9	8.8	9.9	14.3	8.7
	初级公务员/雇员	14.3	12.5	12.5	13.0	11.6	14.3
	工人	21.3	24.1	21.8	20.0	23.2	20.4
	学生	11.0	9.2	10.7	8.8	18.6	7.8
	无业	36.5	34.7	37.1	39.9	24.7	44.9
	其他	2.7	6.2	5.7	5.6	5.7	0.4
个人月收入	0－600 元	36.6	39.0	40.2	32.4	47.9	30.5
	601－1200 元	33.2	34.3	35.5	37.0	29.2	37.6
	1201－1700 元	12.7	13.7	10.2	13.5	10.2	13.5
	1701－2600 元	11.9	9.4	9.7	12.6	8.2	13.1
	2601 元及以上	5.6	3.6	4.3	4.5	4.5	5.3

表 3.41.6 2007—2009 年合肥市场各类节目的播出份额（%）和收视

节目类别	2007 年		2008 年		2009 年	
	播出份额	收视份额	播出份额	收视份额	播出份额	收视份额
电视剧	25.6	35.5	28.6	38.9	23.7	30.0
电影	3.3	6.1	3.7	3.6	3.5	5.5
教学	0.6	0.1	0.6	0.1	0.6	0.2
综艺	8.0	9.7	6.2	8.3	8.7	9.8
青少	4.7	3.5	3.4	2.4	5.0	4.4
体育	1.9	3.7	3.0	5.4	2.0	2.7
外语	0.2	0.1	0.2	0.1	0.1	0.0
戏剧	1.3	0.5	1.0	0.9	1.1	0.5
新闻/时事	13.2	12.7	11.6	11.8	13.7	17.9
音乐	2.1	1.3	2.3	0.6	2.8	0.8
专题	12.2	7.7	10.9	4.5	11.0	7.1
财经	1.6	0.6	1.0	0.3	1.9	0.9
生活服务	7.5	4.7	9.7	6.0	8.5	5.7
法制	1.4	1.0	1.2	1.0	1.1	0.6
其他	16.5	12.8	16.8	16.1	16.3	14.1

表 3.41.7　2009 年合肥市场所有节目收视率排名前三十位

名次	节目名称	节目类型	播出频道	平均收视率(%)	平均占有率(%)
1	2009 春节联欢晚会	综艺	中央电视台综合频道	33.7	65.9
2	首都各界庆祝中华人民共和国成立 60 周年联欢晚会	综艺	中央电视台综合频道	20.9	47.2
3	春潮澎湃起江淮 2009 安徽电视台春节联欢晚会	综艺	安徽卫视	14.5	36.2
4	欢天喜地闹元宵 2009 年元宵晚会	综艺	中央电视台综合频道	14.3	39.9
5	第 1 时间	新闻/时事	安徽经视	9.5	36.2
6	宜春月中华情 2009 年中央电视台中秋晚会	综艺	中央电视台综合频道	8.9	23.9
7	娘家的故事下部	电视剧	安徽卫视	7.9	25.7
8	天气预报	生活服务	中央电视台综合频道	7.0	21.7
9	徽州女人（18-24 集）	电视剧	安徽经视	6.7	17.7
10	亲爱的妈妈安徽卫视母爱中华主题晚会	综艺	安徽卫视	6.1	19.6
11	祖国万岁庆祝中华人民共和国成立 60 周年大型文艺晚会	综艺	中央电视台综合频道	5.9	16.7
12	娘家的故事上部	电视剧	安徽卫视	5.8	18.8
13	江淮情中国心安徽省庆祝新中国成立 60 周年大型文艺晚会	综艺	安徽卫视	5.7	16.5
14	王贵与安娜	电视剧	安徽卫视	5.6	15.8
15	走西口	电视剧	中央电视台综合频道	5.3	14.1
16	道德的力量第二届全国道德模范评选表彰颁奖典礼	综艺	中央电视台综合频道	5.3	13.9
16	八仙全传之八仙过海	电视剧	安徽影视	5.3	13.9
18	我的丑娘(5 月 4 日开播,19:35)	电视剧	安徽卫视	5.2	16.4
19	锁清秋	电视剧	安徽卫视	5.2	16.0
20	我们共同走过庆祝人民政协成立六十周年文艺演出 1949-2009	综艺	中央电视台综合频道	5.2	14.6
21	现场直播：第十一届全运会男子 110 米栏决赛	体育	中央台五套	5.2	13.7
22	赌神	电影	安徽影视	5.1	22.6
23	庆祝中华人民共和国成立六十周年大型音乐舞蹈史诗复兴之路	综艺	中央电视台综合频道	5.1	14.3
24	见龙卸甲	电影	安徽影视	5.0	21.6
25	春草	电视剧	安徽卫视	5.0	14.4
26	人民至上	专题	中央电视台综合频道	5.0	13.3
27	赌神第二部（5 月 3 日）	电影	安徽影视	4.9	26.6
28	血色迷雾	电视剧	安徽卫视	4.9	13.5
29	盛典国庆 60 周年特别报道	新闻/时事	中央电视台综合频道	4.8	22.0
30	沧海	电视剧	中央电视台综合频道	4.8	13.6

表 3.41.8　2009 年合肥市场电视剧收视率排名前十位

名次	节目名称	播出频道	平均收视率（%）	平均占有率（%）
1	娘家的故事下部	安徽卫视	7.9	25.7
2	徽州女人（18－24 集）	安徽经视	6.7	17.7
3	娘家的故事上部	安徽卫视	5.8	18.8
4	王贵与安娜	安徽卫视	5.6	15.8
5	走西口	中央电视台综合频道	5.3	14.1
6	八仙全传之八仙过海	安徽影视	5.3	13.9
7	我的丑娘（5 月 4 日开播，19：35）	安徽卫视	5.2	16.[illegible]
8	锁清秋	安徽卫视	5.2	16.[illegible]
9	春草	安徽卫视	5.0	14.4
10	血色迷雾	安徽卫视	4.9	13.5

表 3.41.9　2009 年合肥市场新闻节目收视率排名前十位

名次	节目名称	播出频道	平均收视率（%）	平均占有率（%）
1	第 1 时间	安徽经视	9.5	36.2
2	盛典国庆 60 周年特别报道	中央电视台综合频道	4.8	22.0
3	新闻联播	中央电视台综合频道	3.9	13.3
4	帮女郎帮你忙	安徽经视	3.4	22.6
5	温家宝总理会见中外记者	中央电视台综合频道	3.3	8.6
6	我们的节日春节一年又一年四海一家亲	中央电视台综合频道	3.2	15.5
7	焦点访谈	中央电视台综合频道	3.1	9.3
8	新闻（7 月 6 日，22：00）	中央电视台新闻频道	2.8	13.4
9	温家宝总理在阿盟总部发表演讲	中央电视台综合频道	2.6	6.7
10	中俄建交六十周年庆祝大会暨中国俄语年闭幕式	中央电视台综合频道	2.4	7.1

表 3.41.10　2009 年合肥市场专题节目收视率排名前十位

名次	节目名称	播出频道	平均收视率（%）	平均占有率（%）
1	人民至上	中央电视台综合频道	5.0	13.3
2	2009 中央电视台 3.15 晚会	中央电视台综合频道	4.3	11.5
3	人民至上（5 月 13 日）	安徽卫视	3.5	10.8
4	特别节目走近小沈阳（3 月 17 日）	江苏卫视	3.4	11.7
5	小沈阳来了（3 月 16 日）	江苏卫视	2.7	9.8
6	解放农奴	中央电视台综合频道	2.6	7.5
7	牛年特别节目红人小沈阳（21：30）	江苏卫视	2.5	7.8
8	辉煌六十年	中央电视台综合频道	2.5	7.4
9	人民英模	中央电视台综合频道	2.2	6.6
10	真实事件	安徽公共	2.2	6.3

表 3.41.11　2009 年合肥市场综艺节目收视率排名前十位

名次	节目名称	播出频道	平均收视率（%）	平均占有率（%）
1	2009 春节联欢晚会	中央电视台综合频道	33.7	65.9
2	首都各界庆祝中华人民共和国成立 60 周年联欢晚会	中央电视台综合频道	20.9	47.2
3	春潮澎湃起江淮 2009 安徽电视台春节联欢晚会	安徽卫视	14.5	36.2
4	欢天喜地闹元宵 2009 年元宵晚会	中央电视台综合频道	14.3	39.9
5	宜春月中华情 2009 年中央电视台中秋晚会	中央电视台综合频道	8.9	23.9
6	亲爱的妈妈安徽卫视母爱中华主题晚会	安徽卫视	6.1	19.6
7	祖国万岁庆祝中华人民共和国成立 60 周年大型文艺晚会	中央电视台综合频道	5.9	16.7
8	江淮情中国心安徽省庆祝新中国成立 60 周年大型文艺晚会	安徽卫视	5.7	16.5
9	道德的力量第二届全国道德模范评选表彰颁奖典礼	中央电视台综合频道	5.3	13.9
10	我们共同走过庆祝人民政协成立六十周年文艺演出 1949 - 2009	中央电视台综合频道	5.2	14.6

表 3.41.12　2009 年合肥市场体育节目收视率排名前十位

名次	节目名称	播出频道	平均收视率（%）	平均占有率（%）
1	现场直播：第十一届全运会男子 110 米栏决赛	中央台五套	5.2	13.7
2	直播周末：2009 年第 25 届亚洲男篮锦标赛半决赛 - 黎巴嫩队 VS 中国队	中央台五套	4.6	14.3
3	直播周末：2009 年苏迪曼杯世界羽毛球混合团体锦标赛决赛男双	中央台五套	4.4	15.0
4	中华人民共和国第十一届运动会开幕式	中央电视台综合频道	4.1	11.9
5	直播周末：2009 年苏迪曼杯世界羽毛球混合团体锦标赛决赛男单	中央台五套	3.9	11.2
6	2009 年上海国际田联黄金大奖赛	中央台五套	3.8	10.7
7	直播周末：第 50 届世界乒乓球锦标赛男单第四轮	中央台五套	3.2	9.1
8	现场直播：第十一届全运会男子举重 94 公斤级决赛	中央台五套	3.2	8.8
9	天下足球：2009 年中国之队国际足球友谊赛 - 中国队 VS 伊朗队	中央台五套	3.0	8.8
10	现场直播：第十一届全运会男子十项全能之十 1500 米	中央台五套	3.0	8.4

四十二、呼和浩特收视数据

表 3.42.1　2005—2009 年呼和浩特市场各类频道的市场占有率（%）

频道类别	年份				
	2005 年	2006 年	2007 年	2008 年	2009 年
中央电视台频道	60.1	60.6	58.5	58.6	53.7
中国教育台频道	0.3	0.2	0.2	0.3	0.4
内蒙古省级频道	14.8	14.4	13.1	12.7	11.1
呼和浩特市级频道	5.0	5.0	4.0	3.2	27.1
其他省级卫视频道	17.6	17.8	20.9	21.7	3.0
其他频道	2.2	2.1	3.3	3.5	4.7

表 3.42.2　2009 年呼和浩特市场各类频道在不同目标观众中的市场占有率（%）

目标观众		中央台频道	中国教育台频道	内蒙古区级频道	呼和浩特市级频道	其他省级卫视频道	其他频道
4 岁及以上所有人		53.7	0.4	11.1	27.1	3.0	4.7
性别	男	55.6	0.5	11.2	24.7	3.0	5.0
	女	52.1	0.4	11.0	29.3	3.0	4.2
年龄	4－14 岁	43.8	0.5	7.8	36.5	2.5	8.9
	15－24 岁	48.6	0.2	10.5	33.7	2.0	5.0
	25－34 岁	47.4	0.8	12.2	30.1	3.0	6.5
	35－44 岁	52.3	0.7	9.6	30.3	3.5	3.6
	45－54 岁	56.3	0.3	11.9	26.9	1.7	2.9
	55－64 岁	58.8	0.2	13.4	20.4	2.9	4.3
	65 岁及以上	64.3	0.3	11.1	15.8	5.0	3.5
教育程度	未受过正规教育	50.5	0.4	9.7	27.3	4.8	7.3
	小学	48.0	0.4	12.9	30.3	3.8	4.6
	初中	50.0	0.4	12.1	30.4	3.1	4.0
	高中	55.5	0.5	11.0	25.8	3.1	4.1
	大学及以上	59.3	0.4	9.4	23.2	2.0	5.7
职业类别	干部/管理人员	61.8	0.3	8.6	23.0	1.5	4.8
	个体/私营企业人员	48.6	0.3	10.4	34.3	3.0	3.4
	初级公务员/雇员	56.3	0.5	10.6	25.3	2.7	4.6
	工人	48.0	0.8	13.1	27.5	3.4	7.2
	学生	46.4	0.3	9.7	34.4	2.5	6.7
	无业	57.1	0.4	12.1	22.9	3.2	4.3
	其他	51.4	0.2	8.5	35.4	3.6	0.9
个人月收入	0－600 元	49.9	0.5	11.3	30.2	3.1	5.0
	601－1200 元	53.0	0.4	11.6	27.6	4.1	3.3
	1201－1700 元	56.3	0.6	10.5	24.6	2.0	6.0
	1701－2600 元	59.3	0.3	10.2	23.0	2.1	5.1
	2601 元及以上	57.9	0.2	11.7	23.9	1.6	4.7

表 3.42.3　2009 年呼和浩特市场各类频道不同时段的市场占有率（%）

时间段	中央台频道	中国教育台频道	内蒙古区级频道	呼和浩特市级频道	其他省级卫视频道	其他频道
02:00－03:00	57.9	0.0	1.8	31.3	0.0	9.0
03:00－04:00	51.4	0.0	3.1	32.1	0.0	13.4
04:00－05:00	29.4	0.0	4.3	61.2	0.0	5.1
05:00－06:00	53.8	0.0	1.8	11.5	0.2	32.7
06:00－07:00	68.2	0.0	2.6	8.8	0.3	20.1
07:00－08:00	81.1	0.1	2.5	9.4	1.1	5.8
08:00－09:00	70.0	0.2	1.9	22.1	1.0	4.8
09:00－10:00	53.7	0.2	3.1	33.7	1.9	7.4
10:00－11:00	47.9	0.6	3.1	38.3	2.1	8.0
11:00－12:00	54.2	0.6	2.7	32.7	2.3	7.5
12:00－13:00	73.2	0.2	1.3	19.3	1.3	4.7
13:00－14:00	61.0	0.7	1.5	27.2	1.9	7.7
14:00－15:00	40.7	1.5	2.9	42.9	2.0	10.0
15:00－16:00	38.2	0.9	3.3	46.4	2.3	8.9
16:00－17:00	43.3	0.3	3.2	43.0	2.3	7.9
17:00－18:00	54.3	0.5	3.0	32.9	2.2	7.1
18:00－19:00	46.9	0.2	31.0	11.8	5.5	4.6
19:00－20:00	62.0	0.1	24.6	8.8	2.8	1.7
20:00－21:00	52.1	0.4	12.0	29.3	3.3	2.9
21:00－22:00	49.2	0.5	7.6	35.4	3.3	4.0
22:00－23:00	41.7	1.0	7.1	40.9	2.9	6.4
23:00－24:00	47.4	0.7	4.4	35.6	4.8	7.1
24:00－25:00	50.5	0.8	2.8	30.7	8.2	7.0
25:00－26:00	54.4	0.6	2.4	28.4	5.0	9.2

表 3.42.4　2009 年呼和浩特市场收视份额排名前十位的频道

名次	频道名称	收视份额（%）
1	中央电视台综合频道	21.7
2	中央台八套	6.6
3	中央台六套	5.9
4	中央台三套	5.1
5	湖南电视台卫星频道	4.7
6	内蒙古电视台新闻综合频道	4.4
7	内蒙古电视台卫视频道	3.0
8	中央台十二套	2.9
9	内蒙古电视台经济生活频道	2.4
10	中央台二套	2.2

表 3.42.5 2009 年呼和浩特市场各主要频道的观众构成（%）

目标观众		所有频道	主要频道				
			中央电视台综合频道	中央台八套	中央台六套	中央台三套	湖南电视台卫星频道
4 岁及以上所有人		100.0	100.0	100.0	100.0	100.0	100.0
性别	男	47.3	47.7	41.4	53.8	46.6	33.8
	女	52.7	52.3	58.6	46.2	53.4	66.2
年龄	4－14 岁	7.0	5.7	4.0	6.3	4.2	9.1
	15－24 岁	10.2	8.5	9.3	11.8	10.7	22.5
	25－34 岁	17.8	15.2	15.2	23.1	15.8	19.7
	35－44 岁	19.7	18.8	15.9	26.2	18.1	24.2
	45－54 岁	18.8	19.2	22.0	19.4	21.8	16.7
	55－64 岁	12.2	13.6	15.0	6.5	13.2	3.6
	65 岁及以上	14.3	19.0	18.6	6.7	16.2	4.2
教育程度	未受过正规教育	3.6	3.2	4.3	2.9	2.8	2.3
	小学	12.5	12.4	11.1	9.0	10.1	9.9
	初中	29.0	24.5	28.0	29.9	30.0	30.3
	高中	29.7	32.6	26.7	29.7	32.5	32.5
	大学及以上	25.2	27.3	29.9	28.5	24.6	25.0
职业类别	干部/管理人员	3.7	4.7	4.4	3.7	5.3	2.6
	个体/私营企业人员	10.2	8.3	7.3	12.8	11.3	13.0
	初级公务员/雇员	19.7	20.4	17.3	27.7	21.2	22.4
	工人	10.7	9.2	10.3	11.7	10.3	10.4
	学生	11.7	9.6	9.5	12.3	9.4	22.4
	无业	38.0	40.1	47.4	26.1	38.4	24.6
	其他	6.0	7.7	3.8	5.7	4.1	4.6
个人月收入	0－600 元	34.2	30.9	33.8	36.2	29.0	42.9
	601－1200 元	29.0	29.1	27.5	23.3	32.6	28.3
	1201－1700 元	17.2	18.9	18.9	13.0	16.4	12.5
	1701－2600 元	15.1	16.5	14.6	22.9	16.7	12.6
	2601 元及以上	4.5	4.6	5.2	4.6	5.3	3.7

表 3.42.6 2005—2009 年呼和浩特市场各类节目的播出份额（%）和收视份额（%）

节目类别	2007 年		2008 年		2009 年	
	播出份额	收视份额	播出份额	收视份额	播出份额	收视份额
财经	1.5	0.7	1.6	0.8	2.0	0.8
电视剧	25.8	29.1	24.7	28.1	22.4	29.8
电影	2.7	3.8	2.5	3.4	2.8	3.8
法制	1.2	2.0	1.0	1.5	1.3	1.8
教学	0.6	0.1	0.6	0.1	0.6	0.2
青少	4.7	2.4	4.8	2.2	5.2	2.6
生活服务	7.1	5.5	7.8	5.7	8.3	6.1
体育	1.8	3.0	3.8	6.3	2.8	1.8
外语	0.2	0.1	0.2	0.0	0.1	0.0
戏剧	1.3	0.5	1.1	0.5	1.2	0.6
新闻/时事	13.7	16.6	14.0	18.0	13.5	15.7
音乐	2.1	1.6	2.6	0.9	2.8	0.9
专题	11.9	6.9	11.8	5.9	11.1	6.9
综艺	8.3	9.8	7.3	9.3	9.2	11.0
其他	17.0	18.0	16.2	17.3	16.7	18.0

表 3.42.7　2009 年呼和浩特市场所有节目收视率排名前三十位

名次	节目名称	节目类型	播出频道	平均收视率(%)	平均占有率(%)
1	2009 春节联欢晚会	综艺	中央电视台综合频道	55.1	92.9
2	首都各界庆祝中华人民共和国成立 60 周年联欢晚会	综艺	中央电视台综合频道	35.3	63.9
3	新闻联播	新闻/时事	中央电视台综合频道	26.9	58.7
4	走西口	电视剧	中央电视台综合频道	26.4	44.9
5	欢天喜地闹元宵 2009 年元宵晚会	综艺	中央电视台综合频道	25.6	43.2
6	万众一心向前进 2009 年军民迎新春文艺晚会	综艺	中央电视台综合频道	24.0	40.0
7	天气预报	生活服务	中央电视台综合频道	19.6	38.6
8	宜春月中华情 2009 年中央电视台中秋晚会	综艺	中央电视台综合频道	18.4	36.3
9	曲苑杂坛	综艺	中央电视台综合频道	17.8	41.1
10	2009 万家灯火平安夜公安部 2009 年春节电视文艺晚会	综艺	中央电视台综合频道	16.3	34.7
11	密战	电视剧	中央电视台综合频道	16.2	29.2
12	焦点访谈	新闻/时事	中央电视台综合频道	16.0	30.9
13	春天的祝福文化部 2009 年春节电视晚会	综艺	中央电视台综合频道	14.8	37.3
14	西藏今昔	专题	中央电视台综合频道	13.9	23.1
15	人民英模	专题	中央电视台综合频道	13.1	25.8
16	祖国万岁庆祝中华人民共和国成立 60 周年大型文艺晚会	综艺	中央电视台综合频道	13.0	26.3
17	CCTV2008 感动中国颁奖晚会	综艺	中央电视台综合频道	13.0	24.9
18	清凌凌的水蓝莹莹的天第二部	电视剧	中央电视台综合频道	13.0	23.1
19	在那遥远的地方	电视剧	中央电视台综合频道	12.7	24.5
20	365 个祝福中央电视台心连心艺术团赴四川灾区慰问演出	综艺	中央电视台综合频道	12.5	22.8
21	鹰隼大队	电视剧	中央电视台综合频道	11.3	21.0
22	我的青春谁做主	电视剧	中央电视台综合频道	11.3	20.3
23	解放农奴	专题	中央电视台综合频道	11.2	19.8
24	2009 中央电视台 3.15 晚会	专题	中央电视台综合频道	11.2	19.3
25	百年先念	专题	中央电视台综合频道	11.0	20.8
26	人民至上	专题	中央电视台综合频道	11.0	20.7
27	金凤花开	电视剧	中央电视台综合频道	10.6	20.6
28	喜耕田的故事第二部	电视剧	中央电视台综合频道	10.5	18.3
29	扬帆起航中央电视台心连心艺术团赴宁波慰问演出	综艺	中央电视台综合频道	9.7	16.4
30	哈尔滨 24TH 世界大学生冬季运动会	体育	中央电视台综合频道	9.6	17.7

表 3.42.8　2009 年呼和浩特市场电视剧收视率排名前十位

名次	节目名称	播出频道	平均收视率（%）	平均占有率（%）
1	走西口	中央电视台综合频道	26.4	44.9
2	密战	中央电视台综合频道	16.2	29.2
3	清凌凌的水蓝莹莹的天第二部	中央电视台综合频道	13.0	23.1
4	在那遥远的地方	中央电视台综合频道	12.7	24.5
5	鹰隼大队	中央电视台综合频道	11.3	21.0
6	我的青春谁做主	中央电视台综合频道	11.3	20.3
7	金凤花开	中央电视台综合频道	10.6	20.6
8	喜耕田的故事第二部	中央电视台综合频道	10.5	18.3
9	解放	中央电视台综合频道	9.4	18.3
10	四世同堂	中央电视台综合频道	9.1	17.0

表 3.42.9　2009 年呼和浩特市场新闻节目收视率排名前十位

名次	节目名称	播出频道	平均收视率（%）	平均占有率（%）
1	新闻联播	中央电视台综合频道	26.9	58.7
2	焦点访谈	中央电视台综合频道	16.0	30.9
3	温家宝总理会见中外记者	中央电视台综合频道	9.1	15.7
4	澳门十年	中央电视台综合频道	8.5	15.9
5	温家宝总理在阿盟总部发表演讲	中央电视台综合频道	7.6	13.3
6	新闻天天看	内蒙古电视台新闻综合频道	7.5	18.8
7	中俄建交六十周年庆祝大会暨中国俄语年闭幕式	中央电视台综合频道	7.2	14.9
8	都市全接触	内蒙古电视台经济生活频道	6.5	11.5
9	我们的节日春节一年又一年四海一家亲	中央电视台综合频道	5.9	27.8
10	盛典国庆 60 周年特别报道	中央电视台综合频道	5.5	34.3

表 3.42.10　2009 年呼和浩特市场专题节目收视率排名前十位

名次	节目名称	播出频道	平均收视率（%）	平均占有率（%）
1	西藏今昔	中央电视台综合频道	13.9	23.1
2	人民英模	中央电视台综合频道	13.1	25.8
3	解放农奴	中央电视台综合频道	11.2	19.8
4	2009 中央电视台 3.15 晚会	中央电视台综合频道	11.2	19.3
5	百年先念	中央电视台综合频道	11.0	20.8
6	人民至上	中央电视台综合频道	11.0	20.7
7	宋任穷	中央电视台综合频道	8.7	17.0
8	澳门十年	中央电视台综合频道	8.3	14.7
9	西藏民主改革 50 年	中央电视台综合频道	7.5	12.5
10	时代的责任精神文明建设五个一工程巡礼	中央电视台综合频道	7.1	13.3

表 3.42.11　2009 年呼和浩特市场综艺节目收视率排名前十位

名次	节目名称	播出频道	平均收视率（%）	平均占有率（%）
1	2009 春节联欢晚会	中央电视台综合频道	55.1	92.9
2	首都各界庆祝中华人民共和国成立 60 周年联欢晚会	中央电视台综合频道	35.3	63.9
3	欢天喜地闹元宵 2009 年元宵晚会	中央电视台综合频道	25.6	43.2
4	万众一心向前进 2009 年军民迎新春文艺晚会	中央电视台综合频道	24.0	40.0
5	宜春月中华情 2009 年中央电视台中秋晚会	中央电视台综合频道	18.4	36.3
6	曲苑杂坛	中央电视台综合频道	17.8	41.1
7	2009 万家灯火平安夜公安部 2009 年春节电视文艺晚会	中央电视台综合频道	16.3	34.7
8	春天的祝福文化部 2009 年春节电视晚会	中央电视台综合频道	14.8	37.3
9	祖国万岁庆祝中华人民共和国成立 60 周年大型文艺晚会	中央电视台综合频道	13.0	26.3
10	CCTV2008 感动中国颁奖晚会	中央电视台综合频道	13.0	24.9

表 3.42.12　2009 年呼和浩特市场体育节目收视率排名前十位

名次	节目名称	播出频道	平均收视率（%）	平均占有率（%）
1	哈尔滨 24TH 世界大学生冬季运动会	中央电视台综合频道	9.6	17.7
2	中华人民共和国第十一届运动会闭幕式	中央电视台综合频道	7.6	15.0
3	中华人民共和国第十一届运动会开幕式	中央电视台综合频道	6.1	12.5
4	现场直播：第十一届全运会男子 110 米栏决赛	中央台五套	4.7	7.9
5	第 11 届全运会男子 100 米颁奖仪式	中央台五套	3.7	6.8
6	第 11 届全运会女子 100 米栏决赛	中央台五套	3.5	6.5
7	现场直播：第十一届全运会男子举重 94 公斤级决赛	中央台五套	3.5	6.2
8	现场直播：第 11 届全运会男子十项全能之五 400 米	中央台五套	3.5	6.1
9	中华人民共和国第十一届运动会开幕式	中央台五套	3.3	6.8
10	第 11 届全运会男子 100 米决赛	中央台五套	3.3	6.0

四十三、济南收视数据

表 3.43.1　2005—2009 年济南市场各类频道的市场占有率（%）

频道类别	年份				
	2005 年	2006 年	2007 年	2008 年	2009 年
中央台频道	41.0	37.3	34.1	32.2	24.7
中国教育台频道	0.0	0.0	0.4	0.2	0.2
山东省级频道	31.8	36.7	29.6	31.6	33.8
济南市级频道	17.1	15.2	15.9	16.8	21.9
其他省级卫视频道	8.5	9.5	17.5	17.0	17.9
其他频道	1.7	1.2	2.6	2.2	1.5

表 3.43.2　2009 年济南市场各类频道在不同目标观众中的市场占有率（%）

目标观众		中央台频道	中国教育台频道	山东省级频道	济南市级频道	其他省级卫视频道	其他频道
4 岁及以上所有人		24.7	0.2	33.8	21.9	17.9	1.6
性别	男	26.4	0.2	33.7	21.5	16.7	1.6
	女	23.2	0.2	33.9	22.3	18.9	1.5
年龄	4－14 岁	19.1	0.1	31.8	27.3	19.0	2.7
	15－24 岁	21.3	0.3	29.6	23.6	24.1	1.1
	25－34 岁	24.1	0.2	32.6	22.5	18.1	2.6
	35－44 岁	20.9	0.2	37.6	22.2	17.4	1.7
	45－54 岁	27.3	0.2	32.3	20.4	18.8	1.0
	55－64 岁	28.3	0.1	35.3	20.9	14.2	1.2
	65 岁及以上	28.9	0.2	35.3	19.1	15.9	0.7
教育程度	未受过正规教育	22.3	0.1	36.4	25.1	13.7	2.4
	小学	22.0	0.2	39.1	22.4	15.0	1.4
	初中	21.6	0.2	37.1	21.9	17.4	1.9
	高中	27.0	0.2	29.6	21.4	20.4	1.4
	大学及以上	34.2	0.2	23.6	20.0	21.2	0.9
职业类别	干部/管理人员	35.4	0.2	25.5	17.4	21.0	0.6
	个体/私营企业人员	24.0	0.2	32.7	22.8	19.0	1.2
	初级公务员/雇员	28.7	0.2	27.9	21.7	19.9	1.5
	工人	20.3	0.1	38.5	22.5	16.3	2.3
	学生	18.7	0.2	30.5	23.9	25.3	1.4
	无业	29.7	0.2	29.6	22.2	17.2	1.1
	其他	15.1	0.1	50.5	19.4	12.5	2.4
个人月收入	0－600 元	20.4	0.2	37.3	22.3	17.8	2.0
	601－1200 元	26.1	0.2	33.0	22.1	17.7	1.0
	1201－1700 元	24.2	0.1	34.0	22.5	17.4	1.7
	1701－2600 元	30.0	0.2	29.4	20.8	18.2	1.4
	2601 元及以上	35.2	0.3	25.4	19.4	18.8	0.9

表 3.43.3　2009 年济南市场各类频道在不同时段的市场占有率（%）

时间段	中央台频道	中国教育台频道	山东省级频道	济南市级频道	其他省级卫视频道	其他频道
02:00-03:00	41.5	0.0	15.8	4.7	37.1	0.9
03:00-04:00	43.9	0.0	17.5	4.8	32.9	0.9
04:00-05:00	38.5	0.0	18.7	5.0	36.8	1.0
05:00-06:00	34.7	0.1	21.8	4.6	36.8	2.0
06:00-07:00	41.1	0.2	37.9	2.9	15.7	2.2
07:00-08:00	36.7	0.1	32.5	18.6	10.6	1.6
08:00-09:00	39.4	0.2	22.2	12.4	24.0	1.9
09:00-10:00	31.5	0.1	22.5	12.3	31.2	2.4
10:00-11:00	31.4	0.3	23.6	10.8	31.7	2.2
11:00-12:00	32.9	0.4	27.0	11.1	26.6	2.0
12:00-13:00	33.1	0.1	32.8	15.0	17.4	1.7
13:00-14:00	30.3	0.4	29.7	11.9	25.5	2.2
14:00-15:00	26.3	0.6	26.3	11.9	32.7	2.2
15:00-16:00	27.8	0.2	24.7	8.7	36.4	2.2
16:00-17:00	28.8	0.2	22.9	10.6	35.5	2.1
17:00-18:00	19.3	0.2	39.8	22.3	17.0	1.4
18:00-19:00	15.4	0.1	46.4	30.9	6.0	1.3
19:00-20:00	23.5	0.1	44.4	26.9	3.8	1.4
20:00-21:00	19.4	0.1	41.0	26.3	12.1	1.1
21:00-22:00	18.1	0.2	33.6	32.2	15.1	1.0
22:00-23:00	20.9	0.3	22.9	30.3	24.0	1.6
23:00-24:00	30.0	0.2	17.0	25.7	25.5	1.6
24:00-25:00	33.8	0.0	18.9	15.6	30.6	1.2
25:00-26:00	37.9	0.0	14.8	10.8	35.4	1.1

表 3.43.4　2009 年济南市场收视份额位于前十位的频道

名次	频道名称	收视份额（%）
1	山东电视齐鲁频道	11.8
2	济南电视台新闻综合频道	8.2
3	山东卫视	6.7
4	山东电视影视频道	6.2
5	中央电视台综合频道	5.0
6	济南电视台影视频道	3.6
6	中央台三套	3.6
8	中央台六套	3.3
8	济南电视台都市女性频道	3.3
10	济南电视台少儿频道	2.8

表 3.43.5　2009 年济南市场主要频道的观众构成（%）

目标观众		所有频道	主要频道				
			山东电视齐鲁频道	济南电视台新闻综合频道	山东卫视	山东电视影视频道	中央电视台综合频道
4 岁及以上所有人		100.0	100.0	100.0	100.0	100.0	100.0
性别	男	48.6	47.2	47.7	48.2	48.3	48.4
	女	51.4	52.8	52.3	51.8	51.7	51.6
年龄	4－14 岁	8.9	7.2	5.3	8.1	9.2	7.4
	15－24 岁	9.1	8.0	8.4	6.9	7.5	5.2
	25－34 岁	16.1	15.1	11.7	12.4	16.6	12.8
	35－44 岁	17.3	19.9	17.1	18.9	19.5	15.9
	45－54 岁	21.1	20.9	22.5	18.0	17.6	24.1
	55－64 岁	16.9	18.7	20.8	20.3	16.6	17.7
	65 岁及以上	10.7	10.2	14.3	15.5	13.1	15.8
教育程度	未受过正规教育	7.1	8.5	6.7	10.1	5.7	6.9
	小学	21.9	26.2	22.6	30.3	24.7	22.2
	初中	32.2	37.5	30.5	35.3	39.5	29.3
	高中	25.8	20.4	27.1	18.5	22.2	26.4
	大学及以上	13.0	7.4	13.1	5.7	8.0	15.2
职业类别	干部/管理人员	3.5	1.6	2.7	2.1	2.2	4.8
	个体/私营企业人员	10.3	8.6	9.8	7.9	12.9	7.6
	初级公务员/雇员	12.7	9.4	12.6	7.4	7.8	12.8
	工人	16.9	21.5	16.1	19.0	19.5	16.4
	学生	9.2	7.0	4.8	7.6	10.0	6.1
	无业	34.7	28.9	43.3	31.9	28.1	41.1
	其他	12.7	22.9	10.6	24.1	19.5	11.2
个人月收入	0－600 元	40.1	46.4	34.7	49.6	45.0	35.3
	601－1200 元	25.7	25.2	30.3	23.7	25.4	25.5
	1201－1700 元	14.0	12.7	15.0	13.3	16.7	14.0
	1701－2600 元	11.7	9.8	11.1	8.7	7.7	14.3
	2601 元及以上	8.5	5.9	8.8	4.7	5.2	10.9

表 3.43.6　2007—2009 年济南市场各类节目的播出和收视份额（%）

节目类别	2007 年		2008 年		2009 年	
	播出份额	收视份额	播出份额	收视份额	播出份额	收视份额
财经	1.6	0.5	1.7	0.3	1.8	0.3
电视剧	25.7	36.3	25.2	36.6	22.9	33.9
电影	3.4	5.9	3.4	5.7	3.9	5.9
法制	1.4	0.5	0.9	0.2	1.1	0.2
教学	0.6	0.1	0.5	0.1	0.5	0.1
青少	4.4	1.8	4.4	1.4	4.8	1.4
生活服务	8.6	6.3	9.1	6.7	9.2	6.8
体育	2.5	5.5	3.7	6.2	3.2	4.8
外语	0.2	0.1	0.1	0.1	0.1	0.0
戏剧	1.3	0.6	1.1	0.4	1.1	0.2
新闻/时事	12.8	14.1	13.3	14.4	13.0	14.3
音乐	1.9	0.9	1.6	0.6	1.7	0.6
专题	11.5	7.2	11.9	7.1	10.9	7.5
综艺	8.0	7.6	7.2	7.4	9.4	10.7
其他	16.2	12.7	15.9	12.8	16.5	13.3

表 3.43.7　2009 年济南市场所有节目收视率排名前三十位

名次	节目名称	节目类型	播出频道	平均收视率（%）	平均占有率（%）
1	2009 春节联欢晚会	综艺	中央电视台综合频道	45.8	77.3
2	欢天喜地闹元宵 2009 年元宵晚会	综艺	中央电视台综合频道	19.4	35.0
3	首都各界庆祝中华人民共和国成立 60 周年联欢晚会	综艺	中央电视台综合频道	15.1	32.0
4	黑玫瑰	电视剧	山东电视齐鲁频道	11.3	24.5
5	现场直播：2009 年中国足球协会超级联赛第 5 轮	体育	山东电视体育频道	11.2	23.0
6	路上有狼	电视剧	山东电视齐鲁频道	11.1	23.9
7	黑玫瑰之女人魂	电视剧	山东电视齐鲁频道	10.5	23.0
8	天气预报	生活服务	中央电视台综合频道	10.4	23.4
9	牟氏庄园	电视剧	山东电视齐鲁频道	10.3	22.4
10	儿女英雄传	电视剧	山东电视齐鲁频道	10.0	22.4
11	历史的进程	电视剧	山东电视齐鲁频道	10.0	21.4
12	全运直播日第十一届全运会开幕式	体育	山东电视体育频道	9.9	18.3
13	战后之战	电视剧	山东电视齐鲁频道	9.6	20.9
14	猎鹰前传之英雄	电视剧	山东电视齐鲁频道	9.4	22.6
15	第十一届全国运动会开幕式	体育	山东卫视	9.4	17.4
16	宜春月中华情 2009 年中央电视台中秋晚会	综艺	中央电视台综合频道	9.3	20.8
17	儿女英雄传之二	电视剧	山东电视齐鲁频道	8.7	18.5
18	看云识天气	生活服务	山东电视齐鲁频道	8.6	23.9
19	小姨多鹤	电视剧	济南电视台新闻综合频道	8.5	18.2
19	乱世新娘	电视剧	山东电视齐鲁频道	8.4	19.2
21	宝藏	电视剧	山东电视齐鲁频道	8.2	17.0
22	猎鹰（9 月 4 日 -9 月 16 日）	电视剧	山东电视齐鲁频道	8.1	19.1
23	新包青天（铡美案）	电视剧	山东电视齐鲁频道	7.9	18.9
24	中华人民共和国第十一届运动会开幕式	体育	中央电视台综合频道	7.5	13.9
25	第十一届全国运动会开幕式	体育	济南电视台新闻综合频道	7.4	13.7
26	全运直播日第一赛场直播全运：十一运会田径男子 110 米栏决赛	体育	山东电视体育频道	7.4	13.4
27	乡村名流	电视剧	济南电视台新闻综合频道	7.0	14.4
28	天伦劫（18 -45 集）	电视剧	济南电视台新闻综合频道	6.8	14.2
29	今晚特别点击	新闻/时事	济南电视台新闻综合频道	6.7	23.3
30	每日新闻	新闻/时事	山东电视齐鲁频道	6.7	21.5

表 3.43.8 2009 年济南市场电视剧收视率排名前十位

名次	节目名称	播出频道	平均收视率（%）	平均占有率（%）
1	黑玫瑰	山东电视齐鲁频道	11.3	24.5
2	路上有狼	山东电视齐鲁频道	11.1	23.9
3	黑玫瑰之女人魂	山东电视齐鲁频道	10.5	23.0
4	牟氏庄园	山东电视齐鲁频道	10.3	22.4
5	儿女英雄传	山东电视齐鲁频道	10.0	22.4
6	历史的进程	山东电视齐鲁频道	10.0	21.4
7	战后之战	山东电视齐鲁频道	9.6	20.9
8	猎鹰前传之英雄	山东电视齐鲁频道	9.4	22.6
9	儿女英雄传之二	山东电视齐鲁频道	8.7	18.5
10	小姨多鹤	济南电视台新闻综合频道	8.5	18.2

表 3.43.9 2009 年济南市场新闻节目收视率排名前十位

名次	节目名称	播出频道	平均收视率（%）	平均占有率（%）
1	今晚特别点击	济南电视台新闻综合频道	6.7	23.3
2	每日新闻	山东电视齐鲁频道	6.7	21.5
3	今晚 20 分	济南电视台新闻综合频道	6.6	18.4
4	拉呱	山东电视齐鲁频道	6.5	30.0
5	今晚我帮你	济南电视台新闻综合频道	5.4	21.1
6	礼花绽放庆国庆	山东电视齐鲁频道	4.9	10.9
7	一天零一夜	山东电视齐鲁频道	4.2	12.9
8	新闻联播	中央电视台综合频道	4.1	10.0
9	第十一届全国运动开幕式倒计时	济南电视台新闻综合频道	4.1	7.1
10	我们的节日春节一年又一年四海一家亲	中央电视台综合频道	3.4	8.9

表 3.43.10 2009 年济南市场专题节目收视率排名前十位

名次	节目名称	播出频道	平均收视率（%）	平均占有率（%）
1	小沈阳来了	江苏卫视	3.6	13.8
2	幕后（2月9日）	中央台三套	3.3	6.5
3	2009 中央电视台 3.15 晚会	中央电视台综合频道	3.2	7.0
4	特别节目走近小沈阳（3月17日）	江苏卫视	3.1	11.0
5	特别节目我爱小沈阳（3月18日）	江苏卫视	2.8	10.0
6	有么说么故事会	济南电视台新闻综合频道	2.7	9.9
7	牛年特别节目红人小沈阳	江苏卫视	2.5	8.2
8	人民至上	中央电视台综合频道	2.5	5.8
9	解放农奴	中央电视台综合频道	2.5	4.9
10	男说女人	济南电视台都市女性频道	2.4	5.4

表 3.43.11　2009 年济南市场综艺节目收视率排名前十位

名次	节目名称	播出频道	平均收视率(%)	平均占有率(%)
1	2009 春节联欢晚会	中央电视台综合频道	45.8	77.3
2	欢天喜地闹元宵 2009 年元宵晚会	中央电视台综合频道	19.4	35.0
3	首都各界庆祝中华人民共和国成立 60 周年联欢晚会	中央电视台综合频道	15.1	32.0
4	宜春月中华情 2009 年中央电视台中秋晚会	中央电视台综合频道	9.3	20.8
5	百花迎春中国文学艺术界 2009 春节大联欢	中央台三套	6.2	12.9
6	星光大道年度总决赛 2008	中央台三套	5.5	12.7
7	第三届 CCTV 电视剧群英汇	中央台三套	4.9	11.3
8	首都各界庆祝中华人民共和国成立 60 周年联欢晚会	山东卫视	4.8	10.1
9	泉城跨年狂欢夜	济南电视台新闻综合频道	4.5	19.7
10	祖国万岁庆祝中华人民共和国成立 60 周年大型文艺晚会	中央电视台综合频道	4.0	9.7

表 3.43.12　2009 年济南市场体育类节目收视率排名前十位

名次	节目名称	播出频道	平均收视率(%)	平均占有率(%)
1	现场直播：2009 年中国足球协会超级联赛第 5 轮	山东电视体育频道	11.2	23.0
2	全运直播日第十一届全运会开幕式	山东电视体育频道	9.9	18.3
3	第十一届全国运动会开幕式	山东卫视	9.4	17.4
4	中华人民共和国第十一届运动会开幕式	中央电视台综合频道	7.5	13.9
5	第十一届全国运动会开幕式	济南电视台新闻综合频道	7.4	13.7
6	全运直播日第一赛场直播全运：十一运会田径男子 110 米栏决赛	山东电视体育频道	7.4	13.4
7	现场直播：2009 年十一届全运会男子一米板跳水决赛	山东电视体育频道	6.4	14.1
8	全运直播日第一赛场直播全运十一运会田径女子三级跳远颁奖	山东电视体育频道	6.3	11.3
9	直播赛场：2009 年亚冠联赛小组赛 F 组第 4 轮 - 首尔 FCVS 山东鲁能	山东电视体育频道	6.0	19.4
10	天下足球：2009 年中国之队国际足球友谊赛 - 中国队 VS 伊朗队	中央台五套	6.0	15.9

四十四、昆明收视数据

表 3.44.1 2005—2009 年昆明市场各类频道的市场占有率（%）

频道类别	年份				
	2005 年	2006 年	2007 年	2008 年	2009 年
中央台频道	44.1	43.0	41.6	42.6	39.3
中国教育台频道	0.3	0.2	0.4	0.2	0.2
云南省级频道	23.1	23.3	22.3	21.4	23.0
昆明市级频道	19.2	20.7	14.4	11.4	10.4
其他省级卫视频道	11.1	10.8	15.5	17.7	19.8
其他频道	2.3	2.0	5.8	6.7	7.3

表 3.44.2 2009 年昆明市场各类频道在不同目标观众中的市场占有率（%）

目标观众		中央台频道	中国教育台频道	云南省级频道	昆明市级频道	其他省级卫视频道	其他频道
4 岁及以上所有人		39.3	0.2	23.0	10.4	19.8	7.4
性别	男	41.7	0.2	22.7	10.4	17.4	7.6
	女	36.7	0.2	23.3	10.4	22.2	7.2
年龄	4－14 岁	33.9	0.3	21.4	7.7	26.2	10.7
	15－24 岁	32.1	0.2	21.4	10.9	25.5	9.9
	25－34 岁	36.6	0.2	22.7	11.0	21.5	8.0
	35－44 岁	34.6	0.2	24.3	11.8	21.1	8.0
	45－54 岁	39.6	0.2	23.2	11.3	19.0	6.7
	55－64 岁	43.1	0.2	24.2	10.4	16.6	5.7
	65 岁及以上	53.9	0.1	22.2	7.8	11.1	5.0
教育程度	未受过正规教育	39.9	0.2	22.6	9.5	17.9	9.8
	小学	34.3	0.2	25.6	11.9	21.6	6.4
	初中	37.5	0.2	23.6	11.2	19.1	8.4
	高中	40.7	0.2	22.7	9.8	19.5	7.1
	大学及以上	45.7	0.1	19.3	8.4	20.0	5.5
职业类别	干部/管理人员	46.7	0.2	19.7	9.8	18.4	5.4
	个体/私营企业人员	34.5	0.2	25.2	12.2	19.2	8.7
	初级公务员/雇员	40.3	0.2	22.5	9.8	20.7	6.6
	工人	37.4	0.2	21.5	11.1	23.0	6.8
	学生	33.5	0.2	20.8	8.6	26.0	10.8
	无业	44.0	0.1	23.6	9.2	16.2	6.8
	其他	29.6	0.3	24.2	17.4	22.2	6.4
个人月收入	0－600 元	35.8	0.2	22.3	11.0	22.0	8.8
	601－1200 元	39.7	0.2	24.5	11.1	18.5	6.2
	1201－1700 元	42.0	0.2	22.3	9.2	18.4	8.0
	1701 元及以上	45.0	0.2	21.1	8.3	18.8	6.6

表 3.44.3　2009 年昆明市场各类频道在不同时段的市场占有率（%）

时间段	中央台频道	中国教育台频道	云南省级频道	昆明市级频道	其他省级卫视频道	其他频道
02:00－03:00	36.0	0.1	10.7	8.3	30.3	14.6
03:00－04:00	38.2	0.2	4.5	7.4	36.2	13.5
04:00－05:00	40.0	0.2	3.6	4.6	40.0	11.7
05:00－06:00	41.0	0.2	4.8	4.9	36.9	12.1
06:00－07:00	56.3	0.3	7.8	3.9	22.1	9.6
07:00－08:00	61.6	0.1	11.6	7.8	13.9	5.1
08:00－09:00	52.4	0.0	12.4	6.0	22.5	6.8
09:00－10:00	43.1	0.1	14.4	6.1	26.5	9.9
10:00－11:00	42.0	0.3	13.7	6.2	27.7	10.1
11:00－12:00	45.4	0.3	11.8	6.8	26.4	9.2
12:00－13:00	50.0	0.1	14.1	7.6	20.0	8.2
13:00－14:00	42.4	0.4	13.0	7.1	26.9	10.3
14:00－15:00	36.1	0.4	15.5	5.2	31.3	11.5
15:00－16:00	33.0	0.1	17.5	5.4	32.4	11.5
16:00－17:00	34.1	0.1	16.8	8.2	30.0	10.8
17:00－18:00	41.8	0.3	16.0	6.8	25.7	9.4
18:00－19:00	30.2	0.1	39.1	15.0	8.8	6.7
19:00－20:00	47.7	0.0	30.4	10.0	6.0	5.9
20:00－21:00	42.1	0.1	26.6	10.9	15.1	5.2
21:00－22:00	37.7	0.1	27.6	10.8	18.4	5.4
22:00－23:00	31.5	0.2	26.4	15.9	19.8	6.2
23:00－24:00	35.6	0.4	22.9	12.8	21.3	6.9
24:00－25:00	36.6	0.1	17.9	13.6	23.7	8.2
25:00－26:00	31.9	0.1	20.4	9.9	27.1	10.6

表 3.44.4　2009 年昆明市场收视份额位于前十位的频道

名次	频道名称	收视份额（%）
1	云南电视台都市频道（二套）	10.6
2	中央电视台综合频道	7.4
3	湖南电视台卫星频道	5.0
4	中央台八套	4.9
4	中央台六套	4.9
6	中央台三套	4.5
7	云南电视台卫视频道（一套）	4.1
8	云南电视台影视频道（五套）	3.8
9	昆明电视台 6 频道	3.7
10	中央台四套	2.7

表 3.44.5　2009 年昆明市场主要频道的观众构成（%）

目标观众		所有频道	主要频道				
			云南电视台都市频道（二套）	中央电视台综合频道	湖南电视台卫星频道	中央台八套	中央台六套
4 岁及以上所有人		100.0	100.0	100.0	100.0	100.0	100.0
性别	男	50.6	46.7	53.2	34.8	48.4	56.5
	女	49.4	53.3	46.8	65.2	51.6	43.5
年龄	4－14 岁	8.8	4.9	5.6	16.5	5.3	7.4
	15－24 岁	9.8	7.9	7.7	16.4	9.7	9.4
	25－34 岁	17.8	16.1	13.1	21.4	14.8	22.1
	35－44 岁	14.7	15.3	11.3	17.4	11.5	18.9
	45－54 岁	23.2	24.5	22.6	16.8	22.3	20.5
	55－64 岁	13.7	16.9	17.2	6.5	20.3	13.2
	65 岁及以上	12.0	14.4	22.5	5.0	16.1	8.5
教育程度	未受过正规教育	4.6	3.9	5.2	3.3	4.7	3.7
	小学	18.1	18.9	14.6	21.1	15.5	17.8
	初中	33.7	34.4	32.6	29.2	34.7	34.9
	高中	27.0	28.0	26.0	28.6	29.4	27.2
	大学及以上	16.6	14.8	21.6	17.8	15.7	16.4
职业类别	干部/管理人员	3.2	2.3	3.7	2.1	2.6	3.4
	个体/私营企业人员	12.9	13.5	9.2	9.2	11.8	13.4
	初级公务员/雇员	15.5	15.8	15.3	19.2	13.8	16.3
	工人	10.8	8.3	9.2	12.0	8.2	13.3
	学生	12.3	8.6	9.3	25.0	11.3	11.3
	无业	38.1	45.3	49.2	25.7	47.5	34.3
	其他	7.2	6.2	4.1	6.8	4.8	8.0
个人月收入	0－600 元	35.8	29.9	30.5	45.7	35.1	34.1
	601－1200 元	37.3	42.2	38.5	27.3	41.9	40.9
	1201－1700 元	14.8	16.0	15.6	12.6	13.9	14.2
	1701 元及以上	12.1	11.9	15.4	14.3	9.1	10.8

表 3.44.6　2007—2009 年昆明市场各类节目的播出份额（%）和收视份额（%）

节目类别	2007 年		2008 年		2009 年	
	播出份额	收视份额	播出份额	收视份额	播出份额	收视份额
青少	4.3	1.7	4.7	1.9	5.3	2.6
戏剧	1.2	0.4	1.0	0.3	1.1	0.3
教学	0.6	0.2	0.5	0.2	0.5	0.2
综艺	7.8	7.4	6.6	7.6	8.6	10.3
外语	0.2	0.1	0.1	0.1	0.1	0.1
电影	4.0	10.2	4.0	11.1	3.9	7.9
音乐	1.9	1.4	2.3	0.9	2.6	1.3
新闻/时事	13.8	14.3	13.6	15.0	13.3	14.4
体育	1.7	2.8	2.7	4.9	1.8	2.2
电视剧	25.4	34.7	24.8	31.4	23.3	33.5
专题	11.0	6.7	10.7	6.9	10.1	6.8
财经	1.4	1.0	1.6	1.2	1.8	1.4
生活服务	8.2	4.1	9.5	4.8	9.3	4.8
法制	1.3	1.7	1.2	1.6	1.4	1.9
其他	17.2	13.2	16.7	12.2	16.9	12.5

表 3.44.7　2009 年昆明市场所有节目收视率排名前三十位

名次	节目名称	节目类型	播出频道	平均收视率（%）	平均占有率（%）
1	2009 春节联欢晚会	综艺	中央电视台综合频道	33.3	71.4
2	首都各界庆祝中华人民共和国成立 60 周年联欢晚会	综艺	中央电视台综合频道	21.6	54.1
3	欢天喜地闹元宵 2009 年元宵晚会	综艺	中央电视台综合频道	11.9	27.8
4	宜春月中华情 2009 年中央电视台中秋晚会	综艺	中央电视台综合频道	10.7	33.5
5	春草	电视剧	云南电视台都市频道（二套）	8.5	22.0
6	天下兄弟	电视剧	云南电视台都市频道（二套）	8.3	20.7
7	天气预报	生活服务	中央电视台综合频道	8.0	27.8
8	地下地上	电视剧	云南电视台都市频道（二套）	8.0	23.3
9	勇者无敌	电视剧	云南电视台都市频道（二套）	7.9	23.1
10	幸福还有多远	电视剧	云南电视台都市频道（二套）	7.6	19.8
11	血色迷雾	电视剧	云南电视台都市频道（二套）	7.5	19.7
12	迷雾重重	电视剧	云南电视台都市频道（二套）	7.5	19.4
13	走西口	电视剧	中央电视台综合频道	7.2	17.7
14	我的兄弟叫顺溜	电视剧	中央电视台综合频道	6.9	18.6
15	幽灵计划	电视剧	云南电视台都市频道（二套）	6.8	19.1
16	奶娘	电视剧	云南电视台都市频道（二套）	6.7	17.7
17	下辈子做你的女人	电视剧	云南电视台都市频道（二套）	6.6	17.9
18	万众一心向前进 2009 年军民迎新春文艺晚会	综艺	中央电视台综合频道	6.6	16.2
19	新闻联播	新闻/时事	中央电视台综合频道	6.4	24.8
20	祖国万岁庆祝中华人民共和国成立 60 周年大型文艺晚会	综艺	中央电视台综合频道	6.3	18.0
21	十三省	电视剧	云南电视台都市频道（二套）	6.2	17.8
22	翡翠凤凰	电视剧	云南电视台都市频道（二套）	6.2	17.3
23	富贵在天	电视剧	云南电视台都市频道（二套）	6.2	16.2
24	敌特在行动	电视剧	云南电视台都市频道（二套）	6.0	18.2
25	王贵与安娜	电视剧	云南电视台都市频道（二套）	6.0	17.3
26	勋章	电视剧	云南电视台都市频道（二套）	5.7	15.4
27	雾都魅影	电视剧	云南电视台都市频道（二套）	5.7	14.7
28	蜗居	电视剧	云南电视台都市频道（二套）	5.6	15.5
29	365 个祝福中央电视台心连心艺术团赴四川灾区慰问演出	综艺	中央电视台综合频道	5.5	15.4
30	当铺	电视剧	云南电视台都市频道（二套）	5.5	15.0

表 3.44.8　2009 年昆明市场电视剧收视率排名前十位

名次	节目名称	播出频道	平均收视率（%）	平均占有率（%）
1	春草	云南电视台都市频道（二套）	8.5	22.0
2	天下兄弟	云南电视台都市频道（二套）	8.3	20.7
3	地下地上	云南电视台都市频道（二套）	8.0	23.3
4	勇者无敌	云南电视台都市频道（二套）	7.9	23.1
5	幸福还有多远	云南电视台都市频道（二套）	7.6	19.8
6	血色迷雾	云南电视台都市频道（二套）	7.5	19.7
7	迷雾重重	云南电视台都市频道（二套）	7.5	19.4
8	走西口	中央电视台综合频道	7.2	17.7
9	我的兄弟叫顺溜	中央电视台综合频道	6.9	18.6
10	幽灵计划	云南电视台都市频道（二套）	6.8	19.1

表 3.44.9　2009 年昆明市场新闻节目收视率排名前十位

名次	节目名称	播出频道	平均收视率（%）	平均占有率（%）
1	新闻联播	中央电视台综合频道	6.4	24.8
2	都市条形码	云南电视台都市频道（二套）	5.4	28.1
3	大口马牙	云南电视台都市频道（二套）	5.1	19.2
4	盛典国庆 60 周年特别报道	中央电视台综合频道	3.9	20.3
5	温家宝总理会见中外记者	中央电视台综合频道	3.8	10.5
6	阿迪力师徒挑战高空极限	云南电视台卫视频道（一套）	3.7	10.2
7	焦点访谈	中央电视台综合频道	3.0	10.1
8	首都各界庆祝中华人民共和国成立 60 周年大会	中央台二套	2.7	9.1
9	中俄建交六十周年庆祝大会暨中国俄语年闭幕式	中央电视台综合频道	2.6	6.6
10	影响 2009 我们的地球	云南电视台卫视频道（一套）	2.5	6.2

表 3.44.10　2009 年昆明市场专题节目收视率排名前十位

名次	节目名称	播出频道	平均收视率（%）	平均占有率（%）
1	解放农奴	中央电视台综合频道	4.5	14.2
2	人民至上	中央电视台综合频道	3.9	11.0
3	2009 中央电视台 3.15 晚会	中央电视台综合频道	3.8	9.2
4	走近毛泽东	中央台六套	3.5	9.3
5	云南电视台建台四十周年与你同行	云南电视台卫视频道（一套）	3.1	9.1
6	百年先念	中央电视台综合频道	2.7	8.2
7	滇西战事	云南电视台卫视频道（一套）	2.5	10.5
8	西藏今昔	中央电视台综合频道	2.3	7.4
9	乘风破浪 60 年	中央台四套	2.2	5.8
10	西藏民主改革 50 年	中央电视台综合频道	2.1	6.0

表 3.44.11　2009 年昆明市场综艺节目收视率排名前十位

名次	节目名称	播出频道	平均收视率(%)	平均占有率(%)
1	2009 春节联欢晚会	中央电视台综合频道	33.3	71.4
2	首都各界庆祝中华人民共和国成立60周年联欢晚会	中央电视台综合频道	21.6	54.1
3	欢天喜地闹元宵 2009 年元宵晚会	中央电视台综合频道	11.9	27.8
4	宜春月中华情 2009 年中央电视台中秋晚会	中央电视台综合频道	10.7	33.5
5	万众一心向前进 2009 年军民迎新春文艺晚会	中央电视台综合频道	6.6	16.2
6	祖国万岁庆祝中华人民共和国成立60周年大型文艺晚会	中央电视台综合频道	6.3	18.0
7	365 个祝福中央电视台心连心艺术团赴四川灾区慰问演出	中央电视台综合频道	5.5	15.4
8	庆祝中华人民共和国成立六十周年大型音乐舞蹈史诗复兴之路	中央电视台综合频道	5.4	15.0
9	百花迎春中国文学艺术界 2009 春节大联欢	中央台三套	5.4	14.9
10	音乐集结号	云南电视台卫视频道（一套）	5.3	13.4

表 3.44.12　2009 年昆明市场体育节目收视率排名前十位

名次	节目名称	播出频道	平均收视率(%)	平均占有率(%)
1	第十一届全运会男子 110 米栏决赛	中央台五套	4.2	12.1
2	2009 年第 25 届亚洲男篮锦标赛决赛 - 中国队 VS 伊朗队	中央台五套	3.3	8.7
3	2009 年苏迪曼杯世界羽毛球混合团体锦标赛决赛男双	中央台五套	3.0	8.4
4	2009 年中国国际女排精英赛昆山站 - 中国队 VS 古巴队	中央台五套	2.8	7.8
5	2009 年中国之队国际足球友谊赛 - 中国 VS 德国	中央台五套	2.8	7.5
6	中华人民共和国第十一届运动会开幕式	中央电视台综合频道	2.6	7.5
7	哈尔滨 24th 世界大学生冬季运动会	中央电视台综合频道	2.6	6.6
8	第十一届全运会男子举重 94 公斤级决赛	中央台五套	2.5	6.8
9	2009 年上海国际田联黄金大奖赛	中央台五套	2.5	6.5
10	中华人民共和国第十一届运动会闭幕式	中央电视台综合频道	2.4	6.7

四十五、兰州收视数据

表 3.45.1　2005—2009 年兰州市场各类频道的市场占有率（%）

频道类别	年份				
	2005 年	2006 年	2007 年	2008 年	2009 年
中央台频道	59.9	64.5	61.6	63.4	58.1
中国教育台频道	0.4	0.1	0.1	0.1	0.2
甘肃省级频道	8.3	4.7	4.9	5.4	6.1
兰州市级频道	12.5	8.0	8.0	7.1	6.1
其他省级卫视频道	16.3	20.0	20.6	18.3	23.8
其他频道	2.6	2.8	4.7	5.7	5.6

表 3.45.2　2009 年兰州市场各类频道在不同目标观众中的市场占有率（%）

目标观众		中央台频道	中国教育台频道	甘肃省级频道	兰州市级频道	其他省级卫视频道	其他频道
4 岁及以上所有人		58.1	0.2	6.1	6.1	23.8	5.6
性别	男	60.4	0.2	5.9	6.0	21.6	5.9
	女	55.9	0.2	6.4	6.2	26.0	5.2
年龄	4－14 岁	52.6	0.3	4.7	3.7	33.6	5.1
	15－24 岁	52.0	0.4	5.9	6.8	28.8	6.1
	25－34 岁	58.5	0.1	6.3	6.0	22.4	6.8
	35－44 岁	55.5	0.1	7.0	6.3	24.4	6.7
	45－54 岁	57.3	0.3	6.0	7.5	22.9	6.0
	55－64 岁	62.5	0.1	6.8	5.6	19.9	5.0
	65 岁及以上	65.5	0.1	5.1	5.4	21.0	3.0
教育程度	未受过正规教育	61.8	0.1	5.1	5.5	23.2	4.3
	小学	54.0	0.1	6.9	7.8	27.8	3.4
	初中	59.0	0.3	6.7	6.2	22.1	5.7
	高中	58.0	0.2	5.7	6.0	24.2	5.9
	大学及以上	59.4	0.1	5.6	4.8	23.4	6.7
职业类别	干部/管理人员	59.3	0.1	7.1	3.8	26.2	3.5
	个体/私营企业人员	55.2	0.1	7.6	8.6	23.3	5.2
	初级公务员/雇员	57.9	0.3	6.0	5.2	23.6	6.8
	工人	57.5	0.1	5.8	5.9	22.3	8.5
	学生	52.8	0.2	4.9	5.0	31.9	5.2
	无业	61.0	0.2	6.1	5.9	22.2	4.6
个人月收入	0－600 元	54.4	0.2	6.4	6.7	27.2	5.1
	601－1200 元	59.1	0.1	6.5	7.1	22.0	5.1
	1201－1700 元	61.3	0.1	4.6	3.4	23.1	7.4
	1701 元及以上	62.2	0.3	5.5	3.2	21.6	7.2

表 3.45.3　2009 年兰州市场各类频道在不同时段的市场占有率（%）

时间段	中央台频道	中国教育台频道	甘肃省级频道	兰州市级频道	其他省级卫视频道	其他频道
02：00－03：00	47.8	0.0	1.9	0.0	37.3	13.1
03：00－04：00	53.9	0.0	1.3	0.0	29.2	15.6
04：00－05：00	59.0	0.0	0.2	0.0	18.4	22.4
05：00－06：00	77.9	0.0	0.6	0.0	10.6	10.9
06：00－07：00	82.0	0.7	0.7	0.1	12.7	3.8
07：00－08：00	84.7	0.0	3.5	0.0	10.1	1.7
08：00－09：00	73.6	0.0	2.7	0.8	20.6	2.3
09：00－10：00	58.8	0.1	3.9	2.8	29.5	5.0
10：00－11：00	55.9	0.2	4.5	2.9	29.8	6.7
11：00－12：00	58.9	0.2	3.5	2.0	28.4	7.0
12：00－13：00	73.8	0.1	1.4	3.4	17.4	3.9
13：00－14：00	58.6	0.2	2.3	5.2	26.5	7.2
14：00－15：00	47.4	0.1	4.0	1.5	39.0	8.0
15：00－16：00	41.9	0.1	4.2	1.2	43.8	8.7
16：00－17：00	44.5	0.2	3.7	0.6	43.0	8.1
17：00－18：00	57.3	0.3	3.1	0.9	31.9	6.5
18：00－19：00	69.4	0.2	2.8	3.9	19.5	4.2
19：00－20：00	81.8	0.0	4.1	4.0	7.8	2.2
20：00－21：00	54.7	0.3	9.1	8.8	22.2	4.9
21：00－22：00	45.6	0.4	10.4	11.4	26.1	6.1
22：00－23：00	36.7	0.2	10.2	11.0	32.9	9.1
23：00－24：00	42.7	0.1	5.2	4.7	36.4	10.9
24：00－25：00	49.3	0.0	4.1	4.8	30.7	11.0
25：00－26：00	41.7	0.1	4.0	1.2	36.2	16.9

表 3.45.4　2009 年兰州市场收视份额位于前十位的频道

名次	频道名称	收视份额（%）
1	中央电视台综合频道	26.2
2	中央台八套	6.2
3	中央台六套	5.0
4	湖南电视台卫星频道	4.6
4	兰州电视台新闻综合频道	4.6
4	中央台三套	4.6
7	中央台五套	3.1
8	甘肃电视台文化影视频道	2.9
9	中央台十二套	2.5
10	中央电视台少儿频道	2.2

表 3.45.5　2009 年兰州市场各主要频道的观众构成（%）

目标观众		所有频道	主要频道				
			中央电视台综合频道	中央台八套	中央台六套	湖南电视台卫星频道	兰州电视台新闻综合频道
4 岁及以上所有人		100.0	100.0	100.0	100.0	100.0	100.0
性别	男	49.7	51.0	43.5	55.1	34.5	48.3
	女	50.3	49.0	56.5	44.9	65.5	51.7
年龄	4－14 岁	7.2	5.9	4.5	5.6	9.2	3.6
	15－24 岁	10.2	9.3	7.9	10.1	20.4	11.3
	25－34 岁	14.3	14.0	13.2	21.2	17.1	12.0
	35－44 岁	20.2	20.5	18.9	22.6	23.1	20.8
	45－54 岁	19.6	18.0	23.4	20.5	16.9	24.2
	55－64 岁	13.5	15.8	13.4	9.4	5.2	12.6
	65 岁及以上	15.0	16.4	18.8	10.5	8.2	15.4
教育程度	未受正规教育	4.1	4.1	5.3	2.8	3.1	3.9
	小学	12.3	12.5	9.6	9.8	11.0	17.0
	初中	31.7	33.4	34.3	28.7	28.6	32.3
	高中	36.4	34.6	36.5	41.0	38.2	35.1
	大学及以上	15.4	15.4	14.3	17.7	19.0	11.7
职业类别	干部/管理人员	3.0	2.8	2.6	4.6	2.7	1.7
	初级公务员/雇员	16.7	17.5	13.2	17.7	19.0	22.7
	工人	10.0	9.8	9.3	13.9	10.7	7.8
	个体/私营企业人员	16.2	15.6	16.6	18.5	12.2	16.3
	学生	12.3	11.0	7.4	11.3	23.4	9.5
	无业	41.9	43.3	50.9	33.9	32.0	42.1
个人月收入	0－600 元	34.8	33.4	30.9	33.8	47.3	38.4
	601－1200 元	41.8	45.0	42.2	40.4	34.7	49.4
	1201－1700 元	11.8	10.7	16.2	12.1	10.4	6.3
	1701 元及以上	11.6	10.9	10.7	13.7	7.6	5.9

表 3.45.6　2007—2009 年兰州市场各类节目的播出份额（%）和收视份额（%）

节目类别	2007 年		2008 年		2009 年	
	播出份额	收视份额	播出份额	收视份额	播出份额	收视份额
青少	4.7	3.5	5.4	4.0	6.3	4.5
戏剧	1.4	0.6	1.3	0.7	1.4	0.5
教学	0.9	0.3	0.9	0.2	0.6	0.2
综艺	8.1	10.4	6.2	8.8	10.8	12.4
外语	0.4	0.2	0.3	0.1	0.3	0.1
电影	4.3	5.6	3.9	4.6	4.1	4.0
音乐	2.6	1.7	3.3	1.0	3.2	1.0
新闻/时事	11.4	20.2	12.5	25.2	16.5	22.5
电视剧	35.7	38.1	36.9	33.9	29.3	38.2
专题	13.5	7.8	13.0	6.5	13.2	7.5
体育	2.7	4.0	3.4	8.3	2.3	2.7
财经	2.0	1.0	2.2	1.1	2.6	0.9
生活服务	10.3	3.8	9.1	3.2	6.8	3.1
法制	1.3	2.7	1.1	2.2	1.4	2.3
其他	0.8	0.3	0.8	0.2	1.2	0.1

表 3.45.7　2009 年兰州市场所有节目收视率排名前三十位

名次	节目名称	节目类型	播出频道	平均收视率（%）	平均占有率（%）
1	2009 春节联欢晚会	综艺	中央电视台综合频道	56.7	90.6
2	首都各界庆祝中华人民共和国成立 60 周年联欢晚会	综艺	中央电视台综合频道	42.0	74.3
3	新闻联播	新闻/时事	中央电视台综合频道	39.5	78.5
4	天气预报	生活服务	中央电视台综合频道	30.4	58.3
5	欢天喜地闹元宵 2009 年元宵晚会	综艺	中央电视台综合频道	27.5	46.6
6	焦点访谈	新闻/时事	中央电视台综合频道	23.1	45.2
7	走西口	电视剧	中央电视台综合频道	22.5	39.8
8	宜春月中华情 2009 年中央电视台中秋晚会	综艺	中央电视台综合频道	21.6	43.6
9	万众一心向前进 2009 年军民迎新春文艺晚会	综艺	中央电视台综合频道	21.6	38.7
10	人民英模	专题	中央电视台综合频道	19.3	37.8
11	曲苑杂坛	综艺	中央电视台综合频道	18.9	37.1
12	西藏今昔	专题	中央电视台综合频道	18.7	34.6
13	祖国万岁庆祝中华人民共和国成立 60 周年大型文艺晚会	综艺	中央电视台综合频道	17.9	36.1
14	2009 万家灯火平安夜公安部 2009 年春节电视文艺晚会	综艺	中央电视台综合频道	16.9	32.8
15	在那遥远的地方	电视剧	中央电视台综合频道	16.0	32.0
16	春天的祝福文化部 2009 年春节电视晚会	综艺	中央电视台综合频道	15.8	34.7
17	解放农奴	专题	中央电视台综合频道	15.0	29.2
18	庆祝中华人民共和国成立六十周年大型音乐舞蹈史诗复兴之路	综艺	中央电视台综合频道	14.3	31.7
19	密战	电视剧	中央电视台综合频道	14.1	26.6
20	365 个祝福中央电视台心连心艺术团赴四川灾区慰问演出	综艺	中央电视台综合频道	13.8	29.0
21	温家宝总理会见中外记者	新闻/时事	中央电视台综合频道	13.7	26.3
22	苍天	电视剧	中央电视台综合频道	13.3	25.6
23	清凌凌的水蓝莹莹的天第二部	电视剧	中央电视台综合频道	13.1	23.3
24	光荣颂 2009 年五一国际劳动节文艺晚会	综艺	中央电视台综合频道	12.8	26.1
25	人民至上	专题	中央电视台综合频道	12.5	24.4
26	爱我中华	综艺	中央电视台综合频道	12.4	24.8
27	中华人民共和国第十一届运动会开幕式	体育	中央电视台综合频道	12.4	24.1
28	鹰隼大队	电视剧	中央电视台综合频道	12.1	22.6
29	百年先念	专题	中央电视台综合频道	12.0	26.8
30	走向阳光庆祝西藏百万农奴解放 50 周年文艺晚会	综艺	中央电视台综合频道	12.0	23.0

表 3.45.8 2009 年兰州市场电视剧收视率排名前十位

名次	节目名称	播出频道	平均收视率(%)	平均占有率(%)
1	走西口	中央电视台综合频道	22.5	39.8
2	在那遥远的地方	中央电视台综合频道	16.0	32.0
3	密战	中央电视台综合频道	14.1	26.6
4	苍天	中央电视台综合频道	13.3	25.6
5	清凌凌的水蓝莹莹的天第二部	中央电视台综合频道	13.1	23.3
6	鹰隼大队	中央电视台综合频道	12.1	22.6
7	金凤花开	中央电视台综合频道	11.6	22.0
8	沧海	中央电视台综合频道	11.5	22.3
9	叶挺将军	中央电视台综合频道	10.7	19.7
10	解放	中央电视台综合频道	10.5	20.8

表 3.45.9 2009 年兰州市场新闻节目收视率排名前十位

名次	节目名称	播出频道	平均收视率(%)	平均占有率(%)
1	新闻联播	中央电视台综合频道	39.5	78.5
2	焦点访谈	中央电视台综合频道	23.1	45.2
3	温家宝总理会见中外记者	中央电视台综合频道	13.7	26.3
4	温家宝总理在阿盟总部发表演讲	中央电视台综合频道	11.1	19.0
5	我们的节日春节一年又一年四海一家亲	中央电视台综合频道	10.4	44.8
6	中俄建交六十周年庆祝大会暨中国俄语年闭幕式	中央电视台综合频道	9.4	19.1
7	盛典国庆 60 周年特别报道	中央电视台综合频道	4.9	33.4
8	兰州零距离	兰州电视台新闻综合频道	4.6	11.7
9	晚间新闻	中央电视台综合频道	3.1	9.4
10	首都各界庆祝中华人民共和国成立 60 周年大会	中央电视台综合频道	2.1	36.9

表 3.45.10 2009 年兰州市场专题节目收视率排名前十位

名次	节目名称	播出频道	平均收视率(%)	平均占有率(%)
1	人民英模	中央电视台综合频道	19.3	37.8
2	西藏今昔	中央电视台综合频道	18.7	34.6
3	解放农奴	中央电视台综合频道	15.0	29.2
4	人民至上	中央电视台综合频道	12.5	24.4
5	百年先念	中央电视台综合频道	12.0	26.8
6	2009 中央电视台 3.15 晚会	中央电视台综合频道	10.6	19.4
7	宋任穷	中央电视台综合频道	9.9	21.6
8	西藏民主改革 50 年	中央电视台综合频道	9.7	18.1
9	我们的田野 2009 三八特别节目	中央电视台综合频道	9.6	17.9
10	时代的责任精神文明建设五个一工程巡礼	中央电视台综合频道	8.6	17.9

表 3.45.11　2009 年兰州市场综艺节目收视率排名前十位

名次	节目名称	播出频道	平均收视率(%)	平均占有率(%)
1	2009 春节联欢晚会	中央电视台综合频道	56.7	90.6
2	首都各界庆祝中华人民共和国成立 60 周年联欢晚会	中央电视台综合频道	42.0	74.3
3	欢天喜地闹元宵 2009 年元宵晚会	中央电视台综合频道	27.5	46.6
4	宜春月中华情 2009 年中央电视台中秋晚会	中央电视台综合频道	21.6	43.6
5	万众一心向前进 2009 年军民迎新春文艺晚会	中央电视台综合频道	21.6	38.7
6	曲苑杂坛	中央电视台综合频道	18.9	37.1
7	祖国万岁庆祝中华人民共和国成立 60 周年大型文艺晚会	中央电视台综合频道	17.9	36.1
8	2009 万家灯火平安夜公安部 2009 年春节电视文艺晚会	中央电视台综合频道	16.9	32.8
9	春天的祝福文化部 2009 年春节电视晚会	中央电视台综合频道	15.8	34.7
10	庆祝中华人民共和国成立六十周年大型音乐舞蹈史诗复兴之路	中央电视台综合频道	14.3	31.7

表 3.45.12　2009 年兰州市场体育节目收视率排名前十位

名次	节目名称	播出频道	平均收视率(%)	平均占有率(%)
1	中华人民共和国第十一届运动会开幕式	中央电视台综合频道	12.4	24.1
2	哈尔滨 24th 世界大学生冬季运动会	中央电视台综合频道	9.7	17.0
3	中华人民共和国第十一届运动会闭幕式	中央电视台综合频道	9.4	19.7
4	现场直播：第十一届全运会男子 110 米栏决赛	中央台五套	5.5	9.6
5	现场直播：第 11 届全运会男子十项全能之五 400 米	中央台五套	4.4	8.0
6	现场直播：第 11 届全运会女子撑杆跳高决赛	中央台五套	4.2	7.8
7	现场直播：第十一届全运会男子 4 × 100 米个人混合泳接力决赛	中央台五套	4.0	7.2
8	现场直播：第十一届全运会男子举重 94 公斤级决赛	中央台五套	3.7	6.9
9	第 11 届全运会男子跳远颁奖仪式	中央台五套	3.5	6.7
9	第 11 届全运会女子 100 米颁奖仪式	中央台五套	3.5	6.7

四十六、南昌收视数据

表 3.46.1　2005—2009 年南昌市场各类频道的市场占有率（%）

频道类别	年份				
	2005 年	2006 年	2007 年	2008 年	2009 年
中央台频道	30.8	28.7	28.3	29.3	31.0
中国教育台频道	0.3	0.1	0.1	0.0	0.1
江西省级频道	43.3	46.5	51.0	54.1	34.8
南昌市级频道	9.9	6.7	4.3	3.1	20.8
其他省级卫视频道	11.3	14.4	13.1	10.4	3.7
其他频道	4.4	3.6	3.2	3.0	9.6

表 3.46.2　2009 年南昌市场各类频道在不同目标观众中的市场占有率（%）

目标观众		中央台频道	中国教育台频道	江西省级频道	南昌市级频道	其他省级卫视频道	其他频道
4 岁及以上所有人		31.5	0.0	31.1	2.1	24.4	11.0
性别	男	34.7	0.1	32.6	2.1	19.5	11.1
	女	26.8	0.0	28.6	2.1	31.7	10.8
年龄	4－14 岁	36.9	0.0	38.4	3.1	14.7	6.9
	15－24 岁	17.3	0.0	45.4	3.4	26.3	7.6
	25－34 岁	27.7	0.1	26.5	1.8	27.0	16.8
	35－44 岁	30.0	0.0	24.7	2.8	34.5	7.8
	45－54 岁	39.2	0.0	29.4	1.6	19.3	10.5
	55－64 岁	38.3	0.0	34.2	0.6	16.3	10.5
	65 岁及以上	50.6	0.0	22.0	0.9	16.4	10.1
教育程度	未受过正规教育	38.4	0.0	45.8	3.1	7.4	5.2
	小学	36.3	0.0	45.2	0.9	12.2	5.3
	初中	27.8	0.0	32.1	2.4	27.0	10.7
	高中	31.9	0.0	26.2	2.3	29.4	10.2
	大学及以上	33.2	0.2	23.1	1.6	22.7	19.2
职业类别	干部/管理人员	44.4	0.0	26.1	3.0	21.0	5.5
	个体/私营企业人员	28.6	0.0	29.4	2.0	29.1	10.9
	初级公务员/雇员	32.7	0.2	22.0	1.7	25.0	18.4
	工人	27.6	0.0	30.4	2.5	30.5	9.1
	学生	24.9	0.0	35.9	3.3	28.9	7.1
	无业	34.0	0.0	33.0	1.7	19.6	11.7
个人月收入	0－600 元	28.4	0.0	39.9	2.9	21.5	7.2
	600－1200 元	27.4	0.0	31.7	1.9	28.1	11.0
	1200－1700 元	44.6	0.0	24.8	1.1	22.3	7.3
	1701 元及以上	34.0	0.2	25.7	2.6	19.1	18.4

表 3.46.3　2009 年南昌市场各类频道不同时段的市场占有率（%）

时间段	中央台频道	中国教育台频道	江西省级频道	南昌市级频道	其他省级卫视频道	其他频道
02:00－03:00	31.5	0.0	31.1	2.1	24.4	11.0
03:00－04:00	33.3	0.0	26.4	1.8	24.7	13.8
04:00－05:00	30.7	0.0	25.2	1.3	29.5	13.2
05:00－06:00	36.1	0.0	25.1	0.9	26.2	11.6
06:00－07:00	39.0	0.0	30.8	3.5	15.4	11.3
07:00－08:00	46.2	0.1	25.1	4.8	14.8	9.1
08:00－09:00	40.6	0.0	26.3	2.7	21.6	8.8
09:00－10:00	31.3	0.0	28.2	3.8	26.9	9.8
10:00－11:00	30.2	0.1	25.8	4.0	29.4	10.5
11:00－12:00	35.0	0.1	23.0	3.1	28.0	10.8
12:00－13:00	43.9	0.0	22.5	1.1	21.8	10.6
13:00－14:00	33.1	0.1	27.9	2.7	26.0	10.3
14:00－15:00	26.0	0.1	28.4	4.7	30.4	10.4
15:00－16:00	26.1	0.1	28.1	3.3	32.2	10.3
16:00－17:00	27.7	0.1	27.9	2.7	31.2	10.5
17:00－18:00	32.7	0.1	26.6	2.7	25.9	12.0
18:00－19:00	30.1	0.0	38.6	7.3	11.5	12.5
19:00－20:00	32.3	0.1	43.3	5.1	10.3	8.9
20:00－21:00	30.0	0.1	45.2	1.8	15.5	7.4
21:00－22:00	27.7	0.0	44.0	2.3	18.4	7.6
22:00－23:00	26.1	0.1	35.0	3.7	26.1	9.1
23:00－24:00	26.1	0.3	33.7	6.2	23.8	9.9
24:00－25:00	27.6	0.1	27.5	8.3	25.7	10.9
25:00－26:00	27.8	0.0	31.1	3.6	25.1	12.3

表 3.46.4　2009 年南昌市场收视份额排名前十位的频道

名次	频道名称	收视份额（%）
1	江西电视台都市频道（二套）	10.9
2	江西电视台卫星频道（一套）	10.6
3	中央电视台综合频道	5.4
4	江西电视台公共频道（五套）	4.6
5	江西电视台影视频道（四套）	4.5
6	中央台六套	3.8
6	中央台八套	3.8
8	湖南电视台卫星频道	3.7
9	中央台三套	3.4
10	中央电视台少儿频道	2.7

表 3.46.5 2009 年南昌市场各主要频道的观众构成（%）

目标观众		所有频道	主要频道				
			江西电视台都市频道（二套）	江西电视台卫星频道（一套）	中央电视台综合频道	江西电视台公共频道（五套）	江西电视台影视频道（四套）
4 岁及以上所有人		100.0	100.0	100.0	100.0	100.0	100.0
性别	男	48.4	43.6	46.0	51.3	47.5	47.7
	女	51.6	56.4	54.0	48.7	52.5	52.3
年龄	4－14 岁	11.4	10.3	11.7	7.6	5.8	15.4
	15－24 岁	9.9	9.0	9.1	6.8	10.4	16.4
	25－34 岁	16.5	18.1	7.4	12.8	17.8	23.7
	35－44 岁	15.9	13.7	21.7	14.4	13.8	14.0
	45－54 岁	19.0	20.6	24.0	20.6	21.5	13.3
	55－64 岁	16.2	18.3	13.3	19.0	19.0	10.2
	65 岁及以上	11.1	10.0	12.7	18.8	11.7	7.1
教育程度	未受过正规教育	5.2	6.0	6.4	4.8	2.9	5.6
	小学	18.7	24.8	30.4	21.2	10.7	19.6
	初中	29.8	30.4	31.8	27.0	36.6	32.8
	高中	30.2	25.0	22.3	27.0	31.2	29.1
	大学及以上	16.2	13.7	9.1	20.0	18.6	12.9
职业类别	干部/管理人员	3.7	2.1	2.2	3.9	8.5	3.0
	个体/私营企业人员	11.5	15.1	12.2	7.6	10.3	11.2
	初级公务员/雇员	15.1	12.3	9.8	15.8	13.8	11.7
	工人	13.2	13.3	8.4	9.5	14.3	18.7
	学生	13.3	9.3	12.9	8.5	8.5	20.9
	无业	40.3	43.4	42.3	47.7	44.0	33.4
	其他	3.0	4.4	12.2	7.1	0.6	1.1
个人月收入	0－600 元	31.8	33.6	42.8	26.3	22.3	41.0
	601－1200 元	41.7	42.1	37.5	41.9	53.1	35.2
	1201－1700 元	12.1	13.1	8.4	12.1	12.4	12.8
	1701 元及以上	14.4	11.2	11.4	19.7	12.2	10.9

表 3.46.6 2007—2009 年南昌市场各类节目的播出份额（%）和收视份额（%）

节目类别	2007 年		2008 年		2009 年	
	播出份额	收视份额	播出份额	收视份额	播出份额	收视份额
青少	4.4	2.8	4.5	2.7	5.1	3.6
戏剧	1.3	0.2	1.2	0.1	1.1	0.5
教学	0.5	0.0	0.6	0.1	0.5	0.1
综艺	8.1	8.9	6.8	6.6	8.8	10.4
外语	0.2	0.0	0.1	0.0	0.1	0.0
电影	4.5	4.2	4.1	4.0	4.0	6.7
音乐	2.0	1.1	2.4	0.5	2.7	0.8
新闻/时事	13.7	19.5	13.9	19.6	13.2	12.3
体育	1.7	2.1	2.7	4.3	2.9	2.2
电视剧	25.6	30.7	25.4	30.7	22.9	34.3
专题	11.2	6.7	11.4	7.0	10.5	7.9
财经	1.5	0.9	1.7	1.6	2.0	1.2
生活服务	7.1	4.1	8.2	4.5	8.9	5.6
法制	1.3	2.6	1.2	2.1	1.3	2.7
其他	17.0	16.2	16.0	16.2	16.1	11.6

表 3.46.7　2009 年南昌市场所有节目收视率排名前三十位

名次	节目名称	节目类型	播出频道	平均收视率（%）	平均占有率（%）
1	欢天喜地闹元宵 2009 年元宵晚会	综艺	中央电视台综合频道	15.6	38.4
2	2009 春节联欢晚会	综艺	中央电视台综合频道	12.1	26.3
3	中国红歌会红歌英雄汇冠军场	综艺	江西电视台卫星频道（一套）	11.8	27.0
4	宁为女人	电视剧	江西电视台都市频道（二套）	11.6	32.1
5	绣娘	电视剧	江西电视台都市频道（二套）	11.5	29.5
6	大宅院的女人	电视剧	江西电视台都市频道（二套）	11.0	27.6
7	天伦劫	电视剧	江西电视台都市频道（二套）	9.9	25.0
8	奶娘	电视剧	江西电视台都市频道（二套）	9.6	27.8
9	妈妈为我嫁	电视剧	江西电视台都市频道（二套）	9.0	24.0
10	2009 春节联欢晚会	综艺	江西电视台卫星频道（一套）	8.2	17.8
11	风月恶之花	电视剧	江西电视台都市频道（二套）	8.0	21.8
12	天气预报	生活服务	中央电视台综合频道	7.9	22.7
13	没有男人的庄园	电视剧	江西电视台都市频道（二套）	7.6	19.5
14	东陵大盗	电视剧	江西电视台都市频道（二套）	7.5	20.7
15	宜春月中华情 2009 年中央电视台中秋晚会	综艺	中央电视台综合频道	7.5	16.4
16	围屋里的桃花	电视剧	江西电视台都市频道（二套）	7.4	20.0
17	老爸你真棒	综艺	江西电视台都市频道（二套）	7.2	17.3
18	黑三角	电视剧	江西电视台卫星频道（一套）	7.0	19.5
19	雾柳镇	电视剧	江西电视台都市频道（二套）	6.9	17.3
20	蓝色档案	电视剧	江西电视台都市频道（二套）	6.7	19.4
21	省市军民庆祝新中国成立 60 周年文艺晚会	综艺	江西电视台卫星频道（一套）	6.6	15.5
22	天气预报	生活服务	江西电视台卫星频道（一套）	6.5	22.7
23	欢乐送	综艺	江西电视台都市频道（二套）	6.5	17.1
24	都市情缘	专题	江西电视台都市频道（二套）	6.4	17.7
25	晚间 800	法制（始于 2004 年 1 月 1 日）	江西电视台都市频道（二套）	6.4	16.8
26	首都各界庆祝中华人民共和国成立 60 周年联欢晚会	综艺	中央电视台综合频道	6.4	15.1
27	隋唐英雄传之二薛仁贵	电视剧	江西电视台卫星频道（一套）	6.3	18.1
28	鹰与枭	电视剧	江西电视台都市频道（二套）	6.1	18.2
29	走西口	电视剧	中央电视台综合频道	6.1	16.3
30	翡翠凤凰	电视剧	江西电视台都市频道（二套）	6.0	14.5

表 3.46.8 2009 年南昌市场电视剧收视率排名前十位

名次	节目名称	播出频道	平均收视率（%）	平均占有率（%）
1	宁为女人	江西电视台都市频道（二套）	11.6	32.1
2	绣娘	江西电视台都市频道（二套）	11.5	29.5
3	大宅院的女人	江西电视台都市频道（二套）	11.0	27.6
4	天伦劫	江西电视台都市频道（二套）	9.9	25.0
5	奶娘	江西电视台都市频道（二套）	9.6	27.8
6	妈妈为我嫁	江西电视台都市频道（二套）	9.0	24.0
7	风月恶之花	江西电视台都市频道（二套）	8.0	21.8
8	没有男人的庄园	江西电视台都市频道（二套）	7.6	19.5
9	东陵大盗	江西电视台都市频道（二套）	7.5	20.7
10	围屋里的桃花	江西电视台都市频道（二套）	7.4	20.0

表 3.46.9 2009 年南昌市场新闻节目收视率排名前十位

名次	节目名称	播出频道	平均收视率（%）	平均占有率（%）
1	都市现场	江西电视台都市频道（二套）	5.2	17.8
2	江西新闻联播	江西电视台卫星频道（一套）	3.3	12.6
3	盛典国庆 60 周年特别报道	中央电视台综合频道	2.9	11.9
4	我们的节日春节一年又一年四海一家亲	中央电视台综合频道	2.8	11.9
5	温家宝总理会见中外记者	中央电视台综合频道	2.7	7.2
6	转播中央台新闻联播	江西电视台卫星频道（一套）	2.6	8.6
7	焦点访谈	中央电视台综合频道	2.5	6.8
8	都市快报	江西电视台都市频道（二套）	2.3	11.2
9	新闻联播	中央电视台综合频道	2.1	6.8
10	目击者	江西电视台公共频道（五套）	2.1	5.6

表 3.46.10 2009 年南昌市场专题节目收视率排名前十位

名次	节目名称	播出频道	平均收视率（%）	平均占有率（%）
1	都市情缘	江西电视台都市频道（二套）	6.4	17.7
2	人民至上	中央电视台综合频道	4.2	11.5
3	2009 中央电视台 3.15 晚会	中央电视台综合频道	4.1	12.[illegible]
4	传奇故事	江西电视台卫星频道（一套）	3.1	9.3
5	西藏今昔	中央电视台综合频道	2.9	9.7
6	有理你就说特别版	江西电视台公共频道（五套）	2.6	10.4
7	飞越江西	江西电视台卫星频道（一套）	2.6	9.8
8	我们的田野 2009 三八特别节目	中央电视台综合频道	2.2	5.7
9	解放农奴	中央电视台综合频道	2.0	6.0
10	百年先念	中央电视台综合频道	2.0	5.5

表 3.46.11　2009 年南昌市场综艺节目收视率排名前十位

名次	节目名称	播出频道	平均收视率（%）	平均占有率（%）
1	欢天喜地闹元宵 2009 年元宵晚会	中央电视台综合频道	15.6	38.4
2	2009 春节联欢晚会	中央电视台综合频道	12.1	26.3
3	中国红歌会红歌英雄汇冠军场	江西电视台卫星频道（一套）	11.8	27.0
4	2009 春节联欢晚会	江西电视台卫星频道（一套）	8.2	17.8
5	宜春月中华情 2009 年中央电视台中秋晚会	中央电视台综合频道	7.5	16.4
6	老爸你真棒	江西电视台都市频道（二套）	7.2	17.3
7	省市军民庆祝新中国成立 60 周年文艺晚会	江西电视台卫星频道（一套）	6.6	15.5
8	欢乐送	江西电视台都市频道（二套）	6.5	17.1
9	首都各界庆祝中华人民共和国成立 60 周年联欢晚会	中央电视台综合频道	6.4	15.1
10	365 个祝福中央电视台心连心艺术团赴四川灾区慰问演出	中央电视台综合频道	5.7	15.5

表 3.46.12　2009 年南昌市场体育节目收视率排名前十位

名次	节目名称	播出频道	平均收视率（%）	平均占有率（%）
1	2009 年中泰拳王争霸赛	江西电视台都市频道（二套）	4.5	25.2
2	直播周末：2009 年第 25 届亚洲男篮锦标赛决赛 - 中国队 VS 伊朗队	中央台五套	4.1	9.8
3	现场直播：第十一届全运会举重男子 105 公斤以上级决赛	中央台五套	2.8	6.2
4	直播周末：09 年苏迪曼杯世界羽毛球混合团体锦标赛半决赛男单	中央台五套	2.7	6.7
5	直播周末：09 年苏迪曼杯世界羽毛球混合团体锦标赛半决赛男双	中央台五套	2.6	6.5
6	现场直播：第十一届全运会男子 110 米栏决赛	中央台五套	2.6	6.4
7	2009 年上海国际田联黄金大奖赛	中央台五套	2.5	6.8
8	哈尔滨 24th 世界大学生冬季运动会	中央电视台综合频道	2.4	6.8
9	直播周末：2009 年斯坦科维奇杯洲际篮球赛 - 中国队 VS 土耳其队	中央台五套	2.3	5.1
10	黄金赛场：2009 年世界举重锦标赛男子 85 公斤级挺举	中央台五套	2.2	6.7

四十七、南京收视数据

表 3.47.1 2005—2009 年南京市场各类频道的市场占有率（%）

频道类别	年份				
	2005 年	2006 年	2007 年	2008 年	2009 年
中央台频道	26.8	26.4	23.5	24.2	21.0
中国教育台频道	0.6	0.6	0.5	0.2	0.1
江苏省级频道	29.1	32.1	35.1	37.3	39.2
南京市级频道	29.2	25.1	22.3	21.8	22.7
其他省级卫视频道	10.7	11.3	12.9	12.1	12.7
其他频道	3.6	4.5	5.7	4.4	4.3

注：从 2005 年 1 月 1 日起南京数据为测量仪数据。

表 3.47.2 2009 年南京市场各类频道在不同目标观众中的市场占有率（%）

目标观众		中央台频道	中国教育台频道	江苏省级频道	南京市级频道	其他省级卫视频道	其他频道
4 岁及以上所有人		21.0	0.1	39.2	22.7	12.7	4.3
性别	男	23.0	0.1	38.2	22.4	11.6	4.7
	女	18.9	0.1	40.2	22.8	13.9	4.1
年龄	4－14 岁	15.1	0.1	39.7	18.2	21.7	5.2
	15－24 岁	13.9	0.2	37.1	27.2	17.1	4.5
	25－34 岁	19.2	0.1	36.0	26.4	12.9	5.4
	35－44 岁	19.3	0.1	41.4	22.2	13.1	3.9
	45－54 岁	22.5	0.1	40.2	21.9	11.1	4.1
	55－64 岁	25.6	0.1	40.5	20.9	9.7	3.2
	65 岁及以上	27.2	0.1	38.3	20.2	9.6	4.6
教育程度	未受过正规教育	13.6	0.1	53.1	20.1	9.9	3.2
	小学	17.6	0.1	41.6	20.4	16.7	3.6
	初中	22.4	0.2	36.2	24.5	12.9	3.8
	高中	22.0	0.1	39.0	22.3	12.2	4.4
	大学及以上	21.3	0.1	38.0	22.7	11.9	6.0
职业类别	干部/管理人员	25.0	0.1	33.3	19.9	13.9	7.8
	个体/私营企业人员	20.3	0.1	37.0	27.0	11.0	4.5
	初级公务员/雇员	21.4	0.1	36.4	24.6	12.3	5.2
	工人	18.4	0.2	40.8	24.7	12.3	3.6
	学生	14.9	0.1	37.6	18.7	23.2	5.5
	无业	24.3	0.1	39.3	21.2	11.0	4.1
	其他	19.4	0.1	46.6	20.5	10.8	2.6
个人月收入	0－600 元	17.6	0.1	41.7	21.6	15.1	3.9
	601－1200 元	20.1	0.1	38.6	26.2	11.1	3.9
	1201－1700 元	23.9	0.1	39.4	20.6	12.0	4.0
	1701－2600 元	23.5	0.1	36.7	23.1	11.5	5.1
	2601 元及以上	23.7	0.1	36.8	19.8	12.9	6.7

表 3.47.3　2009 年南京市场各类频道不同时段的市场占有率（%）

时间段	中央台频道	中国教育台频道	江苏省级频道	南京市级频道	其他省级卫视频道	其他频道
02:00－03:00	37.6	0.0	14.7	7.2	32.9	7.6
03:00－04:00	39.6	0.0	14.0	7.2	32.9	6.3
04:00－05:00	36.6	0.0	13.2	11.0	34.0	5.2
05:00－06:00	37.8	0.0	16.9	11.8	30.5	3.0
06:00－07:00	39.1	0.3	26.1	15.9	15.4	3.2
07:00－08:00	37.0	0.1	35.3	11.9	11.8	3.9
08:00－09:00	41.3	0.1	22.4	7.4	22.1	6.7
09:00－10:00	31.2	0.1	30.7	6.5	23.1	8.4
10:00－11:00	30.5	0.3	31.7	6.3	22.7	8.5
11:00－12:00	34.4	0.4	30.8	6.8	20.8	6.8
12:00－13:00	36.0	0.1	28.3	12.8	17.8	5.0
13:00－14:00	33.5	0.4	26.6	7.7	23.6	8.2
14:00－15:00	28.8	0.5	22.4	10.1	28.8	9.4
15:00－16:00	28.7	0.1	21.9	10.1	30.6	8.6
16:00－17:00	30.3	0.2	25.9	4.9	31.7	7.0
17:00－18:00	23.1	0.1	32.9	21.9	17.5	4.5
18:00－19:00	11.9	0.1	44.9	35.3	4.9	2.9
19:00－20:00	14.0	0.0	46.6	34.2	2.8	2.4
20:00－21:00	15.8	0.1	47.0	28.1	6.8	2.2
21:00－22:00	16.7	0.1	46.7	24.3	9.3	2.9
22:00－23:00	15.5	0.1	45.6	22.6	12.0	4.2
23:00－24:00	23.2	0.2	29.0	24.0	16.8	6.8
24:00－25:00	32.5	0.0	21.4	14.6	23.6	7.9
25:00－26:00	33.3	0.0	16.3	12.7	29.3	8.4

表 3.47.4　2009 年南京市场收视份额排名前十位频道

名次	频道名称	收视份额（%）
1	江苏电视台城市频道	11.3
2	江苏卫视	9.9
3	南京电视台新闻综合频道（一套）	7.1
4	南京电视台教育科技频道（六套）	5.7
5	江苏电视台综艺频道	5.1
6	江苏电视台影视频道	5.0
7	南京电视台十八频道	3.8
8	南京电视台影视频道（二套）	3.7
9	中央电视台综合频道	3.1
10	中央台三套	2.9

表 3.47.5 2009 年南京市场各主要频道的观众构成（%）

目标观众		所有频道	主要频道				
			江苏电视台城市频道	江苏卫视	南京电视台新闻综合频道（一套）	南京电视台教育科技频道（六套）	江苏电视台综艺频道
4 岁及以上所有人		100.0	100.0	100.0	100.0	100.0	100.0
性别	男	49.8	48.5	47.6	48.5	47.9	49.0
	女	50.2	51.5	52.4	51.5	52.1	51.0
年龄	4－14 岁	6.7	4.3	5.4	3.1	4.1	6.8
	15－24 岁	9.2	8.8	7.2	9.5	13.6	9.1
	25－34 岁	18.0	15.0	16.5	20.4	20.9	18.2
	35－44 岁	19.2	21.7	19.3	18.0	17.7	17.2
	45－54 岁	22.0	25.0	21.5	21.2	21.5	20.5
	55－64 岁	15.2	15.1	18.1	18.1	11.3	19.0
	65 岁及以上	9.7	10.1	12.0	9.7	10.9	9.1
教育程度	未受过正规教育	6.6	8.0	8.0	4.1	6.4	8.5
	小学	11.7	9.5	11.6	8.5	8.7	10.7
	初中	29.4	27.0	31.7	32.5	28.6	24.0
	高中	34.7	37.4	33.1	34.1	39.1	35.3
	大学及以上	17.6	18.1	15.6	20.8	17.2	20.5
职业类别	干部/管理人员	4.4	4.8	3.4	3.9	5.5	3.1
	个体/私营企业人员	7.4	8.4	6.7	8.6	10.9	6.0
	初级公务员/雇员	15.5	16.6	11.2	17.4	17.7	14.1
	工人	24.3	26.5	23.5	23.4	27.6	25.0
	学生	8.9	7.9	6.8	5.1	8.2	8.2
	无业	31.5	29.0	38.8	33.9	26.8	35.8
	其他	8.0	6.8	9.6	7.7	3.3	7.8
个人月收入	0－600 元	29.8	26.1	30.2	27.6	23.5	31.4
	601－1200 元	27.4	27.1	28.5	30.7	33.9	25.4
	1201－1700 元	19.0	21.6	20.5	17.1	16.5	21.6
	1701－2600 元	15.7	17.1	14.5	17.6	17.8	13.2
	2601 元及以上	8.1	8.1	6.3	7.0	8.3	8.4

表 3.47.6 2007—2009 年南京市场各类节目的播出份额（%）和收视份额（%）

节目类别	2007 年		2008 年		2009 年	
	播出份额	收视份额	播出份额	收视份额	播出份额	收视份额
财经	1.8	0.7	2.0	0.8	2.2	0.5
生活服务	9.4	4.7	10.4	5.0	11.2	5.0
青少	4.6	2.2	4.9	2.4	5.4	2.6
戏剧	1.5	0.4	1.2	0.2	1.4	0.2
教学	0.5	0.2	0.5	0.2	0.5	0.3
综艺	8.3	10.2	6.7	7.4	8.3	8.6
外语	0.2	0.0	0.1	0.0	0.1	0.0
电影	3.6	5.1	3.5	5.1	3.3	3.9
音乐	2.2	1.1	2.1	0.8	2.3	0.6
新闻/时事	12.5	15.3	12.8	15.7	12.5	17.4
体育	3.1	3.7	4.2	5.2	3.6	3.2
电视剧	23.6	31.6	23.7	33.4	22.1	34.5
专题	10.9	6.3	11.2	6.2	10.5	5.9
法制类	1.6	4.2	1.3	3.4	1.3	2.7
其他	16.3	14.1	15.4	14.2	15.3	14.5

表 3.47.7 2009 年南京市场所有节目收视率排名前三十位

名次	节目名称	节目类型	播出频道	平均收视率(%)	平均占有率(%)
1	2009 春节联欢晚会	综艺	中央电视台综合频道	32.8	57.8
2	首都各界庆祝中华人民共和国成立 60 周年联欢晚会	综艺	中央电视台综合频道	14.8	25.1
3	江苏卫视跨年演唱会	音乐	江苏卫视	14.3	31.0
4	小沈阳来了(3 月 16 日)	专题	江苏卫视	14.0	28.6
5	特别节目走近小沈阳(3 月 17 日)	专题	江苏卫视	13.8	26.6
6	欢天喜地闹元宵 2009 年元宵晚会	综艺	中央电视台综合频道	13.3	22.9
7	人活一张脸	电视剧	江苏卫视	12.9	21.4
8	继母后妈	电视剧	江苏电视台城市频道	12.3	22.0
9	特别节目我爱小沈阳(3 月 18 日)	专题	江苏卫视	12.0	23.7
10	特别节目红人小沈阳(3 月 19 日)	专题	江苏卫视	11.9	25.4
11	罪域	电视剧	江苏电视台城市频道	11.7	20.7
12	飞扬新声名师高徒大结局	综艺	江苏卫视	11.7	19.7
13	锁清秋	电视剧	江苏电视台城市频道	11.1	18.5
14	王贵与安娜	电视剧	江苏电视台城市频道	10.8	19.0
15	秘密列车	电视剧	江苏电视台城市频道	10.7	19.2
16	一颗颗眼泪都是爱	电视剧	江苏电视台城市频道	10.7	18.9
17	天下兄弟	电视剧	江苏电视台城市频道	10.4	18.9
18	穷人的孩子早当家(7 月 20 日)	综艺	江苏卫视	9.9	16.3
19	幽灵计划	电视剧	江苏电视台城市频道	9.8	17.7
20	我是一棵小草	电视剧	江苏电视台城市频道	9.8	17.3
21	结发夫妻	电视剧	江苏电视台城市频道	9.8	17.0
22	蜗居	电视剧	江苏电视台城市频道	9.8	16.4
23	最后的 99 天	电视剧	江苏电视台城市频道	9.7	16.1
24	不离不弃	电视剧	江苏电视台城市频道	9.6	16.9
25	薛仁贵	电视剧	江苏卫视	9.6	16.1
26	康剧来了江苏卫视特别节目(2 月 19 日)	综艺	江苏卫视	9.5	16.6
27	人到中年	电视剧	江苏电视台城市频道	9.5	16.1
28	人间情缘	电视剧	江苏电视台城市频道	9.4	17.3
29	爱的盛典第九届七夕情人节	综艺	江苏卫视	9.4	15.9
30	谁是魔法王	综艺	江苏卫视	9.3	18.9

表 3.47.8 2009 年南京市场电视剧收视率排名前十位

名次	节目名称	播出频道	平均收视率（%）	平均占有率（%）
1	人活一张脸	江苏卫视	12.9	21.4
2	继母后妈	江苏电视台城市频道	12.3	22.0
3	罪域	江苏电视台城市频道	11.7	20.7
4	锁清秋	江苏电视台城市频道	11.1	18.5
5	王贵与安娜	江苏电视台城市频道	10.8	19.0
6	秘密列车	江苏电视台城市频道	10.7	19.2
7	一颗颗眼泪都是爱	江苏电视台城市频道	10.7	18.9
8	天下兄弟	江苏电视台城市频道	10.4	18.9
9	幽灵计划	江苏电视台城市频道	9.8	17.7
10	我是一棵小草	江苏电视台城市频道	9.8	17.3

表 3.47.9 2009 年南京市场新闻节目收视率排名前十位

名次	节目名称	播出频道	平均收视率（%）	平均占有率（%）
1	零距离	江苏电视台城市频道	8.1	16.7
2	石头会说话	江苏电视台城市频道	5.4	13.9
3	直播南京	南京电视台新闻综合频道（一套）	5.3	12.8
4	挑战潜规则	江苏电视台城市频道	4.9	11.7
5	周涛讲故事	南京电视台新闻综合频道（一套）	4.8	9.0
6	现场报道	南京电视台教育科技频道（六套）	4.3	11.6
7	听我韶韶	南京电视台十八频道	4.1	6.9
8	新闻夜宴	江苏电视台城市频道	4.0	11.2
9	我们的节日春节一年又一年四海一家亲	中央电视台综合频道	3.5	12.5
10	有一说一	江苏电视台公共频道	3.3	6.4

表 3.47.10 2009 年南京市场专题节目收视率排名前十位

名次	节目名称	播出频道	平均收视率（%）	平均占有率（%）
1	小沈阳来了（3 月 16 日）	江苏卫视	14.0	28.6
2	特别节目走近小沈阳（3 月 17 日）	江苏卫视	13.8	26.6
3	特别节目我爱小沈阳（3 月 18 日）	江苏卫视	12.0	23.7
4	特别节目红人小沈阳（3 月 19 日）	江苏卫视	11.9	25.4
5	牛年特别节目红人小沈阳（2 月 28 日）	江苏卫视	8.0	15.0
6	未公开的档案	江苏卫视	6.6	10.6
7	人间	江苏卫视	6.1	12.5
8	牛年特别节目谦变万化（3 月 13 日）	江苏卫视	6.0	11.9
9	证明	江苏卫视	5.5	10.9
10	窃听	江苏卫视	5.5	10.1

表 3.47.11 2009 年南京市场综艺节目收视率排名前十位

名次	节目名称	播出频道	平均收视率（%）	平均占有率（%）
1	2009 春节联欢晚会	中央电视台综合频道	32.8	57.8
2	首都各界庆祝中华人民共和国成立 60 周年联欢晚会	中央电视台综合频道	14.8	25.1
3	欢天喜地闹元宵 2009 年元宵晚会	中央电视台综合频道	13.3	22.9
4	飞扬新声名师高徒大结局	江苏卫视	11.7	19.7
5	穷人的孩子早当家（7 月 20 日）	江苏卫视	9.9	16.3
6	康剧来了江苏卫视特别节目（2 月 19 日）	江苏卫视	9.5	16.6
7	爱的盛典第九届七夕情人节	江苏卫视	9.4	15.9
8	谁是魔法王	江苏卫视	9.3	18.9
9	跨越海峡的爱心援助台湾受灾同胞赈灾晚会	江苏卫视	8.8	18.2
10	我的魔术猜想	江苏卫视	8.6	17.3

表 3.47.12 2009 年南京市场体育节目收视率排名前十位

名次	节目名称	播出频道	平均收视率（%）	平均占有率（%）
1	现场直播：第十一届全运会男子 110 米栏决赛	中央台五套	8.3	14.4
2	直播周末：2009 年第 25 届亚洲男篮锦标赛决赛 - 中国队 VS 伊朗队	中央台五套	5.4	9.7
3	赛事直播：2008/2009 赛季中国男子篮球职业联赛季后赛半决赛 - 南钢德玛斯特 VS 新疆广汇	江苏电视台体育休闲频道	4.3	7.2
4	直播周末：2009 年苏迪曼杯世界羽毛球混合团体锦标赛决赛男双	中央台五套	4.2	7.8
5	现场直播：第十一届全运会男子十项全能之十 1500 米	中央台五套	4.1	7.3
6	直播周末：2009 年苏迪曼杯世界羽毛球混合团体锦标赛决赛男单	中央台五套	4.0	6.4
7	现场直播：第 11 届全运会女子撑杆跳高决赛	中央台五套	3.8	6.4
8	中华人民共和国第十一届运动会开幕式	中央电视台综合频道	3.7	6.6
9	现场直播：第十一届全运会男子举重 94 公斤级决赛	中央台五套	3.7	6.5
10	2009 年上海国际田联黄金大奖赛	中央台五套	3.3	5.7

四十八、南宁收视数据

表 3.48.1 2005—2009 年南宁市各类频道的市场占有率（%）

频道类别	年份				
	2005 年	2006 年	2007 年	2008 年	2009 年
中央台频道	30.5	28.7	30.5	37.3	33.8
中国教育台频道	0.4	0.2	0.3	0.2	0.5
广西省级频道	36.7	39.6	34.5	29.5	26.9
南宁市级频道	19.4	15.9	18.2	17.6	19.0
其他省级卫视频道	9.3	10.2	9.1	10.0	14.9
其他频道	3.6	5.5	7.5	5.5	4.9

表 3.48.2 2009 年南宁市各类频道在不同目标观众中的市场占有率（%）

目标观众		中央台频道	中国教育台频道	广西省级频道	南宁市级频道	其他省级卫视频道	其他频道
4 岁及以上所有人		33.8	0.5	26.9	19.0	14.9	5.0
性别	男	36.8	0.4	26.4	18.3	12.7	5.4
	女	30.8	0.5	27.4	19.7	17.0	4.6
年龄	4－14 岁	39.5	0.5	24.8	14.9	15.1	5.3
	15－24 岁	25.7	0.5	25.5	20.9	20.5	6.9
	25－34 岁	31.1	0.4	26.2	21.0	15.3	6.1
	35－44 岁	30.5	0.4	30.5	20.0	13.2	5.4
	45－54 岁	34.8	0.6	28.3	18.1	14.4	3.7
	55－64 岁	38.5	0.3	24.3	18.0	14.5	4.4
	65 岁及以上	40.1	0.6	26.1	18.6	11.8	2.8
教育程度	未受过正规教育	37.7	0.1	25.7	16.0	14.3	6.2
	小学	33.8	0.8	31.0	18.7	12.5	3.3
	初中	28.9	0.4	30.1	22.0	13.9	4.7
	高中	36.3	0.5	24.5	16.4	16.7	5.6
	大学及以上	39.7	0.3	19.2	18.4	16.4	6.0
职业类别	干部/管理人员	37.7	0.4	19.1	19.8	17.7	5.4
	个体/私营企业人员	29.4	0.6	29.3	21.3	13.6	5.9
	初级公务员/雇员	35.7	0.3	21.8	16.6	19.1	6.6
	工人	38.5	0.4	26.1	14.4	16.1	4.5
	学生	32.1	0.5	25.5	14.7	21.5	5.8
	无业	39.8	0.5	24.6	17.3	13.4	4.4
	其他	19.2	0.1	39.9	31.9	6.6	2.4
个人月收入	0－600 元	31.1	0.4	30.1	20.9	13.0	4.4
	601－1200 元	31.9	0.5	26.3	19.2	16.9	5.2
	1201－1700 元	41.9	0.4	23.2	14.5	14.7	5.3
	1701－2600 元	40.5	0.5	20.7	17.5	14.7	6.2
	2601 元及以上	45.3	0.2	20.5	12.3	16.0	5.8

表 3.48.3　2009 年南宁市各类频道在不同时段的市场占有率（%）

时间段	中央台频道	中国教育台频道	广西省级频道	南宁市级频道	其他省级卫视频道	其他频道
02:00-03:00	41.4	0.2	13.5	3.9	26.4	14.7
03:00-04:00	42.2	0.3	19.6	1.9	25.8	10.2
04:00-05:00	46.7	0.0	19.2	2.2	24.0	7.9
05:00-06:00	67.4	0.0	7.4	2.9	15.2	7.2
06:00-07:00	78.1	0.2	9.1	5.8	3.9	2.9
07:00-08:00	61.3	0.1	20.4	7.2	9.3	1.8
08:00-09:00	55.2	0.3	16.4	5.7	17.7	4.6
09:00-10:00	46.5	0.2	17.3	6.5	20.1	9.3
10:00-11:00	43.6	0.6	15.6	7.8	20.8	11.7
11:00-12:00	47.0	0.6	15.3	8.5	18.4	10.3
12:00-13:00	53.2	0.3	17.6	10.3	13.4	5.3
13:00-14:00	36.9	1.1	20.4	12.8	21.5	7.4
14:00-15:00	31.3	2.2	16.6	10.1	30.3	9.5
15:00-16:00	32.3	0.5	16.7	6.9	32.4	11.2
16:00-17:00	36.2	0.8	17.2	5.2	30.0	10.7
17:00-18:00	42.7	1.6	24.7	7.5	17.2	6.4
18:00-19:00	31.6	0.5	37.4	17.4	9.8	3.4
19:00-20:00	38.5	0.2	28.6	24.9	5.0	2.9
20:00-21:00	27.9	0.2	29.9	27.3	11.3	3.3
21:00-22:00	23.2	0.4	36.0	23.2	13.6	3.7
22:00-23:00	25.9	0.6	23.9	21.7	22.6	5.4
23:00-24:00	27.4	0.5	23.1	15.8	27.0	6.3
24:00-25:00	33.4	0.4	16.5	11.5	29.0	9.2
25:00-26:00	36.0	0.2	12.9	12.4	25.4	13.1

表 3.48.4　2009 年南宁市场收视份额排名前十位的频道

名次	频道名称	收视份额（%）
1	南宁电视台新闻综合频道	11.8
2	广西电视台综艺频道	10.8
3	中央电视台综合频道	9.9
4	广西电视台都市频道	7.7
5	湖南电视台卫星频道	5.2
6	中央电视台少儿频道	5.1
7	广西电视台卫星频道	4.9
8	南宁电视台都市生活频道	3.9
9	中央台三套	3.3
10	南宁电视台影视娱乐频道	3.1

表 3.48.5 2009 年南宁市场各主要频道的观众构成（%）

目标观众		所有频道	主要频道				
			南宁电视台新闻综合频道	广西电视台综艺频道	中央电视台综合频道	广西电视台都市频道	湖南电视台卫星频道
4 岁及以上所有人		100.0	100.0	100.0	100.0	100.0	100.0
性别	男	49.7	47.6	50.8	52.6	43.0	36.4
	女	50.3	52.4	49.2	47.4	57.0	63.6
年龄	4－14 岁	10.0	7.7	9.2	5.6	5.1	9.7
	15－24 岁	11.2	12.0	12.3	9.2	8.5	22.3
	25－34 岁	18.6	19.8	18.8	16.6	18.0	21.3
	35－44 岁	18.8	19.4	21.5	21.5	21.9	18.7
	45－54 岁	17.0	16.0	20.8	18.8	17.8	16.1
	55－64 岁	13.8	13.7	10.2	13.6	16.4	6.5
	65 岁及以上	10.6	11.4	7.2	14.7	12.3	5.4
教育程度	未受过正规教育	5.0	4.8	4.0	3.1	4.2	3.5
	小学	16.5	16.6	19.9	13.9	14.5	11.1
	初中	35.5	44.0	43.1	34.4	36.6	35.0
	高中	30.2	22.3	26.1	32.3	33.7	31.8
	大学及以上	12.8	12.3	6.9	16.3	11.0	18.6
职业类别	干部/管理人员	2.4	2.2	1.2	3.9	2.3	3.7
	个体/私营企业人员	23.3	22.3	26.4	21.2	27.8	22.7
	初级公务员/雇员	12.1	10.2	8.4	14.0	12.4	20.0
	工人	11.4	7.7	9.9	11.5	12.3	11.1
	学生	11.6	8.5	11.6	8.0	7.3	22.1
	无业	29.7	26.2	22.5	33.2	32.3	17.5
	其他	9.5	22.9	20.0	8.2	5.6	2.9
个人月收入	0－600 元	40.0	49.7	49.5	32.9	35.3	39.7
	601－1200 元	37.7	33.0	36.5	37.4	40.8	38.8
	1201－1700 元	14.1	10.6	9.4	17.7	16.4	12.0
	1701－2600 元	6.6	6.0	3.6	9.1	6.4	7.9
	2601 元及以上	1.6	0.7	1.0	2.9	1.1	1.6

表 3.48.6 2007—2009 年南宁市场各类节目的播出份额（%）和收视份额（%）

节目类别	2007 年		2008 年		2009 年	
	播出份额	收视份额	播出份额	收视份额	播出份额	收视份额
青少	4.5	3.1	4.8	4.1	5.1	5.3
戏剧	1.3	0.1	1.0	0.1	1.1	0.1
教学	0.5	0.1	0.5	0.1	0.5	0.1
综艺	8.2	6.9	6.7	6.0	8.7	8.4
外语	0.2	0.1	0.1	0.0	0.1	0.0
电影	3.3	5.0	3.4	4.6	3.3	3.0
音乐	1.9	1.1	2.4	0.7	2.6	0.9
新闻/时事	13.9	17.1	14.0	18.1	13.5	17.4
体育	2.7	2.8	3.4	5.8	2.1	2.0
电视剧	25.9	33.9	25.4	31.2	23.3	30.7
专题	11.1	5.0	11.2	4.7	10.4	4.6
财经	1.5	0.4	1.7	0.5	2.0	0.7
生活服务	7.2	4.8	8.1	4.8	9.5	5.4
法制	1.4	1.3	1.4	1.9	1.3	2.5
其他	16.4	18.4	15.9	17.3	16.4	18.9

表 3.48.7　2009 年南宁市场所有节目收视率排名前三十位

名次	节目名称	节目类型	播出频道	平均收视率(%)	平均占有率(%)
1	2009 春节联欢晚会	综艺	中央电视台综合频道	31.3	64.3
2	首都各界庆祝中华人民共和国成立 60 周年联欢晚会	综艺	中央电视台综合频道	18.0	37.5
3	新闻联播	新闻/时事	中央电视台综合频道	12.3	27.6
4	大地飞歌 2009 第 11 届南宁国际民歌艺术节暨第 6 届中国 - 东盟博览会开幕晚会	综艺	广西电视台综艺频道	10.3	20.8
5	宜春月中华情 2009 年中央电视台中秋晚会	综艺	中央电视台综合频道	9.5	23.3
6	夜班 1 周	新闻/时事	南宁电视台新闻综合频道	9.3	19.3
7	新闻夜班	新闻/时事	南宁电视台新闻综合频道	9.2	19.5
8	天气预报	生活服务	南宁电视台新闻综合频道	8.9	19.3
9	娘妻	电视剧	广西电视台综艺频道	8.7	18.7
10	欢天喜地闹元宵 2009 年元宵晚会	综艺	中央电视台综合频道	8.6	17.0
11	我们的节日南宁市庆祝第 10 个记者节表彰大会暨文艺晚会	综艺	南宁电视台新闻综合频道	8.5	19.7
12	包青天	电视剧	广西电视台综艺频道	8.5	18.3
12	妇道第二季	电视剧	南宁电视台新闻综合频道	8.3	20.1
14	最后的较量	电视剧	广西电视台综艺频道	8.3	18.3
15	道德底线	电视剧	南宁电视台新闻综合频道	8.1	19.8
16	绝密 1950	电视剧	广西电视台综艺频道	7.9	17.9
17	爱国歌曲大家唱	综艺	南宁电视台新闻综合频道	7.9	17.2
18	女人的战争	电视剧	广西电视台综艺频道	7.8	17.4
19	2009 快乐中国快乐女声想唱就唱我最响亮全国总决赛决战之夜	综艺	湖南电视台卫星频道	7.7	18.2
20	情之债	电视剧	南宁电视台新闻综合频道	7.7	17.7
21	天气预报	生活服务	中央电视台综合频道	7.6	16.3
22	新闻夜班爱心改变命运主题现场活动	综艺	南宁电视台新闻综合频道	7.6	14.7
23	新闻在线	新闻/时事	广西电视台都市频道	7.5	17.6
24	我们走过 30 年南宁市纪念地方人大设立常委会 30 周年文艺	综艺	南宁电视台新闻综合频道	7.4	17.5
25	转播中央台新闻联播	新闻/时事	南宁电视台新闻综合频道	7.3	16.4
26	我是一棵小草	电视剧	广西电视台综艺频道	7.1	15.1
27	南宁电视台两会一节大看台	新闻/时事	南宁电视台新闻综合频道	6.9	23.8
28	幸福的完美	电视剧	南宁电视台新闻综合频道	6.9	17.3
29	云袖	电视剧	南宁电视台新闻综合频道	6.9	16.6
30	战士	电视剧	广西电视台综艺频道	6.8	15.7

表 3.48.8 2009 年南宁市场电视剧收视率排名前十位

名次	节目名称	播出频道	平均收视率（%）	平均占有率（%）
1	娘妻	广西电视台综艺频道	8.7	18.7
2	包青天	广西电视台综艺频道	8.5	18.3
3	妇道第二季	南宁电视台新闻综合频道	8.3	20.1
4	最后的较量	广西电视台综艺频道	8.3	18.3
5	道德底线	南宁电视台新闻综合频道	8.1	19.8
6	绝密 1950	广西电视台综艺频道	7.9	17.9
7	女人的战争	广西电视台综艺频道	7.8	17.4
8	情之债	南宁电视台新闻综合频道	7.7	17.7
9	我是一棵小草	广西电视台综艺频道	7.1	15.1
10	幸福的完美	南宁电视台新闻综合频道	6.9	17.3

表 3.48.9 2009 年南宁市场新闻节目收视率排名前十位

名次	节目名称	播出频道	平均收视率（%）	平均占有率（%）
1	新闻联播	中央电视台综合频道	12.3	27.6
2	夜班 1 周	南宁电视台新闻综合频道	9.3	19.3
3	新闻夜班	南宁电视台新闻综合频道	9.2	19.5
4	新闻在线	广西电视台都市频道	7.5	17.6
5	转播中央台新闻联播	南宁电视台新闻综合频道	7.3	16.4
6	南宁电视台两会一节大看台	南宁电视台新闻综合频道	6.9	23.8
7	焦点访谈	中央电视台综合频道	5.7	12.2
8	南宁新闻	南宁电视台新闻综合频道	4.0	13.8
9	南宁周刊	南宁电视台新闻综合频道	4.0	13.3
10	第 5 届泛珠三角省会首府城市市长论坛	南宁电视台新闻综合频道	3.5	11.1

表 3.48.10 2009 年南宁市场专题类节目收视率排名前十位

名次	节目名称	播出频道	平均收视率（%）	平均占有率（%）
1	西藏今昔	中央电视台综合频道	5.7	11.2
2	解放农奴	中央电视台综合频道	4.5	9.4
3	人民英模	中央电视台综合频道	4.3	9.2
4	自贸区零距离	南宁电视台新闻综合频道	4.0	13.6
5	2009 中央电视台 3.15 晚会	中央电视台综合频道	3.9	7.7
6	百年先念	中央电视台综合频道	3.7	7.8
7	西江黄金水道	广西电视台卫星频道	3.6	12.5
8	真实故事 365	南宁电视台新闻综合频道	3.4	14.5
9	人民至上	中央电视台综合频道	3.2	7.1
10	澳门十年	中央电视台综合频道	3.1	6.3

表 3.48.11　2009 年南宁市场综艺节目收视率排名前十位

名次	节目名称	播出频道	平均收视率（%）	平均占有率（%）
1	2009 春节联欢晚会	中央电视台综合频道	31.3	64.3
2	首都各界庆祝中华人民共和国成立60 周年联欢晚会	中央电视台综合频道	18.0	37.5
3	大地飞歌 2009 第 11 届南宁国际民歌艺术节暨第 6 届中国－东盟博览会开幕晚会	广西电视台综艺频道	10.3	20.8
4	宜春月中华情 2009 年中央电视台中秋晚会	中央电视台综合频道	9.5	23.3
5	欢天喜地闹元宵 2009 年元宵晚会	中央电视台综合频道	8.6	17.0
6	我们的节日南宁市庆祝第 10 个记者节表彰大会暨文艺晚会	南宁电视台新闻综合频道	8.5	19.7
7	爱国歌曲大家唱	南宁电视台新闻综合频道	7.9	17.2
8	2009 快乐中国快乐女声想唱就唱我最响亮全国总决赛决战之夜	湖南电视台卫星频道	7.7	18.2
9	新闻夜班爱心改变命运主题现场活动	南宁电视台新闻综合频道	7.6	14.7
10	我们走过 30 年南宁市纪念地方人大设立常委会 30 周年文艺晚会	南宁电视台新闻综合频道	7.4	17.5

表 3.48.12　2009 年南宁市场体育节目收视率排名前十位

名次	节目名称	播出频道	平均收视率（%）	平均占有率（%）
1	2009 年第 25 届亚洲男篮锦标赛决赛－中国队 VS 伊朗队	中央台五套	5.2	13.3
2	中华人民共和国第十一届运动会开幕式	中央电视台综合频道	5.1	11.4
3	2009 年苏迪曼杯世界羽毛球混合团体锦标赛决赛男单	中央台五套	4.6	9.6
4	第十一届全运会男子 110 米栏决赛	中央台五套	4.2	8.9
5	哈尔滨 24th 世界大学生冬季运动会	中央电视台综合频道	3.3	7.0
6	第十一届全运会男子举重 94 公斤级决赛	中央台五套	3.2	7.1
7	第十一届全运会男子十项全能之十 1500 米	中央台五套	2.8	5.8
8	2009 年中国国际女排精英赛昆山站－中国队 VS 古巴队	中央台五套	2.7	6.1
9	第 50 届世界乒乓球锦标赛男单 1/4 决赛	中央台五套	2.7	6.0
10	第十一届全运会男子 4×100 米个人混合泳接力决赛	中央台五套	2.6	5.0

四十九、宁波收视数据

表 3.49.1　2005—2009 年宁波市场各类频道的市场占有率（%）

频道类别	年份				
	2005 年	2006 年	2007 年	2008 年	2009 年
中央台频道	37.3	37.0	35.9	39.0	32.7
中国教育台频道	0.8	0.7	0.8	0.6	0.5
浙江省级频道	22.1	19.5	17.7	13.3	19.7
宁波市级频道	26.3	26.7	29.6	31.5	29.9
其他省级卫视频道	8.9	12.4	12.2	11.1	12.2
其他频道	4.6	3.7	3.8	4.5	5.0

注：从 2005 年 5 月 1 日起宁波数据为测量仪数据，2005 年数据范围是 5 月 1 日—12 月 31 日。

表 3.49.2　2009 年宁波市场各类频道在不同目标观众中的市场占有率（%）

目标观众		中央台频道	中国教育台频道	浙江省级频道	宁波市级频道	其他省级卫视频道	其他频道
4 岁及以上所有人		32.7	0.5	19.7	29.9	12.2	5.0
性别	男	37.2	0.5	18.2	27.7	11.2	5.2
	女	28.4	0.5	21.2	32.2	13.3	4.4
年龄	4－14 岁	29.6	0.5	19.7	22.3	21.5	6.4
	15－24 岁	27.8	0.7	23.2	24.0	19.7	4.6
	25－34 岁	33.3	0.5	23.7	22.2	13.6	6.7
	35－44 岁	31.2	0.5	23.6	26.5	12.5	5.7
	45－54 岁	33.5	0.5	18.6	32.1	11.0	4.3
	55－64 岁	34.1	0.4	17.6	33.8	9.1	5.0
	65 岁及以上	34.7	0.4	12.1	42.5	8.0	2.3
教育程度	未受过正规教育	35.1	0.4	16.8	27.7	15.9	4.1
	小学	29.5	0.5	16.7	36.7	13.0	3.6
	初中	32.9	0.4	18.9	29.9	12.2	5.7
	高中	32.8	0.5	22.3	28.8	11.1	4.5
	大学及以上	37.1	0.5	24.1	21.4	11.7	5.2
职业类别	干部/管理人员	42.3	0.6	21.1	19.7	11.0	5.3
	个体/私营企业人员	36.1	0.6	17.0	28.2	12.9	5.2
	初级公务员/雇员	30.3	0.5	25.9	26.8	11.6	4.9
	工人	32.6	0.5	17.7	30.9	12.0	6.3
	学生	27.2	0.6	21.0	22.8	21.2	7.2
	无业	33.3	0.4	17.8	33.3	11.1	4.1
	其他	33.7	0.6	16.5	34.3	11.6	3.3
个人月收入	0－600 元	29.7	0.5	20.7	27.3	16.5	5.3
	601－1200 元	32.0	0.4	17.7	33.7	11.5	4.7
	1201－1700 元	35.2	0.4	19.6	31.1	9.2	4.5
	1701－2600 元	33.0	0.6	20.5	29.0	11.4	5.5
	2601 元及以上	38.2	0.5	20.3	25.9	10.1	5.0

表 3.49.3　2009 年宁波市场各类频道在不同时段的市场占有率（%）

时间段	中央台频道	中国教育台频道	浙江省级频道	宁波市级频道	其他省级卫视频道	其他频道
02:00－03:00	45.4	0.3	14.5	7.9	27.0	4.9
03:00－04:00	46.5	0.3	18.5	7.7	23.1	3.9
04:00－05:00	45.1	0.4	21.3	9.3	20.6	3.3
05:00－06:00	49.6	0.1	18.2	9.8	17.8	4.5
06:00－07:00	50.6	0.5	13.6	16.1	14.2	5.0
07:00－08:00	48.3	0.6	16.6	16.9	12.5	5.1
08:00－09:00	43.1	0.3	13.3	22.2	15.4	5.7
09:00－10:00	38.0	0.2	14.1	23.0	17.6	7.1
10:00－11:00	37.0	0.8	12.7	25.4	17.3	6.8
11:00－12:00	35.6	0.9	10.5	35.1	12.9	5.0
12:00－13:00	41.3	0.3	11.6	26.6	14.3	5.9
13:00－14:00	40.2	1.2	13.3	18.3	19.5	7.5
14:00－15:00	35.7	1.4	14.0	19.5	22.3	7.1
15:00－16:00	36.0	0.4	12.5	21.0	23.3	6.8
16:00－17:00	34.6	0.3	13.5	23.0	22.6	6.0
17:00－18:00	39.7	0.4	17.0	22.5	15.3	5.1
18:00－19:00	26.6	0.2	21.2	41.6	6.6	3.8
19:00－20:00	23.0	0.2	23.5	46.0	3.9	3.4
20:00－21:00	28.7	0.3	25.6	33.3	8.4	3.7
21:00－22:00	29.2	0.5	24.1	32.3	9.6	4.3
22:00－23:00	26.9	0.9	25.4	30.3	11.2	5.3
23:00－24:00	37.0	0.7	22.6	19.8	13.7	6.2
24:00－25:00	41.7	0.2	16.4	16.4	18.5	6.8
25:00－26:00	44.4	0.3	15.3	9.4	24.2	6.4

表 3.49.4　2009 年宁波市场收视份额排名前十位的频道

名次	频道名称	收视份额（%）
1	宁波电视台三套（都市文体频道）	10.2
2	浙江卫视	6.9
3	宁波电视台二套（经济生活频道）	6.7
4	宁波电视台一套（新闻综合频道）	6.0
5	浙江电视台教育科技频道	5.7
6	中央台六套	5.3
7	宁波电视台四套（影视剧频道）	5.0
8	中央电视台综合频道	3.9
9	中央台四套	3.6
10	中央台三套	3.3

表 3.49.5 2009 年宁波市场各主要频道的观众构成（%）

目标观众		所有频道	主要频道				
			宁波电视台三套（都市文体频道）	浙江卫视	宁波电视台二套（经济生活频道）	宁波电视台一套（新闻综合频道）	浙江电视台教育科技频道
4 岁及以上所有人		100.0	100.0	100.0	100.0	100.0	100.0
性别	男	49.5	45.3	45.0	43.1	48.6	42.2
	女	50.5	54.7	55.0	56.9	51.4	57.8
年龄	4－14 岁	6.3	3.1	9.7	2.9	3.7	2.7
	15－24 岁	6.5	5.0	9.5	4.1	3.4	3.5
	25－34 岁	16.0	10.0	15.1	8.4	8.1	22.9
	35－44 岁	17.1	16.1	23.5	12.9	12.8	17.6
	45－54 岁	26.4	33.3	22.5	30.6	27.6	31.2
	55－64 岁	16.6	20.7	16.3	21.9	19.3	11.2
	65 岁及以上	11.1	11.8	3.4	19.2	25.1	10.9
教育程度	未受过正规教育	4.2	2.9	3.4	3.9	3.9	4.3
	小学	18.1	22.3	16.1	24.1	21.8	10.5
	初中	44.1	44.8	45.6	43.6	43.0	37.2
	高中	24.5	22.7	26.1	23.2	26.5	31.5
	大学及以上	9.1	7.3	8.8	5.2	4.8	16.4
职业类别	干部/管理人员	2.2	1.6	2.3	1.3	1.3	2.5
	个体/私营企业人员	13.6	12.0	11.3	12.0	12.6	10.5
	初级公务员/雇员	22.6	22.6	26.3	20.7	16.0	35.0
	工人	12.8	13.2	12.5	12.3	11.6	5.5
	学生	6.7	4.1	10.4	3.9	3.1	2.1
	无业	37.9	41.3	34.9	44.3	50.9	37.0
	其他	4.2	5.2	2.3	5.5	4.5	5.4
个人月收入	0－600 元	28.4	21.3	32.4	26.9	27.5	25.7
	601－1200 元	24.3	30.3	23.6	30.5	24.4	19.6
	1201－1700 元	23.1	26.5	22.4	20.8	25.1	26.2
	1701－2600 元	16.3	16.4	15.3	15.6	16.0	18.9
	2601 元及以上	7.9	5.5	6.3	6.2	7.0	9.6

表 3.49.6 2007—2009 年宁波市场各类节目的播出份额（%）和收视份额（%）

节目类别	2007 年		2008 年		2009 年	
	播出份额	收视份额	播出份额	收视份额	播出份额	收视份额
财经	1.4	0.8	1.6	0.8	1.9	0.8
生活服务	7.3	4.7	8.5	5.0	8.9	5.9
青少	4.6	3.0	4.9	3.0	5.5	3.6
戏剧	1.2	1.0	1.0	0.8	1.1	0.7
教学	0.5	0.2	0.5	0.2	0.5	0.2
综艺	8.0	7.7	6.7	6.2	8.4	9.0
外语	0.2	0.1	0.2	0.1	0.1	0.1
电影	4.2	8.7	3.6	8.2	3.6	5.8
音乐	2.0	1.3	2.4	0.6	2.6	0.6
新闻/时事	13.4	13.5	13.8	14.9	13.4	15.8
体育	1.8	3.9	2.7	6.0	1.8	2.2
电视剧	26.1	34.9	26.1	34.8	23.9	34.8
专题	10.9	6.6	10.8	6.0	10.3	6.0
法制	1.2	0.9	1.0	0.6	1.2	0.6
其他	17.1	12.7	16.1	12.8	16.8	13.9

表 3.49.7　2009 年宁波市场所有节目收视率排名前三十位

名次	节目名称	节目类型	播出频道	平均收视率（%）	平均占有率（%）
1	2009 春节联欢晚会	综艺	中央电视台综合频道	22.0	52.9
2	首都各界庆祝中华人民共和国成立 60 周年联欢晚会	综艺	中央电视台综合频道	13.2	32.5
3	欢天喜地闹元宵 2009 年元宵晚会	综艺	中央电视台综合频道	9.1	21.9
4	阿拉讲大道（19：00）	新闻/时事	宁波电视台三套（都市文体频道）	8.8	28.9
5	中国家庭第一部	电视剧	宁波电视台二套（经济生活频道）	8.8	25.2
6	错爱第二部	电视剧	宁波电视台二套（经济生活频道）	7.3	23.3
7	情系祖国	综艺	宁波电视台三套（都市文体频道）	7.0	23.3
8	得月街	电视剧	宁波电视台三套（都市文体频道）	6.8	22.7
9	剑谍	电视剧	宁波电视台三套（都市文体频道）	6.8	19.7
10	星耀中国蓝周年庆典	综艺	浙江卫视	6.2	20.8
11	现场直播：第十一届全运会男子 110 米栏决赛	体育	中央台五套	6.0	16.7
12	黑玫瑰	电视剧	宁波电视台三套（都市文体频道）	6.0	16.3
13	大追捕	电视剧	宁波电视台二套（经济生活频道）	5.8	17.6
14	春去春又回	电视剧	宁波电视台三套（都市文体频道）	5.7	15.2
15	小姨多鹤	电视剧	宁波电视台一套（新闻综合频道）	5.4	17.3
16	燃烧的玫瑰	电视剧	宁波电视台二套（经济生活频道）	5.4	15.7
17	情系祖国纪念新中国成立六十周年文艺晚会	综艺	宁波电视台三套（都市文体频道）	5.2	16.3
18	名门新娘	电视剧	宁波电视台三套（都市文体频道）	5.2	15.1
19	一颗颗眼泪都是爱	电视剧	宁波电视台二套（经济生活频道）	5.1	14.9
20	跨年喜洋洋中国蓝 2010 开心大典	综艺	浙江卫视	5.0	20.3
21	继母后妈	电视剧	宁波电视台二套（经济生活频道）	5.0	14.7
22	妈妈为我嫁	电视剧	宁波电视台四套（影视剧频道）	5.0	14.2

续表

名次	节目名称	节目类型	播出频道	平均收视率（%）	平均占有率（%）
23	人间情缘	电视剧	宁波电视台三套（都市文体频道）	5.0	13.9
24	国际大营救	电影	中央台六套	4.9	13.5
25	土婆婆PK洋媳妇（2月18日）	电影	中央台六套	4.9	12.0
26	最后的99天	电视剧	宁波电视台三套（都市文体频道）	4.7	14.6
27	特别攻击队（3月19日）	电影	中央台六套	4.7	14.2
28	暗香	电视剧	浙江电视台教育科技频道	4.7	13.7
29	黑三角	电视剧	宁波电视台三套（都市文体频道）	4.6	13.3
30	人到中年	电视剧	宁波电视台二套（经济生活频道）	4.5	13.3

表 3.49.8　2009年宁波市场电视剧收视率排名前十位

名次	节目名称	播出频道	平均收视率（%）	平均占有率（%）
1	中国家庭第一部	宁波电视台二套（经济生活频道）	8.8	25.2
2	错爱第二部	宁波电视台二套（经济生活频道）	7.3	23.3
3	得月街	宁波电视台三套（都市文体频道）	6.8	22.7
4	剑谍	宁波电视台三套（都市文体频道）	6.8	19.7
5	黑玫瑰	宁波电视台三套（都市文体频道）	6.0	16.3
6	大追捕	宁波电视台二套（经济生活频道）	5.8	17.6
7	春去春又回	宁波电视台三套（都市文体频道）	5.7	15.2
8	小姨多鹤	宁波电视台一套（新闻综合频道）	5.4	17.3
9	燃烧的玫瑰	宁波电视台二套（经济生活频道）	5.4	15.7
10	名门新娘	宁波电视台三套（都市文体频道）	5.2	15.1

表 3.49.9　2009年宁波市场新闻节目收视率排名前十位

名次	节目名称	播出频道	平均收视率（%）	平均占有率（%）
1	阿拉讲大道（19：00）	宁波电视台三套（都市文体频道）	8.8	28.9
2	看看看	宁波电视台一套（新闻综合频道）	4.1	20.2
3	政协视点	宁波电视台一套（新闻综合频道）	3.7	14.9
4	来发讲啥西	宁波电视台二套（经济生活频道）	3.7	14.1
5	透视	宁波电视台一套（新闻综合频道）	3.5	14.2
6	人大之声	宁波电视台一套（新闻综合频道）	3.5	13.8
7	盛典国庆60周年特别报道	中央电视台综合频道	3.5	13.3
8	涌动东方庆祝新中国成立60周年特别报道	宁波电视台一套（新闻综合频道）	3.3	11.7
9	阿拉讲大道（22：00）	宁波电视台三套（都市文体频道）	2.8	16.1
10	小强热线	浙江电视台教育科技频道	2.8	9.0

表 3.49.10　2009 年宁波市场专题节目收视率排名前十位

名次	节目名称	播出频道	平均收视率(%)	平均占有率(%)
1	浙江骄傲 2009 年度提名人物展播	宁波电视台一套(新闻综合频道)	3.4	13.7
2	涛出心里话	浙江卫视	2.3	8.2
3	2009 中央电视台 3.15 晚会	中央电视台综合频道	2.2	7.0
4	天天故事会	宁波电视台二套(经济生活频道)	2.1	5.9
5	周末影院 - 走近毛泽东	中央台六套	1.9	6.2
6	红色记忆纪念宁波解放 60 周年	宁波电视台一套(新闻综合频道)	1.8	5.0
7	海峡两岸	中央台四套	1.7	4.7
8	未来之城中提升高端访谈	宁波电视台一套(新闻综合频道)	1.6	6.8
9	乘风破浪 60 年	中央台四套	1.6	5.9
10	田野	宁波电视台二套(经济生活频道)	1.6	4.9

表 3.49.11　2009 年宁波市场综艺节目收视率排名前十位

名次	节目名称	播出频道	平均收视率(%)	平均占有率(%)
1	2009 春节联欢晚会	中央电视台综合频道	22.0	52.9
2	首都各界庆祝中华人民共和国成立 60 周年联欢晚会	中央电视台综合频道	13.2	32.5
3	欢天喜地闹元宵 2009 年元宵晚会	中央电视台综合频道	9.1	21.9
4	情系祖国	宁波电视台三套(都市文体频道)	7.0	23.3
5	星耀中国蓝周年庆典	浙江卫视	6.2	20.8
6	情系祖国纪念新中国成立六十周年文艺晚会	宁波电视台三套(都市文体频道)	5.2	16.3
7	跨年喜洋洋中国蓝 2010 开心大典	浙江卫视	5.0	20.3
8	广播之春激情飞扬纪念浙江电台开播六十周年主题晚会	浙江电视台教育科技频道	4.1	12.2
9	跨越海峡的爱心援助台湾受灾同胞赈灾晚会	浙江卫视	4.0	15.1
10	2009 全国麦霸英雄汇	浙江卫视	3.9	12.9

表 3.49.12 2009 年宁波市场体育节目收视率排名前十位

名次	节目名称	播出频道	平均收视率（%）	平均占有率（%）
1	现场直播：第十一届全运会男子 110 米栏决赛	中央台五套	6.0	16.7
2	直播周末：2009 年第 25 届亚洲男篮锦标赛半决赛 - 黎巴嫩队 VS 中国队	中央台五套	4.3	15.8
3	直播周末：2009 年苏迪曼杯世界羽毛球混合团体锦标赛决赛男双	中央台五套	3.1	11.7
4	直播周末：2009 年苏迪曼杯世界羽毛球混合团体锦标赛决赛男单	中央台五套	3.1	8.8
5	现场直播：第十一届全运会男子举重 94 公斤级决赛	中央台五套	3.0	8.8
6	中华人民共和国第十一届运动会开幕式	中央电视台综合频道	2.6	7.5
7	2008/2009 赛季中国男子篮球职业联赛常规赛第二十六轮 - 八一双鹿电池 VS 陕西亚旅	宁波电视台五套（少儿频道）	2.6	7.1
8	现场直播：第十一届全运会男子 4 × 100 米个人混合泳接力决赛	中央台五套	2.5	6.9
9	现场直播：第 11 届全运会女子撑杆跳高决赛	中央台五套	2.4	7.0
10	直播周末：2009 年世界举重锦标赛女子 48 公斤级挺举	中央台五套	2.2	8.2

五十、青岛收视数据

表 3.50.1 2005—2009 年青岛市场各类频道的市场占有率(%)

频道类别	年份				
	2005 年	2006 年	2007 年	2008 年	2009 年
中央电视台频道	50.0	48.2	47.4	47.6	39.0
中国教育台频道	0.4	0.5	0.3	0.2	0.2
山东省级频道	12.5	10.0	11.0	11.3	17.8
青岛市级频道	28.3	25.2	26.3	25.1	17.7
其他省级卫视频道	7.1	11.6	11.2	13.8	24.1
其他频道	1.9	4.5	3.8	2.0	1.2

注:2009 年青岛数据为 1 月 1 日—9 月 30 日的日记卡数据。

表 3.50.2 2009 年青岛市场各类频道在不同目标观众中的市场占有率(%)

目标观众		中央台频道	中国教育台频道	山东省级频道	青岛市级频道	其他省级卫视频道	其他频道
4 岁及以上所有人		39.0	0.2	17.8	24.1	17.7	1.2
性别	男	41.7	0.2	17.3	24.0	15.4	1.4
	女	36.5	0.2	18.3	24.2	19.7	1.1
年龄	4-14 岁	34.8	0.6	13.7	17.5	31.8	1.6
	15-24 岁	31.6	0.2	16.8	23.3	27.2	0.9
	25-34 岁	35.1	0.1	18.0	27.2	17.8	1.8
	35-44 岁	36.7	0.2	19.2	24.8	17.7	1.4
	45-54 岁	35.3	0.1	20.2	25.9	17.3	1.2
	55-64 岁	44.4	0.1	15.1	24.3	14.8	1.3
	65 岁及以上	49.8	0.2	17.3	21.2	10.9	0.6
教育程度	未受过正规教育	42.7	0.5	17.4	17.8	20.6	1.0
	小学	43.1	0.3	16.8	21.1	17.8	0.9
	初中	36.1	0.2	21.3	25.5	16.3	0.6
	高中	36.1	0.2	18.0	24.0	19.8	1.9
	大学及以上	43.9	0.1	13.7	25.0	16.0	1.3
职业类别	干部/管理人员	38.7	0.2	19.8	21.9	17.9	1.5
	个体/私营企业人员	29.4	0.1	20.1	32.1	16.6	1.7
	初级公务员/雇员	40.5	0.1	18.8	23.8	15.5	1.3
	工人	36.3	0.3	19.7	24.4	17.9	1.4
	学生	30.2	0.4	15.8	21.6	30.7	1.3
	无业	42.9	0.2	16.7	23.5	15.7	1.0
个人月收入	600 元及以下	31.4	0.2	18.9	24.1	24.2	1.2
	601-1200 元	36.2	0.2	22.3	23.1	17.3	0.9
	1201-1700 元	44.6	0.2	13.1	26.4	14.5	1.2
	1701-2600 元	42.5	0.1	18.0	22.9	15.3	1.2
	2601 元及以上	43.6	0.2	16.2	23.3	14.7	2.0

表 3.50.3　2009 年青岛市场各类频道在不同时段的市场占有率（%）

时间段	中央台频道	中国教育台频道	山东省级频道	青岛市级频道	其他省级卫视频道	其他频道
02:00 - 03:00	58.6	0.0	11.1	2.0	21.3	7.0
03:00 - 04:00	66.6	0.0	14.2	2.0	14.3	2.9
04:00 - 05:00	89.6	0.0	6.6	0.9	1.7	1.2
05:00 - 06:00	84.4	0.0	3.8	0.9	10.2	0.7
06:00 - 07:00	77.1	0.1	9.8	1.6	11.3	0.1
07:00 - 08:00	81.4	0.1	7.3	3.5	7.4	0.3
08:00 - 09:00	65.3	0.1	6.1	11.5	15.9	1.1
09:00 - 10:00	51.3	0.2	10.9	10.1	24.6	2.9
10:00 - 11:00	46.1	0.2	13.2	8.6	27.6	4.3
11:00 - 12:00	50.7	0.2	14.1	7.4	25.1	2.5
12:00 - 13:00	55.5	0.1	11.3	13.1	18.9	1.1
13:00 - 14:00	45.6	0.2	15.3	10.4	25.4	3.1
14:00 - 15:00	36.5	0.2	15.9	9.6	33.4	4.4
15:00 - 16:00	33.7	0.2	15.9	7.9	38.9	3.4
16:00 - 17:00	36.4	0.2	16.1	7.9	36.4	3.0
17:00 - 18:00	30.3	0.6	35.7	13.7	18.5	1.2
18:00 - 19:00	25.6	0.3	27.1	39.1	7.4	0.5
19:00 - 20:00	50.1	0.0	21.3	23.2	5.0	0.4
20:00 - 21:00	27.1	0.1	16.7	41.3	14.2	0.6
21:00 - 22:00	32.9	0.2	14.2	28.3	23.6	0.8
22:00 - 23:00	35.9	0.3	11.9	19.6	31.0	1.3
23:00 - 24:00	33.7	0.3	12.7	17.0	34.3	2.0
24:00 - 25:00	46.2	0.0	11.4	7.4	31.4	3.6
25:00 - 26:00	53.0	0.0	6.7	2.4	31.0	6.9

表 3.50.4　2009 年青岛市场收视份额排名前十位的频道

名次	频道名称	收视份额（%）
1	中央电视台综合频道	12.8
2	青岛电视台新闻综合频道	11.4
3	青岛电视台生活服务频道	7.7
4	中央台三套	4.8
5	山东电视齐鲁频道	4.7
6	湖南电视台卫星频道	4.4
7	山东电视生活频道	4.2
8	中央台八套	4.1
9	山东电视影视频道	3.6
10	中央台五套	3.5

表 3.50.5　2009 年青岛市场各主要频道的观众构成（%）

目标观众		所有频道	主要频道				
			中央电视台综合频道	青岛电视台新闻综合频道	青岛电视台生活服务频道	中央台三套	山东电视齐鲁频道
4 岁及以上所有人		100.0	100.0	100.0	100.0	100.0	100.0
性别	男	46.6	48.6	47.4	44.6	45.2	43.9
	女	53.4	51.4	52.6	55.4	54.8	56.1
年龄	4－14 岁	5.4	5.4	3.6	4.4	3.9	1.8
	15－24 岁	9.3	6.5	8.2	9.3	6.5	7.1
	25－34 岁	13.9	13.8	14.3	17.8	11.2	9.3
	35－44 岁	19.8	18.4	17.6	20.4	17.8	19.8
	45－54 岁	20.4	17.6	22.0	23.4	21.8	24.8
	55－64 岁	14.3	15.3	15.9	14.9	20.5	15.8
	65 岁及以上	16.9	23.0	18.4	9.8	18.3	21.4
教育程度	未受过正规教育	3.3	4.4	2.9	2.3	3.0	2.3
	小学	12.0	13.2	11.5	9.9	15.3	11.3
	初中	29.5	26.0	29.8	33.2	30.8	36.8
	高中	32.1	28.5	31.6	32.4	29.7	31.8
	大学及以上	23.1	27.9	24.2	22.2	21.2	17.8
职业类别	干部/管理人员	4.9	5.4	3.4	6.3	5.3	5.5
	个体/私营企业人员	9.2	7.4	9.1	13.2	5.6	8.4
	初级公务员/雇员	19.4	21.6	20.5	17.3	21.5	18.0
	工人	12.3	9.6	11.8	15.6	14.7	11.9
	学生	10.6	8.2	8.6	10.3	6.5	6.0
	无业	43.6	47.8	46.6	37.3	46.4	50.2
个人月收入	600 元及以下	23.9	20.6	21.3	25.3	15.6	19.8
	601－1200 元	24.4	21.8	21.9	26.2	25.6	32.6
	1201－1700 元	25.1	28.3	30.8	25.1	31.8	21.5
	1701－2600 元	16.2	16.3	16.1	13.9	19.8	19.0
	2601 元及以上	10.4	13.0	9.9	9.5	7.2	7.1

表 3.50.6　2007—2009 年青岛市场各类节目的播出份额（%）和收视份额（%）

节目类别	2007 年		2008 年		2009 年	
	播出份额	收视份额	播出份额	收视份额	播出份额	收视份额
财经	1.5	0.6	1.7	0.6	2.0	0.9
电视剧	25.7	25.3	25.0	25.4	23.5	25.4
电影	3.9	3.5	3.4	3.2	3.3	2.8
法制	1.4	2.3	1.0	1.4	1.1	1.5
教学	0.6	0.2	0.6	0.1	0.7	0.4
青少	4.5	2.5	4.6	2.4	4.9	2.4
生活服务	8.3	5.8	9.7	6.5	9.6	9.5
体育	2.4	4.4	3.8	6.7	3.0	2.5
外语	0.3	0.2	0.1	0.0	0.2	0.0
戏剧	1.2	0.6	1.0	0.4	1.1	0.3
新闻/时事	12.8	21.7	13.1	22.9	12.5	20.6
音乐	2.0	1.3	2.4	0.7	2.7	0.8
专题	10.7	5.7	11.2	4.9	10.7	6.2
综艺	8.2	8.3	7.1	7.8	9.3	10.2
其他	16.5	17.6	15.3	17.0	15.4	16.5

表 3.50.7　2009 年青岛市场所有节目收视率排名前三十位

名次	节目名称	节目类型	播出频道	平均收视率（%）	平均占有率（%）
1	2009 春节联欢晚会	综艺	中央电视台综合频道	56.9	88.9
2	欢天喜地闹元宵 2009 年元宵晚会	综艺	中央电视台综合频道	24.2	37.3
3	新闻联播	新闻/时事	中央电视台综合频道	22.9	44.5
4	天气预报	生活服务	中央电视台综合频道	14.7	28.3
5	2009 万家灯火平安夜公安部 2009 年春节电视文艺晚会	综艺	中央电视台综合频道	12.5	25.7
6	焦点访谈	新闻/时事	中央电视台综合频道	11.7	22.7
7	万众一心向前进 2009 年军民迎新春文艺晚会	综艺	中央电视台综合频道	11.7	21.9
8	第三届 CCTV 电视剧群英汇	综艺	中央台三套	10.7	20.0
9	走西口	电视剧	中央电视台综合频道	10.6	20.0
10	勋章	电视剧	青岛电视台新闻综合频道	10.3	19.5
11	今日 60 分	新闻/时事	青岛电视台新闻综合频道	10.2	29.1
12	十三省	电视剧	青岛电视台新闻综合频道	9.8	18.3
13	西藏今昔	专题	中央电视台综合频道	9.6	17.3
14	为祖国喝彩与世界干杯第十九届青岛国际啤酒节开幕式主题晚会	综艺	青岛电视台新闻综合频道	9.5	23.6
15	岛城先锋	专题	青岛电视台新闻综合频道	9.2	23.0
16	真爱诺言	电视剧	青岛电视台新闻综合频道	9.2	16.6
17	乡村名流	电视剧	青岛电视台新闻综合频道	9.0	16.7
18	大生活	电视剧	青岛电视台新闻综合频道	8.9	17.8
19	人民英模	专题	中央电视台综合频道	8.8	18.2
20	曲苑杂坛	综艺	中央电视台综合频道	8.7	20.2
21	人活一张脸	电视剧	青岛电视台新闻综合频道	8.6	18.4
22	宁为女人	电视剧	青岛电视台新闻综合频道	8.6	17.9
23	社区大秀场之明星零距离暨电视剧爹娘满堂全国首播式	综艺	青岛电视台新闻综合频道	8.5	20.1
24	解放青岛 60 年纪念青岛解放 60 周年大型文艺晚会	综艺	青岛电视台新闻综合频道	8.4	16.1
25	生活在线	新闻/时事	青岛电视台生活服务频道	8.1	19.3
26	辉煌的历程	专题	青岛电视台新闻综合频道	8.1	15.2
27	星光大道年度总决赛 2008	综艺	中央台三套	8.0	15.7
28	百花迎春中国文学艺术界 2009 春节大联欢	综艺	中央台三套	7.9	15.6
29	解放农奴	专题	中央电视台综合频道	7.9	15.3
30	迷雾重重	电视剧	青岛电视台新闻综合频道	7.8	16.5

表 3.50.8　2009 年青岛市场电视剧收视率排名前十位

名次	节目名称	播出频道	平均收视率(%)	平均占有率(%)
1	走西口	中央电视台综合频道	10.6	20.0
2	勋章	青岛电视台新闻综合频道	10.3	19.5
3	十三省	青岛电视台新闻综合频道	9.8	18.3
4	真爱诺言	青岛电视台新闻综合频道	9.2	16.6
5	乡村名流	青岛电视台新闻综合频道	9.0	16.7
6	大生活	青岛电视台新闻综合频道	8.9	17.8
7	人活一张脸	青岛电视台新闻综合频道	8.6	18.4
8	宁为女人	青岛电视台新闻综合频道	8.6	17.9
9	迷雾重重	青岛电视台新闻综合频道	7.8	16.5
10	原谅	青岛电视台新闻综合频道	7.8	16.2

表 3.50.9　2009 年青岛市场新闻节目收视率排名前十位

名次	节目名称	播出频道	平均收视率(%)	平均占有率(%)
1	新闻联播	中央电视台综合频道	22.9	44.5
2	焦点访谈	中央电视台综合频道	11.7	22.7
3	今日 60 分	青岛电视台新闻综合频道	10.2	29.1
4	生活在线	青岛电视台生活服务频道	8.1	19.3
5	我们的节日春节一年又一年四海一家亲	中央电视台综合频道	7.6	25.5
6	聚焦两会	青岛电视台新闻综合频道	7.2	12.1
7	青岛晚间新闻	青岛电视台新闻综合频道	5.9	16.5
8	青岛新闻	青岛电视台新闻综合频道	5.8	11.3
9	转播中央台新闻联播	青岛电视台新闻综合频道	4.9	9.6
10	温家宝总理会见中外记者	中央电视台综合频道	4.8	8.0

表 3.50.10　2009 年青岛市场专题节目收视率排名前十位

名次	节目名称	播出频道	平均收视率(%)	平均占有率(%)
1	西藏今昔	中央电视台综合频道	9.6	17.3
2	岛城先锋	青岛电视台新闻综合频道	9.2	23.0
3	人民英模	中央电视台综合频道	8.8	18.2
4	辉煌的历程	青岛电视台新闻综合频道	8.1	15.2
5	解放农奴	中央电视台综合频道	7.9	15.3
6	解放青岛 1949 纪实	青岛电视台新闻综合频道	6.8	12.3
7	人民至上	中央电视台综合频道	5.5	11.9
8	中国青岛	青岛电视台新闻综合频道	5.4	15.7
9	理冰访问 2009 安全生产月系列访谈	青岛电视台新闻综合频道	5.1	10.1
10	2008 感动青岛十佳人物颁奖典礼	青岛电视台新闻综合频道	5.0	13.2

表 3.50.11　2009 年青岛市场综艺节目收视率排名前十位

名次	节目名称	播出频道	平均收视率（%）	平均占有率（%）
1	2009 春节联欢晚会	中央电视台综合频道	56.9	88.9
2	欢天喜地闹元宵 2009 年元宵晚会	中央电视台综合频道	24.2	37.3
3	2009 万家灯火平安夜公安部 2009 年春节电视文艺晚会	中央电视台综合频道	12.5	25.7
4	万众一心向前进 2009 年军民迎新春文艺晚会	中央电视台综合频道	11.7	21.9
5	第三届 CCTV 电视剧群英汇	中央台三套	10.7	20.0
6	为祖国喝彩与世界干杯第十九届青岛国际啤酒节开幕式主题晚会	青岛电视台新闻综合频道	9.5	23.6
7	曲苑杂坛	中央电视台综合频道	8.7	20.2
8	社区大秀场之明星零距离暨电视剧爹娘满堂全国首播式	青岛电视台新闻综合频道	8.5	20.1
9	解放青岛 60 年纪念青岛解放 60 周年大型文艺晚会	青岛电视台新闻综合频道	8.4	16.1
10	星光大道年度总决赛 2008	中央台三套	8.0	15.7

表 3.50.12　2009 年青岛市场体育节目收视率排名前十位

名次	节目名称	播出频道	平均收视率（%）	平均占有率（%）
1	哈尔滨 24th 世界大学生冬季运动会	中央电视台综合频道	3.5	6.9
2	直播周末：2009 年苏迪曼杯世界羽毛球混合团体锦标赛决赛男单	中央台五套	3.2	6.2
3	国泰民安和谐全运中华人民共和国第十一届运动会圣火火种采集仪式	山东卫视	2.9	6.7
4	现场直播：2009 年中国之队国际足球友谊赛	中央台五套	2.9	5.8
5	直播周末：第 50 届世界乒乓球锦标赛男单 1/4 决赛	中央台五套	2.7	4.9
6	2009 年意大利超级杯红牛北京赛 - 拉齐奥 VS 国际米兰	中央台五套	2.6	5.8
7	2009 年中国国际女排精英赛昆山站	中央台五套	2.6	5.4
8	体育世界	中央台五套	2.3	6.7
9	直播周末：2009 年世界游泳锦标赛游泳女子 50 米仰泳决赛	中央台五套	2.1	8.4
10	2009 年上海国际田联黄金大奖赛	中央台五套	2.1	4.4

五十一、深圳收视数据

表 3.51.1　2005—2009 年深圳市场各类频道的市场占有率(%)

频道类别	年份				
	2005 年	2006 年	2007 年	2008 年	2009 年
中央台频道	22.7	24.6	24.2	26.4	22.0
中国教育台频道	0.1	0.2	0.3	0.2	0.2
广东省级台	12.2	11.0	9.6	9.5	9.2
深圳市级台	24.9	28.9	31.9	32.8	34.9
境外频道	29.7	23.8	20.5	18.2	15.9
其他省级卫视频道	5.3	6.5	7.5	7.4	12.7
其他频道	5.1	4.9	6.0	5.6	5.1

表 3.51.2　2009 年深圳市场各类频道在各目标观众中的市场占有率(%)

目标观众		中央台频道	中国教育台频道	广东省级频道	深圳市级频道	境外频道	其他省级卫视频道	其他频道
4 岁及以上所有人		22.0	0.2	9.2	34.9	15.9	12.7	5.1
性别	男	23.2	0.2	10.3	33.4	15.6	12.2	5.1
	女	20.8	0.2	7.9	36.4	16.4	13.1	5.1
年龄	4 - 14 岁	16.4	0.2	15.1	31.0	16.3	15.7	5.4
	15 - 24 岁	17.2	0.3	8.7	33.8	21.8	13.4	4.9
	25 - 34 岁	20.4	0.2	9.1	34.9	15.7	12.4	7.3
	35 - 44 岁	22.0	0.2	8.6	34.7	16.8	13.1	4.8
	45 - 54 岁	26.1	0.1	7.2	37.2	14.0	11.4	4.0
	55 - 64 岁	25.1	0.2	6.3	37.4	15.6	11.8	3.6
	65 岁及以上	27.3	0.1	9.9	34.3	13.3	11.1	4.0
教育程度	未受过正规教育	18.8	0.2	12.1	33.9	16.1	12.2	6.7
	小学	17.5	0.2	15.7	32.1	14.5	15.2	4.9
	初中	20.0	0.2	10.7	35.8	15.9	12.6	4.8
	高中	24.2	0.1	7.3	35.6	16.0	12.4	4.4
	大学及以上	25.0	0.2	5.4	34.6	16.5	11.8	6.4
职业类别	干部/管理人员	22.9	0.2	7.2	36.2	15.1	13.0	5.5
	个体/私营企业人员	22.7	0.1	9.6	35.6	15.2	11.3	5.4
	初级公务员/雇员	22.7	0.2	7.6	36.2	15.9	12.2	5.2
	工人	26.7	0.2	8.2	34.9	11.6	13.3	5.1
	学生	15.9	0.2	15.2	29.8	18.7	15.8	4.4
	无业	22.5	0.2	8.5	35.2	16.4	12.3	4.9
	其他	*	*	*	*	*	*	*
个人月收入	0 - 600 元	19.4	0.2	11.4	32.7	17.0	14.1	5.2
	601 - 1200 元	23.3	0.2	10.1	39.1	10.6	12.6	4.2
	1201 - 1700 元	20.4	0.2	9.9	34.1	17.9	12.5	5.0
	1701 - 2600 元	22.4	0.1	8.5	36.6	16.0	10.5	5.9
	2601 元及以上	23.9	0.2	7.0	35.6	15.9	12.5	5.0

表 3.51.3 2009 年深圳市场各类频道在不同时段的市场占有率（%）

时间段	中央台频道	中国教育台频道	广东省级频道	深圳市级频道	境外频道	其他省级卫视频道	其他频道
02:00-03:00	30.1	0.1	10.3	16.3	12.2	22.4	8.7
03:00-04:00	31.1	0.1	9.9	11.7	12.0	26.9	8.2
04:00-05:00	28.7	0.0	9.4	11.5	13.7	28.5	8.1
05:00-06:00	33.2	0.1	5.4	12.7	14.4	26.7	7.5
06:00-07:00	38.1	0.3	5.8	8.4	25.9	16.3	5.3
07:00-08:00	26.7	0.2	7.6	31.1	19.3	10.6	4.5
08:00-09:00	26.5	0.3	9.8	26.5	16.4	13.9	6.5
09:00-10:00	27.7	0.1	10.1	26.4	11.0	17.5	7.2
10:00-11:00	27.7	0.3	10.1	24.8	9.6	19.8	7.6
11:00-12:00	28.7	0.3	12.1	23.1	11.4	17.9	6.5
12:00-13:00	27.1	0.1	11.8	23.0	20.1	12.0	5.0
13:00-14:00	25.1	0.3	14.0	22.0	16.0	16.4	6.3
14:00-15:00	24.1	0.4	9.3	21.3	16.6	22.2	6.0
15:00-16:00	24.0	0.1	8.5	21.5	13.4	25.2	7.3
16:00-17:00	26.3	0.1	8.3	21.8	9.8	25.6	8.1
17:00-18:00	27.7	0.3	9.0	25.9	11.7	18.9	6.6
18:00-19:00	15.9	0.1	8.5	43.2	22.5	5.8	4.1
19:00-20:00	18.6	0.1	9.1	51.6	12.3	3.9	4.4
20:00-21:00	21.2	0.2	7.4	41.3	15.3	10.7	4.0
21:00-22:00	20.0	0.1	9.8	38.1	17.6	10.9	3.4
22:00-23:00	16.6	0.2	6.6	39.8	21.0	11.3	4.5
23:00-24:00	19.0	0.2	7.9	43.5	13.5	11.5	4.5
24:00-25:00	22.5	0.1	8.6	33.0	15.3	15.1	5.4
25:00-26:00	24.2	0.0	8.9	24.7	17.3	17.9	6.8

表 3.51.4 2009 年深圳市场收视份额排名前十位的频道

名次	频道名称	收视份额（%）
1	深圳电视台一套（都市频道）	10.5
2	深圳电视台七套（公共频道）	6.0
3	中央电视台综合频道	4.5
4	深圳电视台二套（电视剧频道）	4.4
5	广东电视台珠江频道	3.6
6	深圳电视台四套（娱乐频道）	3.5
7	深圳电视台六套（少儿频道）	2.8
8	深圳卫视（新闻综合频道）	2.7
9	中央台三套	2.6
10	凤凰卫视中文台	2.5

表 3.51.5　2009 年深圳主要频道电视观众构成（%）

目标观众		所有频道	主要频道				
			深圳电视台一套（都市频道）	深圳电视台七套（公共频道）	中央电视台综合频道	深圳电视台二套（电视剧频道）	广东电视台珠江频道
4 岁及以上所有人		100.0	100.0	100.0	100.0	100.0	100.0
性别	男	51.2	46.3	50.2	51.2	43.6	53.2
	女	48.8	53.7	49.8	48.8	56.4	46.8
年龄	4-14 岁	12.6	4.8	11.9	5.9	7.6	10.2
	15-24 岁	7.2	6.3	7.8	4.8	8.6	9.2
	25-34 岁	21.7	21.9	20.3	17.1	20.7	21.8
	35-44 岁	22.8	20.9	27.1	22.3	19.9	22.2
	45-54 岁	23.3	29.5	20.6	31.3	29.5	23.5
	55-64 岁	6.8	8.9	7.5	8.2	7.4	5.0
	65 岁及以上	5.6	7.8	4.8	10.4	6.4	8.2
教育程度	未受过正规教育	3.4	1.4	4.4	1.4	1.8	4.3
	小学	12.1	6.1	13.9	8.7	10.7	16.6
	初中	31.5	31.4	41.5	27.7	33.1	47.0
	高中	30.4	34.9	27.2	35.1	33.2	21.5
	大学及以上	22.7	26.3	13.0	27.1	21.3	10.6
职业类别	干部/管理人员	9.0	11.6	7.8	11.2	6.6	6.5
	个体/私营企业人员	16.4	15.0	19.4	17.8	19.5	22.7
	初级公务员/雇员	23.4	26.6	21.2	25.2	24.9	22.0
	工人	6.8	6.7	6.0	6.5	7.9	6.1
	学生	12.3	5.6	11.1	6.1	7.6	10.6
	无业	32.2	34.6	34.5	33.2	33.6	32.1
	其他	*	*	*	*	*	*
个人月收入	0-600 元	32.1	24.0	31.0	25.2	30.2	30.2
	601-1200 元	10.1	12.1	15.6	12.3	10.4	17.9
	1201-1700 元	9.2	8.4	13.1	8.4	10.7	12.6
	1701-2600 元	14.9	17.1	12.5	15.4	17.4	14.4
	2601 元及以上	33.7	38.4	27.8	38.6	31.3	24.9

表 3.51.6　2007—2009 年深圳市场各类节目的播出份额（%）和收视份额（%）

节目类别	2007 年		2008 年		2009 年	
	播出份额	收视份额	播出份额	收视份额	播出份额	收视份额
电视剧	25.1	34.1	24.4	30.4	23.2	32.0
电影	3.5	7.5	3.6	7.1	3.6	7.1
教学	0.4	0.2	0.4	0.2	0.5	0.3
青少	5.5	5.9	5.3	5.2	6.2	5.6
体育	3.3	4.0	4.5	7.8	3.4	4.2
戏剧	1.0	0.3	0.9	0.2	0.9	0.2
新闻/时事	13.0	13.8	13.5	16.8	12.8	16.1
音乐	1.7	1.1	2.1	0.8	2.3	0.8
专题	11.2	6.3	11.1	6.1	10.1	5.7
综艺	7.8	7.7	7.2	6.4	8.6	7.8
外语	0.4	0.1	0.3	0.1	0.3	0.1
财经	1.5	1.1	1.6	0.9	1.8	1.2
生活服务	6.9	3.5	7.7	4.6	8.0	4.5
法制类	1.2	1.3	1.0	1.1	1.1	1.0
其他	17.4	13.0	16.4	12.5	17.2	13.4

表 3.51.7　2009 年深圳市场所有节目收视率排名前三十位

名次	节目名称	节目类型	播出频道	平均收视率（%）	平均占有率（%）
1	2009 春节联欢晚会	综艺	中央电视台综合频道	20.7	55.5
2	首都各界庆祝中华人民共和国成立 60 周年联欢晚会	综艺	中央电视台综合频道	14.2	37.2
3	欢天喜地闹元宵 2009 年元宵晚会	综艺	中央电视台综合频道	11.3	28.4
4	第 1 现场	新闻/时事	深圳电视台一套（都市频道）	7.0	25.6
5	地下地上	电视剧	深圳电视台一套（都市频道）	6.3	19.9
6	宜春月中华情 2009 年中央电视台中秋晚会	综艺	中央电视台综合频道	6.0	21.3
7	王贵与安娜	电视剧	深圳电视台一套（都市频道）	5.9	17.8
8	保姆妈妈	电视剧	深圳电视台一套（都市频道）	5.8	16.6
9	50 玫瑰	电视剧	深圳电视台一套（都市频道）	5.7	16.9
10	北方有佳人	电视剧	深圳电视台二套（电视剧频道）	5.6	16.8
11	保姆	电视剧	深圳电视台一套（都市频道）	5.4	16.4
12	唱迎 2010 声震世界深圳卫视跨年演唱会	音乐	深圳卫视（新闻综合频道）	5.3	16.7
13	现场直播：第十一届全运会男子 110 米栏决赛	体育	中央台五套	5.2	15.2
14	蓝色档案	电视剧	深圳电视台一套（都市频道）	5.1	14.8
15	十三省	电视剧	深圳电视台一套（都市频道）	4.7	14.4
16	女工	电视剧	深圳电视台一套（都市频道）	4.6	14.1
17	中天悬剑	电视剧	深圳电视台一套（都市频道）	4.6	13.6
18	直播周末：2009 年第 25 届亚洲男篮锦标赛决赛 - 中国队 VS 伊朗队	体育	中央台五套	4.5	14.2
19	潜伏	电视剧	深圳电视台一套（都市频道）	4.5	13.3
20	剑谍	电视剧	深圳电视台一套（都市频道）	4.3	13.3
21	廉正直击	法制	深圳电视台一套（都市频道）	4.3	13.2
22	贫富人生	电视剧	深圳电视台一套（都市频道）	4.2	13.1
23	都是爱情惹的祸	电视剧	深圳电视台一套（都市频道）	4.1	12.5
24	天下兄弟	电视剧	深圳电视台一套（都市频道）	4.1	11.9
25	祸福相依	电视剧	深圳电视台一套（都市频道）	4.0	12.8
26	蜗居	电视剧	深圳电视台一套（都市频道）	3.9	12.9
27	无处不玩乐江苏卫视跨年演唱会	音乐	江苏卫视	3.9	12.4
28	阳光灿烂周三强	电视剧	深圳电视台一套（都市频道）	3.8	12.3
29	中华人民共和国第十一届运动会开幕式	体育	中央电视台综合频道	3.8	10.3
30	首都各界庆祝中华人民共和国成立 60 周年联欢晚会	综艺	中央电视台新闻频道	3.8	10.0

表 3.51.8　2009 年深圳市场电视剧节目收视率排名前十位

名次	节目名称	播出频道	平均收视率（%）	平均占有率（%）
1	地下地上	深圳电视台一套（都市频道）	6.3	19.9
2	王贵与安娜	深圳电视台一套（都市频道）	5.9	17.8
3	保姆妈妈	深圳电视台一套（都市频道）	5.8	16.6
4	50 玫瑰	深圳电视台一套（都市频道）	5.7	16.9
5	北方有佳人	深圳电视台二套（电视剧频道）	5.6	16.8
6	保姆	深圳电视台一套（都市频道）	5.4	16.4
7	蓝色档案	深圳电视台一套（都市频道）	5.1	14.8
8	十三省	深圳电视台一套（都市频道）	4.7	14.4
9	女工	深圳电视台一套（都市频道）	4.6	14.1
10	中天悬剑	深圳电视台一套（都市频道）	4.6	13.6

表 3.51.9　2009 年深圳市场新闻节目收视率排名前十位

名次	节目名称	播出频道	平均收视率（%）	平均占有率（%）
1	第 1 现场	深圳电视台一套（都市频道）	7.0	25.6
2	18 点新闻	深圳电视台七套（公共频道）	3.1	16.2
3	新闻广场	深圳电视台七套（公共频道）	3.1	11.2
4	1 时间	深圳电视台一套（都市频道）	2.4	15.8
5	新闻联播	中央电视台综合频道	2.4	8.2
6	盛典国庆 60 周年特别报道	中央电视台综合频道	2.3	11.4
7	今日关注	广东电视台珠江频道	2.3	7.0
8	军情观察室	凤凰卫视中文台	2.2	7.4
9	温家宝总理会见中外记者	中央电视台综合频道	2.2	5.7
10	630 新闻	广东电视台珠江频道	1.8	7.4

表 3.51.10　2009 年深圳市场专题节目收视率排名前十位

名次	节目名称	播出频道	平均收视率（%）	平均占有率（%）
1	鞠说好看	深圳电视台一套（都市频道）	2.8	11.2
2	人民至上	中央电视台综合频道	2.5	7.7
3	真实故事	深圳电视台一套（都市频道）	2.3	10.2
4	我们的田野 2009 三八特别节目	中央电视台综合频道	2.0	5.3
5	卓越中国行业领袖对话	深圳电视台一套（都市频道）	1.8	7.3
6	2009 中央电视台 3.15 晚会	中央电视台综合频道	1.7	5.2
7	十年读一城 2000 - 2009	深圳电视台一套（都市频道）	1.5	8.0
8	小沈阳来了	江苏卫视	1.5	5.3
9	特别节目走近小沈阳	江苏卫视	1.4	4.6
10	剧里戏外新情义无价	深圳电视台二套（电视剧频道）	1.3	4.4

表 3.51.11　2009 年深圳市场综艺节目收视率排名前十位

名次	节目名称	播出频道	平均收视率（%）	平均占有率（%）
1	2009 春节联欢晚会	中央电视台综合频道	20.7	55.5
2	首都各界庆祝中华人民共和国成立 60 周年联欢晚会	中央电视台综合频道	14.2	37.2
3	欢天喜地闹元宵 2009 年元宵晚会	中央电视台综合频道	11.3	28.4
4	宜春月中华情 2009 年中央电视台中秋晚会	中央电视台综合频道	6.0	21.3
5	首都各界庆祝中华人民共和国成立 60 周年联欢晚会	中央电视台新闻频道	3.8	10.0
6	CCTV2008 感动中国颁奖晚会	中央电视台综合频道	3.6	10.3
7	2009 快乐中国快乐女声想唱就唱我最响亮全国总决赛 6 进 5	湖南电视台卫星频道	3.5	15.9
8	万众一心向前进 2009 年军民迎新春文艺晚会	中央电视台综合频道	3.5	12.4
9	庆祝中华人民共和国成立六十周年大型音乐舞蹈史诗复兴之路	中央电视台综合频道	3.4	10.0
10	欢天喜地闹元宵 2009 年元宵晚会	中央台三套	3.4	8.6

表 3.51.12　2009 年深圳市场体育节目收视率排名前十位

名次	节目名称	播出频道	平均收视率（%）	平均占有率（%）
1	现场直播：第十一届全运会男子 110 米栏决赛	中央台五套	5.2	15.2
2	直播周末：2009 年第 25 届亚洲男篮锦标赛决赛 - 中国队 VS 伊朗队	中央台五套	4.5	14.2
3	中华人民共和国第十一届运动会开幕式	中央电视台综合频道	3.8	10.3
4	直播周末：2009 年苏迪曼杯世界羽毛球混合团体锦标赛决赛男单	中央台五套	3.5	9.2
5	第 5 赛道：08/09 赛季 NBA 全明星新秀赛	深圳电视台五套（体育健康频道）	3.3	10.0
6	现场直播：第十一届全运会男子举重 94 公斤级决赛	中央台五套	3.2	9.2
7	直播周末：2009 年斯坦科维奇杯洲际篮球赛 - 澳大利亚 VS 中国	中央台五套	3.1	10.4
8	直播周末：2009 年苏迪曼杯世界羽毛球混合团体锦标赛决赛男双	中央台五套	3.0	8.6
9	直播周末：2009 年苏迪曼杯世界羽毛球混合团体锦标赛决赛混双	中央台五套	2.8	7.7
10	畅享全运：2009 年第 11 届全运会男子 4x100 混合泳接力决赛	深圳电视台五套（体育健康频道）	2.7	8.1

五十二、沈阳收视数据

表 3.52.1　2005—2009 年沈阳市场各类频道的市场占有率（%）

频道类别	年份				
	2005 年	2006 年	2007 年	2008 年	2009 年
中央台频道	37.3	36.0	34.6	33.3	30.6
中国教育台频道	0.3	0.3	0.5	0.4	0.1
辽宁省级频道	22.8	26.8	28.3	28.2	23.6
沈阳市级频道	18.4	13.9	12.7	14.3	3.6
其他省级卫视频道	15.9	18.0	19.3	19.9	32.8
其他频道	5.3	5.0	4.6	4.0	9.3

表 3.52.2　2009 年沈阳市场各类频道在不同目标观众中的市场占有率（%）

目标观众		中央台频道	中国教育台频道	辽宁省级频道	沈阳市级频道	其他省级卫视频道	其他频道
4 岁及以上所有人		27.1	0.4	29.8	16.5	21.3	4.9
性别	男	29.6	0.4	28.7	15.3	20.7	5.3
	女	24.7	0.4	30.8	17.7	21.9	4.5
年龄	4-14 岁	27.9	0.5	25.0	9.4	29.5	7.7
	15-24 岁	21.3	0.4	28.9	11.4	30.6	7.4
	25-34 岁	27.8	0.5	26.1	13.2	25.0	7.4
	35-44 岁	24.8	0.3	29.2	15.5	24.3	5.9
	45-54 岁	24.2	0.3	34.4	17.7	19.5	3.9
	55-64 岁	30.0	0.4	29.5	20.2	15.8	4.1
	65 岁及以上	33.5	0.4	27.4	19.0	17.5	2.2
教育程度	未受过正规教育	33.8	0.3	27.8	16.8	17.9	3.4
	小学	23.1	0.5	31.4	17.5	22.5	5.0
	初中	26.0	0.3	30.7	17.3	21.0	4.7
	高中	26.9	0.4	28.8	16.1	22.3	5.5
	大学及以上	32.6	0.5	27.7	14.1	20.5	4.6
职业类别	干部/管理人员	31.6	0.4	26.1	13.6	22.4	5.9
	个体/私营企业人员	27.4	0.4	24.5	17.2	25.0	5.5
	初级公务员/雇员	27.9	0.4	29.1	15.3	21.9	5.4
	工人	25.2	0.4	32.1	16.6	20.1	5.6
	学生	22.3	0.5	26.8	9.2	32.6	8.6
	无业	29.4	0.4	29.3	18.1	19.1	3.7
	其他	19.5	0.1	38.4	17.9	19.8	4.3
个人月收入	0-600 元	25.4	0.4	29.3	14.0	24.8	6.1
	601-1200 元	26.3	0.3	31.0	18.4	19.6	4.4
	1201-1700 元	31.9	0.3	28.6	15.3	20.0	3.9
	1701 元及以上	29.9	0.5	26.9	16.0	21.1	5.6

表 3.52.3 2009 年沈阳市场各类频道在不同时段的市场占有率（%）

时间段	中央台频道	中国教育台频道	辽宁省级频道	沈阳市级频道	其他省级卫视频道	其他频道
02:00 - 03:00	30.6	0.1	23.6	3.6	32.8	9.3
03:00 - 04:00	31.1	0.1	23.4	2.2	33.1	10.1
04:00 - 05:00	30.8	0.1	24.3	1.1	35.7	8.0
05:00 - 06:00	35.7	0.1	26.2	2.6	31.3	4.1
06:00 - 07:00	25.9	0.2	34.4	26.4	9.8	3.3
07:00 - 08:00	28.2	0.1	33.4	24.9	9.6	3.8
08:00 - 09:00	29.6	0.2	30.7	15.2	19.9	4.4
09:00 - 10:00	27.6	0.2	29.7	12.2	24.6	5.7
10:00 - 11:00	29.8	0.5	22.5	12.6	28.2	6.4
11:00 - 12:00	31.0	0.6	25.4	8.3	28.5	6.2
12:00 - 13:00	27.8	0.1	23.4	21.5	21.3	5.9
13:00 - 14:00	30.6	1.0	16.4	15.8	29.5	6.7
14:00 - 15:00	27.5	1.0	19.0	9.5	35.8	7.2
15:00 - 16:00	26.9	0.3	20.0	8.7	37.2	6.9
16:00 - 17:00	28.8	0.2	22.5	6.9	35.2	6.4
17:00 - 18:00	31.5	0.4	25.9	9.3	26.2	6.7
18:00 - 19:00	21.3	0.2	40.8	24.9	9.4	3.4
19:00 - 20:00	25.2	0.2	41.4	23.6	5.9	3.7
20:00 - 21:00	27.5	0.4	32.0	19.7	17.1	3.3
21:00 - 22:00	25.8	0.4	32.7	16.2	21.1	3.8
22:00 - 23:00	22.5	0.7	28.6	15.2	28.1	4.9
23:00 - 24:00	29.4	0.5	20.0	13.2	30.6	6.3
24:00 - 25:00	31.9	0.2	16.7	10.7	33.7	6.8
25:00 - 26:00	28.2	0.1	20.2	9.6	33.9	8.0

表 3.52.4 2009 年沈阳市场收视份额排名前十位的频道

名次	频道名称	收视份额（%）
1	辽宁台都市频道	9.2
2	辽宁卫视	8.0
3	沈阳电视台一套（新闻频道）	5.8
4	沈阳电视台二套（综合频道）	5.2
5	中央电视台综合频道	4.9
6	其他沈阳	4.8
7	辽宁台生活频道	3.9
8	中央台三套	3.6
9	沈阳电视台三套（影视频道）	3.3
10	辽宁台影视娱乐频道	3.2

表 3.52.5　2009 年沈阳市场各主要频道的观众构成（%）

目标观众		所有频道	主要频道				
			辽宁台都市频道	辽宁卫视	沈阳电视台一套（新闻频道）	沈阳电视台二套（综合频道）	中央电视台综合频道
4 岁及以上所有人		100.0	100.0	100.0	100.0	100.0	100.0
性别	男	48.3	45.1	45.0	44.8	44.3	48.9
	女	51.7	54.9	55.0	55.2	55.7	51.1
年龄	4－14 岁	6.2	3.4	4.1	2.8	4.1	4.8
	15－24 岁	6.8	6.6	5.7	4.3	5.2	6.3
	25－34 岁	10.7	6.6	8.2	7.8	7.5	7.9
	35－44 岁	17.5	17.6	14.4	14.1	18.6	15.9
	45－54 岁	25.8	32.9	26.0	25.9	28.6	21.0
	55－64 岁	20.0	20.5	25.1	26.1	24.6	24.6
	65 岁及以上	12.9	12.4	16.4	19.0	11.5	19.5
教育程度	未受过正规教育	2.7	2.6	2.6	1.9	3.1	2.2
	小学	10.0	8.5	15.4	11.3	8.3	8.1
	初中	47.0	50.4	45.6	46.6	52.0	44.2
	高中	26.4	27.1	24.1	28.2	25.2	25.6
	大学及以上	13.9	11.4	12.2	11.9	11.4	19.9
职业类别	干部/管理人员	3.6	3.5	2.3	3.0	2.2	3.2
	个体/私营企业人员	6.7	4.8	4.9	6.0	6.9	3.7
	初级公务员/雇员	10.0	8.8	9.1	8.9	10.0	11.4
	工人	19.6	24.3	18.1	20.3	19.9	17.5
	学生	8.3	6.6	5.8	3.8	6.2	7.6
	无业	44.7	44.6	49.2	52.9	45.1	50.1
	其他	7.0	7.3	10.5	5.1	9.7	6.5
个人月收入	0－600 元	28.6	27.1	26.8	21.2	27.2	27.8
	601－1200 元	49.1	53.4	54.1	56.5	51.8	43.8
	1201－1700 元	10.7	10.3	8.4	9.1	11.3	13.8
	1701 元及以上	11.6	9.2	10.7	13.2	9.7	14.7

表 3.52.6　2007—2009 年沈阳市场各类节目的播出份额（%）和收视份额（%）

节目类别	2007 年		2008 年		2009 年	
	播出份额	收视份额	播出份额	收视份额	播出份额	收视份额
财经	1.4	0.8	1.5	0.6	1.7	0.6
电视剧	24.6	29.6	23.6	29.9	21.9	28.3
电影	4.9	9.2	4.1	5.9	3.3	3.9
法制	1.7	2.1	1.8	3.5	1.8	3.5
教学	0.6	0.1	0.5	0.1	0.5	0.1
青少	4.6	2.6	4.6	2.6	5.1	3.2
生活服务	8.3	8.0	10.7	9.4	11.4	9.7
体育	2.0	4.2	3.8	7.2	2.8	4.0
外语	0.2	0.1	0.1	0.1	0.1	0.0
戏剧	1.3	0.4	1.0	0.3	1.1	0.2
新闻/时事	12.7	12.3	12.9	12.3	12.4	11.8
音乐	1.9	1.1	2.3	0.6	2.5	0.7
专题	11.0	6.4	10.8	7.0	10.3	7.1
综艺	8.3	10.5	7.0	9.5	9.2	14.0
其他	16.5	12.7	15.3	11.2	15.8	13.0

表 3.52.7 2009 年沈阳市场所有节目收视率排名前三十位

名次	节目名称	节目类型	播出频道	平均收视率（%）	平均占有率（%）
1	欢天喜地闹元宵 2009 年元宵晚会	综艺	中央电视台综合频道	35.0	62.2
2	2009 春节联欢晚会	综艺	中央电视台综合频道	32.8	68.6
3	辽宁电视台沈阳电视台 2009 春节联欢晚会	综艺	辽宁卫视	23.8	45.6
4	首都各界庆祝中华人民共和国成立 60 周年联欢晚会	综艺	中央电视台综合频道	23.2	47.6
5	2009 沈阳电视台二人转晚会转星大拜年	综艺	沈阳电视台二套（综合频道）	13.3	29.1
6	新北方	新闻/时事	辽宁台都市频道	10.2	30.3
7	现场直播：第 11 届全运会男子 110 米栏预赛	体育	中央台五套	9.9	21.6
8	宜春月中华情 2009 年中央电视台中秋晚会	综艺	中央电视台综合频道	9.0	23.4
9	明星转起来	综艺	辽宁卫视	8.0	20.1
10	走西口	电视剧	中央电视台综合频道	7.5	16.9
11	现场直播：第 11 届全运会女子撑杆跳高决赛	体育	中央台五套	6.3	14.3
12	新北方新闻正前方	新闻/时事	辽宁台都市频道	5.5	19.9
13	我的兄弟叫顺溜	电视剧	中央电视台综合频道	5.5	14.9
14	潜伏	电视剧	沈阳电视台一套（新闻频道）	5.5	12.1
15	现场直播：第十一届全运会男子 4×100 米个人混合泳接力决赛	体育	中央台五套	5.4	12.8
16	祖国万岁庆祝中华人民共和国成立 60 周年大型文艺晚会	综艺	中央电视台综合频道	5.3	13.7
17	春晚倒计时	综艺	辽宁卫视	5.1	15.0
18	重回四川	专题	辽宁台都市频道	5.0	19.3
19	365 个祝福中央电视台心连心艺术团赴四川灾区慰问演出	综艺	中央电视台综合频道	5.0	14.4
20	女人的村庄	电视剧	中央台八套	5.0	13.6
21	第三届 CCTV 电视剧群英汇	综艺	中央台三套	5.0	11.3
22	CCTV2008 感动中国颁奖晚会	综艺	中央电视台综合频道	5.0	10.8
23	健康一身轻	生活服务	辽宁台都市频道	4.9	12.6
24	乡村名流	电视剧	辽宁卫视	4.8	16.4
25	北方有佳人	电视剧	沈阳电视台三套（影视频道）	4.8	11.9
26	大宅院的女人	电视剧	辽宁台影视娱乐频道	4.8	11.4
27	勇者无敌	电视剧	沈阳电视台二套（综合频道）	4.7	12.3
28	现场直播：第十一届全运会男子十项全能之十 1500 米	体育	中央台五套	4.7	11.7
28	现场直播：第十一届全运会女子 4×100 米个人混合泳接力决赛	体育	中央台五套	4.7	11.7
30	雾柳镇	电视剧	辽宁台都市频道	4.6	10.7

表 3.52.8　2009 年沈阳市场电视剧收视率排名前十位

名次	节目名称	播出频道	平均收视率(%)	平均占有率(%)
1	走西口	中央电视台综合频道	7.5	16.9
2	我的兄弟叫顺溜	中央电视台综合频道	5.5	14.9
3	潜伏	沈阳电视台一套（新闻频道）	5.5	12.1
4	女人的村庄	中央台八套	5.0	13.6
5	乡村名流	辽宁卫视	4.8	16.4
6	北方有佳人	沈阳电视台三套（影视频道）	4.8	11.9
7	大宅院的女人	辽宁台影视娱乐频道	4.8	11.4
8	勇者无敌	沈阳电视台二套（综合频道）	4.7	12.3
9	雾柳镇	辽宁台都市频道	4.6	10.7
10	最后的较量	沈阳电视台二套（综合频道）	4.1	11.4

表 3.52.9　2009 年沈阳市场新闻节目收视率排名前十位

名次	节目名称	播出频道	平均收视率(%)	平均占有率(%)
1	新北方	辽宁台都市频道	10.2	30.3
2	新北方新闻正前方	辽宁台都市频道	5.5	19.9
3	盛典国庆 60 周年特别报道	中央电视台综合频道	3.8	14.7
4	站在新起点再创新辉煌沈阳电视台成立三十年庆祝大会	沈阳电视台一套（新闻频道）	3.1	7.0
5	我们的节日春节一年又一年四海一家亲	中央电视台综合频道	2.9	9.3
6	新闻联播	中央电视台综合频道	2.8	7.9
7	温家宝总理会见中外记者	中央电视台综合频道	2.7	5.7
8	沈视晚报	沈阳电视台一套（新闻频道）	2.6	8.4
9	生活导报	辽宁台生活频道	2.6	6.7
10	庆祝中华人民共和国成立六十周年招待会	中央电视台综合频道	1.9	7.2

表 3.52.10　2009 年沈阳市场专题节目收视率排名前十位

名次	节目名称	播出频道	平均收视率(%)	平均占有率(%)
1	重回四川	辽宁台都市频道	5.0	19.3
2	2009 中央电视台 3.15 晚会	中央电视台综合频道	4.4	10.5
3	特别节目红人小沈阳	江苏卫视	4.2	14.6
4	我们的坚持我们的爱	辽宁台都市频道	3.3	10.5
5	特别节目走近小沈阳	江苏卫视	3.2	10.2
6	小沈阳来了	江苏卫视	3.2	10.1
7	新北方新闻正前方（5 月 1 日 -3 日）	辽宁台都市频道	3.1	12.4
8	特别节目我爱小沈阳	江苏卫视	3.1	10.5
9	今晚博客	辽宁台都市频道	3.0	11.6
10	我们的幸福生活	辽宁台都市频道	3.0	10.1

表 3.52.11　2009 年沈阳市场综艺节目收视率排名前十位

名次	节目名称	播出频道	平均收视率（%）	平均占有率（%）
1	欢天喜地闹元宵 2009 年元宵晚会	中央电视台综合频道	35.0	62.2
2	2009 春节联欢晚会	中央电视台综合频道	32.8	68.6
3	辽宁电视台沈阳电视台 2009 春节联欢晚会	辽宁卫视	23.8	45.5
4	首都各界庆祝中华人民共和国成立 60 周年联欢晚会	中央电视台综合频道	23.2	47.6
5	2009 沈阳电视台二人转晚会转星大拜年	沈阳电视台二套（综合频道）	13.3	29.[illegible]
6	宜春月中华情 2009 年中央电视台中秋晚会	中央电视台综合频道	9.0	23.4
7	明星转起来	辽宁卫视	8.0	20.1
8	祖国万岁庆祝中华人民共和国成立 60 周年大型文艺晚会	中央电视台综合频道	5.3	13.7
9	春晚倒计时	辽宁卫视	5.1	15.0
10	365 个祝福中央电视台心连心艺术团赴四川灾区慰问演出	中央电视台综合频道	5.0	14.4

表 3.52.12　2009 年沈阳市场体育节目收视率排名前十位

名次	节目名称	播出频道	平均收视率（%）	平均占有率（%）
1	现场直播：第 11 届全运会男子 110 米栏预赛	中央台五套	9.9	21.6
2	现场直播：第 11 届全运会女子撑杆跳高决赛	中央台五套	6.3	14.3
3	现场直播：第十一届全运会男子 4 × 100 米个人混合泳接力决赛	中央台五套	5.4	12.8
4	现场直播：第十一届全运会男子十项全能之十 1500 米	中央台五套	4.7	11.7
4	现场直播：第十一届全运会女子 4 × 100 米个人混合泳接力决赛	中央台五套	4.7	11.7
6	现场直播：第 11 届全运会男子十项全能之五 400 米	中央台五套	4.6	10.3
7	实况录像：第十一届全运会男子 4 × 100 米接力预赛	中央台五套	4.5	10.1
7	2008/2009 赛季中国男子篮球职业联赛第 22 轮 - 天津荣钢 VS 辽宁盼盼	辽宁台体育频道	4.5	10.1
9	现场直播：第十一届全运会男子举重 94 公斤级决赛	中央台五套	4.4	11.0
10	天下足球：2009 年中国之队国际足球友谊赛 - 中国队 VS 伊朗队	中央台五套	4.3	10.8

五十三、石家庄收视数据

表 3.53.1　2005—2009 年石家庄市场各类频道的市场占有率（%）

频道类别	年份				
	2005 年	2006 年	2007 年	2008 年	2009 年
中央台频道	49.6	51.1	48.4	44.5	38.0
中国教育台频道	0.5	0.2	0.2	0.3	0.2
河北省级频道	16.5	13.7	14.8	15.0	16.3
石家庄市级频道	18.4	16.5	16.1	13.0	12.9
其他省级卫视频道	13.1	16.8	18.8	23.3	23.5
其他频道	1.9	1.7	1.7	3.8	9.1

表 3.53.2　2009 年石家庄市场各类频道在不同目标观众中的市场占有率（%）

目标观众		中央台频道	中国教育台频道	河北省级频道	石家庄市级频道	其他省级卫视频道	其他频道
4 岁及以上所有人		38.0	0.2	16.3	12.9	23.5	9.1
性别	男	39.9	0.2	16.4	12.6	21.1	9.9
	女	36.3	0.2	16.2	13.2	25.8	8.3
年龄	4 - 14 岁	32.1	0.3	18.0	10.0	27.8	11.8
	15 - 24 岁	28.1	0.3	16.0	12.3	32.4	11.0
	25 - 34 岁	36.2	0.2	17.3	12.8	23.9	9.6
	35 - 44 岁	36.3	0.2	17.9	10.8	23.8	11.0
	45 - 54 岁	39.7	0.2	16.1	13.7	22.1	8.1
	55 - 64 岁	43.1	0.1	15.0	15.0	19.7	7.2
	65 岁及以上	47.2	0.2	13.0	14.9	18.5	6.2
教育程度	未受过正规教育	35.5	0.3	17.9	10.7	25.1	10.4
	小学	36.6	0.2	17.1	14.9	23.2	8.0
	初中	35.0	0.2	17.0	15.2	24.6	8.0
	高中	37.6	0.2	16.7	12.7	23.4	9.3
	大学及以上	42.6	0.2	14.4	10.4	22.3	10.2
职业类别	干部/管理人员	41.4	0.2	16.5	11.1	22.7	8.2
	个体/私营企业人员	38.2	0.2	17.1	12.4	24.0	8.1
	初级公务员/雇员	38.1	0.2	16.1	12.0	23.1	10.6
	工人	34.8	0.4	17.9	14.5	23.1	9.4
	学生	29.7	0.3	16.7	10.2	31.0	12.2
	无业	40.5	0.2	15.6	14.6	21.4	7.7
	其他	40.5	0.3	15.8	11.7	26.0	5.7
个人月收入	0 - 600 元	32.7	0.3	17.8	12.7	27.2	9.3
	601 - 1200 元	38.1	0.2	15.6	14.4	22.9	8.8
	1201 - 1700 元	39.8	0.2	15.7	13.6	21.5	9.3
	1701 - 2600 元	43.9	0.2	16.0	10.9	19.3	9.8
	2601 元及以上	46.0	0.1	14.4	10.1	21.6	7.9

表 3.53.3　2009 年石家庄市场各类频道在不同时段的市场占有率（%）

时间段	中央台频道	中国教育台频道	河北省级频道	石家庄市级频道	其他省级卫视频道	其他频道
02:00-03:00	34.6	0.2	17.5	2.5	33.6	11.6
03:00-04:00	36.9	0.3	15.5	2.3	34.6	10.4
04:00-05:00	37.5	0.2	15.9	1.2	37.8	7.4
05:00-06:00	54.5	0.1	11.4	0.7	25.8	7.5
06:00-07:00	66.7	0.2	6.3	1.0	16.5	9.2
07:00-08:00	66.0	0.1	10.3	2.0	14.3	7.4
08:00-09:00	50.7	0.1	12.4	6.7	20.9	9.2
09:00-10:00	37.2	0.1	15.7	8.4	26.7	11.9
10:00-11:00	33.4	0.3	16.8	7.9	28.9	12.7
11:00-12:00	37.0	0.3	16.5	6.8	27.9	11.5
12:00-13:00	39.6	0.1	16.9	15.6	18.2	9.6
13:00-14:00	36.5	0.4	12.1	11.0	27.4	12.7
14:00-15:00	29.9	0.5	14.2	5.8	35.9	13.6
15:00-16:00	28.7	0.2	14.7	7.4	37.2	11.8
16:00-17:00	31.4	0.2	14.6	5.1	37.0	11.7
17:00-18:00	38.2	0.5	11.3	9.5	30.1	10.5
18:00-19:00	33.4	0.2	22.1	23.3	12.7	8.3
19:00-20:00	45.9	0.1	17.1	21.4	8.5	7.0
20:00-21:00	41.6	0.2	15.6	13.8	22.1	6.7
21:00-22:00	37.7	0.2	16.3	13.0	25.9	7.0
22:00-23:00	27.6	0.3	17.1	13.9	31.4	9.7
23:00-24:00	30.2	0.2	20.5	9.3	30.1	9.7
24:00-25:00	30.5	0.1	20.8	8.8	29.5	10.2
25:00-26:00	28.4	0.1	25.4	3.7	31.9	10.6

表 3.53.4　2009 年石家庄市场收视份额排名前十位的频道

名次	频道名称	收视份额（%）
1	中央电视台综合频道	8.7
2	石家庄电视台新闻综合频道（一套）	6.2
3	中央台三套	4.5
4	河北卫视	3.8
5	中央台八套	3.5
6	湖南电视台卫星频道	3.3
6	中央台五套	3.3
6	石家庄电视台娱乐频道（二套）	3.3
9	中央台六套	3.2
10	河北电视台农民频道（七套）	3.0

表 3.53.5　2009 年石家庄市场各主要频道的观众构成（%）

目标观众		所有频道	主要频道				
			中央电视台综合频道	石家庄电视台新闻综合频道（一套）	中央台三套	河北卫视	中央台八套
4 岁及以上所有人		100.0	100.0	100.0	100.0	100.0	100.0
性别	男	48.7	49.1	46.7	47.8	46.6	45.6
	女	51.4	50.9	53.3	52.2	53.4	54.4
年龄	4－14 岁	8.4	6.0	4.5	5.4	7.2	5.1
	15－24 岁	10.2	7.1	7.7	8.7	12.6	6.0
	25－34 岁	16.9	13.4	15.4	16.3	16.3	12.2
	35－44 岁	16.9	16.6	11.5	15.0	17.2	11.3
	45－54 岁	22.0	23.4	25.6	26.8	23.2	25.1
	55－64 岁	14.5	16.8	22.1	17.1	13.7	20.3
	65 岁及以上	11.1	16.7	13.4	10.8	9.9	19.9
教育程度	未受过正规教育	3.6	2.6	2.2	2.6	4.7	2.3
	小学	11.7	10.9	14.7	11.2	13.7	10.7
	初中	24.9	20.8	31.6	27.3	19.8	27.6
	高中	34.3	33.8	32.0	34.6	34.1	30.2
	大学及以上	25.5	31.9	19.5	24.3	27.8	29.2
职业类别	干部/管理人员	7.5	10.0	5.8	7.3	9.3	6.3
	个体/私营企业人员	11.4	9.3	10.5	11.5	9.6	11.1
	初级公务员/雇员	23.2	21.1	20.6	24.0	23.6	19.7
	工人	8.2	7.7	9.2	8.5	7.7	6.7
	学生	11.6	8.9	6.2	8.6	9.2	6.7
	无业	37.3	41.8	47.0	39.0	39.8	48.3
	其他	0.8	1.2	0.8	1.1	0.7	1.3
个人月收入	0－600 元	32.0	26.3	28.4	29.0	34.5	25.2
	601－1200 元	32.5	30.6	39.4	37.0	31.5	34.4
	1201－1700 元	14.3	14.8	16.0	13.6	14.5	17.0
	1701－2600 元	13.3	16.2	10.5	12.7	14.7	13.9
	2601 元及以上	7.9	12.2	5.7	7.7	4.8	9.5

表 3.53.6　2007—2009 年石家庄市场各类节目的播出份额（%）和收视份额（%）

节目类别	2007 年		2008 年		2009 年	
	播出份额	收视份额	播出份额	收视份额	播出份额	收视份额
财经	1.7	0.9	1.6	1.0	1.9	1.0
电视剧	26.8	30.9	26.5	33.7	24.2	33.5
电影	4.1	4.7	4.1	6.4	4.4	5.8
法制	1.3	0.5	1.0	0.9	1.1	1.3
教学	0.5	0.1	0.5	0.2	0.5	0.1
青少	4.4	2.2	4.5	3.2	5.1	3.9
生活服务	7.4	6.4	8.4	6.4	8.3	7.1
体育	1.7	3.7	2.8	6.4	2.0	3.1
外语	0.2	0.1	0.1	0.1	0.1	0.1
戏剧	1.3	1.0	1.0	0.9	1.1	0.8
新闻/时事	12.9	15.0	13.2	11.4	12.9	10.9
音乐	2.0	1.5	2.4	0.7	2.7	0.9
专题	11.0	7.2	11.4	8.9	10.8	7.3
综艺	8.2	9.1	6.9	9.4	9.0	12.5
其他	16.4	16.7	15.5	10.4	15.9	11.8

表 3.53.7 2009 年石家庄市场所有节目收视率排名前三十位

名次	节目名称	节目类型	播出频道	平均收视率（%）	平均占有率（%）
1	2009 春节联欢晚会	综艺	中央电视台综合频道	43.1	80.9
2	欢天喜地闹元宵 2009 年元宵晚会	综艺	中央电视台综合频道	29.9	55.8
3	首都各界庆祝中华人民共和国成立 60 周年联欢晚会	综艺	中央电视台综合频道	26.1	58.0
4	现场直播：第十一届全运会男子 110 米栏决赛	体育	中央台五套	12.5	30.2
5	天气预报	生活服务	中央电视台综合频道	10.9	29.9
6	365 个祝福中央电视台心连心艺术团赴四川灾区慰问演出	综艺	中央电视台综合频道	10.3	26.7
7	现场直播：第 11 届全运会女子撑杆跳高决赛	体育	中央台五套	9.7	23.3
8	宜春月中华情 2009 年中央电视台中秋晚会	综艺	中央电视台综合频道	9.5	24.9
9	走西口	电视剧	中央电视台综合频道	9.5	21.8
10	祖国万岁庆祝中华人民共和国成立 60 周年大型文艺晚会	综艺	中央电视台综合频道	9.4	26.0
11	我的青春谁做主	电视剧	中央电视台综合频道	8.7	22.0
12	2009 春节联欢晚会	综艺	中央台三套	7.7	23.6
13	我的兄弟叫顺溜	电视剧	中央电视台综合频道	7.5	25.9
14	欢乐今宵 2006 年春节联欢晚会精彩集粹	综艺	中央台三套	7.3	17.2
15	密战	电视剧	中央电视台综合频道	7.1	17.3
16	百花迎春中国文学艺术界 2009 春节大联欢	综艺	中央台三套	7.1	15.8
17	新闻联播	新闻/时事	中央电视台综合频道	7.0	21.5
18	2009 中央电视台 3.15 晚会	专题	中央电视台综合频道	7.0	17.3
19	人民至上	专题	中央电视台综合频道	6.9	17.9
20	星光大道年度总决赛 2008	综艺	中央台三套	6.7	15.8
21	庆祝中华人民共和国成立六十周年大型音乐舞蹈史诗复兴之路	综艺	中央电视台综合频道	6.6	18.1
22	鹰隼大队	电视剧	中央电视台综合频道	6.6	15.2
23	万众一心向前进 2009 年军民迎新春文艺晚会	综艺	中央电视台综合频道	6.6	14.6
24	2009 春节联欢晚会选播	综艺	中央台三套	6.4	14.9
25	在那遥远的地方	电视剧	中央电视台综合频道	6.3	17.0
26	直播周末：09 年苏迪曼杯世界羽毛球混合团体锦标赛半决赛男单	体育	中央台五套	6.0	12.5
27	直播周末：2009 年第 25 届亚洲男篮锦标赛决赛 - 中国队 VS 伊朗队	体育	中央台五套	5.9	17.3
28	特别节目欢乐今宵（1 月 27 日）	综艺	中央台三套	5.9	14.5
29	现场直播：第十一届全运会男子十项全能之十 1500 米	体育	中央台五套	5.8	14.8
30	第三届 CCTV 电视剧群英汇	综艺	中央台三套	5.8	13.3

表 3.53.8　2009 年石家庄市场电视剧收视率排名前十位

名次	节目名称	播出频道	平均收视率(%)	平均占有率(%)
1	走西口	中央电视台综合频道	9.5	21.8
2	我的青春谁做主	中央电视台综合频道	8.7	22.0
3	我的兄弟叫顺溜	中央电视台综合频道	7.5	25.9
4	密战	中央电视台综合频道	7.1	17.3
5	鹰隼大队	中央电视台综合频道	6.6	15.2
6	在那遥远的地方	中央电视台综合频道	6.3	17.0
7	清凌凌的水蓝莹莹的天第二部	中央电视台综合频道	5.4	12.4
8	人间正道是沧桑	中央台八套	5.1	14.9
9	大宅院的女人	石家庄电视台新闻综合频道（一套）	4.7	12.2
10	沧海	中央电视台综合频道	4.7	12.0

表 3.53.9　2009 年石家庄市场新闻节目收视率排名前十位

名次	节目名称	播出频道	平均收视率(%)	平均占有率(%)
1	新闻联播	中央电视台综合频道	7.0	21.5
2	温家宝总理会见中外记者	中央电视台综合频道	5.7	13.7
3	盛典国庆 60 周年特别报道	中央电视台综合频道	4.0	21.8
4	焦点访谈	中央电视台综合频道	4.0	10.9
5	我们的节日春节一年又一年四海一家亲	中央电视台综合频道	3.8	16.1
6	转播中央台新闻联播	石家庄电视台新闻综合频道（一套）	3.8	11.8
7	民生关注	石家庄电视台新闻综合频道（一套）	3.7	17.4
8	石市要闻	石家庄电视台新闻综合频道（一套）	2.9	8.0
9	石家庄新闻	石家庄电视台新闻综合频道（一套）	2.9	7.2
10	中俄建交六十周年庆祝大会暨中国俄语年闭幕式	中央电视台综合频道	2.3	6.7

表 3.53.10　2009 年石家庄市场专题节目收视率排名前十位

名次	节目名称	播出频道	平均收视率(%)	平均占有率(%)
1	2009 中央电视台 3.15 晚会	中央电视台综合频道	7.0	17.3
2	人民至上	中央电视台综合频道	6.9	17.9
3	幕后	中央台三套	4.9	12.5
4	我们的田野 2009 三八特别节目	中央电视台综合频道	4.5	10.0
5	百年先念	中央电视台综合频道	3.6	11.0
6	小沈阳来了	江苏卫视	3.5	11.5
7	西藏今昔	中央电视台综合频道	3.2	8.1
8	艺术人生特别节目温暖 2009	中央台三套	3.1	8.4
9	特别节目走近小沈阳	江苏卫视	3.0	9.7
10	谋影世界暨三枪拍案惊奇网络游戏发布会三枪拍案惊奇访谈录	北京卫视	3.0	8.0

表 3.53.11 2009 年石家庄市场综艺节目收视率排名前十位

名次	节目名称	播出频道	平均收视率（%）	平均占有率（%）
1	2009 春节联欢晚会	中央电视台综合频道	43.1	80.9
2	欢天喜地闹元宵 2009 年元宵晚会	中央电视台综合频道	29.9	56.8
3	首都各界庆祝中华人民共和国成立 60 周年联欢晚会	中央电视台综合频道	26.1	58.0
4	365 个祝福中央电视台心连心艺术团赴四川灾区慰问演出	中央电视台综合频道	10.3	26.7
5	宜春月中华情 2009 年中央电视台中秋晚会	中央电视台综合频道	9.5	24.9
6	祖国万岁庆祝中华人民共和国成立 60 周年大型文艺晚会	中央电视台综合频道	9.4	26.0
7	2009 春节联欢晚会	中央台三套	7.7	23.5
8	欢乐今宵 2006 年春节联欢晚会精彩集粹	中央台三套	7.3	17.2
9	百花迎春中国文学艺术界 2009 春节大联欢	中央台三套	7.1	15.8
10	星光大道年度总决赛 2008	中央台三套	6.7	15.8

表 3.53.12 2009 年石家庄市场体育节目收视率排名前十位

名次	节目名称	播出频道	平均收视率（%）	平均占有率（%）
1	现场直播：第十一届全运会男子 110 米栏决赛	中央台五套	12.5	30.2
2	现场直播：第 11 届全运会女子撑杆跳高决赛	中央台五套	9.7	23.3
3	直播周末：09 年苏迪曼杯世界羽毛球混合团体锦标赛半决赛男单	中央台五套	6.0	12.5
4	直播周末：2009 年第 25 届亚洲男篮锦标赛决赛 - 中国队 VS 伊朗队	中央台五套	5.9	17.3
5	现场直播：第十一届全运会男子十项全能之十 1500 米	中央台五套	5.8	14.8
6	直播周末：2009 年苏迪曼杯世界羽毛球混合团体锦标赛决赛男双	中央台五套	5.0	16.4
7	现场直播：第十一届全运会男子举重 94 公斤级决赛	中央台五套	4.8	11.8
8	中华人民共和国第十一届运动会开幕式	中央电视台综合频道	4.6	11.9
9	2009 年上海国际田联黄金大奖赛	中央台五套	4.4	11.9
10	现场直播：第十一届全运会女子 4 × 100 米个人混合泳接力决赛	中央台五套	4.4	10.7

五十四、太原收视数据

表 3.54.1 2005—2009 年太原市场各类频道的市场占有率（%）

频道类别	年份				
	2005 年	2006 年	2007 年	2008 年	2009 年
中央台频道	54.4	50.6	44.9	43.7	35.9
中国教育台频道	0.4	0.3	0.4	0.6	0.4
山西省级频道	6.8	10.4	11.6	9.9	13.6
太原市级频道	22.7	18.5	18.6	15.1	17.4
其他省级卫视频道	11.6	15.3	15.7	21.3	24.2
其他频道	4.2	4.9	8.8	9.3	8.6

表 3.54.2 2009 年太原市场各类频道在不同目标观众中的市场占有率（%）

目标观众		中央台频道	中国教育台频道	山西省级频道	太原市级频道	其他省级卫视频道	其他频道
4 岁及以上所有人		35.9	0.4	13.6	17.4	24.2	8.6
性别	男	38.2	0.4	13.1	17.2	22.2	9.0
	女	33.7	0.4	14.0	17.6	26.1	8.3
年龄	4 - 14 岁	30.6	0.4	12.7	12.2	27.2	16.8
	15 - 24	28.4	0.5	16.1	14.6	31.8	8.6
	25 - 34	35.8	0.4	12.7	17.0	24.0	10.1
	35 - 44	32.6	0.3	15.9	16.8	25.5	8.8
	45 - 54	35.3	0.5	14.7	18.0	25.1	6.4
	55 - 64	41.8	0.3	12.1	20.1	18.4	7.3
	65 岁及以上	44.4	0.3	9.7	19.9	19.1	6.6
教育程度	未受过正规教育	35.0	0.5	14.2	13.7	23.8	13.0
	小学	31.4	0.3	13.4	20.2	24.0	10.7
	初中	34.1	0.4	15.5	18.6	24.1	7.3
	高中	37.3	0.5	12.3	16.5	24.9	8.5
	大学及以上	40.9	0.2	11.2	15.4	23.3	8.9
职业类别	干部/管理人员	38.9	0.1	12.5	20.6	19.7	8.2
	个体/私营企业人员	32.0	0.4	16.1	18.1	25.2	8.2
	初级公务员/雇员	37.5	0.5	12.5	15.9	24.7	9.0
	工人	35.8	0.4	15.0	18.1	23.8	7.0
	学生	28.4	0.6	12.5	13.3	32.3	13.0
	无业	39.6	0.3	12.0	17.9	22.3	7.9
	其他	26.1	0.2	29.8	26.6	12.0	5.3
个人月收入	0 - 600 元	30.3	0.4	15.7	16.5	26.5	10.7
	601 - 1200 元	37.2	0.4	13.0	19.3	23.0	7.1
	1201 - 1700 元	39.2	0.3	12.3	16.5	23.7	8.0
	1701 - 2600 元	42.0	0.3	11.6	16.4	22.0	7.6
	2601 元及以上	41.3	0.2	11.1	14.3	22.9	10.3

表 3.54.3 2009 年太原市场各类频道在不同时段的市场占有率（%）

时间段	中央台频道	中国教育台频道	山西省级频道	太原市级频道	其他省级卫视频道	其他频道
02:00-03:00	29.2	0.4	13.5	9.2	33.1	14.6
03:00-04:00	29.5	0.1	14.0	9.1	34.4	12.9
04:00-05:00	27.7	0.0	15.9	8.8	37.3	10.2
05:00-06:00	38.0	0.1	9.2	10.4	35.6	6.7
06:00-07:00	56.4	0.4	7.6	8.1	21.9	5.7
07:00-08:00	58.7	0.3	8.3	11.7	15.4	5.7
08:00-09:00	44.7	0.3	9.8	13.3	24.5	7.5
09:00-10:00	35.9	0.3	10.2	12.3	31.3	10.1
10:00-11:00	37.6	0.7	8.7	9.6	32.7	10.7
11:00-12:00	43.7	0.7	7.9	6.3	30.8	10.6
12:00-13:00	47.0	0.2	14.3	10.0	19.1	9.5
13:00-14:00	35.1	0.8	13.6	13.6	26.9	10.1
14:00-15:00	32.4	1.1	9.4	6.6	39.0	11.7
15:00-16:00	29.9	0.3	8.8	7.8	41.9	11.3
16:00-17:00	31.0	0.3	10.0	6.0	41.1	11.6
17:00-18:00	34.9	0.5	9.1	7.3	37.1	11.1
18:00-19:00	36.0	0.4	11.0	26.9	15.8	10.0
19:00-20:00	41.6	0.1	15.4	29.5	7.0	6.4
20:00-21:00	33.6	0.2	18.6	24.5	17.4	5.7
21:00-22:00	32.8	0.3	14.8	21.9	23.4	6.7
22:00-23:00	26.6	0.6	16.4	18.1	29.0	9.4
23:00-24:00	32.7	0.5	14.5	13.4	28.9	10.1
24:00-25:00	34.0	0.3	12.7	8.3	32.9	11.8
25:00-26:00	30.3	0.5	10.9	13.0	31.9	13.4

表 3.54.4 2009 年太原市场收视份额位于前十位的频道

名次	频道名称	收视份额（%）
1	中央电视台综合频道	9.6
2	太原电视台新闻频道（一套）	4.5
2	太原电视台影视频道（四套）	4.5
4	湖南电视台卫星频道	3.9
5	中央台三套	3.8
5	山西卫视	3.8
7	太原电视台社教法制频道（三套）	3.3
8	中央台六套	3.2
9	中央台四套	3.0
10	太原电视台百姓频道（二套）	2.8

表 3.54.5　2009 年太原市场各主要频道的观众构成（%）

目标观众		所有频道	主要频道				
			中央电视台综合频道	太原电视台新闻频道（一套）	太原电视台影视频道（四套）	湖南电视台卫星频道	中央台三套
4 岁及以上所有人		100.0	100.0	100.0	100.0	100.0	100.0
性别	男	49.8	51.7	51.3	48.3	36.6	50.9
	女	50.2	48.3	48.7	51.7	63.4	49.1
年龄	4－14 岁	8.9	8.2	6.4	6.6	11.2	5.2
	15－24 岁	10.8	8.5	7.1	11.3	25.1	9.0
	25－34 岁	13.1	11.1	12.4	10.2	13.7	13.8
	35－44 岁	17.2	15.6	15.0	14.6	18.8	17.5
	45－54 岁	21.9	19.5	23.1	24.0	19.1	22.9
	55－64 岁	13.5	14.5	16.8	16.6	7.1	14.7
	65 岁及以上	14.6	22.6	19.2	16.7	5.0	16.9
教育程度	未受过正规教育	5.1	4.0	4.1	3.4	4.3	4.0
	小学	12.0	11.9	15.2	14.6	9.8	8.9
	初中	36.9	34.2	37.6	42.5	32.4	38.3
	高中	28.3	29.2	26.2	24.3	34.1	31.4
	大学及以上	17.7	20.7	16.9	15.2	19.4	17.4
职业类别	干部/管理人员	3.6	4.0	3.3	4.9	3.8	3.8
	个体/私营企业人员	13.4	10.0	13.8	14.8	11.8	13.1
	初级公务员/雇员	17.3	17.2	17.7	13.2	21.4	19.2
	工人	12.0	11.1	10.0	11.7	9.8	12.6
	学生	12.5	11.0	8.9	10.2	26.6	8.2
	无业	38.4	42.9	42.7	36.9	25.8	42.0
	其他	2.8	3.8	3.6	8.3	0.8	1.1
个人月收入	0－600 元	33.7	30.7	30.5	35.7	45.3	25.6
	601－1200 元	35.1	34.5	38.0	40.2	28.9	39.0
	1201－1700 元	14.4	16.0	15.9	11.7	12.3	18.0
	1701－2600 元	12.8	14.9	12.4	10.3	10.9	13.7
	2601 元及以上	4.1	4.0	3.2	2.1	2.6	3.7

表 3.54.6　2007—2009 年太原市场各类节目的播出份额（%）和收视份额（%）

节目类别	2007 年		2008 年		2009 年	
	播出份额	收视份额	播出份额	收视份额	播出份额	收视份额
电视剧	26.6	33.1	25.9	33.6	23.7	32.9
电影	2.5	1.3	3.0	5.1	4.0	6.2
教学	0.5	0.1	0.5	0.1	0.5	0.2
综艺	8.0	8.1	6.9	9.6	8.7	11.5
青少	4.5	2.7	4.9	2.3	5.5	3.1
体育	1.7	2.5	2.8	6.6	1.9	2.2
外语	0.3	0.1	0.1	0.1	0.1	0.1
戏剧	1.3	1.0	1.1	0.9	1.1	0.9
新闻/时事	13.4	16.0	13.2	12.7	13.1	12.1
音乐	2.0	1.3	2.4	0.8	2.6	0.8
专题	11.7	6.3	10.8	7.6	10.3	7.5
财经	1.4	0.4	1.7	0.9	1.9	0.9
生活服务	7.1	5.0	9.1	4.7	8.5	5.4
法制	2.0	4.4	1.8	4.2	1.9	4.9
其他	17.0	17.8	15.9	10.7	16.4	11.4

表 3.54.7　2009 年太原市场所有节目收视率排名前三十位

名次	节目名称	节目类型	播出频道	平均收视率（%）	平均占有率（%）
1	2009 春节联欢晚会	综艺	中央电视台综合频道	41.3	64.2
2	首都各界庆祝中华人民共和国成立 60 周年联欢晚会	综艺	中央电视台综合频道	28.9	51.9
3	欢天喜地闹元宵 2009 年元宵晚会	综艺	中央电视台综合频道	20.8	44.7
4	走西口	电视剧	中央电视台综合频道	14.1	29.1
5	宜春月中华情 2009 年中央电视台中秋晚会	综艺	中央电视台综合频道	13.6	28.7
6	天气预报	生活服务	中央电视台综合频道	12.7	36.8
7	祖国万岁庆祝中华人民共和国成立 60 周年大型文艺晚会	综艺	中央电视台综合频道	9.9	23.7
8	现场直播：第十一届全运会男子 110 米栏决赛	体育	中央台五套	8.9	20.0
9	发现	新闻/时事	太原电视台新闻频道（一套）	8.6	22.5
10	2009 中央电视台 3.15 晚会	专题	中央电视台综合频道	8.3	17.1
11	万众一心向前进 2009 年军民迎新春文艺晚会	综艺	中央电视台综合频道	7.9	14.2
12	新闻联播	新闻/时事	中央电视台综合频道	7.7	27.3
13	2009 万家灯火平安夜公安部 2009 年春节电视文艺晚会	综艺	中央电视台综合频道	7.7	17.2
14	鹰隼大队	电视剧	中央电视台综合频道	7.4	15.2
15	密战	电视剧	中央电视台综合频道	7.3	15.5
16	清凌凌的水蓝莹莹的天第二部	电视剧	中央电视台综合频道	7.1	14.8
17	庆祝中华人民共和国成立六十周年大型音乐舞蹈史诗复兴之路	综艺	中央电视台综合频道	6.9	16.9
18	365 个祝福中央电视台心连心艺术团赴四川灾区慰问演出	综艺	中央电视台综合频道	6.8	15.8
19	2009 快乐中国快乐女声想唱就唱我最响亮全国总决赛决战之夜	综艺	湖南电视台卫星频道	6.7	17.4
20	我的青春谁做主	电视剧	中央电视台综合频道	6.7	16.3
21	牟氏庄园	电视剧	太原电视台影视频道（四套）	6.7	15.6
22	户口	电视剧	太原电视台新闻频道（一套）	6.6	14.0
23	我的兄弟叫顺溜	电视剧	中央电视台综合频道	6.4	22.0
24	喜耕田的故事第二部	电视剧	中央电视台综合频道	6.4	14.6
25	曲苑杂坛	综艺	中央电视台综合频道	6.3	14.1
26	人民至上	专题	中央电视台综合频道	6.2	16.5
27	我们共同走过庆祝人民政协成立六十周年文艺演出 1949－2009	综艺	中央电视台综合频道	6.2	15.1
28	第三届 CCTV 电视剧群英汇	综艺	中央台三套	6.2	12.7
29	金凤花开	电视剧	中央电视台综合频道	5.9	12.7
30	解放	电视剧	中央电视台综合频道	5.8	13.5

表 3.54.8　2009 年太原市场电视剧收视率排名前十位

名次	节目名称	播出频道	平均收视率(%)	平均占有率(%)
1	走西口	中央电视台综合频道	14.1	29.1
2	鹰隼大队	中央电视台综合频道	7.4	15.2
3	密战	中央电视台综合频道	7.3	15.5
4	清凌凌的水蓝莹莹的天第二部	中央电视台综合频道	7.1	14.8
5	我的青春谁做主	中央电视台综合频道	6.7	16.3
6	牟氏庄园	太原电视台影视频道（四套）	6.7	15.6
7	户口	太原电视台新闻频道（一套）	6.6	14.0
8	我的兄弟叫顺溜	中央电视台综合频道	6.4	22.0
9	喜耕田的故事第二部	中央电视台综合频道	6.4	14.6
10	金凤花开	中央电视台综合频道	5.9	12.7

表 3.54.9　2009 年太原市场新闻节目收视率排名前十位

名次	节目名称	播出频道	平均收视率(%)	平均占有率(%)
1	发现	太原电视台新闻频道（一套）	8.6	22.5
2	新闻联播	中央电视台综合频道	7.7	27.3
3	新闻快车	太原电视台新闻频道（一套）	5.4	15.4
4	我们的节日春节一年又一年四海一家亲	中央电视台综合频道	5.1	15.9
5	盛典国庆 60 周年特别报道	中央电视台综合频道	3.7	22.4
6	我们的节日春节一年又一年四海一家亲	太原电视台新闻频道（一套）	3.6	6.6
7	首都各界庆祝中华人民共和国成立 60 周年大会	中央台二套	3.2	8.3
8	温家宝总理会见中外记者	中央电视台综合频道	3.0	6.7
9	焦点访谈	中央电视台综合频道	2.7	7.5
10	太原新闻	太原电视台新闻频道（一套）	2.5	12.3

表 3.54.10　2009 年太原市场专题节目收视率排名前十位

名次	节目名称	播出频道	平均收视率(%)	平均占有率(%)
1	2009 中央电视台 3.15 晚会	中央电视台综合频道	8.3	17.1
2	人民至上	中央电视台综合频道	6.2	16.5
3	特别节目我爱小沈阳	江苏卫视	4.2	11.9
4	攻克太原纪念太原解放 60 周年	太原电视台新闻频道（一套）	4.2	9.7
5	特别节目走近小沈阳	江苏卫视	3.7	10.7
6	清明	中央台三套	3.2	8.7
7	牛年特别节目红人小沈阳	江苏卫视	3.1	7.9
8	我们的田野 2009 三八特别节目	中央电视台综合频道	3.0	6.2
9	小沈阳来了	江苏卫视	2.9	7.8
10	艺术人生特别节目温暖 2009	中央台三套	2.9	6.6

表 3. 54. 11　2009 年太原市场综艺节目收视率排名前十位

名次	节目名称	播出频道	平均收视率（%）	平均占有率（%）
1	2009 春节联欢晚会	中央电视台综合频道	41.3	64.2
2	首都各界庆祝中华人民共和国成立 60 周年联欢晚会	中央电视台综合频道	28.9	51.9
3	欢天喜地闹元宵 2009 年元宵晚会	中央电视台综合频道	20.8	44.7
4	宜春月中华情 2009 年中央电视台中秋晚会	中央电视台综合频道	13.6	28.7
5	祖国万岁庆祝中华人民共和国成立 60 周年大型文艺晚会	中央电视台综合频道	9.9	23.7
6	万众一心向前进 2009 年军民迎新春文艺晚会	中央电视台综合频道	7.9	14.2
7	2009 万家灯火平安夜公安部 2009 年春节电视文艺晚会	中央电视台综合频道	7.7	17.2
8	庆祝中华人民共和国成立六十周年大型音乐舞蹈史诗复兴之路	中央电视台综合频道	6.9	16.9
9	365 个祝福中央电视台心连心艺术团赴四川灾区慰问演出	中央电视台综合频道	6.8	15.8
10	2009 快乐中国快乐女声想唱就唱我最响亮全国总决赛决战之夜	湖南电视台卫星频道	6.7	17.4

表 3. 54. 12　2009 年太原市场体育节目收视率排名前十位

名次	节目名称	播出频道	平均收视率（%）	平均占有率（%）
1	现场直播：第十一届全运会男子 110 米栏决赛	中央台五套	8.9	20.0
2	中华人民共和国第十一届运动会开幕式	中央电视台综合频道	5.1	12.1
3	直播周末：2009 年第 25 届亚洲男篮锦标赛决赛 - 中国队 VS 伊朗队	中央台五套	4.6	11.3
4	现场直播：第十一届全运会男子十项全能之十 1500 米	中央台五套	4.5	11.4
5	直播周末：2009 年苏迪曼杯世界羽毛球混合团体锦标赛决赛男双	中央台五套	4.1	11.1
6	哈尔滨 24th 世界大学生冬季运动会	中央电视台综合频道	4.1	8.8
7	2009 年亚洲田径锦标赛女子 4×100 米接力预赛	中央台五套	3.6	10.9
8	2009 年亚洲田径锦标赛男子 110 米栏决赛	中央台五套	3.6	9.5
9	中华人民共和国第十一届运动会闭幕式	中央电视台综合频道	3.5	8.1
10	现场直播：第 11 届全运会女子撑杆跳高决赛	中央台五套	3.0	7.1

五十五、乌鲁木齐收视数据

表 3.55.1 2005—2009 年乌鲁木齐市场各类频道的市场占有率（%）

频道类别	年份				
	2005 年	2006 年	2007 年	2008 年	2009 年
中央电视台频道	50.1	51.9	50.3	51.8	47.1
中国教育台频道	0.5	0.3	0.3	0.2	0.3
新疆区级频道	24.5	20.3	19.1	18.7	16.1
乌鲁木齐市级频道	7.8	7.2	7.7	6.9	7.4
其他省级卫视频道	14.3	18.0	19.9	19.4	25.6
其他频道	2.9	2.3	2.7	3.0	3.5

表 3.55.2 2009 年乌鲁木齐市场各类频道在不同目标观众中的市场占有率（%）

目标观众		中央台频道	中国教育台频道	新疆区级频道	乌鲁木齐市级频道	其他省级卫视频道	其他频道
4 岁及以上所有人		47.1	0.3	16.1	7.4	25.6	3.5
性别	男	48.9	0.3	16.2	7.4	23.4	3.8
	女	45.4	0.3	15.9	7.5	27.9	3.0
年龄	4－14 岁	41.3	0.4	20.6	7.6	24.5	5.6
	15－24 岁	34.7	0.7	21.1	9.1	29.3	5.1
	25－34 岁	41.5	0.1	17.4	9.5	27.6	3.9
	35－44 岁	42.9	0.3	17.9	7.6	27.5	3.8
	45－54 岁	49.9	0.4	14.7	8.2	24.3	2.5
	55－64 岁	57.5	0.3	12.0	6.2	21.3	2.7
	65 岁及以上	58.5	0.3	11.7	4.1	23.9	1.5
教育程度	未受过正规教育	53.6	0.1	13.1	7.3	21.8	4.1
	小学	44.3	0.3	22.7	5.8	23.5	3.4
	初中	46.3	0.4	15.3	6.6	28.0	3.4
	高中	46.9	0.2	14.3	8.8	27.1	2.7
	大学及以上	48.7	0.3	15.6	7.7	23.5	4.2
职业类别	干部/管理人员	57.8	0.4	7.7	5.3	24.7	4.1
	个体/私营企业人员	40.9	0.2	18.6	7.7	29.0	3.6
	初级公务员/雇员	47.0	0.3	13.9	8.3	26.8	3.7
	工人	43.7	0.3	14.4	8.6	29.4	3.6
	学生	38.5	0.7	20.5	7.0	28.3	5.0
	无业	50.5	0.3	16.9	7.1	22.4	2.8
个人月收入	0－600 元	39.4	0.4	23.6	8.0	23.8	4.8
	601－1200 元	48.2	0.4	13.6	7.7	27.8	2.3
	1201－1700 元	48.4	0.2	14.3	7.5	26.9	2.7
	1701－2600 元	54.5	0.2	12.3	6.4	23.4	3.2
	2601 元及以上	51.7	0.5	10.6	6.2	25.4	5.6

表 3.55.3 2009 年乌鲁木齐市场各类频道在不同时段的市场占有率（%）

时间段	中央台频道	中国教育台频道	新疆区级频道	乌鲁木齐市级频道	其他省级卫视频道	其他频道
02:00-03:00	28.4	0.0	24.7	6.9	26.9	13.1
03:00-04:00	29.8	0.0	18.9	5.4	35.6	10.3
04:00-05:00	28.9	0.0	10.4	7.1	47.0	6.6
05:00-06:00	25.6	0.2	12.9	13.2	39.9	8.2
06:00-07:00	39.0	0.0	4.0	8.7	40.0	8.3
07:00-08:00	74.2	1.1	1.1	2.3	18.4	2.9
08:00-09:00	73.7	0.1	1.8	1.3	21.5	1.6
09:00-10:00	58.8	0.2	6.7	5.9	26.8	1.6
10:00-11:00	52.6	0.3	12.6	5.3	26.6	2.6
11:00-12:00	53.2	0.3	12.5	4.9	26.1	3.0
12:00-13:00	59.7	0.2	10.1	3.6	23.5	2.9
13:00-14:00	51.6	0.4	10.5	3.3	29.8	4.4
14:00-15:00	42.0	0.6	13.4	3.1	33.8	7.1
15:00-16:00	35.6	0.5	13.9	4.0	38.2	7.8
16:00-17:00	36.9	0.2	11.9	4.9	38.3	7.8
17:00-18:00	46.8	0.4	10.8	4.2	30.7	7.1
18:00-19:00	66.6	0.4	8.4	3.5	17.0	4.1
19:00-20:00	81.1	0.1	6.6	3.7	7.4	1.1
20:00-21:00	54.6	0.2	13.2	8.5	22.2	1.3
21:00-22:00	42.7	0.2	18.6	8.7	26.8	3.0
22:00-23:00	31.4	0.4	22.9	9.8	31.9	3.6
23:00-24:00	29.2	0.5	25.2	10.6	30.0	4.5
24:00-25:00	29.9	0.2	24.0	12.5	27.8	5.6
25:00-26:00	27.9	0.2	23.8	12.5	28.7	6.9

表 3.55.4 2009 年乌鲁木齐市场收视份额排名前十位的频道

名次	频道名称	收视份额（%）
1	中央电视台综合频道	17.1
2	湖南电视台卫星频道	6.5
3	中央台八套	6.0
4	中央台三套	4.1
5	新疆电视台二套（维语新闻综合频道）	3.9
6	中央台六套	3.7
7	乌鲁木齐电视台新闻综合频道（一套）	2.7
8	新疆电视台四套（汉语综艺频道）	2.6
8	中央电视台新闻频道	2.6
10	中央电视台少儿频道	2.4

表 3.55.5 2009 年乌鲁木齐市场各主要频道的观众构成（%）

目标观众		所有频道	主要频道				
			中央电视台综合频道	湖南电视台卫星频道	中央台八套	中央台三套	新疆电视台二套（维语新闻综合频道）
4 岁及以上所有人		100.0	100.0	100.0	100.0	100.0	100.0
性别	男	49.5	51.1	36.5	41.8	51.7	46.3
	女	50.5	48.9	63.5	58.2	48.3	53.7
年龄	4－14 岁	7.3	5.1	8.9	4.9	4.1	18.2
	15－24 岁	8.6	5.9	16.8	7.2	5.9	19.3
	25－34 岁	17.8	13.8	24.1	18.1	16.1	18.7
	35－44 岁	22.7	21.3	25.8	21.9	22.3	24.4
	45－54 岁	15.8	17.8	13.9	18.5	18.4	11.3
	55－64 岁	12.4	14.1	5.6	13.1	15.4	4.2
	65 岁及以上	15.4	22.0	4.9	16.3	17.8	3.9
教育程度	未受过正规教育	3.9	4.1	2.3	3.5	4.2	4.2
	小学	14.7	13.5	9.8	13.3	12.7	31.7
	初中	26.7	27.9	23.1	26.5	28.3	29.7
	高中	28.8	29.7	34.4	30.5	28.1	18.0
	大学及以上	25.9	24.8	30.4	26.2	26.7	16.4
职业类别	干部/管理人员	5.8	8.2	6.5	6.4	8.2	1.7
	个体/私营企业人员	15.4	13.9	16.0	13.1	13.3	16.8
	初级公务员/雇员	21.1	19.3	27.7	26.3	21.6	8.2
	工人	8.5	8.1	10.9	7.7	10.1	6.7
	学生	9.9	7.3	18.7	7.4	7.1	22.3
	无业	39.3	43.2	20.2	39.1	39.7	44.3
个人月收入	0－600 元	26.8	22.8	29.5	23.1	19.0	64.9
	601－1200 元	28.0	28.8	24.8	29.7	28.1	18.6
	1201－1700 元	23.6	25.5	26.4	24.2	27.1	11.9
	1701－2600 元	16.0	18.2	14.2	15.8	20.2	3.9
	2601 元及以上	5.6	4.7	5.1	7.2	5.6	0.7

表 3.55.6 2007—2009 年乌鲁木齐市场各类节目的播出份额（%）和收视份额（%）

节目类别	2007 年		2008 年		2009 年	
	播出份额	收视份额	播出份额	收视份额	播出份额	收视份额
财经	1.0	0.8	1.7	0.7	2.0	1.0
电视剧	28.3	35.5	25.1	31.2	23.2	30.9
电影	5.6	6.7	3.8	5.8	4.2	6.0
法制	1.0	1.5	1.1	1.3	1.2	1.2
教学	0.6	0.3	0.5	0.2	0.5	0.2
青少	3.4	1.7	5.0	2.3	5.3	2.8
生活服务	8.8	5.5	7.8	5.6	7.8	6.2
体育	2.1	3.0	2.9	6.5	2.0	1.9
外语	0.3	0.1	0.2	0.0	0.1	0.0
戏剧	1.2	0.7	1.1	0.4	1.2	0.6
新闻/时事	11.1	10.5	13.7	15.0	13.2	13.1
音乐	1.6	1.1	2.5	0.7	2.8	1.0
专题	11.1	6.7	11.3	6.2	10.8	7.0
综艺	7.1	8.2	7.1	7.4	9.0	10.3
其他	16.8	17.7	16.2	16.7	16.7	17.8

表 3.55.7　2009 年乌鲁木齐市场所有节目收视率排名前三十位

名次	节目名称	节目类型	播出频道	平均收视率（%）	平均占有率（%）
1	2009 春节联欢晚会	综艺	中央电视台综合频道	40.8	76.4
2	首都各界庆祝中华人民共和国成立 60 周年联欢晚会	综艺	中央电视台综合频道	26.0	56.4
3	欢天喜地闹元宵 2009 年元宵晚会	综艺	中央电视台综合频道	24.1	47.3
4	新闻联播	新闻/时事	中央电视台综合频道	21.9	73.6
5	天气预报	生活服务	中央电视台综合频道	18.8	56.3
6	走西口	电视剧	中央电视台综合频道	16.3	34.5
7	焦点访谈	新闻/时事	中央电视台综合频道	15.5	45.0
8	人民英模	专题	中央电视台综合频道	13.9	38.3
9	西藏今昔	专题	中央电视台综合频道	13.7	39.3
10	宜春月中华情 2009 年中央电视台中秋晚会	综艺	中央电视台综合频道	13.4	33.9
11	万众一心向前进 2009 年军民迎新春文艺晚会	综艺	中央电视台综合频道	13.4	29.5
12	密战	电视剧	中央电视台综合频道	12.5	26.0
13	曲苑杂坛	综艺	中央电视台综合频道	12.0	29.9
14	解放农奴	专题	中央电视台综合频道	11.4	34.6
15	2009 万家灯火平安夜公安部 2009 年春节电视文艺晚会	综艺	中央电视台综合频道	10.7	28.5
16	CCTV2008 感动中国颁奖晚会	综艺	中央电视台综合频道	10.6	22.3
17	我的青春谁做主	电视剧	中央电视台综合频道	10.5	24.1
18	清凌凌的水蓝莹莹的天第二部	电视剧	中央电视台综合频道	10.5	22.2
19	百年先念	专题	中央电视台综合频道	10.2	27.4
20	在那遥远的地方	电视剧	中央电视台综合频道	10.1	24.4
21	黔岭放歌中央电视台心连心艺术团赴贵州仁怀慰问演出	综艺	中央电视台综合频道	9.9	23.8
22	春天的祝福文化部 2009 年春节电视晚会	综艺	中央电视台综合频道	9.8	23.4
23	沧海	电视剧	中央电视台综合频道	9.8	20.6
24	中华人民共和国第十一届运动会闭幕式	体育	中央电视台综合频道	9.4	19.5
25	叶挺将军	电视剧	中央电视台综合频道	9.3	20.1
26	鹰隼大队	电视剧	中央电视台综合频道	9.3	19.3
27	宋任穷	专题	中央电视台综合频道	9.1	21.3
28	金凤花开	电视剧	中央电视台综合频道	9.0	18.1
29	温家宝总理在阿盟总部发表演讲	新闻/时事	中央电视台综合频道	8.9	18.7
30	我的兄弟叫顺溜	电视剧	中央电视台综合频道	8.8	21.4

表 3.55.8　2009 年乌鲁木齐市场电视剧收视率排名前十位

名次	节目名称	播出频道	平均收视率（%）	平均占有率（%）
1	走西口	中央电视台综合频道	16.3	34.5
2	密战	中央电视台综合频道	12.5	26.0
3	我的青春谁做主	中央电视台综合频道	10.5	24.1
4	清凌凌的水蓝莹莹的天第二部	中央电视台综合频道	10.5	22.2
5	在那遥远的地方	中央电视台综合频道	10.1	24.4
6	沧海	中央电视台综合频道	9.8	20.6
7	叶挺将军	中央电视台综合频道	9.3	20.1
8	鹰隼大队	中央电视台综合频道	9.3	19.3
9	金凤花开	中央电视台综合频道	9.0	18.1
10	我的兄弟叫顺溜	中央电视台综合频道	8.8	21.4

表 3.55.9　2009 年乌鲁木齐市场新闻节目收视率排名前十位

名次	节目名称	播出频道	平均收视率（%）	平均占有率（%）
1	新闻联播	中央电视台综合频道	21.9	73.6
2	焦点访谈	中央电视台综合频道	15.5	45.0
3	温家宝总理在阿盟总部发表演讲	中央电视台综合频道	8.9	18.7
4	温家宝总理会见中外记者	中央电视台综合频道	8.6	19.5
5	澳门十年	中央电视台综合频道	7.7	17.9
6	中俄建交六十周年庆祝大会暨中国俄语年闭幕式	中央电视台综合频道	6.5	14.2
7	我们的节日春节—年又—年四海—家亲	中央电视台综合频道	5.6	37.4
8	新闻 1+1	乌鲁木齐电视台新闻综合频道（一套）	5.5	13.7
9	中国新疆乌鲁木齐新闻发布会	乌鲁木齐电视台新闻综合频道（一套）	5.1	11.6
10	乌鲁木齐市 7.5 事件善后处理工作情况通报会	乌鲁木齐电视台新闻综合频道（一套）	4.2	9.4

表 3.55.10　2009 年乌鲁木齐市场专题节目收视率排名前十位

名次	节目名称	播出频道	平均收视率（%）	平均占有率（%）
1	人民英模	中央电视台综合频道	13.9	38.3
2	西藏今昔	中央电视台综合频道	13.7	39.3
3	解放农奴	中央电视台综合频道	11.4	34.6
4	百年先念	中央电视台综合频道	10.2	27.4
5	宋任穷	中央电视台综合频道	9.1	21.3
6	澳门十年	中央电视台综合频道	7.8	16.0
7	西藏农奴的故事	中央电视台综合频道	7.7	20.3
8	人民至上	中央电视台综合频道	7.4	19.5
9	相信中国 2009 年当代工人五一特别节目	中央电视台综合频道	7.1	17.7
10	西藏民主改革 50 年	中央电视台综合频道	6.4	14.0

表 3.55.11　2009 年乌鲁木齐市场综艺节目收视率排名前十位

名次	节目名称	播出频道	平均收视率（%）	平均占有率（%）
1	2009 春节联欢晚会	中央电视台综合频道	40.8	76.4
2	首都各界庆祝中华人民共和国成立 60 周年联欢晚会	中央电视台综合频道	26.0	56.4
3	欢天喜地闹元宵 2009 年元宵晚会	中央电视台综合频道	24.1	47.3
4	宜春月中华情 2009 年中央电视台中秋晚会	中央电视台综合频道	13.4	33.9
5	万众一心向前进 2009 年军民迎新春文艺晚会	中央电视台综合频道	13.4	29.6
6	曲苑杂坛	中央电视台综合频道	12.0	29.9
7	2009 万家灯火平安夜公安部 2009 年春节电视文艺晚会	中央电视台综合频道	10.7	28.5
8	CCTV2008 感动中国颁奖晚会	中央电视台综合频道	10.6	22.3
9	黔岭放歌中央电视台心连心艺术团赴贵州仁怀慰问演出	中央电视台综合频道	9.9	23.8
10	春天的祝福文化部 2009 年春节电视晚会	中央电视台综合频道	9.8	23.4

表 3.55.12　2009 年乌鲁木齐市场体育节目收视率排名前十位

名次	节目名称	播出频道	平均收视率（%）	平均占有率（%）
1	中华人民共和国第十一届运动会闭幕式	中央电视台综合频道	9.4	19.5
2	哈尔滨 24TH 世界大学生冬季运动会	中央电视台综合频道	8.5	18.8
3	中华人民共和国第十一届运动会开幕式	中央电视台综合频道	7.4	16.0
4	现场直播：第 11 届全运会男子 110 米栏预赛	中央台五套	3.9	8.4
5	现场直播：第 11 届全运会男子十项全能之五 400 米	中央台五套	3.9	8.1
6	现场直播：第 11 届全运会女子撑杆跳高决赛	中央台五套	3.9	8.0
7	直播周末 NBA 赛场：08/09 赛季 NBA 西部决赛 - 湖人 VS 掘金	中央台五套	3.8	41.6
8	直播周末 NBA 赛场：08/09 赛季 NBA 季后赛 - 开拓者 VS 火箭	中央台五套	3.4	37.6
9	现场直播：第十一届全运会男子 4 × 100 米个人混合泳接力决赛	中央台五套	3.2	8.6
10	黄金赛场 CBA 总决赛：2008/2009 赛季 CBA 总决赛 - 新疆广汇 VS 广东东莞银行	中央台五套	3.1	8.0

五十六、武汉收视数据

表 3.56.1　2005—2009 年武汉市场各类频道的市场占有率（%）

频道类别	年份				
	2005 年	2006 年	2007 年	2008 年	2009 年
中央台频道	38.2	39.5	37.4	34.5	25.5
中国教育台频道	0.1	0.1	0.3	0.2	0.2
湖北省级频道	15.2	15.0	14.2	18.8	23.7
武汉市级频道	22.9	21.0	22.2	21.3	18.2
其他省级卫视频道	15.6	18.8	22.1	19.0	27.5
其他频道	8.1	5.7	3.7	6.1	4.9

表 3.56.2　2009 年武汉市场各类频道在不同目标观众中的市场占有率（%）

目标观众		中央台频道	中国教育台频道	湖北省级频道	武汉市级频道	其他省级卫视频道	其他频道
4 岁及以上所有人		25.5	0.2	23.7	27.5	18.2	5.0
性别	男	28.2	0.2	23.8	26.0	16.5	5.4
	女	23.0	0.2	23.6	28.9	19.8	4.6
年龄	4 - 14 岁	21.7	0.2	18.4	31.3	23.6	4.8
	15 - 24 岁	16.0	0.1	28.4	26.0	23.2	6.2
	25 - 34 岁	21.1	0.2	26.5	29.5	18.9	3.9
	35 - 44 岁	20.0	0.2	29.9	28.5	16.5	4.9
	45 - 54 岁	25.7	0.1	22.6	28.3	18.4	4.8
	55 - 64 岁	28.5	0.2	24.0	24.8	17.3	5.3
	65 岁及以上	36.6	0.1	18.8	25.3	13.9	5.2
教育程度	未受过正规教育	25.1	0.2	19.6	35.4	15.7	4.1
	小学	25.3	0.1	23.7	26.8	20.7	3.3
	初中	25.0	0.2	25.8	26.0	18.9	4.1
	高中	24.0	0.1	23.5	29.4	17.4	5.4
	大学及以上	30.0	0.2	21.6	24.2	17.5	6.5
职业类别	干部/管理人员	27.4	0.2	27.6	20.2	17.0	7.6
	个体/私营企业人员	19.7	0.3	29.8	29.2	16.8	4.1
	初级公务员/雇员	26.7	0.1	22.9	24.9	19.7	5.6
	工人	22.8	0.2	22.0	31.9	18.6	4.5
	学生	17.4	0.1	23.8	27.2	25.3	6.1
	无业	28.7	0.2	22.9	26.9	16.6	4.7
	其他	25.1	0.1	36.6	21.8	13.9	2.6
个人月收入	0 - 600 元	20.9	0.2	25.5	28.6	20.2	4.7
	601 - 1200 元	25.9	0.1	22.7	28.9	17.6	4.7
	1201 - 1700 元	28.4	0.3	23.9	24.3	16.4	6.7
	1701 - 2600 元	30.1	0.2	21.7	25.6	16.8	5.7
	2601 元及以上	36.0	0.3	24.0	18.5	17.1	4.1

表 3.56.3 2009 年武汉市场各类频道在不同时段的市场占有率（%）

时间段	中央台频道	中国教育台频道	湖北省级频道	武汉市级频道	其他省级卫视频道	其他频道
02:00－03:00	34.9	0.1	12.7	15.9	24.8	11.7
03:00－04:00	35.3	0.0	13.3	16.5	24.2	10.6
04:00－05:00	34.1	0.0	14.1	17.0	26.1	8.6
05:00－06:00	40.4	0.1	12.3	17.0	23.8	6.5
06:00－07:00	46.3	0.3	15.9	11.8	18.5	7.2
07:00－08:00	46.9	0.1	20.4	15.0	12.3	5.2
08:00－09:00	39.7	0.1	15.1	20.0	20.2	4.8
09:00－10:00	31.8	0.1	13.7	22.5	25.9	5.9
10:00－11:00	30.0	0.3	13.9	21.9	27.8	6.2
11:00－12:00	35.0	0.4	14.9	16.5	27.0	6.3
12:00－13:00	36.3	0.1	19.0	16.9	21.2	6.5
13:00－14:00	30.4	0.3	16.4	18.9	26.5	7.5
14:00－15:00	24.5	0.3	17.9	18.3	32.1	6.8
15:00－16:00	24.4	0.2	16.4	19.4	32.9	6.7
16:00－17:00	24.7	0.2	18.5	19.1	31.3	6.3
17:00－18:00	18.8	0.1	32.4	25.6	17.8	5.3
18:00－19:00	15.1	0.1	37.1	37.2	6.6	4.0
19:00－20:00	26.5	0.1	26.6	37.9	5.5	3.4
20:00－21:00	26.3	0.1	27.1	28.1	15.2	3.2
21:00－22:00	24.6	0.2	24.7	28.4	18.2	4.0
22:00－23:00	18.4	0.3	26.0	32.7	17.9	4.8
23:00－24:00	21.8	0.2	22.4	32.0	18.2	5.3
24:00－25:00	29.1	0.1	13.7	26.5	23.3	7.3
25:00－26:00	29.5	0.1	16.6	23.1	22.9	7.9

表 3.56.4 2009 年武汉市场收视份额排名前十位的频道

名次	频道名称	收视份额（%）
1	湖北经视	10.7
2	武汉电视台文艺频道	10.0
3	湖北综合	8.0
4	中央电视台综合频道	5.7
5	湖北卫视	4.5
6	武汉电视台影视频道	3.6
7	武汉电视台新闻综合频道	3.5
8	湖南电视台卫星频道	3.3
9	中央台三套	2.8
10	中央台五套	2.7

表 3.56.5　2009 年武汉市场各主要频道的观众构成（%）

目标观众		所有频道	主要频道				
			湖北经视	武汉电视台文艺频道	湖北综合	中央电视台综合频道	湖北卫视
4 岁及以上所有人		100.0	100.0	100.0	100.0	100.0	100.0
性别	男	48.7	45.9	42.2	49.5	52.7	53.7
	女	51.3	54.1	57.8	50.5	47.3	46.3
年龄	4－14 岁	8.1	5.5	3.3	7.6	3.9	6.0
	15－24 岁	7.8	8.0	4.8	11.8	6.5	8.7
	25－34 岁	10.5	10.8	10.2	13.4	7.7	11.9
	35－44 岁	11.7	11.6	10.7	18.6	9.1	13.8
	45－54 岁	30.3	34.3	37.1	22.4	27.6	27.3
	55－64 岁	16.5	17.8	16.8	14.0	19.0	21.2
	65 岁及以上	15.1	12.0	17.2	12.2	26.3	11.1
教育程度	未受过正规教育	4.2	3.3	2.9	4.3	3.8	3.2
	小学	11.2	12.2	8.0	9.3	13.4	11.9
	初中	27.7	30.3	27.6	29.5	24.6	29.9
	高中	38.7	38.9	44.9	39.8	34.0	35.1
	大学及以上	18.2	15.3	16.6	17.1	24.3	20.0
职业类别	干部/管理人员	4.6	5.2	2.9	6.3	5.1	5.4
	个体/私营企业人员	5.6	5.1	3.8	9.8	3.9	6.0
	初级公务员/雇员	11.1	11.0	10.9	8.9	8.5	12.0
	工人	20.5	22.0	22.2	16.8	15.9	15.8
	学生	9.9	8.4	5.1	10.8	6.6	11.4
	无业	45.9	45.6	52.1	44.4	55.2	42.7
	其他	2.4	2.8	3.0	3.2	4.8	6.7
个人月收入	0－600 元	30.9	31.7	26.5	37.2	24.7	29.1
	601－1200 元	44.1	44.4	54.8	40.1	41.3	41.4
	1201－1700 元	11.1	11.0	8.2	10.5	14.6	12.8
	1701－2600 元	8.8	8.2	6.8	6.1	9.2	10.6
	2601 元及以上	5.1	4.6	3.7	6.2	10.3	6.0

表 3.56.6　2007—2009 年武汉市场各类节目的播出份额（%）和收视份额（%）

节目类别	2007 年		2008 年		2009 年	
	播出份额	收视份额	播出份额	收视份额	播出份额	收视份额
财经	1.5	0.8	1.6	0.9	2.0	1.1
电视剧	25.1	34.9	25.1	33.9	23.5	35.5
电影	5.8	10.4	4.7	6.9	4.5	5.2
法制	1.2	0.6	1.0	0.6	1.3	1.2
教学	0.5	0.2	0.5	0.2	0.5	0.1
少儿节目	4.6	2.2	5.1	3.3	5.6	2.7
生活服务	6.6	3.5	7.7	4.1	8.7	4.5
体育	2.1	4.8	3.1	6.7	2.2	2.7
外语	0.2	0.1	0.1	0.0	0.1	0.0
戏剧	1.2	0.6	1.0	0.5	1.1	0.3
新闻/时事	12.3	10.1	13.0	12.7	13.2	13.4
音乐	1.9	1.5	1.5	0.7	1.5	0.7
专题	11.3	8.2	11.5	7.7	10.5	6.5
综艺	8.1	10.1	7.1	8.5	8.7	10.8
其他	17.6	12.2	17.1	13.3	16.7	15.2

表 3.56.7　2009 年武汉市场所有节目收视率排名前三十位

名次	节目名称	节目类型	播出频道	平均收视率（%）	平均占有率（%）
1	2009 春节联欢晚会	综艺	中央电视台综合频道	36.9	70.7
2	首都各界庆祝中华人民共和国成立 60 周年联欢晚会	综艺	中央电视台综合频道	17.1	37.7
3	欢天喜地闹元宵 2009 年元宵晚会	综艺	中央电视台综合频道	11.8	32.6
4	宜春月中华情 2009 年中央电视台中秋晚会	综艺	中央电视台综合频道	10.1	25.1
5	荆楚颂歌 1949－2009 湖北省庆祝新中国成立 60 周年文艺晚会	综艺	湖北卫视	9.3	22.6
6	荆楚楷模新中国成立以来湖北最具影响的劳动模范颁奖晚会	综艺	湖北经视	7.1	17.3
7	荆楚大联欢 2009 年湖北省春节文艺晚会	综艺	湖北卫视	7.0	18.7
8	地下地上	电视剧	武汉电视台文艺频道	6.8	20.8
9	天气预报	生活服务	中央电视台综合频道	6.8	19.7
10	直播周末：2009 年苏迪曼杯世界羽毛球混合团体锦标赛决赛男单	体育	中央台五套	6.8	16.3
11	战后之战	电视剧	武汉电视台文艺频道	6.7	20.2
12	不离不弃	电视剧	武汉电视台文艺频道	6.5	19.0
13	直播周末：2009 年苏迪曼杯世界羽毛球混合团体锦标赛决赛男双	体育	中央台五套	6.5	17.8
14	黑玫瑰	电视剧	武汉电视台文艺频道	6.4	19.1
15	庆祝新中国成立 60 周年湖北新歌大赛暨歌颂天下湖北美总决赛	综艺	湖北卫视	6.3	16.0
16	祖国万岁庆祝中华人民共和国成立 60 周年大型文艺晚会	综艺	中央电视台综合频道	6.3	15.7
17	北方有佳人	电视剧	湖北经视	6.0	17.2
18	庆祝新中国成立 60 周年湖北新歌大赛暨歌颂天下湖北美颁奖晚会	综艺	湖北卫视	6.0	14.3
19	现场直播：第十一届全运会男子 110 米栏决赛	体育	中央台五套	6.0	14.3
20	有泪悄悄流	电视剧	武汉电视台文艺频道	5.9	19.0
21	直播周末：2009 年苏迪曼杯世界羽毛球混合团体锦标赛决赛混双	体育	中央台五套	5.9	16.6
22	经视直播	新闻/时事	湖北经视	5.8	22.5
23	谍变 1939	电视剧	武汉电视台文艺频道	5.8	18.7
24	剑谍	电视剧	武汉电视台文艺频道	5.8	18.6
25	潜伏	电视剧	武汉电视台文艺频道	5.8	18.5
26	女高男低	电视剧	武汉电视台文艺频道	5.7	18.3
27	狙击手	电视剧	武汉电视台文艺频道	5.7	17.7
28	江阴要塞	电视剧	湖北经视	5.7	16.4
29	延安锄奸	电视剧	武汉电视台文艺频道	5.6	18.6
30	走西口	电视剧	中央电视台综合频道	5.6	14.7

表 3.56.8 2009 年武汉市场电视剧收视率排名前十位

名次	节目名称	播出频道	平均收视率(%)	平均占有率(%)
1	地下地上	武汉电视台文艺频道	6.8	20.8
2	战后之战	武汉电视台文艺频道	6.7	20.2
3	不离不弃	武汉电视台文艺频道	6.5	19.0
4	黑玫瑰	武汉电视台文艺频道	6.4	19.1
5	北方有佳人	湖北经视	6.0	17.2
6	有泪悄悄流	武汉电视台文艺频道	5.9	19.0
7	谍变 1939	武汉电视台文艺频道	5.8	18.7
8	剑谍	武汉电视台文艺频道	5.8	18.6
9	潜伏	武汉电视台文艺频道	5.8	18.5
10	女高男低	武汉电视台文艺频道	5.7	18.3

表 3.56.9 2009 年武汉市场新闻节目收视率排名前十位

名次	节目名称	播出频道	平均收视率(%)	平均占有率(%)
1	经视直播	湖北经视	5.8	22.5
2	新闻联播	中央电视台综合频道	4.3	13.4
3	经视哼天	湖北经视	3.0	20.4
4	我们的节日春节一年又一年四海一家亲	中央电视台综合频道	3.0	11.4
5	今晚 6 点	湖北卫视	2.8	11.5
6	武汉新闻	武汉电视台新闻综合频道	2.8	7.7
7	转播中央台新闻联播	武汉电视台新闻综合频道	2.5	7.7
8	焦点访谈	中央电视台综合频道	2.5	7.0
9	盛典国庆 60 周年特别报道	中央电视台新闻频道	2.1	9.2
10	中俄建交六十周年庆祝大会暨中国俄语年闭幕式	中央电视台综合频道	2.1	5.1

表 3.56.10 2009 年武汉市场专题节目收视率排名前十位

名次	节目名称	播出频道	平均收视率(%)	平均占有率(%)
1	情感大搜索	湖北经视	4.5	11.8
2	人民至上	中央电视台综合频道	4.2	11.3
3	2009 中央电视台 3.15 晚会	中央电视台综合频道	3.2	8.7
4	牛年特别节目红人小沈阳	江苏卫视	3.2	8.1
5	百年先念	中央电视台综合频道	3.1	8.5
6	我们的田野 2009 三八特别节目	中央电视台综合频道	3.0	7.6
7	解放农奴	中央电视台综合频道	2.8	7.6
8	时代的责任精神文明建设五个一工程巡礼	中央电视台综合频道	2.8	6.9
9	辉煌六十年	中央电视台综合频道	2.5	6.2
10	宋任穷	中央电视台综合频道	2.1	5.8

表 3.56.11 2009 年武汉市场综艺节目收视率排名前十位

名次	节目名称	播出频道	平均收视率（%）	平均占有率（%）
1	2009 春节联欢晚会	中央电视台综合频道	36.9	70.7
2	首都各界庆祝中华人民共和国成立 60 周年联欢晚会	中央电视台综合频道	17.1	37.7
3	欢天喜地闹元宵 2009 年元宵晚会	中央电视台综合频道	11.8	32.6
4	宜春月中华情 2009 年中央电视台中秋晚会	中央电视台综合频道	10.1	25.1
5	荆楚颂歌 1949－2009 湖北省庆祝新中国成立 60 周年文艺晚会	湖北卫视	9.3	22.6
6	荆楚楷模新中国成立以来湖北最具影响的劳动模范颁奖晚会	湖北经视	7.1	17.3
7	荆楚大联欢 2009 年湖北省春节文艺晚会	湖北卫视	7.0	18.7
8	庆祝新中国成立 60 周年湖北新歌大赛暨歌颂天下湖北美总决赛	湖北卫视	6.3	16.0
9	祖国万岁庆祝中华人民共和国成立 60 周年大型文艺晚会	中央电视台综合频道	6.3	15.7
10	庆祝新中国成立 60 周年湖北新歌大赛暨歌颂天下湖北美颁奖晚会	湖北卫视	6.0	14.8

表 3.56.12 2009 年武汉市场体育节目收视率排名前十位

名次	节目名称	播出频道	平均收视率（%）	平均占有率（%）
1	直播周末：2009 年苏迪曼杯世界羽毛球混合团体锦标赛决赛男单	中央台五套	6.8	16.3
2	直播周末：2009 年苏迪曼杯世界羽毛球混合团体锦标赛决赛男双	中央台五套	6.5	17.8
3	现场直播：第十一届全运会男子 110 米栏决赛	中央台五套	6.0	14.3
4	直播周末：2009 年苏迪曼杯世界羽毛球混合团体锦标赛决赛混双	中央台五套	5.9	16.6
5	直播周末：第 50 届世界乒乓球锦标赛男单 1/4 决赛	中央台五套	4.5	11.2
6	2009 年苏迪曼杯世界羽毛球混合团体锦标赛小组赛女子单打	中央台五套	4.4	11.8
7	现场直播：第十一届全运会男子举重 94 公斤级决赛	中央台五套	4.3	9.5
8	足球之夜：2009 年中国之队国际足球友谊赛－中国 VS 沙特阿拉伯	中央台五套	3.9	14.6
9	中华人民共和国第十一届运动会开幕式	中央电视台综合频道	3.5	8.6
10	直播周末：2009 年第 25 届亚洲男篮锦标赛决赛－中国队 VS 伊朗队	中央台五套	3.5	8.5

五十七、西安收视数据

表 3.57.1　2005—2009 年西安市场各类频道的市场占有率（%）

频道类别	年份				
	2005 年	2006 年	2007 年	2008 年	2009 年
中央台频道	39.3	39.4	37.6	41.1	36.7
中国教育台频道	0.0	0.0	0.1	0.0	0.1
陕西省级频道	18.6	17.8	17.8	18.4	19.0
西安市级频道	15.0	12.7	11.6	10.7	10.6
其他省级卫视频道	18.2	22.3	25.2	25.9	28.9
其他频道	8.9	7.9	7.7	3.9	4.7

表 3.57.2　2009 年西安市场各类频道在各目标观众中的市场占有率（%）

目标观众		中央台频道	中国教育台频道	陕西省级频道	西安市级频道	其他省级卫视频道	其他频道
4 岁及以上所有人		36.7	0.1	19.0	10.6	28.9	4.7
性别	男	38.3	0.1	18.7	10.7	27.1	5.2
	女	34.9	0.1	19.2	10.6	30.9	4.3
年龄	4－14 岁	36.2	0.1	16.2	9.2	34.2	4.2
	15－24 岁	27.7	0.0	18.7	11.7	37.3	4.6
	25－34 岁	32.8	0.1	21.3	9.6	31.2	5.1
	35－44 岁	35.9	0.1	18.3	10.7	31.1	4.0
	45－54 岁	36.9	0.1	20.4	10.6	28.1	4.0
	55－64 岁	38.0	0.1	20.5	11.6	23.8	6.0
	65 岁及以上	47.5	0.1	14.6	10.8	21.6	5.5
教育程度	未受过正规教育	45.6	0.1	15.6	7.3	26.4	5.1
	小学	37.2	0.0	18.6	11.0	30.4	2.8
	初中	33.8	0.1	21.3	12.4	29.2	3.2
	高中	35.9	0.1	19.1	10.4	29.6	4.9
	大学及以上	41.7	0.1	15.4	8.3	26.2	8.3
职业类别	干部/管理人员	48.3	0.0	15.6	6.9	22.3	6.9
	个体/私营企业人员	32.7	0.1	21.3	11.2	30.1	4.6
	初级公务员/雇员	41.7	0.1	15.5	9.5	26.5	6.8
	工人	35.1	0.1	19.8	10.4	30.0	4.6
	学生	31.1	0.0	17.0	10.1	38.1	3.6
	无业	39.8	0.1	18.5	10.8	26.2	4.6
	其他	27.6	0.1	25.2	13.5	29.9	3.8
个人月收入	0－600 元	37.1	0.1	19.8	12.0	26.8	4.3
	601－1200 元	37.5	0.1	19.1	11.2	28.0	4.2
	1201－1700 元	41.9	0.1	16.0	8.2	27.7	6.2
	1701 元及以上	39.0	0.1	17.7	8.5	27.5	7.3

表 3.57.3　2009 年西安市场各类频道在不同时段的市场占有率（%）

时间段	中央台频道	中国教育台频道	陕西省级频道	西安市级频道	其他省级卫视频道	其他频道
02:00－03:00	36.9	0.0	9.2	6.2	40.7	7.1
03:00－04:00	40.8	0.0	6.5	2.8	42.2	7.7
04:00－05:00	39.6	0.0	6.2	2.3	45.8	6.0
05:00－06:00	43.9	0.0	5.6	2.0	43.0	5.6
06:00－07:00	66.2	0.1	3.5	1.5	23.6	5.1
07:00－08:00	64.5	0.0	5.1	8.8	16.7	5.0
08:00－09:00	48.7	0.0	11.7	7.1	28.1	4.3
09:00－10:00	40.6	0.0	10.1	6.7	37.0	5.6
10:00－11:00	39.6	0.1	11.2	5.3	37.6	6.2
11:00－12:00	41.8	0.1	11.3	4.1	37.4	5.4
12:00－13:00	47.7	0.0	14.4	5.7	27.4	4.9
13:00－14:00	38.0	0.1	13.9	4.9	36.9	6.2
14:00－15:00	31.6	0.2	12.4	4.4	45.3	6.3
15:00－16:00	29.8	0.0	12.3	5.8	45.3	6.7
16:00－17:00	31.6	0.0	13.0	5.6	43.6	6.2
17:00－18:00	36.7	0.1	12.0	6.8	38.3	6.2
18:00－19:00	32.8	0.0	20.9	24.2	17.7	4.4
19:00－20:00	49.3	0.0	24.9	13.5	8.6	3.7
20:00－21:00	38.4	0.1	22.1	12.7	23.2	3.6
21:00－22:00	32.6	0.1	26.2	12.5	25.3	3.3
22:00－23:00	22.7	0.1	30.3	14.7	27.8	4.4
23:00－24:00	29.4	0.1	20.0	12.3	34.1	4.2
24:00－25:00	30.9	0.0	17.0	9.5	37.6	5.0
25:00－26:00	30.4	0.0	12.2	8.5	42.4	6.5

表 3.57.4　2009 年西安市场收视份额排名前十位的频道

名次	频道名称	收视份额（%）
1	中央电视台综合频道	9.1
2	陕西电视台都市青春频道（二套）	6.4
3	中央台三套	4.2
4	湖南电视台卫星频道	3.9
4	中央电视台新闻频道	3.9
6	中央电视台少儿频道	3.8
7	西安电视台一套（新闻综合频道）	3.6
8	中央台八套	3.3
8	陕西电视台新闻综合频道（一套）	3.3
10	西安电视台二套（白鸽都市频道）	3.2

表 3.57.5　2009 年西安市场各主要频道的观众构成（%）

目标观众		所有频道	主要频道				
			中央电视台综合频道	陕西电视台都市青春频道（二套）	中央台三套	湖南电视台卫星频道	中央电视台新闻频道
4 岁及以上所有人		100.0	100.0	100.0	100.0	100.0	100.0
性别	男	51.1	52.6	45.4	50.6	38.3	57.6
	女	48.9	47.4	54.6	49.4	61.7	42.4
年龄	4－14 岁	8.9	5.5	5.0	5.4	15.3	3.0
	15－24 岁	9.1	5.5	7.2	7.8	19.2	6.3
	25－34 岁	14.9	9.9	16.9	13.6	21.0	8.5
	35－44 岁	15.3	13.8	13.2	18.9	14.7	13.7
	45－54 岁	23.6	22.8	28.6	27.7	19.1	27.3
	55－64 岁	15.7	19.1	19.3	15.5	6.2	17.6
	65 岁及以上	12.5	23.4	9.8	11.1	4.5	23.6
教育程度	未受过正规教育	2.9	2.2	2.8	2.1	2.6	2.2
	小学	11.7	11.5	8.9	8.1	10.8	14.1
	初中	29.1	27.3	36.6	30.7	27.0	25.7
	高中	39.9	37.3	38.6	43.9	43.5	38.6
	大学及以上	16.4	21.7	13.1	15.2	16.1	19.4
职业类别	干部/管理人员	2.6	3.8	1.7	2.8	1.3	4.2
	个体/私营企业人员	11.4	9.7	11.9	12.2	11.2	11.7
	初级公务员/雇员	9.2	12.6	8.0	9.8	10.0	8.9
	工人	19.7	15.4	18.5	23.1	21.0	14.9
	学生	11.4	7.6	6.2	8.2	24.6	5.8
	无业	39.2	46.0	43.9	37.6	26.3	48.7
	其他	6.5	4.9	9.8	6.3	5.6	5.8
个人月收入	0－600 元	40.3	32.7	43.0	35.6	49.3	38.6
	601－1200 元	35.0	37.7	36.1	39.9	31.4	32.7
	1201－1700 元	11.3	14.8	9.0	11.0	8.3	12.7
	1701 元及以上	13.4	14.8	11.9	13.5	11.0	16.0

表 3.57.6　2007—2009 年西安市场各类节目的播出份额（%）和收视份额（%）

节目类别	2007 年		2008 年		2009 年	
	播出份额	收视份额	播出份额	收视份额	播出份额	收视份额
青少	4.5	2.6	4.8	2.8	5.3	4.3
戏剧	1.4	1.2	1.1	0.9	1.2	0.7
教学	0.4	0.2	0.5	0.2	0.5	0.2
综艺	7.9	8.8	7.2	8.6	9.7	11.5
外语	0.2	0.2	0.1	0.1	0.1	0.1
电影	5.2	9.8	6.4	9.7	6.3	7.9
音乐	1.1	1.3	2.8	0.9	2.9	0.8
新闻/时事	13.0	11.2	13.3	14.7	12.8	14.0
电视剧	25.5	34.9	27.4	35.0	25.5	35.5
专题	11.3	6.7	11.5	7.1	11.2	6.8
体育	1.7	3.2	3.7	7.1	2.7	3.8
财经	1.5	0.8	1.7	0.9	2.0	1.1
生活服务	7.7	5.4	8.2	5.7	8.5	6.4
法制	1.5	1.0	1.3	1.0	1.4	1.1
其他	17.2	12.9	9.9	5.4	9.8	5.9

表 3.57.7　2009 年西安市场所有节目收视率排名前三十位

名次	节目名称	节目类型	播出频道	平均收视率（%）	平均占有率（%）
1	2009 春节联欢晚会	综艺	中央电视台综合频道	42.6	74.9
2	首都各界庆祝中华人民共和国成立 60 周年联欢晚会	综艺	中央电视台综合频道	22.2	49.2
3	欢天喜地闹元宵 2009 年元宵晚会	综艺	中央电视台综合频道	20.7	46.3
4	天气预报	生活服务	中央电视台综合频道	10.1	32.0
5	走西口	电视剧	中央电视台综合频道	9.8	24.2
6	宜春月中华情 2009 年中央电视台中秋晚会	综艺	中央电视台综合频道	9.7	24.8
7	365 个祝福中央电视台心连心艺术团赴四川灾区慰问演出	综艺	中央电视台综合频道	9.5	24.0
8	祖国万岁庆祝中华人民共和国成立 60 周年大型文艺晚会	综艺	中央电视台综合频道	8.3	23.9
9	新闻联播	新闻/时事	中央电视台综合频道	7.6	27.1
10	保姆妈妈	电视剧	陕西电视台都市青春频道（二套）	7.4	19.3
11	2009 快乐中国快乐女声想唱就唱我最响亮全国总决赛决战之夜	综艺	湖南电视台卫星频道	6.9	18.6
12	一颗颗眼泪都是爱	电视剧	陕西电视台都市青春频道（二套）	6.8	16.8
13	万众一心向前进 2009 年军民迎新春文艺晚会	综艺	中央电视台综合频道	6.7	15.7
14	都市快报	新闻/时事	陕西电视台都市青春频道（二套）	6.5	19.0
15	在那遥远的地方	电视剧	中央电视台综合频道	6.0	17.6
16	人民至上	专题	中央电视台综合频道	5.9	18.1
17	直播周末：2009 年第 25 届亚洲男篮锦标赛决赛 - 中国队 VS 伊朗队	体育	中央台五套	5.9	17.9
18	保卫延安	电视剧	中央电视台综合频道	5.7	17.9
19	我们的节日春节一年又一年四海一家亲	新闻/时事	中央电视台综合频道	5.7	17.2
20	不离不弃	电视剧	陕西电视台都市青春频道（二套）	5.7	15.0
20	密战	电视剧	中央电视台综合频道	5.7	15.0
22	庆祝中华人民共和国成立六十周年大型音乐舞蹈史诗复兴之路	综艺	中央电视台综合频道	5.5	15.1
23	人到中年	电视剧	陕西电视台都市青春频道（二套）	5.4	14.3
24	鹰隼大队	电视剧	中央电视台综合频道	5.3	14.4
25	苍天	电视剧	中央电视台综合频道	5.2	15.2
26	我们共同走过庆祝人民政协成立六十周年文艺演出 1949 - 2009	综艺	中央电视台综合频道	4.9	15.4
27	中华人民共和国第十一届运动会开幕式	体育	中央电视台综合频道	4.7	13.0
28	天下足球：2009 年中国之队国际足球友谊赛 - 中国队 VS 伊朗队	体育	中央台五套	4.3	14.5
29	解放农奴	专题	中央电视台综合频道	4.1	10.9
30	焦点访谈	新闻/时事	中央电视台综合频道	4.0	12.6

表 3.57.8　2009 年西安市场电视剧收视率排名前十位

名次	节目名称	播出频道	平均收视率（%）	平均占有率（%）
1	走西口	中央电视台综合频道	9.8	24.2
2	保姆妈妈	陕西电视台都市青春频道（二套）	7.4	19.3
3	一颗颗眼泪都是爱	陕西电视台都市青春频道（二套）	6.8	16.8
4	在那遥远的地方	中央电视台综合频道	6.0	17.6
5	保卫延安	中央电视台综合频道	5.7	17.9
6	不离不弃	陕西电视台都市青春频道（二套）	5.7	15.0
6	密战	中央电视台综合频道	5.7	15.0
8	人到中年	陕西电视台都市青春频道（二套）	5.4	14.3
9	鹰隼大队	中央电视台综合频道	5.3	14.4
10	苍天	中央电视台综合频道	5.2	15.2

表 3.57.9　2009 年西安市场新闻节目收视率排名前十位

名次	节目名称	播出频道	平均收视率（%）	平均占有率（%）
1	新闻联播	中央电视台综合频道	7.6	27.1
2	都市快报	陕西电视台都市青春频道（二套）	6.5	19.0
3	我们的节日春节一年又一年四海一家亲	中央电视台综合频道	5.7	17.2
4	焦点访谈	中央电视台综合频道	4.0	12.6
5	温家宝总理会见中外记者	中央电视台综合频道	3.8	10.2
6	直播西安	西安电视台一套（新闻综合频道）	3.1	14.4
7	中俄建交六十周年庆祝大会暨中国俄语年闭幕式	中央电视台综合频道	2.9	8.4
8	今晚播报	陕西电视台新闻综合频道（一套）	2.4	8.8
9	盛典国庆 60 周年特别报道	中央电视台新闻频道	2.2	8.7
10	首都各界庆祝中华人民共和国成立 60 周年大会	中央电视台综合频道	1.9	13.9

表 3.57.10　2009 年西安市场专题节目收视率排名前十位

名次	节目名称	播出频道	平均收视率（%）	平均占有率（%）
1	人民至上	中央电视台综合频道	5.9	18.1
2	解放农奴	中央电视台综合频道	4.1	10.9
3	西藏今昔	中央电视台综合频道	3.8	11.3
4	朝阳行动 2009 走进震区家庭	陕西电视台都市青春频道（二套）	3.4	10.3
5	我们的田野 2009 三八特别节目	中央电视台综合频道	3.4	9.5
6	2009 中央电视台 3.15 晚会	中央电视台综合频道	3.4	9.4
7	百年先念	中央电视台综合频道	3.1	11.9
8	人民英模	中央电视台综合频道	2.9	8.6
9	宋任穷	中央电视台综合频道	2.8	9.9
10	幕后	中央台三套	1.9	6.7

表 3.57.11　2009 年西安市场综艺节目收视率排名前十位

名次	节目名称	播出频道	平均收视率（%）	平均占有率（%）
1	2009 春节联欢晚会	中央电视台综合频道	42.6	74.9
2	首都各界庆祝中华人民共和国成立 60 周年联欢晚会	中央电视台综合频道	22.2	49.2
3	欢天喜地闹元宵 2009 年元宵晚会	中央电视台综合频道	20.7	46.3
4	宜春月中华情 2009 年中央电视台中秋晚会	中央电视台综合频道	9.7	24.8
5	365 个祝福中央电视台心连心艺术团赴四川灾区慰问演出	中央电视台综合频道	9.5	24.0
6	祖国万岁庆祝中华人民共和国成立 60 周年大型文艺晚会	中央电视台综合频道	8.3	23.9
7	2009 快乐中国快乐女声想唱就唱我最响亮全国总决赛决战之夜	湖南电视台卫星频道	6.9	18.6
8	万众一心向前进 2009 年军民迎新春文艺晚会	中央电视台综合频道	6.7	15.7
9	庆祝中华人民共和国成立六十周年大型音乐舞蹈史诗复兴之路	中央电视台综合频道	5.5	15.1
10	我们共同走过庆祝人民政协成立六十周年文艺演出 1949 - 2009	中央电视台综合频道	4.9	15.4

表 3.57.12　2009 年西安市场体育节目收视率排名前十位

名次	节目名称	播出频道	平均收视率（%）	平均占有率（%）
1	直播周末：2009 年第 25 届亚洲男篮锦标赛决赛 - 中国队 VS 伊朗队	中央台五套	5.9	17.9
2	中华人民共和国第十一届运动会开幕式	中央电视台综合频道	4.7	13.0
3	天下足球：2009 年中国之队国际足球友谊赛 - 中国队 VS 伊朗队	中央台五套	4.3	14.5
4	直播周末 NBA 赛场：08/09 赛季 NBA 季后赛 - 火箭 VS 开拓者	中央台五套	3.7	20.6
5	直播地带：2008/2009 赛季中国男子篮球职业联赛 - 陕西亚旅联盟 VS 辽宁盼盼三龙	陕西电视台体育健康频道（七套）	3.6	9.0
6	直播周末 NBA 赛场：08/09 赛季 NBA 常规赛 - 火箭 VS 热火	中央台五套	3.5	23.9
7	直播周末：2009 年苏迪曼杯世界羽毛球混合团体锦标赛决赛男双	中央台五套	3.5	10.9
8	直播周末：2009 年苏迪曼杯世界羽毛球混合团体锦标赛决赛男单	中央台五套	3.5	10.5
9	2009 年上海国际田联黄金大奖赛	中央台五套	3.4	11.1
10	2009 年意大利超级杯红牛北京赛 - 拉齐奥 VS 国际米兰	中央台五套	3.3	9.6

五十八、西宁收视数据

表 3.58.1　2005—2009 年西宁市场各类频道的市场占有率(%)

频道类别	年份				
	2005 年	2006 年	2007 年	2008 年	2009 年
中央台频道	58.4	59.9	54.9	63.3	55.8
中国教育台频道	0.4	0.2	0.3	0.3	0.3
青海省级频道	11.3	8.1	9.1	7.3	5.8
西宁市级频道	3.9	3.6	4.1	2.9	4.0
其他省级卫视频道	23.8	25.3	27.8	23.9	30.2
其他频道	2.2	3.0	3.9	2.3	3.9

表 3.58.2　2009 年西宁市场各类频道在不同目标观众中的市场占有率(%)

目标观众		中央台频道	中国教育台频道	青海省级频道	西宁市级频道	其他省级卫视频道	其他频道
4 岁及以上所有人		55.8	0.3	5.8	4.0	30.2	3.9
性别	男	59.2	0.3	4.9	3.7	28.1	3.8
	女	52.5	0.2	6.7	4.3	32.3	4.0
年龄	4-14 岁	52.3	0.1	3.8	2.7	35.6	5.5
	15-24	48.5	0.2	4.5	4.2	36.3	6.3
	25-34	49.6	0.4	6.2	5.2	32.9	5.7
	35-44	57.4	0.2	5.1	2.9	30.8	3.6
	45-54	60.5	0.4	4.6	3.8	27.8	2.9
	55-64	53.0	0.4	9.0	6.4	28.5	2.7
	65 岁及以上	62.8	0.1	6.8	3.3	24.2	2.8
教育程度	未受过正规教育	52.3	0.1	7.9	3.0	28.8	8.0
	小学	51.8	0.4	7.2	6.5	30.6	3.5
	初中	53.8	0.3	5.9	4.1	32.0	3.8
	高中	57.6	0.2	5.5	3.4	30.0	3.3
	大学及以上	62.5	0.0	4.0	2.5	26.0	5.0
职业类别	干部/管理人员	62.2	0.1	4.2	2.8	27.9	2.8
	个体/私营企业人员	52.8	0.2	4.5	4.4	33.0	5.1
	初级公务员/雇员	57.8	0.2	5.0	6.6	24.5	5.9
	工人	64.2	0.2	4.6	2.2	25.7	3.1
	学生	52.4	0.2	2.9	2.4	38.0	4.1
	无业	55.2	0.4	7.9	4.5	29.0	3.0
个人月收入	0-600 元	51.4	0.3	6.3	4.4	33.4	4.2
	601-1200 元	59.1	0.2	6.0	4.0	26.8	4.0
	1201-1700 元	55.5	0.2	6.1	4.7	29.9	3.6
	1701-2600 元	61.0	0.2	3.5	2.4	28.4	4.4
	2601 元及以上	65.9	0.1	5.3	2.1	25.8	0.7

表 3.58.3 2009 年西宁市场各类频道在不同时段的市场占有率（%）

时间段	中央台频道	中国教育台频道	青海省级频道	西宁市级频道	其他省级卫视频道	其他频道
02:00-03:00	48.8	0.9	0.2	0.6	39.4	10.1
03:00-04:00	32.8	0.0	1.1	0.0	57.5	8.6
04:00-05:00	22.2	0.0	0.0	0.0	67.1	10.7
05:00-06:00	43.2	0.0	0.8	1.4	43.5	11.1
06:00-07:00	65.4	0.1	9.6	0.7	23.2	1.0
07:00-08:00	78.7	0.7	1.3	1.0	17.6	0.7
08:00-09:00	56.3	0.1	2.8	2.2	36.8	1.8
09:00-10:00	45.1	0.1	6.3	2.3	42.5	3.7
10:00-11:00	42.6	0.2	6.6	2.3	42.9	5.4
11:00-12:00	46.8	0.2	6.1	2.2	39.3	5.4
12:00-13:00	68.3	0.1	2.8	1.5	24.3	3.0
13:00-14:00	53.5	0.1	3.0	2.0	38.3	3.1
14:00-15:00	33.7	0.1	8.0	3.1	50.8	4.3
15:00-16:00	33.6	0.1	8.2	2.8	49.0	6.3
16:00-17:00	38.7	0.1	7.4	2.2	45.1	6.5
17:00-18:00	54.7	0.2	5.8	1.3	33.5	4.5
18:00-19:00	57.9	0.1	14.8	3.7	20.4	3.1
19:00-20:00	81.7	0.1	3.2	2.8	10.3	1.9
20:00-21:00	57.3	0.2	6.4	6.0	26.9	3.2
21:00-22:00	49.7	0.4	6.2	6.7	33.7	3.3
22:00-23:00	42.3	0.9	4.1	5.8	40.7	6.2
23:00-24:00	44.0	0.5	2.8	2.1	39.9	10.7
24:00-25:00	38.7	0.0	4.0	1.8	41.5	14.0
25:00-26:00	41.9	0.0	4.3	0.4	35.5	17.9

表 3.58.4 2009 年西宁市场收视份额排名前十位的频道

名次	频道名称	收视份额（%）
1	中央电视台综合频道	17.8
2	中央台八套	9.5
3	中央台六套	6.3
4	湖南电视台卫星频道	5.7
5	中央台三套	5.0
6	中央台十二套	3.3
7	西宁电视台新闻综合频道	3.2
7	中央台五套	3.2
9	中央电视台少儿频道	2.7
10	中央台二套	2.6

表 3.58.5　2009 年西宁市场各主要频道的观众构成（%）

目标观众		所有频道	主要频道				
			中央电视台综合频道	中央台八套	中央台六套	湖南电视台卫星频道	中央台三套
4 岁及以上所有人		100.0	100.0	100.0	100.0	100.0	100.0
性别	男	49.8	52.3	45.4	52.5	39.3	48.7
	女	50.2	47.7	54.6	47.5	60.7	51.3
年龄	4－14 岁	8.2	7.1	6.2	6.1	9.2	9.9
	15－24 岁	7.2	7.3	3.6	8.9	14.7	5.8
	25－34 岁	17.2	14.3	16.4	16.4	24.2	16.0
	35－44 岁	23.3	21.4	27.2	31.7	30.2	26.0
	45－54 岁	16.1	18.0	16.5	16.5	11.4	15.0
	55－64 岁	12.2	12.9	11.9	8.4	5.0	11.4
	65 岁及以上	15.8	19.0	18.2	12.0	5.3	15.9
教育程度	未受过正规教育	3.6	3.2	3.0	2.8	2.0	3.1
	小学	17.0	15.4	15.3	9.6	14.7	19.4
	初中	35.5	36.6	32.0	35.5	40.0	32.2
	高中	31.5	32.5	34.3	39.8	32.4	31.7
	大学及以上	12.4	12.3	15.4	12.3	10.9	13.6
职业类别	干部/管理人员	2.8	2.0	3.4	2.3	1.5	3.1
	个体/私营企业人员	22.3	20.7	22.5	25.6	30.3	22.9
	初级公务员/雇员	9.8	10.8	9.5	10.5	12.0	10.5
	工人	12.3	13.6	15.0	15.4	9.9	13.6
	学生	11.4	11.1	7.8	12.1	21.1	12.1
	无业	41.3	41.9	41.8	34.1	25.2	37.8
个人月收入	0－600 元	39.5	34.5	37.9	37.8	50.2	42.1
	601－1200 元	27.7	30.4	24.3	31.7	19.1	25.0
	1201－1700 元	18.2	18.4	21.5	17.6	15.4	18.8
	1701－2600 元	10.5	12.4	12.1	9.9	13.2	10.4
	2601 元及以上	4.1	4.4	4.2	3.0	2.2	3.7

表 3.58.6　2007—2009 年西宁市场各类节目的播出份额（%）和收视份额（%）

节目类别	2007 年		2008 年		2009 年	
	播出份额	收视份额	播出份额	收视份额	播出份额	收视份额
青少	5.0	3.1	4.4	3.0	4.6	4.7
戏剧	1.4	0.8	1.1	0.6	1.1	0.8
教学	0.9	0.3	0.8	0.2	0.8	0.3
综艺	8.1	9.9	5.1	7.2	6.3	9.8
外语	0.4	0.2	0.2	0.0	0.2	0.0
电影	4.5	8.3	3.2	6.0	3.2	4.5
音乐	2.7	2.0	2.7	1.0	3.0	1.1
新闻/时事	11.6	17.2	10.0	16.4	9.4	12.8
体育	2.8	4.7	2.8	6.8	2.0	3.3
电视剧	35.6	38.1	28.4	27.6	28.1	30.1
专题	13.5	8.1	10.4	5.8	10.1	5.5
财经	1.9	0.6	1.7	0.7	1.8	1.2
生活服务	9.5	4.1	9.8	6.6	9.0	6.8
法制	1.4	2.2	0.9	2.1	0.9	2.4
其他	0.8	0.4	18.6	16.0	19.5	16.7

表 3.58.7　2009 年西宁市场所有节目收视率排名前三十位

名次	节目名称	节目类型	播出频道	平均收视率（%）	平均占有率（%）
1	2009 春节联欢晚会	综艺	中央电视台综合频道	67.0	95.2
2	首都各界庆祝中华人民共和国成立 60 周年联欢晚会	综艺	中央电视台综合频道	52.6	75.5
3	新闻联播	新闻/时事	中央电视台综合频道	37.0	68.6
4	天气预报	生活服务	中央电视台综合频道	27.1	47.6
5	万众一心向前进 2009 年军民迎新春文艺晚会	综艺	中央电视台综合频道	20.4	32.9
6	焦点访谈	新闻/时事	中央电视台综合频道	20.1	34.6
7	西藏今昔	专题	中央电视台综合频道	19.2	32.8
8	欢天喜地闹元宵 2009 年元宵晚会	综艺	中央电视台综合频道	18.7	33.3
9	解放农奴	专题	中央电视台综合频道	17.2	29.3
10	走西口	电视剧	中央电视台综合频道	16.3	25.4
11	百年先念	专题	中央电视台综合频道	16.1	27.1
12	我的兄弟叫顺溜	电视剧	中央电视台综合频道	15.6	26.3
13	春天的祝福文化部 2009 年春节电视晚会	综艺	中央电视台综合频道	15.3	28.6
14	2009 万家灯火平安夜公安部 2009 年春节电视文艺晚会	综艺	中央电视台综合频道	15.1	26.5
15	宜春月中华情 2009 年中央电视台中秋晚会	综艺	中央电视台综合频道	15.1	25.3
16	人民英模	专题	中央电视台综合频道	14.8	25.7
17	澳门十年	新闻/时事	中央电视台综合频道	14.4	22.3
18	我们的节日春节一年又一年四海一家亲	新闻/时事	中央电视台综合频道	14.3	41.0
19	大风车：月亮大马戏团	青少	中央电视台综合频道	14.1	38.9
20	人间正道是沧桑	电视剧	中央台八套	13.9	23.5
21	冷箭	电视剧	中央台八套	13.4	23.1
22	黔岭放歌中央电视台心连心艺术团赴贵州仁怀慰问演出	综艺	中央电视台综合频道	12.8	20.5
23	沂蒙	电视剧	中央台八套	12.2	21.3
24	倾城之恋	电视剧	中央台八套	11.8	19.5
25	星光大道年度总决赛 2008	综艺	中央台三套	11.8	18.4
26	道德的力量第二届全国道德模范评选表彰颁奖典礼	综艺	中央电视台综合频道	11.3	19.1
27	飞虎队	电影	中央台六套	11.2	17.1
28	走向阳光庆祝西藏百万农奴解放 50 周年文艺晚会	综艺	中央电视台综合频道	11.2	16.3
29	扬帆起航中央电视台心连心艺术团赴宁波慰问演出	综艺	中央电视台综合频道	11.0	18.6
30	首都各界爱国歌曲大家唱大型演唱会	音乐	中央电视台综合频道	10.8	17.6

表 3.58.8　2009 年西宁市场电视剧收视率排名前十位

名次	节目名称	播出频道	平均收视率(%)	平均占有率(%)
1	走西口	中央电视台综合频道	16.3	25.4
2	我的兄弟叫顺溜	中央电视台综合频道	15.6	26.3
3	人间正道是沧桑	中央台八套	13.9	23.5
4	冷箭	中央台八套	13.4	23.1
5	沂蒙	中央台八套	12.2	21.3
6	倾城之恋	中央台八套	11.8	19.5
7	孔雀东南飞	中央台八套	10.3	18.1
8	密战	中央电视台综合频道	10.1	17.5
9	大国医	中央台八套	10.0	17.7
10	雾里看花	中央台八套	10.0	17.2

表 3.58.9　2009 年西宁市场新闻节目收视率排名前十位

名次	节目名称	播出频道	平均收视率(%)	平均占有率(%)
1	新闻联播	中央电视台综合频道	37.0	68.6
2	焦点访谈	中央电视台综合频道	20.1	34.6
3	澳门十年	中央电视台综合频道	14.4	22.3
4	我们的节日春节一年又一年四海一家亲	中央电视台综合频道	14.3	41.0
5	盛典国庆 60 周年特别报道	中央电视台综合频道	9.1	42.2
6	温家宝总理在阿盟总部发表演讲	中央电视台综合频道	8.3	12.5
7	温家宝总理会见中外记者	中央电视台综合频道	8.0	13.4
8	中俄建交六十周年庆祝大会暨中国俄语年闭幕式	中央电视台综合频道	5.3	9.4
9	青海新闻联播	青海卫视	4.1	15.6
10	夏都零距离	西宁电视台新闻综合频道	2.6	6.2

表 3.58.10　2009 年西宁市场专题类节目收视率排名前十位

名次	节目名称	播出频道	平均收视率(%)	平均占有率(%)
1	西藏今昔	中央电视台综合频道	19.2	32.8
2	解放农奴	中央电视台综合频道	17.2	29.3
3	百年先念	中央电视台综合频道	16.1	27.1
4	人民英模	中央电视台综合频道	14.8	25.7
5	2009 中央电视台 3.15 晚会	中央电视台综合频道	10.7	17.6
5	西藏农奴的故事	中央电视台综合频道	10.7	17.6
7	时代的责任精神文明建设五个一工程巡礼	中央电视台综合频道	9.5	17.0
8	周末影院 - 你好澳门	中央台六套	8.0	12.5
9	人民至上	中央电视台综合频道	6.7	11.9
10	相信中国 2009 年当代工人五一特别节目	中央电视台综合频道	6.6	12.0

表 3. 58. 11　2009 年西宁市场综艺节目收视率排名前十位

名次	节目名称	播出频道	平均收视率（%）	平均占有率（%）
1	2009 春节联欢晚会	中央电视台综合频道	67.0	95.2
2	首都各界庆祝中华人民共和国成立 60 周年联欢晚会	中央电视台综合频道	52.6	75.5
3	万众一心向前进 2009 年军民迎新春文艺晚会	中央电视台综合频道	20.4	32.9
4	欢天喜地闹元宵 2009 年元宵晚会	中央电视台综合频道	18.7	33.3
5	春天的祝福文化部 2009 年春节电视晚会	中央电视台综合频道	15.3	28.6
6	2009 万家灯火平安夜公安部 2009 年春节电视文艺晚会	中央电视台综合频道	15.1	26.5
7	宜春月中华情 2009 年中央电视台中秋晚会	中央电视台综合频道	15.1	25.3
8	黔岭放歌中央电视台心连心艺术团赴贵州仁怀慰问演出	中央电视台综合频道	12.8	20.5
9	星光大道年度总决赛 2008	中央台三套	11.8	18.4
10	道德的力量第二届全国道德模范评选表彰颁奖典礼	中央电视台综合频道	11.3	19.1

表 3. 58. 12　2009 年西宁市场体育节目收视率排名前十位

名次	节目名称	播出频道	平均收视率（%）	平均占有率（%）
1	第十一届全国运动会开幕式	山东卫视	9.1	16.2
2	在那遥远的地方第八届环青海湖国际公路自行车赛开幕式	青海卫视	7.9	14.9
3	中华人民共和国第十一届运动会闭幕式	中央电视台综合频道	7.7	13.9
4	现场直播：第 11 届全运会男子 110 米栏预赛	中央台五套	6.8	10.4
5	现场直播：第 11 届全运会女子撑杆跳高决赛	中央台五套	6.6	10.3
6	现场直播：第 11 届全运会男子十项全能之五 400 米	中央台五套	6.6	10.0
7	中华人民共和国第十一届运动会开幕式（11 月 27 日）	中央台三套	5.7	10.3
8	中华人民共和国第十一届运动会开幕式	中央电视台综合频道	5.7	10.1
9	国球大典世界乒乓球总冠军赛国球荣光世界分享	湖南电视台卫星频道	4.9	7.3
10	现场直播：第十一届全运会男子 4 × 100 米个人混合泳接力决赛	中央台五套	4.6	7.4

五十九、厦门收视数据

表 3.59.1　2005—2009 年厦门市场各类频道的市场占有率（%）

频道类别	年份				
	2005 年	2006 年	2007 年	2008 年	2009 年
中央台频道	36.8	38.6	37.1	40.8	37.5
中国教育台频道	0.4	0.1	0.1	0.1	0.1
福建省级频道	12.4	10.8	7.9	8.2	9.1
厦门市级频道	33.7	31.7	33.8	28.4	26.8
其他省级卫视频道	11.6	13.9	15.2	15.4	20.4
其他频道	5.1	4.8	5.9	7.1	6.1

表 3.59.2　2009 年厦门市场各类频道在不同目标观众中的市场占有率（%）

目标观众		中央台频道	中国教育台频道	福建省级频道	厦门市级频道	其他省级卫视频道	其他频道
4 岁及以上所有人		37.5	0.1	9.1	26.8	20.4	6.1
性别	男	40.9	0.1	9.5	25.2	17.6	6.7
	女	34.3	0.2	8.7	28.2	23.1	5.6
年龄	4-14 岁	32.2	0.1	13.4	15.0	23.9	15.3
	15-24 岁	36.7	0.1	7.2	25.3	26.7	4.0
	25-34 岁	39.0	0.1	9.6	22.8	22.2	6.3
	35-44 岁	37.1	0.1	9.3	25.3	20.6	7.6
	45-54 岁	38.2	0.0	8.7	33.1	15.9	4.1
	55-64 岁	35.5	0.1	7.8	33.3	19.9	3.3
	65 岁及以上	40.2	0.2	7.2	36.1	13.3	3.0
教育程度	未受过正规教育	33.8	0.0	9.3	34.8	15.0	7.0
	小学	30.9	0.2	9.1	35.4	18.6	5.9
	初中	36.0	0.1	9.7	27.9	21.0	5.3
	高中	38.1	0.1	9.1	24.0	22.8	5.9
	大学及以上	45.8	0.1	8.2	19.3	19.2	7.3
职业类别	干部/管理人员	43.9	0.1	10.6	24.5	15.6	5.3
	个体/私营企业人员	39.0	0.1	10.5	23.6	20.4	6.4
	初级公务员/雇员	39.1	0.1	8.8	23.0	22.6	6.3
	工人	34.3	0.1	9.2	30.7	19.7	6.0
	学生	28.6	0.1	10.2	20.0	29.6	11.5
	无业	38.4	0.1	8.3	29.9	18.1	5.1
	其他	43.3	0.0	7.6	28.5	20.3	0.3
个人月收入	0-600 元	35.5	0.1	9.1	26.9	21.2	7.3
	601-1200 元	30.9	0.1	8.8	33.5	22.6	4.2
	1201-1700 元	37.0	0.1	8.8	29.2	20.2	4.6
	1701-2600 元	38.9	0.1	10.7	23.8	20.3	6.3
	2601 元及以上	45.3	0.2	8.1	22.1	17.6	6.8

表 3.59.3　2009 年厦门市场各类频道在不同时段的市场占有率（%）

时间段	中央台频道	中国教育台频道	福建省级频道	厦门市级频道	其他省级卫视频道	其他频道
02:00－03:00	33.9	0.6	5.2	4.1	51.3	5.0
03:00－04:00	42.1	0.6	13.9	3.1	37.8	2.6
04:00－05:00	59.4	0.0	6.4	1.2	32.3	0.7
05:00－06:00	70.8	0.0	1.2	1.7	25.4	0.9
06:00－07:00	72.3	0.0	6.9	6.5	9.6	4.7
07:00－08:00	67.1	0.0	5.2	14.1	9.5	4.0
08:00－09:00	56.4	0.1	5.6	11.8	19.2	6.8
09:00－10:00	45.0	0.1	6.5	11.0	28.1	9.4
10:00－11:00	42.9	0.2	6.9	10.0	28.0	11.9
11:00－12:00	42.3	0.2	7.9	19.3	20.5	9.9
12:00－13:00	37.0	0.0	4.0	40.4	11.8	6.8
13:00－14:00	38.0	0.2	5.5	17.6	29.8	8.9
14:00－15:00	29.3	0.2	7.1	11.3	45.4	6.7
15:00－16:00	30.4	0.1	6.5	11.9	44.5	6.7
16:00－17:00	33.6	0.1	5.7	11.8	38.0	10.9
17:00－18:00	54.3	0.1	7.7	11.7	16.5	9.7
18:00－19:00	34.3	0.1	20.1	32.8	7.1	5.6
19:00－20:00	47.0	0.0	13.0	31.1	5.5	3.5
20:00－21:00	31.6	0.1	9.3	36.2	18.2	4.7
21:00－22:00	27.6	0.2	5.8	37.9	24.7	3.9
22:00－23:00	33.0	0.2	8.2	15.2	35.7	7.8
23:00－24:00	38.6	0.2	7.6	8.9	36.1	8.6
24:00－25:00	38.5	0.2	6.7	9.3	38.7	6.6
25:00－26:00	32.7	0.3	1.8	14.6	42.6	8.0

表 3.59.4　2009 年厦门市场收视份额排名前十位的频道

名次	频道名称	收视份额（%）
1	中央电视台综合频道	9.2
2	厦门电视台综合频道	7.9
3	中央台八套	6.9
4	厦门卫视	6.2
5	湖南电视台卫星频道	6.1
6	厦门电视台影视频道	5.1
7	中央台六套	4.4
7	厦门电视台海峡频道	4.4
9	中央台五套	3.7
10	厦门电视台生活频道	3.1

表 3.59.5　2009 年厦门市场各主要频道的观众构成（%）

目标观众		所有频道	主要频道				
			中央电视台综合频道	厦门电视台综合频道	中央台八套	厦门卫视	湖南电视台卫星频道
4 岁及以上所有人		100.0	100.0	100.0	100.0	100.0	100.0
性别	男性	49.1	52.3	51.5	38.8	34.8	34.5
	女性	50.9	47.7	48.5	61.2	65.2	65.5
年龄	4－14 岁	6.8	4.1	2.8	4.3	3.5	8.3
	15－24 岁	8.2	5.6	6.7	7.6	8.4	14.8
	25－34 岁	27.9	30.0	26.1	29.6	17.0	34.2
	35－44 岁	24.5	24.8	19.0	21.6	20.9	25.8
	45－54 岁	14.1	14.2	17.4	19.6	18.3	9.4
	55－64 岁	9.5	9.7	15.5	10.0	10.6	4.8
	65 岁及以上	9.0	11.6	12.6	7.2	21.3	2.8
教育程度	未受正规教育	5.5	4.6	5.4	5.1	15.9	2.6
	小学	18.9	12.6	25.9	22.6	29.4	13.3
	初中	24.2	21.1	25.4	27.7	26.0	25.1
	高中	31.1	31.5	26.3	27.8	22.1	38.8
	大学及以上	20.3	30.1	17.2	16.8	6.6	20.3
职业类别	干部/管理人员	5.5	8.4	6.6	3.9	1.8	3.2
	初级公务员/雇员	12.5	9.6	10.5	13.2	10.8	14.9
	工人	19.8	25.2	17.9	18.7	12.3	25.7
	个体/私营企业人员	15.5	12.2	15.0	16.0	16.7	11.5
	学生	8.2	4.2	5.0	6.0	5.8	16.1
	无业	37.1	38.9	43.3	40.2	51.3	27.4
	其他	1.4	1.6	1.8	2.2	1.3	1.3
个人月收入	0－600 元	32.1	27.2	29.4	33.7	41.7	36.5
	601－1200 元	11.7	9.1	13.2	10.9	18.6	14.3
	1201－1700 元	20.2	18.1	22.1	21.5	21.4	18.2
	1701－2600 元	19.0	19.4	18.3	18.7	12.3	16.8
	2601 元及以上	17.0	26.3	17.0	15.2	6.1	14.2

表 3.59.6　2007—2009 年厦门市场各类节目的播出份额（%）和收视份额（%）

节目类别	2007 年		2008 年		2009 年	
	播出份额	收视份额	播出份额	收视份额	播出份额	收视份额
财经	1.5	0.4	1.7	0.6	2.1	0.8
电视剧	25.0	30.8	24.8	31.2	23.1	32.2
电影	3.3	4.3	3.0	3.7	3.0	3.5
法制	1.2	0.4	1.0	0.3	1.1	0.5
教学	0.6	0.1	0.6	0.1	0.6	0.1
青少	5.0	3.9	5.0	3.1	5.5	4.0
生活服务	8.2	5.8	9.4	5.5	9.4	5.7
体育	2.1	3.5	3.0	6.6	2.2	2.8
外语	0.2	0.1	0.1	0.0	0.1	0.0
戏剧	1.2	1.6	1.0	1.7	1.0	1.8
新闻/时事	13.5	18.2	14.1	17.5	13.6	15.3
音乐	2.0	1.4	2.4	0.8	2.6	0.8
专题	12.2	5.1	11.8	5.4	10.7	5.5
综艺	7.8	7.6	6.7	7.4	8.6	9.7
其他	16.3	16.8	15.6	16.2	16.4	17.5

表 3.59.7 2009 年厦门市场所有节目收视率排名前三十位

名次	节目名称	节目类型	播出频道	平均收视率（%）	平均占有率（%）
1	2009 春节联欢晚会	综艺	中央电视台综合频道	29.2	63.9
2	首都各界庆祝中华人民共和国成立 60 周年联欢晚会	综艺	中央电视台综合频道	23.9	53.7
3	新闻联播	新闻/时事	中央电视台综合频道	11.9	35.1
4	2009 欢喜大围炉（1 月 25 日）	综艺	厦门卫视	11.0	23.2
5	宜春月中华情 2009 年中央电视台中秋晚会	综艺	中央电视台综合频道	10.7	29.9
6	欢天喜地闹元宵 2009 年元宵晚会	综艺	中央电视台综合频道	10.2	23.5
7	2009 年度冬季征兵工作电视讲话	其他	厦门电视台海峡频道	7.9	21.9
8	2009 快乐中国快乐女声想唱就唱我最响亮全国总决赛 4 进 3	综艺	湖南电视台卫星频道	7.8	42.4
9	天气预报	生活服务	中央电视台综合频道	7.7	21.7
10	西藏今昔	专题	中央电视台综合频道	7.6	20.0
11	小娘惹	电视剧	厦门电视台生活频道	6.8	24.0
11	明争暗斗	电视剧	厦门电视台生活频道	6.8	24.0
13	父亲的战争	电视剧	厦门电视台综合频道	6.8	19.4
14	猎鹰 1949	电视剧	厦门电视台综合频道	6.0	17.5
15	战士	电视剧	厦门电视台综合频道	5.8	17.2
16	午间新闻广场	新闻/时事	厦门电视台海峡频道	5.8	17.1
17	特区新闻广场	新闻/时事	厦门电视台海峡频道	5.8	15.4
18	铁齿铜牙纪晓岚第四部	电视剧	厦门电视台生活频道	5.7	22.[illegible]
19	焦点访谈	新闻/时事	中央电视台综合频道	5.6	15.7
20	再续意难忘第二部	电视剧	中央台八套	5.4	33.0
21	兰花劫	电视剧	厦门电视台生活频道	5.4	21.1
22	包青天	电视剧	厦门电视台生活频道	5.3	20.9
23	斗智天使路	电视剧	厦门电视台生活频道	5.1	18.3
24	飞龙在天	电视剧	厦门卫视	5.0	13.1
25	翡翠凤凰	电视剧	厦门电视台生活频道	4.9	19.3
26	红海棠	电视剧	厦门电视台生活频道	4.9	17.6
27	元宵喜乐会	综艺	湖南电视台卫星频道	4.9	13.7
28	大追捕	电视剧	厦门电视台综合频道	4.9	13.1
29	刻不容缓	电视剧	厦门电视台综合频道	4.8	13.4
30	华彩聚三湘第五届两岸经贸文化论坛文艺晚会	综艺	湖南电视台卫星频道	4.8	13.1

表 3.59.8　2009 年厦门市场电视剧收视率排名前十位

名次	节目名称	播出频道	平均收视率（%）	平均占有率（%）
1	小娘惹	厦门电视台生活频道	6.8	24.0
1	明争暗斗	厦门电视台生活频道	6.8	24.0
3	父亲的战争	厦门电视台综合频道	6.8	19.4
4	猎鹰 1949	厦门电视台综合频道	6.0	17.6
5	战士	厦门电视台综合频道	5.8	17.2
6	铁齿铜牙纪晓岚第四部	厦门电视台生活频道	5.7	22.1
7	再续意难忘第二部	中央台八套	5.4	33.0
8	兰花劫	厦门电视台生活频道	5.4	21.1
9	包青天	厦门电视台生活频道	5.3	20.9
10	斗智天使路	厦门电视台生活频道	5.1	18.3

表 3.59.9　2009 年厦门市场新闻节目收视率排名前十位

名次	节目名称	播出频道	平均收视率（%）	平均占有率（%）
1	新闻联播	中央电视台综合频道	11.9	35.1
2	午间新闻广场	厦门电视台海峡频道	5.8	17.1
3	特区新闻广场	厦门电视台海峡频道	5.8	15.4
4	焦点访谈	中央电视台综合频道	5.6	15.7
5	我们的节日春节一年又一年四海一家亲	中央电视台综合频道	4.6	24.9
6	温家宝总理会见中外记者	中央电视台综合频道	3.4	8.6
7	十分关注	厦门电视台海峡频道	3.3	9.5
8	厦视直播室	厦门电视台海峡频道	3.0	8.1
9	转播中央台新闻联播	厦门电视台综合频道	2.9	8.5
10	福建新闻联播	厦门电视台综合频道	2.7	7.5

表 3.59.10　2009 年厦门市场专题节目收视率排名前十位

名次	节目名称	播出频道	平均收视率（%）	平均占有率（%）
1	西藏今昔	中央电视台综合频道	7.6	20.0
2	解放农奴	中央电视台综合频道	4.6	11.7
3	人民英模	中央电视台综合频道	3.7	10.8
4	海峡论坛开幕式	厦门电视台综合频道	3.7	9.8
5	百年先念	中央电视台综合频道	3.4	8.5
6	背后的故事	湖南电视台卫星频道	3.0	8.6
7	2009 中央电视台 3.15 晚会	中央电视台综合频道	3.0	6.9
8	海峡论坛开幕式	厦门卫视	2.9	7.8
9	人民至上	中央电视台综合频道	2.8	8.1
10	第八届汉语桥世界大学生中文比赛决赛第一场	湖南电视台卫星频道	2.4	6.4

表 3.59.11　2009 年厦门市场综艺节目收视率排名前十位

名次	节目名称	播出频道	平均收视率（%）	平均占有率（%）
1	2009 春节联欢晚会	中央电视台综合频道	29.2	63.9
2	首都各界庆祝中华人民共和国成立 60 周年联欢晚会	中央电视台综合频道	23.9	53.7
3	2009 欢喜大围炉（1 月 25 日）	厦门卫视	11.0	23.2
4	宜春月中华情 2009 年中央电视台中秋晚会	中央电视台综合频道	10.7	29.9
5	欢天喜地闹元宵 2009 年元宵晚会	中央电视台综合频道	10.2	23.5
6	2009 快乐中国快乐女声想唱就唱我最响亮全国总决赛 4 进 3	湖南电视台卫星频道	7.8	42.4
7	元宵喜乐会	湖南电视台卫星频道	4.9	13.7
8	华彩聚三湘第五届两岸经贸文化论坛文艺晚会	湖南电视台卫星频道	4.8	13.1
9	中华情海峡缘海峡论坛开幕式综艺晚会	厦门卫视	4.8	11.4
10	春天的祝福文化部 2009 年春节电视晚会	中央电视台综合频道	4.7	16.4

表 3.59.12　2009 年厦门市场体育节目收视率排名前十位

名次	节目名称	播出频道	平均收视率（%）	平均占有率（%）
1	直播周末：2009 年苏迪曼杯世界羽毛球混合团体锦标赛决赛混双	中央台五套	4.8	12.8
2	中华人民共和国第十一届运动会开幕式	中央电视台综合频道	4.2	11.5
3	现场直播：第十一届全运会男子 110 米栏决赛	中央台五套	4.2	11.3
4	直播周末：2009 年苏迪曼杯世界羽毛球混合团体锦标赛决赛男单	中央台五套	4.1	10.4
5	2009 年厦门国际马拉松赛暨全国马拉松锦标赛	厦门卫视	3.6	11.6
6	直播周末：09 年苏迪曼杯世界羽毛球混合团体锦标赛半决赛男双	中央台五套	3.1	8.[illegible]
7	直播周末：2009 年中国国际女排精英赛漯河站	中央台五套	3.0	7.8
8	现场直播：第十一届全运会举重女子 75 公斤级挺举决赛	中央台五套	2.9	7.3
9	现场直播：第十一届全运会男子举重 94 公斤级决赛	中央台五套	2.8	7.9
10	现场直播：第十一届全运会举重男子 105 公斤以上级决赛	中央台五套	2.8	7.8

六十、银川收视数据

表 3. 60. 1　2005—2009 年银川市场各类频道的市场占有率（%）

频道类别	年份				
	2005 年	2006 年	2007 年	2008 年	2009 年
中央台频道	60. 1	56. 4	50. 8	58. 9	54. 2
中国教育台频道	0. 2	0. 2	0. 3	0. 2	0. 3
宁夏省级频道	18. 6	18. 7	21. 4	12. 9	10. 2
银川市级频道	4. 9	4. 8	5. 8	2. 9	2. 0
其他省级卫视频道	14. 1	17. 0	14. 7	17. 6	25. 9
其他频道	2. 1	2. 9	7. 0	7. 4	7. 4

表 3. 60. 2　2009 年银川市场各类频道在不同目标观众中的市场占有率（%）

目标观众		中央台频道	中国教育台频道	宁夏省级频道	银川市级频道	其他省级卫视频道	其他频道
4 岁及以上所有人		54. 1	0. 3	10. 2	2. 0	25. 9	7. 5
性别	男	57. 0	0. 4	10. 0	2. 1	23. 0	7. 6
	女	51. 3	0. 3	10. 4	2. 0	28. 6	7. 3
年龄	4 - 14 岁	48. 8	0. 3	7. 8	0. 8	29. 1	13. 2
	15 - 24 岁	49. 9	0. 2	11. 1	2. 1	29. 2	7. 6
	25 - 34 岁	51. 8	0. 4	9. 5	2. 1	26. 8	9. 3
	35 - 44 岁	51. 7	0. 3	9. 2	2. 1	27. 5	9. 2
	45 - 54 岁	58. 5	0. 2	10. 9	1. 9	24. 1	4. 4
	55 - 64 岁	54. 3	0. 3	12. 7	2. 5	26. 3	4. 0
	65 岁及以上	64. 1	0. 7	10. 7	2. 3	17. 7	4. 5
教育程度	未受过正规教育	52. 0	0. 9	12. 3	2. 2	18. 1	14. 5
	小学	56. 7	0. 4	12. 4	1. 7	23. 9	4. 8
	初中	49. 3	0. 2	10. 1	2. 1	30. 6	7. 6
	高中	58. 9	0. 3	9. 5	2. 1	21. 8	7. 3
	大学及以上	55. 4	0. 3	8. 1	2. 1	26. 5	7. 6
职业类别	干部/管理人员	*	*	*	*	*	*
	个体/私营企业人员	53. 5	0. 3	11. 5	2. 3	26. 7	5. 8
	初级公务员/雇员	56. 7	0. 6	8. 2	1. 8	24. 8	8. 0
	工人	51. 9	0. 2	10. 4	2. 7	26. 6	8. 1
	学生	52. 1	0. 2	9. 0	1. 2	30. 2	7. 3
	无业	53. 5	0. 4	9. 9	2. 2	26. 0	8. 0
	其他	65. 2	0. 4	16. 7	1. 2	14. 6	1. 9
个人月收入	0 - 600 元	53. 5	0. 3	10. 5	1. 9	25. 3	8. 6
	601 - 1200 元	51. 2	0. 3	10. 7	2. 0	29. 4	6. 5
	1201 - 1700 元	60. 5	0. 6	10. 1	2. 8	19. 2	6. 8
	1701 元及以上	55. 8	0. 5	8. 0	1. 8	26. 6	7. 2

表 3.60.3　2009 年银川市场各类频道在不同时段的市场占有率（%）

时间段	中央台频道	中国教育台频道	宁夏省级频道	银川市级频道	其他省级卫视频道	其他频道
02:00-03:00	32.5	0.0	0.3	0.0	47.1	20.1
03:00-04:00	37.6	0.0	0.0	0.0	38.5	23.9
04:00-05:00	41.3	0.0	0.0	0.0	37.0	21.7
05:00-06:00	68.2	0.0	0.0	0.0	22.2	9.5
06:00-07:00	91.5	0.1	0.1	0.0	7.2	1.1
07:00-08:00	84.5	0.0	5.6	0.1	7.2	2.6
08:00-09:00	59.0	0.1	5.4	0.7	25.9	8.9
09:00-10:00	51.2	0.1	7.8	1.7	30.3	8.9
10:00-11:00	46.4	0.4	8.3	1.7	32.8	10.3
11:00-12:00	49.7	0.4	6.3	1.3	31.8	10.5
12:00-13:00	70.0	0.1	4.4	0.4	17.9	7.2
13:00-14:00	52.7	0.2	5.2	2.0	29.9	10.0
14:00-15:00	38.0	0.3	6.6	1.8	40.3	13.1
15:00-16:00	30.5	0.2	7.6	1.4	45.3	14.8
16:00-17:00	30.7	0.2	6.7	1.3	47.3	13.9
17:00-18:00	46.5	0.5	5.7	0.8	36.7	9.8
18:00-19:00	60.1	0.4	14.1	0.8	16.8	7.8
19:00-20:00	77.5	0.1	9.1	1.4	8.3	3.6
20:00-21:00	57.3	0.3	9.7	3.1	24.9	4.7
21:00-22:00	46.2	0.3	14.7	3.3	29.9	5.7
22:00-23:00	33.2	1.1	19.2	3.7	34.6	8.3
23:00-24:00	36.6	1.1	11.9	2.0	36.3	12.1
24:00-25:00	36.5	0.2	8.9	1.9	29.3	23.2
25:00-26:00	28.0	0.1	12.7	0.8	26.7	31.7

表 3.60.4　2009 年银川市场收视份额位于前十位的频道

名次	频道名称	收视份额（%）
1	中央电视台综合频道	24.1
2	中央台八套	6.1
3	宁夏电视台公共频道	5.4
4	湖南电视台卫星频道	5.1
5	中央电视台少儿频道	4.7
6	中央台六套	3.8
7	中央台三套	3.6
8	中央台十二套	3.5
9	中央台五套	2.3
10	安徽卫视	2.1

表 3.60.5　2009 年银川市场各主要频道的观众构成（%）

目标观众		所有频道	主要频道				
			中央电视台综合频道	中央台八套	宁夏电视台公共频道	湖南电视台卫星频道	中央电视台少儿频道
4 岁及以上所有人		100.0	100.0	100.0	100.0	100.0	100.0
性别	男	48.2	53.3	44.2	48.4	34.4	43.6
	女	51.8	46.7	55.8	51.6	65.6	56.4
年龄	4－14 岁	9.1	7.3	3.6	6.3	9.4	32.6
	15－24 岁	10.6	11.2	6.2	11.5	20.5	7.0
	25－34 岁	20.0	19.1	16.8	17.9	23.3	34.4
	35－44 岁	21.2	20.2	20.2	14.8	27.6	11.7
	45－54 岁	14.8	17.1	16.6	18.9	8.9	1.9
	55－64 岁	12.8	10.8	20.7	17.1	5.6	5.8
	65 岁及以上	11.6	14.1	15.9	13.5	4.7	6.5
教育程度	未受过正规教育	5.5	6.0	3.4	8.9	2.4	12.1
	小学	17.1	18.4	19.5	21.2	12.7	29.7
	初中	37.9	33.3	40.4	33.7	49.8	21.3
	高中	26.5	28.7	24.7	27.9	23.1	31.0
	大学及以上	12.9	13.6	11.9	8.3	12.0	5.8
职业类别	干部/管理人员	*	*	*	*	*	*
	个体/私营企业人员	7.9	8.2	9.6	8.9	9.4	5.0
	初级公务员/雇员	14.2	13.8	15.0	10.1	14.6	6.3
	工人	20.5	19.2	20.2	18.0	21.7	15.1
	学生	13.4	13.3	8.1	9.1	24.2	29.7
	无业	38.1	32.7	47.0	37.2	28.5	39.6
	其他	5.7	12.8	0.0	16.7	1.7	4.3
个人月收入	0－600 元	39.5	42.4	33.4	46.9	48.2	61.3
	601－1200 元	33.4	26.3	43.1	28.6	30.3	20.0
	1201－1700 元	13.7	15.9	14.0	14.6	10.9	10.9
	1701 元及以上	13.4	15.4	9.5	9.9	10.5	7.8

表 3.60.6　2007—2009 年银川市场各类节目的播出份额（%）和收视份额（%）

节目类别	2007 年		2008 年		2009 年	
	播出份额	收视份额	播出份额	收视份额	播出份额	收视份额
财经	1.9	0.6	2.2	0.6	2.5	0.5
电视剧	35.5	43.3	36.5	38.7	28.4	42.3
电影	4.7	4.9	4.1	3.0	4.0	2.8
法制	1.4	3.2	1.1	3.0	1.5	2.8
教学	0.9	0.5	1.0	0.2	0.7	0.1
青少	4.8	5.4	5.5	5.0	6.4	6.9
生活服务	9.4	3.6	8.7	3.2	6.0	2.9
体育	2.8	4.2	3.6	8.3	2.5	2.2
外语	0.4	0.1	0.3	0.1	0.2	0.0
戏剧	1.4	0.5	1.4	0.4	1.5	0.3
新闻/时事	11.6	14.9	12.7	20.1	16.4	17.9
音乐	2.6	1.6	2.2	1.0	3.4	0.9
专题	13.6	7.8	13.5	7.4	14.1	7.9
综艺	8.1	9.1	6.42	8.72	11.3	12.4
其他	0.8	0.4	0.9	0.28	1.2	0.1

表 3. 60. 7　2009 年银川市场所有节目收视率排名前三十位

名次	节目名称	节目类型	播出频道	平均收视率（%）	平均占有率（%）
1	2009 春节联欢晚会	综艺	中央电视台综合频道	51. 3	87. 1
2	新闻联播	新闻/时事	中央电视台综合频道	35. 8	67. 5
3	首都各界庆祝中华人民共和国成立 60 周年联欢晚会	综艺	中央电视台综合频道	33. 4	59. 1
4	天气预报	生活服务	中央电视台综合频道	27. 9	5[illegible]. 1
5	欢天喜地闹元宵 2009 年元宵晚会	综艺	中央电视台综合频道	26. 7	43. 8
6	走西口	电视剧	中央电视台综合频道	25. 3	42. 6
7	2009 万家灯火平安夜公安部 2009 年春节电视文艺晚会	综艺	中央电视台综合频道	24. 2	42. 7
8	万众一心向前进 2009 年军民迎新春文艺晚会	综艺	中央电视台综合频道	23. 6	40. 5
9	焦点访谈	新闻/时事	中央电视台综合频道	22. 6	41. 0
10	曲苑杂坛	综艺	中央电视台综合频道	21. 8	41. 6
11	春天的祝福文化部 2009 年春节电视晚会	综艺	中央电视台综合频道	20. 1	47. 5
12	黔岭放歌中央电视台心连心艺术团赴贵州仁怀慰问演出	综艺	中央电视台综合频道	19. 2	33. 9
13	解放农奴	专题	中央电视台综合频道	19. 2	32. 8
14	人民英模	专题	中央电视台综合频道	19. 0	34. 2
14	在那遥远的地方	电视剧	中央电视台综合频道	19. 0	34. 2
16	西藏今昔	专题	中央电视台综合频道	18. 8	30. 2
17	清凌凌的水蓝莹莹的天第二部	电视剧	中央电视台综合频道	18. 5	31. 5
18	密战	电视剧	中央电视台综合频道	17. 8	29. 5
19	喜耕田的故事第二部	电视剧	中央电视台综合频道	17. 6	29. 8
20	温家宝总理会见中外记者	新闻/时事	中央电视台综合频道	17. 0	28. 8
21	走向阳光庆祝西藏百万农奴解放 50 周年文艺晚会	综艺	中央电视台综合频道	16. 7	27. 7
22	为祖国加油中央电视台心连心艺术团赴大庆油田慰问演出	综艺	中央电视台综合频道	16. 4	26. 5
23	我的青春谁做主	电视剧	中央电视台综合频道	16. 2	28. 3
24	宜春月中华情 2009 年中央电视台中秋晚会	综艺	中央电视台综合频道	15. 8	29. 0
25	叶挺将军	电视剧	中央电视台综合频道	15. 6	26. 4
26	童心如歌 2009 六一晚会	青少	中央电视台综合频道	15. 2	25. 2
27	红土情韵中央电视台心连心艺术团赴江西上饶慰问演出	综艺	中央电视台综合频道	15. 2	25. 0
28	哈尔滨 24th 世界大学生冬季运动会	体育	中央电视台综合频道	15. 1	27. 3
29	苍天	电视剧	中央电视台综合频道	15. 0	26. 6
30	西藏民主改革 50 年	专题	中央电视台综合频道	14. 9	24. 7

表 3.60.8 2009 年银川市场电视剧收视率排名前十位

名次	节目名称	播出频道	平均收视率（%）	平均占有率（%）
1	走西口	中央电视台综合频道	25.3	42.6
2	在那遥远的地方	中央电视台综合频道	19.0	34.2
3	清凌凌的水蓝莹莹的天第二部	中央电视台综合频道	18.5	31.5
4	密战	中央电视台综合频道	17.8	29.5
5	喜耕田的故事第二部	中央电视台综合频道	17.6	29.8
6	我的青春谁做主	中央电视台综合频道	16.2	28.3
7	叶挺将军	中央电视台综合频道	15.6	26.4
8	苍天	中央电视台综合频道	15.0	26.6
9	鹰隼大队	中央电视台综合频道	14.8	24.8
10	保卫延安	中央电视台综合频道	13.9	25.1

表 3.60.9 2009 年银川市场新闻节目收视率排名前十位

名次	节目名称	播出频道	平均收视率（%）	平均占有率（%）
1	新闻联播	中央电视台综合频道	35.8	67.5
2	焦点访谈	中央电视台综合频道	22.6	41.0
3	温家宝总理会见中外记者	中央电视台综合频道	17.0	28.8
4	温家宝总理在阿盟总部发表演讲	中央电视台综合频道	12.3	18.8
5	中俄建交六十周年庆祝大会暨中国俄语年闭幕式	中央电视台综合频道	9.5	16.7
6	盛典国庆 60 周年特别报道	中央电视台综合频道	8.1	44.3
7	我们的节日春节一年又一年四海一家亲	中央电视台综合频道	7.5	27.5
8	宁夏新闻联播	宁夏电视台公共频道	3.2	5.8
9	庆祝中华人民共和国成立六十周年招待会	中央电视台综合频道	3.0	18.8
10	晚间新闻	中央电视台综合频道	2.9	8.0

表 3.60.10 2009 年银川市场专题节目收视率排名前十位

名次	节目名称	播出频道	平均收视率（%）	平均占有率（%）
1	解放农奴	中央电视台综合频道	19.2	32.8
2	人民英模	中央电视台综合频道	19.0	34.2
3	西藏今昔	中央电视台综合频道	18.8	30.2
4	西藏民主改革 50 年	中央电视台综合频道	14.9	24.7
5	百年先念	中央电视台综合频道	14.7	27.4
6	西藏农奴的故事	中央电视台综合频道	14.3	23.5
7	时代的责任精神文明建设五个一工程巡礼	中央电视台综合频道	13.4	23.2
8	宋任穷	中央电视台综合频道	12.8	24.2
9	2009 中央电视台 3.15 晚会	中央电视台综合频道	12.7	20.7
10	我们的田野 2009 三八特别节目	中央电视台综合频道	12.0	20.4

表 3.60.11 2009 年银川市场综艺节目收视率排名前十位

名次	节目名称	播出频道	平均收视率（%）	平均占有率（%）
1	2009 春节联欢晚会	中央电视台综合频道	51.3	87.1
2	首都各界庆祝中华人民共和国成立 60 周年联欢晚会	中央电视台综合频道	33.4	59.1
3	欢天喜地闹元宵 2009 年元宵晚会	中央电视台综合频道	26.7	43.8
4	2009 万家灯火平安夜公安部 2009 年春节电视文艺晚会	中央电视台综合频道	24.2	42.7
5	万众一心向前进 2009 年军民迎新春文艺晚会	中央电视台综合频道	23.6	40.5
6	曲苑杂坛	中央电视台综合频道	21.8	41.5
7	春天的祝福文化部 2009 年春节电视晚会	中央电视台综合频道	20.1	47.5
8	黔岭放歌中央电视台心连心艺术团赴贵州仁怀慰问演出	中央电视台综合频道	19.2	33.9
9	走向阳光庆祝西藏百万农奴解放 50 周年文艺晚会	中央电视台综合频道	16.7	27.7
10	为祖国加油中央电视台心连心艺术团赴大庆油田慰问演出	中央电视台综合频道	16.4	26.5

表 3.60.12 2009 年银川市场体育节目收视率排名前十位

名次	节目名称	播出频道	平均收视率（%）	平均占有率（%）
1	哈尔滨 24th 世界大学生冬季运动会	中央电视台综合频道	15.1	27.3
2	中华人民共和国第十一届运动会闭幕式	中央电视台综合频道	13.9	25.5
3	中华人民共和国第十一届运动会开幕式	中央电视台综合频道	11.8	21.2
4	直播周末：2009 年世界羽毛球锦标赛男子双打半决赛	中央台五套	4.4	8.2
5	直播周末：第 5 届东亚运动会羽毛球女团决赛第三场	中央台五套	4.3	7.1
6	直播周末：09 年苏迪曼杯世界羽毛球混合团体锦标赛半决赛男单	中央台五套	3.4	6.0
7	直播周末：09 年苏迪曼杯世界羽毛球混合团体锦标赛半决赛男双	中央台五套	3.3	6.1
8	2009 年中国世界乒乓球挑战赛男团比赛	中央台五套	3.1	6.0
9	2009 年上海国际田联黄金大奖赛	中央台五套	3.1	5.9
10	第 11 届全运会女子 100 米栏决赛	中央台五套	3.1	5.2

六十一、郑州收视数据

表 3.61.1 2005—2009 年郑州市场各类频道的市场占有率(%)

频道类别	年份				
	2005 年	2006 年	2007 年	2008 年	2009 年
中央台频道	38.9	42.0	41.3	40.6	34.5
中国教育台频道	0.0	0.0	0.1	0.0	0.0
河南省级频道	33.4	31.2	23.3	23.5	23.3
郑州市级频道	11.5	8.4	10.7	10.4	12.6
其他省级卫视频道	12.8	15.0	21.5	22.5	27.2
其他频道	3.4	3.4	3.2	3.0	2.4

表 3.61.2 2009 年郑州市场各类频道在各目标观众中的市场占有率(%)

目标观众		中央台频道	中国教育台频道	河南省级频道	郑州市级频道	其他省级卫视频道	其他频道
4 岁及以上所有人		34.5	0.0	23.3	12.6	27.2	2.4
性别	男	36.5	0.0	23.4	12.9	24.9	2.3
	女	32.5	0.0	23.1	12.3	29.5	2.5
年龄	4-14 岁	30.3	0.0	19.0	13.9	34.3	2.6
	15-24 岁	29.0	0.1	20.9	13.3	34.9	1.9
	25-34 岁	35.1	0.0	22.1	11.2	28.8	2.7
	35-44 岁	33.1	0.0	24.8	12.4	26.7	3.0
	45-54 岁	33.4	0.0	26.9	12.2	24.8	2.6
	55-64 岁	38.5	0.0	23.7	12.7	23.0	2.1
	65 岁及以上	41.8	0.0	19.7	14.4	22.8	1.4
教育程度	未受过正规教育	30.3	0.0	22.6	13.3	30.6	3.2
	小学	30.8	0.0	24.0	15.4	28.0	1.7
	初中	31.6	0.0	25.7	13.6	26.2	2.9
	高中	35.7	0.0	23.7	11.7	26.4	2.4
	大学及以上	40.3	0.0	19.2	10.6	27.9	2.1
职业类别	干部/管理人员	42.0	0.0	16.9	10.5	29.6	1.0
	个体/私营企业人员	32.9	0.0	27.6	12.8	25.6	1.2
	初级公务员/雇员	39.5	0.0	22.1	9.5	26.9	2.0
	工人	29.8	0.1	26.1	13.8	27.4	2.8
	学生	28.6	0.1	20.2	14.7	34.7	1.8
	无业	37.4	0.0	21.0	12.5	26.3	2.9
	其他	18.4	0.0	39.7	18.2	19.9	3.8
个人月收入	0-600 元	29.5	0.0	24.2	14.2	29.0	3.1
	601-1200 元	35.5	0.0	24.1	12.1	26.1	2.1
	1201-1700 元	37.4	0.0	21.0	12.0	27.5	2.1
	1701-2600 元	41.2	0.0	21.3	10.8	25.2	1.6
	2601 元及以上	46.5	0.0	20.1	9.3	22.8	1.2

表 3.61.3　2009 年郑州市场各类频道在各时段的市场占有率（%）

时间段	中央台频道	中国教育台频道	河南省级频道	郑州市级频道	其他省级卫视频道	其他频道
02：00－03：00	41.9	0.0	15.7	3.5	31.7	7.2
03：00－04：00	41.2	0.0	16.5	1.7	31.6	9.1
04：00－05：00	37.0	0.0	18.1	1.0	34.5	9.4
05：00－06：00	36.6	0.0	20.9	1.0	34.6	7.0
06：00－07：00	49.0	0.0	16.8	7.1	23.7	3.5
07：00－08：00	52.2	0.0	16.9	9.3	19.6	2.1
08：00－09：00	41.9	0.0	18.3	9.5	28.2	2.0
09：00－10：00	35.0	0.0	17.4	9.7	35.4	2.5
10：00－11：00	34.0	0.1	14.4	9.6	38.7	3.2
11：00－12：00	37.3	0.1	13.8	9.6	36.0	3.3
12：00－13：00	41.6	0.0	23.2	10.6	22.4	2.2
13：00－14：00	35.4	0.1	20.9	11.5	29.8	2.3
14：00－15：00	30.3	0.1	14.4	11.3	40.9	3.1
15：00－16：00	28.0	0.0	15.7	10.7	42.3	3.3
16：00－17：00	28.1	0.0	14.9	11.4	42.3	3.3
17：00－18：00	33.3	0.1	14.3	12.5	36.6	3.3
18：00－19：00	35.5	0.0	25.2	17.2	19.3	2.7
19：00－20：00	43.2	0.0	33.8	11.8	9.4	1.9
20：00－21：00	33.6	0.0	26.0	14.8	23.9	1.8
21：00－22：00	30.8	0.0	26.2	14.6	26.7	1.6
22：00－23：00	25.0	0.1	30.2	13.1	29.5	2.1
23：00－24：00	28.8	0.1	24.5	14.7	29.5	2.4
24：00－25：00	30.1	0.0	19.3	17.3	29.9	3.4
25：00－26：00	32.7	0.0	18.1	12.3	31.8	5.1

表 3.61.4　2009 年郑州市场收视份额排名前十位的频道

名次	频道名称	收视份额（%）
1	中央电视台综合频道	7.3
2	河南电视台都市频道（二套）	4.9
3	河南电视台卫星频道（一套）	4.4
4	中央台三套	4.2
5	中央台六套	4.0
6	河南电视台电视剧频道（五套）	3.5
7	河南电视台民生频道（三套）	3.4
8	中央台八套	3.0
8	湖南电视台卫星频道	3.0
10	郑州二套	2.9

表 3.61.5　2009 年郑州市场各主要频道的观众构成（%）

目标观众		所有频道	主要频道				
			中央电视台综合频道	河南电视台都市频道（二套）	河南电视台卫星频道（一套）	中央台三套	中央台六套
4 岁及以上所有人		100.0	100.0	100.0	100.0	100.0	100.0
性别	男	50.9	50.2	52.0	50.5	52.2	58.1
	女	49.1	49.8	48.0	49.5	47.8	41.9
年龄	4－14 岁	10.3	6.1	7.8	9.1	7.1	7.5
	15－24 岁	7.6	5.6	6.8	4.2	7.1	10.0
	25－34 岁	17.5	16.2	16.6	12.0	17.9	20.9
	35－44 岁	17.3	13.8	21.4	16.3	16.8	19.5
	45－54 岁	22.7	24.0	30.0	25.0	25.4	22.6
	55－64 岁	14.6	18.5	10.9	19.0	15.2	12.5
	65 岁及以上	10.0	15.8	6.5	14.4	10.5	7.0
教育程度	未受过正规教育	6.2	4.3	4.7	9.2	3.9	4.0
	小学	14.3	12.7	14.4	18.3	12.2	11.7
	初中	26.2	24.8	28.1	29.2	26.0	25.8
	高中	32.5	34.1	35.7	29.3	34.2	35.5
	大学及以上	20.8	24.1	17.1	14.0	23.7	23.0
职业类别	干部/管理人员	5.0	6.8	3.3	3.3	5.6	5.5
	个体/私营企业人员	9.3	7.0	13.0	10.1	10.1	11.2
	初级公务员/雇员	16.6	19.4	14.7	14.1	18.1	19.6
	工人	16.9	14.3	21.0	14.9	15.5	19.3
	学生	9.4	5.5	7.9	7.8	7.3	9.0
	无业	38.1	44.8	31.7	37.3	39.7	32.2
	其他	4.7	2.2	8.4	12.5	3.7	3.2
个人月收入	0－600 元	39.8	32.1	41.9	43.4	35.1	34.6
	601－1200 元	32.6	35.6	35.4	34.6	32.6	35.6
	1201－1700 元	11.7	12.3	10.0	10.0	12.9	13.9
	1701－2600 元	10.5	11.9	8.5	7.6	12.5	10.8
	2601 元及以上	5.5	8.1	4.2	4.5	6.9	5.1

表 3.61.6　2007—2009 年郑州市场各类节目的播出份额（%）和收视份额（%）

节目类别	2007 年		2008 年		2009 年	
	播出份额	收视份额	播出份额	收视份额	播出份额	收视份额
电影	4.0	7.3	3.0	4.1	4.5	7.4
教学	0.4	0.1	0.4	0.1	0.5	0.1
青少	4.5	3.1	4.6	2.7	4.8	4.1
电视剧	25.6	35.6	25.8	34.2	22.6	29.7
体育	1.7	3.5	2.8	6.0	1.8	2.9
外语	0.2	0.1	0.1	0.1	0.1	0.1
戏剧	1.3	1.2	1.1	1.1	1.5	2.2
新闻/时事	13.3	10.2	13.9	14.5	12.6	12.3
音乐	1.0	1.3	0.7	0.7	2.5	0.6
综艺	8.5	10.1	7.2	9.2	9.2	12.3
专题	11.9	8.1	11.5	7.4	10.2	6.6
生活服务	8.3	5.3	9.5	6.0	9.2	6.3
财经	1.5	0.7	1.6	0.8	1.9	1.0
法制	1.4	1.6	1.3	1.5	1.6	2.0
其他	16.4	12.0	16.5	11.8	17.0	12.4

表 3.61.7 2009 年郑州市场所有节目收视率排名前三十位

名次	节目名称	节目类型	播出频道	平均收视率（%）	平均占有率（%）
1	2009 春节联欢晚会	综艺	中央电视台综合频道	36.5	73.3
2	首都各界庆祝中华人民共和国成立 60 周年联欢晚会	综艺	中央电视台综合频道	17.2	41.3
3	天气预报	生活服务	中央电视台综合频道	13.1	41.3
4	欢天喜地闹元宵 2009 年元宵晚会	综艺	中央电视台综合频道	12.6	35.9
5	走西口	电视剧	中央电视台综合频道	7.7	20.1
6	2009 郑州市喜迎国庆 60 周年大型焰火晚会	综艺	郑州一套	7.3	21.0
7	365 个祝福中央电视台心连心艺术团赴四川灾区慰问演出	综艺	中央电视台综合频道	6.2	18.5
8	新闻联播	新闻/时事	中央电视台综合频道	6.1	22.6
9	现场直播：第十一届全运会男子 110 米栏决赛	体育	中央台五套	6.1	15.6
10	宜春月中华情 2009 年中央电视台中秋晚会	综艺	中央电视台综合频道	5.6	15.9
11	万众一心向前进 2009 年军民迎新春文艺晚会	综艺	中央电视台综合频道	5.4	12.8
12	无处不玩乐江苏卫视跨年演唱会	音乐	江苏卫视	5.2	13.6
13	2009 年郑州市元宵节焰火晚会	综艺	郑州一套	4.8	16.4
14	星光大道年度总决赛 2008	综艺	中央台三套	4.8	13.8
15	曲苑杂坛	综艺	中央电视台综合频道	4.7	14.4
16	我的兄弟叫顺溜	电视剧	中央电视台综合频道	4.6	19.8
17	都市报道	新闻/时事	河南电视台都市频道（二套）	4.4	15.1
18	人民至上	专题	中央电视台综合频道	4.4	13.3
19	梨园春	戏剧	河南电视台卫星频道（一套）	4.4	12.6
20	直播周末：2009 年第 25 届亚洲男篮锦标赛决赛 - 中国队 VS 伊朗队	体育	中央台五套	4.4	12.5
21	欢乐今宵 2005 年春节晚会小品集锦	综艺	中央台三套	4.3	13.6
22	动作 90 分 - 少林小子	电影	中央台六套	4.3	13.1
23	唐伯虎点秋香	电影	中央台六套	4.3	10.8
24	温家宝总理会见中外记者	新闻/时事	中央电视台综合频道	4.2	11.5
25	我们的节日春节一年又一年四海一家亲	新闻/时事	中央电视台综合频道	4.1	15.4
26	祖国万岁庆祝中华人民共和国成立 60 周年大型文艺晚会	综艺	中央电视台综合频道	4.0	11.2
27	密战	电视剧	中央电视台综合频道	4.0	10.6
27	动作 90 分 - 中华英雄	电影	中央台六套	4.0	10.6
29	宝贝计划	电影	中央台六套	3.9	18.1
30	我的青春谁做主	电视剧	中央电视台综合频道	3.9	11.1

表 3.61.8　2009 年郑州市场电视剧收视率排名前十位

名次	节目名称	播出频道	平均收视率(%)	平均占有率(%)
1	走西口	中央电视台综合频道	7.7	20.1
2	我的兄弟叫顺溜	中央电视台综合频道	4.6	19.8
3	密战	中央电视台综合频道	4.0	10.6
4	我的青春谁做主	中央电视台综合频道	3.9	11.1
5	在那遥远的地方	中央电视台综合频道	3.6	10.9
6	苍天	中央电视台综合频道	3.4	9.8
7	清凌凌的水蓝莹莹的天第二部	中央电视台综合频道	3.4	9.2
8	保卫延安	中央电视台综合频道	3.3	10.2
9	解放	中央电视台综合频道	3.3	8.7
10	鹰隼大队	中央电视台综合频道	3.2	8.6

表 3.61.9　2009 年郑州市场新闻节目收视率排名前十位

名次	节目名称	播出频道	平均收视率(%)	平均占有率(%)
1	新闻联播	中央电视台综合频道	6.1	22.6
2	都市报道	河南电视台都市频道(二套)	4.4	15.1
3	温家宝总理会见中外记者	中央电视台综合频道	4.2	11.5
4	我们的节日春节一年又一年四海一家亲	中央电视台综合频道	4.1	15.4
5	焦点访谈	中央电视台综合频道	3.1	9.6
6	首都各界庆祝中华人民共和国成立 60 周年大会	中央台二套	2.6	8.9
7	民生大参考	河南电视台民生频道(三套)	2.5	7.5
8	盛典国庆 60 周年特别报道	中央电视台综合频道	2.0	13.8
9	己丑年黄帝故里拜祖大典	河南电视台卫星频道(一套)	1.9	10.4
10	75 事件和热比娅	中央台四套	1.7	5.1

表 3.61.10　2009 年郑州市场专题节目收视率排名前十位

名次	节目名称	播出频道	平均收视率(%)	平均占有率(%)
1	人民至上	中央电视台综合频道	4.4	13.8
2	解放农奴	中央电视台综合频道	3.3	10.0
3	百年先念	中央电视台综合频道	2.6	9.9
4	周末影院 - 走近毛泽东	中央台六套	2.6	6.4
5	2009 中央电视台 3.15 晚会	中央电视台综合频道	2.4	7.0
6	幕后	中央台三套	2.3	8.2
7	西藏农奴的故事	中央电视台综合频道	2.2	6.4
8	牛年特别节目红人小沈阳	江苏卫视	2.1	6.7
9	党领导的村级民主自治机制有益探索河南邓州四议两公开工作法纪实	河南电视台卫星频道(一套)	2.0	5.0
10	经济频道特别制作寻宝走进洛阳	中央台二套	1.9	6.9

表 3.61.11 2009 年郑州市场综艺节目收视率排名前十位

名次	节目名称	播出频道	平均收视率（%）	平均占有率（%）
1	2009 春节联欢晚会	中央电视台综合频道	36.5	73.3
2	首都各界庆祝中华人民共和国成立 60 周年联欢晚会	中央电视台综合频道	17.2	41.3
3	欢天喜地闹元宵 2009 年元宵晚会	中央电视台综合频道	12.6	35.9
4	2009 郑州市喜迎国庆 60 周年大型焰火晚会	郑州一套	7.3	21.0
5	365 个祝福中央电视台心连心艺术团赴四川灾区慰问演出	中央电视台综合频道	6.2	18.5
6	宜春月中华情 2009 年中央电视台中秋晚会	中央电视台综合频道	5.6	15.9
7	万众一心向前进 2009 年军民迎新春文艺晚会	中央电视台综合频道	5.4	12.8
8	2009 年郑州市元宵节焰火晚会	郑州一套	4.8	16.4
9	星光大道年度总决赛 2008	中央台三套	4.8	13.8
10	曲苑杂坛	中央电视台综合频道	4.7	14.4

表 3.61.12 2009 年郑州市场体育节目收视率排名前十位

名次	节目名称	播出频道	平均收视率（%）	平均占有率（%）
1	现场直播：第十一届全运会男子 110 米栏决赛	中央台五套	6.1	15.6
2	直播周末：2009 年第 25 届亚洲男篮锦标赛决赛 - 中国队 VS 伊朗队	中央台五套	4.4	12.5
3	武林风	河南电视台卫星频道（一套）	3.1	9.8
4	2009 年上海国际田联黄金大奖赛	中央台五套	3.1	8.4
5	直播周末中超赛场：2009 年中国足球协会超级联赛第 27 轮 - 北京国安 VS 河南建业	中央台五套	3.1	7.5
6	现场直播：第十一届全运会男子 4×100 米个人混合泳接力决赛	中央台五套	2.9	7.7
7	现场直播：第十一届全运会男子十项全能之十 1500 米	中央台五套	2.8	7.3
8	直播周末：2009 年苏迪曼杯世界羽毛球混合团体锦标赛决赛男单	中央台五套	2.6	7.2
9	现场直播：第 11 届全运会女子撑杆跳高决赛	中央台五套	2.4	6.3
10	中华人民共和国第十一届运动会开幕式	中央电视台综合频道	2.4	6.0

六十二、其他城市收视概览

表 3.62.1　2009 年安庆市场（安徽省）收视份额排名前十位的频道

	频道名称	收视份额（%）
1	安徽卫视	10.3
2	中央电视台综合频道	9.3
3	安徽影视	8.9
4	安庆电视台新闻综合频道	7.8
5	中央台八套	5.3
6	安徽公共	5.1
6	湖南电视台卫星频道	5.1
8	中央台四套	3.7
9	中央台三套	3.1
10	安徽经视	2.8

表 3.62.2　2009 年安阳市场（河南省）收视份额排名前十位的频道

	频道名称	收视份额（%）
1	中央电视台综合频道	25.9
2	河南电视台卫星频道（一套）	5.3
3	中央台八套	4.7
4	中央台六套	3.9
4	河南电视台都市频道（二套）	3.9
6	湖南电视台卫星频道	3.7
7	中央台三套	3.2
8	中央电视台少儿频道	2.9
9	中央台五套	2.7
9	河南电视台公共频道（八套）	2.7

表 3.62.3　2009 年宝鸡市场（陕西省）收视份额排名前十位的频道

	频道名称	收视份额（%）
1	中央电视台综合频道	15.3
2	中央台八套	7.3
3	陕西电视台新闻综合频道（一套）	6.6
4	湖南电视台卫星频道	4.6
5	中央台三套	4.5
6	中央台十二套	3.7
7	陕西电视台都市青春频道（二套）	3.6
8	中央电视台少儿频道	3.5
9	安徽卫视	2.9
10	陕西电视台影视娱乐频道（四套）	2.6

表 3.62.4　2009 年包头市场（内蒙古自治区）收视份额排名前十位的频道

	频道名称	收视份额（%）
1	中央电视台综合频道	17.8
2	湖南电视台卫星频道	6.7
3	中央台八套	6.3
4	中央台六套	4.6
5	中央台三套	4.4
6	中央台十二套	4.3
7	中央台四套	2.8
7	包头电视台经济生活频道	2.8
9	中央台二套	2.7
10	安徽卫视	2.4

表 3.62.5　2009 年北海市场（广西壮族自治区）收视份额排名前十位的频道

	频道名称	收视份额（%）
1	中央电视台综合频道	14.5
2	广西电视台综艺频道	11.0
3	湖南电视台卫星频道	7.0
4	广西电视台卫星频道	6.7
5	广西电视台都市频道	5.8
6	中央电视台少儿频道	5.2
7	中央台三套	3.5
8	中央台十二套	3.3
9	中央台六套	2.8
10	中央台八套	2.6

表 3.62.6　2009 年蚌埠市场（安徽省）收视份额排名前十位的频道

	频道名称	收视份额（%）
1	中央电视台综合频道	16.2
2	安徽经视	10.3
3	安徽卫视	7.8
4	蚌埠电视台新闻综合频道	5.8
5	安徽影视	5.5
6	安徽公共	5.3
7	湖南电视台卫星频道	4.9
8	中央台三套	4.7
9	中央台八套	3.4
10	蚌埠电视台生活频道	3.1

表 3.62.7　2009 年亳州市场（安徽省）收视份额排名前十位的频道

	频道名称	收视份额（%）
1	亳州电视台农村频道	23.5
2	亳州电视台新闻综合频道	15.4
3	中央电视台综合频道	5.7
4	亳州电视台三套	5.6
5	安徽影视	5.3
6	安徽卫视	3.7
7	安徽公共	3.1
8	亳州电视台四套	2.9
9	亳州教育台	2.8
10	湖南电视台卫星频道	2.3

表 3.62.8 2009 年常德市场（湖南省）收视份额排名前十位的频道

	频道名称	收视份额（%）
1	湖南电视台经济频道	20.0
2	中央电视台综合频道	11.2
3	湖南电视台卫星频道	8.5
4	湖南电视台娱乐频道	6.7
5	湖南电视台都市频道	5.9
6	常德电视台新闻综合频道	5.4
7	湖南电视台潇湘电影频道	4.0
8	中央台八套	2.5
9	湖南电视台电视剧频道	2.4
10	中央台六套	2.0

表 3.62.9 2009 年常熟市场（江苏省）收视份额排名前十位的频道

	频道名称	收视份额（%）
1	苏州电视台新闻综合频道（一套）	9.4
2	中央电视台综合频道	8.1
3	常熟电视台新闻综合频道	7.9
4	常熟电视台影视娱乐频道	6.1
5	苏州电视台社会经济频道（二套）	5.1
6	中央台六套	4.8
7	上海东方电视台娱乐频道	4.0
8	常熟电视台社会生活频道	3.3
9	湖南电视台金鹰卡通频道	3.2
10	中央台四套	3.0

表 3.62.10 2009 年常州市场（江苏省）收视份额排名前十位的频道

	频道名称	收视份额（%）
1	常州电视台一套（新闻频道）	12.1
2	常州电视台二套（都市频道）	6.6
3	中央台六套	4.6
4	常州电视台三套（生活频道）	4.5
5	中央台八套	3.8
6	中央台三套	3.7
7	中央电视台综合频道	3.4
8	中央台五套	2.9
9	中央台四套	2.8
10	湖南电视台卫星频道	2.7

表 3.62.11 2009 年潮州市场（广东省）收视份额排名前十位的频道

	频道名称	收视份额（%）
1	潮州电视台二套（公共频道）	23.9
2	潮州电视台一套（新闻综合频道）	12.8
3	湖南电视台卫星频道	6.8
4	翡翠台（中文）（潮州有线网转播）	4.7
5	中央电视台综合频道	3.6
6	南方电视台少儿频道	3.1
7	中央台六套	2.7
8	南方电视台经济频道	2.6
9	中央台八套	2.3
10	广东卫视	2.2

表 3.62.12　2009 年滁州市场（安徽省）收视份额排名前十位的频道

	频道名称	收视份额（%）
1	安徽卫视	17.8
2	中央电视台综合频道	10.7
3	安徽影视	7.9
4	安徽经视	7.3
5	安徽公共	4.9
6	湖南电视台卫星频道	3.9
7	中央台二套	3.2
7	中央台八套	3.2
9	江苏卫视	3.0
10	中央电视台少儿频道	2.5

表 3.62.13　2009 年大理市场（云南省）收视份额排名前十位的频道

	频道名称	收视份额（%）
1	中央电视台综合频道	11.2
2	云南电视台卫视频道（一套）	10.5
3	湖南电视台卫星频道	8.3
4	中央台八套	7.8
5	中央台六套	5.9
6	安徽卫视	4.7
7	大理电视台一套	4.4
8	云南电视台都市频道（二套）	3.5
9	云南电视台猜猜少儿频道	2.5
10	云南电视台新闻综合频道（六套）	2.3

表 3.62.14　2009 年丹东市场（辽宁省）收视份额排名前十位的频道

	频道名称	收视份额（%）
1	辽宁台都市频道	14.4
2	中央电视台综合频道	10.8
3	辽宁卫视	9.3
4	辽宁台影视娱乐频道	6.7
5	中央台八套	4.7
6	中央台五套	3.9
6	中央台三套	3.9
8	中央台四套	3.5
9	辽宁台生活频道	3.3
10	中央台二套	3.1

表 3.62.15　2009 年大同市场（山西省）收视份额排名前十位的频道

	频道名称	收视份额（%）
1	中央电视台综合频道	21.4
2	中央台八套	7.3
3	湖南电视台卫星频道	6.6
4	中央台三套	4.4
5	中央台六套	3.5
6	中央台十二套	3.3
7	安徽卫视	2.8
8	山西卫视	2.6
9	中央台二套	2.4
10	中央电视台少儿频道	2.2

表 3.62.16　2009 年德阳市场（四川省）收视份额排名前十位的频道

	频道名称	收视份额（%）
1	湖南电视台卫星频道	9.2
2	德阳家庭影院	9.0
3	四川电视台经济频道（三套）	7.3
4	中央电视台综合频道	6.6
5	四川卫视	5.6
6	四川电视台公共频道	3.5
7	中央台三套	3.0
8	浙江卫视	2.9
9	中央台八套	2.8
10	德阳公共频道	2.6

表 3.62.17　2009 年东莞市场（广东省）收视份额排名前十位的频道

	频道名称	收视份额（%）
1	翡翠台（中文）（东莞有线网转播）	12.9
2	广东电视台珠江频道	10.0
3	东莞电视台公共频道	6.8
4	南方电视台影视频道	5.9
5	东莞电视台新闻综合频道	5.2
6	南方电视台综艺频道	4.0
7	本港台（中文）（东莞有线网转播）	2.8
7	南方电视台少儿频道	2.8
9	中央电视台综合频道	2.6
10	南方卫视 TVS－2	2.3

表 3.62.18　2009 年佛山市场（广东省）收视份额排名前十位的频道

	频道名称	收视份额（%）
1	翡翠台（中文）（佛山有线台转播）	17.6
2	广东电视台珠江频道	12.3
3	佛山电视新闻综合频道	6.2
4	南方电视台影视频道	5.5
5	本港台（中文）（佛山有线台转播）	4.4
6	南方电视台综艺频道	4.3
7	南方电视台少儿频道	3.7
8	广东电视体育频道	3.3
9	佛山电视影视频道	3.2
10	广州电视台综合频道	3.1

表 3.62.19　2009 年抚顺市场（辽宁省）收视份额排名前十位的频道

	频道名称	收视份额（%）
1	辽宁卫视	14.8
2	辽宁台都市频道	5.6
3	中央台六套	4.8
4	中央电视台综合频道	4.7
5	中央台三套	3.9
5	中央台八套	3.9
7	辽宁台生活频道	3.8
8	辽宁台影视娱乐频道	3.6
9	湖南电视台卫星频道	3.3
10	中央台五套	2.8

表 3.62.20　2009 年阜阳市场（安徽省）收视份额排名前十位的频道

	频道名称	收视份额（%）
1	中央电视台综合频道	17.0
2	安徽卫视	14.4
3	安徽影视	13.6
4	阜阳新闻综合频道	10.3
5	阜阳公共影视频道	4.6
6	湖南电视台卫星频道	4.0
7	中央台十二套	1.9
8	浙江卫视	1.8
9	河南电视台卫星频道（一套）	1.5
9	江苏卫视	1.5

表 3.62.21　2009 年赣州市场（江西省）收视份额排名前十位的频道

	频道名称	收视份额（%）
1	中央电视台综合频道	13.7
2	江西电视台卫星频道（一套）	11.3
3	江西电视台都市频道（二套）	8.1
4	湖南电视台卫星频道	4.8
5	中央台三套	4.2
6	江西电视台影视频道（四套）	3.8
7	中央台八套	3.6
7	中央电视台少儿频道	3.6
9	中央台四套	3.4
10	中央台二套	2.9

表 3.62.22　2009 年桂林市场（广西壮族自治区）收视份额排名前十位的频道

	频道名称	收视份额（%）
1	中央电视台综合频道	17.1
2	广西电视台都市频道	7.3
3	中央电视台少儿频道	5.8
4	桂林电视台科教旅游频道	5.4
5	广西电视台综艺频道	4.8
5	湖南电视台卫星频道	4.8
7	中央台三套	3.7
8	中央台五套	3.2
8	中央台十二套	3.2
8	桂林电视台公共频道	3.2

表 3.62.23　2009 年汉中市场（陕西省）收视份额排名前十位的频道

	频道名称	收视份额（%）
1	中央电视台综合频道	17.0
2	中央台八套	6.8
3	湖南电视台卫星频道	5.5
4	中央台十二套	3.3
5	中央台三套	3.2
5	陕西电视台都市青春频道（二套）	3.2
5	陕西电视台新闻综合频道（一套）	3.2
8	浙江卫视	2.7
9	中央电视台少儿频道	2.5
10	山东卫视	2.4

表 3.62.24　2009 年衡阳市场（湖南省）收视份额排名前十位的频道

	频道名称	收视份额（%）
1	湖南电视台经济频道	16.5
2	湖南电视台都市频道	8.6
3	湖南电视台电视剧频道	8.1
4	湖南电视台卫星频道	7.5
5	湖南电视台潇湘电影频道	5.7
6	中央电视台综合频道	3.9
7	湖南电视台金鹰卡通频道	3.5
8	中央台八套	3.2
9	衡阳都市频道	2.8
10	衡阳生活频道	2.4

表 3.62.25　2009 年河源市场（广东省）收视份额排名前十位的频道

	频道名称	收视份额（%）
1	广东电视台珠江频道	26.3
2	中央电视台综合频道	7.0
3	南方电视台影视频道	6.4
4	南方电视台经济频道	5.8
5	湖南电视台卫星频道	3.9
6	广东卫视	3.1
7	南方电视台少儿频道	3.0
8	中央台三套	2.8
9	中央台八套	2.6
9	翡翠台（中文）（河源有线网转播）	2.6

表 3.62.26　2009 年菏泽市场（山东省）收视份额排名前十位的频道

	频道名称	收视份额（%）
1	中央电视台综合频道	19.9
2	菏泽电视台一套	14.9
3	山东卫视	13.0
4	菏泽电视台三套	6.5
5	河南电视台卫星频道（一套）	2.8
6	中央台七套	2.6
7	山东电视齐鲁频道	2.4
8	中央电视台少儿频道	2.1
9	浙江卫视	1.9
10	湖南电视台卫星频道	1.8

表 3.62.27　2009 年淮安市场（江苏省）收视份额排名前十位的频道

	频道名称	收视份额（%）
1	中央电视台综合频道	14.4
2	淮安电视台新闻综合频道	9.4
3	江苏电视台城市频道	7.4
4	中央台六套	6.4
5	江苏卫视	5.6
6	中央台三套	4.4
7	中央台八套	4.2
8	湖南电视台卫星频道	4.1
9	江苏电视台影视频道	3.5
10	安徽卫视	3.2

表 3.62.28 2009 年惠州市场（广东省）收视份额排名前十位的频道

	频道名称	收视份额（%）
1	广东电视台珠江频道	13.1
2	翡翠台（中文）（惠州有线网转播）	7.3
3	湖南电视台卫星频道	4.2
4	惠州电视台一套（新闻综合频道）	3.6
4	中央台六套	3.6
6	中央台八套	3.3
7	中央台三套	3.2
8	南方电视台经济频道	3.1
9	中央电视台综合频道	2.9
10	南方电视台少儿频道	2.8

表 3.62.29 2009 年湖州市场（浙江省）收视份额排名前十位的频道

	频道名称	收视份额（%）
1	浙江卫视	7.5
2	湖州电视台新闻综合频道	6.8
3	中央台六套	5.5
4	浙江电视台教育科技频道	5.2
4	湖南电视台卫星频道	5.2
6	湖州电视台文化娱乐频道	4.8
7	湖州电视台公共民生频道	4.5
8	中央电视台综合频道	4.1
9	中央台三套	3.6
10	安徽卫视	3.3

表 3.62.30 2009 年江门市场（广东省）收视份额排名前十位的频道

	频道名称	收视份额（%）
1	广东电视台珠江频道	12.0
2	翡翠台（中文）（江门有线网转播）	9.8
3	江门电视综合频道	7.7
4	翡翠台（中文）（江门其他有线网转播）	5.6
5	中央台五套	4.6
6	湖南电视台卫星频道	4.2
7	南方卫视 TVS－2	3.5
8	本港台（中文）（江门有线网转播）	3.4
9	广东电视体育频道	3.3
10	南方电视台影视频道	3.2

表 3.62.31 2009 年江阴市场（江苏省）收视份额排名前十位的频道

	频道名称	收视份额（%）
1	中央电视台综合频道	8.3
2	中央台八套	6.3
3	江阴电视台新闻综合频道	6.1
4	无锡广播电视台新闻综合频道	5.7
5	上海东方电视台娱乐频道	4.3
6	江苏卫视	4.0
7	江阴电视台电视剧频道	3.8
8	江阴电视台城市频道	3.7
8	中央台六套	3.7
10	中央电视台少儿频道	3.5

表 3.62.32　2009 年焦作市场（河南省）收视份额排名前十位的频道

	频道名称	收视份额（%）
1	中央电视台综合频道	16.4
2	河南电视台都市频道（二套）	6.9
3	河南电视台电视剧频道（五套）	6.8
4	河南电视台卫星频道（一套）	5.2
5	中央台八套	5.0
6	中央电视台少儿频道	4.2
7	湖南电视台卫星频道	4.1
8	中央台三套	3.8
9	中央台六套	3.7
10	中央台四套	2.9

表 3.62.33　2009 年嘉兴市场（浙江省）收视份额排名前十位的频道

	频道名称	收视份额（%）
1	嘉兴电视台新闻综合频道	11.0
2	嘉兴电视台文化影视频道	7.6
3	上海东方电视台娱乐频道	6.3
4	浙江卫视	5.7
5	中央台六套	5.3
6	中央电视台综合频道	4.8
7	中央电视台少儿频道	4.4
8	中央台八套	3.9
9	嘉兴电视台公共频道	3.7
10	湖南电视台卫星频道	3.5

表 3.62.34　2009 年揭阳市场（广东省）收视份额排名前十位的频道

	频道名称	收视份额（%）
1	揭阳电视台新闻综合频道	9.4
2	广东电视台珠江频道	8.2
3	湖南电视台卫星频道	6.9
4	翡翠台（中文）（揭阳有线网转播）	6.6
5	揭阳电视台公共频道	5.6
6	中央台八套	4.3
7	中央电视台综合频道	4.1
8	广东卫视	3.8
9	潮州电视台一套（新闻综合频道）	3.5
10	南方电视台经济频道	3.2

表 3.62.35　2009 年吉林市市场（吉林省）收视份额排名前十位的频道

	频道名称	收视份额（%）
1	吉林电视台都市频道（二套）	14.4
2	中央电视台综合频道	9.9
3	吉林卫视	7.5
4	中央台三套	4.8
5	湖南电视台卫星频道	3.9
6	中央台八套	3.1
6	中央台五套	3.1
8	辽宁卫视	3.0
8	中央电视台新闻频道	3.0
8	中央台十二套	3.0

表 3.62.36　2009 年荆门市场（湖北省）收视份额排名前十位的频道

	频道名称	收视份额（%）
1	中央电视台综合频道	13.0
2	中央台七套	4.7
3	中央台六套	2.7
4	中央台三套	2.4
5	中央台十二套	1.9
5	中央台八套	1.9
5	湖北卫视	1.9
8	中央电视台少儿频道	1.8
9	湖南电视台卫星频道	1.7
10	湖南电视台金鹰卡通频道	1.6

注：荆门自 2009 年 4 月 1 日采用测量仪方式调查，本表为 2009 年 4—12 月数据计算结果。

表 3.62.37　2009 年荆州市场（湖北省）收视份额排名前十位的频道

	频道名称	收视份额（%）
1	中央电视台综合频道	4.8
2	湖南电视台卫星频道	4.0
3	中央台六套	3.8
4	中央台八套	2.9
5	中央台三套	2.8
6	浙江卫视	2.6
7	中央台五套	2.3
8	中央电视台新闻频道	2.2
9	中央台四套	2.0
10	湖北卫视	1.9

注：荆州自 2009 年 7 月 1 日采用测量仪方式调查，本表为 2009 年 7—12 月数据计算结果。

表 3.62.38　2009 年金华市场（浙江省）收视份额排名前十位的频道

	频道名称	收视份额（%）
1	金华电视台教育科技频道	13.5
2	金华电视台经济生活频道	12.6
3	中央电视台综合频道	8.3
4	湖南电视台卫星频道	6.2
5	金华电视台新闻综合频道	5.1
6	浙江卫视	4.7
7	中央台六套	4.2
8	中央电视台少儿频道	4.1
9	浙江电视台教育科技频道	3.6
10	中央台八套	3.3

表 3.62.39　2009 年济宁市场（山东省）收视份额排名前十位的频道

	频道名称	收视份额（%）
1	中央电视台综合频道	12.8
2	山东电视齐鲁频道	9.2
3	山东卫视	6.4
4	山东电视生活频道	5.6
5	湖南电视台卫星频道	5.0
6	中央台三套	3.8
7	济宁电视台影视频道	3.2
8	山东电视综艺频道	2.6
9	中央电视台少儿频道	2.5
10	济宁电视台新闻综合频道	2.4

表 3.62.40　2009 年晋城市场（山西省）收视份额排名前十位的频道

	频道名称	收视份额（%）
1	中央电视台综合频道	25.8
2	中央台八套	6.0
3	湖南电视台卫星频道	5.4
4	中央台六套	4.6
5	中央台三套	4.2
6	中央台十二套	3.0
6	山西广播电视总台影视频道	3.0
8	山西卫视	2.7
9	安徽卫视	2.5
10	中央电视台少儿频道	2.4

表 3.62.41　2009 年锦州市场（辽宁省）收视份额排名前十位的频道

	频道名称	收视份额（%）
1	辽宁卫视	9.6
2	辽宁台都市频道	8.7
3	中央电视台综合频道	7.4
4	中央台三套	4.8
4	辽宁台影视娱乐频道	4.8
6	中央台八套	4.3
7	中央台六套	4.1
8	中央台五套	3.7
9	湖南电视台卫星频道	3.6
10	中央台四套	3.4

表 3.62.42　2009 年九江市场（江西省）收视份额排名前十位的频道

	频道名称	收视份额（%）
1	中央电视台综合频道	12.7
2	江西电视台卫星频道（一套）	10.4
3	江西电视台都市频道（二套）	8.9
4	中央台八套	5.2
5	湖南电视台卫星频道	5.1
6	中央台三套	4.4
7	江西电视台影视频道（四套）	3.9
8	中央台二套	3.6
9	浙江卫视	3.5
10	中央电视台少儿频道	3.4

表 3.62.43　2009 年开封市场（河南省）收视份额排名前十位的频道

	频道名称	收视份额（%）
1	中央电视台综合频道	15.8
2	河南电视台卫星频道（一套）	7.2
3	中央台三套	4.5
3	中央台八套	4.5
5	开封电视台新闻综合频道（一套）	4.1
6	湖南电视台卫星频道	3.9
7	河南电视台公共频道（八套）	3.8
8	中央电视台少儿频道	3.2
9	中央台四套	3.0
10	中央台五套	2.7

表 3.62.44　2009 年昆山市场（江苏省）收视份额排名前十位的频道

	频道名称	收视份额（%）
1	苏州电视台新闻综合频道（一套）	11.5
2	中央电视台综合频道	7.2
3	中央台六套	5.2
4	中央台五套	4.7
5	昆山电视台社会生活频道	4.6
5	上海东方电视台娱乐频道	4.6
7	苏州电视台社会经济频道（二套）	4.5
8	昆山电视台电视剧频道	4.2
9	昆山电视台电影频道	3.5
10	江苏卫视	3.4

表 3.62.45　2009 年拉萨市场（西藏自治区）收视份额排名前十位的频道

	频道名称	收视份额（%）
1	中央电视台综合频道	20.4
2	西藏一套（藏语卫视）	16.1
3	西藏电视台影视文化频道	7.4
4	中央台八套	7.2
5	拉萨电视台	6.2
5	中央台六套	6.2
7	湖南电视台卫星频道	5.6
8	中央电视台新闻频道	3.2
9	中央台三套	2.4
10	中央台十二套	2.3

表 3.62.46　2009 年乐山市场（四川省）收视份额排名前十位的频道

	频道名称	收视份额（%）
1	中央电视台综合频道	8.1
2	四川卫视	7.1
3	湖南电视台卫星频道	5.9
4	中央台八套	5.1
5	乐山新闻综合频道	5.0
6	乐山公共．新农村频道	4.1
7	四川电视台经济频道（三套）	3.6
8	中央台十二套	3.2
9	重庆卫视	3.0
10	中央台三套	2.6

表 3.62.47　2009 年连云港市场（江苏省）收视份额排名前十位的频道

	频道名称	收视份额（%）
1	中央电视台综合频道	15.6
2	连云港电视台新闻综合频道	11.5
3	江苏卫视	9.9
4	湖南电视台卫星频道	4.7
4	江苏电视台城市频道	4.7
6	中央台六套	4.4
7	中央台八套	4.2
8	中央台三套	3.6
9	江苏电视台影视频道	2.9
10	安徽卫视	2.6

表 3.62.48　2009 年临汾市场（山西省）收视份额排名前十位的频道

	频道名称	收视份额（%）
1	中央电视台综合频道	11.3
2	山西卫视	6.1
3	中央台三套	5.3
4	湖南电视台卫星频道	5.0
5	中央台八套	4.4
5	中央台十二套	4.4
7	中央台六套	4.1
8	中央电视台少儿频道	4.0
9	浙江卫视	3.6
10	安徽卫视	3.1

表 3.62.49　2009 年临沂市场（山东省）收视份额排名前十位的频道

	频道名称	收视份额（%）
1	山东卫视	14.7
2	中央电视台综合频道	10.4
3	山东电视齐鲁频道	8.8
4	湖南电视台卫星频道	7.2
5	山东电视生活频道	3.7
6	中央台六套	3.3
7	中央电视台少儿频道	3.1
8	浙江卫视	2.7
9	中央台十二套	2.6
9	中央台八套	2.6

表 3.62.50　2009 年丽水市场（浙江省）收视份额排名前十位的频道

	频道名称	收视份额（%）
1	丽水电视台经济生活频道（二套）	9.3
2	湖南电视台卫星频道	7.7
3	丽水电视台新闻综合频道（一套）	6.5
4	浙江卫视	6.4
4	丽水文化休闲频道	6.4
6	中央台八套	5.7
7	中央电视台少儿频道	4.0
7	中央台三套	4.0
9	中央台六套	3.8
9	中央电视台综合频道	3.8

表 3.62.51　2009 年柳州市场（广西省）收视份额排名前十位的频道

	频道名称	收视份额（%）
1	广西电视台综艺频道	11.2
2	中央电视台综合频道	9.6
3	广西电视台卫星频道	8.2
4	柳州电视台新闻综合频道（一套）	5.8
5	柳州电视台科教频道（二套）	5.2
6	中央电视台少儿频道	4.7
7	湖南电视台卫星频道	4.2
8	广西电视台都市频道	4.0
9	中央台四套	3.0
10	柳州电视台公共频道（三套）	2.9

表 3.62.52　2009 年洛阳市场（河南省）收视份额排名前十位的频道

	频道名称	收视份额（%）
1	中央电视台综合频道	22.0
2	河南电视台卫星频道（一套）	7.1
3	中央台八套	6.4
4	河南电视台都市频道（二套）	4.0
5	中央台六套	3.6
5	中央台三套	3.6
7	湖南电视台卫星频道	3.4
8	洛阳电视台一套（综合频道）	3.2
9	河南电视台电视剧频道（五套）	3.0
10	中央台四套	2.6

表 3.62.53　2009 年泸州市场（四川省）收视份额排名前十位的频道

	频道名称	收视份额（%）
1	中央电视台综合频道	9.7
2	湖南电视台卫星频道	9.5
3	四川卫视	6.7
4	重庆卫视	4.3
5	中央台八套	3.8
6	四川电视台影视文艺频道（五套）	3.4
6	中央台六套	3.4
8	浙江卫视	3.3
9	中央台四套	3.0
9	中央台十二套	3.0

表 3.62.54　2009 年茂名市场（广东省）收视份额排名前十位的频道

	频道名称	收视份额（%）
1	广东电视台珠江频道	32.2
2	翡翠台（中文）（茂名有线网转播）	5.2
3	南方电视台影视频道	3.7
4	湖南电视台卫星频道	2.7
5	南方电视台少儿频道	2.6
6	广东卫视	2.5
7	中央台八套	2.3
8	南方卫视 TVS－2	2.2
9	中央台六套	2.1
10	广东电视体育频道	2.0

表 3.62.55　2009 年眉山市场（四川省）收视份额排名前十位的频道

	频道名称	收视份额（%）
1	中央电视台综合频道	11.4
2	四川卫视	9.2
3	湖南电视台卫星频道	6.8
4	四川电视台经济频道（三套）	6.2
5	中央台八套	4.9
6	四川电视台公共频道	4.6
7	中央台十二套	3.5
8	重庆卫视	3.4
9	峨眉电影频道	2.9
10	眉山电视台新闻综合频道（一套）	2.7

表 3.62.56　2009 年梅州市场（广东省）收视份额排名前十位的频道

	频道名称	收视份额（%）
1	梅州电视台时政综合频道	21.1
2	南方电视台经济频道	8.8
3	中央台八套	8.6
4	中央电视台综合频道	6.4
5	广东电视台珠江频道	4.3
6	中央台三套	3.7
7	中央台六套	3.0
8	广东卫视	2.9
9	南方电视台少儿频道	2.8
10	浙江卫视	2.6

表 3.62.57　2009 年绵阳市场（四川省）收视份额排名前十位的频道

	频道名称	收视份额（%）
1	中央电视台综合频道	12.0
2	中央台八套	7.4
3	湖南电视台卫星频道	6.9
4	四川电视台公共频道	6.5
5	中央台三套	5.7
6	绵阳电视台一套（新闻综合频道）	5.2
6	中央台六套	5.2
8	四川卫视	3.6
9	安徽卫视	3.3
10	中央电视台新闻频道	2.9

表 3.62.58　2009 年牡丹江市场（黑龙江省）收视份额排名前十位的频道

	频道名称	收视份额（%）
1	中央电视台综合频道	11.8
2	黑龙江电视台都市频道	6.5
3	中央台八套	6.2
4	黑龙江电视台卫星频道	5.6
5	黑龙江电视台影视频道	5.1
6	中央台三套	4.7
7	黑龙江电视台法制频道	3.6
7	湖南电视台卫星频道	3.6
9	中央台四套	3.4
10	辽宁卫视	3.3

表 3.62.59　2009 年南充市场（四川省）收视份额排名前十位的频道

	频道名称	收视份额（%）
1	四川电视台影视文艺频道（五套）	10.7
2	中央电视台综合频道	10.1
3	中央台六套	6.8
4	四川电视台新闻资讯频道	6.7
5	湖南电视台卫星频道	6.0
6	中央台八套	5.2
7	四川电视台经济频道（三套）	4.1
8	中央电视台少儿频道	3.7
9	四川电视台公共频道	3.6
10	中央台三套	3.4

表 3.62.60　2009 年南通市场（江苏省）收视份额排名前十位的频道

	频道名称	收视份额（%）
1	南通电视台新闻综合频道	20.8
2	南通电视台社教频道	9.9
3	中央电视台综合频道	7.6
4	中央台三套	5.2
5	中央台六套	4.8
6	中央台八套	4.0
7	中央台五套	3.4
7	中央台四套	3.4
9	湖南电视台卫星频道	2.5
10	上海东方电视台娱乐频道	2.4

表 3.62.61　2009 年南阳市场（河南省）收视份额排名前十位的频道

	频道名称	收视份额（%）
1	中央电视台综合频道	22.4
2	河南电视台电视剧频道（五套）	11.2
3	河南电视台卫星频道（一套）	9.4
4	河南电视台都市频道（二套）	7.5
5	南阳电视台新闻综合频道（一套）	5.7
6	湖南电视台卫星频道	3.4
7	南阳电视台科教法制频道（三套）	2.4
8	中央台八套	2.0
9	安徽卫视	1.8
10	中央电视台少儿频道	1.6

表 3.62.62　2009 年平顶山市场（河南省）收视份额排名前十位的频道

	频道名称	收视份额（%）
1	中央电视台综合频道	18.1
2	河南电视台卫星频道（一套）	7.0
3	中央台八套	5.4
4	河南电视台都市频道（二套）	4.4
5	中央台三套	3.9
6	中央台十二套	3.7
7	中央台六套	3.6
8	湖南电视台卫星频道	3.1
8	中央电视台少儿频道	3.1
10	河南电视台电视剧频道（五套）	2.9

表 3.62.63　2009 年莆田市场（福建省）收视份额排名前十位的频道

	频道名称	收视份额（%）
1	福建省广播影视集团综合频道	17.2
2	中央电视台综合频道	9.4
3	福建省广播影视集团电视剧频道	7.6
4	莆田市广播电视中心经济生活频道	5.2
5	湖南电视台卫星频道	5.1
6	中央台八套	4.2
7	中央台六套	3.8
7	福建省广播影视集团少儿频道	3.8
9	安徽卫视	3.4
10	福建省广播影视集团东南电视台	3.1

表 3.62.64　2009 年清远市场（广东省）收视份额排名前十位的频道

	频道名称	收视份额（%）
1	广东电视台珠江频道	39.6
2	翡翠台（中文）（清远有线网转播）	13.6
3	南方电视台影视频道	11.3
4	南方卫视 TVS-2	2.8
5	清远电视台公共频道	2.7
6	广东电视台公共频道	2.4
7	南方电视台少儿频道	2.3
8	中央电视台综合频道	2.0
9	本港台（中文）（清远有线网转播）	1.9
9	南方电视台综艺频道	1.9

表 3.62.65　2009 年秦皇岛市场（河北省）收视份额排名前十位的频道

	频道名称	收视份额（%）
1	中央电视台综合频道	14.7
2	中央台八套	6.6
3	中央台三套	4.9
4	中央台十二套	4.3
5	湖南电视台卫星频道	4.0
6	中央台六套	3.9
7	辽宁卫视	3.7
8	河北电视台农民频道（七套）	3.3
9	中央台二套	2.8
10	中央台五套	2.6

表 3.62.66　2009 年泉州市场（福建省）收视份额排名前十位的频道

	频道名称	收视份额（%）
1	泉州电视台闽南语频道	14.3
2	泉州电视台新闻综合频道	11.8
3	中央电视台综合频道	8.8
4	泉州电视台影视剧频道	6.2
5	福建省广播影视集团综合频道	5.2
6	中央台八套	4.8
7	湖南电视台卫星频道	4.5
8	中央台六套	4.2
9	中央台五套	3.3
10	中央台三套	3.1

表 3.62.67　2009 年衢州市场（浙江省）收视份额排名前十位的频道

	频道名称	收视份额（%）
1	衢州电视生活娱乐频道	7.3
2	中央电视台综合频道	7.0
3	衢州电视新闻综合频道	6.5
4	衢州电视经济信息频道	6.1
5	中央台六套	5.9
6	浙江电视台民生休闲频道	5.8
7	浙江卫视	5.7
8	中央台八套	5.5
9	中央台三套	3.9
10	浙江电视台教育科技频道	3.7

表 3.62.68　2009 年三亚市场（海南省）收视份额排名前十位的频道

	频道名称	收视份额（%）
1	中央电视台综合频道	15.3
2	海南广播电视总台综合频道	11.5
3	中央台八套	6.7
3	湖南电视台卫星频道	6.7
5	中央电视台少儿频道	3.4
6	星空卫视	2.9
6	江西电视台卫星频道（一套）	2.9
8	安徽卫视	2.2
8	江苏卫视	2.2
8	中央台五套	2.2

表 3.62.69　2009 年汕头市场（广东省）收视份额排名前十位的频道

	频道名称	收视份额（%）
1	汕头电视台 -2（生活经济频道）	14.1
2	汕头电视台 -1（新闻综合频道）	10.9
3	中央台三套	4.4
4	汕头电视台 -3（影视文艺频道）	4.3
5	南方电视台少儿频道	4.2
6	中央台八套	3.8
7	翡翠台（中文）（汕头有线台转播）	3.3
8	安徽卫视	3.2
9	中央台六套	3.1
10	凤凰卫视中文台	2.9

表 3.62.70　2009 年汕尾市场（广东省）收视份额排名前十位的频道

	频道名称	收视份额（%）
1	翡翠台（中文）（汕尾有线网转播）	16.4
2	湖南电视台卫星频道	6.7
3	广东电视台珠江频道	5.3
4	南方电视台影视频道	5.1
5	南方电视台少儿频道	4.6
6	中央台八套	3.9
7	中央台三套	2.9
8	星空卫视	2.7
9	本港台（中文）（汕尾有线网转播）	2.5
9	广东电视台公共频道	2.5

表 3.62.71　2009 年韶关市场（广东省）收视份额排名前十位的频道

	频道名称	收视份额（%）
1	广东电视台珠江频道	14.1
2	翡翠台（中文）（韶关有线网转播）	5.1
3	韶关电视台公共频道	4.3
4	南方电视台影视频道	4.2
5	湖南电视台卫星频道	4.1
6	中央台八套	3.9
7	中央电视台综合频道	3.7
8	中央台六套	3.5
9	南方电视台经济频道	3.3
10	中央台五套	3.2

表 3.62.72　2009 年绍兴市场（浙江省）收视份额排名前十位的频道

	频道名称	收视份额（%）
1	绍兴电视台公共频道（二套）	18.2
2	绍兴电视台影视娱乐频道（三套）	7.9
3	中央电视台综合频道	7.4
4	绍兴电视台新闻综合频道（一套）	6.9
5	浙江卫视	6.1
6	中央台八套	4.9
7	中央台六套	4.1
8	湖南电视台卫星频道	4.0
9	中央台三套	3.5
10	中央台五套	3.3

表 3.62.73　2009 年深圳蛇口市场（广东省）收视份额排名前十位的频道

	频道名称	收视份额（%）
1	深圳电视台一套（都市频道）	20.7
2	深圳电视台二套（电视剧频道）	7.7
3	翡翠台（中文）（蛇口有线转播）	7.2
4	中央电视台综合频道	6.5
5	深圳电视台四套（娱乐频道）	4.7
6	中央台三套	3.8
7	湖南电视台卫星频道	3.5
8	星空卫视	3.2
9	中央台五套	2.6
9	深圳电视台六套（少儿频道）	2.6

表 3.62.74　2009 年十堰市场（湖北省）收视份额排名前十位的频道

	频道名称	收视份额（%）
1	中央电视台综合频道	11.0
2	湖北综合	7.9
3	中央台八套	6.8
4	中央台三套	4.5
5	中央台十二套	4.1
6	中央电视台少儿频道	4.0
7	湖南电视台卫星频道	3.7
8	中央台四套	3.6
9	中央台六套	3.5
10	中央台二套	3.4

表 3.62.75　2009 年遂宁市场（四川省）收视份额排名前十位的频道

	频道名称	收视份额（%）
1	中央台八套	9.0
2	四川电视台公共频道	7.5
3	湖南电视台卫星频道	7.1
3	四川电视台经济频道（三套）	7.1
5	中央电视台综合频道	6.4
6	中央台六套	5.4
7	中央台三套	5.0
8	浙江卫视	4.3
9	峨眉电影频道	3.8
10	中央电视台少儿频道	3.7

表 3.62.76　2009 年宿迁市场（江苏省）收视份额排名前十位的频道

	频道名称	收视份额（%）
1	中央电视台综合频道	21.5
2	宿迁电视台综合频道	7.1
3	江苏卫视	6.9
4	湖南电视台卫星频道	5.3
5	安徽卫视	4.3
6	中央台六套	3.8
7	江苏电视台影视频道	3.4
8	浙江卫视	3.0
9	中央台三套	2.6
9	四川卫视	2.6

表 3.62.77　2009 年苏州市场（江苏省）收视份额排名前十位的频道

	频道名称	收视份额（%）
1	苏州电视台新闻综合频道（一套）	18.6
2	苏州电视台社会经济频道（二套）	15.4
3	苏州电视台电影娱乐频道（四套）	6.7
4	苏州电视台文化生活频道（三套）	5.5
5	苏州电视台生活资讯频道（五套）	4.1
6	中央电视台综合频道	3.2
7	中央台五套	2.9
8	江苏卫视	2.8
9	中央台六套	2.6
10	中央台三套	2.4

表 3.62.78　2009 年泰州市场（江苏省）收视份额排名前十位的频道

	频道名称	收视份额（%）
1	泰州电视台新闻综合频道	14.6
2	中央电视台综合频道	8.6
3	泰州电视台经济生活频道	7.3
4	湖南电视台卫星频道	4.9
5	中央台三套	4.7
6	泰州电视台影视娱乐频道	4.2
7	中央台六套	4.0
8	江苏卫视	3.9
8	江苏电视台影视频道	3.9
10	中央台八套	3.6

表 3.62.79　2009 年台州市场（浙江省）收视份额排名前十位的频道

	频道名称	收视份额（%）
1	台州电视台影视文化频道（二套）	15.4
2	中央电视台综合频道	7.0
3	台州电视台新闻综合频道（一套）	5.6
4	湖南电视台卫星频道	5.4
5	台州电视台公共频道（三套）	5.1
6	中央电视台少儿频道	4.6
7	中央台八套	4.5
8	浙江卫视	4.1
9	中央台四套	3.7
10	中央台六套	3.5

表 3.62.80　2009 年唐山市场（河北省）收视份额排名前十位的频道

	频道名称	收视份额（%）
1	中央电视台综合频道	14.1
2	唐山电视台一套（新闻综合频道）	10.6
3	中央台八套	5.8
4	中央台三套	5.4
4	河北电视台农民频道（七套）	5.4
6	中央电视台少儿频道	3.9
7	河北卫视	3.4
8	中央台十二套	3.3
9	中央台二套	2.7
10	浙江卫视	2.5

表 3.62.81　2009 年潍坊市场（山东省）收视份额排名前十位的频道

	频道名称	收视份额（%）
1	山东电视齐鲁频道	12.4
2	中央电视台综合频道	11.2
3	山东卫视	10.3
4	山东电视生活频道	7.3
5	中央台三套	3.9
6	湖南电视台卫星频道	3.7
7	中央电视台少儿频道	3.5
8	潍坊电视台新闻综合频道	3.1
9	山东电视影视频道	3.0
10	山东电视综艺频道	2.3

表 3.62.82　2009 年威海市场（山东省）收视份额排名前十位的频道

	频道名称	收视份额（%）
1	中央电视台综合频道	9.7
2	山东电视齐鲁频道	9.4
3	威海电视台二套（民生影视频道）	8.5
4	中央台八套	6.7
4	山东卫视	6.7
6	山东电视影视频道	5.7
7	山东电视生活频道	5.4
8	中央台六套	4.5
9	湖南电视台卫星频道	4.1
10	中央台三套	3.7

表 3.62.83　2009 年渭南市场（陕西省）收视份额排名前十位的频道

	频道名称	收视份额（%）
1	陕西电视台新闻综合频道（一套）	19.5
2	中央电视台综合频道	19.0
3	陕西电视台都市青春频道（二套）	6.7
4	湖南电视台卫星频道	4.1
5	中央台八套	3.5
6	河南电视台卫星频道（一套）	3.0
6	渭南影视剧频道（三套）	3.0
8	中央台三套	2.5
9	安徽卫视	2.3
10	中央台五套	2.1

表 3.62.84 2009 年温州市场（浙江省）收视份额排名前十位的频道

	频道名称	收视份额（%）
1	温州市广播电视总台新闻综合频道	10.8
2	温州市广播电视总台经济科教频道	10.6
3	湖南电视台卫星频道	5.7
3	温州市广播电视总台都市生活频道	5.7
5	浙江电视台教育科技频道	4.9
6	中央台八套	4.2
6	中央台三套	4.2
8	温州市广播电视总台公共民生频道	4.0
9	中央台六套	3.6
10	浙江卫视	3.5

表 3.62.85 2009 年芜湖市场（安徽省）收视份额排名前十位的频道

	频道名称	收视份额（%）
1	中央电视台综合频道	10.5
2	芜湖电视台生活频道	8.6
3	中央台八套	6.3
4	湖南电视台卫星频道	6.0
5	安徽公共	5.3
6	安徽卫视	5.2
7	安徽影视	4.8
8	中央电视台少儿频道	4.1
9	中央台六套	3.9
9	中央台三套	3.9

表 3.62.86 2009 年无锡市场（江苏省）收视份额排名前十位的频道

	频道名称	收视份额（%）
1	无锡广播电视台都市资讯频道	11.4
2	无锡广播电视台新闻综合频道	11.1
3	无锡广播电视台影视频道	5.1
4	中央电视台综合频道	4.6
5	中央台六套	4.0
6	中央台三套	3.8
7	中央台五套	3.6
8	无锡广播电视台生活频道	2.9
9	中央台八套	2.5
9	上海东方电视台娱乐频道	2.5

表 3.62.87 2009 年梧州市场（广西壮族自治区）收视份额排名前十位的频道

	频道名称	收视份额（%）
1	广东电视台珠江频道	14.0
2	中央电视台综合频道	11.3
3	广西电视台卫星频道	6.1
4	南方卫视	5.7
5	湖南电视台卫星频道	4.8
6	中央电视台少儿频道	3.9
7	梧州电视台公共影视频道	3.8
8	广西电视台综艺频道	3.6
9	广西电视台都市频道	3.1
9	梧州电视台新闻综合频道	3.1

表 3.62.88　2009 年襄樊市场（湖北省）收视份额排名前十位的频道

	频道名称	收视份额（%）
1	中央电视台综合频道	16.1
2	襄樊一套（新闻．综合频道）	12.7
3	湖南电视台卫星频道	5.7
4	中央台八套	4.5
5	中央电视台少儿频道	3.6
6	中央台三套	3.3
7	襄樊二套（经济．生活频道）	2.9
8	中央台六套	2.6
9	中央台四套	2.4
10	中央台十二套	2.3

表 3.62.89　2009 年湘潭市场（湖南省）收视份额排名前十位的频道

	频道名称	收视份额（%）
1	湖南电视台都市频道	13.5
2	湖南电视台经济频道	8.6
3	湖南电视台卫星频道	8.3
4	中央电视台综合频道	5.7
5	湖南电视台电视剧频道	5.0
5	湖南电视台潇湘电影频道	5.0
7	中央台四套	3.1
8	中央台三套	2.9
9	湖南电视台娱乐频道	2.7
9	湘潭电视台都市频道（二套）	2.7

表 3.62.90　2009 年咸阳市场（陕西省）收视份额排名前十位的频道

	频道名称	收视份额（%）
1	中央电视台综合频道	19.6
2	陕西电视台新闻综合频道（一套）	10.5
3	陕西电视台都市青春频道（二套）	9.7
4	中央台八套	3.7
4	中央台三套	3.7
4	中央电视台少儿频道	3.7
7	湖南电视台卫星频道	3.1
8	中央台十二套	2.6
9	陕西卫视	2.1
10	陕西电视台影视娱乐频道（四套）	1.8

表 3.62.91　2009 年徐州市场（江苏省）收视份额排名前十位的频道

	频道名称	收视份额（%）
1	徐州电视台新闻综合频道	16.9
2	中央电视台综合频道	13.4
3	徐州电视台经济生活频道	6.9
4	江苏卫视	5.5
5	中央台三套	4.2
6	中央台八套	3.5
7	中央台六套	3.4
8	浙江卫视	2.6
9	江苏电视台影视频道	2.4
10	河南电视台卫星频道（一套）	2.3

表 3.62.92 2009 年延安市场（陕西省）收视份额排名前十位的频道

	频道名称	收视份额（%）
1	中央电视台综合频道	18.3
2	安徽卫视	5.9
3	湖南电视台卫星频道	5.7
4	中央台八套	4.8
5	中央台三套	2.9
5	陕西电视台都市青春频道（二套）	2.9
7	陕西电视台影视娱乐频道（四套）	2.8
8	中央台十二套	2.7
9	浙江卫视	2.5
10	中央电视台少儿频道	2.4

表 3.62.93 2009 年盐城市场（江苏省）收视份额排名前十位的频道

	频道名称	收视份额（%）
1	盐城电视台一套	11.5
2	江苏卫视	8.6
3	江苏电视台综艺频道	8.0
4	中央电视台综合频道	7.2
5	盐城电视台二套	6.3
6	湖南电视台卫星频道	4.2
7	江苏电视台城市频道	3.4
8	中央台三套	3.0
9	中央台六套	2.9
9	江苏电视台影视频道	2.9

表 3.62.94 2009 年阳江市场（广东省）收视份额排名前十位的频道

	频道名称	收视份额（%）
1	广东电视台珠江频道	31.2
2	翡翠台（中文）(阳江有线网转播)	8.5
3	南方电视台影视频道	7.0
4	阳江综合频道	5.7
5	广东卫视	4.4
5	中央电视台综合频道	4.4
7	南方卫视 TVS－2	2.6
8	中央台六套	2.1
9	南方电视台综艺频道	1.9
10	南方电视台少儿频道	1.8

表 3.62.95 2009 年扬州市场（江苏省）收视份额排名前十位的频道

	频道名称	收视份额（%）
1	扬州电视台二套	18.5
2	扬州电视台一套	17.3
3	中央电视台综合频道	9.3
4	湖南电视台卫星频道	5.8
5	中央台六套	4.5
6	中央台八套	3.6
7	中央台三套	3.2
8	中央台五套	2.8
9	江苏卫视	2.2
10	中央台二套	2.0

表 3.62.96　2009 年烟台市场（山东省）收视份额排名前十位的频道

	频道名称	收视份额（%）
1	山东电视齐鲁频道	10.7
2	中央电视台综合频道	10.2
3	山东电视生活频道	8.3
4	烟台电视台一套（新闻综合频道）	7.9
5	山东卫视	7.2
6	中央台八套	4.7
6	中央台三套	4.7
8	湖南电视台卫星频道	4.2
9	山东电视影视频道	4.0
10	中央台四套	3.8

表 3.62.97　2009 年宜宾市场（四川省）收视份额排名前十位的频道

	频道名称	收视份额（%）
1	中央电视台综合频道	9.9
2	湖南电视台卫星频道	6.5
3	四川卫视	5.2
4	四川电视台影视文艺频道（五套）	4.5
5	重庆卫视	4.3
6	峨眉电影频道	3.7
7	中央台八套	3.6
8	中央台六套	3.4
9	四川电视台新闻资讯频道	3.1
10	中央电视台少儿频道	3.0

表 3.62.98　2009 年宜昌市场（湖北省）收视份额排名前十位的频道

	频道名称	收视份额（%）
1	中央电视台综合频道	10.9
2	湖南电视台卫星频道	7.0
3	宜昌三峡综合频道	6.1
4	中央台八套	6.0
5	湖北经视	4.5
6	中央电视台少儿频道	4.3
6	中央台六套	4.3
8	中央台三套	3.5
9	宜昌三峡公共频道	3.3
9	中央台四套	3.3

表 3.62.99　2009 年宜春市场（江西省）收视份额排名前十位的频道

	频道名称	收视份额（%）
1	江西电视台卫星频道（一套）	21.2
2	中央电视台综合频道	8.2
3	湖南电视台卫星频道	5.4
4	江西电视台影视频道（四套）	5.1
5	安徽卫视	3.6
6	江西电视台都市频道（二套）	3.5
7	宜春电视台一套	3.1
8	中央台八套	3.0
9	浙江卫视	2.6
10	中央台四套	2.2

表 3.62.100 2009 年营口市场（辽宁省）收视份额排名前十位的频道

	频道名称	收视份额（%）
1	辽宁卫视	15.7
2	辽宁台都市频道	13.1
3	中央电视台综合频道	8.4
4	中央台八套	6.3
5	辽宁台影视娱乐频道	6.2
6	中央台五套	4.8
7	湖南电视台卫星频道	4.6
8	中央台三套	3.7
9	中央台六套	3.3
10	中央电视台少儿频道	2.6

表 3.62.101 2009 年宜兴市场（江苏省）收视份额排名前十位的频道

	频道名称	收视份额（%）
1	中央电视台综合频道	8.9
2	宜兴广播电视台新闻频道	8.0
3	中央台八套	7.2
4	中央台六套	6.5
5	湖南电视台卫星频道	6.2
6	江苏电视台影视频道	4.7
7	浙江卫视	4.6
8	中央台三套	4.2
9	宜兴广播电视台生活频道	4.0
9	江苏卫视	4.0

表 3.62.102 2009 年益阳市场（湖南省）收视份额排名前十位的频道

	频道名称	收视份额（%）
1	湖南电视台经济频道	19.3
2	湖南电视台都市频道	10.6
3	湖南电视台卫星频道	7.9
4	中央电视台综合频道	6.9
5	益阳电视台乡村频道	5.6
6	益阳教育电视台	4.1
7	益阳电视台新闻综合频道	3.8
8	湖南电视台电视剧频道	3.3
8	湖南电视台潇湘电影频道	3.3
10	湖南电视台娱乐频道	2.2

表 3.62.103 2009 年永济市场（山西省）收视份额排名前十位的频道

	频道名称	收视份额（%）
1	中央电视台综合频道	20.0
2	湖南电视台卫星频道	6.6
3	中央台八套	5.2
4	安徽卫视	4.2
5	中央电视台少儿频道	3.8
6	河南电视台卫星频道（一套）	3.6
7	浙江卫视	3.2
8	四川卫视	2.9
8	中央台六套	2.9
10	江西电视台卫星频道（一套）	2.7

表 3.62.104　2009 年岳阳市场（湖南省）收视份额排名前十位的频道

	频道名称	收视份额（%）
1	湖南电视台经济频道	13.4
2	中央电视台综合频道	13.2
3	湖南电视台都市频道	10.3
4	湖南电视台卫星频道	6.2
5	湖南电视台潇湘电影频道	4.4
6	湖南电视台电视剧频道	3.9
7	中央台八套	2.9
8	湖南电视台公共频道	2.8
9	湖南电视台金鹰卡通频道	2.4
10	中央台三套	2.2

表 3.62.105　2009 年玉林市场（广西壮族自治区）收视份额排名前十位的频道

	频道名称	收视份额（%）
1	广西电视台综艺频道	29.9
2	广西电视台卫星频道	13.5
3	中央电视台综合频道	11.7
4	湖南电视台卫星频道	4.0
4	玉林电视台新闻综合频道	4.0
6	中央台七套	3.2
7	中央电视台少儿频道	2.8
8	星空卫视	2.3
9	中央台十二套	1.5
9	广西电视台都市频道	1.5

表 3.62.106　2009 年云浮市场（广东省）收视份额排名前十位的频道

	频道名称	收视份额（%）
1	广东电视台珠江频道	41.9
2	翡翠台（中文）（云浮有线网转播）	16.0
3	南方电视台影视频道	11.1
4	南方卫视 TVS－2	3.5
5	本港台（中文）（云浮有线网转播）	2.4
6	南方电视台综艺频道	2.3
6	广州电视台综合频道	2.3
8	广东电视体育频道	1.7
9	广东电视台公共频道	1.5
9	南方电视台少儿频道	1.5

表 3.62.107　2009 年张家港市场（江苏省）收视份额排名前十位的频道

	频道名称	收视份额（%）
1	中央电视台综合频道	11.6
2	苏州电视台新闻综合频道（一套）	10.7
3	苏州电视台社会经济频道（二套）	9.2
4	中央台八套	5.6
5	湖南电视台卫星频道	5.3
6	江苏卫视	5.0
7	中央台六套	4.6
8	张家港电视台新闻综合频道	4.2
9	张家港电视台电影频道	4.1
10	中央台三套	3.6

表 3.62.108 2009 年漳州市场（福建省）收视份额排名前十位的频道

	频道名称	收视份额（%）
1	中央电视台综合频道	11.9
2	福建省广播影视集团综合频道	6.5
3	漳州电视台一套（新闻综合频道）	5.2
4	湖南电视台卫星频道	4.3
5	中央台四套	3.8
6	厦门卫视	3.4
7	福建省广播影视集团新闻频道	3.0
8	漳州电视台二套（生活文化频道）	2.9
9	中央台六套	2.8
10	湖南电视台金鹰卡通频道	2.7

表 3.62.109 2009 年湛江市场（广东省）收视份额排名前十位的频道

	频道名称	收视份额（%）
1	广东电视台珠江频道	11.0
2	南方电视台影视频道	8.9
3	翡翠台（中文）（湛江有线网转播）	6.9
4	湖南电视台卫星频道	4.4
5	南方电视台综艺频道	3.5
6	中央电视台综合频道	3.4
6	中央台六套	3.4
8	南方电视台经济频道	3.1
8	中央台五套	3.1
10	南方卫视 TVS－2	3.0

表 3.62.110 2009 年肇庆市场（广东省）收视份额排名前十位的频道

	频道名称	收视份额（%）
1	广东电视台珠江频道	16.3
2	翡翠台（中文）（肇庆有线网转播）	13.7
3	南方电视台影视频道	9.0
4	广州电视台综合频道	4.2
5	南方电视台综艺频道	3.9
6	南方卫视 TVS－2	3.7
7	星空卫视	3.6
8	广东电视体育频道	3.5
9	南方电视台少儿频道	3.2
10	湖南电视台卫星频道	2.9

表 3.62.111 2009 年镇江市场（江苏省）收视份额排名前十位的频道

	频道名称	收视份额（%）
1	江苏电视台城市频道	7.6
2	江苏卫视	7.4
3	镇江电视台一套（新闻综合频道）	5.8
4	江苏电视台影视频道	5.6
5	江苏电视台综艺频道	5.4
6	中央电视台综合频道	5.2
7	中央台六套	4.6
8	中央台八套	4.5
9	中央台三套	4.0
10	湖南电视台卫星频道	3.7

表 3.62.112　2009 年中山市场（广东省）收视份额排名前十位的频道

	频道名称	收视份额（%）
1	翡翠台（中文）（中山有线网转播）	19.1
2	广东电视台珠江频道	9.9
3	中山电视台综合频道	6.6
4	南方电视台影视频道	6.1
5	本港台（中文）（中山有线网转播）	4.7
6	湖南电视台卫星频道	4.2
7	中山电视台公共频道	3.7
8	南方卫视 TVS－2	3.1
8	南方电视台综艺频道	3.1
10	南方电视台少儿频道	2.8

表 3.62.113　2009 年舟山市场（浙江省）收视份额排名前十位的频道

	频道名称	收视份额（%）
1	中央台八套	9.5
2	浙江电视台教育科技频道	7.1
3	上海东方电视台娱乐频道	6.3
4	中央电视台综合频道	5.6
5	舟山电视台新闻综合频道	5.3
6	湖南电视台卫星频道	5.1
7	中央台六套	4.8
8	浙江卫视	4.2
9	舟山电视台影视娱乐频道	3.9
10	舟山电视台经济生活频道	3.6

表 3.62.114　2009 年珠海市场（广东省）收视份额排名前十位的频道

	频道名称	收视份额（%）
1	翡翠台（中文）（珠海有线台转播）	8.6
2	珠海电视台二套（都市生活频道）	7.0
3	广东电视台珠江频道	6.8
4	中央电视台综合频道	4.7
5	南方电视台影视频道	4.3
6	中央台六套	3.2
7	珠海电视台一套（新闻综合频道）	3.1
8	南方电视台经济频道	2.9
9	中央台三套	2.6
9	凤凰卫视中文台	2.6

表 3.62.115　2009 年株洲市场（湖南省）收视份额排名前十位的频道

	频道名称	收视份额（%）
1	湖南电视台都市频道	12.6
2	湖南电视台经济频道	9.3
3	湖南电视台卫星频道	7.8
4	湖南电视台电视剧频道	5.4
5	湖南电视台潇湘电影频道	5.1
6	中央电视台综合频道	4.2
7	湖南电视台娱乐频道	3.3
8	湖南电视台金鹰卡通频道	3.2
9	中央台三套	2.7
10	中央台八套	2.6

表 3.62.116　2009 年淄博市场（山东省）收视份额排名前十位的频道

	频道名称	收视份额（%）
1	中央电视台综合频道	13.3
2	山东卫视	9.4
3	山东电视齐鲁频道	7.9
4	中央台八套	5.3
5	淄博电视台新闻综合频道	4.1
5	湖南电视台卫星频道	4.1
7	山东电视生活频道	3.9
8	淄博电视台公共频道	3.7
9	山东电视综艺频道	3.5
10	中央台三套	3.2

表 3.62.117　2009 年自贡市场（四川省）收视份额排名前十位的频道

	频道名称	收视份额（%）
1	中央电视台综合频道	14.5
2	四川卫视	6.4
3	湖南电视台卫星频道	6.1
4	安徽卫视	5.0
4	中央台十二套	5.0
6	四川电视台经济频道（三套）	4.9
7	自贡电视台综合频道	4.3
7	中央台六套	4.3
9	中央台八套	3.8
10	中央电视台少儿频道	3.2

表 3.62.118　2009 年遵义市场（贵州省）收视份额排名前十位的频道

	频道名称	收视份额（%）
1	中央电视台综合频道	11.5
2	湖南电视台卫星频道	6.8
3	贵州卫视	4.5
4	中央台八套	4.3
5	贵州电视台影视文艺频道	4.0
6	中央台六套	3.9
7	四川卫视	3.5
8	中央台三套	2.8
9	遵义电视台新闻综合频道	2.6
10	中央台十二套	2.4

第四部分
Part Four

附　录　Appendix

附 录

一、CSM 各调查网概况

表 4.1.1 2009 年全国收视调查网样本规模及推及人口

	固定样组规模（户）	推及户数（千户）	推及人口（千人）
全国	5120	415598	1251643
城域	3120	145030	415812
乡域	2000	270568	835831

表 4.1.2 2009 年全国收视调查网家庭规模结构（%）

	1 人户	2 人户	3 人户	4 人及以上户
全国	5.7	32.7	30.2	31.4
城域	6.5	34.1	34.2	25.2
乡域	5.3	32.0	28.0	34.7

表 4.1.3 2009 年全国收视调查网家庭收入结构（%）

	0 - 300 元	301 - 900 元	901 - 1400 元	1401 - 2000 元	2001 - 2900 元	2901 - 4100 元	4101 元及以上
全国	4.6	13.2	17.7	15.4	19.0	15.7	14.4
城域	1.9	7.3	12.1	11.5	21.4	21.5	24.3
乡域	5.9	16.4	20.7	17.4	17.9	12.7	9.0

表 4.1.4 2009 年全国收视调查网家庭购买决策者年龄结构（%）

	15 - 29 岁	30 - 49 岁	50 岁及以上
全国	10.3	51.8	37.9
城域	11.0	49.0	40.0
乡域	10.0	53.3	36.7

表 4.1.5 2009 年全国收视调查网性别与年龄结构（%）

	性别		年龄						
	男性	女性	4 - 14 岁	15 - 24 岁	25 - 34 岁	35 - 44 岁	45 - 54 岁	55 - 64 岁	65 岁及以上
全国	50.4	49.6	16.5	16.1	15.3	19.8	14.5	9.2	8.6
城域	50.1	49.9	14.0	14.1	17.3	21.4	15.3	9.3	8.6
乡域	50.5	49.5	17.7	17.1	14.4	19.0	14.1	9.2	8.5

表 4.1.6　2009 年各省级收视调查网样本规模及推及人口

省份	固定样组规模（户）	推及户数（千户）	推及人口（千人）
安徽省	600	19792	58010
福建省	800	11541	33764
甘肃省	600	6758	23948
广东省	750	27490	89909
广西壮族自治区	600	13202	43638
贵州省	600	9727	32225
海南省	450	2069	7668
河北省	600	20484	65793
河南省	600	26835	88061
黑龙江省	600	12726	37050
湖北省	800	18092	54594
湖南省	800	19817	59431
吉林省	600	8638	26338
江苏省	800	24503	73619
江西省	600	13297	40985
辽宁省	450	14421	41164
内蒙古自治区	600	8005	22997
宁夏回族自治区	600	1694	5755
山东省	800	27783	87887
山西省	600	9842	32008
陕西省	600	11259	35645
四川省	800	26460	81698
新疆维吾尔族自治区	600	5846	19342
云南省	600	11650	40232
浙江省	800	17264	48413

表 4.1.7　2009 年各省级收视调查网家庭规模结构（%）

省份	1 人户	2 人户	3 人户	4 人及以上户
安徽省	9.4	31.6	31.0	28.0
福建省	8.2	34.7	27.7	29.4
甘肃省	3.1	21.2	26.7	49.0
广东省	7.9	30.0	23.0	39.1
广西壮族自治区	5.4	26.6	27.1	40.9
贵州省	3.7	27.7	25.4	43.2
海南省	3.7	21.5	23.4	51.4
河北省	2.9	29.2	30.8	37.1
河南省	5.3	26.4	30.4	37.9
黑龙江省	3.5	34.1	38.1	24.3
湖北省	4.8	33.4	32.9	28.9
湖南省	6.1	33.3	31.5	29.1
吉林省	3.0	30.2	38.8	28.0
江苏省	8.7	34.9	33.5	22.9
江西省	7.4	30.1	28.3	34.2

续表

省份	1人户	2人户	3人户	4人及以上户
辽宁省	5.5	33.7	37.9	22.9
内蒙古自治区	3.8	35.3	35.5	25.4
宁夏回族自治区	4.2	25.9	28.3	41.5
山东省	4.0	25.3	38.0	32.7
山西省	4.0	26.9	28.4	40.7
陕西省	6.6	27.7	31.4	34.3
四川省	5.7	27.3	35.7	31.3
新疆维吾尔自治区	3.6	27.3	28.4	40.7
云南省	4.0	20.7	27.0	48.3
浙江省	6.6	40.4	30.5	22.5

表 4.1.8 2009 年各省级收视调查网家庭收入结构（%）

省份	0－300元	301－900元	901－1400元	1401－2000元	2001－2900元	2901－4100元	4101元及以上
安徽省	23.8		18.3	18.9	18.6	13.3	7.1
福建省	14.0		14.7	10.6	18.6	20.1	22.0
甘肃省	7.3	27.6	21.4	10.8	14.8	18.1	
广东省	12.2		12.7	14.0	21.4	18.8	20.9
广西壮族自治区	5.3	26.3	19.9	11.9	17.6	19.0	
贵州省	7.5	37.2	18.2	10.9	11.0	15.2	
海南省	20.7		23.3	17.2	16.8	12.9	9.1
河北省	18.5		18.2	18.7	24.4	13.3	6.9
河南省	26.6		22.2	16.4	17.2	11.6	6.0
黑龙江省	7.5		18.9	18.5	27.1	18.7	9.3
湖北省	13.7		22.7	19.5	20.2	13.4	10.5
湖南省	20.7		20.0	21.6	18.6	11.4	7.7
吉林省	12.5		23.7	17.9	21.1	15.8	9.0
江苏省	14.9		13.3	10.7	20.1	20.8	20.2
江西省	16.6		25.2	15.0	19.7	13.4	10.1
辽宁省	15.7		23.3	15.4	22.3	14.5	8.8
内蒙古自治区	13.1		22.3	12.0	18.4	19.1	15.1
宁夏回族自治区	26.7		16.6	9.0	17.4	16.6	13.7
山东省	9.4	34.4	29.6	9.4	6.3	10.9	
山西省	26.8		18.3	16.6	18.4	11.8	8.1
陕西省	21.6		20.4	13.9	20.1	13.2	10.8
四川省	10.2	40.8	22.4	9.2	9.2	8.2	
新疆维吾尔族自治区	7.8	20.1	14.4	10.0	21.7	15.5	10.5
云南省	7.6	30.6	19.5	13.6	13.5	15.2	
浙江省	11.8		9.5	9.1	17.7	22.6	29.3

表 4.1.9　2009 年各省级收视调查网家庭购买决策者年龄结构（%）

省份	15－29 岁	30－49 岁	50 岁及以上
安徽省	11.8	53.0	35.2
福建省	14.4	52.7	32.9
甘肃省	9.4	60.4	30.2
广东省	12.8	49.9	37.3
广西壮族自治区	10.1	50.9	39.0
贵州省	11.6	62.1	26.3
海南省	12.4	52.7	34.9
河北省	13.9	48.8	37.3
河南省	12.4	56.8	30.8
黑龙江省	13.8	55.6	30.6
湖北省	11.2	55.7	33.1
湖南省	12.7	55.3	32.0
吉林省	9.6	55.0	35.4
江苏省	11.2	47.3	41.5
江西省	8.2	57.1	34.7
辽宁省	8.3	50.5	41.2
内蒙古自治区	13.0	57.1	29.9
宁夏回族自治区	15.2	60.1	24.7
山东省	5.6	52.3	42.1
山西省	11.3	54.6	34.1
陕西省	9.9	55.5	34.6
四川省	3.9	48.3	47.8
新疆维吾尔自治区	15.5	55.9	28.6
云南省	14.5	63.0	22.5
浙江省	8.1	50.6	41.3

表 4.1.10　2009 年各省级收视调查网性别与年龄结构（%）

省份	性别		年龄						
	男性	女性	4－14 岁	15－24 岁	25－34 岁	35－44 岁	45－54 岁	55－64 岁	65 岁及以上
安徽省	49.9	50.1	19.4	13.5	14.4	19.6	12.2	10.7	10.2
福建省	49.8	50.2	14.6	16.8	18.1	18.8	14.4	8.1	9.2
甘肃省	50.3	49.7	19.3	15.9	15.4	20.3	12.0	9.5	7.6
广东省	50.5	49.5	18.1	20.9	18.2	17.1	11.3	6.8	7.6
广西壮族自治区	51.5	48.5	19.0	15.8	15.2	17.8	13.2	9.3	9.7
贵州省	51.1	48.9	23.8	13.9	16.1	17.4	12.1	8.6	8.1
海南省	52.1	47.9	19.7	18.2	16.9	18.4	11.3	6.9	8.6
河北省	50.3	49.7	14.0	18.3	14.7	19.1	15.9	9.8	8.2
河南省	50.6	49.4	17.0	16.6	14.7	19.7	14.3	9.3	8.4
黑龙江省	50.5	49.5	12.2	14.0	18.0	21.6	16.7	9.6	7.9
湖北省	50.6	49.4	15.4	14.2	13.4	20.6	16.0	10.8	9.6
湖南省	50.7	49.3	14.2	15.4	14.2	20.0	15.2	10.4	10.6
吉林省	50.6	49.4	12.0	14.9	16.9	21.6	17.1	9.6	7.9
江苏省	49.7	50.3	12.5	14.1	15.2	20.3	15.9	11.1	10.9

续表

省份	性别		年龄						
	男性	女性	4－14岁	15－24岁	25－34岁	35－44岁	45－54岁	55－64岁	65岁及以上
江西省	50.4	49.6	19.7	13.1	15.9	18.5	14.7	9.1	9.0
辽宁省	49.8	50.2	11.3	12.8	15.8	20.8	19.1	10.2	10.0
内蒙古自治区	51.0	49.0	14.5	14.4	18.7	20.7	15.3	8.5	7.9
宁夏回族自治区	50.2	49.8	20.6	15.8	19.0	18.7	11.6	7.7	6.6
山东省	50.5	49.5	11.0	18.5	14.9	21.2	14.7	10.6	9.1
山西省	50.5	49.5	17.6	15.8	16.1	19.1	15.2	8.2	8.0
陕西省	50.2	49.8	16.5	15.3	14.3	19.2	16.1	9.7	8.9
四川省	51.2	48.8	12.7	16.7	14.7	22.4	12.7	11.7	9.1
新疆维吾尔族自治区	50.7	49.3	19.6	17.0	18.9	19.6	10.6	7.5	6.8
云南省	51.6	48.4	19.2	15.3	18.9	19.1	11.7	7.9	7.9
浙江省	50.7	49.3	12.3	14.5	17.3	20.4	15.2	9.6	10.7

表 4.1.11　2009 年各城市收视调查网样本规模及推及人口

城市	固定样组规模（户）	推及户数（千户）	推及人口（千人）
安庆	100	256	707
安阳	100	268	812
宝鸡	100	247	747
包头	100	361	1094
北海	100	81	244
北京	500	4111	10942
蚌埠	200	229	725
长春	300	983	3051
常德	100	491	1359
长沙	300	899	2387
常熟	100	361	1034
常州	200	372	995
潮州	100	153	499
成都	300	1460	4189
重庆	400	5113	14199
滁州	100	88	236
大理	100	179	577
大连	300	1224	3206
丹东	100	214	566
大同	100	381	1075
达州	100	145	381
德阳	100	223	622
德州	100	184	564
东莞	200	2711	6638
佛山	200	1099	3300

续表

城市	固定样组规模（户）	推及户数（千户）	推及人口（千人）
抚顺	100	528	1353
阜阳	100	554	1882
福州	300	945	2625
赣州	100	153	548
广州	400	3064	8478
桂林	100	193	630
贵阳	300	451	1329
海口	200	409	1361
邯郸	100	401	1388
杭州	400	1842	5152
哈尔滨	300	1153	3223
合肥	300	884	2496
衡阳	100	317	908
河源	100	105	292
菏泽	100	397	1356
呼和浩特	300	384	1096
淮安	100	216	639
惠州	100	331	1032
湖州	100	190	571
江门	100	238	738
江阴	100	360	1156
焦作	100	221	793
嘉兴	200	156	452
揭阳	100	161	649
吉林	100	603	1769
济南	300	1369	3933
晋城	100	114	304
荆门	100	263	677
荆州	100	376	1091
金华	100	245	613
济宁	100	132	393
锦州	100	325	879
九江	100	199	572
开封	100	269	808
昆明	300	1064	2873
昆山	100	224	657
兰州	300	752	2123
乐山	100	195	559
连云港	100	150	478
临汾	100	336	753
临沂	100	383	1233

续表

城市	固定样组规模（户）	推及户数（千户）	推及人口（千人）
丽水	100	138	361
柳州	100	301	944
洛阳	100	394	1171
泸州	100	428	1359
茂名	100	193	698
眉山	100	264	787
梅州	100	98	302
绵阳	100	216	602
牡丹江	100	280	778
南昌	300	586	2163
南充	100	203	611
南京	400	2367	6339
南宁	300	804	2317
南通	100	307	845
南阳	100	540	1666
宁波	200	610	1438
攀枝花	100	148	456
平顶山	100	263	906
青岛	300	1319	3417
清远	100	163	537
秦皇岛	100	268	747
泉州	100	128	450
衢州	100	148	394
三亚	100	122	501
上海	500	4718	12437
汕头	100	362	1335
汕尾	100	114	470
韶关	100	201	563
绍兴	100	231	627
沈阳	300	1844	5062
深圳	400	3419	8161
石家庄	300	584	2258
十堰	100	187	503
遂宁	100	221	634
宿迁	100	234	833
苏州	200	1121	3175
太原	300	922	2671
泰州	100	224	622
台州	100	478	1437
唐山	100	511	1539
天津	400	3264	9101
乌鲁木齐	300	704	2120

续表

城市	固定样组规模(户)	推及户数(千户)	推及人口(千人)
潍坊	100	320	1049
威海	100	190	605
渭南	100	275	886
温州	200	251	662
武汉	400	2894	8579
芜湖	100	310	868
无锡	200	1097	3125
梧州	100	106	333
厦门	300	554	1481
西安	300	1263	3769
襄樊	100	389	1119
湘潭	100	227	696
西宁	100	348	952
徐州	100	434	1330
盐城	100	280	807
阳江	100	183	626
扬州	100	206	564
烟台	100	459	1289
宜宾	100	231	733
宜昌	100	248	691
宜春	100	297	939
银川	100	303	823
营口	100	282	713
宜兴	100	376	1026
益阳	100	374	1213
永济	100	122	417
岳阳	100	439	1049
玉林	100	248	851
云浮	100	82	271
张家港	100	341	869
漳州	100	131	401
湛江	100	190	594
肇庆	100	149	475
郑州	300	1014	3022
镇江	100	284	728
中山	100	214	622
舟山	100	242	658
珠海	100	290	800
株洲	100	251	756
淄博	100	916	2623
自贡	100	344	1042
遵义	100	153	467

表 4.1.12　2009 年各城市收视调查网家庭规模结构（%）

城市	1 人户	2 人户	3 人户	4 人及以上户
安庆	8.6	35.5	35.0	20.9
安阳	3.8	22.9	41.4	31.9
宝鸡	6.2	29.9	37.0	26.9
包头	5.0	27.6	44.7	22.7
北海	9.5	30.8	34.7	25.0
北京	7.8	37.9	36.0	18.3
蚌埠	5.8	34.7	37.1	22.4
长春	5.9	27.2	43.2	23.7
常德	7.8	35.9	32.1	24.2
长沙	8.1	35.6	40.3	16.0
常熟	9.1	36.4	27.0	27.5
常州	6.5	42.2	30.0	21.3
潮州	5.0	27.6	29.5	37.9
成都	7.3	31.7	37.2	23.8
重庆	9.8	38.5	32.5	19.2
滁州	5.3	28.8	44.5	21.4
大理	6.6	21.6	28.5	43.3
大连	7.0	38.3	40.7	14.0
丹东	4.7	30.1	56.2	9.0
大同	4.2	28.3	42.1	25.4
达州	4.7	36.5	40.1	18.7
德阳	6.1	30.3	40.1	23.5
德州	2.7	29.0	35.1	33.2
东莞	15.9	51.4	13.9	18.8
佛山	8.5	33.3	24.4	33.8
抚顺	8.5	31.1	44.2	16.2
阜阳	3.5	24.6	27.5	44.4
福州	8.4	34.0	34.9	22.7
赣州	2.8	21.6	32.6	43.0
广州	9.2	36.5	30.2	24.1
桂林	7.2	26.8	32.6	33.4
贵阳	7.4	30.3	33.7	28.6
海口	5.2	26.8	28.3	39.7
邯郸	4.1	33.2	36.9	25.8
杭州	7.0	34.5	34.8	23.7
哈尔滨	6.4	32.2	41.7	19.7
合肥	6.2	32.2	38.9	22.7
衡阳	5.9	34.8	36.3	23.0
河源	8.8	30.4	47.8	13.0
菏泽	5.7	28.6	34.2	31.5
呼和浩特	5.7	35.5	42.6	16.2
淮安	4.2	26.0	50.3	19.5

续表

城市	1人户	2人户	3人户	4人及以上户
惠州	5.5	33.9	25.1	35.5
湖州	4.1	28.4	32.1	35.4
江门	4.5	29.1	30.2	36.2
江阴	4.6	34.1	30.5	30.8
焦作	2.8	20.3	41.0	35.9
嘉兴	6.8	30.3	36.8	26.1
揭阳	3.9	17.8	16.9	61.4
吉林	3.7	25.0	46.6	24.7
济南	5.4	33.1	35.5	26.0
晋城	4.9	32.9	47.7	14.5
荆门	5.2	37.4	34.9	22.5
荆州	3.9	32.5	37.9	25.7
金华	10.5	38.7	36.5	14.3
济宁	4.0	28.6	42.3	25.1
锦州	5.8	38.1	37.8	18.3
九江	7.3	28.2	39.3	25.2
开封	4.1	34.4	42.4	19.1
昆明	8.3	33.4	36.8	21.5
昆山	3.0	43.3	27.2	26.5
兰州	6.0	35.9	36.1	22.0
乐山	7.0	30.1	36.1	26.8
连云港	5.7	25.5	41.9	26.9
临汾	4.3	31.5	42.1	22.1
临沂	4.6	21.2	36.6	37.6
丽水	9.4	41.2	32.9	16.5
柳州	7.0	29.2	35.2	28.6
洛阳	3.2	27.7	38.4	30.7
泸州	9.8	39.0	30.6	20.6
茂名	5.3	22.5	23.8	48.4
眉山	6.8	24.9	43.5	24.8
梅州	4.4	29.3	35.4	30.9
绵阳	8.0	33.5	36.7	21.8
牡丹江	4.3	32.4	47.9	15.4
南昌	5.8	27.8	28.9	37.5
南充	5.0	31.7	23.6	39.7
南京	7.2	37.9	37.0	17.9
南宁	6.2	31.9	34.9	27.0
南通	4.9	30.6	42.8	21.7
南阳	6.0	30.6	40.1	23.3
宁波	11.8	45.1	33.5	9.6
攀枝花	7.6	31.8	31.1	29.5
平顶山	3.3	24.6	38.0	34.1

续表

城市	1 人户	2 人户	3 人户	4 人及以上户
青岛	8.5	37.2	40.6	13.7
清远	6.7	25.1	29.9	38.3
秦皇岛	4.3	32.5	43.3	19.9
泉州	13.5	32.8	23.9	29.8
衢州	7.6	34.9	43.5	14.0
三亚	3.0	16.2	24.7	56.1
上海	10.5	36.0	35.6	17.9
汕头	4.3	17.4	28.0	50.3
汕尾	3.2	14.8	18.8	63.2
韶关	8.5	36.1	29.7	25.7
绍兴	9.0	29.6	39.8	21.6
沈阳	8.5	34.1	38.1	19.3
深圳	19.6	45.1	20.3	15.0
石家庄	5.4	32.7	38.1	23.8
十堰	5.4	30.2	40.6	23.8
遂宁	11.8	36.0	27.5	24.7
宿迁	7.4	29.6	32.1	30.9
苏州	4.6	39.3	30.5	25.6
太原	4.2	31.9	41.9	22.0
泰州	6.5	29.4	48.4	15.7
台州	5.5	29.6	34.3	30.6
唐山	3.7	26.4	41.9	28.0
天津	3.9	33.7	43.8	18.6
乌鲁木齐	9.1	41.3	35.8	13.8
潍坊	3.2	23.8	42.1	30.9
威海	5.5	44.8	36.3	13.4
渭南	6.9	24.1	34.1	34.9
温州	11.4	40.7	26.0	21.9
武汉	5.7	32.2	35.5	26.6
芜湖	5.0	33.0	45.8	16.2
无锡	5.4	35.9	34.9	23.8
梧州	5.3	26.0	28.8	39.9
厦门	7.1	40.2	30.3	22.4
西安	5.9	29.5	35.9	28.7
襄樊	4.9	34.0	35.0	26.1
湘潭	6.2	34.1	36.1	23.5
西宁	11.2	33.3	35.6	19.9
徐州	5.0	32.5	38.9	23.6
盐城	5.1	35.4	34.9	24.6
阳江	7.4	20.9	27.6	44.1
扬州	6.1	32.6	45.8	15.5
烟台	4.2	45.7	37.9	12.2

续表

城市	1 人户	2 人户	3 人户	4 人及以上户
宜宾	6.3	27.0	31.4	35.3
宜昌	6.9	32.1	36.2	24.8
宜春	7.7	28.2	28.3	35.8
银川	6.7	38.3	38.8	16.2
营口	4.8	35.7	57.3	2.2
宜兴	6.1	34.1	42.6	17.2
益阳	5.9	23.4	36.4	34.3
永济	3.0	23.5	31.1	42.4
岳阳	6.3	42.7	50.5	0.5
玉林	5.1	23.9	27.8	43.2
云浮	6.8	28.1	26.0	39.1
张家港	4.6	41.4	27.0	27.0
漳州	6.3	34.5	28.3	30.9
湛江	4.5	31.1	32.3	32.1
肇庆	7.2	25.5	32.7	34.6
郑州	6.5	30.3	38.5	24.7
镇江	5.7	36.9	41.7	15.7
中山	12.1	35.7	19.6	32.6
舟山	11.3	31.1	38.0	19.6
珠海	9.3	37.4	27.1	26.2
株洲	5.3	30.5	39.7	24.5
淄博	3.9	39.0	37.1	20.0
自贡	7.3	30.0	35.5	27.2
遵义	5.4	28.3	36.0	30.3

表 4.1.13 2009 年各城市收视调查网家庭收入结构（%）

<table>
<tr><th>城市</th><th>0－300 元</th><th>301－900 元</th><th>901－2000 元</th><th>2001－2900 元</th><th>2901－3800 元</th><th>3801－5900 元</th><th>5901 元及以上</th></tr>
<tr><td>安庆</td><td colspan="2">8.7</td><td>18.5</td><td>22.1</td><td>25.8</td><td colspan="2">24.9</td></tr>
<tr><td>安阳</td><td colspan="2">14.9</td><td>43.7</td><td>22.3</td><td>8.5</td><td colspan="2">10.6</td></tr>
<tr><td>宝鸡</td><td colspan="2">10.2</td><td>39.7</td><td>27.6</td><td>13.3</td><td colspan="2">9.2</td></tr>
<tr><td>包头</td><td colspan="2">8.2</td><td>21.4</td><td>28.6</td><td>21.4</td><td colspan="2">20.4</td></tr>
<tr><td>北海</td><td colspan="2">19.4</td><td>28.2</td><td>19.4</td><td>14.6</td><td colspan="2">18.4</td></tr>
<tr><td>北京</td><td colspan="2">1.2</td><td>8.3</td><td>12.0</td><td>14.8</td><td>27.4</td><td>36.3</td></tr>
<tr><td>蚌埠</td><td colspan="2">3.6</td><td>28.8</td><td>32.2</td><td>15.5</td><td colspan="2">19.9</td></tr>
<tr><td>长春</td><td colspan="2">4.4</td><td>16.1</td><td>20.8</td><td>17.0</td><td>26.5</td><td>15.2</td></tr>
<tr><td>常德</td><td colspan="2">19.3</td><td>35.3</td><td>18.3</td><td>10.4</td><td colspan="2">16.7</td></tr>
<tr><td>长沙</td><td colspan="2">3.0</td><td>15.7</td><td>18.7</td><td>19.1</td><td>25.2</td><td>18.3</td></tr>
<tr><td>常熟</td><td colspan="2">5.6</td><td>17.0</td><td>14.3</td><td>22.8</td><td>26.9</td><td>13.4</td></tr>
<tr><td>常州</td><td colspan="2">1.7</td><td>10.4</td><td>20.0</td><td>20.4</td><td>29.2</td><td>18.3</td></tr>
<tr><td>潮州</td><td colspan="2">6.9</td><td>25.0</td><td>24.1</td><td>17.8</td><td colspan="2">26.2</td></tr>
<tr><td>成都</td><td colspan="2">1.7</td><td>14.8</td><td>25.3</td><td>22.4</td><td>22.9</td><td>12.9</td></tr>
<tr><td>重庆</td><td colspan="2">21.7</td><td>28.6</td><td>18.9</td><td>14.3</td><td colspan="2">16.5</td></tr>
<tr><td>滁州</td><td colspan="2">11.3</td><td>30.9</td><td>25.8</td><td>13.4</td><td colspan="2">18.6</td></tr>
</table>

续表

<table>
<tr><th>城市</th><th>0－
300元</th><th>301－
900元</th><th>901－
2000元</th><th>2001－
2900元</th><th>2901－
3800元</th><th>3801－
5900元</th><th>5901元
及以上</th></tr>
<tr><td>大理</td><td colspan="2">13.2</td><td>42.3</td><td>23.3</td><td>6.9</td><td colspan="2">14.3</td></tr>
<tr><td>大连</td><td colspan="2">3.8</td><td>18.5</td><td>24.5</td><td>20.2</td><td>23.0</td><td>10.0</td></tr>
<tr><td>丹东</td><td colspan="2">8.4</td><td>31.6</td><td>29.5</td><td>17.9</td><td colspan="2">12.6</td></tr>
<tr><td>大同</td><td colspan="2">5.9</td><td>28.2</td><td>25.8</td><td>21.5</td><td colspan="2">18.6</td></tr>
<tr><td>达州</td><td colspan="2">9.6</td><td>23.3</td><td>29.6</td><td>16.1</td><td colspan="2">21.4</td></tr>
<tr><td>德阳</td><td colspan="2">13.1</td><td>27.3</td><td>22.4</td><td>16.8</td><td colspan="2">20.4</td></tr>
<tr><td>德州</td><td colspan="2">6.9</td><td>30.7</td><td>28.8</td><td>16.8</td><td colspan="2">16.8</td></tr>
<tr><td>东莞</td><td colspan="2">7.7</td><td>28.9</td><td>24.2</td><td>18.0</td><td colspan="2">21.2</td></tr>
<tr><td>佛山</td><td colspan="2">3.5</td><td>12.3</td><td>19.2</td><td>18.2</td><td>25.4</td><td>21.4</td></tr>
<tr><td>抚顺</td><td colspan="2">11.4</td><td>37.1</td><td>22.1</td><td>13.2</td><td colspan="2">16.2</td></tr>
<tr><td>阜阳</td><td colspan="2">12.8</td><td>34.7</td><td>24.7</td><td>15.4</td><td colspan="2">12.4</td></tr>
<tr><td>福州</td><td colspan="2">3.5</td><td>13.2</td><td>17.6</td><td>17.1</td><td>29.9</td><td>18.7</td></tr>
<tr><td>赣州</td><td colspan="2">16.8</td><td>31.7</td><td>22.8</td><td>11.9</td><td colspan="2">16.8</td></tr>
<tr><td>广州</td><td colspan="2">4.4</td><td>19.7</td><td>19.9</td><td>18.2</td><td>23.6</td><td>14.2</td></tr>
<tr><td>桂林</td><td colspan="2">10.0</td><td>31.0</td><td>23.0</td><td>14.0</td><td colspan="2">22.0</td></tr>
<tr><td>贵阳</td><td colspan="2">5.2</td><td>18.4</td><td>21.5</td><td>19.5</td><td colspan="2">35.4</td></tr>
<tr><td>海口</td><td colspan="2">13.5</td><td>26.4</td><td>21.0</td><td>14.8</td><td colspan="2">24.3</td></tr>
<tr><td>邯郸</td><td colspan="2">8.1</td><td>29.3</td><td>28.1</td><td>18.3</td><td colspan="2">16.2</td></tr>
<tr><td>杭州</td><td colspan="2">2.4</td><td>9.4</td><td>11.5</td><td>17.3</td><td>27.1</td><td>32.3</td></tr>
<tr><td>哈尔滨</td><td colspan="2">4.0</td><td>19.1</td><td>25.7</td><td>20.5</td><td colspan="2">30.7</td></tr>
<tr><td>合肥</td><td colspan="2">1.9</td><td>14.0</td><td>22.1</td><td>20.3</td><td>26.5</td><td>15.2</td></tr>
<tr><td>衡阳</td><td colspan="2">7.5</td><td>24.9</td><td>26.2</td><td>16.0</td><td colspan="2">25.4</td></tr>
<tr><td>河源</td><td colspan="2">6.0</td><td>23.0</td><td>26.0</td><td>17.0</td><td colspan="2">28.0</td></tr>
<tr><td>菏泽</td><td colspan="2">17.7</td><td>39.9</td><td>23.2</td><td>11.2</td><td colspan="2">8.0</td></tr>
<tr><td>呼和浩特</td><td colspan="2">3.7</td><td>23.3</td><td>20.8</td><td>18.3</td><td>23.2</td><td>10.7</td></tr>
<tr><td>淮安</td><td colspan="2">4.0</td><td>24.0</td><td>24.0</td><td>19.0</td><td>19.0</td><td>10.0</td></tr>
<tr><td>惠州</td><td colspan="2">6.7</td><td>26.9</td><td>23.2</td><td>11.8</td><td colspan="2">31.4</td></tr>
<tr><td>湖州</td><td colspan="2">6.2</td><td>11.9</td><td>18.9</td><td>21.7</td><td>28.3</td><td>13.0</td></tr>
<tr><td>江门</td><td colspan="2">4.6</td><td>21.6</td><td>25.3</td><td>17.2</td><td colspan="2">31.3</td></tr>
<tr><td>江阴</td><td colspan="2">8.0</td><td>14.3</td><td>19.6</td><td>21.4</td><td colspan="2">36.7</td></tr>
<tr><td>焦作</td><td colspan="2">8.3</td><td>39.8</td><td>24.8</td><td>14.9</td><td colspan="2">12.2</td></tr>
<tr><td>嘉兴</td><td colspan="2">4.1</td><td>16.3</td><td>25.5</td><td>19.4</td><td>23.5</td><td>11.2</td></tr>
<tr><td>揭阳</td><td colspan="2">9.0</td><td>35.0</td><td>29.0</td><td>13.0</td><td colspan="2">14.0</td></tr>
<tr><td>吉林</td><td colspan="2">18.6</td><td>39.1</td><td>18.6</td><td>9.3</td><td colspan="2">14.4</td></tr>
<tr><td>济南</td><td colspan="2">6.3</td><td>22.0</td><td>20.9</td><td>20.6</td><td colspan="2">30.2</td></tr>
<tr><td>晋城</td><td colspan="2">10.0</td><td>29.0</td><td>23.0</td><td>19.0</td><td colspan="2">19.0</td></tr>
<tr><td>荆门</td><td colspan="2">10.3</td><td>31.1</td><td>26.1</td><td>13.0</td><td colspan="2">19.5</td></tr>
<tr><td>荆州</td><td colspan="2">9.0</td><td>33.8</td><td>25.1</td><td>16.2</td><td colspan="2">15.9</td></tr>
<tr><td>金华</td><td colspan="2">4.5</td><td>19.8</td><td>24.5</td><td>16.1</td><td>21.1</td><td>14.0</td></tr>
<tr><td>济宁</td><td colspan="2">8.4</td><td>27.4</td><td>27.3</td><td>13.7</td><td colspan="2">23.2</td></tr>
<tr><td>锦州</td><td colspan="2">5.2</td><td>29.3</td><td>31.9</td><td>16.9</td><td colspan="2">16.7</td></tr>
<tr><td>九江</td><td colspan="2">4.7</td><td>28.3</td><td>29.2</td><td>17.9</td><td colspan="2">19.9</td></tr>
<tr><td>开封</td><td colspan="2">14.7</td><td>39.1</td><td>23.9</td><td>14.0</td><td colspan="2">8.3</td></tr>
<tr><td>昆明</td><td colspan="2">3.3</td><td>12.6</td><td>19.7</td><td>20.8</td><td>31.4</td><td>12.2</td></tr>
</table>

续表

城市	0－300元	301－900元	901－2000元	2001－2900元	2901－3800元	3801－5900元	5901元及以上
昆山	2.9		19.2	19.1	17.3	25.9	15.6
兰州	7.9		27.7	22.0	16.9	25.5	
乐山	15.1		34.9	25.1	9.9	15.0	
连云港	12.1		24.2	23.2	14.1	26.4	
临汾	22.0		33.0	18.0	14.0	13.0	
临沂	13.7		29.5	25.5	13.7	17.6	
丽水	26.5		23.5	13.3	11.2	25.5	
柳州	8.5		34.4	21.7	13.4	22.0	
洛阳	6.9		24.2	27.9	21.0	20.0	
泸州	16.2	26.4	32.0	15.2	4.9	5.3	
茂名	17.0		27.1	22.5	11.6	21.8	
眉山	12.0	21.0	31.0	18.0	10.0	8.0	
梅州	12.0		34.0	26.0	12.0	16.0	
绵阳	17.2		33.3	28.3	11.1	10.1	
牡丹江	12.9		37.6	24.8	15.8	8.9	
南昌	5.5		16.9	23.8	20.8	33.0	
南充	8.2	21.6	31.0	20.6	9.3	9.3	
南京	7.1		15.5	17.3	19.8	26.7	13.6
南宁	10.4		23.5	19.7	16.4	30.0	
南通	2.5		11.9	21.1	18.0	26.9	19.6
南阳	17.2	26.3	33.3	12.1	7.1	4.0	
宁波	3.4		12.2	15.9	19.5	27.4	21.6
攀枝花	2.4		15.7	22.2	22.9	19.9	16.9
平顶山	15.6		36.6	26.0	13.5	8.3	
青岛	3.1		13.0	21.8	19.3	26.4	16.4
清远	14.7		30.3	27.5	16.7	10.8	
秦皇岛	7.1		29.2	26.3	18.2	19.2	
泉州	3.3		15.7	19.0	14.7	24.0	23.3
衢州	6.9		23.8	23.8	17.8	27.7	
三亚	9.2		36.0	22.2	13.9	18.7	
上海	1.0		6.3	11.1	21.9	29.5	30.2
汕头	8.2		26.9	23.7	16.5	24.7	
汕尾	1.8		20.9	33.3	25.1	18.9	
韶关	10.0		28.7	22.6	13.6	25.1	
绍兴	5.5		10.6	17.7	25.5	28.4	12.3
沈阳	4.9		26.4	24.8	18.0	25.9	
深圳	0.1		7.6	13.4	17.7	26.0	35.2
石家庄	3.2		19.2	22.8	19.7	23.0	12.1
十堰	3.0		24.5	25.5	18.8	28.2	
遂宁	17.5	17.1	30.0	16.1	10.2	9.1	
宿迁	14.2		28.8	26.8	14.3	15.9	
苏州	0.6		4.9	12.5	19.2	39.7	23.1
太原	2.0		13.7	24.5	20.4	26.4	13.0
泰州	13.7		27.5	25.5	14.7	18.6	
台州	12.4		22.7	20.6	17.5	26.8	

续表

<table>
<tr><th>城市</th><th>0 - 300 元</th><th>301 - 900 元</th><th>901 - 2000 元</th><th>2001 - 2900 元</th><th>2901 - 3800 元</th><th>3801 - 5900 元</th><th>5901 元及以上</th></tr>
<tr><td>唐山</td><td colspan="2">10.5</td><td>27.4</td><td>22.1</td><td>16.8</td><td colspan="2">23.2</td></tr>
<tr><td>天津</td><td colspan="2">4.7</td><td>21.0</td><td>27.2</td><td>17.5</td><td colspan="2">29.6</td></tr>
<tr><td>乌鲁木齐</td><td colspan="2">2.7</td><td>18.3</td><td>19.4</td><td>20.3</td><td>25.5</td><td>13.8</td></tr>
<tr><td>潍坊</td><td colspan="2">12.2</td><td>30.6</td><td>27.6</td><td>15.3</td><td colspan="2">14.3</td></tr>
<tr><td>威海</td><td colspan="2">13.5</td><td>21.4</td><td>23.9</td><td>13.5</td><td colspan="2">27.7</td></tr>
<tr><td>渭南</td><td>10.3</td><td>38.2</td><td>37.1</td><td>11.3</td><td>2.1</td><td colspan="2">1.0</td></tr>
<tr><td>温州</td><td colspan="2">0.3</td><td>9.3</td><td>8.4</td><td>15.9</td><td>24.9</td><td>41.2</td></tr>
<tr><td>武汉</td><td colspan="2">6.9</td><td>25.1</td><td>22.6</td><td>18.8</td><td colspan="2">26.6</td></tr>
<tr><td>芜湖</td><td colspan="2">6.3</td><td>14.7</td><td>24.9</td><td>19.5</td><td colspan="2">34.6</td></tr>
<tr><td>无锡</td><td colspan="2">3.2</td><td>13.3</td><td>17.9</td><td>20.5</td><td>26.4</td><td>18.7</td></tr>
<tr><td>梧州</td><td colspan="2">11.8</td><td>43.1</td><td>25.7</td><td>10.9</td><td colspan="2">8.5</td></tr>
<tr><td>厦门</td><td colspan="2">1.5</td><td>11.2</td><td>11.9</td><td>14.6</td><td>27.4</td><td>33.4</td></tr>
<tr><td>西安</td><td colspan="2">2.8</td><td>18.4</td><td>24.9</td><td>20.0</td><td>21.7</td><td>12.2</td></tr>
<tr><td>襄樊</td><td colspan="2">6.7</td><td>32.6</td><td>26.8</td><td>14.7</td><td colspan="2">19.2</td></tr>
<tr><td>湘潭</td><td colspan="2">6.6</td><td>20.1</td><td>24.7</td><td>16.7</td><td colspan="2">31.9</td></tr>
<tr><td>西宁</td><td colspan="2">3.6</td><td>16.5</td><td>25.5</td><td>23.3</td><td>23.0</td><td>8.1</td></tr>
<tr><td>徐州</td><td colspan="2">5.3</td><td>21.3</td><td>27.0</td><td>15.4</td><td colspan="2">31.0</td></tr>
<tr><td>盐城</td><td colspan="2">9.7</td><td>24.1</td><td>23.9</td><td>16.4</td><td colspan="2">25.9</td></tr>
<tr><td>阳江</td><td colspan="2">14.5</td><td>21.7</td><td>20.3</td><td>17.3</td><td colspan="2">26.2</td></tr>
<tr><td>扬州</td><td colspan="2">4.3</td><td>22.6</td><td>30.1</td><td>19.4</td><td colspan="2">23.6</td></tr>
<tr><td>烟台</td><td colspan="2">9.3</td><td>16.6</td><td>23.5</td><td>19.7</td><td colspan="2">30.9</td></tr>
<tr><td>宜宾</td><td colspan="2">27.0</td><td>34.0</td><td>20.0</td><td>10.0</td><td colspan="2">9.0</td></tr>
<tr><td>宜昌</td><td colspan="2">7.6</td><td>24.9</td><td>23.4</td><td>16.3</td><td colspan="2">27.8</td></tr>
<tr><td>宜春</td><td colspan="2">23.2</td><td>38.3</td><td>17.7</td><td>10.6</td><td colspan="2">10.2</td></tr>
<tr><td>银川</td><td colspan="2">3.4</td><td>21.2</td><td>22.8</td><td>18.6</td><td>24.4</td><td>9.6</td></tr>
<tr><td>营口</td><td colspan="2">14.9</td><td>29.8</td><td>23.4</td><td>12.8</td><td colspan="2">19.1</td></tr>
<tr><td>宜兴</td><td colspan="2">6.6</td><td>16.9</td><td>13.7</td><td>16.5</td><td>28.3</td><td>18.0</td></tr>
<tr><td>益阳</td><td>4.0</td><td>25.0</td><td>38.0</td><td>17.0</td><td>10.0</td><td colspan="2">6.0</td></tr>
<tr><td>永济</td><td colspan="2">16.7</td><td>47.0</td><td>22.5</td><td>6.9</td><td colspan="2">6.9</td></tr>
<tr><td>岳阳</td><td colspan="2">18.8</td><td>34.7</td><td>20.8</td><td>9.9</td><td colspan="2">15.8</td></tr>
<tr><td>玉林</td><td>17.3</td><td>26.5</td><td>31.7</td><td>14.3</td><td>5.1</td><td colspan="2">5.1</td></tr>
<tr><td>云浮</td><td colspan="2">10.6</td><td>27.8</td><td>18.9</td><td>15.8</td><td colspan="2">26.9</td></tr>
<tr><td>张家港</td><td colspan="2">10.6</td><td>18.7</td><td>17.4</td><td>19.1</td><td colspan="2">34.2</td></tr>
<tr><td>漳州</td><td colspan="2">3.7</td><td>19.6</td><td>23.5</td><td>18.8</td><td>22.9</td><td>11.5</td></tr>
<tr><td>湛江</td><td colspan="2">3.1</td><td>26.2</td><td>25.2</td><td>14.9</td><td colspan="2">30.5</td></tr>
<tr><td>肇庆</td><td colspan="2">12.1</td><td>24.3</td><td>23.2</td><td>13.1</td><td colspan="2">27.3</td></tr>
<tr><td>郑州</td><td colspan="2">4.0</td><td>16.4</td><td>20.6</td><td>16.3</td><td>26.2</td><td>16.5</td></tr>
<tr><td>镇江</td><td colspan="2">3.0</td><td>13.6</td><td>20.4</td><td>19.8</td><td>25.7</td><td>17.5</td></tr>
<tr><td>中山</td><td colspan="2">3.8</td><td>15.5</td><td>17.3</td><td>16.0</td><td>25.3</td><td>22.1</td></tr>
<tr><td>舟山</td><td colspan="2">11.0</td><td>11.0</td><td>16.0</td><td>16.0</td><td>23.0</td><td>23.0</td></tr>
<tr><td>珠海</td><td colspan="2">1.4</td><td>10.9</td><td>10.2</td><td>13.2</td><td>28.9</td><td>35.4</td></tr>
<tr><td>株洲</td><td colspan="2">2.8</td><td>15.9</td><td>24.5</td><td>20.0</td><td>26.2</td><td>10.6</td></tr>
<tr><td>淄博</td><td colspan="2">11.2</td><td>27.8</td><td>22.9</td><td>18.0</td><td colspan="2">20.1</td></tr>
<tr><td>自贡</td><td>15.4</td><td>24.6</td><td>26.1</td><td>16.8</td><td>9.0</td><td colspan="2">8.1</td></tr>
<tr><td>遵义</td><td colspan="2">18.4</td><td>34.7</td><td>25.5</td><td>10.2</td><td colspan="2">11.2</td></tr>
</table>

表 4.1.14　2009 年各城市收视调查网家庭购买决策者年龄结构（%）

城市	15－29 岁	30－49 岁	50 岁及以上
安庆	8.9	50.0	41.1
安阳	4.1	53.1	42.8
宝鸡	7.8	52.6	39.6
包头	4.5	56.3	39.2
北海	9.6	55.4	35.0
北京	16.5	45.0	38.5
蚌埠	8.9	48.0	43.1
长春	12.3	50.8	36.9
常德	7.9	60.6	31.5
长沙	15.5	48.3	36.2
常熟	10.8	47.3	41.9
常州	11.6	39.8	48.6
潮州	7.1	49.0	43.9
成都	16.2	49.0	34.8
重庆	8.2	54.2	37.6
滁州	7.7	53.5	38.8
大理	9.4	59.7	30.9
大连	9.0	44.2	46.8
丹东	3.6	45.8	50.6
大同	14.5	63.7	21.8
达州	10.1	55.1	34.8
德阳	11.7	44.7	43.6
德州	7.7	52.9	39.4
东莞	22.2	51.3	26.5
佛山	12.8	52.9	34.3
抚顺	5.4	47.7	46.9
阜阳	15.6	55.1	29.3
福州	14.2	42.6	43.2
赣州	6.4	48.1	45.5
广州	13.2	50.7	36.1
桂林	11.2	41.7	47.1
贵阳	9.1	48.4	42.5
海口	9.4	50.6	40.0
邯郸	13.7	46.3	40.0
杭州	10.5	45.4	44.1
哈尔滨	11.0	47.5	41.5
合肥	17.0	55.0	28.0
衡阳	10.9	54.7	34.4
河源	5.0	54.9	40.1
菏泽	7.5	59.7	32.8
呼和浩特	9.2	53.4	37.4
淮安	5.8	54.8	39.4
惠州	11.1	56.3	32.6
湖州	7.1	55.0	37.9

续表

城市	15－29岁	30－49岁	50岁及以上
江门	9.8	51.4	38.8
江阴	11.4	55.0	33.6
焦作	8.1	55.2	36.7
嘉兴	8.4	37.9	53.7
揭阳	7.6	60.1	32.3
吉林	4.9	46.9	48.2
济南	10.0	49.2	40.8
晋城	7.1	60.9	32.0
荆门	9.4	59.6	31.0
荆州	10.5	52.8	36.7
金华	10.6	49.9	39.5
济宁	11.8	53.0	35.2
锦州	10.8	51.0	38.2
九江	8.6	49.7	41.7
开封	8.2	51.4	40.4
昆明	11.8	48.1	40.1
昆山	9.1	45.8	45.1
兰州	9.3	51.2	39.5
乐山	10.1	56.1	33.8
连云港	7.9	49.2	42.9
临汾	7.4	60.1	32.5
临沂	10.1	54.3	35.6
丽水	9.5	45.0	45.5
柳州	11.9	46.8	41.3
洛阳	5.5	50.3	44.2
泸州	8.3	43.4	48.3
茂名	7.4	55.4	37.2
眉山	7.6	46.4	46.0
梅州	4.6	43.8	51.6
绵阳	4.9	47.8	47.3
牡丹江	8.5	51.0	40.5
南昌	9.6	40.8	49.6
南充	5.5	39.7	54.8
南京	9.6	47.6	42.8
南宁	12.8	50.1	37.1
南通	8.7	49.5	41.8
南阳	5.5	47.3	47.2
宁波	16.8	40.5	42.7
攀枝花	12.3	51.2	36.5
平顶山	15.0	51.7	33.3
青岛	10.7	47.6	41.7
清远	6.2	50.9	42.9
秦皇岛	7.5	43.8	48.7
泉州	16.9	50.5	32.6

续表

城市	15－29岁	30－49岁	50岁及以上
衢州	7.3	51.1	41.6
三亚	16.2	61.1	22.7
上海	8.9	35.4	55.7
汕头	9.2	51.4	39.4
汕尾	7.8	62.9	29.3
韶关	8.1	51.9	40.0
绍兴	5.3	49.7	45.0
沈阳	11.4	43.3	45.3
深圳	45.7	46.0	8.3
石家庄	15.4	45.9	38.7
十堰	11.3	53.3	35.4
遂宁	5.5	41.2	53.3
宿迁	8.8	58.5	32.7
苏州	10.0	45.5	44.5
太原	7.5	51.7	40.8
泰州	5.9	51.1	43.0
台州	6.2	51.2	42.6
唐山	5.8	39.6	54.6
天津	9.8	42.7	47.5
乌鲁木齐	10.8	51.4	37.8
潍坊	11.3	52.4	36.3
威海	9.9	53.1	37.0
渭南	3.0	55.7	41.3
温州	14.9	49.0	36.1
武汉	8.3	48.1	43.6
芜湖	10.0	54.4	35.6
无锡	11.9	43.5	44.6
梧州	8.5	50.9	40.6
厦门	12.0	48.8	39.2
西安	10.6	47.8	41.6
襄樊	11.2	52.6	36.2
湘潭	10.5	56.0	33.5
西宁	5.2	55.8	39.0
徐州	10.4	49.9	39.7
盐城	9.8	56.4	33.8
阳江	9.2	49.9	40.9
扬州	6.5	48.2	45.3
烟台	11.0	51.0	38.0
宜宾	6.0	48.7	45.3
宜昌	8.5	51.8	39.7
宜春	8.9	57.6	33.5
银川	11.5	55.7	32.8
营口	7.5	50.6	41.9
宜兴	3.4	56.0	40.6

续表

城市	15-29岁	30-49岁	50岁及以上
益阳	7.0	50.7	42.3
永济	7.0	49.1	43.9
岳阳	4.1	53.0	42.9
玉林	6.6	44.1	49.3
云浮	9.1	52.4	38.5
张家港	10.3	48.9	40.8
漳州	8.7	51.8	39.5
湛江	8.0	52.3	39.7
肇庆	7.0	44.7	48.3
郑州	12.5	50.9	36.6
镇江	9.7	49.4	40.9
中山	16.1	48.4	35.5
舟山	9.4	48.7	41.9
珠海	18.2	56.5	25.3
株洲	19.2	49.6	31.2
淄博	10.3	54.6	35.1
自贡	5.1	47.7	47.2
遵义	6.3	48.6	45.1

表 4.1.15 2009年各城市收视调查网性别与年龄结构（%）

城市	性别		年龄						
	男性	女性	4-14岁	15-24岁	25-34岁	35-44岁	45-54岁	55-64岁	65岁及以上
安庆	49.0	51.0	13.4	11.1	16.6	22.1	14.6	12.3	9.9
安阳	50.8	49.2	11.3	15.4	18.9	22.9	14.3	9.2	8.0
宝鸡	51.3	48.7	10.2	13.5	19.0	21.8	16.0	10.5	9.0
包头	51.1	48.9	10.9	13.1	17.1	24.6	15.3	9.2	9.8
北海	51.3	48.7	10.7	14.3	18.5	22.5	16.3	9.6	8.1
北京	50.7	49.3	7.8	17.7	18.5	19.4	17.0	8.8	10.8
蚌埠	51.5	48.5	15.2	11.9	14.3	22.6	14.9	9.8	11.3
长春	49.9	50.1	10.0	16.5	18.0	20.6	16.5	9.2	9.2
常德	49.7	50.3	11.8	12.2	13.1	21.2	18.7	12.1	10.9
长沙	49.0	51.0	9.3	15.9	17.7	22.6	16.3	8.2	10.0
常熟	49.5	50.5	9.3	16.5	20.0	21.6	13.5	10.0	9.1
常州	50.6	49.4	9.8	16.5	20.6	21.0	14.4	10.1	7.6
潮州	49.4	50.6	13.3	16.0	13.6	19.7	17.0	10.8	9.6
成都	49.7	50.3	10.1	14.4	18.7	19.2	15.1	11.3	11.2
重庆	50.1	49.9	13.6	10.8	14.6	20.1	16.8	12.3	11.8
滁州	50.3	49.7	12.2	15.5	17.9	25.2	12.3	8.6	8.3
大理	50.2	49.8	15.8	20.1	19.8	18.6	10.5	8.1	7.1
大连	47.2	52.8	8.4	16.2	16.4	19.4	19.0	9.7	10.9
丹东	49.2	50.8	7.8	12.4	15.4	19.4	21.4	12.2	11.4
大同	49.9	50.1	14.9	14.6	18.6	20.8	16.2	7.5	7.4
达州	49.8	50.2	15.0	12.2	20.5	23.8	13.4	9.3	5.8

续表

城市	性别		年龄						
	男性	女性	4-14岁	15-24岁	25-34岁	35-44岁	45-54岁	55-64岁	65岁及以上
德阳	49.8	50.2	11.9	11.9	18.6	23.1	15.6	9.1	9.8
德州	50.3	49.7	11.4	14.6	20.2	22.5	13.8	9.8	7.7
东莞	47.9	52.1	5.6	39.9	31.8	14.4	4.1	2.0	2.2
佛山	52.0	48.0	11.9	20.8	24.4	19.4	10.4	6.9	6.2
抚顺	51.4	48.6	9.6	11.9	15.2	22.3	20.5	9.2	11.3
阜阳	51.6	48.4	17.0	19.0	18.2	19.0	9.7	8.3	8.8
福州	48.9	51.1	10.7	17.9	19.6	18.2	15.6	9.7	8.3
赣州	51.3	48.7	11.7	16.4	20.2	19.5	14.0	9.9	8.3
广州	49.9	50.1	10.9	21.9	21.6	18.5	12.4	6.9	7.8
桂林	51.6	48.4	9.2	14.1	24.0	20.8	14.6	9.4	7.9
贵阳	49.6	50.4	14.9	12.7	19.7	20.5	12.4	9.7	10.1
海口	51.2	48.8	16.1	19.2	19.6	19.3	10.8	6.8	8.2
邯郸	49.2	50.8	11.7	17.1	18.1	18.1	16.2	11.1	7.7
杭州	50.8	49.2	9.0	17.7	18.1	19.9	16.0	9.1	10.2
哈尔滨	49.5	50.5	9.4	13.4	17.1	20.7	18.5	10.7	10.2
合肥	52.1	47.9	12.3	17.7	20.3	21.0	11.8	8.7	8.2
衡阳	50.3	49.7	11.6	15.2	17.2	21.4	17.1	8.9	8.6
河源	50.3	49.7	16.0	18.7	15.1	21.0	12.7	7.7	8.8
菏泽	49.6	50.4	14.8	16.8	14.0	21.6	15.3	9.6	7.9
呼和浩特	51.1	48.9	11.9	15.8	18.5	20.6	14.0	9.3	9.9
淮安	50.6	49.4	11.2	15.8	18.1	22.9	14.8	8.7	8.5
惠州	50.9	49.1	13.8	25.7	23.0	17.5	8.9	4.7	6.4
湖州	49.5	50.5	12.6	11.6	14.6	21.5	17.2	11.7	10.8
江门	50.5	49.5	14.7	16.0	19.2	18.6	14.0	9.0	8.5
江阴	50.4	49.6	11.5	13.2	19.4	22.1	13.5	10.5	9.8
焦作	50.2	49.8	15.4	11.0	18.9	22.0	15.9	8.4	8.4
嘉兴	50.4	49.6	10.2	12.5	14.7	22.2	16.9	12.1	11.4
揭阳	50.8	49.2	18.6	20.7	12.4	18.6	13.9	8.3	7.5
吉林	50.0	50.0	8.5	13.4	16.4	21.3	19.5	11.4	9.5
济南	49.7	50.3	10.1	17.8	16.1	19.2	16.7	9.5	10.6
晋城	51.7	48.3	14.7	15.5	18.8	22.9	13.8	8.8	5.5
荆门	51.1	48.9	10.7	16.0	17.8	24.5	13.0	8.2	9.8
荆州	50.2	49.8	12.8	10.6	16.5	22.6	17.4	10.7	9.4
金华	51.1	48.9	11.2	11.2	18.6	23.6	17.4	9.0	9.0
济宁	49.6	50.4	10.9	13.8	19.9	23.9	14.5	9.0	8.0
锦州	50.0	50.0	10.1	12.4	15.2	20.1	21.5	10.3	10.4
九江	51.1	48.9	14.0	12.8	18.7	23.1	14.3	9.0	8.1
开封	50.7	49.3	12.8	13.1	13.6	24.0	14.6	9.9	12.0
昆明	50.7	49.3	11.6	17.0	21.1	19.4	12.7	9.2	9.0
昆山	49.5	50.5	8.8	16.8	19.9	21.6	13.6	10.0	9.3
兰州	49.7	50.3	12.3	12.4	17.4	20.8	16.0	9.7	11.4
乐山	49.6	50.4	13.2	9.4	18.6	22.0	14.4	12.3	10.1
连云港	50.7	49.3	10.7	15.4	19.2	21.9	14.9	9.5	8.4

续表

城市	性别		年龄						
	男性	女性	4－14岁	15－24岁	25－34岁	35－44岁	45－54岁	55－64岁	65岁及以上
临汾	50.4	49.6	14.6	19.3	18.1	19.4	13.5	7.9	7.2
临沂	50.8	49.2	12.0	20.7	18.8	20.7	13.0	8.1	6.7
丽水	51.1	48.9	11.2	15.7	16.5	21.1	15.6	9.8	10.1
柳州	50.2	49.8	10.5	14.1	22.5	19.2	14.4	10.5	8.8
洛阳	49.5	50.5	12.6	13.3	18.0	20.1	15.9	11.3	8.8
泸州	50.3	49.7	13.9	9.9	15.7	17.9	17.8	12.3	12.5
茂名	50.9	49.1	23.5	18.4	13.2	15.8	13.1	7.6	8.4
眉山	50.6	49.4	11.2	13.2	16.0	24.9	12.5	11.8	10.4
梅州	49.8	50.2	12.6	16.2	14.2	21.1	15.9	9.8	10.2
绵阳	51.6	48.4	10.7	12.7	21.9	24.5	12.4	9.4	8.4
牡丹江	49.9	50.1	7.8	13.3	17.0	21.9	19.2	10.9	9.9
南昌	51.3	48.7	13.4	14.7	19.1	18.1	15.2	9.8	9.7
南充	50.5	49.5	11.0	14.7	17.7	20.7	14.2	11.4	10.3
南京	49.5	50.5	9.8	16.2	17.2	20.8	15.7	10.0	10.3
南宁	51.1	48.9	13.1	14.6	19.1	19.2	14.8	10.5	8.7
南通	49.9	50.1	10.2	14.1	15.7	24.1	15.4	10.4	10.1
南阳	51.0	49.0	10.6	18.8	17.9	21.3	12.9	10.1	8.4
宁波	51.2	48.8	9.4	17.3	21.3	21.0	14.9	8.7	7.4
攀枝花	49.9	50.1	12.6	9.8	22.9	18.9	11.8	14.0	10.0
平顶山	52.4	47.6	10.9	15.6	18.7	25.3	12.6	9.3	7.6
青岛	49.2	50.8	9.4	18.6	16.6	19.6	16.3	8.6	10.9
清远	50.6	49.4	13.8	20.1	13.6	20.8	12.9	9.3	9.5
秦皇岛	50.1	49.9	9.9	13.8	18.9	21.8	16.5	10.5	8.6
泉州	50.3	49.7	11.9	25.0	22.6	16.7	10.0	5.5	8.3
衢州	51.3	48.7	10.6	12.2	16.7	23.1	16.8	11.0	9.6
三亚	50.1	49.9	19.0	19.4	20.2	18.8	9.2	6.8	6.6
上海	50.2	49.8	6.7	17.2	18.1	17.0	19.1	10.0	11.9
汕头	49.5	50.5	16.0	17.8	13.9	19.4	15.7	8.8	8.4
汕尾	50.9	49.1	25.5	19.9	14.4	17.1	11.9	6.2	5.0
韶关	51.8	48.2	15.3	14.4	17.2	22.2	13.4	8.5	9.0
绍兴	48.4	51.6	12.7	12.6	14.0	19.7	17.4	11.8	11.8
沈阳	49.5	50.5	8.9	13.2	15.7	20.0	20.1	9.6	12.5
深圳	50.8	49.2	6.9	31.6	32.0	18.3	7.0	2.4	1.8
石家庄	47.4	52.6	10.5	19.2	16.9	19.0	14.9	9.8	9.7
十堰	51.6	48.4	11.3	16.7	16.0	21.4	15.8	11.5	7.3
遂宁	48.2	51.8	20.9	12.5	11.9	16.3	16.3	12.8	9.3
宿迁	50.4	49.6	15.1	21.8	17.1	17.0	12.6	7.5	8.9
苏州	48.8	51.2	8.3	17.1	17.5	20.7	16.5	10.2	9.7
太原	49.3	50.7	11.8	15.8	16.1	21.2	16.4	8.0	10.7
泰州	49.9	50.1	9.6	12.2	15.6	22.5	15.8	12.6	11.7
台州	51.4	48.6	10.7	12.9	18.8	23.1	14.7	10.1	9.7
唐山	50.2	49.8	9.6	12.3	16.9	18.9	19.8	12.8	9.7
天津	49.9	50.1	9.2	18.3	14.8	18	19.4	10.1	10.2

续表

城市	性别		年龄						
	男性	女性	4－14岁	15－24岁	25－34岁	35－44岁	45－54岁	55－64岁	65岁及以上
乌鲁木齐	49.6	50.4	12.4	11.0	20.5	23.1	12.4	9.8	10.8
潍坊	50.3	49.7	10.2	13.9	19.8	22.2	15.3	10.0	8.6
威海	49.9	50.1	9.6	18.7	17.7	20.3	16.3	10.2	7.2
渭南	50.9	49.1	12.2	18.9	15.5	19.8	15.3	9.9	8.4
温州	52.4	47.6	10.1	21.8	24.5	20.8	10.2	5.7	6.9
武汉	51.4	48.6	11.9	16.6	14.5	19.4	16.9	10.7	10.0
芜湖	49.8	50.2	12.0	12.4	17.5	24.5	15.7	9.8	8.1
无锡	49.2	50.8	9.0	15.0	18.5	19.8	15.1	11.7	10.9
梧州	49.9	50.1	17.7	18.0	16.1	18.3	12.1	8.2	9.6
厦门	49.7	50.3	10.6	22.9	22.8	18.7	12.1	5.6	7.3
西安	50.8	49.2	12.7	15.7	16.6	19.2	17.3	8.9	9.6
襄樊	50.3	49.7	13.8	15.3	17.4	21.6	13.9	9.9	8.1
湘潭	51.0	49.0	10.7	12.2	16.0	21.0	16.8	12.0	11.3
西宁	49.5	50.5	12.2	12.3	18.5	24.0	13.7	9.4	9.9
徐州	50.2	49.8	11.0	17.0	18.1	21.0	17.1	8.7	7.1
盐城	50.5	49.5	10.9	14.2	15.3	21.7	15.6	12.1	10.2
阳江	50.0	50.0	18.2	14.4	17.5	20.1	11.8	8.2	9.8
扬州	50.9	49.1	9.7	11.9	20	22.9	15.4	10.7	9.4
烟台	52.8	47.2	8.6	16.2	15.7	19	19	10.6	10.9
宜宾	52.0	48.0	12.6	13.7	18.2	23.2	13.3	10.0	9.0
宜昌	51.1	48.9	10.7	13.2	22.0	20.5	15.2	9.4	9.0
宜春	49.9	50.1	21.8	11.6	14.5	17.2	15.1	10.8	9.0
银川	50.3	49.7	14.1	12.0	20.2	22.2	14.1	8.3	9.1
营口	50.2	49.8	8.2	13.7	16.5	23.4	18.2	10.1	9.9
宜兴	50.2	49.8	11.5	13.1	19.5	22.1	13.5	10.5	9.8
益阳	50.6	49.4	10.2	18.1	16.0	22.3	13.3	10.5	9.6
永济	51.1	48.9	14.9	19.0	15.4	19.9	13.9	8.7	8.2
岳阳	51.5	48.5	10.6	15.5	17.5	24.0	14.7	10.1	7.6
玉林	53.3	46.7	12.8	20.2	20.6	18.9	11.5	8.5	7.5
云浮	50.4	49.6	18.5	17.1	15.4	19.9	12.6	8.0	8.5
张家港	49.3	50.7	8.9	16.8	20.1	21.5	13.5	10.0	9.2
漳州	50.0	50.0	15.4	15.0	18.0	18.5	15.8	8.0	9.3
湛江	51.0	49.0	16.5	14.1	17.0	20.5	13.2	9.3	9.4
肇庆	49.9	50.1	13.4	16.1	13.8	22.1	14.7	10.4	9.5
郑州	49.5	50.5	13.2	14.2	17.8	23.2	14.9	8.1	8.6
镇江	50.4	49.6	9.8	12.7	17.2	22.9	16.3	12.3	8.8
中山	51.0	49.0	10.8	27.2	25.0	18.5	8.8	5.0	4.7
舟山	50.9	49.1	8.4	12.5	15.7	22.8	19.0	11.8	9.8
珠海	49.7	50.3	13.5	21.2	23.1	20.1	10.4	5.9	5.8
株洲	49.5	50.5	12.5	14.5	20.0	23.0	14.8	7.1	8.1
淄博	51.0	49.0	12.6	12.0	17.1	21.3	15.4	10.6	11.0
自贡	50.5	49.5	14.4	12.7	14.6	19.4	17.3	9.7	11.9
遵义	51.8	48.2	15.6	15.0	18.7	23.1	11.7	8.5	7.4

二、频道列表

1 中央电视台综合频道
2 中央台二套
3 中央台三套
4 中央台四套
5 中央台五套
6 中央台六套
7 中央台七套
8 中央台八套
9 中央台九套
10 中央台十套
11 中央台十一套
12 中央台十二套
13 中央电视台新闻频道
14 中央电视台少儿频道
15 中央电视台音乐频道
16 中国教育台一套
17 中国教育台二套
18 中国教育台三套
19 安徽卫视
20 安徽经视
21 安徽影视
22 安徽综艺
23 安徽公共
24 安徽科教
25 北京卫视
26 北京电视台文艺频道
27 北京电视台科教频道
28 北京电视台影视频道
29 北京电视台财经频道
30 北京电视台体育频道
31 北京电视台生活频道
32 北京电视台青少频道
33 北京电视台公共频道
34 北京卡酷动画卫星频道
35 重庆卫视
36 重庆电视台影视频道（一套）
37 重庆电视台新闻频道（二套）
38 重庆电视台科教频道（三套）
39 重庆电视台都市频道（四套）
40 重庆电视台娱乐频道（五套）
41 重庆电视台生活频道（六套）
42 重庆电视台时尚频道（七套）
43 重庆电视台时尚频道（七套）（广东）
44 重庆公共农村频道
45 重庆电视台少儿频道
46 福建省广播影视集团综合频道
47 福建省广播影视集团东南电视台
48 福建省广播影视集团公共频道
49 福建省广播影视集团新闻频道
50 福建省广播影视集团电视剧频道
51 福建省广播影视集团都市时尚频道
52 福建省广播影视集团经济生活频道
53 福建省广播影视集团体育频道
54 福建省广播影视集团少儿频道
55 福建海峡电视台
56 福建教育台
57 甘肃卫视
58 甘肃电视台经济频道
59 甘肃电视台文化影视频道
60 甘肃电视台公共频道
61 甘肃电视台都市频道
62 甘肃电视台少儿频道
63 广东卫视
64 广东电视台珠江频道
65 广东电视体育频道
66 广东电视体育频道（重庆）
67 广东电视新闻频道
68 广东电视台公共频道
69 广东电视台嘉佳卡通频道
70 珠江电影频道
71 天天购物频道
72 邮轮旅游
73 南方卫视
74 南方电视台经济频道
75 南方电视台综艺频道
76 南方卫视 TVS－2
77 南方电视台影视频道
78 南方电视台少儿频道
79 广西电视台卫星频道
80 广西电视台综艺频道
81 广西电视台都市频道
82 广西电视台体育频道

83 广西电视台影视频道
84 广西电视台资讯频道
85 广西电视台公共频道
86 贵州卫视
87 贵州电视台公共频道（二套）
88 贵州电视台大众生活频道
89 贵州电视台影视文艺频道
90 贵州电视台第五频道
91 贵州电视台科教健康频道（六套）
92 贵州经济频道（七套）
93 旅游卫视
94 海南广播电视总台公共频道
95 海南广播电视总台综合频道
96 海南广播电视总台影视娱乐频道
97 海南广播电视总台少儿频道
98 海南广播电视总台新闻频道
99 河北卫视
100 河北电视台二套（经济生活频道）
101 河北电视台三套（都市频道）
102 河北电视台四套（影视频道）
103 河北电视台五套（少儿科教频道）
104 河北电视台六套（公共频道）
105 河北电视台七套（农民频道）
106 河北导视频道
107 黑龙江电视台卫星频道
108 黑龙江电视台影视频道
109 黑龙江电视台文艺频道
110 黑龙江电视台都市频道
111 黑龙江电视台法制频道
112 黑龙江电视台公共频道
113 黑龙江电视台少儿频道
114 河南电视台卫星频道（一套）
115 河南电视台都市频道（二套）
116 河南电视台民生频道（三套）
117 河南电视台法制频道（四套）
118 河南电视台电视剧频道（五套）
119 河南电视台精品博览频道（六套）
120 河南电视台商务信息频道（七套）
121 河南电视台公共频道（八套）
122 河南电视台新农村频道
123 湖北卫视
124 湖北综合
125 湖北影视
126 湖北都市
127 湖北经视
128 湖北体育
129 湖北教育
130 湖北公共
131 湖南电视台卫星频道
132 湖南电视台娱乐频道
133 湖南电视台都市频道
134 湖南电视台电视剧频道
135 湖南电视台时尚频道
136 湖南电视台经济频道
137 湖南电视台金鹰纪实频道
138 湖南电视台公共频道
139 湖南电视台金鹰卡通频道
140 湖南电视台潇湘电影频道
141 湖南教育电视台
142 内蒙古电视台卫视频道
143 内蒙古电视台蒙古语新闻综合频道
144 内蒙古电视台影视剧频道
145 内蒙古电视台新闻综合频道
146 内蒙古电视台文体娱乐频道
147 内蒙古电视台经济生活频道
148 内蒙古电视台少儿频道
149 江苏卫视
150 江苏电视台综艺频道
151 江苏电视台城市频道
152 江苏电视台影视频道
153 江苏电视台公共频道
154 江苏电视台体育休闲频道
155 江苏少儿频道
156 江苏财经频道
157 江苏教育电视台
158 江西电视台卫星频道（一套）
159 江西电视台都市频道（二套）
160 江西电视台财经频道（三套）
161 江西电视台影视频道（四套）
162 江西电视台公共频道（五套）
163 江西电视台少儿家庭频道
164 江西电视台红色经典频道（七套）
165 江西电视台风尚购物频道
166 江西电视指南频道
167 江西教育台
168 吉林卫视
169 吉林电视台都市频道（二套）
170 吉林电视台生活频道（三套）
171 吉林电视台影视频道（四套）
172 吉林电视台乡村频道（五套）

173 吉林电视台公共频道
174 吉林电视台法制频道
175 长影电影频道
176 吉林教育台
177 辽宁教育台
178 辽宁卫视
179 辽宁台都市频道
180 辽宁台生活频道
181 辽宁台影视娱乐频道
182 辽宁台公共频道
183 辽宁台体育频道
184 辽宁台青少频道
185 宁夏卫视
186 宁夏电视台公共频道
187 宁夏电视台都市经济频道
188 宁夏电视台影视频道
189 宁夏少儿频道
190 宁夏教育台
191 青海卫视
192 青海电视台经济生活频道
193 青海电视台影视综艺频道
194 青海电视台综合频道
195 陕西农林科技卫视
196 陕西卫视
197 陕西电视台新闻综合频道（一套）
198 陕西电视台都市青春频道（二套）
199 陕西电视台家庭生活频道（三套）
200 陕西电视台影视娱乐频道（四套）
201 陕西电视台公共．政法频道（五套）
202 陕西电视台六套
203 陕西电视台体育健康频道（七套）
204 西部电影频道
205 山东卫视
206 山东电视体育频道
207 山东电视综艺频道
208 山东电视生活频道
209 山东电视影视频道
210 山东电视齐鲁频道
211 山东电视农科频道
212 山东电视公共频道
213 山东电视台第九频道（少儿）
214 山东教育台
215 上海东方卫视
216 上海炫动卡通卫视
217 上海电视台新闻综合频道
218 上海电视台生活时尚频道
219 上海东方电视台娱乐频道
220 上海东方电视台艺术人文频道
221 上海电视台电视剧频道
222 上海电视台体育频道
223 上海东方电视台戏剧频道
224 上海电视台纪实频道
225 上海东方电影频道
226 上海东方电视台哈哈少儿频道
227 上海东方电视台外语频道
228 第 1 财经
229 东方电视台音乐频道
230 上海教育台（26 频道）
231 山西卫视
232 山西广播电视总台影视频道
233 山西黄河电视台民生频道
234 山西广播电视总台经济资讯频道
235 山西广播电视总台公共频道
236 山西广播电视总台科教频道
237 山西电视台少儿频道
238 四川卫视
239 四川电视台二套（文化旅游频道）
240 四川电视台经济频道（三套）
241 四川电视台新闻资讯频道
242 四川电视台影视文艺频道（五套）
243 四川电视台第六频道
244 四川电视台妇女儿童频道（七套）
245 四川电视台公共频道
246 四川电视台科技教育频道
247 峨眉电影频道
248 天津卫视
249 天津电视台一套（滨海频道）
250 天津电视台二套（文艺频道）
251 天津电视台三套（影视频道）
252 天津电视台四套（都市频道）
253 天津电视台五套（体育频道）
254 天津电视台六套（科教频道）
255 天津电视台少儿频道
256 天津电视台公共频道
257 西藏一套（藏语卫视）
258 西藏二套（汉语卫视）
259 西藏电视台影视文化频道
260 新疆电视台一套（汉语新闻综合频道）
261 新疆电视台二套（维语新闻综合频道）
262 新疆电视台三套（哈语新闻综合频道）

263　新疆电视台四套（汉语综艺频道）
264　新疆电视台五套（维语综艺频道）
265　新疆电视台六套（汉语影视频道）
266　新疆电视台七套（汉语经济生活频道）
267　新疆电视台八套（哈语综艺频道）
268　新疆电视台九套（维语经济生活频道）
269　新疆电视台十套（体育健康频道）
270　新疆电视台十一套（汉语信息服务频道）
271　新疆电视台少儿频道
272　新疆教育台十频道
273　兵团卫视
274　云南电视台卫视频道（一套）
275　云南电视台都市频道（二套）
276　云南电视台娱乐频道（三套）
277　云南电视台生活资讯频道（四套）
278　云南电视台影视频道（五套）
279　云南电视台新闻综合频道（六套）
280　云南电视台猜猜少儿频道
281　浙江卫视
282　浙江电视台钱江都市频道
283　浙江电视台影视娱乐频道
284　浙江电视台经济生活频道
285　浙江电视台教育科技频道
286　浙江电视台民生休闲频道
287　浙江电视台公共新农村频道
288　浙江电视台少儿频道
289　浙江移动电视
290　安庆电视台新闻综合频道
291　安庆电视台经济生活频道
292　安庆电视台图文信息频道
293　安庆电视台公共频道
294　安庆教育台
295　安阳电视台一套（新闻综合频道）
296　安阳电视台二套（公共频道）
297　安阳电视台三套（科教频道）
298　安阳图文频道_生活资讯
299　蚌埠电视台新闻综合频道
300　蚌埠电视台生活频道
301　蚌埠电视台公共频道
302　蚌埠电视台点播频道
303　蚌埠教育台
304　包头电视台新闻综合频道
305　包头电视台文体娱乐频道
306　包头电视台经济生活频道
307　包头电视台都市影视频道
308　宝安台一套
309　宝安台二套
310　宝安台三套
311　宝安点歌台
312　宝鸡电视台新闻综合频道
313　宝鸡电视台经济生活频道
314　宝鸡电视台文化旅游频道
315　北海电视台新闻综合频道
316　北海电视台经济科教频道
317　北海电视台公共频道
318　亳州电视台新闻综合频道
319　亳州电视台农村频道
320　亳州电视台三套
321　亳州电视台四套
322　亳州教育台
323　亳州有线点播经济台
324　亳州有线点播娱乐台
325　亳州有线台药都养生频道
326　长春电视台综合频道
327　长春电视台娱乐频道
328　长春电视台市民频道
329　长春电视台新知频道
330　长春电视台商业频道
331　长沙电视新闻频道
332　长沙电视政法频道
333　长沙电视女性频道
334　长沙电视经贸频道
335　长沙电视台公共频道
336　长沙互动电视
337　长沙移动电视
338　常德电视台新闻综合频道
339　常德电视台公共频道
340　常德电视台都市频道
341　常德电视台影视资讯频道
342　常德时段
343　常熟电视台新闻综合频道
344　常熟电视台影视娱乐频道
345　常熟电视台社会生活频道
346　常熟电视台琴川频道
347　常州电视台一套（新闻频道）
348　常州电视台二套（都市频道）
349　常州电视台三套（生活频道）
350　常州电视台四套（公共频道）
351　常州电视台五套（图文频道）
352　潮州电视台一套（新闻综合频道）

353　潮州电视台二套（公共频道）
354　潮州短信互动点歌频道
355　潮州互动点歌台
356　成都电视台新闻综合频道（一套）
357　成都电视台经济资讯服务频道（二套）
358　成都电视台都市生活频道（三套）
359　成都电视台影视文艺频道（四套）
360　成都电视台公共频道（五套）
361　成都电视台少儿频道
362　崇左电视台
363　滁州电视台新闻综合频道
364　滁州电视台公共频道
365　滁州电视台科教频道
366　达州新闻综合频道
367　达州公共频道
368　达州气都影视频道
369　达州财富资讯频道
370　达州城市公众频道
371　大理电视台一套
372　大理电视台二套
373　大理电视台三套
374　大理市电视台一套
375　大连台一套（新闻综合频道）
376　大连台二套（经济生活频道）
377　大连台三套（公共频道）
378　大连台四套（文体频道）
379　大连台五套（影视频道）
380　大连台六套（少儿频道）
381　大同电视台新闻综合频道（一套）
382　大同电视台影视频道（二套）
383　大同电视台煤都生活频道（三套）
384　大同教育电视台
385　丹东电视台新闻综合频道
386　丹东电视台生活娱乐频道
387　丹东电视台影视频道
388　丹东电视台信息频道
389　德阳新闻综合频道
390　德阳公共频道
391　德阳家庭影院
392　德阳互动点播频道
393　德阳电视台财富资讯
394　德州电视台一套
395　德州电视台二套
396　德州电视台三套
397　德州电视台四套
398　东莞电视台新闻综合频道
399　东莞电视台公共频道
400　佛山电视新闻综合频道
401　佛山电视影视频道
402　佛山电视台传媒购物频道
403　佛山电视台顺德频道
404　佛山电视公共频道
405　佛山电视台南海频道
406　福州电视台新闻综合频道
407　福州电视台影视频道
408　福州电视台都市生活频道
409　福州电视台青少频道
410　福州电视台导视频道
411　抚顺第 1 频道
412　抚顺第 2 频道
413　抚顺第 3 频道
414　抚顺电视台图文信息频道
415　阜阳新闻综合频道
416　阜阳公共影视频道
417　阜阳都市生活频道
418　阜阳教育台
419　赣州一套
420　赣州二套
421　赣州三套
422　赣州电视台中心城区频道（影视娱乐）
423　广元电视台新闻综合频道
424　广元电视台公共频道
425　广州电视台综合频道
426　广州电视台新闻频道
427　广州电视台影视频道
428　广州电视台竞赛频道
429　广州电视台经济频道
430　广州电视台购物频道
431　广州电视台英语频道
432　广州电视台少儿频道
433　贵阳电视台一套（新闻综合频道）
434　贵阳电视台二套（经济生活频道）
435　贵阳电视台三套（法制频道）
436　贵阳电视台四套（都市频道）
437　贵阳电视台五套（旅游生活频道）
438　桂林电视台新闻综合频道
439　桂林电视台公共频道
440　桂林电视台科教旅游频道
441　哈尔滨电视台新闻综合频道
442　哈尔滨电视台生活频道

443 哈尔滨电视台影视频道
444 哈尔滨电视台娱乐频道
445 哈尔滨电视台都市资讯频道
446 海口广播电视台新闻综合频道（无线）
447 海口广播电视台生活娱乐频道（有线）
448 海口电视台经济频道
449 邯郸电视台新闻综合频道
450 邯郸电视台都市生活频道
451 邯郸电视台欢乐频道
452 汉中电视台新闻综合频道（一套）
453 汉中电视台经济文化频道（二套）
454 汉中电视台政法公共频道（三套）
455 汉中电视台影视娱乐频道（四套）
456 汉中教育台
457 杭州电视台综合频道
458 杭州电视台生活频道
459 杭州电视台影视频道
460 杭州电视台西湖明珠频道
461 杭州电视台五套
462 浙江杭州导视频道
463 合肥电视台一套（新闻频道）
464 合肥电视台二套（生活频道）
465 合肥电视台三套（教育法制频道）
466 合肥电视台四套（影院频道）
467 合肥电视台五套（财经频道）
468 河源电视台综合频道
469 河源电视台公共频道
470 菏泽电视台一套
471 菏泽电视台二套
472 菏泽电视台三套
473 衡阳电视台
474 衡阳都市频道
475 衡阳生活频道
476 衡阳娱乐频道
477 衡阳资讯频道
478 呼和浩特电视台新闻综合频道
479 呼和浩特电视台都市生活频道
480 呼和浩特电视台影视娱乐频道
481 湖州电视台新闻综合频道
482 湖州电视台文化娱乐频道
483 湖州电视台公共民生频道
484 湖州服务．导视频道
485 湖州电视台新起点市区频道
486 淮安电视台新闻综合频道
487 淮安电视台公共频道
488 淮安电视台影视娱乐频道
489 淮南电视台一套
490 惠州电视台一套（新闻综合频道）
491 惠州电视台二套（公共频道）
492 惠州电视台三套（生活频道）
493 惠州有线点歌台
494 惠州有线信息台
495 吉林市电视台新闻综合频道
496 吉林市电视台科教生活频道
497 吉林市电视台娱乐频道
498 吉林市电视台公共频道
499 吉林市电视台电视剧频道
500 济南电视台新闻综合频道
501 济南电视台都市女性频道
502 济南电视台影视频道
503 济南电视台娱乐频道
504 济南电视台生活频道
505 济南电视台商务频道
506 济南电视台少儿频道
507 济南教育台
508 济宁电视台新闻综合频道
509 济宁电视台影视频道
510 济宁电视台公共频道
511 嘉兴电视台文化影视频道
512 嘉兴电视台新闻综合频道
513 嘉兴电视台公共频道
514 江门电视综合频道
515 江门电视台公共频道
516 江门电视教育频道
517 江阴电视台新闻综合频道
518 江阴电视台城市频道
519 江阴电视台电视剧频道
520 江阴电视台电影频道
521 焦作电视台综合频道
522 焦作电视台娱乐频道
523 焦作电视台生活频道
524 焦作电视台影视频道
525 焦作教育台
526 揭阳电视台新闻综合频道
527 揭阳电视台公共频道
528 金华电视台新闻综合频道
529 金华电视台教育科技频道
530 金华电视台经济生活频道
531 锦州电视台一套
532 锦州电视台二套

533　锦州电视台三套
534　晋城电视台新闻综合频道
535　晋城电视台公共频道
536　晋城电视台图文信息频道
537　荆门电视台新闻频道
538　荆门电视台公共频道
539　荆门电视台教育频道
540　荆门电视台鄂中经视
541　荆州电视台新闻频道
542　荆州电视台精彩频道
543　荆州电视台生活频道
544　荆州电视台经济频道
545　荆州电视台电影频道
546　荆州电视台商务频道
547　九江电视台一套（新闻综合频道）
548　九江电视台二套（公共频道）
549　九江电视台三套（科学教育频道）
550　九江庐山旅游文娱频道
551　九江图文信息台
552　开封电视台新闻综合频道（一套）
553　开封电视台经济生活频道（二套）
554　开封电视台图文频道
555　开封教育电视台
556　昆明电视台 1 频道
557　昆明电视台 2 频道
558　昆明电视台 3 频道
559　昆明电视台 4 频道
560　昆明电视台 5 频道
561　昆明电视台 6 频道
562　昆明教育台
563　昆山电视台新闻综合频道
564　昆山电视台社会生活频道
565　昆山电视台电视剧频道
566　昆山电视台电影频道
567　昆山电视台城市频道
568　拉萨电视台
569　兰州电视台新闻综合频道
570　兰州电视台生活经济频道
571　兰州电视台综艺体育频道
572　兰州电视台公共频道
573　乐山新闻综合频道
574　乐山公共．新农村频道
575　乐山生活资讯频道
576　乐山互动影视频道
577　丽水电视台新闻综合频道（一套）
578　丽水电视台经济生活频道（二套）
579　丽水文化休闲频道
580　连云港电视台新闻综合频道
581　连云港电视台公共频道
582　连云港电视台影视综艺频道
583　临汾电视台新闻综合频道
584　临汾电视台公共频道
585　临汾电视台尧都都市频道
586　临汾电视台科教频道
587　临汾电视台图文频道
588　临沂电视台新闻综合频道
589　临沂电视台农科频道
590　临沂电视台公共频道
591　柳州电视台新闻综合频道（一套）
592　柳州电视台科教频道（二套）
593　柳州电视台公共频道（三套）
594　柳州电视台龙城新闻荟萃频道（四套）
595　柳州电视台龙城购物频道（五套）
596　龙岩电视台新闻综合频道
597　垄上电视台
598　泸州电视台新闻综合频道
599　泸州电视台科技教育频道
600　泸州电视台公共频道
601　泸州公众信息频道
602　洛阳电视台一套（综合频道）
603　洛阳电视台二套（教育频道）
604　洛阳电视台三套（公共频道）
605　洛阳有线台图文电视
606　茂名电视台综合频道
607　茂名电视台公共频道
608　眉山电视台新闻综合频道（一套）
609　眉山电视台公共频道（二套）
610　眉山电视台影视剧频道（三套）
611　梅州电视台时政综合频道
612　梅州电视台客家公共频道
613　梅州电视台影视文艺频道
614　梅州图文信息频道
615　梅州电视信息点播频道
616　梅州电视互动点播频道
617　绵阳电视台一套（新闻综合频道）
618　绵阳电视台二套（都市生活频道）
619　绵阳电视台三套（影视娱乐频道）
620　牡丹江电视台新闻综合频道
621　牡丹江电视台公共频道
622　牡丹江教育电视台教育频道

623 南昌电视台新闻综合频道（一套）
624 南昌电视台都市频道（二套）
625 南昌电视台资讯频道（三套）
626 南昌电视台公共频道（四套）
627 南昌台五套
628 南充电视台新闻频道
629 南充电视台公共频道
630 南充电视台科教频道
631 南方电视云浮台综合频道（YFTV1）
632 南方电视云浮台公共频道（YFTV2）
633 南京电视台新闻综合频道（一套）
634 南京电视台影视频道（二套）
635 南京电视台生活频道（三套）
636 南京电视台娱乐频道（四套）
637 南京电视台股市信息频道（五套）
638 南京电视台教育科技频道（六套）
639 南京电视台少儿频道
640 南京电视台十八频道
641 南宁电视台新闻综合频道
642 南宁电视台都市生活频道
643 南宁电视台影视娱乐频道
644 南宁电视台公共频道
645 南通电视台新闻综合频道
646 南通电视台生活频道
647 南通电视台社教频道
648 南通电视台信息频道
649 南阳电视台新闻综合频道（一套）
650 南阳电视台经济生活频道（二套）
651 南阳电视台科教法制频道（三套）
652 南阳电视台精选图文频道（四套）
653 宁波电视台一套（新闻综合频道）
654 宁波电视台二套（经济生活频道）
655 宁波电视台三套（都市文体频道）
656 宁波电视台四套（影视剧频道）
657 宁波电视台五套（少儿频道）
658 攀枝花电视台新闻综合频道（一套）
659 攀枝花电视台公共频道（二套）
660 攀枝花电视台影视文艺频道（三套）
661 平顶山电视台新闻综合频道
662 平顶山电视台城市频道
663 平顶山电视台公共频道
664 平顶山电视台信息频道
665 平顶山教育电视台
666 莆田市广播电视中心新闻综合频道
667 莆田市广播电视中心经济生活频道
668 秦皇岛电视台新闻频道
669 秦皇岛电视台公共频道
670 秦皇岛电视台生活服务频道
671 秦皇岛电视台影视频道
672 青岛电视台新闻综合频道
673 青岛电视台生活服务频道
674 青岛电视台财经资讯频道
675 青岛电视台都市频道
676 青岛电视台影视频道
677 青岛电视台公共频道
678 青岛数字传媒
679 清远电视台新闻综合频道（清远 1 台）
680 清远电视台公共频道
681 衢州电视新闻综合频道
682 衢州电视生活娱乐频道
683 衢州电视经济信息频道
684 泉州电视台新闻综合频道
685 泉州电视台都市生活频道
686 泉州电视台影视剧频道
687 泉州电视台闽南语频道
688 三亚广播电视台新闻综合频道
689 三亚点歌台
690 汕头电视台 -1（新闻综合频道）
691 汕头电视台 -2（生活经济频道）
692 汕头电视台 -3（影视文艺频道）
693 汕尾电视台
694 汕尾互动点播频道
695 韶关电视台公共频道
696 韶关电视台综合频道
697 韶关信息点播频道
698 绍兴电视台新闻综合频道（一套）
699 绍兴电视台公共频道（二套）
700 绍兴电视台影视娱乐频道（三套）
701 绍兴商务电视
702 绍兴有线信息频道
703 绍兴有线娱乐频道
704 蛇口电视台综合频道
705 深圳卫视（新闻综合频道）
706 深圳电视台一套（都市频道）
707 深圳电视台二套（电视剧频道）
708 深圳电视台三套（财经生活频道）
709 深圳电视台四套（娱乐频道）
710 深圳电视台五套（体育健康频道）
711 深圳电视台六套（少儿频道）
712 深圳电视台七套（公共频道）

713 深圳电视台（DV 生活频道）
714 深圳电视台宜和购物频道
715 沈阳电视台一套（新闻频道）
716 沈阳电视台二套（综合频道）
717 沈阳电视台三套（影视频道）
718 沈阳电视台公共．社会频道
719 沈阳电视台五套（生活频道）
720 十堰电视台新闻频道
721 十堰电视台综合频道
722 十堰电视台经济生活频道
723 十堰电视台精彩点播频道
724 十堰电视台影视点播频道
725 十堰电视台信息资讯网
726 十堰互动点播频道（VOD－1）
727 十堰教育电视台
728 石家庄电视台新闻综合频道（一套）
729 石家庄电视台娱乐频道（二套）
730 石家庄电视台影视频道（三套）
731 石家庄电视台都市频道（四套）
732 苏州电视台新闻综合频道（一套）
733 苏州电视台社会经济频道（二套）
734 苏州电视台文化生活频道（三套）
735 苏州电视台电影娱乐频道（四套）
736 苏州电视台生活资讯频道（五套）
737 宿迁电视台综合频道
738 宿迁电视台公共频道
739 遂宁电视台新闻综合频道（SNTV－1）
740 遂宁电视台新闻资讯频道（SNTV－2）
741 遂宁电视台影视文艺频道（SNTV－3）
742 台州电视台新闻综合频道（一套）
743 台州电视台影视文化频道（二套）
744 台州电视台公共频道（三套）
745 太原电视台新闻频道（一套）
746 太原电视台百姓频道（二套）
747 太原电视台社教法制频道（三套）
748 太原电视台影视频道（四套）
749 太原电视台文体频道（五套）
750 太原教育台
751 泰州电视台新闻综合频道
752 泰州电视台经济生活频道
753 泰州电视台影视娱乐频道
754 泰州电视台法制教育频道
755 唐山电视台一套（新闻综合频道）
756 唐山电视台二套（生活服务频道）
757 唐山电视台三套（影视频道）
758 唐山电视台四套（公共频道）
759 唐山电视台商务资讯频道
760 威海电视台一套（新闻综合频道）
761 威海电视台二套（民生影视频道）
762 威海电视台三套（人居生活频道）
763 威海电视台四套（文化娱乐频道）
764 潍坊电视台新闻综合频道
765 潍坊电视台公共频道
766 潍坊电视台经济生活频道
767 潍坊电视台科教频道
768 潍坊电视台娱乐频道
769 潍坊电视台商务频道
770 渭南新闻综合频道（一套）
771 渭南华山频道
772 渭南影视剧频道（三套）
773 温州市广播电视总台新闻综合频道
774 温州市广播电视总台经济科教频道
775 温州市广播电视总台都市生活频道
776 温州市广播电视总台公共民生频道
777 温州广播电视总台导视频道
778 乌兰察布电视台一套（新闻综合频道）
779 乌鲁木齐电视台新闻综合频道（一套）
780 乌鲁木齐电视台维语综合频道（二套）
781 乌鲁木齐电视台影视频道（三套）
782 乌鲁木齐电视台都市时尚频道（四套）
783 乌鲁木齐电视台旅游娱乐频道（五套）
784 乌鲁木齐电视台女性儿童频道（六套）
785 乌鲁木齐市有线台图文信息频道
786 无锡广播电视台新闻综合频道
787 无锡广播电视台娱乐频道
788 无锡广播电视台都市资讯频道
789 无锡广播电视台经济频道
790 无锡广播电视台生活频道
791 无锡广播电视台影视频道
792 无锡广播电视台图文频道
793 无锡教育电视台
794 吴江电视台新闻综合频道（一套）
795 吴江电视台社会生活频道（二套）
796 吴江电视台影视剧频道（三套）
797 吴江电视台音乐视听频道（四套）
798 芜湖电视台新闻频道
799 芜湖电视台徽商频道
800 芜湖电视台生活频道
801 芜湖电视台娱乐频道
802 芜湖互动资讯频道

803 芜湖教育电视台
804 梧州电视台新闻综合频道
805 梧州电视台公共影视频道
806 梧州电视台教育生活频道
807 武汉电视台新闻综合频道
808 武汉电视台文艺频道
809 武汉电视台双语综合频道
810 武汉电视台影视频道
811 武汉电视台文体频道
812 武汉电视台科教生活频道
813 武汉电视台少儿频道
814 武汉电视台消费指南频道
815 武汉教育台
816 西安电视台一套（新闻综合频道）
817 西安电视台二套（白鸽都市频道）
818 西安电视台三套（商务资讯频道）
819 西安电视台四套（文化影视频道）
820 西安电视台五套（健康快乐频道）
821 西安电视台六套（音乐综艺频道）
822 西安教育台
823 西宁电视台新闻综合频道
824 西宁电视台生活服务频道
825 厦门卫视
826 厦门电视台综合频道
827 厦门电视台海峡频道
828 厦门电视台生活频道
829 厦门电视台影视频道
830 咸阳电视台新闻综合频道（一套）
831 咸阳电视台影视频道（二套）
832 咸阳电视台市民频道（三套）
833 咸阳教育电视台
834 湘潭电视台新闻频道（一套）
835 湘潭电视台都市频道（二套）
836 湘潭电视台法制频道（三套）
837 湘潭电视台商务频道（四套）
838 湘潭电视台经济频道
839 湘潭电视台影视频道
840 襄樊一套（新闻．综合频道）
841 襄樊二套（经济．生活频道）
842 襄樊三套（综合频道）
843 襄樊四套（信息服务频道）
844 徐州电视台新闻综合频道
845 徐州电视台经济生活频道
846 徐州电视台公共频道
847 徐州电视台文艺影视频道
848 烟台电视台一套（新闻综合频道）
849 烟台电视台二套（经济生活频道）
850 烟台电视台三套（电视剧频道）
851 烟台电视台四套（都市文体频道）
852 烟台电视台五套（电影频道）
853 延安电视台新闻综合频道（一套）
854 延安电视台公共频道
855 延安电视台家庭购物频道
856 延边卫视
857 盐城电视台一套
858 盐城电视台二套
859 盐城电视台三套
860 盐田区广播电视台
861 扬州电视台一套
862 扬州电视台二套
863 扬州电视台三套
864 扬州电视台四套
865 阳江综合频道
866 阳江公共频道
867 阳江点播频道
868 宜宾电视台一套（新闻综合频道）
869 宜宾电视台二套（公共生活频道）
870 宜宾电视台三套（城市资讯频道）
871 宜宾电视台互动点播频道
872 宜昌三峡影视频道
873 宜昌三峡综合频道
874 宜昌三峡公共频道
875 宜春电视台一套
876 宜春电视台二套
877 宜兴广播电视台新闻频道
878 宜兴广播电视台生活频道
879 宜兴广播电视台综合频道
880 宜兴点歌台
881 宜兴图文频道
882 益阳电视台新闻综合频道
883 益阳电视台乡村频道
884 益阳电视台公共欢乐频道
885 益阳教育电视台
886 银川电视台公共频道
887 银川电视台 -2（经济生活频道）
888 银川电视台 -3（文体影视频道）
889 营口电视台新闻综合频道
890 营口电视台社会生活频道
891 营口电视台文艺影视频道
892 营口电视台图文频道

893 永济电视台一套
894 永济电视台二套
895 玉林电视台新闻综合频道
896 玉林电视台公共频道
897 玉林电视台知识频道
898 岳阳电视台新闻综合频道
899 岳阳电视台公共娱乐频道
900 岳阳电视台经济科教频道
901 岳阳电视台商务资讯频道
902 岳阳电视台时尚购物频道
903 湛江电视台新闻综合频道
904 湛江电视台公共频道
905 湛江电视台图文信息频道
906 张家港电视台新闻综合频道
907 张家港电视台社会生活频道
908 张家港电视台电视剧频道
909 张家港电视台电影频道
910 漳州电视台一套（新闻综合频道）
911 漳州电视台二套（生活文化频道）
912 肇庆电视新闻综合频道
913 肇庆电视公共频道
914 镇江电视台一套（新闻综合频道）
915 镇江电视台二套（影视剧频道）
916 镇江电视台三套（生活娱乐频道）
917 郑州一套
918 郑州二套
919 郑州三套
920 郑州四套
921 郑州五套
922 郑州六套
923 郑州教育台
924 中山电视台综合频道
925 中山电视台公共频道
926 舟山电视台新闻综合频道
927 舟山电视台影视娱乐频道
928 舟山电视台经济生活频道
929 株洲电视台新闻综合频道
930 株洲电视台法制频道
931 株洲电视台公共频道
932 株洲电视台企业频道
933 株洲电视台商务频道
934 株洲电视台互动频道
935 株洲电视台导视频道
936 珠海电视台一套（新闻综合频道）
937 珠海电视台二套（都市生活频道）
938 珠海电视直销频道
939 淄博电视台新闻综合频道
940 淄博电视台都市频道
941 淄博电视台生活频道
942 淄博电视台公共频道
943 淄博电视台科教频道
944 淄博电视台商务频道
945 自贡电视台综合频道
946 自贡电视台公共频道
947 自贡电视台影视频道
948 自贡互动娱乐频道
949 遵义电视台新闻综合频道
950 遵义电视台都市频道
951 遵义电视台公共频道
952 遵义电视台影视频道
953 MTV
954 澳门中文台
955 澳亚卫视
956 本港台（中文）
957 本港台（中文）（宝安区有线转播）
958 本港台（中文）（潮州有线网转播）
959 本港台（中文）（东莞有线网转播）
960 本港台（中文）（佛山有线台转播）
961 本港台（中文）（广州其他有线网转播）
962 本港台（中文）（河源有线网转播）
963 本港台（中文）（惠州其他有线网转播）
964 本港台（中文）（惠州有线网转播）
965 本港台（中文）（江门其他有线网转播）
966 本港台（中文）（江门有线网转播）
967 本港台（中文）（揭阳有线网转播）
968 本港台（中文）（龙岗区有线转播）
969 本港台（中文）（茂名有线网转播）
970 本港台（中文）（梅州有线台转播）
971 本港台（中文）（其他有线台转播）
972 本港台（中文）（清远有线网转播）
973 本港台（中文）（汕头有线台转播）
974 本港台（中文）（汕尾有线网转播）
975 本港台（中文）（韶关有线网转播）
976 本港台（中文）（蛇口有线转播）
977 本港台（中文）（深圳有线台转播）
978 本港台（中文）（阳江有线网转播）
979 本港台（中文）（有线网转播）
980 本港台（中文）（云浮有线网转播）
981 本港台（中文）（湛江有线网转播）
982 本港台（中文）（肇庆有线网转播）

983 本港台（中文）（中山有线网转播）
984 本港台（中文）（珠海有线台转播）
985 长铁有线台
986 鼎城电视台
987 肥东二套
988 肥西台
989 翡翠台（中文）
990 翡翠台（中文）（宝安区有线转播）
991 翡翠台（中文）（潮州有线网转播）
992 翡翠台（中文）（东莞有线网转播）
993 翡翠台（中文）（佛山有线台转播）
994 翡翠台（中文）（广州其他有线网转播）
995 翡翠台（中文）（河源有线网转播）
996 翡翠台（中文）（惠州其他有线网转播）
997 翡翠台（中文）（惠州有线网转播）
998 翡翠台（中文）（江门其他有线网转播）
999 翡翠台（中文）（江门有线网转播）
1000 翡翠台（中文）（揭阳有线网转播）
1001 翡翠台（中文）（龙岗区有线转播）
1002 翡翠台（中文）（茂名有线网转播）
1003 翡翠台（中文）（梅州有线台转播）
1004 翡翠台（中文）（其他有线台转播）
1005 翡翠台（中文）（清远有线网转播）
1006 翡翠台（中文）（汕头有线台转播）
1007 翡翠台（中文）（汕尾有线网转播）
1008 翡翠台（中文）（韶关有线网转播）
1009 翡翠台（中文）（蛇口有线转播）
1010 翡翠台（中文）（深圳有线台转播）
1011 翡翠台（中文）（阳江有线网转播）
1012 翡翠台（中文）（有线网转播）
1013 翡翠台（中文）（云浮有线网转播）
1014 翡翠台（中文）（湛江有线网转播）
1015 翡翠台（中文）（肇庆有线网转播）
1016 翡翠台（中文）（中山有线网转播）
1017 翡翠台（中文）（珠海有线台转播）
1018 凤凰卫视电影台
1019 凤凰卫视中文台
1020 凤凰卫视资讯台
1021 国际台（英文）
1022 国际台（英文）（宝安区有线转播）
1023 国际台（英文）（东莞有线网转播）
1024 国际台（英文）（佛山有线台转播）
1025 国际台（英文）（广州其他有线网转播）
1026 国际台（英文）（河源有线网转播）
1027 国际台（英文）（惠州其他有线网转播）
1028 国际台（英文）（惠州有线网转播）
1029 国际台（英文）（龙岗区有线转播）
1030 国际台（英文）（其他有线台转播）
1031 国际台（英文）（汕头有线台转播）
1032 国际台（英文）（汕尾有线台转播）
1033 国际台（英文）（韶关有线网转播）
1034 国际台（英文）（蛇口有线转播）
1035 国际台（英文）（深圳有线台转播）
1036 国际台（英文）（阳江有线台转播）
1037 国际台（英文）（有线网转播）
1038 国际台（英文）（云浮有线台转播）
1039 国际台（英文）（湛江有线网转播）
1040 国际台（英文）（肇庆有线网转播）
1041 国际台（英文）（中山有线网转播）
1042 国际台（英文）（珠海有线台转播）
1043 华娱卫视
1044 兰山电视频道
1045 临猗台
1046 龙岗区电视 1 台
1047 龙岗区电视 2 台
1048 龙岗区电视 3 台
1049 明珠台（英文）
1050 明珠台（英文）（宝安区有线转播）
1051 明珠台（英文）（东莞有线网转播）
1052 明珠台（英文）（佛山有线台转播）
1053 明珠台（英文）（广州其他有线网转播）
1054 明珠台（英文）（河源有线网转播）
1055 明珠台（英文）（惠州其他有线网转播）
1056 明珠台（英文）（惠州有线网转播）
1057 明珠台（英文）（揭阳有线网转播）
1058 明珠台（英文）（龙岗区有线转播）
1059 明珠台（英文）（其他有线台转播）
1060 明珠台（英文）（汕头有线台转播）
1061 明珠台（英文）（汕尾有线台转播）
1062 明珠台（英文）（韶关有线网转播）
1063 明珠台（英文）（蛇口有线转播）
1064 明珠台（英文）（深圳有线台转播）
1065 明珠台（英文）（有线网转播）
1066 明珠台（英文）（云浮有线台转播）
1067 明珠台（英文）（湛江有线网转播）
1068 明珠台（英文）（肇庆有线网转播）
1069 明珠台（英文）（中山有线网转播）
1070 明珠台（英文）（珠海有线台转播）
1071 宁铁有线
1072 省网本港台（中文）

1073 省网翡翠台（中文）
1074 省网国际台（英文）
1075 省网明珠台（英文）
1076 市网本港台（中文）
1077 市网翡翠台（中文）
1078 市网国际台（英文）
1079 市网明珠台（英文）
1080 嵩岳台一套
1081 嵩岳台二套
1082 铜山台
1083 武进电视台
1084 香港卫视国际电影台
1085 香港卫视合家欢台
1086 香港卫视音乐台
1087 香港有线卫视新知台
1088 星空体育
1089 星空卫视
1090 阳光卫视
1091 运城电视台一套
1092 其他安徽
1093 其他安庆
1094 其他安阳
1095 其他蚌埠
1096 其他包头
1097 其他宝鸡
1098 其他北海
1099 其他北京
1100 其他亳州
1101 其他长春
1102 其他长沙
1103 其他常德
1104 其他常熟
1105 其他常州
1106 其他潮州
1107 其他成都
1108 其他滁州
1109 其他达州
1110 其他大理
1111 其他大连
1112 其他大同
1113 其他丹东
1114 其他当地无线台（M）
1115 其他当地有线台（M）
1116 其他德阳
1117 其他德州
1118 其他东莞
1119 其他佛山
1120 其他福建
1121 其他福州
1122 其他抚顺
1123 其他阜阳
1124 其他甘肃
1125 其他赣州
1126 其他广东
1127 其他广西
1128 其他广元
1129 其他广州
1130 其他贵阳
1131 其他贵州
1132 其他桂林
1133 其他哈尔滨
1134 其他海口
1135 其他海南
1136 其他邯郸
1137 其他汉中
1138 其他杭州
1139 其他合肥
1140 其他河北
1141 其他河南
1142 其他河源
1143 其他菏泽
1144 其他黑龙江
1145 其他衡阳
1146 其他呼和浩特
1147 其他湖北
1148 其他湖南
1149 其他湖州
1150 其他淮安
1151 其他惠州
1152 其他吉林
1153 其他吉林市
1154 其他济南
1155 其他济宁
1156 其他嘉兴
1157 其他江门
1158 其他江苏
1159 其他江西
1160 其他江阴
1161 其他焦作
1162 其他揭阳

1163 其他金华
1164 其他锦州
1165 其他晋城
1166 其他荆门
1167 其他荆州
1168 其他九江
1169 其他开封
1170 其他昆明
1171 其他昆山
1172 其他拉萨
1173 其他兰州
1174 其他乐山
1175 其他丽水
1176 其他连云港
1177 其他辽宁
1178 其他临汾
1179 其他临沂
1180 其他柳州
1181 其他泸州
1182 其他洛阳
1183 其他茂名
1184 其他眉山
1185 其他梅州
1186 其他绵阳
1187 其他牡丹江
1188 其他内蒙古
1189 其他南昌
1190 其他南充
1191 其他南京
1192 其他南宁
1193 其他南通
1194 其他南阳
1195 其他宁波
1196 其他宁夏
1197 其他攀枝花
1198 其他平顶山
1199 其他莆田
1200 其他秦皇岛
1201 其他青岛
1202 其他清远
1203 其他衢州
1204 其他泉州
1205 其他三亚
1206 其他山东
1207 其他山西
1208 其他陕西
1209 其他汕头
1210 其他汕尾
1211 其他上海
1212 其他韶关
1213 其他绍兴
1214 其他深圳（N）
1215 其他深圳蛇口
1216 其他沈阳
1217 其他十堰
1218 其他石家庄
1219 其他四川
1220 其他苏州
1221 其他宿迁
1222 其他遂宁
1223 其他台州
1224 其他太原
1225 其他泰州
1226 其他唐山
1227 其他天津
1228 其他威海
1229 其他潍坊
1230 其他渭南
1231 其他温州
1232 其他乌鲁木齐
1233 其他无锡
1234 其他吴江
1235 其他芜湖
1236 其他梧州
1237 其他武汉
1238 其他西安
1239 其他西宁
1240 其他厦门
1241 其他咸阳
1242 其他湘潭
1243 其他襄樊
1244 其他新疆
1245 其他徐州
1246 其他烟台
1247 其他延安
1248 其他盐城
1249 其他扬州
1250 其他阳江
1251 其他宜宾
1252 其他宜昌

1253　其他宜春
1254　其他宜兴
1255　其他益阳
1256　其他银川
1257　其他营口
1258　其他永济
1259　其他玉林
1260　其他岳阳
1261　其他云浮
1262　其他云南
1263　其他湛江
1264　其他张家港
1265　其他漳州
1266　其他肇庆
1267　其他浙江
1268　其他镇江
1269　其他郑州
1270　其他中山
1271　其他重庆
1272　其他舟山
1273　其他株洲
1274　其他珠海
1275　其他淄博
1276　其他自贡（城区）
1277　其他遵义

图书在版编目（CIP）数据

中国电视收视年鉴．2010／王兰柱主编．—北京：中国传媒大学出版社，2010.6

ISBN 978－7－81127－958－0

Ⅰ．①中…　Ⅱ．①王…　Ⅲ．①电视—观众—抽样调查—中国—2010—年鉴　Ⅳ．①G229.2－54

中国版本图书馆 CIP 数据核字（2010）第 109035 号

中国电视收视年鉴 2010

主　　编	王兰柱
责任编辑	刘大年
责任印制	范明懿
封面制作	大鹏工作室
出 版 人	蔡　翔
出版发行	中国传媒大学出版社（原北京广播学院出版社）
地　　址	北京市朝阳区定福庄东街 1 号　邮编 100024 电话：86－10－65450532　65450528　传真：65779405
网　　址	http：//www.cucp.com.cn
经　　销	全国新华书店
印　　刷	北京中科印刷有限公司
开　　本	787×1092mm　1/16
印　　张	46
版　　次	2010 年 10 月第 1 版　2010 年 10 月第 1 次印刷
书　　号	ISBN 978－7－81127－958－0/G·958　　**定　价**　128.00 元